ESTUDOS EM HONRA
DO
PROFESSOR DOUTOR JOSÉ DE OLIVEIRA
ASCENSÃO

VOLUME II

O Professor Doutor José de Oliveira Ascensão em 2007.

ESTUDOS EM HONRA DO PROFESSOR DOUTOR JOSÉ DE OLIVEIRA ASCENSÃO

VOLUME II

Estudos organizados pelos
Professores Doutores António Menezes Cordeiro,
Pedro Pais de Vasconcelos e Paula Costa e Silva

2008

ESTUDOS EM HONRA DO PROFESSOR DOUTOR
JOSÉ DE OLIVEIRA ASCENSÃO
Volume II

COORDENADORES
ANTÓNIO MENEZES CORDEIRO, PEDRO PAIS DE VASCONCELOS
E PAULA COSTA E SILVA

EDITOR
EDIÇÕES ALMEDINA, SA
Av. Fernão Magalhães, n.º 584, 5.º Andar
3000-174 Coimbra
Tel.: 239 851 904
Fax: 239 851 901
www.almedina.net
editora@almedina.net

PRÉ-IMPRESSÃO | IMPRESSÃO | ACABAMENTO
G.C. – GRÁFICA DE COIMBRA, LDA.
Palheira – Assafarge
3001-453 Coimbra
producao@graficadecoimbra.pt

Outubro, 2008

DEPÓSITO LEGAL
283445/08

Os dados e as opiniões inseridos na presente publicação
são da exclusiva responsabilidade do(s) seu(s) autor(es).

Toda a reprodução desta obra, por fotocópia ou outro qualquer
processo, sem prévia autorização escrita do Editor, é ilícita
e passível de procedimento judicial contra o infractor.

Biblioteca Nacional de Portugal – Catalogação na Publicação

ESTUDOS EM HONRA DO PROFESSOR DOUTOR JOSÉ DE OLIVEIRA
ASCENSÃO

Estudos em honra do Professor Doutor José de
Oliveira Ascensão. – (Estudos de homenagem)
ISBN 978-972-40-3569-7

I – ASCENSÃO, José de Oliveira, 1932-

CDU   34

IX

ARRENDAMENTO

DETERIORAÇÕES E OBRAS NO NOVO REGIME DO ARRENDAMENTO URBANO (NRAU)

Luís Manuel Teles de Menezes Leitão[*][**]

SUMÁRIO: *1. Generalidades. 2. O regime das deteriorações. 3. O regime das obras: 3.1. O regime geral da locação civil relativo às obras; 3.2. A supletividade geral do regime das obras em sede de arrendamento urbano; 3.3. A possibilidade de o senhorio denunciar ou suspender o contrato quando decida realizar obras de remodelação ou restauro profundos, demolição do prédio urbano ou edificação em prédio rústico arrendado não sujeito a regime especial; 3.4. A exigência pelo arrendatário da realização de obras pelo senhorio; 3.5. A determinação da realização de obras pelo município e outras entidades com esse direito; 3.6. Consequências das obras não autorizadas na resolução do contrato. 4. O regime transitório.*

1. Generalidades

O Novo Regime do Arrendamento Urbano (NRAU) aprovado pela Lei n.º 6/2006, de 27 de Fevereiro implicou importantes alterações em relação ao tema que nos cabe tratar e que diz respeito ao regime das dete-

---

[*] Professor Catedrático da Faculdade de Direito da Universidade de Lisboa.
[**] O presente artigo destina-se aos *Estudos em Homenagem ao Prof. Doutor José de Oliveira Ascensão*. Por esta via, expressamos a nossa profunda admiração pelas suas extraordinárias qualidades de jurista, cientista e professor, que o tornam uma figura ímpar da nossa cultura jurídica.

riorações e obras. Examinaremos primeiro o problema das deteriorações para depois referirmos detalhadamente as alterações em sede de obras.

2. O regime das deteriorações

Comecemos por examinar o regime das deteriorações, palavra de deriva do latim *deter* (pior), significando literalmente os estragos realizados na coisa locada.

Em relação às deteriorações, manteve-se o artigo 1043.° do Código Civil, o qual determina que "o locatário é obrigado a manter e restituir a coisa em bom estado de conservação, ressalvadas as deteriorações inerentes a uma prudente utilização, em conformidade com os fins do contrato". Fora essa situação, o locatário é responsável pela perda ou deteriorações da coisa, salvo se resultarem de causa que não lhe seja imputável nem a terceiro a quem tenha permitido a utilização dela" (artigo 1044.°). A doutrina tem-se, porém dividido sobre o significado da expressão imputável nesta disposição. Para Pires de Lima/Antunes Varela não se exige a culpa do locatário ou de terceiro, mas apenas que as deteriorações tenham sido por ele causadas, já que o locatário utiliza a coisa no seu própria interesse, pelo que deve responder objectivamente[1]. Já Pereira Coelho e Pinto Furtado entendem pelo contrário que se exige um acto culposo do locatário ou de terceiro, já que no caso contrário a sua responsabilidade seria excepcionalmente agravada[2]. Tendemos a concordar com esta última posição, ressalvando, no entanto, que resulta da formulação do artigo 1044.°, bem como do artigo 799.°, n.° 1, que a culpa do locatário se presume nesta situação.

Dos artigos 1043.° e 1044.° resulta assim que o locatário tem um dever de custódia e de manutenção da coisa locada, devendo portanto evitar qualquer deterioração na coisa, a menos que resulte da sua utilização com prudência. Naturalmente que por maioria de razão, o locatário não é responsável pelos estragos que a acção do tempo causa na coisa, designadamente a desvalorização resultante da sua vetustez[3].

---

[1] Cfr. PIRES DE LIMA/ANTUNES VARELA, *Código Civil Anotado*, II, 4.ª ed., Coimbra, Coimbra Editora, 1997, II, sub artigo 1044.°, n.° 2, p. 381.
[2] Cfr. PEREIRA COELHO, *Arrendamento. Direito substantivo e processual*, Coimbra, polic., 1988, pp. 203-204 e PINTO FURTADO, *Manual do Arrendamento Urbano*, 3.ª ed., Coimbra, Almedina, 2001, p. 458.
[3] Cfr. PINTO FURTADO, *op. cit.*, p. 457.

No âmbito do arrendamento de prédios urbanos, o artigo 1073.º, correspondendo de forma praticamente idêntica ao artigo 4.º do RAU determina ainda que "é lícito ao arrendatário realizar pequenas deteriorações no prédio arrendado quando elas se tornem necessárias para assegurar o seu conforto ou comodidade" (n.º 1), acrescentando o n.º 2 que "as deteriorações referidas no número anterior devem, no entanto, ser reparadas pelo arrendatário antes da restituição do prédio, salvo estipulação em contrário". Não há, portanto, grandes alterações neste sede.

É, no entanto, de salientar que o conceito de deteriorações presente nesta disposição tem suscitado na doutrina dúvidas interpretativas sobre se se encontra aplicado em sentido próprio ou em sentido impróprio. Assim, Pinto Furtado sempre entendeu que não estão em causa deteriorações, mas sim benfeitorias úteis, já que não se trata de as incluir no uso prudente de um bom pai de família, mas antes de admitir que elas não atentam contra o direito de propriedade do senhorio, podendo o arrendatário, quando deva entregar o prédio, levantá-las, se o puder fazer, sem detrimento do edifício, como se proclama no artigo 1273.º-1 CC e não repará-las, como impropriamente é afirmado nestas disposições[4].

A responsabilidade do arrendatário pelas deteriorações é, no entanto, atenuada no caso de se verificar a mora do senhorio em relação à restituição do locado (artigo 813.º), uma vez que, a partir desse momento, o senhorio passa a suportar o risco de qualquer perda ou deterioração do imóvel que não seja imputável a dolo do arrendatário (artigo 814.º, n.º 1).

3. O regime das obras

Uma das alterações de regime mais importantes realizadas pelo NRAU diz respeito à obrigação do senhorio em efectuar reparações e obras na coisa locada. O regime passou a adquirir uma complexidade muito grande, na medida em que existe um regime geral da locação civil, que vem a ser de certa forma derrogado pelo NRAU, constando, no entanto, o cerne da matéria de um diploma regulamentar, o Regime Jurídico das Obras em Prédios Arrendados (RJOPA), aprovado pelo Decreto-Lei n.º 157/2006, de 8 de Agosto.

Examinemos esses regimes:

---

[4] Cfr. PINTO FURTADO, *op. cit.*, p. 799.

3.1. *O regime geral da locação civil relativo às obras*

A estrutura geral do regime da locação civil relativamente às obras não foi alterada. Efectivamente, e como vimos, o locador é obrigado a assegurar ao locatário o gozo da coisa para os fins a que esta se destina [artigo 1031.°, *b*)]. Essa obrigação pode implicar a necessidade de o locador fazer reparações e outras despesas necessárias à conservação da coisa locada (artigo 1036.°). O locatário pode assim exigir do locador que as efectue. Caso o locador entre em mora quanto a essa obrigação, se as despesas ou as reparações, pela sua urgência, se não compadecerem com as delongas de um processo judicial, pode o locatário fazê-las extrajudicialmente, com direito ao seu reembolso (artigo 1036.°, n.° 1). Caso a urgência não consinta qualquer dilação, o locatário pode mesmo efectuar as reparações e despesas, independentemente de mora do locador, contanto que o avise a tempo (artigo 1036.°, n.° 2). Esse regime geral da locação manteve-se inalterado na alteração do Código Civil, tendo sido, no entanto, muito modificado o regime previsto especificamente para o arrendamento urbano.

3.2. *A supletividade geral do regime das obras em sede de arrendamento urbano*

Anteriormente, no âmbito do arrendamento urbano, os artigos 11.° e ss. RAU estabeleciam uma distinção relativamente a obras de conservação ordinária, obras de conservação extraordinária e obras de beneficiação, sujeitando-as a regimes diversos[5].

Eram consideradas obras de conservação ordinária, nos termos do artigo 11.°, n.° 2, do RAU: a) a reparação e limpeza geral do prédio e suas dependências; b) as obras impostas pela Administração Pública, nos termos da lei geral e local aplicável, e que visem conferir ao prédio as características apresentadas aquando da concessão da licença de utilização; c) e, em geral, as obras destinadas a manter o prédio nas condições requeridas pelo fim do contrato e existentes à data da sua celebração. Nos termos do artigo 12.° RAU estas obras ficavam a cargo do senhorio, ressalvado o

---

[5] Cfr. especialmente António Pais de Sousa, "Obras no locado e sua repercussão nas rendas", em António Menezes Cordeiro/Luís Menezes Leitão/Januário da Costa Gomes, *Estudos em homenagem ao Prof. Doutor Inocêncio Galvão Telles*, III – *Direito do Arrendamento Urbano*, Coimbra, Almedina, 2002, pp. 159-176.

dever de o locatário manter e restituir a coisa no estado em que a recebeu, salvo pequenas deteriorações em conformidade com o fim do contrato (artigos 1043.° e 4.° do RAU). Nos arrendamentos não habitacionais era possível, porém, convencionar que esta obrigação ficasse a cargo do arrendatário (artigos 120.°, 121.° e 123.° do RAU). Em qualquer caso, a realização destas obras pelo senhorio, dava-lhe direito a exigir aumento de renda, nos termos dos artigos 38.° e 39.° do RAU.

Eram consideradas obras de conservação extraordinária, nos termos do artigo 11.°, n.° 3, do RAU, "as ocasionadas por defeito de construção do prédio ou por caso fortuito ou de força maior, e, em geral, as que não sendo imputáveis a acções ou omissões ilícitas perpetradas pelo senhorio, ultrapassem, no ano em que se tornem necessárias, dois terços do rendimento líquido desse mesmo ano". Já eram consideradas obras de beneficiação as que não se pudessem considerar obras de conservação, ordinária ou extraordinária (artigo 11.°, n.° 4, do RAU). As obras de conservação extraordinária e de beneficiação ficavam a cargo do senhorio quando, nos termos das leis administrativas em vigor, a sua execução lhe fosse ordenada pela câmara municipal competente ou quando houvesse acordo escrito das partes no sentido da sua realização, com discriminação das obras a efectuar (artigo 13.°, n.° 1, do RAU), parecendo, portanto, *a contrario* que ficariam a cargo do arrendatário quando nenhuma destas situações se verificasse. Em qualquer caso, a realização destas obras pelo senhorio, dava-lhe igualmente direito a exigir aumento de renda, nos termos dos artigos 38.° e 39.° do RAU.

Consequentemente, no regime do RAU apenas ficavam a cargo do senhorio as obras de conservação ordinária (artigo 12.°, n.° 1, do RAU), sendo que relativamente às obras de conservação extraordinária ou de beneficiação, a sua realização pelo senhorio dependia de tal lhe ser ordenado pela Câmara Municipal, ou haver acordo escrito das partes nesse sentido (artigo 13.°, n.° 1, do RAU), tendo o senhorio direito a actualizar a renda sempre que realizasse obras (artigos 12.°, n.° 2 e 13.°, n.° 2, do RAU).

O regime consagrado no novo artigo 1074.° do Código Civil é bastante diferente em relação ao regime das obras. Efectivamente, em coerência com a obrigação que incumbe ao senhorio de proporcionar o gozo da coisa ao locatário para os fins a que esta se destina [artigo 1031.°, *b*)], o novo artigo 1074.°, n.° 1, vem estabelecer que lhe incumbe efectuar obras de conservação ordinária ou extraordinária, sempre que elas sejam requeridas pelas leis ordinárias ou resultem do fim do contrato, salvo estipulação em contrário. Assim, embora se preveja supletivamente que é sobre o senhorio que recai o dever de realizar obras, admite-se estipulação em contrário, o que se justifica, pois é natural que por contrato certas obras possam ficar a cargo do arrendatário, uma vez que o valor da renda pode ser convencionado em função dessa obrigação, como acontece nos casos da cláusula de "arrendamento do imóvel no estado em que se encontra". Receia-se, porém, que os futuros contratos de arrendamento, que normalmente resultam de cláusulas contratuais gerais, passem esse dever integralmente para o arrendatário, o que poderia resultar numa derrogação pura e simples de uma das principais obrigações do senhorio.

A remissão do regime das obras para a estipulação das partes é, aliás, prevista expressamente no âmbito do arrendamento de fins não habitacionais, onde o artigo 1111.º, dispõe que as obras relativas à responsabilidade pela realização das obras de conservação ordinária ou extraordinária, requeridas por lei ou pelo fim do contrato, são livremente estabelecidas pelas partes (n.º 1). Apenas se as partes nada convencionarem, a lei estabelece como regime supletivo que cabe ao senhorio executar as obras de conservação, considerando-se o arrendatário autorizado a realizar as obras exigidas por lei ou requeridas pelo fim do contrato.

3.3. *A possibilidade de o senhorio denunciar ou suspender o contrato quando decida realizar obras de remodelação ou restauro profundos, demolição do prédio urbano ou edificação em prédio rústico arrendado não sujeito a regime especial*

Sempre que o estado do prédio o justifique, a lei atribui ao senhorio a possibilidade de realizar obras de remodelação ou restauro profundos, sendo consideradas como tais aquelas que obrigam para a sua realização à desocupação do locado (artigo 4.º, n.º 1, do RJOPA). As referidas obras são qualificadas como estruturais, quando originem uma distribuição dos fogos sem correspondência com a anterior, sendo não estruturais na hipótese contrária (artigo 4.º, n.º 2, do RJOPA).

Decidindo o senhorio realizar obras de remodelação ou restauro profundos, a lei dá-lhe a possibilidade de optar entre a suspensão do contrato pelo período necessário à realização das obras ou pela sua denúncia (artigo 5.º, n.º 1, do RJOPA). A lei impõe, porém, a solução da suspensão do contrato, quando as obras não sejam estruturais, ou quando, sendo estruturais, se preveja a existência de local com características equivalentes às do locado após a obra (artigo 5.º, n.º 2, do RJOPA).

Sendo realizada a denúncia do contrato para remodelação ou restauro profundos, a mesma obriga o senhorio, mediante acordo e em alternativa:

a) ao pagamento de todas as despesas, incluindo o valor das benfeitorias e investimentos realizados no locado, e à indemnização por todos danos, patrimoniais e não patrimoniais, suportados pelo arrendatário, não podendo a indemnização ter valor inferior a dois anos de renda [artigo 6.°, n.° 1, *a*), e n.° 4, do RJOPA);
b) a garantir o realojamento do arrendatário por período não inferior a cinco anos, no mesmo concelho e em condições análogas às que ele detinha, quer quanto ao local, quer quanto ao valor da renda e encargos (artigo 6.°, n.° 1, b) e n.° 3 RJOPA).

Na falta de acordo aplica-se a título supletivo a primeira solução (artigo 6.°, n.° 2, do RJOPA).

O senhorio pode igualmente denunciar o contrato, quando pretenda efectuar a demolição do imóvel (artigo 7.°, n.° 1, do RJOPA). A denúncia para demolição obriga o senhorio a indemnizar o arrendatário ou a garantir o seu realojamento nos mesmos termos da denúncia para remodelação ou restauro profundos, excepto quando a demolição seja necessária por força da degradação do prédio, incompatível tecnicamente com a sua reabilitação e geradora de risco para os respectivos ocupantes, sendo tal objecto de certificação pelo município, ouvida a comissão arbitral municipal (artigo 7.°, n.° 2, do RJOPA).

Em lugar da denúncia pode haver lugar à suspensão da execução do contrato pelo período de decurso das obras, caso em que o senhorio é obrigado a assegurar o realojamento do arrendatário durante esse tempo, no mesmo concelho e em condições análogas às que aquele já detinha, quer quanto ao local, quer quanto ao valor da renda e encargos (artigos 9.° e 6.°, n.° 3, do RJOPA). Para esse efeito o senhorio deve comunicar ao arrendatário essa intenção, indicando o local e condições do realojamento fornecido, bem como a data de início e duração previsível das obras (artigo 10.°, n.° 1, do RJOPA). No momento da desocupação do locado, ocorre a suspensão do contrato de arrendamento (artigo 10.°, n.° 6, do RJOPA), caducando o mesmo se o arrendatário, salvo justo impedimento, não reocupar o locado no prazo de três meses após a comunicação do senhorio relativa ao fim das obras (artigo 10.°, n.° 7, do RJOPA).

Caso, porém, o arrendatário não aceite as condições propostas ou a susceptibilidade de suspensão do contrato, comunica-o ao senhorio, que pode recorrer à comissão arbitral municipal (artigo 10.°, n.° 3, do RJOPA). No caso de se tratar de arrendamento não habitacional, o arrendatário pode declarar preferir ao realojamento uma indemnização por todas as despesas e danos, patrimoniais e não patrimoniais, sendo a comissão arbitral municipal a competente para a sua fixação (artigo 10.°, n.° 4, do RJOPA). Da mesma forma, em alternativa à suspensão, o arrendatário pode denunciar o contrato, produzindo a denúncia efeitos no momento por si escolhido entre o da comunicação do senhorio e a data de início das obras (artigo 10.°, n.° 2, do RJOPA). Quer a denúncia do contrato, quer a não aceitação da suspensão devem ser comunicadas ao senhorio no prazo de 30 dias a contar da comunicação deste (artigo 10.°, n.° 5, do RJOPA).

A lei determina ainda que o regime das obras para remodelação e restauro profundos ou demolição do imóvel é aplicável, com as necessárias adaptações, à denúncia de arrendamento em prédio rústico não sujeito a regime especial, quando o senhorio pretenda aí construir um edifício (artigo 11.° do RJOPA).

3.4. *A exigência pelo arrendatário da realização de obras pelo senhorio*

A lei remeteu, porém, novamente para o artigo 1036.° do Código Civil o regime da exigência de realização de obras por parte do arrendatário no âmbito do arrendamento urbano, a qual se rege assim pelo regime já exposto em relação à locação civil. Esta previsão vem a ser confirmada no âmbito do arrendamento de prédios urbanos pelo artigo 1074.°, n.° 3, o qual estabelece que nessa hipótese o arrendatário pode efectuar a compensação do crédito pelas despesas com a realização da obra com a obrigação de pagamento da renda (artigo 1074.°, n.° 4). Por outro lado, a menos que haja estipulação em contrário, o arrendatário tem direito, no final do contrato, a compensação por obras licitamente feitas, nos termos aplicáveis ao possuidor de boa fé (artigo 1074.°, n.° 5).

No caso de as obras estarem a cargo do senhorio, a sua não realização constitui fundamento de resolução do contrato pelo arrendatário (artigo 1083.°, n.° 1).

Importante é também a alteração da faculdade de exigência de obras ao senhorio por parte do arrendatário. Efectivamente, no âmbito do RAU, o artigo 16.° previa que o arrendatário deveria requerer que a Câmara Municipal ordenasse a realização de obras ao senhorio, solução que desapareceu no NRAU (apenas aparece no regime transitório – artigo 48.° do NRAU), ficando-se sem saber o que ocorre quando o prédio se encontre em estado que exija intervenção administrativa, e o senhorio tenha passado para o arrendatário o dever de realização de obras, ao abrigo do artigo 1074.°, n.° 1. Efectivamente, o artigo 1074.°, n.° 3, prevê que o arrendatário pode efectuar quaisquer obras quando o contrato o faculte ou quando seja autorizado, por escrito, pelo senhorio. A solução que nos parece resultar dos artigos 2.° e 3.° do Decreto-Lei n.° 157/2006, de 8 de Agosto (RJOPA), é a de que, quando a legislação urbanística aplicável imponha a realização das obras, esse dever recairá sobre o senhorio e não sobre o arrendatário, podendo o município intimar aquele a fazer obras, ou proceder à sua realização coerciva. Apesar de o RJOPA ter deixado de fazer referência a qualquer requerimento do arrendatário neste âmbito (cfr. artigos 12.° e ss. do RJOPA), tendemos a considerar que não está excluída a possibilidade de o arrendatário, quando o prédio se encontre em estado que exija intervenção administrativa, solicitar ao município que intime o senhorio à realização das obras.

3.5. *A determinação da realização de obras pelo município e outras entidades com esse direito*

O município pode determinar a realização de obras coercivas nos prédios arrendados, caso as mesmas não sejam realizadas pelo senhorio (artigo 12.° do RJOPA). Para esse efeito, o município pode, nos termos dos artigos 91.° e 107.° do Decreto-Lei n.° 555/99, de 16 de Dezembro, proceder ao despejo administrativo e ocupar o prédio ou fogos, total ou parcialmente, até ao período de um ano após a data da conclusão das obras, após o que tal ocupação cessa automaticamente (artigo 13.° do RJOPA). Nesse caso, o município tem, no entanto, que assegurar o realojamento dos arrendatários existentes, em condições idênticas, quer quanto ao local, quer quanto ao valor da renda e encargos (artigos 15.°, n.° 1, e 6.°, n.° 3, do RJOPA), mantendo-se a obrigação de pagamento da renda, a qual deve passar a ser depositada pelo arrendatário (artigos 15.°, n.° 2, e 19.° do RJOPA). No caso do arrendamento não habitacional, o município pode, no entanto, limitar-se a indemnizar o arrendatário por todas as despesas e danos, com o limite mínimo de dois anos de renda, caso não seja possível o realojamento ou o arrendatário não concorde com as condições oferecidas [artigos 15.°, n.° 3, e 6.°, n.° 1, *a*), do RJOPA). Nesse caso, o município pode arrendar o prédio após as obras, para se ressarcir da indemnização paga (artigos 15.º, n.º 3, e 20.º do RJOPA).

Para poder proceder às obras, o município deve elaborar previamente um orçamento, que envia ao senhorio por escrito, o qual representa o valor máximo pelo qual este será responsável (artigo 14.º do RJOPA). Antes da concretização do despejo administrativo, o arrendatário deve ser notificado, por carta registada ou por afixação de edital na porta da respectiva casa e na sede da junta de freguesia: a) da data do despejo administrativo; b) do local de realojamento que lhe foi destinado; c) da obrigação de retirar todos os bens do local despejando; d) da duração previsível das obras; e e) da obrigação de depositar as rendas, nos termos do artigo 19.º do RJOPA (artigo 16.º do RJOPA). No caso de serem encontrados bens no local, aquando da sua ocupação para efeitos de realização das obras, proceder-se-á ao seu arrolamento, nos termos do artigo 21.º do RJOPA.

Uma vez concluídas as obras, deve o arrendatário ser notificado para reocupar o locado no prazo de três meses, salvo justo impedimento, caducando o contrato se o não fizer (artigo 17.º do RJOPA).

O município recupera os gastos realizados nas obras recebendo metade dos depósitos de renda que o arrendatário é obrigado a efectuar (cfr. artigos 19.º, n.º 1, e 18.º do RJOPA), mas o montante total a receber não pode ultrapassar o limite do orçamento inicialmente enviado ao senhorio (artigo 14.º do RJOPA). Ao senhorio cabe receber a outra metade da renda em vigor no início das obras, acrescida das actualizações anuais, pelo que pode proceder ao levantamente dos depósitos até esse montante (artigo 18.º, n.º 2, do RJOPA). Quando o município se encontra integralmente ressarcido, deve notificar o arrendatário no prazo de dez dias, cessando então o dever de o arrendatário depositar a renda (artigo 19.º, n.º 2, do RJOPA).

Caso existam fogos devolutos no prédio reabilitado, o município pode arrendá-los, em ordem a obter o reembolso das obras realizadas, mediante concurso público, pelo prazo de cinco anos renováveis nos termos do artigo 1096.º do Código Civil (artigo 20.º, n.º 1, do RJOPA). Nesse caso, o proprietário só tem o direito de se opor à renovação do contrato, quando o fim do respectivo prazo se verifique após o ressarcimento integral do município (artigo 20.º, n.º 2, do RJOPA). A renda a praticar corresponde a 4% do valor do locado, nos termos do CIMI (artigos 31.º do NRAU e 20.º, n.º 3, do RJOPA), sendo o arrendatário obrigado a depositar essa renda, e podendo o senhorio levantar até metade do valor dos depósitos, destinando-se o restante ao município (artigos 20.º, n.º 5, 19.º, n.º 1, e 18.º, n.º 2, do RJOPA). O senhorio pode, porém, impedir o arrendamento pelo município, caso o venha a realizar ele mesmo por uma renda não inferior à acima referida (artigo 20.º, n.º 4, do RJOPA), ficando este arrendamento sujeito ao mesmo regime de depósito e repartição da renda depositada entre senhorio e município.

O regime da realização de obras pelo município é igualmente aplicável, com as devidas adaptações, à realização de obras em prédios arrendados por entidades a quem a lei atribua esse direito, nomeadamente Sociedades de Reabilitação Urbana, Fundos de Investimento Imobiliário e Fundos de Pensões (artigo 22.º do RJOPA).

3.6. *Consequências das obras não autorizadas na resolução do contrato*

É interessante ainda salientar as consequências que as obras não autorizadas têm no âmbito da resolução do contrato. Efectivamente, no âmbito do RAU, o artigo 64.º, n.º 1, *d*), estabelecia, numa disposição cuja interpretação jurisprudencial já aparecia como consolidada. que era fundamente de despejo se o arrendatário fizesse "no prédio, sem consentimento escrito do senhorio, obras que alterem substancialmente a sua estrutura externa ou a disposição interna das suas divisões ou praticar actos que nele causem deteriorações consideráveis, igualmente não consentidas e que não possam justificar-se nos termos do artigo 1043.º do Código Civil ou do artigo 4.º do RAU".

Este fundamento desapareceu da enumeração dos fundamentos de resolução do contrato constantes do artigo 1083.º, ainda que exista agora uma cláusula geral que considera fundamento de resolução "o incumprimento que, pela sua gravidade e consequências, torne inexigível à outra parte a manutenção do arrendamento, onde seguramente a realização não autorizada de obras pelo arrendatário se poderá inserir. Mas, para além disso, o artigo 1083.º, n.º 3, vem estabelecer que se considera inexigível ao senhorio a manutenção do arrendamento quando houver oposição do arrendatário à realização de obra ordenada por autoridade pública, sendo que essa resolução, nos termos do artigo 1084, n.º 1, opera-se mediante comunicação á outra parte, ainda que fique sem efeito se o arrendatário, no prazo de três meses, cessar essa oposição (artigo 1084.º, n.º 4). Pelo contrário, a resolução com fundamento na realização pelo arrendatário de obras não autorizadas tem que ser decretada através da acção de despejo (artigo 1084.º, n.º 2 e artigo 14.º da Lei 6/2006, de 27 de Fevereiro).

Já em relação ao arrendatário, o artigo 1083.º, n.º 4, determina que constitui fundamento de resolução do contrato a não realização pelo senhorio de obras que a este caibam, quando tal omissão comprometa a habitabilidade do locado (artigo 1083.º, n.º 4), resolução essa que se opera por comunicação à outra parte (artigo 1084.º, n.º 1).

4. O regime transitório

É compreensível a necessidade de um regime transitório em relação às obras. Efectivamente, o congelamento das rendas durante décadas veio provocar uma grande desactualização com graves distorções no mercado de arrendamento, levando a que os senhorios tivessem deixado de efectuar obras, já que não retiravam qualquer proveito desse investimento. Por outro lado, com o decurso do tempo e a desvalorização da moeda, gerou-se uma grande desproporção entre o valor das rendas e aquele correspondente às obras que o inquilino reclamava ao senhorio em ordem a assegurar o mínimo gozo do locado. Perante as exigências do inquilino chegaram a surgir decisões judiciais que consideraram ocorrer abuso de direito na exigência de obras ao senhorio, que não tivessem correlação com a renda paga[6]. Efectivamente, não faria sentido que o inquilino, pagando por vezes apenas algumas centenas de escudos pela renda, solicitasse ao senhorio obras que custariam sempre milhares de contos[7]. Daí ter surgido a *boutade* de que há duas maneiras de destruir uma cidade: os bombardeamentos e o congelamento das rendas[8].

Foi por isso instituído em relação aos contratos habitacionais celebrados antes da vigência do RAU e aos contratos não habitacionais celebrados antes da vigência do Decreto-Lei n.º 257/95, de 30 de Setembro, um regime transitório em relação às obras, cujos traços gerais se irão em seguida examinar.

Em primeiro lugar salienta-se que, para que o senhorio poder actualizar a renda, é necessário que exista avaliação do locado e, no arrendamento para habitação, o prédio esteja num estado de conservação médio

---

[6] Cfr. a recolha de decisões judiciais nesse sentido, realizada por MENEZES CORDEIRO, "A aprovação do NRAU (Lei n.º 6/2006), de 27 de Fevereiro): primeiras notas", em *O Direito* 138 (2006), II, pp. 237-238.

[7] Cfr. ANTÓNIO PAIS DE SOUSA, *op. cit.*, pp. 159-160.

[8] PAIS DE SOUSA, *op. cit.*, p. 160.

correspondente ao nível 3, referido no artigo 33.º, n.º 1, do NRAU (artigo 34.º do NRAU), podendo, no arrendamento para fins não habitacionais, a renda ser actualizada independentemente do nível de conservação (artigo 52.º do NRAU). Caso o senhorio tenha realizado obras de reabilitação nos três antes de actualizar as rendas e estas atribuam ao prédio um nível de conservação bom ou excelente pode actualizar a renda de acordo com fórmula R = VPC x CC x 4%, ou seja, atribuindo ao locado uma renda anual (R), até 4% do valor patrimonial corrigido (VPC), correspondente ao valor da avaliação realizada nos termos dos artigos 38.º e ss. CIMI, sem consideração do coeficiente de vetustez, multiplicado pelo coeficiente de conservação previsto no artigo 33.º do NRAU (artigo 27.º do RJOPA). Assim, e como tem sido muitas vezes salientado, nos arrendamentos habitacionais, o senhorio tem o ónus de realizar obras no locado, para poder actualizar as rendas.

A lei prevê ainda a possibilidade de ser o município a tomar a iniciativa de realizar as obras, em ordem a atribuir ao locado um nível de conservação compatível com a actualização da renda, nos termos dos artigos 30.º e ss. do NRAU (artigo 28.º, n.º 1, do RJOPA). Nessa situação, o município deve comunicar ao arrendatário a realização das obras e que irá futuramente actualizar a renda (artigo 28.º, n.º 2, do RJOPA), concretizando a sua fixação definitiva após avaliação fiscal do prédio e determinação do seu nível de conservação (artigo 28.º, n.ºs 4 e 5, do RJOPA). Até integral pagamento ao município, o senhorio só tem, porém, direito a levantar a renda que vinha praticando, acrescida das actualizações ordinárias anuais (artigos 28.º, n.º 8, e 18.º, n.º 2, do RJOPA), podendo o arrendatário denunciar o contrato enquanto não reocupar o locado (artigo 28.º, n.º 7, do RJOPA).

Caso o senhorio não tome a iniciativa de actualizar as rendas, o arrendatário pode solicitar à comissão arbitral municipal referida no artigo 49.º do NRAU, que proceda à avaliação do locado (artigo 48.º, n.º 1, do NRAU)[9]. Caso o nível de conservação seja de classificação inferior a 3, o arrendatário pode intimar o senhorio à realização de obras, constando de diploma próprio o regime do direito de intimação com como as consequências do não acatamento da mesma (artigo 48.º, n.º 3, do NRAU). A lei prevê desde já que, não dando o senhorio início às obras pode o arrendatário; a) tomar a iniciativa da sua realização, dando de imediato

---

[9] Essa solicitação efectua-se através do modelo único simplificado previsto na Portaria n.º 1192-A/2006, de 3 de Novembro [artigo 3.º, n.º 1, *d*)].

conhecimento ao senhorio e à CAM; b) Solicitar à câmara municipal a realização de obras coercivas: c) comprar o locado pelo valor da avaliação feita nos termos do CIMI, com obrigação de realização das obras, sob pena de reversão (artigo 48.º, n.º 4, do NRAU). Devemos dizer que esta última possibilidade nos suscita sérias dúvidas de constitucionalidade, dado que dificilmente se pode considerar compatível com a garantia constitucional do direito de propriedade privada (artigo 62.º, n.º 1, da Constituição) alguém ser obrigado a alienar a outrem um imóvel de que é proprietário, com base num valor administrativamente fixado.

Em qualquer caso, o artigo 48.º, n.º 6, do NRAU, vem estabelecer que as obras coercivas ou realizadas pelo arrendatário, bem como a possibilidade de deste adquirir o locado, são reguladas em diploma próprio, sendo que este corresponde ao RJOPA, cujos artigos 29.º e ss. regulam essa questão.

Assim, quando ao locado é atribuído o nível de conservação mau ou péssimo, o arrendatário pode intimar o senhorio à realização das obras, sendo que, quando o senhorio desobedeça a essa intimação, assiste ao arrendatário o direito de requerer ao município a realização de obras coercivas, ou tomar a iniciativa da sua realização (artigo 30.º do RJOPA), tendo igualmente o arrendatário esse direito se o senhorio desrespeitar a determinação do município ou suspender a realização das obras (artigo 31.º do RJOPA). Essa faculdade é, porém, excluída quando as obras de conservação estejam a cargo do arrendatário, salvo quando estejam em causa obras a realizar em outras partes do prédio, nomeadamente partes comuns, ou quando a degradação do prédio seja devida à actuação ilícita do arrendatário (artigo 29.º do RJOPA).

O início das obras pelo arrendatário deve ser comunicado ao senhorio e à CAM (artigo 32.º do RJOPA) e possibilita a compensação das obras na renda (artigos 33.º e 34.º do RJOPA).

A lei possibilita ao arrendatário a aquisição do locado no caso de o senhorio não realizar as obras no prazo de seis meses após a intimação do arrendatário e o município também não iniciar as obras coercivas no prazo de seis meses após a solicitação do arrendatário (artigo 35.º, n.º 1, do RJOPA) e ainda quando o senhorio ou o município suspenderem as obras e não as retomarem no prazo de 90 dias, intimando então o arrendatário ao seu reinício em prazo não superior a 30 dias (artigo 35.º, n.º 2, do RJOPA).

Caso o prédio esteja constituído em propriedade horizontal, o direito de aquisição do arrendatário restringe-se à fracção autónoma locada (artigo 42.º, n.º 1, do RJOPA), podendo, no entanto, estender-se a outras fracções do prédio, e mesmo, quando indispensável, a todas, caso as obras necessárias à obtenção de um nível de conservação médio incidirem sobre estas ou sobre partes comuns do prédio (artigo 42.°, n.° 2, do RJOPA). Nesse caso, os titulares das outras fracções autónomas podem opor-se à aquisição, declarando estarem dispostos a participar nas obras necessárias (artigo 42.°, n.° 3, do RJOPA), constituindo essa declaração título executivo (artigo 42.°, n.° 4, do RJOPA). Os outros arrendatários podem igualmente pretender adquirir a fracção, caso em que se abre licitação entre os interessados, revertendo o excesso para o alienante (artigo 42.°, n.° 5, do RJOPA).

Não estando o prédio constituído em regime de propriedade horizontal, no caso de ele constituir uma unidade que não possa ser constituído em regime de propriedade horizontal, a aquisição pelo arrendatário opera-se em relação à totalidade do prédio (artigo 43.°, n.° 1, do RJOPA). Havendo condições para constituir o prédio em regime de propriedade horizontal, o arrendatário pode solicitar ao tribunal a constituição judicial da mesma, operando-se a aquisição em relação à fracção autónoma que vier a corresponder ao locado [artigo 43.°, n.° 2, *a*), do RJOPA], podendo ainda adquirir outras fracções, casos estas sejam necessárias para a realização da obra [artigo 43.°, n.° 2, *b*), do RJOPA]. Neste último caso, os proprietários das outras fracções podem opor-se, aceitando participar nas obras, podendo igualmente os respectivos arrendatários optar por adquirir a fracção, em substituição do direito de preferência, assumindo a mesma obrigação (artigo 44.° do RJOPA).

A aquisição pelo arrendatário é realizada em acção judicial (artigo 36.°, n.° 1, do RJOPA), que determina a transferência da propriedade para o arrendatário, assim como as obrigações de reabilitação e manutenção (artigo 36.°, n.ºs 3 e 4, do RJOPA). Essas obrigações de reabilitação devem iniciar-se, salvo justo impedimento, no prazo de 120 dias a contar da aquisição (artigo 39.°, n.° 2, do RJOPA), sendo que o adquirente tem o dever de manter o prédio em estado de conservação médio por um prazo de 20 anos (artigo 39.°, n.° 3, do RJOPA), sendo que, em caso de transmissão ocorrida nos 20 anos seguintes o novo titular sucede nas obrigações previstas nos números anteriores (artigo 39.°, n.° 4, do RJOPA).

Numa solução estranha, por contraria a livre circulação dos bens, a lei vem instituir ainda um direito de reversão, que permite a reaquisição do prédio pelo antigo proprietário, pelo preço anteriormente pago, em caso de incumprimento da obrigação pelo novo proprietário (artigo 40.° do RJOPA), sendo que em caso de reaquisição torna a transferir-se para o antigo proprietário o dever de realizar as obras (artigo 40.º, n.º 3, do RJOPA). Para além disso, os antigos titulares gozam de um direito de preferência pelo prazo de 20 anos, a contar do trânsito em julgado da sentença que efectuou a transmissão (artigo 46.º do RJOPA). Trata-se de soluções que tenderão a colocar estes imóveis fora do mercado, o que nos parece altamente prejudicial.

PARA UMA LEITURA RESTRITIVA DA NORMA (ARTIGO 1091.º DO CÓDIGO CIVIL) RELATIVA AO DIREITO DE PREFERÊNCIA DO ARRENDATÁRIO

José Carlos Brandão Proença[*][**]

> Sumário: *1. Enunciação das dúvidas interpretativas. 2. O direito de preferência dos arrendatários urbanos no período anterior ao Código Civil de 1966 – o argumento da "propriedade imperfeita" no seio de uma legislação fortemente vinculística. 3. O direito de preferência dos arrendatários urbanos no regime vinculístico do Código Civil de 1966 e a fundamentação jurídico-constitucional da preferência do arrendatário habitacional surgida com a Lei n.º 63/77. 4. A dupla valoração do direito de preferência do arrendatário no Decreto-Lei n.º 321-B/90, de 15 de Outubro (RAU) e no Decreto-Lei n.º 257/95, de 30 de Setembro. 5. A consolidação do regime não vinculístico no NRAU e a sua exacta compreensão para o problema do âmbito de aplicação do direito de preferência. 6. As normas transitórias do NRAU e o direito de preferência. 7. Conclusões.*

1. Enunciação das dúvidas interpretativas

No Regime do Arrendamento Urbano (RAU), instituído pelo Decreto-Lei n.º 321-B/90 e modificado por diplomas posteriores (com relevo para o Decreto-Lei n.º 257/95, de 30 de Setembro), o direito de preferência do arrendatário, previsto nos artigos 47.º, 48.º, 49.º e 97.º (neste último caso com um âmbito subjectivo e objectivo bem demarcados),

---

[*] Professor Associado da Escola de Direito do Porto da Universidade Católica.
[**] O presente estudo teve parcialmente por base a comunicação ("Direitos de aquisição e de preferência do arrendatário") apresentada em Maio de 2007 na Escola de Direito do Porto da Universidade Católica e integrada num Curso de Arrendamento Urbano.

estava excluído nos chamados arrendamentos não vinculísticos (cfr. os artigos 5.º e 6.º do diploma de 1990), bem como, por força do artigo 99.º, 2, nos arrendamentos urbanos habitacionais de duração limitada (nunca inferior a cinco anos) e, a partir daquele Decreto de 1995, nos arrendamentos urbanos para comércio, indústria e exercício de profissões liberais celebrados igualmente com um prazo de duração efectiva nunca inferior ao mínimo dos cinco anos (ver os artigos 117.º e 121.º do RAU).

Com a entrada em vigor do Novo Regime do Arrendamento Urbano (NRAU), conformado pela Lei n.º 6/2006, de 27 de Fevereiro, a hipótese principal do artigo 1091.º do Código Civil parece cominar um genérico direito de preferência de qualquer arrendatário, sem que o legislador, pelo menos de forma expressa, tenha retirado esse privilégio aos arrendatários de arrendamentos do tipo daqueles que no âmbito do RAU não conferiam tal direito. Por outro lado, e no Título dedicado às "Normas transitórias", o legislador (artigo 26.º do diploma), para os contratos habitacionais e não habitacionais celebrados na vigência da redacção primitiva do RAU e não habitacionais celebrados depois da entrada em vigor do Decreto-Lei n.º 257/95, de 30 de Setembro, foi expresso na sua submissão às normas do NRAU (ressalvado um ou outro regime mais específico que, todavia, não concerne ao direito de preferência). No último Título, o das chamadas "Normas finais", se o n.º 1 do artigo 59.º, para solucionar o problema da aplicação das leis no tempo, continua a ser inequívoco ao sujeitar ao NRAU as "relações contratuais constituídas que subsistam nessa data, sem prejuízo do previsto nas normas transitórias", já o seu n.º 2, numa formulação não inteiramente feliz, diz expressa e unicamente que " a aplicação da alínea *a*) do n.º 1 do artigo 1091.º do Código Civil não determina a perda do direito de preferência por parte de arrendatário que dele seja titular aquando da entrada em vigor da presente lei".

Perante este diferente quadro normativo, o intérprete não pode deixar de colocar as seguintes questões:

a) Aos contratos de arrendamento de duração efectiva, submetidos, no regime anterior, à exclusão do exercício do direito de preferência pelo arrendatário, é agora aplicável o disposto no artigo 1091.º do CC, constituindo-se o arrendatário titular de tal direito no pressuposto de que o arrendamento dure há mais de três anos?

b) Os contratos de arrendamento destinados a finalidades não habitacionais, e em concreto os celebrados por prazo certo, estarão abrangidos pelo âmbito do artigo 1091.º, conferindo esta norma a

titularidade do direito de preferência a esses arrendatários? Esta possibilidade, ainda que resulte aparentemente do elemento literal do NRAU, não contradiz a sua filosofia liberalizante, tornando afinal mais vinculístico o regime antes consagrado no RAU?
c) O direito de preferência estabelecido no artigo 1091.º do CC em favor do arrendatário pode ser afastado por acordo entre as partes, na base do entendimento de que a norma do artigo 1091.º tem carácter supletivo? Sendo afirmativa a resposta, e por recurso ao n.º 3 do artigo 59.º do NRAU, será legítima a preclusão do direito de preferência do arrendatário que tenha celebrado (antes da entrada em vigor do NRAU) um contrato de duração efectiva?
d) O direito de preferência do arrendatário pode ser objecto de renúncia? Em caso afirmativo, pode essa renúncia ser validamente convencionada em benefício do senhorio por cláusula inserta no contrato de arrendamento?

Por outras palavras, e em síntese, há que saber, por um lado, se, para futuro, os arrendatários de contratos de arrendamento para fins não habitacionais (*maxime* celebrados com duração efectiva) gozam ou não da prerrogativa prevista no artigo 1091.º do Código Civil e, em segundo lugar, se o mesmo tipo de contratos, embora celebrados antes da entrada em vigor da Lei n.º 6/2006, gera ou não a possibilidade dos arrendatários exercerem esse direito. Conexionada com esta dualidade está a questão, de pura técnica jurídica, que consiste em saber qual ou quais os instrumentos jurídicos adequados para poder ser manifestada validamente uma determinada resposta aos dois quesitos centrais.

2. O direito de preferência dos arrendatários urbanos no período anterior ao Código Civil de 1966 – o argumento da "propriedade imperfeita" no seio de uma legislação fortemente vinculística

Em ordem a uma resposta rigorosa e juridicamente fundada às interrogações formuladas, há que começar por fixar as razões que presidiram, desde 1924, à concessão do direito de preferência ao arrendatário no âmbito dos arrendamentos de prédios urbanos para fins comerciais, industriais e exercício de profissões liberais.

O contrato de arrendamento de prédios urbanos, se antes da Grande Guerra de 1914-1918, estava sujeito ao manto do princípio da autonomia privada (nos seus múltiplos aspectos de liberdade de celebração, de escolha do arrendatário, de fixação de conteúdo e de composição do tipo contratual), passou, em virtude dos terríveis efeitos económicos e sociais desse evento bélico, a estar submetido a normas rígidas, de evidente tutela do arrendatário, com período temporal sucessivamente prorrogado e com repercussões negativas na essência daquele princípio fundamental da liberdade contratual. Segundo PINTO FURTADO[1] a designação de "arrendamentos vinculísticos" conexiona-se, precisamente, com "as medidas proteccionistas dos arrendatários, restringindo severamente a liberdade contratual". Seguindo o mesmo autor, esse regime vinculístico, iniciado, entre nós, com o Decreto de 11 de Novembro de 1910, compreendia como núcleo fundamental a "prorrogação legal automática do contrato" contra a vontade do senhorio – esta regra, afirmada no artigo 106.º do Decreto n.º 5411, de 17 de Abril de 1919, foi mantida e alargada com a Lei n.º 1662, de 4 de Setembro de 1924 –, "o bloqueio da renda e controlo do seu aumento dentro de condicionantes definidas pelo Estado", o "carácter de ordem pública do regime jurídico do contrato" e a "afirmação da sua natureza excepcional e transitória". Neste importante conjunto protector não podemos deixar de incluir o direito de preferência do arrendatário, reconhecido, pela primeira vez no artigo 11.º e seu § único da citada lei n.º 1662. Sob a designação pouco rigorosa de "direito de opção"[2] o normativo em questão atribuía ao "principal locatário, comercial ou industrial, de prédio urbano" o privilégio de poder adquirir a propriedade no (único) caso do "senhorio vender o prédio"[3]. Diga-se, a propósito, que tendo em conta o "direito de opção", consagrado para o senhorio no artigo 9.º e para a hipótese de trespasse do estabelecimento comercial ou industrial, a Lei n.º 1662 era depositária, nesse aspecto, de um nítido desejo de tutela recíproca, de duvidosa legitimidade.

---

[1] *Curso de Direito dos Arrendamentos Vinculísticos*, 2.ª edição, 1988, pp. 126-127 e *Evolução e estado do vinculismo no arrendamento urbano*, in Estudos em homenagem ao Professor Doutor I. Galvão Telles, III, 2002, pp. 649 e ss.

[2] Segundo J. PINTO LOUREIRO, *Manual dos Direitos de Preferência*, I, 1944, p. 9, no direito anterior ao Código de Seabra chamava-se opção (*optio*) ou prelação (*jus praelationis*) à preferência exercida pelo senhorio directo na alienação do domínio útil da propriedade enfitêutica.

[3] Ver, sobre o preceito, J. GUALBERTO DE SÁ CARNEIRO, *Sobre o direito de preferência dos locatários comerciais e industriais*, in Revista dos Tribunais, ano 46.º, 1928, pp. 177 e ss. e J. PINTO LOUREIRO, *Manual do Inquilinato*, II, 1942, pp. 172 e ss.

No período anterior à entrada em vigor do Código Civil de 1966, a Parte V (artigos 36.° e seguintes) da Lei n.° 2030, de 22 de Junho de 1948, congregou em si a grande reforma do arrendamento de prédios urbanos, conquanto também contivesse normas relativas a expropriações por utilidade pública e ao direito de superfície. No tocante ao direito de preferência, o artigo 66.° melhorou nitidamente o texto do artigo 11.° do diploma de 1924, ao afirmar, no seu número 1, que "na venda ou dação em pagamento de prédios arrendados para comércio, indústria ou exercício de profissão liberal, os arrendatários têm direito de preferência, graduado em último lugar, sucessivamente e por ordem decrescente das rendas". Para Pinto Furtado[4] a Lei n.° 2030 "que constituiu um novo marco na história da nossa legislação de arrendamento de prédios urbanos... não editou qualquer disposição acerca da renovação contratual, assim mantendo, por omissão, o princípio de prorrogação forçada, instituído transitoriamente com a Lei n.° 1662". Do enunciado do artigo 66.° destacava-se o alargamento expresso do âmbito subjectivo (arrendatários em exercício de profissão liberal)[5] e do âmbito objectivo (dação em cumprimento do prédio) do direito, a sua fraca graduação (no concurso com outras preferências) e a consagração da corrente jurisprudencial no sentido, objecto de vivo debate doutrinário, de excluir o direito para os arrendatários que não exercessem "...no prédio, há mais de um ano, comércio, indústria ou profissão liberal"[6].

Da análise dos trabalhos preparatórios referentes à Lei n.° 2030 pode retirar-se a *ratio* justificadora da consagração, nos textos dessa primeira metade do século XX, do direito de preferência do arrendatário. Na verdade, no Capítulo VII do 1.° Parecer da Câmara Corporativa ao artigo 16.° do Projecto n.° 104 de J. Gualberto de Sá Carneiro[7], pode ler-se que "o

---

[4] *Curso...*, cit., pp. 130-131.

[5] De acordo com a anotação de PINTO DE MESQUITA/POLÓNIO DE SAMPAIO, *Legislação sobre arrendamentos*, 1962, p. 137, esse tipo de arrendamento, na época da Lei n.° 1662, era assimilado ao arrendamento comercial tendo em conta o regime do § único do artigo 52.° do Decreto n.° 5411.

[6] Sobre o artigo 66.°, ver, entre outros, a Revista dos Tribunais, ano 66.°, 1948, pp. 356-359, SAUDADE E SILVA, *Inquilinato – A lei n.° 2030 nos tribunais*, 1954, pp. 95 e ss., PEDRO VEIGA, *Nova legislação de inquilinato civil e comercial*, 1948, pp. 89 e ss. e MÁRIO DE BRITO, *Lei do inquilinato e legislação complementar*, 1958, p. 38.

[7] Segundo esse Projecto, e na parte mais interessante, "O principal locatário de prédio urbano arrendado para habitação ou para comércio ou indústria tem direito de preferência na venda, particular ou judicial, do prédio, sendo esse direito graduado em último lugar na escala das preferências".

direito de preferência, quando direito real de aquisição, implica uma séria restrição ao direito de propriedade e, alem disso, embaraça gravemente o comércio jurídico. Por isso esse direito tem carácter muito excepcional em todos os sistemas legislativos, sendo admitido apenas naqueles casos em que, acima de um interesse privado a satisfazer, há o interesse público em pôr termo a uma situação inconveniente sob o ponto de vista económico ou social. É deste meio que em geral as legislações se servem para reagir contra os condomínios e as figuras chamadas entre nós *propriedades imperfeitas* ou contra certos ónus ou restrições que prejudicam o livre ou melhor aproveitamento das coisas"[8]. Mais à frente, o autor do Parecer, F. Pires de Lima, afirma que "a faculdade conferida pelo artigo 11.° da lei n.° 1662 tem sido discutida, mas os autores procuram justificá-la dentro da índole geral do direito de preferência. *A situação do prédio arrendado para um estabelecimento comercial ou industrial é muito semelhante à de uma propriedade imperfeita.* Claro que, no rigor dos princípios, não há fraccionamento do domínio, pois o prédio pertence exclusivamente ao senhorio, *sendo meros direitos de crédito os direitos de uso e fruição atribuídos ao arrendatário. Mas, de facto, desde que o legislador impõe àquele a renovação do contrato*, desde que não se extingue o vínculo nem por morte de um nem por morte do outro, e sobretudo desde que é admitido livremente o trespasse e se reconhecem em certos casos ao inquilino direitos sobre a mais valia do prédio, tudo parece, afinal, como se existisse um fraccionamento perpétuo do direito de propriedade"[9] (itálicos nossos). O mesmo Pires de Lima, ao discordar do argumento sentimental (a ligação afectiva ao prédio como motivação da preferência) defendido por Sá Carneiro, chega mesmo a afirmar que, tratando-se de resolver um conflito entre interesses patrimoniais divergentes, seria inexplicável "...*atribuir-se o direito de preferência aos arrendatários urbanos na expectativa de uma futura liberdade contratual, porque, em tal caso, deve imediatamente desaparecer qualquer preferência em matéria de inquilinato*"[10] (itálico nosso). Corroborando esta perspectiva, o ilustre jurista, em 1962, na prestigiada Revista de Legislação e de Jurisprudência[11], reiterava que "o direito de

---

[8] Ver em TITO ARANTES, *Inquilinato, avaliações*, 1949, p. 75.

[9] *Apud* TITO ARANTES, cit., pp. 75-76. Ver, no mesmo sentido, ERIDANO DE ABREU, *A exclusão do direito de preferência estabelecida no artigo 66.° da Lei n.° 2030, in* O Direito, ano 86.°, 1954, pp. 184-185.

[10] *Apud* TITO ARANTES, cit., p. 76, nota 40.

[11] Ano 95.°, p. 199, em anotação ao acórdão do Supremo Tribunal de Justiça, de 14 de Junho de 1961.

preferência é um dos mais graves encargos que podem incidir sobre a propriedade... (não devendo) ser admitido para a satisfação de simples interesses individuais, mas somente quando, pelo seu exercício, se ponha termo a situações economicamente desvantajosas...".

Estas mesmas reservas na aceitação do direito foram patentes quando o projecto Sá Carneiro, a proposta governamental e os Pareceres respectivos foram debatidos na Assembleia Nacional. Para lá da recusa na aceitação do direito de preferência do arrendatário habitacional, deputados como Bustorff da Silva, Proença Duarte e Pinto Coelho foram críticos relativamente à consagração da preferência dos outros arrendatários ao relevarem a sua repercussão negativa no "valor da transacção" e no próprio valor dos imóveis.

3. O direito de preferência dos arrendatários urbanos no regime vinculístico do Código Civil de 1966 e a fundamentação jurídico-constitucional da preferência do arrendatário habitacional surgida com a Lei n.º 63/77

Do aduzido no número anterior pode concluir-se que o direito de preferência do arrendatário urbano, tal como resultava dos principais diplomas legais publicados até à primeira metade do século XX e da interpretação que deles fazia a doutrina mais renomada, devia ser caracterizado *cumulativamente* como um direito *excepcional* (por limitar os poderes dos titulares do domínio e restringir a liberdade contratual no tocante à escolha do contraente)[12], de *âmbito restrito* (aos arrendamentos para comércio, indústria e exercício de profissão liberal), com *pressupostos rígidos* (Antunes Varela e Dias da Fonseca[13] defenderam que o direito era afastado mesmo que o não exercício da actividade estivesse relacionado com causas de força maior ou decisão judicial), de *importância secundária* (tendo em conta o lugar modesto na hierarquia das preferências legais concorrentes), ao serviço de uma *intencional política jurídica* (mais do que o interesse particular ou económico do arrendatário era determinante, para prevalecer sobre os interesses do proprietário, o interesse jurídico e de cariz

---

[12] Nesse sentido, SIMÃO SARAIVA, *O direito de preferência na legislação portuguesa*, in Revista da Ordem dos Advogados, ano 9.º, 3-4, 1949, p. 234 e ERIDANO DE ABREU, cit., p. 184.

[13] *Inquilinato*, p. 88.

social de fazer aceder à propriedade aquele que tinha uma relação perfeitamente consolidada com o imóvel e, sobretudo, *estava em sintonia com um conjunto de normas tuteladoras da estabilidade da relação arrendatícia* (*rectius*, o chamado regime vinculístico). Esta conformação do direito de preferência parece-nos extremamente importante para compreendermos e interpretarmos correctamente os dados ulteriores relativos à (re)consagração legal da figura.

Efectivamente, o artigo 1117.º do Código Civil de 1966 (completado com o artigo 1119.º para os arrendamentos relativos ao exercício de profissões liberais) manteve o direito de preferência em termos semelhantes aos do artigo 66.º da Lei n.º 2030 já que o seu número 1 afirmava expressamente que "na venda, dação em cumprimento ou aforamento do prédio arrendado, os arrendatários que nele exerçam o comércio ou indústria há mais de um ano tem direito de preferência, sucessivamente e por ordem decrescente das rendas"[14]. Mantendo o legislador de 1966 no artigo 1095.º a regra de ouro do vinculismo, ou seja, o princípio da renovação obrigatória do arrendamento de prédios urbanos e de prédios rústicos não rurais[15], não se estranha que Pinto Furtado[16] tenha afirmado que "estando os arrendamentos vinculísticos submetidos à regra da prorrogação forçada, reduzindo ao mínimo o carácter temporário essencial a toda a locação, neles surge, mais sugestiva e intensamente do que qualquer outra modalidade locatícia, a ideia de, em certas circunstâncias, se dar mais um passo e propiciar ao arrendatário a propriedade da coisa arrendada". Para lá da renovação obrigatória, tornada "ordinária e permanente"[17], e em ordem à tutela do valor criado (sobretudo pelo estabelecimento comercial ou industrial), o legislador de 1966 conservou a norma (já existente no Decreto n.º 5411) relativa à transmissão do arrendamento por morte do arrendatário (artigo 1113.º), outorgou ao arrendatário, em caso de caducidade (com excepção da perda da coisa) ou denúncia do senhorio (nos termos dos artigos 1096.º e seguintes), uma compensação pecuniária pelo aumento do valor locativo

---

[14] Sobre o artigo 1117.º, ver, entre outros, ISIDRO MATOS, *Arrendamento e aluguer*, 1968, pp. 302 e ss.

[15] Sobre essa regra e a conjugação com legislação posterior a 1974, ver o nosso *Um exemplo do princípio do melhor tratamento do arrendatário habitacional: termo final do arrendamento e "renovação forçada" (Uma perspectiva comparatística)*, separata dos Estudos em homenagem ao Prof. Doutor Teixeira Ribeiro, 1982.

[16] *Curso...*, cit., p. 323.

[17] PINTO FURTADO, *Evolução e estado...*, cit., p. 666.

do prédio (artigo 1114.°), atribuiu-lhe, em caso de caducidade por expropriação, o direito a ser indemnizado pelo expropriante (artigo 1115.°), fixou-lhe, nas hipóteses de cessação previstas no artigo 1114.°, um prazo de favor para a desocupação do prédio (artigo 1116.°) e permitiu-lhe ceder, entre vivos e sem autorização do senhorio, a sua posição de arrendatário nos casos previstos nos artigos 1118.° (trespasse do estabelecimento) e 1120.° (cessão do direito ao arrendamento para exercício da mesma profissão liberal). Há que dizer que a maioria destes preceitos tinha por escopo principal assegurar a circulação da unidade empresarial e permitir manter a mais valia gerada pelo local onde se exerce certa profissão liberal.

Este melhor tratamento do arrendatário, visto numa perspectiva de contraente mais débil, foi manifestamente visível na legislação arrendatícia posterior ao 25 de Abril de 1974. Particularmente importante foi a consagração, em 1977 (Lei n.° 63/77, de 25 de Agosto), do direito de preferência (na venda ou dação em cumprimento) para o locatário habitacional de imóvel urbano ou de fracção autónoma desse mesmo imóvel. Quando no breve preâmbulo da Lei n.° 63/77 é justificada a concessão do direito dizendo-se que "no domínio dos direitos e deveres sociais, dispõe a Constituição da República que ao Estado compete, além do mais, adoptar uma política de acesso à habitação própria (artigo 65.°, n.° 2)", não se geram dúvidas sobre o *interesse geral, público,* subjacente à nova preferência legal. Tratava-se, pois, de uma medida de política habitacional, que pretendia favorecer o direito à habitação, enquanto direito social reconhecido no artigo 65.°, n.° 1 da Constituição e que Pinto Furtado[18], com razão, considerava *desajustada relativamente aos arrendamentos para habitação não sujeitos ao vinculismo.* Embora sem referir explicitamente o direito de preferência, Pereira Coelho afirmava em 1980[19], e repetia em 1987[20], que a "preocupação de defender o direito à habitação e a estabilidade desta" (com extensão ao cônjuge, aos familiares e outros conviventes com o arrendatário) explicava o "princípio fundamental da renovação obrigatória, o *numerus clausus* das causas de resolução, ... e a estabilidade da renda". No mesmo contexto expositivo o ilustre civilista coimbrão não deixou de chamar a atenção, acertadamente, para a *natureza cogente* das normas que protegem a "estabilidade da habitação", tutelando o inquilino

---

[18] *Curso...*, cit., p. 327.
[19] *Direito Civil*, 1980, p. 66.
[20] *Arrendamento*, 1987, p. 69.

"...mesmo contra ele próprio, contra a sua irreflexão e principalmente a sua fraqueza, sobretudo económica...[21]". Embora com menos interesse, refira-se que o direito de preferência na venda veio ainda a ser conferido pelo artigo 6.º do Decreto-Lei n.º 328/81, de 4 de Dezembro (atribuição da preferência a certos conviventes com o arrendatário de contrato caducado por morte e aos subarrendatários), e posteriormente, como resultado da revogação daquele Decreto, pelo artigo 30.º da Lei n.º 46/85, de 20 de Setembro, às pessoas referidas no artigo 28.º do diploma. Diga-se, por outro lado, que numa linha iniciada timidamente em 1981 com o Decreto-Lei n.º 148/81, de 4 de Junho, os artigos 31.º, n.º 1 e 32.º da Lei n.º 46/85 aperfeiçoaram um regime especial (consistente na denúncia *ad nutum* nos contratos celebrados por cinco ou mais anos), mais *aberto*, para os arrendamentos habitacionais de prédios nunca arrendados, ficando, no entanto, por esclarecer devidamente a questão da aplicação do preceituado na Lei n.º 63/77.

4. A dupla valoração do direito de preferência do arrendatário no Decreto-Lei n.º 321-B/90, de 15 de Outubro (RAU) e no Decreto-Lei n.º 257/95, de 30 de Setembro

Não temos dúvidas em afirmar que o legislador de 1990 (e de 1995), consciente das características e das motivações ou interesses que tinham presidido historicamente à criação do direito de preferência do arrendatário urbano (primeiro do não habitacional e, já na década de 70, do habitacional), soube regular o direito em termos adequados, *valorando-o integrado no edifício normativo condicionante do regime de cada tipo de arrendamento.*

No que diz respeito ao *direito de preferência* do arrendatário na compra e venda ou na dação em cumprimento do local arrendado, os artigos 47.º a 49.º do RAU (Secção VIII do Capítulo I relativo ao arrendamento urbano em geral) aglutinaram os critérios constantes dos artigos 1117.º e 1119.º do Código Civil e 1.º a 3.º da Lei n.º 63/77, atinente, como vimos, aos arrendamentos habitacionais. Como ponto marcante do regime apenas a necessidade comum do requisito temporal de consolidação (?) do direito, conquanto os textos normativos não esclarecessem a questão de saber se esse pressuposto exigia habitação efectiva e exercício da actividade comer-

---

[21] *Ibidem*, p. 67.

cial, industrial, liberal ou outra de fim lícito. Comprovativo de alguma desvalorização do direito de preferência na venda foi, em 2001 (Leis n.ºs 6/2001 e 7/2001, de 11 de Maio, que revogou a Lei n.º 135/99, de 28 de Agosto), a sua outorga, temporalmente limitada a cinco anos, a determinadas pessoas, com relevo para a que vivia em união de facto com o proprietário (falecido) da casa de morada comum. Mas de que modo é que o legislador projectou o direito de preferência do arrendatário no sistema regulativo da reforma?

Nos termos da Lei n.º 42/90, de 10 de Agosto (autorização legislativa sobre o regime jurídico do arrendamento urbano)[22], presidiu ao trabalho legislativo a vontade de codificar as soluções que não estavam reunidas unitariamente "com preservação das regras socialmente úteis que tutelam a posição do arrendatário". Num primeiro quadrante, conexionado com as *tradicionais relações arrendatárias vinculísticas*, tendencialmente perpétuas, o legislador de 1990 continuou a reproduzir o princípio da renovação obrigatória ao estabelecer imperativamente no artigo 68.º, n.º 2 que "a denúncia do contrato pelo senhorio só é possível nos casos previstos na lei e pela forma nela estabelecida". Partindo deste princípio basilar, o legislador, preocupado em não colidir com soluções anteriormente vigentes, conservou as regras relativas à denúncia do contrato pelo senhorio (artigos 69.º e seguintes), à transmissão do direito do arrendatário (artigos 83.º e seguintes), ao direito a novo arrendamento e ao direito de preferência na venda do local arrendado (artigos 90.º e seguintes e 97.º) e afirmou como novidade a imperatividade das normas sobre a resolução, a caducidade e a denúncia do arrendamento (artigo 51.º). No tocante aos arrendamentos para comércio, indústria e exercício de profissões liberais, e antes das alterações ocorridas em 1995, os artigos 112.º (morte do arrendatário), 113.º (cessação por caducidade ou por denúncia do senhorio), 114.º (desocupação do prédio), 115.º (trespasse do estabelecimento comercial ou industrial), 117.º (remissão para os artigos 112.º a 116.º) e 118.º (cessão da posição do arrendatário) reproduziram praticamente as normas correspondentes do Código Civil, ou seja, os artigos 1113.º, 1114.º, 1116.º, 1118.º, 1119.º e 1120.º. Como novidades mais importantes no regime destes contratos apenas a criação (ou ressurgimento?) do direito de preferência do senhorio em caso de trespasse por venda ou dação em cumprimento do

---

[22] Sobre o conteúdo dessa lei, é interessante e útil a leitura do acórdão n.º 311/93, de 28 de Abril, do Tribunal Constitucional, publicado no Boletim do Ministério da Justiça n.º 426, pp. 93 e ss.

estabelecimento comercial (artigo 116.°)[23], a chamada do direito de preferência do arrendatário, previsto no artigo 1117.° do Código Civil, para o enquadramento genérico dos artigos 47.° a 49.° e a reprodução pelo artigo 111.° (cessão de exploração do estabelecimento comercial) do disposto no artigo 1085.° do Código de 1966.

Num segundo quadrante tipológico, o legislador de 1990 começou por consolidar e ampliar, no artigo 5.°, n.° 2, *a*) a *e*),[24] o círculo dos *arrendamentos não vinculísticos*, antes reconduzíveis à norma do artigo 1083.°, n.° 2, do Código Civil, e, nos artigos 98.° e seguintes (com as alterações do Decreto-Lei n.° 278/93, de 10 de Agosto), com a intenção de "dinamizar o mercado habitacional e restituir ao arrendamento a sua fixação temporária essencial" (palavras do preâmbulo do diploma legal), estabeleceu, nos arrendamentos urbanos para habitação, um regime especial conexionado com a celebração de *contratos de duração limitada ou efectiva*, com idêntico cunho não vinculístico. Por força do disposto no artigo 92.° ficavam sujeitos à mesma disciplina os contratos resultantes do exercício do direito a novo arrendamento e que tinham como arrendatários as pessoas referidas no artigo 90.° e nos artigos 66.°, n.° 2, do Decreto-Lei e 1051.°, *c*), do Código Civil (caducidade por cessação do direito ou termo dos poderes legais de administração). Releve-se ainda como nota não despicienda que o artigo 13.° do Decreto-Lei n.° 321-B/90 ressalvou, e bem, a aplicação dos artigos 31.° a 34.° e 39.° aos arrendamentos celebrados na vigência da Lei n.° 46/85 e que tinham subjacente, como já aludimos, uma filosofia próxima da contratação com prazo efectivo.

Como aspectos marcantes do círculo arrendatício dominado pela autonomia privada eram de destacar a liberdade para ser fixado por escrito um prazo não inferior a cinco anos, a possibilidade dos contraentes denunciarem o contrato (nos termos e nos prazos do artigo 100.°) para evitarem a renovação automática por períodos mínimos de três anos (na falta de estipulação de outro prazo), a exclusão quer do direito a novo arrendamento e do direito de preferência que o artigo 97.° regulava em conexão com o disposto nos artigos 90.° e 93.°, quer do diferimento das desocupa-

---

[23] Para a defesa dessa solução na cessão onerosa do direito do arrendatário em arrendamento para exercício de profissão liberal, ver JANUÁRIO GOMES, *Cessão da posição do arrendatário e direito de preferência do senhorio*, in Estudos em homenagem ao Professor Doutor I. Galvão Telles, III, 2002, pp. 493 e ss.

[24] Sobre esse artigo 5.°, ver PAIS DE SOUSA, *Anotações ao regime do arrendamento urbano (RAU)*, 6.ª ed. actualizada, 2001, pp. 70 e ss.

ções, previsto nos artigos 102.º a 106.º, bem como das limitações ao direito de denúncia, consignadas nos artigos 107.º a 109.º. Com particular interesse para os objectivos deste estudo é de sublinhar que nesse *"regime negativo" figurava, naturalmente, a exclusão do direito de preferência desses arrendatários na venda ou dação em cumprimento do local arrendado*. Mas também o artigo 6.º, n.º 1, do RAU, não aplicava esse direito *"aos arrendamentos rústicos (inequivocamente, e desde logo, para fins diversos dos comerciais, industriais ou exercício de profissão liberal) não sujeitos a regimes especiais e aos arrendamentos e subarrendamentos referidos nas alíneas a) a e) do n.º 2 do artigo anterior..."*.

Esta verdadeira separação das águas (entre arrendamentos urbanos "de regime comum", de "regime especial" e de "regime liberal") foi completada em 1995 no campo dos arrendamentos destinados ao comércio, indústria, exercício de profissões liberais e outros fins (lucrativos ou não) não habitacionais. Repetindo o pano de fundo da "reanimação do mercado do arrendamento", o legislador, no Decreto-Lei n.º 275/95, de 30 de Setembro, inseriu no RAU os artigos 117.º a 120.º (os anteriores artigos 117.º e 118.º passaram a ser os artigos 121.º e 122.º), aditando, ainda, o Capítulo V, integrado pelo artigo 123.º referente aos arrendamentos para outros fins não habitacionais. *O escopo do diploma de 1995 foi de renovar a opção seguida em 1990, permitindo a celebração de contratos de duração limitada submetidos ao regime dos artigos 98.º a 101.º*. Note-se, contudo, que a *autonomia privada era ainda mais visível nestes contratos de fim não habitacional*, dadas as especificidades atinentes, sobretudo, à possível renovação automática (apenas por igual período na falta de outra indicação contratual sobre o prazo) e ao prazo da denúncia (sujeito à disponibilidade dos contraentes). *Alargava-se, assim, o conjunto de arrendamentos subtraídos ao exercício do direito de preferência do arrendatário*.

Com implicações evidentes para a "leitura" do regime respeitante aos arrendamentos não habitacionais (por ausência de um bem jurídico com tutela constitucional), o Tribunal Constitucional[25] veio a rebater a tese de

---

[25] Referimo-nos ao já citado acórdão n.º 311/93, de 28 de Abril. Sobre o que é dito em texto, ver as pp. 115-116 do Boletim do Ministério da Justiça n.º 426. Para a valoração constitucional da denúncia no arrendamento, ver DAVID MAGALHÃES, *As restrições ao direito de propriedade decorrentes do vinculismo arrendatício: uma perspectiva jusfundamental*, in Boletim da Faculdade de Direito da Universidade de Coimbra, pp. 979 e ss.

que seria inconstitucional submeter os contratos de arrendamento para habitação à liberdade contratual dada a violação da necessidade de segurança ínsita no direito social à habitação. Ao entender que a concretização deste direito pode impor restrições a direitos fundamentais dos particulares (como o direito de livre iniciativa económica e o conteúdo pleno do direito de propriedade), o Tribunal Constitucional também sustentou que, por ex., a regra da renovação automática não é um princípio que, numa zona de necessários equilíbrios e permeável a razões conjunturais, deva ser imposto de forma inexorável, ficando o contrato de arrendamento subtraído, para sempre, à vontade das partes e com uma natureza "vocacionalmente perpétua".

Antes de terminarmos esta passagem pelo sistema do RAU e legislação posterior, podemos dizer, em síntese, que a clara libertação da autonomia privada na contratação arrendatícia de duração efectiva excluía, sem qualquer dúvida, o direito de preferência. Tratava-se do corolário natural de uma opção política do legislador, chamado a dinamizar o mercado habitacional, e que, fiel à natureza excepcional e essencialmente pública desse direito, apenas o "considerava" como elemento do regime garantístico do arrendamento "de regime comum", habitacional ou não. Quer isto dizer que, nos arrendamentos "de regime liberal", o mínimo de vinculismo existente (mais nos habitacionais) deixava de fora, de caso pensado, esse "favor", essa prerrogativa do arrendatário, claramente apropriada para outro tipo de arrendamento. No pensamento do legislador essa contratação implicava a desvalorização dos interesses do inquilino (maxime o da estabilidade da posição jurídica desses arrendatários e sobretudo a do titular do estabelecimento comercial ou industrial) e a valorização dos interesses do senhorio, interessado em recuperar a curto prazo uma propriedade imperfeita ou vender o imóvel liberto do peso negativo da preferência – a natureza não blindada dos arrendamentos de duração efectiva não envolvia, pois, a razão material justificadora da tutela "solidarística" operada pela via do artigo 47.º do RAU. E mesmo que não houvesse, como havia, um preceito legal que afastava expressamente o direito, não duvidamos, já então, da validade de uma cláusula contratual que legitimasse essa exclusão ou revelasse uma renúncia antecipada abstracta desses arrendatários a exercer o direito. Na verdade, o direito de preferência tinha-se tornado, em parte, disponível.

5. A consolidação do regime não vinculístico no NRAU e a sua exacta compreensão para o problema do âmbito de aplicação do direito de preferência

Sabendo-se que no Projecto Menezes Cordeiro (de 2004), do XVI Governo Constitucional, relativo ao Regime dos Novos Arrendamentos Urbanos (RNAU), o artigo 1096.º suprimia os direitos de preferência em ordem a "libertar a riqueza imobiliária, permitindo a transparência requerida pela efectividade de um mercado", e que a Lei n.º 6/2006, de 27 de Fevereiro, *manteve* o direito correspondente ao do artigo 47.º, n.º 1, do RAU, há que começar por saber como ficou regulada essa matéria, primeiramente num sentido estático e depois em conexão com a filosofia subjacente ao NRAU e o consequente regime das diversas modalidades e tipos de arrendamento.

Sob o ponto de vista sistemático, sendo certo que o legislador de 2006 republicou o Capítulo IV do Título II do Livro II do Código Civil, o direito de preferência do arrendatário (artigo 1091.º) compõe a Subsecção VI da Secção VII intitulada "Arrendamento de prédios urbanos". Tendo nós dúvidas sobre a intencionalidade desta opção "de localização", não deixa de ser curioso que, tal como no RAU, a figura tenha sido colocada a seguir às normas sobre o subarrendamento. Parece-nos mesmo que, tendo em conta a aludida recuperação da arquitectura que a locação tinha no Código Civil, o legislador de 2006, pensando certamente na sistematização do RAU mas não valorizando a conexão do direito com o regime substantivo introduzido para os diferentes tipos contratuais, como que foi "obrigado" a colocar o direito de preferência do arrendatário num lugar incaracterístico e desadequado. Esta nossa convicção acerca da irreflexão da opção não é despicienda para o nosso fio posterior de argumentação. Diga-se, por outro lado, e com idêntico sinal negativo, que o artigo 1091.º, para lá das suas lacunas, mistura dois direitos de preferência diferentes, como são o direito de preferência clássico (por alienação onerosa do arrendado) e o direito de preferência, delimitado temporalmente, na celebração de novo contrato de arrendamento (para a única hipótese de caducidade por verificação dos pressupostos previstos no artigo 1051.º, *c*), do Código Civil). E tratando-se de dois direitos diversos também não se compreende a sua aglutinação sob a denominação de "regra geral" na epígrafe do artigo 1091.º.

Mantendo o direito, aqui em causa, com uma estrutura similar à do artigo 47.º, n.º 1, do RAU, isto é, concebido para ser exercido na compra e venda ou dação em cumprimento do local arrendado, o legislador de 2006 manifestou, *estranhamente*, duas posições contrastantes. Na verdade, em primeiro lugar, e numa *perspectiva apenas literal*, o legislador, partindo das finalidades assinaladas ao contrato pelo artigo 1067.°, confere o direito *genericamente* ao arrendatário de prédios urbanos (e, para alguma doutrina, aos arrendatários de prédios rústicos não sujeitos a regimes especiais) com fim habitacional ou não habitacional, sem ressalvar, desde logo, a zona dos arrendamentos que, na vigência dos artigos 5.° e 6.° do RAU, eram apelidados "de regime especial"[26]. Ainda dentro dessa perspectiva liberal, o legislador não exige expressamente que o arrendatário faça prova do merecimento do exercício do direito, ou seja, parece prescindir-se de uma exigência de habitação efectiva e do exercício concreto das actividades que constituem o fim não habitacional. Por outro lado, o mesmo legislador parece *desvalorizar ou conter* o direito de preferência, não tanto por não ter adoptado o disposto no artigo 97.° do RAU, mas pela circunstância de ter agravado, de um para três anos, o requisito temporal condicionante do exercício do direito. É de lembrar que esta modificação do condicionalismo temporal só ocorreu nos trabalhos de discussão da Proposta de Lei governativa.

Torna-se agora necessário sopesar dois aspectos essenciais (para as conclusões a que iremos chegar) e que tem a ver não só com a *ratio* que presidiu à conservação do direito de preferência pelo legislador, mas também, e sobretudo, com os princípios e regras que enformam o edifício arrendatício do diploma de 2006. Na verdade, traduzindo-se o direito de preferência do arrendatário numa limitação à autonomia privada, esse mesmo direito torna-se problemático se o sistema do arrendamento urbano, por decisão de política legislativa, manifestar um princípio geral essencialmente contrário a essa limitação. Para nós, independentemente do teor literal dos preceitos e das aparências que deles resultam, é imprescindível na análise indagar daquela razão e saber se o NRAU representou uma regressão no caminho liberal instituído em 1990 (compreendida a reforma de 1995) para os arrendamentos de duração efectiva – o que poderá justificar a amplitude patente na letra do artigo 1091.° e a conversão de um direito excepcional em direito ordinário – ou se, pelo contrário, conservou ou consolidou mesmo aquela opção liberalizante – o que poderá exigir uma intervenção metodológica interpretativa sobre um preceito... incompreensível.

---

[26] Ver, para essa aplicação geral, MARGARIDA GRAVE, *Novo regime do arrendamento urbano*, 3.ª ed. actualizada, 2006, pp. 83 e 112.

Na exposição de motivos da Proposta que o Governo apresentou, em 2005, à Assembleia da República, diz-se que "a revisão do RAU visa pois alcançar objectivos considerados essenciais ao saudável desenvolvimento do mercado habitacional português, através da previsão de regras que, simultaneamente, promovam o mercado de arrendamento para habitação, serviços e comércio, facilitem a mobilidade dos cidadãos, criem condições atractivas para o investimento privado no sector imobiliário, devolvendo confiança aos agentes económicos...". Mais adiante é afirmado sintomaticamente que "*do ponto de vista substantivo, o NRAU manterá os princípios da liberdade de funcionamento do mercado e da autonomia contratual, já vigentes para os contratos posteriores a 1990...numa matriz moderna que visa colocar o mercado de arrendamento português a par dos outros países europeus...*" (itálico nosso). Ainda com bastante interesse para completarmos os pressupostos que deverão presidir à tomada de posição sobre as questões formuladas inicialmente, a mesma exposição de motivos afirma que "*manter-se-ão as normas jurídicas de protecção do direito à habitação, constitucionalmente consagrado...*" (sublinhado nosso). Já depois da aprovação da Lei n.º 6/2006, e no *domínio* do Governo, é explicitada a última afirmação no seio das explicações sobre o *regime do arrendamento habitacional*, dizendo-se que sendo a habitação "...um direito fundamental, como tal considerado pela Constituição..." justifica-se que "...o legislador possa – e deva – conceder tratamento favorável ao arrendatário. É certo que a reforma tem por objectivo, entre outros, o aumento da oferta de habitações para arrendar, com o que isso significa de reequilíbrio de poder entre as partes. *No entanto, mesmo que o arrendatário...não tenha dificuldade em encontrar no mercado de arrendamento uma nova habitação que satisfaça, a preço comportável, as suas necessidades, qualquer mudança de habitação tem inconvenientes associados. Justifica-se assim a tutela da estabilidade, traduzida, por exemplo, na manutenção do direito de preferência do arrendatário*" (itálico nosso). Noutro lugar, a propósito do *arrendamento não habitacional*, nada sendo referido sobre esse direito, é dito que "*o arrendamento para fins não habitacionais não exige um tão elevado número de precauções. As actividades em causa são, maioritariamente, de natureza económica, não sendo, à partida, identificável uma parte mais fraca no contrato. Significa isto que o legislador pôde aligeirar aqui a sua actuação, deixando à livre conformação das partes as normas a que se vinculam*" (itálico nosso).

Estas importantes considerações sobre os *interesses* subjacentes à reforma de 2006, levam-nos a pensar que a norma do artigo 1091.º, concebida genericamente pelo legislador, deve ser interpretada e aplicada de forma diferente nas duas modalidades (em função dos fins) de arrendamento pensados pelo legislador. Se, no RAU, contrariamente aos arrendamentos "de regime especial" e aos arrendamentos "de regime liberal", os arrendamentos "de regime comum" (sujeitos a renovação obrigatória) conferiam o direito de preferência, no sistema actual esse direito, não podendo ser colocado em causa em certos arrendamentos urbanos para habitação (é o que sucede nos arrendamentos de duração indeterminada cujo regime de cessação por denúncia do senhorio conhece limites apertados, mesmo tendo em conta o disposto na alínea c) do artigo 1101.º), e podendo ser aceite com *certas reservas* nos actuais arrendamentos habitacionais com prazo certo, já deixa de ter sentido nos arrendamentos habitacionais não permanentes ou com finalidade especial transitória *e, seguramente, nos arrendamentos urbanos para fins não habitacionais (de âmbito limitado ou não), sujeitos, nos termos do artigo 1110.º, n.º 1, por vontade das partes, a um regime ainda mais liberal do que o do RAU.*

Esta nossa posição, consciente da necessidade metodológica de fazer uma aplicação prudente de uma norma proclamada geral, implica, como efeito principal, levar a cabo uma *interpretação restritiva ou uma redução teleológica* do preceito do artigo 1091.º, *devolvendo-o à sua natureza excepcional e à sua razão de ser*. Na verdade, face às motivações e princípios que constituem o núcleo duro da reforma – *releve-se a eliminação da imposição ao senhorio da prorrogação forçada do vínculo existente* – e pensando na história, na finalidade e nas características do direito de preferência, não pode o legislador ter querido subverter, nesta parte, o sistema arrendatício vigente desde 1924 até 2006. Esta nossa atitude de sopesar a norma do artigo 1091.º explica-se ao tomarmos consciência de que não terá havido por parte do legislador uma reflexão ponderada, uma valoração rigorosa do instituto em função da chamada coerência interna do diploma de 2006. Januário Gomes[27], com razão, chegou mesmo a afirmar "...que, num quadro de "desvinculação" do regime do arrendamento, a manutenção de direitos de preferência na venda não faz muito sentido".

Começando a explicitar este nosso ponto de vista, há que dizer que, mesmo em relação aos arrendamentos habitacionais, se a outorga do direito parece pacífica, como já dissemos, para os contratos de duração indeterminada (resultantes do disposto no artigo 1094.º) por corresponde-

---

[27] *In* Vida Judiciária, n.º 108, 2007, p. 9.

rem de certa forma aos chamados arrendamentos "de regime comum" (atente-se que no regime constante dos artigos 1099.° e seguintes do NRAU só está prevista a denúncia como forma especial de cessação) e se a sua exclusão também não deve merecer dúvidas, *apesar dos termos literais do artigo 1091.°*, nos contratos para habitação não permanente ou para fins especiais transitórios, referidos no n.° 3 do artigo 1095.° e no n.° 1 do artigo 1096.° (mesmo que o prazo de caducidade do arrendamento, por ex., a um estudante, a um professor ou a um desportista, seja de quatro anos, que interesses poderão justificar o exercício do direito de preferência em contratos com esses fins e sujeitos à não renovação automática?), já relativamente aos arrendamentos habitacionais celebrados com prazo certo inserido no contrato (e nunca inferior a cinco anos nem superior a trinta) *colocamos dúvidas* à admissão do direito, sabendo-se que, nesses contratos, correspondentes no RAU aos arrendamentos de duração limitada, o legislador permite que qualquer das partes se oponha à renovação automática (artigos 1096.°, n.° 2, 1097.° e 1098.°). Esta nossa posição cautelosa prende-se com a valoração de argumentos em conflito, ou seja, e desde logo, a inexistência de um texto similar ao do artigo 99.°, n.° 2 do RAU, a pressuposição de uma normal renovação automática, e, sobretudo, o desejo de protecção num arrendamento com alguma assimetria de poder contratual, reflectido, aliás, nos trabalhos preparatórios, ao aludir-se ao tratamento mais favorável do arrendatário habitacional (com patentes manifestações na transmissão da posição de arrendatário) e ao considerar-se o direito à habitação como direito fundamental. Por outro lado, há que ter a consciência que o senhorio, tendo o contrato prazo certo (por ex., de cinco anos), pode querer impedir essa renovação. Como justificar, então, o exercício do direito se, na entrada para o terceiro, quarto ou quinto ano de contrato, o senhorio manifestar uma vontade de cessação que nem carece de justificação? As nossas dúvidas potenciam-se (ou deixam de ter razão de existir) no caso em que o contrato contenha uma cláusula segundo a qual o senhorio e (ou) o arrendatário manifestem desde logo uma vontade de oposição à renovação, a concretizar nos termos dos artigos 1097.° e 1098.° ou em termos (legais) diferentes[28].

E como justificar agora a nossa posição de princípio relativamente aos *arrendamentos não habitacionais*? Diga-se, para já, que não tem justificação (até pela sua normal transitoriedade), nem nunca esteve na von-

---

[28] Para a validade dessa hipótese, ver PEDRO ROMANO MARTINEZ, *Da cessação do contrato*, 2.ª ed., 2006, pp. 44-45 e nota 58.

tade do legislador conceder o direito de preferência aos arrendatários de espaços urbanos não habitáveis (por ex., colocação de publicidade nas paredes ou telhados dos imóveis ou locação de cave para guarda de mobílias herdadas) ou de prédios rústicos (não sujeitos a regimes especiais) com finalidade não habitacional (por ex., para aulas de equitação, para exposição de máquinas, publicidade, parqueamento, festas populares, campos de golfe, corridas de cavalos e outras)[29]. Por outro lado, também pensamos que a celebração de arrendamentos para fins não habitacionais (e seguramente os de objecto comercial, industrial e para o exercício de profissão liberal), sem submissão à autonomia do artigo 1110.°, isto é, com prazo certo supletivo, com duração indeterminada ou sujeitos a um regime (convencionado) fortemente vinculístico, parecem adquirir uma estabilidade, *introduzida voluntária ou involuntariamente pelos contraentes*, conciliável com a natureza e os interesses tutelares subjacentes ao direito de preferência.

Dissemos mais acima que o NRAU dotou os arrendamentos de fim não habitacional de um regime específico ainda mais liberal do que aquele que constava dos artigos 117.° e 118.° do RAU e, por isso mesmo, com menores preocupações de tutela destes arrendatários. Como afirma Sousa Ribeiro[30] "não deixa de ser verdade...que as diferenças entre esses dois blocos (o habitacional e o não habitacional) se acentuaram, caracterizando-se genericamente o regime dos arrendamentos não habitacionais por menores restrições à autonomia privada. Boa ilustração desta característica fornece-a o disposto no artigo 1110.°, do qual resulta uma diferente natureza, consoante os campos operativos, de normas reguladoras de pontos nucleares da disciplina contratual: imperativas, no âmbito dos arrendamentos habitacionais, passam a supletivas, no âmbito dos arrendamentos não habitacionais, só se aplicando na falta de estipulação, aqui livremente admitida". Na *lex specialis* dos arrendamentos para fins não habitacionais permaneceu, na verdade, aquilo que pode ser designado por "vinculismo mínimo" e sem necessária atinência aos clássicos fins comerciais, industriais ou para exercício de profissão liberal. Referimo-nos, sobretudo, à não caducidade do arrendamento por morte do arrendatário, já que o disposto nos artigos 1109.° (locação de estabelecimento comercial ou indus-

---

[29] É duvidoso, aliás, que o enunciado da norma do artigo 1064.° do Código Civil pretenda abarcar esses arrendamentos rústicos.

[30] *O novo regime do arrendamento urbano: contributos para uma análise*, in Cadernos de Direito Privado, n.° 14, 2006, p. 9.

trial) e 1112.° (transmissão da posição do arrendatário), conservando soluções tradicionais de tutela (*maxime* do estabelecimento comercial) em ambiente vinculístico, tinham projecção semelhante no regime que o RAU (com as alterações de 1995) consagrava relativamente aos arrendamentos de duração limitada.

Mas que razões nos levam, pois, a restringir, nos arrendamentos "liberais" para fins não habitacionais, a aplicação do disposto no artigo 1091.°?

Em primeiro lugar, os trabalhos preparatórios, contrariamente ao que se passa no domínio dos arrendamentos habitacionais, não revelam qualquer alusão ao direito de preferência do arrendatário não habitacional, salientando-se apenas a devolução do contrato à liberdade negocial dos contraentes. Daqui a natural desnecessidade de tutelar este tipo de arrendatários contra si mesmos, atendendo à *proclamada falta de uma parte mais fraca*.

Em segundo lugar, podendo as partes, ao abrigo do artigo 1110.°, n.° 1, estipular o prazo de duração contratual (tipicamente curto e certamente inferior ao prazo supletivo), sem os constrangimentos do artigo 98.°, n.° 2, do RAU, e do artigo 1095.°, n.° 2, do NRAU, nada impede que manifestem, desde logo, a previsão de caducidade do contrato, ou seja, a vontade de oposição à prorrogação, bem como a possibilidade de uma denúncia/ /revogação motivada ou não motivada[31]. E se a autonomia, visível no tipo de arrendamento escolhido, pode compreender ainda outros aspectos (aposição de condições resolutivas, regime das obras e compensação por obras, actualização da renda, regime de encargos e despesas, efeitos da cessação, direito de preferência do senhorio), ela também justifica que, em nome da boa fé, os *contraentes, conscientes do gozo temporário do imóvel, não aceitem outros limites para lá daqueles que decorrem das chamadas normas especiais de tipo imperativo*, como é o caso do regime estabelecido nos artigos 1109.°, 1112.° e 1113.°. Repare-se, aliás, para os mais positivistas ou descrentes desta interpretação, que o senhorio tem sempre um processo fácil de afastar o direito de preferência ao propor determinadas durações contratuais (por ex., por três anos não prorrogáveis, por dois ou três anos, com possibilidade de *renovação ou preferência em novo arrendamento*, por um ano com *renovação* por mais três, etc.). Para nós, contudo, o afastamento do direito está já *incluído na natureza e no tipo de*

---

[31] Ver, em sentido contrário, GRAVATO MORAIS, *Novo regime de arrendamento comercial*, 2006, pp. 126-127.

contrato celebrado. Na verdade, *falta nesta opção dos contraentes, neste contrato de regime livre, a estabilidade justificativa da outorga do direito de preferência*, conducente à primazia da tutela do fim não habitacional sobre a livre disposição da propriedade fundiária. Recorde-se que no RAU contratos celebrados dentro da mesma filosofia liberal, e até com imposição do período inicial de cinco anos, já não conferiam ao arrendatário tal direito. No tocante a este aspecto concreto *não houve por parte do legislador uma vontade de mudança desse paradigma, mas uma sua consolidação*.

Sabendo-se, em terceiro lugar, que o legislador, numa linha já iniciada anteriormente, com o objectivo de conferir melhor tutela ao locador, conservou apenas um vinculismo muito ténue (*maxime* nos casos de funcionamento de estabelecimento comercial ou industrial) não garantindo a prorrogação forçosa, e permitindo o afastamento da prorrogação automática do *arrendamento*, não seria compreensível que ao arrepio dessa liberalização (com vista, como já dissemos, ao dinamismo do mercado) continuasse a impor ao senhorio a perda da sua liberdade de livre escolha do adquirente e continuasse a outorgar ao inquilino o direito de poder adquirir o ... *arrendado*. Como se sabe, o direito de preferência do arrendatário nunca foi considerado como contrapartida da menor estabilidade do arrendamento. Conquanto o prazo fixado possa condicionar a protecção, há que dizer que aquilo que o legislador pretendeu, seguramente, continuar a tutelar, nesses arrendamentos "liberais", foi o interesse da circulação dos estabelecimentos (em ordem à protecção dos novos arrendatários), a manutenção da sua continuidade (em caso de morte do arrendatário), não querendo, certamente, aplicar a esses contratos um instrumento que sacrifica e contradiz os interesses (de recuperação e de livre disposição do prédio) que conduziram o locador a optar pela liberdade prevista no artigo 1110.°, n.° 1, do NRAU, que, na actual conjuntura, não é essencial para o arrendatário não habitacional (*maxime* nos arrendamentos de fins não comerciais ou industriais, como, por ex., os feitos a um advogado, a um mediador de seguros, a um partido político, a um clube desportivo ou a um sindicato) e que fomenta desejos oportunistas ou especulativos. No sistema do Código Civil de 1966, cuja pedra angular, no regime legal do arrendamento, era a regra da prorrogação forçosa, é que se podia dizer, com as palavras de Rui de Alarcão[32], que a tutela do estabelecimento

---

[32] *Sobre a transferência da posição do arrendatário no caso de trespasse*, 1971, p. 25, nota 48.

representava "uma autêntica ideia-força do regime específico do arrendamento para comércio ou indústria" e que o legislador encarava "juridicamente a posição locativa como um elemento instrumental da empresa".

Para reforçar os argumentos anteriores vejamos, agora, o concreto plano dos *interesses em causa*. Sabendo-se que as preferências legais tem por fundamento, no dizer de Almeida Costa[33], "razões de interesse e ordem pública", desde 1924 que se considerou que a estabilidade da relação do arrendatário não habitacional com o local tomado de arrendamento, tradutor de uma espécie de "propriedade imperfeita", justificava que, mediante o exercício do direito de preferência, o arrendatário pudesse tornar-se dono desse mesmo local. Como afirmou J. G. de Sá Carneiro[34] "atentas as especiais garantias que o nosso direito... vem concedendo ao arrendamento de comércio e indústria, como que se estabeleceu uma *compropriedade* entre senhorio e arrendatário. Ora este direito (Sá Carneiro refere-se ao direito de *fruição*) é transferido para o arrendatário... por tanto tempo quanto ele o deseje, já que ao senhorio não é reconhecida a faculdade de evitar a renovação do contrato". A concessão do direito de preferência estava pois ao serviço da "tutela da função social da propriedade e do seu valor produtivo"[35], possibilitando o acesso à propriedade a quem era titular de um direito tipicamente duradouro. A tendencial perpetuidade do arrendamento sintonizava-se, numa harmonia perfeita, embora à custa do sacrifício do locador, com a preocupação de proteger o estabelecimento, permitindo, para a hipótese do arrendatário preferir na alienação do locado, valorizar esse mesmo estabelecimento. Daí que Januário Gomes[36] pudesse afirmar, relativamente aos arrendamentos de duração limitada do RAU, ser compreensível o afastamento do direito de preferência "uma vez que, pelo seu próprio regime, tais arrendamentos caracterizam-se, precisamente, por o senhorio poder, através de denúncia, pôr licitamente fim ao gozo do locado para o fim do prazo ou sua prorrogação, o que constitui uma relevante diferença, em termos de ligação do arrendatário ao locado...".

Possibilitando actualmente aos contraentes inserir no clausulado do arrendamento não habitacional uma previsão de cessação por caducidade

---

[33] *Direito das Obrigações*, 10.ª ed., 2006, pp. 448-449, nota 2.

[34] *Direito de preferência dos arrendatários comerciais, industriais ou de profissões liberais, in* Revista dos Tribunais, ano 80.º, p. 355.

[35] AGOSTINHO GUEDES, *O exercício do direito de preferência*, 2006, p. 67.

[36] *Cessão*..., cit., p. 509.

ou por oposição à renovação, o legislador pretendeu, com isso, corrigir a injustiça do sacrifício imposto, por muitos anos ao locador, dotando o contrato de uma *tendencial provisoriedade, que faz avultar os interesses do senhorio*, que não priva o arrendatário de uma normal tutela do arrendamento e dos existentes estabelecimentos (tudo em sintonia com os condicionalismos do tipo de contrato proposto), mas que não se mostra compatível, a não ser que haja acordo (prévio ou posterior) nesse sentido, com interesses ligados à aquisição do locado. Quer isto dizer que os direitos não são indiferentes ao ideário jurídico-político presente em cada fase legislativa, reflectindo concretamente o direito de preferência do arrendatário o oscilar do papel, ora mais interventor do Estado (melhor tutela da estabilidade habitacional e da actividade comercial), ora mais liberal (com maior valorização dos interesses fundiários dos senhorios). Foi por esta mesma "quebra" da chamada "ordem pública económica de protecção" que o legislador do NRAU remeteu para a autonomia das partes (artigo 112.º, n.º 4) a regulação do direito de preferência do senhorio em caso de trespasse, tendo certamente em vista a real possibilidade do senhorio poder, com facilidade, recuperar o prédio. Tendo este direito surgido em 1924 como contrapeso do direito de preferência outorgado ao arrendatário, e podendo este direito, para os que sufragarem outro modo de ver, ser facilmente removido no clausulado sobre o prazo, não se descortinam razões que obstem à mesma auto-regulação do direito consagrado no artigo 1091.º do Código Civil. Pensamos mesmo que a verdadeira intenção do legislador foi permitir, nos arrendamentos não habitacionais, clausulados flexíveis e que sirvam os interesses de ambos os contraentes, sem estar, à partida, a impor limites que o próprio contrato rejeite e possam prejudicar ambas as partes e, afinal, o dinamismo da contratação.

E que dizer, por fim, do argumento retirado do silêncio legislativo, isto é, da ausência, no NRAU, de uma norma equivalente à do artigo 99.º, n.º 2 do RAU? Para nós, o legislador ao pensar nas normas especiais dos artigos 1108.º e seguintes (e em particular dos artigos 1110.º, n.º 1 e 1112.º, n.º 4) não se apercebeu que o reforço da componente liberal desses arrendamentos, ou seja, o convolar para um regime menos protector dos arrendatários, iria atingir direitos que, já em ambiente vinculístico, eram considerados excepcionais[37]. O legislador não articulou um instituto

---

[37] Para afirmações mais recentes da natureza excepcional das preferências legais, ver MENEZES CORDEIRO, *Servidão legal de passagem e direito de preferência*, in Revista da Ordem dos Advogados, III, 1990, p. 557 e JANUÁRIO GOMES, *Cessão…*, cit., p. 511.

que reclama o pressuposto da estabilidade a uma contratação que repudia esse mesmo postulado. Para nós houve, efectivamente, uma reiteração tácita da circunscrição, iniciada no RAU, aplicativa do direito de preferência do arrendatário, conquanto o legislador, por inércia ou desatenção, tivesse formulado uma norma genérica... excessiva. Não havendo dados que apontem para uma aplicação "revolucionária" ou inflacionada do direito em causa, também não é a tradição, a inércia ou a imperícia legislativa que podem ser a fonte do reconhecimento de um direito se, do ponto de vista substancial, esse mesmo direito carecer de justificação.

Em suma, há que dizer que, seguramente em relação aos arrendamentos para fins não habitacionais, celebrados intencionalmente ao abrigo da liberdade conferida pelo artigo 1110.º, n.º 1, do Código Civil, o legislador disse mais do que queria dizer, *impondo-se nos termos do artigo 9.º, n.º 1, do Código Civil, uma interpretação restritiva (ou uma redução teleológica)* por consideração do sistema (inserção no espírito, na unidade e na coerência normativa do RNAU), da história (evolução do instituto desde 1924 e trabalhos preparatórios do NRAU) e da valoração da *ratio legis* subjacente à doutrina do artigo 1091.º (*cessante ratione legis cessat eius dispositio*). É sabido que na pesquisa do chamado elemento racional ou teleológico é importante que o intérprete conclua pela valoração dos fins e dos interesses subjacentes à norma interpretada, com o auxílio, na descoberta dessa "racionalidade", do ambiente ou da "conjuntura político-económico-social que motivou a "decisão" legislativa (*occasio legis*)..."[38].

O corolário que se extrai desta posição, que corrige uma norma aparentemente genérica, é a constatação de que, em rigor, não é necessário que os contraentes excluam um direito quando, por interpretação, se concluiu pela sua não existência na esfera jurídica de determinados arrendatários. O que é admissível é que os contraentes possam, caso o entendam adequado (em função da duração ou dos fins do contrato) convencionar a admissão (com efeito obrigacional ou real) de um direito de preferência.

Este resultado restritivo pode ser igualmente obtido se pudermos defender a legitimidade de uma renúncia abdicativa ao direito consignado formalmente no artigo 1091.º. Tendo em vista a extinção subjectiva desse direito, a validade do acto unilateral de renúncia antecipada depende da ausência de razões de ordem pública que confiram à norma em causa um

---

[38] BAPTISTA MACHADO, *Introdução ao Direito e ao Discurso Legitimador*, 1983, p. 182.

escopo indisponível[39]. Pelos argumentos expostos anteriormente já dissemos que, relativamente a certos arrendamentos e a certos arrendatários, falecem os motivos sociais de tutela que, na base da estabilidade do vínculo arrendatício, justificaram o nascimento do direito e que ainda persistem num âmbito mais limitado. Quer isto dizer que, *embora seja redundante*, nada impede que as partes reiterem a conclusão interpretativa, excluindo expressamente esse mesmo direito (mesmo sem pensarmos no afastamento que os mais positivistas poderão sufragar pela via da fixação de prazos de duração que precludam o requisito temporal previsto no artigo 1091.º) ou que o arrendatário renuncie a ele de livre vontade com um efeito liberatório para o senhorio – recorde-se que o legislador já não vê o arrendatário não habitacional como contraente abstracto que necessite de protecção contra si mesmo. Diga-se, a propósito, que, mesmo noutros contextos legislativos mais rígidos, esta renúncia global sempre foi admitida pela nossa doutrina mais antiga[40] até ao momento em que Antunes Varela[41] a contestou com o argumento de que essa abdicação seria contraditória com as "razões de interesse e ordem pública" subjacentes aos direitos legais de preferência. O saudoso jurista, pensando sobretudo nas preferências que protegem "o melhor ordenamento da propriedade imobiliária" (tratava-se, no caso, do direito concedido pelo artigo 1380.º do Código Civil), defendeu a nulidade dessa declaração de renúncia com o fundamento legal combinado dos artigos 280.º, n.º 1e 1380.º do Código Civil. O que podemos agora perguntar, com o conjunto de considerações aduzidas sobre o espírito que presidiu ao NRAU, *maxime* a nítida contenção do vinculismo (particularmente sentida na zona dos arrendamentos não habitacionais de regime mais liberal), é quais são as "razões de interesse e ordem pública" que obstam à validade da renúncia global desses arrendatários. Utilizando outras palavras de Antunes Varela ("pode deste modo dar-se por assente a inadmissibilidade da renúncia global… ao

---

[39] Cfr. F. de Brito Pereira Coelho, *A renúncia abdicativa no direito civil (algumas notas tendentes à definição do seu regime)*, 1995, pp. 146-147. Para este jurista, a irrenunciabilidade antecipada de um direito deixa de poder ser sustentada a partir do momento em que a norma em que se funda o direito deixar, no plano da sua razão de ser, de poder ser considerada imperativa.

[40] Ver Pinto Loureiro, *Manual dos direitos de preferência*, II, 1945, pp. 163-164 e Vaz Serra, *Pacto de preferência ou de opção*, in Boletim do Ministério da Justiça, n.º 76, pp. 167 e 237-238, nota 208.

[41] Revista de Legislação e de Jurisprudência, ano 117.º, pp. 237-239, em anotação ao acórdão do Supremo Tribunal de Justiça, de 26 de Novembro de 1981.

direito legal de preferência, por contrária ao *estatuto legal* do direito real em que a *preferência* se enxerta"[42]) é igualmente de questionar se o actual estatuto legal do arrendamento (sobretudo, do não habitacional) se mostra contrário à admissão dessa renúncia total. Já dissemos com vigor qual é a nossa resposta.

O caminho defendido, que aplica com prudência uma norma tida por genérica, afastando uma mera interpretação exegética, é, segundo a nossa convicção, o único que permite evitar uma (anómala) asserção acerca do tom inovador (por desproporcionado) da norma do artigo 1091.º, a descaracterização parcial do direito de preferência, a sua "privatização/generalização", com a perda da necessária explicação "pública", e, como corolário, a sua transformação num meio (impensável) de expropriação por utilidade particular.

6. As normas transitórias do NRAU e o direito de preferência

Vejamos, por fim, o relevo, para o tema do estudo, das normas transitórias constantes da Lei n.º 6/2006.

Relativamente aos arrendamentos celebrados na vigência do RAU (com as alterações introduzidas em 1995 para os arrendamentos não habitacionais) o artigo 26.º, n.º 1, enquanto norma de conflito, começa por traçar a "directriz" da sujeição desses contratos às disposições do NRAU. A parte final do preceito ressalva, contudo, a aplicação das normas transitórias referidas nos n.ᵒˢ 2 a 6 desse normativo. Este primeiro quadrante é completado com as normas finais dos artigos 59.º e seguintes, reiterando este preceito, no seu n.º 1 ("o NRAU aplica-se...às relações contratuais constituídas que subsistam nessa data..."), o disposto no artigo 26.º, n.º 1 e referindo o seu número 2, em termos não inteiramente claros quanto ao significado da expressão "titular", que "a aplicação da alínea *a*) do n.º 1 do artigo 1091.º do Código Civil não determina a perda do direito de preferência por parte de arrendatário que dele seja titular aquando da entrada em vigor da presente lei".

Continuando naturalmente, após 27 de Junho de 2006 (data da entrada em vigor do NRAU), a poder ser exercido o direito de preferência pelos arrendatários de contratos de arrendamento, habitacionais e não habitacionais, celebrados, no RAU, ao abrigo do chamado regime comum,

---

[42] *Ibidem*, p. 239.

mas não havendo nas normas transitórias do artigo 26.° qualquer alusão (positiva ou negativa) ao direito de preferência no tocante aos arrendamentos de duração limitada, é de perguntar se estes contratos ficam agora sujeitos, com carácter retroactivo, ao âmbito de aplicação do artigo 1091.°, tendo em conta, numa primeira interpretação, a sua formulação genérica (com uma implícita nova valoração desses arrendamentos) e a regra geral plasmada no artigo 12.°, n.° 2, 2.ª parte do Código Civil ("mas quando dispuser directamente sobre o conteúdo de certas relações jurídicas, abstraindo dos factos que lhes deram origem, entender-se-á que a lei abrange as próprias relações já constituídas..."). De forma mais explícita, celebrado um arrendamento não habitacional e de duração limitada antes da entrada em vigor da Lei n.° 6/2006, e pretendendo o senhorio vender o local arrendado *depois dessa data*, terá o arrendatário direito de preferência? A questão é formulada desta forma na medida em que se a venda tiver sido feita na vigência do RAU, a lei nova terá que respeitar o efeito definitivo produzido (no caso, ausência do direito de preferência), sob pena de entrar em colisão com o disposto na 2.ª parte do n.° 1 do artigo 12.° do Código Civil.

Regressando ao quesito, não temos dúvidas em responder negativamente a essa questão, desde logo porque uma outra solução colidiria gritantemente com o regime vigente ao tempo da celebração desses contratos (recorde-se que o preceito do artigo 99.°, n.° 2, do RAU excluía o direito) e não estaria consonante com a interpretação restritiva do artigo 1091.° na sua possível conexão com os arrendamentos (de futuro) não habitacionais celebrados nos termos do artigo 1110.°, n.° 1, do Código Civil. Explicitando estas razões, a recusa da chamada *retroconexão*, isto é, "de apreciação *ex novo* de factos passados, da qual resulte a atribuição a esses factos de efeitos que eles não produziam...[43]" começa por fundar-se na prevalência do "interesse na estabilidade" sobre o "interesse na adaptação", tendo em conta a segurança jurídica e a ausência de interesses (de terceiros ou da comunidade) legitimadores da via retroactiva[44]. Se o legislador, nos trabalhos preparatórios da Lei n.° 6/2006 e na respectiva exposição de motivos, aludiu expressamente ao respeito pelas "matérias relativas à duração, renovação e denúncia, as quais continuarão a reger-se pelo RAU, tendo em vista assegurar a protecção da expectativa das partes aquando da

---

[43] BAPTISTA MACHADO, *Sobre a aplicação no tempo do novo Código Civil*, 1968, p. 39.

[44] Sobre os dois interesses, ver BAPTISTA MACHADO, ult.ob.cit., pp. 56-59.

sua celebração", como compreender a recusa da chamada *sobrevigência* da lei antiga, que recusava o direito de preferência para os contratos celebrados ao abrigo de uma certa liberdade contratual? Na verdade, pese embora a revogação formal da maior parte das normas do RAU, não é possível deixar de respeitar "...o facto contratual...enquanto facto de produção normativa..."[45], esse princípio da autonomia da vontade – traduzido no desejo de se pretender um arrendamento de duração limitada, conhecendo as partes, como efeito dessa falta de estabilidade, a exclusão do direito de preferência – considerando-se *absorvido* pelo contrato (*lex transit in contractum*) um regime que, pelo contrário, já integrava positivamente o "estatuto legal" dos contratos de duração não efectiva. Para Baptista Machado[46] "o contrato aparece como um acto de previsão em que as partes estabelecem, tendo em conta a lei então vigente, um certo equilíbrio de interesses que será como que a matriz do regime da vida e da economia da relação contratual". E noutro lugar[47] o mesmo jurista afirma "que aquele que está vinculado em face doutrem por uma relação contratual não é obrigado senão a observar as normas que constituem o estatuto dessa relação, normas essas que são tanto aquelas que as partes expressamente estipularam como aquelas que *tacitamente acolheram do sistema jurídico em vigor no dia do contrato*" (sublinhado nosso). Também Sousa Ribeiro[48], ao aludir à 2.ª parte do n.º 2 do artigo 12.º do Código Civil, afirma que "os efeitos não podem ser dissociados do acto gerador e das determinações volitivas das partes no momento da sua celebração". Que o legislador não pretendeu inovar para esses arrendamentos (*maxime* os não habitacionais) mostra-o o sinal neutralizador revelado pelo confronto entre o regime menos protector do artigo 58.º[49] e a solução, aparentemente mais favorável ao inquilino, prescrita no artigo 26.º, n.º 3 (em comparação com o estipulado no artigo 118.º, n.º 1 do RAU). Em contra-argumentação, não poderá dizer-se que a norma do artigo 1091.º, por integrar o chamado "estatuto legal" (conexão com o conteúdo legal do arrendamento), visa um princípio de ordem pública que pretende tutelar todos os arrendatários, independentemente dos vínculos concretos estabelecidos entre as partes e

---

[45] BAPTISTA MACHADO, *Sobre a aplicação...*, cit., p. 337.
[46] *Introdução ao Direito...*, cit., p. 238. Ver também a p. 348.
[47] *Sobre a aplicação...*, cit., p. 117.
[48] Cit., p. 7.
[49] A favor de uma interpretação restritiva do artigo 26.º,2 do NRAU (com mera aplicação aos arrendamentos vinculísticos), ver GRAVATO MORAIS, cit., p. 71.

do enquadramento legislativo vigente no momento (para nós decisivo) da sua celebração? Não será, pois, esta norma de aplicação imediata às situações jurídicas constituídas anteriormente, precisamente por abstrair dos factos constitutivos dessas situações, cedendo "a lei de autonomia privada...perante uma lei imperativa motivada por um interesse público"[50]?

Tendo por certo que a intenção do legislador, com a norma do artigo 59.°, n.° 2, foi a de respeitar os requisitos que o direito de preferência tinha no seio do RAU (por ex., o arrendatário de um arrendamento de regime comum conserva o direito se, feita a comunicação ou a venda na vigência do RAU, e sendo o direito exercido na vigência do NRAU, tiver decorrido já o prazo exigido – ano e dia – de duração contratual), só tem sentido aplicar o artigo 1091.° aos arrendamentos anteriores se pudermos chegar à conclusão que esse normativo tem um cariz proteccionista ou inovador (abstraindo pois do concreto contrato gerador da situação) que deva levar à adaptação do "estatuto do contrato". Ora, já vimos que essa norma, em rigor, no contexto em que se insere, não abstrai das modalidades e tipos de arrendamento celebrados, não tendo o legislador, desde logo nos arrendamentos não habitacionais celebrados nos termos do artigo 1110.°, n.° 1, do Código Civil, feito uma nova valoração, de ruptura com a filosofia liberal dos arrendamentos não habitacionais celebrados após 1995. Quer isto dizer que, pelo menos nesses contratos[51], a norma não é inovadora, devendo salvaguardar as expectativas formadas na base de uma fraca estabilidade do vínculo, atingindo-se, desta forma, um regime coerente de exclusão do direito de preferência para esses arrendamentos, quer tenham sido celebrados no seio do RAU ou de acordo com as normas do NRAU. Bastante mais complexa é a questão da possível aplicação imediata do artigo 1091.° aos arrendamentos habitacionais de duração limitada celebrados na vigência do RAU, pensando, por um lado, na tutela proteccionista (?) aparentemente pretendida para esses contratos e, por outro, nas dificuldades de aplicação do prazo constante do novo "estatuto legal" (aproveitamento do prazo anterior? contagem do prazo a partir da entrada em vigor da lei nova?).

---

[50] BAPTISTA MACHADO, Sobre a aplicação... cit., p. 343.
[51] F. CUNHA DE SÁ/LEONOR COUTINHO, Arrendamento urbano 2006, 2.ª ed., 2007, pp. 111-112, na sistematização que fazem das normas transitórias do NRAU, só referem o direito de preferência a propósito dos arrendamentos sem duração limitada.

7. Conclusões

Podemos, agora, traçar, em síntese, as diversas conclusões a que fomos chegando e que permitem responder aos quesitos que constituíram o ponto de partida deste estudo. Assim, e *em primeiro lugar*, desde 1910 que o sistema regulador do arrendamento urbano foi marcado por um nítido escopo de ordem pública, dadas as severas limitações à liberdade contratual e por uma forte componente de motivações de natureza político-social. Em *segundo lugar*, o direito de preferência do arrendatário urbano, surgido em 1924 na área dos arrendamentos para comércio e indústria, e alargado expressamente em 1948 ao exercício de profissões liberais, foi considerado, desde essa legislação, como um direito excepcional (por limitar a liberdade de escolha do contraente do senhorio/proprietário), justificado por razões económico-sociais enxertadas no conjunto de normas protectoras da estabilidade desses arrendamentos (*rectius*, vinculismo). Em *terceiro lugar*, esse ideário do direito foi conservado no Código Civil de 1966 e na Lei n.º 63/77, que consagrou, pela primeira vez, a preferência do arrendatário no seio dos arrendamentos habitacionais, como forma de concretizar o direito social, com assento na Constituição, de acesso à habitação própria. Em *quarto lugar*, com o RAU de 1990 e as alterações ocorridas em 1995, o legislador assumiu um ponto de viragem ao colocar frente a frente duas concepções diferentes de arrendamento, ou seja, um modelo clássico, blindado e um modelo mais aberto, mais liberal, cujo embrião havia sido gerado timidamente em 1985. Nos chamados arrendamentos de duração limitada, tendencialmente temporários, estava excluído o privilégio do direito de preferência do arrendatário numa óptica material de primazia da propriedade fundiária. Nestes arrendamentos de regime liberal era perfeitamente defensável a validade da renúncia do arrendatário ou mesmo o acordo das partes tendente à reiteração daquela primazia. Em *quinto lugar*, o legislador do NRAU, ao redigir o artigo 1091.º, não tomou consciência das opções de consolidação respeitantes à diluição do chamado vinculismo. Havendo necessidade, em ordem a uma correcta aplicação, de proceder à interpretação da norma, a restrição do seu campo operativo é a via que permite sintonizar a *ratio* do direito com um complexo normativo que fez perder ao contrato a estabilidade própria do tradicional regime vinculístico. Por razões históricas (*lato sensu*) e teleológicas o direito de preferência deve ser restringido aos arrendamentos, anteriores ou posteriores à Lei n.º 6/2006, que reclamem uma particular tutela dos arrendatários, atinente sobretudo a razões económico-sociais plasmadas na Constituição. Esse *plus* tutelar que é o direito de preferência do arrendatário não tem justificação nos arrendamentos praticamente submetidos ao princípio da autonomia privada, como são os arrendamentos não habitacionais celebrados nos termos do artigo 1110.º, n.º 1, do Código Civil, e que foram encarados pelo legislador sem necessidade de tutelar uma parte mais frágil e como factores marcantes de dinamização do mercado habitacional. Tendo em conta que a aplicação do direito de preferência a estes contratos seria incoerente, implicaria a descaracterização da figura e iria contra a natureza e os interesses que presidiram a uma contratação querida como temporária, não vemos fundamento para considerar nula a renúncia antecipada feita pelo arrendatário ou o clausulado tendente a confirmar a referida exclusão do direito de preferência. *Por último*, a análise das normas transitórias e finais da Lei n.º 6/2006 não infirma as conclusões anteriores já que o artigo 1091.º não deve ser aplicado em prejuízo de um "estatuto contratual" que a lei nova, em confronto com o regime de 1995, não pretendeu valorar diferentemente.

Junho de 2007

A FIANÇA DO ARRENDATÁRIO FACE AO NRAU

Manuel Januário da Costa Gomes[*]

Sumário: *1. Introdução. 2. Os regimes dos artigos 654 e 655 do CC: uma relação geral-especial? 3. O regime do artigo 655 CC. 4. As situações fidejussórias relativas a arrendamentos anteriores, face às "Normas Transitórias" da Lei 6/2006. 5. A fiança do arrendatário em arrendamento de duração indeterminada: 5.1. A fiança do arrendatário e o regime da denúncia pelo arrendatário; 5.2. A fiança do arrendatário e o regime da denúncia pelo senhorio; 5.3. A fiança do arrendatário em arrendamento de duração indeterminada e o regime (a um tempo geral e especial) do artigo 654 do CC. 6. A fiança de arrendatário de arrendamento com prazo certo: 6.1. O regime da oposição à renovação pelo senhorio e pelo arrendatário; 6.2. Fiança do arrendatário e o regime da oposição à renovação; 6.3. Fiança do arrendatário e o regime da denúncia pelo arrendatário. 7. Algumas situações específicas: 7.1. O destino da fiança no caso de trespasse; 7.2. O destino da fiança no caso de morte do arrendatário; 7.3. Agravamento da situação patrimonial do devedor.*

1. Introdução[1]

I. O artigo 655 do CC foi revogado pelo artigo 2 da Lei 6/2006, de 27 de Fevereiro, diploma que, entre outras medidas, aprovou o

---

[*] Professor Associado da Faculdade de Direito da Universidade de Lisboa.
[1] Principais abreviaturas utilizadas: AAFDL=Associação Académica da Faculdade de Direito de Lisboa; AUJ=Acórdão de Uniformização de Jurisprudência; BFD=Boletim da Faculdade de Direito (Coimbra); BMJ=Boletim do Ministério da Justiça; CC=Código Civil; CDP=Cadernos de Direito Privado; DL=Decreto-Lei; EDC=Estudos de Direito do Consumidor; ee=em especial; NRAU=Novo Regime do Arrendamento Urbano;

NRAU[2]. Como é sabido, o artigo 655 integrava-se na Secção que contém a disciplina da fiança, sendo pacífico – desde logo em função dos dizeres da epígrafe do artigo – que esta disposição visava disciplinar o regime da *fiança do locatário*, e não apenas, especificamente, o regime da fiança do arrendatário.

Por sua vez, dentro da matéria do arrendamento (artigo 1023 do CC)[3], o artigo 655 tinha um âmbito de aplicação geral, não se confinando ao arrendamento urbano.

Resultavam, igualmente, evidentes da letra do artigo 655 CC as seguintes ilações:

a) O artigo 655 disciplinava apenas a garantia de cumprimento das obrigações do locatário que se corporizasse numa fiança;

b) O artigo 655 não continha qualquer disciplina de garantia de cumprimento das obrigações do locador.

Em face destas ilações, parece poder concluir-se que:

a) O locatário, incluindo, portanto, o arrendatário, podia garantir o cumprimento das obrigações a seu cargo através de outras garantias, nos termos gerais de direito;

b) A garantia de cumprimento das obrigações do locador podia efectivar-se por qualquer meio em direito permitido.

PMC=Projecto Menezes Cordeiro (Projecto do Regime dos Novos Arrendamentos Urbanos, publicado na revista "O Direito", ano 136.°, 2004, II-III, pp. 467-493); RAU=Regime do Arrendamento Urbano, aprovado pelo DL 321-B/90, de 15 de Outubro; RDE=Revista de Direito e Economia; RFDUL=Revista da Faculdade de Direito da Universidade de Lisboa; RFDUP=Revista da Faculdade de Direito da Universidade do Porto; RL=Relação de Lisboa; RLJ=Revista de Legislação e de Jurisprudência; ROA=Revista da Ordem dos Advogados; RP=Relação do Porto; RT=Revista dos Tribunais; SI=Scientia Iuridica; ss.=seguintes; STJ=Supremo Tribunal de Justiça; TJ=Tribuna da Justiça.

[2] O NRAU tem sido por vezes identificado como sinónimo do conjunto das disposições que integram a Lei 6/2006. Não é, porém, assim, conforme resulta patente do sumário do diploma e ainda do seu artigo 1: em rigor, o NRAU corresponde apenas ao conjunto de disposições que integram o Título I da Lei 6/2006, integrando, assim, as matérias dos artigos 1 a 25, inclusive.

[3] Cf., sobre as modalidades do arrendamento predial, com referência ao período imediatamente anterior ao RAU, v. g., PEREIRA COELHO, *Arrendamento. Direito substantivo e processual*, Coimbra, 1988, p. 40 e ss.; para o regime estabelecido pelo NRAU, cf., por todos, PINTO FURTADO, *Manual do arrendamento urbano*, I, 4.ª ed., Almedina, Coimbra, 2007, p. 112 e ss. e 281 e ss..

II. O artigo 655 resistiu 40 anos sem que alguma vez tivesse sido alterada a sua redacção inicial, apesar das grandes perturbações ocorridas no regime do arrendamento, sobretudo no arrendamento urbano.

O caso é interessante por duas razões. A primeira decorre do facto de a disciplina constante do artigo 655 CC ter sido moldada em função do regime do arrendamento e não, em geral, em atenção ao regime geral da locação[4]. Esta circunstância, bem evidente na redacção do n.° 2 – onde o legislador se "esquecia" literalmente do *aluguer* e se centrava na *renda* – evidenciava já alguma inadaptação do regime do artigo 655, enquanto regime geral locativo.

A segunda razão decorre do facto de o regime quinquenal de actualização de rendas que estava, aparentemente[5], presente – como quadro de fundo – no regime do artigo 655, ter desaparecido[6], sem que, alguma vez, tivesse sido modificado o regime da fiança do arrendatário.

Ora, esta última situação originou dificuldades interpretativas sentidas pela doutrina e jurisprudência, centradas, designadamente, no tempo de vinculação do fiador[7].

---

[4] Cf. o nosso *Assunção fidejussória de dívida. Sobre o sentido e o âmbito da vinculação como fiador*, Almedina, Coimbra, p. 310 e ss.. Isso é, aliás, evidente nos trabalhos preparatórios, destacando-se aqui o estudo fundamental de VAZ SERRA, *Fiança e figuras análogas*, Lisboa, 1957 (Separata do BMJ n.° 71), p. 247 e ss. e o importante contributo de AMÉRICO DA SILVA CARVALHO, *Extinção da fiança*, Lisboa, 1959, p. 199 e ss.. GRAVATO MORAIS, *Fiador do locatário*, in SI 2007, pp. 89-90, acentua o âmbito de aplicação do artigo 655 do CC a toda a locação, reconhecendo, porém, que o mesmo encontrava a sua "forte expressão" na matéria arrendatícia; o mesmo autor equaciona ainda a extensão do regime do artigo 655 do CC a outros negócios, tais como a locação financeira, a locação operacional e o *renting*.

[5] Não é, porém, seguro que o legislador se tenha pautado, na disciplina do artigo 655, pelo regime quinquenal de actualização de rendas. Na verdade, o prazo de cinco anos surge, no regime do arrendamento urbano, como referência supletiva para a "suportação" da fiança, quer a nível externo – das relações do fiador com o credor (artigos 654 e 655/2) – quer a nível interno – das relações do fiador com o devedor [artigo 648, alínea *e*)]; para o enquadramento das relações externa e interna na complexa operação de fiança, cf. o nosso *Assunção fidejussória de dívida*, *cit.*, p. 360 e ss..

[6] Cf. os nossos *Arrendamentos comerciais*, 2.ª ed., Almedina, Coimbra, 1991, p. 95 e ss. e *Arrendamentos para habitação*, 2.ª ed., Almedina, Coimbra, 1996, p. 99 e ss.. Sobre o sistema de actualização de rendas em vigor imediatamente antes do RAU, cf., v. g., PEREIRA COELHO, *Arrendamento*, *cit.*, p. 158 e ss. e MÁRIO FROTA, *Arrendamento urbano comentado e anotado*, Coimbra Editora, Coimbra, 1987, p. 428 e ss.; para o sistema em vigor no domínio do RAU, cf., v. g., PAIS DE SOUSA, *Anotações ao Regime do Arrendamento Urbano (RAU)*, 6.ª ed., Rei dos Livros, Lisboa, 2001, p. 130 e ss..

[7] Cf. o nosso *Assunção fidejussória de dívida*, *cit.*, p. 310 e ss. e GRAVATO MORAIS, *Fiador do locatário*, *cit.*, p. 91 e ss..

Podemos dizer que, de certa forma, o legislador de 2006 veio assumir que as preocupações centradas no regime especial do artigo 655 do CC eram fundamentalmente arrendatícias e, dentro destas, *arrendatícias urbanas*, já que a revogação do artigo 655 deixa sem regime fidejussório específico quer a locação em geral quer também os arrendamentos de prédios rústicos sujeitos a regimes especiais[8] – para usarmos a designação que resulta, *a contrario*, do artigo 1108 do CC – já que não havia dúvidas de que o regime do artigo 655 era também aplicável aos arrendamentos rurais e florestais.

O Projecto de Menezes Cordeiro[9] não ia tão longe, uma vez que não "sacrificava" o artigo 655 do CC, sem, no entanto, deixar de prever (no artigo 1074/2 do PMC) um regime específico para os arrendamentos de prédios urbanos, regime este que viria a influenciar o regime actualmente consagrado no artigo 1076/2 do CC.

III. O artigo 1076/2 do CC vem agora estabelecer que "as partes podem caucionar, por qualquer das formas legalmente previstas, o cumprimento das obrigações respectivas".

O artigo 1076/2 inspira-se claramente na redacção do artigo 1074/2 do PMC[10], mas altera-a, sendo tarefa da doutrina e da jurisprudência medir o respectivo significado. Na verdade, o artigo 1074/2 do PMC suge-

---

[8] Na doutrina recente, ALMEIDA COSTA, *Direito das obrigações*, 10.ª ed., Almedina, Coimbra, 2006, p. 905, nota 1, mostra-se crítico em relação à revogação do artigo 655, preceito esse que "disciplinava, de forma razoável, os limites temporais da fiança pelas obrigações do locatário". Segundo o autor, o afastamento do regime supletivo constante do artigo 655 "pode entravar ou dificultar a utilização muito frequente de tal garantia".

[9] Publicado em "O Direito", ano 136.º, 2004, II-III, pp. 467 e ss..

[10] A epígrafe do artigo 1074 do PMC ("Antecipação de rendas e caução") era claramente mais completa do que a do artigo 1076 do CC ("Antecipação de rendas"), limitando-se esta última a dar nota do conteúdo do artigo 1076/1, esquecendo o do artigo 1076/2; confrontando o regime do actual artigo 1076/2 do CC com o do artigo 1074/2 do PMC, cf. ROMANO MARTINEZ, *Celebração e execução do contrato de arrendamento segundo o Novo Regime do Arrendamento Urbano (NRAU)*, in "O Direito", ano 137 (2005), II, p. 353 e *Celebração e execução do contrato de arrendamento segundo o Regime dos Novos Arrendamento Urbanos*, in "O Direito", ano 136 (2004), II-III, p. 285. Já sobre o regime do artigo 1076/1 do CC, pode ver-se PAULO NASCIMENTO, *O incumprimento da obrigação do pagamento da renda ao abrigo do novo regime jurídico do arrendamento urbano. Resolução do contrato e acção de cumprimento*, in "Homenagem da Faculdade de Direito de Lisboa ao Professor Doutor Inocêncio Galvão Telles – 90 anos", Almedina, Coimbra, 2007, pp. 1002-1003.

ria a seguinte redacção: "As partes podem caucionar, por qualquer das formas previstas em Direito, o cumprimento das obrigações respectivas".

Conforme resulta do confronto de redacções, aparentemente, o legislador de 2006 quis limitar o âmbito de cauções possíveis, que resultariam da redacção mais generosa do artigo 1074/2 do PMC. Resta, porém, saber se a diversidade de redacção se traduz numa real diferença de regime.

É certo que há formas de garantia "previstas em Direito" que não são "legalmente previstas". Um exemplo claro será o da garantia bancária autónoma, que se apresenta como uma figura legalmente atípica, apesar de socialmente típica[11]: esse constitui um caso de garantia "admitida em Direito", apesar de não haver um tipo legal de garantia bancária autónoma ou automática. Já o seguro-caução – *rectius*, seguro de caução – constitui uma forma legalmente prevista de prestar caução, conforme decorre do artigo 6 do DL 183/88, de 24 de Maio[12].

Tratando-se de *prestação de caução*, figura regulada a partir do artigo 623 do CC[13], a mesma será, em princípio, possível através da prestação de qualquer forma de garantia especial, tanto mais que a situação da *caução*

---

[11] Cf., por todos, GALVÃO TELLES, *Garantia bancária autónoma*, in "O Direito", ano 120 (1988), p. 280 e ss., FERRER CORREIA, *Notas para o estudo do contrato de garantia bancária*, RDE VIII (1992), p. 247 e ss., MENEZES CORDEIRO, *Manual de direito bancário*, 3.ª ed., Almedina, Coimbra, 2006, p. 636 e ss., ROMANO MARTINEZ, *Garantias bancárias*, in "Estudos em Homenagem ao Prof. Doutor Inocêncio Galvão Telles", II. "Direito Bancário", Almedina, Coimbra, 2002, p. 265 e ss., MENEZES LEITÃO, *Garantia das obrigações*, Almedina, Coimbra, 2006, p. 147 e ss., SEQUEIRA RIBEIRO, *Garantia bancária autónoma à primeira solicitação*, in "Estudos em Homenagem ao Prof. Doutor Inocêncio Galvão Telles", II. "Direito Bancário", Almedina, Coimbra, 2002, p. 289 e ss., MÓNICA JARDIM, *A garantia autónoma*, Almedina, Coimbra, 2002, p. 13 e ss.; e, ainda, o nosso *A fiança no quadro das garantias pessoais*, in "Estudos de Direito das Garantias", Vol. I, Almedina, Coimbra, 2004, p. 13 e ss., onde pode consultar-se outra bibliografia nacional e estrangeira.

[12] Sobre a figura do seguro-caução, pode ver-se, recentemente, conquanto com referência ao regime anterior ao DL 31/2007, de 14 de Fevereiro, MENEZES CORDEIRO, *Manual de Direito bancário*[3], *cit.*, p. 645 e ss., MENEZES LEITÃO, *Garantias das obrigações*, *cit.*, p. 114 e ss. e JOSÉ ALVES DE BRITO, *Seguro-caução. Primeiras considerações sobre o seu regime e natureza jurídica*, in "Estudos em memória do Professor Doutor José Dias Marques", Almedina, Coimbra, 2007, p. 387 e ss.; cf. também o nosso *Assunção fidejussória de dívida*, *cit.*, pp. 76-77, nota 291.

[13] Cf. o nosso *Assunção fidejussória de dívida*, *cit.*, pp. 44-45, nota 166; cf. também ALMEIDA COSTA, *Direito das obrigações*[10], *cit.*, p. 884 e ss., ROMANO MARTINEZ/FUZETA DA PONTE, *Garantias de cumprimento*, 5.ª ed., Almedina, Coimbra, 2006, p. 73 e ss. e MENEZES LEITÃO, *Garantias das obrigações*, *cit.*, p. 114 e ss..

pelo arrendatário – assim como, de resto, pelo senhorio – cabe na previsão do artigo 624/1 do CC, que permite a prestação da caução "por qualquer garantia, real ou pessoal".

Na verdade, estamos perante uma situação de "caução resultante de negócio jurídico" (epígrafe do artigo 624 do CC) e não perante uma "caução imposta ou autorizada por lei" (epígrafe do artigo 623 do CC), caso em que a caução teria que ser prestada por uma das modalidades previstas no artigo 623/1 do CC[14]. Contra esta conclusão não pode, cremos, esgrimir-se com o argumento, que seria puramente literal, de que a previsão constante do artigo 1076/2 do CC alteraria a natureza da caução, que passaria a ser "autorizada por lei", ficando, assim, *ipso facto*, limitada aos termos do artigo 623/1 do CC. No nosso entender, o teor do artigo 1076/2 do CC – tal como o do artigo 1074/2 do PMC – só se explica por razões de algum modo pedagógicas, atento o facto de o artigo 655 do CC – única disposição centrada no cumprimento das obrigações do locatário – ter sido objecto de revogação[15].

Assim, nada obstará a que a caução pelo arrendatário seja prestada através de uma garantia bancária autónoma ou mesmo automática ou por um seguro-caução, para além, naturalmente, das modalidades de garantias clássicas, pessoais ou reais, reguladas no CC.

IV. Perguntar-se-á se o regime que ressalta do artigo 1076/2 é diferente do regime anterior e, no caso afirmativo, em que medida. Há, desde logo, uma importante diferença de âmbito a assinalar: enquanto que o artigo 655 tinha aplicação a toda a locação, o artigo 1076/2 do CC tem aplicação circunscrita aos arrendamentos de prédios urbanos – *rectius*, aos arrendamentos regulados a partir do artigo 1064 do mesmo CC.

Assim, a bem ver, deixando de haver previsão para a locação em geral, o regime aplicável ao aluguer acaba, aparentemente, por coincidir com o regime previsto para o arrendamento urbano no artigo 1076/2. Na verdade, não estabelecendo a lei qualquer regime específico, neste particular, valerá, quanto ao cumprimento das obrigações das partes no con-

---

[14] Cf., a propósito, MENEZES CORDEIRO, *Manual de Direito bancário*[3], *cit.*, p. 646 e ainda PIRES DE LIMA/ANTUNES VARELA, *Código civil anotado*, I, 4.ª ed., Coimbra Editora, Coimbra, 1987, p. 641.

[15] Contudo, como vimos acima, o artigo 655 do CC não obstava a que a garantia de cumprimento das obrigações do locatário se processasse por via diversa da fiança.

trato de locação o regime geral do Direito das Obrigações, regime esse que é, afinal, aquele que se encontra plasmado no artigo 1076/2 para o arrendamento urbano. Esta é, no entanto, uma conclusão *prima facie*, que deve ser testada em função dos específicos regimes do aluguer e do arrendamento.

Perguntar-se-á, agora, especificamente, se, no que tange ao arrendamento urbano, há diferenças de regime entre o que constava do artigo 655 CC e aquele que resulta do artigo 1076/2.

Há que distinguir:

a) No que tange à garantia de cumprimento das obrigações do senhorio, não há nenhuma diferença, já que, não curando o artigo 655 de tais situações, era-lhes, então, aplicável o regime geral das obrigações – regime esse que, agora, se encontra expresso no artigo 1076/2.

b) No que respeita à garantia de cumprimento das obrigações do arrendatário, quando prestada por fiança, deixa de haver o regime específico corporizado no artigo 655, o que significa que a fiança do arrendatário segue o regime geral da fiança, articulado com o novo regime do arrendamento, havendo, neste particular, conforme veremos adiante, de ponderar a aplicação do regime do artigo 654 do CC.

c) No que tange à garantia de cumprimento das obrigações do arrendatário, quando prestada por via diversa de fiança, a mesma não estava contemplada no regime específico do artigo 655, razão pela qual se lhe aplicava o regime geral das garantias, sem prejuízo da eventual necessidade de deverem ser tidas em conta as limitações daquela disposição, *maxime* quando as garantias prestadas fossem garantias pessoais não fidejussórias – ou seja, não acessórias[16] – prestadas por não profissionais. Face ao artigo 1076/2, a prestação de garantia pessoal não fidejussória – ou seja, autónoma – segue o regime geral aplicável a essas garantias socialmente típicas, o que não significa, porém, no nosso entender, que não devam ser estabelecidos limites, designadamente em função da qualidade do garante, consoante seja um "particular" ou um "profissional".

---

[16] Cf. O nosso *A fiança no quadro das garantias pessoais, cit.*, p. 12 e ss..

V. Nestas páginas, vamo-nos centrar na fiança do arrendatário, prestada ao abrigo do novo regime, ou seja, ao abrigo do artigo 1076/2 do CC[17].

Antes disso, revisitamos o regime do artigo 655 CC, regime esse que, pese embora a revogação operada pelo artigo 2 da Lei 6/2006, continua a ter inteira aplicação às fianças constituídas no seu domínio de aplicação. Curaremos, neste quadro, de analisar as repercussões do regime transitório da Lei 6/2006 (artigos 26 e 27 e seguintes) sobre as situações fidejussórias anteriores.

A análise do regime do artigo 655 impõe, porém, que, previamente, estabeleçamos uma relação entre o sobrevivente regime do artigo 654 do CC e o do artigo 655, análise essa centrada, naturalmente, no tempo em que as duas disposições estavam em vigor. Fora desse tempo, ou seja, já após a revogação do artigo 655 do CC, é forçoso responder-se à seguinte questão: o artigo 654 do CC "substitui" o artigo 655, já não enquanto disposição específica da fiança do locatário, mas enquanto disposição fidejussória vocacionada para resolver problemas fidejussórios em cujo *género* se enquadra a situação *específica* da fiança do arrendatário?

2. Os regimes dos artigos 654 e 655 do CC: uma relação geral--especial?

I. Radicado na expressa admissão da fiança de obrigação futura, feita no artigo 628/2 do CC[18], o artigo 654 vem, para tais situações fidejussórias, em sede de extinção de fiança, prever, enquanto a obrigação ainda não

---

[17] Não consideramos aqui eventuais regimes especiais, como seja, v. g., o que possa decorrer da consideração do arrendatário como consumidor, face à Lei de Defesa do Consumidor (cf. ARAGÃO SEIA, *A defesa do consumidor e o arrendamento urbano*, in EDC 4 – 2002, p. 25 e ss.) ou o da fiança de arrendamento celebrado à distância, nos termos do regime dos contratos à distância, regulado no Decreto-Lei n.º 143/2001, de 26 de Abril [cf. alínea *d*) do artigo 3/1]; em geral, sobre a questão da beneficiação, pelo fiador, de um "cooling-off period", cf. o nosso *Assunção fidejussória de dívida*, cit., p. 750 e ss.; não consideramos também as especificidades que possam advir do regime das cláusulas contratuais gerais.

[18] Em geral, sobre as questões suscitáveis relativamente às fianças de obrigações futuras, cf. v. g. GIUSTI, *La fideiussione e il mandato di credito*, Giuffrè, Milano, 1998, p. 156 e ss. e o nosso *Assunção fidejussória de dívida*, cit., pp. 300 e ss, 305 e ss. e 705 e ss..

se constituiu, duas vias de desvinculação voluntária e potestativa do fiador[19]. A primeira traduz-se no poder de desvinculação do fiador se a situação patrimonial do devedor se agravar em termos de pôr em risco os seus direitos eventuais contra o mesmo devedor. A segunda via de desvinculação depende, pura e simplesmente, do decurso de um prazo de cinco anos, ou outro que resulte de convenção, não precisando o fiador de invocar qualquer justa causa ou fundamento de desvinculação: basta-lhe, então, dirigir uma declaração ao credor, extinguindo-se a garantia em conformidade.

Em qualquer dos casos, a extinção da fiança não opera por caducidade mas, antes, por declaração recipienda, mantendo-se o fiador vinculado pelas obrigações constituídas até ao momento da eficácia da declaração[20].

As razões do regime plasmado no artigo 654 são claras: elas radicam na especial e acentuada perigosidade de tais fianças, já que o facto de as obrigações garantidas ainda não estarem constituídas pode trazer, para o fiador, acrescidos riscos[21], a saber: um excessivo prolongamento no tempo das responsabilidades fidejussórias, um avolumar da dívida do devedor e uma eventual alteração negativa da situação patrimonial deste, em termos de colocar em risco a satisfação dos créditos do fiador se tiver de cumprir face ao credor.

II. O CC não chegou a consagrar a complexa regulamentação que Vaz Serra sugeria no seu anteprojecto quanto à desvinculação do fiador em fiança de obrigações futuras[22], mas não parece haver dúvidas de que, para

---

[19] Cf. o nosso *Assunção fidejussória de dívida*, cit., p. 765 e ss..

[20] Cf. o nosso *Assunção fidejussória de dívida*, cit., p. 772 e ss., quanto à denúncia da fiança prestada por tempo indeterminado e às respectivas consequências a nível da responsabilidade do fiador.

[21] Cf., v. g., Vaz Serra, *Fiança e figuras análogas*, cit., p. 240 e ss. e Antunes Varela, *Das obrigações em geral*, II, 7.ª ed., Almedina, Coimbra, 1997, p. 511; cf. ainda o nosso *Assunção fidejussória de dívida*, cit., p. 765 e ss..

[22] Surge-nos como particularmente interessante a relação estabelecida pelo autor com as situações em que o credor estivesse vinculado à concessão de crédito ao devedor – situação essa em que o anteprojecto (artigo 32/4) impedia a denúncia da fiança: "O fiador de obrigação futura pode denunciar para futuro a fiança, uma vez decorridos cinco anos, salvo se da interpretação do acto constitutivo da fiança resultar que o prazo deve ser outro. Este direito não tem lugar quando o credor estiver obrigado à concessão do crédito ou quando, por outra causa, se mostrar que foi excluído pelas partes. Na dúvida, deve a fiança

aquele autor, a *fiança de locatário* correspondia a um das modalidades de fiança de obrigações futuras, carente, por razões específicas[23], de um regime especial, tal como sugeria, de resto, para a fiança de funcionário público.

De resto, a doutrina não deixava de acentuar o facto de a fiança de locatário que abrangesse as sucessivas prorrogações constituir uma fiança de obrigação futura. Lê-se, assim, em Silva Carvalho[24]: "Uma vez que entendemos que o contrato de arrendamento se extingue pelo decurso do prazo pelo qual foi celebrado, a fiança prestada de modo a garantir o contrato pelos períodos de renovação, deve entender-se como uma fiança de obrigação futura. Pois que, enquanto se não der a renovação, não se pode dizer que existe em relação ao inquilino e pelo período que se seguirá à mencionada renovação, uma obrigação presente. Dever-se-ão então aplicar as regras relativas à extinção da fiança de obrigação futura".

Na doutrina posterior ao CC, Pires de Lima/Antunes Varela, em anotação ao artigo 654 do CC[25], incluem expressamente entre as obrigações futuras as que resultam de um contrato de locação, destacando, contudo, a existência do regime especial do artigo 655.

Saliente-se, de resto, que a própria lei reconhece, para determinados efeitos de regime, a especificidade de as rendas ou alugueres ainda não estarem vencidos – rendas e alugueres *futuros*, portanto.

Assim, o artigo 821 do CC estabelece que a liberação ou cessão, antes da penhora, de rendas ou alugueres não vencidos é inoponível ao exequente, na medida em que tais rendas ou alugueres respeitem a períodos de tempo não decorridos à data da penhora. Também o artigo 1058 do CC dispõe que a liberação ou cessão de rendas ou alugueres não vencidos é inoponível ao sucessor entre vivos do locador, na medida em que tais rendas ou alugueres respeitem a períodos de tempo não decorridos à data da cessão.

É certo que nem do artigo 821 nem do artigo 1058 do CC se retira qualquer argumento para interpretar o regime do artigo 654 ou para construir, de qualquer modo, o regime da fiança de arrendatário. Contudo, o

---

ser denunciada com a antecedência que, segundo as circunstâncias, for razoável" – VAZ SERRA, *Fiança e figuras análogas*, cit., p. 311.

[23] VAZ SERRA, *Fiança e figuras análogas*, cit., p. 247 e ss..
[24] *Extinção da fiança*, cit., p. 221.
[25] *Código civil anotado*, I[4], cit., p. 672.

regime constante dessas disposições – trazido à colação, designadamente, em sede de discussão sobre se, na cessão de créditos futuros, é aplicável a teoria da imediação ou a da transmissão[26] – vem deixar claro que os créditos de rendas ou alugueres não vencidos são créditos futuros, sendo, correspectivamente, futuras as obrigações de pagamento de tais rendas ou alugueres.

III. Temos, assim, por claro que a relação entre o disposto no artigo 654 e o que era estabelecido no artigo 655, ambos do CC, era uma relação entre norma geral e norma especial: o artigo 654 disciplinava – e continua a disciplinar – a fiança de obrigações futuras, estabelecendo, porém, no artigo 655, por razões específicas, bem documentadas nos trabalhos preparatórios, um regime especial para determinada categoria de obrigações futuras.

Assim, revogado o artigo 655 mantêm-se as potencialidades aplicativas do artigo 654, não apenas à fiança de arrendatário mas, mais genericamente, à fiança de locatário, na medida em que estejam em causa obrigações futuras, respectivamente do arrendatário e do locatário.

No que ao arrendamento urbano concerne, o regime do artigo 654 passará, assim, a ter de ser articulado com o regime constante do artigo 1076/2 do CC.

3. O regime do artigo 655 CC

I. Como se disse acima, apesar de formalmente revogado, o regime do artigo 655 continuará a ter aplicação às situações constituídas na sua vigência, pese embora o disposto nos artigos 59/1, 60/1, 26/1 e 28 da Lei 6/2006 poderem, numa primeira leitura, sugerir o contrário.

Na verdade, para além do facto de o princípio basilar em matéria de aplicação de leis no tempo ser o de que a lei só dispõe para o futuro[27], esta-

---

[26] Cf., por todos, MOTA PINTO, *Cessão da posição contratual*, Atlântida Editora, Coimbra, 1970, p. 227 e ss. e, mais recentemente, MENEZES LEITÃO, *Direito das obrigações*, II – *Transmissão e extinção das obrigações. Não cumprimento e garantias do crédito*, 4.ª ed., Almedina, Coimbra, 2006, p. 18 e ss..

[27] Cf., v. g., OLIVEIRA ASCENSÃO, *O Direito. Introdução e teoria geral. Uma perspectiva luso-brasileira*, 11.ª ed., Almedina, Coimbra, 2001, p. 534 e ss., BAPTISTA MA-

mos perante situações fidejussórias constituídas antes da entrada em vigor da Lei 6/2006, devendo a apreciação do risco fidejussório ser aferida em função do momento genético da constituição da fiança.

O exposto não significa, obviamente, que a fiança do arrendatário constituída antes do início de vigência da Lei 6/2006 não sofra – pela via da *acessoriedade*[28] – as consequências das novas especificidades de regime aplicáveis aos arrendamentos anteriores, por força do disposto no artigo 26 e seguintes da citada Lei 6/2006, na medida em que destas disposições não resulte um agravamento do risco fidejussório[29].

II. De acordo com o disposto no revogado artigo 655/1 do CC, a fiança pelas obrigações do locatário abrangia, salvo estipulação em contrário, o período inicial de duração do contrato. Estabelecia, por sua vez, o n.º 2 do mesmo artigo que, obrigando-se o fiador relativamente aos períodos de renovação, sem se limitar o número destes, a fiança extinguia-se, na falta de nova convenção, logo que houvesse alteração de renda ou decorresse o prazo de cinco anos sobre o início da primeira prorrogação.

Conforme salientámos noutro local[30], o CC pretendeu, através do regime do artigo 655, pôr termo à polémica existente no domínio da legislação anterior sobre o âmbito temporal de vinculação do fiador. Mais concretamente, a questão que dividia a doutrina e a jurisprudência era a de saber se a fiança prestada para garantia de cumprimento das obrigações emergentes (para o arrendatário) do contrato de arrendamento, cobria também as prorrogações do contrato.

Nessa polémica, centrada no regime do artigo 29 do Decreto 5.411, de 17 de Abril de 1919[31], confrontavam-se duas correntes[32]. Para uma, em

---

CHADO, *Sobre a aplicação no tempo do novo código civil*, Almedina, Coimbra, 1968, *passim*, ee p. 203 e ss. e, recentemente, TEIXEIRA DE SOUSA, *Aplicação da lei no tempo*, in CDP 18 (2007), p. 7 e ss.; com referência a problemas específicos de aplicação da lei no tempo no âmbito da Lei 6/2006, cf. SOUSA RIBEIRO, *O novo regime do arrendamento urbano: contributos para uma análise*, in CDP 14 (2006), p. 4 e ss..

[28] Cf. o nosso *Assunção fidejussória de dívida*, cit., p. 107 e ss..

[29] Cf. o nosso *Assunção fidejussória de dívida*, cit., pp. 107 e ss., 121 e ss. e 1011 e ss..

[30] Cf. o nosso *Assunção fidejussória de dívida*, cit., p. 310 e ss..

[31] De acordo com o qual (corpo) "Presume-se renovado o contrato de arrendamento, se o arrendatário se não tiver despedido, ou o senhorio o não despedir, no tempo e pela forma designada na lei". Sobre o regime desta disposição, pode ver-se, v. g., GALVÃO TELLES,

que se destacam Eridano de Abreu[33], Pinto Loureiro[34] e Silva Carvalho[35], uma vez atingido o termo inicial de duração do contrato de arrendamento, a fiança extinguia-se pelo princípio do acessório (*acessorium sequitur principale*). Na base desta posição estava a ideia de que a *renovação* do contrato de arrendamento pressuponha a sua *prévia extinção*; nesta medida, as prestações de fiança englobando as sucessivas renovações constituíam fianças de obrigações futuras – discutindo-se, a partir daí, a questão de saber se e em que termos o fiador se poderia desvincular relativamente aos períodos subsequentes.

A segunda corrente englobava nomes como Cunha Gonçalves[36] ou Carneiro de Figueiredo[37], defendendo este último que, sendo a renovação "um simples acidente periódico da vida do contrato", a fiança deveria manter-se durante toda a vida do contrato de arrendamento, não podendo o fiador obstar à renovação nem desonerar-se da fiança "porque o arrendamento é essencialmente um contrato a termo infixo ou por tempo indeterminado".

Mostrando-se sensível aos problemas gerados pela articulação dos difíceis regimes do arrendamento e da fiança, Vaz Serra[38] remetia para a interpretação da declaração de vontade do fiador, aceitando, na dúvida, que este só se quer vincular para o período inicial de duração do contrato, presunção esta que está de acordo com a circunstância de, normalmente, o fiador se limitar a prestar um favor ao arrendatário; quando o fiador se obrigasse também para os períodos de renovação, sem os limitar, a fiança seria denunciável pelo fiador, ou antes de findo cada período contratual ou apenas para o fim do prazo de quinze anos (prazo pelo qual se deveria

---

Arrendamento, Lisboa, 1944/45, p. 267 e ss. e PINTO LOUREIRO, *Tratado da locação*, II, Coimbra, 1947, p. 126 e ss..

[32] Cf., para maiores desenvolvimentos, o nosso *Assunção fidejussória de dívida*, *cit.*, p. 312 e ss.; no domínio do Decreto n.º 5.411, destaca-se a apresentação e apreciação das teorias em confronto feita por SILVA CARVALHO, *Extinção da fiança*, *cit.*, p. 199 e ss.; cf. também PINTO DE MESQUITA/POLÓNIO DE SAMPAIO, *Legislação sobre arrendamentos*, Almedina, Coimbra, 1961, p. 31.

[33] *Da extinção da fiança nos contratos de arrendamento*, in RT 69(1951), p. 162 e ss..

[34] In *Tratado da locação*, II, *cit.*, p. 137.

[35] In *Extinção da fiança*, *cit.*, p. 208 e ss..

[36] In *Tratado de direito civil*, VIII, Coimbra, 1934, p. 708.

[37] In *A extinção da fiança nos contratos de arrendamento*, in "O Direito" 86 (1954), p. 187 e ss..

[38] In *Fiança e figuras análogas*, *cit.*, p. 247 e ss..

entender prestada), em função de o locador poder ou não fazer cessar a locação para o termo do prazo.

Podemos dizer que o artigo 655/1 veio, como princípio geral, consagrar a solução, proposta por Vaz Serra, de limitar a fiança pelas obrigações do arrendatário ao período inicial de duração do contrato de arrendamento, salvo estipulação em contrário, com a particularidade de estender à locação em geral um regime que, em rigor, só fora problematizado no campo do arrendamento e, mais concretamente, no campo do arrendamento urbano.

Já no artigo 655/2 encontramos uma solução que se afasta da algo emaranhada proposta de Vaz Serra, articulando-se, objectivamente, com o então regime da actualização quinquenal das rendas no arrendamento urbano[39].

Dentre as várias dúvidas de interpretação que o artigo 655/2 viria a gerar[40], aquela que, porventura, podemos considerar de maior relevo é a que se centra na solução a dar aos casos em que o arrendatário se vinculou por todo o tempo de duração do contrato, sem que tenha sido estabelecida qualquer limitação temporal directa ou em função do número de prorrogações. A interpretação que defendemos é a de que o artigo 655/2 estabelecia, imperativamente, a necessidade da fixação de um número limite de prorrogações, sem o que seria aplicável o regime extintivo da fiança aí previsto: a extinção da fiança decorrido o prazo de cinco anos sobre o início da primeira prorrogação ou logo que houvesse alteração de renda[41]. De acordo com esta interpretação, a "nova convenção" a que se referia o artigo 655/2 só podia ser uma convenção autónoma, necessariamente posterior à assunção fidejussória de dívida. Na verdade, com a necessidade de

---

[39] Contudo, conforme acima (nota 5) advertimos, a referência ao prazo de cinco anos parece constituir mais uma indicação supletiva de "suportabilidade" da fiança do que uma preocupação em estabelecer uma harmonização com o regime quinquenal de actualização de rendas.

[40] Cf. o nosso *Assunção fidejussória de dívida*, cit., p. 316 e ss..

[41] Cf., sobre as dúvidas relativas à alteração de renda relevante, o nosso *Assunção fidejussória de dívida*, cit., p. 321 e ss.. O Acórdão RP de 19.06.2006 (Processo n.º 0653016, in www.dgsi.pt) decidiu e bem que, para efeitos do disposto no artigo 655/2, a normal actualização de renda não corporiza uma "alteração da renda", considerando ser esse "o entendimento que melhor se adequa à realidade social e ao pensamento do legislador". Sobre a questão de saber se a "alteração de renda" relevante determina a efectiva extinção da fiança ou a simples inoponibilidade da alteração ao fiador, para efeitos da dimensão ou âmbito da responsabilidade fidejussória, cf. infra ponto 4/II.

uma *nova e posterior convenção*, pretendia-se que o fiador fizesse uma nova avaliação do risco fidejussório e decidisse, em conformidade, se assumia, por mais tempo, continuar a garantir o cumprimento das obrigações do arrendatário[42].

Na prática, se as partes não estabelecerem o limite dos períodos de prorrogação, o artigo 655/2 determina que a fiança caducará no final do prazo que decorre da soma do prazo inicial do contrato com o prazo de cinco anos: é uma *fiança por tempo determinado*[43].

III. Na jurisprudência, assume particular importância, conforme já assinalámos, de resto, noutro local[44], o Acórdão STJ de 23.04.1990[45]. Decidiu este aresto que "nos termos do artigo 655.º, n.º 2 do Código Civil,

---

[42] Cf., de novo, para maior desenvolvimento, o nosso *Assunção fidejussória de dívida, cit.*, p. 316 e ss.; cf. ainda os "clássicos" VIEIRA MILLER, *Arrendamento urbano*, 1967, p. 50, ISIDRO MATOS, *Arrendamento e aluguer*, Atlântida Editora, Coimbra, 1968, p. 104 e CUNHA DE SÁ, *Caducidade do contrato de arrendamento urbano*, I, Lisboa, 1968, pp. 123-124: "Temos, pois, que a regra é a fiança só abranger o prazo inicial, mas tal regra pode ser afastada por convenção em contrário. Esta convenção pode comportar duas hipóteses: 1) ou se limita o número de períodos de prorrogação relativamente aos quais o fiador se obriga – e, neste caso, a fiança extinguir-se-á uma vez que tal número seja preenchido e não haja nova convenção; 2) ou nada se prevê a tal respeito – e, então, de duas uma: a) ou, decorrido que seja o prazo de cinco anos sobre o início da primeira prorrogação, se celebra nova convenção, pela qual o fiador se obrigue a outros períodos de prorrogação; ou, na falta dessa nova convenção, a fiança extinguir-se-á decorrido aquele memo prazo".

Discordamos, assim, da posição recentemente sustentada por GRAVATO MORAIS, *Fiador do locatário, cit.*, p. 98 e ss., que, na prática, desconsidera a necessidade, imposta no artigo 655/2 do CC, de haver uma *nova* convenção. Para o efeito, o autor invoca o "espírito da lei", mas cremos que sem razão, já que o regime constante do artigo 655/2 visa, conforme demonstra eloquentemente a sua "história", acautelar o fiador face aos perigos da vinculação fidejussória, para mais numa situação relativa a obrigações futuras. De resto, não vemos como é que a admissão, feita pelo autor, da "extensão máxima da fiança" – num quadro vinculístico, que é o da vigência do artigo 655 do CC – pode ser justificada com a afirmação de que o fiador "fica desde o início a conhecer com precisão e com rigor o âmbito da sua vinculação".

[43] Cf. o nosso *Assunção fidejussória de dívida, cit.*, p. 712, onde se faz a contraposição da *fiança por tempo determinado* à *fiança a termo certo*. Conforme se destaca, a expressão fiança por tempo determinado tem a vantagem de acentuar o facto de ter sido estabelecido um limite para a vigência da fiança, limite esse que, sendo formalmente temporal, é, substancialmente, um limite de objecto da fiança, já que estabelece um marco temporal para o âmbito da vinculação do fiador.

[44] In *Assunção fidejussória de dívida, cit.*, pp. 316-317.

[45] In BMJ 396 (1990), p. 388 e ss..

é nula a cláusula do contrato de arrendamento pela qual o fiador se constitui na obrigação de garante para além do prazo de cinco anos previsto naquele artigo, sem que um novo prazo seja definido". E lê-se no texto: "Contra esta extinção não vale cláusula em contrário, pois esta, quando referida no n.º 1 do citado artigo 655.º, reporta-se apenas à extensão da fiança aos períodos de renovação, se concretamente delimitados no tempo. É que não pode aceitar-se fiança por tempo indeterminado quando há sucessivas renovações de um contrato, cujo regime só em certas hipóteses admite a sua resolução. É o que também resulta do princípio geral do artigo 654.º do Código Civil, onde se afirma que, não havendo prazo fixado pelas partes, a fiança extingue-se decorridos 5 anos sobre a sua prestação. O que se acaba de referir é uma imposição legal que decorre do princípio geral da nulidade dos negócios jurídicos, cujo objecto seja indeterminável".

E ainda, considerando o caso concreto: "No caso concreto, a admitir-se que por convenção das partes poderá afastar-se o limite de 5 anos, sem qualquer outra limitação, a obrigação do fiador tornar-se-ia incerta, indeterminada e ilimitada, manifestamente imoral, quando, como aqui se verifica, a locatária não está em condições de pagar a renda, e os senhorios se abstêm de resolver o contrato e proceder ao despejo".

No Acórdão RP de 19.02.2002[46], foi também dado o relevo certo ao facto de o artigo 655/2 do CC se reportar a uma "nova convenção". Lê-se no citado aresto: "Sendo de presumir que o legislador soube exprimir o seu pensamento em termos adequados – artigo 9.º, n.º 3 – o uso, em preceitos contíguos, de diferentes expressões a respeito da mesma matéria significará coisas diferentes; acresce que esta segunda expressão poderia equivaler a uma outra que fosse, por exemplo, "na falta de diferente convenção", mas não é isto o que consta do n.º 2, onde a expressão "nova" aponta para a necessidade de uma convenção que não seja a mesma que institui a fiança". E ainda: "Aliás, o intérprete deve igualmente presumir que o

---

[46] Processo n.º 0220038, in www.dgsi.pt. O sumário apresentado na página indicada ["A fiança pelas obrigações do locatário extingue-se pelo decurso do prazo de cinco anos sobre a primeira prorrogação, a menos que então o fiador renove a convenção da fiança ou se, logo na convenção inicial de fiança, tiver sido afastado aquele limite de cinco anos"] induz em erro, já que pode sugerir a desnecessidade de nova convenção quando, no momento da constituição da fiança seja afastado o limite de cinco anos, mesmo sem a indicação precisa de um novo limite – o que não corresponde ao sentido da decisão da RP.

legislador consagrou as soluções mais acertadas; e esta será, no caso, aquela que melhor defenda o fiador – cuja posição em relação a um arrendamento tem os riscos especiais que já ficaram aflorados – contra a insuficiente ponderação e a imperfeita consciência da responsabilidade que assume. Uma nova convenção obrigará a que o fiador repense o alcance daquilo a que se obrigou".

E em complemento: "Assim, uma cláusula que se limite a dizer que a fiança abrangerá as renovações do arrendamento não garante que o fiador tenha previsto o seu real alcance. Nesse caso, só uma nova estipulação de fiança vinculará o fiador para além do período de 5 anos que o n.º 2 prevê, garantindo que ele está consciente daquilo a que se obriga ... E sempre a nova convenção terá que ser posterior à primeira, sob pena de se esquecer o sentido inequívoco da expressão usada pelo legislador".

No Acórdão RL 20.01.2005[47], lê-se, também naquele que consideramos o melhor sentido, o seguinte: "A não fixação do número de períodos de renovação do contrato que a fiança abrange vem a significar que a obrigação do fiador se tornou incerta, ilimitada e indeterminável. Ora não pode aceitar-se uma fiança por tempo indeterminado, isto é, sem termo final previamente fixado, no caso de obrigações futuras ou de sucessivas de um contrato pela simples razão de que a lei comina com a respectiva nulidade os negócios cujo objecto seja indeterminável. Daí a regra – que se entende ter natureza imperativa – do artigo 655.º, n.º 2 do Código Civil interpretada neste sentido: as partes podem convencionar que a fiança abranja as sucessivas renovações do contrato, mas para que a fiança seja válida em termos de abranger os períodos iniciais depois de decorridos cinco anos sobre o início da primeira prorrogação deve ter sido *ab initio* determinado o número de renovações que a fiança abrange, a menos que as partes celebrem nova convenção".

Ainda no sentido que consideramos mais conforme com a letra e o espírito da lei, lê-se no corpo do Acórdão RL de 12.07.2007[48] o seguinte: "Se o fiador aceita obrigar-se relativamente aos períodos de renovação, a lei, quando prescreve a necessidade de uma nova convenção sempre que haja o propósito de prorrogar o tempo de duração da fiança para além dos cinco anos sobre o início da primeira prorrogação, está afinal a acautelar as precipitações dos fiadores naquele momento inicial sempre entusiástico

---

[47] Processo n.º 8324/2004-6, in www.dgsi.pt
[48] Processo n.º 4095/2007-8, in www.dgsi.pt

da outorga do contrato que deseja, viabilizar; sabe-se que os fiadores partem do pressuposto compreensível de que a sua responsabilização é meramente acessória, não lhes sendo exigido em princípio nada mais do que a garantia, o que facilita assumir obrigações de uma forma menos pensada. A lei, ao impor uma tal ponderação – a necessidade de uma "nova convenção" – assumiu uma solução equilibrada e louvável dentro de uma linha de razoabilidade e de compreensão das realidades da vida que corresponde a um pensamento social".

Estas posições surgem contrariadas no recente Acórdão RL de 19.12.2006[49], no qual é defendida a posição de que a circunstância de o artigo 655/2 do CC se referir a "nova convenção" permite "abarcar a possibilidade de as partes no exercício do princípio da autonomia e da liberdade contratual, apanágio do direito das obrigações, expressamente previsto no artigo 405.º, n.º 1 e 2 do CC, afastarem *ab initio* a necessidade de acordos posteriores no que tange ao objecto da fiança, através da fixação de um termo *ad quem*, claro, preciso e conciso, de onde resulte, em termos inequívocos, não só a forma mas também o lapso de tempo por que se obrigam".

Na situação apreciada pela RL, o fiador (*in casu*, as fiadoras) tinha-se vinculado como fiador e principal pagador da sociedade inquilina, "subsistindo esta fiança em todos os eventuais aumentos de renda e prorrogações deste contrato, mesmo que decorrido o prazo de cinco anos sobre o início da primeira prorrogação, cessando a sua responsabilidade no caso de ser transmitida a outrem a qualidade de inquilina". De uma forma que nos surge como precipitada e até contraditória com a justificação acima reproduzida – centrada na admissibilidade de a "nova convenção" a que se refere o artigo 655/2 poder ser coeva do contrato de arrendamento – a RL acaba por invocar como determinante o regime do artigo 654 CC, sustentando que, com base no mesmo, o fiador sempre poderia libertar-se da fiança "uma vez passados aqueles cinco anos iniciais".

O argumento da RL, neste aresto, surpreende deveras, já que desconsidera totalmente o facto de o artigo 655 conter um regime próprio aplicável à fiança do locatário, regime esse que se apresenta como regime especial face ao do artigo 654[50].

---

[49] Processo n.º 9696/2006-2, in www.dgsi.pt
[50] Em abono desta tese, a RL invoca o Acórdão STJ de 11.02.1998 (BMJ 374, 455) mas a verdade é que tal Acórdão, que aborda, na realidade, a matéria do artigo 654 do CC, não se pronuncia, nem ao de leve, sobre a aplicabilidade do artigo 654 à fiança do locatá-

Ou seja, admitindo que o artigo 654 contêm um regime geral aplicável às obrigações futuras, entre as quais estariam incluídas as situações locatícias, haveria que resolver o problema nos termos do regime especial, ou seja nos termos do artigo 655, disposição que a RL interpretara no sentido de ser válida a cláusula que vinculasse o arrendatário, sem limite, pelas sucessivas prorrogações[51].

Grosso modo no mesmo sentido conclusivo do Acórdão da RL de 19.12.2006, o Acórdão da RP de 26.04.2005[52] decidira nada obstar que "à partida o fiador garanta o cumprimento de todas as cláusulas do contrato e suas prorrogações e afaste o limite de cinco anos, estendendo a sua responsabilidade até à restituição do arrendado".

Não deixam, contudo, de ser interessantes, *rectius* preocupantes, as contradições que encontramos no texto do aresto, que, interpretando o regime do artigo 655/2 do CC, se mostra, primeiro, defensor da necessidade de uma nova convenção, para depois se render aos argumentos do Acórdão STJ de 17.06.1998 para entender que, afinal, não há "qualquer disparidade entre uma cláusula que afaste aquele limite temporal só porque inserida em uma nova estipulação ou se inserida na convenção inicial". Antes desta conclusão, que irreleva em absoluto a razão de ser do artigo 655/2 do CC, o mesmo Acórdão ponderara o seguinte: "Mas terá que haver uma convenção posterior à primeira, convenção essa que permita ao fiador conscientemente medir o alcance daquilo a que se obri-

---

rio, tendo a fiança em apreciação sido prestada para garantia de créditos bancários. Também Evaristo Mendes, invocado no aresto, não aborda, no estudo e página citados ("Aval e fiança gerais", p. 163), o tema da relação entre os artigos 654 e 655 do CC, ou sequer o problema da fiança do locatário, referindo-se, *em geral*, ao problema da indefinição temporal e da desvinculação unilateral do fiador.

[51] Lê-se no texto do Acórdão que, no caso, acontecia a "fixação de um termo *ad quem*, claro, preciso e conciso", de onde resultaria "em termos inequívocos, não só a forma mas também o lapso de tempo por que se obrigam". Não vemos que tais caracterizações se possam razoavelmente aplicar a uma situação em que o arrendatário era uma sociedade e em que os fiadores se tinham vinculado sem qualquer limite de prorrogações e sem qualquer horizonte temporal de cessação da responsabilidade fidejussória.

É também esta desconsideração pelo regime especial constante do artigo 655 do CC que leva a RL a não responder cabalmente ao argumento, apresentado pelo fiador, de que a fiança seria nula por indeterminação do objecto; para a RL – numa argumentação que, de resto, não surge explicada – a inaplicabilidade ao caso, do AUJ 4/2001 resultaria do facto de a fiança em causa corporizar uma "fiança *omnibus*" e não uma "fiança geral".

[52] Processo n.º 0521997, in www.dgsi.pt

gou". E ainda: "Só uma nova estipulação de fiança, posterior à primeira, vinculará o fiador para além do período de cinco anos que o n.º 2 do artigo 655.º prevê".

4. As situações fidejussórias relativas a arrendamentos anteriores, face às "Normas Transitórias" da Lei 6/2006

I. Como se disse supra, o regime do revogado artigo 655 do CC continua a ter aplicação, por força do regime do artigo 12 do CC, às situações arrendatícias e fidejussórias em curso à data da entrada em vigor da Lei 6/2006. Neste particular, parece-nos claro que o regime que agora encontramos no artigo 1076/2 do CC em nada prejudica o regime de tais fianças.

O que se constata é que o regime transitório consagrado a partir do artigo 26 da Lei 6/2006 pode repercutir-se também nas situações fidejussórias, sendo que, em princípio, a posição do fiador resulta beneficiada, na medida em que estejamos perante situações de tendencial "desvinculação" do arrendamento[53].

Assim, nas situações a que se refere o artigo 26/6 da Lei 6/2006[54], a circunstância de o senhorio poder passar a denunciar o contrato de arren-

---

[53] Sobre o vinculismo e o NRAU, cf. a posição crítica de MENEZES CORDEIRO, *O novo regime do arrendamento urbano*, in "O Direito", ano 137.º (2005), II, p. 333, considerando que o projecto de reforma de 2005 (que viria a concretizar-se na reforma de 2006) está revestido de um "vinculismo imperfeito", colocando-o mesmo "no fundo, ao nível do RAU". Esta posição não é, porém, acompanhada por SOUSA RIBEIRO, *O novo regime do arrendameno urbano*, cit., p. 10, que prefere acentuar o "maior acolhimento da autonomia privada" e a aproximação do regime do arrendamento urbano ao regime geral dos contratos. Apreciando o vinculismo arrendatício no contexto histórico arrendatício da ordem jurídica portuguesa, PINTO FURTADO, *Manual do arrendamento urbano*, I[4], cit., p. 237 e ss., enquadra, a um tempo, o RAU e a Reforma de 2006 num *período misto*, que situa após um primeiro (*período primitivo* ou da autonomia privada, que situa entre os primórdios do direito pátrio e 1910) e um segundo (*período vinculístico*, que situa entre 12.11.1910 e 15.11.1990, data da entrada em vigor do RAU) períodos.

[54] Cf., v. g., MENEZES LEITÃO, *Arrendamento urbano*, 2.ª ed., Almedina, Coimbra, 2006, p. 128 e ss., SOUSA RIBEIRO, *O novo regime do arrendamento urbano*, cit., p. 17, GRAVATO MORAIS, *Novo regime de arrendamento comercial*, Almedina, Coimbra, 2006, p. 36 e ss., CUNHA DE SÁ/LEONOR COUTINHO, *Arrendamento 2006. Novo regime do arrendamento urbano*, Almedina, Coimbra, 2006, pp. 64-65 e OLINDA GARCIA, *Arrendamentos para comércio e fins equiparados*, Coimbra Editora, Coimbra, 2006, pp. 146-147.

damento, nos termos da alínea *c*) do artigo 1101 do CC, irá, naturalmente, determinar a extinção da fiança, na medida em que o senhorio denuncie, efectivamente, o contrato de arrendamento.

Igualmente, se ocorrer a situação prevista no artigo 58/1 da Lei 6/2006[55], a caducidade do contrato de arrendamento, nos termos dessa disposição, terá o efeito de extinguir a fiança.

II. Mais complexa e duvidosa será, porém, a questão de saber se a responsabilidade do fiador "acompanha" a responsabilidade do arrendatário pela actualização extraordinária de rendas, cujos termos se encontram regulados a partir do artigo 30 da Lei 6/2006[56].

A questão está em saber se a dimensão da actualização de rendas ultrapassa em *quantum* o nível de vinculação fidejussória assumido pelo fiador, cuja determinação constitui um processo de interpretação negocial.

As situações de actualização são várias e complexas, quer em termos de faseamento quer em termos de apuramento do montante, razão pela qual pensamos que não podemos, *hic et nunc*, ir além da enunciação do critério apontado.

Admitindo que tais alterações de renda se possam, em concreto, considerar como alterações anómalas[57], não nos parece que, pese embora a redacção do artigo 655/2, as mesmas devam determinar a extinção da fiança. Mantemos, na verdade, o entendimento de que o artigo 655/2 deve ser racionalmente interpretado no sentido de tais alterações de renda serem inoponíveis ao fiador[58]. É essa interpretação que melhor se compagina

---

[55] Cf., v. g., MENEZES LEITÃO, *Arrendamento urbano*², cit., pp. 125-126, SOUSA RIBEIRO, *O novo regime do arrendamento urbano*, *cit.*, p. 19, GRAVATO MORAIS, *Novo regime de arrendamento comercial*, *cit.*, p. 52 e ss e CUNHA DE SÁ/LEONOR COUTINHO, *Arrendamento 2006. Novo regime do arrendamento urbano*, *cit.*, pp. 104-105.

[56] Cf., sobre este regime, v. g., PINTO FURTADO, *Manual do arrendamento urbano*, I⁴, *cit.*, p. 577 e ss., OLINDA GARCIA, *A nova disciplina do arrendamento urbano*, Coimbra Editora, Coimbra, 2006, p. 54 e ss., CASTRO FRAGA, *O regime do novo arrendamento urbano. As normas transitórias (Título II da Lei 6/2006)*, in ROA, ano 66 (2006), I, p. 66 e ss., CUNHA DE SÁ/LEONOR COUTINHO, *Arrendamento 2006. Novo regime do arrendamento urbano*, *cit.*, p. 73 e ss., MARGARIDA GRAVE, *Novo regime do arrendamento urbano. Anotações e comentários*, 3.ª ed., Lisboa, 2006, p. 150 e ss. e MANTEIGAS MARTINS/A. RAPOSO SUBTIL/LUÍS FILIPE CARVALHO, *O novo regime do arrendamento urbano*, Vida Económica, Porto, 2006, p. 42 e ss..

[57] Cf., a propósito, o nosso *Assunção fidejussória de dívida*, *cit.*, p. 321 e ss..

[58] Cf. o nosso *Assunção fidejussória de dívida*, *cit.*, pp. 323-324.

com o regime dos artigos 631 e 634 do CC, continuando o fiador vinculado face ao credor, apesar da alteração da renda, mas sendo tal alteração ineficaz relativamente à dimensão da responsabilidade fidejussória.

5. A fiança do arrendatário em arrendamento de duração indeterminada

5.1. *A fiança do arrendatário e o regime da denúncia pelo arrendatário*

I. Como é sabido, no quadro dos arrendamentos para habitação, o CC autonomiza os arrendamentos com prazo certo (artigos 1095 a 1098) dos arrendamentos de duração indeterminada (artigos 1099 a 1104)[59].

O artigo 1099 enuncia o princípio geral de que o contrato de arrendamento de duração indeterminada cessa por *denúncia* de uma das partes, denúncia essa que se processa nos termos das disposições subsequentes.

O princípio de que os contratos de duração indeterminada podem cessar por denúncia – ainda que não prevista legal ou contratualmente – constitui um dado adquirido no domínio do direito dos contratos[60], fazendo mesmo parte da ordem pública[61]: evita-se dessa forma a perpetuidade ou,

---

[59] Cf., por todos, PINTO FURTADO, *Manual do arrendamento urbano*, I[4], *cit.*, p. 282 e ss. e SOUSA RIBEIRO, *O novo regime do arrendamento urbano*, *cit.*, p. 18.

[60] Cf., v. g., OLIVEIRA ASCENSÃO, *Direito civil. Teoria geral*, III – *Relações e situações jurídicas*, Coimbra Editora, Coimbra, 2002, p. 334 e ss., BAPTISTA MACHADO, *Denúncia-modificação de um contrato de agência* (Anotação ao Acórdão STJ de 17.04.1986), in RLJ 120 (1987-1988), pp. 183-192, *passim*, PINTO MONTEIRO, *Denúncia de um contrato de concessão comercial*, Coimbra Editora, Coimbra, 1998, *passim*, ROMANO MARTINEZ, *Da cessação do contrato*, 2.ª ed., Almedina, Coimbra, 2006, p. 116 e ss. e 229 e ss. e os nossos *Em tema de revogação do mandato civil*, Almedina, Coimbra, 1989, p. 73 e ss. e *Apontamentos sobre o contrato de agência*, in TJ 3 (1990), p. 30 e ss.. Na doutrina estrangeira, cf., v. g., HAARMANN, *Wegfall der Geschäftsgrundlage bei Dauerrechtsverhältnissen*, Duncker & Humblot, Berlin, 1979, p. 123 e ss, OETKER, *Das Dauerschuldverhältnis und seine Beendigung. Bestandsaufnahme und kritische Würdigung einer tradierten Figur der Schuldrechtsdogmatik*, J. C. B. (Paul Siebeck), Tübingen, 1994, p. 248 e ss. e AZÈMA, *La durée des contrats sucessifs*, L. G. D. J., Paris, 1969, p. 145.

[61] Cf., por todos, MOTA PINTO, *Teoria geral do direito civil*, 4.ª ed. por ANTÓNIO PINTO MONTEIRO e PAULO MOTA PINTO, Coimbra Editora, Coimbra, 2005, p. 631, BAPTISTA MACHADO, *Parecer sobre denúncia e direito de resolução de contrato de locação de estabelecimento comercial*, in "João Baptista Machado. Obra dispersa", I, Scientia Juridica,

não indo tão longe, a excessiva duração das relações contratuais, relações essas a que as partes podem por cobro, discricionariamente, a todo o tempo, tendo, no entanto, de acautelar as expectativas da contraparte – o que é conseguido através da imposição de um pré-aviso razoável[62].

No caso concreto dos arrendamentos para habitação de duração indeterminada, a denúncia discricionária pelo arrendatário obedece aos termos do artigo 1100/1 do CC, do qual resulta a necessidade de ser respeitada uma antecedência mínima de 120 dias sobre a data em que o arrendatário pretende a cessação, produzindo essa denúncia efeitos no final de um mês do calendário gregoriano[63].

Resulta, por sua vez, da remissão do artigo 1100/2 para o regime do artigo 1098/3 que a inobservância da antecedência mínima de 120 dias não impede a cessação do contrato, obrigando, porém, ao pagamento das rendas correspondentes ao período de pré-aviso em falta.

II. Admitindo que, conforme é usual, o fiador se vincula pelo cumprimento do conjunto das obrigações a cargo do arrendatário, ele será, naturalmente responsável – como devedor fidejussório[64] – pelo cumprimento das obrigações pecuniárias, constituídas pelas rendas que se vencerem até ao momento em que se consuma a extinção do contrato. Supondo que o devedor denunciou o contrato a meio de um determinado mês, para fazer efeitos 120 dias depois, o contrato de arrendamento considera-se extinto no final do mês (calendário gregoriano) em que se perfizeram os 120 dias de antecedência.

Em função do regime legal estabelecido no artigo 1100/2, a vinculação do fiador engloba o montante das rendas correspondentes ao período

---

Braga, 1991, p. 650 e PINTO MONTEIRO, *Denúncia de um contrato de concessão comercial*, Coimbra Editora, Coimbra, 1998, p. 59, nota 50.

[62] Cf., por todos, MOTA PINTO, *Teoria geral do direito civil*[4], cit., p. 632.

[63] O regime constante do artigo 1100/1 – *rectius*, a antecedência fixada no artigo 1100/1 – não se mostra coerente com a solução constante do artigo 1098/2 para a "denúncia" pelo arrendatário nos arrendamentos com prazo certo, a qual deve ser feita com uma antecedência não inferior a 120 dias do termo pretendido do contrato, mas pressupondo o necessário e prévio decurso de seis meses de duração efectiva do contrato. Porventura por esta razão, pondera SOUSA RIBEIRO, *O novo regime do arrendamento urbano*, cit., p. 23, nota 36, ser "excessiva a liberdade de desvinculação reconhecida ao inquilino, nos contratos de duração indeterminada".

[64] Sobre o fiador como devedor, cf. o nosso *Assunção fidejussória de dívida*, cit., p. 121 e ss..

de pré-aviso em falta, nos casos em que o arrendatário-devedor não tenha denunciado o contrato com a antecedência exigida. Ou seja: pese embora o facto de não haver dúvidas – atenta a clareza da lei, neste particular (artigo 1100/2 e artigo 1098/3) – de que o contrato de arrendamento *se extingue* com a denúncia feita sem a antecedência prevista no artigo 1100/1, o fiador passa a ser garante do pagamento das quantias devidas pelo ex-arrendatário, já não a título de renda mas a título de sanção pecuniária – de *pena* – sendo totalmente irrelevante a demonstração pelo ex-arrendatário ou, *per relationem*, pelo fiador, de que o senhorio não teve qualquer prejuízo com o atraso.

III. Questão diversa – que, de resto, não é privativa das situações em que a extinção do contrato decorra de denúncia pelo arrendatário em arrendamento de duração indeterminada – é a de saber se, havendo atraso do arrendatário na entrega do locado ao senhorio, subsiste a responsabilidade do fiador, já não pelas *rendas* mas pelas correspondentes quantias *a título de indemnização*, nos termos do disposto no artigo 1045 do CC, cujo n.º 2 prevê uma elevação ao dobro quando o locatário se constitua em mora[65].

A questão deve ser, naturalmente, resolvida à luz das regras de interpretação dos negócios jurídicos, considerando a especificidade da fiança como negócio de risco[66], por um lado, mas não podendo deixar de se considerar – até como ponto de partida – o âmbito da vinculação fidejussória assumida pelo fiador. Assim, a solução poderá ser diferente se o fiador se obrigou, como tal, pelo pagamento das rendas ou se se vinculou, antes, pelo cumprimento das obrigações resultantes do contrato, em cujo elenco se encontra [alínea *i*) do artigo 1038 do CC] a obrigação de restituir a coisa locada findo o contrato. A questão de saber se o fiador garante não apenas o valor da simples renda mas o valor dobrado (artigo 1045/2 do CC) exigirá um esforço interpretativo específico. O mesmo acontecerá na hipótese

---

[65] Cf., sobre este artigo, entre outros, PEREIRA COELHO, *Arrendamento*, cit., p. 200 e ss., PINTO FURTADO, *Manual do arrendamento urbano*, I⁴, *cit.*, pp. 554-555 e MENEZES LEITÃO, *Arrendamento urbano*², *cit.*, p. 61 e ss..

[66] Cf o nosso *Assunção fidejussória de dívida*, cit., p. 119 e ss.. Na jurisprudência, pode ver-se o Acórdão da RP de 31.01.2007 (Processo n.º 0654493, in www.dgsi.pt), que, considerando o facto de a fiança constituir um negócio de risco, excluiu, na situação concreta, a cobertura da responsabilidade fidejussória relativamente à indemnização devida pelo arrendatário pelo atraso na restituição da coisa locada.

– merecedora de uma prudente ponderação – de as partes terem convencionado uma cláusula penal superior[67].

IV. Perguntar-se-á, agora, se, em função da acessoriedade da fiança, o fiador pode denunciar o contrato, por força da articulação da dita regra "constitucional" da acessoriedade da fiança com o regime do artigo 1100/1 do CC.

A denúncia que aqui se questiona não é, como parece óbvio, a denúncia do contrato de arrendamento, já que o fiador não é parte desse contrato, mas a denúncia do próprio contrato de fiança. A denúncia que aqui se questiona é uma denúncia moldada – *per relationem* – pela denúncia do arrendatário prevista no artigo 1100/1 do CC.

Parece-nos que uma tal denúncia não é possível, nesses termos ou nessa base, já que a mesma faria tábua rasa do *fim de garantia* ou *segurança* da fiança[68] que, a par da acessoriedade e do facto de constituir um negócio de risco, constitui um dos pilares da figura[69].

De resto, a própria acessoriedade da fiança, isoladamente considerada, nunca poderia legitimar uma tal denúncia, uma vez que a relação cuja extinção se está a equacionar não é a que liga o credor-senhorio ao devedor-arrendatário – relação na qual se identifica a "obrigação principal" (cf., v. g., artigo 634 do CC) – mas, antes, a que liga o credor-senhorio ao fiador[70]. Ora, quando o artigo 637/1 do CC – disposição central do regime da acessoriedade da fiança[71] – dispõe que o fiador tem o direito de opor ao credor os meios de defesa que competem ao devedor, está, naturalmente, a reportar-se aos meios de defesa que ressaltam da obrigação principal e com referência à mesma.

---

[67] Hipótese esta – de resto duvidosa, enquanto solução geral aplicável a todas as situações arrendatícias – admitida, v. g., por MENEZES LEITÃO, *Arrendamento urbano*², cit., p. 62. Em geral, sobre a questão de saber se a fiança cobre uma eventual cláusula penal convencionada entre credor e devedor, cf. o nosso *Assunção fidejussória de dívida*, cit., p. 607 e ss..

[68] Cf. os nossos *Assunção fidejussória de dívida*, cit., pp. 113 e ss. e 116 e ss. e *A fiança no quadro das garantias pessoais*, cit., p. 20 e ss..

[69] Cf. os nossos *Assunção fidejussória de dívida*, cit., p. 116 e ss. e *A fiança no quadro das garantias pessoais*, cit., p. 18 e ss..

[70] Cf., sobre a relação de fiança, o nosso *Assunção fidejussória de dívida*, cit., p. 360 e ss..

[71] Cf. o nosso *Assunção fidejussória de dívida*, cit., pp. 116 e ss. e 1011 e ss..

5.2. *A fiança do arrendatário e o regime da denúncia pelo senhorio*

I. Conforme resulta do disposto no artigo 1101 do CC, o senhorio pode socorrer-se de uma denúncia justificada, por qualquer dos fundamentos previstos nas alíneas *a)* e *b)* do artigo 1101 do CC[72], depois "continuados" nos artigos 1102 e 1103, ou de uma denúncia discricionária, *ad nutum*, prevista na alínea *c)* do artigo 1101, articulada com o disposto no artigo 1104.

A denúncia que, *hic et nunc*, importa considerar é a prevista na alínea *c)* do artigo 1101 do CC, de acordo com a qual o senhorio pode denunciar o contrato de arrendamento de duração indeterminada "mediante comunicação ao arrendatário com antecedência não inferior a cinco anos sobre a data em que pretenda a cessação". Por sua vez, o artigo 1104 do CC impõe a confirmação da denúncia, sob pena de ineficácia, por comunicação com a antecedência máxima de 15 meses e mínima de um ano relativamente à data da sua efectivação[73].

A questão que, neste particular, se suscita é a de saber se, por força da acessoriedade da fiança, o fiador pode denunciar o contrato de arrendamento nos termos da alínea *c)* do artigo 1101 do CC. A resposta não pode deixar de ser negativa, já que a denúncia do contrato de arrendamento, nos termos da alínea *c)* do artigo 1101, está reservada ao senhorio. De resto, a posição *per relationem* do fiador é em relação ao devedor principal – no caso, o arrendatário – e não em relação ao credor[74].

Igualmente insustentável seria a tese que pretendesse basear na citada alínea *c)* do artigo 1101, ainda que em articulação com a acessoriedade da fiança, uma denúncia, nesses termos, já não do contrato de arrendamento mas do próprio contrato de fiança. Na verdade, conforme já se salientou, a acessoriedade da posição do fiador é em relação ao devedor e não em relação ao credor.

III. A equacionação de uma desvinculação do fiador de contrato de duração indeterminada não passa, assim, pelo regime da acessoriedade. Contudo, nem por isso ela deve deixar de ser ponderada.

---

[72] Cf., v. g., SOUSA RIBEIRO, *O novo regime do arrendamento urbano*, cit., p. 21 e ss..

[73] Cf., sobre este regime, por todos, MENEZES LEITÃO, *Arrendamento urbano*², cit., pp. 114-115, SOUSA RIBEIRO, *O novo regime do arrendamento urbano*, cit., p. 21 e OLINDA GARCIA, *A nova disciplina do arrendamento urbano*, cit., p. 36.

[74] Cf. o nosso *Assunção fidejussória de dívida*, cit., p. 121 e ss..

Conforme já destacámos noutro local[75], a fiança prestada por tempo indeterminado pode ser denunciada, nos termos gerais de direito: o princípio é o de que, sempre que não haja indicação de prazo, não estando a fiança limitada por outra via, a não fixação *ex ante* de um *Endzeitpunkt* pode ser suprida através da denúncia[76]. Não faria, de facto, qualquer sentido afastar do âmbito das situações fidejussórias contratadas por tempo indeterminado as soluções ou os remédios que a teoria geral dos contratos tem construído para evitar vinculações excessivas no tempo. De resto, a haver algum regime especial quanto aos negócios de fiança, ele deveria ser no sentido do estabelecimento de um regime mais favorável ao fiador, atento o facto de a fiança ser um negócio de risco[77].

Conforme já assinalámos supra (ponto 2/III) e melhor veremos infra (ponto 5.3), existe um regime especial aplicável à fiança de obrigações futuras, *rectius*, somos de opinião de que existe um regime especial. Importa, porém, até por humildade académica e intelectual, supor que um tal regime especial não existia. *Quid iuris* então?

Nesse quadro, a equacionação da denúncia, pelo fiador, da fiança prestada por tempo indeterminado[78] constituiria um imperativo do direito dos contratos, pelo que, nessa medida, o único problema seria o da determinação da antecedência razoável.

Neste ponto, o regime da alínea *c)* do artigo 1101 do CC ganharia importância, mas em termos claramente diferentes daqueles que atrás equacionámos, para afastar a denúncia. Ou seja, uma vez que o senhorio tem o direito de denúncia discricionária com uma antecedência não inferior a cinco anos, o pré-aviso razoável deveria ser aquele que permitisse ao senhorio, notificado da denúncia da fiança, denunciar o contrato de arrendamento, mantendo-se a garantia de fiança até ao termo do contrato.

---

[75] Cf. o nosso *Assunção fidejussória de dívida*, cit., v. g., pp. 517 e 704 e ss..

[76] Sobre a determinação temporal do débito e o estabelecimento de um *Endzeitpunkt*, cf. BECKER-EBERHARD, *Die Forderungsgebundenheit der Sicherungsrechte*, Verlag Ernst und Werner Gieseking, Bielefeld, 1993, p. 279 e ss. e o nosso *Assunção fidejussória de dívida*, *cit.*, p. 704 e ss..

[77] Cf. o nosso *Assunção fidejussória de dívida*, *cit.*, pp. 116 e ss. e 745.

[78] É dessa apenas que curamos e não, genericamente, de fianças prestadas para garantia das obrigações resultantes de um contrato de arrendamento de duração indeterminada. Na verdade, nada obstará a que num contrato deste tipo, as obrigações do arrendatário sejam garantidas por uma fiança por tempo determinado ou até por uma fiança a termo certo; cf. o nosso *Assunção fidejussória de dívida*, *cit.*, p. 710 e ss..

Na determinação desse prazo, o fiador deveria contar com o facto de o processo de denúncia discricionária do contrato de arrendamento pelo senhorio poder conhecer vicissitudes que perturbem a pré-determinação do momento da eficácia da declaração de denúncia. Bastará imaginar a situação em que o arrendatário se tenha recusado a receber a carta registada com aviso de recepção (artigo 10/1 da Lei 6/2006), caso em que o senhorio deverá enviar nova carta registada com aviso de recepção 30 a 60 dias sobre a data do envio da primeira (artigos 10/2 e 10/3 da Lei 6/2006). Neste quadro, digamos que, *a priori*, um pré-aviso de cinco anos e três meses seria suficiente.

Ainda nesse quadro, que, como dissemos, estará prejudicado pela existência de um regime especial aplicável às fianças de obrigações futuras, perguntar-se-á se o fiador do arrendatário deveria *confirmar* a denúncia da fiança, junto do senhorio, tal como o senhorio tem de confirmar a denúncia do contrato de arrendamento, junto do arrendatário, nos termos do artigo 1104 do CC.

A favor da necessidade de tal confirmação poderia, eventualmente, dizer-se que, a não ser assim, o senhorio que não efectue a confirmação nos termos legais, tem de reiniciar o processo de denúncia, nos termos da alínea *c*) do artigo 1101 e, não obstante, "perde" a fiança, decorrido o pré--aviso.

Contudo, parece-nos que a eficácia da denúncia da fiança não estaria dependente de qualquer confirmação. Recorde-se que a *ratio* de tal denúncia radica no regime geral do direito dos contratos, não havendo um acompanhamento *per relationem* em relação à posição do credor, até porque a posição que serve de "paradigma" em relação à do fiador, em termos de acessoriedade, é a do devedor e não a do credor[79].

Acresce que se o senhorio não efectuou a confirmação nos termos legais, *sibi imputet*, não havendo qualquer razão para penalizar o fiador por uma omissão que lhe não seria imputável e que respeita, especificamente, às relações entre o senhorio e o arrendatário.

---

[79] Cf. o nosso *Assunção fidejussória de dívida*, *cit.*, p. 146 e ss..

5.3. *A fiança do arrendatário em arrendamento de duração indeterminada e o regime (a um tempo geral e especial) do artigo 654 do CC*

I. Temos estado a resolver o regime da fiança do arrendatário em arrendamento de duração indeterminada de forma provisória, conforme alertámos (ponto 5.2), já que se impõe a consideração do regime da fiança de obrigações futuras constante do artigo 654 do CC[80].

Na verdade, conforme vimos supra (ponto 2/III), revogado o artigo 655 do CC, o artigo 654 "reganha" as potencialidades aplicativas à fiança de locatário que estavam prejudicadas pela existência daquele regime especial, por se tratar de uma fiança relativa a obrigações futuras.

O regime do artigo 654 do CC surge, a um tempo, como um regime *geral* e *especial*: é um regime geral aplicável a todas as situações de fianças de obrigações futuras, mas, no que concerne à articulação com o arrendamento urbano, surge como um regime especial, aplicável aos casos em que a garantia de cumprimento das obrigações do locatário se corporize numa fiança.

Do regime do artigo 654 do CC resulta que, relativamente às rendas futuras, o fiador do arrendatário pode desvincular-se discricionariamente da fiança decorridos cinco anos sobre a prestação da mesma. Conforme já se deixou claro supra (ponto 2/I), a extinção da fiança não é automática – como ocorria na situação do decurso do prazo do artigo 655 do CC – mas *potestativa*[81], podendo, assim, dizer-se que, neste particular, o regime do artigo 655 era mais favorável ao fiador, a quem bastava invocar a (ocorrida) caducidade da fiança, uma vez decorrido o prazo.

O artigo 654 do CC admite, porém, que o prazo de cinco anos seja diferente, para mais ou para menos[82]. Assim sendo, nada obsta a que as partes – o credor e o fiador – convencionem que a desvinculação do fiador

---

[80] Cf. o nosso *Assunção fidejussória de dívida*, *cit.*, p. 305 e ss. e 704 e ss..

[81] Cf. o nosso *Assunção fidejussória de dívida*, *cit.*, p. 772; na jurisprudência, cf. o Acórdão STJ de 11.02.1988, BMJ 374 (1988), p. 455 e ss..

[82] Contudo, conforme alertámos já noutro local (*Assunção fidejussória de dívida*, *cit.*, p. 767), o critério que decorre da consideração do contrato de fiança como um negócio de risco é o de que, na dúvida sobre a convenção de um prazo superior, se deve considerar aplicável o prazo supletivo; na dúvida sobre a convenção de um prazo inferior a cinco anos, deve considerar-se derrogado o prazo supletivo.

só é possível após dez anos de arrendamento: nesse caso, uma vez decorrido esse prazo, o fiador pode desvincular-se potestativamente.

Está o arrendatário que pretenda desvincular-se da fiança, nos termos do artigo 654 do CC, sujeito à necessidade de observância de um *pré-aviso*, à semelhança do que ocorre no regime da denúncia? Pensamos que não: conhecendo (ou devendo conhecer) o credor o regime do artigo 654 do CC, não é necessário qualquer pré-aviso para que seja eficaz – naturalmente *ex nunc*[83] – o exercício do direito potestativo de desvinculação facultado ao fiador[84].

II. Como articular este regime do artigo 654 do CC com o facto de a fiança do arrendatário que estamos a considerar se reportar a um arrendamento de duração indeterminada?

Vimos que a aplicação dos princípios gerais em sede de direito dos contratos determinaria a necessidade de a desvinculação do fiador dever ter lugar, através da via da denúncia, sendo, contudo, necessário respeitar o pré-aviso decorrente da consideração da antecedência imposta ao senhorio na alínea *c*) do artigo 1101 do CC.

Como vimos, essas considerações preliminares e provisórias são prejudicadas pelo regime do artigo 654 do CC.

Podemos testar a diferença de regimes com um exemplo prático: suponhamos que, num arrendamento de duração indeterminada, o fiador se limitou, sem a estipulação de cláusulas adjacentes, a garantir o cumprimento das obrigações a cargo do arrendatário e que, entretanto, já decorreram cinco anos de arrendamento. O fiador pode desvincular-se imediatamente, invocando o teor do artigo 654 do CC, sem necessidade de um pré-aviso que o leve a ter de "suportar" mais cinco anos e alguns meses de fiança (cf. supra ponto 5.2/III), uma vez que, conforme já vimos, o artigo 654 consubstancia um regime especial dirigido às fianças de obrigações

---

[83] É ilustrativa, neste particular, a diferença, introduzida por MOULY (cf. *Les causes d'extinction du cautionnement*, Librairies Techniques, Paris, 1979, p. 37), entre *obligation de couverture* e *obligation de règlement*: a extinção da obrigação de cobertura – com eficácia *ex nunc* – deixa incólume a obrigação de *règlement* se uma dívida constituída antes da extinção da obrigação de cobertura não tiver sido paga; cf. também o nosso *Assunção fidejussória de dívida, cit.*, p. 308 e ss..

[84] Cf., para maior desenvolvimento, o nosso *Assunção fidejussória de dívida, cit.*, pp. 766-767.

futuras, entre as quais as do arrendatário, sendo, nesse medida, aplicável esse regime.

A aplicação do regime do artigo 654 ao caso não se revela, sequer, contraditória com a revogação do regime do artigo 655: atente-se no facto de a extinção nos termos do artigo 655 ser automática, enquanto que a extinção nos termos do artigo 654 ser potestativa; atente-se, ainda, no facto de o artigo 655 estar construído num quadro de prorrogações do contrato de arrendamento, quadro esse que é alheio ao regime do contrato de arrendamento de duração indeterminada.

O exposto não significa que o senhorio não se possa acautelar contra uma desvinculação decorridos cinco anos sobre a prestação de fiança: pode fazê-lo no contrato de fiança, ou através da fixação de um prazo superior[85] ou através do estabelecimento de um prazo de pré-aviso.

Ou seja: no exemplo acima exposto, o senhorio que, volvidos cinco anos de contrato de arrendamento, se vê desprovido da garantia de fiança, só se pode queixar de si próprio: ou seja, do facto de não ter acautelado devidamente os termos da garantia fidejussória.

6. A fiança de arrendatário de arrendamento com prazo certo

6.1. *O regime da oposição à renovação pelo senhorio e pelo arrendatário*

I. O princípio estabelecido no artigo 1096 do CC para os contratos de arrendamento com prazo certo é o da *renovação automática*[86]: o contrato

---

[85] O estabelecimento desse prazo pode ser sindicado nos termos gerais de direito e considerando também o facto de a fiança constituir um negócio de risco; cf. o nosso *Assunção fidejussória de dívida*, cit., p. 768. De qualquer modo, uma vez que estamos perante um domínio algo fluido, o legislador deveria intervir, no sentido (já proposto por VAZ SERRA, *Fiança e figuras análogas*, cit., p. 313, sugerindo o prazo máximo de 20 anos) de impor um limite máximo de validade para as fianças prestadas por pessoas singulares não profissionais, limite esse que valeria em geral e não apenas no que concerne à fiança do arrendatário. Pela nossa parte, e em função da perigosidade da fiança, apontaríamos, como princípio, para um limite de 10 anos.

[86] Na realidade, o princípio da renovação automática do arrendamento já se encontrava genericamente consagrado, antes do NRAU, no artigo 1054 do CC. Porém, em sede de arrendamento urbano, esse princípio geral do arrendamento era prejudicado pela prorrogação forçada (para o senhorio), consagrada no artigo 68 do RAU. Sobre o regime

celebrado com prazo certo renova-se automaticamente no seu termo e por períodos mínimos sucessivos de três anos, se outros não estiverem especialmente previstos; contudo, qualquer das partes se pode opor *à renovação*[87], nos termos do artigo 1097, para o senhorio, ou 1098, para o arrendatário. Do princípio da renovação automática encontram-se, porém, excepcionados os arrendamentos para habitação não permanente ou para fim especial transitório[88].

II. De acordo com o disposto no artigo 1097 do CC, o senhorio pode impedir a renovação automática do contrato mediante comunicação ao arrendatário com uma antecedência não inferior a um ano do termo do contrato. A comunicação é feita nos termos do disposto no artigo 9 e segs. da Lei 6/2006 e o desrespeito pela antecedência mínima determinará a *ineficácia* da oposição à renovação[89].

---

vigente no RAU e no CC antes do RAU, cf., por todos, PEREIRA COELHO, *Arrendamento*, cit., p. 254 e ss., BRANDÃO PROENÇA, *Um exemplo do melhor tratamento do arrendatário habitacional: termo final do arrendamento e "renovação forçada" (Uma perspectiva comparatística)*, Separata do número especial do BFD "Estudos em Homenagem ao Prof. Doutor José Joaquim Teixeira Ribeiro" (1981), Coimbra, 1982, *passim* e os nossos *Constituição da relação de arrendamento urbano*, Almedina, Coimbra, 1980, p. 44 e ss. e *Arrendamentos para habitação*[2], cit., p. 273 e ss.. A expressão *prorrogação automática* parece-nos preferível à expressão *renovação automática*, fazendo nossas, neste particular, as palavras que resultam do ensinamento de GALVÃO TELLES, *Contratos civis. Exposição de motivos*, in RFDUL, IX (1953), pp. 186-187: "Na prorrogação o contrato não chega a interromper o curso da sua existência, que se prolonga por determinação da lei, em vista da inércia das partes, as quais ambas se abstiveram de manifestar com a antecedência necessária uma vontade oposta". E ainda: "Na renovação o contrato extingue-se efectivamente: deixa de produzir efeitos jurídicos, porque é objecto de revogação, rescisão ou caducidade. (...) A situação *de direito* termina, mas a situação *de facto* permanece". Neste mesmo sentido, pode ver-se PESSOA JORGE, *Direito das obrigações*, I, AAFDL, 1975-1976, pp. 197-198 e CUNHA DE SÁ, *Caducidade do contrato de arrendamento*, I, cit., p. 117 e ss..

[87] Sobre a figura da *oposição à renovação*, cf. PESSOA JORGE, *Direito das obrigações*, I, cit., pp. 197-198, MENEZES CORDEIRO, *Direito das obrigações*, II, AAFDL, 1986, p. 166 e, recentemente, MENEZES LEITÃO, *Direito das obrigações*, II[4], cit., pp. 106-107; cf. também, mas na perspectiva de enquadrar a oposição à renovação num conceito amplo de denúncia, ROMANO MARTINEZ, *Da cessação do contrato*[2], cit., p. 62 e ss..

[88] Cf., v. g., PINTO FURTADO, *Manual do arrendamento urbano*, I[4], cit., p. 141 e ss..

[89] Trata-se, no caso, de uma *ineficácia em sentido estrito*, uma vez que os efeitos da oposição à renovação não se produzem por um factor extrínseco ao negócio; cf., por todos, GALVÃO TELLES, *Manual dos contratos em geral*, 4.ª ed., Coimbra Editora, Coimbra, 2002, p. 378 e MENEZES CORDEIRO, *Tratado de direito civil português*, I – Parte geral, tomo I, 3.ª ed., Almedina, Coimbra, 2005, p. 869.

Por sua vez, o artigo 1098/1 estabelece que o arrendatário pode impedir a renovação automática do contrato de arrendamento mediante comunicação ao senhorio com uma antecedência não inferior a 120 dias do termo do contrato. A comunicação deve ser, igualmente, feita nos termos do artigo 9 e segs. da Lei 6/2006, mas, diversamente do que acontece em relação à comunicação pelo senhorio (artigo 1097), a inobservância da antecedência mínima não prejudica a eficácia da declaração e a extinção do contrato, obrigando, porém, ao pagamento das rendas correspondentes ao período de pré-aviso em falta (artigo 1098/3).

6.2. *Fiança do arrendatário e o regime da oposição à renovação*

I. Tendo sido prestada fiança em contrato de arrendamento com prazo certo, para cumprimento das obrigações a cargo do arrendatário, pode o fiador, cuja fiança não tenha sido limitada ao período inicial de duração do contrato, socorrer-se do mecanismo da oposição à renovação por aplicação directa ou indirecta do disposto no artigo 1097 ou no artigo 1098/1 do CC? A oposição à renovação cuja eficácia indagamos tem por objecto a fiança e não o próprio contrato de arrendamento, no qual o fiador não é parte.

A resposta a uma tal questão não pode deixar de ser negativa. O fiador não pode socorrer-se da oposição à renovação do artigo 1097, uma vez que a sua posição não é acessória em relação à do senhorio. Além disso, uma tal oposição à renovação seria contrária ao fim de garantia ou segurança identificado na fiança (*Sicherungszweck*)[90]. Na verdade, supondo que o fiador se constituiu garante do cumprimento das obrigações do devedor, por exemplo, pelo período inicial de cinco anos e pelas seguintes duas renovações eventuais, permitir ao fiador desvincular-se da fiança para o fim do período inicial ou da primeira renovação constituiria uma quebra da segurança ou garantia do credor, perante o qual o fiador se vinculou.

De afastar é também a viabilidade de uma oposição à renovação da fiança, pelo fiador, ao abrigo do artigo 1098/1 do CC, não obstante ser claro que a posição do fiador é acessória em relação à do arrendatário-devedor. Na verdade, ao pretender opor-se à renovação da fiança, o fiador estaria a pretender importar para o conteúdo de um contrato que celebrou

---

[90] Cf. os nossos *Assunção fidejussória de dívida*, *cit.*, p. 116 e ss. e *A fiança no quadro das garantias pessoais*, *cit.*, p. 20 e ss..

com o senhorio-credor as especificidades de regime estabelecidas pela lei para o contrato principal – o de arrendamento – e em função dessas especificidades.

De resto, uma tal iniciativa extravasaria a dimensão da acessoriedade, já que os chamados direitos potestativos (*Gestaltungsrechte*)[91], de que é exemplo o poder de oposição à renovação, não se comunicam ao fiador, não estando, por outro lado, tais situações abrangidas pelo âmbito aplicação da *excepção de impugnabilidade* do artigo 642/2 do CC[92].

II. A questão está em saber se, tendo-se o fiador vinculado pelo período inicial de duração do contrato e pelas sucessivas renovações, o mesmo se mantém adstrito, como garante – ainda que em termos acessórios – ao cumprimento das obrigações do arrendatário até que se extinga a relação de arrendamento.

A ser assim, as consequências da prestação de fiança em arrendamento com prazo certo poderiam ser mais bem gravosas do que num arrendamento de duração indeterminada: enquanto que, neste último caso, o fiador se pode desvincular potestativamente, nos termos do artigo 654 do CC, na fiança de arrendamento com prazo certo teria que suportar, como garante, um contrato de arrendamento que perdurasse por várias décadas, já que parece que o limite de 30 anos estabelecido no artigo 1095/2 não o

---

[91] Sobre a questão de saber se estamos perante direitos potestativos ou poderes potestativos, cf. o nosso *Assunção fidejussória de dívida, cit.*, p. 1179 e ss.. De acordo com a posição que aí defendemos, os chamados direitos potestativos são simples poderes – *poderes potestativos*. Na nossa opinião, a consequência de adoptarmos uma noção de direito subjectivo dependente do "aproveitamento do bem", é considerar o direito potestativo como um poder. É que, para além de a descoberta de SECKEL, *Die Gestaltungsgrechte des bürgerlichen Rechts*, Wissenschaftliche Buchgemeinschaft, Darmstadt, 1954, *passim*, ser relativamente recente, a inclusão do *Gestaltungsrecht* no direito subjectivo, por parte da doutrina alemã, decorre de específicas noções não coincidentes com a matriz de GOMES DA SILVA (*O dever de prestar e o dever de indemnizar*, I, Lisboa, 1944, p. 52) ou com atitudes, como a de LARENZ (*Allgemeiner Teil des deutschen Bürgerlichen Rechts. Ein Lehrbuch*, 7.ª ed., Beck, München, 1989, p. 209 e ss.), de "desistência" de erigir uma noção de direito subjectivo.

Para a caracterização do direito subjectivo, cf., v. g., OLIVEIRA ASCENSÃO, *Direito civil. Teoria geral*, III, *cit.*, p. 56 e ss., MENEZES CORDEIRO, *Tratado de direito civil português*, I/I³, *cit.*, p. 311 e ss. e PAIS DE VASCONCELOS, *Teoria geral do direito civil*, 3.ª ed., Almedina, Coimbra, 2005, p. 641 e ss..

[92] Cf. o nosso *Assunção fidejussória de dívida, cit.*, p. 1059 e ss..

é para a *duração do contrato* de arrendamento mas para o *período inicial* de duração do mesmo[93].

Salta à vista que este efeito não é possível: salta, de facto, à vista que seria insuportável, desde logo à luz do princípio que postula a livre denunciabilidade dos contratos celebrados por tempo indeterminado, que um fiador tivesse de ficar, na prática, indefinidamente vinculado pelo facto de o contrato de arrendamento ter sido celebrado com prazo certo.

Sob pena de grave incoerência do sistema do direito dos contratos, não se pode fazer entrar pela janela dos contratos com prazo certo o que saiu pela porta dos contratos de duração indeterminada. Pense-se, por exemplo, numa fiança de pessoa singular, relativa a um contrato de arrendamento não habitacional – contrato este que, nos termos do artigo 1113/1 do CC, não caduca[94] – e logo teremos, bem evidenciada, a anomalia da situação.

Emerge aqui, de novo, pelas razões acima expostas, o regime constante do artigo 654 do CC.

III. Uma vez que, como vimos, é aplicável ao caso o regime do artigo 654 do CC, haverá que diferenciar consoante a fiança tenha sido ou não limitada a um determinado prazo ou a determinado número de renovações.

---

[93] Cf., porém, em sentido contrário, PINTO FURTADO, *Manual do arrendamento urbano*, I[4], *cit.*, p. 43; a pp. 311 e ss., o autor admite que, sendo o contrato de arrendamento de duração indeterminada, a duração do mesmo pode ser superior a 30 anos, não lhe sendo aplicável o limite estabelecido no artigo 1025 do CC. O problema suscitava-se já no domínio do direito anterior ao NRAU, parecendo-nos, já então, preferível a solução que propendia no sentido de que o prazo de 30 anos não constituía um limite para a duração do contrato de arrendamento mas, antes, um limite para a fixação do prazo do contrato. Esta posição – defendida, de resto, também por autores como PIRES DE LIMA e ANTUNES VARELA, *Código civil anotado*, II, 4.ª ed., Coimbra Editora, Coimbra, 1997, p. 348 ["Este limite máximo de trinta anos não pode aplicar-se à duração da relação locatícia, proveniente da renovação do contrato, imposta ao senhorio nos termos do antigo artigo 1095.º (hoje substituído pelo artigo 68.º do Regime do Arrendamento Urbano), visto serem manifestamente distintas as circunstâncias em que o contrato se inicia, na exclusiva disponibilidade das partes, e as condições em que a relação se prorroga por força da lei"] – não impede que reconheçamos que a aplicação do regime vinculístico conduzia, na prática, à imposição ao senhorio de prazos de duração bem superiores.

[94] Cf., no âmbito do RAU, cujo artigo 112 consagrava a não caducidade do contrato de arrendamento para comércio e equiparado, por morte do arrendatário, os nossos *Arrendamentos comerciais*[2], *cit.*, p. 267 e ss.; face ao NRAU, cf., v. g., SOUSA RIBEIRO, *O novo regime do arrendamento urbano*, *cit.*, p. 19.

Se o fiador se vinculou a determinado prazo ou a um certo número de renovações, estaremos, então, perante uma *fiança por tempo determinado* ou perante uma *fiança com prazo certo*, conclusão esta que constitui um problema de interpretação[95].

Se, ao invés, o fiador se vinculou por todo o tempo do contrato ou, o que é o mesmo, pelas sucessivas renovações sem limitação, não poderá deixar de ser aplicável a consequência estabelecida no artigo 654: o arrendatário pode liberar-se da garantia, decorridos cinco anos sobre a prestação de fiança.

Conforme já destacámos supra (ponto 5.3/I), o prazo de cinco anos do artigo 654 é um prazo supletivo, que pode ser alargado por acordo das partes: contudo, esse "outro prazo" deverá ser necessariamente preciso (7 anos, 10 anos, 15 anos), sem o que é de aplicar o regime de *desvinculabilidade discricionária e potestativa* decorridos cinco anos após a prestação de fiança[96].

Por outro lado, é importante deixar claro qual é o sentido que as partes no contrato de fiança associam ao decurso de um prazo; *grosso modo*, as partes podem ter em vista um prazo cujo decurso permita ao fiador liberar-se ou, antes – o que corresponde a uma situação não prevista especificamente no artigo 654 do CC – um prazo cujo decurso determina a caducidade da fiança. É uma questão que deve ser, naturalmente, resolvida por interpretação do contrato, sendo que, na dúvida, valerá a solução da caducidade, mais favorável ao fiador: *in dubio pro fideiussore*[97].

6.3. *Fiança do arrendatário e o regime da denúncia pelo arrendatário*

I. Tratando-se de contrato de arrendamento com prazo certo, o artigo 1098/2 do CC permite que o arrendatário se desvincule a todo o tempo, desde que tenham decorrido seis meses de duração efectiva do contrato, devendo, no entanto, respeitar uma antecedência mínima de 120 dias relativamente ao termo pretendido, sendo que essa denúncia produz efeitos no final de um mês de calendário gregoriano. Decorre do disposto no artigo

---

[95] Cf. o nosso *Assunção fidejussória de dívida*, *cit.*, p. 710 e ss..
[96] Cf. o nosso *Assunção fidejussória de dívida*, *cit.*, p. 765 e ss., sobre o sentido e os limites da fixação de prazos.
[97] Cf. o nosso *Assunção fidejussória de dívida*, *cit.*, pp. 744-745.

1098/3 do CC que a inobservância da antecedência prevista no artigo 1098/2 não obsta à cessação do contrato mas obriga ao pagamento das rendas correspondentes ao período de pré-aviso em falta.

Independentemente da questão de saber se estamos aqui perante uma verdadeira denúncia[98], o que importa agora analisar é o eventual reflexo que a previsão de tal denúncia tem no regime da fiança e na vinculação do fiador.

II. Como vimos supra (ponto 6.2/I) em relação à oposição à renovação, o direito de denúncia do contrato de arrendamento está reservado, neste caso, ao arrendatário, como direito potestativo que é (*Gestaltungsrecht*), não se comunicando ao fiador, pese embora a característica da acessoriedade da fiança. Por outro lado, tal como em relação à oposição à renovação, não estamos perante o universo de situações (artigo 642/2 do CC)[99] que permitam ao fiador fazer valer uma excepção de impugnabilidade.

Também pela via da acessoriedade não poderá o fiador sustentar um direito de denúncia, já não do contrato de arrendamento mas da fiança, moldado nos termos do disposto no artigo 1098/2. Apesar de a posição de referência, em termos de acessoriedade, ser a do devedor[100], uma tal denúncia pelo fiador, nesses termos, brigaria, de forma clara, com o fim de garantia ou segurança (*Sicherungszweck*) da fiança[101]. Na verdade, uma desvinculação arbitrária pelo fiador, relativamente ao contrato de fiança, deixaria o credor desprovido da garantia fidejussória, apesar de se manter a relação principal.

Resulta, assim, demonstrado que o regime constante do artigo 1098/2 do CC não permite, também ele, de per si, prejudicar ou sequer perturbar o regime resultante do artigo 654 do CC.

---

[98] Cf., v. g., ROMANO MARTINEZ, *Da cessação do contrato*², *cit.*, p. 52 e ss. e 60-61; cf. também os nossos *Arrendamentos para habitação*², *cit*, pp. 218-219, mas com referência ao que dispunha o artigo 100/4 do RAU, em sede de *contratos de duração limitada*.
[99] Cf. o nosso *Assunção fidejussória de dívida*, *cit.*, p. 1059 e ss..
[100] Cf. o nosso *Assunção fidejussória de dívida*, *cit.*, p. 140 e ss. e 146 e ss.
[101] Cf. o nosso *Assunção fidejussória de dívida*, *cit.*, p. 116 e ss..

7. Algumas situações específicas

7.1. *O destino da fiança no caso de trespasse*

I. Questiona-se agora a sorte da fiança do arrendatário no caso de trespasse. Mantém-se a mesma em garantia de cumprimento das obrigações do trespassário ou deve entender-se que caduca?

De acordo com o disposto na alínea *a*) do artigo 1112/1 do CC, é permitida a transmissão por acto entre vivos da posição do arrendatário, sem dependência da autorização do senhorio no caso de trespasse de estabelecimento comercial ou industrial[102]. Conforme é destacado pela doutrina[103], quando ocorre um trespasse com inclusão da posição do arrendatário, ocorre uma modificação subjectiva na relação de arrendamento, passando o trespassário a ocupar a posição de arrendatário, em substituição do trespassante.

---

[102] Centramo-nos na situação prevista na alínea *a*) do artigo 1112/1 do CC, sendo que as considerações que fazemos valem, com as necessárias adaptações, para o caso, previsto na alínea *b*) do mesmo artigo 1112/1, de transmissão por acto entre vivos da posição de arrendatário a pessoa que no prédio arrendado continue a exercer a mesma profissão liberal ou a sociedade profissional de objecto equivalente. Sobre o regime actualmente constante do artigo 1112 do CC, cf., mas ainda no âmbito da proposta de lei, o nosso estudo *Breves notas sobre as "Disposições especiais do arrendamento para fins não habitacionais" no Projecto do NRAU*, in "O Direito", ano 137 (2005), II, p. 384 e ss. e também, ainda no âmbito da Proposta, PINTO FURTADO, *Do arrendamento urbano para fins não habitacionais*, in "O Direito", ano 137 (2005), II, p. 403 e ss.; de resto, deste mesmo autor, pode consultar-se, mas no diverso quadro do PMC, *Do arrendamento para comércio ou industria no Regime dos Novos Arrendamentos Urbanos*, in "O Direito", ano 136 (2004), II-III, p. 345 e ss.. Face ao NRAU, cf., v. g., GRAVATO MORAIS, *Novo regime de arrendamento comercial*, cit., p. 144 e ss., OLINDA GARCIA, *Arrendamentos para comércio e fins equiparados*, cit., p. 80 e ss. e JOSÉ REIS, *O arrendamento para fins não habitacionais no NRAU: Breves considerações*, in RFDUP III (2006), p. 513 e ss..

[103] Cf., v. g., ORLANDO DE CARVALHO, *Critério e estrutura do estabelecimento comercial. I. O problema da empresa como objecto de negócios*, Coimbra, 1967, p. 604 e ss., RUI DE ALARCÃO, *Sobre a transferência d aposição do arrendatário no caso de trespasse*, in BFD, XLVII (1971), p. 21 e ss., PEREIRA COELHO, *Arrendamento*, cit., p. 213 e ss., MENEZES CORDEIRO, *Manual de direito comercial*, 2.ª ed., Almedina, Coimbra, 2007, p. 296 e ss., COUTINHO DE ABREU, *Da empresarialidade. As empresas no Direito*, Almedina, Coimbra, 1996, p. 324 e ss., PINTO FURTADO, *Manual do arrendamento urbano*, 3.ª ed., Almedina, Coimbra, 2001, p. 526 e ss., GRAVATO MORAIS, *Alienação e oneração de estabelecimento comercial*, Almedina, Coimbra, 2005, p. 86 e ss. e os nossos *Constituição da relação de arrendamento urbano*, cit., p. 177 e ss. e *Arrendamentos comerciais*[2], cit., p. 160 e ss..

Decorre do facto de o senhorio ter direito de preferência no trespasse por venda ou dação em cumprimento (artigo 1112/4 do CC)[104] que, nestes casos, o senhorio pode impedir a continuação da relação de arrendamento, adquirindo o estabelecimento. Contudo, o senhorio pode não querer ou não estar em condições financeiras de exercer a preferência, caso em que há que saber qual é o destino da fiança do arrendatário trespassante. A dúvida só se levanta, como parece lógico, no caso em que as partes no contrato de fiança não previram e não regularam essa situação: se o tiverem feito, ou seja, se o fiador se vinculou pelo cumprimento das obrigações do arrendatário inicial bem como do novo arrendatário (trespassário), fica balizado o risco fidejussório no que tange às pessoas garantidas.

Suponhamos, a título de exemplo, um arrendamento para comércio com prazo certo de vinte anos, em que o fiador se vinculou por esse prazo, sem ter havido uma previsão de caducidade da fiança em caso de trespasse. Supondo que ocorre um trespasse após sete anos de contrato, o fiador passa a garantir o cumprimento das obrigações a cargo do novo arrendatário ou considera-se que, por aplicação analógica ou outra do regime previsto no artigo 599/2 do CC, a fiança caduca?

Já analisámos esta questão noutro local[105], embora no quadro do RAU, parecendo-nos, agora, que a posição que então tomámos, de resto com muitas dúvidas, deve ser revista. Ponderámos, então, que, diversamente do que acontece na assunção de dívida (artigo 599/2 do CC) ou na cessão da posição contratual – em que, respectivamente, o credor e o cedido são chamados a dar o seu acordo – assim não acontece, quanto ao senhorio, no trespasse, por força da lei, razão pela qual, sendo a lei conhecida (ou, pelo menos, cognoscível) do fiador, faria parte do fim de garantia da fiança (*Sicherungszweck*) a continuação da vinculação fidejussória apesar da modificação subjectiva ocorrida na relação de arrendamento.

De acordo com esta posição, que não mantemos, o fiador teria o ónus de, aquando da prestação de fiança, regular os termos da vinculação fide-

---

[104] Cf., v. g., os nossos *Arrendamentos comerciais*², *cit.*, p. 176 e ss. e, recentemente, mas ainda no âmbito do RAU, GRAVATO MORAIS, *Alienação e oneração de estabelecimento comercial*, *cit.*, p. 88 e ss.. Face à proposta do NRAU, cf. o nosso *Breves notas sobre as "Disposições espaciais do arrendamento para fins não habitacionais" no Projecto do NRAU*, *cit.*, pp. 386-387 e PINTO FURTADO, *Do arrendamento urbano para fins não habitacionais*, *cit.*, p. 404.

[105] In *Assunção fidejussória de dívida*, *cit.*, pp. 789-790, nota 171.

jussória, deixando claro, se assim o entendesse, que a fiança caducaria em caso de trespasse.

II. No confronto entre a tutela da posição do senhorio e a tutela da posição do fiador é esta última que merece primazia, no sentido de que a consequência natural e lógica da alteração subjectiva da posição de arrendatário é a extinção da fiança, já que não é de presumir que o fiador quer garantir o cumprimento não só por parte do arrendatário, pessoa que ele conhece e que o "colocou" na situação de fiador, mas também por parte de um eventual terceiro trespassário, cuja honorabilidade e solvabilidade desconhece por completo. Neste sentido, podemos dizer que as fianças – e dentre estas, com clara evidência, as de não profissionais – são de presumir como prestadas *intuitu personae*.

Neste quadro, caberá, então, ao senhorio fazer a prova – que pode não ser fácil, em função da necessidade (artigo 628/1 do CC)) de a declaração do fiador ser expressa[106] – de que o fiador se vinculou em termos de garantir não só o cumprimento das obrigações do arrendatário inicial mas também o cumprimento das obrigações a cargo do trespassário.

A favor deste entendimento[107] milita o facto de a fiança ser, conforme temos salientado, um negócio de risco[108] – com a consequente aplicação do princípio *in dubio pro fideiussore* – como também o princípio que emana do estabelecido no artigo 599/2 do CC[109] – princípio esse que valerá não só para a assunção de dívida mas também para a cessão da posição contratual[110] e, mais genericamente, para as situações de transmissão entre vivos da posição contratual.

---

[106] Cf. o nosso *Assunção fidejussória de dívida, cit.*, p. 467 e ss. e, no domínio dos trabalhos preparatórios, VAZ SERRA, *Fiança e figuras análogas, cit.*, p. 33 e ss..

[107] Este é um assunto que tem passado, de algum modo, à margem da atenção da doutrina. Encontramos, porém, em JOÃO DE MATOS, *Manual do arrendamento e do aluguer*, II, Livraria Fernando Machado, Porto, 1968, p. 107, sustentado em Avelino de Faria, a defesa clara da posição de caducidade da fiança: "Pelas razões antecedentemente expostas, somo das opinião de que a fiança se extingue no caso de trespasse, salvo se o fiador assumir expressa e inequivocamente essa responsabilidade".

[108] Cf. o nosso *Assunção fidejussória de dívida, cit.*, pp. 116 e ss. e 744-745.

[109] Cf., sobre este, MENEZES LEITÃO, *Direito das obrigações*, II⁴, *cit.*, p. 64 e ss.; com aplicação ao campo específico da fiança, cf. o nosso *Assunção fidejussória de dívida, cit.*, p. 788 e ss..

[110] Cf., neste sentido, MOTA PINTO, *Cessão da posição contratual, cit.*, p. 489.

III. Como tutelar a posição do credor, face a um trespasse que tenha determinado a extinção da fiança?

Essa tutela passa, desde logo, pelo regime da prestação de caução e, mais concretamente, pelo que vem estabelecido no artigo 626 do CC[111], na medida em que, por interpretação do contrato de arrendamento seja possível concluir que o arrendatário (inicial ou sucessivo) estava obrigado a *manter* caução.

7.2. *O destino da fiança no caso de morte do arrendatário*

Uma questão de algum modo semelhante à exposta no ponto anterior respeita aos casos de morte do arrendatário[112], desde que subsista a relação de arrendamento. Estão em causa as situações previstas no artigo 1106[113] ou no artigo 1113 do CC[114]. Mantém-se o fiador vinculado pelo cumprimento das obrigações a cargo do novo titular da relação de arrendamento?

Mais uma vez, serão determinantes os termos da vinculação fidejussória. Mais uma vez, não é de presumir que o fiador se tenha querido vincular pelo cumprimento das obrigações a cargo do arrendatário e também pelo cumprimento das obrigações a cargo do sucessor no arrendamento, cabendo ao senhorio, interessado na fiança, a demonstração do contrário.

---

[111] Cf., sobre este, v. g., PIRES DE LIMA/ANTUNES VARELA, *Código civil anotado*, I⁴, cit., p. 643.

[112] Diferentes e aqui não abordados, são os casos de morte do fiador, remetendo-se para os nossos *Assunção fidejussória de dívida*, cit., p. 793 e ss. e *A fiança no quadro das garantias pessoais*, cit., p. 45 e ss..

[113] Cf., sobre este, por todos, OLINDA GARCIA, *A nova disciplina do arrendamento urbano*, cit., p. 37 e ss. e LAURINDA GEMAS/ALBERTINA PEDROSO/JOÃO CALDEIRA JORGE, *Arrendamento urbano*, 2.ª ed., Quid Juris, Lisboa, 2007, p. 384 e ss., FRANÇA PITÃO, *Novo regime do arrendamento urbano*, 2.ª ed., Almedina, Coimbra, 2007, p. 727 e ss. e MARGARIDA GRAVE, *Novo regime do arrendamento urbano*³, cit., pp. 107-108. Sobre o regime da transmissão do arrendamento habitacional por morte do arrendatário, no domínio do RAU, cf. os nossos *Arrendamentos para habitação*², cit., p. 167 e ss. e JOÃO MENEZES LEITÃO, *Morte do arrendatário habitacional e sorte do contrato*, in "Estudos em homenagem ao Prof. Doutor Inocêncio Galvão Telles", III – Direito do Arrendamento Urbano, Almedina, Coimbra, 2002, p. 275 e ss..

[114] Cf., sobre este, por todos, LAURINDA GEMAS/ALBERTINA PEDROSO/JOÃO CALDEIRA JORGE, *Arrendamento urbano*², cit, p. 425 e ss., FRANÇA PITÃO, *Novo regime do arrendamento urbano*², cit., p. 767 e ss. e MARGARIDA GRAVE, *Novo regime do arrendamento urbano*³, cit., p. 119.

Conforme resulta do que salientámos noutro local[115], o credor – neste caso o senhorio – não pode razoavelmente esperar que a fiança de amigo ou parente subsista incólume após a morte do devedor, uma vez que a fiança terá sido, então, prestada *intuitu personae* (de terceiro – o devedor-arrendatário, no caso – que não é parte no contrato de fiança). Diverso poderá, eventualmente, ser o caso se a fiança for prestada por um profissional, na medida em que tenha feito a avaliação do seu risco não apenas em função da pessoa do devedor e do seu património mas também em consideração das vicissitudes, incluindo as subjectivas, do crédito.

A assinalada natureza da fiança como negócio de risco impõe, de resto, esta solução, cabendo ao senhorio, aquando da constituição do vínculo fidejussório o ónus de exigir um âmbito de vinculação que o coloque a cobro da vicissitude traduzida na modificação subjectiva da posição de arrendatário.

Tal como no caso de trespasse, a tutela da posição do senhorio que fique desprovido da garantia fidejussória poderá, eventualmente, passar pelo regime do artigo 626 do CC.

7.3. *Agravamento da situação patrimonial do devedor*

I. Conforme vimos supra, o artigo 654, aplicável à fiança de obrigações futuras, prevê que o fiador se possa liberar da garantia se a situação patrimonial do devedor se agravar em termos de pôr em risco os seus direitos eventuais contra este.

Conforme destacámos noutro local[116], o legislador pretende resguardar o fiador face ao agravamento da situação patrimonial do devedor. Não se trata, porém, de um agravamento qualquer: ele tem de ser de molde a pôr em risco a consecução, pelo fiador, quando sub-rogado[117], da satisfação do crédito, através do património do devedor.

---

[115] Cf. o nosso *Assunção fidejussória de dívida*, cit., pp. 792-793. Sobre as consequências da morte do arrendatário comercial, no domínio do RAU, cf. os nossos *Arrendamentos comerciais*², cit., p. 267 e ss..

[116] In *Assunção fidejussória de dívida*, cit., p. 768 e ss..

[117] Sobre esta sub-rogação e, em geral, sobre a liquidação da operação de fiança, cf. o nosso *Assunção fidejussória de dívida*, cit., p. 903 e ss..

Este regime – que se apresenta coerente, com a consagração, no artigo 653 do CC, do *benefitium cedendarum actionum*[118] e ainda com o *direito à liberação interna* fundado na alínea *b*) do artigo 648 do CC[119] – postula a necessidade de realização de duas operações. A primeira é uma operação *virtual* de ponderação das possibilidades de o fiador sub-rogado conseguir em regresso (*lato sensu*) a satisfação do crédito: deve então – "simulado" o cumprimento pelo fiador – ser pesada ou avaliada a real possibilidade de o fiador conseguir a recuperação do que pagou e o demais que possa ser devido. A segunda operação – uma vez concluído que o crédito eventual do fiador sub-rogado contra o devedor está em risco, é a do cotejo entre o grau de probabilidade de satisfação do crédito (de regresso) no momento da prestação da fiança e no momento do pretendido exercício da liberação.

A liberação do fiador só será lícita se a evolução do grau de probabilidade for negativa e em termos objectivamente relevantes e atendíveis, isto é, graves: é o que resulta da referência, feita no artigo 654 do CC, ao agravamento da situação patrimonial do devedor.

II. Pergunta-se, agora, se a liberação do fiador com fundamento no agravamento da situação patrimonial do devedor está também facultada ao fiador do arrendatário, desde logo em função do facto de o revogado artigo 655 não ter qualquer alusão específica ao agravamento da situação patrimonial do locatário.

No nosso entender, revogado o artigo 655 e "albergada" a fiança do arrendatário no regime geral – para as fianças de obrigações futuras – do artigo 654, não encontramos qualquer base para afastar este fundamento de desvinculação. Não obstante, entendemos que, em função das situações pensadas pelo legislador para admitir este fundamento de desvinculação, a aplicação ao caso da fiança do arrendatário deve ser feita com particular cautela, considerando as especificidades do regime do arrendamento.

Essas situações pensadas pelo legislador são, fundamentalmente, situações novas de concessão de crédito ou similares, situações essas em que o credor não fica prejudicado pela liberação do fiador, uma vez que pode, então, abster-se de dar crédito, ou se fica prejudicado é porque con-

---

[118] Cf. o nosso *Assunção fidejussória de dívida, cit.*, p. 917 e ss..
[119] Cf. o nosso *Assunção fidejussória de dívida, cit.*, p. 856 e ss..

cedeu crédito à revelia do fiador, sabendo que o devedor estava em más condições patrimoniais. O problema é, de forma ilustrativa, apresentado assim por Vaz Serra[120]: "No caso de fiança prestada para garantia de obrigações futuras, corre o fiador o risco de o credor, sem autorização do fiador, dar crédito ao devedor, embora a situação patrimonial deste tenha piorado a ponto de tornar muito mais difícil a satisfação do credor". E continuando: "O credor, garantido pela fiança, pode não se abster de conceder crédito ao devedor nestas condições e o fiador terá, assim, o prejuízo de ter de pagar esta dívida e não poder depois efectivar o crédito contra o devedor".

Como solução possível, ponderava, nesta linha, Vaz Serra[121]: "Parece razoável que o fiador por obrigação futura possa liberar-se, antes da concessão de crédito ao devedor, quando, após a assunção da fiança, tenham piorado as condições do devedor a ponto de se tornar notavelmente mais difícil a satisfação do crédito". E ainda[122]: "Se o crédito não foi ainda concedido, não é o credor prejudicado com a revogação da fiança tão gravemente como o seria depois de concedido o crédito".

Estes extractos ilustram o fio condutor das preocupações de Vaz Serra: permitir, como princípio[123], a desvinculação do fiador com base no agravamento da situação patrimonial do devedor, mas sem que daí resulte, tendencialmente, um prejuízo para o credor, *maxime* porque está em condições de não assumir compromissos – ou seja, nos casos apontados por Vaz Serra, em condições de não conceder mais crédito.

III. Aplicando ao caso do fiador do arrendatário as preocupações – se não mesmo as directrizes – que resultam da consideração dos trabalhos preparatórios, o princípio é o de que o fiador do arrendatário se pode liberar no caso de agravamento relevante da situação patrimonial do devedor, mas não o pode fazer em termos de prejudicar o credor-senhorio.

Pensamos que a maneira de conciliar estes dois interesses passa pela necessidade de o fiador dar tempo ao senhorio para, querendo, se desvincular da relação de arrendamento.

---

[120] *Fiança e figuras análogas*, cit., p. 240.
[121] *Fiança e figuras análogas*, cit., pp. 241-242.
[122] VAZ SERRA, in *Fiança e figuras análogas*, cit., p. 242.
[123] Dizemos "como princípio", uma vez que Vaz Serra admitia várias excepções ou inflexões; cf. VAZ SERRA, *Fiança e figuras análogas*, cit., p. 24 1 e ss..

Suponhamos, assim, uma fiança de arrendatário em arrendamento de duração indeterminada, na qual o fiador se tenha vinculado, nos termos do artigo 654 do CC, *in fine*, a não liberar-se antes de decorridos dez anos sobre a prestação da fiança. Suponhamos ainda que, nesse caso, a situação patrimonial do devedor se agrava relevantemente, para efeitos do estabelecido no artigo 654 do CC, logo no segundo ano de arrendamento. Nesta situação, o fiador poderá liberar-se da fiança mas só o poderá fazer em termos de o senhorio poder denunciar de imediato o contrato de arrendamento, mantendo até final a garantia fidejussória. Na prática, considerando o regime da alínea c) do artigo 1101 do CC, o fiador terá de suportar a carga da fiança por, sensivelmente, mais cinco anos[124].

Apliquemos, agora, a doutrina exposta a uma situação em que o arrendamento tenha sido celebrado com prazo certo, tendo o prazo sido fixado em cinco anos (artigo 1095/2 do CC). Se a alteração relevante da situação patrimonial do arrendatário acontece no segundo ano, o fiador poderá, de facto, desvincular-se mas a cobertura da garantia fidejussória mantém-se até ao final do prazo inicial em curso: se o senhorio optar por não se opor à renovação, fá-lo sabendo que está desprovido de – daquela – garantia fidejussória.

A situação já será mais grave para o fiador por exemplo numa situação em que o prazo inicial é de dez anos e em que a alteração relevante da situação patrimonial do arrendatário acontece logo no segundo ano; nesse caso, a desvinculação que pretenda efectivar só surtirá efeito a partir do fim do prazo em curso, já que o senhorio não pode desvincular-se do contrato de arrendamento antes de decorrido esse prazo. Estaremos perante uma situação em que o fiador está limitado ao exercício do direito interno à liberação[125].

IV. Uma dúvida pode ainda ser suscitada: a de saber se o direito à liberação por alteração relevante da situação patrimonial do devedor, nos termos do artigo 654 do CC, é renunciável. Não vemos razões imperativas que obstem a essa renunciabilidade. Contudo, numa tal situação – na qual continua, não obstante, a ter plena aplicação o princípio da boa fé e a proibição do abuso do direito – é essencial garantir que o fiador tem pleno

---

[124] Em rigor, será por mais cinco anos e cerca de três meses, *grosso modo* pelas razões expostas supra em 5.2/III.

[125] Cf. o nosso *Assunção fidejussória de dívida, cit.*, p. 835 e ss., e p. 856 e ss..

conhecimento do resultado da renúncia efectuada, o que se revela de particular importância quando a fiança tenha sido prestada com recurso a cláusulas contratuais gerais e, independentemente disso, quando o fiador seja um não profissional.

    Haverá, mesmo, uma forte suspeita de "abuso" por parte de um profissional que, sendo credor, imponha a um fiador não profissional uma tal renúncia.

    Lisboa, Setembro de 2007

"CONCENTRAÇÃO" OU TRANSMISSÃO DO DIREITO AO ARRENDAMENTO HABITACIONAL EM CASO DE DIVÓRCIO OU MORTE

RITA LOBO XAVIER[*][**]

SUMÁRIO: *1. Introdução. 2. Comunicabilidade da posição do arrendatário ao seu cônjuge de acordo com o regime de bens (artigo 1068.° CC). 3. Aplicação imediata da norma do artigo 1068.° CC (artigos 26.°, n.° 1, e 59.° da Lei n.° 6/2006, de 27 de Fevereiro). 4. Necessidade do consentimento de ambos os cônjuges para os actos de disposição do direito ao arrendamento relativo ao local onde foi fixada a casa de morada da família. 5. Comunicações entre senhorio (s) e arrendatário (s) relativamente ao direito ao arrendamento em comunhão, em particular quando incida sobre o prédio onde os cônjuges fixaram a casa de morada da família (artigos 11.° e 12.° da Lei n.° 6/2006, de 27 de Fevereiro). 6. "Concentração" ou*

---

[*] Professora Associada da Escola de Direito da Universidade Católica – Porto.
[**] É com muito gosto que contribuo para a merecida homenagem que é prestada ao Senhor Professor Doutor José de Oliveira Ascensão. Há muito habituada a olhá-lo como uma referência no mundo da Universidade e do Direito, aproveito a ocasião para manifestar também outros sentimentos mais pessoais, em que destaco a gratidão, pela oportunidade que lhe fiquei a dever de proferir uma conferência num local tão significativo como Olinda, e o afecto, que lhe passei a dedicar depois de reconhecer a sua amabilidade e delicadeza em vários momentos alheios ao ambiente formal e austero que é usual nos nossos claustros universitários.

O presente estudo corresponde à aula leccionada no Curso de Formação avançada sobre Arrendamento Urbano, na Escola de Direito do Porto da Universidade Católica Portuguesa, que decorreu entre 13 de Abril e 25 de Maio de 2007. A minha intervenção apoiou-se em tópicos escritos, agora mais desenvolvidos, por isso mantém o seu registo original, que incide predominantemente nos problemas suscitados pela recente reforma da disciplina do Arrendamento Urbano e está despojado de indicações bibliográficas intercalares mais detalhadas.

transmissão em vida do direito ao arrendamento habitacional (artigo 1105.° CC): protecção da casa de morada da família na hipótese de divórcio ou separação de pessoas e bens e da casa de morada comum por ruptura de uma união de facto juridicamente relevante (artigo 1105.° CC, por remissão feita no artigo 4.°, n.° 3, da Lei n.° 7/2001, de 11 de Maio). 7. Extinção do património comum por divórcio ou separação de pessoas e bens. 8. "Concentração" ou transmissão do direito ao arrendamento habitacional por morte. 9. Normas transitórias relativas à transmissão por morte do direito ao arrendamento habitacional (artigo 57.° da Lei n.° 6/2006, de 27 de Fevereiro).

1. Introdução

O problema de que vou tratar é o da eventual entrada do direito ao arrendamento habitacional no património comum do casal (comunicabilidade) e o da sua "concentração" ou transmissão por causa de divórcio, separação de bens ou morte do arrendatário, à luz da recente reforma do Arrendamento Urbano[1].

A disciplina do arrendamento habitacional inclui disposições particulares destinadas a salvaguardar a estabilidade da residência comum e da casa de morada da família. Na verdade, os direitos à habitação e à protecção da residência familiar correm o risco de ser afectados pela extinção ou modificação da relação familiar ou parafamiliar que lhe estão associadas (em caso de divórcio, separação de pessoas e bens, separação de facto, morte, ausência, dissolução da união de facto), bem como pela cessação

---

[1] Refiro-me à Lei n.° 6/2006, de 27 de Fevereiro, em vigor desde 27 de Junho de 2006, que revogou o Decreto-Lei n.° 320-B/90, de 15 de Outubro (RAU) e fez regressar ao Código Civil a disciplina do arrendamento urbano. Com a legislação complementar publicada em 8 Agosto de 2006, ficou concluído o Novo Regime do Arrendamento Urbano (NRAU). A primeira versão da proposta de lei que veio a constituir o núcleo do NRAU foi apresentada em Junho de 2005 e a aprovação final teve lugar no fim do mês imediato. Com esta brevidade, é de estranhar notar-se, por vezes, que o trabalho foi elaborado sobre a base do anteprojecto apresentado em 2004 que ficou conhecido por RNAU. Sendo as perspectivas de fundo de cada uma das propostas radicalmente diferentes, a sobrevivência de muitas disposições do RNAU combinada com algumas alterações menos felizes não facilitam a compreensão do sentido e das razões determinantes de alguns dos novos preceitos e perturbam a unidade do sistema. Sempre fica a esperança, que não partilho, de que o NRAU consiga imprimir alguma dinâmica no mercado do arrendamento urbano em Portugal.

do contrato de arrendamento durante a comunhão de vida (nas hipóteses de revogação, caducidade, denúncia, resolução ou oposição à renovação do contrato). As questões surgem quando apenas um dos membros do casal ou da união de facto interveio na celebração do contrato de arrendamento e, por isso, só ele é de considerar como arrendatário. No entanto, nas situações atrás referidas, importa ter em conta não só os interesses do titular do direito ao arrendamento como também os dos familiares ou parafamiliares não arrendatários[2]. Contudo, o arrendamento é um contrato de carácter *intuitu personae*. Com efeito, este contrato constitui uma espécie do contrato de locação que, no artigo 1022.º do Código Civil (CC), é definido como "o contrato pelo qual uma das partes se obriga a proporcionar à outra o gozo de uma coisa, mediante retribuição"[3]. Como é sabido, o contrato de arrendamento é um contrato de locação que incide sobre coisa imóvel (artigo 1023.º CC), podendo tratar-se de arrendamento rústico ou urbano e, quanto a este último, deve distinguir-se conforme seja destinado à habitação (artigos 1092.º ss CC) ou a fins não habitacionais (artigos 1108.º ss CC)[4].

Em face dos artigos 1022.º e 1023.º do CC, é possível concluir que um dos elementos do contrato de arrendamento urbano consiste na "obrigação de proporcionar a outrem o gozo de um prédio urbano"[5]. Este "outrem" é a pessoa que intervém no contrato, o arrendatário. Em princípio, o arrendatário estaria então obrigado a não proporcionar a mais ninguém o gozo total ou parcial do imóvel; e o senhorio estaria também apenas obrigado a proporcionar o gozo da coisa ao arrendatário e não a terceiro. Mas, de facto, a lei permite, por exemplo, que habitem com o arrendatário, para além de todas as pessoas que com ele vivam em economia comum, um máximo de três hóspedes, salvo cláusula em contrário (artigo 1093.º CC).

---

[2] Por parafamiliares designamos as relações emergentes das uniões de facto e da situação de vida em economia comum, seguindo a opção de PEREIRA COELHO e GUILHERME DE OLIVEIRA (2003), p. 35, pp. 99 e 138 e ss.

[3] Em face do regime previsto no Código Civil, parece não haver dúvidas de que o contrato de locação tem natureza *intuitu personae*, designadamente por caducar com a morte do locatário, salvo convenção escrita em contrário [cfr. artigos 1051.º, *d*), e 1059.º, n.º 1 CC]. Veremos mais à frente que existem importantes excepções a esta regra da caducidade por morte, nomeadamente nas disposições relativas aos contratos de arrendamento habitacionais (artigos 1106.º e 1107.º CC).

[4] O RAU distinguia os arrendamentos para habitação dos arrendamentos para comércio, indústria, profissão liberal ou outros fins lícitos (artigo 3.º, n.º 1 do RAU).

[5] Os restantes elementos serão o carácter temporário e a retribuição.

Por outro lado, a lei admite que, havendo autorização do senhorio por escrito, o arrendatário proceda ao subarrendamento do prédio a terceiro (artigo 1088.º, n.º 1 CC). O arrendatário é obrigado a comunicá-lo ao senhorio no prazo de quinze dias a contar da sua verificação, sob pena de ineficácia da cessão em relação ao senhorio e de este passar a ter direito de resolver o contrato (artigos 1083.º, g), e n.º 2, e 1049.º CC)[6].

Na disciplina do RAU, o carácter *intuitu personae* do direito ao arrendamento levava ainda a que o direito ao arrendamento habitacional fosse incomunicável ao cônjuge do arrendatário, sendo então encarado como um dos direitos estritamente pessoais referidos no artigo 1733.º do CC. Com efeito, o artigo 83.º do RAU, relativamente ao arrendamento urbano para habitação, dispunha que a posição do arrendatário não se comunicaria ao cônjuge, fosse qual fosse o regime matrimonial. Quanto aos arrendamentos não habitacionais, na falta de disposição expressa, entendia-se que o direito ao arrendamento ingressava no património comum, nos termos gerais (aliás, frequentemente constituiria um dos elementos de uma universalidade, como ocorria na presença de um estabelecimento comercial). Todavia, se a residência da família estivesse fixada num local arrendado, previam-se as consequências da ruptura ou modificação dos vínculos conjugais e da morte do arrendatário. Segundo os dois primeiros números do artigo 84.º do RAU, obtido o divórcio ou a separação judicial de pessoas e bens, os cônjuges poderiam acordar em que a posição de arrendatário ficasse a pertencer a qualquer deles e, na falta de acordo, caberia ao tribunal decidir, tendo em conta alguns critérios indicados de forma exemplificativa. Por remissão dos n.ºs 3 e 4, do artigo 4.º, da Lei n.º 7/2001, de 11 de Maio, estas disposições eram de aplicação à união de facto (deste que esta fosse juridicamente relevante nos termos do artigos 1.º e 2.º da mesma lei[7]). Por outro lado, a parte final do artigo 83.º do RAU dispunha que a posição do arrendatário caducava por morte, prevendo, no entanto, a hipótese da sua transmissão se lhe sobrevivesse alguma das pessoas aí indicadas como beneficiárias do direito de suceder no arrendamento, pela mesma ordem por que eram referidas[8]: cônjuge não

---

[6] Cfr., por todos, MENEZES LEITÃO (2006), p. 7 e 8, 11, 59 a 61.

[7] As "medidas de protecção" à união de facto só podem ser invocadas se esta durar há mais de dois anos e desde que não se verifique nenhuma das "excepções" previstas no artigo 2.º, que impedem os efeitos jurídicos previstos na lei. A legislação anterior apenas reconhecia as uniões de facto entre pessoas de sexo diferente (Lei n.º 135/99, de 28 de Agosto).

[8] O artigo 86.º do RAU estabelecia que a transmissão por morte não se verificaria se o titular desse direito tivesse residência "nas comarcas de Lisboa e Porto e suas limí-

separado judicialmente de pessoas e bens ou de facto, descendente com menos de um ano de idade ou que com ele convivesse há mais de um ano, pessoa que com ele vivesse há mais de dois anos, ascendente que com ele convivesse há mais de um ano, afim na linha recta, que com ele convivesse há mais de um ano e pessoas que com ele vivessem em economia comum há mais de dois anos.

A disciplina imediatamente anterior ao NRAU fazia, pois, uma distinção nítida entre:

– os efeitos do regime de bens relativamente à relação arrendatícia (artigo 83.º do RAU);
– a tutela da residência comum ou da casa de morada da família (artigo 85.º do RAU e artigo 4.º, n.ᵒˢ 3 e 4 da Lei 7/2001, de 11 de Maio);
– a caducidade por morte e excepcional transmissibilidade do direito ao arrendamento (artigos 83.º e 85.º do RAU).

2. Comunicabilidade da posição do arrendatário ao seu cônjuge de acordo com o regime de bens (artigo 1068.º CC)

No n.º 1 do artigo 1068.º do CC, o RNAU consagrou a comunicabilidade do direito do arrendatário nos termos gerais e segundo o regime de bens vigente, invertendo assim a regra da incomunicabilidade do direito ao arrendamento para habitação, anterior ao próprio Código Civil e que se manteve sempre na legislação ulterior. Em virtude da sua inserção sistemática esta norma aplica-se aos arrendamentos habitacionais e não habitacionais.

Tal era a solução já sugerida pela anterior proposta de Reforma de 2004, que ficou conhecida por "NRAU" e não teve seguimento em virtude de infelizes vicissitudes políticas que levaram à dissolução da Assembleia da República[9]. Menezes Cordeiro assumiu que a orientação expressa no

---

trofes, ou na respectiva localidade quanto ao resto do País, à data da morte do primitivo arrendatário".

[9] O projecto do RNAU está publicado na Revista *O Direito*, ano 136.º, 2004, II-III. O regresso da disciplina do arrendamento urbano ao Código Civil era uma das opções de fundo da Reforma projectada em 2004 – embora estivesse previsto que essa disciplina só se aplicaria aos novos contratos. A disposição em causa constava da proposta para o n.º 1 do artigo 1108.º do CC. Na altura chamei a atenção para o facto de este artigo estar incluído

Projecto prevaleceu por se ter entendido que era uma consequência do desaparecimento do "vinculismo": o direito ao arrendamento para habitação deveria receber tratamento idêntico a qualquer outro bem e por isso sofrer as consequências do regime de bens dos cônjuges[10]. Com efeito, se este regime condiciona a casa própria, não haveria motivo para distinguir o arrendamento[11]; por último, a comunicabilidade iria ao encontro da igualdade dos cônjuges e não poria em causa o *intuitus personae* do contrato de arrendamento, uma vez que a situação de facto não se altera, com comunicabilidade ou sem ela[12]. Assim, deveria ser o senhorio a assumir "o risco da nupcialidade", celebrando ou não o contrato de arrendamento, depois de conhecer o regime de bens[13].

---

numa subsecção dedicada às disposições especiais do arrendamento para habitação, podendo lançar a dúvida quanto à solução consagrada para o direito ao arrendamento para comércio, indústria ou exercício de profissão liberal (cfr. R. LOBO XAVIER (2004), p. 327). Efectivamente, no âmbito do RAU, a doutrina entendia que a lei concebia o direito emergente de tais modalidades de arrendamento como um "puro direito patrimonial", que se comunicaria entre cônjuges segundo as regras dos regimes de bens. Com efeito, a disposição que estipulava a incomunicabilidade do direito ao arrendamento não tinha âmbito geral, estando inserida numa Secção do Capítulo referente ao arrendamento urbano para habitação, o que sustentava a conclusão de que se tratava de uma norma especial e, portanto, de aplicação limitada a estes arrendamentos (PEREIRA COELHO, RLJ, *cit.*, pp. 138 e 139, em nota; JANUÁRIO GOMES (1994), p. 40). O meu reparo veio a ser atendido, uma vez que a actual norma que estabelece a comunicabilidade do direito ao arrendamento está inserida numa subsecção dedicada a disposições gerais relativas a arrendamento de prédios urbanos.

[10] MENEZES CORDEIRO (2004), p. 252. O objectivo de eliminação do "vinculismo" era outra das opções básicas do RNAU, pretendendo acabar-se com uma excessiva tutela do arrendatário que conduzia à perpetuação do arrendamento, esvaziando o direito de propriedade dos senhorios e "congelando os bens" (autor e ob. cit., sobretudo, p. 236 e 243).

[11] Ob. e loc. cit. Penso que este argumento não colhe, uma vez que, precisamente, o estatuto jurídico da casa de morada da família prescinde da consideração da titularidade do prédio; por outro lado, os próprios regimes de comunhão fazem distinções quanto à natureza dos bens, concretamente, no que diz respeito aos bens de natureza estritamente pessoal que são incomunicáveis.

[12] Ob. loc.cits. Realmente, a natureza pessoal do direito não é afectada com a situação de facto da utilização do local, mas não é isso o que está em causa. Também não é relevante a mera afirmação de que a posição do senhorio será idêntica porque a situação de facto de ocupação da casa coincidirá com a contitularidade do direito. A verdade, porém, é que tal não se verifica em todos os casos porque a "nupcialidade" afinal acaba por nem sempre coincidir com a contitularidade (por exemplo, na hipótese em que os cônjuges são casados em separação de bens e relativamente aos que vivem em união de facto).

[13] Ob. e loc. cit. Também não me parece que esta asserção seja rigorosa, uma vez que o arrendatário pode contrair casamento depois da celebração do contrato de arrendamento.

É bem certo que a solução da incomunicabilidade prevista no RAU tinha merecido as "maiores reservas" a Pereira Coelho[14] com a seguinte argumentação: 1) Em primeiro lugar, não teria qualquer fundamento o receio de que a comunicabilidade do arrendamento inviabilizasse ou dificultasse a salvaguarda dos interesses atendíveis dos cônjuges em caso de divórcio, separação ou falecimento de um deles; com efeito, a comunicabilidade do direito ao arrendamento para habitação não só permitiria como continuaria a exigir o estabelecimento de regimes especiais de transmissão para esses casos; apenas significaria que o cônjuge do arrendatário também seria arrendatário para todos os efeitos daí decorrentes, não impunha que a lei passasse a ver o direito de arrendamento habitacional como qualquer outro direito patrimonial. 2) Em segundo lugar, não haveria motivo para afastar a entrada do respectivo direito na comunhão, segundo o regime de bens. Na verdade, de acordo com as regras do regime da comunhão de adquiridos ou da comunhão geral de bens, o direito ao arrendamento deverá ser comum quando adquirido a título oneroso na constância do casamento. Sendo certo que a dívida relativa às rendas deverá ser considerada como um "encargo normal da vida familiar" e, por isso, o seu pagamento é da responsabilidade de ambos os cônjuges, nos termos do artigo 1691.º, b), do CC. 3) Por último, a incomunicabilidade gerava situações de flagrante injustiça, uma vez que sempre que a lei se referia ao arrendatário não abrangia o respectivo cônjuge: por exemplo, a quantia paga pelo senhorio a título de indemnização pela desocupação do prédio para sua habitação era considerada bem próprio, o cônjuge do arrendatário não podia exercer o direito de preferência que a lei reconhecia ao arrendatário no n.º 1 do artigo 47.º do RAU, nem podia utilizar os meios de defesa da posse reconhecidos ao arrendatário.

A solução sustentada por Pereira Coelho visava proteger a estabilidade da casa de morada da família, mas esta protecção, de acordo com aquilo que o mesmo Professor defendia em tese geral, deveria "ter um carácter *global* no sentido de que os instrumentos legais em que se traduz devem aplicar-se qualquer que seja o regime de bens do casamento e qualquer que seja o direito através do qual a casa de morada da família é assegurada"; e um carácter "*integrado*, no sentido de que tais instrumentos legais, que se traduzem na prática, em uma série de derrogações ao direito

---

[14]Cfr. PEREIRA COELHO e GULHERME DE OLIVEIRA (2001), pp. 585 a 587. Aí se reproduzem alguns dos argumentos aduzidos em anotação publicada na *Revista de Legislação e de Jurisprudência*, Ano 122.º, p. 138 e ss.

comum no tocante aos regimes de bens, aos poderes de disposição dos cônjuges, à partilha, etc, devem harmonizar-se e completar-se por forma a que o sistema não apresente duplicações e lacunas"[15]. Penso assim que regra da incomunicabilidade não tem a ver com o estatuto de protecção de que goza a casa de morada da família. Antes, como parece ser também o entendimento de Pereira Coelho, justificar-se-ia que "o arrendamento para habitação se considerasse comum *mesmo no regime da separação, como acontece no direito francês* (...) (sublinhados nossos)[16]. Pereira Coelho evidencia mesmo uma clara preferência pela consagração de um regime idêntico ao do artigo 1751 do Código francês. Na verdade, para constituir uma protecção eficaz da casa de morada da família, a comunicação do arrendamento não pode ficar dependente do regime de bens do casamento[17].

A solução da comunicabilidade do direito ao arrendamento segundo o regime de bens transitou do projecto do RNAU. Na altura pronunciei-me contra tal solução alinhando alguns argumentos que a contrariam[18]:

a) Tendo presente o carácter pessoal do direito ao arrendamento, a indicação de que tal direito se comunica segundo o regime de bens levantaria muitas dúvidas perante o disposto no artigo 1733.° do CC. Na verdade, tal direito era até então considerado como estritamente pessoal. Ora, se o direito ao arrendamento tem natureza pessoal, então, "nos termos gerais e de acordo com o regime de bens vigente", nunca ingressa no património comum no caso do arrendatário ser casado num regime de comunhão. Isto, por força do preceituado no artigo 1733.°, n.° 1, *c*), do CC,

---

[15] PEREIRA COELHO, Anotação, RLJ, *cit*, p.136, em nota.

[16] RLJ, p. 141, em nota e, sobretudo, p. 142. O texto do artigo 1751 do *Code Civil* é o seguinte (a tradução é minha): "O direito ao arrendamento do local, sem carácter profissional ou comercial, que serve efectivamente de habitação a ambos os cônjuges é havido como pertencendo a ambos os cônjuges, seja qual for o respectivo regime de bens e independentemente de convenção em contrário, e mesmo se o contrato de arrendamento tiver celebrado antes do casamento. § Em caso de divórcio ou de separação, este direito poderá ser atribuído pelo Tribunal competente a um dos cônjuges, tendo em consideração os interesses sociais e familiares em causa, sem prejuízo dos direitos de compensação ou indemnização devidos ao outro cônjuge".

[17] Também parece ser essa a posição de SALTER CID (1996), p. 202 e 211, quando afirma que a protecção eficaz da casa de morada da família não pode ficar dependente do regime de bens e que existem inconvenientes em não se ter consagrado a comunicabilidade independentemente do regime de bens.

[18] R. LOBO XAVIER (2004), p. 325 e ss.

segundo o qual se devem considerar incomunicáveis todos os direitos constituídos *intuitu personae* a favor de um dos cônjuges.

O objectivo confessado de tratar o direito ao arrendamento, sem especialidades de regime, como "um puro direito patrimonial", esbarra com a objecção de que nada impede que "direitos" de natureza eminentemente patrimonial possam estar excluídos da comunhão conjugal, como é o caso dos direitos *intuitu personae*.

b) Se o objectivo era proteger a casa de morada da família, não haveria que proceder a distinções segundo o regime de bens. A norma que consta hoje do artigo 1068.º do CC implicará uma variedade de situações consoante o regime de bens adoptado e o momento da celebração do contrato de arrendamento, com prejuízo da certeza que decorreria de uma disciplina igual para todas as pessoas casadas. Com efeito, se o contrato de arrendamento é anterior ao casamento e o casamento é celebrado no regime da comunhão de adquiridos ou no da separação de bens, o cônjuge do arrendatário não adquire a posição de arrendatário; mas, se o regime for o da comunhão geral, já adquire tal posição. Ora não parece haver razões para tal distinção, nem do ponto de vista da protecção da casa de morada da família, nem do ponto de vista dos interesses e expectativas do senhorio. Não se percebe por que ficará sem tutela a situação dos que casaram em regime de separação. Se o interesse a proteger pelo legislador é o interesse do outro cônjuge e da família na habitação, então esse interesse deverá ser tutelado sempre, independentemente do regime de bens, envolvendo até, como se verá, a necessidade do consentimento do outro cônjuge para os actos que afectem o direito de habitação da família, isto é, que impliquem a disposição do direito de arrendamento da casa de morada da família (tal como acontece no artigo 1682.º-B do CC). Além disso, note-se que a responsabilidade pelo pagamento das rendas é de ambos os cônjuges, pelo regime geral das dívidas conjugais, mesmo no caso de serem casados em regime de separação [artigo 1691.º, n.º 1, *b*) CC].

Ainda na perspectiva da protecção da casa de morada da família, a solução da comunicabilidade segundo o regime de bens é, por outro lado, demasiado ampla, pois verifica-se relativamente a todos os arrendamentos e não apenas ao arrendamento do local onde foi fixada a residência principal.

c) A solução destoaria no contexto relativo ao estatuto patrimonial dos cônjuges. Existe uma tendência nos sistemas próximos do nosso para que as normas relativas à protecção da casa de morada da família façam parte do regime imperativo de base ou dos chamados efeitos gerais do casamento (também por vezes designados por "regime primário"). Trata-se de regras que se aplicam imediatamente por efeito do casamento e que não variam com o regime de bens convencionado ou que resulta da lei. Se a residência da família é fixada num local arrendado, deve falar-se em "contitularidade" do direito ao arrendamento, mesmo quando apenas um dos cônjuges outorgou no respectivo contrato; em conformidade cada um dos cônjuges não poderá, só por si, pôr fim ao arrendamento, o senhorio deve dirigir a ambos todos os actos relativos ao arrendamento, etc. Claro está que me refiro aos países em que existe tal "regime primário", o que exclui a Inglaterra, a Irlanda, a Dinamarca e a Finlândia. Contudo, do ponto de vista substancial, não subsistem grandes diferenças, uma vez que nesses países se prevêem regras destinadas a proteger os interesses dos cônjuges e da família quanto a actos que possam colocá-los em perigo, nomeadamente, disposições relativas à protecção da casa de morada tomada de arrendamento. O mesmo se verifica nas perspectivas e propostas de harmonização do direito interno dos estados membros da União Europeia quanto ao estatuto patrimonial das pessoas casadas e quanto à protecção da casa de morada da família. Uma das maneiras de contribuir para a harmonização das regras de Direito matrimonial na União Europeia consiste na procura de um consenso de base sobre certas disposições fundamentais de um regime "primário" comum. As disposições essenciais incluirão obviamente a protecção da casa de morada da família, a concretizar através da garantia concedida aos cônjuges e, indirectamente, aos filhos, de que não serão privados da disposição da mesma em virtude de iniciativas tomadas apenas por um deles. Tal garantia passará pela exigência do acordo de ambos para todos os actos que tenham como consequência tornar a casa de morada da família materialmente indisponível para os cônjuges e seus filhos[19].

d) A solução da "comunicabilidade" do direito ao arrendamento segundo o regime de bens não dispensaria uma disposição a prever e a referir expressamente os casos em que o direito ao arrendamento se trans-

---

[19] Este é o caso do "Study in Comparative Law on the Rules Governing Conflicts of Jurisdiction and Laws on Matrimonial Property as Well as Property Issues on the Separation of Unmarried Couples", sob a égide da Comissão Europeia e organizado durante o ano de 2002 pelo *TMC Asser Institut* e pela *Université Catholique de Louvain*, sob a coordenação do Professor Michel Verwilghen (2002), tendo sido o Relatório português por nós elaborado em co-autoria com António Frada de Sousa.

mite em vida ou por morte para o cônjuge do arrendatário (como é evidenciado pelas normas que constam hoje dos artigos 1105.º e 1106.º do CC). Na verdade, o direito ao arrendamento não se comunicará quando o regime de bens for o da separação ou o da comunhão de adquiridos, sendo o contrato de arrendamento anterior ao casamento e tendo apenas um dos cônjuges outorgado no contrato. Nessas hipóteses, a protecção da casa de morada da família não estará assegurada, havendo necessidade de prever a sua transmissão em vida ou por morte.

Estou convencida de que a solução que acabou por ficar consagrada decorreu de um equívoco que já vem de longe e que terá sido provocado pelo utilização da expressão "comunicabilidade" – que inculca a ideia de uma "comunhão" com fonte no regime de bens – numa controvérsia doutrinal e jurisprudencial havida no contexto da Lei n.º 1662, § 1, n.º 3. Tal polémica ficou registada nas páginas da Revista de Legislação e Jurisprudência pela pena de Alberto dos Reis e vou recordá-la aqui[20]. Este autor criticava a interpretação plasmada em alguns Acórdãos, segundo a qual o direito ao arrendamento de prédio urbano para habitação se comunicaria ao cônjuge daquele que no contrato outorgou como inquilino, fosse qual fosse o regime de bens. Tal solução não se adequaria à letra e ao espírito da lei, pois esta referia-se à "transmissão" para o cônjuge sobrevivo – e não haveria lugar a "transmissão" se o direito ao arrendamento se comunicasse sempre – e o interesse do proprietário apenas deveria ser sacrificado ao interesse da protecção da família para assegurar a conservação do lar que a família tinha efectivamente. O chamado "projecto Sá Carneiro" consagrava a tese da incomunicabilidade, defendida também por Pinto Loureiro e Cunha Gonçalves. Barbosa de Magalhães sustentava a doutrina da comunicabilidade, justificada pela obrigação de os cônjuges viverem juntos e no dever que incumbia a ambos de concorrer para os encargos comuns, fosse qual fosse o regime de bens[21]. Anselmo de Castro defendia uma tese intermédia, destinada a dar sentido útil à expressão legal "transmissão" do arrendamento ao cônjuge. Para este autor, o direito ao arrendamento comunicar-se-ia por força do regime de bens, por isso, tal direito não se comunicaria quando o arrendamento fosse anterior ao casamento e o regime de bens fosse o de separação. Repare-se que Alberto dos Reis

---

[20] Cfr. RLJ, ano 69.º, n.º 2582 (onde retoma o que já escrevera na RLJ, ano 65, p. 397) pp. 346 ess e ss, ano 79.º, n.º 2846, pp, 386 e ss, n.º 2847, pp. 401 ess, n.º 2848, p. 2 e ss., Ano 80.º, n.º 2849, pp. 17 e ss, n.º 2850, pp. 34 e ss.

[21] RLJ, n.º 2846, cit.., p. 388.

admitia, *de iure condendo,* um regime, que não constava do "Projecto Sá Carneiro", mas que veio a ser consagrado pela Lei n.º 2030, segundo o qual, em caso de divórcio ou separação, o direito ao arrendamento do prédio para habitação podia ficar a pertencer a um ou a outro dos cônjuges[22]. Estava então muito clara em alguns textos a ideia de que o cônjuge adquiriria o direito ao arrendamento "pelo facto do casamento, não por força do regime" e, por isso, Barbosa de Magalhães sustentava a "comunicabilidade" mesmo no caso de separação de bens! A solução engenhosa de Anselmo de Castro justificava-se perante um texto legal que falava em "transmissão" por morte para o cônjuge; sendo certo que, em rigor, se o arrendamento se "comunicava" sempre, nunca haveria "transmissão" por morte para o cônjuge mas sim extinção da contitularidade e "continuação" do direito na esfera jurídica do sobrevivo: o direito subsistia – continuava – na titularidade do cônjuge sobrevivo[23].

Em conclusão: o texto legal deveria ter sido coerente com a natureza pessoal do direito ao arrendamento e traduzir a intenção de proteger a casa de morada da família. Teria sido preferível uma solução que considerasse como pertencente a ambos os cônjuges o direito ao arrendamento habitacional relativo ao local onde estes fixaram a residência da família, independentemente do regime de bens. A referência seria então à "contitularidade", dispondo a lei que "ambos os cônjuges são havidos como arrendatários da casa de morada da família"[24].

Importa finalmente procurar sintetizar os resultados da solução consagrada hoje no artigo 1068.º do CC:

1) Quando o direito ao arrendamento se comunicar por força do regime de bens, o cônjuge do arrendatário será igualmente considerado "arrendatário" para todos os efeitos, designadamente para

---

[22] RLJ, n.º 2846, *cit.,* p. 391.

[23] Foi esta a expressão utilizada no Acórdão do Supremo Tribunal de Justiça, de 2 de Outubro de 1936, anotado por ALBERTO DOS REIS, RLJ, n.º 2582, *cit.,* p. 346

[24] A norma que sugeri centrar-se-ia na protecção da casa de morada da família – o que seria evidenciado na epígrafe – com um texto aproximado ao que se segue: Protecção da casa de morada da família 1. Ambos os cônjuges são havidos como arrendatários da casa de morada da família 2. Em caso de divórcio ou separação de pessoas e bens, os cônjuges decidirão por acordo o destino da casa de morada da família; na falta de acordo, decidirá o Tribunal tendo em conta a necessidade de cada um e o interesse dos filhos 3. O acordo dos cônjuges, depois de homologado pelo juiz ou pelo conservador do registo civil, bem como a decisão do Tribunal relativa à atribuição da casa de morada da família devem ser notificados oficiosamente ao senhorio [R. LOBO XAVIER (2004), p. 328].

efeitos de comunicações entre as partes[25], exercício do direito de preferência que a lei reconhece ao arrendatário[26], indemnizações por denúncia do senhorio[27], oposição à execução[28]. E tudo isto mesmo que não se trate de arrendamento habitacional respeitante à casa de morada da família.

2) Sendo os cônjuges casados em regime de separação, o direito ao arrendamento relativo à casa de morada comum nunca se comunica, mas têm aplicação as normas relativas à necessidade do consentimento de ambos os cônjuges para os actos de disposição daquele direito e à eventual transmissão em vida do direito ao arrendamento (artigos 1682.°-B e 1105.° CC, e 12.° da Lei n.° 6/ /2006); tratando-se de pessoas que vivam em união de facto juridicamente relevante, somente existe a possibilidade de transmissão em vida do direito ao arrendamento nos termos do artigo 1105.° do CC.

3. Aplicação imediata da norma do artigo 1068.° CC (artigos 26.°, n.° 1, e 59.° da Lei n.° 6/2006, de 27 de Fevereiro)

De acordo com o artigo 59.°, n.° 1, da Lei n.° 6/2006, o NRAU "aplica-se aos contratos celebrados após a sua entrada em vigor, bem como às relações contratuais constituídas que subsistam nessa data, sem prejuízo do previsto nas norma transitórias". A aplicação da lei nova aos contratos de arrendamento já em curso está em conformidade com o princípio formulado no artigo 12.°, n.° 2, do CC. Na verdade, as disposições

---

[25] Cfr. os artigos 9.°, 11.° e 12.° da Lei n.° 6/2006, de 27 de Fevereiro. Sentiu-se a necessidade de esclarecer no artigo 12.° que as comunicações relativas à actualização de rendas ou que integrem ou constituam título executivo para despejo, devem ser dirigidas "a cada um" dos cônjuges (no caso de serem ambos arrendatários por força do regime de bens, tal já resultaria do n.° 4 do artigo 11.°). A obrigação de dirigir as comunicações "a cada um" existe inclusivamente na hipótese em que é necessária a notificação judicial avulsa para a formação de título executivo, o que tornará o processo algo dispendioso (artigo 9.°, n.° 7). A lei prevê nesse caso que a comunicação também possa ser feita mediante contacto pessoal de advogado, solicitador ou solicitador de execução e, em tal hipótese, importa que ambos os cônjuges assinem o original da comunicação.

[26] Cfr. o artigo 1091.° do CC.

[27] Cfr. os artigos 1102.°, n.° 1, 1103.°, n.° 3, a) e n.° 6, do CC.

[28] Cfr. sobretudo o disposto no artigo 930.° B, n.° 1, do Código de Processo Civil.

do RNAU constituem manifestamente normas que versam o conteúdo das relações jurídicas, abstraindo do facto que lhes deu origem e, por isso, na falta de disposição em contrário, sempre se aplicariam aos contratos de arrendamento já existentes.

No que diz respeito à "comunicabilidade" do direito ao arrendamento segundo o regime de bens, o regime transitório previsto nos artigos 26.º e seguintes da Lei n.º 6/2006 não excepciona a aplicação do artigo 1068.º aos contratos já existentes à data da entrada em vigor do RNAU. No entanto, pode colocar-se o problema da aplicabilidade deste artigo às relações matrimoniais já constituídas, uma vez que a norma altera a natureza de um elemento integrado numa das massas patrimoniais das pessoas casadas. Importa assim saber se o RNAU pode influir nas relações matrimoniais já existentes, procedendo, por esta via, à alteração da composição das massas patrimoniais de pessoas que casaram num regime de comunhão antes da sua entrada em vigor. Em meu entender, a nova lei apenas altera a qualificação do direito ao arrendamento habitacional: a disciplina anterior atribuía-lhe uma natureza estritamente pessoal e, por isso, tal direito constituía sempre um bem próprio mesmo nos regimes comunitários. A lei nova não modifica os regimes de bens nem as suas regras, apenas atenua a natureza *intuitu personae* do direito ao arrendamento, o que, envolvendo certamente consequências quanto à sua qualificação como bem próprio ou bem comum, não impede a aplicação imediata do artigo 1068.º do CC.

4. Necessidade do consentimento de ambos os cônjuges para os actos de disposição do direito ao arrendamento relativo ao local onde foi fixada a casa de morada da família

No que diz respeito ao direito ao arrendamento habitacional relativamente ao local onde foi fixada a casa de morada da família (isto é, a residência dos cônjuges e eventuais filhos, inclusivamente quando exista uma separação de facto), importa ter em conta o estatuto especial destinado à defesa da sua estabilidade. Com esse objectivo, a lei dá a cada um dos cônjuges e, indirectamente, aos filhos, a garantia de que não serão privados da fruição da casa de morada antes da data inicialmente prevista, por efeito de acto do senhorio ou de acto do outro cônjuge. Cada um dos cônjuges deve ter conhecimento dos actos do senhorio que importem a disposição do direito de arrendamento relativamente ao imóvel onde foi fixada a casa de morada. E está subordinada ao acordo de ambos os cônjuges a prática de qualquer acto que tenha como consequência tornar o imóvel arrendado materialmente indisponível para a família. Por isso, quer o direito ao arrendamento habitacional esteja integrado no património comum, quer não esteja, um dos cônjuges não pode dispor do direito ao arrendamento sem o consentimento do outro; e o senhorio deve dirigir todos os actos que envolvam a disposição de tal direito a ambos os cônjuges. Tal resultava do preceituado no artigo 1682.º-B do CC, a que a Lei n.º 6/2006 acrescentou uma outra causa de cessação do contrato de arrendamento com prazo certo, a "oposição à renovação"[29]: "Relativamente à casa de morada da família, carecem do consentimento de ambos os cônjuges: a) A resolução, a oposição à renovação ou a denúncia do contrato de arrendamento pelo arrendatário; b) A revogação do arrendamento por mútuo consentimento; c) A cessão da posição de arrendatário; d) O subarrendamento ou o empréstimo, total ou parcial"[30]. Claro está que, nas situações em que o direito ao arrendamento ingressa no património comum, de acordo com o regime de bens, nos termos do artigo 1068.º, a questão ficará resolvida por essa via, uma vez que ambos os cônjuges serão arrendatários.

Tratando-se de arrendamentos habitacionais que não digam respeito à casa de morada da família e se o direito integrar o património comum, haverá então uma situação de pluralidade de arrendatários e as comunicações entre senhorio e arrendatários devem obedecer ao disposto no artigo 11.º da Lei n.º 6/2006.

Quanto à protecção da residência comum das pessoas que vivem em união de facto juridicamente relevante, o direito ao arrendamento nunca se "comunicará" entre ambos, uma vez que estes, de acordo com a nossa lei, não podem escolher um regime de bens. Na verdade, mesmo admitindo a hipótese da celebração de um "contrato de coabitação" onde os unidos de facto regulem alguns dos aspectos patrimoniais da relação, tal contrato ficará sujeito às regras do Direito comum. Os unidos de facto só poderão estabelecer um património comum, em sentido estrito, se e quando tal for

---

[29] Nos contratos com prazo certo, tanto o senhorio como o arrendatário se podem opor à renovação automática prevista na lei (artigos 1096.º, n.º 2, 1097.º e 1098.º CC).

[30] Sobre a protecção conferida pelo artigo 1682.º-B, cfr. PIRES DE LIMA e ANTUNES VARELA, Vol. IV, p. 306. Cfr. também SALTER CID, *A protecção da casa de morada da Família no Direito português,* Coimbra, Almedina, 1996, p. 193. Este último autor sustenta que todas as hipóteses de disposição unilateral da casa de morada de família estão proibidas e dá exemplos de situações não expressamente previstas na lei em que o direito de habitação da família pode ser afectado pelo cônjuge arrendatário (p. 229).

expressamente admitido pela lei[31]. De qualquer modo, como é óbvio, bastará que ambos intervenham no contrato de arrendamento para serem contitulares do direito ao arrendamento.

5. **Comunicações entre senhorio(s) e arrendatário(s) relativamente ao direito ao arrendamento em comunhão, em particular quando incida sobre o prédio onde os cônjuges fixaram a casa de morada da família (artigos 11.º e 12.º da Lei n.º 6/2006, de 27 de Fevereiro)**

Os artigos 9.º e ss. da Lei n.º 6/2006 consagram um formalismo especial quanto às comunicações legalmente exigíveis entre as partes do contrato de arrendamento. Assim, as comunicações entre as partes relativas à cessação do contrato, actualização da renda e obras, devem ser realizadas, salvo disposição da lei em contrário, através de documento escrito assinado pelo declarante e remetido por carta registada com aviso de recepção (artigo 9.º, n.º 1); tal escrito pode ainda ser entregue em mão ao destinatário, devendo este apor a sua assinatura em cópia com nota de recepção (n.º 6). Se se tratar de comunicação destinada à resolução extrajudicial por iniciativa do senhorio, nos termos do artigo 1084.º, n.º 1, do CC, ela deve efectuar-se através de notificação judicial avulsa ou mediante contacto pessoal de advogado, solicitador ou solicitador de execução (n.º 7).

O artigo 12.º da Lei n.º 6/2006 contém regras especiais para o caso de o direito ao arrendamento incidir sobre prédio onde esteja fixada a casa de morada da família. Assim, as cartas que constituem iniciativa do senhorio para actualização da renda ou integrem ou constituam título executivo para despejo devem ser dirigidas "a cada um" dos cônjuges, mesmo que apenas um seja considerado arrendatário (cfr. o n.º 1, que remete para as situações previstas no artigo 10.º, n.º 2). As comunicações do senhorio que podem vir a constituir título executivo extrajudicial estão previstas no artigo 15.º da mesma lei, interessando, neste contexto, sobretudo a hipótese da oposição à renovação, da denúncia e da resolução por comunicação. Trata-se assim, de situações em que existe a possibilidade de ser posto em causa o direito ao arrendamento e, por isso, deve ser assegurado que ambos os cônjuges tomam conhecimento desse facto e não apenas o cônjuge arrendatário. Ter-se-á pensado na hipótese de haver algum conflito

---

[31] Quanto à validade dos "contratos de coabitação", veja-se PEREIRA COELHO e GUILHERME DE OLIVEIRA (2003), p. 119.

conjugal e de estarem em desacordo quanto à decisão a tomar, ou na possibilidade de um deles desconhecer os factos que legitimam a resolução por parte do senhorio, por exemplo[32]. Competirá ao senhorio averiguar se o arrendatário é casado e, sendo-o, se o local arrendado constitui a casa de morada da família[33]. Se as comunicações não forem efectuadas a cada um dos cônjuges, tal impedirá o exercício dos direitos respectivos por parte do senhorio. Com efeito, nessas situações, a comunicação integra uma declaração unilateral dirigida à cessação do contrato que deve ser levada ao conhecimento de cada um dos arrendatários nos termos previstos nos artigos 9.º e 10.º, sob pena de ineficácia[34].

---

[32] Na apreciação das propostas da Reforma de 2004, sugeri que fosse de ponderar a hipótese de ser reafirmada, no contexto do contrato de arrendamento urbano para habitação regulado no Código Civil, a necessidade do consentimento de ambos os cônjuges nestas situações; pelo menos, seria de esclarecer que certos actos têm de ser comunicados a ambos e por ambos (por exemplo, as cartas de denúncia pelo senhorio ou a comunicação de não renovação) [cfr. R. LOBO XAVIER (2004), p. 321]. Na verdade, embora tal já resultasse do preceituado no Código Civil no âmbito do Direito da Família e apesar de a ignorância da lei "não escusar", muitas vezes as partes e os próprios operadores jurídicos não tem uma percepção rigorosa da articulação dos textos legais, utilizando-os como se fizessem parte de compartimentos estanques. Para tanto muito contribuem algumas colectâneas de legislação que combinam excertos de textos legais com prejuízo da visão geral e unitária que é fundamental.

O essencial é que um dos cônjuges não possa ser "surpreendido" com actos unilaterais do outro, o que pode acontecer sobretudo em fase de crise matrimonial. Pense-se na hipótese de o cônjuge arrendatário deixar de pagar as rendas relativas ao arrendamento do local onde foi fixada a casa de morada da família sem dar conhecimento ao outro cônjuge, quando até tinham acordado numa repartição dos encargos da vida familiar em que seria aquele quem as pagaria. Nos casos em que o direito ao arrendamento não se comunicar, o cônjuge do arrendatário tem de ter conhecimento de que o senhorio tem intenção de resolver o contrato, para tentar obstar à resolução do mesmo, pondo fim à mora através do pagamento das rendas eventualmente acrescidas de uma indemnização, nos termos do artigo 1041.º, n.º 1, CC. De qualquer modo, note-se que a responsabilidade pelo pagamento das rendas será de ambos os cônjuges, mesmo no caso de serem casados em regime de separação (artigo 1691.º, n.º 1, b) CC).

[33] Com efeito, embora do contrato de arrendamento, quando celebrado por escrito, deva constar a identidade e o estado civil das partes e o fim do contrato, a verdade é que o casamento do arrendatário pode ocorrer depois (cfr. artigos 1069.º do CC e artigo 2.º, a) e c), do Decreto-Lei n.º 160/2006, que aprova os elementos do contrato de arrendamento).

[34] Cfr. MENEZES LEITÃO (2006), p. 67. Para um enquadramento geral da cessação do contrato por declaração unilateral e da omissão das formalidades legais exigidas para a mesma, cfr. ROMANO MARTINEZ (2006), p. 181 e ss, 339, 341. Assim, por exemplo, para operar a resolução extrajudicial por iniciativa do senhorio, nos termos do artigo 1084.º, é necessária a comunicação a cada um dos cônjuges e o respectivo comprovativo é exigido para efeitos de execução (artigo 15.º n.º 1, e) da Lei n.º 6/2006, de 27 de Fevereiro).

Fora da situação em que o local arrendado é casa de morada da família, por exemplo, se for destinado a residência secundária ou de férias, se o direito ao arrendamento for comum segundo o regime de bens, parecem ser de aplicar as normas relativas à pluralidade de arrendatários. Havendo uma situação de pluralidade de arrendatários, as comunicações do senhorio deverão ser dirigidas ao que figurar em primeiro lugar, a menos que se destine à actualização da renda ou integrem ou constituam título executivo para despejo (artigo 11, n.os 3 e 4, e 10.º, n.º 2, da Lei n.º 6/2006). Neste caso, a respectiva comunicação deve ser feita a todos os arrendatários e todos eles deverão assinar a comunicação nas situações que impliquem disposição do direito ao arrendamento.

Quanto às comunicações do arrendatário relativas à casa de morada da família, elas podem ser subscritas apenas por um ou por ambos os cônjuges (artigo 12.º, n.º 2), excepto as "que tenham por efeito algum dos previstos no artigo 1682.º-B do Código Civil". Como já foi dito, este artigo dispõe que, relativamente à casa de morada da família, "carecem de consentimento de ambos os cônjuges" a resolução, oposição à renovação, denúncia, ou revogação do arrendamento, a cessão da posição do arrendatário, o subarrendamento ou o empréstimo total ou parcial. Em todas estes casos, as respectivas comunicações devem ser subscritas por ambos os cônjuges (artigo 12.º, n.º 3, da Lei n.º 6/2006)[35]. Em geral, a falta de consentimento de um dos cônjuges quando exigido dá origem à anulabilidade do acto a que diz respeito (artigo 1687.º, n.º 1 CC), mas julgo que, nestas hipóteses, a falta de subscrição por ambos os cônjuges gera a ineficácia da declaração que a comunicação integra[36].

---

[35] O artigo 1682-B foi introduzido no Código Civil pela Reforma de 1977, inserido no conjunto das normas então previstas para proteger, face a terceiros, o interesse da família na estabilidade da casa de morada, mas também teve em conta a possibilidade de qualquer um dos cônjuges se defender dos actos de disposição praticados pelo seu consorte enquanto arrendatário.

[36] Em sentido diferente, aplicando genericamente à falta de consentimento de ambos os cônjuges nas hipótese do artigo 1682.º-B do CC, *mutatis mutandis*, o disposto nos artigos 1684.º e 1687.º do CC, PIRES DE LIMA e ANTUNES VARELA (1997), p. 306, e SALTER CID (1996), p. 196 e 229.

6. **"Concentração" ou transmissão em vida do direito ao arrendamento habitacional (artigo 1105.° CC): protecção da casa de morada da família na hipótese de divórcio ou separação de pessoas e bens e da casa de morada comum por ruptura de uma união de facto juridicamente relevante (artigo 1105.° CC, por remissão feita no artigo 4.°, n.° 3, da Lei n.° 7/2001, de 11 de Maio)**

Em primeiro lugar, atente-se na epígrafe do artigo 1105.° do CC: *comunicabilidade e transmissão em vida para o cônjuge*. Penso que a referência à "comunicabilidade" constitui um lapso que tem origem numa deficiência da transposição do artigo proposto pela Reforma do RNAU. Com efeito, essa era a epígrafe o do artigo 1108.° do RNAU, cujo n.° 1, correspondente ao actual 1068.° era o seguinte: "1. O direito do arrendatário comunica-se ao seu cônjuge nos termos gerais e de acordo com o regime de bens vigente sem prejuízo do disposto nos artigos 1682.°-B e 1793.°". Na altura chamei a atenção para o facto de a parte final da norma ser desproposidada, não só porque o artigo 1793.° tinha a ver com a situação da atribuição da casa de morada da família quando fixada em prédio comum ou próprio de um dos cônjuges, como também porque o artigo 1682.°-B é independente do regime de bens, por isso, não seria afectado pela consagração da comunicabilidade. Como vimos, a opção da comunicabilidade do direito ao arrendamento foi acolhida pelo NRAU, embora transformada numa disposição geral, como era preferível. Contudo, quando se reproduziram os outros números do artigo 1108.° da proposta, referentes à transmissão em vida, não houve o cuidado de eliminar da epígrafe a referência à "comunicabilidade". Na verdade, o artigo 1105.° não trata da "comunicabilidade" mas sim da "concentração" (no sentido de que o direito ao arrendamento deixa de ter dois contitulares para passar a ter só um, "continuando", como tal, apenas na titularidade de um dos cônjuges). Em rigor, a epígrafe deste artigo devia ser: "Concentração e transmissão em vida para o cônjuge"[37].

No âmbito do arrendamento urbano habitacional, se estiver em causa o prédio onde os cônjuges fixaram a residência da família, os n.os 1 e 2 do

---

[37] A sugestão feita no texto não põe em causa a opção revelada pela utilização do termo "concentração", embora, na minha opinião, não tenha sido a mais feliz. O conceito de "concentração", do ponto de vista técnico-jurídico, aparece associado ao *objecto* dos direitos de crédito, como acontece, por exemplo, na determinação do objecto de obrigações genéricas (artigo 541.° CC), e não a fenómenos de pluralidade de *sujeitos*, concretamente, em situações de extinção da contitularidade de direitos.

artigo 1105.º do CC prevêem que os cônjuges cheguem a acordo ou que seja determinado pelo Tribunal que o direito ao arrendamento se "concentre" ou transmita a favor de um deles, não dependendo a eventual transmissão do consentimento do senhorio. Haverá "concentração" quando se extingue a situação anterior de comunhão, "continuando" a relação de arrendamento na titularidade de um dos cônjuges, mesmo que este não tivesse intervindo no contrato de arrendamento. Quanto a situação anterior não era de comunhão, ocorrerá uma verdadeira e própria transmissão da posição contratual do arrendatário: será o caso de o regime de bens ser separatista ou de, sendo de comunhão de adquiridos, o contrato de arrendamento ter sido celebrado antes do casamento (artigos 1735.º e 1722.º, n.º 1, a) CC). Esta norma tem aplicação em caso de divórcio, separação de pessoas e bens[38], separação de facto – para quem entenda que pode haver decisão judicial sobre a atribuição da casa de morada de família neste caso –, mas julgo que também, por analogia, a situações de anulação e nulidade do casamento, mesmo fora do âmbito das regras do casamento putativo.

Poderá ainda ocorrer uma transmissão em vida do direito ao arrendamento no caso de ruptura de união de facto juridicamente relevante, considerando-se que a remissão feita nos n.ºs 3 e 4 do artigo 4.º, da Lei n.º 7/2001, de 11 de Maio, indica agora o artigo 1105.º[39]. Para a transmissão em vida da posição de arrendatário motivada pela dissolução da união de facto por vontade de um dos seus membros, para além da exigência de que a união de facto seja juridicamente relevante, nos termos dos artigos 1.º e 2.º da Lei n.º 7/2001, será preciso que a sua dissolução seja declarada judicialmente (artigo 8.º, n.º2, da mesma Lei). O membro da união de facto não arrendatário que pretenda fazer valer o seu direito relativamente ao local arrendado terá de escolher entre propor uma acção "que siga o regime processual das acções de estado", pedindo que se declare a dissolução da união de facto e o seu direito à transmissão do arrendamento; ou uma acção directamente dirigida "a fazer valer" este último direito (cfr. artigo 8.º, n.º 2). É compreensível que assim aconteça: o

---

[38] Os textos legais insistem na referência à separação "judicial" quando existe separação "administrativa" em Portugal há mais de 10 anos, sendo, aliás, desde 2001, a única modalidade da separação de pessoas e bens por mútuo consentimento.

[39] "As remissões legais ou contratuais para o RAU consideram-se feitas para os lugares equivalentes do NRAU, com as adaptações necessárias" (artigo 60.º, n.º 2, da Lei n.º 6/2006, de 27 de Fevereiro).

divórcio e a separação de pessoas e bens têm de ser decretados por um juiz ou por um conservador do Registo Civil, que homologam o acordo dos cônjuges ou decidem relativamente à "concentração" ou transmissão do direito ao arrendamento; de forma semelhante, também a dissolução da união de facto, para este efeito, tem de ser reconhecida judicialmente, exigindo-se a homologação de um eventual acordo sobre a transmissão do direito ao arrendamento ou uma decisão de um Tribunal sobre esta questão. O senhorio será oficiosamente notificado pelo juiz ou pelo conservador do Registo Civil da "concentração" ou transmissão do direito ao arrendamento (artigo 1105.º, n.º 3 CC).

7. Extinção do património comum por divórcio ou separação de pessoas e bens

Se o direito ao arrendamento habitacional não incidir sobre a casa de morada da família e se tiver comunicado segundo o regime de bens, surge o problema de saber se constituirá um elemento do património comum idêntico a todos os outros, nomeadamente, se terá de ser objecto da partilha, atribuindo-se-lhe um valor a exprimir na relação de bens.

Em primeiro lugar, na hipótese de divórcio ou separação de pessoas e bens parece ser possível a resolução do contrato, embora tenha de ter o consentimento de ambos os cônjuges. Admitindo o artigo 1079.º a cessação do arrendamento por quaisquer causas previstas na lei, parece não ser de afastar a hipótese de resolução do contrato por alteração das circunstâncias em que as partes fundaram a decisão de contratar, nos termos do artigo 437.º do CC[40]. Em alternativa, os cônjuges poderão decidir por acordo qual deles continuará a usar o local arrendado. Nesse caso, o direito ao arrendamento "concentrar-se-á" na titularidade de apenas um dos cônjuges e deve comunicar-se tal facto ao senhorio, nos termos gerais. Quanto à questão da partilha, dado que o direito ao arrendamento habitacional pode constituir agora um elemento do património comum, parece que, havendo lugar a partilha o seu valor deva ser incluído na relação de bens.

Pereira Coelho e Guilherme de Oliveira, pronunciando-se pela comunicabilidade do direito ao arrendamento segundo o regime de bens, afastavam a eventual objecção da inconveniência de este direito ser sujeito às regras gerais da partilha do património comum, argumentando que a lei

---

[40] Esta é a opinião de MENEZES LEITÃO, p. 95 e 98.

nunca poderia "desconhecer a singularidade deste direito, o qual, embora tenha conteúdo patrimonial, é constituído *intuitu personae* e, dada a sua finalidade, reveste um carácter pessoal que marca importantes aspectos do seu regime". Para estes autores, esse carácter pessoal explicava, por exemplo, que os casos excepcionais em que o arrendamento habitacional não caduca por morte do arrendatário mas se transmite, não impliquem a criação de "um valor partilhável da herança, expresso numa verba na relação de bens"[41]. De facto parece que assim deve ser, inclusivamente na hipótese da "concentração", uma vez que a sucessão no direito ao arrendamento habitacional se processa à margem do fenómeno sucessório propriamente dito, como se verá adiante.

No que diz respeito à "concentração" do direito ao arrendamento habitacional que não se refira à casa de morada da família, que tenha lugar em consequência do divórcio ou da separação de pessoas e bens, a questão acabará por não ter grande relevância, uma vez que, com a eliminação do vinculismo, o valor a atribuir a esse direito será, com certeza, diminuto.

8. "Concentração" ou transmissão do direito ao arrendamento habitacional por morte

Outro dos aspectos em que se manifesta o cariz *intuitu personae* do contrato de locação é o da caducidade por morte do locatário (artigo 1051.º, *d*) CC), embora a lei admita convenção em contrário. No âmbito do arrendamento urbano habitacional existem algumas atenuações a esta característica, não só, como se viu, pelo facto de a lei admitir a entrada do direito do arrendatário na comunhão conjugal, como também por permitir a sua transmissibilidade por morte (artigo 1106.º, n.º 1 CC).

Neste caso de falecimento do arrendatário habitacional, haverá uma primeira distinção a fazer: se o falecido for casado e o direito ao arrendamento fizer parte do património comum, não ocorrerá propriamente uma "transmissão", ou melhor dizendo, uma "sucessão" no direito ao arrendamento. Nesta hipótese, extinguir-se-á essa situação de comunhão – por caducidade com motivo na morte – e o direito ao arrendamento continuará apenas na titularidade do cônjuge sobrevivo; ou, para utilizar a linguagem legal, "concentrar-se-á" no cônjuge sobrevivo. Suponho, aliás, que a omis-

---

[41] Pereira Coelho e Guilherme de Oliveira (2001), p. 587.

são da referência à "concentração" na epígrafe do artigo 1106.º é um lapso, uma vez que esta situação é mencionada no artigo 1107.º, n.º 1 [42].

Em princípio, pois, o direito ao arrendamento caducará por morte do arrendatário nos termos do artigo 1051.º, d) do CC, podendo a restituição do prédio arrendado ser exigida passados seis meses (artigo1053.º CC). No entanto, o n.º 1 do artigo 1106.º do CC prevê que a posição do arrendatário habitacional poderá transmitir-se às pessoas e nas situações referidas nas suas duas alíneas, sucessivamente e segundo uma ordem definida no n.º 2 do mesmo artigo.

No âmbito de disciplina anterior, quanto aos arrendamentos para habitação e quanto à transmissão que se operava por força do antigo artigo 1111.º do Código Civil, entendia Oliveira Ascensão que não haveria aí propriamente um fenómeno sucessório, embora a lei chamasse aos transmissários "sucessores". Para este autor, haveria uma *transmissão ipsa vis legis*. Tratar-se-ia de uma aquisição *mortis causa* excluída das Sucessões: a aquisição ocorria por morte, mas não haveria um fenómeno sucessório. Nesse sentido apontavam a circunstância de a lei prever uma ordem de beneficiários diferente dos designados para suceder nos termos gerais, as exigências de que os beneficiários tivessem coabitado durante algum tempo com o falecido e o facto de não se aplicar o regime das indignidades sucessórias. Assim, o direito ao arrendamento habitacional não tinha de ser relacionado pelo cabeça de casal nem o seu valor contaria para efeitos de partilha sucessória[43].

Já no caso de arrendamentos para comércio, indústria e exercício de profissões liberais, era corrente o entendimento de que, em caso de morte, o direito do arrendatário deveria seguir o regime comum do fenómeno sucessório: os sucessores entrariam na titularidade das relações jurídicas do falecido, não havendo propriamente uma modificação na relação de arrendamento.

A primeira dúvida que pode suscitar-se perante o actual artigo 1106.º do CC é a de saber se poderão ocorrer várias transmissões sucessivas da posição de arrendatário respeitante ao mesmo contrato de arrendamento. Efectivamente, o n.º 2 deste artigo prevê que a posição de arrendatário se transmite em "em igualdade de circunstâncias, sucessivamente para o côn-

---

[42] Este lapso foi herdado do NRAU, tendo já na altura chamado a atenção para esse facto, bem como PINTO FURTADO (cfr. PINTO FURTADO (2004), p. 344, R. LOBO XAVIER (2004), p. 331).

[43] OLIVEIRA ASCENSÃO (2000), p. 250.

juge sobrevivo ou pessoa que, com o falecido, vivesse em união de facto" (os beneficiários referidos no n.°1, *a*)), "para o parente mais próximo ou de entre estes para o mais velho ou para o mais velho de entre as restantes pessoas que com ele residissem em economia comum há mais de um ano (os beneficiários designados no n.°1, *b*)).

Expressões semelhantes a estas, "em igualdade de condições, sucessivamente" apareciam no n.° 3 do artigo 85.° do RAU, para indicar uma ordem de preferência dentro dos beneficiários indicados em cada alínea. Contudo, o n.° 1 referia-se à morte do "primitivo arrendatário" e o n.° 4 permitia expressamente uma dupla transmissão: do primitivo arrendatário para o cônjuge sobrevivo e deste para os parentes ou afins.

Em face da actual disposição, poderão perfeitamente formar-se "dinastias de inquilinos", para usar as palavras eloquentes de Menezes Cordeiro[44].

Com efeito, a expressão "sucessivamente" só pode entender-se no sentido de a lei possibilitar uma nova transmissão no caso de o primeiro beneficiário vir a falecer. Na verdade, se fosse apenas uma ordem de preferência dentro da mesma "classe de beneficiários", não se compreenderia que o cônjuge e o unido de facto viessem referidos nesta norma. O cônjuge ou o unido de facto sobrevivo, nunca estão "em igualdade de circunstâncias" com os eventuais beneficiários enunciados na alínea *b*). O que parece dever entender-se é que, por exemplo, no caso de morte do cônjuge sobrevivo a quem se transmitiu em primeiro lugar o direito ao arrendamento, este se transmita "sucessivamente" para o filho mais velho que também residia no locado. E, por morte deste, ao segundo filho e assim "sucessivamente".

A ordem de preferência tem importância claramente na situação em que exista mais do que uma pessoa a residir no locado "em economia comum": em primeiro lugar, "sucedem" os parentes ou afins e, se houver vários, prefere o de grau mais próximo; se houver vários parentes ou afins de grau equivalente, prefere o mais velho em idade. Na falta de parentes ou afins, havendo várias pessoas a residir no locado "em economia comum", prefere a pessoa mais velha em idade. Da mesma forma, não estão excluídas novas transmissões entre o primeiro beneficiário e os restantes designados por ordem de "sucessão"[45].

---

[44] MENEZES CORDEIRO (2004), p. 253.

[45] Um argumento suplementar resulta da comparação desta disposição com a norma transitória do artigo 57.°, da Lei n.° 6/2006, que se refere à transmissão por morte do "pri-

Note-se finalmente que esta matéria não terá grande relevância na prática, uma vez que foi eliminado o vinculismo da matéria do arrendamento urbano[46]. Tendo em consideração que se verificou um aumento das hipóteses de o senhorio extinguir a relação, a possibilidade de ocorrerem várias sucessões prejudicará grandemente a sua posição. Com a "sucessão" no direito ao arrendamento o beneficiário subingressa na posição do falecido no contrato de arrendamento que este celebrou: é o mesmo contrato, com a mesma duração se tiver sido celebrado com prazo certo, o que possibilita, em princípio, a oposição à renovação por parte do senhorio, com a ressalva do disposto no artigo 1106.°, n.° 3 (em que a morte do arrendatário "nos seis meses anteriores à data da cessação do contrato dá ao transmissário o direito de permanecer no locado por período não inferior a seis meses a contar do decesso"). Por outro lado, se se tratar de um contrato de arrendamento com duração indeterminada, o senhorio pode exercer o seu direito de denúncia nos termos dos artigos 1101.° e 1104.°.

Quanto aos beneficiários da transmissão, a lei refere, em primeiro lugar, a transmissão ao cônjuge sobrevivo "com residência no locado". Em princípio, os cônjuges viverão na residência comum (artigo 1673.° CC) e a transmissão da posição de arrendatário visa assegurar a continuidade da casa de morada da família. A separação de facto, por si só, não envolve a desqualificação do locado como casa de morada da família. Contudo, a lei visa impedir a transmissão do direito ao arrendamento para o cônjuge que dela se ausentou. Esta solução corresponde à ideia, já sustentada no domínio da legislação anterior, de que, para justificar a imposição ao senhorio da transmissão do direito ao arrendamento, interessam as condições de facto de ocupação do locado: a existência de convívio conjugal no local arrendado por ocasião do falecimento do arrendatário, ou, na hipótese de separação de facto, a permanência no locado do cônjuge sobrevivo, não arrendatário; se, pelo contrário, o cônjuge

---

mitivo arrendatário". Como veremos adiante, dele decorrem claramente limites para as transmissões admitidas.

[46] Na verdade, se se tratar de um contrato de arrendamento com prazo certo, a transmissão apenas significa que o contrato continua até ao seu termo, já que o senhorio pode impedir a renovação automática do contrato mediante comunicação ao arrendatário com uma antecedência não inferior a um ano (artigo 1097.° CC) (o que significa que o primeiro transmissário poderá ter como garantido pelo menos um ano). Se o contrato for de duração indeterminada, o senhorio pode denunciar o contrato nos termos dos artigos 1101.°, c) e 1104.° CC (o primeiro transmissário só poderá dar como garantidos cinco anos).

sobrevivo tem a sua vida organizada num outro local, a transmissão já não se justifica[47].

A mesma alínea a) indica também como transmissário a pessoa que com o arrendatário "vivesse no locado em união de facto e há mais de um ano". A lei refere-se obviamente à união de facto juridicamente relevante nos termos da Lei n.º 7/2001, de 11 de Maio: união de facto com duração de dois anos, não se verificando nenhuma das excepções referidas no artigo 2.º[48]. A exigência de que o sobrevivo tenha vivido "no locado" em união de facto e há mais de um ano pode fazer surgir a dúvida de saber se a lei permite a invocação de uma união de facto com uma duração inferior a dois anos; ou a de saber se exige que tenha havido comunhão de vida naquele local pelo menos durante um ano, mesmo que a relação exista há mais tempo. Penso que esta disposição deve ser interpretada no sentido seguinte: por um lado, para poder ocorrer a transmissão, deve bastar que o sobrevivo possa provar que a união de facto durava há mais de dois anos, mesmo que residissem naquele local há menos de um ano. Por outro lado, mesmo que a união de facto tenha durado menos de dois anos, será suficiente que tenha havido comunhão de vida "no locado" pelo menos durante um ano. Na verdade, não se compreenderia que o membro sobrevivo de uma união que exista há dez anos, por exemplo, não beneficiasse da transmissão da posição de arrendatário pelo simples facto de ter mudado de casa há menos de um ano; além disso, o requisito da duração temporal previsto na lei em termos gerais existe como indício de alguma estabilidade da vida em comum. Penso que o objectivo de dar continuidade ao gozo do local eleito como morada comum se atinge relativamente

---

[47] A proposta do RNAU indicava como beneficiário o cônjuge sobrevivo "não separado judicialmente de pessoas e bens ou de facto". A minha crítica sugeria uma expressão menos dúbia, que admitisse a transmissão apenas quando o locado servisse *efectivamente* de residência ao cônjuge sobrevivo, mais próxima daquela que veio a ser consagrada (cfr. R. LOBO XAVIER (2004), p. 332 e 333).

[48] O artigo 5.º da Lei n.º 7/2001, de 11 de Maio, tinha acrescentado uma nova alínea ao artigo 85.º do RAU, para designar como sucessor do direito ao arrendamento o membro sobrevivo de uma união de facto com duração superior a dois anos. Esse artigo deve considerar-se hoje revogado, não sendo possível afirmar que o mesmo remete para o NRAU, por força do disposto no artigo 60.º, n.º 2, da Lei n.º 6/2006, de 27 de Fevereiro. No entanto, é forçoso admitir que o artigo 1106.º do CC pressupõe uma união de facto relevante nos termos da Lei n.º 7/2001, de 11 de Maio. Note-se que, na hipótese de se verificar alguma das excepções referidas no artigo 2.º desta lei, ainda assim poderá tratar-se de uma situação de vida em economia comum em que o sobrevivo seja beneficiário da transmissão nos termos da alínea *b*) do artigo 1106.º do CC.

a uma união que foi dissolvida por morte, mesmo que ainda não tenham decorrido dois anos; pois, nesse caso, o projecto de vida terá sido interrompido pela morte e não por acto voluntário, não havendo indício de instabilidade[49].

Na alínea *b*), dispõe-se que haverá igualmente transmissão se sobreviver ao arrendatário "pessoa que com ele residisse em economia comum e há mais de um ano". Note-se que a expressão "economia comum" tem, neste momento, um conteúdo bem preciso, que resulta do disposto na Lei n.º 6/2001, de 11 de Maio (que adopta medidas de protecção das pessoas que vivam em economia comum). Segundo o n.º 1 do artigo 2.º desta lei, "Entende-se por economia comum a situação de pessoas que vivam em economia de mesa e habitação há mais de dois anos e tenham estabelecido uma vivência em comum de entreajuda ou partilha de recursos". O artigo 3.º da mesma lei prevê as situações que impedem os efeitos jurídicos da vida em economia comum[50]. A lei não exige que a duração da vida em economia comum por mais de um ano seja "no locado". Em meu entender, está implícito que tem de o ser. Penso que a relação de economia comum, relação de coabitação, de "vivência, de entreajuda e partilha de recursos" parece não poder existir, como projecto de vida, fora da fixação num determinado local onde se partilhe mesa e habitação, e não é, como tal, transportável "de casa em casa", como acontece com o projecto de vida subjacente à união de facto. Será talvez nesta situação que virá a ter mais relevância a "hierarquização" e a "sucessão" previstas no n.º 2, uma vez que, se viverem várias pessoas em economia comum, o direito transmitir-se-á sucessivamente entre elas.

---

[49] Em rigor, não é propriamente uma excepção à regra geral de que apenas releva juridicamente uma união de facto com duração de dois anos: nesta alínea o que se estabelece é que se a união de facto não existir há mais de dois anos, tem, pelo menos, de existir há um ano "no locado" e ser interrompida pelo falecimento de um dos seus membros. Em sentido equivalente, SOUSA RIBEIRO (2006), p. 15, MENEZES LEITÃO (2006), p. 73, FALCÃO (2007), p. 83, M. OLINDA GARCIA (2006), p. 39. Uma disposição semelhante a esta encontrava-se no projecto do RNAU, e sugeria uma interpretação similar à que se propõe no texto (R. LOBO XAVIER (2004), p. 333).

[50] O artigo 6.º da Lei n.º 6/2001, de 11 de Maio, tinha acrescentado uma nova alínea *f*) ao artigo 85.º do RAU, para designar como beneficiárias da transmissão por morte do direito ao arrendamento as pessoas que vivessem com o primitivo arrendatário (ou daquele a quem tivesse sido cedida a sua posição contratual) em economia comum há mais de dois anos. A situação será semelhante à que se referiu quanto à união de facto, sendo de considerar que a alínea *b*) pressupõe aqui uma vida em economia comum nos termos da Lei n.º 6/2001.

Este conceito de vida em economia comum não coincide com o delimitado no artigo 1093.º, n.ºs 1, *a*) e 2. Este artigo refere-se às pessoas que podem residir no local arrendado e corresponde *grosso modo* ao artigo 76.º do RAU (Pessoas que podem residir no prédio). Sendo o contrato de arrendamento urbano habitacional destinado ao uso residencial do arrendatário, e sendo obrigatório o uso efectivo do locado (artigo 1072.º, n.º 1), é importante saber quem tem direito a residir no locado além daquele. Com efeito, tal releva para excluir o direito de resolução do senhorio por não uso, por exemplo (cfr. artigos 1083.º, n.º 2, *d*), e 1072, n.º 2, *c*)). A explicitação das pessoas que podem residir no prédio para estes efeitos já existia muito antes de a Lei n.º 6/2006 vir definir os contornos da "vida em economia comum" como relação estabelecida entre pessoas que, para além de coabitarem, têm uma relação de "entreajuda ou partilha de recursos"[51].

A proposta do RNAU também incluía uma norma semelhante à do artigo 1093.º, e, na altura, chamei a atenção para o inconveniente em empregar uma única expressão "vida em economia comum" com um conteúdo diferente e para efeitos distintos dentro do mesmo sistema[52].

A disparidade dos conceitos resulta evidente do confronto dos artigos 1093.º, n.º 2, do CC, e 2.º e 3.º da Lei n.º 6/2006, de 11 de Maio. De acordo com a primeira disposição referida, consideram-se sempre "como vivendo com o arrendatário em economia comum a pessoa que com ele viva em união de facto" (...) e "bem assim as pessoas relativamente às quais, por força da lei ou de negócio jurídico que não respeite directamente à habitação, haja obrigação de convivência ou de alimentos". Desde logo, quer a pessoa que com o arrendatário viva em união de facto, quer as pessoas obrigadas à convivência por força da lei ou de negócio jurídico estão excluídas do âmbito de aplicação da Lei n.º 6/2006[53]. A referência à união de facto parece-me importante porque, muito embora a alínea *b*) do artigo 1072.º do CC preveja que o arrendatário possa não utilizar o locado por dois anos por motivos profissionais do próprio "ou de quem viva com ele em união de facto", pode acontecer que o arrendatário tenha de estar

---

[51] Quem se quiser recordar das vicissitudes que acompanharam a feitura desta Lei, compreenderá melhor os seus objectivos (cfr., para tal, SALTER CID (2005), p. 650 a 668).

[52] R. LOBO XAVIER (2004), p. 319.

[53] Será o caso de uma trabalhadora do serviço doméstico que resida no local, por exemplo. A alínea *b*) do artigo 3.º da Lei n.º 6/2006 impede a produção de efeitos jurídicos dela decorrentes quando exista entre as pessoas que vivem em economia comum "uma obrigação de convivência por prestação de actividade laboral".

ausente deixando o companheiro no locado. Ora, como a comunhão de vida é elemento essencial para a verificação da existência da união de facto, poderia ser difícil a sua identificação se os companheiros estivessem longos períodos sem coabitar, o que tornaria possível a concretização do direito de resolução do senhorio motivada pelo não uso do locado, apesar de o companheiro do arrendatário continuar a residir no prédio[54].

Por tudo o que acabo de expor, no meu modo de ver, os dois conceitos de "economia comum" são distintos e não encontro actualmente no n.º 2 do artigo 1093.º do CC quaisquer "presunções" de "vida em economia comum" que constituam "meio de prova" para efeitos de uma eventual transmissão por morte do direito ao arrendamento[55].

O beneficiário da "concentração" ou da transmissão do direito ao arrendamento habitacional deve comunicá-la ao senhorio "com cópia dos documentos comprovativos e no prazo de três meses a contar da ocorrência" (artigo 1107.º, n.º 1, CC). A omissão deste dever, porém, não prejudica a transmissão, apenas pode envolver a obrigação de indemnizar todos os danos derivados da falta de comunicação ou da comunicação tardia.

Podem também surgir dúvidas quanto à hipótese de o transmissário não pretender continuar a viver no prédio arrendado. A transmissão do direito não depende de nenhum acto de aceitação, a lei limita-se a dispor que "a transmissão do arrendamento ou a sua concentração no cônjuge sobrevivo deve ser comunicada ao senhorio". Contudo, o beneficiário, primeiramente designado, pode não pretender adquirir a posição de arrendatário e, nesse caso, também deverá comunicá-lo ao senhorio, embora a lei não o diga expressamente. O artigo 1113.º, n.º 1, CC, respeitante à transmissão por morte do arrendamento não habitacional dispõe que "os sucessores podem renunciar à transmissão, comunicando a renúncia ao senhorio no prazo de três meses, com cópia dos documentos comprovativos da ocorrência". No que diz respeito aos arrendamentos habitacionais, a lei

---

[54] Cfr. R. LOBO XAVIER (2004), p. 319 e 320. Da mesma forma, penso que o conceito de união de facto para efeitos do artigo 1093.º não coincidirá com o previsto na Lei n.º 7/2001, de 11 de Maio. Nesta disposição o que interessa é a comunhão de vida, mesmo que ainda não tenham passado os dois anos exigidos por aquela Lei, ou mesmo que se verifique alguma das excepções à relevância jurídica da união de facto, por exemplo, ainda que um deles seja casado e ainda não tenha obtido o divórcio. Parece evidente que, para que a comunhão de vida entre duas pessoas dure dois anos, o não arrendatário terá de ter "direito a residir no local arrendado" até se completar esse período.

[55] No sentido oposto, pronunciaram-se SOUSA RIBEIRO (2006), p. 13, FALCÃO (2007), p. 86.

não refere esta possibilidade de renúncia, ao contrário do que acontecia no sistema do RAU, em que havia um direito de renúncia a exercer no prazo de 30 dias (artigo 88.º RAU). Se existir outra pessoa na situação de poder beneficiar da transmissão do direito, "sucessivamente", será essa pessoa quem deverá comunicar a transmissão ao senhorio. Assim como penso que a lei admite sucessivas transmissões *mortis causa* do mesmo direito ao arrendamento, também me parece resultar da lei que esse direito não caducará no caso de o primeiro designado não querer continuar no locado existindo outra pessoa na situação de poder beneficiar da transmissão[56]. Nessa hipótese, o primeiro designado não precisará de "renunciar" expressamente à transmissão e, mesmo que o faça, tal também não implicará forçosamente a caducidade do direito que poderá eventualmente transmitir-se ao designado em segundo lugar. Por exemplo: o senhorio recebe uma comunicação do filho do arrendatário falecido, informando-o de adquiriu o direito ao arrendamento remetendo os documentos comprovativos necessários; se o cônjuge sobrevivo também residia no prédio e nada comunicou, tal significa que renunciou à transmissão. No entanto, será conveniente que a pessoa residente no locado que esteja designada pela lei como primeiro transmissário comunique ao senhorio não pretender continuar na posição de arrendatário. É que, se o senhorio não receber qualquer comunicação, será o primeiro designado a responder pelos danos que eventualmente venham a produzir-se (artigo 1107.º, n.º 2 CC). No caso de não haver nenhuma outra pessoa prevista como eventual transmissária do direito ao arrendamento, o beneficiário prevalente deverá denunciar o contrato de arrendamento e comunicá-lo ao senhorio (artigos 1098.º e 1100.º CC).

A comunicação ao senhorio de que se transmitiu a posição de arrendatário deve ser acompanhada da "cópia dos documentos comprovativos". No que diz respeito à forma da comunicação, a lei nada refere expressamente, embora se possa entender que se deva efectuar nos termos previstos para as comunicações referidas no artigo 9.º n.º 1, da Lei n.º 6/2006, isto é, por carta registada com aviso de recepção. Quanto aos documentos "comprovativos", tratar-se-á de certidões do registo do óbito e do registo do casamento ou do nascimento, conforme o caso, e de atestado de residência. Quanto à união de facto e à vida em economia comum, não existe propriamente nenhum documento a comprová-las, embora a generalidade da doutrina portuguesa sugira que a prova da união de facto se possa fazer

---

[56] Em sentido oposto, FALCÃO (2007), p. 89.

através de "atestado de residência passado pela junta de freguesia"[57]. Ao contrário do que vimos para a transmissão em vida, a dissolução da união de facto por morte não tem de ser judicialmente declarada, por razões óbvias.

9. Normas transitórias relativas à transmissão por morte no arrendamento habitacional (artigo 57.º da Lei n.º 6/2006, de 27 de Fevereiro)

O artigo 59.º, n.º 1, da Lei 6/2006, de 27 de Fevereiro, afirma o princípio de que o NRAU se aplica às relações contratuais constituídas antes da sua entrada em vigor, mas ressalva o previsto em normas transitórias. Uma dessas normas transitórias refere-se precisamente à transmissão do direito ao arrendamento habitacional por morte, prevendo um regime especial para os contratos celebrados na vigência do RAU (artigos 26.º, n.º 2, e 57.º)[58].

O artigo 57.º estabelece um regime especial para a transmissão por morte do "primitivo arrendatário" que é próximo do que vigorava no âmbito do RAU, embora se possa concluir que é mais restrito[59]. O n.º 1

---

[57] A união de facto não é objecto de registo, fazendo-se a prova da sua existência nos termos gerais. Em regra, a prova é testemunhal, mas sendo neste caso requerida uma prova documental, entende-se que será um atestado de residência (cfr. GUILHERME DE OLIVEIRA (2003), p. 110, SALTER CID (2005), p. 588).

[58] Quanto aos contratos habitacionais celebrados antes da vigência do RAU, o artigo 28.º da Lei n.º 6/2006 manda aplicar o disposto no artigo 26.º, com as devidas adaptações, e, portanto, à transmissão do direito ao arrendamento por morte aplica-se igualmente o regime previsto no artigo 57.º.

[59] O rol das diferenças quanto aos beneficiários da transmissão por morte no RAU e nesta norma transitória é o seguinte: o membro sobrevivo da união de facto "sucede" em lugar equiparado ao do cônjuge e, portanto, antes do filho ou enteado; o filho ou enteado apenas "sucede" depois dos ascendentes; não existe uma alínea referida às pessoas que com o arrendatário vivessem em economia comum; os afins não são designados; lei indica como beneficiário o filho ou enteado e não todos os descendentes, excluindo assim os netos; o filho ou enteado apenas sucederá se tiver menos de um ano de idade ou se conviver com o arrendatário há mais de um ano e for menor, ou, sendo maior, se tiver menos de 26 anos e frequentar o 11.º ou 12.º ano ou um estabelecimento de ensino médio ou superior; também poderá suceder um filho ou enteado maior que convivesse com o arrendatário há mais de um ano e "seja portador de deficiência com grau comprovado de incapacidade superior a 60%". Quanto à designação da pessoa que com o arrendatário vivesse em união de facto, trata-se de uma união de facto juridicamente relevante tal como é delimitada pela Lei n.º 7/2001, de 11 de Maio, nos termos atrás expostos.

fixa uma ordem de beneficiários nas várias alíneas, e os n.ᵒˢ 3 e 4 permitem expressamente transmissões em mais do que um grau. Enquanto o artigo 85.°, n.° 4, do RAU, apenas permitia uma transmissão, excepto se a primeira se tivesse verificado a favor do cônjuge sobrevivo ou do unido de facto, agora admite-se a transmissão entre os ascendentes entre si (n.° 3), entre o cônjuge ou unido de facto e os filhos, e entre os ascendentes e os filhos (n.° 4). Embora tal não resulte expressamente do texto, creio que poderá ocorrer ainda um maior número de transmissões, no caso de a primeira transmissão se ter verificado a favor do cônjuge e residirem no local simultaneamente ambos os ascendentes do primitivo arrendatário e ainda filhos nas situações previstas. Com efeito, embora a hipótese seja pouco provável, o facto de a primeira transmissão ocorrer a favor do cônjuge sobrevivo não impedirá ulterior transmissão a favor de ascendentes do primitivo arrendatário a residir no local[60]. Tal resulta do disposto no n.° 2 que prevê que a posição do arrendatário se transmite, pela ordem das respectivas alíneas, às pessoas nele referidas, preferindo em igualdade de condições, sucessivamente, o ascendente, filho, ou enteado mais velho.

Como observa Menezes Leitão, é forçoso reconhecer que este regime transitório" facilita a transmissão por morte por comparação com o do RAU": elimina-se o requisito negativo de o arrendatário não ter outra residência na localidade (artigo 86.° do RAU); facilitam-se novas e sucessivas transmissões, quando o artigo 85.°, n.° 4, do RAU, apenas admitia uma única transmissão; deixa de se prever a possibilidade de, em certos casos, a transmissão por morte determinar a aplicação de renda condicionada (87.° do RAU) e a alternativa que dantes existia de o senhorio denunciar o contrato pagando indemnização (89.°-A do RAU)[61].

Porto, Novembro de 2007

Bibliografia

AscENSÃO, Oliveira – *Direito Civil, Sucessões*, 5.ª edição, Coimbra Editora, 2000.
CID, Nuno de Salter – *A protecção da casa de morada da família no Direito português*, Coimbra, Almedina, 1996;
– *A comunhão de vida à margem do casamento, Entre o facto e o direito*, Coimbra, Almedina, 2006.

---

[60] E, ulteriormente, a transmissão poderá dar-se a favor de filho do arrendatário falecido.
[61] MENEZES LEITÃO (2006), p. 123.

COELHO, Francisco Pereira – *Anotação* in *Revista de Legislação e Jurisprudência*, Ano 122.º, 120.

COELHO, Francisco Pereira, e OLIVEIRA, Guilherme de – *Curso de Direito da Família*, Vol. I, *Direito matrimonial*, 3.ª edição, Coimbra Editora, 2003.

COELHO, Francisco Manuel Pereira – *Arrendamento, Direito Substantivo e Processual*, Coimbra, polic., 1988.

CORDEIRO, António Menezes – *A modernização do Direito português do arrendamento urbano*, in *O Direito*, Ano 136, 2004, II-III, 325-253;
– *A aprovação do NRAU (Lei n.º 6/2006, de 27 de Fevereiro): primeiras notas*, in *O Direito*, Ano 138.º, 2006, II

FALCÃO, José Diogo – *A transmissão do arrendamento para habitação por morte do arrendatário no novo regime do arrendamento urbano*, in *Revista de Ciências Empresariais*, n.º 11, 2007, 75-103.

FURTADO, Jorge Pinto – *Do arrendamento para comércio ou indústria no Regime dos Novos Arrendamentos Urbanos*, in *O Direito*, Ano 136, 2004, II-III, 335-352.

FRAGA, Francisco Castro – *O regime do novo arrendamento urbano – As normas transitórias (Título II da Lei 6/2006)*, in *Revista da Ordem dos Advogados* 66 (2006), I, 51--77.

GARCIA, Maria Olinda – *A nova disciplina do arrendamento urbano*, 2.º edição, Coimbra Editora, 2006;
– *Regime do arrendamento urbano – sua autonomização do Código Civil*, in *Comemorações dos 35 Anos do Código Civil e dos 25 Anos da Reforma de 1977*, Coimbra Editora, 2007, 121-137

GOMES, Manuel Januário da Costa – *Constituição da Relação de Arrendamento Urbano*, Coimbra, Almedina, 1980;
– *Arrendamentos para habitação*, 2.ª edição, Coimbra, Almedina, 1996.

LEITÃO, Luís Manuel Teles de Menezes – *Arrendamento Urbano*, 2.º edição, Coimbra, Almedina, 2006.

LIMA, Fernando Andrade Pires de, e VARELA, João de Matos Antunes – *Código Civil Anotado*, II, 4.ª edição, Coimbra Editora, 1997.

MARTINEZ, Pedro Romano – *Da cessação do contrato*, 2.ª edição, Coimbra, Almedina, 2006.

REIS, Alberto dos – Anotação, in *Revista de Legislação e de Jurisprudência*, n.ºs 2582, 2847, 2848, 2849 e 2850.

RIBEIRO, Joaquim de Sousa – *O novo regime do arrendamento urbano: contributos para uma análise*, in *Cadernos de Direito Privado*, n.º 14 (Abril/Junho 2006), 3-24 (publicado ulteriormente em *Direito dos Contratos, Estudos*, Coimbra Editora, 2007, 307-343).

SEIA, Jorge Alberto Aragão – *Arrendamento Urbano*, 7.ª edição, Coimbra, Almedina, 2003.

XAVIER, Rita Lobo – *O regime dos Novos Arrendamentos Urbanos e a perspectiva do Direito da Família*, in *O Direito*, Ano 136, 2004, II-III, 315-334.

DIREITO DO ARRENDAMENTO E VINCULAÇÕES JURÍDICO-PÚBLICAS. UMA APROXIMAÇÃO

CARLA AMADO GOMES[*]

SUMÁRIO: *I. O Direito do Arrendamento na encruzilhada entre interesses públicos e privados. II. Vinculações pré-contratuais: condicionamentos quanto ao fim e quanto ao sujeito. III. Vinculações contratuais: A) Do locatário; B) Do locador: § único. A obrigação de realização de obras de conservação do locado: o regime do Decreto-Lei n.º 157/2006, de 8 de Agosto (Regime jurídico das obras em prédios arrendados). Em especial, a conformidade constitucional da solução de aquisição do locado pelo locatário, em caso de recusa do locador e de omissão das entidades municipais quanto à realização de obras de conservação. IV. Vinculações pós-contratuais: a caducidade do contrato de arrendamento por expropriação: § único. Nota sobre o regime excepcional do Decreto-Lei n.º 104/2004, de 7 de Maio (Reabilitação urbana de zonas históricas e de áreas críticas de recuperação e reconversão urbanística).*

I. O Direito do Arrendamento na encruzilhada entre interesses públicos e privados

O Direito do arrendamento é um ramo de Direito privado, na medida em que as normas que o compõem regulam primordialmente interesses privados; em que as partes se encontram numa situação, em regra, paritária; e em que os bens imóveis que constituem objecto dos contratos de

---
[*] Professora Auxiliar da Faculdade de Direito da Universidade de Lisboa.

arrendamento são bens sobre os quais não incidem quaisquer vínculos de utilidade pública – são bens do mercado. Essa natureza intrinsecamente privada não impede, contudo, que certas normas do Direito do Arrendamento adquiram uma dupla dimensão, em virtude da coexistência de interesses do senhorio e de interesses da colectividade que se prendem com a utilização do imóvel arrendado e com conservação e segurança do edifício onde se insere.

A mais óbvia âncora desta afirmação é o artigo 65.º da Constituição da República Portuguesa (= CRP), que começou por ser apenas uma disposição dedicada ao direito à habitação e, após 1997, passou a aludir também à política de urbanismo e ordenamento do território, incorporando-as nas tarefas do Estado e consagrando um direito de participação pública nos procedimentos de elaboração de instrumentos de planeamento urbanístico. O Estado fica então investido, não somente na obrigação de garantir, na medida do financeiramente possível, o direito a uma habitação condigna para todos os cidadãos e respectivos agregados familiares (artigo 65.º/1 e 2), criando condições materiais e jurídicas para que as pessoas não possam ser arbitrariamente privadas da sua habitação e para que a condição económica não constitua impeditivo do exercício do direito à habitação (artigo 65.º/3), como também na tarefa de, conjuntamente com as regiões autónomas e as autarquias locais, prosseguir uma política de urbanismo e de ordenamento do território que potencie o desenvolvimento harmonioso e ecologicamente equilibrado das populações no território nacional [artigos 65.º/4, 9.º/e), 81.º/d) e 66.º/1/b) da CRP]. A este ponto de partida pode ainda juntar-se a obrigação estadual de promover "a qualidade ambiental das povoações e da vida urbana, designadamente no plano arquitectónico e da protecção das zonas históricas" [artigo 66.º/2/e) da CRP]. E, finalmente, bem elucidativa da centralidade da problemática da habitação e da sua ligação ao imperativo de salvaguarda e promoção da dignidade da pessoa humana que pontifica na nossa Lei Fundamental (cfr. o artigo 1.º da CRP), a reserva (relativa) de lei parlamentar quanto ao estabelecimento do regime geral do arrendamento rural e urbano [artigo 165.º/1/h) da CRP].

Não ficam, no entanto, por aqui, as convergências entre arrendamento e interesse(s) público(s). A utilização de um imóvel urbano para habitação, comércio ou indústria, pode provocar incómodos e prejuízos a um universo mais ou menos alargado de pessoas – a começar pelos vizinhos mais próximos. Daí que haja necessidade de atender, no estabelecimento do regime do contrato de arrendamento, a vinculações jurídico-públicas tais como a segurança das populações, a saúde humana, os bons costumes, o património cultural, o bem estar dos animais... Todos interesses com relevância constitucional mais ou menos evidente[1] e revestindo relevância social inequívoca.

Numa exposição subordinada a este tema, o risco de deriva é muito acentuado. A multiplicidade de interesses públicos que intersectam a legislação do arrendamento é intensa, o que torna difícil conferir unidade e coerência ao discurso. Numa tentativa de descrição inteligível de um conjunto de vinculações jurídico-públicas nesta matéria – e que se assume, desde já, como não exaustiva –, optámos por um primeiro desdobramento entre vinculações pré-contratuais, contratuais e pós-contratuais (II., III. e IV.). Dentro de cada um deste pontos, abordaremos as normas do regime do arrendamento urbano de onde decorrem tais vinculações, procedendo às remissões necessárias para outros diplomas.

II. Vinculações pré-contratuais: condicionamentos quanto ao fim e quanto ao sujeito

O contrato de arrendamento é o negócio jurídico através do qual o senhorio cede temporariamente ao arrendatário o gozo de um imóvel em troca de uma retribuição (1022.º do CC). Apontaremos três hipóteses de vinculações juspúblicas no momento que antecede a celebração do contrato de arrendamento: a primeira, inequívoca, incide sobre o fim do

---

[1] *Vide* os artigos 27.º e 272.º, 64.º e 78.º da CRP para a segurança, saúde e património cultural, respectivamente. O bem estar dos animais não está senão indirectamente tutelado pela CRP, na alínea g), 2.ª parte, do n.º 2 do artigo 66.º ("respeito pelos valores do ambiente"). Quanto aos bons costumes, numa época de grande volatilidade de valores morais como a nossa e no âmbito de uma Constituição que privilegia a liberdade (cfr. o artigo 26.º/1) no quadro do Estado de Direito democrático (artigo 2.º da CRP), não é fácil encontrar limites à actuação dos particulares à excepção dos mais óbvios: direito à vida, à integridade física, à identidade pessoal, à liberdade religiosa – de algum modo, o núcleo duro presente no n.º 6 do artigo 19.º da CRP. No entanto, pensamos que sempre se deverá entender que a Constituição exige uma certa protecção da sensibilidade e integridade psíquica de pessoas mais frágeis, como as crianças e os jovens (cfr. os artigos 69.º e 70.º), de resto incapazes, por si sós, de exercício de direitos, que poderá justificar algumas restrições a determinadas actividades (*v.g.*, exibição de pornografia na televisão sujeita a controlo horário; proibição de venda de bebidas alcoólicas a menores de 16 anos).

mesmo; as segunda e terceira, mais problemáticas, prendem-se com características do candidato a arrendatário. Explicitemos cada uma delas.

Em primeiro lugar, por força da planificação urbana e da necessidade de distribuição equilibrada de zonas de serviços e zonas habitacionais, actualmente, quer os planos directores municipais, quer os planos de urbanização (quando existam), procedem a essa "arrumação". Assim, nos termos do artigo 85.º/1/*f*) do Decreto-Lei n.º 380/99, de 22 de Setembro (Regime dos instrumentos de gestão territorial, objecto de alterações e republicado pelo Decreto-Lei n.º 316/07, de 19 de Setembro), o plano director municipal estabelece "a identificação das áreas e a definição de estratégias de localização, distribuição e desenvolvimento das actividades industriais, turísticas, comerciais e de serviços". No artigo 88.º do mesmo diploma, relativo aos planos de urbanização, chega-se a um detalhe ainda maior, determinando a alínea c) que este instrumento procede à "definição do zonamento para localização das diversas funções urbanas, designadamente habitacionais, comerciais, turísticas, de serviços e industriais, bem como [à] identificação das áreas a recuperar e a reconverter".

Destas normas decorre a vinculação do senhorio à afectação urbanística que está determinada no plano em vigor, ou seja, não pode arrendar para comércio numa zona habitacional, nem para habitação numa zona destinada a comércio. Caso o faça sem para tanto estar previamente (e validamente) autorizado pela câmara municipal[2], deve considerar-se que o contrato é nulo, por força do artigo 294.º do CC (as disposições dos planos devem considerar-se de carácter imperativo, não podendo ser substituídas pela vontade das partes em virtude do interesse público que lhes está subjacente), devendo daí retirar-se todas as consequências, nomeadamente com vista à viabilização da interposição de acção de declaração de nulidade do contrato por qualquer interessado, a todo o tempo (artigo 286.º do CC) – nomeadamente, vizinhos.

Para os edifícios de construção posterior a 1951 (data de entrada em vigor do Regulamento Geral das Edificações Urbanas, vulgo RGEU, aprovado pelo Decreto-Lei n.º 38.382, de 7 de Agosto de 1951), a licença de utilização é um elemento do contrato de arrendamento, nos termos dos artigos 1071.º/2 do CC, e 2.º/*d*) e 5.º/1 do Decreto-Lei n.º 160/2006, de 8

---

[2] Nos termos do disposto no artigo 5.º/4 do Decreto-Lei n.º 160/2006, de 8 de Agosto (Elementos do contrato de arrendamento), "A mudança de finalidade e o arrendamento para fim não habitacional de prédios ou fracções não licenciados devem ser sempre previamente autorizados pela câmara municipal".

de Agosto. Esta licença visa verificar a conformidade do uso previsto com as normas legais e regulamentares aplicáveis e a idoneidade do edifício ou sua fracção autónoma para o fim pretendido, esclarece o artigo 62.°/3 do Decreto-Lei n.° 555/99, de 16 de Dezembro (Regime jurídico da urbanização e edificação, com alterações posteriores e objecto de republicação pela Lei n.° 60/07, de 4 de Setembro = RJUE). A licença/autorização de utilização, quando exigível nos termos do artigo 4.°/4 do RJUE, concretizará as afectações constantes dos planos urbanísticos em vigor, sob pena de nulidade [artigos 67.° e 68.°/*a*) do RJUE].

A falta de licença de utilização, quando exigível – e já vimos que os prédios de construção anterior a 1951 não a necessitam (devendo anexar-se documento autêntico que ateste a data de construção) – pode determinar a invalidade do contrato de arrendamento, segundo o artigo 4.° do Decreto-Lei n.° 160/2006, salvo se for suprida[3]. Ora, a lei é omissa quanto à fixação do prazo deste suprimento, mas não parece existirem dúvidas quanto à modalidade de invalidade de que se trata: nulidade (por contrariedade de normas imperativas[4] – salvo justa causa de não obtenção, *v.g.*, atraso das entidades camarárias). No entanto, salvo o interesse público na obtenção da licença de utilização, tutelado pelo n.° 5 do artigo 5.° do Decreto-Lei n.° 160/2006 (que prescreve a aplicação de uma coima ao senhorio que não detenha licença de utilização da fracção arrendada não inferior a um ano de renda – salvo quando o atraso na obtenção lhe não seja imputável), bem assim como pelo artigo 109.° do RJUE (que atribui ao Presidente da câmara municipal competência para despejar administrativamente imóveis ocupados sem licença de utilização ou com finalidade diversa na nela prevista), natural será que nenhuma das partes invoque tal invalidade – o senhorio porque não quer ter o trabalho e o custo de obter a licença; o arrendatário porque deseja habitar a casa. A ausência de adequada fiscalização, a que acresce o facto de o contrato de arrendamento

---

[3] Refira-se também que, nos termos do artigo 5.°/3 do Decreto-Lei n.° 160/2006, a alegação de urgência na celebração do contrato pelas partes pode justificar a substituição da licença de utilização por documento comprovativo de a mesma ter sido requerida em devido tempo.

[4] Note-se que o artigo 5.°/1 prescreve que "Só podem ser objecto de arrendamento urbano os edifícios ou suas fracções cuja aptidão para o fim pretendido pelo contrato seja atestada pela licença de utilização" (realçado nosso), e o n.° 8 do mesmo preceito determina que "O arrendamento para fim diverso do licenciado é nulo..." – ora, por maioria de razão, se nem licença tem, nulo também será.

poder ser celebrado por escrito particular (cfr. o artigo 1069.° do CC), contribui para a inobservância deste dever.

Quanto ao segundo problema que equacionámos, ele prende-se com a questão de saber se o senhorio, se fizer preceder a celebração de um contrato de arrendamento de um convite a contratar[5], pode estabelecer limitações explícitas que envolvam características, físicas ou ideológicas do sujeito, *v.g.*, recusando arrendar o locado a indivíduos de raça negra, ou a quem tenha convicções monárquicas[6]. Trata-se, ao cabo e ao resto, de saber se a vinculação dos privados ao princípio da igualdade se rege pelos mesmos parâmetros que a vinculação das entidades públicas àquele princípio (cfr. o artigo 18.°/1, 2.ª parte), nomeadamente se poderá a exigência de tratamento igualitário dos candidatos impor-se como limite à autonomia privada. Reis Novais responde a esta questão com clareza: "A exigência de igualdade vale nas relações entre privados, mas não enquanto imposição constitucional que lhes seja directamente dirigida. A igual dignidade da pessoa humana, o direito a tratamento igual, a proibição de discriminações ou diferenciações arbitrárias, são princípios que vinculam estritamente o Estado e cuja fundamentalidade exige de todos os seus órgãos uma actuação permanente no sentido da sua garantia e promoção. Nesse sentido, cabe-lhes, designadamente no plano da legislação, a configuração jurídica das relações privadas em conformidade àqueles valores, prevenindo, impondo e reprimindo correspondentemente comportamentos dos particulares. *Mas se ou enquanto o Estado não o fizer, os particulares são livres*, o princípio constitucional da igualdade, para lá de um dever geral de respeito, não os limita directa e juridicamente"[7] (itálico nosso).

No fundo, tudo se resume a saber se a salvaguarda de certas situações/direitos se torna de tal forma premente do ponto de vista da salva-

---

[5] Sobre a figura do convite a contratar, v. A. MENEZES CORDEIRO, *Da abertura de concurso para a celebração de um contrato no direito privado*, in *BMJ* 369 (1987), pp. 27 segs., 51, 52.

[6] Parece-nos que estas limitações, *uma vez inscritas no contrato de arrendamento*, se devem considerar extensíveis a contratos de hospedagem que venham a ser celebrados pelo locatário, ainda que em conformidade com o artigo 1093.°/1/*b*) do CC. Ou seja, caso o locador não aceite locatários de ideologia nazi, poder-se-á opor – e, no limite, resolver o contrato de arrendamento, com base no artigo 1083.°/1 do CC – a que o locatário hospede um *skinhead*.

[7] J. REIS NOVAIS, *Os direitos fundamentais nas relações jurídicas entre particulares*, in *Os direitos fundamentais. Trunfos contra a maioria*, Coimbra, 2006, pp. 69 segs., 98.

guarda do princípio da dignidade da pessoa humana que para o Estado nasça um dever de protecção indeclinável que demande uma intervenção legislativa[8]. Se e quando se chegar a tal patamar, então a vinculação à igualdade sobrepor-se-á à autonomia privada; enquanto esse momento não sobrevier, os particulares podem estabelecer as restrições contratuais que entenderem, desde que não contrariem regras imperativas[9]. A recusa de celebrar o contrato de arrendamento com indivíduos de raça negra ou que perfilhem a ideologia monárquica pode ser socialmente censurável – e mesmo politicamente incorrecta; não é, todavia, juridicamente ilícita. "De outra forma – remata Reis Novais – teríamos o absurdo de alguém poder exigir judicialmente o direito a namorar ou a constituir família com outro alguém, pelo facto de ter sido preterido por razões, alegadas pela outra parte, de estética, de ideologia, de religião ou de preferência clubística. Ou de alguém poder impugnar a realização de uma festa num apartamento de um prédio pelo facto de o dono ter convidado todos os restantes condóminos mas não a ele, por razões meramente ideológicas, por exemplo, pelo facto de, sendo nazi, ser ostracizado pelos vizinhos"[10].

Uma última questão, também relacionada com o sujeito, ainda que lateralmente, reporta-se à possibilidade de o senhorio proibir no locado a presença de animais de companhia, *maxime* cães e gatos. Deve começar por dizer-se que este ponto tem suporte legal no Decreto-Lei n.º 314/2003, de 17 de Dezembro (Luta contra as zoonoses de risco), o qual fixa o

---

[8] Para uma descrição da forma como o Tribunal Constitucional alemão tem lidado com situações de restrição de direitos fundamentais do arrendatário pelo senhorio, veja-se C.-WILHELM CANARIS, *Direitos fundamentais e Direito Privado* (tradução de I. Wolfgang Sarlet e P. Mota Pinto), Coimbra, 2003, pp. 81, 82 (colocação de propaganda política no exterior do imóvel arrendado pelo arrendatário) e pp. 87 segs. (colocação de antenas parabólicas para recepção de programas de radiodifusão e televisão).

[9] Não deve olvidar-se que, por força dos compromissos assumidos com a União Europeia, o Estado português está obrigado a eliminar da ordem jurídica nacional quaisquer normas que constituam violação do princípio da não discriminação em razão da nacionalidade (artigo 12 do Tratado de Roma), bem como, nos termos de actos de direito derivado, quaisquer normas que traduzam discriminação em razão do sexo, raça ou origem étnica, religião ou crença, deficiência, idade ou orientação sexual (artigo 13 do Tratado de Roma, introduzido pelo Tratado de Amesterdão). Sublinhe-se, contudo, que esta proibição de discriminação se circunscreve "aos limites das competências que [o Tratado de Roma] confere à Comunidade" (artigo 13/1), ou seja, há-de demonstrar relação directa com os objectivos do mercado interno, nomeadamente com as liberdades de circulação de pessoas e de estabelecimento.

[10] J. REIS NOVAIS, *Os direitos fundamentais...*, cit., p. 100.

número de cães e gatos que podem conviver com o ocupante do imóvel em prédios urbanos, rústicos e mistos. Neste diploma, cumpre atentar na norma do n.º 3 do artigo 3.º que dispõe que "No caso de fracções autónomas em regime de propriedade horizontal, o regulamento do condomínio pode estabelecer um limite de animais inferior ao previsto no número anterior"[11]. Ou seja, se em propriedade horizontal (todos) os condóminos podem reduzir o número máximo de animais permitidos por fracção, também o senhorio pode, contratualmente, limitar o número de animais permitido (caso esteja a arrendar um imóvel num prédio constituído em propriedade horizontal, deverá inserir no contrato a limitação decorrente do regulamento do condomínio[12], se tal existir). A pergunta que desponta é: e pode o senhorio, no contrato de arrendamento, proibir de todo a presença de animais?

Julgamos que, relativamente a cães e gatos, a resposta deve ser negativa, fundamentalmente porque optar por ter companhia destes animais corresponde a uma expressão de personalidade, tutelada pelo artigo 26.º/1 da CRP[13], e aqui vale a vinculação dos privados aos direitos fundamentais que decorre do artigo 18.º/1, 2.ª parte – ao contrário do que sucede com a

---

[11] O regulamento do condomínio em sentido estrito é um instrumento ao qual o Código Civil se refere no artigo 1429.º-A como visando disciplinar a utilização dos espaços comuns, aprovado por deliberação maioritária da Assembleia de Condóminos ou por decisão do administrador e revogável em termos idênticos. Donde, o regulamento pode impor regras de circulação de animais nas partes comuns – eventualmente, proibir a circulação do animal desacompanhado –, as quais serão oponíveis aos condóminos, *maxime* através da imposição de uma sanção pecuniária.

Ora, incidindo sobre a gestão das partes comuns, este regulamento referenciado no artigo 1429.º-A não pode interferir com o uso que cada condómino dá à sua fracção – logo, o artigo 3.º/3 do Decreto-Lei n.º 314/2003 terá que reportar-se ao regulamento do condomínio ínsito no título constitutivo da propriedade horizontal, a que alude o artigo 1418.º/2 do CC, formalizado por escritura pública e sujeito a aprovação de todos os condóminos (e revogável por igual forma, por unanimidade – artigo 1419.º/1 do CC). Cfr. SANDRA PASSINHAS, *Os animais e o regime português da propriedade horizontal*, in *ROA*, 2006/II, pp. 833 segs., 842 segs.

[12] Cfr. o artigo 3.º/1/*f*) do Decreto-Lei n.º 160/2006, que dispõe dever conter o contrato de arrendamento, a título de conteúdo eventual, referência à existência de regulamento da propriedade horizontal – ou seja, aquele a que se reporta o artigo 1418.º/2 do CC.

[13] No mesmo sentido, SANDRA PASSINHAS, *Os animais...*, *cit.*, pp. 866 segs, esp. 870: "(...) os animais de companhia, enquanto propriedade, são constitutivos da personalidade de cada indivíduo. Os animais enriquecem as nossas vidas, têm um efeito positivo no comportamento e na saúde humanos, podem melhorar os ânimos e exercer uma influência importante nas crianças, nos idosos e nos deficientes".

submissão ao princípio da igualdade –, precisamente porque o legislador estabeleceu uma norma de protecção do direito a ter estes animais em casa como companhia: o artigo 3.º/2 do Decreto-Lei n.º 314/2003[14]. Esta posição é reforçada pelo facto de o legislador ter disposto sobre a possibilidade de redução do número de cães e gatos no regulamento de condomínio, mas não sobre a supressão total do direito[15]. Observe-se, no entanto, que este direito não vale inquestionavelmente para qualquer animal de companhia (fórmula que a lei acolhe noutras disposições, mas não no artigo 3.º[16]) – só para cães e gatos[17]. A presença de outros animais, *maxime* tendo em consideração as características do imóvel, poderá ser completamente proibida[18].

---

[14] No sentido de que o Decreto-Lei n.º 314/2003 tem como âmbito de protecção exclusivo "a luta contra as zoonoses transmissíveis pelos carnívoros domésticos", SANDRA PASSINHAS, *Os animais...*, *cit.*, p. 862.

[15] Naturalmente que, se à data da constituição do título constitutivo da propriedade horizontal todos os condóminos aceitarem a proibição, renunciando ao seu direito a vir a ter cães, gatos ou quaisquer outros animais, ela poderá constar do regulamento – a norma do Decreto-Lei n.º 314/2003 consagra um direito, não um dever. No entanto, esta renúncia é livremente revogável (cfr. o artigo 81.º/2 do CC), ainda que gere dever de indemnização por prejuízos causados aos restantes condóminos – situação que poderá ocorrer, caso o animal cause incómodo intolerável (a indemnização tenderá a corporizar a justificação da derrogação da observância do disposto no título constitutivo, uma vez que este só será modificável por escritura pública e por unanimidade). Em caso de imóveis arrendados, tendo o arrendatário conhecimento da proibição (e o contrato de arrendamento deverá conter esta prescrição oriunda do regulamento – cfr. o artigo 3.º/1/*f*) do Decreto-Lei n.º 160/2006), julgamos que deverá ser ele a suportar a indemnização, o que não impede o senhorio de, constituindo a presença do animal perturbação intolerável dos vizinhos e/ou causa de degradação anormal do imóvel, accionar o despejo (cfr. *infra*, III. A.)

[16] De acordo com o artigo 2.º/*e*), "animal de companhia" é "qualquer animal detido ou destinado a ser detido pelo homem, designadamente no seu lar, para seu entretenimento e companhia". No artigo 6.º integram-se nos animais de companhia os furões.

[17] A lei só refere cães e gatos porque são as espécies que, tradicionalmente e com maior habitualidade, as pessoas escolhem como animais de companhia. Não é de excluir, todavia, que outros animais possam acolher-se sob a categoria (*v.g.*, porquinhos da Índia; papagaios). As razões de saúde pública, de conforto animal e de tranquilidade de vizinhança valerão também para estes animais, bem assim como a invocação da sua posse como forma de expressão de personalidade.

[18] Ainda que a prevalência desta proibição – caso não exista risco para a saúde pública, nem perturbações do direito ao sossego de terceiros – sobre direitos fundamentais do arrendatário possa inverter-se por ponderação jurisdicional materializadora de regras de concordância prática. Cfr. os exemplos de SANDRA PASSINHAS (*Os animais...*, *cit.*, p. 836), os quais, embora no contexto das relações entre condóminos, são transponíveis para o caso do arrendamento.

Sublinhe-se, todavia, que o reconhecimento deste direito a conviver com um número máximo de cães e/ou gatos não exime o locatário do respeito pelas condições de alojamento fixadas no Decreto-Lei n.° 314/2003 [v. *infra*, III. A)].

III. Vinculações contratuais

Na análise das vinculações juspúblicas no contexto do contrato de arrendamento durante a vigência do mesmo, optámos por proceder a um desdobramento em razão dos sujeitos. Assim, atentaremos nas vinculações que impendem sobre o locatário [A)] e sobre o locador [B)].

A) *Do locatário*

Tomaremos como ponto de partida o artigo 1083.° do CC, relativo às causas de resolução do contrato de arrendamento pelo locador – que deve ser lido em articulação com o artigo 1038.° do CC [onde se enumeram as obrigações do locatário, em especial as alíneas *c*) e *d*)[19]][20]. Do n.° 2 do artigo 1083.° realçaríamos, para além do corpo do preceito[21], as alíneas *a*), *b*) e *c*), que estabelecem o seguinte:

> 2. *É fundamento de resolução o incumprimento que, pela sua gravidade ou consequências, torne inexigível à outra parte a manutenção do arrendamento, designadamente, quanto à resolução pelo senhorio:*
> *a) A violação reiterada e grave de regras de higiene, de sossego, de boa vizinhança ou de normas constantes do regulamento do condomínio;*

---

[19] "São obrigações do locatário:
(...)
c) Não aplicar a coisa a fim diverso daqueles a que ela se destina;
d) Não fazer dela uma utilização imprudente".
(...)

[20] Sobre as obrigações do locatário, cfr. L. M. MENEZES LEITÃO, *Arrendamento Urbano*, Coimbra, 2006, pp. 47 segs; J. H. PINTO FURTADO, *Manual do Arrendamento Urbano*, I, 4.ª ed., Coimbra, 2007, pp. 519 segs.

[21] A diferença entre este (novo) artigo 1083.°/2 do CC e o artigo 64.°/1 do RAU é (pelo menos teoricamente) abissal: de um elenco fechado, típico, de causas de resolução, passou-se para uma enumeração meramente exemplificativa destas.

b) *A utilização do prédio contrária à lei, aos bons costumes ou à ordem pública;*
c) *O uso do prédio para fim diverso daquele a que se destina.*

A selecção destas alíneas prende-se com o facto de, além de constituírem fundamentos de resolução do contrato, elas permitirem uma concretização dos deveres do locatário relativamente a terceiros e em face de disposições legais imperativas. Por outras palavras, além de estas alíneas se reportarem a comportamentos que podem pôr fim à relação contratual por iniciativa do senhorio (no prazo a que alude o artigo 1085.º do CC), estas cláusulas reflectem a legitimidade de terceiros para diligenciar, nos termos de legislação específica, junto de autoridade administrativa ou jurisdicional, no sentido de fazer cessar a prática lesiva de interesses próprios ou colectivos. Concretizemos estas alíneas a partir de alguns exemplos[22]:

a) Locatário que vive em péssimas condições de higiene, armazenando todo o tipo de lixo no locado;
b) Locatário que alberga no locado animais de companhia provocando incómodos, higio-sanitários e/ou ruído a terceiros;
c) Locatário que se dedica a ensaios de uma banda musical em várias alturas do dia e da noite;
d) Locatário que se dedica a actividades que envolvem emissões poluentes (*v.g.*, churrascos diários no logradouro; experiências com produtos tóxicos);
e) Locatário que afecta o locado a prostíbulo;
f) Locatário que transforma uma habitação num escritório ou numa loja (*v.g.*, *showroom*);
g) Locatário que realiza ilegalmente obras no locado.

Quanto à *situação a)*, tudo reside em saber se as condições de insalubridade se circunscrevem ao locado – hipótese em que a reacção deverá passar pela avaliação do nível das deteriorações provocadas[23] –, ou se

---

[22] Tentámos forjar exemplos não meramente académicos. Estamos cientes, contudo, que entre a enunciação teórica de soluções de ultrapassagem dos problemas focados e a concretização prática de tais soluções vai, na grande maioria dos casos, um abismo – um tanto pelas dificuldades de prova, outro tanto pela subjectividade de apreciação do julgador.

[23] Cfr. o artigo 1043.º/1 do CC, que estabelece que "Na falta de convenção em contrário, o locatário é obrigado a manter e restituir a coisa no estado em que a recebeu,

extravasam os limites deste (cheiros, parasitas). Caso constituam risco para a saúde pública, não só o senhorio pode peticionar judicialmente a resolução do contrato, como pode (assim como qualquer terceiro interessado, ou mesmo alguém investido em legitimidade popular, nos termos da Lei n.º 83/95, de 31 de Agosto) instar as autoridades de saúde para procederem à neutralização dos focos de insalubridade[24] – *v.g.*, ordenando a limpeza ou substituindo-se ao locatário na remoção do lixo –, em prol da saúde e bem estar dos restantes ocupantes do imóvel (e dos residentes nas imediações).

Caso as autoridades públicas não se prestem a resolver a situação, e não pretendendo senhorio ou terceiros interessados enveredar pela perseguição judicial, junto dos tribunais administrativos, de locatário e autoridades públicas competentes, nos termos da acção comum condenatória a que se reporta o artigo 37.º (n.º 3) do CPTA[25], o senhorio poderá peticionar, no foro cível, a resolução do contrato com este fundamento, mas deverá fazê-lo apenas nas situações em que exista "violação reiterada e grave das regras de higiene", o que pressupõe, não só a advertência do locatário, como e sobretudo o esgotamento das vias administrativas de correcção da situação de insalubridade[26].

---

ressalvadas as deteriorações inerentes a uma prudente utilização, em conformidade com os fins do contrato" (itálico nosso).

[24] Para a definição das competências das autoridades de saúde, cfr. o artigo 5.º do Decreto-Lei n.º 336/93, de 29 de Setembro [nomeadamente, a alínea *b*) do n.º 2, em que se lhes reconhece o poder de exercer a vigilância do nível sanitário dos aglomerados populacionais, bem como de determinar as medidas correctivas necessárias para defesa da saúde pública]. Estas competências não excluem a actuação das entidades municipais que, em sede geral, têm atribuições nesta área [cfr. a Lei n.º 159/99, de 14 de Setembro, artigo 13.º/1/*g*), *i*) e *o*)].

[25] Observe-se que os particulares directamente lesados ou investidos em legitimidade popular poderão ainda apresentar queixa denunciando a inércia das autoridades administrativas ao Provedor de Justiça, ao abrigo do artigo 3.º da Lei n.º 9/91, de 9 de Abril, com alterações posteriores (Estatuto do Provedor de Justiça). Cfr. um caso real, que mereceu uma recomendação do Provedor acatada pelas autoridades municipais in *O Provedor de Justiça Defensor do Ambiente*, Lisboa, 2000, pp. 117 segs.

[26] Cfr. o caso decidido pelo Tribunal da Relação de Lisboa em 19 de Maio de 2005 (proc. 2349/2005-8), no qual a alínea *c*) do n.º 1 do artigo 64.º do RAU, relativa a "práticas ilícitas", foi interpretada no sentido de abranger uma situação em que o arrendatário persistia em manter o locado em condições de extrema insalubridade (chegando até a sujeitar-se, a dado momento, ao despejo administrativo com vista à limpeza e desinfecção do fogo), a ponto de a diligência de inspecção judicial não ter sido possível, nem com o uso de máscaras, tal o cheiro nauseabundo que dali emanava... O Tribunal, movendo-se no

Quanto à *situação b*)[27], há que ter em consideração, por um lado, o Decreto-Lei n.º 314/2003, já citado. O artigo 3.º deste diploma estabelece as condições de convivência das pessoas com cães e gatos em prédios urbanos, rústicos ou mistos, afirmando-se no seu n.º 1 que o alojamento destes animais nestes prédios "fica sempre condicionado à existência de boas condições do mesmo [imóvel] e ausência de riscos higio-sanitários relativamente à conspurcação ambiental e doenças transmissíveis ao homem". A lei fixa em 3 cães e 4 gatos adultos o limite de animais a alojar em cada fogo habitacional, não podendo exceder o número de 4 animais, salvo com parecer vinculativo do médico veterinário municipal e do delegado de saúde que admite o alojamento até ao número de 6 por fogo, "desde que se verifiquem todos os requisitos higio-sanitários e de bem-estar animal legalmente exigidos" (n.º 2) – para os prédios rústicos e mistos rege o n.º 4.

As normas têm um triplo âmbito de protecção: de uma banda, procuram evitar a formação de focos infecciosos lesivos da saúde humana decorrentes da convivência com cães e gatos (zoonoses de risco); por outro lado, visam garantir o bem estar dos animais, assegurando-lhes dignas condições de alojamento (o que vem ao encontro, quer da imposição constitucional de respeito pelos valores do ambiente, quer da Lei n.º 92//95, de 12 de Setembro – Lei da protecção dos animais)[28]; por fim, reconhecem o direito a conviver com cães e gatos em imóveis próprios ou arrendados, desde que não haja risco sanitário para terceiros nem dano ao bem-estar do animal. A sua intersecção mais imediata com a alínea *a*) do artigo 1083.º prende-se com a possibilidade de sobrealojamento (ou alojamento deficiente) que crie risco higio-sanitário, *maxime* para terceiros.

Numa hipótese deste teor, quer o senhorio (no âmbito da relação contratual), quer qualquer terceiro interessado poderá contactar as entidades

---

quadro de tipicidade de causas de resolução do contrato de arrendamento estabelecido no RAU (e hoje desaparecido) entendeu que "o receio de excessivo alargamento do conceito de ilicitude quando aferido à noção dada pelo art.º 483.º [do CC] deixa de fazer sentido se compreendermos que (…) o acto ilícito tem de ser regular ou frequentemente praticado e tem de se reflectir, a qualquer título, no arrendamento (…)".

[27] Sobre as formas de oposição aos incómodos causados por animais, no âmbito das relações de condomínio, SANDRA PASSINHAS, *Os animais*…, *cit.*, pp. 863 segs.

[28] Facto que, em nossa opinião, confere a autores investidos em legitimidade popular (*v.g.*, uma Associação de defesa dos animais) a faculdade de accionar procedimentos administrativos e mesmo judiciais com vista à salvaguarda do bem estar dos animais, independentemente de qualquer incómodo eventualmente causado a terceiros.

competentes a fim de, no limite, retirar os animais do imóvel, fazendo cessar o foco de risco. A retirada dos cães e gatos (e quaisquer outros que no locado convivam em situação contrária aos pressupostos do diploma) é determinada pelas autoridades municipais, após vistoria conjunta do delegado de saúde e do médico veterinário, a fim de os reconduzir ao canil/gatil municipal, salvo se outro destino for escolhido pelo detentor (artigo 3.º/5). Caso a notificação do detentor para a retirada não surta efeito, proceder-se-á à execução coerciva da ordem de despejo dos animais em situação ilegal, sempre precedida da emissão de um mandado judicial para evitar a violação da garantia da inviolabilidade do domicílio (cfr. o artigo 34.º/2 da CRP)[29].

Por outro lado, e mesmo no estrito respeito das condições estabelecidas no Decreto-Lei n.º 314/2003, um outro factor poderá condicionar a presença de animais em prédios, *maxime* urbanos: o ruído. A Lei n.º 9/2007, de 17 de Janeiro (Lei do Ruído), visa proteger a saúde das populações (artigo 1.º), aplicando-se a actividades ruidosas, permanentes e temporárias (artigo 2.º – ver definições no artigo 3.º). O ruído produzido por animais é considerado pela Lei como "ruído de vizinhança" [cfr. o artigo 3.º/*r*)][30] e em face dele pode qualquer interessado demandar das autoridades policiais [cfr. o artigo 26.º/*f*)] uma de duas atitudes (artigo 24.º): se o ruído se produzir entre as 23 e as 7 horas, a polícia exige a cessação imediata; se o ruído se produzir entre as 7 e as 23 horas, a polícia fixa um prazo ao produtor de ruído para que cesse a incomodidade. A autoridade pode decretar medidas cautelares "imprescindíveis para evitar a produção de danos graves para a saúde humana e para o bem-estar das populações", nos termos do artigo 27.º e, em caso de desobediência do produtor de ruído às ordens de cessação emitidas, aplicar contra-ordenações de acordo com o disposto no artigo 28.º/1/*h*) e *i*) – contra-ordenação ambiental leve (v. Lei n.º 50/2006, de 29 de Agosto, artigos 21.º e 22.º). Compete às

---

[29] O tribunal competente para a emissão do mandado é o tribunal judicial de comarca territorialmente competente, nos termos do artigo 95.º/2 e 3 do RJUE, aplicável por analogia.

[30] "Para efeitos do presente Regulamento, entende-se por (...) *r*) «Ruído de vizinhança» o ruído associado ao uso habitacional e às actividades que lhe são inerentes, produzido directamente por alguém ou por intermédio de outrem, por coisa à sua guarda ou animal colocado sob sua responsabilidade que, pela sua duração, repetição ou intensidade, seja susceptível de afectar a saúde pública ou a tranquilidade da vizinhança".

câmaras municipais o processamento das contra-ordenações e a aplicação das coimas (artigo 30.º/3).

Estas normas particularizam o direito de oposição à produção de ruídos consagrado no artigo 1346.º do CC (a norma fala em proprietário do imóvel, mas julgamos dever entender-se extensível a qualquer detentor legítimo), que prevê a faculdade de utilização dos meios adequados a fazer cessar "factos que importem um prejuízo substancial para o uso do imóvel ou não resultem da utilização normal do prédio de que emanam". O direito a fazer cessar o ruído – que é mais intensamente tutelado caso este se produza entre as 23 e as 7 horas (em directa filiação com o direito ao sossego) – é de invocação primordial pelos vizinhos, quer junto das entidades administrativas, quer das judiciais (através de acções inibitórias e providências cautelares), mas serve também de fundamento de resolução do contrato pelo senhorio, com a prevenção que já indicámos nas situações anteriores (reiteração da actividade; advertência prévia; prova do aviso às autoridades competentes)[31].

Quanto à *situação c)*, vale mais uma vez a invocação da Lei do Ruído (bem como do artigo 1346.º do CC). Se o locatário proceder a ensaios de uma banda musical no locado ["actividade ruidosa temporária", para os efeitos do artigo 3.º/*b*) da Lei do Ruído[32]], terá desde logo que enfrentar a proibição constante do artigo 14.º/*a*) [e eventualmente *c*)] da Lei do Ruído: "É proibido o exercício de actividades ruidosas temporárias na proximidade de: *a*) Edifícios de habitação, aos sábados, domingos e feriados e nos dias úteis entre as 20 e as 8 horas". Há depois que ter em consideração duas situações: em primeiro lugar, que esta proibição pode sofrer derrogações, caso o produtor de ruído obtenha uma licença especial de ruído,

---

[31] Fora destas hipóteses – ruído anormal e foco de risco sanitário, para as pessoas e para os próprios animais –, a presença de animais em imóveis urbanos não constitui utilização em desconformidade com a licença de utilização (Acórdão do STA, I, de 17 de Outubro de 1974, in *Diário do Governo* de 15 de Julho de 1976, pp. 1558 segs.), nem tão-pouco ilícito civil para efeito de accionamento do despejo (ainda que se trate de mais de 30 gatos!) – Acórdão da Relação de Lisboa de 26 de Junho de 2001, proc. 0054031 [fazendo ainda aplicação do artigo 64.º/1/*c*) do RAU].

[32] "Para efeitos do presente Regulamento, entende-se por (...) *b*) «Actividade ruidosa temporária» a actividade que, não constituindo um acto isolado, tenha carácter não permanente e que produza um ruído nocivo ou incomodativo para quem habite ou permaneça em locais onde se fazem sentir os efeitos dessa fonte de ruído tais como obras de construção civil, competições desportivas, espectáculos, festas ou outros divertimentos, feiras e mercados".

nos termos do artigo 15.º – que é emitida pelas autoridades municipais, em casos excepcionais e devidamente fundamentados, devendo ser requerida com 15 dias de antecedência sobre o evento que produzirá o ruído temporário em período em que seria proibida a sua produção. Em segundo lugar, deve observar-se que, ainda que produzido ao abrigo de licença especial – aos Sábados, Domingos e feriados, todo o dia; em dias úteis, entre as 20 e as 8 horas –, ou em dias úteis entre as 8 e as 20 horas, o ruído deve conter-se dentro dos limites estabelecidos no artigo 11.º/1/*a*) e *b*) [valor limite de exposição em zonas mistas e sensíveis – cfr. o artigo 3.º/*v*) e *x*)], podendo os municípios determinar a sujeição a valores inferiores aos previstos na lei (artigo 11.º/5), conforme se determina no artigo 21.º. A violação destes preceitos faz incorrer o infractor em contra-ordenação leve, segundo o artigo 28.º/1/*a*) e *b*).

Quanto à *situação d*), estamos novamente perante os chamados conflitos de vizinhança, a que os artigos 1346.º e 1347.º CC se reportam. Há aqui uma refracção do princípio da proibição do abuso de direito: o detentor do imóvel tem direito a gozar das suas qualidades, mas com respeito pelos direitos de terceiros e pelas restrições de natureza jurídico-pública. Como o domínio da vizinhança é tendencialmente atreito a tensões entre detentores dos imóveis contíguos, o artigo 1346.º tempera a proibição de actividades incómodas com alguns limites de bom senso, impondo a provocação de um "prejuízo substancial", ou o desvio da "utilização normal do prédio de que emanam" as emissões nocivas. Ou seja, se o locatário fizer um churrasco aos Domingos de bom tempo, parece não existir prejuízo substancial; mas se fizer churrascos todos os dias, empestando as casas dos vizinhos e impedindo-os de abrir as janelas, então aí já se poderá considerar haver prejuízo substancial. Quanto às experiências com produtos tóxicos, em razão da sua perigosidade agravada, parecem integrar de pleno a fórmula da "utilização anormal" do prédio, devendo considerar-se proibidas – proibição reforçada pelo disposto no artigo 1347.º.

Qualquer vizinho poderá requerer judicialmente a cessação de tais práticas – no caso de serem suportadas por autorização administrativa, deverá demonstrar o prejuízo efectivo, ainda que sempre lhe seja reconhecido o direito a ser indemnizado, pelo agente e eventualmente também pelas autoridades com competência autorizativa[33] –, e o senhorio terá fun-

---

[33] Sobre este ponto, veja-se J. J. GOMES CANOTILHO, *Actos autorizativos jurídico-públicos e responsabilidade por danos ambientais*, in BFDUC, 1993, pp. 1 segs., max. 34 segs. e 51 segs.

damento para resolver o contrato de arrendamento (desde que sustentado numa prova consistente), por violação do artigo 1083.º/2/*a*) e *c*) do CC.

Quanto à *situação e*), há uma concorrência de causas de resolução[34]: o locatário, ao afectar a casa a um prostíbulo, põe simultaneamente em causa a boa vizinhança (pela má vizinhança que tal afectação provoca...), os bons costumes – valha a fórmula o que valer, parece poder aplicar-se pelo menos em situações em que o aliciamento de clientes se faça de forma aberta, nas proximidades do imóvel, ou caso sejam detectadas práticas indecorosas nas partes comuns do imóvel – e o respeito pelo fim do contrato [se habitacional, porque "passa" a comercial; se comercial ou industrial, porque não terá certamente sido explicitamente celebrado com tal fim, sob pena de nulidade (cfr. o artigo 281.º do CC)]. Serão certamente situações de prova tendencialmente difícil, que só com a colaboração de vizinhos na produção de prova testemunhal terão alguma possibilidade de êxito no sentido de redundarem na resolução judicial do contrato de arrendamento.

Quanto à *situação f*), ela só adquirirá relevância para o Direito Público se a alteração do fim contratual violar o zonamento de actividades previsto no plano urbanístico em vigor (bem como a afectação descrita na licença de utilização, se a houver). Num caso desse tipo, quer o senhorio, através de uma acção de despejo, quer o município, através do despejo administrativo, poderão actuar. O senhorio invocará a violação das obrigações do locatário, nos termos do artigo 1038.º/*c*) do CC; o município, mais concretamente o Presidente da câmara municipal, pode ordenar a cessação da utilização indevida, ordem essa cujo não acatamento sujeita o locatário ao despejo administrativo, determinado de acordo com o artigo 109.º/2 do RJUE[35].

Quanto à *situação g*), cumpre observar que, actualmente, salvo em: *i*) casos de reparações urgentes – cobertos pelo artigo 1036.º do CC; *ii*)

---

[34] L. M. MENEZES LEITÃO (*Arrendamento Urbano*, *cit.*, p. 86) chama a atenção para que a cláusula da alínea *b*) do n.º 2 do artigo 1083.º "deve ser interpretada em sentido restritivo, uma vez que não são todas e quaisquer práticas que infrinjam a lei ou os bons costumes que poderão desencadear a resolução do arrendamento, mas apenas situações excepcionalmente graves como actividades criminosas, prostituição, jogo ilícito, etc".

[35] Note-se que o Presidente da câmara não tem competência para decretar a nulidade do contrato, apesar de a nulidade ser de conhecimento oficioso, nos termos do artigo 134.º/2 do CPA. Esta possibilidade reporta-se a situações em que a causa da nulidade decorre do exercício ilícito de uma competência pela Administração, reconhecendo a lei a qualquer órgão com poderes de supervisão a possibilidade de pôr cobro à ilegalidade.

estipulação contratual em contrário ou autorização escrita do senhorio (artigo 1074.°/2 do CC); e *iii*) substituição do locatário ao senhorio na realização de obra de restauro profundo, ao abrigo dos artigos 31.° segs. do Decreto-Lei n.° 157/2006, de 8 de Agosto, ao locatário não é reconhecido o direito a realizar obras no locado (é o senhorio que tem essa obrigação: artigos 1074.° e 1111.° do CC, e 2.° do Decreto-Lei n.° 157/2006, de 8 de Agosto). Ainda que tenha obtido licença camarária – por se tratar de obra não contemplada nos casos de isenção a que alude o artigo 6.° do RJUE –, a obra realizada pelo locatário sem habilitação legal ou autorização específica do senhorio dá lugar à resolução do contrato. Tal iniciativa do locatário constitui uma "violação grave" do contrato que torna inexigível a sua manutenção por parte do senhorio, nos termos do n.° 2 do artigo 1083.° do CC.

O locatário tem, além disso, a obrigação de tolerar as reparações urgentes promovidas pelo senhorio, para salvaguarda da qualidade do imóvel e para garantia das boas condições de habitabilidade de outras fracções do prédio, bem como as reparações ordenadas por autoridade pública, realizadas pelo senhorio ou por autoridades administrativas, em execução substitutiva daquele, conforme prevê o artigo 1038.°/e) do CC. Sublinhe-se que, nos termos do artigo 89.°/2 do RJUE, "a câmara municipal pode a todo o tempo, oficiosamente ou a requerimento de qualquer interessado, determinar a execução de obras de conservação necessárias à correcção de más condições de segurança ou de salubridade", fazendo preceder tal decisão da realização de vistoria ao abrigo do artigo 90.° do RJUE. Caso o proprietário não inicie voluntariamente a obra, abrir-se-á caminho à execução coerciva, conforme dispõem os artigos 91.°, 107.° e 108.° do RJUE[36].

A oposição do locatário a tais intervenções, promovidas pelo senhorio, configura uma situação de incumprimento reconduzível a causa de resolução do contrato de arrendamento, mais uma vez com base na cláusula geral do n.° 2 do artigo 1083.° do CC. Esta causa não é facilmente

---

[36] Com eventual despejo administrativo, se necessário, total ou parcial. Note-se que, antes de 2006, o RJUE não resolvia o problema do realojamento dos locatários durante a pendência das obras, embora lhes reconhecesse o direito à reocupação dos prédios uma vez findas aquelas, sujeitando-se a repercussão do seu valor no valor da renda. Com a alteração do n.° 5 do artigo 92.° do RJUE pelo artigo 48.° do Decreto-Lei n.° 157/2006, de 8 de Agosto, passou a subordinar-se o despejo administrativo à garantia do realojamento temporário, nos termos do artigo 15.°/1 deste último diploma.

accionável, na medida em que pode ser decretado, a pedido do senhorio, o despejo administrativo para realização das obras, nos termos do artigo 92.º/2 do RJUE – facto que "neutralizará" o comportamento ilícito que dava causa à resolução do contrato. No entanto, perante a inércia das autoridades administrativas, o senhorio poderá apelar à solução de *ultima ratio*: peticionar judicialmente o despejo com este fundamento.

Este regime deve hoje ser articulado com o direito de denúncia do contrato pelo senhorio quando pretenda proceder à demolição ou a obra de remodelação ou restauro profundos, previsto nos artigos 1101.º/*b*) e 1103.º do CC, e desenvolvido no Decreto-Lei n.º 157/2006, de 8 de Agosto (Regime jurídico das obras em prédios arrendados = RJOPA). É o artigo 13.º deste último diploma que remete para os artigos 91.º e 107.º do RJUE. A análise do regime do RJOPA será feita de seguida.

B) *Do locador*

As vinculações jurídico-públicas que impendem sobre o senhorio, em sede de direito do arrendamento, têm fundamentalmente a ver com a obrigação de garantir a segurança e conservação do imóvel locado. Constituindo obrigação do locador assegurar ao locatário o gozo da coisa para os fins a que se destina [artigo 1031.º/*b*) do CC], naturalmente que a garantia do bom estado de conservação do imóvel se revela uma condicionante essencial da possibilidade de gozo da integralidade das qualidades do locado. Todavia, se é certo que o locatário é o beneficiário directo desta obrigação, não é menos verdade que a conservação do património edificado pelo proprietário/senhorio reveste inegável interesse público, quer em termos estéticos, quer em termos de segurança das populações. No limite, conforme prevêem os artigos 492.º e 1350.º do CC, impondo um dever de tomar medidas que previnam a derrocada de imóvel de sua propriedade, bem como, na impossibilidade de evitar tal facto, de responder pelos danos causados a ocupantes e terceiros.

Pensando primordialmente no locatário, o legislador estabeleceu no artigo 1083.º/4 do CC um fundamento de resolução do contrato de arrendamento a favor deste, sempre que a não realização, pelo senhorio, de obras que lhe caibam, comprometa a habitabilidade do locado[37]. Não

---

[37] A denúncia deve ser formulada ao abrigo do artigo 1100.º do CC – comunicação ao senhorio com antecedência não inferior a 120 dias sobre a data em que pretenda a cessação.

seria, antes da reforma do RAU, a hipótese mais comum – a qual, aliás, poderia constituir um prémio ao infractor/senhorio que negligenciasse a realização de obras de conservação, nomeadamente em violação do dever de proceder a elas, pelo menos, de 8 em 8 anos (artigo 89.º/1 do RJUE)[38]. Presentemente, esta será – pelo menos teoricamente – a última escolha do locatário, na medida em que o legislador veio intensificar as formas de forçar o senhorio à realização de obras de conservação, reconhecendo-lhe, no limite, o direito de aquisição da fracção a reabilitar, ao abrigo do artigo 35.º do RJOPA. Procedamos à análise deste diploma, a fim de descortinar que novas soluções trouxe no domínio da conservação do património edificado privado objecto de contratos de arrendamento.

§ único. *A obrigação de realização de obras de conservação do locado: o regime do Decreto-Lei n.º 157/2006, de 8 de Agosto (Regime jurídico das obras em prédios arrendados). Em especial, a conformidade constitucional da solução de aquisição do locado pelo locatário, em caso de recusa do locador e de omissão das entidades municipais quanto à realização de obras de conservação*

"A degradação urbana é um problema que não afecta apenas os habitantes dos prédios degradados" mas "toda a comunidade, sendo um obstáculo à sã vivência das cidades e ao próprio desenvolvimento económico, nomeadamente com reflexos negativos no turismo" (Preâmbulo do RJOPA). Neste contexto, é imperioso sublinhar que a degradação dos imóveis urbanos arrendados se deve, na grande maioria das situações, ao desinteresse económico do senhorio na realização de obras que implicam investimentos vultuosos, não suportados pelo valor das rendas obtidas[39].

---

[38] Sublinhe-se, com M.ª GLÓRIA DIAS GARCIA (*A utilização dos edifícios para fins habitacionais, a sua conservação e a certificação das condições de habitabilidade dos edifícios arrendados*, in *O Direito*, 2004/II-III, pp. 385 segs., 390), que o incumprimento de intimação camarária para a realização de obras de conservação implica, para além da responsabilidade civil que no caso caiba, responsabilidade penal, uma vez que constitui crime de desobediência, nos termos do artigo 348.º do Código Penal.

[39] Os tribunais, especialmente os superiores, têm sido sensíveis ao argumento do abuso de direito, quando existir uma desproporção clamorosa entre a renda auferida e o valor das obras solicitadas (cfr. uma resenha de decisões neste sentido em A. MENEZES CORDEIRO, *A aprovação do NRAU (Lei 6/2006, de 27 de Fevereiro): primeiras notas*, in *O Direito*, 2006/II, pp. 229 segs., 237, 238). No muito recente Acórdão do STJ, de 31 de Janeiro de 2007 (proc. 06A4404), o Tribunal chega mesmo a afirmar que "a protecção legal à posição do arrendatário, ao estabelecer o congelamento das rendas ou a sua actualização em termos desfasados do real valor do dinheiro, acaba por redundar em prejuízo do arren-

Ao que acresce servir a deterioração do património edificado como forma de pressão sobre locatários antigos, pagando rendas diminutas, com vista à desocupação dos fogos. Para agravar este quadro, verifica-se a impotência das autoridades municipais para levar a cabo obras coercivas, *maxime* nos grandes centros habitacionais, perante um número muito elevado de prédios degradados e em estado de ruína, que lhe exigiriam um esforço financeiro incomportável.

Conforme reflecte M.ª Glória Garcia, "(...) a verdade é que o baixo valor das rendas decorrentes de contratos de arrendamento determinou o decréscimo de obras de conservação nos edifícios arrendados, desenvolvendo-se em redor um *clima de inobservância da lei por todos os interessados tolerado* – os *senhorios* incumprem o dever de conservação porque a renda é baixa, os *inquilinos* não solicitam as obras de conservação adequadas à manutenção do edifício no estado em que o arrendaram porque querem manter a renda baixa, as *autoridades administrativas* competentes não impõem as obras de conservação necessárias porque as consideram excessivas face às rendas praticadas [40] e os *tribunais* consideram abuso de direito pedidos de obras nos edifícios arrendados manifestamente exageradas face às rendas praticadas"[41].

Cumpre observar, todavia, que este problema já de há muito vem sendo objecto de tentativas de minimização. Logo em 1976 foi criado, pelo Decreto-Lei n.º 704/76, de 30 de Setembro, um programa especial para reparação de imóveis em degradação, depois reafirmado pelo Decreto-Lei n.º 449/83, de 26 de Dezembro. Devido ao congelamento das rendas, o programa não teve êxito e só em 1985, com a Lei n.º 46/85, de 20 de Setembro, que as descongelou, se criaram condições efectivas de implementação de um sistema de incentivos à conservação do património edificado por senhorios de imóveis arrendados. O RECRIA (Regime Especial de Comparticipação na Recuperação de Imóveis Arrendados), aprovado pelo Decreto-Lei n.º 4/88, de 14 de Janeiro, e posteriormente alvo de vários

---

datário, o que o referido instituto do abuso de direito acaba por provocar, sob pena de ir contra interesses mais relevantes do ponto de vista da lei (...)".

[40] Cfr., no entanto, uma excepção a esta tendência na decisão vertida no Acórdão do TCANorte, I, de 16 de Março de 2006 (proc. 01520/05.6BEPRT), onde se afirma o poder-dever de ordenar a realização de obras de conservação por parte das câmaras municipais aos proprietários cujos imóveis as demandem, independentemente do argumento da desproporção entre o preço das obras e o valor das rendas auferidas.

[41] M.ª GLÓRIA DIAS GARCIA, *A utilização dos edifícios...*, *cit.*, p. 400.

aperfeiçoamentos, constituiu o primeiro grande passo no combate à degradação urbana, na medida em que instituiu um regime de apoio financeiro para custear parte de obras de conservação e beneficiação a realizar em imóveis arrendados. O RECRIA promovia a concessão de uma comparticipação a fundo perdido pelo Estado a senhorios, municípios e arrendatários (quando estes se substituíssem ao primeiro na realização da obra) de cerca de 41% do valor da obra.

O Decreto-Lei n.° 329-C/2000, de 22 de Dezembro, veio aumentar o nível das comparticipações do IGAPHE (Instituto de Gestão e Alienação do Património Habitacional do Estado) e da administração local até 100% do custo total da obra, a fundo perdido, sempre que se trate de obras de conservação, ordinária e extraordinária ou necessárias à concessão de licença de utilização, desde que os imóveis se destinem a arrendamentos anteriores ao RAU, concretamente a fogos cuja renda tenha sido objecto de correcção extraordinária, nos termos da Lei 46/85, de 20 de Setembro (que procedeu ao descongelamento das rendas). Este apoio estende-se a imóveis com fogos arrendados já sob a égide do RAU, por três anos a contar da data de entrada em vigor do Decreto-Lei n.° 329-C/2000, desde que tenham pelo menos um fogo ao qual se tenha aplicado a Lei n.° 46/85, quando se tratar de obras de recuperação parcial dos telhados ou terraços de cobertura (artigos 2.°, 3.°, 4.° e 5.° do Decreto-Lei n.° 329-C/2000). A actualização das rendas é feita nos termos do artigo 12.°, não só em função da data de celebração do contrato de arrendamento, habitacional e não habitacional, como da percentagem de comparticipação pública que a obra mereceu (cfr. o artigo 10.°/2 e 13.° do Decreto-Lei n.° 329-C/2000).

Deve ainda referir-se a existência de um complemento a este subsídio, criado pelo Decreto-Lei n.° 105/96, de 31 de Julho: REHABITA (Regime de Apoio à Recuperação Habitacional em Áreas Urbanas Antigas). O Regime, conforme dispõe o artigo 1.°/3 do diploma, "visa apoiar a execução de obras de conservação, de beneficiação ou de reconstrução de edifícios habitacionais e as acções de realojamento provisório ou definitivo daí decorrentes, no âmbito de uma operação municipal de reabilitação urbana". A aplicação deste regime implica a concessão de uma percentagem de comparticipação adicional, a fundo perdido, de 10%, a suportar pelo IGAPHE e pelo município, na proporção estabelecida para o RECRIA (artigo 3.°/1). Realce-se que os arrendamentos de imóveis de propriedade municipal nos quais seja levada a cabo intervenção ao abrigo do REHABITA devem ser sujeitos ao regime de renda apoiada, nos termos do artigo 5.°/3 do diploma referenciado.

Infelizmente, o estado a que chegou o património edificado em Portugal faz com que estes incentivos sejam curtos para fazer face ao problema (em alguma medida também, cumpre observar, em virtude do factor inércia que acomete alguns proprietários). O regime do RJOPA, na sequência destas intervenções legislativas de incentivo, reedita e institui *ex novo* uma sucessão de soluções, em alternativa, para tentar estancar esta epidemia urbana. Quando o senhorio não queira ou não possa proceder a obras, substitui-se-lhe o município, tendo a lei forjado mecanismos de efectivação do retorno do capital investido. Quando o município o não fizer, e caso se trate de arrendamentos anteriores a 1990 ou 1995 (habitacionais e não habitacionais, respectivamente), o diploma concede ainda ao locatário, esgotadas as vias descritas, a faculdade de adquirir a fracção e levar a cabo, ele próprio, as obras necessárias à reabilitação do imóvel. O regime é complexo, impondo-se proceder a alguns desdobramentos com vista à sua clarificação.

Assim, há que ter em atenção, em primeiro lugar, que o diploma se aplica, quer a arrendamentos habitacionais, quer a arrendamentos não habitacionais, sendo que cada um destes tipos se sujeita a regimes distintos. Em segundo lugar, e dentro de cada um dos dois grupos acima mencionados, há que diferenciar entre arrendamentos habitacionais anteriores a 1990 (anteriores ao início de vigência do RAU, aprovado pelo Decreto-Lei n.º 321-B/90, de 15 de Outubro) e posteriores a 1990; e entre arrendamentos não habitacionais anteriores a 1995 (nomeadamente, anteriores à entrada em vigor do Decreto-Lei n.º 257/95, de 30 de Setembro) e posteriores a 1995. Esta última é a distinção fundamental, justificativa da criação de um regime geral (contratos posteriores a 1990), previsto nos artigos 4.º a 22.º (*i.*); e de um regime transitório (contratos anteriores a 1990 e 1995), desenvolvido nos artigos 23.º a 46.º (*ii.*).

Cumpre ainda tecer três observações complementares: *em primeiro lugar*, que as obras particulares de que se fala podem ter um de dois tipos de controlo preventivo por parte da Administração [quando não estiverem isentas: artigo 6.º/1/*a*), *b*), *i*) e *j*) do RJUE]: *sujeição a licença* (artigo 4.º/2 do RJUE), ou *sujeição a comunicação prévia* [artigo 6.º/1/*c*), *d*), *e*), *f*), *g*) e *h*) do RJUE]; *em segundo lugar*, que sempre que a obra a realizar incida sobre imóvel classificado, em vias de classificação ou sobre zona de protecção do mesmo, haverá que ter em consideração as prescrições inscritas no RJUE [artigo 4.º/2/*d*) — exigência de licença para reconstrução, ampliação, alteração ou demolição], e na Lei n.º 107/2001, de 8 de Setembro (Lei do património cultural), nomeadamente quanto à autorização prévia para obras de alteração, conservação ou restauro [artigo 60.°/2/c)], sempre apoiadas em relatórios subscritos por técnicos de qualificação legalmente reconhecida (artigo 45.°), sob pena de embargo (artigo 47.°); a demolição está sujeita a autorização prévia e expressa do órgão da administração cultural competente em razão da categoria do imóvel em causa (artigo 49.°) — ou seja, as vinculações da Lei n.° 107/2001 precedem e condicionam a validade dos actos autorizativos das entidades municipais com competência na área do licenciamento de construção [cfr. também os artigos 13.°/6 e 68.°/c) do RJUE][42]; e, *em terceiro lugar*, as obras a levar a cabo em edifícios sitos em áreas críticas de recuperação e reconversão urbanística e as zonas históricas estão submetidas a um regime excepcional, consagrado no Decreto-Lei n.° 104/2004, de 7 de Maio, que tem implicações nos contratos de arrendamento existentes nesses imóveis, a que faremos referência *infra* (*III.§único*).

i.) Na realização de obras de remodelação ou restauro profundos, o legislador manifestou uma nítida e compreensível preferência pelo princípio da prioridade de iniciativa do proprietário. Estas obras caracterizam-se pela necessidade de desocupação do imóvel, no todo ou em parte, com vista à sua efectivação e dividem-se em *obras estruturais* – quando originem uma distribuição de fogos sem correspondência com a distribuição anterior – e *obras não estruturais* – quando mantém a distribuição de fogos como do antecedente (artigo 4.°/2). Esta divisão releva para a hipótese de suspensão ou denúncia do contrato pelo senhorio durante a realização das obras, sendo que a *suspensão é obrigatória* quando as obras não são estruturais, bem como quando, sendo embora estruturais, se preveja a existência de local com características equivalentes às do locado após a obra (artigo 5.°/2) – α). Nos restantes casos, ou seja, quando as obras sejam estruturais e se não preveja a existência de local com características equivalentes às do locado após a obra, e também quando pretenda demolir, *o senhorio pode denunciar o contrato* – β).

---

[42] Lamentavelmente, parece prevalecer um entendimento — com cobertura jurisprudencial — de que as obras levadas a cabo por entidade pública, quando isentas de licença ou autorização ao abrigo do artigo 7.°/1 do RJUE, estão igualmente isentas de parecer das entidades com competência no âmbito da protecção do património cultural (*vide*, por exemplo, o *Caso do Túnel do Marquês*: decisões do Tribunal Administrativo de Círculo de Lisboa, de 22 de Abril de 2004; do TCASul, de 14 de Setembro de 2004; do STA, I, de 24 de Novembro de 2004).

α) A suspensão do contrato de arrendamento

Os artigos 9.º e 10.º regulam o regime da suspensão do contrato, que opera tanto quando a obra é promovida pelo senhorio, como pelo município[43].

Sendo a obra promovida pelo senhorio, este deve comunicar ao locatário a intenção de realizar a obra, a sua data de início e a sua duração previsível e ainda o local e condições do realojamento fornecido, cuja existência é pressuposto do direito de suspender o contrato com vista à efectivação da obra (artigos 9.º/1 e 10.º/1). O realojamento do arrendatário é feito no mesmo concelho e em condições análogas às que já detinha, quer quanto ao local quer quanto ao valor da renda e encargos (artigos 9.º/2 e 6.º/3)[44].

O *locatário habitacional* pode, no prazo de trinta dias a contar da data da comunicação do senhorio, optar por uma de três atitudes:

– *assentir tácita ou expressamente* na realização da obra e no realojamento propostos pelo senhorio. Neste caso, o contrato de arrendamento suspende-se no momento da desocupação do locado e retoma a sua vigência com a reocupação do fogo pelo locatário, até três meses (salvo justo impedimento) após a comunicação do senhorio de que a obra terminou – sob pena de caducidade do contrato (artigo 10.º/6 e 7);

---

[43] Observe-se que o termo suspensão corresponde, na verdade, a uma substituição do objecto do contrato, uma vez que o locador continua a ter a obrigação de fornecer ao locatário o gozo de *uma coisa com características equivalentes ao imóvel objecto do contrato* (cfr. o artigo 6.º/3 do Decreto-Lei n.º 157/2006), e o arrendatário a obrigação de pagar a renda – embora, no caso de obras coercivas, este pagamento se passe a efectuar por depósito, a fim de que o município se possa ressarcir do investimento (cfr. o artigo 19.º do Decreto-Lei n.º 157/2006). No fundo, o legislador quis frisar que a execução do contrato fica temporariamente inviabilizada em relação ao locado que sofre a intervenção, mas existe o direito à reocupação – facto que explica que o contrato mantenha a sua vigência, embora com alterações.

Perguntamo-nos se esta "suspensão" terá alguns efeitos substantivos para além da justificação da manutenção da relação locatícia após a conclusão das obras, nomeadamente se o tempo que o locatário está realojado descontará do prazo de vigência de contratos a termo.

[44] Observa F. GRAVATO MORAIS (*Arrendamento para habitação*, Coimbra, 2007, p. 124) que "O critério usado pode mostrar-se inadequado em face das circunstâncias concretas. A área de abrangência do realojamento é muito lata, principalmente se tomarmos em conta as grandes cidades. (...) Mostrar-se-ia mais razoável, pelo menos, a utilização de um critério misto que atendesse igualmente à distância entre o prédio em que o arrendatário habitava e o novo sítio proposto e quiçá à grandeza do concelho".

- *denunciar o contrato*, sendo que a denúncia produzirá efeitos em momento por si escolhido, nos termos do artigo 10.°/2;
- *opor-se à suspensão ou às condições propostas pelo senhorio*. Nesta hipótese, o senhorio poderá recorrer à comissão arbitral municipal (=CAM) a qual, nos termos dos artigos 10.°/3 do RJOPA e 17.°/1/b) do Decreto-Lei n.° 161/2006, de 8 de Agosto (Regime das CAMs), é competente para decidir questões levantadas por locatários quanto à necessidade de desocupação e condições do realojamento proposto. As decisões das CAMs, cuja tramitação se encontra prevista no artigo 18.° do Decreto-Lei n.° 161/2006, têm o valor de decisões arbitrais, cabendo delas recurso para o tribunal de comarca, com efeito meramente devolutivo, nos termos do artigo 17.°/4 e 5 do Decreto-Lei n.° 161/2006.

O *locatário não habitacional* pode, no prazo de trinta dias a contar da data da comunicação do senhorio, optar entre o realojamento e a obtenção de uma indemnização por despesas e danos patrimoniais e não patrimoniais decorrentes da suspensão, a fixar pela CAM – artigos 10.°/4 do RJOPA, e 17.°/1/*b*) do Decreto-Lei n.° 161/2006. Pensamos que a lei não consagrou a opção da denúncia nesta situação porque presumiu a preferência pela estabilidade do arrendatário não habitacional, nomeadamente em virtude da fixação de clientela no locado. No entanto, não é de enjeitar a possibilidade de denúncia por arrendatário não habitacional, nos termos gerais do artigo 1100.° do CC. Deve sublinhar-se, contudo, que esta será uma opção pouco inteligente do locatário, na medida em que, podendo optar entre o realojamento e uma indemnização, naturalmente escolherá esta última, podendo depois calmamente deixar caducar o contrato, não reocupando o locado nos três meses seguintes à comunicação do senhorio assinalando o final da obra[45].

---

[45] O artigo 10.°/4 deixa-nos uma dúvida, que se prende com a questão de saber qual o fim da indemnização a que se reporta, uma vez que fala não só de danos como de despesas – o que pode implicar a mudança (temporária) do local de realização da actividade para um imóvel da escolha do locatário. Ou seja, a atribuição da indemnização não presume a inactividade do locatário comercial durante o tempo de duração da obra; antes visa compensá-lo pela privação do local onde tem fixada a sua clientela e onde, por conseguinte, goza de uma maior oportunidade de realizar lucro. O que significa que o montante indemnizatório total deverá ficar em aberto, uma vez que o locatário tanto poderá obter um maior lucro com a mudança (e gerar eventualmente uma situação de enriquecimento sem

Sendo a obra promovida pelo município[46], é pressuposto desta iniciativa a existência de uma prévia notificação do senhorio sobre a indispensabilidade da sua realização (regra de ouro, de resto, da legitimidade do exercício do poder de execução coerciva – cfr. o artigo 152.º/1 do CPA). O artigo 13.º do RJOPA remete para o artigo 91.º do RJUE, o qual aponta para um procedimento administrativo que pode ser desencadeado oficiosamente pelo município ou por qualquer interessado no sentido de determinar a obrigação de execução de obras de conservação pelo senhorio. Depois da realização da vistoria a que alude o artigo 90.º do RJUE, a câmara municipal notifica o senhorio da obrigação que sobre ele impende, fixando-lhe um prazo para dar início à obra. Perante a inércia deste, pode[47] o município substituir-se-lhe, comunicando-lhe tal intenção e remetendo--lhe um orçamento previamente elaborado com a indicação do valor máximo pelo qual é responsável (artigo 14.º do RJOPA). Esta comunicação constitui um acto administrativo, no qual o município assume a execução substitutiva – é este o último momento que o senhorio tem para se opor à realização da obra, ou para contestar as condições e valor da adjudicação, com base em violação do princípio da proporcionalidade (cfr. o artigo 151.º/2 do CPA).

Para além da comunicação do orçamento ao senhorio, o início das obras pelo município, que pressupõe o despejo administrativo, total ou parcial, dos fogos arrendados, não pode acontecer sem que os arrendatários sejam informados, através de notificação pessoal ou por afixação de

---

causa), como reduzir as suas margens de negócio – o que implicará a necessidade de acréscimo da indemnização concedida.

[46] O artigo 22.º alarga a aplicação da subsecção II a entidades como sociedades de reabilitação urbana, fundos de investimento e fundos de pensões, uma vez que a lei lhes confere o "direito" à realização de obras coercivas – cfr. o Decreto-Lei n.º 104/2004, de 7 de Maio, artigos 2.º e 41.º.

[47] É discutível a natureza desta competência, na medida em que, se é certo que, por um lado, o município tem o poder-dever de intimar o proprietário à realização de obras de conservação necessárias e indispensáveis à garantia das condições de segurança e habitabilidade dos imóveis, nos termos do RJUE (podendo mesmo, conforme se afirmou no Acórdão do TCANorte, I, de 16 de Março de 2006, *cit.*, "este *poder* camarário, verificada que seja uma situação de necessidade de obras de reparação para assegurar tais interesses públicos, transforma[r]-se num verdadeiro *dever* cuja omissão poderá vir a responsabilizar a administração pelos danos daí derivados"), cristalino se afigura, por outro lado, que os recursos públicos municipais são escassos, não podendo exigir-se a substituição do município ao proprietário na efectivação das obras em todos os casos.

edital na porta da respectiva casa e na sede da junta de freguesia, da data do despejo administrativo, do local de realojamento, da obrigação de retirar os bens do locado, da duração previsível das obras e da obrigação de depositar as rendas, nos termos dos artigos 17.º segs do NRAU, até ao montante pelo qual o município se deva considerar ressarcido (cfr. os artigos 16.º e 19.º/1 do RJOPA). Estas condições implicam as precisões seguintes:

– o realojamento temporário deve ser obrigatoriamente assegurado pelo município, sob pena de inviabilização do despejo administrativo e do consequente início da obra (artigo 15.º/1). Tratando-se de *arrendamento habitacional*, ao locatário não é expressamente reconhecido o direito de denúncia, nem tão pouco o direito de oposição [porque a lei claramente presume que a obra é desejada – e eventualmente até foi desencadeada – pelo(s) locatário(s)]. No entanto, se o direito de denúncia continua a ocorrer nos termos gerais do artigo 1100.º do CC, já o direito de oposição deve rejeitar-se – salvo se as condições de realojamento propostas pelo município violarem o n.º 3 do artigo 6.º, situação em que caberá impugnação contenciosa da decisão determinativa do despejo e eventual solicitação da suspensão da sua eficácia, ou intimação do município a providenciar realojamento conforme à prescrição legal, junto dos tribunais administrativos, nos termos do CPTA[48].

Tratando-se de *arrendamento não habitacional*, não é imperioso o realojamento. Caso este não seja possível ou o locatário não concorde com as condições oferecidas, o artigo 15.º/3 do RJOPA permite-lhe requerer o arbitramento de uma indemnização que cobrirá todas as despesas e danos patrimoniais e não patrimoniais advenientes da mudança, de um montante que não pode ser inferior a dois anos de renda. Nesta hipótese, o município assume, após a conclusão das obras, a posição do senhorio, tendo o direito de arrendar o local para se ressarcir do valor da indemnização paga, conforme prescreve o artigo 15.º/3 (ver também o artigo 20.º). Naturalmente que este fenómeno de subrogação só é permitido, nos termos do

---

[48] Respectivamente, artigos 50.º e segs. para a acção administrativa especial de impugnação da validade do acto; artigos 128.º e/ou 112.º/1/*f*) para providências cautelares.

artigo 606.°/2 do CC, quando e enquanto o senhorio não liquidar a dívida junto do município:

- caso sejam encontrados bens no locado na data de início das obras, estes serão arrolados de acordo com o procedimento descrito no artigo 21.° do RJOPA. O locatário fica responsável pelas despesas resultantes do despejo, depósito e arrolamento dos bens (artigo 21.°/3);
- a obrigação de pagar a renda não cessa, apesar do realojamento não estar a ser directa e imediatamente suportado pelo senhorio. A lei forjou um mecanismo de subrogação que assenta na fixação de um valor máximo pelo qual o senhorio é responsável (indicado no orçamento que lhe é comunicado antes do início da obra e cuja não contestação implica aceitação), valor esse que será progressivamente reembolsado pelo município através das rendas liquidadas pelo arrendatário que deverão ser depositadas, a partir da data de início das obras. O senhorio terá direito a levantar as quantias em depósito correspondentes "a 50% da renda vigente aquando do início das obras, acrescida das actualizações ordinárias anuais, revertendo o restante para o município", desde que solicitado (artigo 18.°/2 e 3 do RJOPA)[49]. Esta subrogação cessa com a satisfação do crédito, devendo o município notificar os arrendatários da cessação do dever de depositar a renda num prazo de 10 dias após o ressarcimento integral, conforme o disposto no artigo 19.°/2 do RJOPA.

Este esquema é válido tanto para arrendamentos habitacionais como para não habitacionais, desde que o locatário não tenha optado por ser indemnizado nos termos do artigo 15.°/3. Note-se que, neste caso, a "suspensão" do contrato é mais intensa do que na hipótese de realização de obra pelo senhorio, na medida em que à substituição (temporária) do objecto do contrato ainda se alia a substituição (temporária) de uma das partes (senhorio) por terceiro, a fim de operacionalizar o mecanismo da subrogação. Ou seja, o município fica, para todos os efeitos, constituído

---

[49] Foi com o Decreto-Lei n.° 329-B/2000, de 22 de Dezembro, que pela primeira vez se determinou esta forma de recuperação do investimento por parte dos municípios. Do antecedente, era o município que fixava o montante máximo de rendas depositadas por parte do senhorio, não podendo este ser inferior a 30% – artigo 1.°, que deu nova redacção ao artigo 15.° do RAU (a norma constava do n.° 5 deste preceito).

nas obrigações do locador a que se reporta o artigo 1031.° do CC; o locatário fica, também para todos os efeitos, constituído nas obrigações a que alude o artigo 1038.° do CC (em articulação com o 1083.° do CC), nomeadamente pagar a renda pontual e integralmente, sob pena de resolução do contrato de acordo com os artigos 1041.° e 1048.° do CC.

Findas as obras, afirma o artigo 13.° que o município pode ocupar o prédio até ao limite de um ano decorrido sobre a conclusão das obras. Esta disposição provoca-nos alguma perplexidade, na medida em que, por um lado, o artigo 17.° impõe ao município que comunique aos arrendatários sujeitos a realojamento o fim das obras, devendo estes reocupar os fogos, sob pena de caducidade dos contratos, no prazo de *três meses*. Por outro lado, mesmo no caso de prédios parcialmente devolutos, nos quais existam fogos que o município pode arrendar (fixando o valor da renda nos termos do artigo 31.° do NRAU), mediante concurso público, pelo prazo de cinco anos renovável até ao ressarcimento da despesa realizada (cfr. o artigo 20.°/1), o senhorio pode, no prazo de *quatro meses* após a conclusão das obras, tomar a iniciativa da celebração dos novos contratos de arrendamento por renda de valor não inferior ao decorrente da aplicação do artigo 31.° do NRAU – artigo 20.°/4. Por outras palavras, o artigo 13.° deveria ressalvar expressamente as situações previstas nos artigos 17.° e 20.°/4, uma vez que a ocupação para além do término das obras, constituindo uma restrição à faculdade de uso e fruição do imóvel pelo proprietário, tem que revelar-se indispensável à prossecução de finalidades de interesse público, nomeadamente a realização do concurso a que se reporta o n.° 1 do artigo 20.° (que não deverá ser lançado antes de decorridos os quatro meses que a lei dá ao senhorio para proceder ao arrendamento directo, sob pena de caducidade)[50].

β) A denúncia do contrato de arrendamento

Quando as obras sejam estruturais e se não preveja a existência de local com características equivalentes às do locado após a conclusão da obra, bem como quando pretenda demolir, o senhorio tem direito a denunciar o contrato, nos termos dos artigos 1101.°/*b*) e 1103.° do CC, e 6.°, 7.° e 8.° do RJOPA.

---

[50] Dir-se-ia que o município pode imediatamente após a conclusão das obras lançar o concurso a que se refere o artigo 20.°/1. No entanto, a fazê-lo, terá que o subordinar a condição resolutiva, sob pena de poder vir a ter que indemnizar os candidatos por *culpa in contrahendo* (por violação do dever de informação).

A lei distingue entre a denúncia para remodelação ou restauro profundos e para demolição:

- a primeira obriga o senhorio, *em alternativa: ou* a indemnizar o arrendatário por todas as despesas e danos patrimoniais e não patrimoniais em valor não inferior a dois anos de renda; *ou* a garantir o realojamento por período não inferior a cinco anos, no mesmo concelho e em condições análogas às que gozava, quer quanto ao valor da renda, quer quanto aos encargos (artigo 6.º/1, 3 e 4 do RJOPA). Caso não haja acordo, prevalece a solução da indemnização (artigo 6.º/2);
- a segunda impõe ao senhorio as mesmas obrigações que a primeira, salvo quando o município, ouvida a CAM, ateste que a demolição se mostra indispensável, tendo em consideração o estado de degradação do prédio, incompatível com a reabilitação e geradora de risco para os ocupantes. Ou seja, nesta situação, não haverá quaisquer obrigações para o senhorio, nem de indemnizar, nem de realojar. Perguntamo-nos se, nesta hipótese, e sobretudo porque se trata aqui de imóveis cujos arrendamentos serão posteriores ao RAU (1990) e ao Decreto-Lei n.º 257/95, de 30 de Setembro – logo, tendencialmente fontes de rendimento superiores, porque sujeitos ao regime de renda livre –, não seria justo penalizar o locador por ter deixado acentuar o estado de degradação do imóvel a ponto de ter de ser demolido. Nos casos em que da demolição possa resultar a construção de um novo imóvel, parece-nos que pelo menos a obrigação de indemnização dos arrendatários, nos termos do artigo 6.º/1/a), se imporia.

O RJOPA prescreve que a denúncia só pode acontecer mediante acção judicial, "onde se prove estarem reunidas as condições que a autorizam" (artigo 8.º/1), devidamente acompanhada de comprovativo de aprovação pelo município de projecto de arquitectura relativo à obra a realizar e de depósito do valor da indemnização, se a esta houver lugar (artigo 8.º/2 e 3). Atente-se em que, por convenção das partes, a acção pode decorrer em tribunal arbitral (artigo 8.º/6).

Finalmente, pode colocar-se a questão de saber se o município pode tomar a iniciativa das obras de restauro profundo quando se não preveja a existência de imóvel com características idênticas, ou em caso de demolição. Se o imóvel tiver de ser demolido por razões de segurança pública, a câmara municipal deve determinar a demolição, seguindo-se os termos do RJUE – artigos 89.º/3, e 92.º/1 e 4 –, ou seja, em substituição do locador e a expensas deste[51]. Se o imóvel necessitar de obras de restauro que possam alterar profundamente a sua estrutura interna, julgamos que o regime dos artigos 12.º segs. do RJOPA se não aplica, uma vez que pressupõe a manutenção de vigência dos contratos de arrendamento[52]. A razão da não aplicação prender-se-á sobretudo com a incerteza do reembolso da despesa feita pelo município – à partida muito superior a uma obra de "simples" reabilitação do edificado –, uma vez que o investimento só seria amortizado a jusante, após a conclusão da obra e eventualmente por recurso ao mecanismo do concurso estabelecido no artigo 20.º do RJOPA.

ii.) Conforme se esclarece no Preâmbulo, "Se, em relação aos contratos novos, não é de prever que o problema da degradação urbana se venha a colocar significativamente, fruto da adequação dos valores das rendas e da maior mobilidade, o problema da degradação dos prédios objecto de arrendamentos antigos é sobejamente conhecido. Aqui, não basta enunciar o dever de conservação, é necessário criar os instrumentos legais que possibilitem a efectiva reabilitação. Tal passa por apoiar a rea-

---

[51] Conforme ensina M.ª GLÓRIA DIAS GARCIA, a competência camarária de ordenar a demolição de um imóvel em acentuado estado de degradação, no qual as obras de conservação seriam insuficientes para assegurar a habitabilidade e cuja vistoria, a efectivar nos termos do artigo 90.º do RJUE, conclua no sentido da inevitabilidade de tal operação, é uma *competência vinculada – A utilização dos edifícios...*, cit., p. 396 (a Autora considera que, sempre que se trate de imóveis arrendados, deverá abrir-se espaço a contraditório dos arrendatários e observar, no exercício da competência decisória, os estritos parâmetros do princípio da proporcionalidade – vinculações que não decorrem explicitamente do artigo 90.º, mas que se ancoram nas garantias concedidas pelo Código do Procedimento Administrativo).

Permitir-nos-íamos apenas chamar a atenção para o caso especial de imóveis classificados que ameacem ruína, regulado no artigo 49.º da Lei n.º 107/2001, de 8 de Setembro, cujo n.º 2 dispõe que "A autorização de demolição por parte do órgão competente da administração central, regional autónoma ou municipal tem como pressuposto obrigatório a existência de ruína ou a verificação em concreto da primazia de um bem jurídico superior ao que está presente na tutela dos bens culturais, desde que, em qualquer dos casos, não se mostre viável nem razoável, por qualquer outra forma, a salvaguarda ou o deslocamento do bem". No n.º 3 acrescenta-se que "Verificado um ou ambos os pressupostos, devem ser decretadas as medidas adequadas à manutenção de todos os elementos que se possam salvaguardar, autorizando-se apenas as demolições estritamente necessárias".

[52] Artigo 12.º: "O disposto na presente subsecção aplica-se a obras coercivas realizadas pelos municípios em prédios **total** ou **parcialmente** arrendados..." (realçado nosso).

bilitação por parte dos proprietários, o que é tratado em legislação própria, mas exige ainda que seja possível intervir quando o proprietário não possa ou não queira reabilitar o seu património".

O regime especial transitório[53] que os artigos 23.° segs. do RJOPA prevêem aplica-se a prédios cujos arrendamentos, por não terem sofrido actualizações de renda que tornem a sua exploração economicamente aliciante, se encontram num estado de degradação acentuado, constituindo eventualmente até risco para os seus ocupantes e para terceiros. Esta "presunção de acentuada degradação" de que parte o legislador explica a razão de só se ter regulado directamente a faculdade de denúncia para demolição ou para efectivação de obras de restauro profundo pelo senhorio (artigos 24.° a 26.°); no entanto, como esclarece o artigo 23.°/2, "Em tudo o não previsto na presente secção aplica-se o disposto na secção anterior". O que significa que também relativamente a estes imóveis com arrendamentos antigos é possível proceder a obras que não alterem a estrutura edificada e que, por conseguinte, envolvam a mera "suspensão" do contrato.

Essa hipótese é, aliás, confirmada pela possibilidade aberta ao município de ter a iniciativa da obra, que pressupõe (e procede a remissões expressas) a suspensão de execução do contrato (nunca a sua denúncia). Os artigos 12.° a 21.° aplicam-se inteiramente no caso da iniciativa da obra provir do município, com alterações apenas no que toca ao valor da renda a praticar após a conclusão das obras e, em conformidade, no que tange à proporção do valor das rendas depositadas susceptível de levantamento pelo senhorio – substancialmente menor do que os 50% previstos no artigo 18.°/2. Estas alterações explicam-se pela necessidade de actualização acrescida do valor da renda (nos termos dos artigos 3.° segs do NRAU), que depende de uma avaliação fiscal do prédio e da determinação do seu nível de conservação, promovidas pela câmara municipal – cfr. o artigo 28.°.

Assim, a grande novidade relativamente ao regime geral é a possibilidade de as obras se fazerem por iniciativa do arrendatário – α). De resto, e além das adaptações em sede de obras da iniciativa do município, já enunciadas, as diferenças surgem em sede de denúncia do contrato de arrendamento pelo senhorio quando pretenda realizar obras de restauro

---

[53] Sobre este regime, v. L. M. MENEZES LEITÃO, *Arrendamento Urbano*, cit., pp. 139 segs.; F. GRAVATO MORAIS, *Arrendamento...*, cit., pp. 121 segs.

profundo que impliquem alterações na estrutura original do prédio e quando queira demolir o imóvel. Vejamos rapidamente em que consistem estas diferenças, para de seguida nos concentrarmos nas obras da iniciativa do arrendatário:

- no caso de denúncia para demolição, ao senhorio é reconhecida tal faculdade: 1) quando o município, ouvida a CAM, ateste que a demolição se mostra indispensável, tendo em consideração o estado de degradação do prédio, por incompatível com a reabilitação e geradora de risco para os ocupantes; e 2) quando a demolição for considerada a solução tecnicamente mais adequada pelo município e seja necessária à execução de plano municipal de ordenamento do território (artigo 24.º/1 e 2);
- no caso de denúncia para reabilitação profunda, o senhorio, através de acção judicial, tem o dever de garantir o realojamento do *arrendatário habitacional*[54], no mesmo concelho e em condições análogas às que o arrendatário detinha (embora o novo locado não possa encontrar-se em estado de conservação mau ou péssimo[55]), devendo a sentença fixar o montante da renda a pagar pelo novo alojamento, a qual é determinada nos termos do artigo 31.º do NRAU – artigo 25.º/1, 2 e 3, do RJOPA. O arrendatário pode invocar as circunstâncias previstas no artigo 37.º/3/*a*) e *b*), do NRAU, para atenuar o aumento do valor da renda (artigo 25.º/4 do RJOPA), bem como, abdicando do realojamento, optar pela solução indemnizatória correspondente ao pagamento de todas as despesas e danos, patrimoniais e não patrimoniais por si suportados em razão da mudança, cujo montante não poderá ser inferior a 24 vezes o salário mínimo nacional (artigo 25.º/6). Em caso de morte do arrendatário, o novo contrato de arrendamento caduca imediatamente, devendo o locado ser restituído ao senhorio no prazo de seis meses após o falecimento (artigo 25.º/5).

Tratando-se de *arrendamento não habitacional*, não existe qualquer direito a realojamento, apontando a lei apenas a solução indemnizatória,

---

[54] Note-se que, no regime geral, a solução é inversa: a regra é a indemnização – é ela que prevalece na falta de acordo.
[55] Cfr. o quadro anexo ao artigo 5.º do Decreto-Lei n.º 156/2006, de 8 de Agosto (Modo de fixação do nível de conservação dos imóveis locados).

tendo o locatário "direito ao pagamento de todas as despesas e danos, patrimoniais e não patrimoniais, considerando-se o valor das benfeitorias realizadas e dos investimentos efectuados em função do locado, não podendo o valor da indemnização ser inferior ao valor de cinco anos de renda, com o limite mínimo correspondente a 60 vezes a retribuição mínima mensal garantida" (artigo 26.º/1). Este direito de denúncia deve ser exercido pela via judicial, cumprindo ao senhorio, nos quinze dias posteriores à propositura da acção, depositar o valor indemnizatório referido (artigo 26.º/2).

α) Obras promovidas pelo locatário

Já se observou que a grande inovação trazida pelo RJOPA é a possibilidade, conferida ao locatário, de aquisição do imóvel com vista à realização de obras, perante a recusa do senhorio e a inércia das autoridades municipais nesse sentido (na sequência, de resto, do artigo 48.º do NRAU). É uma opção caracterizada pela indispensabilidade – o que se compreende, uma vez que constitui uma restrição ao direito de propriedade, pois impõe ao proprietário a alienação do bem –, e tem como ponto de partida uma avaliação do estado de conservação do locado pela CAM, cujo resultado, se redundar numa classificação inferior a 3 (cfr. o artigo 5.º do Decreto-Lei n.º 156/2006), investe o locatário no direito de exigir a realização de obras pelo senhorio.

Assim, e conforme se afirma nos artigos 35.º e 36.º, os pressupostos do exercício de tal direito são: 1) que ao locado tenha sido atribuído uma classificação de mau ou péssimo nos termos do Decreto-Lei n.º 156/2006; 2) que se verifique omissão (ou recusa) do senhorio perante intimação do município para realizar as obras no prazo de seis meses após notificação; 3) que uma vez esgotado este prazo, decorram mais seis meses sobre o pedido do locatário ao município no sentido de proceder às obras em execução substitutiva, e estas se não desencadearem; 4) que o senhorio não possa invocar que a não efectivação da obra se deve a atraso no licenciamento ou na atribuição de apoio à reabilitação; 5) que o pedido de aquisição seja apresentado em acção judicial a tal destinada no prazo de 3 anos sobre a data de término do prazo para início das obras coercivas pelo município e sem que, durante esse período, o senhorio tenha desencadeado a obra[56];

---

[56] Parece-nos que a condição de indispensabilidade que reveste todo este esquema de aquisição/alienação forçada exige que, na falta de indicação legal em contrário, deva

6) que a petição seja acompanhada de uma descrição da obra e de projecto de arquitectura aprovado, se exigível; e 7) que o locatário, uma vez proposta a acção, tenha procedido ao depósito do preço (calculado nos termos do artigo 38.º) e satisfeito as obrigações fiscais inerentes à transmissão.

Vê-se que a aquisição pelo locatário tenderá a constituir uma opção de *ultima ratio*, dadas as múltiplas concessões que a lei faz – compreensíveis, de resto, para neutralizar dúvidas sobre a constitucionalidade da solução – ao proprietário. A concretização efectiva do direito enfrenta obstáculos jurídicos e práticos, avultando a figura do abuso de direito como o mais representativo de todos. Com efeito, *ou* se entende que o juiz é um mero tabelião neste processo, limitando-se a dar por verificadas as condições estabelecidas na lei *supra* referenciadas; *ou* se lhe reconhece margem de ponderação das circunstâncias concretas (nomeadamente, imprescindibilidade da aquisição em face da possibilidade de (só) realizar obras e proceder à compensação nas rendas) e dos argumentos eventualmente esgrimidos pelo senhorio na contestação da acção de aquisição – e aqui o abuso de direito pode constituir um travão, surgindo como *causa de justificação* da omissão do dever de realização de obras em virtude do fraco rendimento gerado pelo imóvel.

Seja como for, a aquisição afigura-se especialmente difícil em casos de imóveis não constituídos em propriedade horizontal e sem que tal constituição se desenhe possível – cfr. o artigo 43.º –, cenário em que o locatário será "forçado" a adquirir a totalidade do imóvel (salvo, existindo vários arrendatários, associação e aquisição em compropriedade)[57]. Também não é de descartar que o senhorio, perante a classificação de "péssimo", requeira à CAM que determine a obrigatoriedade da demolição, nos termos do artigo 6.º do Decreto-Lei n.º 156/2006, denunciando o contrato de arrendamento e realojando o locatário, de acordo com os artigos

---

admitir-se que o senhorio, na pendência da acção e até à prolação da sentença – repare-se que o depósito do preço pode ser feito até ao momento imediatamente anterior ao decretamento da sentença, logo após a audiência ou mesmo antes do saneador-sentença –, possa começar as obras e com isso fazer extinguir o direito do arrendatário, determinando a inutilidade superveniente da lide. Para F. Gravato Morais (*Arrendamento...*, *cit.*, p. 144), o "arrependimento" do senhorio deve ocorrer, no limite, até ao dia da propositura da acção pelo arrendatário.

[57] Em casos deste tipo, não são de descartar hipóteses de surgimento de arrendatários "testas de ferro" de empresas imobiliárias. Todavia, as precauções de que o legislador rodeou esta aquisição em termos de deveres pós-contratuais da venda judicial minimizam, de algum modo, este risco.

25.º e 26.º do RJOPA, já analisados. Mais provável será a substituição do locatário ao senhorio na realização das obras (para aquisição de um nível médio de conservação – artigo 31.º/4), com manutenção do contrato de arrendamento e direito a compensação no valor da renda paga (a 50% durante o período de duração da compensação), de acordo com o preceituado nos artigos 33.º e 34.º do RJOPA.

Ainda que de mais difícil ocorrência, deve no entanto sublinhar-se que a aquisição do imóvel pelo locatário se perfila como uma *solução funcionalizada ao interesse público na reabilitação e manutenção do património edificado*, ficando estas obrigações desde logo fixadas na sentença que opera a transmissão da propriedade (artigo 36.º/4). Segundo o artigo 39.º, o adquirente deve iniciar a obra no prazo de 120 dias a contar da aquisição (data do trânsito em julgado da sentença) e durante um lapso de 20 anos deve manter o imóvel em estado de conservação médio ou superior, sob pena de reversão a requerer judicialmente pelo anterior proprietário/senhorio, que nesse caso o reaverá pelo mesmo preço, ficando sujeito a obrigações idênticas (artigo 40.º). Caso venda o imóvel, o novo adquirente suceder-lhe-á nestas obrigações até ao final do prazo de 20 anos (artigo 39.º/4), sendo certo que ao anterior proprietário é reconhecido direito de preferência durante o mesmo período (artigo 46.º/1).

Este esquema de aquisição do imóvel com vista à sua reabilitação pode complicar-se, quer em situações de inexistência de propriedade horizontal (= p.h.) e arrendamentos múltiplos, quer em hipóteses de existência de propriedade horizontal e oposição de condóminos. A lei deu algumas soluções, mas deixou também alguns problemas por resolver. Sem pretensões de exaustividade, chama-se a atenção para que:

i) Relativamente a prédio em p.h., dispõe o artigo 42.º que o arrendatário pode adquirir a fracção autónoma locada (n.º 1), bem como, *revelando-se indispensável*, adquirir outras fracções necessárias além da sua, ou mesmo a totalidade (n.º 2). Aos restantes condóminos a lei reconhece direito de preferência sobre as fracções que o locatário queira adquirir que não aquela em que habita (em derrogação do artigo 1423.º do CC), prevendo abertura de licitação (n.º 5). O condómino da fracção pretendida adquirir, pelo locatário ou pelos preferentes, pode opor-se à venda declarando estar disposto a participar nas obras (n.º 3).

Duas observações:

– A autorização legislativa contida no artigo 63.º da Lei n.º 6/2006, de 27 de Fevereiro (que aprova o NRAU), dispõe que o Governo, no âmbito do regime das obras coercivas a instituir, pode prever a "possibilidade de o proprietário de fracção autónoma adquirir outras fracções do prédio para realização de obras indispensáveis de reabilitação" [alínea b), v)]. No RJOPA, o Governo deixou cair esta hipótese, na medida em que não permite aos restantes condóminos, *por si sós e estritamente nessa qualidade*, adquirir fracção cuja reabilitação se revele indispensável à reabilitação da sua própria ou do imóvel. Em contrapartida, reconheceu ao arrendatário de fracção autónoma a possibilidade de adquirir não só a fracção em que habita como outras (até todas!), se tal se revelar indispensável. É certo que, nesta situação, o legislador atribuiu direito de preferência aos restantes condóminos. Mas não deveria ter-lhes concedido, à partida, direito de iniciativa de aquisição, com citação do arrendatário (se existisse) e reconhecimento do direito de preferência deste – *maxime* em caso de fracções devolutas? Parece-nos que esta omissão gera desigualdade entre condóminos e locatários, quando a verdade é que a protecção das qualidades de uso da fracção e do imóvel se manifestam em ambos os casos;

– A sentença que opera a transmissão de propriedade, quer a favor do arrendatário, quer a favor do condómino preferente, na sequência de iniciativa do primeiro, fixa a obrigação de reabilitação que recai sobre o adquirente – de todas as fracções adquiridas e também das partes comuns do prédio, se o arrendatário/condómino adquirir todas as fracções. Note-se que, em prédios em p.h., só as obras no interior das fracções estarão, em regra, fora da alçada da Administração do Condomínio, não aquelas que incidem sobre partes comuns – *maxime* telhados e coberturas, fachadas, empenas. Ora, fará sentido conceder a condóminos que se tenham revelado opositores à realização de obras nas partes comuns e mesmo nas suas fracções, com isso causando prejuízos aos restantes residentes, a possibilidade de preferir na aquisição de outras fracções, sendo certo que esta "venda coerciva" é funcionalizada à obrigação de reabilitação? A lei considera que, ainda assim, deve ser-lhes dada essa possibilidade: porque afirmou expressamente que o condómino pode opor-se à venda da sua própria fracção, declarando (sob a espada de Dâmocles...) estar disposto a participar nas obras (n.º 3); porque não estabeleceu qualquer limitação ao exercício do direito de preferência nestas circunstâncias. Desta feita, com este precedente de inviabilização da realização de obras de reabilitação –

sobretudo se reportado à sua própria fracção, porque no caso de obras estruturais em partes comuns, a Assembleia pode decidir realizá-las sem que seja exigida a unanimidade (por maioria de 2/3 do valor total do prédio: artigo 1425.º do CC) –, não teria sido mais eficaz sujeitar a validade desta oposição – e mesmo a validade do exercício da preferência – ao depósito de uma caução correspondente ao quinhão das obras a suportar?

ii) Relativamente a prédio não constituído em p.h., distingue o artigo 43.º dois tipos de situações: por um lado, a impossibilidade de constituição de tal regime "por qualquer motivo", que redunda na necessidade de aquisição do imóvel pela totalidade; por outro lado, a possibilidade de constituição judicial da p.h., que viabilizará a aquisição da fracção autónoma do arrendatário que se propõe levar a cabo a reabilitação e eventualmente de outras fracções cuja aquisição se revele indispensável à boa conclusão da obra projectada.

Duas observações:

– Nos casos em que não seja possível constituir a p.h., julgamos que teria sido de prever mecanismo de licitação entre locatários similar àquele que a lei prescreve no n.º 6, para condóminos, em casos de falta de acordo dos residentes no sentido de aquisição conjunta. Não serão de descartar hipóteses de presença de um único locatário no imóvel – comuns, de resto, quando existem estabelecimentos comerciais com arrendamentos muito antigos –, mas a situação mais frequente será a de coexistência de locatários. É certo que, por força da lei [cfr. o artigo 1091.º/1/*a*) do CC] o locatário tem preferência na compra e venda do imóvel, ao contrário do que sucede com o condómino (veja-se o artigo 1423.º do CC), o que desde logo imporá solução de graduação dos preferentes. Mas então porque não ficou desde logo clarificada a solução?

– Sempre que a constituição judicial da p.h. se afigure possível, cumpre sublinhar que não só a regra da indispensabilidade do n.º 2 do artigo 42.º se deverá aplicar, como a regra do n.º 3 deverá identicamente ser adaptada a este caso. Ou seja, querendo o locatário adquirir outra fracção que não a sua, ao arrendatário da fracção a adquirir – que terá direito de preferência legal sobre a sua própria fracção, uma vez constituída a p.h. – terá que se reconhecer direito de oposição à aquisição em virtude de exercício de preferência, desde que declare estar não só disposto a adquiri-la, como a participar na obra projectada.

Depois de analisado o regime instituído pelo RJOPA, cumpre tecer algumas breves considerações sobre a possibilidade de aquisição do imóvel arrendado para habitação pelo locatário, em caso de recusa de realização de obras pelo senhorio e de inércia das autoridades municipais, em ambos os casos por um período de seis meses após a notificação do locatário para procederem nesse sentido. Fomos deixando pistas sobre a nossa opinião favorável à conformidade constitucional da solução; contudo, perante os argumentos avançados por alguns autores, julgamos dever desenvolver um pouco mais os termos da nossa concordância. O nosso trabalho encontra-se substancialmente facilitado em virtude da (pré)existência de um estudo dedicado a sustentar a constitucionalidade da solução prevista no RJOPA, subscrito por Pedro Romano Martínez e Ana Maria Taveira da Fonseca[58]. No entanto, muito embora subscrevamos a conclusão, não aderimos totalmente às suas premissas.

Partamos das posições que invocam a inconstitucionalidade da venda forçada do imóvel do locador ao locatário imposta pelo RJOPA (e que, sublinhe-se, foram expendidas antes da aprovação do diploma, simplesmente com base nas disposições do NRAU que remetem para legislação de desenvolvimento a regulação dos termos de exercício de tal faculdade pelo locatário)[59]. Menezes Cordeiro qualifica a inovação de "aberrante" e equipara-a a uma expropriação (ou mesmo a um confisco), considerando-a como "um aspecto particularmente infeliz da reforma: um radicalismo fora de época"[60]. Outros Autores apodam a solução de "injusta" e falam identicamente em "espoliação" do direito de propriedade do locador[61].

---

[58] P. ROMANO MARTÍNEZ e A. M. TAVEIRA DA FONSECA, *Da constitucionalidade da alienação forçada de imóveis arrendados por incumprimento, por parte do senhorio, do dever de realização de obras*, in *O Direito*, 2007/I, pp. 35 segs.

[59] Estamos a referir-nos às opiniões desfavoráveis expressas por F. CASTRO FRAGA e C. GOUVEIA DE CARVALHO, *As normas transitórias*, in *O Direito*, 2005/II (n.º especial sobre O Novo regime do Arrendamento Urbano), pp. 407 segs., 433; A. MENEZES CORDEIRO, *A aprovação do NRAU...*, cit., 213 e 239; L. M. MENEZES LEITÃO, *Arrendamento Urbano*, cit., p. 141.

[60] A. MENEZES CORDEIRO, *A aprovação do NRAU...*, cit., pp. 231 e 239.

[61] F. CASTRO FRAGA e C. GOUVEIA DE CARVALHO, *As normas transitórias*, cit., p. 433.

Tudo isto, naturalmente, por referência ao artigo 62.º/2 da CRP, na medida em que entendem que a expropriação que a Lei Fundamental acolhe só pode ter por base razões de utilidade pública e está sujeita ao pagamento de uma justa indemnização ao expropriado[62], em homenagem ao princípio da justa repartição dos encargos públicos.

Romano Martínez e Taveira da Fonseca, aderindo a várias tomadas de posição do Tribunal Constitucional a propósito de problemas que tangencialmente se assemelham à questão *sub judice* – hipóteses de alienação do património a terceiros contra a vontade do proprietário –, nomeadamente quanto à avaliação da conformidade constitucional de normas como o artigo 1340.º do CC (acessão imobiliária), ou o artigo 47.º do RAU (direito de preferência do arrendatário em caso de venda do imóvel)[63], entre outras, concluem que a faculdade de aquisição do arrendatário no contexto em análise, e tendo em conta a função social da propriedade, "não atinge o núcleo do direito de propriedade que tem natureza análoga a um direito, liberdade e garantia"[64].

Em nossa opinião, e salvo o devido respeito por todas as posições contrárias, a solução acolhida pelo RJOPA, no sentido de possibilitar a aquisição do imóvel pelo arrendatário em caso de recusa do senhorio e da câmara municipal de realização de obras de conservação indispensáveis à garantia das mínimas condições de habitabilidade não configura uma situação reconduzível à figura da expropriação por utilidade pública – nem formal, nem materialmente. Todavia, deve considerar-se uma restrição ao direito de propriedade, na vertente da liberdade de dispor do bem, cuja

---

[62] Recorde-se que o preço da venda não corresponde exactamente àquele que decorreria da aplicação das regras do mercado, antes assentando na avaliação feita nos termos dos artigos 38.º segs do CIMI. F. CASTRO FRAGA e C. GOUVEIA DE CARVALHO (*As normas transitórias*, cit., p. 433), lançam mesmo mais um anátema de inconstitucionalidade sobre este mecanismo, na medida em que a avaliação é levada a cabo pelas Repartições de Finanças, em usurpação de funções que a Constituição reserva, ao abrigo do artigo 202.º, aos tribunais.

[63] Os Autores procedem a um levantamento exaustivo de hipóteses em que a lei civil consagra a possibilidade de transmissão da propriedade contra a vontade do titular, no intuito de demonstrar que a *cedência forçada de direitos patrimoniais de particulares a outros particulares* é perfeitamente compatível com a garantia do direito de propriedade consagrada no artigo 62.º/1 da CRP – P. ROMANO MARTÍNEZ e A. M. TAVEIRA DA FONSECA, *Da constitucionalidade...*, cit., pp. 48 segs.

[64] P. ROMANO MARTÍNEZ e A. M. TAVEIRA DA FONSECA, *Da constitucionalidade...*, cit., p. 85.

conformidade constitucional deve ser testada no confronto com os parâmetros estabelecidos no artigo 18.°/2 da CRP.

Por um lado, não se trata de uma expropriação. Conforme se obtempera no Acórdão n.° 205/2000 do Tribunal Constitucional (relatora: Conselheira Prazeres Beleza),

> *A expropriação não é um conceito equivalente ao de desapropriação forçada ou de ablação de direitos sobre coisas, em todas as modalidades que estas figuras podem apresentar. Não são actos de expropriação, por exemplo (a não ser num sentido demasido lato, desprovido de interesse prático), os mecanismos de desapossamento destinados a assegurar a execução coactiva das obrigações do devedor através da penhora e venda forçada de bens em processo civil, nem os actos de apreensão e confisco ditados por razões penais ou de segurança.*
>
> *A expropriação é um modo de aquisição de direitos sobre coisas que tem em vista proporcionar o aproveitamento directo dos bens pela entidade expropriante, sempre que a sua utilização se torna necessária para realizar determinados fins de interesse geral (obras públicas, reforma agrária, controlo da economia, protecção do património, entre os mais frequentes). É um acto, portanto, que assenta na prevalência da utilidade administrativa de um bem, para o Estado ou para outra entidade com atribuições de interesse público, em confronto com a utilidade que ele representa para o seu detentor particular. Nisso reside a justificação do sacrifício imposto ao direito do proprietário e, simultaneamente, a raiz do perfil histórico da expropriação como ponto de tensão especialmente sensível nas relações entre o poder público e os direitos individuais.*

Apesar de se poder entrever nesta aquisição uma tentativa de obviar à (maior) degradação do património edificado, ela serve, em primeira linha, o interesse do arrendatário na preservação da sua habitação com vista à satisfação das suas necessidades e do seu agregado familiar. Não existe interesse público no sentido da afectação pública do bem – não há expropriação em sentido material. Formalmente, é claro que a figura não procede: quem adquire é um particular, através de um processo judicial, e o preço pago ao proprietário não tem a natureza de uma compensação redistributiva, em homenagem ao princípio da justa repartição dos encargos públicos.

Por outro lado, não podemos aceitar a qualificação de Romano Martínez e Taveira da Fonseca da venda forçada consagrada no RJOPA como uma mera conformação do direito (no fundo, uma concretização de limites imanentes ao direito de propriedade[65]) – de resto, a via seguida no Acórdão n.º 205/2000 para justificar a não desconformidade constitucional do artigo 1340.º do Código Civil. Parece-nos, ao contrário, que estamos perante uma restrição do conteúdo do direito de propriedade justificável à luz do triplo critério da proporcionalidade – necessidade; adequação; proibição do excesso – que emana do artigo 18.º/2 de CRP. É esta, de resto, a posição de Gomes Canotilho e Vital Moreira, quando reconduzem a liberdade de transmissão da propriedade, *inter vivos* ou *mortis causa*, a uma das cinco dimensões do direito de propriedade[66]. Também Jorge Miranda e Rui Medeiros se inclinam no mesmo sentido, quando afirmam que a lei deverá consagrar o direito de propriedade "com o feixe de poderes de uso, fruição e disposição que lhe são inerentes na tradição jurídica e cultural do nosso país"[67]. Sem embargo, todavia, de reconhecerem que só uma "quimérica Constituição liberal radical" consagraria a absolutização do direito de propriedade. "Pelo contrário – sublinham os Autores – qualquer Constituição positiva, ainda que imbuída de respeito pela propriedade, tem de admitir que a lei declare outras restrições – até por não poder prevê-las ou inseri-las todas no texto constitucional. O que a lei, também aqui, tem de respeitar, é o feixe de regras do artigo 18.º"[68].

Curiosamente, num outro Acórdão, temporalmente próximo do citado, o Tribunal Constitucional sanciona este entendimento (aliás, invoca expressamente o excerto da obra de Gomes Canotilho e Vital Moreira *supra* citado). No Acórdão n.º 225/2000 (relator: Conselheiro Sousa Brito), a propósito da avaliação da conformidade constitucional do direito de preferência do arrendatário com o direito de propriedade do senhorio, topa-se a dado passo com a seguinte afirmação:

> *Do que antecede resulta que o estabelecimento na lei de direitos de preferência não afecta, só por si, o conteúdo constitucionalmente reconhecido ao direito de propriedade em qualquer das suas dimensões. Designa-*

---

[65] Não cabe nesta sede a refutação da teoria dos limites imanentes (ou teoria interna), cabalmente efectuada por J. REIS NOVAIS – *As restrições aos direitos fundamentais não expressamente autorizadas pela Constituição*, Coimbra, 2003, pp. 437 segs., max. 528 segs. (com críticas à construção habitualmente seguida pelo Tribunal Constitucional).

[66] J. J. GOMES CANOTILHO e VITAL MOREIRA, *Constituição da República Portuguesa Anotada*, Coimbra, I, 2007, pp. 802 e 804.

[67] JORGE MIRANDA e RUI MEDEIROS, *Constituição da República Portuguesa Anotada*, Coimbra, I, 2005, p. 627.

[68] *Idem, idem*, p. 628.

damente, o direito a transmitir a propriedade não se vê afectado no seu conteúdo essencial. É que o estabelecimento de um direito de preferência no caso de alienação do prédio não obriga o proprietário a vender, nem o impede de vender, mas apenas o obriga a, caso decida vender, atribuir preferência nessa alienação, em igualdade de circunstâncias, no caso ao arrendatário do prédio.

A venda forçada a que o RJOPA constrange o proprietário deve, assim, em nosso entender, ser entendida como uma verdadeira restrição a uma das faculdades do direito de propriedade – que, pela natureza das coisas, se volve numa afectação de outras faculdades, uma vez que impossibilita o proprietário de usar e fruir o bem. O que não implica forçosamente a sua desconformidade com a Lei Fundamental, uma vez que passa o teste da proporcionalidade. Isto porque:

1) A restrição é necessária, no sentido de indispensável à salvaguarda do direito à habitação do arrendatário, habitação em condições compatíveis com o princípio da dignidade da pessoa humana. A lei exige que o grau de conservação do imóvel seja "mau ou péssimo" (artigo 35.º/1); prevê que a aquisição só possa operar perante a inércia do proprietário e das autoridades municipais durante 6 + 6 meses, eventualmente prorrogáveis por atraso não imputável ao senhorio [artigo 35.º/1/*a*) e *b*) e n.º 3]; e abre caminho ao entendimento de que o proprietário poderá iniciar as obras ainda que a acção já esteja proposta, determinando a sua inutilidade superveniente.

Poder-se-ia equacionar a indispensabilidade da aquisição pelo arrendatário em face da possibilidade de expropriação (cfr. IV. § único) – que falece, pensamos, como solução-regra, por força do princípio da subsidiariedade (artigo 6.º da CRP). Ou o financiamento estadual de todas as obras, como sugere Menezes Cordeiro[69] – que, além de financeiramente impossível, afrontaria o princípio da justa repartição dos encargos públicos (porque haveria quem faz um esforço sério para adquirir casa suportar, com as suas contribuições fiscais, a realização de obras a favor de arrendatários que se aproveitam de um regime de rendas obsoleto?). Ou ainda a aplicação de coimas representativas aos proprietários recalcitrantes – que, se alegam não ter dinheiro para custear as obras, tão-pouco suportariam as coimas, ou alegando abuso de direito, ou deixando correr o processo até à execução fiscal, arriscando perder o bem... Convém sempre,

---

[69] A. MENEZES CORDEIRO, *A aprovação do NRAU...*, cit., p. 239.

além disso, não esquecer que o proprietário tem ao seu dispor apoios como o RECRIA e o REHABITA (em certos locais), que ajudam a atenuar o argumento do esforço financeiro incomportável.

A única situação que nos parece poder obstar à constatação da indispensabilidade é a da possibilidade de o locatário fazer as obras e proceder à compensação nas rendas. A questão residirá em saber se, atentando no péssimo estado de conservação que o imóvel revela (e que é pressuposto do exercício do direito de aquisição pelo arrendatário), não será economicamente mais justificada a aquisição pelo arrendatário do que a exigência de obras ao senhorio – que, de resto, se recusará a custeá-las, facto que desencadeará, reunidos os restantes pressupostos, a venda forçada. Caberá, em última análise, ao julgador, ponderar desta indispensabilidade, sendo certo que tal argumentação deverá ser suportada pelo locatário e não eficazmente contraditada pelo senhorio...;

2) A restrição é adequada, na medida em que a aquisição é funcionalizada, não só à realização das obras de conservação tendentes à obtenção de uma classificação de médio (artigo 39.º/1), como ao dever de manutenção do prédio em estado de conservação médio ou superior, durante um prazo de 20 anos (artigo 39.º/3), pelo arrendatário adquirente ou por quem lhe suceda no direito;

3) A restrição não é arbitrária, no sentido de excessiva pois, apesar de tolher por completo o direito de disposição do proprietário fá-lo, por um lado, como sanção do incumprimento de um dever com dimensão simultaneamente privada e pública (dever de realizar obras de conservação necessárias à garantia das condições de segurança e habitabilidade do imóvel) o qual, no limite e mesmo sem a solução do artigo 35.º, poderia com grande probabilidade redundar em idêntico resultado[70]; por outro lado, a lei consagra mecanismos de garantia da prioridade do direito a reaver o bem forçadamente vendido, quer por reversão (artigo 40.º), pelo mesmo preço, quer por preferência (artigo 40.º/1, embora aí imediatamente atrás de arrendatário que entretanto tenha vindo a celebrar contrato de arrendamento com o arrendatário adquirente).

Donde se conclui que a solução da venda forçada prescrita nos artigos 35.º e seguintes do RJOPA não é inconstitucional por violação do artigo 62.º/1 da CRP, conjugado com o artigo 18.º/2 da CRP.

---

[70] Chamando a atenção para que, em caso de penhora do imóvel para garantia da dívida de obras, o arrendatário pode vir a adquiri-lo, P. ROMANO MARTÍNEZ e A. M. TAVEIRA DA FONSECA, *Da constitucionalidade...*, cit., p. 71.

IV. Vinculações pós-contratuais: a caducidade do contrato de arrendamento por expropriação

Não será facilmente apreensível a existência de vinculações pós-contratuais, pelo menos num contrato como o arrendamento. Quando falamos em vínculos pós-contratuais, pensamos em situações de projecção das obrigações das partes *para além da data de cessação do contrato*, pressupondo, por isso, o seu cumprimento por ambas durante a vigência. É certo que, num paralelo com a compra e venda de bens defeituosos (artigo 914.º do CC), o legislador consagrou dois preceitos ao "vício da coisa locada", determinando que "quando a coisa locada apresentar vício que lhe não permita realizar cabalmente o fim a que é destinada ou carecer de qualidades necessárias a esse fim ou asseguradas pelo locador", se considera o contrato não cumprido caso a carência seja imputável ao locador (artigo 1032.º do CC). Todavia, ao contrário do caso da compra e venda – contrato de execução instantânea –, o arrendamento, sendo um contrato de execução continuada, impõe esta obrigação de garantia das qualidades da coisa *durante* toda a vigência do contrato e *só* até ao termo do mesmo.

Existem, contudo, alguns casos de vinculações jurídico-privadas após a cessação do contrato de arrendamento:

1) Do senhorio:

   i) obrigação de indemnização do ex-locatário por reparações urgentes a que tenha procedido, ao abrigo do disposto no artigo 1036.º do CC, por força do artigo 1046.º do CC, ou por obras que tenham valorizado o imóvel e que tenham sido licitamente realizadas (porque contratualmente previstas ou expressamente autorizadas pelo senhorio), de acordo com o artigo 1074.º/5 do CC[71];
   ii) obrigação de pagamento ao ex-locatário de uma indemnização a título de compensação pelo exercício válido do direito de denúncia do contrato de arrendamento para habitação própria, nos termos dos artigos 1101.º/a) e 1102.º do CC, bem assim como do dever de dar ao locado a utilização invocada no prazo de seis meses e pelo menos durante três anos (artigo 1103.º, 2 do CC);

---

[71] Cfr. também o artigo 29.º do NRAU e as considerações expendidas por F. GRAVATO MORAIS, *Arrendamento...*, *cit.*, pp. 114 segs.

iii) obrigação de pagamento ao ex-locatário de uma indemnização a título de compensação pelo exercício válido do direito de denúncia do contrato de arrendamento para demolição ou realização de obra de restauro profundos, conforme estabelecem os artigos 1101.º/b) e 1103.º/3 do CC, e 6.º/1/a) do RJOPA.

2) Do locatário:

i) De pagamento ao ex-locador de uma indemnização por deteriorações causadas ao imóvel locado, "salvo se resultarem de causa que lhe não seja imputável nem a terceiro a quem tenha permitido a utilização dela" (artigo 1044.º do CC);
ii) De reparação de pequenas deteriorações que tenha provocado no locado, por necessárias ao seu conforto, antes de restituir o imóvel (artigo 1073.º/2 do CC);
iii) De pagamento ao ex-locador de uma indemnização por atraso na restituição do locado, findo o seu prazo de vigência, nos termos do artigo 1045.º do CC.

Referimos vinculações privadas, mas o nosso interesse é a detecção de vinculações jurídico-públicas. Poderemos encontrar alguma? Existe seguramente pelo menos uma[72]. Reportamo-nos à situação de caducidade do contrato de arrendamento em virtude de expropriação por utilidade pública, prevista no artigo 1051.º/*f*) do CC e regulada no Código das Expropriações (Lei n.º 168/99, de 18 de Setembro, com alterações). Este Código prevê que os locatários de imóveis sujeitos a expropriação (bem como locatários de prédios vizinhos que tenham de ser temporariamente ocupados) que se não compadeça com a subsistência do contrato sejam indemnizados (cfr. os artigos 18.º e 30.º do Código)[73]. Note-se que o locatário pode optar entre ser realojado e ser indemnizado, conforme dispõe o artigo 30.º. Esta vinculação é jurídico-pública quer quanto ao sujeito,

---

[72] Poderia talvez também referir-se a obrigação de realojamento que recai sobre a câmara municipal e entidades assistenciais relativamente a locatários em situação de grave insuficiência económica alvo de acções de despejo, nos termos do artigo 930.º/6 do CC, com a redacção que lhe foi dada pela Lei n.º 6/2006, de 27 de Fevereiro – em homenagem ao princípio da dignidade da pessoa humana.

[73] Sublinhe-se que também em caso de "mera" requisição, o locatário tem direito a indemnização – mas só se o arrendamento for comercial ou industrial: artigos 80.º segs., *max*. 86.º do Código das Expropriações.

quer quanto ao fim – na medida em que é sobre a entidade expropriante que impende o dever de indemnizar, e a causa da indemnização é a afectação do imóvel à realização do interesse público, incompatível com a manutenção do contrato.

Poderia ficar a dúvida de saber se, em caso de reversão, o arrendamento renasceria, uma vez que o artigo 79.°/1 do Código das Expropriações determina que, nesta hipótese, com a devolução do bem ao seu particular expropriado, opera o renascimento de ónus e encargos existentes à data da declaração de utilidade pública que não hajam caducado definitivamente. Julgamos que o legislador poderá ter tido em mente hipóteses como servidões ou hipotecas, mas não o arrendamento. Os locatários viram cessar o seu contrato e, ou foram realojados, ou indemnizados – a protecção termina aí. Não é exigível ao senhorio a celebração de novos contratos com os anteriores locatários em virtude de reversão de imóvel expropriado.

§ único. *Nota sobre o regime excepcional do Decreto-Lei n.° 104//2004, de 7 de Maio (Reabilitação urbana de zonas históricas e de áreas críticas de recuperação e reconversão urbanística)*

Nem todos os casos de expropriação determinam a caducidade do contrato de arrendamento. O Decreto-Lei n.° 104/2004, de 7 de Maio, consagra uma solução alternativa que, pela sua originalidade – e excepcionalidade – julgámos dever realçar. Este diploma constitui mais uma tentativa de inverter a tendência de degradação do património edificado, agora circunscrita às áreas críticas de recuperação e reconversão urbanística[74] e muito concretamente às zonas urbanas históricas, "cujas conservação, recuperação e readaptação constituem um verdadeiro imperativo nacional" (Preâmbulo). Façamos um breve enquadramento do regime do Decreto--Lei n.° 104/2004, para depois nos debruçamos mais detalhadamente sobre a solução específica em sede de contratos de arrendamento.

---

[74] Recorde-se que o conceito de "áreas críticas de recuperação e reconversão urbanística" foi criado pelo Capítulo XI do Decreto-Lei n.° 794/76, de 5 de Novembro (a chamada "Lei dos Solos", com alterações introduzidas pelo Decreto-Lei n.° 313/80, de 19 de Agosto), que no artigo 41.°/1 dispõe que "Poderão ser criadas áreas críticas de recuperação e reconversão urbanística aquelas em que a falta ou insuficiência de infra-estruturas urbanísticas, de equipamento social, de áreas livres e espaços no que se refere a condições de solidez, segurança ou salubridade, atinjam uma gravidade tal que só a intervenção da Administração, através de providências expeditas, permita obviar, eficazmente, aos inconvenientes e perigos inerentes às mencionadas situações".

A fim de promover a reabilitação urbana nas zonas mencionadas, mais expostas à degradação por força da conjugação dos factores arcaísmo da construção/intensidade do nível ocupacional/longevidade dos residentes, o legislador concebeu um esquema de articulação de vontades entre municípios – por si ou através de sociedades de reabilitação urbana (cfr. o artigo 2.º: SRUs) – e proprietários de imóveis sitos nessas zonas. A "zona histórica" a intervencionar deverá estar delimitada em plano municipal de ordenamento do território ou em plano de pormenor a aprovar pela assembleia municipal (artigo 1.º/3 e 4), salvo se a câmara municipal o dispensar (artigo 12.º/3, 4 e 5). Uma vez definida a "unidade de intervenção" da SRU[75] e, se for necessário (em face da natureza e dimensão das operações a desenvolver), aprovado o plano de pormenor, a SRU elabora um documento estratégico no qual se incluem os elementos enunciados no artigo 15.º/2: a definição dos edifícios a reabilitar e a extensão das intervenções; a indicação dos respectivos proprietários e arrendatários; o projecto base de intervenção; a planificação estimativa orçamental; e a indicação dos eventuais interessados em colaborar com os proprietários na recuperação dos imóveis. A elaboração deste documento, caso não tenha origem em proposta dos proprietários dos prédios abrangidos na unidade de intervenção, deverá contar com a participação dos interessados, nos termos do artigo 16.º.

Este documento deve ser aprovado pela SRU e fica sujeito a registo, além de dever ser notificado aos proprietários, demais titulares de direitos reais e arrendatários dos prédios envolvidos (artigos 17.º/1 e 5). Caso existam situações de expropriação em virtude da necessidade de afectação do espaço edificado a espaços públicos, a SRU deverá encetar de imediato as negociações com vista à aquisição da propriedade (artigo 17.º/2). Perante a definição das operações de reabilitação urbanística, os proprietários poderão adoptar uma de três atitudes: 1) assumir directamente a reabilitação do edifício; 2) acordar com a SRU os termos da reabilitação, encarregando-a da tarefa mediante pagamento do preço das obras e de comissão de gestão – artigo 18.º/1/*a*) e *b*); 3) recusar, expressa ou tacitamente (nomeadamente, por impossibilidade de acordo entre todos os proprietários envolvidos) a realização das obras projectadas (artigo 19.º). Nesta última hipótese, a SRU toma a seu cargo a realização das operações, adquirindo

---

[75] "A unidade de intervenção corresponderá, regra geral, a um quarteirão, pátio ou rua, podendo em casos de particular interesse público corresponder a um edifício" – artigo 14.º/1 do Decreto-Lei n.º 104/2004.

a propriedade de fracções ou imóveis cujos proprietários não consentiram na reabilitação (artigo 20.°/1 e 4).

Chegando-se ao ponto da intervenção forçada, o mecanismo da expropriação entra em cena, devendo a SRU requerer a declaração de utilidade pública à assembleia municipal[76] e proceder às negociações com vista à fixação, amigável ou litigiosa, das indemnizações (não sem antes esgotar a possibilidade de compra e venda com os proprietários), nos termos do Código das Expropriações. É aqui que a intersecção com os direitos dos eventuais arrendatários se manifesta. Neste caso, e ao contrário – *rectius*: além – do que vimos suceder no âmbito do Código das Expropriações, a expropriação não determina automática e impreterivelmente a caducidade do contrato de arrendamento (desde que os arrendatários manifestem as opções que enunciaremos *infra* durante a fase de expropriação amigável – artigo 26.°/6). Vejamos como.

Dispõe o artigo 26.°/2 (arrendamentos habitacionais):

> 2. *Para além do disposto no artigo 30.° do Código das Expropriações, e sem prejuízo de chegarem a acordo noutros termos com a SRU ou com o município, no caso de imóveis que não se destinem a ser demolidos durante a operação de reabilitação ou que, sendo demolidos, se destinem a ser reconstruídos, desde que, em ambas as situações, para eles esteja prevista a manutenção de fracções destinadas a habitação, os arrendatários têm ainda direito de* [[77]]:
>
> a) *Optar pela suspensão do contrato de arrendamento pelo período em que, por força das operações de reabilitação, não possam ocupar o imóvel, seguindo-se o regime de actualização de renda prevista no artigo seguinte;*
>
> b) *Optar pela manutenção do contrato, com aumento de renda nos termos do artigo seguinte, no caso de não ser necessário desocupar a fracção durante as obras".*
>
> 3. *Findas as obras, os arrendatários que tenham optado pela suspensão do contrato têm direito de reocupar a respectiva fracção, ou, não havendo fracção que lhe corresponda na nova planta, outra no mesmo local da unidade de intervenção de que a SRU ou o município sejam ou venham a ser proprietários, por força da operação de reabilitação urbana que satisfaça as necessidades do seu agregado.*

---

[76] Cfr. o artigo 14.°/2 do Código das Expropriações.

[77] Note-se que, de acordo com o n.° 10 do mesmo preceito, este direito não é reconhecido "aos arrendatários que disponham, no mesmo concelho ou em concelho limítrofe de outra habitação que satisfaça adequadamente as necessidades de habitação do seu agregado".

4. Tendo presente o disposto no número anterior, no caso de o número de fogos do imóvel que se destina a habitação e de que a SRU ou o município sejam ou venham a ser proprietários na sequência da operação de reabilitação ser inferior ao número de arrendatários com o direito a que se refere o n.º 2, o direito à suspensão do contrato é conferido segundo o seguinte regime de prioridade:
 a) Em primeira prioridade, os mais idosos;
 b) Em igualdade de circunstâncias daqueles, os de rendimentos mais baixos;
 c) Se a igualdade se circunstâncias se mantiver, os titulares de arrendamentos mais antigos.

É facilmente apreensível a razão da diversidade de solução relativamente à caducidade do contrato prevista no Código das Expropriações e no CC: da expropriação pode resultar imóvel com características idênticas ao que constitui objecto do contrato, mesmo perante a hipótese de demolição – o que não sucederá, em regra, nos casos de expropriação por utilidade pública, no quais se arrasam casas para fazer estradas, edifícios públicos, jardins ou aeroportos... (Sublinhe-se, como aliás não deixa de fazer o artigo 26.º/1 e 2, que fora dos casos previstos no n.º 2, prevalece a solução do Código das Expropriações ou outra obtida por acordo entre arrendatários e município/SRU. E também se compreende a diferença deste diploma em face do RJOPA, nomeadamente quanto à suspensão do contrato durante o período das obras (se for necessária a desocupação) e à sua manutenção uma vez elas findas: o regime especial de actualização da renda (artigo 27.º) revela condições mais vantajosas para os arrendatários do que o RJOPA, dado que o senhorio não é um particular, mas sim uma entidade pública que toma a seu cargo a assistência a locatários de rendimentos mais reduzidos (cfr. o artigo 26.º/5, que dispõe que a posição do senhorio se transmite para a SRU ou para o município). As razões assistenciais ficam, de resto, bem patentes na lista de prioridades enunciada no n.º 4.

Um outro aspecto interessante resulta do artigo 28.º. Este preceito atribui aos *arrendatários habitacionais* cujo arrendamento caduque uma espécie de preferência póstuma "em qualquer arrendamento que o proprietário pretenda celebrar até 18 meses a contar da data da emissão do alvará de utilização que tenha como objecto a respectiva fracção ou imóvel depois de reabilitado" (n.º 1), mesmo que a fracção tenha maior ou menor área que a primitiva ou diversa disposição interna (n.º 2).

Já no caso de *arrendamentos não habitacionais*, o artigo 29.º estabelece solução um pouco diferente, dada a natureza do contrato e os interesses a tutelar. Ao arrendatário (comercial, de indústria, profissional liberal e outros – artigo 29.º/5) será permitido optar entre a indemnização por caducidade do arrendamento e a realização de novo contrato de arrendamento, "mediante uma renda calculada com base em valores de mercado, sem prejuízo da indemnização pela interrupção da actividade durante o período de realização das operações de reabilitação". A opção deverá ser manifestada durante a fase de expropriação amigável.

Faria sentido ter, neste âmbito, concedido aos arrendatários a possibilidade de adquirir as fracções ou prédios em caso de inércia dos senhorios relativamente ao desenvolvimento da operação de reabilitação? Poderia sempre equacionar-se a possibilidade de interpolar o regime do RJOPA no regime do Decreto-Lei n.º 104/2004, perante a falta de acordo entre a SRU e os proprietários e antes do início da fase de expropriação amigável. Há pelo menos dois aspectos que tornam difícil esta articulação (a admitir-se teoricamente possível): a previsível morosidade do processo judicial de aquisição de propriedade pelo inquilino, que não deve ocorrer senão passados seis meses [e até três anos... de inércia do senhorio – descartando, claro, os restantes seis (de inércia municipal)] – e o volume de investimento que poderá estar em causa. De resto, os arrendatários são considerados interessados para os efeitos de discussão do documento estratégico (quando ele não seja apresentado pelos proprietários), de acordo com os artigos 15.º/2/*b*), e 16.º/1 do Decreto-Lei n.º 104/2004, e são notificados da aprovação daquele documento com vista ao início das obras. Julgamos, no entanto, e apesar de a solução de alguma maneira afrontar a ideia de subsidiariedade que deve estar subjacente à intervenção administrativa (cfr. o artigo 6.º/1 da CRP), que o regime excepcional do Decreto-Lei n.º 104/2004 afasta a possibilidade conferida ao arrendatário (com as condicionantes que se analisaram) pelo RJOPA.

Lisboa, Junho de 2008

X
DIREITO COMERCIAL E TÍTULOS DE CRÉDITO

COMPRA E VENDA COMERCIAL POR AMOSTRA, POR QUALIDADE CONHECIDA NO COMÉRCIO E SOB EXAME. RECLAMAÇÃO. ARTIGO 471.º (CCOM): DE OITO DIAS A 20 ANOS...
(APRECIAÇÃO DA JURISPRUDÊNCIA)

Paulo Sendin[*]

Sumário: *I. Esclarecimentos. Noções prévias e interpretações. 1. Jurisprudência.* Anexo *(esclarecimentos); 2. Artigos 469 a 471, CCom.* Qualificação *da compra e venda como comercial; 3. Compra e venda comercial* por amostra *e por qualidade conhecida no comércio (artigos 469 ss). Noções; 4. Cont. Compra e venda comercial sob exame. Noções e cfr. com a "compra à vista"; 5. Nota prévia quanto à lamentável confusão da interpretação do artigo 471 e razão disso.* (Particularismo do Direito Comercial, história de Oliveira Martins e tribunais de comércio): *a) Artigo 471 e suas interpretações – v. adiante. Tribunais de comércio; b) Cont. História de Oliveira Martins e Particularismo do Direito Comercial; 6. Artigo 471. Âmbito e termos. Reclamação em oito dias desde a entrega (salvo seu § único): a) Âmbito; b) Reclamação do comprador e ónus da prova; c) Cont. Prazo do exame e reclamação. Caducidade; 7. Artigo 471. Prazo de exame e reclamação. Apontamento sistemático das diferentes interpretações, pela jurisprudência, desta disposição. Introdução. Vaz Serra (Apontamentos, a propósito, de Jorge de Sena e de Sá de Miranda): a) Origem da diversidade de interpretações do artigo 471 (Apontamentos de Jorge de Sena e de Sá de Miranda); 8. Cont. Indicação das diversas interpretações do artigo 471 e dos acórdãos que as seguem. 1.ª interpretação; 9. Cont. 2.ª interpretação; 10. 3.ª interpretação; 11. 4.ª interpretação; 12. 5.ª interpretação.*

---

[*] Professor da Faculdade de Direito da Universidade Católica Portuguesa.

II. Opinião que se defende quanto à interpretação do artigo 471, CCom – O exame e a reclamação deverão ser feitos no prazo de 8 dias a partir da entrega. razões: 13. Interpretação do artigo 471 – 8 dias após a entrega. *Razões que a justificam.* 1.ª *Razão – seus termos. Crítica da opinião de que o citado preceito não diz desde quando se conta o prazo de oito dias. Crítica de várias observações* (Conselho do poeta João Cabral de Melo Neto): *a) Entrega, sentido. Entrega simbólica; b) Dias feriados; c) Sobre nada se dizer no artigo 471 quanto a saber "desde quando" se contam os "seus" oito dias. Cfr. Jurisprudência. Dr. Vaz Serra; 13.1. Cont. Artigo 471 – "Nada diz". Dr. Vaz Serra e apreciação; 14. Cont. Interpretação do artigo 471 – 8 dias após a entrega. Razões. 1.1. Seus termos.* Exame alfandegário. *Pertences alfandegários: a) Prévio exame alfandegário e entrega; b) Entrega e pertences alfandegários; 15. Cont. Interpretação do artigo 471 – 8 dias após a entrega. Razões. 1.2. – Seus termos. Compra e venda* por partidas; *16. Cont. Interpretação do artigo 471 – 8 dias após a entrega. Razões. 1.3. Seus termos.* Sua origem: – *CComEsp 1829 e CCom de Ferreira Borges (1833); 17. Cont. Interpretação do artigo 471 – 8 dias após a entrega. Razões. 1.4. Seus termos.* Jurisprudência. Doutrina. (Um conto do comerciante Saïkaku): *a) A jurisprudência "predominante" senão uniforme"* (cit. acórdão 43). *Crítica; b) Doutrina; c) Uma história de Saïkaku; 17.1. Cont. Interpretação do artigo 471 – 8 dias após a entrega. Razões. 2. Cfr. Razões invocadas pela jurisprudência (apreciação); 18. Artigo 471. Interpretação que se defende (8 dias desde a entrega). 3. A razão de ser do preceito do artigo 471. Dr. Ferrer Correia; 19. Cont. Artigo 471. Interpretação que se defende (8 dias desde a entrega). 4. Razão de ser do preceito.* Surgimento histórico *da compra e venda por amostra (séc. XIX). A revolução industrial: a) Revolução industrial e alteração do mercado; b) Produção de riqueza para o mercado resultante do "marketing"; 19.1. Cont. Artigo 471. 4.1. Razão de ser do preceito. A "ferramenta" decisiva nesta alteração do mercado – a compra por amostra. (W. Sombart); 19.2. Cont. Artigo 471. 4.2. Razão de ser do preceito. Venda por amostra no séc. XVII dos retratos de* P. Rubens; *20. Artigo 471. Interpretação que se defende (8 dias desde a entrega). 5. Razão de ser do preceito e sua natureza supletiva: a) Natureza supletiva do artigo 471. Jurisprudência; b) Cont. Jurisprudência contrária aos termos do artigo 471 e a sua lógica; c) Cont. Uma história trágica, a propósito, que ilustra a lógica dessa jurisprudência; 21. Cont. Artigo 471. Interpretação que se defende (8 dias após a entrega). 6. Razão de ser do preceito.* Particularismo *do direito comercial e a tutela do "interesse geral do mercado"*; não, como no direito civil, *de "conflitos individuais de interesses"; 22. Cont. Artigo 471. Interpretação que se defende (8 dias após a entrega). 7. Razão de ser. A diligência devida do comerciante no tráfico mercantil. Cfr. com a Jurisprudência. Ensina-*

*mento de Savary: a) Savary e a compra e venda; b) "A diligência entre profissionais"; c) Diligência devida e Jurisprudência. Falta, pelo comprador, da prova do resultado do exame; d) Cont. Jurisprudência. A diligência do comprador... quando a reclamação apenas chega do cliente a quem revende a mercadoria sem examinar.
III. Jurisprudência. Artigo 471 e os casos da "eliminação" deste preceito do Código Comercial para aplicar soluções do Código Civil: 23. Jurisprudência.* Aplicação do CCivil. *Apreciação; 23.1. Cont. Jurisprudência. Aplicação do CCivil. Acórdãos 39 e 46 (e 44, v. adiante) que julgaram segundo os artigos 913 e 287.2 daquele Código. Exame e reclamação a todo o tempo (sem prazo): a) Apreciação. A aplicabilidade do artigo 287.2 e o artigo 913 CCivil; b) Cont. Artigo 287.2, CCiv, e contratos de compra e venda comercial a crédito; c) Caso do acórdão 44 e a revenda (Fio de algodão); 23.2. Cont. Jurisprudência. Aplicação do CCivil. Acórdão 38. Defeito ulterior. Responsabilidade do vendedor pelo prejuízo causado, artigos 791 e 802, Código Civil; 23.3. Cont. Jurisprudência. Aplicação do CCivil por* prévia qualificação *(explícita ou não) da compra e venda como civil – acórdãos 32, 34 e 36, ou não obstante a sua qualificação mercantil – Acórdãos 40 e 45. Apreciação: a) Compras e vendas qualificadas como civis e aplicação de regimes do CCivil. Crítica; b) Compras e vendas qualificadas como mercantis e aplicação do CCivil – acórdãos 40 e 45.
IV. Qualificação mercantil. Fundamentação da jurisprudência. Apreciação. Artigo 230 como norma qualificadora autónoma: 24. Razões da* jurisprudência *para a* qualificação mercantil *dos referidos contratos de compra e venda. Apreciação. Norma qualificadora do artigo 230 CCom: a) Qualificação comercial da compra e venda por o comprador e o vendedor serem comerciantes; b) Qualificação comercial da compra e venda e artigo 463 CCom; c) Apreciação e norma qualificadora do artigo 230 CCom. Notas finais.*

I. Esclarecimentos. Noções prévias e interpretações

1. **Jurisprudência.** *Anexo* **(esclarecimentos)**. Este artigo, de homenagem ao meu caro amigo de muitos anos, e colaborador distinto do *Centro de Direito Comercial* da minha Faculdade, Professor Doutor Oliveira Ascensão, tem por objecto a apreciação crítica da Jurisprudência sobre o artigo 471, do Código Comercial.

Para o efeito e em *Anexo*: refiro, por ordem cronológica, os Acórdãos que coligi (maioritariamente do STJ) sobre tal disposição. Os acórdãos são *numerados* "**a bold**"; no *texto* indicar-se-á o acórdão (que se comenta) por esse respectivo número de ordem;

- esse Anexo tem uma *coluna*, à *direita*, onde se indicam as principais ideias que caracterizam cada acórdão;
- também, no texto desse Anexo, se faz uma síntese da *matéria* de cada um deles e respectiva *decisão*, com a sua fundamentação (que normalmente existe).

Convido o leitor a começar por ver esta *Tabela de Jurisprudência*, sem esquecer que, pela sua necessária economia, é antecedida de uma *lista de abreviaturas*.

2. Artigos 469 a 471, CCom. *Qualificação* **da compra e venda como comercial**. Para quem não tiver bem presente a matéria relativa à referida jurisprudência, começo por reproduzir os artigos 469 a 471 do CCom.

>**Artigo 469** As vendas feitas sobre amostra de fazenda, ou determinando-se só uma qualidade conhecida no mercado, consideram-se sempre como feitas debaixo da condição de a coisa ser conforme à amostra ou à qualidade convencionada.
>
>**Artigo 470** As compras de coisas que se não tenham à vista, nem possam determinar-se por uma qualidade conhecida em comércio, consideram-se sempre como feitas debaixo da condição de o comprador poder distratar o contrato, caso, examinando-as, não lhe convenham.
>
>**Artigo 471** As condições referidas nos dois artigos antecedentes haver-se-ão por verificadas e os contratos como perfeitos, se o comprador examinar as coisas compradas no acto da entrega e não reclamar dentro de oito dias.
>
>§ único. O vendedor pode exigir que o comprador proceda ao exame das fazendas no acto da entrega, salvo caso de impossibilidade, sob pena de se haver para todos os efeitos como verificado.

Como se vê, estas disposições legais tratam de modalidades de compras e vendas *comerciais*. Para o que o pressuposto da sua aplicabilidade é a *prévia qualificação* da compra e venda como mercantil. Por isso, a *quasi* unanimidade dos acórdãos começa por essa qualificação e dá as razões da mesma. Esta questão prévia da qualificação mercantil será, igualmente, por mim apreciada (mas depois de tratar da interpretação do cit. artigo 471).

Pela leitura dos artigos atrás transcritos depreende-se, claramente, que os mesmos se referem à compra e venda "por amostra", "por qualidade conhecida no comércio" (artigo 469) e "sob exame" (artigo 470).

3. Compra e venda comercial por *amostra* e por *qualidade* conhecida no comércio (artigos 469 ss). Noções. Sucintamente, e com expressões claras (assim o creio), a "compra e venda por *amostra*" pressupõe a existência desta.

A "amostra" é "um pouco" da mercadoria que se vai vender e comprar, ou seja, um pouco dessa mesma mercadoria fisicamente palpável, um objecto da "natureza", com a função de exemplificar como é "a mercadoria" e, assim, individualizá-la.

Exemplos desta modalidade: Acórdãos **2**, **3**, **5**, **8**, **9**, **21**, **22**, **25**, **26**, **27**, **31**, **38**, **39**, **42**, **43**, **44**(?) e **47**.

Quando já a mercadoria a transaccionar se individualiza por "uma *qualidade* conhecida no comércio", o seu "retrato" (digamos assim) é já abstracto: – é composto por aquelas suas características, diferenciadas por indução e abstracções que, no seu "conjunto", definem essa mercadoria. Ou seja, dela não se retirou fisicamente uma pequena parte – uma amostra (que espelha como ela é); mas dessa mercadoria retirou-se e elaborou-se uma "amostra mental" que igualmente a define pelo "composto" das suas "notas individualizadoras". Acrescente-se que esta abstractização com o apuramento da "Qualidade" é feita no *comércio* – "qualidade conhecida no comércio" (artigo 469). Deve ser, assim, generalizada e usual nesse ramo do comércio em que se integra a respectiva mercadoria.

Exemplos desta modalidade: Acórdãos **1**, **4**(?), **7**, **10**, **11**, **12**, **13**, **14**, **15**, **16**, **17**, **18**, **19**, **24**, **30**, **37**(?), **40**, **41**(?), **45**(?), **46**(?).

(V. a Tabela; a "?" significa que, segundo o respectivo acórdão, há dúvidas quanto a se a compra e venda é desta modalidade.)

4. Cont. Compra e venda comercial *sob exame*. Noções e cfr. com a "compra à vista". No caso do artigo 470, a modalidade de compra e venda mercantil é *"sob exame"*. Isto é, a mercadoria não chega até ao comprador num seu prévio "retrato", nem físico (amostra) nem abstracto (qualidade conhecida no comércio), mas é a própria mercadoria que chega ao comprador para – sem compromisso – a ver, examinar e resolver, em consequência, se a quer ou não.

A citada disposição do artigo 470, por uma razão de precisão, diz-nos que esta modalidade não se confunde com a compra e venda "à vista" nem "por qualidade conhecida".

Exemplos: Acórdãos **6** e **43**.

Note-se, a propósito, que o CCom não trata – expressamente – da compra e venda "*à vista*": aquela em que o comprador, normalmente em local do vendedor ou em armazém de terceiro onde este tem a mercadoria, a compra e o contrato é fechado.

Esta modalidade era a secular. A novidade (v. a seguir) eram as compras por amostra e por qualidade ou sob exame da mercadoria pelo comprador em local seu, para onde foi transportada.

5. Nota prévia quanto à lamentável confusão da interpretação do artigo 471 e razão disso. (*Particularismo do Direito Comercial, história de Oliveira Martins e tribunais de comércio.*) O que nos diz o artigo 471? (Veja-se, atrás, a sua reprodução.) Os seus termos são claros como água límpida, mas diria: – essa água é quase um "oceano" pelo seu significado que evidencia o que o *direito comercial tem de próprio e o distingue*, por isso, e nomeadamente, do direito civil. Na verdade, esse preceito exemplifica, magistralmente, o "particularismo daquele direito dos negócios" (v., *infra*, o Dr. Ferrer Correia na razão de ser dessa norma).

Mas essa "água" pode ser turvada, obscurecida, adulterada e... até canalizada para o CCivil (v. adiante).

a) Artigo 471 e suas interpretações – v. adiante. Tribunais de comércio. Pergunto já, e a propósito – ainda que esta questão melhor se verá quando, adiante, mostrar as 5 interpretações, e respectiva jurisprudência, deste preceito (*n.*ᵒˢ *8 ss*):

Como é possível que os termos do artigo 471, se são claros, tenham sido feitos em "manta de retalhos", melhor, em "manta rota" das opiniões mais diversas?! A resposta é simples (creio).

Primeiro. Os ilustres magistrados não podem saber de tudo – é impossível! É-lhes devido um sincero apreço pelo seu, tantas vezes, heróico esforço. A questão está em que tem de haver Tribunais de Comércio em número suficiente, com preparação específica e integrados por comerciantes – como já houve entre nós e há nesta Europa (ainda recentemente, em França, foi aumentado o número de comerciantes desses Tribunais).

A propósito do trabalho qualificado da nossa Magistratura, recordo um Presidente do Supremo Tribunal de Justiça que, numa aula exemplar que deu no Centro de Direito Comercial, da Faculdade de Direito da UCP, teve o aparte de comentar que trabalhava 2.ª, 3.ª, 4.ª, 5.ª, 6.ª, sábado e domingo, e não lhe chegava... precisava de mais dias na semana!

É de observar que se fosse levada a Tribunal a questão de saber quantos dias tinha a semana, com certeza se criaria, com fundamento, uma corrente na nossa Jurisprudência defendendo que tinha, seguramente, mais de 7 dias...

b) Cont. História de Oliveira Martins e Particularismo do Direito Comercial.

Segundo. Recordo uma história que conta Oliveira Martins nos seus *Dispersos.*

> Um professor primário de uma aldeia das Beiras tinha ensinado aos seus alunos tudo e eles sabiam tudo muito bem, desde as linhas e ramais de caminhos-de-ferro aos rios e ribeiros de Portugal.
> Como prémio de todos terem feito a 4.ª classe com distinção, o dito professor fez com eles uma excursão ao Porto e lá foram até à Ribeira.
> Pergunta o professor aos alunos que, amontoados à sua volta, olhavam espantados: – O que é isto? (Apontando para o rio Douro.)
> Os miúdos não sabiam o que responder. Até que um berrou: – É, professor, é muita água!
> Comenta Oliveira Martins: – eles sabiam muito bem os rios de Portugal, mas o que não sabiam... é que os rios levavam água!
> (V., sobre o particularismo do direito comercial, n.os 18 ss e 21.)

6. *Artigo 471. Âmbito e termos.* **Reclamação em oito dias desde a entrega (salvo seu § único)**. Veja-se, atrás, a reprodução da disposição.

a) Âmbito. A disposição em exame respeita às modalidades de compras e vendas comerciais indicadas – por amostra, por qualidade conhecida no comércio e sob exame. E trata:

> – do prazo do exame da mercadoria que o comprador tem de fazer para: nos dois primeiros casos, conferindo essa mercadoria com a "amostra" ou a qualidade conhecida, verificar se há ou não a devida conformidade; no terceiro, concluir se quer ou não a mercadoria.

b) Reclamação do comprador e ónus da prova. Trata, ainda, aquela disposição:

- da reclamação que deve o comprador fazer ao vendedor se concluir que não há conformidade – dois primeiros casos – ou não quer a mercadoria, no último caso;
- dispõe, imperativamente, e sem mais, que a compra e venda se considera perfeita se o comprador – no prazo devido – não faz o exame e a consequente reclamação; o comprador tem, ainda, o ónus da prova deste cumprimento (como resulta da disposição em análise), e pela razão de que o prazo de exame é para o comprador e ele é que sabe se o fez e quando; também, e como consequência, a reclamação.

c) *Cont. Determinação de prazo de exame e reclamação. Caducidade.* Quanto ao prazo de exame no artigo 471 é necessário distinguir o § único do seu corpo. Segundo esse *parágrafo*:

1.º Se o *vendedor exigir* que o exame seja feito *no acto da entrega* da mercadoria ao comprador, deverá ele assim ser feito – se não o for, é considerado como feito (não se admitindo, pois, nem exame ulterior nem reclamação); pode, porém, a natureza da mercadoria a examinar impedir que esse exame seja feito no tempo da entrega por tal ser *impossível*, e se o comprador o alegar e provar, então será aplicado o prazo do "corpo" dessa disposição.

2.º O prazo normal é, assim, o do *corpo deste artigo* (que pressupõe – claro – a não aplicação do seu § único): os contratos serão perfeitos "*se o comprador examinar as coisas compradas no acto da entrega e não reclamar dentro de oito dias.*"

Há, deste modo (artigo 471, corpo), só um prazo para o exame e reclamação (se for caso disso), com o ónus da prova do comprador do seu cumprimento, prazo este que é entendido (pacificamente) como de *caducidade*.

7. Artigo 471. Prazo de exame e reclamação. Apontamento sistemático *das diferentes interpretações,* **pela jurisprudência, desta disposição. Introdução. Vaz Serra** (*Apontamentos, a propósito, de Jorge de Sena e de Sá de Miranda*). Esta disposição – corpo do artigo 471 – começou por ser aplicada pacificamente pelos Tribunais no sentido de que o prazo de *oito dias* se contava desde a "entrega" da mercadoria ao comprador.

a) Origem da diversidade de interpretações do artigo 471 (Apontamentos de Jorge de Sena e de Sá de Miranda). Depois, a partir de certo acórdão – que entendeu que essa entrega também era a entrega simbólica, por ser por conta do comprador ao ser posta a bordo com a cláusula FOB, v. acórdão n.º **16** – e, sobretudo, com o seu comentário pelo Dr. Vaz Serra (que, de alguma maneira se juntou à RT, v. adiante), abriu-se a caixa de Pandora!

Na verdade, a decisão de uma acção judicial que envolva esta questão é hoje uma "lotaria"... ao implicar a *forçosa escolha* de uma interpretação, dentre as várias sustentadas na jurisprudência, com o resultado de *grave perda* para o comércio pela insegurança que lhe traz.

A *confusão* na jurisprudência é, ainda, alimentada hoje (como mostrarei) por jovens juristas que, alheados do direito comercial afirmam, afoitamente, que o cit. artigo 471 *não diz* que é a partir da "entrega" que se conta o dito prazo, mas sim que *não se sabe*, nesse artigo 471, desde quando esse prazo é contado... e, assim, *aplicável é o Código Civil!*

Lembremo-nos, apenas, de que tudo se pode escrever – e até a rimar – como se vê, também, pelo *Colóquio sentimental em duas partes*, de Jorge de Sena:

"Tronchela adúvia corimata, que tuestes dilasta anquinudante, furiça astria dova, retinuta, e qüis? Nonória."[1]

E não esqueçamos os antigos, como o experimentado Sá de Miranda quando escrevia:

"Só o Jurista pode andar c'o peito alto e satisfeito do seu saber, quer seja para concertar as cousas desta vida, quer da outra."[2]

Mas, com ordem, indiquem-se, agora, as 5 interpretações do cit. artigo 471.

8. Cont. Indicação das diversas interpretações do artigo 471 e dos *acórdãos* que as seguem. *1.ª* interpretação.

1.ª *8 dias desde a entrega.*

Em primeiro lugar, e como já se disse, a norma indicada começou pacificamente a ser interpretada colocando o início do prazo de 8 dias a partir da *entrega* da mercadoria ao comprador, v. acórdãos **1, 2, 3**(?), **4, 5,**

---

[1] JORGE DE SENA, *Poesia – III*, Lisboa, 1989, p. 43.
[2] SÁ DE MIRANDA, *Poesia e Teatro (Os Estrangeiros, Acto III, Cena IV)*, p. 240.

8, 9, 10, 11, 12, 13, 14, 15 e o referido **16**; depois deste – em que se iniciam as outras interpretações (v. a seguir) – esta primeira interpretação continua a ser firmemente defendida e com grande e apurada base de argumentação, v. acórdãos **20, 25, 29** e **30**.

9. Cont. 2.ª interpretação. *Prazo superior a 8 dias (a partir da entrega) e o conveniente para o exame (com o ónus da prova pelo comprador), acrescendo ao seu termo os referidos 8 dias (RT).*

A RT, desde o seu n.° 75, p. 187 (1957), em comentário ao acórdão **5**, continuou insistentemente a criticar a jurisprudência atrás citada; – n.° 78, comentário a **8**; – n.° 86, comentário a **14**; – n.° 87, comentário a **15**. O que dizia – e as razões do que dizia – eram do mais simples e "claro" possível:

– 8 dias só dá para um exame de simples "inspecção" da mercadoria;
– normalmente, não é possível examinar a mercadoria em 8 dias e não se deve pedir "impossíveis" ao comprador;
– daí que o comprador, para o exame e para a reclamação (se esta for devida), gozará do prazo que achar necessário, com o seu ónus da prova, a que acrescerão, ao seu termo, os ditos 8 dias. Esta seria a razoável e devida interpretação do cit. artigo 471. Esta opinião acaba por entrar na jurisprudência em 1989 com o acórdão **24** (cfr., não obstante, os acórdãos anteriores **7** e **8**); perdura nos acórdãos **27, 33, 35** e **43**.

10. 3.ª interpretação. *Prazo de 8 dias a partir, não da entrega, mas da data em que o comprador descobre o "defeito" da mercadoria (não conformidade com a amostra, com a qualidade, etc.) ou deveria ter descoberto segundo a "diligência devida no tráfico mercantil" (dtm); ónus da prova do comprador (Vaz Serra).*

Vaz Serra, no cit. comentário ao acórdão 16, centra-se em que o prazo de 8 dias não poderia ser a partir dessa *entrega*[3]; nesse acórdão assim se tinha julgado, e a partir da *entrega simbólica* da mercadoria posta a bordo no contrato com a cláusula *FOB* (v., atrás).

Claro está que, *se a "entrega" se estende à simbólica, não teria sentido útil o preceito*, pois o prazo de oito dias para exame e reclamação pressupõe a "entrega" no sentido comum do termo (e, por isso, é repetida essa

---

[3] VAZ SERRA, *in Revista de Legislação e Jurisprudência*, 104.°, 1971-1972, p. 253.

expressão "entrega", sem mais, na língua correspondente da respectiva legislação comparada).

Ou seja, "entrega" é a *"entrega ao comprador* para ele poder *examinar* a mercadoria"; "entrega *para exame*"; há quem diga "entrega efectiva" ou "entrega real", mas as entregas a bordo, na alfândega, em armazém, etc., não deixam de ser, se a mercadoria foi entregue nesses locais, "entregas efectivas e reais".

A partir daqui – repudiado o começo do prazo desde a "entrega" pois esta *abrangeria* também a "entrega simbólica" (como julgara o dito Acórdão), o cit. autor busca *outra solução* (recorrendo ao "CCivil novo"): – *os oito dias* contar-se-ão desde a data em que o comprador descobriu – ou deveria ter descoberto com *dtm* – o defeito da mercadoria.

Todavia, Vaz Serra não deixa de se "preocupar" com a solução que estava a propor, uma vez que abriria a porta a *todos os abusos*. Verdade é que havia os limites que introduzia: o ónus da prova pelo comprador e a *dtm*, mas a experiência do autor, com certeza, lhe evidenciou que poderiam, com os nossos brandos costumes, ser bem frágeis...

Então, ergueu uma barreira para o prazo que teria o comprador – segundo esta sua interpretação do artigo 471 – para concluir o exame da mercadoria. Essa barreira seria encontrada no "novo Código Civil" (como diz), em vigor desde 1967.VI.1: a *denúncia* do defeito conhecido deve ser feita dentro do prazo de *seis meses após a entrega da coisa* (artigo 916.2).

Porém, note-se, desde já, que a jurisprudência, ao que parece, acolheu com estranheza esta "união de facto" – do artigo 471 com o novo CCivil (não obstante o enorme prestígio do referido Professor que foi – é bom lembrá-lo – não o "dono da obra" desse Código Civil, mas o responsável pela sua "empreitada").

Conheci o Dr. Vaz Serra logo no meu 1.º ano de assistente em Coimbra (por o Dr. Ferrer me ter falado dele), vindo a Lisboa para o visitar. Ele era professor em Coimbra, mas estava de licença em Lisboa para a dita "empreitada".

Lembro-me (como hoje) da sua cara quando lhe disse que tinha vindo de Coimbra a Lisboa para o conhecer. Na sua modéstia, não conseguia perceber tão grande trajecto e incómodo...!

Tratou-me com grande afabilidade e teve o sábio bom senso de não me dar conselhos. Falámos da minha projectada tese sobre o direito cambiário (que ele também estudara) e da "prudência" também exemplificada, se bem me lembro, no cuidado em escolher noiva. (Talvez esta exemplificação, que me ficou, fosse um reflexo do seu gosto por "casar Códigos"...)

A jurisprudência, deste modo, *só aproveitou*, por regra, *a 1.ª parte* da solução de Vaz Serra: – para o comprador, *o prazo é o necessário até à descoberta do defeito*, ao qual acrescem, desde o seu termo, 8 dias; ónus da prova do comprador que deve ter *dtm*. V., assim, acórdãos **17, 18, 21, 22, 23, 26, 28, 31, 37, 42 e 47**.

11. *4.ª* **interpretação**. *A mesma interpretação anterior mas com o limite* (e ónus da prova) *para o comprador do prazo de 6 meses para poder descobrir o defeito* (artigo 916.2, CCiv) *com a dtm* (Vaz Serra). V. *número anterior*. Neste sentido, apenas o acórdão **42**.

12. *5.ª* **interpretação**. *Interpretação do artigo 471 segundo a qual ele não é aplicável…! Sim o Código Civil*.

O referido "casamento" do artigo 471 com o CCivil foi rampa de lançamento para substituir o regime desse preceito por regimes deste Código, com fundamentos vários – e soluções diferentes – que recordaremos na terceira parte deste trabalho. O CCivil é aplicado nos acórdãos **19** (dolo), **32, 34, 36, 38, 39, 40, 41** (dolo), **43** (dolo), **44, 45 e 46**.

II. Opinião que se defende quanto à interpretação do artigo 471, CCom – o exame e a reclamação deverão ser feitos no prazo de 8 dias a partir da entrega. Razões

13. **Interpretação do artigo 471 –** *8 dias após a entrega.* **Razões que a justificam.** *1.ª Razão* **– seus termos. Crítica da opinião de que o citado preceito não diz desde quando se conta o prazo de oito dias. Crítica de várias observações** *(Conselho do poeta João Cabral de Melo Neto)*. Como acabo de escrever, a minha interpretação do cit. artigo 471 é, sem dúvida, a que corresponde aos seus termos: o prazo de oito dias – se não houver aplicação do seu § único –, para o exame e reclamação, é a partir da entrega da mercadoria ao comprador. Nesse curto prazo, deve, assim, este examinar a mercadoria entregue; se ela corresponde à amostra ou à qualidade escolhida; se a quer comprar ou não, no caso de a compra ser "sob exame" (artigos 471, 469 e 470).

Se esse exame for negativo, ou não quiser comprar a mercadoria, deve o comprador fazer, ainda nesse prazo de 8 dias a contar da data em que a mercadoria lhe foi entregue, a respectiva reclamação.

Isto é o que claramente diz a lei (e como se verá, por poderosa razão de ser).

a) Entrega, sentido. Entrega simbólica. Claro está que a entrega, como atrás já se explicou (*n.° 10*), é a entrega ao comprador para exame. Está arredada, assim, a *entrega simbólica* – seria absurdo que o comprador tivesse de "embarcar com a mercadoria" para, a bordo do navio, a examinar!

V., atrás, n.° 7, o infeliz acórdão **16**, em sentido oposto e que (como então se disse) originou o comentário do Dr. Vaz Serra e levou à confusão na jurisprudência.

Note-se, ainda, que antes desse acórdão já outros tinham explicado que a "entrega" do artigo 471 não era a simbólica – v. acórdãos **4** e **5**; e, depois, o **27**.

b) Dias feriados. Também, acrescente-se, o acórdão **3**: – trata de que seja feriado o "último dia" – desses 8 dias –, resolvendo que tal dia feriado não conta.

Suponho bem que a mesma decisão vale para qualquer dia feriado, desde o primeiro a qualquer outro intermédio desses 8 dias. Ou seja, 8 dias são 8 dias úteis, em que se trabalhe (o comerciante não deixa de ter direito a descanso).

c) Sobre nada se dizer no artigo 471 quanto a saber "desde quando" se contam os "seus" oito dias. Cfr. Jurisprudência. Dr. Vaz Serra. Assim, no acórdão **47** lê-se: "Ora é patente que o preceito (artigo 471) nada diz sobre qual é o início do prazo..."; antes, tinha citado Romano Martinez[4]. (Segue o cit. acórdão a interpretação dos 8 dias desde a data do conhecimento do defeito.)

É singular que, quer toda a jurisprudência que segue Vaz Serra nesta interpretação (v., atrás, *n.° 10 ss*) quer aquela, da RT, de um maior prazo em que seja possível o exame pelo comprador (*n.° 9*) – e são ao todo 15 arestos – *não tenham usado este argumento a seu favor*.

É singular, disse, pois segundo o cit. acórdão **47** ele seria *"patente"*! Patente e não foi visto!

---

[4] O que o Dr. Vaz Serra tinha, na verdade, escrito: "...sendo o artigo 471 omisso quanto a este aspecto, há quem considere que o prazo se inicia com a entrega...".

Acresce que, se dos *próprios termos* do artigo 471 nada resultasse quanto ao facto, a partir do qual seriam de contar os 8 dias, estaria a "porta aberta", na própria lei, para a entrada dessas interpretações "do prazo desde o conhecimento" ou de um maior prazo (do que o dos 8 dias).

13.1. Cont. Artigo 471 – "Nada diz". Dr. Vaz Serra e apreciação.

É verdade que o Dr. Vaz Serra, na cit. RLJ (v., atrás, *n.º 10*) e a p. 254, escreveu taxativamente: " Não diz, porém, o art. 471 desde quando se conta o prazo de 8 dias…"

Mas, em honra do dito Mestre, é bom lembrar que ele estava a criticar o cit. acórdão **16** que entendeu que a "entrega", nesse preceito, era também a *simbólica*.

Na verdade, o artigo 471 fala da entrega, mas *não diz* se é também a simbólica, se é só a entrega ao comprador para que possa fazer o exame…

E também é verdade que o Dr. Vaz Serra se apoiou nesta "*brecha*" do "*não diz*" para "vir dizer" que o referido prazo de 8 dias: – "…parece que deve contar-se da data em que o comprador descobre o vício da coisa comprada…"; o que, de todo, o *preceito em exame "não diz"*.

Porém, e independentemente desta última observação, é de esclarecer que na interpretação do Dr. Vaz Serra está patente – agora sim, é questão de dizer "patente" (v., atrás, cit. acórdão **47**) – que o prazo se *conta desde a entrega* da mercadoria *ao comprador* para a examinar (ou, como ele gostava de dizer em alemão, *Ausliferung*, ou seja e pelo dicionário, "entrega, extradição"; *ungs*, fornecimento de entrega[5]).

Como se viu (atrás *n.º 10*), a interpretação do Professor não era, sem mais, a da feição simples (que passou para a jurisprudência) de que o prazo era o devido até à descoberta do defeito pelo comprador…, mas sim, e para que se não caísse em abusos, esse prazo para a descoberta do defeito era o do CCivil, n.º 2 do artigo 916. Ou seja, e na citação de Vaz Serra: "…*seis meses após a entrega da coisa*."; no caso (artigo 471) seis meses após a *entrega da mercadoria*.

O artigo 471 *está claro* – no seu corpo conjugado com o seu § único (v., atrás, *n.º 6*).

As outras interpretações que pretendem fugir aos "8 dias após a entrega" violam a lei e estruturam-se em pretensas proposições normativas que, nem de perto, nem de longe, se podem retirar da cit. norma.

---

[5] Vaz Serra, *idem*, p. 258.

É questão de dizer com Cabral de Melo Neto:

> Fazer com que a palavra leve
> pese como a coisa que diga,
> para o que isolá-la de entre
> o folhudo em que se perdia[6].

14. Cont. Interpretação do artigo 471 – 8 dias após a entrega. Razões. *1.1*. Seus termos. *Exame alfandegário*. Pertences alfandegários. Há, com certeza, casos especiais que carece ponderar na aplicação deste artigo 471.

a) Prévio exame alfandegário e entrega. Como já se apontou, pode acontecer, na exportação e importação de mercadorias (sobretudo, comestíveis, bens nocivos para o ambiente ou susceptíveis de outros riscos), que a mercadoria, antes da entrega ao comprador, passe obrigatoriamente por um exame alfandegário e com o resultado da proibição de entrada nesse país em razão dos "defeitos" nela verificados. É o caso do acórdão **4** (Brande português exportado para os EUA). Claro está que, assim, a "entrega" ao comprador para exame *não chega a verificar-se*: – o exame foi já feito. Basta-lhe fazer a reclamação no prazo de 8 dias a contar de quando tomou oficialmente conhecimento desse exame alfandegário (com resultado negativo).

b) Entrega e pertences alfandegários. Questão diversa é a de que valha como entrega, não já a da mercadoria, mas a dos "pertences" alfandegários que a representem e permitam ser levantada. Como bem decidiu o acórdão **1**, a entrega desses "pertences" não é a entrega do artigo 471 (v. o que dissemos atrás).

15. Cont. Interpretação do artigo 471 – 8 dias após a entrega. Razões. *1.2*. – Seus termos. Compra e venda *por partidas*. Se a compra e venda comercial é por várias remessas de mercadoria e, deste modo, com várias e sucessivas entregas ao comprador, põe-se a questão de saber se o artigo 471 só se aplica *à última* ou, e desde logo, *à primeira* e a todas as ulteriores (se a reclamação pelo exame de alguma anterior não as impediu).

---

[6] JOÃO CABRAL DE MELO NETO, *Poesia Completa 1940-1980*, Lisboa, 1986, p. 92.

A Jurisprudência vota, concordantemente, pela *1.ª solução*, acórdãos **4, 11, 12, 13, 15** e **44**; parece em sentido oposto o **2**. A razão, repetida, que dá é a de que o contrato de compra e venda (por amostra, qualidade conhecida, etc.) é *um só* e só se executa com a *última entrega*.

Não creio que deva ser assim.

A razão referida é de pura lógica formal. Quando virmos a *razão de ser* do preceito em exame logo se perceberá a *complicação* no mercado decorrente da *paralisação dos exames* da mercadoria de partidas anteriores até que chegue a última; tendo-se, aliás, presente que as "partidas" resultam da "urgência do comprador": – quer alguma da mercadoria já, não pode esperar pela sua entrega na totalidade. E essa urgência da mercadoria para que é? Para o comprador a pôr na "vitrina" ou para a utilizar? E se é para a utilizar não deve primeiro examiná-la?!

16. Cont. Interpretação do artigo 471 – 8 dias após a entrega. Razões. *1.3*. – Seus termos. *Sua origem*: – CComEsp 1829 e CCom de Ferreira Borges (1833).

O CComEsp de 1885, no seu correspondente artigo 327, não segue a solução de um prazo para o exame e reclamação. Sim, que remete para *peritos* a resolução da questão que surja por o comprador se negar a ficar com a mercadoria comprada por amostra ou qualidade prefixada.

> 327. Si la venta se hiciere sobre muestras o determinando calidad conocida en el comercio, el comprador no podrá rehusar el recibo de los géneros contratados si fueren conformes a las muestras o a la calidad prefijada en el contrato.
>
> En el caso de que el comprador se negare a recibirlos, se nombrarán Peritos por ambas as partes, que decidirán si los géneros son o no de recibo. (…)

Todavia, já este Código é fonte clara do *nosso artigo 470*; assim o seu artigo 328 dispõe:

> En las compras de géneros que no se tengan a la vista ni puedan clasificarse por una calidad determinada y conocida en el comercio, se entenderá que el comprador se reserva la facultad de examinarlos y de rescindir libremente el contrato si los géneros no le conviniéren.
>
> También tendrá el comprador el derecho de rescisión si por pacto expreso se hubiere reservado ensayar el género contratado.

Donde vem, então, a regra de exame – e eventual reclamação – a fazer dentro de *determinado prazo*? E prazo de 8 dias?

Se virmos o artigo 500 do Código de Ferreira Borges, encontramos este nosso prazo de *8 dias para a reclamação* (que pressupõe o prévio exame), *a partir da entrega* da mercadoria, por "diversidade de qualidade". Cit. artigo 500:

> A reclamação ou acção de rescisão da venda por vícios preexistentes ou diversidade de qualidade de fazendas, vindas por terra para a estação publica à disposição do comprador, só pode ter logar, sendo intentada dentro de *oito dias da entrega* da cautela de recovagem, e antes de removidas d'essa estação; e dentro de dois mezes da entrega do conhecimento, vindo por mar. (Itálico meu.)

Porém, esse artigo 500 teve, sem dúvida, por fonte o CComEsp de 1829, artigo 370 (na hipótese da mercadoria vir "enfardada", etc.); e este preceito, por outro lado, na sua *segunda parte*, foi a fonte directa do § único do artigo 471. Dispunha, na verdade, esse art. 370:

> *Despues de recibidos* por el comprador los géneros que le fueron vendidos, *no será oido* sobre vicio ó defecto en su calidad, ni sobre falta en la cantidad, siempre que al *tiempo de recibirlos los hubiese examinado* á su contento, y se le hubiesen entregado por número, peso ó medida; *pero cuando* los géneros se entregaren *en fardos* ó bajo cubiertas que impidan visitarlos y reconocerlos, podrá el comprador en los *ocho dias siguientes* á su entrega *reclamar* cualquier perjuicio que haya sufrido, tanto por falta en la cantidad, como por vicio en la calidad; acreditando en el primer caso que los cabos estan intactos, y en el segundo que las averías ó defectos que reclamare son de tal especie que no han podido ocurrir en su almacen por caso fortuito, ni causarse fraudulentamente á los géneros sin que se conociera.
>
> El *vendedor puede siempre exigir* en el acto de la entrega que se haga el reconocimiento íntegro en calidad y cantidad de los géneros que el comprador reciba; y en este caso no habrá lugar á dicha reclamacion después de entregados. (Itálicos meus.)

As fontes do nosso artigo 471 permitem, assim, confirmar que o prazo de 8 dias se conta desde a *entrega da mercadoria* ao comprador – "... en los ocho dias siguientes á su entrega..." (cit. artigo 370, CComEsp 1829).

Note-se, ainda, que o nosso referido preceito traduz um regime menos severo, pois segundo a sua cit. fonte esse prazo só era de conceder quando a mercadoria entregue vinha em fardos ou de outro modo embalada que *não era logo visível* ao comprador ao tempo da sua entrega.

17. **Cont. Interpretação do artigo 471 – 8 dias após a entrega. Razões.** *1.4.* **– Seus termos.** *Jurisprudência. Doutrina.* **(***Um conto do comerciante Saïkaku.***)** Num acórdão recente (2002) – **42** – diz-se, com certeza com boa fé mas triunfantemente, que:

> Tem sido este o entendimento predominante, senão uniforme, na jurisprudência recente do STJ, como nos dá conta o Acórdão 26/01/99 (v. acórdão **35**), com exaustiva indicação de decisões desse Tribunal nesse sentido, reflectindo o abandono da orientação segundo a qual o prazo se conta a partir do acto da entrega.
> (Defende o acórdão o prazo necessário para o conhecimento, a que acresceriam os oito dias.)

Embora, logo a seguir, se reconheça que aquela orientação é a que tem apoio na "letra da lei", mas considera-se que seria "excessivamente rígida, não consagrando a solução mais razoável."

Para já, é de dizer que não é assim: nem tal interpretação do prazo a partir do conhecimento do defeito é *unânime* ou *predominante*, nem a que conta o prazo da entrega *enferma de abandono*.

a) A jurisprudência "predominante" senão uniforme" (cit. acórdão 43). Crítica. Não obstante que, mesmo a ser assim, o que vale é *"ponderandi non numerandi"*, tenha-se presente que o cit. acórdão do STJ recolhe apenas alguma jurisprudência sobre o preceito em exame. Na recolha que fiz (e v. a Tabela de Jurisprudência):

– a interpretação que conta o prazo de 8 dias desde o *conhecimento do defeito* (cfr. Vaz Serra, atrás, *n.° 10*) é representado por 11 acórdãos;
– a da RT (atrás, *n.° 9*), do *maior prazo*, tem a seu favor 5 acórdãos;
– a da aplicabilidade do *CCivil* à hipótese do cit. artigo 471 (atrás, *n.° 12*) é sufragada por 12 acórdãos;
– a do prazo de 8 dias a contar da entrega (atrás, *n.° 8*) foi seguida por 18 acórdãos;
– e a da interpretação do Dr. Vaz Serra (atrás, *n.° 11*) só foi defendida por 1 acórdão...

Logo, e em primeiro lugar, há, infelizmente, uma estranha e *desencontrada* Jurisprudência sobre a matéria, com grave prejuízo para o mercado (v., adiante, *a razão de ser do preceito*).

Depois, se quisermos falar de orientação *predominante* ela é, sem dúvidas, a dos termos do artigo 471. Ou seja, a corrente com maior expressão na jurisprudência tem o bom senso de seguir aquela disposição.

Mas o mais significativo encontra-se se se passar para as *razões* aduzidas a favor de cada uma dessas interpretações.

A que aplica o CCivil, que assim se substitui ao artigo 471, será examinada depois (não faço, por isso, aqui qualquer comentário, salvo o de que, a qualquer leitor, aparecerá – sem ofensa – como sendo "delirante").

As *outras* interpretações apresentam, tão só, como razões a "razoabilidade de um maior prazo" e a "impossibilidade" do prazo de 8 dias. E nada mais.

Em abono da verdade, essas razões seriam talvez significativas se fossem verdadeiras mas, como mostrarei, não o são.

As ditas "razoabilidade" e "impossibilidade" só existem ao nível da "superficialidade", ainda que letrada, porque estão fora da realidade dos interesses do comércio (v. *adiante*, e, para já, a história de *c*), seg.).

b) Doutrina. Quanto à doutrina, aponte-se que seguem a mesma interpretação – dos 8 dias a partir da entrega – todos os poucos comercialistas que temos e se ocuparam da questão: Cunha Gonçalves[7], Adriano Antero[8] e v., a seguir, Ferrer Correia; também é de citar Calvão da Silva[9].

c) Uma história de Saïkaku. Chegou-me recentemente às mãos um livro de um japonês, Saïkaku (séc. XVII), felizmente traduzido para francês[10]. Saïkaku foi comerciante e escreveu deliciosas histórias de comércio e de comerciantes, reimprimidas sucessivas vezes no Japão. Entre essas histórias ocorre-me a seguinte, que vou resumir.

---

[7] CUNHA GONÇALVES, *Da Compra e Venda no Direito Comercial Português*, vol. I, Coimbra, 1909, p. 456, 463 ss.

[8] ADRIANO ANTERO, *Comentário ao Código Comercial Português*, vol. III, 2.ª ed., Porto, p. 28 ss, 32 ss.

[9] JOÃO CALVÃO DA SILVA, *Compra e Venda de Coisas Defeituosas*, 4.ª ed., Coimbra, 2006, 45.2 p. 89.

[10] SAÏKAKU, *Histoires de Marchands*, Publications Orientalistes de France, Paris, 1990, p. 175 ss.

Viveu em Kyôto um filho de boa família de burgueses. Era um homem de muitos talentos: conhecia de cor cento e cinquenta peças (de teatro) de *nô*, era autorizado a usar sapatos de cor púrpura, o seu nome figurava no quadro d'ouro do tiro com arco, era mestre nas canções, no *jôruri* podia comparar-se a Yamamoto Tsunodayû, entre outros. Mas um dia foi a Edo para fazer fortuna. Procurou emprego. Mas perguntavam-lhe: "*Tu, o que conheces em dinheiro, em cálculo?, Tu, o que conheces em dinheiro...!*" Apercebeu-se, então, com amargura, que todas as suas artes não lhe podiam servir de nada. E regressou a Kiôto.

17.1. Cont. Interpretação do artigo 471 – 8 dias após a entrega. Razões. 2. Cfr. Razões invocadas pela jurisprudência (apreciação). Quanto às razões invocadas na defesa dessas interpretações do nosso artigo 471 impõem-se – e com mestria digna de admiração – as elaboradas na jurisprudência que segue os termos desse preceito. Alguns exemplos.

Acórdão 14:

Contudo, não parece que na interpretação se possa ir muito para além das proximidades da sua letra, elemento francamente revelador do seu espírito.

Com o sentido de *restringir o prazo da reclamação* prevê-se no § único do discutido preceito a possibilidade de o vendedor exigir que o comprador examine a mercadoria no acto da entrega. Ressalva-se, no entanto, expressamente para esse caso a *impossibilidade* de esse exame se efectuar.

Este caso, verdadeiramente excepcional, excluído, porque outras situações se não prevêem, o prazo de reclamação passa a ser regulado pela regra do corpo do artigo – o comprador dispõe de 8 dias para exame da mercadoria e reclamação.

Na verdade, *se a lei só previu a impossibilidade do exame para o caso de o vendedor o impor ao comprador no acto da entrega, foi porque quis.* (Itálicos meus.)

Acórdão 16:

Poderá impressionar, à primeira vista, o argumento utilizado pela apelante de que lhe era materialmente impossível fazer analisar o azeite e reclamar dentro do prazo legalmente estabelecido.

Admite-se que em muitos casos o prazo seja insuficiente. Situações destas são tão evidentes e tão frequentes que não é crível tenham escapado à previsão da lei.

A exacta explicação das coisas deve estar na natureza do preceito do artigo 471.º.

Presume-se que os contraentes, ao realizarem o contrato, estejam em condições de bem poderem avaliar as dificuldades de eventual exame da mercadoria. *Não se lhes proíbe que contratualmente estabeleçam o tempo necessário para o comprador examinar e reclamar sobre as qualidades da mercadoria entregue.*" (Itálicos meus.)

(O *carácter supletivo do preceito* – como o acórdão indica – *toca o fundo da questão*, como se verá.)

Acórdão 30:

Neste caso – de impossibilidade do exame – como no caso de o vendedor não ter exigido tal exame e o comprador o não ter efectuado *sponte sua* naquele acto de entrega, concede o legislador que o estado de incerteza quanto à perfeição do contrato possa perdurar para além daquele momento – necessariamente por um prazo curto que, razoavelmente, entendeu fixar em oito dias (logicamente contados a partir da entrega das mercadorias). (...)

Não se ignora que, em certos casos, o prazo para a reclamação, assim contado... se mostra insuficiente...

Tal, porém, *não autoriza a ensaiar soluções interpretativas que exorbitam manifestamente da letra e do espírito do preceito, designadamente a de que o prazo de oito dias se deve contar sempre a partir do conhecimento do defeito pelo comprador. Tal solução, para além de não ter apoio no texto legal, conduziria, em muitos casos, a frustrar as exigências de rapidez e de certeza* que, como vimos, se ligam ao tráfico comercial e estão na base da regulamentação contida no artigo 471.º. (...)

O artigo 471.º tem *natureza supletiva*: a *lei só quis substituir-se às partes quando estas não manifestaram, em sentido diverso, a sua vontade.* (Itálicos meus.)

18. Artigo 471. Interpretação que se defende (8 dias desde a entrega). *3.* – A razão de ser do preceito do artigo 471. Dr. Ferrer Correia. Não há preceito legal que, como uma acção humana, não tenha uma finalidade que é a sua razão de ser. A ela se devem subordinar todas as questões que levante. E por ela se devem esclarecer todas as dúvidas que se encontrem.

Não resisto a juntar, a este propósito, uma passagem magistral de Dante. Deveria emoldurar-se como ilustração simples da regra d'ouro da interpretação jurídica.

(…) resulta que toda a razão das cousas ordenadas a um fim se deve colher no mesmo fim. Diversa será, de facto, a forma do talhar a madeira, consoante se projecte construir uma casa ou um navio.[11]

Todavia, para que se perceba a *finalidade da norma* em exame é imprescindível que se comece por se perceber *outra finalidade* – a do *próprio direito comercial*, a sua singularidade e diferenciação do direito civil.

Este foi o mérito do meu sempre lembrado Mestre. Repare-se que ele não se ocupou directamente do artigo 471. Mas do direito comercial – em confronto com o direito civil – e da sua finalidade. Para explicitar esta é que chamou aquele preceito do CCom e sua razão de ser. Escreveu assim:

> (Artigo 471) Ao impor ao comprador o ónus de analisar a mercadoria e de denunciar ao vendedor, no acto da entrega ou no prazo de oito dias, qualquer diferença em relação à amostra ou à qualidade tidas em vista ao contratar, sob pena de o contrato ser havido *como perfeito*, pretende a lei fundamentalmente tornar *certa*, num prazo muito curto, a compra e venda mercantil. (Itálicos meus.)

(Esclarece, então, a sua razão de ser.)

> Este regime, nitidamente diverso do estabelecido na lei civil para as vendas do mesmo tipo (cfr. Código Civil, artigo 916.º), tem na base a ideia de que a rescisão de um contrato pode causar ao comércio entorpecimento ou danos, no sentido de que envolve insegurança para os direitos, perturba a rapidez das actividades e, ao originar a ineficácia de uma operação já realizada, transtorna ou impede o encadeamento económico das operações sucessivas."

Depois, conclui pela ideia principal da finalidade, e diferença, do direito comercial face ao direito civil:

> (…) a citada norma do artigo 471.º comprova por forma clara a afirmação de que o *direito comercial é todo ele inspirado* pelo objectivo de dar segurança e firmeza às transacções, e pode servir para documentar a *diversa índole do direito comercial em confronto com o civil*.[12] (Itálicos meus.)

---

[11] DANTE, *Monarquia* (trad.), Lisboa, 1954, II, p. 102.
[12] FERRER CORREIA, *Lições de Direito Comercial*, Reprint, Lisboa, 1994, nota 2 da p. 21.

A citada norma do artigo 471, neste entendimento sagaz, enraíza-se nos interesses específicos do mundo económico e de que se ocupa o direito comercial.

A sua aparente severidade encontra cabal razão nos interesses desses mercado que impõem a celeridade e a segurança a cada uma das suas operações, que se entrelaçam como que em cadeia e formam esse mesmo mercado.

19. Cont. Artigo 471. Interpretação que se defende (8 dias desde a entrega). *4*. Razão de ser do preceito. *Surgimento histórico da compra e venda por amostra (séc. XIX). A revolução industrial*. A compra e venda comercial por amostra espelha, e realiza, uma profunda alteração no mercado económico. Surge em meados do séc. XIX. A razão de ser deste negócio alcança a devida – e enorme – dimensão se a virmos nessa alteração do mercado.

Debrucei-me sobre a questão no meu trabalho *Sistemas de direito comercial a partir do séc. XIX*[13]. Passo, assim, a citar-me.

"A citar-me..." e como dizia o Dr. Ferrer Correia (de quem muito aprendi) com o "prazer que dá a honesta segurança", porque quando nos citamos natural é que não erremos a citação, mas pelo que aí se vê, quando citamos os outros já é fácil o erro, ainda que o não citemos, por outra citação, que vem de outra e outra e outra citação, estando esta primeira errada e, assim, estando também erradas todas as que se seguiram...

Voltemos agora ao séc. XIX. Foi nesse tempo que se deu uma profunda "oscilação" do eixo em que estava ancorado – e em volta do qual tinha girado desde o séc. XII – o comércio em sentido económico (i.e., actividade de mediação na circulação da riqueza, v.g., pela revenda). Mas, a revolução industrial, já estendida e frutificada em meados do séc. XIX (nos países "mais desenvolvidos" da Europa) centra, então, o mercado na indústria e nos meios financeiros do crédito.

a) Revolução industrial e alteração do mercado. Como escreveu Cipolla:

(...) podem destacar-se, sucintamente, os seguintes factores e acontecimentos que estão mais estreitamente ligados à questão jurídica que nos ocupa. Em primeiro lugar, o aparecimento, directamente impulsionado pela produ-

---

[13] PAULO M. SENDIN, in *Direito e Justiça*, Separata da Revista da Faculdade de Direito da Universidade Católica Portuguesa, vol. XII, 1998, Tomo I, n.º 9.

ção industrial, tanto de novas matérias-primas e de energias como de inventos tecnológicos (p. 199 ss, técnicas de ferro fundido, maquinaria especialmente na indústria do algodão, exploração do carvão como fonte de energia e da máquina a vapor, criação de comunicações com o caminho de ferro, expansão do transporte marítimo e, mais tarde, do telégrafo, desenvolvimento da química orgânica, etc.).

Depois, o protagonista principal desta revolução industrial é o «burguês-conquistador», o empresário industrial (p. 418 ss). Em contraposição ao comerciante-mercador (por grosso ou a retalho) e ao explorador agrícola, o novo empresário é «o criador e renovador da empresa: o homem com energia pessoal inventiva (sobretudo em assuntos de direcção) e gosto pelos resultados do progresso que representem um risco por causa da concorrência». É este o empresário, sem mais, na opinião J. Schumpeter e F. Perroux. (Já Goethe escrevera, no *Divã*, 1826, «Porque eu fui apenas homem/Ou – o que é o mesmo um lutador».) Com ele, a indústria, que até aí assentava nos comerciantes grossistas e pequenos manufactureiros, passou a organizar-se em forma radicalmente diversa.

Num mercado que se expande pelas exportações e se internacionaliza (p. 33 ss, 224 s), a organização da empresa, exigiu crescente capital fixo e o recurso a empréstimos a longo prazo, com o desenvolvimento da banca (p. 268 ss). Ao lado das acções ao portador de utilização na Inglaterra, criaram-se novos instrumentos bancários. Os bancos de Basileia, antes de 1830, começaram a titular os empréstimos industriais em livranças de igual valor, e esse crédito (garantido por hipoteca), e assim titulado e dividido, foi oferecido aos clientes do banco. O processo generalizou-se, primeiro na Alemanha, e, depois da 2.ª metade do séc. XIX, na França e Bélgica. A partir de 1830, foi o próprio industrial, mutuário, que passou a representar os empréstimos por títulos cambiários circuláveis. (Para as sociedades de crédito mobiliário, v. especialmente, p. 281 ss.)

Por fim, desde meados do séc. XIX, o mercado económico vai deixando de estar ancorado directamente no comércio, para ficar dependente do crescente relevo da empresa industrial, estruturada em importante e crescente capital próprio e alheio. Nesta empresa (p. 424), o empresário ocupa-se «... não em técnicas de produção (que entrega a pessoal dependente) mas na organização interna da empresa e na comercialização dos produtos..., os empresários também tinham de organizar a parte comercial das suas empresas: comprar e vender. Continuamente deviam enfrentar-se com uma concorrência crescente e para o fazer com êxito necessitavam de estar a par das necessidades e gostos dos clientes e das inovações técnicas que deviam introduzir».[14]

---

[14] *The Fontana economic history of Europe, The industrial revolution*, dir. C. M. CIPOLLA, por cit. da nota 87 do trabalho indicado na nota anterior, p. 189.

b) Produção de riqueza para o mercado resultante do "marketing". Como consequência, é também a partir da segunda metade do séc. XIX, com a alteração da estrutura do mercado, pelo resultado acumulado da *revolução industrial* (e tecnológica) – de criação de eficientes comunicações, da ampliação do mercado e da intensificação do crédito bancário –, que a fase significativa, no mercado de concorrência, se desloca da *oferta* e circulação dos bens (comércio) *para a da produção* de outros serviços e de bens industriais, o que exige uma forte acumulação de capital empresarial.

Assim, a *produção da riqueza para o* mercado deixou de estar dependente da *procura através da encomenda* pelo comércio (por grosso), para se fazer segundo técnicas de *marketing* em fase prévia da análise de mercado na previsão das correspondentes vendas (comércio).

19.1. Cont. Artigo 471. *4.1.* Razão de ser do preceito. A "ferramenta" decisiva nesta alteração do mercado – *a compra por amostra* (W. Sombart).

O *centro do mercado* passou a estar ancorado na indústria e no crédito. A *produção* económica foi em rápido crescimento e consequente intensificação das compras no comércio por grosso para satisfazer a vertigem (que aí se inicia) das *novas necessidades* do consumidor; necessidades satisfeitas pelas lojas do *comércio a retalho* que povoam as cidades e nelas se destaca a novidade dos Grandes Armazéns, para *Bonheur des dames*. Necessário era, então, *inventar outra maneira de comprar e vender* para que a "corrente" dos bens produzidos pelo industrial inundasse o grossista para desaguar, depois, no consumidor através do comerciante retalhista.

A compra e venda comercial que se usava era a tradicional: "à vista" da mercadoria. O que implicava:

- a *deslocação do grossista* aos armazéns onde "repousava" a mercadoria produzida; com variadíssimos centros de produção e o declínio das feiras, essas deslocações tornavam-se impossíveis (ou arriscadas e mais caras se feitas através de comissionistas);
- que a produção industrial fosse *antecipada* face ao seu escoamento por encomendas e, além disso, normalmente com *excedentes* pela impossibilidade da previsão adequada daquelas, com o *risco* dos produtos produzidos "passarem de moda" ou deverem ser substituídos por outros de mais avançada tecnologia.
- e, por fim, o transporte da mercadoria à vista desde o seu produtor até ao comprador.

Estes gravames do *mercado* eram o seu entorpecimento e grave desadequação à nova realidade da produção industrial. E isso foi resolvido pela "compra e venda por amostra".

Esta a "invenção" decisiva dos comerciantes:
– para adequar a produção à circulação de bens;
– para embaratecer o seu preço, na concorrência liberal que se iniciava.

Donde, a palavra a Sombart no seu *Die deutsche Volkswirtschalf.*

Explica o autor que o comércio até meados do séc. XIX era local, com as mercadorias à vista. Os contraentes concluíam as suas compras e vendas directa e pessoalmente, prévio exame da mercadoria a transaccionar. Era o «comércio do mercado», da feira. Mas o desenvolvimento da indústria e a intensificação do comércio originaram uma profunda alteração, que visou reduzir custos e riscos. Essa alteração foi a de que deixa de haver prévia produção de mercadorias apenas na expectativa de virem a ser vendidas (ficando no armazém do vendedor a aguardar eventuais compradores); também as mercadorias, uma vez compradas, não são transportadas para os armazéns do comprador para depois, por vários transportes, serem de novo sucessivamente levadas para outros locais de outros seus compradores. Tais modificações do mercado deram lugar ao chamado, por W. Sombart, «comércio de fornecimento segundo amostra» («Lieferungshandel nach Probe») ou «por certa conta, peso ou medida» da mercadoria. Nestas novas formas de comércio, a conclusão dos contratos deixou de exigir a presença dos contraentes e a existência da mercadoria à vista. Ou seja, do contrato individualizado passou-se para o contrato-tipo em função de determinadas amostras e quantidades de mercadoria, segundo modelos «standards» repetitivos, tipificados previamente através de «determinadas e objectivas condições». Surge, desta maneira, a compra «standard», em confronto com a compra individual»: – «Kauf nach Standards gegenüber dem individuellen Kauf...»[15].

19.2. Cont. Artigo 471. *4.2.* Razão de ser do preceito. Venda por amostra no séc. XVII dos retratos de *P. Rubens*. Relembre-se, porém, que foi um grande pintor – Paul Rubens – que iniciou com êxito, e em grande escala, a venda por amostra dos quadros que pintava sob encomenda. No começo do séc. XVII, e já na corporação de pintores de An-

---

[15] W. SOMBART, *Die deutsche Volkswirtschaft*, Berlim, 1919, p. 203 a 208.

tuérpia, Paul Rubens revela-se, não só um extraordinário pintor – nomeadamente retratista –, como também hábil homem de negócios. Criou a primeira "oficina" industrial de pintura, onde "definia" os quadros que eram acabados por seus ajudantes. Deste modo, saíram do seu *atelier*, em 30 anos, dois mil quadros...

Necessitava, porém, o pintor de resolver um problema sério, que não dependia apenas da organização directa do seu trabalho (que começava cedo, pois levantava-se às 4 da manhã). Muitas das suas encomendas – e das mais bem pagas – eram de retratos de damas da burguesia e da corte. Mas, feita a obra, era certo que a dama achava o quadro "mau": – não se via assim, tão feia, com aquele queixo, aquelas mãos roliças, etc., etc. Ou seja: por melhor – e parecido – que estivesse o quadro sempre mau era, porque muito mais bem parecida se achava a dama no seu retrato que a vaidade pintava.

Rubens inventou, então, a antecipada *amostra do quadro* encomendado; só com a prévia "autorização" pelo cliente do quadro, segundo a amostra, é que o pintava. Como o quadro (final) correspondia à sua miniatura, na amostra, não admitia mais reclamações. (A amostra era pequena, em madeira, a bico de pena e a pintura a óleo[16].)

20. Artigo 471. Interpretação que se defende (8 dias desde a entrega). 5. Razão de ser do preceito e sua *natureza supletiva*.

É evidente que, aprofundando na compreensão da norma do artigo 471, se vê que ele é directamente uma *criação dos comerciantes* para a sua *tutela*. Todas as enormes vantagens para o mercado da compra e venda por amostra – que o transformava num novo mercado de uma nova era – se perderiam se, recebida a mercadoria, o comprador começasse a discutir que não gostava dessa fazenda, que não era o que pensava, e a discutir quando entendesse. O que os comerciantes encontraram foi o que *Rubens já havia encontrado para as damas* dos seus quadros. Definida a amostra (ou, e depois, a amostra por "qualidade", v. atrás) e recebida a mercadoria, não há dilações nem discussões: num curto prazo o comprador se tiver objecções a fazer que as faça e as prove!

O que lembra a Lei Uniforme sobre letras e livranças, de Genebra, quando no seu artigo 40 III dispõe que o sacado paga bem a letra, ainda que a pague mal (ou seja, a quem não a devia pagar), se não tem a prova disso no tempo do vencimento.

---

[16] V. informação sobre P. P. Rubens em *Génios da Pintura*, 8.

a) Natureza supletiva do artigo 471. Jurisprudência. Mas como é que os comerciantes iriam criar um preceito de "confirmação" da compra por amostra que não os beneficiasse?! E não os beneficiaria se não fosse *supletivo*.

Aliás, a nossa jurisprudência (como a doutrina) sempre teve presente o carácter supletivo desta norma, v. acórdãos **2**, **12**, **14**, **15**, **17**, **26**, **30**, e **41**.

Mas *a que se "revoltou" contra os termos do artigo 471* – argumentou e insistiu (pregando como a RT) que a *norma era "impossível"* (como se podia fazer um exame da mercadoria, em muitos casos, em 8 dias?!), era *contra os comerciantes*, etc. – *teria pensado no seu carácter supletivo?!*

b) Cont. Jurisprudência contrária aos termos do artigo 471 e a sua lógica. A jurisprudência que assim defendeu o "alargamento" da cit. norma do artigo 471 é de uma lógica de aplaudir. O prazo deste preceito é como o "fundo de uma agulha" (como na célebre parábola dos ricos): – como pode por lá passar um camelo?

Mas a lógica não basta. O camelo e a agulha só "surgem" porque postos *no fim* da história – a chegada da mercadoria ao comprador para o seu exame.

Porém, se passarem para o *seu início* – o da negociação entre o comprador e o vendedor nessa compra e venda por amostra –, *desaparecem*! Já não existe o fundo da agulha nem o camelo! Pois o comprador poderá sempre concertar com o vendedor um *maior prazo* para o exame, e será acordado: porque será *razoável*, de acordo com a prática do comércio – não uma impossibilidade!, um disparate!; porque o vendedor *o que quer* é vender; porque o comprador *o que deve querer* é ser prevenido e diligente (se quer fazer comércio… e "sabe de dinheiros". (V., atrás, a história de Saïkaku! Quanto à grosseira – e até inconcebível – falta de diligência do comprador, v. adiante.)

(V., aliás, essas convenções sobre o prazo nos acórdãos **2** e **12**.)

A lógica dessa jurisprudência permissiva e alarmista é correcta, mas é invertida. E é lamentável pelo *prejuízo* que traz aos comerciantes… ao tentar defendê-los!

c) Cont. Uma história trágica, a propósito, que ilustra a lógica dessa jurisprudência. A história é de duas famílias do Porto e de dois cães. É verídica.

Duas famílias viviam, cada qual em sua moradia, e cada uma tinha um cão. Uma, um cão serra da estrela, grande e forte – o Leão; a outra, um "luluzinho" – o Lilé. Os jardins das moradias eram separados por uma frágil sebe de ligustros. E, nesta serenidade, como diria Agustina, "de caridade cheia de boa educação", acontece a tragédia.

A dona do Leão vê, um dia ao pequeno-almoço, que no seu jardim estava o "luluzinho" cheio e sujo de terra, esticado, sem se mexer e o Leão a olhá-lo. Pensou logo horrorizada: – "O Leão saltou a sebe e matou o Lilé!" Até porque, no jardim da vizinha, ao fundo, a relva estava toda removida e havia um buraco. "Que hei-de fazer? Santo Deus! Que tragédia!" E a dona do Leão vai, sem demora, ao seu jardim, pega no "luluzinho" (que estava bem morto), dá-lhe banho, perfuma-o, embrulha-o em toalha de linho (escolhida sem monograma) e, saindo com cuidado, põe o Lilé assim embrulhado à entrada da casa da vizinha.

No dia seguinte, os dois senhores das moradias encontram-se, manhã cedo, à saída para os negócios. Diz o dono do Leão (que nada sabia do sucedido):

– "Então, amigo, como vai?"

Responde o vizinho:

– "Nem me diga nada... Estou mal! Já nem me lembro de estar assim tão mal!"

– "Então, o que aconteceu?"

– "Nem supõe... morreu ontem o nosso cãozinho e a Zaidinha quis enterrá-lo no jardim, o que achei um disparate, mas enfim... ela assim fez. Mas hoje, não é que o encontrou à nossa porta embrulhadinho, todo lavadinho e perfumado?! Ela pensou que estava ressuscitado! Santo Deus! Mas está mais que morto... Já telefonei para o psiquiatra!"

(A lógica da dona do Leão também foi correcta: o "lulu" estava morto. Só que o pôs morto no fim da história julgando que fora o Leão que o matara! Prestou, por isso, todos os cuidados ao comprador, digo, ao "lulu". E criou uma tragédia!)

21. Cont. Artigo 471. Interpretação que se defende. 6. Razão de ser do preceito. *Particularismo* **do direito comercial e a tutela do** *"interesse geral* **do mercado"; não, como no** *direito civil***, de "conflitos individuais de interesses"**. A chave mestra para a compreensão das questões do direito comercial é a de que a sua solução não se encontra (como no direito civil) ao nível da resolução de conflitos individuais, entre A e B e seus interesses. Sim que a solução decorre da *tutela do interesse geral do mercado*, ainda que, para isso, se tenha de sacrificar o interesse de A ou de B.

A lógica do mercado que comanda a interpretação do artigo 471 é a de que o curto prazo, para o exame pelo comprador da mercadoria, uma vez entregue, e eventual reclamação, é a *devida tutela do mercado no seu interesse geral* – não de determinada compra e venda – mas de *todas as compras e vendas* por amostra e por qualidade do mercado.

Depois do que já se disse, não creio ser de acrescentar mais considerações.

22. Cont. Artigo 471. Interpretação que se defende (8 dias após a entrega). 7. Razão de ser. A *diligência devida* do comerciante no tráfico mercantil. Cfr. com a Jurisprudência. Ensinamento de Savary. A propósito do interesse geral do mercado e da devida diligência dos comerciantes, é de notar que na jurisprudência em exame que segue as interpretações já vistas de indevido alargamento do prazo dessa norma, o seu lugar-comum é que se *não verificou a mínima diligência* do comprador quanto ao exame e reclamação respeitantes à mercadoria que lhe foi entregue.

Partamos, desde já, de uma importante observação de Savary – o autor, como se sabe da Ordenança do Comércio, de Luís XIV (a 1.ª compilação escrita de direito comercial).

a) Savary e a compra e venda. Diz o autor, no seu "*Le Parfait Négociant*", quanto ao comércio por grosso (no qual se inserem, por regra, as compras e vendas mercantis em exame):

> (Tradução que faço.) Há uma grande diferença entre as máximas que se praticam nas vendas por grosso de mercadorias e nas que são feitas a retalho (*détail*); por que nas que são por grosso a venda é sumária e os negócios concluem-se por um "sim" ou "não". Não acontece o mesmo no "retalho", porque é necessária uma grande abundância de palavras para persuadir os compradores: a razão é a de que aqueles a quem os retalhistas vendem as suas mercadorias, com frequência, não as conhecem nem na qualidade nem no preço; ao contrário, os grossistas têm os seus negócios apenas com comerciantes retalhistas que, sim, as conhecem (as mercadorias) muitas vezes melhor do que os comerciantes grossistas por causa do hábito que têm dessas mercadorias."[17]

---

[17] SAVARY, *Le Parfait Négociant*, Nouvelle Édition, Tomo I, (1.ª ed. 1675) p. 435 ss.

b) "A diligência entre profissionais". Creio que este comerciante e grande jurista diz tudo em poucas palavras: compras e vendas que se fazem apenas com um "sim" ou um "não" e em que o *comprador melhor as conhece* (as mercadorias) do que o vendedor.

Ambos são profissionais, no exercício do seu comércio, com o conhecimento devido e habitual na sua profissão.

Não se trata, pois, quando se lêem os acórdãos em exame, de "coelhos bravos escoceses" ou de "azeite para conservas", "volfrâmio", "brande", "tintas", "latas de sardinhas", "algodão", etc., etc., em que *quem compra não sabe o que compra*. Trata-se de *profissionais*, ou que o são ou que o devem ser. E a diligência que lhes é devida, no interesse do próprio mercado, não é um "adorno" formal de uma interpretação que "alargue" o prazo do artigo 471. Sim uma exigência necessária.

c) Diligência devida e Jurisprudência. Falta, pelo comprador, da prova do resultado do exame. Como se compreende, pois, que mesmo nas interpretações do "prazo desde o conhecimento", ou "de um maior prazo", nos acórdãos que as seguem, o comprador nem sequer tenha feito a prova do resultado desse seu exame mesmo num prazo com "bónus"? V. acórdãos **8**, **21**, **22**, **24**, **26**, **31**, **33**, **35**, **42**, **47**. Cfr. Casos em que foi feita a prova e reclamação (nas interpretações mais amplas), v. **18**, **27**, **28**.

d) Cont. Jurisprudência. A diligência do comprador... quando a reclamação apenas chega do cliente a quem revende a mercadoria sem a examinar. Que diremos desta situação – que não mereceu reparo na jurisprudência – e se verifica nos acórdãos **21**, **22**, **33**, **34**, **37**, **40**, **42**, **44**, **45** e **47**?!

Na verdade, verifica-se com a frequência que o número de acórdãos indicados expressamente revela que o comprador, recebida a mercadoria, nem sequer a examina, mas *logo a revende*. Como consequência, é mais tarde (bem depois de decorrido o prazo de 8 dias) que, se os seus clientes – a quem revendeu a mercadoria – *se queixam* (com razão ou sem ela), o dito comprador *reclama*. Reclama e quer, assim, um maior prazo apenas para esta reclamação; não já para o *exame* da mercadoria, pois este foi feito pelos seus clientes...!

Poderia, e com a mesma razoabilidade das demais interpretações que alargam o prazo dos 8 dias a partir da entrega (artigo 471), *inventar-se uma nova interpretação* – que, aliás, está subjacente a alguns dos acórdãos atrás indicados. Seria ela assim:

- o *comprador*, a que se refere o artigo 471, caso a mercadoria seja *revendida* pelo comprador que a comprou directamente ao vendedor, não é este comprador original, mas o *comprador seguinte* (a este primeiro comprador, que a revendeu);
- na verdade, é *este comprador* que a *deve examinar*, pois será ele a utilizá-la;
- que assim é vê-se com um simples expl. Se *A compra peles* para *sapatos* a *B* e as revende a *C, fabricante* de sapatos, é óbvio (é sempre bem juntar o "óbvio" …) que *só este fabricante as pode e sabe examinar*…;
- por isso, o prazo de 8 dias é desde a *entrega, não* ao directo comprador, mas ao *seguinte comprador*, sendo a mercadoria revendida por aquele;
- e é de acrescentar que, se não for *possível* este prazo de 8 dias, pois já diz a máxima "faz o que deve quem faz o que pode" – é de acrescer mais prazo:
- ou o devido até tal exame ser possível;
- ou o devido até ao defeito ser ou dever ser descoberto;
- ou, e melhor pensando, e com a *seriedade devida no comércio*… – o do artigo 916, do CCiv – "*trinta dias* depois de conhecido o defeito (com dtm, claro) e dentro dos *seis meses* após a entrega da coisa"; entendendo-se, claro está, da *entrega da 2.ª compra* – a da revenda –, e não da 1.ª;
- mas, ainda, e melhor pensando e para a "*unidade do direito privado*", seguindo o ensinamento de …, a este prazo deve juntar-se o da *verdadeira caducidade*, o do artigo *917*, do mesmo Código;
- mas agora, como a Lei só trata neste último preceito do *caso do erro* – que *não é* o da hipótese daquele *vetusto artigo do CCom*, atrás citado, pensando bem e com exactidão, *não deve* tal preceito ser aplicado a tal hipótese, pois não deve a interpretação estender a Lei… "quando ela não se estenda…" (pois não é, obviamente, farinha para bolos!);
- como *decorre* do exposto, é de aplicar a *norma geral do artigo 309*, do mesmo Código Civil, por onde se *vê* que aquele prazo de *8 dias* da citada norma do CCom, *na verdade é de 20 anos* para o *exame* e, note-se, também para a *reclamação*;
- mas este prazo de 20 anos é *acrescido dos 8 dias*, por respeito àquela norma daquele Código, com "dtm", claro.

Como se verá, em seguida, é difícil ser-se *original*…, pois esta interpretação ensaiada – sem ofensa – já foi aplicada nas suas principais peças.

III. **Jurisprudência. Artigo 471 e os casos da "eliminação" deste preceito do Código Comercial para aplicar soluções do Código Civil**

23. **Jurisprudência.** *Aplicação do CCivil. Apreciação.* O meu comentário a estes acórdãos – **32, 34, 36, 38, 39, 40, 44, 45** e **46** – vai ser *escueto*. Isto porque tem, subjacente, e com emoção, o que sublinhou o grande comercialista que foi Ferreira Borges, e eu repeti muitas vezes nas minhas aulas (de direito comercial): *O direito civil faz pior mal ao comércio do que uma guerra civil* (e veja-se atrás, e a propósito, a conclusão do Dr. Ferrer).

23.1. **Cont. Jurisprudência. Aplicação do CCivil. Acórdãos 39 e 46 (e 44, v. adiante) que julgaram segundo os artigos 913 e 287.2 daquele Código. Exame e reclamação a todo o tempo (sem prazo).** Nesta interpretação trata-se de considerar que a arguição pode ser feita *a todo o tempo*, sem dependência de prazo, por o comprador *não ter (ainda) pago o preço* e, assim, o negócio não estar cumprido.

Começamos pelos *dois primeiros* acórdãos, deixando para depois o **44**.

1.º Acórdão 39. No primeiro acórdão citado (*peças de vestuário*), a compra é qualificada como *comercial e por amostra*.

2.º Acórdão 46. Neste acórdão (*corantes para tingir malhas*), o contrato também é *comercial* mas "...não se trata, tendo em conta a previsão dos artigos 469 e 470 do Código Comercial, de *venda sobre amostra* (sublinhado no acórdão) nem de coisa não à vista nem designável por padrão" e teria *regime civil* (artigos 913, 287.2).

Apreciação: O 2.º e cit. acórdão, copiando parte dos termos do artigo 470, *omite os que se referem a "uma qualidade conhecida em comércio"*. Ora, é este o caso: – a encomenda foi de "corante vermelho Cibracone P 4B".

a) Apreciação. A aplicabilidade do artigo 287.2 e o artigo 913 CCivil. Apreciação quanto à aplicabilidade do cit. artigo 287.2 do CCivil, na decorrência dos artigos 913 ss. (V., a seguir, os acórdãos, a seguir, em que há, também, a aplicação destas últimas disposições, mas que afastam o cit. artigo 287. 2.)

b) Cont. Artigo 287.2, CCiv e contratos de compra e venda comercial a crédito. O corrente dos contratos comerciais em exame é serem "a crédito", por isso *o comprador não pagou ainda o preço* quando lhe é entregue a mercadoria, faz o exame, reclama, etc. Assim, a aplicação do cit. preceito do artigo 287.2 significaria "rasgar" o Código Comercial (no artigo 471)!

Cfr. acórdãos em que, claramente, se dispõe que o pagamento do *preço é a crédito*: **4**, **7**, **11**, **15**, **23**, **26**, **30**, **32**, **33**, **34**, **35**, **37**, **44**, **45** e **46** (sem aplicar aquela disposição do artigo 287.2 do CCiv.).

Além de que, bastaria ao comerciante-comprador invocar o artigo 287 para, sem mais, deixar de entrar na porta estreita do artigo 471 – 8 dias –, para poder ir "gozar férias a todo o tempo"... embarcado no 287. 2 do CCivil.

c) Caso do acórdão **44** *e a revenda (Fio de algodão)*. Deixámos este acórdão para o fim (desta "amostra civilística") porque tem algo de novo (na verdade, sempre é difícil cogitar e inovar).

3.º Acórdão **44** *Síntese* (v. Tabela).

Fio de algodão trama 24; relações comerciais entre o vendedor e o comprador que lhe compra, em média, 5 toneladas por mês desse fio de algodão. A compra e venda é *comercial* para *revenda* a cliente do comprador. O comprador alegou, dada a *reclamação* de um seu *cliente,* que o "fio tinha excesso de torção". Ora, *segundo o STJ*:

> (...) sendo circunstância típica dessa modalidade de venda mercantil «que as qualidades da coisa vendida sejam susceptíveis de exame, aquando da venda (artigos 469.º, 470.º e 471.º do Código Comercial)», provou-se, no entanto, decisivamente que «o vício do fio só é detectável aquando do seu uso para confecção» (supra, II, 1.17. e 1.19.), e que «a ré não o comprou para confeccionar mas para revenda» (supra II, 1.18.) (1).

Matéria dada como provada:

– a ré é o comprador que (recorde-se) normalmente comprava 5 toneladas desse fio por mês e, neste caso, encomenda, uma vez mais, 5,5 toneladas do mesmo algodão, por partidas, que *nunca pagou*. Alegou, depois de o ter revendido, o excesso de torção dada a reclamação de um *cliente seu*; o que, aliás, *não provou. Nada mais*.

Conclua-se: – como a ré, devedora do preço, não o pagou... *continua sem o pagar*!

Além de tudo o mais, *em todos os casos de revenda* pelo comprador – a clientes seus que utilizam a mercadoria para a confeccionar – *não seria aplicável o artigo 471*! Na verdade, segundo o cit. Acórdão, não seria o comprador que confecciona tais "produtos" com essa mercadoria...

V., a propósito, as revendas nos acórdãos seguintes:

21 – *peles picotadas* para fabrico de calçado;
22 – *formas de madeira*, também para calçado;
33 – *coelhos bravos* escoceses; note-se, a propósito, que talvez o "sabor a peixe" dos coelhos, segundo a reclamação dos restaurantes a quem foram vendidos, se poderia explicar – não pelo "marinar" do cozinhado segundo o *Pantagruel* (cit. Acórdão) – mas pela *farinha de peixe* que os coelhos comeram, e que é mais barata, apurado esse resultado por exame de cromatografia, no Instituto Zootécnico Nacional, que detecta a origem de milhares de sabores, segundo informação que colhi;
34 – *mecanismos de rega*;
37 – *línguas de bacalhau*;
38 – *peles* para fabrico de sapatos;
39 – *peças* para vestuário;
40 – *malhas* para confecção;
42 – *forros* para calçado;
44 – *fio de algodão* para confecções;
45 – *rolhas* de cortiça (e, quanto a este caso v., ainda, adiante);
47 – *malhas*.

V., ainda, o meu ensaio de uma *nova interpretação original*, e os reparos que faço a tal qualidade (*alínea d do n.º 22*).

23.2. Cont. Jurisprudência. Aplicação do CCivil. Acórdão 38. Defeito ulterior. Responsabilidade do vendedor pelo prejuízo causado, artigos 791 e 802, Código Civil.

Acórdão 38.

Segundo o referido acórdão, trata-se de uma compra e venda *comercial por amostra*, a que se aplicaria o artigo 471. Houve uma *rejeição* de parte da mercadoria pelo comprador e respectiva *substituição* pelo vendedor (2 236,5 pés de peles). Na fase de *montagem dos sapatos*, o comprador constatou que alguns havia "em que a pele ficava com rugas ou em que a flor da pele ficava quebrada" e *reclamou*. O *vendedor* disse ser responsável *por peles e não por sapatos* e que aqueles *defeitos* se poderiam dever a "grande percentagem de cozedura e manuseamento"; o que poderia fazer era apresentar um *cliente russo* para a compra desses sapatos.

De acordo com a decisão judicial haveria um *não cumprimento* do vendedor por tal *defeito ulterior* – e que teria aceite *parte* desta responsabilidade –, segundo o CCivil, artigos 793 e 802 por aplicação analógica (!) e, por isso, estaria obrigado a pagar a *totalidade* do prejuízo dos 3010 pares de sapatos (10 128 contos) de "flor aberta" (v. Comentário ao *n.° 23.1 ant.*).

23.3. Cont. Jurisprudência. Aplicação do CCivil por *prévia qualificação* (explícita ou não) da compra e venda como civil – Acórdãos 32, 34 e 36, ou não obstante a sua qualificação mercantil – acórdãos 40 e 45. Apreciação.

a) Compras e vendas qualificadas como civis e aplicação de regimes do CCivil. Crítica. As citadas compras e vendas são (no meu entender) *comerciais*.

1.° Acórdão 32 (Rações para porcos) – Artigo 428 CCivil. O vendedor é comerciante "no exercício da sua actividade comercial" por ser fabricante de rações para porcos; o comprador exerce a actividade pecuária.

Apreciação. Creio que o comprador é *comerciante* pois não alimenta os porcos com os produtos da sua exploração agrícola, mas sim com rações compradas, deixando, assim, de se verificar a *ratio* do § 2 do artigo 230 e do n.° 2 do artigo 464, ambos do CCom.[18]; mesmo que o não fosse, a jurisprudência citada tem qualificado de comercial a compra e a venda em que só uma das partes é comerciante (v., adiante, *IV*). A compra e venda é, por isso, *comercial* e *por qualidade conhecida no mercado*, com a aplicação do artigo 471 CCom.

2.° Acórdão 34 (Mecanismos de rega) – Artigos 913, 916 e 309 CCivil. Prazo de *20 anos* para a acção do comprador. O vendedor "dedica-se à actividade de *comercialização* de instrumentos de rega"; o *comprador* à sua "aquisição e revenda".

---

[18] PAULO M. SENDIN, *Lições de Direito Comercial*, ed. policopiada, Centro de Publicações da UCP, 1996/1997, alínea d), p. 101 ss.

Apreciação. Ambos são comerciantes e a compra e venda *mercantil* – segundo o próprio critério da Jurisprudência (v., a seguir, *IV*). O que fica por saber é se a compra foi à vista, por qualidade ou amostra? O acórdão é omisso nos factos respectivos, talvez por ter enveredado pelo "caminho civil"; na melhor das hipóteses, seria o *artigo 471* aplicável. (Se fosse à vista, não poderia haver reclamação, v. atrás.)

Acórdão 36 (*Porcas reprodutoras*) – Artigos 798 ss CCivil. O vendedor é *industrial* de uma unidade produtora de *suínos* reprodutores e foi no exercício da sua actividade que fez essa venda; o comprador, *idem*. A questão foi que, compradas 202 porcas reprodutoras, 23 estavam doentes e 18 eram "inaptas"...
Apreciação. A compra e venda é comercial e aplicável o artigo 471. V. razões, atrás, no acórdão **32** e, a seguir, *IV*.

b) Compras e vendas qualificadas como mercantis e aplicação do CCivil – acórdãos 40 e 45.

1.º *Acórdão* **40** (*Malhas para confecções*) – Artigos 913 ss CCivil. Neste caso, o comprador e o vendedor são *sociedades comerciais*. A compra e venda foi qualificada de *comercial*; o comprador fabricou, com a malha, "peças" que exportou para a Suécia e que foram rejeitadas por apresentarem encolhimento indevido. O vendedor assegurou um "padrão de qualidade normal"; *não foi provado* que "qualidade normal" seria essa.
Tal prova era *indispensável* para resolver a questão suscitada no arresto se as qualidades integrariam os artigos 247 e 254 ou o artigo 913, todos do CCivil.
Nega-se provimento ao recurso e *confirma-se a sentença* que julgara que a situação havia sido de incumprimento pelo vendedor.
Apreciação. A compra e venda é manifestamente por qualidade conhecida no mercado, aplicação do artigo 471 e ónus da prova do comprador.

2.º *Acórdão* **45** (*Rolhas de cortiça*) – A compra e venda é entre *empresas comerciais*; o vendedor teve o cuidado de, no verso das facturas, inscrever: "...reclamação...dentro de 8 dias a contar desde a recepção da mercadoria".
O STJ entendeu que as rolhas – numa sua parte não determinada nem na quantidade nem na qualidade – apresentavam um número de *poros*

superior ao da qualidade encomendada" e aplicou o artigo 911 CCivil. (Houve reclamação de um cliente do comprador e acção para o pagamento do preço...)

Apreciação. A compra e venda, aliás como se qualificou, foi por qualidade; o comprador tinha o ónus de provar, de entre as entregues, a quantidade de rolhas em que não haveria conformidade (artigo 471), o que, com certeza, não se verificou.

IV. **Qualificação mercantil. Fundamentação da jurisprudência. Apreciação. Artigo 230 como norma qualificadora autónoma**

24. **Razões da *jurisprudência* para a *qualificação mercantil* dos referidos contratos de compra e venda. Apreciação. Norma qualificadora do artigo 230 CCom.** Nos acórdãos em exame, e como se começou por observar, o pressuposto era o da qualificação comercial dos respectivos contratos.

a) Qualificação comercial da compra e venda por o comprador e o vendedor serem comerciantes. Tirando os casos da sua indevida qualificação civil, que se acabou de comentar, em todos os demais a qualificação mercantil pela Jurisprudência resulta – normalmente – de as partes serem "comerciantes" ou "sociedades comerciais" (ou seja, comerciantes[19]); nalguns acrescenta-se: "no exercício da sua actividade" (v. Tabela anexa e os acórdãos **1**, **2**, **3**, **6**, **7**, **8**, **9**, **10**, **11**, **12**, **13**, **14**, **15**, **16**, **18**, **19**, **21**, **25**, **27**, **29**, **30**, **31**, **35**, **38**, **39**, **40**, **41**, **42**, **43**, **44**, **45**, **46** e **47**).

b) Qualificação comercial da compra e venda e artigo 463 CCom. Nos seguintes acórdãos recorre-se, porém, ao artigo 463 CCom: **3**, **16**, **18**, **22**, **24**, **28**, **31**; no cit. **3** – *"por analogia"*, e no **22** – pela enumeração da indicada disposição *não ser taxativa*.

c) Apreciação e norma qualificadora do artigo 230 CCom. Salta aos olhos como o cit. artigo 463 – que representaria o caso de actos de comér-

---

[19] Não há nenhum caso, que se veja, de sociedade civil sob forma comercial, em que (embora sem razão) se discute essa qualidade de comerciante.

cio absolutos, na *Teoria dos Actos de Comércio*[20] – *não é praticável*. Com o recurso, pela Jurisprudência, ao facto de as partes serem comerciantes, mostra-se que a *qualificação comercial* dos negócios – em que se cifra a actividade dos comerciantes para com terceiros – é a qualificação *adequada*, mas que, creio, resulta da *norma qualificadora* autónoma do artigo 230 do CCom (que qualifica "sujeitos" – empresários mercantis "singulares ou colectivos" – e os negócios das respectivas actividades que formam o seu objecto); não exponho este meu parecer não só pela limitação que devo respeitar neste artigo (quanto às suas páginas), mas também porque já expus esta tese no, atrás cit., *"Artigo 230, Código Comercial e Teoria Jurídica da Empresa Mercantil"*[21].

É, ainda, de notar, a propósito, que no acórdão **10** é feita a qualificação de comerciante ao empresário que se propõe constituir uma empresa comercial – "o comprador pretendeu montar uma indústria de cravos" – como nessa tese defendi.

Notas finais

1.ª Nota. Tudo o que escrevi, no comentário à Jurisprudência em exame, foi sem ofensa para os Venerandos Desembargadores e Colendos Conselheiros – já disse e repito que a questão é a da criação de devidos Tribunais de Comércio – eu, por exemplo, no seu lugar, a ter de saber de tudo, não tenho dúvidas de que faria pior...

Do que se trata é dos meios para conhecer a "verdade comercial" e, assim, poder julgar com uniformidade, tão necessária no comércio.

Quanto a esta verdade dos comerciantes no seu mercado económico é de recordar Husserl. No § 105 (*Vorbereitungen zum Abschluss der transzendentalen Kritik der Logik. Die üblichen Evidenztheorien missleitet von der VorausseTzung absoluter Wahrheit*) do seu estudo escreve:

> O comerciante no mercado tem a sua "verdade do mercado"; não é ela, em relação a si, uma boa verdade, e a melhor para o poder servir? Será essa verdade uma "aparência de verdade" porque o sábio – numa outra relativi-

---

[20] V., a propósito, PAULO M. SENDIN, *Artigo 230, Código Comercial e Teoria Jurídica da Empresa Mercantil, Homenagem ao Dr. Ferrer Correia*, in Boletim da Faculdade de Direito de Coimbra, 1989.

[21] *Artigo 230* cit., idem, n.º 2 e nota 5.

dade com outros fins e ideias – procura formular outras verdades com as quais se pode fazer muito mais, mas não se pode fazer o que o mercado precisa? É necessário não nos deixarmos cegar por ideias e métodos, ideais e reguladores, de uma "exaltada" ciência, e em especial, na Filosofia e Lógica, como se o seu "em si" (*An-sich*) efectivamente fosse uma Norma absoluta na medida em que depende do seu "ser objectivado" (*gegenständliches Sein*) como se dependesse de verdade. Isto, com efeito, é estar diante de uma alta árvore e não ver a floresta; significa querer uma espécie grandiosa de conhecimento mas com um sentido teleológico muito limitado, e (assim) passar por alto os infinitos aspectos da vida e do seu conhecimento, os infinitos aspectos relativos cujas "existências" (seres, *"Seins"*) só se encontram nessa relatividade com as suas relativas verdades.[22] (Tradução minha.)

2.ª Nota. Este escrito foi especialmente feito no seu "estilo" para um determinado leitor: o meu amigo Dr. José Ascensão. Porque a sua agudíssima inteligência sempre "trabalha" com bom-humor. (E não será o bom-humor a melhor maneira de se ser inteligente?)

---

[22] EDMUND HUSSERL, *Formale und transzendentale Logik*, Max Niemeyer Verlag Tübingen, 1981, § 105, p. 245 ss.

TABELA DE SIGLAS E ABREVIATURAS
(REFERENTE À TABELA DE JURISPRUDÊNCIA)
ANEXO ARTIGO C/V

STJ – Supremo Tribunal de Justiça
RC – Relação de Coimbra
RE – Relação de Évora
RL – Relação de Lisboa
RP – Relação do Porto
BMJ – Boletim do Ministério da Justiça
BOf – Boletim Oficial do Ministério da Justiça
RLJ – Revista de Legislação e Jurisprudência
RT – Revista dos Tribunais
CJ – Colectânea de Jurisprudência

VS – Vaz Serra

CCom – Código Comercial
CCiv – Código Civil
L – letra
Com – comercial
ECom – empresa comercial
SCom – sociedade comercial
C/V – compra e venda
Rcl – reclamação (a prevista no art. 471 CCom)
O/p – ónus da prova
Dtm – diligência devida no tráfico mercantil
Conhec – conhecimento

(?) – Acórdão não é explícito nesse ponto
|..| – Acórdão não indica a mercadoria

_ – comentário meu ao Acórdão

Art. 471, aplicável não, CCivil – é este aplicável (e indicam-se os arts. correspondentes)

Modalidades de c/v		_ Qualidade _ Amostra _ Sob exame _ À vista
8 dias,	entrega	_ entrega, nos termos do art. 471
	maior prazo	_ entrega, e prazo de acordo com a possibilidade, acrescido de 8 dias (RT)

| *conhecimento* | _ entrega, e prazo até ao conhecimento da não conformidade, acrescido de 8 dias (VS)
| *conhec, CCiv, art. 916* | _ sentido anterior, mas dentro de 6 meses

Revenda _ o comprador revendeu a mercadoria
A crédito _ a c/v foi a crédito

O/p fez _ o comprador, a prova da não conformidade
O/p não fez _ o comprador, a prova da não conformidade

Citação de acórdão –   74   XII   10   (242   BMJ   229)
   STJ   Ano   Mês   Dia   Nº   Public.   Pág.

ANEXO
TABELA DE JURISPRUDÊNCIA

ARTIGO 471

1. STJ 41 II 11 (Ano 1 BOf 181) Fio de seda

C/v *com.* (pressuposta esta qualificação). *Qualidade* – "fio de seda grege, do título 13/15".

Entrega dos "pertences alfandegários" (para levantar a mercadoria): – não é "entrega" a que se refere o artigo 471, pois não põe a mercadoria à disposição do comprador.

– Artigo 471 *Aplicável*, sim.
– *Qualidade*.
– *8 dias*, entrega.
– "*Entrega*" não é a dos pertences alfandegários.

2. STJ 45 XII 18 (Ano 5 BOf 508) Volfrâmio

C/v *com.* comprador é SCom. *Amostra* – volfrâmio. *Partidas*.

O contrato previa que cada parte fizesse por si as *análises* (para verificar a concordância), sendo os resultados enviados a um químico inglês.

"Impossível seria, pois, pelo controlo, fazer-se a reclamação no prazo de 8 dias depois da entrega."

– Artigo 471, supletivo.

– Artigo 471 *Aplicável*, sim.
– Artigo 471 *Supletivo*
– Cláusula do contrato sobre o exame.
– *Amostra*.
– *Partidas*.
– *8 dias*, entrega.
– O/p, não fez.

3. STJ 52 I 22 (29 BMJ 442) Caixas de atum

C/v *com.* entre comerciantes. *Amostra* – caixas de atum em conserva.

"...último dia feriado, aplicação analógica do artigo 471."

– Artigo 471 *Aplicável*, sim.
– *Amostra*.
– *8 dias*, entrega.
– O/p, não fez.

4. STJ 54 XI 2 (46 BMJ 461) Brande

C/v *com.* comprador é SCom – agricultor é vendedor (não comerciante). *Qualidade*(?) – "garrafas de brande português da marca Alvarengas".

Partidas. Pagamento do *preço* por abertura de crédito autorizado com a entrega de cada partida
 – *Condição* da c/v era o brande ter a "qualidade de ser próprio para consumo nos EUA";
 foi considerado, porém, por exame oficial na alfândega deste país, impróprio para consumo: – tinha partículas de vidro, detritos vários, etc.
 – *CCivil* (Seabra), aplicação artigos 702, 704, 705 ss (o vendedor não cumpriu o contrato, por isso é obrigado a indemnizar).

– Artigo 471 *Aplicável*, sim.
– *Qualidade*.
– *Partidas*.
– Exame ofic., não (aplicável).
– Entrega – *FOB*, a bordo, não; só ao levantar-se a mercadoria da alfândega;
– *8 dias*– entrega (v. acima).
– *CCiv Sebra*, não cumprimento.
– A crédito.

5. STJ 57 II 26 (64 BMJ 540/75 RT 185) Anchovas em lata

C/v *com. Amostra* – filetes de anchovas em lata.

Distinção entre a entrega "real" e a simbólica; 8 dias desde a entrega real (cita ADRIANO ANTERO).

– Artigo 471 *Aplicável*, sim.
– *Amostra*.
– *8 dias*, entrega.
– Rcl, após 6 meses.
– O/p, não fez.

6. STJ 57 VI 11 (68 BMJ 654) Nozes

C/v *com.* entre comerciantes. *À vista* (?). A compra foi à vista: – apenas o comprador tirou uma amostra – 1 noz – da mercadoria comprada.

_ (A matéria de facto é insuficiente e, assim, de interpretação duvidosa – à vista, por amostra? O facto de o comprador ter dito "compra feita" não obsta a que fosse por amostra.)

– Artigo 471 *Aplicável*, não.
– C/v *à vista* (?)

7. STJ 60 III 22 (95 BMJ 296/78 RT 207) Máquina fotográfica

C/v com. entre comerciantes. *Coisa certa* e determinada – (Qualidade?) máquina de fotografia instantânea "Photomaton Apparatus" que trabalhe *independentemente* da corrente ser alterna ou contínua (o comprador é de Lourenço Marques, onde não havia, na altura, corrente alterna).
- A c/v não é por qualidade: "a máquina fotográfica está perfeitamente caracterizada na sua qualidade, funcionamento e uso, coisa *certa e determinada*, portanto..."
- CCivil (Seabra), artigo 709. Contrato não cumprido (indemnização, etc.).
- Não se toma partido quanto a saber se no caso a c/v é por qualidade.
- A propósito do artigo 471, sentido do prazo desde o "*conhecimento*": "Todavia, tratando-se de máquinas que têm de ser experimentadas, não pode exigir-se a reclamação dentro desse prazo, sob pena de se impor o impossível."
- A máquina era apenas para corrente alterna.
- Repete-se ADRIANO ANTERO quanto às noções de "marca" e "qualidade".
- Revoga o Ac. da Relação de Lourenço Marques (o princípio enunciado no artigo 709 do CCivil está condicionado, na c/v mercantil, pelo artigo 471 do CCom).
- *Voto de vencido*. Qualidade conhecida no comércio.
_ (Parece esta última opinião a correcta.)

– Artigo 471 *Aplicável, não.*
– Coisa certa (*Qualidade?*)

– *CCiv Seabra*, não cumprimento.

– A crédito.
– 8 dias, maior prazo.

– Voto de vencido:
– Artigo 471 *Aplicável, sim.*
– *Qualidade.*
– O/p, não fez.

8. STJ 60 VII 15 (99 BMJ 860/79 RT 10) Tintas

C/v com. entre SComs. *Amostra* – tintas.
- "...é sempre indispensável que, como elemento fundamental de controlo, se tenha expressamente considerado tal amostra (CUNHA GONÇALVES).
- Ora, não se infere com liquidez que tal se tenha verificado.
- Mas, mesmo que o fosse, haveria condição suspensiva... e perfeito o contrato.
- 8 dias só se *simples inspecção*, se necessário análises, *maior prazo.*

– Artigo 471 *Aplicável, sim.*
– *Amostra (?)*
– 8 dias, maior prazo.
– O/p, não fez.

9. STJ 61 XII 19 (112 BMJ 511) Farinha de peixe

C/v com. entre SComs. *Amostra* – "farinha de peixe da melhor qualidade, sem óxido de zinco e sem cheiro muito pronunciado, bem moída, de produção recente, não adulterada, com os mínimos de 50% de proteínas e 8% de azoto orgânico e com os máximos de 9% de gordura, 8% de humidade, 6,5% de sal e 2% de areia", conforme amostra selada a enviar à compradora.
A compradora entendeu que a amostra *não correspondia* à mercadoria encomendada e pediu a rescisão do contrato.
- A amostra pode ter variações admissíveis (por alteração da humidade);
- assim, o comprador não podia rescindir...
- A c/v é por *qualidade* com "*amostra* que exemplifique".

– Artigo 471 *Aplicável, sim.*
– *Amostra/Qualidade.*
– 8 dias, entrega.
– O/p, não fez.

10. STJ 64 XI 6 (141 BMJ 353) Arame de aço

C/v com. entre comerciantes (singulares). *Qualidade* – "arame de aço *Martin* especial para pregos para ferrar de "nuance" *Amir*".
O comprador "pretendeu montar uma indústria de fabrico de cravo de ferrador" e compra na Alemanha máquina para o efeito; porém com tal máquina e arame não lhe foi possível fabricar os pregos.

– Artigo 471 *Aplicável, sim.*
– *Qualidade.*
– 8 dias, entrega.
– O/p, não fez.

– Falta de reclamação pelo comprador nos termos do artigo 471 CCom. O contrato é perfeito. Logo, também não é aplicável o CCivil quanto ao erro sobre o objecto.

11. STJ 66 III 1 (155 BMJ 443) Azeite para conservas de peixe

C/v *com.* entre SComs. *Qualidade* – "azeite puro, refinado e próprio para o fabrico de conservas de peixe". *Partidas.* A crédito.
O comprador só aceitou letras quanto às duas primeiras remessas.
– O artigo 471 só é de aplicar na última remessa, por se tratar de *um só contrato*; entender o contrário seria aplicá-lo à 1ª remessa e, passados os 8 dias sem ter havido reclamação, concluir que todo o contrato estaria perfeito e "levaria a resvalar para o *absurdo de que já não seria lícito* ao comprador reclamar contra a qualidade *das entregas seguintes...*"

– Artigo 471 *Aplicável, sim* – na última remessa.
– *Qualidade.*
– *Partidas.*
– *8 dias*, entrega.
– O/p, não fez; pois faltam, ainda, remessas.
– A crédito.

12. STJ 66 VI 7 (158 BMJ 345) Azeite refinado para conservas

C/v *com.* entre SComs. *Qualidade* – "azeite refinado para conservas". *Partidas.*
Devolução de latas de sardinhas; azeite utilizado de má qualidade e que originou reacções químicas no peixe (impróprio para consumo).
– Artigo 471 – prazo supletivo, maior prazo por *convenção* ou pelas *circunstâncias.* Razão:
"O prazo para a *reclamação pelo comprador estabelecido pelo artigo 471.º do Código Comercial pode ser alterado por convenção das partes e* esta pode resultar das próprias *circunstâncias do contrato ajustado.*
Ninguém *pode ser compelido a formular uma reclamação,* nem privado do direito de a fazer, sem que, *usando de diligência normal* e recorrendo aos *meios eficientes, possa certificar-se de que a mercadoria entregue reúne ou não* as qualidades que condicionaram o contrato ajustado. Seria exigir o *impossível* do comprador ou incitá-lo a, por cautela, reclamar mesmo antes de ter uma razão séria para o fazer.
De resto o § único do artigo 471.º *prevê a impossibilidade do exame* no momento da entrega e concebe-se facilmente que, nos *oito dias do prazo* fixado no corpo do artigo, seja impossível uma *averiguação segura* e conscienciosa de determinadas coisas ou mercadorias." (Sublinhado meu.)
– *Voto de vencido:* poderia ter feito o exame no prazo de 8 dias desde a entrega da última partida.

– Artigo 471 *Aplicável, sim.*
– *Qualidade.*
– Supletivo: convenção ou circunstâncias.
– *Partidas* – última;
– *8 dias*, entrega – salvo acordo, dtm.
– O/p, não fez.

13. STJ 66 XII 2 (162 BMJ 279) Algodão

C/v *com.* entre SComs. *Qualidade* – "algodão ultramarino da campanha de 1956 – tipos legais I a VI". *Partidas.*
Regulamento das Arbitragens da Comissão Reguladora do Comércio de Algodão em rama, artigo 6: pedidos de arbitragem devem ter lugar até 21º dia após a descarga do algodão quando comprado "CIF" ou "C&F".
– O regulamento, aprovado por despacho ministerial, não se sobrepõe ao artigo 471.

– Artigo 471 *Aplicável, sim.*
– *Qualidade.*
– *Partidas.*
– *8 dias*, entrega.
– O/p, fez.

14. RP 68 II 23 (86 RT 358) Azeite para conservas

C/v *com.* entre SComs. *Qualidade* – "azeite para a indústria de conservas".
"A lei só quis supletivamente substituir-se às partes quando a vontade destas se não afirmou nesse domínio.
E nem se vê modo de conciliar o preceito com situações de dificuldade ou

– Artigo 471 *Aplicável, sim.*
– *Qualidade.*
– Artigo 471 Supletivo, convenção.

de impossibilidade de verificação da mercadoria no prazo nele consignado sem quebra dos objectivos de celeridade e certeza das transacções comerciais que estão no fundamento do preceito.

Nesses casos, só a vontade das partes está à altura da satisfatoriamente dar *realização* às conveniências e interesses de cada uma delas."

– RT: contra (cita a sua posição remetendo para volumes anteriores).

– *8 dias*, entrega.
– O/p, não fez.

– RT

15. STJ 69 I 24 (183 BMJ 274/87 RT 108) Azeite para conservas

C/v com. entre SComs. *Qualidade* – "azeite puro de oliveira refinado para ser utilizado no fabrico de peixe de conserva".

– O artigo 471 não se aplica por ter havido *fraude* ou falsificação, uma vez que foi fornecido óleo de bagaço.

– *Voto de vencido:* – a fraude foi apenas invocada. Os estudos para, eventualmente, concluir a existência de óleo de bagaço não estão, ainda, terminados.

"Se porventura existem irregularidades ou fraudes criminosas…tem a lesada ao seu alcance os meios que a lei faculta para as demonstrar e ressarcir de eventuais danos sofridos…"

– RT – contra a interpretação do artigo 471: 8 dias, entrega.

– Artigo 471 *Aplicável, não.*
– *Qualidade.*
– Artigo 471 *Supletivo.*
– *Partidas.*
– *8 dias*, entrega/última entrega.
– O/p, não fez.
– A crédito.
– Fraude (invocada).

– RT

16. STJ 70 XII 11 (202 BMJ 223/VSerra 104 RLJ 253) Caixas de sardinha

C/v com. "para *revenda*" entre SComs. *Qualidade* – "latas litografadas de sardinha em azeite, de _ club, 30 mm e caixas litografadas de sardinhas em azeite com piri-piri". Cláusula *FOB* Lisboa.

– Artigo 471, reclamação – 8 dias desde a *entrega* a bordo.
– V., a propósito, Vaz Serra na cit. RLJ:
"… o acórdão entende que se conta da data da entrega, mas parece que deve contar-se da data em que o *comprador descobre o vício* da coisa comprada ou, ao menos, daquela em que o teria descoberto se agisse com a diligência exigível no tráfico comercial." (Sublinhado meu.)
Razão.
" O prazo de oito dias, nele fixado, poderia entender-se que deve contar-se da *descoberta do defeito, por não ser aceitável* que se contasse da *entrega da coisa* (seria *violento que o comprador perdesse os direitos* derivados da desconformidade entre a qualidade convencionada e a das coisas entregues, pela circunstância de não reclamar, no curto prazo de oito dias a contar da *entrega*, contra essa desconformidade, pois num tal prazo, por si só, *pode não lhe dar a possibilidade de examinar a coisa* e de descobrir o vício); mas, então, poderia o comprador vir a descobrir o *defeito muito depois* da *entrega da coisa e sujeitar-se*, assim, o vendedor a um exercício dos direitos do comprador longo tempo após a data da entrega da coisa.
Este inconveniente *não se verifica* no sistema do novo Código Civil, porque, segundo ele, a acção de *anulação por simples erro* caduca findo qualquer dos *prazos fixados* para a denúncia no n.º 2 do artigo 916.º (trinta dias depois de conhecido o defeito e seis meses após a entrega da coisa) sem o comprador ter feito a denúncia, ou decorridos sobre esta seis meses, sem prejuízo, neste último caso, do disposto no n.º 2 do artigo 287.º (artigo 917.º).

– Artigo 471 *Aplicável, sim.*
– *Qualidade.*
– Cl. *FOB.*
– *8 dias*, entrega a bordo.
– VS
– O/p, não fez.

– VS

Poderia, porém, verificar-se (esse inconveniente) no *sistema* do artigo 471.º do Código Comercial, a não ser que se admitisse que a denúncia tem de ser feita dentro de *oito dias a contar da descoberta do defeito*, mas perdendo o comprador, em todo o caso, o seu direito uma vez decorrido o prazo fixado *na lei civil* para pedir a anulação, por erro, do contrato..."
(Sublinhado meu.)

17. RP 72 XII 15 (222 BMJ 475) Válvulas para motor

C/v *com. Qualidade* – "válvulas".
– Artigo 471 *Aplicável, sim.*
– *Qualidade.*

– 8 dias desde que descobre o vício (VAZ SERRA) e diligência exigível no tráfico mercantil.
– Artigo 471, supletivo.
– Prazo a partir da descoberta do defeito, acrescido de 8 dias.

– Artigo 471 *Supletivo*;
– 8 dias, conhec.;
– dtm.
– O/p, a fazer pelo vendedor.

18. STJ 73 VI 19 (228 BMJ 228) Válvulas para motor A mesma hipot. do **17**.

C/v *mercantil*. Artigo 463 n.º 1, "por ter sido entre comerciantes e respeitante ao comércio do vendedor". *Qualidade* – "válvulas de retenção para serem incorporadas em grupos electrobomba".
Prazo a partir da descoberta do defeito, acrescido de 8 dias.

– Artigo 471 *Aplicável, sim;*
– *Qualidade.*
– *8 dias*, conhec., dtm.
– O/p, fez.

19. STJ 74 XII 10 (242 BMJ 229) Granito

C/v *com.* entre comerciantes. Qualidade – "granito preto *Angola*".
O comprador alegou dolo do vendedor pois "assacou ao réu marido (vendedor) o antecipado conhecimento dos depósitos da mercadoria por ele vendida."
– CCivil artigo 916. 1, por lacuna do CCom (v. artigo 471).
_ (V., *supra,* o texto do acórdão: o comprador conhece os depósitos da mercadoria e foi enganado?)

– Artigo 471 *Aplicável, não;*
– *CCivil.*
– Dolo do vendedor.
– O/p, não fez.

20. RP 80 X 16 (V CJ 218) ...

– Artigo 471 – 8 dias após a entrega. Razão de ser. Certeza no tráfico:
"A actividade mercantil processa-se em cadeia de tal modo que certas operações comerciais influenciam outras de que são o ponto de partida e, aquelas, por sua vez, já foram determinadas por transacções que as precederam. Assim, a incerteza quanto à invalidade de uma... pode gerar a incerteza sobre... todas."

– Artigo 471 *Aplicável, sim.*
– *8 dias*, entrega;
– razão de ser.

21. RC 84 XII 11 (V CJ 92) Peles picotadas para sapatos

C/v *com.* entre comerciantes. *Amostra* – peles picotadas para calçado, referência "tropical".
O comprador alega que os sapatos fabricados têm "sobreposição de gravação", mas prova-se que a mercadoria é igual à amostra.
O comprador revende os sapatos a firma holandesa, e esta reclama que os sapatos têm "manchas amarelas"; aquele reclama das manchas – por defeito de curtido.
– O comprador sabia das manchas (pela firma holandesa) em 82 VII (princípios), pelo menos em 82 VII 10 (queixa desta Firma) e só reclamou a 27 VII – e não nos 8 dias seguintes à descoberta do defeito.

– Artigo 471 *Aplicável, sim.*
– *Amostra.*
– *8 dias*, conhecimento.
– Rcl., dtm: não fez.

22. RP 86 I 28 (I CJ 177) Formas para calçado

C/v com. O artigo *463 não é taxativo*, é comercial a compra da mercadoria para a "utilização na própria indústria" do comprador (cit. CUNHA GONÇALVES). *Amostra* – formas para calçado.
– Artigo 471, prazo de *8 dias só se "imediatamente detectável"*; ora, no caso em apreço, só passado algum tempo – pelas formas de madeira "encolherem" – é que se constatou o defeito.
Prazo de 8 dias depois do conhecimento. Ónus da prova do comprador.
– Reclamação dos clientes – "cerca de dois meses";
– reclamação do comprador, ulterior a esse prazo.
– Ónus da prova, dtm, não se verificou.

– Artigo 471 *Aplicável, sim.*
– *Amostra.*
– *8 dias*, conhecimento.

– O/p comprador, dentro de 8 dias (a partir do conhecimento): não fez.
– Revenda.

23. RP 88 IX 27 (337 BMJ 639) [...]

C/v com.
– Artigo 471. 8 dias desde a data em que o defeito seria normalmente detectável.

– Artigo 471 *Aplicável, sim.*
– *8 dias*, conhec.;
– dtm.
– A crédito.
– (O/p?)

24. RC 89 I 24 (I CJ 46) Vinho espumante

C/v com. Artigo 463 – para *revenda*. Qualidade – "vinho espumante natural".
– Artigo 471. Se houver dificuldades no exame em 8 dias, deverá conceder-se um prazo maior, com ónus da prova do comprador, a que acrescerá, no termo desse maior prazo, o dos 8 dias para a reclamação.

– Artigo 471 *Aplicável, sim.*
– *Qualidade.*
– *8 dias*, maior prazo e 8 dias.
– O/p maior prazo, não fez.

25. STJ 90 V 31 (397 BMJ 512) Gaiolas para coelhos

C/v com. exercício da actividade de uma SCom e venda de coisas acessórias da actividade mercantil do "criador de coelhos" (comprador). *Amostra* – gaiolas para coelhos, completas, com comedouros e bebedouros, do tipo "Hylyne Rabbits Mark II".
– Aplicação do artigo 471 – entrega (sentido FERRER CORREIA).

– Artigo 471 *Aplicável, sim.*
– *Amostra.*
– *8 dias*, entrega.
– O/p, não fez.

26. STJ 91 VI 12 (408 BMJ 603) Arroz

C/v *com.* vendedor, agricultor; comprador, comerciante; artigo 99. *Amostra* – arroz.
Convenção: "...se as análises confirmassem a aparente boa qualidade...".
– O comerciante retirou as *amostras* do arroz em *X 22*, a entrega do arroz foi a *26*, só reclamou a *XI 11* – "pequena percentagem de grãos inteiros e elevada de trincas.". 8 dias/conhecimento *se necessário*. A acção caducou.
(O acórdão parte de que os *oito dias* para a reclamação se contem desde a *data* em que o comprador *retirou as amostras*: – esta data foi *X 22*, e acrescida de 8 dias, *X 30* – tendo sido a entrega em *X 26* -; e, assim, conclui que o contrato ficou *perfeito* a *X 30*, tendo sido, pois, a *reclamação* fora de prazo, em *XI 11*.
Os oito dias seriam desde a *entrega do arroz* – X 26 -; mas como o acórdão segue a interpretação do prazo desde o *conhecimento* do defeito, e fora *acordada* a realização de *análises* para o efeito, os *oito dias* para a reclamação só se contariam a partir de eventuais defeitos apurados nestas análises – que não foram feitas. Porquê?

– Artigo 471 *Aplicável, sim.*
– Artigo 471 *Supletivo.*
– *Amostra.*
– *8 dias*, conhec. e 8 dias.
– O/p dtm, não fez.

– A crédito.

"...o autor ficou completamente desarmado perante os réus porque, não tendo qualquer quantidade de arroz, não podia submeter a contraprova a análise efectuada na descascadora.")

27. STJ 92 IV 23 (416 BMJ 656) Latas de sardinha

C/v *com.* entre comerciantes. *Amostra* – latas de sardinhas em conservas, em óleo vegetal. FOB.
– Foi feito *exame* a 1 milhão e 500 mil latas, uma por uma, e verificou-se que a mercadoria era imprópria.
8 dias, contam-se desde o fim deste exame. *Reclamação tempestiva.*
– A "entrega" não é a simbólica da "mercadoria a bordo".

– Artigo 471 *Aplicável, sim.*
– *Amostra.*
– *8 dias*, termo do exame de maior prazo necessário.
– O/p, fez.

28. RC 94 V 10 (437 BMJ 592) [...]

C/v *com. artigo 471.* Reclamação tempestiva.

– 8 dias desde a descoberta do vício (agindo com dtm).

– Artigo 471 *Aplicável, sim.*
– Rcl, fez.
– *8 dias*, conhec. (dtm).

29. RP 95 VII 4 (IV CJ 167) Chapas de zinco

C/v *com.* entre SComs e no âmbito da sua actividade. *Sob exame* – chapas de zinco para fabrico de lava-loiças. Reclamação feita no dia seguinte.

– Artigo 471 *Aplicável, sim.*
– *Sob exame.*
– *8 dias*, entrega;
– O/p, fez.

30. RL 95 X 26 (IV CJ 130) Folhas de cortiça

C/v *com.* entre SComs. Qualidade – "folhas de cortiça *soft,* refª BO3W".

– Dada a razão de ser do preceito – FERRER CORREIA -, o que ele dispõe e a sua natureza supletiva, a reclamação é de fazer em 8 dias a partir da entrega. O que não se verificou. Contrato perfeito. Juros de mora mercantis do preço em dívida, artigo 102 CCom.

– Artigo 471 *Aplicável, sim;*
– Artigo 471 *Supletivo.*
– *Qualidade.*
– *8 dias*, entrega.
– Rcl. comprador, não fez;
– a crédito.

31. RE 96 XII 12 (V CJ 273/462 BMJ 505) Aparas de papel

C/v *com.* entre comerciantes no exercício da sua actividade. *Artigo 463 não é taxativo,* cfr. artigos 2 e 230, 1 CCom. *Amostra* – aparas brancas de papel.

– O comprador utilizou 8240 kg de aparas para detectar o defeito (papéis colados e insolúveis), quando 1000 kg seriam necessários. Logo, o comprador não teve dtm. A reclamação não foi tempestiva.

– *Voto vencido.* Artigo 463, enumeração taxativa. Aplicação do CCivil.

– Artigo 471 *Aplicável, sim.*
– *Amostra.*
– 8 dias, conhecimento (dtm).
– O/p dtm, não fez.

32. STJ 97 IV 30 (II CJ 75) Rações para porcos

C/v vendedor comerciante e comprador que exerce a actividade pecuária. (Qualificação, *pressupõe-se civil*). *Convenção*: rações com a composição referenciada na embalagem. (Modalidade da c/v não indicada.)
Entrega: 1988 XI 22. *Análises* laboratoriais: 1989 I 5, IV 12.
Comprador – aceitou e avalizou Ls. mas não as pagou. Também não reclamou.
Vendedor – propôs a acção para pagamento do preço em dívida; o comprador alegou o prejuízo pela morte de 140 leitões.
– Das análises conclui-se que as rações "não asseguravam o equilíbrio cálcio/fósforo anunciado..."

– Artigo 471 *Aplicável, não.*
– CCiv., artigos 918 e 428 (excep. de não cump.).
– Rcl, não fez.
– A crédito.

– O comprador tem a *"exceptio"* do não cumprimento do preço (artigo 918 CCivil), mas não tem direito a ser indemnizado (Ac. da Rel. Évora).
– Quanto a não ter reclamado: a reclamação não era possível, pois só *os animais comendo* as rações se poderia constatar o defeito das mesmas.
(V. as minhas *Lições de Direito Comercial*: – o *comprador é comerciante*. Ainda que o não fosse, sendo-o o *vendedor*, é aplicável o artigo 99 CCom. O negócio é *comercial*, e a c/v *"por qualidade"*. Não tendo sido feito *acordo* sobre maior prazo (para análise da mercadoria), a reclamação, pelo comprador, é de fazer no prazo de *8 dias*, após a entrega. Quanto ao critério da morte dos porcos: – não foi provado que morreram por terem comido aquelas rações (v. análises feitas); nem há acordo com o vendedor sobre esse prazo ("até que morram porcos?!").

33. RC 98 IX 22 (IV CJ 17) Coelhos bravos

C/v com. comprador comerciante, na sua actividade e para revenda. *Sob exame* (artigo 470) – coelhos selvagens congelados.
O comprador não paga o preço. Razão: os coelhos sabem a peixe, segundo reclamação dos seus clientes (a quem os coelhos foram revendidos). Mas o comprador não provou que os coelhos sabiam a peixe.
– C/v perfeita – obrigação de pagar o preço. O comprador não invocou motivos justificativos de um maior prazo para reclamação, v.g., para os exames necessários. "Não há um coelho bravo inglês e outro português."

– Artigo 471 *Aplicável, sim.*
– *Sob exame.*
– *8 dias,* entrega ou conhec., salvo invocação de razão para maior prazo.
– O/p sabor a peixe, não fez.
– Revenda.
– A crédito.

34. STJ 98 XII 11 (III CJ 106) Mecanismos de rega

C/v: Qualificação – *pressupõe-se civil*. Vendedor – actividade de comercialização de plásticos agrícolas (destinados à rega); comprador – actividade comercial de venda e implantação de mecanismos de rega.
– Artigo 916 CCivil – 30 dias depois do conhecimento e dentro de 6 meses desde a entrega. Ora, a denúncia é feita 2 anos após a entrega (Ac. da Rel. Coimbra).
– Cumprimento defeituoso – artigo 913 CCivil. Caducidade – artigo 917: – só no caso de anulação por erro; quanto à acção de reparação ou substituição não se aplica, por interpretação extensiva, este prazo mas o prazo geral do artigo 309 (20 anos), v. STJ 95 V 4 (447 BMJ 491).
_ (A c/v é comercial, pois as partes são comerciantes. Mas foi por "qualidade", à vista? Nada se diz, pois partiu-se do pressuposto de que era civil.)

– Artigo 471 *Aplicável, não.*
– *CCiv,* artigos 913, 916;
– Artigo 917 só no caso de erro.
– Artigo 309 – **20 anos** (prazo de prescrição).
– Rcl, não fez (2 anos).
– Revenda.
– A crédito.

35. STJ 99 I 26 (483 BMJ 235) Cortiça para decoração

C/v *com.* entre comerciantes. SCom no exercício da sua actividade comercial, vendedor; decorador, comprador. Qualificação da c/v comercial – falta, mas aplica-se o artigo 471.
O vendedor propôs uma acção contra o comprador por falta de pagamento do preço. Este só 2 meses após a recepção do material *reclamou* que tinha defeitos que se notaram logo na aplicação. A 1ª Instância e a Relação absolveram o decorador, tendo ainda a Relação julgado parcialmente procedente o seu pedido reconvencional.
(STJ)– Neste caso não são aplicáveis as disposições do CCivil, mas as do CCom. e, designadamente, o artigo 471. Razão de ser deste preceito: tornar a c/v *certa* num curto prazo, atendendo ao fim do direito comercial – segurança e certeza das transacções (FERRER CORREIA e VAZ SERRA).

– Artigo 471 *Aplicável, sim.*
– 8 dias, entrega ou maior prazo.
– O/p do comprador, não fez.
– A crédito.

– O prazo de 8 dias conta-se a partir da entrega, salvo se o comprador provar a necessidade de maior prazo e a dtm, o que não aconteceu.

36. RC 99 II 2 (I CJ 25) Porcas reprodutoras

C/v (*pressupõe-se civil*). Vendedor, industrial de unidade produtora de suínos reprodutores que comercializa; comprador SCom que adquiriu estes animais para produzir outros e comercializá-los.
Acordo: se os animais fossem "ineficazes", seriam substituídos (no caso de morte por doença contraída na exploração de origem ou "incapacidade funcional"). 23 porcas tinham "Rinite Atrófica" e 18 revelaram-se, nos primeiros 4 meses, "inaptas". Houve comunicação do comprador.

– Artigo 471 *Aplicável, não.*
– *CCiv*, artigos 798 ss (d° a indemnização).
– Partidas.
– O/p, fez.

– Artigo 913 CCivil não aplicável. Razão: se o fornecedor garante que a mercadoria tem determinadas qualidades ou características e esta não as possui, não há apenas venda defeituosa, mas cumprimento defeituoso (artigos 798 ss CCivil) e, por outro lado, aplica-se a lei especial (Decreto 1886 XII 16 – que não prevê as doenças invocadas) por força do artigo 920. Este decreto é aplicável, mas configura os vícios redibitórios como incumprimento (PINTO MONTEIRO). Direito do comprador a ser indemnizado (artigos 798 ss CCivil).

– *CCiv.*

_ (V. comentário ao Acórdão **32**; c/v comercial, comprador e vendedor comerciantes. Qualidade. Artigo 471, aplicável.)

37. RC 99 IV 13 (II CJ 32) Línguas de bacalhau

C/v com. entre comerciantes. Qualidade(?) – "línguas e caras de bacalhau".

– Artigo 471 *Aplicável, sim.*
– *Qualidade(?)*

– Contrato perfeito. Comprador condenado a pagar o preço pela falta de prova do defeito e de quando o conheceu com a diligência devida, limitando-se, antes, a uma reclamação de um seu cliente de França e a não pagar o preço.

– *8 dias*, conhec., dtm.
– O/p não fez.
– A *crédito*.
– Revenda.

38. RC 99 IV 20 (II CJ 34) Peles para sapatos

C/v com. entre SComs. *Amostra* – peles. Artigo 471. Feita a entrega, a compradora rejeitou 2236,5 pés e o vendedor substituiu esta mercadoria. *Na montagem* dos sapatos, verificou-se nalguns que a "pele ficava com rugas" ou que a "flor ficava quebrada..."

– Artigo 471 *Aplicável, sim.*
– *Amostra.*

– A c/v ficou perfeita – artigo 471 (com a reclamação e a substituição das peles).
– *Competia ao comprador provar os ulteriores* defeitos que surgiram no fabrico de 3010 pares. Porém, reclamando o comprador, o vendedor *propôs apresentar-lhe um comprador russo* para tais sapatos; depois, acrescentou que tais defeitos "não eram da sua inteira responsabilidade" pois podiam derivar da grande percentagem de cozedura e manuseamento (o que se provou). Assim, o *vendedor aceitou implicitamente* alguma parte da responsabilidade pelos defeitos.

– Artigo 471 *Aplicável, não.*
– *CCiv – por defeitos ulteriores.*

– Por isso, o vendedor não tem direito a receber o preço dos pares de sapatos com defeito – por não cumprimento parcial da c/v – com a obrigação de o comprador lhe pagar o restante.

– O/p, não fez.

_ (No total em dívida de 11 273 962$, a indemnização foi de 10 128 650$, tendo, assim, o comprador ficado com todos os sapatos... que vendeu e de pagar os restantes 1 145 312$!

Não há defeito *ulterior* à perfeição do contrato (artigo 471); se houvera, já o contrato não tinha sido perfeito!, nem haveria o dito artigo 471.
Não se atendeu à *prova* do "excesso de cozedura", como razão do defeito. O "não ser da nossa inteira responsabilidade" pode entender-se como forma de *cortesia comercial* para um comprador remisso...)

39. STJ 99 XI 4 (III CJ 73) Peças de vestuário

C/v *com.* entre SComs; comprador no exercício da sua actividade. *Amostra*. Acção do vendedor por falta de pagamento do preço e denúncia da compradora de que ¹/₂ das mercadorias tem *defeito* e alegou acordo de redução do preço (que não provou). Vendedor nega o acordo e alega que se as peças foram vendidas é porque não tinham defeito.

– Artigo 471 *Aplicável, não*.
– *Amostra*.
– *CCiv*, artigo 913, redução do preço.
– Artigo 287. 2, *a todo o tempo*.
– O/p, não fez.
– Revenda.

- A 1ª Instância deu como assente o facto de ter havido acordo de redução do preço, embora não se determinasse a percentagem dessa redução...
- Aplicação dos artigos 913 ss CCivil (venda de coisas defeituosas), e direito à redução do preço. Acção – prazo de caducidade, artigo 917, mas sem prejuízo do artigo 287. 2: não estando o negócio cumprido, a todo o tempo.
- (O cit. acordo é válido sendo por indeterminado? A c/v é comercial e aplicável o artigo 471.)

40. RP 99 XII 13 (V CJ 221) Malhas para confecções

C/v *com.* SCom; comprador. *A* (SQ) compra a *B*, e mulher, *malha* para confecções. *A* propõe *acção contra B* (e mulher) para ser *indemnizado* por a malha *ter defeitos*; e com ela fabricaram-se várias peças exportadas para a Suécia e que foram *rejeitadas* após um teste de lavagem e secagem. *A* fez também *um teste*, que confirmou o anterior e pediu ao CITEV testes sobre amostras da malha cujo resultado foi: "graus de aperto bastante abaixo dos níveis considerados aceitáveis...", o que provocava encolhimento. A empresa sueca propôs redução do preço em 66% (utilizando as peças em saldos) o que *A* aceitou.

– Artigo 471 *Aplicável, não*.
– *Qualidade*.
– *CCiv, sim*: artigos 247 e 251 (se erro) artigos 913 ss (não há prova).
– O/p, não fez.
– Revenda.

- Os vendedores asseveraram à compradora um *padrão de qualidade normal e aceitável* da malha, mas *não foi provado* que qualidade normal seria essa. Os exames do CITEV pressupunham uma qualidade determinada e, só a partir daí, apuraram defeitos.
- O ónus da prova da qualidade competia à compradora, facto constitutivo do seu direito a ser indemnizado.
- As "qualidades" fazem parte do conteúdo do contrato? (Segue a distinção do Ac. do STJ 95 III 2.) Se a questão é essa as acções são as dos artigos 247 e 251; se é do conteúdo, artigos 913 ss (mas não se provou quais seriam).
- Nega-se provimento ao recurso.
- (A c/v é comercial, artigo 471.)

41. STJ 01 VI 26 (II CJ 132) Tintas para pintura de automóveis

C/v *com.* entre comerciantes, no exercício das suas actividades e para revenda (artigo 463 CCom.). *Qualidade(?)*. Artigo 471 – 8 dias, reclamação ulterior.

– Artigo 471 *Aplicável, não*.
– *CCiv dolo*, artigos 254. 1 e 287. 1.
– *Negócio não* cumprido, artigo 287. 2, *a todo o tempo*.
– Revenda.

- Mas prova-se o dolo do vendedor: vendeu as tintas depois do prazo de validade.
- Aplicação, não do artigo 471 CCom, mas do CCivil, artigo 254. 1 e 2.

– Condenação do vendedor: anulação do negócio e pagamento de indemnização. — Artigo 471, supletivo.
(V. a noção de dolo, artigo 253 CCivil.)

42. RP 02 V 9 (III CJ 174) Forro para calçado

C/v *com.* entre SComs no exercício das suas actividades. *Amostra* – forro "aquiline valenciana" cinza escuro para calçado. — Artigo 417 *Aplicável*, sim.
— *Amostra*.

– "A orientação *predominante*, senão *uniforme* – como se vê no Ac. STJ 26 I 99 – é 8 dias a contar do conhecimento, reflectindo o abandono da orientação segundo a qual se contaria esse prazo desde a entrega." — 8 *dias*, conhec.;

– Considera-se também esta última orientação demasiado rígida. O prazo de oito dias após a entrega só pode valer quando a simples inspecção pelo comprador o habilitar à reclamação. — limite do CCivil, artigo 916. 2: 30 dias–6 meses, entrega (para a denúncia);

– Assim, a reclamação prevista no artigo 471 CCom pode ser feita no prazo de 8 dias a contar do conhecimento. — o/p comprador, denúncia dos defeitos, 6 meses: não fez

– Quando a reclamação é feita após o prazo de 8 dias a contar da entrega, ónus da prova do comprador a desconformidade mercadoria/amostra, a impossibilidade de exame na entrega, quando o defeito passou a ser detectável e dtm por si usada. — Revenda.

– Contudo, limitação aos 8 dias após o conhecimento: artigo 916, 2 CCivil – 6 meses após a entrega. Este prazo foi ultrapassado pelo comprador, por isso a sua pretensão (de ser indemnizado pelos prejuízos) não procede.

_ (A orientação referida não é predominante nem uniforme.)

43. STJ 02 XII 5 (www.stj.pt) Caterpillar

C/v *com.* entre SComs; não foi para *revenda* mas para *uso* do comprador, contudo, é subjectivamente comercial: no "exercício da sua normal actividade". Ainda que fosse comercial *por uma parte*, seria com. pela outra por aplicação do artigo 99 CCom. *À vista* – máquina *Caterpillar*. — Artigo 471 *Aplicável*, sim.
— *À vista*.
— 8 *dias*, entrega (salvo impossibilidade, dtm).

– Reclamação dos defeitos: *artigo 471*. Razão – interesse geral do comércio; não o regime do CCivil, artigos 913 ss. — O/p dtm, não fez.

– "... tratando-se, como é o caso, de venda de coisa específica que se teve bem à vista, e de modo nenhum venda sobre amostra outra referência...". Prazo de 8 dias: "Reportado o seu início, no artigo 471º C.Com, à entrega da coisa devida, e só assim não devendo entender-se quando impraticável capaz exame nos 8 dias seguintes..." (VAZ SERRA) e com dtm que o comprador não teve – 1 mês e meio sem experimentar a máquina, "...em relação à qual já não tivera esse cuidado antes mesmo de fechar o negócio..." — Artigo 471 *Aplicável*, não.

– Mas houve dolo do vendedor: artigo 253. 2 CCivil (afasta a aplicação do artigo 471 CCom). — CCiv:
— dolo do vendedor, artigo 253. 2.

(Na c/v comercial *à vista*, a reclamação é no momento da c/v. Não é aplicável o artigo 471.)

44. STJ 03 XII 18 (www.stj.pt) Fio de algodão

C/v *com.* vendedor SCom. Comprador SCom no exercício da sua actividade; com relações comerciais e numa média de compras de 5 toneladas de fio de algodão por mês. Compra – fio de algodão "trama 244". *Amostra*. (*Qualidade*.) Todas as *partidas* entregues até Março de 1993. A compradora não paga, a vendedora intenta acção para a sua condenação no pagamento do preço. A compradora *alegou* defeito por "excesso de torção do fio", consoante *reclamação* de *cliente* seu. — Artigo 471 *Aplicável*, não.
— CCiv, artigos 913, 905; 287. 2, *a todo o tempo*.
— *Partidas*.
— *Amostra* (?)
— O/p, não fez.
— Revenda.

– A acção procedeu parcialmente na 1ª Instância – fio vendido em Março de 1993 – porque a R. não provou os defeitos alegados e foi condenada a pagar à A. o respectivo preço, acrescido de juros de mora. Quanto ao restante fio, aplicação do artigo 913 CCivil. Denúncia do comprador a tempo, direito à anulabilidade da c/v, artigos 913. 1 e 905. Prazo a todo o tempo: preço por pagar, artigo 287. 2. — *A crédito*.

– A Relação aplicou o CCivil. Razão: c/v mercantis "sob amostra" são susceptíveis de exame aquando da venda; o *exame do fio seria na sua confecção*, mas o *comprador não o comprou para confeccionar*, mas *para revender logo, não poderia examinar*. (Sublinhado meu.)

– Quanto à questão da c/v ser ou não mercantil, o STJ nota que o entendimento da Relação não exclui esta qualificação (comercial), apenas não pode ser c/v sobre amostra; há *lacuna* e aplica-se, subsidiariamente, o CCivil e aplicação do artigo 287. 2 (confirma 1ª Instância).

– No que respeita ao sentido do artigo 287, confirma-se: não cumprimento das obrigações do negócio, não pagamento do preço. Aplica-se o preceito.

_ (Segundo o artigo 471, o exame é de fazer pelo comprador da mercadoria – dessa compra e venda – quer a confeccione, quer não.)

45. STJ 06 IX 21 (www.stj.pt) Rolhas de cortiça

C/v com. entre EComs – artigos 874 e 879 CCivil e 2, 3, 13. 2 e 463. 2 CCom. A vendedora entregou uma "foto de classificação" na qual se identificavam as classes das rolhas. (*Qualidade*.) Fornecimento feito. *Verso das facturas*: "...as reclamações... dentro de 8 dias a contar da recepção das mercadorias." Parte das rolhas – *não determinadas na quantidade nem na qualidade* – apresentam um nº de poros superior aos da *qualidade encomendada*. *Reclamação de clientes* da compradora, que não paga... Acção da vendedora. *Não se diz* a *data da reclamação* da compradora. — *Artigo 471 Aplicável, não.* — *CCivil, sim;* — *artigo 911, redução do preço.* — *(Qualidade.)* — *O/p, não fez.* — *Revenda.* — *A crédito.*

– " A vendedora apresentou uma foto de classificação identificativa das classes de rolhas. Não se trata, por isso, tendo em conta a precisão dos artigos 469 e 470 do Código Comercial, de venda sobre amostra nem de coisas não à vista nem designáveis por padrão."

– Compradora condenada a pagar e aplicação do artigo 911 CCivil – por defeito havido em algumas rolhas, que a compradora *não provou* na quantidade e na qualidade, deve apurar-se o valor em incidente de liquidação para diminuir ao preço em dúvida.

_ O acórdão, ao enumerar as modalidades da compra e venda comercial, esqueceu-se da compra e venda "por qualidade" (artigo 470), que é da que se trata. V., em *Anexo*, exemplar, de um produtor de rolhas, sobre as qualidades das mesmas.

46. STJ 06 XI 2 (www.stj.pt) Corantes para tingir malhas

C/v com. entre SComs. (*Qualidade*) – produtos corantes para utilização no tingimento de malhas "à base de viscose e fornecido corante vermelho Cibacrone P 4B". — *Artigo 471 Aplicável, não.* — *Qualidade(?)* — *CCivil, sim;*

Há reclamação da compradora: – "...apresenta sinais de tingimento..." Não se indica a data da reclamação. — *artigo 913, mas não se aplica o artigo 917.* — *Não caducidade do dº de indemnização da compradora.*

– "Mas, não se trata, tendo em conta a precisão dos artigos 469 e 470 do Código Comercial, de venda sobre amostra nem de coisas não à vista nem designáveis por padrão." Daí, o regime civil.

– Aplicação dos artigos 913, 916. Não há razão que justifique a aplicação do artigo 917 à acção reconvencional da compradora (indemnização dos prejuízos sofridos por defeito da coisa) e, por isso, nem se analisa o enquadramento desta situação no âmbito do artigo 287. 2 do CCivil. Desta forma, não caducou o direito de acção da compradora, não obstante não ter accionado a vendedora (para pagamento dos prejuízos) nos *seis meses* seguintes à *denúncia* do defeito do produto.   – O/p?
   – A crédito.

– Revogação do acórdão da Relação e da sentença proferida na 1ª Instância, tendo por consequência que o processo deve prosseguir na 1ª Instância.

(V. comentário ao Acórdão ant. A compra e venda é comercial e por qualidade, sendo aplicável o artigo 471.)

47. STJ 06 XI 23 (III CJ 132) Malhas

C/v *com.* entre comerciantes – fim lucrativo e revenda, artigo 434. 2 CCom. *Qualidade* – vários tipos de malha. Devolução da malha "Jersey Jacquard 200 GR D"; 62 kg de malha "licra turquesa"; 34,5 kg de malha "licra fushia" e 66 kg de malha "licra lilás". A vendedora *reconheceu os defeitos*.   – Artigo 471 *Aplicável,* sim.
   – Amostra.

– Aplicação do artigo 471, mas é patente que o preceito não diz qual é o início do referido prazo (ROMANO MARTINEZ). Daí, 8 dias a contar do conhecimento do defeito.   – 8 dias, conhec.; dtm.
   – O/p, não fez.
   – Caducidade do dº de rcl.
   – Revenda.

– Ónus da prova do comprador: da impossibilidade de exame no momento da entrega, do momento da cessação dessa impossibilidade, da data da detecção dos defeitos e da data da reclamação.

– Assim, e *não tendo* a compradora, sequer, *alegado as datas em que as denúncias* foram feitas, conclui-se que caducou o direito de reclamação e, em consequência, condenação da compradora a *pagar o preço* em dívida.

– Quando a reclamação é feita após o prazo de 8 dias a contar da entrega, ónus da prova do comprador a desconformidade mercadoria/amostra, a impossibilidade de exame na entrega, quando o defeito passou a ser detectável e dtm por si usada.

A CIRCULAÇÃO DO CHEQUE E O SIGILO BANCÁRIO

RICARDO DE GOUVÊA PINTO[*]

> SUMÁRIO: *I. Colocação do problema. II. Caracterização do cheque: aspectos importantes para a questão do sigilo. III. O sigilo bancário e a informação constante no cheque. IV. A relevância essencial do modo de emissão do cheque: o cruzamento do cheque e o direito do sacador. V. Extensão: terceiros implicados; plurititularidade de conta bancária; endossantes; beneficiários; procuradores; o caso do cheque "a levar em conta". VI. Conclusões.*

I. Colocação do problema

1. Diversas questões são colocadas pela circulação do cheque em matéria de sigilo bancário. A mais comum dentre elas é a de saber se um banco pode identificar o beneficiário/apresentante de um cheque quando exista investigação criminal originada em queixa do seu sacador e se, desse modo, pode prestar às autoridades judiciárias informações constantes em cheques, porque inscritas nesses documentos[1] lançados em circulação.

---

[*] Assistente Convidado e Doutorando da Faculdade de Direito da Universidade Nova de Lisboa.
[1] JOSÉ DE OLIVEIRA ASCENSÃO, *Direito Comercial, Volume III, Títulos de Crédito*, AAFDL, Lisboa, 1992, pp. 3-4: «... uma categoria de situações em que se dá uma simbiose tal de direito e documento que o direito é incorporado no documento».

2. O problema tem grande pertinência e relevância se considerarmos o papel que o cheque desempenha como meio de pagamento, as suas características próprias como título de crédito, o número de intervenientes que pode ter na sua circulação e a utilização abusiva ou fraudulenta a que, muitas vezes, é sujeito.

O cheque é susceptível de ser objecto de crime, por exemplo, pela sua falsificação, como também é susceptível de ser instrumento de crime, por exemplo, de burla, acontecendo normalmente a conjugação das situações, embora autónomas na tipificação. Nessas circunstâncias, as autoridades judiciárias, nomeadamente aquela que tem por função dirigir a investigação criminal, o Ministério Público, procuram obter junto aos bancos informações inscritas no documento que é o cheque, ou delas complementares, por forma a descortinar os autores do crime sob investigação e, até, conseguir definir adequadamente o tipo criminal. Também os intervenientes na circulação do título procuram obter, muitas vezes, essas informações directamente junto do banco, não apenas como actuação prévia à decisão de participação criminal, mas também em situação de litígio cível, nomeadamente, como elemento de prova de cumprimento de obrigações.

3. Perante tais pedidos de informações, muitas vezes de entrega de fotocópia do documento, coloca-se a questão de saber se existe vinculação do banco às regras que protegem o sigilo bancário, impossibilitando a prestação dessas mesmas informações, seja produzindo-as autonomamente declarando os factos, seja fornecendo às autoridades jurisdicionais ou aos diferentes intervenientes cópia integral do documento.

4. Da circunscrição do problema estão, naturalmente, afastados os casos em que o dever geral de sigilo esteja derrogado por norma legal expressa e especial. De facto, existem regimes especiais aplicáveis a certos tipos de crimes que constituem excepções ao regime geral de segredo bancário e que estão previstas no n.º 2 do artigo 79.º do Regime Geral das Instituições de Crédito e Sociedades Financeiras, aprovado pelo Decreto-Lei n.º 298/92, de 31 de Dezembro.

É, por exemplo, o que acontece no caso da investigação de crime de emissão de cheque sem provisão (Decreto-Lei n.º 454/91, de 28 de Dezembro, alterado pelo Decreto-Lei n.º 316/97, de 19 de Novembro), em que nos termos das disposições conjugadas dos artigos 11.º e 13.º-A do Decreto-Lei n.º 454/91, no quadro da investigação de um crime de emissão de cheque sem provisão, deverão ser prestadas, a pedido das autoridades judiciárias, a declaração de insuficiência do saldo da conta bancária para efeito do pagamento do cheque sacado, com indicação do valor do referido saldo, reportado ao momento em que o cheque foi apresentado a pagamento, a indicação de todos os elementos de identificação do sacador em poder da instituição e deve, ainda, ser efectuado o envio de cópia da ficha bancária de assinaturas.

II. Caracterização do cheque: aspectos importantes para a questão do sigilo

5. Para se poder reflectir sobre o problema em apreciação, interessa apurar aquilo que o cheque, uma vez emitido e colocado em circulação, implica na consideração da questão do sigilo, quais são os sujeitos envolvidos, quais são aqueles que têm posição jurídica relevante em sede de sigilo, quem pode ter uma situação jurídica protegida perante as regras do sigilo e, por consequência, poderá dispor dessa protecção, e importa caracterizá-lo e tentar compreender a sua operacionalidade no comércio jurídico. O que se fará de forma necessariamente sumária[2].

6. O cheque é um documento que contém uma ordem dada por um cliente ao seu banqueiro, de efectuar o pagamento de determinada quantia a terceiro, ao portador ou, até, ao próprio mandante, por conta de fundos

---

[2] O conceito de cheque é pacífico. Assim mesmo, ANTÓNIO MENEZES CORDEIRO, *Manual de Direito Bancário*, 3.ª ed., Almedina, Coimbra, 2006, p. 483. Para indicação de bibliografia sobre o tema, em direito comparado, v. A. cit., ob.cit., pp. 483-497. Ainda assim, e para além dos Autores nacionais que se irão citando, recomenda-se, JOAQUIN GARRIGUES, *Sobre el concepto del cheque y del contrato de cheque*, Revista de Derecho Mercantil, XVII, n.º 49, 1954, pp. 7 ss; RODRIGO URÍA, *Derecho Mercantil*, 22.ª ed., Ed. Marcial Pons, Madrid, 1995, pp. 977 ss.; MICHEL VASSEUR, *Droit et économie bancaires*, III/IV, 4.ª ed., Les cours de Droit, Paris, 1988/89 pp. 1455 ss. Sobre a questão, consulte-se também as páginas que lhe dedicam PEDRO PAIS DE VASCONCELOS, *Direito Comercial – Títulos de Crédito (Lições)*, AAFDL, Lisboa, 1990, e ANTÓNIO PEREIRA DE ALMEIDA, *Direito Comercial – III – Títulos de Crédito (Lições)*, AAFDL, Lisboa, 1988. Esta problemática não parece ter vindo a sofrer grandes inovações, nem impulsos, nas últimas décadas, o que será indiciador da extrema necessidade de estabilidade na matéria e revela os riscos inerentes à incontinência legislativa que se encontra noutras áreas; a circunstância de aqui se aplicar Direito Uniforme, não será, certamente, estranha à situação.

disponíveis[3], no sentido de pagar à vista a quantia que nele vem inscrita. O cliente que profere a ordem designa-se sacador, o banqueiro diz-se sacado e o beneficiário da ordem designa-se terceiro beneficiário ou, apenas e mais comummente, beneficiário[4].

7. O cheque é, pois, uma ordem de pagamento dada a um banco que fica corporizada num título de crédito, que é o próprio cheque, que serve como instrumento de pagamento e que, como tal, circula[5] no comércio jurídico[6].

Por isso mesmo, para que produza efeito como cheque, e como resulta do artigo 2.º da Lei Uniforme relativa ao Cheque, o conteúdo do documento é, nos termos do artigo 1.º, n.º 2.º, da mesma Lei, «*o mandato puro e simples de pagar uma quantia determinada*».

Temos, assim, que o cheque se caracteriza essencialmente de modo funcional, pois consiste hoje, principalmente, num meio de pagamento privilegiado que permite dispensar, com vantagem, o recurso a numerário[7].

---

[3] O facto de os fundos serem considerados disponíveis não implica, necessariamente, que o cliente tenha saldo na sua conta à ordem no momento da emissão do cheque; pode ter contratado com o banco essa disponibilidade, mesmo que os fundos não estejam depositados, por descoberto na conta ou por mobilização autorizada sobre valores. Além disso, pode acontecer que o cliente emita o cheque sabendo que não tem fundos disponíveis, mas contando que terá a conta provida no momento da apresentação do cheque a pagamento – por exemplo, emite-o numa sexta-feira depois de o banco fechar e durante o fim-de-semana procede a uma transferência de fundos por via electrónica. Também a relação de confiança estabelecida entre o banqueiro e o cliente pode levar aquele a, sem qualquer convenção prévia, pagar os cheques emitidos pelo segundo que sejam apresentados a pagamento e que não tenham provisão, pelo menos até certo limite de montante.

[4] ANTÓNIO FERRER CORREIA e ANTÓNIO CAEIRO, *Recusa do pagamento do cheque pelo banco sacado; responsabilidade do banco face ao portador – Anotação ao Acórdão do STJ de 20/12/1977*, Revista de Direito e Economia, 4, n.º 1, 1978, p. 457; ANTÓNIO MENEZES CORDEIRO, *Manual...*, 3.ª ed., cit., p. 483.

[5] O cheque é encarado como um documento destinado à circulação, ou susceptível de circulação, estando a sua autonomia claramente estabelecida nos artigos 10.º, 21.º e 22.º da Lei Uniforme relativa ao Cheque; JOSÉ DE OLIVEIRA ASCENSÃO, *Direito ...*, cit., p. 244.

[6] Cfr. MANUEL NOGUEIRA SERENS, *Natureza jurídica e função do cheque*, Revista da Banca, n.º 18, 1991, pp. 100-101.

[7] Assim mesmo, SOFIA DE SEQUEIRA GALVÃO, *Contrato de Cheque*, Lex, Lisboa, 1992, p. 21, e bibliografia aí indicada.

8. Esta ordem, que fica consubstanciada no cheque, está marcada por determinadas características que a individualizam[8]. Rapidamente, desde logo, é um título de crédito. Em segundo lugar, refere-se a uma prestação em dinheiro. Finalmente, tem traços identificadores bem determinados, que são a incorporação da obrigação, a literalidade, a autonomia e a abstracção.

O cheque contém uma obrigação cambiária que se traduz no facto de o beneficiário poder exigir o pagamento ao sacador, caso o banco o recuse. Essa obrigação está incorporada no próprio cheque que, assim, funciona como título de crédito. Para além disso, o cheque sofre de literalidade porque a letra do título é decisiva para a determinação do conteúdo, dos limites e das modalidades do direito. Tem autonomia porque o seu adquirente, de acordo com as regras da circulação, e desde que esteja de boa fé, é tido como titular originário do direito. Finalmente, tem abstracção por ser independente da relação jurídica que esteve na sua origem[9].

Tudo se retira da leitura conjugada dos artigos 1.° e 2.° da Lei Uniforme relativa ao Cheque.

9. O direito do sacador de dar ordens de pagamento ao banco resulta de um contrato celebrado entre ambos, que é a convenção ou contrato de cheque. Este contrato[10] de cheque, que não se confunde com o próprio cheque em si mesmo, é um contrato pelo qual o banco aceita que o seu cliente, que é titular de um direito de crédito sobre o banco que tem por objecto a provisão, mobilize os fundos à sua disposição por meio da emissão de cheques, comprometendo-se o banco ao seu pagamento[11].

---

[8] ADRIANO VAZ SERRA, *Títulos de Crédito*, Boletim do Ministério da Justiça, n.° 60, 1956, p. 31; ANTÓNIO FERRER CORREIA, *Lições de Direito Comercial, III*, FDC, Coimbra, 1975, p. 24; AUGUSTO DE ATHAYDE e LUÍS BRANCO, *Operações Bancárias*, in AAVV, «Direito das Empresas», INA, Oeiras, 1990, p. 325; FERNANDO OLAVO, *Direito Comercial – II – 2.ª Parte – Títulos de Crédito*, Coimbra, 1978, p. 7.

[9] ANTÓNIO FERRER CORREIA, *Lições...*, cit., pp. 3ss., 9ss., 43ss.; MANUEL NOGUEIRA SERENS, *Natureza jurídica ...*, cit., pp. 103ss.; JOSÉ DE OLIVEIRA ASCENSÃO, *Direito...*, cit., pp. 17ss.; ANTÓNIO MENEZES CORDEIRO, *Manual...*, 3.ª ed., cit., pp. 487ss.

[10] Diz o artigo 3.° da Lei Uniforme relativa ao Cheque que «*O cheque é sacado sobre um banqueiro que tenha fundos à disposição do sacador e em harmonia com uma convenção expressa ou tácita, segundo a qual o sacador tem o direito de dispor desses fundos por meio de cheque. A validade do título como cheque não fica, todavia, prejudicada no caso de inobservância destas prescrições*».

[11] Cfr. SOFIA DE SEQUEIRA GALVÃO, *Contrato de Cheque*, cit., pp. 35 ss. e pp. 58 ss.; LUÍS M. BAPTISTA BRANCO, *Conta corrente bancária. Da sua estrutura, natureza e regime*

10. No que respeita aos aspectos especificamente atinentes à circulação do cheque, este pode conter a nomeação da pessoa do beneficiário, indicando, portanto, a pessoa em favor do qual a ordem de pagamento é dada. Caso o não contenha, o título é considerado cheque ao portador (artigo 5.º da Lei Uniforme relativa ao Cheque).

O cheque pagável a determinada pessoa pode ser transmitido por endosso, tenha ou não a cláusula "à ordem" (artigo 14.º da Lei). O cheque é naturalmente um título à ordem[12]. Quando o endosso, por seu turno, não designe o beneficiário ou consista, simplesmente, na assinatura do endossante, considera-se em branco, legitimando, *a priori*, qualquer seu portador (artigo 17.º). Em qualquer caso, o endossante garante o pagamento do cheque (artigo 18.º).

Não existe qualquer limite ao número de endossantes, pelo que o cheque pode circular por um número ilimitado de pessoas até ser apresentado a pagamento[13]. À medida que o cheque vai sendo endossado, mais e nova informação vai sendo adicionada no documento.

Segundo defende OLIVEIRA ASCENSÃO[14], aparentemente o cheque poderia também ser considerado título nominativo, pois o artigo 5.º da Lei admite que seja passado a uma determinada pessoa, com a cláusula "não à ordem" ou outra equivalente. Contudo, nesses casos não há um título de circulação, mas a figura do *Rektapapier*[15], pois que, de acordo com o artigo 14.º, 2.º par., «*O cheque estipulado pagável a favor de uma determinada pessoa, com a cláusula "não à ordem" ou outra equivalente, só é transmissível pela forma e com os efeitos duma cessão ordinária*»: ou seja, o cheque não se destina, então, à circulação, não pode circular para além do tomador.

11. Desta matéria deve ser aproximada a figura do cheque cruzado[16]. Como resulta duma leitura articulada dos artigos 37.º e 38.º da Lei Uni-

---

jurídico, Revista da Banca, n.º 32, 1996, p. 60; Acórdão da Relação de Coimbra, de 26.04.1989, Colectânea de Jurisprudência, 1989, 2, pp. 72 ss.

[12] JOSÉ DE OLIVEIRA ASCENSÃO, *Direito...*, cit., p. 244.

[13] Sobre o endosso e as suas diversas modalidades, cfr. JOSÉ MARIA PIRES, *O Cheque*, Rei dos Livros, Lisboa, 1999, pp. 76 ss.

[14] JOSÉ DE OLIVEIRA ASCENSÃO, *Direito...*, cit., pp. 245-246. v., também, JOSÉ MARIA PIRES, *O Cheque*, cit., pp. 80-81.

[15] Sobre o conceito, v. ADRIANO VAZ SERRA, *Títulos de Crédito*, Boletim do Ministério da Justiça, n.º 60, 1956, (nt. 1), p. 6.

[16] JOSÉ DE OLIVEIRA ASCENSÃO, *Direito...*, cit., p. 246

forme relativa ao Cheque, o sacador ou o portador dum cheque podem cruzá-lo, por meio de duas linhas paralelas traçadas na face do cheque. O cruzamento pode ser geral ou especial: o cruzamento é geral quando consiste apenas nos dois traços paralelos, ou se entre eles está escrita a palavra "banqueiro" ou outra equivalente; é especial quando tem escrito entre os dois traços o nome dum banqueiro. Um cheque com cruzamento geral só pode ser pago pelo sacado a um banqueiro ou a um cliente do sacado. Um cheque com cruzamento especial só pode ser pago pelo sacado ao banqueiro designado, ou, se este é o sacado, ao seu cliente. O banqueiro designado pode, todavia, recorrer a outro banqueiro para liquidar o cheque.

Um banqueiro só pode adquirir um cheque cruzado a um dos seus clientes ou a outro banqueiro. Não pode cobrá-lo por conta de outras pessoas que não sejam estas.

Por seu turno, o cruzamento geral pode ser convertido em cruzamento especial, mas este não pode ser convertido em cruzamento geral. A inutilização do cruzamento ou do nome do banqueiro indicado considera-se como não feita.

Finalmente, o sacado ou o banqueiro que deixar de observar as disposições acima referidas é responsável pelo prejuízo que daí possa resultar até uma importância igual ao valor do cheque.

12. O facto do cruzamento do cheque tem implicações na questão de fundo que tratamos, uma vez que em virtude do cruzamento o sacador manifesta a intenção de querer vir a saber (a possibilidade de querer saber e aceder à informação) qual o destino final do cheque, a quem foi pago, quando e onde.

Pode acontecer que um cheque emitido não cruzado, o venha a ser posteriormente por um dos endossantes intervenientes. A partir desse momento, o cheque ganha as características de cheque cruzado como se o tivesse sido desde o início. Todavia, apenas existe uma presunção, e sempre *iuris tantum*, de que foi cruzado na emissão para efeitos da questão da inexistência de dever de sigilo.

13. Sobre a matéria de responsabilidade na circulação cambiária do cheque, diga-se que o portador de um cheque pode demandar o sacador, qualquer dos endossantes e outros co-obrigados nos casos em que, tendo embora o cheque sido apresentado a pagamento em tempo útil, este não lhe seja pago e a recusa seja verificada por um facto formal (protesto), ou

por uma declaração do sacado, datada e exarada sobre o cheque, ou ainda quando ocorra uma declaração equivalente duma câmara de compensação (artigo 40.º da Lei Uniforme relativa ao Cheque).

Note-se que o negócio jurídico de emissão de cheque coloca frente a frente o sacador e o beneficiário (ou portador) do cheque. O banco nunca é parte na relação cartular. Por isso, inexiste qualquer relação jurídica directa entre o banco e o beneficiário ou tomador do cheque[17]. Com base na relação cartular não há possibilidade de o beneficiário ou tomador do cheque poder accionar directamente o banco.

Só poderia aceitar-se uma qualquer relação entre o beneficiário ou o portador dum cheque e o banco, se a convenção de cheque tivesse sido estipulada como contrato a favor de terceiro[18], o que na prática não tem sucedido. O portador não é, de facto, parte na convenção do cheque[19]. O banqueiro que, mesmo dentro do prazo legal, não pague um cheque, não é, em princípio, responsável perante o tomador do cheque[20]. Mas poderá sê-lo por via aquiliana, por violação dos deveres próprios da sua actividade[21]. Tal pode-se verificar porque, na expressão de MENEZES CORDEIRO, «o cheque representa um bem que transcende a convenção do cheque, donde ele promane»[22]. Para que o banco, de modo arbitrário, não atente contra o cheque, existe legislação específica destinada à sua tutela. Na verdade, ao recusar arbitrariamente pagar um cheque ao seu ao portador legítimo, o banqueiro está a abalar a confiança deste na circulação cartular e a ofender os seus direitos patrimoniais.

O banco é responsável, de acordo com as regras da causalidade normativa, não propriamente pelo valor do cheque, mas por todos os incómo-

---

[17] Acórdãos do Supremo Tribunal de Justiça, de 20.12.1977, Boletim do Ministério da Justiça, n.º 272, p. 217, e de 10.05.1989, Revista da Banca, n.º 14, 1990, p. 106 ss (com anotação de ANTÓNIO DE CAMPOS).

[18] ANTÓNIO MENEZES CORDEIRO, Manual..., 3.ª ed., cit., p. 486.

[19] ANTÓNIO FERRER CORREIA e ALMENO DE SÁ, Cessão de créditos, emissão de cheque, compensação – Parecer, Colectânea de Jurisprudência, XV, 1990, n.º 1, p. 44 e p. 55; Acórdão do Supremo Tribunal de Justiça, de 20.12.1977, Boletim do Ministério da Justiça, n.º 272, pp. 217 ss.

[20] Acórdão da Relação do Porto, de 05.04.1990, Colectânea de Jurisprudência, XV, 1990, n.º 2, pp. 227 ss.

[21] Acórdão da Relação do Porto, de 24.04.1990, Colectânea de Jurisprudência, XV, 1990, n.º 2, pp. 238 ss.

[22] ANTÓNIO MENEZES CORDEIRO, Manual..., 3.ª ed., cit., p. 486.

dos, maiores despesas, lucros cessantes e, no limite, acrescido risco que o seu comportamento ilícito cause ao tomador do cheque[23].

14. Naturalmente, existem deveres de fiscalização[24] do banco que resultam da convenção de cheque celebrada com o seu cliente, em especial quanto à falsificação, onde ganha especial relevância, como decorre da prática bancária, a verificação da assinatura.

O cheque não deve ser pago a um não titular. O princípio é, naturalmente, de que só o pagamento ao titular (leia-se, apresentador legítimo) corresponde à vontade presumível do sacador. Aliás, a própria lei[25] exprime a orientação de que o banco não se liberta da responsabilidade através do pagamento a um não titular[26].

Mas a lei apenas consagra um dever de verificação formal da legitimidade (artigos 19.º e 35.º Lei Uniforme relativa ao Cheque), e parece-nos que nada mais do que isso. No que respeita aos endossos, o banco sacado que paga um cheque endossável é obrigado a verificar a regularidade da sucessão dos endossos, mas não a assinatura dos endossantes. A resposta à questão de saber se o banco não tem o dever de proceder a uma verificação material da legitimidade do apresentador do cheque não encontra resposta na Lei Uniforme relativa ao Cheque, a qual não se destina a regular o Direito interno do cheque, mas apenas o cheque, enquanto título[27].

III. O sigilo bancário e a informação constante no cheque

15. De tudo o que vem dito acima resulta, parece que de forma clara, que o cheque pode ser, pela sua emissão, mas também pela sua circulação por vários intervenientes, um documento que constitui o repositório de diversas informações bancárias respeitantes aos seus intervenientes. Essa

---

[23] Assim mesmo, ANTÓNIO MENEZES CORDEIRO, *Manual...*, 3.ª ed., cit., p. 487.
[24] SOFIA DE SEQUEIRA GALVÃO, *Contrato de Cheque*, cit., pp. 67 ss.; ADRIANO VAZ SERRA, *Títulos de Crédito*, Boletim do Ministério da Justiça, n.º 61, 1956, pp. 18 ss.
[25] No artigo 35.º da Lei Uniforme relativa ao Cheque, «*O sacado que paga um cheque endossável é obrigado a verificar a regularidade da sucessão dos endossos ...*»
[26] SOFIA DE SEQUEIRA GALVÃO, *Contrato de Cheque*, cit., pp. 72 ss. Cfr. Acórdão do Supremo Tribunal de Justiça, de 14.04.1999, proc. n.º 99B145, www.dgsi.pt
[27] SOFIA DE SEQUEIRA GALVÃO, *Contrato de Cheque*, cit., p. 72

informação é informação bancária, pela sua própria natureza, e está sujeita ao regime geral do sigilo bancário.

16. No âmbito da problemática que nos ocupa têm particular relevância o n.º 1 e a alínea d), do n.º 2, do artigo 79.º, do Regime Geral das Instituições de Crédito e Sociedades Financeiras. Diz o preceito, que trata das excepções ao dever de segredo, que «*Os factos ou elementos das relações do cliente com a instituição podem ser revelados mediante autorização do cliente, transmitida à instituição*» (n.º 1), e que «*Fora do caso previsto no número anterior, os factos e elementos cobertos pelo dever de segredo só podem ser revelados*» (n.º 2) «*Nos termos previstos na lei penal e de processo penal*» [referida alínea d)].

17. O dever de sigilo tem como propósito proteger o titular do direito de segredo da ingerência de terceiros na sua esfera privada. Contudo, poder-se-á não considerar terceiros aqueles que tenham um interesse directo, pessoal e legítimo na situação jurídica em causa.

Cumpre apurar, se o sacador ou um titular da conta bancária sobre a qual o cheque foi emitido, que pretenda obter informações bancárias inscritas no documento, ou cópia integral do mesmo, tem direito a aceder a essas informações.

Também, caso o pedido de informações sobre o cheque que é dirigido ao banco tenha origem noutra pessoa envolvida na circulação do cheque que não o sacador, será que o dever de sigilo cede perante o interesse dessa qualquer outra pessoa que, designadamente, seja parte em processo judicial, ou da própria autoridade de investigação na prossecução do interesse público da investigação criminal e da realização da Justiça? Ou será que não existe de todo, perante tais circunstâncias o direito ao sigilo bancário por parte dos outros intervenientes, sacador ou apresentante/beneficiário?

Para além disso, põe-se a questão de saber, a concluir-se que exista, qual será a extensão do direito à informação do sacador, do titular da conta ou de outro interveniente quanto às informações inscritas no documento, designadamente, se abrange todas elas ou só a parte que especificamente lhe diga respeito.

18. A questão do sigilo bancário[28] surge, aqui, no âmbito das relações privadas entre intervenientes, legítimos ou mesmo ilegítimos, na circula-

---

[28] Nestes próximos números, 18. a 21., acompanhamos o que expusemos no nosso *Divórcio e Sigilo Bancário*, in AAVV, «Estudos Comemorativos dos 10 Anos da Faculdade de Direito da Universidade Nova de Lisboa», no prelo.

ção cartular. Nestas circunstâncias, em que o levantamento do sigilo bancário surge no âmbito das relações privadas, ele só pode ocorrer em conjunturas muito particulares[29]. Na base deste juízo de cautela e de ponderação está a noção consabida de que o sigilo bancário encontra respaldo em normas costumeiras vigentes, que se fundam, por sua vez, no entendimento do contrato bancário como relação de confiança[30].

19. O bem jurídico que a imposição legal do dever de sigilo imediatamente tutela é o segredo[31]. O segredo é um bem jurídico de que é titular, individualmente, a pessoa singular ou colectiva em razão de cujo interesse o segredo é protegido, e que, como tal, é designado por titular do segredo. Por seu turno, o objecto do segredo é a privacidade, pessoal ou patrimonial, do seu titular. Pelo que a intimidade da vida privada é o bem jurídico mediatamente protegido, o que tem eco, desde logo, no artigo 26.º, n.º 1, da Constituição da República Portuguesa. Para além disso, pode-se dizer que há um fundamento jurídico geral[32] do sigilo bancário no artigo 195.º do Código Penal, o qual tem uma previsão do crime de violação do segredo profissional bastante ampla[33].

---

[29] ANTÓNIO MENEZES CORDEIRO, *Manual de Direito Bancário*, Almedina, Coimbra, 2.ª ed., 2001, p. 359.

[30] Neste sentido, MARIA EDUARDA AZEVEDO, *O segredo bancário*, Ciência e Técnica Fiscal, n.ºs 346-348, Out./Dez. 1987, p. 76, que acrescenta, a pp. 78, «O que está em jogo não é uma simples posição de técnica jurídica; antes uma atitude ideológica, no sentido de um determinado comportamento face à Sociedade e ao Direito».

[31] Seguimos FERNANDO CONCEIÇÃO NUNES, *Os deveres de segredo profissional no Regime Geral das Instituições de Crédito e Sociedades Financeiras*, Revista da Banca, n.º 29, 1994, p. 43. V., ainda, JORGE PATRÍCIO PAÚL, *O sigilo bancário – sua extensão e limites no direito português*, Revista da Banca, n.º 12, Out./Dez. 1989, pp. 71 ss.; ALBERTO LUÍS, *O segredo bancário em Portugal*, Revista da Ordem dos Advogados, ano 41.º, 1981, pp. 451 ss.; JOSÉ MARIA PIRES, *Direito Bancário. I Volume. O sistema bancário português*, Rei dos Livros, Lisboa, 1994, pp. 120 ss., e *Direito Bancário. II Volume. As operações bancárias*, Rei dos Livros, Lisboa, 1995, pp. 78 ss.; VASCO SOARES DA VEIGA, *Direito Bancário*, Almedina, Coimbra, 2.ª ed., 1997, pp. 225 ss.; RODRIGO SANTIAGO, *Sobre o segredo bancário – uma perspectiva jurídico-criminal e processual penal*, Revista da Banca, n.º 42, 1997, pp 23 ss.

[32] MARIA EDUARDA AZEVEDO, *O segredo bancário*, cit., p. 84.

[33] Diz o preceito: «*Quem, sem consentimento, revelar segredo alheio de que tenha tomado conhecimento em razão do seu estado, ofício, emprego, profissão ou arte é punido com pena de prisão até 1 ano ou com pena de multa até 240 dias*». Sobre toda esta questão, v. MANUEL DA COSTA ANDRADE, *Artigo 195.º – Violação de segredo*, in AAVV (dir. JORGE FIGUEIREDO DIAS), in «Comentário Conimbricense do Código Penal. Parte Especial.

No âmbito do segredo bancário devem-se entender protegidos não apenas os aspectos directamente patrimoniais a que uma informação respeita, mas também os aspectos puramente pessoais cujo conhecimento pode resultar duma informação patrimonial ou financeira[34].

20. O dever de segredo que recai sobre o banco tem duas vertentes essenciais. Por um lado, impede-o de prestar a informação que contenha o dado sigiloso a terceiro. Por outro lado, exige-lhe que adopte toda a cautela para evitar que o terceiro dele tome conhecimento através dos seus serviços. Esse dever de acção deve-se mesmo entender ir mais longe, e incluir a oposição perante actos de autoridade pública, mesmo que judiciais, não fundadas em normas restritivas do direito ao sigilo e do dever de segredo.

21. Nestas condições, as restrições e cuidados que o dever de segredo impõe visam proteger o titular do segredo da ingerência de quaisquer terceiros na sua esfera privada[35]. Pelo que, para delimitar o âmbito subjectivo da oposição do segredo, é necessário que se possa definir quem deve ser considerado terceiro para este efeito, pois que o segredo não é oponível a quem não deva ser considerado terceiro. Será o caso dos intervenientes na circulação do cheque?

Diz Fernando Conceição Nunes que «não o são as pessoas que tenham um interesse directo, pessoal e legítimo na relação jurídica coberta pelo sigilo ou as entidades sob cuja jurisdição a mesma se encontre e, bem assim, todos aqueles que disponham de poderes de administração ou disposição do património do *titular do segredo*»[36].

Contudo, deve-se entender que o acesso à informação, que doutra forma estaria coberta pelo segredo perante as pessoas que não devem ser aqui consideradas terceiros, não é absoluto. Só lhes deve ser revelado

---

Tomo I. Artigos 131.° a 201.°», Coimbra Editora, Coimbra, 1999, pp. 773 ss. (pp. 776 ss.); MIGUEL PEDROSA MACHADO, *Sigilo Bancário e Direito Penal – Dois tópicos: caracterização de tipos legais de crimes e significado da extensão às contra-ordenações*, in AAVV, «Sigilo Bancário», Ed. Cosmos, Lisboa, 1997, pp. 82 ss.

[34] A informação bancária sobre a circulação de um cheque pode evidenciar apenas informação sobre a natureza do movimento de pagamento, mas também pode revelar aspectos puramente pessoais inerentes a esse movimento, revelando o comportamento pessoal do sacador ou de qualquer dos endossantes eventualmente existentes.

[35] Assim, FERNANDO CONCEIÇÃO NUNES, *Os deveres de segredo...*, cit., p. 49.

[36] FERNANDO CONCEIÇÃO NUNES, *Os deveres de segredo...*, cit., p. 49.

aquilo que seja suficiente, necessário e adequado aos fins que concretamente visem prosseguir, e em função dos quais o segredo deve ser considerado inexistente. Esta noção é particularmente relevante, como veremos mais à frente no local próprio, para o problema que aqui nos traz.

22. Sobre a questão do sigilo bancário na circulação do cheque a doutrina é praticamente muda e a jurisprudência é muito reduzida, se exceptuarmos as decisões nos casos que envolvem a emissão de cheque sem provisão, onde é aplicável um regime especial, já anteriormente referido, e onde, portanto, o problema assume contornos totalmente distintos[37]. As decisões dos tribunais, com alguma relevância, reduzem-se a alguns acórdãos das Relações, o que se entende perante o mecanismo legal do artigo 135.º do Código de Processo Penal, para onde remete, também, a lei adjectiva civil, e que, praticamente, afasta a questão da apreciação do Supremo Tribunal de Justiça.

23. Na maior parte dos casos, em sede de inquérito criminal, a recusas de prestação das informações pelos bancos, após solicitações das autoridades de investigação, seguem-se decisões dos tribunais de primeira instância que derrogam o sigilo bancário, procedendo à ponderação dos valores em presença e fazendo juízo de prevalência, as quais são posteriormente sujeitas a interposições de recurso por parte dos bancos.

Nos termos do artigo 135.º, n.º 2, do Código de Processo Penal, o juiz de instrução criminal tem competência para decidir pela ilegitimidade da escusa e determinar a prestação das informações ou entrega de documentos. Todavia, a determinação da ilegitimidade da recusa pelo juiz de instrução criminal, como vem previsto no artigo 135.º, n.º 2, do Código de Processo Penal, única disposição legal no sistema jurídico português que lhe confere essa competência, implica que o juiz o faça porque entende que não tem cabimento a invocação do dever de sigilo bancário, ou seja, que no caso não existe dever de segredo profissional. Se assim for, a instituição bancária não pode invocar o sigilo bancário porque não existe fundamento legal para o fazer. Então, uma sua recusa em prestar as infor-

---

[37] GERMANO MARQUES DA SILVA, *Crime de Emissão de Cheque sem Provisão*, Universidade Católica Ed., Lisboa, 1995, pp. 104 ss.; IDEM, *Regime Jurídico-Penal dos Cheques sem Provisão*, Principia, Lisboa, 1997, pp. 111 ss.; DIMITILDE GOMES, *A emissão de cheque sem provisão – breves notas sobre o regime legal vigente em outro países europeus*, Revista da Banca, n.º 12, 1989, pp. 103 ss.

mações solicitadas não tem suporte legal e, como tal, essa recusa pode ser declarada ilegítima pelo juiz de instrução criminal, o que implica o dever da instituição bancária em prestar as informações como vêem solicitadas. Só assim se pode entender o sentido e o alcance do preceituado no artigo 135.º, n.º 2 do Código de Processo Penal.

Mas isso não é o que geralmente se verifica. Pelo contrário, vem, normalmente, claro na fundamentação dos despachos dos juízes de primeira instância que eles entendem que existe lugar à invocação do sigilo bancário. Doutra forma não se entenderia que eles procedam, como o fazem, à sobreposição do dever de informar sobre o dever de sigilo. Pois, se um se sobrepõe ao outro, é porque o juiz do processo entende que os dois deveres existem no caso. Então, existe legitimidade na invocação do dever de sigilo pelo banco. Diz o Supremo Tribunal de Justiça[38] que «a recusa é legítima se o cumprimento do requisitado ou ordenado implicar violação do sigilo profissional».

24. Existe nestas decisões, portanto, uma oposição entre o decidido e a sua fundamentação, a qual infecta o despacho de contradição: não pode haver ilegitimidade na recusa se quem decide por ela – ilegitimidade – entende que o sigilo pode ser invocado, e por isso o pondera por contraposição a outro dever que, no caso, entende superior. Deste modo, os despachos judiciais são inválidos na parte em que decretam a ilegitimidade do comportamento do banco ao negar a prestação das informações solicitadas.

Os magistrados judiciais não fazem, nos seus despachos, qualquer consideração válida sobre a ilegitimidade ou legitimidade das anteriores recusas dos bancos perante o disposto no artigo 135.º, n.º 1, do Código de Processo Penal e do artigo 195.º do Código Penal. Na verdade, apenas consideram que o dever de sigilo deve ser afastado pela actuação de um dever de colaboração com a Justiça. Os juízes deveriam, nos termos do disposto no n.º 3 do artigo 135.º do mesmo Código de Processo Penal, não olvidar a competência do Tribunal superior para decidir da prestação de informação com quebra do dever de segredo profissional. Ou seja, face à legitimidade da recusa do banco, em cumprimento do disposto no n.º 3 do artigo 135.º do Código de Processo Penal deveria o Tribunal de pri-

---

[38] Acórdão do Supremo Tribunal de Justiça, de 27.01.2005, no proc. n.º 04B4700 (www.dgsi.pt)

meira instância suscitar junto do Tribunal da Relação o incidente de quebra do dever de segredo com prestação de informação[39].

É o que também decorre de Acórdão da Relação de Lisboa[40], quando diz que «Se o Tribunal considerar que a escusa é legítima mas, mesmo assim, entender que, no caso concreto, a quebra do segredo profissional se mostra justificada face às normas e princípios aplicáveis da lei penal, nomeadamente face ao princípio da prevalência preponderante, então e só então, tem de solicitar a intervenção do tribunal imediatamente superior», o que é corroborado noutra decisão da mesma Relação[41], quando diz «Só há lugar ao aludido incidente se for ordenada a diligência com fundamento na legitimidade da escusa».

25. Recentemente, foi proferido nesta precisa matéria um acórdão de fixação de jurisprudência do Pleno das Secções Criminais do Supremo Tribunal de Justiça, em 13.02.2008[42], na sequência de recurso extraordinário por oposição de acórdãos em virtude da posição constantemente contrária à demais jurisprudência das Relações adoptada pelas 3.ª e 9.ª secções da Relação de Lisboa.

Nesse acórdão vem fixada doutrina jurisprudencial no preciso sentido em que expusemos a nossa posição.

Aí, por unanimidade, se decide que:

1. Requisitada a instituição bancária, no âmbito de inquérito criminal, informação referente a conta de depósito, a instituição interpelada

---

[39] Neste preciso sentido, entre muitos outros, vai o Acórdão do Tribunal da Relação do Porto, de 31.05.2006, no proc. n.º 592805-4, em especial no seu ponto III-3.2.), bem como, do mesmo Tribunal o Acórdão de 22.02.2006, no proc. n.º 546090, o Acórdão do Supremo Tribunal de Justiça, de 27.01.2005, proc. n.º 04B4700, em especial no seu ponto III-3., e o também recente Acórdão do Tribunal da Relação de Évora, de 09.05.2006, proc. n.º 907/05.9GAABF-A (Rec. n.º 546/06), os Acórdãos da Relação de Évora, de 10.04.2007, proc. n.º 542/07-1, e de 12.06.2007, proc. n.º 683/07-1; Acórdão da Relação do Porto, de 11.04.2007, proc. n.º 1303/07-1; Acórdãos da Relação de Lisboa, de 26.06.2007, proc. n.º 5347/07-5, de 26.06.2007, proc. n.º 2964/07-5, de 19.06.2007, proc. n.º 3742/07-5, e de 05.07.2007, proc. n.º 5051/07-9; Acórdãos da Relação de Guimarães, de18.06.2007, proc. n.º 738/07-2, e de 28.05.2007, proc. n.º 745/07-1, todos em www.dgsi.pt..

[40] Acórdão da Relação de Lisboa, de 04.12.1996, Colectânea de Jurisprudência, 1996, XXI-5, a pp.152.

[41] Acórdão da Relação de Lisboa, de 05.11.1995, Colectânea de Jurisprudência, 1995, XXII-5, a pp. 133.

[42] No Proc. n.º 894/07-3.ª, em www.dgsi.pt.

só poderá legitimamente escusar-se a prestá-la com fundamento em segredo bancário.

2. Sendo ilegítima a escusa, por a informação não estar abrangida pelo segredo, ou por existir consentimento do titular da conta, o próprio tribunal em que a escusa for invocada, depois de ultrapassadas eventuais dúvidas sobre a ilegitimidade da escusa, ordena a prestação da informação, nos termos do n.º 2 do art. 135.º do Código de Processo Penal.

3. Caso a escusa seja legítima, cabe ao tribunal imediatamente superior àquele em que o incidente se tiver suscitado ou, no caso de o incidente se suscitar perante o Supremo Tribunal de Justiça, ao pleno das secções criminais, decidir sobre a quebra do segredo, nos termos do n.º 3 do mesmo artigo.

26. Este mesmo regime é plenamente aplicável nos processos cíveis em que haja lugar à invocação do sigilo. Aqui, o regime jurídico aplicável está previsto no artigo 79.º, do Regime Geral das Instituições de Crédito e Sociedades Financeiras, e nos artigos 519.º, n.º 3, alínea c), e n.º 4, e 618.º, ambos do Código de Processo Civil. Por remissão do citado n.º 4 do artigo 519.º do Código de Processo Civil, são também aplicáveis o artigo 182.º do Código de Processo Penal (na redacção que lhe é dada pela Lei n.º 59/98, de 25 de Agosto), e o artigo 135.º, n.ºs 2 e 3, do mesmo Código (na redacção que lhes é dada pela Lei n.º 48/2007, de 29 de Agosto), por remissão do anterior.

27. Na generalidade dos casos, os pedidos de informações que chegam aos bancos vêem simples e sem nenhuma indicação de qualquer disposição legal que fundamente o pedido. Do mesmo modo, normalmente não os acompanha, nem existe, uma autorização expressa do cliente[43] para fornecimento dos elementos solicitados (artigo 79.º, n.º 1 do Regulamento Geral das Instituições de Crédito e Sociedades, e artigo 195.º do Código Penal).

Nos ofícios dos tribunais ou do Ministério Público não vem indicado, na maioria dos casos, quem é o queixoso. Todavia, é possível, com alguma

---

[43] Diz-se, no Acórdão da Relação de Lisboa, de 18.07.1996, proc. n.º 0004675, que «A autoridade judiciária, que pretenda da banca uma informação ou o fornecimento de elementos cobertos pelo segredo bancário, deve, antes de mais, tentar obter a competente autorização por escrito da pessoa a que respeita, talqualmente deve o Banco proceder, antes de negar a informação, por sobre este incidir o dever de colaborar com o Tribunal e demais autoridades judiciárias».

margem de segurança, concluir que o sacador do cheque coincide com a pessoa do queixoso, uma vez que o procedimento criminal no tipo de crime sob investigação depende de queixa, e a legitimidade para apresentar a queixa pertence ao ofendido. Mas isso implica que ao banco seja trazido o conhecimento de que crime está sob investigação. Por exemplo, num caso comum, estando a ser investigado o crime de burla, o respectivo procedimento criminal depende de queixa. Se não existirem endossos no cheque, o ofendido poderá ser o sacador ou outro co-titular da conta onde foram descontados os cheques, o qual, por estar em causa interesse directo, pessoal e legítimo, tem também direito a conhecer a identidade do beneficiário; é o que resulta do artigo 217.º, n.º 3, do Código Penal e do artigo 49.º, n.º 1 do Código de Processo Penal.

28. Os bancos sabem que a autoridade judiciária já conhece parte da informação contida no cheque, designadamente a que consta da frente do cheque – sacador, data, montante, local de emissão, beneficiário –, pois, muitas vezes, os pedidos chegam acompanhados de cópias da frente dos cheques. O que significa que na fotocópia do cheque não consta toda a informação pretendida, a qual permanece com o banco detentor do cheque.

Pode, também, acontecer que o cheque tenha sido depositado em máquina automática e não tenha sido assinado no verso, nem nele conste qualquer informação sobre o apresentante, apenas sobre a conta em que foi depositado. Assim, o Ministério Público, mesmo que tenha cópia da frente e do verso do cheque, ainda não conhece toda a informação sobre a sua circulação. Neste caso, o facto é que o depósito de cheque em conta em máquina automática apenas pode ser efectuado por quem a pode movimentar, pois os meios de movimentação automática da conta apenas a(s) esta(s) pessoa(s) são entregues. Por isso, o envio da informação sobre a identidade do beneficiário irá apenas permitir a produção de prova, não acrescentando, aparentemente, factos desconhecidos pelo Ministério Público sujeitos a sigilo. Contudo, mesmo aqui, existem factos que a autoridade judiciária não pode conhecer directamente da análise do documento: saber o número da conta em que o cheque foi depositado não é o mesmo que saber, afinal o que mais interessa para a investigação, quem é, ou quem são, os seus titulares.

29. Verifica-se, deste modo, que para além dos elementos específicos do cheque, enquanto título de crédito e meio de pagamento, e que não estão, por isso, abrangidos pelo segredo bancário, como o montante, data

e local de emissão, nome do sacador e do beneficiário (eventualmente também, a identificação do tomador e sucessivos endossantes e endossados, o que só atendemos se o cheque for cruzado), há informações bancárias que podem estar inscritas no documento, sobretudo no seu verso, e que estão cobertas pelo segredo bancário (como o número da conta onde o cheque foi depositado, identificação dos seus titulares, o conhecimento de que essas pessoas são clientes de um determinado banco, ou qual a operação bancária relacionada com o cheque).

Temos, assim, que embora o cheque seja, por sua própria natureza, um título destinado à circulação, podendo vários intervenientes entrar em contacto directo com ele, manipulá-lo e tomar conhecimento das informações que dele constam, as informações sujeitas a sigilo que ele contém não podem ser divulgadas a terceiros pelo banco que o detém nos seus arquivos, seja ele o banco sacado ou outro banco onde foi apresentado, no caso de ser truncado.

30. Mas pode acontecer que, ao invés de se tratar de um terceiro a pretender as informações, seja alguém que é titular de uma situação cambiária expressa no cheque. Neste caso, aparentemente, o sacador, pelo menos, pessoa que emitiu o cheque e iniciou a circulação cartular, tem direito às informações.

O problema que surge é o de saber se existirão no cheque elementos cobertos pelo sigilo, em virtude do que se pode colocar a questão de o direito do sacador dever ou não ceder perante o direito do titular do segredo, quando ambos estiverem em conflito.

Se o sacador tiver apenas acesso a dados informativos que não contêm informação bancária respeitante a outros sujeitos, o problema deixa de se colocar. Já não será assim se o sacador pretender aceder a toda a informação contida no cheque, na sua frente e no seu verso. Esta pretensão, na opinião, embora não publicada, de Fernando Conceição Nunes, encontra resguardo no princípio da indivisibilidade da prova, que impõe que o documento possa ser examinado na íntegra. Este direito do sacador ao exame do documento e ao fornecimento de fotocópia tem fundamento nos artigos 574.º a 576.º do Código Civil.

O n.º 1 do artigo 574.º, reza, «*Ao que invoca um direito, pessoal ou real, ainda que condicional ou a prazo, relativo a certa coisa, móvel ou imóvel, é lícito exigir do possuidor ou detentor a apresentação da coisa, desde que o exame seja necessário para apurar a existência ou o conteúdo do direito e o demandado não tenha motivos para fundadamente se opor à diligência*». O artigo 575.°, sobre a apresentação de documentos, diz que as precedentes disposições «... *são, com as necessárias adaptações, extensivas aos documentos, desde que o requerente tenha um interesse jurídico atendível no exame deles*». Por fim, o artigo 576.°, sobre a reprodução das coisas e dos documentos, determina que «*Feita a apresentação, o requerente tem a faculdade de tirar cópias ou fotografias, ou usar de outros meios destinados a obter a reprodução da coisa ou documento, desde que a reprodução se mostre necessária e se lhe não oponha motivo grave alegado pelo requerido*».

Resulta que o direito do sacador depende de este ter um interesse jurídico atendível no exame do documento (artigo 575.°, *in fine*), só podendo ser obstaculizado se o banco detentor do cheque alegar motivo grave que impeça a diligência (ambas as partes finais do n.° 1 do artigo 574.° e do artigo 576.°). A questão que se coloca, como muito bem observa Conceição Nunes, é saber se tal motivo poderá consistir no dever de sigilo que a lei lhe impõe observar. O que significa, a vencer esta tese, que existe um conflito entre o direito do sacador às informações do cheque e o direito do titular do segredo a que este não seja divulgado, em que prevalecerá o segundo. Mas nem sempre é o acontece.

31. Nos casos em que os dados informativos são inscritos no cheque pelo titular do segredo, pode-se entender que este renunciou a ele. Na verdade, o cheque é um título destinado à circulação, e como tal fica sujeito à publicidade do tráfego jurídico. Por isso, aplicando o regime do n.° 1 do artigo 79.° do Regime Geral das Instituições de Crédito e Sociedades Financeiras, a inclusão no cheque de elementos sigilosos implicaria a renúncia, tácita, do titular do segredo à respectiva tutela.

Todavia, isto só pode ser considerado válido para os dados inscritos no cheque pelo próprio titular do segredo, e não para todas as informações que nele são incluídas durante a sua circulação. Pelo que o argumento aparenta ser curto.

32. Indo mais além, o artigo 335.° do Código Civil, sobre a colisão de direitos, disposição que vem sendo injustamente esquecida pelos constitucionalistas como elemento hermenêutico auxiliar da interpretação constitucional, reza no seu n.° 1 que «*Havendo colisão de direitos iguais ou da mesma espécie, devem os titulares ceder na medida do necessário para que todos produzam igualmente o seu efeito, sem maior detrimento para qualquer das partes*», e acrescenta no seu n.° 2 que «*Se os direitos*

forem desiguais ou de espécie diferente, prevalece o que deva considerar--se superior».

O argumento que assenta na aplicação desta disposição implica que, uma vez que estão em causa direitos de espécie diferente, seja necessário determinar qual é aquele que deve ser considerado superior. Para Conceição Nunes, uma vez que o direito do sacador é meramente instrumental, pois se encontra ao serviço da prossecução de um outro direito ou interesse, e atendendo a que os dados bancários protegidos pelo sigilo podem ser de extensão e gravidade muito variáveis, consoante a situação concreta, não parece ser viável afirmar em abstracto que um dos direitos é, em virtude da sua espécie, superior ao outro. Pelo que não será possível dar uma reposta uniforme à questão colocada, pois só perante as circunstâncias de cada caso, é possível avaliar a superioridade de um em relação ao outro, e sempre que não seja possível fazer assentar o afastamento do dever de segredo numa eventual renúncia tácita do titular, ao abrigo da interpretação extensiva do n.º 1 do artigo 79.º do RG, o conflito entre o direito à informação e o direito ao segredo terá de ser resolvido tendo em atenção, entre outros factores, não só os fins a que o sacador destina a informação pretendida, mas também a gravidade de que se revestirá para o titular do segredo a sua revelação; ou seja, haverá que ponderar os interesses contrapostos, de modo a apurar qual dos dois direitos se apresenta como superior.

Apesar da sólida argumentação, lamentamos, mas não podemos concordar inteiramente, atento o caminho onde nos conduz este raciocínio, por diversas razões que passamos a expor.

33. O segredo bancário assenta no direito de personalidade à reserva da vida privada e familiar dos clientes dos bancos, nos termos do artigo 26.º, n.ºs 1 e 2 da Constituição da República[44]. Este direito à reserva da vida privada integra zonas pessoais, profissionais e económicas[45], ca-

---

[44] Acórdão do Tribunal Constitucional, n.º 178/95, de 31.05.1995, *in* ATC 97, p. 371. Sem esquecer a relevância do artigo 101.º da Constituição que tem subjacente um fundamento de manutenção da confiança do público no sistema bancário. Cfr. MARIA CÉLIA RAMOS, *O Sigilo Bancário em Portugal – Origem, evolução e fundamentos*, in AAVV, «Sigilo Bancário», Ed. Cosmos, Lisboa, 1997, pp. 136-137; MANUEL DA COSTA ANDRADE, *Artigo 195.º – Violação de segredo*, cit., p. 778.

[45] Cfr., por todos e de modo suficiente, RABINDRANATH CAPELO DE SOUSA, *O Segredo Bancário*, in AAVV, «Estudos em Homenagem ao Professor Doutor Inocêncio Galvão Telles, Volume II, Direito Bancário», Almedina, Coimbra, 2002, p. 176.

bendo seguramente nesta última, se bem que não apenas, o direito ao segredo bancário.

O direito ao segredo bancário consubstancia, desde logo, um direito subjectivo privado, de natureza absoluta face a terceiros[46], que obriga estes a absterem-se de condutas que violem a titularidade dos direitos de personalidade inerentes ao segredo bancário[47]. E para além disso, existe também um direito subjectivo público do cliente bancário, face ao Estado ou outros entes públicos, na medida em que o Estado tem de respeitar esse sigilo, só o podendo levantar em casos excepcionais de interesse público[48].

34. Ora, sendo o direito ao segredo bancário uma dimensão do direito à intimidade da vida privada, toda a definição do seu conteúdo e alcance, tal como do regime das restrições a que está sujeito, segue o regime constitucional previsto para os direitos, liberdades e garantias.

Por isso mesmo, a referirmo-nos ao artigo 335.º do Código Civil, devemos atender ao princípio exposto no seu n.º 2, «*Se os direitos forem desiguais ou de espécie diferente, prevalece o que deva considerar-se superior*», no sentido em que o direito do titular do segredo, tendo consagração constitucional enquanto direito, liberdade e garantia, prevalece sobre o mero direito do interveniente cartular às informações contidas no cheque. A ser assim, este último declinaria (quase) sempre perante o primeiro. Apenas nos casos em que exista uma intervenção de autoridade judiciária, que afirme prosseguir um interesse público na busca da verdade material e realização da Justiça, e se entenda haver um dever de colaboração com a Justiça por parte do detentor do documento, é que poderia prevalecer o direito à informação pelo interveniente cartular, designadamente o sacador. Do mesmo modo, quando o interesse em confronto, embora puramente privado, seja susceptível de uma ponderação grave, por estar envolvida a prática de crime que provoque alarme social, e quando esteja em causa a protecção do mesmo bem jurídico tutelado pelo dever de segredo (concorrência de direitos)[49]. Este tem sido, aliás, o caminho traçado

---

[46] *Idem*, p. 179.
[47] *Ibidem*.
[48] *Ibidem*.
[49] O melhor exemplo, aliás com cumulação dos argumentos, é o Acórdão da Relação de Coimbra, de 12.01.2005, proc. n.º 3878/04, em que se diz «O regime do art. 135.º do CPP reconhece desde logo ao interesse da descoberta dos agentes de crimes a idoneidade para ser levado à ponderação com os interesses protegidos pelo segredo quando esteja

pela jurisprudência, que, com base na competência que lhe é atribuída pelo artigo 36.º, n.º 1, do Código Penal para decidir o valor que deve predominar, utiliza a ponderação de interesses ou valores e determina a prevalência, quase sem excepções[50], do interesse público na busca da verdade material e realização da Justiça, expressado nesta fórmula ou em qualquer outra equivalente[51].

IV. A relevância essencial do modo de emissão do cheque: o cruzamento do cheque e o direito do sacador

35. Na nossa opinião, haverá, necessariamente, que distinguir entre o cheque que está cruzado e o que não está, para determinar qual o âmbito da informação que está protegida pelo segredo.

36. Como já vimos, é certo que o cheque funciona como um meio de pagamento que obedece à disciplina dos títulos de crédito, e é um documento destinado à circulação, razão pela qual os seus elementos essenciais, que constam do artigo 1.º da Lei Uniforme relativa ao Cheque, não estão protegidos pelo dever de sigilo, inoponível, portanto, entre os sujeitos das relações cambiárias expressas no cheque.

---

em causa a perseguição dos crimes mais graves, designadamente quando estejam em causa crimes que provocam maior alarme social», e mais adiante, «a própria confiança no sistema bancário ficaria prejudicada, caso o indiciado crime de furto qualificado ficasse encoberto (…) A não ser facultada, em nome do sigilo bancário, a informação pretendida, o agente (ou agentes) dos crimes em investigação estaria(m) a ser protegido(s) directamente por aquele sigilo. O próprio interesse privado da ofendida, também ela "cliente" do sistema bancário e do próprio sistema bancário (que lhe facultou a carteira de cheques cujo desaparecimento se investiga) é pelo menos de igual relevância daquele do titular da conta protegida pelo sigilo bancário».

[50] Veja-se uma excepção, mas por inutilidade do pedido de informações, no Acórdão da Relação de Lisboa, de 14.06.1995, proc. n.º 0004675, www.dgsi.pt

[51] Cfr. Acórdão da Relação de Lisboa, de 01.06.1999, proc. n.º 0036085, o já citado Acórdão da Relação de Coimbra, de 12.01.2005, proc. n.º 3878/04, Acórdãos da Relação do Porto, de 25.10.1995, proc. n.º 6510705, de 12.03.1997, proc. n.º 9710133, de 07.01.2004, proc. n.º 0314210 e de 13.11.2006, proc. n.º 0656042, este último com referência ao processo civil, tudo em www.dgsi.pt.

Contudo, e como também já vimos, muitas vezes vêem inscritos no cheque, no seu verso, outros dados que não correspondem aos seus elementos essenciais enquanto título de crédito. Estes dados, como o número de conta bancária creditada e a identificação do apresentante do cheque a pagamento, estão abrangidos pelo sigilo bancário. Quanto a estes dados inscritos no documento, que o não foram no momento do saque ou quando o cheque circulou por outro interveniente na relação cartular, e que estão, em princípio, abrangidos pelo dever de segredo, haverá que apurar em que medida os sujeitos cambiários podem ser considerados terceiros e, deste modo, ser-lhes oponível o dever de sigilo.

37. Se o cheque é emitido, à ordem ou ao portador, sem qualquer cruzamento, é nossa opinião que o sacador, tal como qualquer outro interveniente na sua circulação, não tem direito à informação que dele consta para além da que inscreveu no cheque ou sobre a qual tomou conhecimento em dado momento da sua circulação.

Saber as circunstâncias do pagamento do cheque, se foi ou não efectuado, quando, se por entrega de numerário ou se por crédito em conta, a quem, e até mesmo, que outros intervenientes lhe sucederam na circulação, é informação protegida pelo sigilo bancário. O interveniente na relação cambiária não tem legitimidade para aceder aos dados ou para obter os meios de prova do pagamento que estão confiados à guarda do banco sacado/detentor.

Neste caso, o banco, ao fornecer as informações, atentaria contra o segredo profissional de que beneficiam os terceiros envolvidos na circulação do título, de nada servindo que o interessado na revelação das informações renuncie ao segredo, uma vez que esta renúncia não pode afectar o direito ao segredo de terceiros[52].

38. Precisamente, a diferença revela-se no facto do cruzamento do cheque. Tanto em cheques à ordem como em cheques ao portador, tratando-se de cheque cruzado existe por parte do banco a obrigação de identificar o apresentante[53]. A emissão de um cheque cruzado pretende evitar

---

[52] Neste sentido, de forma clara, na jurisprudência francesa e perante legislção similar à portuguesa, Cassation Commerciale, de 08.07.2003; Cassation Commerciale, de 28.02.2005, proc. n.º 04-17.545.

[53] O que resulta do artigo 38.º da Lei Uniforme relativa ao Cheque, que diz no 1.º par., «*Um cheque com cruzamento geral só pode ser pago pelo sacado a um banqueiro ou a um cliente do sacado*», no seu 2.º par., «*Um cheque com cruzamento especial só pode*

a insegurança decorrente de furto, falsificação, ou extravio do título, impedindo, pela obrigação imposta ao banco de identificar o apresentante, o seu pagamento a um portador legítimo[54].

39. O facto de o sacador utilizar cheques cruzados significa que ele pretende saber do seu destino e quem será o seu beneficiário final. E como sacador tem direito a essa informação.

Se o queixoso nos autos é o sacador do cheque ou o titular da conta sobre a qual foram movimentados os fundos (pode o queixoso, por exemplo, afirmar que o cheque lhe foi furtado e que a sua assinatura foi falsificada), ele tem direito a aceder à informação contida no mesmo, pois esta diz-lhe respeito, e será meio essencial de prova no processo. Assim, mesmo que o Ministério Público, quando solicita as informações ao banco, não exiba prova de autorização expressa do queixoso para o fornecimento da informação, dever-se-á entender que a autorização está implícita nessa sua condição de queixoso nos autos e que o fornecimento da informação pelo banco é do seu interesse, mesmo que alguma ou algumas das pessoas que assinaram o cheque sejam, também elas, titulares da conta.

Também, mesmo que o cheque haja sido emitido ao portador, o facto de o cheque estar cruzado significa que o sacador, não fazendo caso de saber quem são todos os intervenientes na sua circulação, quer saber quem o apresenta a pagamento, vinculando esse pagamento a um crédito em conta.

Reforça esta ideia o facto indesmentível da total liberdade e autonomia da vontade de quem recebe como forma de pagamento um cheque cruzado. Aquele que não quiser sujeitar-se ao regime específico do cheque cruzado, não o aceita. Como tal, não pode admitir-se que invoque o seu direito ao segredo bancário para evitar que seja prestada informação sobre si enquanto tomador e apresentante do cheque: ao apresentar a pagamento um cheque cruzado, ele implicitamente consente na revelação dos seus dados de identificação.

---

ser pago pelo sacado ao banqueiro designado, ou, se este é o sacado, ao seu cliente. O banqueiro designado pode, contudo, recorrer a outro banqueiro para liquidar o cheque», e no 3.º par., *«Um banqueiro só pode adquirir um cheque cruzado a um dos seus clientes ou a outro banqueiro. <u>Não pode cobrá-lo por conta de outras pessoas que não sejam as acima indicadas</u>»* (sublinhado nosso).

[54] Assim mesmo, JOSÉ MARIA PIRES, *O Cheque*, cit., p. 112.

40. Outro argumento em defesa desta tese, é o de que, nos termos do artigo 38.°, 5.° par., da Lei Uniforme relativa ao Cheque, o sacado ou o banqueiro que não respeitar o dever identificar o apresentante «é responsável pelo prejuízo que daí possa resultar até uma importância igual ao valor do cheque». Ora bem: o sacador só pode saber se esse dever foi cumprido se tiver acesso à informação.

V. Extensão: terceiros implicados; plurititularidade de conta bancária; endossantes; beneficiários; procuradores; o caso do cheque "a levar em conta"

41. Alguns aspectos complementares deverão ficar aqui tratados. A possibilidade de identificar o apresentante do cheque está plenamente assegurada porque, no caso de ele ser o titular da conta onde é depositado o cheque, já no momento da abertura de conta facultou, para esse efeito, dados completos relativos à sua identificação[55].

Pode acontecer que o cheque seja depositado em conta de terceiro pelo apresentante, ao balcão ou em depósito em máquina automática. Neste caso, há outros aspectos a relevar. Desde logo, se o apresentante sabia do número da conta bancária de terceiro para nela depositar o cheque, deve-se presumir, *iuris tantum*, que esse conhecimento lhe foi prestado pelo titular da conta, pelo que, também aqui, o consentimento para prestação da informação deve ser considerado, tacitamente, presumido. E se o cheque for depositado por movimento ao balcão ficam reconhecidos o apresentante e o beneficiário. Mais complicado se torna se o cheque for depositado em máquina automática e o depositante o não assinar no verso. Nesta última situação, o banco pode devolver o cheque, recusando-se pagá-lo, uma vez que essa assinatura se trata de um falso endosso (que como tal não pode ser exigido), antes corresponde à quitação do pagamento. Se o não fizer, fica sem saber quem foi o apresentante a pagamento, mas sabe quem foi o beneficiário do pagamento; ora, é precisamente a salvaguarda deste conhecimento que o cheque cruzado pretende tutelar: quem foi o beneficiário económico do pagamento.

---

[55] Nos termos do regime imposto pelo Aviso do Banco de Portugal n.° 11/2005, de 13 de Julho, alterado pelo Aviso do Banco de Portugal n.° 2/2007, de 8 de Fevereiro.

42. Situação diferente coloca-se quando existem dois ou mais titulares na conta em que é depositado o cheque e não é possível identificar qual dos titulares procedeu ao depósito. Neste caso, deverão facultar-se as informações atinentes à identificação de todos os titulares. De outro modo, o direito do sacador a conhecer o beneficiário do cheque ficaria prejudicado, o que representaria uma violação do dever de colaboração com a autoridade judiciária, numa situação em que ele é lícito e devido.

43. Diversa, ainda, é a situação em que se pode determinar, numa conta titulada por várias pessoas em que é depositado um cheque, a identificação do apresentante e beneficiário do mesmo. Neste caso, não pode ser revelada ao sacador ou à autoridade judiciária a informação relativa aos outros titulares da conta, pois, esteja ela constituída no regime de conta solidária ou conjunta, a solidariedade diz apenas respeito ao direito de movimentar o depósito, nada tendo rigorosamente a ver – salvo convenção das partes em contrário – com o exercício da faculdade de autorização em sede de segredo prevista no n.º 1 do artigo 79.º do Regime Geral das Instituições de Crédito e Sociedades Financeiras. Por isso mesmo, cada um dos contitulares solidários só poderá autorizar, sem o concurso dos restantes, a revelação dos factos ou elementos que lhe digam exclusivamente respeito, isto é, de cujo segredo ele seja o único titular[56].

Reforça esta nossa posição o argumento de que pode muito bem acontecer que o(s) outro(s) titular(es) da conta nem sequer tenham decidido constituí-la nessa condição, ou até, eventualmente, nem tenham conhecimento do facto[57].

44. Finalmente, os dados de identificação do apresentante/beneficiário que o banco deve prestar deverão restringir-se aos estritamente necessários e suficientes para permitir a sua adequada identificação: nome

---

[56] Assim mesmo, FERNANDO CONCEIÇÃO NUNES, *Os deveres de segredo* ..., cit., p. 53.

[57] J. ANTUNES VARELA, *Depósito bancário*, Revista da Banca, n.º 21, 1992, pp. 56-57. Esta situação está, aliás, expressamente prevista nos Estatutos da CGD – artigo 35.º do Decreto n.º 694/70, de 31 de Dezembro, mantido em vigor pelo artigo 9.º, n.º 2, alínea b) do Decreto-Lei n.º 287/93, de 20 de Agosto. V., ainda, FERNANDO DA CONCEIÇÃO NUNES, *Depósito e Conta*, in AAVV, «Estudos em Homenagem ao Professor Doutor Inocêncio Galvão Telles, Volume II, Direito Bancário», Almedina, Coimbra, 2002, pp. 83 ss.; LUÍS M. BAPTISTA BRANCO, *Conta corrente*..., cit., pp. 35 ss.

completo e número, data de emissão e entidade emitente do bilhete de identidade, passaporte ou outro documento de identificação admissível, se pessoa singular, denominação social e número de pessoa colectiva, se pessoa colectiva.

Todos os elementos informativos que o cliente faculta no âmbito de uma relação contratual específica, como por exemplo a sua morada ou contacto telefónico, são dados protegidos pelo dever de segredo bancário e não se tratam de elementos indispensáveis à identificação do apresentante/beneficiário do cheque.

45. No nosso entendimento, as regras que temos vindo a defender quanto ao cheque cruzado aplicam-se não apenas ao sacador, mas também aos diversos endossantes que tenham intervindo na circulação do cheque.

O banco tem o dever de verificação formal da legitimidade dos endossos, a sua regularidade (artigos 19.º e 35.º Lei Uniforme relativa ao Cheque). O banco sacado ou o banco que recebe para cobrança o cheque cruzado e o cobra do banco sacado apenas devem aceitar cheques de uma perfeita regularidade aparente. Como já vimos anteriormente, ao agir por mandato do seu cliente, o banco é responsável perante o mesmo se se provar que aceitou o cheque sem adoptar as devidas precauções e essa actuação o tiver lesado[58]. Verificado que o endosso, ou a cadeia de endossos, é regular, o cheque pode ser pago.

46. O endosso transmite todos os direitos resultantes do cheque (artigo 17.º da Lei Uniforme relativa ao Cheque). Desta forma, o direito a obter informações sobre o destino do cheque, no que respeita ao seu pagamento, transmite-se do sacador para qualquer dos endossantes, e deve ser considerado nos termos em que anteriormente expusemos a diferença

---

[58] No Acórdão do Supremo Tribunal de Justiça, de 25.09.2003, proc. n.º 03B1952, www.dgsi.pt, pode ler-se: «...no que toca à operação de pagamento de cheque o banco, na sequência da convenção de cheque, a que se reporta o art. 3.º da L.U.C.H., a par dessa obrigação principal, está vinculado a outros deveres acessórios e preliminares, como o de tomar as devidas precauções, verificando a regularidade do título, mediante o exame do mesmo, para apurar da regular sucessão de endossos e da autenticidade da assinatura do sacador, através da conferência com a constante da respectiva ficha bancária. Sobre esse concreto dever de verificação da regularidade da sucessão dos endossos contido no art. 35.º da L.U.Ch., diz esta norma que a obrigação não se estende ao controle da assinatura dos endossantes». Cfr., também, Acórdão Supremo Tribunal de Justiça, de 22.11.95, proc. n.º 087570, Acórdão Supremo Tribunal de Justiça, de 07.12.1988, proc. n.º 039746.

entre cheque cruzado e cheque não cruzado. Na verdade, entendemos que pelo facto de ter recebido um cheque cruzado e tê-lo endossado como tal, um interveniente, adquire o mesmo direito do sacador a saber a quem, onde e como ele foi pago[59].

Argumento nesse sentido é o que vem disposto no artigo 18.º, 1.º par., da Lei Uniforme relativa ao Cheque, que diz que «Salvo estipulação em contrário, o endossante garante o pagamento». Ou seja, ele substitui-se ao sacador nessa obrigação.

Se o endossante proibir um novo endosso, o que pode fazer, nesse caso não garante o pagamento às pessoas a quem o cheque for posteriormente endossado (artigo 18.º, 2.º par.).

Aliás, como já analisámos mais acima, nada impede um endossado de cruzar um cheque, seja cruzamento geral, seja especial, que recebeu sem essa característica. O próprio artigo 37.º da Lei Uniforme relativa ao Cheque expressamente o permite. Naturalmente, neste caso, quando o cheque é apresentado para pagamento num banco, o banqueiro não pode determinar quem fez o cruzamento. Tem de se presumir, sendo esta presunção ilidível em contrário, que foi o próprio sacador[60].

47. No caso do endosso em branco (ou ao portador), o portador pode transferir o cheque a um terceiro sem preencher o espaço em branco nem o endossar, pelo que «sai do círculo cambiário, podendo quando muito, responder para com o seu sucessor com base em acordos especiais, de harmonia com o direito civil...»[61].

---

[59] Pode ler-se no Acórdão do Supremo Tribunal de Justiça, de 25.03.2004, proc. n.º 04B954, www.dgsi.pt, «De harmonia com os princípios da abstracção e da autonomia, a obrigação cambiária decorrente do cheque é independente da respectiva situação jurídica subjacente, e o portador mediato do título que a incorpora é um credor originário por ter um direito cartular autónomo».

[60] Cfr., MONIQUE CONTAMINE-RAYNAUD, *L'endossement du chèque et la protection du banquier*, Recueil Dalloz Sirey, 1978, pp. 507 ss.

[61] ADRIANO VAZ SERRA, *Títulos de Crédito*, Boletim do Ministério da Justiça, n.º 61, 1956, p. 214; LINO GUGLIELMUCCI, *Circolazione del titoli all'ordine girati in bianco*, Rivista del Diritto Commerciale (e del Diritto Generale delle Obligazioni), Anno LVIII, 2.ª, 1981, pp. 321 ss. No Acórdão do Supremo Tribunal de Justiça, de 26.09.1990, proc. n.º 041145, pode ler-se «O cheque, quando seja titulado ao portador, pode ser transmitido por simples tradição ou entrega real, que equivale ao endosso, transferindo-se, assim, os direitos resultantes do cheque». Cfr., ainda, Acórdãos do Supremo Tribunal de Justiça, de 29.09.1993, proc. n.º 083583, e de 14.03.1990, proc. n.º 040549.

48. No caso de se tratar do beneficiário do cheque, da ordem de pagamento, também sujeito na relação cambiária, apenas no caso de desapossamento ilícito é que ele, sendo o beneficiário designado, poderá ter um interesse legítimo em saber quem foi o efectivo apresentante/beneficiário do cheque, ou mesmo quem foi qualquer dos outros intervenientes, endossantes, na circulação cartular. Ele deve ver ser-lhe reconhecido o direito a saber a identificação da conta creditada e de quem é o seu titular(es).

Neste caso, o beneficiário tem um interesse directo, pessoal e legítimo na relação jurídica coberta pelo sigilo que o inclui no âmbito de pessoas que têm o direito de saber a informação (poder-se-ia dizer, de partilhar o segredo). Na verdade, ele é um sujeito nomeado da relação cambiária. Ademais, a emissão do cheque tem por efeito a cessão do crédito, que o sacador tinha sobre o banco (valor da provisão ou da disponibilização dos fundos pelo banco), a favor do beneficiário do título[62].

Tudo isto deve ser entendido dentro dos limites que nos são dados pelo artigo 21.º da Lei Uniforme relativa ao Cheque, nos termos do qual *«Quando uma pessoa foi por qualquer maneira desapossada de um cheque, o detentor a cujas mãos ele foi parar – quer se trate de um cheque ao portador, quer se trate de um cheque endossável em relação ao qual o detentor justifique o seu direito pela forma indicada no artigo 19.º – não é obrigado a restituí-lo, a não ser que o tenha adquirido de má-fé, ou que, adquirindo-o, tenha cometido uma falta grave».*

49. A última questão colocável que por ora antevemos, respeita a um pedido de informações, originado da mesma forma, mas por um procurador ou um "autorizado" na conta bancária. Neste caso, parece-nos que o procurador ou o "autorizado" terá direito a aceder às informações (incluindo cópias) que, em primeiro lugar, respeite aos cheques por si sacados em nome e por conta do representado, durante o período em que vigorou validamente a outorga dos poderes de representação e, em segundo lugar, respeite aos cheques depositados precisamente durante o mesmo período. Tudo o mais constituirá violação do dever de segredo.

---

[62] MANUEL NOGUEIRA SERENS, *Natureza jurídica...*, cit., p. 113. V., também, ANTÓNIO CAEIRO e NOGUEIRA SERENS, *Responsabilidade do banco apresentante (ou cobrador) e do banco sacado pelo pagamento de cheques com endosso falsificado*, Revista de Direito e Economia, ano IX, n.os 1 e 2, 1983, pp. 53 ss.

50. Tudo o que para cima vem escrito quanto ao cheque cruzado deve-se considerar inteiramente aplicável para o caso do cheque "a levar em conta", actualmente menos em uso no comércio jurídico. Este entendimento resulta das regras específicas previstas na Lei Uniforme relativa ao Cheque para o cheque "a levar em conta". O sacador ou o portador dum cheque pode proibir o seu pagamento em numerário, inserindo na face do cheque transversalmente a menção "para levar em conta", ou outra equivalente (artigo 39.º, 1.º par. da Lei). Neste caso, o sacado só pode fazer a liquidação do cheque por lançamento de escrita (crédito em conta, transferência duma conta para a outra ou compensação). A liquidação por lançamento de escrita vale como pagamento (artigo 39.º, 2.º par.) O sacado que não respeitar estas regras é responsável pelo prejuízo que daí possa resultar até uma importância igual ao valor do cheque.

VI. Conclusões

C1. O cheque funciona como um meio de pagamento que obedece à disciplina dos títulos de crédito, e é um documento destinado à circulação, razão pela qual os seus elementos essenciais, que constam do artigo 1.º da Lei Uniforme relativa ao Cheque, não estão protegidos pelo dever de sigilo, inoponível, portanto, entre os sujeitos das relações cambiárias expressas no cheque.

C2. É necessário distinguir entre o cheque que está cruzado e o que não está, para determinar qual o âmbito da informação que está protegida pelo segredo.

C3. Se o cheque é emitido, à ordem ou ao portador, sem qualquer cruzamento, o sacador, tal como qualquer outro interveniente na sua circulação, não tem direito à informação que dele consta para além da que inscreveu no cheque.

C4. O facto de o sacador utilizar cheques cruzados significa que ele pretende saber do seu destino e quem será o seu beneficiário final. E como sacador tem direito a essa informação.

C5. Mesmo que o cheque haja sido emitido ao portador, o facto de o cheque estar cruzado significa que o sacador, não fazendo caso de saber quem são todos os intervenientes na sua circulação, quer saber quem o apresenta a pagamento, vinculando esse pagamento a um crédito em conta. Tem direito a essa informação.

C6. No caso em que o cheque seja depositado em conta de terceiro pelo apresentante, ao balcão ou em depósito em máquina automática, se o apresentante sabia do número da conta bancária de terceiro para nela depositar o cheque há que presumir que esse conhecimento lhe foi prestado pelo titular da conta, pelo que também o consentimento para prestação da informação deve ser considerado, tacitamente, presumido.

C7. Quando existem dois ou mais titulares na conta em que é depositado o cheque, e não é possível identificar qual dos titulares procedeu ao depósito, deverão facultar-se as informações atinentes à identificação de todos os titulares.

C8. Numa conta titulada por várias pessoas em que é depositado um cheque, sendo possível a identificação individual do titular da conta que é apresentante e beneficiário do mesmo, não pode ser revelada a informação relativa aos outros titulares da conta, esteja ela constituída no regime de conta solidária ou conjunta.

C9. Os dados de identificação do apresentante/beneficiário a prestar deverão restringir-se aos estritamente necessários e suficientes para permitir a sua adequada identificação: nome completo e número, data de emissão e entidade emitente do bilhete de identidade, passaporte ou outro documento de identificação admissível, se pessoa singular, denominação social e número de pessoa colectiva, se pessoa colectiva.

C10. As regras expostas, quanto ao cheque cruzado, aplicam-se não apenas ao sacador, mas também aos diversos endossantes que tenham intervindo na circulação do cheque. O endosso transmite todos os direitos resultantes do cheque. Desta forma, o direito a obter informações sobre o destino do cheque, no que respeita ao seu pagamento, transmite-se do sacador para qualquer dos endossantes.

C11. No caso de se tratar do beneficiário do cheque, também sujeito na relação cambiária, apenas no caso de desapossamento ilícito é que ele, sendo o beneficiário designado, poderá ter um interesse legítimo em saber quem foi o efectivo apresentante/beneficiário do cheque.

C12. O procurador ou o "autorizado" terá direito a aceder às informações (incluindo cópias) que respeitem aos cheques por si sacados em nome e por conta do representado, durante o período em que vigorou validamente a outorga dos poderes de representação, desde que referentes aos cheques depositados precisamente durante o mesmo período. Tudo o mais constituirá violação do dever de segredo.

C13. Todas as Conclusões precedentes quanto ao cheque cruzado devem-se considerar inteiramente aplicáveis para o caso do cheque "a levar em conta".

C14. As regras acima definidas são aplicáveis quando o pedido é realizado directamente pelo interveniente na circulação do cheque em causa ou quando na solicitação, provinda de autoridade judiciária, é afirmado ou dela é possível concluir, com alguma margem de segurança, que o interveniente no cheque coincide com a pessoa do queixoso, sempre que o procedimento criminal no tipo de crime sob investigação dependa de queixa, pois a legitimidade para apresentar a queixa pertence ao ofendido.

C15. Doutra forma, o dever de segredo apenas pode ser afastado no cumprimento do complexo normativo imposto pelo artigo 135.º do Código de Processo Penal.

Lisboa, Março de 2008.

Referências

ALMEIDA, António Pereira de, *Direito Comercial – III – Títulos de Crédito (Lições)*, AAFDL, Lisboa, 1988

ANDRADE, Manuel da Costa, *Artigo 195.º – Violação de segredo*, in AAVV (dir. Jorge Figueiredo Dias), «Comentário Conimbricense do Código Penal. Parte Especial. Tomo I. Artigos 131.º a 201.º», Coimbra Editora, Coimbra, 1999, pp. 771 ss.

ASCENSÃO, José de Oliveira, *Direito Comercial, Volume III, Títulos de Crédito (Lições)*, AAFDL, Lisboa, 1992, p. 244.

ATHAYDE, Augusto de, e LUÍS BRANCO, *Operações Bancárias*, in AAVV, «Direito das Empresas», INA, Oeiras, 1990, pp. 285 ss.

AZEVEDO, Maria Eduarda, *O segredo bancário*, Ciência e Técnica Fiscal, n.os 346-348, pp. 73 ss.

BRANCO, Luís M. Baptista, *Conta corrente bancária. Da sua estrutura, natureza e regime jurídico*, Revista da Banca, n.º 32, 1996, pp. 35 ss.

CAEIRO, António, NOGUEIRA SERENS, *Responsabilidade do banco apresentante (ou cobrador) e do banco sacado pelo pagamento de cheques com endosso falsificado*, Revista de Direito e Economia, ano IX, n.os 1 e 2, 1983, pp. 53 ss.

CAMPOS, António de, *Direito Bancário – notas de doutrina e de jurisprudência*, Anotação ao Acórdão do Supremo Tribunal de Justiça de 10.05.1989, Revista da Banca, n.º 14, 1990, pp. 106 ss.

CONTAMINE-RAYNAUD, Monique, *L'endossement du chèque et la protection du banquier*, Recueil Dalloz Sirey, 1978, pp. 507 ss

CORDEIRO, António Menezes, *Manual de Direito Bancário*, Almedina, Coimbra, 2.ª ed., 2001, 3.ª ed., 2006.

CORREIA, António Ferrer, *Lições de Direito Comercial, III*, FDC, Coimbra, 1975.

CORREIA, António Ferrer e Almeno de Sá, *Cessão de créditos, emissão de cheque, compensação – Parecer*, Colectânea de Jurisprudência, XV, 1990, n.º 1, pp. 39 ss.

CORREIA, António Ferrer e ANTÓNIO CAEIRO, *Recusa do pagamento do cheque pelo banco sacado; responsabilidade do banco face ao portador – Anotação ao Acórdão do STJ de 20/12/1977*, Revista de Direito e Economia, 4, n.º 1, 1978, p. 447 ss.
GALVÃO, Sofia de Sequeira, *Contrato de Cheque*, Lex, Lisboa, 1992.
GARRIGUES, Joaquin, *Sobre el concepto del cheque y del contrato de cheque*, Revista de Derecho Mercantil, XVII, n.º 49, 1954, pp. 7 ss.
GOMES, Dimitilde, *A emissão de cheque sem provisão – breves notas sobre o regime legal vigente em outro países europeus*, Revista da Banca, n.º 12, 1989, pp. 103 ss.
GUGLIELMUCCI, Lino, *Circolazione del titoli all'ordine girati in bianco*, Rivista del Diritto Commerciale (e del Diritto Generale delle Obligazioni), Anno LVIII, 2.ª, 1981, pp. 321 ss
LUÍS, Alberto, *O segredo bancário em Portugal*, Revista da Ordem dos Advogados, ano 41.º, 1981, pp. 451 ss.
MACHADO, Miguel Pedrosa, *Sigilo Bancário e Direito Penal – Dois tópicos: caracterização de tipos legais de crimes e significado da extensão às contra-ordenações*, in AAVV, «Sigilo Bancário», Ed. Cosmos, Lisboa, 1997, pp. 71 ss.
NUNES, Fernando da Conceição, *Os deveres de segredo profissional no Regime Geral das Instituições de Crédito e Sociedades Financeiras*, Revista da Banca, n.º 29, Jan./Mar. 1994, pp. 39 ss.;
– *Depósito e Conta*, in AAVV, «Estudos em Homenagem ao Professor Doutor Inocêncio Galvão Telles, Volume II, Direito Bancário», Almedina, Coimbra, 2002, pp. 67 ss.
OLAVO, Fernando, *Direito Comercial – II – 2.ª Parte – Títulos de Crédito*, Coimbra, 1978.
PAÚL, Jorge Patrício, *O sigilo bancário – sua extensão e limites no direito português*, Revista da Banca, n.º 12, Out./Dez. 1989, pp. 71 ss.
PINTO, Ricardo de Gouvêa, *Divórcio e Sigilo Bancário*, in AAVV, «Estudos Comemorativos dos 10 Anos da Faculdade de Direito da Universidade Nova de Lisboa», no prelo.
PIRES, José Maria, *Direito Bancário. I Volume. O sistema bancário português*, Rei dos Livros, Lisboa, 1994;
– *Direito Bancário. II Volume. As operações bancárias*, Rei dos Livros, Lisboa, 1995;
– *O Cheque*, Rei dos Livros, Lisboa, 1999.
RAMOS, Maria Célia, *O Sigilo Bancário em Portugal – Origem, evolução e fundamentos*, in AAVV, «Sigilo Bancário», Ed. Cosmos, Lisboa, 1997, pp. 115 ss.
SANTIAGO, Rodrigo, *Sobre o segredo bancário – uma perspectiva jurídico-criminal e processual penal*, Revista da Banca, n.º 42, 1997, pp. 23 ss.
SERENS, Manuel Nogueira, *Natureza jurídica e função do cheque*, Revista da Banca, n.º 18, 1991, pp. 99 ss.
SERRA, Adriano Vaz. *Títulos de Crédito*, Boletim do Ministério da Justiça, n.º 60, 1956, pp. 5 ss.;
– *Títulos de Crédito*, Boletim do Ministério da Justiça, n.º 61, 1956, pp. 5 ss.
SILVA, Germano Marques da, *Crime de Emissão de Cheque sem Provisão*, Universidade Católica Ed., Lisboa, 1995;
– *Regime Jurídico-Penal dos Cheques sem Provisão*, Principia, Lisboa, 1997.

Sousa, Rabindranath Capelo de, *O Segredo Bancário*, in AAVV, «Estudos em Homenagem ao Professor Doutor Inocêncio Galvão Telles, Volume II, Direito Bancário», Almedina, Coimbra, 2002, pp. 157 ss.

Uría, Rodrigo, *Derecho Mercantil*, 22.ª ed., Ed. Marcial Pons, Madrid, 1995.

Varela, J. Antunes, *Depósito bancário*, Revista da Banca, n.º 21, 1992, pp. 41 ss.

Vasconcelos, Pedro Pais de, *Direito Comercial – Títulos de Crédito (Lições)*, AAFDL, Lisboa, 1990.

Vasseur, Michel, *Droit et économie bancaires*, III/IV, 4.ª ed., Les cours de Droit, Paris, 1988/89.

Veiga, Vasco Soares da, *Direito Bancário*, Almedina, Coimbra, 2.ª ed., 1997.

XI

DIREITO DAS SOCIEDADES E DOS VALORES MOBILIÁRIOS

SOBRE O SISTEMA REFORÇADO DE FISCALIZAÇÃO NAS SOCIEDADES ANÓNIMAS EM RELAÇÃO DE GRUPO APÓS A REFORMA DE 2006

Eduardo Paz Ferreira[*]
Ana Perestrelo de Oliveira[**]

> Sumário: *1. Introdução. 2. Os limites à concentração dos poderes de fiscalização e de revisão de contas nas sociedades anónimas: o regime geral do artigo 413.º/2, a), do CSC. 3. O caso particular da SA integrante de grupo de sociedades: 3.1. Sentido e alcance da excepção prevista no artigo 413.º/2, a), do CSC; 3.2. A extensão, por via interpretativa, do campo aplicativo da excepção do artigo 413.º/2, a), do CSC; 3.3. Legitimidade da interpretação proposta; 3.4. O problema dos grupos multinacionais em especial: 3.4.1. Qualificação da coligação societária relevante: Direito aplicável; 3.4.2. A relevância da consolidação de contas por sociedade-mãe não residente; o problema da equivalência dos modelos de fiscalização; 3.5. Generalização: a suficiência da equivalência funcional de modelos para efeitos da excepção prevista no artigo 413.º/2, a), do CSC. 4. Conclusões.*

1. Introdução

Nos termos do artigo 413.º/2, *a)*, do Código das Sociedades Comerciais (CSC), na redacção dada pelo Decreto-lei n.º 76-A/2006, de 29 de Março, as sociedades cotadas e as sociedades de maior dimensão que optem pelo modelo clássico de estruturação [278.º/1, *a)*] estão obrigadas

---

[*] Professor Catedrático da Faculdade de Direito da Universidade de Lisboa.
[**] Assistente-estagiária da Faculdade de Direito da Universidade de Lisboa.

a adoptar o modelo de fiscalização consagrado na al. *b)* do n.º 1 do artigo 413.º, *i.e.,* devem prever a existência de um conselho fiscal e de um revisor oficial de contas que não seja membro deste órgão. Ressalva-se, todavia, a situação das sociedades anónimas não cotadas de maior dimensão que sejam «totalmente dominadas por outra sociedade, que adopte este modelo»[1].

São várias as dúvidas que a nova redacção do preceito suscita e que a prática societária se tem encarregado de revelar, em particular no que respeita às sociedades integradas em grupos societários, nacionais ou multinacionais. Pergunta-se, na verdade, qual a *ratio* da obrigatoriedade de adopção do sistema de fiscalização reforçada previsto no artigo 413.º/1, *b)* e, em face desta, como justificar a exclusão estabelecida no artigo 413.º/2, *a)* para a «sociedade totalmente dominada por outra, que adopte este modelo». Em especial, pode questionar-se se será legítimo e coerente com a intenção legislativa a aparente restrição do campo aplicativo da excepção ao caso das relações de grupo por domínio total, com a consequente irrelevância dos demais vínculos intersocietários, *inclusive* dos vínculos relevantes para efeitos de consolidação de contas. Maiores hesitações surgem, por outro lado, no caso dos grupos multinacionais, em que a sociedade-mãe não tem a sua sede em Portugal: *quid juris*, por exemplo, se os modelos de administração e fiscalização vigentes no país da sede não tiverem correspondência directa nos modelos do CSC? Mais amplamente, é necessário que a sociedade-mãe adopte o modelo de fiscalização previsto no artigo 413.º/1, *a)* ou é suficiente a equivalência funcional de modelos?

São estas as questões a que nos propomos dar resposta.

2. Os limites à concentração dos poderes de fiscalização e de revisão de contas nas sociedades anónimas: o regime geral do artigo 413.º/2, *a)*, do CSC

A Reforma de 2006 do Código das Sociedades Comerciais pretendeu, na área da fiscalização das sociedades, «atender às especificidades

---

[1] É a seguinte a redacção do artigo 413.º, n.º 2, al. *a)*: «a fiscalização da sociedade nos termos previstos na alínea *b)* do número anterior é obrigatória em relação a sociedades que sejam emitentes de valores mobiliários admitidos à negociação em mercado regulamentado e a sociedades que, não sendo totalmente dominadas por outra que adopte este modelo, durante dois anos consecutivos, ultrapassem dois dos seguintes limites: *i)* total do balanço – € 100 000 000; *ii)* total das vendas líquidas e outros proveitos – € 150 000 000; *iii)* número de trabalhadores empregados em média durante o exercício – 150».

das pequenas sociedades anónimas»[2], estabelecendo diferenciações no regime de controlo das sociedades em função da respectiva dimensão. Assim, o legislador português, em transposição da Directiva n.° 2006/43/CE do Parlamento Europeu e do Conselho, de 17 de Maio de 2006, veio determinar que as sociedades de grande dimensão e outras sociedades de interesse público (*maxime,* as sociedades cotadas) devem adoptar um sistema mais exigente de fiscalização, com uma obrigatória segregação entre a função de fiscalização e a de revisão de contas. Nas palavras do legislador comunitário, «dado que as entidades de interesse público têm maior visibilidade e são economicamente mais importantes, deverão ser aplicados requisitos mais estritos no caso da revisão legal das suas contas anuais ou consolidadas. Os comités de auditoria e a existência de um sistema eficaz de controlo interno ajudam a minimizar os riscos financeiros, operacionais e de não conformidade e reforçam a qualidade da informação financeira»[3]. Ora, como, por seu lado, explica a CMVM[4], «a fiscalização da revisão de contas e da independência do revisor apenas é possível se o próprio revisor não fizer parte do órgão fiscalizador, sob pena de auto-revisão (*auto-review*). Nesse sentido, aliás, já se pronunciara a anterior Recomendação da Comissão Europeia de Maio de 2002». Eis, pois, a *ratio* do artigo 413.°/2, *a*), que exige que a fiscalização das «sociedades de interesse público» seja feita por um conselho fiscal e por um revisor oficial de contas que não seja membro daquele órgão [artigo 413.°/1, *b*) – o chamado «modelo latino reforçado»]: trata-se de assegurar a referida segregação de funções e, assim, a maior fiabilidade e eficácia do controlo das sociedades de interesse público, em conformidade com o objectivo geral da Reforma de reforçar a fiscalização das sociedades anónimas[5].

---

[2] CMVM, *Governo das Sociedades Anónimas: Proposta de alteração ao Código das Sociedades Comerciais*, Processo de Consulta Pública n.° 1/2006, p. 9. Como se pode ler no preâmbulo do Decreto-Lei n.° 76-A/2006, de 29 de Março, o legislador considerou que «o regime nacional sobre fiscalização de sociedades anónimas tem negligenciado o relevo da dimensão das sociedades fiscalizadas, o que é, em alguma medida, dissonante com as indicações comunitárias, em particular provindas da 4.ª Directiva sobre Direito das Sociedades. Propõe-se que tal seja submetido a uma modificação dada a condenação generalizada das soluções de governação que desconsiderem a dimensão da sociedade (*one size fits all*), antes se buscando uma diferenciação de regimes entre pequenas sociedades anónimas e grandes sociedades anónimas».

[3] Considerandos (23) e (24).

[4] Consulta Pública cit., p. 14.

[5] Cfr., *v.g*, a este respeito, PAULO CÂMARA, «Os modelos de governo das sociedades anónimas», *Reformas do Código das Sociedades*, Coimbra, 2007, pp. 203 e ss., e «O

3. O caso particular da SA integrante de grupo de sociedades

3.1. *Sentido e alcance da excepção prevista no artigo 413.º/2, a), do CSC*

Conforme avançámos, o regime mais exigente de fiscalização estabelecido pelo legislador português no artigo 413.º é expressamente excluído, nos termos do n.º 2, quando a sociedade em causa seja «totalmente dominada por outra que adopte este modelo», *i.e.*, o mesmo modelo latino reforçado[6]. Trata-se de previsão que não constava da versão inicial do anteprojecto de Reforma do CSC colocado à consulta pública: previa-se, então, apenas, que «a fiscalização da sociedade através do modelo referido na al. *b)* do artigo anterior é obrigatória em relação a sociedades com o capital social superior ao fixado por Portaria conjunta do Ministro das Finanças e da Administração Pública e do Ministro da Justiça e a sociedades emitentes de valores mobiliários admitidos à negociação em mercado regulamentado que adoptem o modelo previsto na alínea *b)* do n.º 1 do artigo 278.º». Esta redacção foi criticada em diversas respostas àquela consulta, designadamente por não ter devidamente em conta as especificidades dos grupos de sociedades, no âmbito dos quais um aligeiramento do controlo ao nível da sociedade-filha seria legítimo e, sobretudo, desejável, tendo em conta os custos acrescidos do modelo reforçado de fiscalização. A CMVM foi sensível à preocupação demonstrada pelos operadores jurídicos e económicos e veio estabelecer uma excepção quanto às sociedades totalmente dominadas, com a condição de a eficácia do controlo ser assegurada ao nível da cúpula do grupo.

---

governo das sociedades e a reforma do Código das Sociedades Comerciais», *Código das Sociedades Comerciais e Governo das Sociedades*, Coimbra, 2008, pp. 9 e ss., em especial pp. 66 e ss. Como resume o Autor, «a intenção de reforço da eficácia da fiscalização (…) concretiza-se no estabelecimento de exigências gerais de qualificações dos membros de órgãos de fiscalização (art. 414.º, n.º 3), no robustecimento da sua independência (arts. 414.º, 414.º-A, 423.º-B, n.os 3 a 6, 434.º, n.º 4), na permissão conferida a estes de contratação de peritos (arts. 421.º, n.º 3, 423.º-F, p) e 441.º p)) e na supressão do número máximo dos membros dos órgãos de fiscalização. A reformulação do Código nesta vertente surge, além disso, complementada pela importante densificação do conteúdo dos deveres dos membros dos órgãos sociais (…)» (*ult. ob. cit.*, pp. 66 e 67).

[6] Cfr., *infra*, 3.4.2. e 3.4.3. a análise do problema no caso de a sociedade-mãe adoptar modelo de administração e fiscalização distinto (modelo anglo-americano ou modelo germânico).

O artigo 413.º/2, *a*) revela, pois, a preocupação – rara no contexto do Código das Sociedades Comerciais – de adaptação dos modelos de governo societário às características próprias dos grupos. Não são, na realidade, frequentes os preceitos do Código em que se identifica preocupação paralela[7]. A ausência de reflexão sobre os grupos societários no contexto mais amplo da reflexão sobre o governo societário é, de resto, fenómeno que ultrapassa o Direito nacional, sendo característica persistente do debate da *corporate governance* nos diversos ordenamentos jurídicos[8]. Por essa razão, independentemente das críticas que a excepção estabelecida no artigo 413.º/2, *a*) possa, em concreto, merecer, cabe-lhe o inegável mérito de propiciar a adaptação do modelo de governo das sociedades anónimas integrantes de grupo de sociedades às reais características e necessidades da empresa plurissocietária.

Nestes termos, encontramos na legislação portuguesa uma excepção paralela e de fundamento idêntico àquela que é admitida no artigo 41.º/6, da Directiva n.º 2006/43/CE[9]: entendeu, na realidade, o legislador da Reforma de 2006 que a exigência de um controlo acrescido estabelecida para as sociedades anónimas de interesse público não era já necessária e, portanto, justificada quando um controlo equivalente, em termos de rigor e eficácia, fosse assegurado quanto à sociedade-mãe. Com efeito, se a sociedade-mãe está legalmente obrigada a fazer consolidação das contas das sociedades-filhas[10] e aquela sociedade dispõe de um sistema de fiscalização com segregação das funções de fiscalização e de revisão de contas [*maxime* por adoptar o modelo previsto na al. *b*) do n.º 1 do artigo 413.º], ficam assegurados os valores que o legislador pretendeu tutelar com a previsão do modelo reforçado. A duplicação dos controlos seria desproporcional face aos custos que acarretaria para os grupos societários.

---

[7] Bom exemplo desta ausência de adaptação do regime do CSC aos grupos de sociedades será a regra do artigo 414.º-A/1, *h*), do CSC. Cfr., a este respeito, PEDRO DE ALBUQUERQUE, *Os Limites à Pluriocupação dos Membros do Conselho Geral e de Supervisão e do Conselho Fiscal*, Coimbra, 2007.

[8] Trata-se de aspecto que tem sido suficientemente sublinhado. Cfr., sobre este ponto, ANA PERESTRELO DE OLIVEIRA, *A Responsabilidade Civil dos Administradores nas Sociedades em Relação de Grupo*, Coimbra, 2007, pp. 59 ss.

[9] É esta a redacção do artigo 41.º/6, *a*), da Directiva: «*Os Estados-Membros podem dispensar da obrigação de ter um comité de auditoria entidades de interesse público que sejam empresas filiais na acepção do artigo 1.º da Directiva 83/349/CEE, se essas entidades cumprirem os requisitos enunciados nos n.*os *1 a 4 do presente artigo ao nível do grupo*».

[10] Cfr. *infra* 3.3.

3.2. A extensão, por via interpretativa, do campo aplicativo da excepção do artigo 413.°/2, a), do CSC

Se a *ratio* da excepção consagrada no artigo 413.°/2 é, em síntese, equivalente à do artigo 41.°/6, *a*), da Directiva comunitária, certo é que, num ponto, ao menos, o legislador português parece ter-se afastado do legislador comunitário: enquanto este último remeteu directamente para o conceito de «empresa filial» adoptado na Directiva relativa à elaboração de contas consolidadas, já o legislador português recorreu ao conceito de «sociedade totalmente dominada». Ora, não podemos, a este propósito, deixar de recordar que, como bem enfatiza Engrácia Antunes[11], «a acepção jurídico-contabilística de grupo [e com ela, acrescentamos, a de sociedade filial] é essencialmente diversa e mais ampla do que a sua congénere jurídico-societária. (…) Se o primeiro reservou o conceito de grupo para aquelas situações de coligação intersocietária criadas com base em certos instrumentos jurídico-institucionais específicos (contrato de subordinação, contrato de grupo paritário, participação totalitária: artigos 488.° e ss. CSC), o último acabou por abranger um leque mais vasto da realidade do agrupamento entre sociedades, assente noutros instrumentos de domínio intersocietários (v.g. participações maioritárias, cláusulas estatutárias, direitos preferenciais de designação e destituição dos órgãos sociais, acordos parassociais) que, no terreno jurídico-societário, poderão quando muito dar origem a meras relações de domínio (art. 486.° CSC)».

Tendo em conta a diferença de conceitos utilizados, melhor teria estado o legislador português se tivesse adoptado técnica legislativa equivalente à do legislador comunitário, remetendo, no artigo 413.°/2, para a legislação nacional relativa à consolidação de contas (Decreto-lei n.° 238/ /91, de 2 de Julho, com as alterações introduzidas pelo Decreto-lei n.° 35/ /2005, de 17 de Fevereiro), ao invés de recorrer ao conceito de «sociedade totalmente dominada», definido no artigo 488.° do CSC[12]. Com efeito, se determinámos que a *ratio* da excepção estabelecida no artigo 413.°/2 quanto à obrigatoriedade de adopção de modelo de fiscalização mais exigente para as sociedades de interesse público está na obrigação legal de consolidação de contas incidente sobre a sociedade-mãe, apresenta-se sistemática e teleologicamente incoerente o recurso, nessa disposição, ao conceito definido nos artigos 488.° e ss. do CSC, já que a relação de domí-

---

[11] *Os Grupos de Sociedades*, 2.ª ed., Coimbra, 2002, p. 197, nota 382.
[12] Cfr. *infra*. 3.3.

nio total não apresenta, quanto ao que nos interessa, especificidades ao nível do regime jurídico sobre consolidação de contas. Noutros termos: no artigo 413.º/2, espírito e letra da lei não coincidem. Na realidade, sistematizando:

(i) O legislador da Reforma entendeu que, quando a sociedade, por imposição do Decreto-lei n.º 238/91, de 2 de Julho, vê as suas contas consolidadas com as da sociedade-mãe e esta sociedade adopta um "modelo reforçado" de fiscalização, deixa de ser necessário a sociedade-filha adoptar modelo de fiscalização equivalente;

(ii) As sociedades totalmente dominantes e totalmente dominadas não conhecem, no regime estabelecido por aquele Decreto-lei, qualquer tratamento especial que possa, tendo em conta a *ratio* do artigo 413.º/2, justificar a restrição literal da dispensa a tal constelação;

(iii) Deste modo, o recurso ao conceito do artigo 488.º, quando entendido em sentido rigoroso e técnico, contraria a finalidade tida em vista pela Reforma.

Resta, pois, concluir, sob pena de insuperável contradição normativa, que o legislador, não obstante a letra da lei (que limita a exclusão às «sociedade totalmente dominadas»), pretendia, na realidade, abranger, em geral, as sociedades filiais de sociedades sujeitas a consolidação de contas, interpretando-se, pois, extensivamente o preceito em análise. Reforça, de resto, esta interpretação o tratamento que a problema equivalente é dado pelo legislador comunitário, que, quando se trata de prever certas hipóteses de facultatividade do modelo de controlo mais exigente (comité de auditoria ou órgão equivalente), opta por definir tais situações por remissão para o âmbito subjectivo da obrigação de consolidação de contas estabelecida na Directiva comunitária correspondente.

3.3. *Legitimidade da interpretação proposta*

Contra esta interpretação do artigo 413.º/2 poderia argumentar-se que o conceito de «sociedade totalmente dominada» tem, no Código das Sociedades Comerciais, um significado preciso, de tal maneira que, se o legislador a ele recorre, fá-lo consciente e intencionalmente, pretendendo restringir a excepção do artigo 413.º/2 às sociedades que, para além de fazerem consolidação de contas, sejam totalmente dominadas por outra (*i.e.* às sociedades cujo capital social é detido a 100% por outra sociedade)[13]. Não haveria, assim, sob esta perspectiva, espaço para distinta

---

[13] Quer o domínio total seja inicial, quer seja superveniente, directo ou indirecto. Como é sabido, o CSC prevê o domínio total inicial no artigo 488.° e o domínio total superveniente no artigo 489.°. Quanto ao domínio total superveniente, o artigo 489.° não permite duvidar da susceptibilidade de este ser constituído de forma tão-somente indirecta: existe domínio total superveniente indirecto quando uma sociedade adquire 100% do capital social de outra, não directamente, mas através de sociedade que dela é dependente, directa ou indirectamente, ou que com ela está em relação de grupo, ou ainda de pessoa que é titular por conta de qualquer destas sociedades (artigo 483.°/2, *ex vi* do artigo 489.°/1). Para a determinação do domínio total relevam simultaneamente todas as participações detidas, quer directa quer indirectamente, por uma sociedade no capital social de outra. Já no que respeita ao domínio total inicial, colocam-se maiores dúvidas quanto à susceptibilidade de este ser constituído por via indirecta. Com efeito, o artigo 488.°, diferentemente do artigo 489.° ou dos artigos 483.°, 485.° e 486.° (relações de simples participação, de participações recíprocas e de domínio), não refere a susceptibilidade de a relação de domínio total resultar de participações indirectas no capital social da dependente. Por outro lado, a doutrina que se pronuncia sobre o tema fá-lo em sentido contrário à admissibilidade do domínio total indirecto [cfr., *v.g.,* ENGRÁCIA ANTUNES, *Os Grupos...*cit., p. 855, e RICARDO COSTA, *A Sociedade por Quotas Unipessoal no Direito Português*, Coimbra, 2002, p. 529. Escreve ENGRÁCIA ANTUNES que «sempre que o capital de uma sociedade anónima ou por quotas tenha sido inicialmente subscrito por uma sociedade conjuntamente com várias outras sociedades que com ela estão em relação de domínio ou de grupo ("maxime" os sujeitos referidos no artigo 483.°, n.° 2) – o que implicará já o carácter bilateral ou plurilateral do próprio negócio constitutivo –, não se poderá considerar existir qualquer relação de grupo por domínio total inicial»]. Todavia, não se compreende o corte sistemático que desta forma se opera: a lei adopta, nas diversas normas relativas às coligações de sociedades, um conceito material de participação social, sendo que o próprio artigo 489.° fixa um conceito material e não meramente formal de unipessoalidade. A omissão legislativa no artigo 488.° não tem, por isso, significado excludente do conceito material acolhido pelo Código, não se devendo senão à particular técnica utilizada pelo legislador nesta regra, a qual se configura como norma autorizativa da constituição de sociedades anónimas unipessoais, mais do que como regra de definição do conceito de relação de grupo por domínio total inicial (diferentemente do que sucede no artigo 489.°, quanto ao domínio total superveniente). Assim, haverá domínio total inicial indirecto quando uma sociedade constituir, através de outras sociedades ou pessoas que preencham os requisitos indicados no artigo 483.°/2, uma sociedade de cujas acções estas últimas sejam inicialmente as únicas titulares: a subscrição ou aquisição originária da totalidade do capital social da sociedade anónima ou por quotas é imputável à sociedade dominante ou em relação de grupo com a titular formal. Confirme-se esta solução através do confronto dos seguintes exemplos: *Ex. 1:* a sociedade *B* é titular de 100% do capital da sociedade *C*. A sociedade *A* vem, posteriormente, a adquirir a totalidade do capital social de *B*. Há domínio total inicial directo entre *B* e *C* e domínio total superveniente indirecto entre *A* e *C*. Ex. 2: a sociedade *A* é titular de 100% do capital da

interpretação da lei[14], sobretudo considerando que o Direito das sociedades, por força dos valores que nele estão em jogo, tem que contar com regras seguras, em alguns casos mesmo intensamente formais. É o que acontece, designadamente, com o sistema português de grupos de sociedades, que apresenta acentuada rigidez nos conceitos a que recorre[15].

Com efeito, como escreve Menezes Cordeiro[16], é «importante sublinhar que as noções legais devem ser devidamente delimitadas. Na verdade, o diagnóstico da presença de grupos de sociedades e, dentro deles, de relações de participações simples, de participações recíprocas, de domínio ou de grupo *stricto sensu,* implica o funcionamento de regimes complexos e envolventes. Todo o sistema ficaria em grave crise quando houvesse dúvidas quanto à existência ou à natureza de qualquer grupo».

Simplesmente, a questão em jogo é distinta, pois o regime associado pelo Código das Sociedades Comerciais à relação de domínio total não tem reflexos quando tratamos, como é o caso, de um problema de fiscali-

---

sociedade *B*. Posteriormente, *B* constitui a sociedade *C*, subscrevendo a totalidade do seu capital. Há domínio total inicial directo entre *B* e *C*. Entre *A* e *C* há domínio total inicial *indirecto,* já que, devido à relação de domínio total entre *A* e *B*, a percentagem de capital subscrito por *B* na sociedade *C* é, *ab initio,* imputada a *A*. Assim, a constituição originária da sociedade *C* por *B* faz nascer, *ipso facto,* uma relação de domínio total entre *A* e *C*: com a constituição originária da sociedade anónima origina-se, simultaneamente, uma relação de domínio total entre a titular formal das participações (*B*) e a sociedade *C*, e entre a titular material das participações (*A*) e *C*. Trata-se de domínio total inicial e não superveniente, já que decorre da *imputação* a *A* das participações subscritas *originariamente* por *B* no capital de *C* (Diferentemente, pronunciando-se no sentido de haver domínio total *superveniente* em hipótese paralela, cfr., ENGRÁCIA ANTUNES, *Os Grupos...,* cit., pp. 855 e 856, nota 1685, e 859). Em suma, para efeitos de cômputo das participações sociais com vista ao apuramento da existência de domínio total, quer inicial, quer superveniente, haverá que atender tanto às participações directas como às participações indirectas, relevando umas e outras simultaneamente.

[14] Sobre as directrizes metodológicas da interpretação a respeito de problema paralelo, cfr. PEDRO DE ALBUQUERQUE, *Os Limites...,* cit., pp. 11 e ss.

[15] É essa rigidez que dificulta, por exemplo, a definição de uma solução coerente para o problema dos chamados «grupos de facto qualificados», *i.e.,* aquelas conexões intersocietárias em que uma sociedade não está juridicamente legitimada a exercer um poder de direcção sobre outra (por não estar a ela ligada por contrato de subordinação nem deter a totalidade do seu capital) mas em que exerce *de facto* semelhante poder, por ser muito elevada a intensidade do domínio que detém sobre a outra. Assim, embora já se tenha defendido, por exemplo, a aplicação analógica do regime de responsabilidade pelas dívidas previsto no artigo 501.º, é no mínimo duvidosa a legitimidade de semelhante solução no quadro de um sistema de grupos de sociedades com as características do português.

[16] *Manual de Direito das Sociedades,* I, 2.ª ed., Coimbra, 2007, p. 991.

zação interna da sociedade e de revisão de contas: aí releva a existência ou não de uma obrigação legal de consolidação e não já a existência ou inexistência de um poder legal de intervenção na gestão da sociedade-filha com as consequências inerentes em termos de responsabilidade.

Com efeito, o regime especial que o Código das Sociedades Comerciais associa à detenção de uma participação totalitária no capital de outra sociedade – definido por remissão do artigo 491.º para o regime estabelecido para o contrato de subordinação – traduz-se em três aspectos essenciais: (i) susceptibilidade de dirigir instruções, inclusivamente de carácter desvantajoso, ao órgão de administração da sociedade-filha (artigo 503.º), (ii) obrigação de compensação das perdas sofridas por esta sociedade na vigência da relação de domínio (artigo 502.º); (iii) responsabilidade da sociedade-mãe por dívidas da filial (artigo 501.º). Existe, no fundo, uma deslocação do poder de direcção da sociedade-filha para a sociedade-mãe, com necessários reflexos no regime de responsabilidade (interna e externa) vigente[17]. No que toca, porém, à prestação de contas em base consolidada – fundamento da excepção estabelecida pelo artigo 413.º/2 – não se identificam especificidades de regime relevantes.

Por outro lado, havendo, no Decreto-lei n.º 238/91, de 2 de Julho, uma definição precisa do âmbito subjectivo da obrigação de consolidação de contas, bem se vê que a argumentação formal em torno da necessidade de segurança jurídica no campo do Direito das sociedades comerciais não pode prevalecer sobre a argumentação substancial apresentada, valendo, aqui, naturalmente, as regras gerais da interpretação jurídica.

Assim, cumpre, em suma, interpretar o artigo 413.º/2, do CSC no sentido de excluir da obrigação de adopção do modelo latino reforçado as sociedades que consolidem contas com a sociedade-mãe, nos termos do Decreto-lei n.º 238/91, de 2 de Julho, já que se verifica, quanto a (todas) elas, a *ratio* da dispensa (desproporcionalidade da exigência de duplicação do modelo reforçado de fiscalização, porquanto os valores a tutelar estão assegurados com o controlo exercido ao nível da cúpula do grupo)[18].

---

[17] Cfr. ANA PERESTRELO DE OLIVEIRA, *A Responsabilidade...*, cit., pp. 9 e ss.

[18] De resto, esta interpretação parece ir ao encontro das razões apontadas pelos intervenientes no processo de consulta pública no sentido de atender às especificidades dos grupos de sociedades, *maxime* no que respeita à existência de consolidação de contas e aos custos acrescidos da duplicação de modelos que essa desatenção acarretaria.

3.4. O problema dos grupos multinacionais em especial

3.4.1. Qualificação da coligação societária relevante: Direito aplicável

Maiores problemas surgem quando estão em jogo grupos de sociedades multinacionais, em que a sede da sociedade-filha e a sede da sociedade-mãe se situam em Estados distintos. Neste caso, a plurilocalização da situação é susceptível de levantar dúvidas sobre o Direito aplicável à qualificação dos vínculos societários relevantes.

Em princípio, dir-se-ia dever essa qualificação ser feita à luz do Direito português, concretamente das regras constantes do Título VI do CSC, aplicável às «sociedades coligadas». Com efeito, o legislador, no artigo 481.° do Código das Sociedades Comerciais, definiu um âmbito próprio de aplicação espacial para as regras relativas aos grupos de sociedades, distinto do âmbito geral de aplicação do Código, do qual resulta, designadamente, que não ficam abrangidas pelo Título VI as coligações nas quais uma ou ambas as sociedades têm sede em território estrangeiro[19]. Todavia, a restrição do âmbito de aplicação do Código, prevista no artigo 481.°, não vale quanto às regras não integrantes do Título VI, mesmo quando estas façam apelo a conceitos contidos neste último complexo normativo. Pelo contrário, é aplicável, em tal hipótese, o artigo 3.° do CSC e, por essa via, o Direito português de grupos de sociedades.

Não obstante, o problema aqui em causa é o de saber se, *para efeitos do artigo 413.°/2, a), do CSC*[20], existe uma coligação de sociedades susceptível de permitir excluir a obrigatoriedade de adopção do modelo reforçado de fiscalização por parte da sociedade-filha. Ora, se para qualificar em termos jus-societários a modalidade de coligação em presença importa atender às regras portuguesas sobre grupos de sociedades[21], o mesmo não

---

[19] Uma vez que as sociedades com sede em Portugal têm como lei pessoal a portuguesa e se regem, consequentemente, pelo CSC, as coligações em que interviessem reger-se-iam pelos artigos 483.° ss., independentemente de os restantes sujeitos terem ou não a sua sede em território nacional. O artigo 481.°/2 vem, todavia, alterar este resultado. Cfr. ENGRÁCIA ANTUNES, «O âmbito de aplicação do sistema das sociedades coligadas», *Estudos em Homenagem à Professora Doutora Isabel de Magalhães Collaço*, vol. II, Coimbra, 2002, pp. 95-116. Trata-se, de resto, de solução que levanta pertinentes dúvidas de constitucionalidade.

[20] E não para efeitos da aplicação do regime especial estabelecido nos artigos 481.° e ss. do CSC para as sociedades coligadas.

[21] Veja-se, de resto, o artigo 481.°/2, *d*), introduzido pelo Decreto-Lei n.° 76-A/2006, de 29 de Março, que admite a constituição de sociedade anónima unipessoal por sociedade

sucede quando pretendemos saber – como apurámos ser o caso – se a sociedade-filha está legalmente obrigada a consolidar contas com a sociedade-mãe. Nesta última hipótese, somos, naturalmente, obrigados a atender às regras vigentes no Estado da sede da sociedade-mãe. O Decreto-lei n.° 238/91, de 2 de Julho, na realidade, só quanto à «empresa-mãe» sujeita ao Direito nacional impõe uma obrigação de consolidação.

3.4.2. *A relevância da consolidação de contas por sociedade-mãe não residente; o problema da equivalência dos modelos de fiscalização*

A análise desenvolvida indicia já a inequívoca relevância da consolidação de contas levada a cabo por sociedade-mãe não sujeita ao Direito português, pelo menos no caso de esta apresentar a sua sede em Estado--membro da União Europeia[22]. Tratando-se de matéria harmonizada ao nível comunitário – tendo em vista a garantia de «uma coordenação das legislações nacionais sobre as contas consolidadas a fim de realizar os objectivos de comparabilidade e de equivalência entre essas informações»[23] – não podem subsistir dúvidas de que releva, à luz do artigo 413.°/2, *a*), a consolidação de contas feita por sociedade-mãe com sede em Estado-membro estrangeiro.

Imaginemos o seguinte exemplo: a sociedade *A*, com sede em Portugal, cujo capital social é detido, em 90%, pela sociedade *B*, com sede em Espanha, pretende saber se se encontra obrigada a adoptar o modelo reforçado de fiscalização previsto no artigo 413.° do CSC. A sociedade-mãe *B* faz, em Espanha, a consolidação de contas de todas as sociedades das quais detém (directa ou indirectamente) pelo menos metade do capital social, incluindo as contas das sociedades com sede no estrangeiro e, portanto, as contas da sociedade **A**. A consolidação de contas por sociedades

---

cuja sede não se situe em Portugal, originando uma relação de grupo por domínio total inicial (artigo 488.°/1 e 3), que termina nos casos previstos no artigo 489.°/4 (aplicável *ex vi* do artigo 488.°/3). À relação de grupo assim constituída aplica-se, consequentemente, o regime estabelecido pelo CSC nos artigos 501.° a 504.° (*ex vi* do artigo 491.°).

[22] No caso de Estados terceiros, não parece poder admitir-se automaticamente a dispensa de adopção do modelo latino reforçado quando a sociedade-mãe estrangeira proceda à consolidação de contas. Para tanto será necessário, com efeito, que se verifique a comparabilidade e equivalência das informações, que, a nível europeu, são asseguradas pela harmonização das legislações nacionais.

[23] Cfr. considerando 1.° da Directiva.

com sede em Espanha é obrigatória, nos termos dos artigos 42 e ss. do *Código de Comercio* espanhol[24] e dos artigos 171 e ss. da *Ley de Sociedades Anónimas*[25], em conformidade, de resto, com a Directiva n.° 83/349/ /CEE do Conselho, de 13 de Junho de 1983. A legislação espanhola aplicável à matéria é, pois, equivalente ao regime jurídico português de consolidação (contido no referido Decreto-Lei n.° 238/91, de 2 de Julho). Assim, se a sociedade dominante espanhola faz a consolidação das contas das suas filiais com sede em Estado-membro estrangeiro – em termos tais que são respeitadas as mesmas exigências contidas no diploma legislativo português – resta concluir que, desde que o modelo de administração e fiscalização adoptado pela sociedade-mãe preencha, também ele, a exigência de segregação das funções de fiscalização e revisão de contas resultante do artigo 413.° do CSC, então a excepção do n.° 2, *a)*, deste preceito estará verificada. O facto de a sociedade-mãe ser uma sociedade de Direito espanhol nada altera, portanto, a este nível.

A dúvida que pode surgir quando a sociedade-mãe tem a sua sede em Estado-membro da União Europeia situa-se, antes, no plano da correspondência entre os modelos de administração e fiscalização vigentes no ordenamento jurídico da sede da sociedade-mãe e os modelos previstos no CSC. Com efeito, frustrada a tentativa de harmonizar os modelos de governação ao nível europeu ensaiada pela Proposta de 5.ª Directiva[26], bem pode suceder que a sociedade-mãe não adopte – porventura porque não pode sequer adoptar – modelo de governação idêntico ao previsto no artigo 413.°/1, *b)*[27]. Quando isso suceda, pergunta-se (i) se o facto de a sociedade-mãe ser estrangeira exclui a possibilidade de aplicação do artigo 413.°/2, *a)*, na parte em que afasta a obrigatoriedade de adopção do modelo latino reforçado no caso de «sociedade totalmente dominada por outra *que adopte este modelo»;* (ii) sendo a resposta negativa, há que descobrir em que casos é possível dispensar-se a reprodução de um modelo de controlo mais exigente ao nível da filial sujeita ao Direito nacional.

---

[24] De 24 de Novembro de 1885, com as alterações posteriores.

[25] Real Decreto Legislativo 1564/1989, de 22 de diciembre, com as alterações posteriores.

[26] Como é sabido, esta proposta, que inicialmente previa como único modelo o modelo dualista germânico, viria a consagrar a possibilidade de opção entre um sistema monista e um sistema dualista.

[27] Para uma síntese dos modelos de fiscalização vigentes nos principais ordenamentos europeus, cfr. PAULO CÂMARA, «O governo ...», cit, p. 123.

Quanto à primeira questão, importa esclarecer que, por si só, o facto de a sociedade-mãe ser uma sociedade de Direito estrangeiro, em que os modelos de administração e fiscalização não coincidem integralmente com os modelos previstos na lei portuguesa, não permite excluir a aplicabilidade daquele preceito. Tendo em conta o princípio da não discriminação e a liberdade de estabelecimento (artigos 12.º e 43.º do Tratado da Comunidade Europeia), o que deve exigir-se não é a igualdade dos modelos de fiscalização mas antes a sua *equivalência funcional*: impõe-se, pois, saber se o modelo de fiscalização da sociedade-mãe satisfaz ou não exigências idênticas às que são inerentes ao modelo latino reforçado.

Clarifique-se a questão desenvolvendo o exemplo anterior: os modelos de administração e fiscalização vigentes em Espanha, lugar da sede da sociedade-mãe, não coincidem integralmente, como resulta da *Ley das Sociedades Anonimas* (LSA), com os modelos previstos na lei portuguesa. Suponhamos, todavia, que, como resulta da LSA e dos estatutos, a sociedade B apresenta a seguinte estrutura de administração e fiscalização: (i) conselho de administração, incluindo (para além de uma comissão executiva) uma comissão de auditoria; (ii) auditor externo (órgão obrigatório *ex vi* dos artigos 203.º e ss. da LSA). Verifica-se, neste caso, que o controlo da sociedade é exercido por dois órgãos que actuam em dois planos diversos: a comissão de auditoria assegura a fiscalização interna da sociedade; o auditor externo, por seu lado, é responsável pela verificação das contas da sociedade, garantindo a fiscalização externa. Significa isto que existe, no modelo adoptado pela sociedade-mãe B, a mesma segregação entre as funções de fiscalização e de revisão de contas que o modelo latino, na versão reforçada plasmada no artigo 413.º/1, *b*), pretende garantir. O modelo de administração e fiscalização desta sociedade tem correspondência, na lei portuguesa, no modelo (anglo-americano) consagrado na alínea *b*) do n.º 1 do artigo 278.º (conselho de administração, compreendendo a comissão de auditoria, e revisor oficial de contas).

Ficamos, assim, colocados perante o problema de saber se deve considerar-se necessária a adopção do modelo latino reforçado por parte da sociedade-mãe, para efeitos da aplicação da excepção prevista no artigo 413.º/1, *b*), ou se, pelo contrário, é suficiente que o modelo adoptado por esta sociedade cumpra as funções cometidas por lei àquele outro modelo. É quanto de seguida analisamos.

3.5. *Generalização: a suficiência da equivalência funcional de modelos para efeitos da excepção prevista no artigo 413.º/2, a), do CSC*

O problema da suficiência da equivalência funcional de modelos de governação deve ser generalizado aos grupos nacionais: resultando das alíneas *a)* e *b)* do artigo 413.º/2, do CSC que não é obrigatória a existência de conselho fiscal e de revisor oficial de contas não integrante do conselho no caso de sociedade totalmente dominada por outra que adopte o modelo latino reforçado, *quid juris*, então, se a sociedade, com sede em Portugal ou no estrangeiro, não adoptar o modelo latino reforçado, mas tiver optado antes pelo modelo anglo-americano ou mesmo pelo modelo dualista germânico? Ainda que a hipótese seja menos frequente quando ambas as sociedades têm a sua sede em Portugal – uma vez que «na prática societária verifica-se, com frequência, uma tendência para, existindo uma relação de grupo, a estrutura dos órgãos sociais ser replicada nas diversas entidades que compõem a coligação»[28] – sempre se perguntará também se fica excluída, neste caso, a aplicação da excepção prevista no artigo 413.º/2, *a)*?

A resposta deve ser negativa: a letra da lei apenas menciona, é certo, o modelo *conselho fiscal e ROC exterior ao conselho fiscal*; todavia, como é generalizadamente reconhecido, existe uma *equivalência funcional* entre os três modelos de administração e fiscalização previstos no artigo 278.º//1, do CSC, considerados «igualmente credíveis» (como se pode ler no Preâmbulo no Decreto-lei n.º 76-A/2006, de 29 de Março)[29]. Com efeito, a segregação de funções que o modelo latino reforçado garante «é assegurada à partida nos modelos anglo-saxónico (…) e dualista. A fiscalização é assegurada pela comissão de auditoria ou conselho geral, consoante os casos, e a revisão de contas está confiada ao profissional do sector», como bem explica a CMVM[30].

Aliás, a solução que consiste na existência de comissão de auditoria, encarregue da fiscalização interna, e de um revisor oficial de contas, responsável pela fiscalização externa, é aquela que encontramos na Directiva n.º 2006/43/CE. O legislador português, ao prever no artigo 413.º/1, *b)* uma versão reforçada do modelo latino em transposição da referida Direc-

---

[28] PEDRO DE ALBUQUERQUE, *Os Limites…*, cit., p. 7.
[29] No caso do modelo latino, a equivalência funcional apenas existe no sub-modelo reforçado.
[30] Consulta Pública… cit., p. 14.

tiva, considerou, assim, que as finalidades desse modelo eram cumpridas de forma equivalente se se exigisse que as sociedades de interesse público de modelo latino tivessem um ROC não integrante do conselho fiscal. Ou seja, a equivalência funcional dos modelos foi reconhecida e pretendida pelo legislador nacional[31].

Nestes termos, regressando ao exemplo acima apresentado, resta concluir que o modelo de administração e fiscalização da sociedade-mãe B – ao assegurar a segregação do controlo interno e da revisão legal das contas, através de uma comissão de auditoria e de um auditor externo (equivalente ao ROC) – é funcionalmente equivalente ao modelo latino reforçado, de tal maneira que a filial portuguesa deve considerar-se, para efeitos de dispensa do modelo reforçado de controlo, «sociedade totalmente dominada por outra que adopte este modelo», *rectius* modelo equivalente, com segregação de funções. O mesmo sucederia se a sociedade-mãe fosse sociedade de Direito português que adoptasse o modelo de governação previsto no artigo 278.°/1, *a*), do CSC.

4. Conclusões

O artigo 413.°/2, *a*), do CSC, ao estabelecer a obrigatoriedade de adopção do modelo latino reforçado no caso das sociedades cotadas e de sociedades de maiores dimensões, tem em vista garantir a segregação das funções de fiscalização e de revisão de contas, essencial à fiabilidade e eficácia do controlo. Por seu lado, a excepção prevista para a «sociedade totalmente dominada por outra, que adopte este modelo» justifica-se pela desnecessidade e desproporcionalidade dos custos da reprodução do sistema de fiscalização reforçada no plano da sociedade-filha quando um controlo equivalente, em termos de rigor e eficácia, é já assegurado ao nível da sociedade-mãe, legalmente obrigada à consolidação das contas das suas filiais; tal excepção deve, pois, ser interpretada extensivamente, dispensando-se da obrigação de adopção da modalidade de fiscalização prevista no artigo 413.°/1, *b*) todas as filiais de sociedades legalmente obrigadas à consolidação de contas, sendo relevante, para o efeito, não só a consolidação de contas levada a cabo por sociedade com sede em Portu-

---

[31] Sobre a equivalência funcional de modelos, cfr. PAULO CÂMARA, «O governo...», cit., pp. 127 e ss.

gal, mas também por sociedade com sede noutro Estado-membro da União Europeia. Por outro lado, para a dispensa de fiscalização reforçada é suficiente que o modelo adoptado pela sociedade-mãe assegure a segregação das funções de fiscalização e de revisão de contas: o artigo 413.°/2, *a)* deve interpretar-se extensivamente também no sentido de bastar a equivalência funcional de modelos de governação, não sendo necessária a sua exacta reprodução.

VINCULAÇÃO DAS SOCIEDADES COMERCIAIS

J. M. COUTINHO DE ABREU[*]

SUMÁRIO: *1. Como actuam vinculativamente as sociedades (generalidades). 2. Requisitos subjectivos: 2.1. Indicação da qualidade de administrador; 2.2. Órgãos de representação plurais: 2.2.1. Regras legais e derrogações; 2.2.2. Vigorando (supletiva ou estatutariamente) a conjunção, basta um administrador actuar para a sociedade ficar vinculada?; 2.2.3. Exercício da representação conjunta (e da representação disjunta). 3. Extensão dos poderes de vinculação: 3.1. Limites legais; 3.2. Limitações estatutárias; 3.3. Limitações resultantes de deliberações dos sócios e de outros órgãos; 3.4. Abusos do poder de vinculação. 4. Representação voluntária das sociedades.*

1. Como actuam vinculativamente as sociedades (generalidades)

As sociedades intervêm eficazmente em actos jurídicos – vinculam-se – por meio de órgãos (ou titulares destes) e de representantes voluntários.

Os órgãos aqui primacialmente em causa são os de administração e representação (gerência, conselho de administração, etc.). O qualificativo "representação" a respeito destes órgãos é frequente não apenas na doutrina. É corrente na lei: "a administração e a representação da sociedade competem aos gerentes" (CSC, artigo 192.º, 1), "a sociedade é administrada e representada por um ou mais gerentes (...)" – artigo 252.º, 1 –, "o conselho de administração tem exclusivos e plenos poderes de repre-

---

[*] Professor Catedrático da Faculdade de Direito da Universidade de Coimbra.

sentação da sociedade" (artigo 405.º, 2), "o conselho de administração executivo tem plenos poderes de representação perante terceiros (...)" – artigo 431.º, 2.

Pode, pois, falar-se neste âmbito de equivalência entre vinculação e representação[1-2].

No entanto, esta representação não é representação propriamente dita (legal ou voluntária). Os órgãos são parte componente das sociedades; os titulares dos órgãos não querem nem actuam como terceiros em substituição ou em vez da sociedade (vontade e actos orgânicos são vontade e actos da sociedade). Fala-se, por isso, de "representação orgânica". Sendo assim, as regras de direito privado comum relativas à representação (CCiv., artigos 258.º-269.º) não são aplicáveis directamente à representação orgânica. Embora a uma ou outra delas se possa recorrer por analogia.

Contudo, ao invés do que parece declarar a lei[3], a representação orgânica das sociedades não compete somente aos órgãos de administração e representação. Embora raramente, ela compete a outros órgãos: ao órgão deliberativo-interno (usualmente designado assembleia geral)[4], ao fiscal único ou conselho fiscal [artigo 420.º, 1, *l*)], ao conselho geral e de supervisão [artigo 441.º, *p*)]. E, excepcionalmente, pode competir aos sócios (mas não enquanto órgão): artigos 253.º, 1, 2, 470.º, 4.

Como dissemos, as sociedades vinculam-se também por meio de representantes voluntários[5]. Dedicar-lhes-emos alguma atenção. Depois de nos próximos números atendermos à vinculação pelos órgãos de administração e representação.

---

[1] Cfr. tb., p. ex., os artigos 260.º, 1, 261.º, 1, 408.º, 1 ("representação" é mesmo a epígrafe deste artigo), 409.º, 1.

[2] Mas deparamos com leis onde se distingue, algo estranhamente, representação e vinculação: compete ao presidente do conselho de administração "representar a sociedade em juízo e fora dele"; a sociedade fica obrigada (ou vinculada) "pela assinatura conjunta de dois membros do conselho de administração" [artigos 10.º, 2, *b*), e 12.º, 1, *a*), do estatuto da EMA – Empresa de Meios Aéreos, S. A., aprovado pelo Decreto-Lei n.º 109/2007, de 13 de Abril].

[3] O já citado artigo 405.º, 2, diz mesmo que o conselho de administração tem "exclusivos" poderes de representação.

[4] V., p. ex., V. G. LOBO XAVIER, *Anulação de deliberação social e deliberações conexas*, Atlântida Editora, Coimbra, 1976, pp. 102, ss., n. (7), J. M. COUTINHO DE ABREU, *Do abuso de direito – Ensaio de um critério em direito civil e nas deliberações sociais*, Almedina, Coimbra, 1983 (reimpr. 1999, 2006), pp. 144, 145, texto e notas.

[5] Cfr. já os artigos 252.º, 6, 391.º, 7.

2. Requisitos subjectivos

2.1. *Indicação da qualidade de administrador*

Os administradores ("gerentes", "administradores"), para poderem vincular a sociedade, devem actuar enquanto tais (enquanto administradores), não em nome pessoal. Devem, por isso, indicar ou declarar essa qualidade com referência à sociedade que por intermédio deles actua.

Relativamente a actos não escritos, entende-se consensualmente que aquela indicação tanto pode ser expressa como tácita (cfr. o artigo 217.º, 1, do CCiv.).

Já quanto a actos escritos, a interpretação do n.º 4 do artigo 260.º ("Os gerentes vinculam a sociedade, em actos escritos, apondo a sua assinatura com indicação dessa qualidade") e do n.º 4 do artigo 409.º do CSC ("Os administradores obrigam a sociedade, apondo a sua assinatura, com a indicação dessa qualidade") tem concitado marcado dissentimento na doutrina e na jurisprudência[6-7].

Ora, no n.º 4 dos artigos 260.º e 409.º não se exige que a indicação da qualidade de administrador seja expressa, não se exige que (mais ou menos) junto da assinatura (do administrador) e da identificação da sociedade apareça "gerente" ou "administrador". Importa é que os destinatários ("normais") do escrito possam lê-lo de modo a deduzirem que o mesmo é imputável à sociedade (devidamente "representada"). A indicação da qualidade de administrador pode ser tácita (cfr. o artigo 217.º, 2, do CCiv.). Concluiu bem, portanto, o citado Ac. do STJ de 6/12/2001: "A indicação da qualidade de gerente prescrita no n.º 4 do artigo 260.º do Código das Sociedades Comerciais pode ser deduzida, nos termos do artigo 217.º do Código Civil, de factos que, com toda a probabilidade, a revelem."[8]

---

[6] Especialmente até ao Ac. do STJ de 6/12/01 (uniformização de jurisprudência), DR, I-A, de 24/1/02, p. 498 (v. aí várias indicações de doutrina e jurisprudência).

[7] Não existe no CSC para as sociedades em nome colectivo e em comandita regra semelhante à dos artigos citados. A respeito das sociedades daquele primeiro tipo, escreveu RAÚL VENTURA, *Novos estudos sobre sociedades anónimas e sociedades em nome colectivo*, Almedina, Coimbra, 1994, p. 332, que continua, "pois, lícito o velho uso de o gerente, quando representa a sociedade em actos escritos assinar com a firma social" (p. ex., António Boavida, gerente da sociedade Bento Couto & Companhia, poderia "assinar" com esta firma, em vez de assinar com o seu nome, completo ou abreviado). Duvido de que deva ser assim. Parece ser de aplicar por analogia a regra dos citados artigos.

[8] V. tb., entre outros, A. SOVERAL MARTINS, *Capacidade e representação das sociedades comerciais*, em IDET, *Problemas do direito das sociedades*, Almedina, Coimbra,

Assim, por exemplo, é dada (tácita e) suficientemente a indicação da qualidade de administrador (necessária à vinculação da respectiva sociedade) quando:

a) Em letra de câmbio aparece como sacada uma sociedade (identificada pela firma) e no lugar do aceite aparece(m) assinatura(s) de administrador(es) da mesma – sem mais indicações, ou acompanhada(s) de carimbo da sociedade[9];
b) Em letra de câmbio aparece no lugar destinado à identificação do sacador a firma de sociedade e no lugar destinado à assinatura do sacador consta a assinatura de administrador da sociedade[10];
c) Em cheque figura determinada sociedade como titular da conta e no lugar destinado à assinatura do sacador consta (sem mais indicações) a assinatura de administrador daquela sociedade[11];
d) Em escrito que enforma contrato é identificada uma sociedade como parte e aparece no final a assinatura de administrador dessa sociedade (sem mais menções, ou com a menção de ele ser sócio)[12];
e) Em escrito enformando contrato de cessão de gozo de prédio não é identificada a sociedade cessionária nem a assinatura do administrador desta vem acompanhada de menção expressa a essa qualidade, mas o administrador havia comunicado à contraparte que o prédio se destinava à sociedade (e nas negociações preliminares ele apresentou-se sempre como administrador da sociedade)[13].

2002, pp. 478, ss., CAROLINA CUNHA, *Vinculação cambiária de sociedades: algumas questões* (texto ainda não publicado).

[9] Cfr. Ac. da RP de 9/11/98, CJ, 1998, V, p. 179; contra, Ac. do STJ de 5/11/98, BMJ n.º 481 (1998), p. 498, Ac. da RP de 24/11/98, CJ, 1998, V, p. 201.

[10] Cfr. o citado Ac. do STJ de 6/12/01.

[11] Cfr. Ac. da RC de 3/4/01, CJ, 2001, II, p. 34; contra, Ac. da RP de 20/5/99, CJ, 1999, III, p. 196.

[12] Cfr. Acs. do STJ de 28/11/99, CJ (ASTJ), 1999, III, p. 128, e de 3/10/00, CJ (ASTJ), 2000, III, p. 57.

[13] Cfr. Ac. da RP de 7/11/05, CJ, 2005, V, p. 182. Cfr. tb. os artigos 236.º, 1 e 2, e 238.º, 2, do CCiv..

2.2. *Órgãos de representação plurais*

Quando o órgão administrativo-representativo de uma sociedade é singular (composto por um só membro)[14], a representação orgânica (activa ou passiva) cabe, naturalmente, ao administrador único.

Quando haja mais do que um administrador, várias possibilidades se abrem. Por exemplo: cada um dos administradores tem o poder de vincular a sociedade (método de representação disjunta); é necessária a intervenção de todos os administradores, da maioria, ou de minoria deles (métodos de conjunção integral, maioritária e minoritária).

A escolha do método é feita pela lei e/ou pelo estatuto social. Tendo como pano de fundo interesses variados (mormente da sociedade e dos terceiros). A disjunção promove a rapidez da vinculação social e facilita a vida dos terceiros (basta-lhes averiguar se determinado sujeito é administrador); a conjunção favorece maior ponderação e controlo recíproco dos administradores (prevalecem os interesses da sociedade).

2.2.1. *Regras legais e derrogações*

Para a representação passiva das sociedades vale a regra da disjunção: as notificações ou declarações de terceiros à sociedade podem ser dirigidas a qualquer dos administradores (artigos 261.°, 3, 408.°, 3)[15]. Regra imperativa: é nula toda a disposição estatutária em contrário (v. os preceitos citados).

Quanto à representação activa, a disjunção é a regra para as sociedades em nome colectivo e em comandita simples (artigos 193.°, 1, 474.°) e a conjunção maioritária é a regra para as sociedades dos outros tipos (artigos 261.°, 1, 408.°, 1, 431.°, 3, 478.°). Regras dispositivas, porém: admitem derrogações.

Centremo-nos então na regra e possíveis desvios com referência às sociedades por quotas e anónimas.

Em regra, a sociedade por quotas fica "vinculada pelos negócios jurídicos concluídos pela maioria dos gerentes ou por ela ratificados" (artigo

---

[14] Cfr. o CSC, artigos 191.°, 1, 252.°, 1, 390.°, 1, 2, 424.°, 470.°, 1.

[15] Não contém o CSC preceito semelhante para as sociedades em nome colectivo. O artigo 193.° (aplicável também às sociedades em comandita simples: artigo 474.°) visa somente a representação activa. São, porém, aplicáveis por analogia as normas citadas em texto. Veja-se também, na mesma linha, o artigo 231.°, 1 e 2, do CPC.

261.º, 1) e a sociedade anónima fica igualmente "vinculada pelos negócios jurídicos concluídos pela maioria dos administradores ou por eles ratificados" (artigo 408.º, 1).

No entanto, o n.º 1 do artigo 261.º ressalva "cláusula do contrato de sociedade que disponha de modo diverso" e o n.º 1 do artigo 408.º permite que a sociedade anónima fique vinculada "por número menor [que a maioria] destes [dos administradores] fixado no contrato de sociedade"[16].

A um primeiro olhar, a lei parece oferecer mais possibilidades de derrogação estatutária da regra da conjunção maioritária às sociedades por quotas. Vejamos mais de perto.

a) Tanto nas sociedades por quotas como nas sociedades anónimas podem os estatutos estabelecer que a vinculação social basta-se com a intervenção de administradores em número inferior à maioria – um administrador (actuando disjuntivamente), dois, três, etc. (actuando conjuntamente).

Isto está de acordo com o disposto no artigo 9.º, 3, da 1.ª Directiva em matéria de sociedades[17]: "Quando a legislação nacional preveja que o poder de representar a sociedade é atribuído por cláusula estatutária, derrogatória da norma legal sobre a matéria, a uma só pessoa ou várias pessoas agindo conjuntamente, essa legislação pode prever a oponibilidade de tal cláusula a terceiros, desde que ela seja referente ao poder geral de representação; a oponibilidade a terceiros de uma tal disposição estatutária é regulada pelas disposições do artigo 3.º". Esta norma comunitária, quando prevê a vinculação por administradores em número inferior ao previsto em regra legal, não é excepção à norma do n.º 2 do mesmo artigo 9.º (: "As limitações aos poderes dos órgãos da sociedade que resultem dos estatutos ou de uma resolução dos órgãos competentes são sempre inoponíveis a terceiros, mesmo que tenham sido publicadas"[18]). Porquanto uma cláusula estatutária que permite a vinculação social por administradores

---

[16] V. já tb. o n.º 2 do artigo 408.º.

[17] Directiva 68/151/CEE, de 9 de Março de 1968, aplicável às sociedades por acções (anónimas e em comandita) e por quotas – artigo 1.º.

[18] Parece preferível a interpretação segundo a qual este preceito abrange não só limitações objectivas mas também limitações pessoais aos poderes de representação. V. GÜNTER C. SCHWARZ, *Vertretungsregelungen durch den Aufsichtsrat (§ 78 Abs. 3 S. 2 AktG) und durch Vorstandsmitglieder (§ 78 Abs. 4 S. 1 AktG) – Zur Richtlinienkonformität des aktienrechtlichen Organvertretungsrechts*, ZHR, 2002, p. 644.

em número inferior ao previsto na lei não limita (objectiva ou subjectivamente) os poderes desses administradores; antes os estende ou alarga: eles ficam com poder de vinculação que, segundo a regra legal, não tinham (pela regra, a intervenção de outros administradores seria necessária).

b) A sociedade anónima fica "vinculada pelos negócios jurídicos concluídos pela maioria dos administradores ou por eles ratificados, ou *por número menor destes fixado no contrato de sociedade*" (artigo 408.º, 1). Por conseguinte, uma cláusula estatutária exigindo a intervenção de administradores em número superior à maioria (maioria reforçada ou a totalidade dos administradores) é inoponível a (ineficaz relativamente a) terceiros (tem eficácia tão-só interna); a sociedade fica vinculada com a intervenção da maioria absoluta dos administradores, apesar da cláusula[19].

Já a cláusula estatutária de sociedade por quotas prescrevendo a conjunção maioritária reforçada ou integral será plenamente eficaz[20].

Uma tal cláusula traduz-se em limitação ao poder (à quota de poder) de vinculação de cada gerente. Na verdade, segundo a regra legal (dispositiva), os gerentes têm o poder de vincular a sociedade quando actuam em maioria simples (*v. g.*, basta que um dos cinco gerentes intervenha com mais dois); vigorando cláusula daquele tipo, não basta esta conjunção, é necessária a actuação de mais gerentes (*v. g.*, quatro dos cinco ou todos os cinco) – cada gerente vê assim dificultadas ou restringidas as faculdades de intervenção.

Poderia pensar-se então que tal cláusula fica sob o império do artigo 260.º, 1. Conferindo a lei poderes de vinculação aos gerentes em maioria

---

[19] Neste sentido, v. A. SOVERAL MARTINS, *Os poderes de representação dos administradores de sociedades anónimas*, Coimbra Editora, Coimbra, 1998, pp. 106-107.

[20] V., semelhantemente, J. OLIVEIRA ASCENSÃO, *Direito comercial*, vol. IV – *Sociedades comerciais. Parte geral*, Lisboa, 2000, pp. 484-485, J. ESPÍRITO SANTO, *Sociedades por quotas e anónimas – Vinculação: objecto social e representação plural*, Almedina, Coimbra, 2000, pp. 477, ss., 495, ss., SOVERAL MARTINS, *Capacidade e representação...*, pp. 482, ss., *Da personalidade e capacidade jurídicas das sociedades comerciais*, em AA. VV. (coord. de COUTINHO DE ABREU), *Estudos de direito das sociedades*, 8.ª ed., Almedina, Coimbra, 2007, pp. 118, ss., PAULO DE TARSO DOMINGUES, *A vinculação das sociedades por quotas no Código das Sociedades Comerciais*, RFDUP, 2004, pp. 300, ss.. Contra, v. I. DUARTE RODRIGUES, *A administração das sociedades por quotas e anónimas – Organização e estatuto dos administradores*, Petrony, Lisboa, 1990, p. 69, n. (95), F. CASSIANO DOS SANTOS, *Estrutura associativa e participação societária capitalística – Contrato de sociedade, estrutura societária e participação do sócio nas sociedades capitalísticas*, Coimbra Editora, Coimbra, 2006, pp. 316, ss..

absoluta, a sociedade ficaria vinculada pela intervenção da maioria (*v. g.*, três dos cinco), "não obstante as limitações constantes do contrato social" (que exige a actuação de quatro ou de cinco gerentes) – a limitação estatutária seria inoponível a terceiros.

Isto, claro, admitindo que o n.º 1 do artigo 260.º[21] é aplicável não só às limitações estatutárias objectivas (referidas à natureza e extensão dos actos praticáveis pelos administradores) mas também às limitações estatutárias subjectivas ou pessoais. E, *em geral*, assim deve admitir-se. Com efeito, o n.º 1 do artigo 9.º da 1.ª Directiva centra-se em prescrições objectivas do poder de vinculação dos administradores; mas no n.º 2 do mesmo artigo já se incluem tanto limitações objectivas como limitações subjectivas aos poderes de vinculação[22]. Ora, o n.º 1 do artigo 260.º do CSC[23] transpõe para a ordem jurídica interna o disposto nos n.ºs 1 (1.º parágrafo) e 2 do artigo 9.º da 1.ª Directiva.

Contudo, o n.º 3 do artigo 9.º da Directiva contém uma excepção à regra (prevista no n.º 2) da ineficácia das limitações subjectivas[24]. As legislações nacionais podem prever a oponibilidade de cláusula estatutária que limite (pessoalmente) os poderes de representação dos administradores; a cláusula terá de cumprir as exigências da publicidade obrigatória.

Pois bem, a legislação portuguesa prevê no artigo 261.º, 1, do CSC – no segmento "salvo cláusula do contrato de sociedade que disponha de modo diverso" – a eficácia de cláusula estatutária prescrevendo conjunção maioritária reforçada ou integral[25]. A previsão legal é implícita. É quanto basta (não tinha de ser explícita ou expressa). "Parece, com efeito, que se a legislação nacional prevê que o poder de representar a sociedade seja atribuído pelos estatutos a uma só pessoa ou a várias pessoas agindo conjuntamente, essa previsão é bastante para que essas disposições estatutárias sejam oponíveis a terceiros". "Acresce que 'pode prever a oponibilidade' supõe a possibilidade contrária – prever a inoponibilidade – e é contraditório atribuir licitamente poderes de representação a certas pessoas

---

[21] Bem como o n.º 1 do artigo 409.º.
[22] V. por todos SCHWARZ, *ob. cit.*, pp. 639, ss..
[23] Tal como o n.º 1 do artigo 409.º.
[24] V. SCHWARZ, *ob. cit.*, pp. 643-644.
[25] Desde que observada, claro, a publicidade obrigatória – v. 1.ª Directiva, artigos 9.º, 3, 2.º, 1, a), d), 3.º; CSC, artigos 166.º, ss.; CRCom., artigos 3.º, 1, *a*), *m*), 15.º, 1, 70.º, 1, *a*); RRCom., artigo 10.º, *b*).

e ao mesmo tempo declarar que esses poderes de representação são inoponíveis a terceiros"[26-27].

c) São frequentes (sobretudo nas sociedades por quotas) cláusulas estatutárias dispondo mais ou menos isto: a sociedade obriga-se validamente com as assinaturas de dois gerentes, bastando a de um só para os actos de mero expediente.

Não é fácil delimitar os "actos de mero expediente"[28]. Serão actos de pequeno relevo económico para a sociedade e/ou rotineiros praticáveis com reduzida margem de liberdade ou discricionaridade administrativo--representativa[29]. Por exemplo, a emissão de facturas/recibos ou de notas de remessa, o depósito de dinheiro da sociedade em bancos, pagamentos de salários, a distribuição de tarefas pelos trabalhadores da categoria correspondente...

Ora, quando um só administrador pratica actos de mero expediente, a sociedade fica vinculada. Não pode ela opor a terceiros a regra estatutária da actuação conjunta. A cláusula dos estatutos que permite a qualquer gerente (método disjunto) a prática de actos de mero expediente não é, neste ponto, limitadora dos poderes de vinculação dos gerentes.

Mas que sucede quando um só administrador pratica actos que não são de mero expediente? Ficará a sociedade vinculada? Parece que sim[30]. Uma cláusula estatutária que atribui a cada administrador poderes de representação para actos especiais ou categorias de actos não é cláusula

---

[26] RAÚL VENTURA, *Adaptação do direito português à 1.ª Directiva do Conselho da Comunidade Económica Europeia sobre direito das sociedades,* em PGR, *Documentação e Direito Comparado,* Lisboa, 1981, p. 158 (= *Sociedades por quotas* cit., pp. 186-187).

[27] É diferente o panorama em França. O artigo L. 223-18 do *Code de Commerce* consagra o método disjunto (7.º parágr.) e a inoponibilidade a terceiros das cláusulas estatutárias limitando os poderes dos gerentes (6.º parágr.) – o legislador francês não fez uso, portanto, da faculdade atribuída pelo artigo 9.º, 3, da 1.ª Directiva. Sobre a controvérsia italiana diante do artigo 2475 *bis* do *Codice Civile* (e correspondentes normas precedentes) – algo distante(s) do artigo 261.º, 1, do CSC – v., com indicações, MASSIMO MONTANARI, *La clausola di rappresentanza congiuntiva nelle società di capitali,* GC, 1999, pp. 18, ss., FILIPPO PARRELLA, em M. SANDULLI / V. SANTORO (a cura di), *La riforma delle società (Artt. 2462-2510 cod. civ.),* Giappichelli, Torino, 2003, p. 112.

[28] V. RICARDO CANDEIAS, *Os gerentes e os actos de mero expediente,* ROA, 2000, pp. 261, ss.. Há uma referência (sem explicitações) a tais actos no artigo 470.º, 4, do CSC.

[29] Por isso entendem os sócios não ser exigível actuação conjunta propiciadora de (maior) ponderação e de controlo mútuo.

[30] Assim também RICARDO CANDEIAS, *ob. cit.,* p. 280.

"referente ao poder geral de representação" (v. o artigo 9.°, 3, da 1.ª Directiva). E porque limita (objectivamente) os poderes de representação de cada um desses administradores, ela é inoponível aos terceiros (artigo 9.°, 2 e 3, da Directiva, artigos 260.°, 1, 409.°, 1, do CSC)[31]; tem eficácia simplesmente interna.

d) Frequentes são também as cláusulas estatutárias que referem nominalmente (de modo directo ou indirecto) um ou mais administradores-representantes. Por exemplo (tendo as sociedades, imagine-se, cinco administradores): a sociedade obriga-se com as assinaturas de dois gerentes, devendo uma delas ser a do gerente *A*; a sociedade vincula-se pelas assinaturas do presidente do conselho de administração ou de dois administradores; a sociedade fica vinculada pela assinatura do gerente *B* ou pelas assinaturas de *B* e de um outro gerente.

Hipóteses destas configuram alargamento dos poderes dos administradores na medida em que se exige a intervenção de administradores em número inferior ao previsto nas regras legais dispositivas. Porém – quanto a hipóteses como as dos exemplos primeiro e terceiro –, configuram também limitações aos poderes de vinculação de alguns administradores: cada administrador não nominalmente referido pode intervir, não com qualquer um dos outros, mas com administrador nominalmente designado. Não obstante, porque são limitações pessoais ou subjectivas (não objectivas), elas são permitidas pelo artigo 9.°, 3, da 1.ª Directiva e pelos correspondentes artigos do CSC (261.°, 1, 408.°, 1)[32].

Portanto, tais cláusulas estatutárias, observadas as exigências legais de publicidade, são oponíveis a terceiros. Quer nas sociedades por quotas[33], quer nas sociedades anónimas[34].

Convém notar que, nos exemplos dados, nenhum administrador fica privado de poderes de representação; qualquer deles pode intervir, embora em parceria com administrador nominalmente assinalado. E, em geral,

---

[31] Não têm os terceiros de preocupar-se com a questão de os actos em que participam serem ou não de mero expediente.

[32] Cfr. *supra,* sob b).

[33] Neste ponto parece haver consenso – cfr. SOVERAL MARTINS, *Os poderes de representação...*, p. 226, n. (406), ESPÍRITO SANTO, *ob. cit.*, pp. 480-481.

[34] Contra, v. *últs. AA. e obs. cits.*, respectivamente pp. 223, ss. e 487, ss..

Na Alemanha, parece valerem conclusões análogas às que deixo em texto – v. UWE HÜFFER, *Aktiengesetz*, 6. Aufl., Beck, München, 2004, pp. 405, 406.

nenhum administrador pode ser excluído do exercício de poderes de vinculação (faz parte do estatuto de administrador o poder de representar ou de colaborar na representação)[35]. Só não será assim, por força da lei, relativamente aos administradores que sejam membros de comissão de auditoria (artigos 423.º-B, ss.). Com efeito, a estes administradores "é vedado o exercício de funções executivas na sociedade" (artigo 423.º-B, 3). E são executivas as funções de representação.[36]

e) Nas sociedades anónimas com estrutura organizatória tradicional ou monística, pode o estatuto social autorizar o conselho de administração a delegar em um ou mais administradores ou numa comissão executiva a gestão corrente da sociedade (artigo 407.º, 3). Quando o estatuto contenha tal autorização e o conselho faça uso dela, deve a respectiva deliberação fixar os limites da delegação (artigo 407.º, 4)[37]. E pode também o estatuto dispor que a sociedade fica "vinculada pelos negócios celebrados por um ou mais administradores-delegados, dentro dos limites da delegação do conselho" (artigo 408.º, 2).

Quando isso suceda, a sociedade fica vinculada pelos actos praticados, dentro dos limites da delegação, pelo administrador ou administradores delegados.

E se estes ultrapassam aqueles limites? A sociedade fica igualmente vinculada. Porque as limitações estão ancoradas no estatuto social, elas têm eficácia interna mas não externa (artigo 409.º, 1)[38].

---

[35] V., a respeito dos gerentes, RAÚL VENTURA, *Sociedades por quotas* cit., p. 197, ESPÍRITO SANTO, *ob. cit.*, p. 480. Contra, M. PUPO CORREIA (c/colab. de A. J. TOMÁS/ /O. C. PAULO), *Direito Comercial – Direito da empresa,* 9.ª ed., Ediforum, Lisboa, 2005, p. 249.

[36] Se, p. ex., o conselho de administração de uma sociedade anónima for composto por seis membros, integrando três deles a comissão de auditoria (cfr. o artigo 423.º-B, 2), e o estatuto social dispuser que a sociedade fica vinculada pelos negócios jurídicos concluídos pela maioria dos administradores, deve entender-se que esta maioria equivale a dois administradores não auditores. De todo o modo, quando o número dos administradores não auditores seja igual ou inferior ao dos administradores-auditores, convém que o estatuto regule a vinculação referindo-se expressamente tão-só aos administradores não auditores.

[37] Para a interpretação (extensiva) deste preceito, v. J. M. COUTINHO DE ABREU, *Governação das sociedades comerciais,* Almedina, Coimbra, 2005/2006, pp. 39-40.

[38] V. desenvolvimento em SOVERAL MARTINS, *Os poderes de representação...*, pp. 376, ss.. Com soluções diferenciadas, ESPÍRITO SANTO, *ob. cit.*, pp. 492-493, n. (1329).

Para as sociedades por quotas estabelece o n.º 2 do artigo 261.º: "O disposto no número anterior não impede que os gerentes deleguem nalgum ou nalguns deles competência para determinados negócios ou espécie de negócio, mas, mesmo nesses negócios, os gerentes delegados só vinculam a sociedade se a delegação lhes atribuir expressamente tal poder."

Trata-se agora de delegação (de poderes de gestão e, eventualmente, de representação) que em parte se avizinha da delegação (propriamente dita) prevista para as sociedades anónimas (artigos 407.º, 3 e ss., 408.º, 2) e em outra parte se aproxima da delegação restrita (ou delegação-encargo especial) também prevista para aquelas sociedades (artigo 407.º, 1 e 2)[39].

A delegação de poderes poderá ser feita por deliberação dos gerentes[40] ou por declarações conjunto-maioritárias dos mesmos[41]. Os poderes delegados para "determinados negócios" (v. g., compra de duas máquinas de certo tipo) ou "espécie de negócio" (v. g., compras de matéria-prima) são antes de mais poderes de gestão (ou administração em sentido estrito)[42]. Mas podem ser também de vinculação – desde que "expressamente" atribuídos para aqueles negócios ou sectores negociais. De todo o modo, os gerentes-não delegados não ficam privados de poderes administrativos e/ou representativos nas matérias da delegação[43-44].

Tal como os administradores delegados (propriamente ditos), também os gerentes delegados vinculam a sociedade quando praticam actos dentro dos limites da delegação.

E vinculam-na ainda quando ultrapassam esses limites. Porque são limitações objectivas resultantes de "resolução" dos gerentes (delegantes), têm eficácia simplesmente interna, sendo (em geral) inoponíveis a terceiros (artigo 9.º, 2, da 1.ª Directiva, de acordo com o qual deve ser interpre-

---

[39] Cfr. COUTINHO DE ABREU, últ. ob. cit., pp. 97, ss..

[40] Cfr. últ. A. e ob. cits., pp. 142-143.

[41] Não parece que baste uma conjunção minoritária constante do estatuto para a vinculação em geral (tendo também em conta alguma analogia com o previsto no artigo 407.º, 1 e 3 – as deliberações do conselho são tomadas por maioria dos votos: artigo 410.º, 7...).
RAÚL VENTURA, últ. ob. cit., p. 193, contraria qualquer das vias apontadas (deliberação dos gerentes ou actuação conjunta dos mesmos) e advoga que a delegação deve ser feita por todos os gerentes.

[42] Cfr. minha ob. cit., pp. 37, ss..

[43] Cfr. (analogicamente) os artigos 407.º, 2, 8, 408.º, 2.

[44] Por não terem atendido a alguns dos pontos expostos, são criticáveis os Acs. da RL de 22/3/94, CJ, 1994, II, p. 91, do STJ de 24/4/95, BMJ n.º 446 (1995), p. 302 (sobre o mesmo caso), e de 15/10/96, CJ (ASTJ), 1996, III, p. 62.

tado o artigo 260.º, 1, do CSC, que se refere apenas às "limitações constantes do contrato social ou resultantes de deliberações dos sócios").

2.2.2. Vigorando (supletiva ou estatutariamente) a conjunção, basta um administrador actuar para a sociedade ficar vinculada?

A pergunta em epígrafe seria surpreendente (pois se a lei ou, com permissão dela, os estatutos exigem a intervenção de mais do que um...), não fora o facto de a jurisprudência dominante e alguma (minoritária) doutrina entenderem que as sociedades (por quotas e anónimas) ficam vinculadas pelos negócios jurídicos concluídos por um só administrador, apesar de para elas vigorar o método da conjunção[45].

Em abono desse entendimento avança-se, designadamente, a aplicabilidade dos artigos 260.º, 1, e 409.º, 1, e a prevalência dos interesses dos terceiros de boa fé. É abonação claramente insuficiente.

Dizem aqueles preceitos: "Os actos praticados pelos gerentes [artigo 260.º, 1; diz-se no artigo 409.º, 1: "pelos administradores"], em nome da sociedade e dentro dos poderes que a lei lhes confere, vinculam-na para com terceiros, não obstante as limitações constantes do contrato social [ou "de sociedade": artigo 409.º, 1] (...)".

Ora, a referência aos "gerentes" e "administradores" é feita em abstracto. Os citados preceitos não dizem que basta a intervenção de um administrador. Nem dizem qual o número dos administradores intervenientes exigido. Isso é referido em outras normas: artigos 261.º, 408.º.

E se, por força destas normas ou de cláusulas estatutárias, os poderes de representação têm de ser exercidos conjuntamente por dois ou mais administradores, actua sem poderes o administrador que actuar sozinho (não "dentro dos poderes que a lei lhe confere").

Por outro lado, não são "limitações constantes do contrato social" (ou "contrato de sociedade", ou estatuto social) aos poderes dos administradores as prescrições estatutárias segundo as quais a sociedade fica vinculada

---

[45] V. entre outros, os Acs. do STJ de 3/5/95, BMJ n.º 447 (1995), p. 520, da RC de 26/6/01, CJ, 2001, III, p. 40, da RL de 22/1/02, CJ, 2002, I, p. 80, e de 27/5/03, CJ, 2003, III, p. 88, do STJ de 14/3/06, CJ (ASTJ), 2006, I, p. 126; RUI RANGEL, A vinculação das sociedades anónimas, Edições Cosmos, Lisboa, 1998, pp. 71, ss., P. OLAVO CUNHA, Direito das sociedades comerciais, 2.ª ed., Almedina, Coimbra, 2006, pp. 571-572 (para as sociedades por quotas), 604, ss. (para as sociedades anónimas; aqui o A. entende ser exigível, em regra, a intervenção de pelo menos dois administradores).

pelos negócios concluídos pela maioria dos administradores ou por número (plural) inferior. No primeiro caso, a cláusula estatutária repete a regra legal dispositiva (artigos 261.º, 1, 408.º, 1) – os administradores ficam (pelos estatutos) com os mesmos poderes que a lei lhes confere; no segundo caso, os administradores ficam com poderes mais extensos do que os conferidos por lei[46]. Somente nos casos em que os estatutos estabelecem conjunção maioritária reforçada ou integral (casos raros na prática, parece) há limitações (pessoais) aos poderes dos administradores – limitações permitidas com eficácia externa, como vimos, nas sociedades por quotas, não nas anónimas[47].

Depois, faz pouco sentido apelar aqui aos interesses dos terceiros de boa fé. E os interesses da sociedade acauteláveis pelos métodos da conjunção?[48] De outra banda, não é tarefa espinhosa para os terceiros saber quem pode vincular a sociedade [v. o CRCom., artigo 70.º, 1, a), 2 – publicações obrigatórias –, 73.º e 74.º – carácter público do registo]. O cuidado e esforço exigidos a um terceiro que pretenda confirmar a qualidade de administrador de pessoa que o contacta invocando representar uma sociedade são praticamente os mesmos cuidado e esforço exigidos para se saber por quem fica a sociedade vinculada. Por outro lado ainda, quando vigora a conjunção, é a lei que impede a vinculação social por negócios concluídos por um só administrador (artigos 261.º, 1, 408.º, 1); logo, "a confiança de terceiros não pode ser invocada, porque não há confiança legítima contra o que dispõe a lei"[49].

Em suma, vigorando (supletiva ou estatutariamente) a conjunção, a sociedade não fica vinculada pelos actos jurídicos praticados por um só administrador[50]; tais actos são ineficazes relativamente à sociedade[51-52].

---

[46] Cfr. *supra*, n.º 2.2.1., sob a).
[47] Cfr. *supra*, n.º 2.2.1., sob b).
[48] Cfr. *supra*, n.º 2.2.
[49] OLIVEIRA ASCENSÃO, *ob. cit.*, p. 477 (v. tb. p. 484).
[50] V., no mesmo sentido, além do A. e *ob. cits.* na nota anterior, SOVERAL MARTINS, *Os poderes de representação...*, p. 118, *Da personalidade e capacidade...*, pp. 119, ss., ESPÍRITO SANTO, *ob. cit.*, pp. 309, 471-472, TARSO DOMINGUES, *ob. cit.*, p. 302, A. PEREIRA DE ALMEIDA, *Sociedades comerciais*, 4.ª ed., Coimbra Editora, Coimbra, 2006, pp. 370, ss., 430, ss., PUPO CORREIA, *ob. cit.*, p. 249, n. (344).
[51] V., p. ex., SOVERAL MARTINS, *Os poderes de representação...*, p. 118.
[52] Pode dar-se o caso de a invocação, pela sociedade, da ineficácia do acto praticado por um só administrador ser abusiva (v., p. ex., o citado Ac. da RL de 22/1/02, p. 85). Mas estaremos então num outro campo. Uma coisa é saber se a sociedade

2.2.3. *Exercício da representação conjunta (e da representação disjunta)*

Na representação conjunta, podem os administradores cuja intervenção é exigida emitir simultaneamente (de modo expresso e/ou tácito) as declarações (parciais) de teor idêntico (*v. g.*, todos eles comunicam à contraparte da sociedade uma proposta contratual, ou assinam documento que enforma contrato).

Mas podem também emitir tais declarações (separada e) sucessivamente (*v. g.*, o documento assinado por um administrador é assinado pelo outro dias depois). Nestes casos, a sociedade fica vinculada apenas no momento em que é emitida a última (necessária) declaração (parcial).

Se intervier apenas um administrador, ou mais que um mas em número insuficiente (ou com falta de algum nominalmente referido no estatuto), contra o disposto na lei ou no estatuto, sabemos já que a sociedade não fica vinculada pelos negócios concluídos por esse(s) administrador(es). Haverá vinculação, porém, se esses negócios forem ratificados – artigos 261.º, 1, 408.º, 1.

Vendo a letra da lei ("negócios jurídicos concluídos pela maioria dos gerentes ou por ela ratificados", "negócios jurídicos concluídos pela maioria dos administradores ou por eles ratificados"), poderia pensar-se que a ratificação deve ser feita pelo número de administradores que teria sido suficiente para vincular a sociedade. Por exemplo, numa sociedade que se vincula pela maioria dos quatro administradores, determinado negócio foi celebrado apenas por dois; a ratificação do negócio competiria a três (compreendendo aqueles dois ou um deles), sem que bastasse a declaração ratificadora de um dos administradores que não participou na celebração do negócio[53].

Esse procedimento é possível mas não necessário. O interesse da sociedade (em benefício da qual é estabelecida a ineficácia) não impõe que tenham de intervir na ratificação tantos quantos tinham de intervir na celebração do negócio. E não faz grande sentido que quem interveio no negócio possa ter de declarar depois a sua aquiescência ou assentimento (declaração de ratificação) ao mesmo negócio. Assim, no exemplo de há pouco,

---

fica vinculada pela actuação de um só administrador, outra é saber se a sociedade – não vinculada – tem legitimidade para invocar a não vinculação.

[53] Assim, SOVERAL MARTINS, *Os poderes de representação...*, pp. 110-111, 125--126, TARSO DOMINGUES, *ob. cit.*, p. 300.

bastava a ratificação por um dos administradores que não participou na celebração do negócio[54]. Outro exemplo: o estatuto de sociedade por quotas estabelece a vinculação por dois dos quatro gerentes, devendo A ser um deles; um negócio foi concluído por B e C; será necessária e suficiente a ratificação de A.

Tendo em vista o artigo 268.°, 2, do CCiv. (v. também o artigo 262.°, 2), vem-se entendendo que a ratificação deve observar a forma do negócio que se pretende ratificar[55].

Mas a ratificação aqui em causa não pressupõe representação voluntária, nem qualquer procuração. Deve, pois, valer o princípio da liberdade da forma (cfr. os artigos 219.°, 295.° do CCiv.). Porque não admitir, por exemplo, a ratificação feita por deliberação da gerência ou do conselho de administração, ou por declaração oral de gerente (não interveniente na conclusão do negócio ineficaz) dirigida aos demais gerentes? Por outro lado, a ratificação pode ser tácita[56] – v. g., o gerente que não havia intervindo na conclusão do negócio vem a executá-lo.

Já a 2.ª parte do n.° 2 do artigo 268.° do CCiv. merece aplicação analógica[57]: a ratificação tem eficácia retroactiva, considerando-se o negócio eficaz desde o momento em que foi concluído[58].

Na representação disjunta, mas também na representação conjunta minoritária, pode suceder que a propósito do mesmo assunto sejam emitidas declarações contraditórias (v. g., um administrador aceita proposta contratual e outro não aceita; em sociedade com cinco administradores e vinculável por dois, A e B declaram aceitar proposta, C e D declaram não aceitar).

Se ambas as declarações chegam ao mesmo tempo ao destinatário, ou são emitidas simultaneamente (cfr. o artigo 224.°, 1, do CCiv.), a sociedade não fica vinculada por qualquer delas (a sociedade não pode dizer sim e não ao mesmo tempo sobre o mesmo assunto; uma e outra declaração excluem-se mutuamente).

---

[54] V., no mesmo sentido, RAÚL VENTURA, *Sociedades por quotas* cit., p. 191, ESPÍRITO SANTO, *ob. cit.*, pp. 473, ss..

[55] RAÚL VENTURA, *últ. ob. cit.*, pp. 191-192, SOVERAL MARTINS, *últ. ob. cit.*, p. 124, ESPÍRITO SANTO, *ob. cit.*, p. 475.

[56] V. tb. SOVERAL MARTINS, *ob. cit.*, pp. 111-112.

[57] E bem assim os n.os 3 e 4 do mesmo artigo – cfr. RAÚL VENTURA, *ob. cit.*, p. 192.

[58] Também por isso a ratificação se distingue da emissão sucessiva de declaração negocial (*supra*, 2.° parágrafo desde n.°) – cfr. UWE H. SCHNEIDER, em *Scholz Kommentar zum GmbH-Gesetz*, I. Band, 9. Aufl., Otto Schmidt, Köln, 2000, p. 1473.

Não sendo esse o caso, é eficaz a declaração que primeiro chega ao destinatário (declaração receptícia) ou a primeira manifestada adequadamente (declaração não receptícia). No entanto, a outra declaração pode revelar-se apropriada para extinguir ou alterar os efeitos jurídicos decorrentes da declaração eficaz (e que vinculou a sociedade)[59-60].

3. Extensão dos poderes de vinculação

Visitemos agora especial e sistematicamente[61] o campo dos limites objectivos aos poderes de vinculação dos administradores (actuando em número suficiente) – os limites relativos à espécie e extensão dos actos praticáveis pelos administradores.

Também aqui se contrapõem, de um lado, as sociedades em nome colectivo (e em comandita simples) e, de outro lado, as sociedades por quotas e por acções[62].

Nas primeiras, a competência dos gerentes para representar a sociedade "deve ser sempre exercida dentro dos limites do objecto social e, pelo contrato, pode ficar sujeita a outras limitações ou condicionamentos" (artigo 192.º, 2). Por conseguinte, a sociedade não fica vinculada pelos actos de gerente que desrespeitem limites estatutários (referentes ao objecto social ou a outras matérias). A menos que os sócios, por deliberação unânime, ratifiquem ("confirmem", segundo o n.º 3 do artigo 192.º) tais actos.

Nas sociedades por quotas e por acções, as limitações que resultem dos estatutos ou de deliberações dos sócios e de outros órgãos não obstam em geral à vinculação (1.ª Directiva, artigo 9.º, 1 e 2, CSC, artigos 260.º, 1, 2 e 3, 409.º, 1, 2 e 3). A protecção dos terceiros e a segurança no comércio jurídico justificam este regime.

É das sociedades por quotas e anónimas que trataremos de seguida.

---

[59] Cfr. últ A. e ob. cits., p. 1578.
[60] Sobre a imputação à sociedade de conhecimentos, má fé, falta e vícios da vontade de administradores, v., p. ex., RAÚL VENTURA, ob. cit., pp. 195, ss., SOVERAL MARTINS, ob. cit., pp. 131, ss., SCHNEIDER, ob. cit., pp. 1478, ss..
[61] Algo foi visto já no n.º anterior (n.º 2).
[62] Só a estas, recorde-se, é aplicável a 1.ª Directiva.

3.1. Limites legais

Os actos praticados pelos administradores, "em nome da sociedade e dentro dos poderes que a lei lhes confere, vinculam-na para com terceiros" (artigos 260.°, 1, 409.°, 1).

Naturalmente, os administradores actuam fora dos poderes que a lei lhes confere quando actuam fora do círculo da capacidade jurídica da sociedade. Mas este círculo não coincide com o dos poderes de vinculação (com menor perímetro). A sociedade não fica vinculada por qualquer acto para cuja prática ela tenha capacidade (aos limites desta acrescem limites legais aos poderes de vinculação)[63].

Os limites legais aos poderes de representação ou vinculação dos administradores traduzem-se em privação ou em condicionamento desses poderes[64].

No primeiro caso, temos poderes de representação atribuídos, não ao órgão com competência representativa geral, mas a um outro órgão. Costuma dar-se o exemplo do artigo 441.°, c) (v. tb. o artigo 443.°, 1): compete ao conselho geral e de supervisão "representar a sociedade nas relações com os administradores". É fenómeno que pouco nos importa: está-se aí no domínio de relações inter-orgânicas, não no campo das relações da sociedade com "terceiros".

Os casos de condicionamento legal dos poderes de vinculação dos administradores são mais relevantes.

Prescreve às vezes a lei que certos actos dependem de deliberação dos sócios – sem esta não será legítima a intervenção dos administradores.

Por exemplo, a alienação e a oneração de quotas próprias (para ou a favor de sócios ou terceiros) dependem de deliberação dos sócios [artigo 246.°, 1, b)]. Não confere, pois, a lei aos gerentes o poder de, sem deliberação dos sócios, venderem quotas da sociedade ou constituírem penhor sobre elas. Estes actos, quando não assentem em deliberação, não vinculam a sociedade, são ineficazes relativamente a ela[65].

Outro exemplo: o direito de preferência dos sócios em aumentos de capital por entradas em dinheiro só pode ser suprimido ou limitado por deliberação dos sócios (artigos 266.°, 4, 460.°). Sem deliberação, não

---

[63] V. J. M. COUTINHO DE ABREU, *Curso de direito comercial*, vol. II – *Das sociedades*, 2.ª ed., Almedina, Coimbra, 2007, pp. 184, ss..

[64] Cfr., p. ex., ESPÍRITO SANTO, *ob. cit.*, p. 427.

[65] Mas podem os sócios, deliberando, ratificá-los.

podem os administradores oferecer as novas quotas ou acções à subscrição de terceiros – os respectivos contratos seriam ineficazes em relação à sociedade.

Note-se que, nestes casos, o regime é diferente quando as deliberações existem mas são declaradas nulas ou anuladas[66]. É então aplicável o n.º 2 do artigo 61.º: a declaração de nulidade ou a anulação de deliberação "não prejudica os direitos adquiridos de boa fé por terceiros [não sócios nem administradores que desconheciam os vícios da deliberação], com fundamento em actos praticados em execução da deliberação".

Nos termos do artigo 9.º, 1, da 1.ª Directiva, a sociedade vincula-se perante terceiros pelos actos realizados pelos seus órgãos, "a não ser que esses actos excedam os poderes que a lei atribui *ou permite atribuir* a esses órgãos".

Os enunciados normativos dos artigos 260.º, 1, e 409.º, 1, do CSC não adoptaram formulação equivalente. Referem os poderes que a lei confere aos administradores, mas não os que a lei permite conferir-lhes. Porém, uma interpretação daqueles enunciados conforme à Directiva impõe que a sociedade fique vinculada também pelos actos que, apesar de não estarem dentro dos poderes que a lei confere aos administradores, estão dentro dos poderes que a lei permite conferir-lhes.

Concretizemos. O n.º 2 do artigo 246.º atribui competência aos sócios para deliberar, por exemplo, sobre a alienação ou oneração de bens imóveis, trespasse, oneração ou locação de estabelecimento [al. *c*)] – salvo se o estatuto social dispuser diversamente. Isto é, a lei permite aqui que tal competência seja atribuída (estatutariamente) aos gerentes. Assim, uma sociedade cujo estatuto não tenha feito uso da faculdade prevista no n.º 2 do artigo 246.º fica, apesar disso, vinculada pela venda de estabelecimento social efectuada pelos gerentes (não lhes foi atribuído este poder, mas a lei permite a atribuição)[67].

---

[66] P. ex., deliberação de alienação de quotas próprias é julgada abusiva (artigo 58.º, 1, b)), deliberação que elimina o direito de preferência é declarada nula por não ter sido justificada pelo interesse social (artigos 460.º, 2, 56.º, 1, d)).

[67] Neste sentido, v. SOVERAL MARTINS, *Capacidade e representação...*, pp. 493-494, TARSO DOMINGUES, *ob. cit.*, pp. 296-297. Diferentemente, RAÚL VENTURA, *ob. cit.*, p. 163, Ac. do STJ de 22/11/95, BMJ n.º 451 (1995), p. 466, ESPÍRITO SANTO, *ob. cit.*, p. 284.

3.2. Limitações estatutárias

Os actos praticados pelos administradores em conformidade com os poderes que a lei lhes atribui vinculam a sociedade perante terceiros – ainda que os actos sejam praticados em desconformidade com disposições estatutárias limitadoras dos poderes de representação (artigos 260.º, 1, 409.º, 1, 431.º, 3).

Poderá não ser assim, porém, quando estejam em causa actos que desrespeitem a cláusula estatutária relativa ao objecto social (artigos 260.º, 2 e 3, 409.º, 2 e 3). Não retomarei aqui o assunto[68].

Há cláusulas estatutárias que proíbem aos administradores a prática de certos actos – *v. g.*, a subscrição de letras de favor ou a concessão de fiança[69]. Outras cláusulas não privam os administradores de poderes de vinculação, antes os condicionam – *v. g.*, em sociedades por quotas, fazem depender de deliberação dos sócios a aquisição de imóveis (cfr. artigo 246.º, 1); em sociedades anónimas com sistema orgânico tradicional ou monístico, prevêem o dever de o conselho de administração obter prévio consentimento-deliberação dos sócios para aquisição de imóveis por preço superior a um milhão de euros[70]; em sociedades anónimas com estrutura organizatória de tipo germânico, estabelecem o dever de o conselho de administração executivo obter prévio consentimento do conselho geral e de supervisão para a aquisição de estabelecimento (artigo 442.º, 1).

Estas limitações estatutárias aos poderes de representação aos poderes dos administradores não são inválidas. Inclusive as que se traduzem em privação de tais poderes para certos actos[71]. O que elas não têm, isso sim, é eficácia externa; são inoponíveis a terceiros[72].

---

[68] V. COUTINHO DE ABREU, *Curso...*, pp. 189, ss..

[69] Estes actos não estão necessariamente fora da capacidade jurídica das sociedades – v. *últ. A. e ob. cits.*, pp. 187-188, 194, ss..

[70] Cláusulas destas são lícitas – v. COUTINHO DE ABREU, *Governação...*, pp. 47, ss., divergindo de doutrina generalizada em Portugal.

[71] V. tb. o artigo 6.º, 4. Em geral no mesmo sentido, v. L. BRITO CORREIA, *Vinculação da sociedade*, em FDUL/CEJ, *Novas perspectivas do direito comercial*, Almedina, Coimbra, 1988, p. 352, SOVERAL MARTINS, *Os poderes de representação...*, pp. 207, ss., ESPÍRITO SANTO, *ob. cit.*, pp. 423-424, n. (1157). Contra, defendendo a nulidade (podendo embora a cláusula "converter-se" em limitação interna), RAÚL VENTURA, *Sociedades por quotas* cit., p. 165, CASSIANO DOS SANTOS, *ob. cit.*, p. 302 e n. (506).

[72] Têm, pois, eficácia interna, intra-societária, no domínio da gestão ou administração em sentido estrito (cfr. COUTINHO DE ABREU, *últ. ob. cit.*, p. 37).

Incluem-se nos "terceiros", para este efeito, os sócios e os membros dos demais órgãos sociais? A resposta dominante tem sido negativa[73].

Também me parece que os sócios – ao menos os fundadores – e os titulares de órgãos das sociedades por quotas não são terceiros. Eles conhecem ou devem conhecer as limitações estatutárias, não merecendo a protecção dispensada à generalidade dos terceiros que se relacionam com a sociedade (e que não têm de preocupar-se com eventuais limitações extra-legais). A eles são oponíveis, portanto, as cláusulas estatutárias limitadoras dos poderes de vinculação; a sociedade não fica vinculada por actos em que eles são contraparte quando não são observadas as limitações estatutárias.

Vale o mesmo para os membros dos órgãos de administração e fiscalização das sociedades anónimas. Mas já não, parece, para os sócios não fundadores (ou não participantes na alteração estatutária que introduziu as limitações). Em geral, estes sócios não conhecem os estatutos; e não terão de conhecê-los quando pretendam negociar com a sociedade (bastar-lhes-á confiar na lei).

3.3. *Limitações resultantes de deliberações dos sócios e de outros órgãos*

Também as deliberações dos sócios, dos órgãos de administração ou do conselho geral e de supervisão que limitem os poderes de representação dos administradores (proibindo ou condicionando a prática de certos actos) não impedem a vinculação das sociedades. Os actos praticados pelos administradores dentro dos poderes que a lei lhes confere vinculam-nas perante terceiros, ainda quando tais actos não se conformam com aquelas deliberações (artigos 260.º, 1, 409.º, 1, 431.º, 3).

As referidas deliberações, quando válidas, devem em princípio ser cumpridas pelos administradores[74]. Mas a sua eficácia é interna, não

---

[73] RAÚL VENTURA, *últ. ob. cit.*, p. 173 (não são terceiros os sócios nem os gerentes de sociedades por quotas), SOVERAL MARTINS, *últ. ob. cit.*, pp. 190-191 (não são terceiros os sócios nem os membros dos órgãos das sociedades por quotas ou anónimas), ESPÍRITO SANTO, *ob. cit.*, p. 282, n. (785) – no mesmo sentido –, PEREIRA DE ALMEIDA, *ob. cit.*, pp. 368, 425 (não são terceiros os sócios e gerentes das sociedades por quotas; para as sociedades anónimas, o A. parece excluir somente os administradores). TARSO DOMINGUES, *ob. cit.*, p. 294, ao invés, entende que o artigo 260.º, 1, é aplicável a todos os que contratem com sociedade por quotas – independentemente de serem sócios ou gerentes.

[74] Cfr. COUTINHO DE ABREU, *Governação...*, pp. 55, ss., 140.

externa. As limitações delas decorrentes para os poderes de vinculação são inoponíveis a terceiros.

A inclusão ou exclusão de sócios e titulares de órgãos sociais nos "terceiros" parece ser aqui mais diferenciada. Com referência às deliberações dos sócios: nas sociedades por quotas, quer os titulares dos órgãos quer os sócios não são terceiros (tanto uns como os outros, enquanto tais, devem e/ou podem conhecer as limitações resultantes das deliberações[75]); nas sociedades anónimas, não são terceiros os membros dos órgãos, bem como os sócios que tenham participado nas respectivas deliberações[76]. Com referência às deliberações dos demais órgãos: não são terceiros os titulares de qualquer deles; são terceiros os sócios (que não sejam, claro, membros desses órgãos)[77].

Os artigos 260.º, 1, e 409.º, 1, referem-se tão-só às deliberações dos sócios, não às deliberações de outros órgãos sociais. Mas, recorde-se, também a estas se aplicam aqueles preceitos – interpretados em conformidade com o prescrito no artigo 9.º, 2, da 1.ª Directiva, que refere qualquer "resolução dos órgãos competentes".

Para as sociedades anónimas, diz o artigo 406.º (v. tb. o artigo 431.º, 3) que compete ao conselho de administração deliberar sobre qualquer assunto de administração da sociedade. Implicará isto que a sociedade não fica vinculada pelos actos praticados sem prévia deliberação do conselho sobre esses mesmos actos?

Desde que os poderes de representação sejam exercidos no modo exigido (artigo 408.º, 1), a sociedade fica vinculada. Em regra, a lei não faz depender de deliberação do conselho a prática, com eficácia externa, de actos pelos administradores[78]. A deliberação insere-se no espaço interno da sociedade e a sua ausência (com possíveis consequências também internas) não preclude a actividade externa. Os administradores legitimados para actuar externamente actuam dentro dos poderes de vinculação

---

[75] Mesmos os sócios que não tenham participado nelas – cfr. o artigo 214.º.

[76] À generalidade dos sócios não participantes, além do mais, é vedada informação directa acerca das deliberações – artigo 288.º, 1, *b*).

[77] Cfr. tb. *últ. A. e ob. cits.*, pp. 132, 141, ss..

[78] V. uma excepção no artigo 397.º, 2 (mas aqui, por sinal, a contraparte da sociedade é administrador-não terceiro...).

que a lei lhes confere, apesar de os actos não serem precedidos de deliberação do órgão de que eles mesmos são titulares[79].

3.4. Abusos do poder de vinculação

As limitações extra-legais (estatutárias ou resultantes de deliberações sociais) aos poderes dos administradores são em regra, como vimos, limitações somente internas, sem eficácia externa; inoponíveis a terceiros, elas não prejudicam a vinculação da sociedade.

Mas tais limitações internas podem em alguns casos ter eficácia externa, impedindo a vinculação. Nos casos, designadamente, de abuso do poder de vinculação[80].

Convém, no entanto, advertir já para o seguinte. Os abusos do poder de representação não ocorrem apenas quando haja desrespeito pelas referidas limitações extra-legais; mas serão mais evidentes quando se verifique esse desrespeito. Depois, a simples violação das limitações internas – mesmo que conhecida dos terceiros – não é suficiente para afirmar o abuso dos poderes de representação[81].

É frequente dizer-se que há abuso do poder de representação quando este é utilizado conscientemente num sentido contrário ao seu fim ou às instruções do representado, e a outra parte conhecia ou tinha de conhecer o abuso[82]. Ora, para efeitos da representação orgânica, as limitações extra-

---

[79] Convergentemente, v. SOVERAL MARTINS, *Os poderes de representação...*, pp. 235, ss., *Capacidade e representação...*, pp. 494, ss., ESPÍRITO SANTO, *ob. cit.*, pp. 444--445, Ac. do STJ de 8/6/99, CJ (ASTJ), 1999, II, p. 143. Contra, Ac. do STJ de 11/1/01, CJ (ASTJ), 2001, I, p. 64.

[80] Estes casos estão fora do campo de aplicação da 1.ª Directiva – cfr., p. ex., SCHWARZ, *ob. cit.*, p. 651 e n. (88).

[81] Recorde-se que, fora dos casos de ultrapassagem do objecto social, a inoponibilidade das limitações a terceiros não depende do desconhecimento (ou da impossibilidade de conhecimento) delas por estes – cfr. tb., p. ex., M. COZIAN/A. VIANDIER/F. DEBOISSY, *Droit des sociétés*, 17ᵉ éd., Litec, Paris, 2004, p. 124.

[82] V., p. ex., A. VAZ SERRA, *Contrato consigo mesmo e negociação de directores ou gerentes de sociedades anónimas ou por quotas com as respectivas sociedades (Algumas considerações)*, RLJ, ano 100.º (1967/1968), p. 178, citando Enneccerus/Nipperdey, que terão influenciado a concepção subjacente ao artigo 269.º do CCiv.; v. tb. J. OLIVEIRA ASCENSÃO, *Direito civil. Teoria geral*, vol. II – *Acções e factos jurídicos*, 2.ª ed., Coimbra Editora, Coimbra, 2003, pp. 292-293.

legais não são equiparáveis a "instruções" da sociedade representada que, quando contrariadas, permitam sem mais afirmar o abuso.

A doutrina societarista alemã costuma analisar o abuso do poder de representação em dois grupos de casos: colusão e abuso evidente[83]. O primeiro grupo compreende os casos em que administrador(es) e terceiro colaboram consciente e intencionalmente em prejuízo da sociedade. Entram no segundo grupo os casos em que o(s) administrador(es) age(m) conscientemente em detrimento da sociedade celebrando negócios prejudiciais para esta e o terceiro conhece ou devia conhecer (dado que eram objectivamente evidentes) aqueles intento e prejuízo.

É de acolher entre nós esta doutrina.

Quais as sanções para os abusos?

A maioria dos autores portugueses aplica (analogicamente, parece) o artigo 269.º do CCiv. a todos os casos de abuso: ineficácia dos negócios, mas com possibilidade de serem ratificados pela sociedade[84].

Mas na colusão não há simples abuso de representação, não há somente utilização consciente dos poderes de vinculação em sentido contrário ao interesse social. O abuso é qualificado, há concertação ou conluio entre administradores e terceiros em prejuízo da sociedade. A sanção deve ser, pois, a nulidade dos respectivos negócios: o fim dos mesmos é ofensivo dos bons costumes e é comum a administradores e terceiros (artigo 281.º do CCiv.)[85].

Já para os demais casos de abuso do poder de vinculação parece apropriado aplicar analogicamente o artigo 269.º do CCiv.. Porém, a eventual deliberação dos sócios ratificadora de negócio celebrado com abuso de poder será anulável – por violação do dever de lealdade dos sócios ou, mais circunscritamente, por ser abusiva a deliberação [CSC, artigo 58.º, 1, a), b)][86].

---

[83] V., p. ex., H.-G. KOPPENSTEINER, em ROWEDER et al. (Kommentar von), Gesetz betreffend die Gesellschaften mit beschränkter Haftung (GmbHG), 3. Aufl., Vahlen, München, 1997, pp. 799-800, SCHNEIDER, ob. cit., pp. 1497, ss., HÜFFER, ob. cit., pp. 415-416.

[84] RAÚL VENTURA, Sociedades por quotas cit., p. 176, ESPÍRITO SANTO, ob. cit., pp. 447, ss., TARSO DOMINGUES, ob. cit., p. 304.

[85] É esta também a concepção dominante na Alemanha (cfr. KOPPENSTEINER, ob. cit., p. 799, HÜFFER, ob. cit., p. 415). Entre nós, no mesmo sentido, SOVERAL MARTINS, Os poderes de representação..., p. 258. Aliás, não seria nula também a deliberação dos sócios que intentasse ratificar negócio assente em conluio? V. CSC, artigo 56.º, 1, d).

[86] Cfr. COUTINHO DE ABREU, Curso..., pp. 310, ss., 319.

4. Representação voluntária das sociedades

A sociedade não se vincula somente por actos dos titulares dos seus órgãos (nomeadamente do órgão administrativo-representativo). Vincula--se também por actos de sujeitos que recebem dela, por negócio jurídico, poderes de representação (representantes voluntários).

O CSC refere-se nos artigos 252.°, 6, e 391.°, 7[87] à possibilidade de nomeação de mandatários ou procuradores para a prática de determinados actos ou categorias de actos, sem necessidade de permissão estatutária. Estes mandatários e procuradores são representantes da sociedade, não dos administradores que os nomeiam[88].

Mas, além deles, é possível e normal a existência de outros sujeitos com poderes de representação (voluntária). É o caso de muitos trabalhadores assalariados (artigo 111.°, 3, do CT: "Quando a natureza da actividade para que o trabalhador é contratado envolver a prática de negócios jurídicos, o contrato de trabalho implica a concessão àquele dos necessários poderes, salvo nos casos em que a lei expressamente exigir instrumento especial"). Incluindo os "gerentes, auxiliares e caixeiros" de sociedade (artigos 248.°, ss. do CCom.)[89].

Têm ainda poderes de representação, por exemplo, os sujeitos que administrem empresas (ou parte delas) de sociedades em nome destas por efeito de "contrato de gestão de empresa"[90].

Os poderes de representação dos representantes voluntários não podem ter extensão maior do que os dos administradores. Se estes não vinculam a sociedade quando ultrapassam certos limites (designadamente limites legais)[91], também os representantes não orgânicos a não vinculam em ultrapassagens dessas[92-93].

---

[87] V. tb. os artigos 425.°, 5 e 478.°. O disposto nos artigos citados em texto é aplicável por analogia às sociedades em nome colectivo e em comandita simples – cfr. tb. SOVERAL MARTINS, *Da personalidade...*, p. 116, n. (54).

[88] V. tb. o n.° 5 do artigo 252.°, o n.° 6 do artigo 391.° e o n.° 5 do artigo 425.°.

[89] Apesar de este Código os considerar "mandatários" – v. COUTINHO DE ABREU, *Curso...*, vol. I, 6.ª ed., Almedina, Coimbra, 2006, pp. 128, ss..

[90] Cfr. COUTINHO DE ABREU, *Governação...*, p. 42.

[91] Cfr. *supra*, n.ºs 3. e 3. 1.

[92] Neste sentido também, TARSO DOMINGUES, *ob. cit.*, p. 305.

[93] Isto vale igualmente, claro, para os mandatários judiciais (cfr. *últ. A. e ob. cits.*, pp. 305-306). Assim, p. ex., sem prévia deliberação dos sócios de sociedade por quotas, um mandatário judicial não tem poderes para propor acção contra gerentes, sócios ou mem-

Por outro lado, os poderes dos representantes voluntários são também delimitados pelos respectivos instrumentos de representação (procuração, contrato de mandato, contrato de trabalho, etc.)[94]. Quando tais instrumentos estejam sujeitos a registo (ainda que não obrigatório)[95], certas limitações que deles constem são, quando não registados, inoponíveis a terceiros[96].

É controversa a licitude da procuração (autónoma ou não) "geral" (*Generalvollmacht, procura generale*), pela qual são atribuídos ao "procurador" amplos ou gerais poderes de gestão e de representação da sociedade[97].

Tal procuração será ilícita se significar que o procurador substitui-se ao órgão social de administração e representação – este transfere para aquele todas as suas competências. Isto esvaziaria o órgão, necessário segundo a lei e com competências indelegáveis.

Não assim se o órgão mantiver a "alta direcção" da empresa social e a "administração da sociedade"[98], bem como o controlo ou supervisão da

---

bros do órgão de fiscalização, nem para desistir ou transigir em uma acção dessas (v. o artigo 246.°, 1, g)). Vem a talhe de foice referir o seguinte. *i*) Em certas acções contra administradores ou sócios, os representantes voluntários da sociedade não têm de ser designados pelos administradores – é possível serem designados por deliberação dos sócios ou (em menos casos) pelo tribunal: artigos 75.°, 1, 76.°, 242.°, 2, 257.°, 3. *ii*) Imagine-se (cfr. o Ac. da RL de 26/5/94, CJ, 1994, III, p. 106) uma sociedade por quotas com quatro sócios e dois gerentes, que se vincula com a intervenção de ambos; um dos gerentes propõe acção contra a sociedade; os sócios deliberam que o outro gerente deve outorgar procuração a determinado advogado; só ele assina a procuração (o outro recusa). *Quid juris*? Deve admitir-se em casos assim a legitimidade dos sócios na determinação do representante voluntário da sociedade (cfr. o artigo 259.°). Consequentemente, é dever dos gerentes cumprir a deliberação dos sócios. Se um (dos dois) não assina, podem os sócios destituí-lo com justa causa (artigo 257.°), e novo gerente (que assinará) será designado (v. a 2.ª parte do n.° 3 do artigo 253.°); outra alternativa para sair do impasse: artigo 21.°, 2, do CPC – "Sendo demandada pessoa colectiva ou sociedade que não tenha quem a represente, ou ocorrendo conflito de interesses entre a ré e o seu representante, designará o juiz da causa representante especial (...)".

[94] Cfr., p. ex., CCom., artigos 233.°, 249.°, 258.°-260.°.
[95] CRCom., artigos 10.°, *a*), *c*), 15.°, 1.
[96] V. o artigo 249.° do CCom. e o artigo 14.°, 1, do CRCom..
[97] V., p. ex., GIANCARLO LAURINI, *La rappresentanza nelle società e nel settore bancario*, RS, 1999, pp. 1082-1083, SCHNEIDER, *ob. cit.*, pp. 1456-1457, FILIPA TOMAZ, *Da representação voluntária das sociedades comerciais* (dissertação de mestrado), Coimbra, 2006, pp. 114, ss..
[98] Cfr. COUTINHO DE ABREU, *Governação*... pp. 38, 40.

gestão-representação corrente confiada ao procurador e a possibilidade de avocar actos compreendidos nessa actividade corrente. A situação do "gerente de comércio" ou da contraparte de sociedade em "contrato de gestão de empresa" encarregados da administração geral da empresa social ilustra a licitude da "procuração geral"[99-100].

Finalizemos com uma questão que envolve representantes orgânicos e representantes voluntários: é lícita a cláusula estatutária que, além de prever a vinculação da sociedade por vários administradores, permite também que ela fique vinculada pelos actos praticados por um desses administradores e um procurador?

Parece que a "conjunção imprópria" (administrador(es) e procurador), ainda quando apareça como método alternativo de representação (a par da conjunção própria)[101], não é permitida entre nós. A representação orgânica da sociedade compete aos administradores (artigos 252.º, 1, 261.º, 1; 405.º, 2, 408.º, 1), estando vedada aos estatutos a possibilidade de nela fazer participar quem não tenha sido designado (com os respectivos poderes e deveres) administrador[102].

---

[99] Entre nós, diferentemente, SOVERAL MARTINS, *Os poderes de representação...*, pp. 28, ss., ns. (47) e (48), FILIPA TOMAZ, *ob. e loc. cits.*.

[100] Sobre a questão de os administradores poderem ser representantes voluntários da sociedade de que são administradores (a resposta será, em geral, negativa), v. por todos FILIPA TOMAZ, *ob. cit.*, pp. 76, ss..

[101] A AktG alemã permite-o expressamente no § 78 (3).

[102] V., neste sentido, SOVERAL MARTINS, *últ. ob. cit.*, pp. 121, ss.. Com opinião diferente, v. RAÚL VENTURA, *Sociedades por quotas*, cit., p. 200, ESPÍRITO SANTO, *ob. cit.*, p. 482.

O EXERCÍCIO DO DIREITO DE VOTO INERENTE A ACÇÕES DETIDAS POR FUNDOS DE PENSÕES REPRESENTATIVAS DO CAPITAL SOCIAL DE ENTIDADE A ELE ASSOCIADA E DETENTORA DE PARTE DO CAPITAL DA SOCIEDADE GESTORA

PEDRO DE ALBUQUERQUE[*]

> SUMÁRIO: *1. Introdução. Razão de ordem. 2. O regime jurídico dos fundos de pensões. 3. O regime jurídico das acções próprias. 4. A articulação do regime dos fundos de pensões com o das acções próprias. A questão da aplicação da suspensão do direito de voto às acções detidas por fundos de pensões e representativas do capital social de entidades a eles associadas: 4.1. O problema relativamente à sociedade gestora; 4.2. O problema relativamente ao fundo de pensões.*

1. Introdução. Razão de ordem

I – Neste estudo pretende-se apurar se, e em que medida, são, eventualmente, qualificáveis como acções próprias, e se estão sujeitas ao respectivo regime, e em particular à sanção de inibição dos respectivos direitos de voto, as acções representativas do capital social de uma sociedade que sejam detidas por fundos de pensões de que a mesma seja entidade associada.

A resposta à questão colocada obriga a uma análise, quer do regime jurídico dos fundos de pensões, quer do regime jurídico das acções próprias e, subsequentemente, ao cruzamento desses dois regimes.

---

[*] Professor Associado da Faculdade de Direito da Universidade de Lisboa.

II – Ir-se-á, pois, de seguida, abordar, sinteticamente, primeiro o enquadramento jurídico dos fundos de pensões e, depois, os aspectos relevantes do regime jurídico das acções próprias. Feita essa análise, proceder--se-á, para efeitos da resposta concreta a dar ao problema formulado, à articulação dos dois quadros normativos e à determinação da questão de saber se os votos correspondentes às acções detidas pelos fundos de pensões ficam, ou não, suspensos e, portanto, impedidos de poderem ser considerados nas assembleias gerais da entidade associada de cujo capital as participações detidas pelos fundos sejam representativas.

2. O regime jurídico dos fundos de pensões

I – O regime jurídico dos fundos de pensões e das entidades gestoras de fundos de pensões está consagrado no Decreto-Lei n.º 12/2006, de 20 de Janeiro. Este diploma transpõe para a ordem jurídica portuguesa a Directiva n.º 2003/41/CE, do Parlamento Europeu e do Conselho, de 3 de Junho, relativa às actividades e à supervisão das instituições de realização de planos de pensões profissionais.

A supervisão dos fundos de pensões, bem como do exercício da actividade de gestão de fundos, compete ao Instituto de Seguros de Portugal. Nomeadamente, a este Instituto ficam cometidas atribuições no que diz respeito à emissão de normas regulamentares necessárias ao regular funcionamento do sector dos fundos de pensões, bem como de fiscalização do respectivo cumprimento.

Compete ainda ao Instituto de Seguros de Portugal a autorização para a constituição de fundos de pensões, bem como para a constituição das respectivas sociedades gestoras.

O Instituto de Seguros de Portugal detém amplos poderes de supervisão, competindo-lhe nomeadamente, de acordo com o disposto no artigo 93.º/3/*c*) do Decreto-Lei n.º 12/2006, e com especial relevância para a situação em apreço:

c) Adoptar, em relação às entidades gestoras de fundos de pensões, seus dirigentes responsáveis ou pessoas que as controlam, todas as medidas adequadas e necessárias não só para garantir que as suas actividades observam as disposições legais e regulamentares que lhes são aplicáveis, como também para evitar ou eliminar qualquer irregularidade que possa prejudicar os interesses dos participantes e beneficiários.

Também o artigo 94.º/2 do Regime dos Fundos de Pensões confere fortes poderes de supervisão ao Instituto de Seguros de Portugal tendentes a assegurar *"a protecção dos interesses dos participantes e beneficiários"*.

II – Os fundos de pensões estão dotados de autonomia patrimonial. Isso mesmo resulta, desde logo, do artigo 2.º/c) do Decreto-Lei n.º 12/ /2006, de 20 de Janeiro, ao considerar fundo de pensões:

> (...) *o património autónomo exclusivamente afecto à realização de um ou mais planos de pensões e ou planos de benefícios de saúde.*

A lei consagra-os, efectivamente, como patrimónios autónomos exclusivamente afectos à realização de um ou mais planos de pensões e ou planos de benefícios de saúde. Com efeito, dispõe o artigo 11.º/1 do respectivo Regime que o património dos fundos de pensões está exclusivamente afecto ao cumprimento dos planos de pensões, ao pagamento das remunerações de gestão e de depósito que envolva, e ao pagamento de certos prémios de seguros referidos na lei, não respondendo por quaisquer outras obrigações, designadamente as de associados, participantes, contribuintes, entidades gestoras e depositários. Por outro lado, o n.º 2 do mesmo artigo estipula que pela realização dos planos de pensões constantes do respectivo contrato constitutivo, regulamento de gestão ou contrato de adesão, responde única e exclusivamente o património do fundo ou a respectiva quota-parte, cujo valor constitui o montante máximo disponível, sem prejuízo da responsabilidade dos associados, participantes e contribuintes pelo pagamento das contribuições e da entidade gestora pelo rendimento mínimo eventualmente garantido.

III – O Direito português consagra a figura do associado do fundo de pensões, definindo-o como a pessoa colectiva cujos planos de pensões ou de benefícios de saúde são objecto de financiamento por um fundo de pensões.

O Regime dos Fundos de Pensões de 2006 veio estipular um conjunto de novas estruturas de governação dos fundos de pensões, *"dirigidas a uma especial mediação entre a gestão profissional dos fundos e os destinatários (não profissionais) da respectiva actividade"* (cfr. Preâmbulo do Decreto-Lei n.º 12/2006).

Consagra-se no artigo 32.º/4 que as entidades gestoras realizam todos os seus actos em nome e por conta comum dos associados, participantes contribuintes e beneficiários. Ou seja, pretendeu-se consagrar um princípio geral de gestão profissional dos fundos levada a cabo pelas respectivas entidades gestoras, consignando no regime concretizações expressas do que se deva entender por tal gestão profissional, nomeadamente como gestão dirigida aos interesses comuns de associados, participantes, contribuintes e beneficiários, independente dos interesses da sociedade gestora.

De resto, esta ideia é reforçada e repisada em vários locais. Desde logo, no artigo 34.º do Regime dos Fundos de Pensões, estabelece-se agir a entidade gestora, no exercício das suas funções, de modo independente e no exclusivo interesse dos associados, participantes e beneficiários. A referência aqui ao interesse dos associados deve entender-se no contexto dos interesses comuns atinentes ao fundo, dos quais o interesse dos associados é apenas um, a par do interesse dos participantes e dos beneficiários, sendo que estes dois são os interesses prevalecentes e fins últimos, como se verá adiante estar reflectido pelo nosso Direito, designadamente no artigo 93.º/1/c) e no artigo 94.º/2 do Regime dos Fundos de Pensões.

Mas, mais do que isso, essa reiteração é claramente manifestada no artigo 35.º/1 do Decreto-Lei n.º 12/2006, que reza o seguinte, sob a epígrafe *"conflitos de interesses"*:

> 1 – A entidade gestora deve evitar as situações de conflito de interesses com o fundo, devendo dar prevalência aos interesses deste em relação seja aos seus próprios interesses ou de empresas com as quais se encontre em relação de domínio ou de grupo seja aos interesses dos titulares dos seus órgãos sociais, bem como assegurar a transparência do processamento da situação.

Quer dizer: não só se consagra a prevalência dos interesses do fundo, entendidos como interesse comum dos respectivos associados, participantes e beneficiários, sobre os interesses da entidade gestora, como se vai ao ponto de impor a esta, *expressis verbis*, uma clara obrigação de *dar* essa prevalência em todas as suas actuações concretas. Isto é, para além de um princípio geral, há uma norma de conduta concreta. E, por outro lado ainda, mais se reforça a ideia estendendo essa obrigação, quer aos interesses de empresas com as quais a sociedade gestora se encontre em relação de domínio ou de grupo, quer aos interesses dos titulares dos seus órgãos sociais.

IV – Este regime, conjugado com o resultante das já referidas atribuições do Instituto de Seguros de Portugal, com especial relevo para as consagradas no artigo 93.º/1/c) e no artigo 94.º/2 do Decreto-Lei n.º 12//2006, põe em evidência duas linhas de força: i) Desde logo o carácter independente e profissional (na expressão do Preâmbulo) da gestão do fundo levada a cabo pela entidade gestora. Independente em relação aos interesses da gestora, mas também da sua dominante. Isto é, mesmo que a sociedade gestora seja dependente de uma outra sociedade, nos termos do direito societário, a sua gestão do fundo tem de ser independente e profissional, no interesse comum do fundo e dos respectivos participantes e beneficiários. E deve ainda ser independente em relação aos interesses dos titulares dos seus órgãos sociais. Mas, até mais do que apenas independência, quando se consagra a *prevalência* dos interesses do fundo sobre os interesses da entidade gestora, o nosso Direito determina a correlativa *subordinação* dos interesses desta em relação aos interesses daquele. ii) Evidente é, ainda, a clara preocupação em não apenas consagrar essa subordinação, como também de conferir efectivos meios de a impor em concretos termos, através dos adstringentes poderes de supervisão do Instituto de Seguros de Portugal consagrados no artigo 93.º/1/c) do Regime dos Fundos de Pensões, quais sejam os de adoptar, em relação às entidades gestoras, seus dirigentes responsáveis ou pessoas que as controlam, todas as medidas adequadas e necessárias não só para garantir que as suas actividades observam as disposições legais e regulamentares que lhes são aplicáveis, como também para evitar ou eliminar qualquer irregularidade susceptível de prejudicar os interesses dos participantes e beneficiários.

Tal desígnio de independência e de prevalência de interesses do fundo vem mais uma vez aflorado na faculdade conferida ao Instituto de Seguros de Portugal, no artigo 42.º/1/f) do Regime dos Fundos de Pensões, de revogar a autorização da sociedade gestora em caso de irregularidades graves na administração, organização contabilística ou no controlo interno da sociedade, de modo a pôr em risco os interesses dos participantes ou beneficiários.

V – Para os efeitos da situação em apreço, constata-se, pois, de forma clara, do Regime dos Fundos de Pensões, que a sociedade gestora tem uma clara e concreta obrigação legal de actuação independente e profissional, com subordinação ao interesse comum do fundo e dos respectivos associados, participantes e beneficiários, os quais prevalecem nos termos legais. Os interesses da entidade gestora, bem como os da sua dominante ou de outras sociedades em relação de domínio ou de grupo, bem ainda como os dos titulares dos seus órgãos sociais, cedem perante tais interesses comuns atinentes ao fundo, e mormente os dos participantes e beneficiários [cfr. artigo 93.º/1/c), *in fine*, do Regime dos Fundos de Pensões].

Resulta também claro de tal Regime que a entidade gestora de fundos não é passível de deter acções representativas do capital de sociedades anónimas. Ela tem apenas a função de gerir o fundo, o qual, esse sim, é susceptível de tal titularidade de acções. Mas, por outro lado, o fundo, titular de acções, bem como dos direitos sociais a elas pertinentes, como o direito de voto, é um património autónomo, não sendo desde logo uma sociedade, comercial ou outra. Além disso, o fundo é gerido pela respectiva entidade gestora, e por esta apenas, que não pelos associados, nem pelos contribuintes, nem pelos participantes, nem pelos beneficiários, de todos os quais é, desde logo, independente. Atente-se, a este propósito, no artigo 30.º/2 do Regime dos Fundos de Pensões, ao estabelecer que a extinção de qualquer das entidades gestoras ou dos associados não determina a extinção do fundo. Na verdade, estabelece-se neste preceito:

> *A extinção de qualquer das entidades gestoras ou dos associados não determina a extinção do fundo se se proceder à respectiva substituição, devendo observar-se nesse caso o disposto no contrato constitutivo ou no regulamento de gestão.*

Além disso, o artigo 31.º/2/3 e 4 do Regime dos Fundos de Pensões determina o destino dos bens dos fundos em hipótese de liquidação sem nunca prever a respectiva apropriação pela entidade associada. Na verdade, este preceito estabelece:

> *Na liquidação do património de um fundo de pensões ou de uma quota-parte deste, o respectivo património responde, até ao limite da sua capacidade financeira, por:*
> a) *Despesas que lhe sejam imputáveis nos termos das alíneas d), e), f) e j) do artigo 67.º;*
> b) *Montante da conta individual de cada participante, no caso de fundos de pensões que financiem planos de pensões contributivos, que deve ser aplicado de acordo com as regras estabelecidas no contrato constitutivo ou regulamento de gestão;*
> c) *Prémios únicos de rendas vitalícias que assegurem as pensões em pagamento de acordo com o montante da pensão à data da extinção;*
> d) *Prémios únicos de rendas vitalícias que assegurem o pagamento das pensões relativas aos participantes com idade superior ou igual à idade normal de reforma estabelecida no plano de pensões;*

e) *Montante que garanta os direitos adquiridos dos participantes existentes à data da extinção, que deve ser aplicado de acordo com as regras estabelecidas no contrato constitutivo ou regulamento de gestão;*
f) *Garantia das pensões em formação, para os participantes que não tenham sido abrangidos no âmbito da alínea anterior;*
g) *Montantes que garantam a actualização das pensões em pagamento, desde que esta esteja contratualmente estipulada.*

3 – Em caso de insuficiência financeira, o património do fundo ou da respectiva quota-parte responde preferencialmente pelas responsabilidades enunciadas e pela ordem das alíneas do número anterior, com recurso a rateio proporcional ao valor das responsabilidades naquela em que for necessário.

4 – O saldo final líquido positivo que eventualmente seja apurado durante a operação de liquidação tem o destino que for decidido conjuntamente pelas entidades gestoras e pelos associados, mediante prévia aprovação do Instituto de Seguros de Portugal, de acordo com os critérios previstos no n.º 3 do artigo 81.º (...).

Sendo que o fundo tão-pouco é dependente da própria entidade gestora. É esta, pelo contrário, que tem de pautar a sua conduta pela subordinação dos seus interesses aos interesses comuns do fundo.

3. O regime jurídico das acções próprias

I – O princípio básico em matéria de acções próprias é o de que uma sociedade não pode subscrever ou por outra causa adquirir acções próprias conforme resulta do artigo 316.º do Código das Sociedades Comerciais, cujo teor é o seguinte[1]:

(Subscrição. Intervenção de terceiros)

1. Uma sociedade não pode subscrever acções próprias, e, por outra causa, só pode adquirir e deter acções próprias nos casos e nas condições previstos na lei.
2. Uma sociedade não pode encarregar outrem de, em nome deste mas por conta da sociedade, subscrever ou adquirir acções dela própria.

---

[1] Em termos gerais, a propósito das acções próprias pode ver-se MARIA VICTÓRIA FERREIRA DA ROCHA, *Aquisição de acções próprias no Código das Sociedades Comerciais*, Coimbra, 1994.

3. As acções subscritas ou adquiridas com violação do disposto no número anterior pertencem para todos os efeitos, incluindo a obrigação de as liberar, à pessoa que as subscreveu ou adquiriu.

4. A sociedade não pode renunciar ao reembolso das importâncias que tenha adiantado a alguém para o fim mencionado no n.º 2 nem deixar de proceder com toda a diligência para que tal reembolso se efective.

5. Sem prejuízo da sua responsabilidade, nos termos gerais, os administradores ou directores intervenientes nas operações proibidas pelo n.º 2 são pessoal e solidariamente responsáveis pela liberação das acções.

6. São nulos os actos pelos quais uma sociedade adquira acções referidas no n.º 2 às pessoas ali mencionadas, excepto em execução de crédito e se o devedor não tiver outros bens suficientes.

Existem, todavia, casos de aquisição lícita de acções próprias conforme resulta do artigo 317.º do Código das Sociedades Comerciais ao dispor:

(Casos de aquisição lícita de acções próprias)

1. O contrato de sociedade pode proibir totalmente a aquisição de acções próprias ou reduzir os casos em que ela é permitida por esta lei.

2. Salvo o disposto no número seguinte e noutros preceitos legais, uma sociedade não pode adquirir e deter acções próprias representativas de mais de 10% do seu capital.

3. Uma sociedade pode adquirir acções próprias que ultrapassem o montante estabelecido no número anterior quando:

- *a*) A aquisição resulte do cumprimento pela sociedade de disposições da lei;
- *b*) A aquisição vise executar uma deliberação de redução de capital;
- *c*) Seja adquirido um património, a título universal;
- *d*) A aquisição seja feita a título gratuito;
- *e*) A aquisição seja feita em processo executivo para cobrança de dívidas de terceiros ou por transacção em acção declarativa proposta para o mesmo fim;
- *f*) A aquisição decorra de processo estabelecido na lei ou no contrato de sociedade para a falta de liberação de acções pelos seus subscritores.

4. Como contrapartida da aquisição de acções próprias, uma sociedade só pode entregar bens que, nos termos dos artigos 32.º e 33.º, possam ser distribuídos aos sócios, devendo o valor dos bens distribuíveis ser, pelo menos, igual ao dobro do valor a pagar por elas.

II – A deliberação de aquisição de acções próprias tem de obedecer ao disposto no artigo 319.° do Código das Sociedades Comerciais devendo, todavia, distinguir-se, a respeito das acções próprias, três situações diversas. A primeira corresponde à chamada autocarteira. A segunda verifica-se no caso de recebimento de acções em garantia nos termos do artigo 325.° do Código das Sociedades Comerciais. Finalmente, a terceira compreende as hipóteses nas quais as acções de uma sociedade anónima são subscritas, adquiridas ou detidas por uma sociedade daquela dependente, directa ou indirectamente nos termos do artigo 486.° do Código das Sociedades Comerciais.

III – Nos termos do artigo 324.°/1/a), enquanto as acções pertencerem à sociedade devem considerar-se suspensos todos os direitos a elas inerentes, excepto o de o seu titular receber novas acções no caso de aumento de capital por incorporação de reservas.

4. A articulação do regime dos fundos de pensões com o das acções próprias. A questão da aplicação da suspensão do direito de voto às acções detidas por fundos de pensões e representativas do capital social de entidades a eles associadas

4.1. *O problema relativamente à sociedade gestora*

I – Na presença dos anteriores elementos estamos agora em condições de regressar à questão que se pretende esclarecer no presente trabalho. É isso que faremos de seguida.

Face ao que se viu acerca do regime das acções próprias e do fundo de pensões torna-se imediatamente intuitivo não estarmos aqui perante situações de autocarteira ou de garantia de acções próprias. Iremos por isso, centrar a nossa atenção no artigo 325.°/A do Código das Sociedades Comerciais. Este preceito faz depender a aplicação, do regime das acções próprias, às acções de uma outra sociedade dela dependente da verificação dos critérios constantes do artigo 486.° do Código das Sociedades Comerciais. De acordo com este preceito:

> 1. Considera-se que duas sociedades estão em relação de domínio quando uma delas, dita dominante, pode exercer, directamente ou por sociedades ou pessoas que preencham os requisitos indicados no artigo 483.°, n.° 2, sobre a outra, dita dependente, uma influência dominante.

2. Presume-se que uma sociedade é dependente de uma outra se esta, directa ou indirectamente:
   a) Detém uma participação maioritária no capital;
   b) Dispõe de mais de metade dos votos;
   c) Tem a possibilidade de designar mais de metade dos membros do órgão de administração ou do órgão de fiscalização.

Imagine-se que a sociedade, em cuja assembleia deverão ser exercidos os direitos de voto, detém uma participação maioritária no capital da sociedade gestora dos fundos de que é associada e que detém acções representativas do capital da primeira ou possui mais de metade dos votos ou, ainda, tem a possibilidade de designar mais de metade dos membros do órgão de administração ou do órgão de fiscalização. Poder-se-ia, destarte, numa análise desprevenida, pensar que estariam reunidos os critérios aos quais o artigo 486.º do CSC liga a existência de uma relação de dependência. Não é, porém, assim. A lei condiciona a relação de dependência da susceptibilidade de exercício de influência dominante por uma sociedade sobre outra. E estabelece presunções elidíveis nesse sentido. Ora, no caso em apreço, e face ao rigor com que vimos ter sido imposta e assegurada a independência das sociedades gestoras dos fundos de pensões está *ipso facto*, por expressa decorrência do respectivo regime, afastada qualquer eficácia presuntiva que os índices constantes do artigo 486.º do CSC possam ter.

II – Dois factos devem ainda ser aqui referenciados. Em primeiro lugar cumpre referir a circunstância de não se verificar, no caso das sociedades gestoras de fundos de pensões, qualquer diluição do capital das sociedades envolvidas pela circunstância de os fundos de pensões deterem acções da associada e detentora de parte do capital da sociedade de gestão. Em segundo lugar, deve sublinhar-se a circunstância de as garantias de independência a que a lei submete as sociedades gestoras serem suficientes para evitar qualquer perigo para as relações de poder dentro da sociedade associada, cujo capital é representado por acções detidas por um fundo de pensões. Não há, pois, conclua-se, em definitivo, qualquer razão para aplicar às sociedades gestoras de fundos de pensões a suspensão do exercício dos direitos de voto inerente às acções próprias. De resto, o artigo 4.º/1/*b*) e *c*) da Norma Regulamentar n.º 21/2002-R, do Instituto de Seguros de Portugal admite, expressamente, a possibilidade de os fundos adquirirem acções de sociedades que estejam em relação de domínio, possuindo mais de 10% do capital ou direitos de voto da entidade gestora ou de acções de associados do fundo, desde que os títulos se encontrem admitidos à negociação em bolsa de valores ou noutro mercado regulamentado.

4.2. *O problema relativamente ao fundo de pensões*

I – Quebrada a ligação de dependência entre a sociedade cujo capital se encontra titulado por acções detidas por fundos de pensões e a sociedade gestora, quebrada está a ligação dos próprios fundos à primeira. Admita-se, todavia, que não era assim. Pergunta-se, nesse caso: estarão os fundos de pensões, aqui em causa, sujeitos ao regime das acções próprias? A resposta já se adivinha negativa, depois, de quanto se viu já.

No caso vertente são os fundos de pensões e não a entidade associada que detêm as acções. Um fundo de pensões é, conforme se viu, e nos termos da lei *«o património autónomo exclusivamente afecto à realização de um ou mais planos de pensões e ou planos de benefícios de saúde».* É esta sua autonomia patrimonial uma das marcas indeléveis dos fundos de pensões. Autonomia que vale perante as próprias associadas, tal como se viu resultar dos artigos 30.°/2 e 31.° do Regime dos Fundos de Pensões. Não existe, pois, qualquer razão que permita considerar que as acções detidas pelos fundos de pensões correspondem a uma eventual hipótese de auto-carteira e se encontram, por isso, sujeitas ao regime das acções próprias.

II – A eventual sujeição das acções detidas pelos fundos de pensões ao regime do artigo 325.° do CSC não tem qualquer suporte susceptível de permitir sequer a equação dessa possibilidade. Resta, destarte, averiguar apenas se as acções detidas pelo fundo de pensões não podem, quanto a eles próprios, configurar uma situação de detenção indirecta para efeitos do artigo 325.°-A do CSC. É isso que se fará de seguida.

Conforme se viu anteriormente, o artigo 325.°-A do CSC considera como acções próprias da sociedade dominante as acções de uma sociedade anónima subscritas, adquiridas ou detidas por uma sociedade daquela dependente, directa ou indirectamente, nos termos do artigo 486.° daquele mesmo diploma. Todavia, os fundos de pensões não são sociedades. São, isso sim, insista-se, patrimónios autónomos, com uma lógica de funcionamento e um regime jurídico muito próprios e bem diverso do das sociedades.

Convém, de resto, recordar aqui, novamente, o artigo 4.°/1/*b*) e *c*) da Norma Regulamentar 21/2002-R, do Instituto de Seguros de Portugal donde resulta a possibilidade de os fundos adquirirem acções de sociedades que estejam em relação de domínio com a entidade gestora ou de acções de associados do fundo, na hipótese de os títulos se encontrarem admitidos à negociação em bolsa de valores ou noutro mercado regulamentado.

III – Os critérios do artigo 486.º/2 do CSC são, além disso, insusceptíveis de aplicação aos próprios fundos. Na verdade, estes não têm capital, não se dispõe sobre eles de votos inerentes a participações sociais, não têm, em si mesmos, órgão de administração ou de fiscalização. Por isso, no tocante especificamente aos fundos de pensões, a entidade associada não deterá neles, por natureza, participação maioritária no capital; não dispõe de mais de metade dos votos dos fundos de pensões; não detém a possibilidade de designar mais de metade do órgão de administração ou do órgão de fiscalização. Tudo isto diz apenas respeito à sociedade de gestão. E quanto a essa já vimos a solução decorrente do nosso Direito.

Finalmente, nenhuma das razões que do ponto de vista teleológico, e às quais aludimos, estão na base do regime contido no artigo 325.º-A do CSC se verifica quanto aos fundos de pensões, pelo facto de estes deterem acções da sociedade associada não havendo desde logo qualquer tangibilidade do capital.

Conclua-se, pois, em definitivo: a circunstância de um fundo de pensões deter acções de sociedade associada e detentora do capital da sociedade gestora não impede o exercício do direito de voto que lhes é inerente.

A REFORMA DO CSC E O AUMENTO DE CAPITAL NAS SOCIEDADES POR QUOTAS
ALGUNS ASPECTOS

ALEXANDRE DE SOVERAL MARTINS[*]

> SUMÁRIO: *1. Delimitação do tema. 2. O direito de preferência dos sócios em aumento de capital. 3. O prazo para o exercício do direito de preferência. 4. O prazo para o exercício do direito (cont.). A alienação do direito de preferência. 5. O direito alienado antes da deliberação de aumento. 6. O titular do direito de preferência em caso de alienação de quota. 7. A informação acerca das condições do aumento de capital.*

1. Delimitação do tema

Foram profundas as alterações introduzidas no Código das Sociedades Comerciais (CSC) pelo Decreto-Lei n.º 76-A/2006, de 29 de Março[1]. Muitas delas incidiram também no regime das sociedades por quotas. Lembramos, por exemplo, as que dizem respeito ao registo das quotas e ao consentimento para a cessão de quotas, que já foram objecto das nossas preocupações[2].

Agora, apenas nos vamos ocupar das que afectaram os artigos 266.º, n.º 5, e 267.º, n.º 3, e que dizem respeito ao direito de preferência dos

---

[*] Professor Auxiliar da Faculdade de Direito da Universidade de Coimbra. Advogado.

[1] A que se sucedeu o Decreto-Lei n.º 8/2007, de 17 de Janeiro, que veio alterar, entre outros textos legislativos, o Código das Sociedades Comerciais e o Código de Registo Comercial.

[2] ALEXANDRE DE SOVERAL MARTINS, *Cessão de quotas. Alguns problemas*, Almedina, Coimbra, 2007.

sócios de sociedades por quotas em aumento de capital por novas entradas em dinheiro[3].

2. O direito de preferência dos sócios em aumento de capital

Os sócios de sociedades por quotas têm direito de preferência nos aumentos de capital a realizar em dinheiro. Esse direito de preferência (que na verdade é um direito de subscrição preferencial) é exercido proporcionalmente ao valor das quotas de que os sócios são titulares à data da deliberação de aumento de capital («na referida data»).

O primeiro cálculo que tem de ser realizado é esse: determinar a proporção entre o valor nominal de cada quota e o valor do capital social. Essa é a proporção que deve ser mantida no aumento de capital. Se A tem uma quota que equivale a 10% do capital social, tem direito a essa proporção no aumento do capital.

Mas pode o sócio exercer o seu direito de preferência relativamente a uma parcela inferior. Pode querer aumentar a sua participação em valor inferior àquele a que teria direito.

Ainda assim, mantém-se o seu direito de preferência. Veja-se a parte final da al. *a*) do n.º 2 do artigo 266.º: «Entre sócios, o cálculo da repartição do aumento de capital será feito: *a*) (...) ou da importância inferior a essa [i.é, a que resultaria do método proporcional] que o sócio tenha pedido»).

Também pode um sócio querer mais do que aquilo que lhe caberia segundo o método proporcional. Nesse caso, a sua vontade só poderá ser total ou parcialmente satisfeita se alguma parte do aumento ficar por satisfazer pelos restantes sócios precisamente por aplicação do método proporcional.

Se apenas um dos sócios quer mais do que aquilo que lhe caberia, o seu pedido será satisfeito através da parte que ficou por atribuir (a parte sobrante). E se mesmo assim uma parte do aumento ficar por atribuir, poderá então ser subscrita por terceiros ou até por sócios.

Se dois ou mais sócios querem uma fatia maior do que aquela que lhes caberia, haverá que distribuir por eles a parte eventualmente sobrante. O critério agora muda: haverá «um ou mais rateios das importâncias

---

[3] Não são, no entanto, apenas aquelas as alterações relativas ao regime do aumento de capital nas sociedades por quotas.

sobrantes, em proporção do excesso das importâncias pedidas» [al. *b*) do n.º 2 do artigo 266.º][4]. Claro está que haverá rateio se isso se justificar. É que mesmo tendo em conta o «excesso das importâncias pedidas» pode ficar uma parte do aumento por atribuir.

3. O prazo para o exercício do direito de preferência

A reforma de 2006 veio alterar profundamente o regime quanto ao momento em que o direito de preferência deve ser exercido pelos sócios.

Na versão anterior do artigo 266.º, n.º 5, lia-se: «Os sócios devem exercer o direito referido no n.º 1 no prazo de dez dias a contar da data da deliberação de aumento de capital ou da recepção da comunicação que para esse efeito os gerentes lhes devem fazer, conforme tenham ou não estado presentes ou representados na assembleia». E a deliberação de aumento de capital podia conceder o consentimento para a alienação do direito de preferência: artigo 267.º, n.º 2, parte final.

Logo, naquele prazo de dez dias os sócios poderiam estar em condições de alienar um direito de preferência posteriormente ao consentimento da sociedade. Isso tornava confortável a posição do sócio que pretendia alienar o direito de preferência. Era mais fácil negociar um direito de preferência se o interessado em adquirir sabia que a sociedade já tinha dado o seu consentimento para a alienação. Como era mais fácil negociar aquele direito se o eventual adquirente podia conhecer com precisão as condições do aumento.

O que diz agora a nova redacção do artigo 266.º, n.º 5, é algo de bastante diferente: «Os sócios devem exercer o direito referido no n.º 1 até à assembleia que aprove o aumento do capital, devendo para este efeito ser informados das condições desse aumento na convocatória da assembleia ou em comunicação efectuada pelos gerentes com, pelo menos, 10 dias de antecedência relativamente à data de realização da assembleia».

A norma referida apenas estabelece que os sócios devem exercer o direito de preferência *até à* assembleia que aprove o aumento. Impõe-se, assim, perguntar se o direito de preferência pode ser exercido na própria assembleia ou se tem de ser exercido antes de a mesma ter lugar.

---

[4] Sobre isto, cfr., de forma clara, MARIA ÂNGELA COELHO BENTO SOARES, «Aumento de capital», *Problemas do direito das sociedades*, Almedina, Coimbra, 2002, p. 251.

Para Armando Triunfante[5], «face à letra da lei, parece-nos que o exercício do direito de preferência pode ser efectuado até à assembleia geral que delibere o aumento de capital, inclusive. Pensamos que o sócio pode, mesmo na própria assembleia geral, declarar que pretende exercer essa faculdade individual».

Não partilhamos dessa opinião. O direito de preferência tem de ser exercido *antes da assembleia* que aprove o aumento de capital. *Até à* assembleia só pode ser antes da assembleia: não pode ser na assembleia. *Até* é uma preposição que indica movimento no tempo e exprime uma aproximação a um limite[6].

Verifica-se assim que o exercício do direito de preferência tem lugar num momento em que o aumento ainda não foi deliberado, o que pode levar a que não se tenham em conta alterações que ocorram na assembleia[7].

É certo que se pode sustentar que as modificações introduzidas nas condições do aumento na assembleia que delibera a sua realização conferem aos sócios um novo prazo de dez dias para se pronunciarem[8] ou para exercerem o direito de preferência[9]. Mas isso não afasta a incerteza que rodeou os momentos anteriores à assembleia.

Além disso, verificados certos pressupostos[10], o direito de preferência, pode ser limitado ou suprimido na assembleia que deliberar o aumento. Essa deliberação deve ser tomada em separado de outras deliberações, designadamente da de aumento. E deve ser tomada pela maioria exigida para o aumento de capital.

Se assim é, então o aviso convocatório terá de indicar «claramente o assunto sobre o qual a deliberação será tomada», como manda fazer o n.º 8 do artigo 377.º. Logo, terá de indicar claramente que irá ser tomada deliberação sobre a supressão do direito de preferência.

---

[5] ARMANDO TRIUNFANTE, *Código das sociedades comerciais. Anotado*, Coimbra Editora, Coimbra, 2007, p. 267.

[6] CELSO CUNHA/LINDLEY CINTRA, *Nova gramática do português contemporâneo*, 11.ª ed., João Sá da Costa, Lisboa, 1995, p. 561.

[7] Cfr., com essa observação, PAULO VENTURA, «Algumas notas sobre as recentes alterações ao Código das Sociedades Comerciais», *BOA*, 42.º, Maio-Agosto, 2006, p.

[8] MENEZES CORDEIRO, *Manual de Direito das Sociedades*, II, Almedina, Coimbra, 2006, p. 436 e s..

[9] ARMANDO TRIUNFANTE, *Código das sociedades comerciais. Anotado*, cit., p. 268, aceita que a deliberação «fixe um prazo para o correspectivo exercício que não pode ser inferior a dez dias».

[10] Cfr. o artigo 460.º, para o qual remete o n.º 4 do artigo 266.º.

Mas como o direito de preferência pode ser exercido até à assembleia que delibera o aumento e que limita ou suprime o direito de preferência, temos assim que o exercício do direito de preferência pode ter lugar em casos que venham a terminar com a limitação ou exclusão referidas. Sendo certo que, como essa limitação ou supressão têm de ser deliberadas, nada garante em absoluto que o sejam... ou que não o sejam. Mas, entretanto, o sócio que exerceu o direito de preferência teve de preparar a sua tomada de decisão e de realizar eventuais despesas.

Para as sociedades anónimas, manteve-se o regime quanto ao momento do exercício do direito de preferência dos accionistas. Resulta do n.° 1 do artigo 458.° que os titulares daquele direito são aqueles que forem accionistas «à data da deliberação de aumento de capital». E são esses accionistas que devem ser avisados do prazo «e demais condições» de exercício do direito de subscrição, por força agora do disposto no n.° 1 do artigo 459.°. Tudo isto dá a entender que o exercício do direito de preferência deverá ter lugar em momento posterior à deliberação de aumento de capital[11].

4. O prazo para o exercício do direito (cont.). A alienação do direito de preferência

O direito de participar preferencialmente no aumento de capital pode ser alienado. E embora a subscrição do aumento de capital não consista numa cessão de quotas, mantém-se a exigência, em regra, de consentimento da sociedade: leia-se o n.° 1 do artigo 267.°[12].

Essa solução tem sentido uma vez que a transmissão do direito de subscrição preferencial pode conduzir a uma alteração indesejada das relações de poder na sociedade ou a uma aquisição de uma quota por alguém que se pretendia manter fora da sociedade.

Aplica-se, então, o regime que vigora para a dispensa, concessão ou recusa do consentimento para a cessão de quotas[13]. Julgamos que daí se

---

[11] Advogando a mesma solução, PAULO OLAVO CUNHA, *Direito das sociedades comerciais*, 2.ª ed., Almedina, Coimbra, 2006, p. 399. Em apoio do que se diz no texto, cfr., tb., o artigo 87.°, em especial a al. *g)* do n.° 1 e o n.° 2.

[12] Não se encontra norma idêntica para as sociedades anónimas. Sobre a solução a adoptar para estas, cfr. ALEXANDRE DE SOVERAL MARTINS, *Cláusulas do contrato de sociedade que limitam a transmissibilidade das acções*, Almedina, Coimbra, 2006, p. 356 e s..

[13] Sobre este regime, cfr. ALEXANDRE DE SOVERAL MARTINS, *Cessão de quotas. Alguns problemas*, cit..

retira, desde logo, que o contrato de sociedade pode afastar a necessidade de tal consentimento.

O n.º 2 do artigo 267.º permite distinguir os casos em que a deliberação de aumento de capital concede o consentimento para a alienação quanto a todo o aumento e aqueles em que isso não ocorre.

Mas, acrescenta agora o n.º 3, no caso em que a deliberação de aumento de capital concede o consentimento para a alienação quanto a todo o aumento, «os adquirentes devem exercer a preferência na assembleia que aprove o aumento de capital».

Isto é, os sócios que não alienam o direito de preferência devem exercê-lo até à assembleia que aprove o aumento do capital; os adquirentes[14] do direito de preferência devem exercer o direito na assembleia que aprove o aumento *no caso em que a deliberação de aumento de capital concede o consentimento para a alienação quanto a todo o aumento*. A diferença de tratamento, convenhamos, é difícil de justificar.

Veja-se que o adquirente do direito de preferência não saberá, antes da assembleia, se vai ou não ser concedido o consentimento para a alienação quanto a todo o aumento: estamos a falar da concessão de consentimento que vai ter lugar com a deliberação de aumento de capital (deliberação dois-em-um?). E, no entanto, tem de contar com essa possibilidade se o consentimento não foi ainda dado ou recusado.

O regime legal descrito relativamente às situações em que a deliberação de aumento de capital concede o consentimento para a alienação quanto a todo o aumento pressupõe, obviamente, que a aquisição do direito de preferência terá ocorrido antes do consentimento ser concedido.

E se a aquisição teve lugar antes da concessão do consentimento, deverá (deveria) ter ficado subordinada a uma condição: precisamente a da concessão de consentimento.

Poderíamos pensar também na hipótese de o sócio querer alienar o direito de preferência logo após a deliberação pela qual foi concedido o consentimento na assembleia que aprova o aumento mas antes do termo dessa assembleia.

Só que, nessa última hipótese, o sócio deveria ter exercido o direito de preferência até à assembleia que aprovasse o aumento de capital. E se esse exercício já não pode ter lugar na própria assembleia, então o sócio que alienasse o direito de preferência na referida assembleia estaria a alie-

---

[14] Aqueles a quem foi alienado o direito de preferência.

nar um direito que já não poderia exercer. Um direito que já estaria extinto por caducidade. Tal solução parece absurda[15].

Uma outra nota ainda. Para que o exercício do direito de preferência tenha lugar pelo adquirente do mesmo na assembleia que aprove o aumento será necessário que a informação relativa a tal assembleia seja transmitida ao referido adquirente. E isso deve ser visto como um dever do sócio que alienou o direito de preferência.

Ficamos, porém, com um problema por resolver. Que dizer dos casos em que a alienação do direito de preferência foi *consentida antes da assembleia que delibera o aumento de capital*? Aí, parece que, se a alienação teve lugar, o adquirente do direito de preferência deve exercer a preferência até à assembleia que aprove o aumento.

5. O direito alienado antes da deliberação de aumento

A participação social consiste, segundo Coutinho de Abreu, num «conjunto unitário de direitos e obrigações actuais e potenciais do sócio (enquanto tal)»[16].

Se o direito de preferência foi alienado antes da deliberação do aumento de capital, então estaremos perante a alienação de um direito ainda não actual ou não concretizado na esfera jurídica do alienante.

---

[15] Também ARMANDO TRIUNFANTE, *Código das sociedades comerciais. Anotado*, cit., p. 269, rejeita a possibilidade de a alienação do direito de preferência ter lugar durante a assembleia que vai aprovar o aumento.

[16] COUTINHO DE ABREU, *Curso de direito comercial*, vol. II, 2.ª ed., Almedina, Coimbra, 2007, p. 207, e, sobre a correspondência, «grosso modo», entre direitos potenciais/ /direitos abstractos e entre direitos actuais/direitos concretos, p. 208, nota 1. Cfr. tb. MANUEL DE ANDRADE/FERRER CORREIA, «Suspensão e anulação de deliberações sociais», *RDES*, 1947/48, p. 351; FERRER CORREIA, «A representação dos menores sujeitos ao pátrio poder na assembleia geral das sociedades comerciais», *Estudos Jurídicos*, II, Almedina, Coimbra, 2.ª ed., 1985, p. 74, que considera os direitos potenciais como expectativas; V. G. LOBO XAVIER, *Anulação de deliberação social e deliberações conexas*, Atlântida, Coimbra, 1976, p. 177, nota 76. Referindo-se às «situações potenciais de qualquer relação duradoura», PELLIZZI, «Sui poteri indisponibili della maggioranza assembleare», *RDCiv.*, 1967, I, p. 127. Criticando a distinção entre direitos abstractos e concretos, cfr. BERTINI, *Contributo allo studio delle situazioni giuridiche degli azionisti*, Giuffrè, Milano, 1951, p. 76 e ss.; CORAPI, *Gli statuti delle società per azioni*, Giuffrè, Milano, 1971, p. 249 e ss.; RAÚL VENTURA, «Reflexões sobre direitos dos sócios», *CJ*, 1984, II, p. 8, que preferia falar em fases da vida dos direitos dos sócios.

Com efeito, o direito de preferência em aumento de capital só constitui um direito que se autonomiza da participação social quando a deliberação de aumento de capital já foi tomada.

Se a alienação do direito de preferência tem lugar antes dessa deliberação, tratar-se-á de alienação de um bem futuro.

Claro está que só estamos a falar da alienação do direito de preferência relativo a uma concreta deliberação posterior de aumento de capital. Não temos em mente a alienação do direito abstracto de preferência, do direito de preferência relativo a qualquer posterior deliberação de aumento do capital. Esse, na nossa opinião, não pode ser alienado em separado[17].

6. O titular do direito de preferência em caso de alienação de quota

O regime que surgiu em 2006 confronta o intérprete com mais dificuldades. Até então, não parecia difícil de aceitar que o titular do direito de preferência era, nas sociedades por quotas como nas sociedades anónimas, o sócio que o fosse na data da deliberação de aumento do capital. Essa solução estava prevista, para as sociedades anónimas, no artigo 457.º do CSC, e tal norma seria aplicável, por analogia, às sociedades por quotas.

Com o novo regime, as coisas complicam-se um pouco quando o sócio pretende exercer o seu direito *antes da assembleia* em que se delibera o aumento do capital. É que então surge esta dúvida: se o sócio *exerce o direito antes da assembleia* que delibera o aumento e, depois do exercí-

---

[17] Cfr. PEDRO DE ALBUQUERQUE, *Direito de preferência dos sócios em aumentos de capital nas sociedades anónimas e por quotas*, Almedina, Coimbra, 1993, p. 243. PEDRO PAIS DE VASCONCELOS, «Direitos destacáveis – O problema da unidade e pluralidade do direito social como direito subjectivo», *Direito dos valores mobiliários*, I, Coimbra Editora, Coimbra, 1999, p. 174, afirma que não podem ser destacados os direitos abstractos; COUTINHO DE ABREU, *Curso de direito comercial*, II, cit., p. 219-220, defende que não serão «autonomamente transferíveis nem a generalidade dos direitos componentes da participação social – os direitos de participação, os direitos de controlo, alguns direitos patrimoniais – nem as obrigações nela integradas». Pela nossa parte, em ALEXANDRE DE SOVERAL MARTINS, *Cláusulas do contrato de sociedade que limitam a transmissibilidade das acções*, cit., p. 99 e s., afirmámos, para as sociedades anónimas: «A indivisibilidade da acção como participação social quer ainda dizer que os direitos que integram cada participação social não podem, em princípio, ser transmitidos a terceiros e assim separados da participação social a que estavam inicialmente ligados».

cio mas *ainda antes da assembleia, aliena a sua quota*, quem pode subscrever o aumento de capital posteriormente deliberado?

No momento da deliberação do aumento, aquele que declarou exercer o direito de preferência já não é sócio: já alienou a sua quota. Sócio é agora o adquirente da quota. Mas no momento em que o alienante exerceu o direito de preferência estava a exercer algo que não era ainda um direito concretizado, um direito autonomizado da participação. Essa autonomização apenas se dá quando tem lugar a deliberação de aumento de capital.

Aquela declaração de exercício do direito de preferência – anterior, lembre-se, à deliberação de aumento de capital – é apenas uma manifestação de vontade de vir a subscrever o aumento de capital que venha a ser deliberado. Essa manifestação de vontade só constitui a sociedade na obrigação de permitir a subscrição do aumento por quem seja sócio na altura em que o aumento for deliberado[18].

7. A informação acerca das condições do aumento de capital

Relembremos agora o teor do artigo 266.º, n.º 5: «Os sócios devem exercer o direito referido no n.º 1 até à assembleia que aprove o aumento do capital, devendo para este efeito ser informados das condições desse aumento na convocatória da assembleia ou em comunicação efectuada pelos gerentes com, pelo menos, 10 dias de antecedência relativamente à data de realização da assembleia».

Se a convocatória não contém as condições do aumento de capital, os gerentes devem efectuar uma comunicação com «pelo menos, 10 dias de antecedência (…)».

Perguntar-se-á: o que é que tem de ser feito até pelo menos 10 dias antes da assembleia? A *expedição* da comunicação ou a *recepção* da mesma?

O n.º 5 do artigo 266.º do CSC, na versão anterior à reforma de 2006, previa precisamente que o prazo para o exercício do direito de preferência se contava da data da deliberação de aumento (para os sócios presentes ou representados na assembleia) ou da data da recepção da comunicação feita pelos gerentes (quanto aos sócios não presentes nem representados na assembleia).

---

[18] Com opinião diferente, ARMANDO TRIUNFANTE, *Código das sociedades comerciais. Anotado*, cit., p. 266.

Contudo, na nova redacção do n.º 5 do artigo 266.º é difícil encontrar apoio para se sustentar que a comunicação a realizar pelos gerentes e contendo as condições do aumento deve ser recebida com a referida antecedência de dez dias relativamente à data da assembleia.

Porventura, haverá quem considere mais segura a aplicação, por analogia, do disposto para a convocatória: e então a comunicação a realizar pelos gerentes deveria ser realizada por carta registada, *expedida* com a antecedência mínima de (agora) 10 dias.

Em apoio dessa solução poderia ser também invocado o teor do n.º 3 do artigo 459.º, no qual se estabelece que o prazo que seja fixado para o exercício do direito de preferência pelos accionistas «não pode ser inferior a 15 dias, contados da publicação do anúncio, ou a 21 dias, contados da expedição da carta dirigida aos titulares de acções nominativas». Mais uma vez, o que conta é a data da expedição.

A melhor solução seria, porém, outra. Não parece haver dúvidas que seria preferível que aquele prazo de 10 dias de antecedência se contasse a partir da recepção da comunicação pelo destinatário. Desde logo, por causa da data até à qual o direito de preferência pode ser exercido. Ficaria garantido ao sócio mais tempo para preparar tudo aquilo que fosse necessário com vista ao exercício do direito de preferência.

Parece ser essa, aliás, a solução defendida por Armando Triunfante[19], uma vez que o autor sustenta que o prazo para o exercício do direito de preferência não pode ser inferior a 10 dias. E só não poderá ser inferior a 10 dias se a recepção da comunicação tem lugar com pelo menos 10 dias de antecedência relativamente à data da assembleia.

Mas que argumentos podemos adiantar em favor dessa leitura? Desde logo, é possível invocar o elemento *histórico* da interpretação. O n.º 5 do artigo 266.º do CSC, na versão anterior à reforma de 2006, continha a referência à data da recepção da comunicação feita pelos gerentes.

Para além disso, não deixa de ser interessante olhar para o disposto no n.º 2 do artigo 416.º do Código Civil. De acordo com esse preceito, aquele que é titular de um direito de preferência deve exercer o seu direito no prazo de 8 dias contados da data em que *recebe* a comunicação para preferir.

Em terceiro lugar, não se pode esquecer o intérprete de que a declaração negocial com destinatário torna-se eficaz logo que chega ao poder do destinatário ou é dele conhecida: cfr. o n.º 1 do artigo 224.º do Código

---

[19] ARMANDO TRIUNFANTE, *Código das sociedades comerciais. Anotado*, cit., p. 267.

Civil. Tal regime parece aplicável aos actos jurídicos que não sejam negócios jurídicos, como resulta do artigo 295.º do referido Código.

E todos os gerentes têm de assinar a carta registada? Parece absurdo.

Julgamos que nem sequer será de exigir a intervenção dos gerentes necessários para vincular a sociedade. Se, para a própria convocatória, basta a intervenção de apenas um dos gerentes, tal solução deve valer, por maioria de razão, nos casos em que a comunicação é feita em separado.

As condições do aumento devem todas constar da convocatória ou da referida comunicação. Fundamentais são, designadamente, as referências à modalidade do aumento, ao montante, ao montante nominal das novas participações, à natureza das entradas, aos prazos para a realização das entradas, às pessoas que participarão no aumento (cfr. o n.º 1 do artigo 87.º).

SOCIEDADES DE CONSULTORIA PARA INVESTIMENTO – BREVE NOTA INTERPRETATIVA[*]

GLÓRIA TEIXEIRA[**]
RUTE TEIXEIRA PEDRO[***]

SUMÁRIO: *I. A actual actividade da Sociedade enquadra-se no âmbito do Anteprojecto do Decreto-Lei que institui as Sociedades de Consultoria para investimento? II. A Sociedade deve converter-se em Sociedade de Consultoria Financeira? III. Quais os constrangimentos e limitações jurídicas que daí resultarão?*

O presente trabalho de investigação desdobra-se em três questões que se encontram intimamente ligadas, na medida em que a resposta positiva à primeira importa uma resposta afirmativa à segunda e só uma resposta afirmativa à segunda proporciona a oportunidade de colocar a terceira.

A resposta à primeira questão apresenta-se, assim, como um passo preliminar e condicionante de todo o *iter* de raciocínio subsequente, sendo, por isso, aquela que deve importar um maior desenvolvimento.

---

[*] O presente trabalho foi elaborado tendo por base de reflexão o "Anteprojecto de Decreto-Lei que institui as sociedades da consultoria para investimento", à dada (início de Março de 2007) em apreciação pública.
[**] Professora Associada e Investigadora do CIJE (Centro de Investigação Jurídico--Económica), da Faculdade de Direito da Universidade do Porto.
[***] Mestre em Ciências Jurídico-Civilísticas. Assistente e Investigadora do CIJE (Centro de Investigação Jurídico-Económica), da Faculdade de Direito da Universidade do Porto.

I. **A actual actividade da Sociedade enquadra-se no âmbito do Anteprojecto do Decreto-Lei que institui as Sociedades de Consultoria para Investimento?**

Sabemos que a Sociedade em questão actua na área da consultoria nos mercados cambial e monetário, desenvolvendo actividades diversas que vão do "simples aconselhamento e prestação de informações do mercado cambial, até à representação, com ou sem poderes, de clientes junto das salas de câmbios, efectuando operações financeiras, tais como aplicações de fundos de tesouraria, câmbios à vista e a prazo, operações de futuros e outras".

Por outro lado, o n.º 3 do artigo 1 Anteprojecto de Decreto-Lei que institui as sociedades de consultoria para investimento, em cujo âmbito de aplicação se equaciona a inclusão da sociedade referida, dispõe que "São sociedades de consultoria para investimento as empresas que prestam exclusivamente o serviço previsto na alínea g) do n.º 1 do artigo 290.º do Código de Valores Mobiliários"[1].

A redacção da norma para a qual o preceito citado remete não é ainda direito positivo, antes pertencendo, de momento, ao âmbito *de iure constituendo*. Nela se lê: "*g)* A consultoria para investimento".

A articulação dos dois preceitos permite-nos, então, recortar o âmbito de aplicação do diploma em preparação. Num primeiro momento, podemos assentar em que o Anteprojecto de Decreto-Lei que institui as sociedades de consultoria para investimento, se aplica às sociedades que *prestam exclusivamente o serviço de consultoria para investimento*.

Cumpre agora proceder à conveniente interpretação da referida norma. Para tal, há que considerar, num primeiro momento o elemento literal, âncora de qualquer resultado interpretativo que com a letra da lei deve ter, em princípio, o mínimo de correspondência

A análise linguística que se reveste, pelo menos na aparência, de um manto de singeleza deve concentrar-se em dois núcleos: por um lado, na expressão "serviço de consultoria para investimento", por outro no advérbio "exclusivamente".

Ora, o que se deve entender por "serviços de consultoria para investimento"?

---

[1] De ora em diante, empregaremos a sigla CVM para nos referirmos ao Código de Valores Mobiliários.

O legislador não propõe qualquer preceito que forneça a noção de tal serviço ou actividade. Aliás, ao invés, propõe-se eliminar o actual artigo 345.° do CVM que tem subsidiado a tarefa de construção de uma definição ao prever os deveres que impendem sobre o consultor num contrato de consultoria para investimento[2].

Ora, à míngua de uma outra noção pré-constituída pode recorrer-se à definição contida no 4) do n.° 1 do artigo 4 da Directiva 2004/39/CE[3] e considerar consultoria para investimento "a prestação de um aconselhamento personalizado a um cliente, quer a pedido deste quer por iniciativa da empresa de investimento, relativamente a uma ou mais transacções respeitantes a instrumentos financeiros"[4]. A actividade de consultoria será, portanto, a actividade de promoção junto do público da realização de operações de investimento de instrumentos financeiros e redundará fundamentalmente no fornecimento de informações qualificadas e apropriadas ao perfil dos investidores sobre a natureza e os riscos associados a certos instrumentos financeiros[5].

Retomemos, então, o parágrafo em que é descrita a actividade desempenhada pela Sociedade considerada. Se o "simples aconselhamento e prestação de informações" pode ser qualificado como um serviço de consultoria financeira, o mesmo não parece acontecer com todas demais acti-

---

[2] Encontramos um arremedo de definição no artigo 1.° do Projecto de Lei do Grupo Parlamentar do Partido Popular CDS-PP, n.° 335/X, que regula o acesso e permanência na actividade de consultoria para investimento e dos consultores autónomos, entrada na Assembleia da República a 4 de Janeiro de 2007 e à data (Março de 2007) em apreciação pela Comissão de Orçamento e Finanças. À luz dos dois números que compõem esse artigo, conclui-se que consultoria financeira é a actividade de promoção junto do público, através de terceiras pessoas, da realização de actividades financeiras permitidas às instituições de crédito e às sociedades financeiras.

[3] Jornal Oficial da União Europeia, L. 145, de 30 de Abril de 2004, p. 145/10.

[4] É comum sufragar-se o entendimento de que a consultoria financeira se traduz na prestação a investidores ou a potenciais investidores, numa base individual, de conselhos sobre valores mobiliários e sobre o exercício dos direitos a ele inerentes (subscrição, compra, venda, troca, conversão) ou sobre a gestão de carteiras de valores mobiliários.

[5] Entendimento que pode continuar a ser ancorado nos artigos 46.° e ss. de outro Anteprojecto de Decreto-Lei que vem regulamentar o Capítulo VI do Código de Valores Mobiliários (e que complementando a transposição da Directiva 2004/39/CE, do Parlamento Europeu e do Conselho, de 21 de Abril de 2004, transpõe a Directiva 2006/73/CE, da Comissão, de 10 de Agosto de 2006), que prevêem normas de conduta, e portanto, os deveres – fundamentalmente de informação – que recaem sobre os intermediários financeiros. A consultoria para investimento – *convertendo-se* embora, como *infra* referiremos, numa actividade de investimento – continua a ser, por isso, uma actividade de intermediação financeira.

vidades desempenhadas. A "representação, com ou sem poderes, de clientes junto das salas de câmbios, efectuando operações financeiras, tais como aplicações de fundos de tesouraria, câmbios à vista e a prazo, operações de futuros" representam uma actuação que não deve ser reconduzida à mera consultoria.

Considerando agora o emprego do advérbio "exclusivamente", o mesmo parece apontar para uma exclusão de qualquer outra actividade do objecto social de uma sociedade de consultoria financeira. A preferência pelo referido vocábulo em detrimento da caracterização do exercício da referida actividade através de uma expressão como "a título exclusivo ou principal", revela, em princípio, uma opção restritiva e de depuração do âmbito de actuação da espécie societária regulada no Anteprojecto de Decreto-Lei que institui as sociedades de consultoria para investimento. Este diploma não parece, portanto, abranger as situações em que haja um concurso de exercício de actividade de consultoria com outras actividades, e mesmo que a primeira represente uma componente principal ou preponderante de conjunto global de actividades.

A ser assim, e dado que como vimos a sociedade em questão desenvolve actividades diversificadas que tendem a ultrapassar a noção comum de consultoria, a mesma não seria abrangida no âmbito de aplicação delineado pelo n.º 3 do artigo 1.º do Anteprojecto de Decreto-Lei que institui as sociedades de consultoria para investimento.

Nesta operação exegética do regime em análise, devemos, no entanto, articular o elemento gramatical ou linguístico acabado de referir com os vários elementos de índole lógica ou racional, constituintes, a par com o primeiro, de uma interpretação juridicamente válida.

Falamos, desde logo, do elemento sistemático que nos conduz a considerar a conexão da norma em questão, com outras normas, não só com aquelas que integram o mesmo diploma em que ela se insere, mas também de outros textos legislativos com a matéria versada conexionados – desde logo, o CVM, com a nova redacção que é proposta.

A este nível, é mister sublinhar que o Anteprojecto de Decreto-Lei que institui as sociedades de consultoria para investimento, em cujo âmbito de aplicação se equaciona a subsunção da sociedade referida, atenta a natureza das actividades, por ela, desenvolvidas, se integra num conjunto de antepropostas legislativas tendentes a forjar um novo quadro normativo à luz dos ditames traçados pela Directiva relativa aos Mercados de Instrumentos Financeiros (Directiva 2004/39/CE, do Parlamento Europeu e do Conselho, de 21 de Abril de 2004). Através da adopção conjunta e articulada de vários diplomas, já em fase avançada de preparação, se dará cumprimento à obrigação de transposição para o ordenamento jurídico interno português dessa e de outra Directiva comunitária (a, já referida em nota, Directiva 2006/73/CE, da Comissão, de 10 de Agosto de 2006).

O Anteprojecto de Decreto-Lei que institui as sociedades de consultoria para investimento tem, por isso, de ser considerado em conexão com as alterações propostas para o texto de vários preceitos do Código de Mercado de Valores Mobiliários (Decreto-Lei n.º 486/99, de 16 de Novembro), em particular aqueles que compõem o título VI (artigos 289.º a 351.º) do citado diploma e que contêm a disciplina aplicável à actividade de intermediação financeira.

À luz do quadro normativo que se antevê venha a ser constituído, no domínio da intermediação financeira continuam a avultar os conceitos de empresa e serviços de investimento introduzidos no ordenamento ainda no âmbito do anterior CVM, por força do Decreto-Lei n.º 232/96 de 5 de Dezembro que transpôs para o ordenamento português a Directiva 93//22/CEE do Conselho de 10 de Maio, adoptada com o intuito de dotar as empresas de investimento no domínio dos valores mobiliários de liberdade de estabelecimento e de prestação de serviços idêntica à das instituições de crédito comunitárias.

Ora, no que concerne ao aspecto considerado, permanecem os dois conceitos *pivots*, a saber, o de "serviços de investimento em valores mobiliários" e o de "serviços auxiliares dos serviços de investimento" – vide artigo 289, n.º 1, *a*) e *b*), da redacção actual e da que se propõe do CVM (aliás as referidas alíneas mantêm-se praticamente intocadas, salva a substituição da palavra "serviços" pela expressão "serviços e actividades"), vindo o legislador, nos dois artigos subsequentes, densificá-los, através de elencos de actividades que se integram nas duas referidas categorias.

E é precisamente no preenchimento desses elencos que surgem as alterações. A consultoria para investimento em instrumentos financeiros deixa de ser considerada como serviço auxiliar de serviço de investimento, passando a ser qualificada como serviço e actividade de investimento. Não continuará a integrar, por isso, a previsão do n.º 1 do artigo 291.º [actualmente aparece na alínea *c*) desse preceito], mas a do artigo anterior. Na verdade, o elenco da norma do artigo 290.º ganhará cinco novas alíneas que se juntarão às três que actualmente o compõem. Na putativa nova alínea *g*) aparece a consultoria para investimento.

Ora, esta deslocação deve ser entendida à luz da *ratio legis* que subjaz à disciplina consagrada na Directiva 2004/39/CE e que deve orientar a sua transposição e encarnar o futuro diploma que regule as sociedades que se dediquem à consultoria financeira. Servirá, também, para a interpretação que das novas normas se faça, à luz de uma interpretação conforme ao direito comunitário.

Vejamos, então, que intuito move o legislador, que objectivo transparece da assinalada mudança de inserção da alínea que contempla a actividade de consultoria financeira. Cumpre, pois, nesta tarefa interpretativa, considerar, agora, o elemento histórico e o elemento racional *stricto sensu*, atentando, por um lado, no processo genético dos preceitos (processo ainda em curso, e que este ante-projecto intercepta, desconhecendo-se ainda o arranjo definitivo que será dado à disciplina em preparação) e descortinando e pesando as finalidades prosseguidas pelo direito que está em vias de se constituir. Em particular este fundamento jurídico, a denominada *ratio legis* deve iluminar o sentido a atribuir ao preceito considerado, indigitando a sua compreensão. Ora, a orientação plasmada na Directiva 2004/39/CE é a do alargamento do conjunto de actividades e serviços de investimento (assim como a da paralela ampliação do conjunto de actividades e serviços auxiliares), para as submeter a rigorosos e uniformes requisitos organizacionais e a harmonizadas normas de conduta promotoras da concorrência e da protecção dos investidores. Trata-se de uma resposta normativa à crescente complexificação dos serviços prestados e dos instrumentos oferecidos no mercado financeiro. Neste quadro factual novo, com as novas normas, criadas à luz da Directiva 2004/39/CE, visa garantir-se a valorização profissional, a credibilização e a responsabilização de quem se dedique à actividade de consultoria financeira e assegurar qualidade dessa actividade.

Assim, como consequência de a consultoria para investimento em instrumentos financeiros passar a ser uma das actividades de intermediação financeira que integra o conjunto de serviços e actividades principais de investimento, as empresas que se dedicam em exclusivo a tal actividade terão de ser sociedades de consultoria para investimento, nos termos do artigo 1.º, n.º 3 do Anteprojecto em análise. Aliás, por isso, o artigo 293.º do CVM, na nova redacção proposta, passará a considerar empresas de investimento em valores mobiliários duas "novas" espécies de sociedades: as sociedades mediadoras dos mercados monetários ou de câmbios e as sociedades de consultoria para investimento – respectivamente alíneas *d*) e *e*) da redacção proposta para o n.º 2 do artigo 293.º do CVM.

Ora, sendo as empresas de investimento em valor mobiliário, nos termos da alínea *a*) do n.º 1 do artigo 293.º, intermediários financeiros, aplica-se-lhe o disposto no Título VI do CVM. Ademais, o intuito do legislador no Anteprojecto considerado para objecto deste pedido de aconselhamento jurídico – que não o de um outro projecto de lei n.º 335//X[6] que visa igualmente dar cumprimento à transposição da Directiva 2004/39/CE e de onde não retira igual confinamento – será o de reservar o exercício de actividade de consultoria financeira a um enquadramento societário de especialização, isto é, a sociedades comerciais que revistam um de dois tipos societários – sociedades anónimas ou sociedades por quotas – e quando estas se lhe dediquem exclusivamente (artigo 2.º, n.º 1 do Anteprojecto de Decreto-Lei que institui as sociedades de consultoria para investimento). Desta forma, pretende o legislador alcançar um nível de controlo suficiente relativo a uma actividade financeira nevrálgica e que contende com a decisão dos investidores, cada vez mais dependentes de um aconselhamento personalizado[7].

Para exercer esse controlo predispõe uma série de instrumentos. As sociedades de consultoria financeira ficarão, assim, sujeitas a registo que deve ser instruído por elementos exigidos para a autorização de empresas de investimento (artigo 6.º e ss do Anteprojecto de Decreto-Lei que institui as sociedades de consultoria para investimento). Na sua denominação deve conter-se a expressão "Sociedade de consultoria para investimento" ou a abreviatura SCI, para além da firma da sociedade e da menção ao tipo adoptado (artigo 2.º, n.º 2, *idem*). A sociedade deve, também, satisfazer um dos requisitos patrimoniais previstos no artigo 9.º do Anteprojecto referido. Os membros da administração da sociedade de consultoria para investimento e os titulares de participações qualificadas em tais sociedades devem revestir idoneidade e ser dotados de experiência profissional adequada nos termos do artigo 3.º e 4.º do referido Anteprojecto.

Chama-se ainda a atenção para a inclusão da alínea *c*) no artigo 291.º na nova redacção do CVM, sendo qualificada como actividade auxiliar dos serviços e actividades de investimento, a "elaboração de estudos de investimento e análise financeira ou outras formas de consultoria geral relacionadas com operações e valores mobiliários". Trata-se de uma medida que se enquadra neste inequívoco esforço de regulamentação da

---

[6] *Vide* nota n.º 2.
[7] *Vide* considerando n.º 3 da Directiva 2004/39/CE, Jornal Oficial da União Europeia, L. 145, de 30 de Abril de 2004.

actividade de consultoria. Com a nova redacção dos artigos 290.º e 291.º o âmbito da intermediação financeira é ampliado com a atracção para o círculo normativo daqueles dois preceitos de actividades que gravitavam nas margens da actual regulamentação.

Por isso mesmo se compreende que, aquando do lançamento da consulta pública relativa aos vários Anteprojectos de diplomas de transposição da Directiva de mercados de Instrumentos financeiros se tenha formulado a questão de consagrar a possibilidade de as sociedades de consultoria para investimento poderem prever no seu objecto social também o exercício de actividades de recepção e transmissão de ordens em valores mobiliários e unidades de participação em organismos de investimento colectivo nos termos previstos no n.º 1 do artigo 3.º da Directiva 2004/39/CE. Tal possibilidade serviria o fim de viabilizar o modelo de negócio subjacente ao exercício da actividade de consultoria. Parece, aliás, que a redacção definitiva que virá a ser adoptada não colocará obstáculos a essa extensão do objecto social das Sociedades de Consultoria Financeira.

E o sentido da versão final que venha a ser adoptada será relevante para a resposta à pergunta a que pretendemos aqui responder, que é afinal de contas a questão de determinar se a sociedade cabe na futura redacção do artigo 290.º g) do CVM, ou se, pelo contrário desempenha meramente actividades de consultoria geral relacionadas com operações de valores mobiliários, como por exemplo a elaboração de estudos de investimento e análise financeira, caso em que se inserirá na alínea c) do artigo 291.º do CVM.

Se, como na versão colocada em apreciação pública e que nos foi enviada como base da consulta que nos foi dirigida, for necessário que a sociedade desenvolva em exclusivo actividades de consultoria para investimento, parece-nos que a resposta à primeira questão (a actual actividade da Sociedade enquadra-se no âmbito do Anteprojecto do Decreto-Lei que institui as Sociedades de Consultoria para investimento) tenderá a ser negativa. Pelo contrário se houver uma abertura da previsão do n.º 3 do artigo 1.º do referido Anteprojecto (e que parece verosímil[8]), no sentido de ampliar o respectivo âmbito de aplicação a Sociedades que não desenvolvam a actividade de consultoria de modo exclusivo, a Sociedade em questão poderá vir a ser abrangida por ele.

---

[8] Em conformidade com o artigo 72.º-A do Regulamento 12/2000 da CMVM.

II. A Sociedade deve converter-se em Sociedade de Consultoria Financeira?

A resposta a esta questão, como dissemos *ab initio*, depende da resposta à questão anterior.

Ora, se houver uma alteração da norma do n.º 3 do artigo 1 do Anteprojecto do Decreto-Lei que institui as Sociedades de Consultoria para investimento no sentido de que a sua aplicação dependerá da qualificação do objecto mesmo que não exclusivo da sociedade como actividade de consultoria para investimento em instrumentos financeiros, e portanto, como actividade de investimento, a consequência é a de importar que uma tal entidade assuma a natureza de empresa de investimento regulada no Ante-projecto.

O futuro diploma – como aliás o assinalado Anteprojecto, à luz da Directiva 2004/39/CE –, fixará as condições de autorização e exercício da actividade das empresas de investimento, visando promover a concorrência entre os agentes e os diferentes mercados e reforçar a protecção dos investidores, garantindo a transparência e a integridade das operações realizadas sobre os instrumentos financeiros. Sujeitará, por isso, as sociedades de consultoria à reunião de um conjunto de condições – que sucintamente enunciámos *supra* – que garantirão, pelo menos assim se pretende, o exercício saudável destas actividades.

III. Quais os constrangimentos e limitações jurídicas que daí resultarão?

A conversão em Sociedade de Consultoria Financeira permitirá que a Sociedade exerça a actividade de consultoria para investimento e beneficie do designado passaporte comunitário em matéria de prestação de serviços de investimento e da liberdade de estabelecimento de sucursais, possibilitando a expansão da sua actividade a todo o espaço da União Europeia com base na autorização concedida pelo Estado-Membro onde se encontra a respectiva sede. A consagração desta possibilidade é uma decorrência do regime contido na Directiva 2004/39/CE, cujo intuito primacial prosseguido é o de contribuir para a maior integração dos mercados de capitais a nível comunitário e, portanto, o aprofundamento do mercado interno dos serviços financeiros.

O exercício da actividade de consultoria para investimento em instrumentos financeiros deverá ser o objecto exclusivo (ou principal dependendo, como já referimos, da redacção final que venha a ser adoptada) de actuação da referida sociedade. Ora, a limitação natural será a de que o seu objecto de actividade não pode ultrapassar a consultoria.

Por outro lado, à sociedade será vedada, nos termos do proposto artigo 10.º do Anteprojecto do Decreto-Lei que institui as Sociedades de Consultoria para investimento, a detenção de fundos, valores mobiliários ou outros instrumentos financeiros pertencentes aos seus clientes.

De qualquer modo, se a sociedade couber no âmbito de aplicação que venha a ser traçado (nomeadamente porque se deixa de exigir o exercício exclusivo da actividade de consultoria) é imperativa a conversão e, portanto, as referidas limitações são inerentes à natureza da sociedade, que será uma decorrência do objecto social da mesma.

CIJE, Centro de Investigação Jurídico-Económica
Faculdade de Direito da Universidade do Porto, 29 de Março de 2007

OS CONTRATOS DE GARANTIA FINANCEIRA.
O DEALBAR DO DIREITO EUROPEU DAS GARANTIAS

L. MIGUEL PESTANA DE VASCONCELOS[*]

SUMÁRIO: *1. Introdução. 2. Os requisitos: 2.1. Os sujeitos; 2.2. As obrigações financeiras garantidas; 2.3. O objecto da garantia financeira; 2.4. O objecto ser efectivamente prestado; 2.5. A susceptibilidade de prova por documento escrito. 3. Modalidades: 3.1. Penhor financeiro: 3.1.1. O regime geral; 3.1.2. O regime insolvencial específico: 3.1.2.1. A proibição de resolução; 3.1.2.2. A execução dos contratos após a declaração de insolvência de qualquer das partes; 3.2. A alienação fiduciária em garantia: 3.2.1. Introdução; 3.2.2. Estrutura. O contrato fonte das obrigações garantidas; 3.2.3. O regime geral: 3.2.3.1. O cumprimento da obrigação de restituição; 3.2.4. O regime insolvencial específico (artigos 16.º a 19.º do Decreto-Lei n.º 105/2004, de 8 de Maio): 3.2.4.1. A proibição de resolução; 3.2.4.2. A execução dos contratos após a declaração de insolvência de qualquer das partes. 4. Nota conclusiva.*

1. Introdução[**]

I. Os contratos de garantia financeira são regulados pelo Decreto-Lei n.º 105/2004[1], de 8/5, que resulta da transposição da Directiva 2002/

---

[*] Professor Auxiliar da Faculdade de Economia e da Faculdade de Direito da Universidade do Porto.

[**] Siglas utilizadas: BBTC – Banca, Borsa e Titoli di Credito; Cad. MVM – Cadernos do Mercado de Valores Mobiliários; DZWir. – Deutsche Zeitschrift für Wirtschafts- und Insolvenzrecht; EDP – Europa e Diritto Privato; InsO – Insolvenzordnung; KWG – Kreditwesengesetz; RDCom – Rivista del Diritto Commerciale e del Diritto Generale delle Obbligazioni; WM – Zeitschrift für Wirtschafts- und Bankrechts, Wertpapier-Mitteilungen; ZIP – Zeitschrift für die gesamte Insolvenzpraxis.

[1] Sobre esta figura, bem como sobre os contratos de garantia financeira em geral, entre nós, ver: ANTÓNIO MENEZES CORDEIRO, *Manual de direito bancário*, 3.ª ed., Alme-

/47/CE do Parlamento Europeu e do Conselho, de 6/6/02[2], sendo constituídos por duas modalidades (artigo 2.º, n.º 2, do Decreto-Lei n.º 105/2004, de 8/5): o penhor financeiro e a alienação fiduciária em garantia, onde se inclui o reporte.

II. Trata-se de um grande esforço para se harmonizar, embora num âmbito relativamente restrito, o direito das garantias sobre certo tipo de bens e entre determinados sujeitos no seio da União Europeia. Esforço tanto mais conseguido, quanto o seu âmbito de aplicação inicialmente previsto em termos subjectivos acabou por ser alargado na Directiva. Acresce ainda que a maioria dos Estados decidiu não recorrer aos *opt-outs* que a mesma Directiva previa e que permitiriam limitar esse mesmo âmbito de aplicação dos diplomas internos.

Acentue-se que o objectivo aqui foi criar um conjunto de figuras (em rigor são duas) particularmente ágeis e robustas, o que se traduz, quanto a este último aspecto, na criação de um regime insolvencial específico, diverso do regime geral.

III. A Directiva 2002/47/CE do Parlamento Europeu e do Conselho, de 6/6/02 vem na linha da Directiva 98/26/CE do Parlamento Europeu e do Conselho[3], de 19/5/98, relativa ao carácter definitivo da liquidação nos sistemas de pagamentos e de liquidação de valores mobiliários, e a correcta compreensão deste desenvolvimento do direito comunitário implica que se tenha presente que a principal preocupação do legislador eram os mercados financeiros de "grandes operações"[4-5-6].

---

dina, Coimbra, 2006, pp. 614, ss., pp. 625, ss.; JOÃO CALVÃO DA SILVA, *Banca, bolsa e seguros. Direito europeu e português*, tomo I, *parte geral*, 2.ª ed., Almedina, Coimbra, 2007, pp. 211, ss.; ANTÓNIO SANTOS JUSTO, *Direitos reais*, Coimbra Editora, Coimbra, 2007, pp. 486, ss..

[2] Quanto a esta, ver: FILIPPO ANNUNZIATA, *Verso una disciplina comune delle garanzie finanziarie. Dalla convenzione dell'Aja alla Collateral Directive (Direttiva 2002/47//CE)*, BBTC, 2003, pp. 178, ss., pp. 193, ss.; EUGENIO MASTROPAOLO, *La nuova normativa europea sui contratti di garanzia finanziaria (direttiva 2002/47/CE del 6 giugno 2002)*, RDCom., 2003, pp. 519, ss.; ALESSANDRA GROSSI, *La direttiva 2002/47/CE sui contratti di garanzia finanziaria*, EDP, 2004, pp. 249, ss..

[3] Sobre ela, ver AMADEU FERREIRA, *Sistemas de pagamentos e falência*, Cad. MVM, 1998, pp. 41, ss.. A transposição desta Directiva que foi operada, quer através do CVM, quer do Decreto-Lei n.º 221/2000, de 9/9.

[4] Proposta de Directiva do Parlamento Europeu e do Conselho relativa aos acordos de garantia financeira, Com (2001) 168 final, 2001/0086 (COD), de 27/3/2001, ponto 2.3. *in fine*.

Este aspecto resulta do próprio regime das garantias, em particular o insolvencial, conduzindo, este, à sua "imunização" nesta fase para afastar o risco sistémico[7-8]. Outros mecanismos são retirados directamente da prática de alguns mercados financeiros, sendo regulados já em diversos acordos dos organismos do sector[9]. Como refere de forma muito clara o legislador comunitário, deve-se obstar a disposições que "sejam susceptíveis de suscitar incertezas em relação à validade de técnicas actualmente utilizadas pelos mercados, tais como a compensação bilateral com vencimento antecipado, a prestação de garantias adicionais sob forma de garantias complementares e as substituições de garantias" (considerando 5, *in fine*)[10].

Por outro lado, a própria limitação inicial do âmbito subjectivo da Directiva, que não contemplava a extensão que o artigo 1.º, n.º 2, al. *e*), veio permitir, restringia fortemente o seu campo de aplicação.

Efectivamente tanto o beneficiário como o prestador da garantia teriam que ser uma autoridade pública, um banco central ou uma instituição financeira sob supervisão prudencial (onde se incluíam os intermediários financeiros, artigo 293.º e artigo 289.º, n.º 2, CVM).

Abria-se só ligeiramente a porta às pessoas colectivas de outra natureza, mas colocavam-se fortíssimos limites de carácter patrimonial. Efec-

---

[5] Principalmente os mercados de valores mobiliários e os mercados monetários. Ver considerandos 3,5, 12,14. Quanto às diversas classificações dos mercados "que correspondem ao exercício das actividades financeiras", AUGUSTO DE ATHAYDE e outros, *Curso de direito bancário*, vol. I, Coimbra Editora, Coimbra, 1999, pp. 13, ss.. Ver também: CARLOS COSTA PINA, *Instituições e mercados financeiros*, Almedina, Coimbra, 2005, p. 207; ARNALDO COSTA NEVES, *Os objectivos e os instrumentos de política monetária do Eurosistema*, in Estudos jurídicos e económicos em homenagem ao Prof. Doutor António de Sousa Franco, Faculdade de Direito da Universidade de Lisboa, Coimbra Editora, 2006, p. 363, nota 92.

[6] Ver o considerando 1 e o considerando 4 da Directiva 2002747/CE do Parlamento e do Conselho de 6/6/2002.

[7] ROBERTA MARINO, *La disciplina delle garanzie finanziarie. Profili innovativi*, Edizioni scientifiche italiane, Nápoles, 2006, p. 21, pp. 133, ss..

[8] Aliás, como sublinhava AMADEU FERREIRA (*Sistemas de pagamentos e falência*, cit., 43), o risco sistémico funcionava na Directiva 98/26/CE como "a grande razão de fundo que justifica as disposições excepcionais preconizadas".

[9] Cfr. F. ANNUNZIATA, Verso *una disciplina comune delle garanzie finanziarie. Dalla convenzione dell'Aja alla Collateral Directive (Direttiva 2002/47/CE)*, cit., p. 181; R. MARINO, *La disciplina delle garanzie finanziarie. Profili innovativi*, cit., pp. 167-168.

[10] E no considerando 16: "Deve ser preservada (…) a boa prática dos mercados financeiros, que merece o apoio das autoridades de regulamentação…".

tivamente, a pessoa colectiva teria que ter cujos capitais próprios que excedessem 100 milhões de euros ou cujos activos brutos excedessem 1000 milhões de euros no momento em que o objecto da garantia financeira fosse efectivamente entregue, de acordo com as últimas contas então publicadas, desde que essa publicação não tivesse ocorrido há mais de dois anos[11]. Nas palavras da Comissão, visavam-se "as grandes sociedades definidas em função de certos limiares"[12].

Só a estas, para além das entidades sujeitas a supervisão, com especial relevo para os bancos, mas nas relações entre os entes elencados na proposta (p. ex., relações banco/banco, ou banco/sociedade que preenchesse os referidos requisitos patrimoniais) se aplicava a essa disciplina. Não a outras pessoas colectivas, em particular sociedades comerciais mais pequenas, mesmo nas relações com os bancos.

Ora foi a alargamento deste âmbito subjectivo a uma pessoa colectiva [desde que, note-se, a outra parte seja uma instituição tal como definida nas alíneas a) a d) do n.º 2 do artigo 1.º da Directiva – aspecto relevante na solução de *compromisso* a que se chegou[13]] independentemente de limitações (e eram grandes, como se viu) de carácter patrimonial[14] que ampliou de sobremaneira o campo de aplicação destas garantias e a sua peculiar disciplina[15]. Passaram desta forma a representar "um

---

[11] Artigo 2.º n.º 4 al. c) da Proposta de Directiva do Parlamento Europeu e do Conselho relativa aos acordos de garantia financeira.

[12] Comunicação da Comissão ao Parlamento Europeu nos termos do n.º 2, segundo parágrafo, do artigo 251.º do Tratado CE respeitante à Posição comum adoptada pelo Conselho tendo em vista a adopção de uma Directiva do Parlamento Europeu e do Conselho relativa aos acordos de garantia financeira/SEC/2002/0278 final – COD 2001/008.

[13] A alteração do âmbito subjectivo resultou de modificações do Conselho, na sequência de proposta do Parlamento Europeu, à proposta de Directiva da Comissão. Cfr. Posição Comum (CE) n.º 32/2002 adoptada pelo Conselho em 5 de Março de 2002 (2002/C 1199 E/03).

[14] Conferindo-se aos Estados-membros, é certo, o direito de afastarem este alargamento (o *opt-out*). No entanto, a grande maioria, até, ou principalmente, por questões ligadas à concorrência entre ordenamentos no seio da União Europeia, como se disse em texto, acabou por não recorrer (ou só o fez de forma parcial, como, p. ex., a Alemanha) a essa limitação. Quanto à "«concorrência» de Direitos", ver M.ª João Vaz Tomé/D. Leite de Campos, *A propriedade fiduciária (trust). Estudo para a sua consagração no direito português*, Almedina, Coimbra, 1999, pp. 317, ss.. Este é um aspecto central na transposição das Directivas comunitárias e está, cada vez mais, e não só nesse âmbito – e também não só no domínio fiscal, onde tem mais visibilidade – na ordem do dia.

[15] A Directiva foi transposta para os ordenamentos jurídicos mais próximos. Assim, na Alemanha a transposição operou-se através de alterações à *Kreditwesengesetz* (KWG),

o BGB, a InsO e outras leis pela *Gesetz zur Umsetzung der Richtlinie 2002/47/EG vom 6. Juni 2002 über Finanzsicherheiten und zur Änderung des Hypothekenbankgesetzes und anderer Gesetze* de 9 de Abril de 2004. Cfr. LUCAS FLÖTHER/GREGOR BRÄUER, *Die Umsetzung der Finanzsicherheiten-Richlinie (RL 2002747/EG)*, DZWir, 2004, pp. 89, ss.; KATHARINA KOLLMANN, *Zur Umsetzung der Richtlinie 2002/47/EG vom 6. Juni 2002 über Finanzsicherheiten in das deutsche Recht*, WM, 2004, pp. 1012, ss.. Em Itália, a transposição foi realizada pelo *Decreto Legislativo 21 maggio 2004*, n. 170 (GU n.º 164 del 15/07//2004). Sobre este, ver: GIANLUCA SARDO, *La disciplina del contratto di garanzia finanziaria: appunti sul D.Lgs. 21 maggio 2004, n. 170*, I Contratti, 2005, pp. 617, ss.. Em França, a transposição da Directiva realizou-se pela *Ordonnance n.º 2005-171 du 24 féverier 2005*, que alterou o *Code monetaire et financier*. Para o comentário destas alterações, ver o *Rapport au Président de la République relatif à l'ordonnance n.º 2005-171 du 24 février 2005 simplifiant les procédures de constitution et de réasilation des contrats de garantie financiére* (in www.admi.net/jo/20050225/ECOX0400308P.html). Ver ainda MICHEL CABRILLAC/CHRISTIAN MOULY/SÉVERINE CABRILLAC/PHILIPPE PÉTEL, *Droit des Sûretés*, Litec, Paris, 2007, p. 541. Por fim, no Reino Unido, a transposição operou-se pelo *Financial Collateral Arrengements (No. 2) Regulations 2003* (in www.opsi.gov.uk/si/si2003/20033226.hmt.), de 10/12/2003, e em Espanha pelo *Real Decreto Ley 5/2005*, de 11/3.

Duas palavras sobre os modelos seguidos para a transposição da Directiva.

A Itália, tal como Portugal (ou vice versa), transpôs a Directiva através de um diploma próprio, o já referido *Decreto Legislativo 21 maggio* 2004, n. 170. A transposição segue de perto os termos da Directiva. Também foram consagradas as seguintes modalidades de contratos de garantia financeira: o contrato de penhor e a de cessão de crédito ou transmissão da propriedade em garantia. Distinguiu-se no âmbito das alienações em garantia entre os créditos e outros bens. Objecto da garantia é de numerário ou de instrumentos financeiros [denominados *attività finanziarie* – artigo 1.º, n.º 1, al. c)] com função de garantia. As obrigações financeiras garantidas são "o pagamento de uma soma de dinheiro" ou a entrega de instrumentos financeiros [artigo 1.º, n.º 1, al. o)].

Pelo contrário, na Alemanha não se seguiu este caminho, mas outro mais complexo. O legislador alterou a KWG (*Kreditwesengesetz*), a InsO, o BGB e a DepotG. A noção de contratos de garantia financeira consta do § 1, n.º 17, da KGW. Mas essa noção só vale para delimitar os contratos de garantia financeira para efeitos de lei da insolvência. Esta noção não se aplica às alterações introduzidas pela lei no BGB e na DepotG. De acordo com ela, são garantias financeiras aquelas que assumindo a modalidade da constituição de um direito real de garantia ou de uma transmissão da titularidade sobre determinados objectos como numerário ou valores mobiliários sejam concluídos entre dois sujeitos que pertençam às categorias previstas no artigo 1.º, n.º 2, alíneas a) a e) da Directiva 2002//47/CE. Neste último caso, quando um dos sujeitos pertença à alínea e) estabelece-se depois uma restrição, traduzida na necessidade de se destinarem a tutelar certas obrigações. Nos outros casos, as obrigações garantidas não constam da definição.

Como se disse, foram introduzidas diversas alterações na InsO. Optou-se por uma transposição mínima neste ponto por se entender que a lei alemã da insolvência já adop-

momento importante no processo de edificação do «direito privado europeu»"[16].

III. O estudo que se segue visa uma análise destas figuras que se tornaram rapidamente da maior relevância no seio das garantias bancárias. É que são os bancos que a elas recorrem, tanto nas relações entre eles, como mesmo na concessão de crédito às sociedades comerciais. A sua agilidade e a "imunização" insolvencial, tornam-nas mecanismos de "primeira água" para tutelar o credor.

A solução de compromisso, no que toca ao âmbito subjectivo, a que acima se aludiu, levou a este resultado. São este tipo de relações (banca//sociedades comerciais) que teremos principalmente em conta nas páginas que se seguem. Trata-se, desta forma, de um estudo de direito bancário material[17-18].

IV. No percurso a seguir, começaremos pelos requisitos de aplicação da disciplina, para depois passarmos à disciplina em si, tanto do penhor financeiro como da alienação fiduciária em garantia. Particular relevo e

---

tava os mecanismos básicos para os fins visados pela Directiva. As disposições alteradas foram as seguintes: § 21 n.º 2, 2; § 81 n.º 3, 3; § 96 n.º; § 104; § 130 n.º 1; § 166; § 223; § 340 n.º 3.

No BGB foram alterados os §§ 1279 e 1295 e introduzido um novo § 1259 (o *Gewerblichen Pfandes*). Cfr. K. KOLLMANN, *Zur Umsetzung der Richtlinie 2002/47/EG vom 6. Juni 2002 über Finanzsicherheiten in das deutsche Recht*, cit., pp. 1013, ss.. Quanto ao projecto e justificação das alterações, ver KLAUS WIMMER, *Einfuhrung ao Entwurf eines Gesetzes zur Umsetzung der Finanzsicherheiten-Richtlinie*, ZIP, 2003, pp. 1563, ss. (e pp. 1566, ss., para a transcrição do projecto em si).

[16] F. ANNUNZIATA, *Verso una disciplina comune delle garanzie finanziarie. Dalla convenzione dell'Aja alla Collateral Directive (Direttiva 2002/47/CE)*, cit., p. 193.

[17] Repare-se que A. MENEZES CORDEIRO trata estas figuras justamente no seu *Manual de direito bancário*, na parte de Direito bancário material, mais precisamente no seio das garantias bancárias. Por sua vez J. CALVÃO DA SILVA aborda esta matéria de forma mais abrangente na parte geral da *Banca, bolsa e seguros. Direito europeu e português*, tomo I.

[18] Não significa isto, longe disso, que se menospreze a importância desta unificação no que toca aos mercados financeiros de grandes transacções. Para estes em que as transacções são muito frequentemente transfronteiras a existência desta disciplina mínima uniforme, em particular, a "imunização" insolvencial, é da maior importância. Foi mesmo este o catalizador da sua criação. Simplesmente, o aspecto que estamos agora a focar é o seu uso em termos estritamente interno (que, como vimos, o âmbito subjectivo que foi adoptado na Directiva permite) nas relações entre os bancos e as sociedades comerciais.

destaque merecerá o seu regime insolvencial. Este será depois comparado com a disciplina geral de cada uma destas figuras na insolvência.

2. Os requisitos

Para estarmos perante contratos de garantia financeira, para efeitos do Decreto-Lei n.º 105/2004, de 8/5, é necessário que se preencha um conjunto de requisitos previstos nos artigos 3.º a 7.º (artigo 2.º, n.º 1, do Decreto-Lei n.º 105/2004, de 8/5): quanto aos sujeitos (artigo 3.º), à obrigação garantida (artigo 4.º), ao objecto da garantia (artigo 5.º), à necessidade do objecto ser efectivamente prestado (artigo 6.º) e à susceptibilidade de prova por documento escrito (artigo 7.º). Vejamo-los então.

2.1. *Os sujeitos*

I. No que diz respeito aos sujeitos, é necessário que o garante e o garantido (respectivamente, o prestador da garantia e o beneficiário nos termos da lei – o autor do penhor e o credor pignoratício ou o alienante em garantia e o adquirente em garantia) pertençam a uma das categorias do elenco deste mesmo artigo. Assim, de uma forma resumida, referindo só algumas, temos as entidades públicas [al. *a*) do artigo 3.º do Decreto-Lei n.º 105/2004, de 8/5], o Banco de Portugal, outros bancos centrais, o Banco Central Europeu [al. *b*) do artigo 3.º do Decreto-Lei n.º 105/2004, de 8/5], instituições sujeitas a supervisão prudencial, incluindo as instituições de crédito [als. *c*) e *i*) do artigo 3.º do Decreto-Lei n.º 105/2004, de 8/5].

Pode, no entanto, um dos contraentes ser simplesmente uma pessoa colectiva, diversa das anteriormente referidas [alíneas *a*) a *d*) do n.º 1 do artigo 3.º do Decreto-Lei n.º 105/2004, de 8/5], desde que o outro contraente pertença a uma das categorias referidas nas alíneas *a*) a *d*)[19] [al. *f*) do artigo 3.º do Decreto-Lei n.º 105/2004, de 8/5]. Com efeito, o Estado português decidiu não excluir do âmbito de aplicação do diploma (como podia – artigo 1.º, n.º 3, da Directiva 2002/47/CE) esses contratos[20].

---

[19] Para a interpretação da alínea e) do n.º 1 do artigo 3.º e a razão da sua existência, ver A. MENEZES CORDEIRO, *Manual de direito bancário*, cit., pp. 616-617.

[20] Poderíamos dividir essencialmente os Estados em três categorias quanto a a este aspecto. Alguns Estados, como Portugal e Itália decidiram simplesmente não o exercer. Outros Estados, como o Reino Unido, além de não o terem exercido por razões com-

2.2. As obrigações financeiras garantidas

I. São obrigações financeiras garantidas aquelas que tenham por objecto uma liquidação em numerário ou na entrega de instrumentos financeiros (artigo 4.º do Decreto-Lei n.º 105/2004, de 8/5). A obrigação de entrega de instrumentos financeiros poderá verificar-se no empréstimo de valores mobiliários, artigos 291.º e 350.º CVM.

Liquidação em numerário significa aqui o cumprimento de uma obrigação pecuniária[21], portanto um pagamento em dinheiro.

petitivas (como diz o Tesouro britânico no documento justificativo da transposição da Directiva: "We have sought to promote further flexibility in the use of financial collateral arrangements in order to assist the competitive position of London as an internacional financial market" – HM Treasury, *Implementation of the directive on financial collateral arrangements*, London, July, 2003, p. 8 consultado em www.hm-treasury-gov.uk) alargaram ainda o âmbito de aplicação desta disciplina; na verdade, só foram excluídas as pessoas singulares. As outras (nos termos da lei, as *non natural persons*) estarão abrangidos mesmo nas relações exclusivamente entre elas e não necessariamente com um dos sujeitos das alíneas a) a d) do n.º 2 do artigo 1.º da Directiva – cfr. *Part I, 3, Financial Collateral Arrangements (No. 2) Regulations 2003*. Portanto, podem perfeitamente ser duas sociedades comerciais ou outras pessoas colectivas [diversas das previstas nas alíneas a) a d) do n.º 2 do artigo 1.º da Directiva] nas relações entre elas. As próprias obrigações garantidas, aliás, foram também alargadas.

Outros, por fim, recorreram a uma solução de compromisso, o *opt-out* parcial (*Teil opt-out*). Foi o que sucedeu com a Alemanha. Com efeito, ao contrário do que chegou a estar proposto (no *Diskussionentwurf*), a lei alemã não excluiu do âmbito de aplicação das garantias financeiras os entes colectivos referidos na alínea e) do n.º 2 do artigo 1.º da Directiva. Fê-lo porque se constatou que a maioria dos outros Estados membros também não tinham recorrido a ela e portanto não se quis prejudicar os prestadores de serviços financeiros alemães nem a posição competitiva das empresas alemãs no que toca ao acesso ao crédito. Cfr. K. KOLLMANN, *Zur Umsetzung der Richtlinie 2002/47/EG vom 6. Juni 2002 über Finanzsicherheiten in das deutsche Recht*, cit., p. 1012. Contudo, limitou as obrigações que podem desta forma ser garantidas. Com efeito, se o garante for daqueles previstos no artigo 1.º n.º 2 al. *e*) da Directiva, só estaremos face a um contrato de garantia financeira quando a obrigação garantida decorra de certos contratos (ou da intermediação desses contratos) previstos nessa disposição, como, p. ex., de aquisição ou alienação de instrumentos financeiros, empréstimo de instrumentos financeiros ou empréstimo para o financiamento da aquisição de instrumentos financeiro [§ 1, n.º 17, KWG]. Pretendeu-se atender aqui àquelas transacções que, na prática, eram asseguradas com estas modalidades de garantias. Cfr. K. KOLLMANN, *Zur Umsetzung der Richtlinie 2002/47/EG vom 6. Juni 2002 über Finanzsicherheiten in das deutsche Recht*, cit., pp. 1014, ss., p. 1016.

[21] Na transposição italiana da Directiva, em vez de se falar numa liquidação em numerário, diz-se mesmo obrigação pecuniária – artigo 1.º, al. o), do *Decreto Legislativo 21 maggio 2004, n. 170*.

As obrigações garantidas podem ser futuras ou condicionais do devedor ou de terceiro[22].

2.3. *O objecto da garantia financeira*

I. Para estarmos perante garantias financeiras, estas têm que ter por objecto "numerário" (que consiste em determinados créditos pecuniários) ou "instrumentos financeiros", respectivamente definidos nas alíneas *a*) e *b*) do artigo 5.º do Decreto-Lei n.º 105/2004, de 8/5.

II. Por "instrumentos financeiros" entendem-se valores mobiliários, instrumentos do mercado monetário e créditos ou direitos relativos a quaisquer dos instrumentos financeiros referidos [artigo 5.º al. *b*) do Decreto-Lei n.º 105/2004, de 8/5][23].

III. O numerário refere-se ao crédito "ao saldo disponível de uma conta bancária (denominada em qualquer moeda)", "ou créditos similares que confiram direito à restituição de dinheiro, tais como depósitos no mercado monetário" [artigo 5.º, al. *a*), do Decreto-Lei n.º 105/2004, de 8/5].

Há aqui uma certa limitação do âmbito de aplicação objectivo desta disciplina. Tratam-se aqui de créditos. Mas de uma modalidade restrita de créditos. Vejamos pois.

Procurando retirar desta noção as características que estes créditos devem revestir, começamos por apontar que o seu devedor será sempre um banco. Por outro lado, são créditos decorrentes de depósitos à ordem. É isso que se resulta de "saldo disponível de uma conta bancária", ou "outros similares", portanto com idênticas características, que "confiram direito à restituição de dinheiro".

---

[22] Artigo 2.º, n.º 1, al. f), (i) (ii), da Directiva. Neste aspecto não foi transposta a Directiva porque na verdade não era necessário, como sublinha J. CALVÃO DA SILVA, *Banca, bolsa e seguros. Direito europeu e português*, tomo I, *parte geral*, cit., p. 217.

[23] Podem ser objecto de garantia financeira as acções próprias do garante, assim como as acções em sociedades associadas (na acepção da Directiva 83/349/CEE relativa às contas consolidadas), bem como as acções em sociedades cujo objectivo exclusivo consista em ser titular de meios de produção essenciais para a actividade empresarial do prestador da garantia ou de bens imóveis [artigo 1.º, n.º 4, al. b), da Directiva]. De facto, a lei nacional decidiu, também neste ponto, não seguir o *opt-out* que a Directiva, a este propósito, admitia.

Tratam-se por isso de créditos dotados de grande liquidez, uma vez que o credor a qualquer momento pode exigir a entrega das quantias seu objecto, e de grande segurança, atendendo à pessoa do devedor. Nessa medida, o seu valor económico, de troca, será idêntico ao seu valor nominal. Eles substituem aqui o dinheiro, o numerário propriamente dito, sendo o seu equivalente económico. A sua transferência equivale praticamente à transmissão do dinheiro, seu objecto.

Repare-se que, no que diz respeito ao objecto da garantia financeira, a Comissão na proposta de Directiva apresentada[24] definia-o como "numerário em qualquer moeda" [artigo 3.º n.º 1 al. g)]. Mais tarde, a disposição foi alterada para excluir as notas de banco (considerando 18 da Directiva 2002/47/CE). Mas a intenção, como se vê, manteve-se.

Por essa razão, encontram-se fora do âmbito de aplicação do diploma os créditos que não revistam esses requisitos[25]. Como sucede com aqueles que resultem de contratos de compra e venda, empreitada ou de prestação de serviços em geral. Não conferem direito a uma "restituição de dinheiro". Conferem, sim, direito ao pagamento do preço de um bem comprado, de uma obra realizada, à retribuição de um serviço prestado.

Acresce que a sua contraparte não será (pelo menos em regra) um banco e o seu valor económico depende sempre da pessoa do devedor e das garantias de que o crédito beneficie. Terá que se apurar em concreto, sendo geralmente inferior ao seu valor nominal[26].

---

[24] POM/2001/01618 final, in JO C 180 E de 26/6/2001.

[25] A Comissão [Relatório da Comissão ao Conselho e ao Parlamento Europeu, Relatório de avaliação sobre a Directiva 2002/47/CE relativa aos acordos de garantia financeira, de 22/12/2006 COM (2006) 833 final] vem propor, recentemente, o alargamento do objecto das garantias, com a inclusão aqui de créditos [melhor seria dizer, de outros créditos, uma vez que os créditos já estão previstos no artigo 2.º, n.º 1. al. d) da Directiva]. Da análise do relatório parece decorrer, uma vez que não é inteiramente claro, que o que se visa essencialmente são os créditos dos bancos decorrentes de empréstimos realizados aos clientes. Seria uma forma mais simples de "mobilizar" estes créditos sem ter que se recorrer à titularização.

[26] É assim claro que não estão abrangidas pela disciplina da garantia financeira, aquelas que na Alemanha são as garantias clássicas do crédito: as cessões de créditos em garantia (créditos esses decorrentes de uma venda ou prestação de serviços), denominadas *Sicherungsabtretungen*, e as alienações de móveis corpóreos da empresa em garantia, isto é, as *Sicherungsübereignungen*. Cfr. L. FLÖTHER/G. BRÄUER, *Die Umsetzung der Finanzsicherheiten-Richlinie (RL 2002747/EG)*, cit., p. 91. Para essas alienações em garantia mantém-se o regime geral, e não esta disciplina particular.

Temos assim que a garantia financeira na modalidade de penhor quando tenha por objecto numerário, consiste, efectivamente, num penhor de crédito [*rectius*, de certos créditos: aqueles que resultam do artigo 5.º, al. *a*), do Decreto-Lei n.º 105/2004, de 8/5].

2.4. *O objecto ser efectivamente prestado*

I. Exige-se igualmente, para estarmos dentro do âmbito de aplicação do diploma, que o objecto seja "efectivamente prestado" (artigo 6.º, n.º 1, do Decreto-Lei n.º 105/2004, de 8/5).

A lei impõe aqui o desapossamento (entendido em sentido amplo[27])[28]. Com efeito, torna-se necessário que o objecto da garantia financeira seja entregue, transferido, registado, ou que de outro modo se encontre na posse ou sob o controlo do beneficiário da garantia ou de uma pessoa que actue em nome deste, incluindo a composse ou o controlo conjunto com o proprietário (artigo 6.º n.º 2 do Decreto-Lei n.º 105/2004, de 8/5).

2.5. *A susceptibilidade de prova por documento escrito*

I. Finalmente, o diploma aplica-se aos contratos de garantia financeira e às garantias financeiras cuja "celebração e prestação sejam susceptíveis de prova por documento escrito", sendo que o registo em suporte electrónico ou em outro suporte duradouro equivalente cumpre a exigência de prova por documento escrito (artigo 7.º, n.ºs 1 e 2, do Decreto-Lei n.º 105/2004, de 8/5).

---

[27] O desapossamento não deve ser visto em "termos rigorosamente técnicos", como aponta A. MENEZES CORDEIRO, (*Manual de direito bancário*, cit., p. 621), uma vez que não se trata, na maior parte das vezes, de coisas corpóreas. O "essencial", como sublinha este Autor (*ob. últ. cit.*, p. 622), é que o "objecto da garantia fique no controlo do beneficiário da garantia".

Sublinhando tratar-se de uma noção simplesmente funcional, em que o que releva é que "a disponibilidade da garantia seja subtraída ao devedor", F. ANNUNZIATA, *Verso una disciplina comune delle garanzie finanziarie. Dalla convenzione dell'Aja alla Collateral Directive (Direttiva 2002/47/CE)*, cit., p. 205.

[28] Por isso J. CALVÃO DA SILVA (*Banca, bolsa e seguros. Direito europeu e português*, tomo I, *parte geral*, cit., p. 218) entende estar-se aqui perante um contrato real *quoad constitutionem*. No que diz respeito à forma em si, entende que o contrato é consensual.

II. No que diz respeito à celebração, e seguindo a interpretação de Menezes Cordeiro[29], o contrato que tem que ser celebrado por escrito ou "via equivalente", como os referidos suporte electrónico ou outro suporte duradouro equivalente. Não se trata pois de uma forma *ad probationem*, como a letra da lei inculca.

III. Já quanto à prova da prestação da garantia financeira em si, ela deve ser realizada por escrito ou, de forma paralela, por meio de "via equivalente", mas de maneira a permitir identificar o objecto da garantia financeira (artigo 7.º, n.ºs 3 e 4, do Decreto-Lei n.º 105/2004, de 8/5).

IV. Para além do que foi dito quanto ao contrato e à prova da prestação da garantia financeira, dispõe o artigo 8.º, n.º 1, do Decreto-Lei n.º 105/2004, de 8/5, que "a eficácia ou a admissibilidade como prova de um contrato de garantia financeira e da prestação de uma qualquer garantia financeira não dependem da realização de qualquer acto formal."

No que toca já à execução da garantia, dispõem-se igualmente que, salvo convenção em contrário das partes, a sua execução pelo credor não está sujeita a nenhum requisito, "nomeadamente a notificação prévia ao prestador da garantia da intenção de proceder à execução" (artigo 8.º, n.º 2, do Decreto-Lei n.º 105/2004, de 8/5).

3. Modalidades

3.1. *Penhor financeiro*

3.1.1. *O regime geral*

I. A disciplina do penhor financeiro tem inúmeras particularidades face ao regime geral do penhor, das quais destacávamos: a possibilidade de o credor dispor do objecto; as regras relativas à sua restituição, se tiver disposto dele; a execução da garantia; e, por fim, as disposições insolvenciais. Passamos a ver cada um destes aspectos, deixando a disciplina insolvencial para um número autónomo.

II. As partes podem convencionar a atribuição ao credor pignoratício, o beneficiário da garantia, nos termos da lei, do direito de dispor do

---

[29] A. MENEZES CORDEIRO, *Manual de direito bancário*, cit., pp. 622-623.

objecto desta (artigo 9.º, n.º 1, do Decreto-Lei n.º 105/2004, de 8/5), ou seja, de o alienar ou onerar, nos termos negocialmente previstos, "como se fosse seu proprietário" (artigo 9.º, n.º 2, do Decreto-Lei n.º 105/2004, de 8/5, – melhor teria ido o legislador se tivesse dito titular em lugar de proprietário, uma vez que o objecto do penhor são na maior parte das vezes direitos, nomeadamente de crédito), com as consequências previstas no artigo 10.º do Decreto-Lei n.º 105/2004, de 8/5.

O exercício do direito de disposição depende, relativamente aos valores mobiliários escriturais, de menção no respectivo registo de conta, e, quanto aos valores mobiliários titulados, de menção na conta de depósito (artigo 9.º, n.º 3, do Decreto-Lei n.º 105/2004, de 8/5).

A pactuição deste direito apresenta vantagens para ambas as partes. O credor poderá recorrer a esse bem para, dentro do período de tempo balizado pela data de vencimento da obrigação garantida, o usar, transformando-o em liquidez através de uma venda, ou, eventualmente, dando-o em garantia (no que consiste numa outra forma de mais facilmente obter essa mesma liquidez). O autor do penhor, em geral, cobrará uma quantia como contrapartida da atribuição desse direito, e portanto dessa vantagem, à outra parte, ou então conseguirá condições de concessão de crédito mais favoráveis[30].

No que toca aos próprios mercados em si, o exercício do direito em questão aumenta a sua liquidez, uma vez que permite a reutilização dos valores mobiliários[31].

III. Conferido esse direito, se o credor pignoratício o exercer, terá "até à data convencionada para o cumprimento das obrigações financeiras garantidas" (artigo 10.º, n.º 1, do Decreto-Lei n.º 105/2004, de 8/5) que transferir[32] uma garantia equivalente que substitua a garantia financeira original. Assim procedendo, o objecto equivalente "substitui, para todos os efeitos, a garantia financeira original e considera-se como tendo sido

---

[30] Cfr. R. MARINO, *La disciplina delle garanzie finanziarie. Profili innovativi*, cit., p. 202.

[31] F. ANNUNZIATA, *Verso una disciplina comune delle garanzie finanziarie. Dalla convenzione dell'Aja alla Collateral Directive (Direttiva 2002/47/CE)*, cit., p. 209. E considerando 19 da Directiva 2002/47/CE.

[32] A lei nacional no artigo 10.º, n.º 1, diz restituir, mas a Directiva, correctamente, como aliás decorre da restante exposição do mecanismo criado em texto, refere-se a uma transferência (artigo 5.º, n.º 2) e não uma restituição ("to transfer" na versão inglesa).

prestado no momento da prestação desta" (artigo 10.°, n.° 3, do Decreto-Lei n.° 105/2004, de 8/5). Por seu lado, os direitos que o credor (o beneficiário) "tenha ao abrigo do penhor financeiro relativamente à garantia financeira original mantêm-se relativamente ao objecto equivalente" (artigo 10.°, n.° 4, do Decreto-Lei n.° 105/2004, de 8/5). A lei define o que considera ser objecto equivalente: artigo 13.° do Decreto-Lei n.° 105//2004, de 8/5.

Portanto, e em suma, retransmitido um objecto equivalente, tudo se passa como se estivesse face ao objecto inicial do penhor.

IV. Alternativamente, mas só se o contrato de penhor o previr, cumprindo o prestador da garantia, o credor poderá entregar-lhe uma quantia em dinheiro correspondente ao valor que o objecto da garantia tem no momento do vencimento da obrigação de restituição, nos termos acordados pelas partes e segundo critérios comerciais razoáveis [artigo 10.°, n.° 1, al. *b*), do Decreto-Lei n.° 105/2004, de 8/5].

No fundo, permite-se a entrega do valor do objecto dado em penhor em vez deste, rodeando-se a avaliação desse bem de cuidados destinados a proteger o autor do penhor.

V. Ainda em alternativa a qualquer das vias anteriores, e sempre que o contrato de penhor o preveja, permite-se ao credor pignoratício (o beneficiário) recorrer à compensação, sendo o crédito do prestador da garantia, ou seja, do autor do penhor, avaliado nos termos acordados pelas partes e segundo critérios comerciais razoáveis [artigo 10.°, n.° 1, al. *c*), do Decreto-Lei n.° 105/2004, de 8/5]. Nesta hipótese, no fundo, feita a avaliação do crédito do prestador da garantia (o devedor/garante), vencendo-se a obrigação garantida não há cumprimento por parte do devedor, mas o credor/garantido/beneficiário opera a compensação[33].

VI. Note-se que as partes podem convencionar o vencimento antecipado da obrigação de restituição do credor pignoratício e o cumprimento da mesma por compensação, com o crédito da outra parte contratual, se ocorrer um facto que desencadeie a execução (artigo 12.°, n.° 1, do Decreto-Lei n.° 105/2004, de 8/5). Considera-se ser um facto que desenca-

---

[33] Nos termos do n.° 2 do artigo 10.°, o disposto no n.° 1 do mesmo artigo não é prejudicado pelo cumprimento antecipado das obrigações financeiras garantidas.

deia a execução o não cumprimento do contrato ou "qualquer outro facto a que as partes atribuem efeito análogo." (artigo 12.º, n.º 2, do Decreto--Lei n.º 105/2004, de 8/5).
É o *close-out netting*[34]. Esta figura, que é adoptada pela prática dos mercados financeiros, permite que logo que se verifique determinado facto, como a insolvência, o incumprimento (eventualmente de um diferente contrato entre os mesmos sujeitos), ou outro acordado pelas partes[35], se "acelere o contrato" através do vencimento antecipado da obrigação de restituição e extinção de ambos os créditos por compensação. Resta depois um montante que é geralmente favorável ao prestador da garantia por o objecto desta, devido à margem de segurança do credor, ter um valor superior ao do crédito assegurado[36].

VII. Permite-se que o credor pignoratício proceda à execução da garantia, "fazendo seus os instrumentos financeiros dados em garantia" (artigo 11.º, n.º 1, do Decreto-Lei n.º 105/2004, de 8/5), mas nos termos do pacto marciano e não do pacto comissório (que não é aqui minimamente afastado; bem pelo contrário), como o legislador proclama no preâmbulo do diploma (e na epígrafe do artigo 11.º).
Para o efeito, é necessário que tenha havido acordo nesse sentido pelas partes [artigo 11.º, al. *a*), do Decreto-Lei n.º 105/2004, de 8/5].

---

[34] Ver para o *close-out netting*: ANDREA PERRONE, *Gli accordi di close-out netting*, BBTC, 1998, pp. 51, ss.; F. ANNUNZIATA, *Verso una disciplina comune delle garanzie finanziarie. Dalla convenzione dell'Aja alla Collateral Directive (Direttiva 2002/47/CE)*, cit., pp. 209, ss.; E. MASTROPAOLO, *La nuova normativa europea sui contratti di garanzia finanziaria (direttiva 2002/47/CE del 6 giugno 2002)*, cit., pp. 531, ss.; D. LOIACONO/A. CALVI/A. BELTRANI, *Il transferimento in funzione di garanzia tra pegno irregulare, riporto e diritto di utilizzazione*, cit., pp. 65, ss.; G. SARDO, *La disciplina del contratto di garanzia finanziaria: appunti sul D.Lgs. 21 maggio 2004, n. 170*, cit., pp. 621, ss.; R. MARINO, *La disciplina delle garanzie finanziarie. Profili innovativi*, cit., pp. 203, ss.; J. H. DALHUISEN, *Dalhuisen on transnational and comparative commercial, financial and trade law*, 3.ª ed., Hart publishing, Oxford, Portland, 2007, p. 495. O *close-out netting* é apenas uma modalidade de *netting*. Este é uma noção mais ampla e nem sempre opera por compensação. Cfr. J. H. DALHUISEN, *Dalhuisen on transnational and comparative commercial, financial and trade law*, cit., pp. 486, ss..

[35] Que pode ser mesmo uma deterioração do *rating* do devedor, cfr. F. ANNUNZIATA, *Verso una disciplina comune delle garanzie finanziarie. Dalla convenzione dell'Aja alla Collateral Directive (Direttiva 2002/47/CE)*, cit., p. 210.

[36] Estamos a analisar uma operação isolada. Pode não ser assim, se houver um conjunto de operações garantidas entre as partes.

Mais: estas terão que ter acordado quanto à avaliação dos instrumentos financeiros [artigo 11.°, al. b), do Decreto-Lei n.° 105/2004, de 8/5]. Este acordo não prejudica "qualquer obrigação legal de proceder à realização ou avaliação da garantia financeira e ao cálculo das obrigações financeiras garantidas de acordo com critérios comerciais razoáveis." (artigo 11.°, n.° 3, do Decreto-Lei n.° 105/2004, de 8/5). A necessidade de se socorrerem as partes de critérios comerciais razoáveis, noção retirada do Direito dos Estados Unidos[37], permite um controlo externo por parte do juiz, se for caso disso, dos critérios fixados a esta luz[38].

Por fim, o credor pignoratício que proceda desta forma fica obrigado a restituir ao autor do penhor o montante que corresponde à diferença entre o valor do objecto da garantia, determinado nos termos apontados, e o "montante das obrigações financeiras garantidas" (artigo 11.°, n.° 2, do Decreto-Lei n.° 105/2004, de 8/5).

3.1.2. O regime insolvencial específico

I. A lei afastou os contratos de garantia financeira, penhor incluído, do regime geral da insolvência (artigo 16.°, n.° 2, CIRE), estabelecendo aqui regras próprias, fortemente protectoras do credor.

Essa disciplina particular diz respeito, tanto à faculdade (*rectius*, ao seu afastamento) de o administrador resolver estes contratos num determinado período anterior à abertura do processo de liquidação, como ao regime destes negócios em curso e os poderes do administrador relativamente ao cumprimento dos mesmos após a abertura do processo de liquidação[39]. Vamos ver cada um destes aspectos em separado.

---

[37] É uma tradução de "in a commercially reasonable manner", consagrado no Artigo 9 do *Uniform Commercial Code* (UCC). Cfr. CHARLES W. MOONEY, Jr., *Security interests in personal property under the Laws of the United States of America and Canada*, in Mobiliarsicherheiten – Vielfalt oder Einheit?, Verhandlungen der Fachgruppe für vergleichendes Handels- und Wirtschaftsrecht anläßlich der Tagung der Gesellschaft für Rechtsvergleichung in Jena vom 20.-22. März 1996 (coord. por Karl F. Kreuzer), Nomos Verlagsgesellschaft, Baden Baden, 1999, p. 98.

[38] Considerando 17 da Directiva.

[39] Em texto referimo-nos, somente, à insolvência. A lei pretende imunizar, de forma paralela, estes contratos das "medidas de saneamento", ou seja, nos termos legais, aquelas "que implicam a intervenção de uma autoridade administrativa ou judicial e destinadas a preservar ou restabelecer a situação financeira e que afectam os direitos preexistentes de terceiros, incluindo, nomeadamente, as medidas que envolvem suspensão de pagamentos, uma suspensão das medidas de execução ou uma redução dos montantes dos créditos"

3.1.2.1. A proibição de resolução

I. Em primeiro lugar, obsta-se, em certos termos, a que o administrador possa resolver estes contratos (artigo 17.°, n.° 1, do Decreto-Lei n.° 105/2004, de 8/5). Efectivamente, quer os contratos de garantia financeira tenham sido celebrados, quer a garantia financeira tenha sido prestada, *no dia* da abertura do processo de liquidação, desde que antes de proferida a sentença, ou num determinado *período anterior* à abertura desse processo [artigo 17.°, n.° 1, als. *a*) e *b*), do Decreto-Lei n.° 105/2004, de 8/5], não podem ser resolvidos pelo administrador.

Para além da celebração do contrato ou da prestação da garantia nos períodos referidos, também não podem ser afectados pelo administrador da insolvência a prestação de uma nova garantia, na eventualidade de variação do montante das obrigações financeiras garantidas (aqui o seu aumento), ou a prestação de uma garantia financeira suplementar (*top-up collateral*) se variar o valor da garantia financeira [artigo 17.°, n.° 2, al. *a*), do Decreto-Lei n.° 105/2004, de 8/5][40]. Não pode, igualmente, ser posta em causa a substituição da garantia financeira por um objecto equivalente [artigo 17.°, n.° 1, al. *b*), do Decreto-Lei n.° 105/2004, de 8/5].

Visa-se aqui evitar a aplicação do regime geral do artigo 121.° CIRE[41].

Com efeito, a constituição de garantias reais simultaneamente com as obrigações garantidas está sujeita à resolução incondicional se tiver lugar nos sessenta dias anteriores à data do início do processo de insolvência [artigo 121.°, n.° 1, al. *e*), CIRE].

Por outro lado, a prestação de nova garantia ou garantia suplementar está abrangida pelo artigo 121.°, n.° 1, al. *c*), CIRE e sujeita, portanto, à resolução incondicional por parte do administrador nos seis meses anteriores à data do início do processo de insolvência[42-43].

[artigo 16.°, al. *b*), do Decreto-Lei n.° 105/2004, de 8/5]. As disposições protectoras dos artigos 17.°, 18.° e 20.° do Decreto-Lei n.° 105/2004, de 8/5, também se aplicam a elas.

[40] Considerando 16 da Directiva.

[41] Quanto a este regime, em geral, ver: Luís Carvalho Fernandes/João Labareda, *Código da insolvência e da recuperação de empresas anotado*, vol. I, Quid Juris, Lisboa, 2005, pp. 436, ss.; Luís Menezes Leitão, *Código da insolvência e da recuperação de empresas. Anotado*, 3.ª ed., Almedina, Coimbra, 2006, pp. 147, ss..

[42] Assim, J. Calvão da Silva, *Banca, bolsa e seguros. Direito europeu e português*, tomo I, *parte geral*, cit., pp. 241-243.

[43] Como se refere no considerando 16 da Directiva: "A intenção é simplesmente impedir que o fornecimento da garantia financeira suplementar ou de substituição seja posto

O mesmo se poderia dizer quanto à prestação de uma garantia financeira substitutiva, se não se admitisse o penhor rotativo – ou seja, aquele em que o penhor inicial se mantém mudando somente o seu objecto por substituição por um outro de idêntico valor[44] – em termos gerais. Protege-se assim, de forma expressa, neste quadrante, o penhor rotativo. Ele está ao abrigo das disposições de resolução insolvencial.

3.1.2.2. A execução dos contratos após a declaração de insolvência de qualquer das partes

I. Temos depois, como segundo pilar de tutela, a execução dos contratos após abertura do processo de liquidação de qualquer das partes.

Deste modo, e em primeiro lugar, os contratos de garantia financeira celebrados (e as garantias financeiras prestadas) *após* a abertura do processo de liquidação relativo ao prestador da garantia financeira são eficazes perante terceiros, desde que o beneficiário da garantia prove que não tinha nem deveria ter conhecimento da abertura desse processo (artigo 18.º, n.º 2, do Decreto-Lei n.º 105/2004, de 8/5). De outro modo, não fosse esta disposição, seriam ineficazes.

Depois, quer se trate de declaração de insolvência do autor do penhor, quer do credor pignoratício, estes contratos "produzem os seus efeitos nas condições e segundo os termos convencionados pelas partes" (artigo 18.º, n.º 1, do Decreto-Lei n.º 105/2004, de 8/5).

O que significa que o administrador da insolvência terá que os cumprir. Assim, se se tratar da insolvência de um devedor/garante, o administrador terá que entregar ao credor/garantido a quantia em dívida. Caso contrário, o credor pode sempre, nos termos apontados, executar isoladamente o objecto da garantia, não obstante este fazer parte da massa insolvente. A liquidação do bem é realizada, no caso de incumprimento, pelo credor e não pelo administrador.

Se tiver sido exercido o direito de disposição pelo beneficiário da garantia, sobre o credor recaem os direitos e os deveres resultantes do

---

em causa apenas com base no facto de as obrigações financeiras cobertas já existirem antes da prestação da garantia financeira, ou de a garantia financeira ter sido prestada durante determinado período."

[44] Sobre o penhor rotativo, ver: GIUSEPPE FERRI, *Manuale di diritto commerciale*, 11.ª ed. (a cura de C. Angelici e G.B. Ferri), Utet, Turim, 2001, p. 954; FRANCESCO A. MAGNI, *Il pegno omnibus e il pegno fluttuante o rotativo*, in Le garanzie rafforzate del credito (coord. por Vicenzo Cuffaro), Utet, Turim, 2000, pp. 367, ss., pp. 383, ss..

artigo 10.º do Decreto-Lei n.º 105/2004, de 8/5, e do que tiver sido acordado entre as partes. O que significa que o credor, sempre que o contrato de penhor financeiro o preveja, pode mesmo recorrer à compensação.

O vencimento antecipado e a compensação convencionados nos termos do artigo 12.º (o *close-out netting*) também não são afectados [artigo 20.º, al. *a*), do Decreto-Lei n.º 105/2004, de 8/5].

IV. Como limite a esta "imunização", nas vertentes apontadas, dos contratos de garantia financeira, temos a prática de actos fraudulentos (artigo 19.º do Decreto-Lei n.º 105/2004, de 8/5)[45].

V. Não fosse este regime particular, na eventualidade de declaração de insolvência do garante/devedor/autor do penhor, o credor pignoratício passaria a ser, neste novo quadro, um credor, garantido, da insolvência [artigo 47.º, n.º 4, al. *a*), CIRE]. A sua garantia tutelaria não só o crédito em si, mas também os juros que estivessem abrangidos pela garantia real [artigo 48.º, al. *b*), CIRE].[46]

Como titular de um crédito sobre a insolvência teria que o reclamar (artigo 128.º, n.º 1, CIRE), embora, hoje, o administrador o possa reconhecer mesmo sem reclamação (artigo 129.º, n.º 1, CIRE).

Caberia em seguida ao administrador da insolvência elaborar a lista de credores reconhecidos (bem como a lista dos não reconhecidos – artigo 129.º, n.º 1, CIRE). Se não houvesse impugnações, seria de imediato proferida sentença de verificação e graduação dos créditos (artigo 130.º, n.º 3, CIRE)[47]. Caso houvesse, só mais tarde seria proferida essa sentença (artigo 136.º, n.º 6 e artigo 140.º, n.º 1, CIRE). A graduação é geral, "para os bens da massa insolvente", e especial, para "os bens a que respeitem direitos reais de garantia e privilégios creditórios gerais" (artigo 140.º, n.º 2 CIRE). Como no caso do penhor. Seria necessário a este propósito

---

[45] Ver quanto a estes aspectos dos contratos de garantia financeira: J. CALVÃO DA SILVA, *Banca, bolsa e seguros. Direito europeu e português*, tomo I, *parte geral*, cit., pp. 237, ss.; A. MENEZES CORDEIRO, *Manual de direito bancário*, cit., pp. 633-634.

[46] Até ao valor dos bens onerados. A parte restante integrar-se-ia nos créditos subordinados [artigo 48.º, al. *b*), CIRE].

[47] Em que, salvo o caso de erro manifesto, se homologa a lista de credores reconhecidos elaborada pelo administrador da insolvência e se graduam os créditos em atenção ao que conste dessa lista (artigo 130.º, n.º 3, CIRE).

ter em conta o privilégio mobiliário geral da segurança social[48], se ele não se extinguisse nos termos do artigo 97.º CIRE.

A liquidação do bem caberia ao administrador, e o credor pignoratício (assim como os outros credores com garantia real) só seria pago depois de satisfeitas as custas do processo e outras dívidas da massa (artigo 172.º, n.º 2 e artigo 174.º, n.º 1, CIRE)[49]. Estas seriam sempre satisfeitas em primeiro lugar.

A posição privilegiada que este regime concede ao credor pignoratício é assim clara. A isto acresce que, nos termos do regime geral do CIRE, o *close-out netting* não seria igualmente admitido.

3.2. A alienação fiduciária em garantia

3.2.1. Introdução

I. A outra modalidade dos contratos de garantia financeira é a alienação fiduciária em garantia[50]. Trata-se, como decorre da própria qualificação legal, de um negócio fiduciário em garantia. Não consiste, no entanto, em si, nenhuma novidade introduzida pelo Decreto-Lei n.º 105//2004, de 8/5.

Na verdade, existiam já no nosso sistema diversas figuras típicas que consistiam em verdadeiros negócios fiduciários em garantia, como, p. ex., o reporte e a locação financeira restitutiva. O primeiro data já de 1888 e é mesmo considerado uma modalidade do contrato de alienação fiduciária em garantia (artigo 2.º, n.º 3, do Decreto-Lei n.º 105/2004, de 8/5). Para além disso, seriam – *e são* – sempre admissíveis como negócios atípicos.

---

[48] O privilégio mobiliário geral de que gozam os créditos da segurança social por contribuições e respectivos juros de mora (artigo 10.º do Decreto-Lei n.º 103/80, de 9/5), graduando-se logo a seguir aos créditos referidos na al. *a*) do n.º 1 do artigo 747.º, e "prevalece sobre qualquer penhor, mesmo de constituição anterior" (artigo 10.º, n.º 2).

[49] Assinale-se que há um limite estabelecido no que toca à imputação das dívidas da massa ao produto da liquidação de bens objecto de garantias reais. Ela não poderá ultrapassar 10%, a não ser na medida do "indispensável à satisfação integral das dívidas da massa insolvente ou do que não prejudique a satisfação integral dos créditos garantidos" (artigo 172.º, n.º 2, CIRE).

[50] A. MENEZES CORDEIRO (*Manual de direito bancário*, cit., p. 631) propõe para designar a alienação fiduciária em garantia a expressão "fidúcia financeira".

II. O aspecto inovador, como dizíamos, reside no seu regime, em particular no que diz respeito à retransmissão do objecto de garantia e à insolvência. Nesse aspecto, distancia-se, embora menos do que à primeira vista pareceria, da disciplina das outras alienações em garantia.

Isso significa mesmo que algumas figuras, como o reporte com função de crédito e garantia, têm dois regimes consoante sejam um contrato de garantia financeira, ou não. Veremos esses aspectos de seguida.

3.2.2. Estrutura. O contrato fonte das obrigações garantidas

I. Esta figura tem como elemento central a transmissão de um direito – e não, como se diz no artigo 2.º, n.º 2, do Decreto-Lei n.º 105/2004, de 8/5, da propriedade, porque podemos estar simplesmente, como já se verá, face a uma cessão de créditos – com a função de assegurar uma obrigação: a "obrigação financeira garantida".

II. A lei foca-se só neste aspecto, deixando na sombra o contrato donde emerge a obrigação garantida. É particularmente assim quando a obrigação garantida tenha por objecto uma prestação que consiste numa "liquidação em numerário", ou seja, uma prestação pecuniária (mas também, evidentemente, se estivermos perante uma "entrega de instrumentos financeiros"). O que é natural.

Simplesmente, muitas vezes, a alienação em garantia fará mesmo parte desse contrato, que será dessa forma um contrato atípico: p. ex., um mútuo com alienação fiduciária em garantia.

Poderá também celebrar-se depois deste contrato, decorrendo do negócio de crédito o dever de celebração do negócio de garantia (a alienação fiduciária); ou, mesmo, ser concluído, visando assegurar uma obrigação futura (portanto, a emergir de um contrato a ser celebrado).

Nesses casos, a estrutura será diversa da que acima vimos, havendo uma coligação contratual, sob a forma de coligação funcional (e, por vezes, genética, como no primeiro caso) entre o contrato donde emerge a obrigação garantida e a alienação fiduciária em garantia[51]. As partes querem-nos como um conjunto, havendo "intrínseca relação económico-so-

---

[51] Sobre as coligações contratuais, ver: I. GALVÃO TELLES, *Direito das obrigações*, Coimbra Editora, Coimbra, 1997, pp. 88-89; J. ANTUNES VARELA, *Das Obrigações em geral*, vol. I, 10.ª ed., Almedina, Coimbra, 2000, pp. 281, ss.; A. MENEZES CORDEIRO, *Manual de direito comercial*, vol. I, 2.ª ed., Almedina, Coimbra, 2007, pp. 465, ss..

cial" entre os negócios[52]. Há uma clara e íntima ligação entre a concessão de crédito e a garantia. O que tem evidentemente consequências ao nível do destino dos negócios. Assim, p. ex., sendo inválido o negócio fonte do crédito garantido, deverá cessar a própria alienação em garantia.

3.2.3. O regime geral

3.2.3.1. O cumprimento da obrigação de restituição

I. A alienação em garantia implica a transmissão de um dos objectos da garantia financeira (numerário ou instrumentos financeiros, nas definições do artigo 5.º do diploma) como forma de garantir uma obrigação financeira tal como elas estão delimitadas (de forma ampla para o numerário) no artigo 4.º.

O garantido está vinculado a restituir (*rectius*, retransmitir) o objecto da garantia ou objecto equivalente ao garante. A lei estatui que tal deve ser feito até à data convencionada para o cumprimento das obrigações convencionadas.

II. A norma carece de ligeira interpretação correctiva, porque, em regra, o cumprimento da obrigação de restituição só se tem que fazer após o cumprimento da obrigação garantida. Só nessa eventualidade o objecto da garantia terá que ser retransmitido. Mesmo que as partes convencionem que o cumprimento da obrigação garantida constituirá a condição resolutiva que leva à retransmissão do bem fiduciário, ainda assim, em primeiro lugar será necessário o cumprimento.

Procurando aproveitar o mais possível a letra da lei sem que se atinja a modalidade de garantias que se pretendeu consagrar, sempre diremos que a obrigação de retransmissão do objecto da garantia se vence aquando do vencimento da obrigação garantida – não cumprida esta última, a outra parte pode sempre valer-se da excepção do não cumprimento para não realizar igualmente a sua prestação.

É esta a solução do reporte em que a revenda produz os seus efeitos a termo, vencendo-se nesse momento também as obrigações de pagar o preço e de entregar os títulos, de os (re)transferir. Ora, a lei para além de qualificar expressamente – de forma correcta, sublinhe-se – o reporte como uma modalidade de alienação fiduciária em garantia (artigo 2.º,

---

[52] I. GALVÃO TELLES, *Direito das obrigações*, cit., p. 88.

n.º 3, do Decreto-Lei n.º 105/2004, de 8/5), vai ao ponto de considerar o regime deste contrato subsidiário em relação àquele que o mesmo diploma dispõe para a alienação fiduciárias em garantia (artigo 22.º do Decreto-Lei n.º 105/2004, de 8/5).

Nessa medida, a interpretação do artigo 14.º, primeira parte, no sentido apontado, além de ser a única conforme com o objectivo, com a lógica interna, da figura que se pretende consagrar, trata-se igualmente da que melhor se articula com o regime do reporte e é, na verdade, a única razoável (artigo 9.º, n.º 3).

II. A lei permite, no entanto, que o prestador da garantia em vez de retransmitir o próprio objecto da mesma, retransmita objecto equivalente ou, em certos termos, que entregue dinheiro em vez do objecto da garantia ou recorra à compensação [artigo 14.º, als. *a*), *b*) e *c*), do Decreto-Lei n.º 105/2004, de 8/5]. Vejamos.

Da alínea *a*) do mesmo preceito decorre simplesmente que o garantido terá que entregar à outra parte o objecto da garantia, ou *objecto equivalente*, contra o cumprimento pela outra parte da obrigação garantida. A lei tem a preocupação louvável de definir o que entende por objecto equivalente, quer no que diz respeito ao numerário, quer no que toca aos instrumentos financeiros (artigo 13.º do Decreto-Lei n.º 105/2004, de 8/5).

Contudo, a lei permite ainda que o garantido possa entregar à outra parte, em vez do objecto da garantia ou outro equivalente, dinheiro correspondente ao valor que esse bem tem no momento do vencimento da obrigação de restituição, nos termos acordados pelos contraentes e de acordo com critérios comerciais razoáveis [al. *b*) do artigo 14.º do Decreto-Lei n.º 105/2004, de 8/5]. Portanto, se as partes tiverem celebrado esse acordo.

Pode ainda o garantido recorrer à compensação, "avaliando-se o crédito do prestador nos termos da alínea *b*)" [al. *c*) do artigo 14.º do Decreto--Lei n.º 105/2004, de 8/5], e, acrescente-se, ficando obrigado a entregar o saldo excedente.

O acordo das partes é ainda necessário, em termos paralelos aos da alínea anterior, para esse efeito. Ou seja, embora não seja necessário, como acontece com as disposições paralelas do penhor financeiro, que as partes convencionem o recurso à entrega de dinheiro ou à compensação, torna-se necessário que haja um acordo quanto à avaliação do objecto da obrigação para a entrega da quantia correspondente em dinheiro, ou para apurar o crédito do prestador da garantia para efeitos de compensação. Por isso, *um* acordo é sempre necessário, e, em princípio, sem ele não se poderá recorrer às duas últimas vias apontadas[53].

Recorrendo o garantido à compensação, estamos próximos do *payment netting,* embora aqui se exija a declaração por parte do garantido. Não há qualquer pagamento por parte do devedor/garante/fiduciante à outra parte, mas simplesmente esta última (o credor/garantido/fiduciário), na data do vencimento da obrigação, opera a compensação. E restitui o excedente (dada a diferença entre o valor da garantia – e o crédito à sua restituição – e o crédito garantido).

V. Figura próxima é o *close-out netting,*[54] ou compensação com vencimento antecipado[55], que a lei prevê expressamente que as partes podem convencionar, tal como no penhor financeiro, como decorre dos artigos 12.º e 15.º do mesmo diploma [de acordo com o imposto pela Directiva – artigo 2.º, n.º 1, al. *n*) e artigo 6.º, n.º 2].

Nessa hipótese, como vimos aquando do penhor financeiro, verificando-se um facto que desencadeie a execução (como, p. ex., o incumpri-

---

[53] Pode colocar-se simplesmente a questão de saber se o referido acordo não será de dispensar naqueles casos em que o mesmo se torne desnecessário por dizer respeito a bens que tenham valor objectivo e imediato, p. ex., por se tratarem de valores mobiliários cotados em bolsa. O ponto é que o mecanismo normal de funcionamento da figura consiste na retransmissão dos bens alienados em garantia.

Todavia, mesmo que esta interpretação seja de aceitar (dispensando-se, mas só dentro do condicionalismo apontado, o acordo a que nos referimos em texto), ainda assim, poderiam, mesmo nestes casos, as partes acordar na exclusão das vias das alíneas *b*) e *c*) do artigo 14.º, ficando o fiduciário obrigado a retransmitir a própria garantia financeira prestada.

Este acordo, aliás, tem importância, para além das considerações que fazemos acerca das alíneas *b*) e *c*) do artigo 14.º, para o caso da alínea *a*) em que não é preciso qualquer acordo para se retransmitir um objecto equivalente. Mas as partes podem celebrá-lo, ficando o devedor obrigado a retransmitir o mesmo objecto, logo que a outra parte cumpra. Não haveria qualquer prejuízo para o credor garantido na eventualidade de incumprimento do garante. Ele poderia recorrer ao objecto da garantia para se satisfazer, ou vendendo-o no mercado nas melhores condições, para, com o dinheiro assim obtido, extinguir a dívida e restituir um eventual excedente, ou mesmo fazer definitivamente sua a coisa desde que avaliada por terceiro independente de acordo com critérios comerciais razoáveis (com extinção da dívida e dever de restituição do excedente).

[54] Quanto à distinção entre o *payment netting* e o *close-out netting,* ver: SOFIA SANTOS MACHADO, *Close-out netting e set-off. Da validade e eficácia das cláusulas de close-out netting e set-off nos contratos sobre instrumentos financeiros,* Cad. MVM, 2003, pp. 13, ss.; C. COSTA PINA, *Instituições e mercados financeiros,* cit., p. 539, nota 979.

[55] "bilaterale Aufrechnung infolge Beendigung" na expressão alemã.

mento por parte do devedor/prestador da garantia (ou facto incluído em cláusula resolutiva expressa[56]), ou qualquer outro facto a que as partes atribuam efeito análogo (artigo 12.°), a obrigação de restituição do beneficiário da garantia vence-se, cumprindo-se a sua obrigação por compensação (o que implica a avaliação prévia da obrigação do beneficiário da garantia).

3.2.4. *O regime insolvencial específico (artigos 16.° a 19.° do Decreto--Lei n.° 105/2004, de 8 de Maio)*

I. A lei, com vista a gerar uma "imunização" (considerando 12 da Directiva 2002/47/CE) destes negócios em que se recorre à titularidade de um direito, que é transmitido ao credor/fiduciário em garantia da insolvência, estabeleceu aqui um regime particular, cuidadosamente desenhado para esse efeito, diverso do regime geral desta (artigo 16.°, n.° 2, CIRE).[57]

Essa disciplina particular, como se apontou a propósito do penhor, pode dividir-se em duas vertentes complementares com vista a gerar-se a dita imunização. Por um lado, a exclusão da faculdade do administrador de resolver estes contratos celebrados antes da abertura do processo de liquidação. Por outro, o regime destes negócios em curso e os poderes do administrador relativamente aos mesmos após a abertura desse processo.

Vejamos então de forma separada cada uma destas vertentes, agora a propósito da alienação fiduciária em garantia.

3.2.4.1. *A proibição de resolução*

I. Em primeiro lugar, obsta-se, em certos termos, a que o administrador possa resolver as alienações em garantia (artigo 17.°, n.° 1, do Decreto-Lei n.° 105/2004, de 8/5), quando tenham sido celebradas antes da abertura do processo de liquidação.

Efectivamente, os contratos de garantia financeira celebrados e as garantias financeiras prestadas, ao abrigo desses contratos (os momentos podem coincidir, como na cessão de créditos em garantia, mas também

---

[56] J. CALVÃO DA SILVA, *Banca, bolsa e seguros. Direito europeu e português*, tomo I, *parte geral*, cit., p. 228.

[57] Esta disciplina estende-se também às medidas de saneamento, conforme se observou, também, a propósito do penhor financeiro. A imunização pretendida abarca igualmente, em termos paralelos aos que estamos a ver em texto a propósito da insolvência, as medidas de saneamento.

pode não acontecer), *no dia* da abertura do processo de liquidação, desde que antes de proferida a sentença, ou num *período anterior* à abertura desse processo [artigo 17.º, n.º 1, als. *a*) e *b*), do Decreto-Lei n.º 105/2004, de 8/5], não podem, por esse facto, ser resolvidos pelo administrador.

II. Para além da celebração do contrato ou da prestação da garantia nos períodos referidos, também não podem ser afectados pelo administrador da insolvência a prestação de uma nova garantia, na eventualidade de variação do montante das obrigações financeiras garantidas (aqui o seu aumento), ou a prestação de uma garantia financeira suplementar (*top-up collateral*), se variar o valor da garantia financeira [artigo 17.º, n.º 2, al. *a*), do Decreto-Lei n.º 105/2004, de 8/5][58].

De forma idêntica, não pode ser posta em causa a substituição da garantia financeira por um objecto equivalente [artigo 17.º, n.º 1, al. *b*), do Decreto-Lei n.º 105/2004, de 8/5].

III. Este regime seria necessário? É que o artigo 121.º CIRE refere-se somente às garantias reais, e esta modalidade de garantia, sendo igualmente um reforço qualitativo do credor, não é uma garantia real, nem se lhe aplicam[59] as disposições destas, em particular em sede insolvencial.

Todavia, ele era mesmo necessário. Na verdade, sustentamos uma interpretação extensiva das alíneas *c*) e *e*) do n.º 1 do artigo 121.º CIRE, com base num argumento de maioria de razão, também às alienações em garantia.

Efectivamente, o grau de tutela concedido aos credores por esta modalidade de garantias, que assenta na titularidade do bem e não meramente na constituição de um direito real de garantia, é mais intensa do que a conferida por uma garantia real. Sendo a *ratio* da disposição afastar o benefício concedido a um dos credores em detrimento dos outros em resultado da constituição da garantia real, por maioria de razão o mesmo se dirá

---

[58] Considerando 16 da Directiva 2002/47/CE do Parlamento Europeu e do Conselho, de 6 de Junho de 2002. Para estes mecanismos, ver MOORAD CHOUDHRY, *An introduction to repo markets*, 3.ª ed., Wiley, Securities & Investment Institute, Chichester, 2006, pp. 43, ss..

[59] Em regra. Nalguns casos a teleologia de certas normas que contemplem na sua letra apenas as garantias reais poderá exigir também a sua aplicação às alienações em garantia. Como se verá já de seguida em texto. Trata-se de um ponto a avaliar face a cada norma e a sua *ratio*, e a demonstrar, pois, como se disse, embora haja uma semelhança funcional entre as figuras, a sua estrutura e regime são diversos.

daquelas garantias que concedam ao credor um tratamento ainda mais favorável do que aquele que resulta do funcionamento da modalidade de garantia a que a letra da lei se refere[60].

Por isso, sempre que as alienações em garantia fossem celebradas em simultâneo com as obrigações garantidas (como sucede, p. ex., com o reporte) no período suspeito de sessenta dias anteriores à data do início do processo de insolvência, poderiam ser resolvidos pelo administrador.

O mesmo resultado relativamente às alienações em garantia celebradas para assegurar obrigações preexistentes ou outras que as substituam nos seis meses anteriores à data do início do processo de insolvência.

Igualmente, a prestação de nova garantia no caso de variação do montante das obrigações financeiras garantidas ou a prestação de garantias complementares (*top-up collateral*) em virtude da variação de valor da garantia concedida, assim como a substituição da garantia financeira por objecto equivalente[61], nos seis meses anteriores ao início do processo por força do artigo 121.º, n.º 1, al. c), CIRE, poderiam ser objecto de resolução incondicional por parte do administrador.

Como limite a esta "imunização", na vertente apontada, dos contratos de garantia financeira, temos a prática de actos fraudulentos (artigo 19.º do Decreto-Lei n.º 105/2004, de 8/5)[62].

---

[60] Ver L. M. PESTANA DE VASCONCELOS, *A cessão de créditos em garantia e a insolvência. Em particular sobre a posição do cessionário na insolvência do cedente*, Coimbra Editora, Coimbra, 2007, p. 905, nota 1671, p. 945 nota 1726.

[61] Quanto a esta última figura, haverá que apontar, no entanto, o seguinte. Se se aceitar (em termos gerais) o penhor rotativo, teria que se interpretar o artigo 121.º, n.º 1, al. c), CIRE, no sentido de admitir a alteração do objecto da garantia, no âmbito de uma cláusula rotativa sem que se alterasse o valor económico do objecto dessa mesma garantia. Não haveria, nessa medida, qualquer benefício para esse credor, não se justificando a aplicação desta disposição, que, note-se, se faz às alienações em garantia por interpretação extensiva.

Efectivamente, a garantia foi constituída aquando da constituição da obrigação. Aqui o que se verifica é uma alteração do objecto da mesma, que mantém o seu valor económico. Simplesmente, em virtude do mecanismo de funcionamento desta garantia, é necessária a transferência do seu objecto ao devedor, e a transferência por este de um outro objecto de valor económico idêntico – que passa a constituir o objecto da garantia. A razão de ser desta disposição, como se disse, se se admitir um penhor rotativo nos termos gerais, não alcança também uma alienação fiduciária com um objecto rotativo.

[62] Ver quanto a estes aspectos dos contratos de garantia financeira: J. CALVÃO DA SILVA, *Banca, bolsa e seguros. Direito europeu e português*, tomo I, *parte geral*, cit., pp. 237, ss.; A. MENEZES CORDEIRO, *Manual de direito bancário*, cit., pp. 633-634.

3.2.4.2. A execução dos contratos após a declaração de insolvência de qualquer das partes

I. Desde logo, as alienações fiduciárias em garantia financeira (e as garantias financeiras prestadas) *após* a abertura do processo de liquidação relativo ao prestador da garantia (o devedor) são eficazes perante terceiros, desde que o beneficiário da garantia prove que não tinha, nem deveria ter, conhecimento da abertura desse processo (artigo 18.º, n.º 2, do Decreto--Lei n.º 105/2004, de 8/5). Não fosse esta disposição, seriam ineficazes.

II. Em segundo lugar, quer se trate de declaração de insolvência do fiduciante, quer do fiduciário, estes contratos "produzem os seus efeitos nas condições e segundo os termos convencionados pelas partes" (artigo 18.º, n.º 1, do Decreto-Lei n.º 105/2004, de 8/5). O que significa que o administrador da insolvência terá (mais uma vez, como sucede com o penhor financeiro) que os cumprir.

III. Por isso, neste caso, declarada a insolvência do devedor/garante//fiduciante, o administrador não tem qualquer poder de escolha, mas terá que cumprir as obrigações do insolvente, contra a retransmissão por parte do credor do objecto da garantia ou objecto equivalente (a integrar na massa).

O credor poderá ainda, tendo havido acordo entre as partes quanto à avaliação do objecto da garantia no momento do vencimento da obrigação de retransmissão[63], optar pela entrega de uma quantia em dinheiro (também a integrar na massa). Ainda, poderá nos termos do artigo 14.º, al. *c*), do Decreto-Lei n.º 105/2004, de 8/5, recorrer à compensação (evidentemente, antes do cumprimento pelo administrador), mesmo na fase insolvencial. Neste último caso, o administrador tem direito a que o credor lhe entregue o remanescente para integração na massa.

IV. Declarada a insolvência do fiduciário/garantido/credor, o administrador não tem, igualmente, qualquer poder de escolha e terá que cumprir o contrato, exigindo o cumprimento da obrigação garantida contra a retransmissão do objecto da garantia (que sai então da massa) ou outro equivalente.

O administrador poderá ainda, nos termos do artigo 14.º, al. *b*), do Decreto-Lei n.º 105/2004, de 8/5, entregar o valor do objecto da garantia em dinheiro nos termos acima vistos.

---

[63] Que, em certos casos, poderá, eventualmente, ser dispensado.

Para além disso, poderá também valer-se da faculdade que lhe é conferida pelo artigo 14.°, al. *c*), do Decreto-Lei n.° 105/2004, de 8/5, igualmente nos termos já assinalados, e recorrer à compensação (evidentemente, antes do cumprimento pelo fiduciante/garante/devedor). Se assim proceder terá que restituir na integralidade ao outro contraente (o devedor/garante/fiduciante) o remanescente (o valor do objecto da garantia será superior ao montante em dívida pelo fiduciante). Este não adquire um simples crédito sobre a insolvência nesse valor.

V. Por último, o *close-out netting*, ou vencimento antecipado com compensação, não é afectado pela abertura do processo de insolvência (artigo 20.°), o que de acordo com o regime geral do CIRE quanto aos negócios em curso e, em particular, quanto à compensação, não poderia acontecer.

VI. O regime é desta forma diverso da disciplina das outras alienações em garantia em que se sustenta uma aplicação por analogia do artigo 104.°, n.° 5, do CIRE, na eventualidade de declaração de insolvência do fiduciante/devedor/garante.

Nessa medida, o administrador pode optar entre o cumprimento do contrato, com o pagamento como dívida da massa da obrigação garantida, o que gera (o cumprimento) o dever de o credor/fiduciário retransmitir o objecto da garantia, que se integrará então na massa, ou a recusa de cumprimento, o que desencadeia a relação de liquidação com o conteúdo decorrente dos artigos 104.°, n.° 5 e 102.°, n.° 3, CIRE.

Assim, não há lugar a restituições [artigo 102.°, n.° 3, al. *c*), (iii), CIRE], e não haverá, em princípio, também direito a indemnização porque a recusa de cumprimento por parte do administrador não gera prejuízos à outra parte. Pelo contrário, em termos patrimoniais a sua situação é melhor do que aquela em que estaria se o contrato tivesse sido cumprido. Por isso, será o credor que deverá restituir ao administrador, para integração na massa, a diferença positiva entre a situação em que fica em resultado da recusa e aquela em que estaria em virtude do cumprimento do contrato[64].

---

[64] Ver, de forma desenvolvida e pormenorizada sobre o que se diz em texto, com a devida fundamentação, L. M. PESTANA DE VASCONCELOS, *A cessão de créditos em garantia e a insolvência. Em particular sobre a posição do cessionário na insolvência do cedente*, cit., pp. 944, ss..

VII. O regime é também diverso na eventualidade de declaração de insolvência do adquirente/credor/fiduciário. Nessa eventualidade, por força do artigo 1184.º (se os pressupostos dessa disposição estiverem preenchidos) aplicado analogicamente à *fiducia* em garantia, o bem fiduciário não fará parte da massa e não pode ser liquidado no seio do processo insolvencial. Da massa faz só parte o crédito garantido.

VIII. Destaca-se, porém, que substancialmente, no que toca à tutela das partes, fiduciante e fiduciário, os resultados não apresentam diferenças marcantes. Em especial, o que é um ponto de grande relevo, a posição do credor/fiduciário/garantido é sempre protegida.

4. Nota conclusiva

Como vimos, estes contratos acabaram por consagrar, no âmbito do direito bancário, nas relações entre as instituições de crédito e pessoas colectivas, com destaque óbvio para as sociedades comerciais, um conjunto de mecanismos provindos dos mercados monetário e de capitais.

As garantias e as técnicas de gestão do risco aí desenvolvidas acabaram, devido ao compromisso assumido quanto ao âmbito subjectivo da Directiva, por poderem ser utilizadas não só no seio dos mercados financeiros de grandes operações (como visava a proposta de Directiva), mas também nas relações da banca com pessoas colectivas – particularmente, no que toca à importância prática, com as sociedades comerciais. Portanto, como forma de a banca tutelar os seus créditos na generalidade da actividade comercial (excepto, claro, com pessoas singulares).

No que toca ao âmbito objectivo da figura, ela incidirá essencialmente sobre valores mobiliários. Os créditos, tal como a lei os modela, terão uma menor importância prática, excepto nos penhores de conta bancária. Na verdade, os créditos decorrentes de vendas ou prestações de serviços não podem, pelo menos de momento, ser objecto de garantia financeira.

O aspecto central destas figuras é indubitavelmente o seu regime insolvencial. Foram consagradas, a este propósito, um conjunto de disposições excepcionais que permitem isolar estas garantias dos efeitos da insolvência.

Se se percebe muito bem a razão de ser destas disposições que conduzem à imunização dos contratos no âmbito dos mercados monetários interbancários e de capitais, dados os interesses que aí estão em jogo, mais difícil é perceber, e justificar, o seu alargamento para além destes, dado o extraordinário favorecimento dos credores (que serão os bancos) que estas concedem no que diz respeito, em especial, à limitação da resolução das garantias prestadas em período suspeito.

Com efeito, no que diz respeito ao regime dos contratos em si, na eventualidade de declaração de insolvência do devedor/garante, as diferenças e o tratamento favorável mais marcante verificam-se em sede de penhor. Desde logo, mas não só, porque não tem que responder pelas dívidas da massa.

No âmbito da alienação fiduciária em garantia, as novidades, no que toca tanto à consagração da figura de negócios fiduciários em garantia como ao seu tratamento em sede insolvencial na eventualidade de declaração de insolvência do devedor/garante/fiduciante, são diminutas.

Efectivamente, existiam já diversos negócios fiduciários típicos em garantia, com destaque para o reporte (que este diploma qualifica mesmo como modalidade de alienação fiduciária em garantia), e seriam sempre admissíveis como negócios atípicos.

O regime insolvencial destas figuras, na nossa perspectiva, não se afasta muito, substancialmente, daquele que veio a ser consagrado por este diploma. Mas o desvio verifica-se já, em especial, no que diz respeito à limitação à resolução pelo administrador nos termos do artigo 121.º CIRE. O que significa aqui um reforço destas garantias face ao regime geral das garantias fiduciárias, já de si particularmente forte.

Estas soluções podem ser explicadas como uma forma de promover o crédito e diminuir o seu custo, dada a segurança que as garantias desta natureza conferem ao credor. Têm esse efeito. Mas também, e é bom que se tenha este aspecto bem presente, elas têm os seus custos que são pagos pelos outros credores na eventualidade de ser declarada a insolvência do devedor.

A generalização destas garantias prejudica não só os credores com outras garantias reais, devido às dívidas da massa (artigo 172.º, n.º 2, CIRE), mas principalmente os credores comuns. Estes dois aspectos devem que ser equacionados e ponderados, para se traçar um equilíbrio entre a procura de concessão de crédito a baixo custo e a protecção, portanto, dos credores concedentes de crédito, em particular, como é óbvio, dos bancos, e a tutela dos credores comuns, a quem estas garantias atingem especialmente. Não se pode esquecer este aspecto, em particular, se de futuro se vier a pretender alargar o seu âmbito.

Porto, Fevereiro de 2008

O DEVER DE ADEQUAÇÃO DOS INTERMEDIÁRIOS FINANCEIROS

PAULO CÂMARA[*]

SUMÁRIO: *1. Enquadramento. 2. Estrutura do dever. 3. A avaliação da adequação. 4. Execução estrita de ordens. 5. Os instrumentos financeiros complexos. 6. Extensão a outros produtos financeiros.*

1. Enquadramento

I – Os mercados financeiros exibem sinais de uma crescente sofisticação. A turbulência financeira verificada globalmente a partir de Agosto de 2007 acaba de o confirmar. A deficiente avaliação de instrumentos financeiros emitidos em operações agregadas de securitização teve efeitos exponencialmente negativos perante uma sucessão de incumprimentos de créditos de elevado risco (*subprime*): seguiu-se uma retracção importante nos mercados inter-bancários, a precipitar uma baixa generalizada de cotações e um declínio na confiança dos mercados financeiros.

A ocasião é, assim, propícia para focar atenções numa das novidades legislativas consagradas para reforço da tomada de decisões de investimento esclarecidas, em decorrência da transposição da Directiva dos Mercados de Instrumentos Financeiros, ocorrida por virtude da entrada em vigor do Decreto-Lei n.º 357-A/2007, de 31 de Outubro.

II – Do ângulo das necessidades informativas dos investidores, as regras sobre prospectos em ofertas públicas de valores mobiliários não

---

[*] Mestre em Direito (Faculdade de Direito da Universidade de Lisboa) e Advogado. As opiniões expressas no presente texto são-no a título exclusivamente pessoal.

constituem resposta suficiente para lidar com a complexidade crescente dos instrumentos financeiros. Assim sucede por três motivos: em primeiro lugar, dado o conceito apertado de oferta pública, havendo muitas distribuições de valores mobilliários que escapam à previsão do artigo 109.º CVM. Além disso, o regime das ofertas públicas não se aplica a instrumentos financeiros que não sejam valores mobiliários. Por fim, mesmo estando em causa ofertas públicas de valores mobiliários, o respectivo prospecto é frequentemente uma peça volumosa, com mais de uma centena de páginas, o que diminui o número de casos em que é efectivamente lido e compreendido pelos seus destinatários[1].

Neste contexto, assume relevo central o dever, imposto aos intermediários financeiros, de prévio escrutínio sobre o carácter adequado da operação visada pelos seus clientes.

III – A origem deste dever de adequação filia-se nas construções norte-americanas sobre dever de tratamento equitativo do cliente.

Nos EUA, o dever de adequação (*suitability rule*) tem consagração nas regras de organismos auto-reguladores mobiliários (v.g. a FINRA, sucessora da *National Association of Securities Dealers* – NASD e a Chicago Board Options Exchange)[2], procurando originariamente servir de resposta às técnicas de comercialização agressiva de instrumentos financeiros. Segundo a sua consagração central, em causa está o dever, imposto na prestação de serviços atinentes à transmissão de *securities*, de recomendar apenas aqueles valores que, segundo a informação conhecida, são adequados ao cliente.

A origem deste dever jurídico[3] remonta a um estudo da SEC realizado em 1963 que traçava um retrato muito preocupante sobre as práticas agressivas à altura empregues no tocante à distribuição de instrumentos financeiros e aos comportamentos, revelados em muitos investidores,

---

[1] PAULO CÂMARA, *A Directiva dos Prospectos: Contexto, Conteúdo e Confronto com o Direito Positivo Nacional*, nos *Estudos em Homenagem ao Professor Doutor António Marques dos Santos*, I, (2005), 1083-1114.

[2] Em causa estão a NASD Rule 2310 (*Recommendations to clients (Suitability)*) – sobre a qual existe abundante material interpretativo (*vide*, entre outros, IM-2310-1, IM-2310-2 e IM-2310-3), disponível em www.finra.org – e a Rule 9.9.2 da CBOE.

[3] Há quem aponte que antes da sua juridificação, a adequação já valia, no contexto norte-americano, como imperativo ético: NORMAN S. POSER, *Liability of Broker-Dealers for Unsuitable Recommendations to Institutional Investors*, Brigham Young University Law Review (2001), 1496.

similares aos detectados no jogo e aposta. O estudo concluía recomendando à NASD uma densificação e fiscalização redobrada do dever de adequação[4].

O fundamento da *suitability rule*, assim desenhada, estaria ligado ao investimento de confiança depositado pelo cliente na posição profissional do intermediário ou na relação contratual entre ambos firmada[5]. Apesar desta matriz auto-reguladora na sua génese, o dever de avaliação de adequação para evitar erros de julgamento do lado dos clientes também mereceu desenvolvimento interpretativo por via judicial e administrativa[6-7].

Como decisões judiciais célebres a ilustrar o dever de adequação, temos nomeadamente as seguintes:

– Uma viúva de reduzidas posses confia o seu património a um corretor que realiza investimentos em valores mobiliários de elevado risco: o tribunal entende haver violação do dever de adequação[8];

---

[4] MATTHEW J. BENSON, *Online Investing and the Suitability Obligations of Brokers and Broker-Dealers*, Suffolk University Law Review, 34 (2001), 401.

[5] Para uma descrição das teorias baseadas na reputação e posição profissional do intermediário (*shingle theory*) e das teorias fiduciárias derivadas de certas relações contratuais (v.g. consultoria): DAVID LIPTON, *Broker Dealer Regulation*, Vol. 2 (15A), Deerfield/New York/Rochester, (1996), § 5.01 – §5.04; ROBERT N. RAPP, *Rethinking Risky Investments for that Little Old Lady: A Realistic Role for Modern Portfolio Theory in Assessing Suitability Obligations of Stockbrokers*, Ohio Northern University Law Review 24 (1998), 194-217.

[6] Reenvia-se para a Rule 15b10-3 da SEC, que faz aplicar este dever a intermediários não filiados no NASD.

[7] Atenta a natureza auto-reguladora destas indicações, as pretensões movidas judicialmente por motivos de alegadas violações da *suitability rule* têm invariavelmente por base a *Rule 10b-5* emitida com base no *Securities Exchange Act* de 1934 (FREDERICK MARK GEDICKS, *Suitability Claims and Purchases of Unrecommended Securities: An Agency Theory of Broker-Dealer Liability*, Arizona State Law Journal (Summer 2005), 11; LAWRENCE CUNNINGHAM, *Behavioral Finance and Investor Governance*, Washington and Lee LR Vol. 59, (2002), 767-ss; e para os antecedentes: RICHARD W. JENNINGS/HAROLD MARSH JR./JOHN COFFEE JR., *Securities Regulation – Cases and Materials*[7], Westbury, N.Y., (1992), 639-642). Entre nós, as referências pioneiras à doutrina da *unsuitability* encontram-se no importante ensaio de JOSÉ ANTÓNIO VELOSO, *Churning: Alguns Apontamentos com uma Proposta Legislativa*, in Direito dos Valores Mobiliários, Lisboa, 349--453 (358, 380-ss).

[8] *Twomey v. Mitchum, Jones and Templeton, Inc.*: 262 Cal. App. 2d 690; 69 Calif. Rptr. 222 (1968).

– Em resposta a uma acção fundada na violação do dever de adequação, o intermediário alega estar em causa um cliente sofisticado. O tribunal nega-lhe razão, considerando o dever de adequação aplicável às relações com clientes, sejam estes qualificados ou não-qualificados[9].

IV – Este legado foi aproveitado na Europa, seja através da influência dos padrões da IOSCO sobre intermediação financeira[10], que lhe asseguraram maior divulgação, seja ainda por mérito das regras vigentes no Reino Unido[11].

No Direito comunitário, a Directiva relativa aos Serviços Financeiros, datada de 1993, já exigia aos intermediários financeiros o dever de conhecimento da situação financeira, da experiência e dos objectivos de investimento do cliente[12]. Todavia, é a consagração, em termos amplos, do dever de adequação na Directiva relativa aos Mercados de Instrumentos Financeiros e respectiva Directiva de execução, que representa o culminar da recepção da figura no contexto europeu.

V – Previna-se preliminarmente que a comparação entre o regime europeu e o norte-americano deve ser efectuada com extremas cautelas. Nos EUA, embora o centro do dever de adequação do instrumento financeiro ao cliente se situe nas recomendações de investimento[13], o concreto conteúdo deste dever continua sujeito a um significativo debate – havendo vários autores a lamentar-se que o instituto não tenha merecido ainda uma sedimentação satisfatória[14]. Contrariamente, na Europa, houve uma eman-

---

[9] *Hanley v. SEC*: 415 F.2d (2nd Circ. 1969).

[10] IOSCO, *Report on International Conduct of Business Principles* (1990), onde se lê que a recolha de informação sobre o cliente *is a necessary element in enabling a firm to fulfil any suitability requirements*.

[11] No Reino Unido, as primeiras consagrações surgiram na Core Rule 16 do Securities Investment Board, no Capítulo II, 3.1 do IMRO e na Rule 5.31 do SFA – organismos antecessoras da actual Financial Services Authority. Cfr. JONATHAN FISHER/JANE BEWSEY, *The Law of Investor Protection*, London, (1997), 33-36.

[12] Artigo 11.º, § 4.º, 4.ª alínea da Directiva n.º 93/22/CEE.

[13] É certo que a Rule 405 da NYSE tem um âmbito mais alargado, mas o seu conteúdo resume-se ao dever de diligência e de conhecimento do cliente, não se podendo qualificar como dever de adequação em sentido próprio.

[14] Os epítetos cunhados na literatura são reveladores: *"one of the most ill-defined concepts in all securities law"* (RICHARD BOOTH, *The Suitability Rule, Investor Diversification, and Using Spread to Measure Risk*, Business Lawyer Vol. 54 (Aug.-1999), 1599),

cipação significativa em relação ao contributo norte-americano, e o tema é agora sujeito a regras bastante desenvolvidas, que se aplicam a todos os serviços de investimento.

O dever em apreço apresenta-se, assim, no regime vigente na Europa, como dever geral na prestação de serviços de intermediação. Daí que, em transposição da Directiva comunitária, a matéria tenha sido sido tratada no Código dos Valores Mobiliários, em subsecção própria, inserida entre os dispositivos dedicados aos deveres organizativos e de conduta dos intermediários financeiros (artigos 314.°-314.°-D)[15], no Capítulo I do Título VI.

Aliás, uma análise atenta do regime que lhe está associado leva a concluir apenas poderem estar em causa serviços que impliquem uma relação de clientela. Fica afastado, assim, da disciplina a examinar a gestão de sistema de negociação multilateral. A aplicação à colocação e à tomada firme parece, igualmente, largamente comprometida pela natureza das coisas.

2. Estrutura do dever

I – O dever geral de avaliação da adequação do serviço proposto tem uma estrutura complexa, decompondo-se em três deveres distintos, que se interligam e são instrumentais ao mesmo fim:

– o dever de recolha de informação;
– o dever de avaliação de adequação;
– o dever de informação sobre a inadequação ou sobre a falta de informação obtida.

O desenvolvimento seguinte procura acompanhar, sucessivamente, cada um destes deveres.

II – Esta situação jurídica complexa pressupõe, à partida, o dever de recolha de um manancial de informação sobre conhecimentos e experiên-

---

"*nebulous and amorphous as to its content and parameters*" (LEWIS LOWENFELS/ALAN R. BROMBERG, *Suitability in Securities Transactions, Business Lawyer* (Aug.-1999), 1557).

[15] Entre nós, este dever é estendido aos comercializadores de unidades de participação em fundos de investimento mobiliário que não sejam intermediários financeiros: cfr. artigo 70.°, n.os 3 e 4 do Regulamento da CMVM n.° 15/2003, na redacção dada pelo Regulamento n.° 7/2007.

cia do cliente em matéria de investimento no que respeita ao tipo específico de produto ou serviço oferecido ou solicitado, de modo a permitir ao intermediário determinar se o produto ou o serviço de investimento considerado lhe é adequado.

Este dever de obter informação sobre o cliente (*know your client*) é dissonante com o tradicional dever de discrição que vale para a actividade bancária, que pode envolver a proibição de colocação de algumas questões respeitantes à esfera pessoal do cliente. Mais: na prestação de serviços de investimento o intermediário financeiro não pode incentivar um cliente a não prestar a informação requerida (artigo 314.°-C, n.° 1).

Entre nós, por obra das indicações comunitárias, há uma delimitação de um mínimo de informação que deve ser obtida do cliente[16], traçada através de um regime dual: às exigências estabelecidas em termos gerais (artigo 314.°, 314.°-B e 314.°-C), soma-se um regime especial para a gestão de carteiras e consultoria para investimento (artigo 314.°-A).

O regime geral obriga a que o intermediário solicite ao seu cliente informação relativa aos seus conhecimentos e experiência em matéria de investimento no que respeita ao tipo de instrumento financeiro ou ao serviço considerado. Esta informação deve ser suficiente para avaliar se o cliente compreende os riscos envolvidos (artigo 314.°, n.° 1) e deve incluir pelo menos: os tipos de serviços, operações e instrumentos financeiros com que o cliente está familiarizado; a natureza, o volume e a frequência das operações do cliente em instrumentos financeiros e o período durante o qual foram realizadas; e o nível de habilitações, a profissão ou a anterior profissão relevante do cliente (artigo 314.°-B, n.° 1).

O objectivo final da compreensão do risco do investimento proposto, tendo embora como referência imediata as pessoas singulares, também se deve aplicar às pessoas colectivas. Neste caso, porém, o enunciado legislativo deve ser habilmente interpretado, no sentido de a recolha de informação dever ser feita em relação ao representante relevante do cliente para

---

[16] No Direito norte-americano houve uma evolução apreciável na determinação do manancial de informação que deva ser obtida (FREDERICK MARK GEDICKS, *Suitability Claims and Purchases of Unrecommended Securities: An Agency Theory of Broker-Dealer Liability*, cit., 5-6; THOMAS LEE HAZEN, *Securities Regulation*, cit. 836). De uma posição inicialmente assumida pela NASD em 1964 no sentido da inexistência de um dever positivo de recolha de informação, mas logo contrariada pela SEC, evoluiu-se em 1991 para a consagração de um dever alargado de obtenção de informação junto de investidores não institucionais (LEWIS LOWENFELS/ALAN R. BROMBERG, *Suitability in Securities Transactions*, cit., 1563-1564).

efeitos do concreto investimento em causa[17]. Estando em causa um instituto que visa evitar erros de julgamento, o artigo 259.º do Código Civil serve, por identidade de razão, de conforto a esta solução.

III – Embora a lei não o diga directamente, vai implícita na mensagem legislativa a ideia de que o intermediário financeiro deve também recolher toda a informação sobre o instrumento financeiro que é proposto ao cliente.

Esta conclusão é extraída através de mera interpretação enunciativa do regime plasmado nos artigos 314.º e seguintes. Se assim não fosse, não estaria o intermediário habilitado para fazer o juízo de adequação entre o projecto de investimento visado e as características concretas do cliente. O ponto não parece merecedor de dúvida, a ponto de que a única razão plausível pela qual se admite que a lei não esclareceu directamente o dever, por parte do intermediário financeiro, de conhecer o investimento por ele proposto é porque tal equivaleria a afirmar o óbvio.

Retira-se, pois, que também à luz do Direito português o dever de adequação pressupõe um dever de conhecimento do cliente (*know your client*) e do instrumento financeiro envolvido (*know your security*)[18].

IV – As exigências descritas representam, como se referiu, o reduto informativo mínimo que deve ser exigido do cliente. O intermediário financeiro pode exigir mais informação – e em muitos casos fá-lo-á. Merece invocar, aliás, existir uma interessante discussão, ocorrida nos EUA, sobre o que deva ser avaliado para efeitos da adequação.

Além de aspectos financeiros, há quem – baseado nas teorias sobre finanças comportamentais – sustente que os testes de adequação deveriam igualmente versar sobre o perfil psicológico do cliente, a fim de detectar a sua propensão ou aversão ao risco ou para avaliar as suas expectativas no sentido mais global[19].

---

[17] Também neste sentido: ROB PRICE, *Conduct of Business Standards – Fair Dealing with Clients*, in MATTHEW ELDERFIELD (ed.), *A Practitioner's Guide to MiFID*, cit, 162. Caso diverso é, naturalmente, o da responsabilidade da pessoa singular que, conhecendo o risco, aceita um investimento desajustado ao da pessoa colectiva que representa: cfr. sobre estes NORMAN S. POSER, *Liability of Broker-Dealers for Unsuitable Recommendations to Institutional Investors*, cit., 1498.

[18] LEWIS LOWENFELS/ALAN R. BROMBERG, *Suitability in Securities Transactions*, cit., 1557.

[19] LAWRENCE CUNNINGHAM, *Behavioral Finance and Investor Governance*, cit., 34-37.

O grau de diversificação da carteira do cliente também é apontado como um elemento importante para avaliar o risco que determinado investimento pode implicar[20].

V – Como notado, uma mais exigente avaliação da adequação surge imposta na gestão de carteiras e na consultoria para investimento[21] – áreas em que é mais aguda a natureza fiduciária da prestação do intermediário.

Nestes casos, segundo o artigo 314.°-A, devem ser indagados, além dos elementos anteriormente referidos, a situação financeira e os objectivos do investimento.

VI – Apesar de o dever de adequação também valer para os casos em que o cliente é qualificado[22], este sujeita-se todavia a um regime marcadamente diverso.

Em termos de enquadramento, a informação recolhida deve ter em consideração a natureza do investidor (artigo 314.°-B, n.° 2).

Além disso, quando o intermediário financeiro prestar um serviço de investimento a um investidor qualificado presume-se que, em relação aos instrumentos financeiros, operações e serviços para os quais é tratado como tal, esse cliente tem o nível necessário de experiência e de conhecimentos (artigo 314.°-B, n.° 3).

Soma-se ainda que na prestação de consultoria para investimento a um investidor qualificado, se presume que aquele consegue suportar financeiramente o risco de qualquer eventual prejuízo causado pelo investimento (artigo 314.°-A, n.° 4).

Ambas as presunções descritas são, nos termos gerais (artigo 350.°, n.° 2 CC), ilidíveis. Porém, a ilisão de presunção apenas pode funcionar em relação ao intermediário se baseada em informação de que este dispõe;

---

[20] RICHARD BOOTH, *The Suitability Rule, Investor Diversification, and Using Spread to Measure Risk, cit.*, 1599-1627, que propõe uma avaliação agregada dos spreads da carteira como meio de calcular o risco dos portfolios; em termos semelhantes: STEPHEN B. COHEN, *The Suitability Rule and Economic Theory, Yale Law Journal* Vol. 80 n.° 8 (1971), 1604-1635; ROBERT N. RAPP, *Rethinking Risky Investments for that Little Old Lady: A Realistic Role for Modern Portfolio Theory in Assessing Suitability Obligations of Stockbrokers, cit.*, 252-279.

[21] O conceito de consultoria para investimento é aqui empregue em sentido técnico.

[22] Do mesmo modo, no panorama norte-americano: DAVID LIPTON, *Broker Dealer Regulation,* cit., § 5.01 [3].

por isso é que a Directiva e o artigo 314.°-A, n.° 4 CVM utilizam a fórmula "o intermediário pode presumir".

3. A avaliação da adequação

I – Em cada prestação de serviço de investimento, deve ser ajuizada a sua adequação ao perfil do cliente.

A literatura frequentemente qualifica a adequação aqui suposta como uma adequação qualitativa[23], por oposição à adequação quantitativa, que subjaz à proibição de intermediação excessiva (*churning*)[24]. A asserção, no entanto, pode revelar-se inexacta. É certo que a avaliação aqui subjacente é essencialmente qualitativa, ao assentar numa relação entre o concreto perfil do investidor e as características (em particular, quanto ao risco) do negócio visado. Todavia, esta divisão entre aferição quantitativa e qualitativa revela-se excessivamente simplista, porquanto o risco a afectar a carteira do cliente depende não só da natureza dos instrumentos a investir, mas também da quantidade aí associada, e do portfolio global em causa[25]. Não pode esquecer-se, ademais, que o risco da execução de ordens inadequadas se liga ao facto de a remuneração dos corretores assentar em comissões por negócio, estimulando estruturalmente a concretização da ordem[26] – não obstante, claro está, o interesse do intermediário residir na manutenção, em termos duráveis, do contrato de intermediação e da confiança do seu cliente[27]. E esse problema – por outras palavras: a tensão entre a perspectiva do ganho (ilegítimo) imediato e a ameaça, ainda que diferida, do dano reputacional – é afinal transversal em relação ao dever de adequação e à proibição da intermediação excessiva.

Entende-se, em suma, que o juízo de adequação qualitativa do serviço ao cliente é necessário mas pode não ser suficiente.

---

[23] Assim: RICHARD W. JENNINGS/HAROLD MARSH JR./JOHN COFFEE JR., *Securities Regulation – Cases and Materials*[7], cit., 641-642; MATTHEW J. BENSON, *Online Investing and the Suitability Obligations of Brokers and Broker-Dealers,* cit., 402.

[24] Entre nós, cfr. o artigo 310.° CVM.

[25] STEPHEN B. COHEN, *The Suitability Rule and Economic Theory*, cit., 1607-1630.

[26] NORMAN S. POSER, *Liability of Broker-Dealers for Unsuitable Recommendations to Institutional Investors, cit.*, 1524-1527.

[27] Antológico, a este propósito: DONALD C. LANGEVOORT, *Selling Hope, Selling Risk: Some Lessons for Law from Behavioral Economics About Stockbrokers and their Sophisticated Customers, California LR*, Vol. 84, n. 3 (1996), 628-631, 648-669.

II – Para se entender a intensidade da avaliação aqui exigida, há que contar, de uma banda, com o regime geral e, de outra banda, com os particularismos da gestão de carteiras e da consultoria para investimento.

Em relação a todos os serviços de investimento, deve o intermediário verificar se o cliente dispõe da experiência e dos conhecimentos necessários para compreender os riscos envolvidos na operação (artigo 314.º, n.º 1).

Em adição, no caso da consultoria para investimento e gestão de carteira, será ainda necessário ajuizar se a operação específica a recomendar ou a iniciar corresponde aos objectivos de investimento do cliente em questão e se o cliente pode suportar financeiramente quaisquer riscos de investimento conexos, em coerência com os seus objectivos de investimento (artigo 314.º-A, n.º 2).

A versão inglesa da DMIF emprega designações diferentes para cada um dos exames reclamados: ao primeiro intitula *apropriateness regime*, e ao segundo, mais exigente, *suitability regime*[28]. Mas semelhante distinção terminológica não é operada no texto nacional, nem da Directiva, nem dos preceitos do Código dos Valores Mobiliário que procedem à sua transposição.

III – As consequências de uma avaliação negativa são diferentes em função do tipo de serviço envolvido.

Estando em causa o regime-regra (*apropriateness regime*), se o intermediário financeiro concluir que a operação considerada não é adequada ao cliente deve adverti-lo, por escrito, para esse facto (artigo 314.º, n.º 2).

Na consultoria para investimento e gestão de carteiras, se o cliente não entende os riscos subjacentes em cada transacção, o intermediário não deve prestar o serviço. A expressão legal encontrada no n.º 3 do artigo 314.º-A, em fiel obediência ao texto da Directiva comunitária, é o de que o intermediário *não deve recomendar* o serviço ao cliente[29]. Mas convém não esquecer que a proibição de prestação do serviço também se aplica à gestão de carteiras, em que não há propriamente recomendação, mas execução em regra discricionária de decisões de investimento[30].

---

[28] Cfr. por exemplo ALESSANDRA CHIRICO, *Suitability and Appropriateness under MiFID: "Faithful watchdogs" or "terrible twins"?*, ECMI Policy Brief n.º 9 (Sept.--2007), 3-6.

[29] Cfr. artigo 35.º, n.º 1, c) da Directiva 2006/73/CE.

[30] ROB PRICE, *Conduct of Business Standards – Fair Dealing with Clients*, in MATTHEW ELDERFIELD (ed.), *A Practitioner's Guide to MiFID*, cit, 161, 164, 169.

Em todo o caso, a *ratio* desta norma proibitiva é fácil de entender. Com efeito, a recomendação de um instrumento financeiro ou a execução de uma decisão de investimento que envolva um risco que o cliente não conheça equivaleria ao incumprimento do dever de adequação do intermediário, que é precisamente o que o regime em análise pretende evitar.

IV – O dever de aferição da adequação abrange serviços referentes a negócios aquisitivos e dispositivos.

Apreciação separada, porém, deve merecer a alienação de direitos de subscrição ou de direitos de aquisição de participações sociais. Aqui – e ressalvando apenas os casos de *short selling* de direitos –, o investidor é colocado numa situação em que a não-decisão implica o risco de diluição patrimonial. Por isso, o teste de adequação deve ser encarados em termos mais abertos – para não desembocar na tendencial ou sistemática caducidade dos direitos pelo seu não exercício, o que contrariaria a teleologia do preceito: a protecção do cliente.

V – A lei não prescreve um directo intervalo temporal entre a avaliação da adequação e a prestação do serviço. Este pode seguir-se imediatamente àquele, se o resultado da avaliação concluir no sentido da adequação do serviço.

A acrescer, à semelhança do que sucede em relação à classificação dos clientes, não se prescreve uma periodicidade para a revisão dos testes de adequação. Não pode censurar-se esta solução. Como ensinam os estudos de finanças comportamentais (*Behavioral Finance*), a apetência para o risco pode variar em função de um complexo de elementos (idade, situação do mercado, origem do património afectado) – o que sempre tornaria difícil o desenho de um prazo de revisão para detecção da adequação, por via legal[31].

VI – O regime do dever de adequação conta também com especialidades quando envolvido em relações plurissubjectivas.

O intermediário financeiro que recebe de outro intermediário financeiro instruções para prestar serviços de investimento em nome de um

---

[31] DONALD C. LANGEVOORT, *Selling Hope, Selling Risk: Some Lessons for Law from Behavioral Economics About Stockbrokers and their Sophisticated Customers*, cit., 627-699; LAWRENCE CUNNINGHAM, *Behavioral Finance and Investor Governance*, Washington and Lee LR Vol. 59, (2002), 767-ss.

cliente deste último pode confiar em duas diversas fontes de informação: na informação sobre o cliente que lhe tenha sido transmitida pelo intermediário financeiro que o contratou; ou nas recomendações relativas ao serviço ou operação que tenham sido transmitidas ao cliente pelo outro intermediário financeiro (artigo 314.°-C, n.° 3).

O intermediário financeiro que transmita instruções a outro intermediário financeiro deve assegurar a suficiência e a veracidade da informação transmitida sobre o cliente e a adequação das recomendações ou dos conselhos relativos ao serviço ou operação que tenham sido por si prestados a este (artigo 314.°-C, n.° 4).

Havendo sub-contratação, o dever de exame de adequação é feito pelo subcontratante, dado ser este o contraente directo do cliente.

VII – O cumprimento do dever de adequação coloca, por fim, dificuldades práticas em contas detidas em contitularidade.

Como facilmente se alcança, só existe verdadeiramente um problema nas contas solidárias, que autorizam a disposição dos valores mobiliários por cada um dos contitulares, sem necessária intervenção dos demais. É por isso pertinente perguntar se nesse quadro os deveres de adequação se reportam a todos os contitulares.

Embora o regime jurídico não apresente directa resposta, não parece que esta deva ser necessariamente afirmativa. Se apenas um dos contitulares é dotado de capacidade jurídica, deve bastar-se uma análise que se refira apenas a esse sujeito, sendo dispensado em relação aos demais. Nos demais casos, parece dever reclamar-se autorização de vários contitulares – e, no limite, de todos os afectados.

Não obstante, o sistema admite estipulações pactícias entre os contitulares que confiram a apenas um deles a posição de examinado para efeitos de adequação.

4. Execução estrita de ordens

I – No que respeita aos serviços de recepção, transmissão e execução de ordens, a lei consagra uma importante derrogação ao dever de adequação.

Em causa estão os serviços de execução estrita (*execution-only*), que requerem o cumprimento cumulativo dos seguintes requisitos:

– Estar em causa um instrumento financeiro não-complexo, conceito que adiante será analisado[32];
– Ser o serviço prestado por iniciativa do cliente[33];
– Ter o cliente sido advertido, por escrito, ainda que de forma padronizada, de que, na prestação deste serviço, o intermediário financeiro não é obrigado a determinar a adequação da operação considerada às circunstâncias do cliente; e
– Cumprir o intermediário financeiro os deveres relativos a conflitos de interesses.

Se estiverem reunidos estes requisitos, nenhum dos três deveres aqui envolvidos – dever de recolha de informação, dever de avaliação de adequação e dever de informação sobre a inadequação ou sobre a falta de informação obtida – se tem como aplicável.

A partir desta excepção, infere-se da lei ser permitida a existência de *discount brokers*, dedicados exclusivamente à execução estrita de ordens, desde que os requisitos acima elencados se mostrem cumpridos.

II – A prestação de serviços financeiros através da Internet encontra-se sujeita às mesmas regras de adequação[34].

Em causa estão sobretudo os serviços de consultoria, de um lado, e de recepção, transmissão e execução de ordens, de outro lado. Atento o menor contacto pessoal que este meio comunicativo implica, há que assegurar que a informação necessária é recolhida junto do cliente, que os avisos sobre inadequação são correctamente dirigidos e que não há prestação de recomendações em desrespeito dos artigos 314.º e seguintes.

Neste campo, é importante discernir claramente a fronteira entre consultoria genérica e de consultoria em sentido técnico. Usualmente é prestada bastante informação através da Internet sem ter natureza personalizada[35].

---

[32] Cfr. *infra*, 5.

[33] Cfr. o considerando 30 da Directiva n.º 2004/39/CE (DMIF), sobre a delimitação conceptual do que se considera ser serviço prestado por iniciativa do cliente.

[34] Em sentido próximo, a propósito do Direito norte-americano: MATTHEW J. BENSON, *Online Investing and the Suitability Obligations of Brokers and Broker-Dealers*, cit., 395-413.

[35] MATTEO ORTINO, *Il Mercato Comunitario sei Servizi di Investimento. Il "Trading On-line"*, Milano, (2005), 246-247.

O dever de adequação, relembra-se, apenas se aplica aos casos de consultoria personalizada[36].

A recepção, transmissão e execução de ordens através de Internet, por seu turno, passa a ser rodeada de maiores exigências informativas. Porém, como notado, o regime de adequação neste caso é, em comparação com o da consultoria, significativamente menos intenso no tocante ao acervo de informação a recolher e às consequências de uma avaliação negativa da adequação. É certo, além disso, que estes serviços podem ser prestados ao abrigo das regras de execução estrita, acima descritas. Ainda assim, os aludidos dispositivos acabam por implicar limitações significativas à execução estrita de ordens através da Internet relativamente a instrumentos complexos. A compreensão deste conceito reclama, assim, uma explicação adicional, a prestar de seguida.

5. Os instrumentos financeiros complexos

I – Os tipos de instrumentos financeiros não pode ser classificados *a priori*, com inteiro rigor, segundo o seu grau de complexidade. Com efeito, mesmo aos tipos de valores mobiliários de estrutura tendencialmente mais simples podem ser associados, como critérios da remuneração, elementos que tornam a sua avaliação mais difícil.

Todavia, foi sentida a necessidade legislativa de traçar um perímetro a separar os instrumentos financeiros complexos dos não complexos, de modo a permitir que estes pudessem ficar sujeitos a regras menos exigentes, precisamente quanto ao dever de avaliação da adequação do instrumento financeiro ao cliente, sujeitando-se nesses casos a um regime de execução estrita, como analisado.

II – Neste quadro, a técnica utilizada para delimitar a fronteira entre instrumentos financeiros complexos e não complexos envolveu a fixação

---

[36] Nos EUA o essencial orbita em torno da discussão sobre a existência de recomendação para efeitos da *suitability rule*. Cfr. a propósito NASD, *Suitability Rule and Online Communications. Notice to Members 01-23* (April 2001). Aí, todavia, o conceito de recomendação de investimento apresenta em algumas formulações um âmbito mais amplo do que o vigente no regime comunitário, ao abranger todos os casos em que uma operação é, por algum meio, trazida ao conhecimento do cliente: MATTHEW J. BENSON, *Online Investing and the Suitability Obligations of Brokers and Broker-Dealers,* cit., 400.

de um elenco de instrumentos directamente considerados como não complexos, permitindo-se todavia que outros possam merecer tal qualificação se cumprirem requisitos adicionais.

Assim, através da alínea a) do n.º 1 do artigo 314.º-D são directamente considerados não complexos: as acções admitidas a mercado regulamentado (ou equivalente em país terceiro), os instrumentos do mercado monetário, as obrigações e outros valores mobiliários representativos de dívida (que não incorporem derivados) e os OICVM[37].

Além disso, nos termos do n.º 2 do artigo 314.º-D CVM, admite-se que outros instrumentos financeiros se qualifiquem como não complexos desde que:

- Não sejam títulos de participação, warrants autónomos, direitos destacados de valores mobiliários, valores atípicos[38], contratos diferenciais ou instrumentos financeiros derivados.
- Se verifiquem frequentes oportunidades para o alienar, resgatar ou realizar a preços que sejam públicos e que se encontrem à disposição dos participantes no mercado, correspondendo a preços de mercado ou a preços disponibilizados por sistemas de avaliação independentes do emitente;
- Não impliquem a assunção de responsabilidades pelo cliente que excedam o custo de aquisição do instrumento financeiro;
- Esteja disponível publicamente informação adequada sobre as suas características, que permita a um investidor não qualificado médio avaliar, de forma informada, a oportunidade de realizar uma operação sobre esses instrumentos financeiro.

A qualificação dos warrants autónomos e aos direitos destacados de valores mobiliários como instrumentos financeiros complexos deve ser interpretada em termos alargados. Faz sentido que aqui se incluam identicamente outros valores mobiliários de estrutura derivada, designadamente os certificados, os valores mobiliários obrigatoriamente convertíveis, os valores mobiliários convertíveis por opção do emitente e os valores mobiliários condicionados por eventos de crédito.

---

[37] Este dispositivo transpõe o artigo 19.º, n.º 6 primeiro travessão da Directiva 2004/39/CE (DMIF).

[38] Para efeitos da alínea g) do artigo 1.º do Código.

III – A lista de instrumentos não complexos aqui revelada descende directamente da Directiva comunitária sobre a matéria – a DMIF. No entanto, não se trata de um elenco incontestado. A opção legislativa aparece repetidas vezes criticada por ser estreita em demasia. Basta recordar, a propósito, que na preparação do diploma europeu foram várias as insistências para colocar no leque dos instrumentos não-complexos os instrumentos derivados simples – o que não foi, a final, aceite[39].

O sistema, tal como apresentado, não escapa também a acusações de um certo simplismo. A título de exemplo, à luz do critério enunciado na alínea *a*) do n.º 1 do artigo 314.º-D, a avaliação de acções cotadas de uma sociedade de capital de risco ou de uma sociedade que investe em *hedge funds* seria tida como não-complexa. Pode, ademais, reconhecer-se alguma incoerência resultante do facto de o investimento em acções ser tido como operação não-complexa, ao passo que os direitos inerentes às mesmas merecem, ao invés, a qualificação de instrumentos complexos.

Ao conjunto das críticas alinhadas, assim como à norma qualificativa *sub judice* não pode, contudo, atribuir-se excessiva importância. Esta divisão classificativa surge como uma solução de conveniência para tratar um aspecto muito pontual do regime da intermediação, sem que daí se possam inferir consequências mais amplas. A classificação em apreço não pode, é certo, ser tida como um indício incontestado do risco envolvido nos instrumentos financeiros em referência. Esta categorização é, no entanto, necessária, para alcançar uma determinação apriorística dos instrumentos que admitem execução estrita.

6. Extensão a outros produtos financeiros

I – Um dos desenvolvimentos recentes ligados ao dever de adequação prende-se com a sua aplicação para além do elenco de instrumentos financeiros consagrado na Directiva n.º 2004/39/CE. O ponto de partida para esta extensão funda-se na equivalência funcional de outros produtos financeiros a que esteja subjacente um risco. Nestes casos, o dever de adequação mostra-se apto a acautelar processos decisórios robustos, do lado do aforrador, e a prevenir assimetrias informativas no circuito de distribuição.

---

[39] NIAMH MOLONEY, *The Lamfalussy Process and Recent Evidence on Its Operation: An Examination on Level 2 and Level 3 and the Role of the CESR*, (2007).

Tanto é assim que, nos Estados Unidos, há um reconhecimento, por via auto-regulatória, do dever de adequação na comercialização de rendas perpétuas (*annuities*)[40] e uma crescente preocupação com a consultoria em fundos de pensões[41].

II – O sistema jurídico português foi colocado na primeira linha desta tendência através da recente consagração do dever de adequação na comercialização individual de fundos de pensões abertos e de contratos de seguro ligados a fundos de investimento (*unit-linked*)[42].

Identicamente, o regime referente à comercialização pública de contratos de investimento em bens corpóreos prevêem que as sociedades comercializadoras devem solicitar ao cliente a informação necessária para avaliar a adequação do contrato oferecido às circunstâncias pessoais daquele, nomeadamente ao seu perfil de risco, por forma a orientá-lo para que a sua decisão de investimento seja tomada de forma consciente e se adeqúe a esse perfil[43].

Em ambos os casos, trata-se de um dever de adequação simplificado, que não pressupõe, a montante, a categorização dos clientes, aplicando-se a qualquer cliente, independentemente da sua natureza. Além disso, o grau prescritivo aqui subjacente é mais moderado, forçando à recolha da informação *necessária* para avaliar a adequação do produto oferecido às circunstâncias pessoais do cliente.

III – Este desenvolvimento não surge isolado e constitui um interessante sintoma da vocação expansiva do dever de adequação, dada a sua potencial projecção a outros instrumentos do sistema financeiro. A rede de distribuição de instrumentos financeiros passa a assumir uma função de

---

[40] NATIONAL ASSOCIATION OF INSURANCE COMMISSIONERS, *Suitability in Annuity Transactions Model Regulation*, (2007); FINRA/ANNUITY WORKING GROUP, *Statement in Support of a Suitability Rule for Insurance Companies and Agencies*, (7-Maio-2007), acessível em www.finra.org.
[41] LOUIS LOSS/JOEL SELIGMAN/TROY PAREDES, *Securities Regulation*[3], (Supl. 2007), 3336.
[42] Em referência está o Artigo 14.º do Regulamento da CMVM n.º 8/2007, cujo n.º 1 dispõe que *as entidades comercializadoras solicitam ao cliente a informação necessária para avaliar a adequação do produto oferecido às circunstâncias pessoais daquele, nomeadamente ao seu perfil de risco, por forma a orientá-lo para que a sua decisão de investimento seja tomada de forma consciente e se adeqúe a esse perfil.*
[43] Artigo 13.º do Regulamento da CMVM n.º 9/2007.

indagação cognitiva dos conhecimentos dos clientes e uma função orientadora das respectivas necessidades.

Em si, e em termos mais largos, este constitui também um indício revelador do carácter pioneiro de alguns institutos do Direito dos valores mobiliários, que pese embora a sua origem periférica, são aportadores de contributos gradual e crescentemente enriquecedores do núcleo do sistema jurídico.

Novembro de 2007

O NOVO REGIME DA REDUÇÃO DO CAPITAL SOCIAL

PAULO DE TARSO DOMINGUES[*][**]

SUMÁRIO: *1. Redução nominal e redução real do capital social. 2. A redução do capital por perdas. 3. A redução do capital por exuberância. 4. O regime único aplicável à redução do capital, após a reforma de 2007 do CSC: 4.1. A pouca ponderação das alterações legislativas efectuadas pelo Decreto-Lei n.º 8/2007; 4.2. Os traços essenciais do regime: 4.2.1. Competência deliberativa; 4.2.2. Tutela de credores; 4.2.3. Princípio da igualdade de tratamento. 5. A redução do capital abaixo do mínimo legal. A operação-acórdeão e a redução a zero* (azzeramento) *do capital social.*

O objectivo deste trabalho é o de proceder a uma primeira abordagem ao novo regime jurídico da redução do capital social, instituído pelo Decreto-Lei n.º 8/2007, que procedeu a profundas alterações na regulamentação desta operação[1].

---

[*] Assistente da Faculdade de Direito da Universidade do Porto.
[**] Com o presente estudo, pretendo modestamente participar na justíssima homenagem ao Senhor Professor Oliveira Ascensão, vulto maior da ciência jurídica portuguesa, de quem não tive o privilégio de ser aluno, mas de quem me sinto sempre aluno.
[1] Sobre a operação de redução do capital social pode ver-se, entre nós, J. OLIVEIRA ASCENSÃO, *Direito comercial*, Vol. IV, *Sociedades comerciais*, Lisboa, 2000, pp. 157 ss.; RAÚL VENTURA, "Alterações do contrato de sociedade", *Comentário ao código das sociedades comerciais*, Almedina, Coimbra, 1988, pp. 311 ss.; A. MENEZES CORDEIRO, *Manual de direito das sociedades*, I, *Das sociedades em geral*, Almedina, 2007, p. 781; ID., *Manual de direito das sociedades*, II, *Das sociedades em especial*, Almedina, 2007, p. 831; J. H. PINTO FURTADO, *Curso de direito das sociedades*, Almedina, Coimbra, 2001; pp. 525 ss.; M. NOGUEIRA SERENS, "Notas sobre a sociedade anónima", *BFDUC, Studia Iuridica*, 14, Coimbra Editora, Coimbra, 2.ª ed., 1997, pp. 123 ss.; P. OLAVO CUNHA, *Direito das socie-*

1. Redução nominal e redução real do capital social

A primeira observação que importa fazer no exame da variação para menos do capital social é a distinção entre as designadas redução nominal e real[2], uma vez que se trata de duas operações materialmente diferentes, com motivações e finalidades claramente diversas.

Na redução nominal do capital, não há qualquer libertação ou devolução de bens aos sócios. Com esta operação, o que se visa é tão-somente adequar a cifra do capital ao valor do património líquido da sociedade, entretanto diminuído pelas perdas por esta sofridas[3]. Trata-se apenas de uma medida de saneamento ou reequilíbrio financeiro[4], que não implica qualquer retirada de bens da sociedade – e, consequentemente, qualquer diminuição do património afecto ao pagamento dos credores sociais – o que leva a que, por via de regra, a generalidade dos ordenamentos jurídicos estabeleça um regime mais simplificado para este tipo de operação[5-6].

---

dades comerciais, Almedina, Coimbra, 2007, n.º 25, pp. 402 ss.; ID., "A redução do capital social das sociedades anónimas", *Estudos em homenagem ao Prof. Doutor Inocêncio Galvão Telles*, vol. IV, Almedina, Coimbra, 2003, pp. 659 ss.

[2] Cfr. KARSTEN SCHMIDT, *Gesellschaftsrecht*, Carl Heymanns Verlag, Koln, 2002, § 29, III, 4 e 5; FRIEDRICH KÜBLER, *Gesellschaftsrecht*, C. F. Müller Verlag, Heidelberg, 1999, 16, V; A. PÉREZ DE LA CRUZ BLANCO, *La reducción del capital en sociedades anónimas e de responsabilidad limitada*, Publicaciones del Real Colegio de España en Bolonia, 1973, pp. 73 ss. e 205 ss.; RAFAEL MANZANO ARENAS, *Aumento y reducción de capital en sociedades anónimas*, CISS, Valencia, 1999, pp. 218 ss.; M. B. LEACH ROS, *Equilibrio patrimonial (operación acordeón)*, Editoriales de Derecho Reunidas, Madrid, s/d, pp. 36 ss.; e C.A. BUSI, *Azzeramento e ricostituzione del capitale nelle s.p.a.*, Cedam, Padova, 1988, pp. 401 ss.

[3] Ou dito doutra forma, o que se pretende é adequar o capital social nominal ao capital social real. Sobre esta dupla noção de capital social, vide o nosso, "Do capital social – Noção, princípios e funções", *BFDUC, Studia Iuridica*, 33, 2.ª ed., Coimbra Editora, Coimbra, 2004, pp. 46 ss.

[4] Cfr. K. SCHMIDT, *Gesellschaftsrecht*, § 29, III, 5; e RIPERT/ROBLOT/GERMAIN, *Traité de Droit Commercial*, Tome I, 16e Édition, LGDJ, Paris, 1996, n.º 988, p. 738.

[5] Vide, p. ex., §§ 229 ss. AktG que consagram precisamente a designada "redução de capital simplificada" (*Vereinfachte Kapitalerabsetzung*). Cfr. M. LUTTER, *Kölner Kommentar zum Aktiengesetz*, Band 5/1, Carl Heymanns, 1995, §§ 229 ss., pp. 725 ss.

[6] Até porque esta solução se revela vantajosa para os credores sociais e para os sócios. Ela é benéfica para os primeiros, na medida em que deixam de poder ser induzidos em erro pelo valor do capital social nominal, que afinal não tem correspondência no activo líquido da sociedade. Ela favorece igualmente os sócios, uma vez que se torna mais fácil no futuro a distribuição de lucros, que – sem a redução – teriam necessariamente de ser afectos à cobertura de perdas (cfr. artigo 33.º CSC). Vide K. SCHMIDT, *Gesellschaftsrecht*,

Diferentemente, no caso da redução real ou efectiva[7] verifica-se uma libertação de fundos do património social, que deixam de estar vinculados à cobertura do capital social e podem ser devolvidos aos sócios[8]. Ou seja, a redução efectiva do capital implica uma diminuição da garantia dos credores (na medida em que o património social, que responde pelos seus créditos, é diminuído), o que justifica a consagração, por parte dos legisladores societários, de um regime mais rigoroso destinado precisamente à tutela e protecção dos terceiros credores[9].

Modalidades típicas daquelas duas formas de redução são, respectivamente, a redução por perdas e a redução do capital exuberante, a cujos traços essenciais do regime começaremos, ainda que brevemente, por aludir.

2. A redução do capital por perdas

Ao contrário da redução do capital exuberante, a redução por perdas – em especial a que resulta da perda grave do capital – encontra-se já assaz tratada na nossa literatura jurídica[10].

---

§ 29, III, 5; KÜBLER, *Gesellschaftsrecht*, 16, V; e RIPERT/ROBLOT/GERMAIN, *Traité ...*, tome 1, n.º 1577, pp. 1136 ss.

[7] Esta modalidade de redução dá-se normalmente quando os sócios entendem que o valor afecto ao capital social é excessivo para as necessidades de funcionamento e exploração da actividade societária. Daí que esta operação corresponda, por via de regra, à modalidade de redução que se costuma designar por redução do capital exuberante ou excessivo. Cfr. SIMONETTO, "La riduzione del capitale esuberante", *Rivista delle società*, 1966, pp. 427 ss. e *infra* ponto 3.

[8] Trata-se, em todo o caso, de uma operação muito menos vulgar na *praxis* societária. Cfr. K. SCHMIDT, *Gesellschaftsrecht*, § 29, III, 4; e RIPERT/ROBLOT/GERMAIN, *Traité ...*, tome 1, n.º 1577, p. 1137.

[9] O nosso legislador, no entanto, com a reforma do regime da redução do capital, operada pelo Decreto-Lei n.º 8/2007, de 17 de Julho veio estabelecer, como veremos à frente – *infra* no ponto 4 – um regime idêntico para estes dois modelos de redução (cfr. artigos 94.º a 96.º CSC).

[10] Cfr., entre outros, ANTÓNIO MENEZES CORDEIRO, "Da perda de metade do capital social das sociedades comerciais", *ROA*, Ano 56 (1996), Lisboa, pp. 157 ss.; ID., "A perda de metade do capital social e a reforma de 2005: um repto ao legislador", *ROA*, Ano 65 (2005), pp. 45 ss.; PAULO DE TARSO DOMINGUES, "A perda grave do capital social (a propósito da recente entrada em vigor do artigo 35.º do Código das Sociedades Comerciais)", *Estudos em homenagem ao Senhor Professor Doutor J. Ribeiro de Faria*, Coimbra Editora, 2003, pp. 739 ss.; P. OLAVO CUNHA, "O novo regime da redução do capital social e o artigo

Convirá, em todo o caso, assinalar que a alteração efectuada ao artigo 35.º CSC pelo Decreto-Lei n.º 19/2005, de 18 de Janeiro, originou uma radical alteração do regime previsto para a perda grave do capital social.

Com efeito, enquanto até ali se consagrava um sistema reactivo (em que os sócios, perante uma situação de perda grave do capital social, eram obrigados a reagir, adoptando medidas destinadas a restabelecer o equilíbrio financeiro da sociedade), com a redacção actual do artigo 35.º CSC passou-se para um sistema meramente informativo[11] (em que a lei apenas impõe a obrigação de informar os sócios da condição patrimonial em que se encontra a sociedade, podendo estes adoptar ou não, como bem entenderem, medidas destinadas a sanar aquela situação de perda grave)[12]. É o regime em vigor, que resulta da redacção actual do artigo 35.º CSC, que passaremos sumariamente a analisar de seguida.

A *fattispecie* do artigo 35.º CSC consiste em uma sociedade sofrer uma perda grave do capital social, o que ocorrerá quando "o capital próprio da sociedade for igual ou inferior a metade do capital social" (artigo 35.º, n.º 2 CSC).

Constatando os gerentes ou administradores aquela situação – seja pela contas de exercício, seja por contas intercalares ou ainda, em qualquer momento, desde que tenham "fundadas razões para admitir que essa perda se verifica" – deverão os gerentes "convocar de imediato a assembleia geral" e os administradores "requerer prontamente a convocação da mesma" (cfr. artigo 35.º, n.º 1 CSC)[13-14].

35.º do Código das Sociedades Comerciais", *Prof. Doutor Inocêncio Galvão Telles: 90 Anos, Homenagem da Faculdade de Direito de Lisboa*, Almedina, Coimbra, 2007, pp. 1024 ss.; A. MOTA PINTO, "O artigo 35.º do código das sociedades comerciais na versão mais recente", in *Temas societários*, IDET, Almedina, Coimbra, 2006, pp. 107 ss.; e PAULO VASCONCELOS, "A perda grave do capital", Revista de Ciências Jurídicas Empresariais, ISCAP, Porto, n.º 10, 2007 pp. 7 ss.

[11] A redacção do artigo 35.º, n.º 1 CSC – que é, hoje, muito próxima da do § 92, 1 AktG – estabelece expressamente que a obrigação dos gerentes/administradores consiste em "informar os sócios da situação" em que se encontra a sociedade. Sobre a distinção entre os dois modelos – reactivo ou informativo – *vide*, o nosso "A perda grave...", pp. 752 ss.

[12] Assim também, MENEZES CORDEIRO, "A perda de metade do capital social ...", pp. 82 ss.; e A. MOTA PINTO, "O artigo 35.º do código das sociedades comerciais ...", p. 133.

[13] A diferença de regime consagrada para os gerentes e administradores fica a dever-se ao facto de aqueles terem competência para convocar a assembleia geral (cfr. artigo 248.º, n.º 3 CSC), enquanto os administradores apenas podem requerer à entidade competente – o presidente da assembleia geral – a convocação da mesma (cfr. artigos 375.º e 377.º CSC).

[14] Note-se que a utilização de conceitos vagos ("fundadas razões", "convocar de

É esta, hoje, em face da actual redacção da norma, a única obrigação que recai sobre o órgão administrador: a de convocar ou requerer a convocação da assembleia geral, visando informar os sócios da situação de desequilíbrio patrimonial em que se encontra a sociedade. Já não há, pois, como sucedia antes, a obrigação de apresentar quaisquer propostas aos sócios que visem repor a situação de equilíbrio financeiro societário[15]. Se os gerentes ou administradores não cumprirem este dever que sobre eles recai, poderão ser penal[16] e civilmente responsabilizados (seja pela sociedade – artigo 72.º, n.º 1 CSC –, seja por credores – cfr. artigo 79.º, n.º 1 CSC)[17].

Do aviso convocatório da assembleia geral deve constar, pelo menos, a possibilidade de os sócios deliberarem sobre[18] (cfr. artigo 35.º, n.º 3 CSC):

a) a dissolução da sociedade;
b) a redução do capital social; ou
c) a chamada reintegração do capital social (a realização pelos sócios de entradas para reforço da cobertura do capital social).

---

imediato", "requerer prontamente") por parte da lei presta-se ao surgimento de conflitualidade relacionada com a interpretação da norma.

[15] Embora seja possível – e até normal – que os gerentes e/ou administradores possam fazer tais propostas, uma vez que eles estarão, por via de regra, mais bem colocados que os sócios para apresentar as melhores soluções para a sociedade.

[16] O artigo 523.º CSC continua, deste modo, a ter efeito útil, sancionando o incumprimento deste dever, estatuído no artigo 35.º, n.º 1 CSC, com uma pena de prisão até 3 meses e multa até 90 dias. Em sentido diferente, vide MENEZES CORDEIRO, "A perda de metade do capital social ...", p. 83.

[17] No mesmo sentido, vide MENEZES CORDEIRO, "A perda de metade do capital social ...", p. 83.

[18] Alexandre Mota Pinto refere que, apesar de a lei não o dizer expressamente, deve constar ainda do aviso convocatório a situação de perda grave do capital em que se encontra a sociedade (cfr. A. MOTA PINTO, "O artigo 35.º do código das sociedades comerciais ...", p. 132). Não podemos concordar com esta posição. Desde logo, porque ela não resulta do texto legal, onde expressamente se consagrou o conteúdo mínimo do aviso convocatório; mas sobretudo, porque tal solução, levando, é certo, ao conhecimento dos sócios a situação patrimonial da empresa, torná-la-ia também pública e conhecida de terceiros e credores, com os graves inconvenientes daí decorrentes para a sociedade, nomeadamente quanto à obtenção de crédito. Acresce que o conteúdo obrigatório da convocatória – onde, para além do mais, deve constar a hipótese de dissolução da sociedade! – será suficiente para alertar e avisar os sócios para a situação da sociedade.

Nada impede, porém, que se proponham ou adoptem quaisquer outras medidas de saneamento financeiro da sociedade[19], nomeadamente o aumento do capital social, a operação harmónio (redução e aumento simultâneos do capital social), etc. De resto, hoje, os sócios podem não adoptar sequer qualquer medida que vise sanar a situação de desequilíbrio patrimonial (seja alguma das medidas previstas no artigo 35.º, n.º 3 CSC, seja qualquer outra[20]), uma vez que, como se disse já, o legislador societário, com a reforma de 2005, consagrou entre nós, no que respeita à perda grave do capital social, um sistema meramente informativo.

Com efeito, verificando-se uma situação de perda grave do capital social, se os sócios não adoptarem qualquer medida que a corrija, isso não acarretará, hoje, a dissolução da sociedade, implicando apenas a obrigação de a sociedade publicitar e dar a conhecer a terceiros aquela situação. É o que dispõe o artigo 171.º, n.º 2 CSC – com a redacção que lhe foi dada pelo Decreto-Lei n.º 19/2005, de 18 de Janeiro – que impõe agora às sociedades de capitais a obrigatoriedade de, em todos os actos externos, indicar o montante do capital próprio segundo o último balanço aprovado, sempre que ele for igual ou inferior a metade do capital social[21].

3. A redução do capital por exuberância

O capital social poderá, doutra banda, revelar-se manifestamente excessivo para as necessidades de exploração e funcionamento da sociedade, bem como para a tutela dos credores sociais[22]. Atendendo a este circunstancialismo, a lei permite que os sócios possam recuperar o investi-

---

[19] Isso é hoje claro, tendo em conta a redacção do artigo 35.º, n.º 3 CSC que estabelece apenas o conteúdo mínimo do aviso convocatório, permitindo, portanto, que outras medidas constem do mesmo. Por outro lado, esta solução resulta também do disposto no artigo 35.º, n.º 1 CSC onde expressamente se faz referência à circunstância de os sócios "tomarem as medidas julgadas convenientes" à situação, quaisquer que elas sejam.

[20] Assim, MENEZES CORDEIRO, "A perda de metade do capital social ...", p. 83, e A. MOTA PINTO, "O artigo 35.º do código das sociedades comerciais ...", p. 133.

[21] O incumprimento desta obrigação tem como consequência a possível aplicação à sociedade de uma coima de "50.000$00 a 300.000$00". Cfr. artigo 528.º, n.º 2 CSC.

[22] Pense-se, p. ex. num capital social de 1.000.000, quando o passivo da sociedade, em sucessivos exercícios, não ultrapassa 100.000. Sobre esta matéria, veja-se especialmente, SIMONETTO, "La riduzione del capitale esuberante", pp. 427 ss.

mento que fizeram na sociedade e que não está a ser rentabilizado[23], através de uma redução real do capital[24], possibilitando-lhes afectar aqueles fundos "improdutivos" a outras actividades mais rentáveis[25].

Esta é a hipótese que contempla, entre nós, o artigo 94.°, n.° 1, al. *a)* CSC quando menciona a redução para "libertação de excesso de capital", sendo que, embora tal não seja dito expressamente, o capital em excesso a que se refere a lei é o capital exuberante relativamente ao objecto social, *rectius*, à actividade concretamente desenvolvida pela sociedade[26]. Ou seja, a redução efectiva do capital apenas será lícita quando a sociedade esteja efectivamente sobrecapitalizada[27].

A exigência de observância deste requisito material levanta, no entanto, uma dificuldade à operação. É que não há um critério objectivo, e com carácter geral, para a determinação da relação que deve existir entre o capital e o objecto social, colocando-se, por isso, o problema de saber quando é que o capital social é, para este efeito, excessivo[28].

---

[23] É uma solução que se justifica ainda porque o valor excessivo do capital social implica uma subremuneração dos sócios, dado que – podendo apenas ser distribuídos lucros quando o activo líquido exceder tal valor –, eles estão a ser privados do recebimento de lucros sem que tal seja justificado, seja pelas necessidades da empresa societária, seja pela tutela dispensada aos credores sociais.

[24] A redução do capital excessivo ou exuberante – com a correspondente devolução de bens aos sócios – constitui efectivamente o exemplo paradigmático da chamada redução real do capital social.

[25] Cfr. GIORGIO BIANCHI, *Le operazioni sul capitale sociale*, Cedam, Padova, 1988, pp. 219 ss.

[26] A qual, como é sabido, pode não corresponder necessariamente ao objecto social estatutário.

[27] Daí, que a jurisprudência e doutrina italianas venham entendendo que não é admissível a redução de capital por exuberância, quando os fundos libertados pela redução se mantenham na sociedade a título de reservas, porquanto isso evidencia que, afinal, aquele "capital" ainda é necessário à sociedade. Cfr. G. LO CASCIO *et als.*, *Società per azioni*, Giuffrè, Milano, 2003, pp. 526 ss.; e BIANCHI, *Le operazioni sul capitale sociale*, pp. 230 ss., indicando diversa jurisprudência em sentido concordante.

[28] Com efeito, é impossível estabelecer um critério, nomeadamente em termos económicos e com validade universal (para todas as sociedades e para todos os momentos), relativo à determinação da "estrutura óptima de financiamento empresarial". Cfr. GIUSEPPE B. PORTALE, "Capitale sociale e società per azzioni sottocapitalizzata", in G.E. COLOMBO/ /GIUSEPPE B. PORTALE, *Trattato delle società per azioni*, vol. 1 **, Utet, Torino, 2004, pp. 31 e 48; GIOVANNI TANTINI, *Capitale e patrimonio nella società per azioni*, Cedam, Padova, 1980, p. 60; e APOL·LÒNIA MARTÍNEZ NADAL, *El aumento de capital com cargo a reservas y beneficios en la sociedad anónima*, Mc Graw-Hill; Madrid, 1996, p. 10. Refere esta A. (*op. loc. citt.*) que, em termos abstractos, a situação óptima de financiamento empresarial

Deve, em todo o caso, considerar-se, até porque estão em causa interesses dos credores[29], que a determinação do capital exuberante não poderá resultar do livre arbítrio da maioria societária. I.é, a deliberação de redução do capital excessivo não pode fundar-se numa apreciação meramente subjectiva ou discricionária por parte dos sócios sobre a questão, devendo antes justificar-se numa análise objectiva da realidade económica da sociedade[30].

Por isso, e apesar de a nossa lei o não exigir explicitamente[31], a deliberação de redução do capital exuberante deverá, assim nos parece, ser devidamente motivada, contendo as razões que levam os sócios a adoptar tal medida[32], por forma a permitir a sindicabilidade da operação, e nomeadamente a apreciação judicial da sua conformidade com a lei. É uma solução que, entre nós, se pode fundar no artigo 58.°, n.° 1, al. c) CSC, que impõe o fornecimento aos sócios dos "elementos mínimos de informação" sobre as deliberações a tomar[33].

---

será aquela que permite alcançar um duplo objectivo: a maximização do valor da empresa e da riqueza do accionista e simultaneamente a minimização do custo do capital. A substanciação casuística deste critério é que será diferente de empresa para empresa e variará até, numa mesma sociedade, ao longo do tempo.

[29] Para quem o capital social desempenha uma função de garantia. Doutra forma, aliás, poderiam os credores ter concedido crédito à sociedade atendendo (também) ao valor do seu capital social e serem depois surpreendidos com uma drástica redução dos bens especialmente afectos, com carácter de indisponibilidade, ao pagamento dos débitos daquela sociedade.

[30] Assim, GASTONE COTTINO, *Le società – Diritto commerciale*, I, 2, 4.ª ed., Cedam, Padova, 1999, p. 525; G.F. CAMPOBASSO, *Diritto commerciale*, vol. 2, *Diritto delle società*, UTET, Torino, 1995, p. 447; G. TANTINI, "Riflessioni in tema di riduzione del capitale per esuberanza (ed ogetto sociale)", *GiurCom*, II, 1997, p. 72; FERNANDO PLATANIA, *Le modifiche del capitale*, Giuffrè, Milano, 1998, pp. 244 ss.; e G. LO CASCIO et als., *Società per azioni*, pp. 526 ss. Em sentido divergente, vide, no entanto, FEDERICO FERRO-LUZI, "Riduzione del capitale per esuberanza", *Rivista delle società*, 1994, pp. 1052 ss. Para este A. a deliberação da redução do capital excessivo é insindicável por terceiros – por entroncar na discricionariedade da gestão societária –, ficando apenas sujeita ao controle judicial a redução do capital abaixo do mínimo legal (pp. 1065 ss.).

[31] Ao contrário da italiana que, no artigo 2445 CCit, expressamente estabelece a obrigatoriedade de a própria convocatória conter a indicação das razões que justificam a operação.

[32] Neste sentido, para o ordenamento jurídico italiano, vide COTTINO, *Le società*, p. 525; PLATANIA, *Le modifiche del capitale*, p. 244.; G. LO CASCIO et als., *Società per azioni*, pp. 526 ss.; e BIANCHI, *Le operazioni sul capitale sociale*, pp. 220 ss.

[33] A violação desta regra determina, no entanto, a mera anulabilidade da deliberação.

De todo o modo, se em concreto não se verificar uma situação de exuberância do capital, poderá qualquer interessado impugnar a deliberação que aprovou a redução efectiva de capital, uma vez que a mesma será nula por violação de norma legal imperativa[34] que os sócios não podem afastar [cfr. artigo 56.°, n.° 1, al. *d*) CSC][35].

No juízo que deverá ser efectuado – *v.g.*, pelo Tribunal – sobre a verificação deste requisito material (a existência de uma situação de sobrecapitalização societária) deverá atender-se, assim nos parece, a duas situações distintas: a hipótese em que a sociedade pretende manter inalterado o objecto social e a actividade por si desenvolvida e a hipótese em que a sociedade projecta diminuir a dimensão da sua actividade no futuro.

No primeiro caso, dever-se-á relevar não tanto critérios técnicos e/ou económicos, mas sobretudo a situação concreta da sociedade em causa, nomeadamente o seu historial. Na verdade, aqui, para a aferição da sobrecapitalização societária deverá considerar-se sobremaneira o facto de, em exercícios passados sucessivos, o capital social ter excedido substancialmente o passivo e não se perspectivarem alterações importantes na actividade – e no sector em que ela se insere – desenvolvida pela sociedade.

No segundo caso, em que a redução é justificada por uma projectada diminuição da actividade societária, já se justificará que, para além da análise acima referida, a operação se alicerce também num relatório técnico devidamente fundamentado que tome em consideração as alterações planeadas quanto ao redimensionamento da actividade societária no futuro[36-37].

---

[34] A norma que impõe que a redução, *in casu*, só possa ser efectuada verificando-se uma situação de "excesso de capital" [cfr. artigo 94.°, n.° 1, al. *a*) CSC].

[35] No mesmo sentido, vide BIANCHI, *Le operazioni sul capitale sociale*, p. 222 e os diversos arestos aí referidos (veja-se, por paradigmática, a sentença do Tribunal de Roma, de 19 de Janeiro de 1989, in *Le società*, 1989, pp. 52 ss.).

[36] Sobre a utilização destes critérios técnicos e/ou económicos para a apreciação da situação de excesso de capital, vide PLATANIA, *Le modifiche del capitale*, pp. 248 ss.; e G. LO CASCIO *et als.*, *Società per azioni*, pp. 527 ss.

[37] Note-se que Platania considera que, havendo uma modificação radical do objecto social, os sócios devem ter – tal como na constituição da sociedade – total liberdade para a fixação do novo capital social reduzido. Cfr. PLATANIA, *Le modifiche del capitale*, pp. 253 ss.

Refira-se ainda que, para além desta limitação, a redução real do capital está ainda sujeita a duas outras restrições:

a) da redução não pode resultar um capital social inferior ao mínimo legalmente exigido para o tipo societário em causa[38]; e
b) a redução não pode ter lugar, enquanto for possível – tendo sido deliberada a emissão de obrigações convertíveis ou com *warrant* – aos obrigacionistas a conversão ou aquisição de acções (cfr. artigos 368.° e 372.°-B, n.° 5 CSC).

Finalmente, importa não olvidar que, no caso de redução do capital exuberante, os credores se encontram ainda acautelados pelo regime do actual artigo 96.° CSC[39], que lhes atribui o direito de requerer judicialmente – no prazo de um mês a contar da publicação do registo da redução – que a sociedade seja proibida ou limitada de distribuir lucros ou reservas aos sócios pelo período que o Tribunal fixar[40].

4. O regime único aplicável à redução do capital, após a reforma de 2007 do CSC

4.1. *A pouca ponderação das alterações legislativas efectuadas pelo Decreto-Lei n.° 8/2007*

O regime da redução do capital social foi, entre nós, profundamente alterado – pelo Decreto-Lei n.° 8/2007, de 17 de Janeiro, que modificou os

---

[38] A menos que a redução fique condicionada à realização de um aumento de capital para montante igual ou superior àquele mínimo ou for deliberada a transformação da sociedade para um tipo que possa ter um capital do montante reduzido (cfr. artigo 95.°, n.os 2 e 3 CSC e *infra* ponto 5.).

[39] Era uma solução que, antes do Decreto-Lei n.° 8/2007, estava apenas expressamente prevista para a redução por perdas. Cfr. artigo 95.°, n.° 4, al. *c*) CSC na redacção originária. A sua previsão para o caso da redução do capital exuberante não se justificava, uma vez que esta ficava sempre dependente de autorização judicial, podendo o Tribunal condicioná-la a idêntico requisito.

[40] A tutela dispensada pelo regime do actual artigo 96.° CSC – que iremos analisar *infra* no ponto 4.2.2. – não assegura, no entanto, por si só, eficaz e convenientemente os interesses dos credores. Pense-se, p. ex., na hipótese de os credores não tomarem conhecimento – apesar da publicação do registo da operação – da realização da redução do capital e terem deixado passar o prazo de 30 dias previsto no artigo 96.°, n.° 1 CSC.

artigos 95.º e 96.º CSC – consagrando agora um único regime, independentemente da modalidade que a operação revista.

Antes da análise dos traços essenciais do novo regime, não podemos deixar de sublinhar que esta alteração é um caso paradigmático da ligeireza e superficialidade com que se legisla entre nós, sem ponderar devidamente as consequências e implicações que as modificações acarretam, o que é tanto mais grave quanto está em causa a alteração de um instituto que se destina a acautelar relevantes interesses (dos sócios, dos credores, etc.) que são objecto de uma especial tutela por parte do direito societário.

Com efeito, a nova redacção da lei obriga o intérprete a quase ter de fazer contorcionismo para poder dar unidade e coerência sistemática ao regime que dela resulta.

Assim, e assinalando apenas os pontos mais duvidosos e controversos:

a) É, desde logo, preciso fazer a correcção das diferentes remissões do Código para os artigos 95.º e 96.º, que não foram alteradas pelo Decreto-Lei n.º 8/2007[41], a saber:

a.1) É preciso corrigir a remissão feita no artigo 35.º CSC para o artigo 96.º, n.º 1 CSC, que deverá hoje entender-se como efectuada para o actual artigo 95.º, n.º 2 CSC;

a.2) É preciso corrigir a remissão do artigo 347.º, n.º 7 CSC para o artigo 95.º CSC, que se deve considerar como feita para o actual artigo 96.º CSC e para o artigo 95.º, n.º 1 CSC;

a.3) É preciso ainda corrigir a remissão feita no artigo 463.º, n.º 2 CSC para o artigo 95.º CSC, que igualmente se deve compreender como sendo realizada para o actual artigo 96.º CSC e para o artigo 95.º, n.º 1 CSC;

b) Deverá, por outro lado, entender-se que o regime do artigo 95.º, n.º 1 CSC não é aplicável à redução por perdas[42];

---

[41] O que é tanto mais de pasmar quanto é hoje extremamente fácil – através do recurso aos meios informáticos – determinar a existência de remissões para normas alteradas (e, no caso, são apenas duas!).

[42] É esta a solução que, inquestionavelmente, resulta do disposto no artigo 35.º, n.º 3, alínea b) CSC, que estabelece expressamente a proibição de a redução ser efectuada para montante inferior ao capital próprio da sociedade. Daqui decorre que só podendo a redução – para cobertura da perda grave – ser efectuada até àquele limite (ou seja até ao limite do capital próprio ou, visto doutro ângulo, até ao limite total das perdas), não pode, consequentemente, o valor da situação líquida ficar, neste caso, a exceder o valor do novo

Com estas prevenções, passemos então à análise dos traços essenciais do novo regime de redução do capital social, sublinhando, desde já, que a principal finalidade da alteração legislativa foi, inequivocamente, a de simplificar o procedimento de redução[43].

4.2. Os traços essenciais do regime

4.2.1. Competência deliberativa

A competência para a redução do capital social – como alteração do contrato social que é – cabe exclusivamente à colectividade dos sócios, uma vez que aqui, ao contrário do que sucede com a operação de aumento[44], a lei não prevê qualquer excepção à regra geral prevista no artigo 85.°, n.° 1 CSC.

Por outro lado, agora tal como no aumento do capital, a redução não precisa hoje[45] de ser efectuada por escritura pública, bastando, para o efeito – nomeadamente para proceder à sua inscrição no registo –, a acta que documenta a deliberação.

Porque se trata de uma questão delicada que afecta interesses importantes dos sócios, a lei impõe – a fim de dar a devida publicidade à operação a realizar – a observância de determinados requisitos especiais relativamente à respectiva convocatória (cfr. artigo 94.° CSC). Assim, esta deverá obrigatoriamente indicar a finalidade da redução[46], a forma como

---

capital social reduzido. I.é, o capital social reduzido terá de ser superior ou, no limite, igual ao valor do capital próprio, o que significa que a situação líquida não poderá ficar, após a operação, superior em 20% ao novo capital social.

Trata-se de uma regra com a qual se visa impedir que os sócios – aproveitando a oportunidade da redução aberta pela *fattispecie* do artigo 35.° CSC – aprovem uma redução do capital em montante superior ao valor dos prejuízos, tornando, assim, disponíveis para distribuição pelos sócios fundos da sociedade que, de outra forma, estariam vinculados à cobertura do capital social.

[43] Vide o Preâmbulo do Decreto-Lei n.° 8/2007. A alteração insere-se, aliás, numa reforma de simplificação mais vasta, que está ser levada a cabo pelo Governo e se designa por "Simplex". Esta simplificação da operação vem juntar-se à desnecessidade de escritura pública para a realização da redução do capital social, que foi consagrada com a reforma do Decreto-Lei n.° 76-A/2006.

[44] Cfr. artigo 456.° CSC.

[45] Depois da alteração legislativa efectuada pelo Decreto-Lei n.° 76-A/2006.

[46] Cfr. artigo 94.°, n.° 1, al. *a*) CSC.

vai ser realizada[47] (que poderá ser uma de três: a redução do valor nominal das participações, o reagrupamento ou a extinção de participações sociais[48]), e quais as participações sobre que incidirá a operação, quando não incida, de modo igual, sobre todas elas[49].

Tratando-se de uma alteração ao pacto, a operação de redução deverá, em princípio, ser aprovada pelas maiorias qualificadas exigidas legalmente para o efeito[50].

Finalmente, tal como acontece para o aumento de capital, o nosso direito insolvencial atribui aos credores o poder para, no âmbito do plano de insolvência e pela maioria exigida para a respectiva aprovação (cfr. artigo 212.º CIRE), deliberarem a realização de uma operação de redução – incluindo a redução a zero – do capital [cfr. artigo 198.º, n.º 2, al. *a*) CIRE][51-52].

Esta solução, no que respeita às SA – como sucede também com a operação de aumento de capital social deliberada pelos credores no processo insolvencial[53] –, é de muito duvidosa conformidade com o regime comunitário[54]. Apesar de tudo, no entanto, a questão apresenta contornos diferentes relativamente à operação de aumento de capital decidida pelos credores.

---

[47] Cfr. artigo 94.º, n.º 1, al. *b*) CSC.
[48] Sobre esta matéria, veja-se M. T. ORTUÑO BAEZA, "Reducción de capital en la sociedad anónima. Un análisis a la luz del principio de paridad de trato", *RdS-Monografias*, n.º 23, Thomson-Aranzadi, Navarra, pp. 170 ss.
[49] Cfr. artigo 94.º, n.º 2 CSC.
[50] Cfr. artigo 265.º CSC, para as SA e artigos 386.º, n.º 3 CSC e 383.º, n.º 2 CSC, para as SA.
[51] Sobre esta matéria, vide especialmente L. CARVALHO FERNANDES/J. LABAREDA, *Código da insolvência e da recuperação de empresas anotado*, vol. II, Quid Juris, Lisboa, 2005, pp. 62 ss.; e CATARINA SERRA, *O novo regime português da insolvência – Uma introdução*, Almedina, Coimbra, 2005, pp. 70 ss.
[52] A solução anteriormente prevista no CPEREF era, apesar de tudo, bem mais comedida: apenas se previa, como uma das providências da reestruturação financeira, "a redução de capital para cobertura de prejuízos" [cfr. artigo 88.º, n.º 2, al. *d*) CPEREF].
[53] Sobre esta temática, vide J. M. COUTINHO DE ABREU, *Curso de direito comercial*, vol. I – *Introdução, actos de comércio, comerciantes, empresas, sinais distintivos*, Almedina, Coimbra, 2006, pp. 335 ss.
[54] No sentido de que este regime viola o direito comunitário, vide COUTINHO DE ABREU, *Curso ...*, vol. I, p. 338.

Com efeito, a deliberação do aumento de capital – conforme foi já, aliás, decidido pelo TJCE[55] – é uma competência exclusiva dos sócios (cfr. artigo 25.° da Directiva do Capital[56]).

Diferentemente, o artigo 30.° da Segunda Directiva, atribuindo, como regra, à assembleia geral a competência para deliberar a redução, ressalva contudo a hipótese de a operação ser "ordenada por decisão judicial". Ora, no caso em apreço, apesar de a decisão ser aprovada pelos credores, ela deverá ser homologada judicialmente[57], pelo que se poderá entender que tal medida fica a coberto da excepção prevista no referido artigo.

4.2.2. Tutela de credores

Na versão originária do CSC consagrava-se um regime extremamente rigoroso relativo à tutela de credores sociais, que se traduzia fundamentalmente na necessidade de autorização judicial para a realização desta operação, autorização essa que só deveria ser concedida quando, para além do mais que fosse considerado adequado pelo Tribunal, a situação líquida da sociedade ficasse a exceder, em pelo menos 20%, o novo capital social reduzido[58]. A autorização judicial já era, porém, dispensada[59] quando se tratasse de uma redução por perdas, por se entender que com esta se visa sobretudo a tutela de terceiros credores.

Ou seja, consagravam-se para a redução do capital social dois regimes absolutamente distintos, consoante se tratasse de uma redução de capital exuberante ou de uma redução por perdas.

O Decreto-Lei n.° 8/2007 veio alterar completamente este estado de coisas, consagrando agora um único regime aplicável a todas as modali-

---

[55] Nomeadamente nos Acs. Karella e Karellas (Ac. Marina Karella e Nikolaos Karellas contra OAE, de 30 de Maio de 1991, Proc. C-19/90 e C-20/90, *CJ-TJCE*, 1991, I, pp. 2691 ss.) e Syndesmos Melon (Ac. Syndesmos Melon tis Eleftheras Evangelikis Ekklisias contra o Estado helénico, de 24 de Março de 1992, Proc. C-381/89, *CJ-TJCE*, 1992, I, pp. 2111 ss.).

[56] Directiva do Capital (*Kapitalrichtlinie*) é o nome por que se costuma também designar a Segunda Directiva sobre sociedades: Directiva 77/91/CEE, publicada no JO L 026, de 30/01/77. Cfr., por todos, ERNST-AUGUST BALDAMUS, *Reform der Kapitalrichtlinie*, Carl Heymanns Verlag, 2002.

[57] Cfr. artigo 214.° CIRE.

[58] Cfr. artigo 95.°, n.° 1 CSC, na sua redacção inicial.

[59] Cfr. artigo 95.°, n.° 3 CSC, na sua redacção inicial.

dades de redução (independentemente de ela se destinar à diminuição do capital exuberante, à cobertura de perdas ou a qualquer outra finalidade), dispensando a autorização judicial para a realização de qualquer uma delas[60].

A tutela dispensada aos credores passa agora, em primeiro lugar, pelo regime previsto no artigo 95.°, n.° 1 CSC, que obriga a que a "situação líquida"[61] da sociedade tenha necessariamente que ficar superior, em pelo menos 20%, ao novo capital reduzido[62], com o qual se visa criar uma "almofada adicional", para protecção de credores, idêntica à da reserva legal[63]. Apesar da latitude que se atribuiu a este regime – sendo aparentemente aplicável a todas as modalidades de redução – deve, contudo, entender-se que o mesmo não é aplicável à redução por perdas[64].

O regime especialmente dirigido à tutela dos credores está hoje, porém, sobretudo contido no artigo 96.° CSC, sendo que este regime está já de acordo e em conformidade com a alteração efectuada à Segunda Directiva pela Directiva 2006/68/CE, de 6 de Setembro de 2006[65], pelo que não haverá necessidade de proceder, nesta matéria, à alteração do nosso direito para o adaptar àquele novo regime.

Com efeito, na redacção inicial da Directiva do Capital (cfr. artigo 32.°, na versão originária), deixava-se inteira liberdade aos Estados-membros para fixar as condições de exercício do direito dos credores relativamente à obtenção de garantias para pagamento dos seus créditos. Com a alteração daquele artigo 32.°, impõe-se agora aos Estados-membros que assegurem, pelo menos, aos credores a possibilidade de "requerer junto da

---

[60] Note-se que a facilitação do regime da redução torna agora apetecível a realização de aumentos de capital – em vez da distribuição de lucros – a fim de, subsequentemente, se proceder a uma operação de redução do capital exuberante, com a correspondente devolução de bens aos sócios, uma vez que esta ficará isenta de tributação. Com efeito, esta situação não se poderá considerar abrangida pelo disposto no artigo 75.° CIRC, que é apenas aplicável à partilha das sociedades em liquidação. Vide também artigo 5.°, n.° 2, alínea i) CIRS.

[61] É a expressão usada pela norma.

[62] Esta era uma solução que no regime anterior estava igualmente prevista para a redução do capital exuberante (cfr. artigo 95.°, n.° 2 CSC, na sua redacção originária).

[63] Cfr. artigo 295.° CSC.

[64] Cfr. *supra* nota 42.

[65] Sobre a alteração do regime da Directiva, sobre esta matéria, operada pela Directiva 2006/68/CE, vide ISABEL RODRÍGUEZ DÍAZ, "El fenómeno de la adquisición derivativa de acciones proprias. La directiva 2006/68/CE modificadora de la segunda Directiva sobre el derecho de sociedades y su incidencia en el ordenamiento jurídico español", *RdS*, número 27, 2006, pp. 237 ss.

autoridade administrativa ou judicial competente a obtenção de garantias adequadas, desde que possam provar, de maneira credível, que a redução do capital subscrito compromete a satisfação dos seus créditos e que a sociedade não lhes forneceu garantias adequadas".

Ora, o artigo 96.º CSC atribui precisamente aos credores a possibilidade de, no prazo de um mês após a publicação do registo da operação, requererem[66] judicialmente que a distribuição de reservas disponíveis ou dos lucros de exercício seja proibida ou limitada, durante o período que o tribunal razoavelmente fixar (cfr. artigo 96.º, n.º 1 CSC), sendo que a sociedade não pode proceder a tais distribuições antes de decorrido o prazo indicado ou de ter sido decidida a pretensão deduzida pelo credor (cfr. artigo 96.º, n.º 3 CSC).

A finalidade da lei, *il va sans dire*, é a de não permitir a atribuição aos sócios de bens – que, com a operação de redução, poderão ter ficado, *hoc sensu*, distribuíveis – e que poderão revelar-se necessários para assegurar o pagamento dos créditos de terceiros.

Por isso, se compreende que a lei estabeleça que a proibição ou limitação deixem de fazer sentido e não devam ser decretadas, se o crédito do requerente tiver sido "satisfeito, se já for exigível, ou adequadamente garantido, nos restantes casos" (cfr. artigo 96.º, n.º 1 CSC, *in fine*).

Note-se que da parte final desta norma[67] decorre que, ao contrário do disposto na Directiva – que apenas impõe que se atribua aos credores o direito de exigir garantias relativamente aos créditos ainda não vencidos no momento da publicação da redução (cfr. artigo 32.º) –, a nossa lei estende este mecanismo de tutela, seja aos créditos não vencidos, seja aos créditos já exigíveis.

---

[66] Para tanto, é preciso, contudo, que os credores tenham já requerido há, pelo menos, 15 dias o pagamento do seu crédito ou a prestação da garantia por parte da sociedade e esta não tenha atendido a tal pretensão (cfr. artigo 96.º, n.º 2 CSC). Trata-se, por isso, de um regime que torna muito apertado o prazo que é concedido aos credores para o exercício deste direito. Com efeito, se o credor não tiver exigido da sociedade o pagamento do seu crédito ou a garantia antes da publicação da redução, isto significa que ele deverá deduzir essa pretensão e, só passados 15 dias, poderá requerer judicialmente a limitação ou proibição da distribuição de bens aos sócios.

[67] Quando admite a possibilidade de um crédito exigível fundar a pretensão do credor.

4.2.3. Princípio da igualdade de tratamento

A igualdade de tratamento entre os sócios é unanimemente reconhecida como um princípio geral de direito societário[68], que não precisa sequer – como sucede entre nós – de estar legislativamente consagrado[69].

Deve, por isso, entender-se que, em todas as operações de redução – como, aliás, em todas as outras operações sobre o capital social –, deverá ser observado este princípio[70-71], sob pena de a deliberação que o desrespeite ser anulável[72-73].

O CSC admite, no entanto, a possibilidade de a redução não incidir igualmente sobre todas as participações, devendo, nesse caso, a convocatória especificar as participações sobre as quais incidirá a operação (cfr. artigo 94.°, n.° 2 CSC). Nesta hipótese, a deliberação, quando implique uma desigualdade de tratamento dos sócios[74], deverá ser necessariamente

---

[68] Cfr., por todos, UWE HÜFFER, "Harmonisierung des aktienrechtlichten Kapitalschutzes", *NJW*, 21, 1979, pp. 1068 ss.; e, entre nós, OLIVEIRA ASCENSÃO, *Direito comercial*, vol. IV, pp. 302 ss.

[69] Situação idêntica verifica-se em Espanha (cfr. VASQUEZ ALBERT, *La exclusión del derecho preferente*, Civitas, Madrid, 2000, pp. 221 ss.). É diferente a solução alemã, onde o princípio está expressamente consagrado no § 53a AktG, introduzido aquando da adaptação deste direito à Segunda Directiva. Cfr. K. SCHMIDT, *Gesellschaftsrecht*, § 16, II, 4, b); KÜBLER, *Gesellschaftsrecht*, 35, II, 1, b); e K. WEIL/F. KUTSCHER-PUIS, "Variations allemands autour de la supression du droit préférentiel de souscription", *RevSoc*, n.° 1, Jan-Mar 1995, p. 22.

[70] Especificamente sobre esta questão, quanto à operação de redução, veja-se ORTUÑO BAEZA, "Reducción de capital ...",, pp. 225 ss.; MANZANO ARENAS, *Aumento y reducción de capital ...*, pp. 212 ss.; PLATANIA, *Le modifiche del capitale*, pp. 257 ss.; e G. LO CASCIO et als., *Società per azioni*, pp. 535 ss.

[71] De resto, a Segunda Directiva teve o cuidado de prever expressamente – no seu artigo 42.° – que na aplicação do regime nela consagrado se deveria necessariamente garantir o referido princípio de igualdade de tratamento, pelo que, para as SA, a observância daquele princípio resulta também desta fonte normativa.

[72] Neste sentido, cfr. K. SCHMIDT, *Gesellschaftsrecht*, § 28, I, 2; e HÜFFER, *Aktiengesetz*, § 243, *Rdn* 29, p. 1219.

[73] A anulabilidade de tal deliberação resultará, entre nós, do artigo 58.°, n.° 1, al. *a)* CSC, entendendo-se que o princípio da igualdade de tratamento equivale a uma norma legal não imperativa, uma vez que este princípio geral de direito societário poderá – tal como as normas dispositivas – ser afastado, desde que o sócio afectado nisso consinta.

[74] O que não tem necessariamente que se verificar: pense-se, p. ex., numa redução destinada à liberação da obrigação de entrada relativa a uma determinada categoria de acções, as quais são detidas em termos proporcionalmente idênticos por todos os sócios.

aprovada por todos os sócios – sejam os afectados pela operação, sejam os demais –, uma vez que o referido princípio, conforme tem sido maioritariamente entendido[75], apenas pode ser postergado pela unanimidade dos sócios[76-77].

5. A redução do capital abaixo do mínimo legal. A operação-acórdeão e a redução a zero (*azzeramento*) do capital social

A redução de capital poderá justificar que ele desça abaixo do capital social mínimo. É uma operação que se verificará sobretudo no âmbito da chamada operação-acórdeão, a qual consiste em reduzir o capital social nominal – reduzindo proporcionalmente as participações sociais – e, simultaneamente, aumentá-lo através de novas entradas a realizar pelos sócios[78]. É, pois, esta operação-harmónio uma operação que, visando o

---

[75] Cfr. RAÚL VENTURA, "Direitos especiais dos sócios", *O Direito*, ano 121.º (1989), I, p. 215; ID., "Sociedades por quotas", vol. III, *Comentário ao código das sociedades comerciais*, Almedina, Coimbra, 1991, p. 16; L. BRITO CORREIA, *Direito comercial*, 2.º vol., *Sociedades comerciais*, AAFDL, Lisboa, 1989, p. 330; P. OLAVO CUNHA, *Os Direitos Especiais nas Sociedades Anónimas: As Acções Privilegiadas*, Almedina, Coimbra, 1993, pp. 183 ss. Em sentido contrário, J.M. COUTINHO DE ABREU, *Curso de direito comercial*, vol. II – *Das sociedades*, Almedina, Coimbra, 2007, pp. 212 ss., para quem a não observância do princípio poderá verificar-se por uma simples deliberação maioritária, quando for justificada pelo interesse social.

[76] É essa a solução expressamente prevista, em Espanha, no artigo 79, 2 LSRL, que dispõe, com carácter absoluto: "Cuando la reducción no afecte por igual a todas las participaciones será preciso el consentimiento de todos los sócios". O regime espanhol previsto para as SA é, no entanto, diferente. Cfr. artigos 148 e 164, 3 TRLSA, e ORTUÑO BAEZA, "Reducción de capital ...", pp. 225 ss.; e FERNANDEZ DEL POZO, "«Greenmail» y amortización no paritaria de acciones y participaciones", *RdS*, 21, 2003-2, pp.77 ss.

[77] É uma solução que, como alerta FERNANDEZ DEL POZO, poderá dificultar a operação de redução que vise o afastamento do grémio social dos chamados sócios *greenmailers*. "Greenmail" é o acrónimo para *blackmail* (chantagem) e *green* (verde = dinheiro), e com essa expressão se quer aludir àqueles sócios que adquirem participações da sociedade e depois colocam graves dificuldades ao funcionamento da empresa, a fim de conseguirem que as suas participações sejam adquiridas por um preço extremamente vantajoso. Cfr. FERNANDEZ DEL POZO, "«Greenmail» y amortización ...", pp. 51 ss. e pp. 77 ss.

[78] Sobre esta operação, vide, entre outros, RAÚL VENTURA, "Adaptação do direito português à Segunda Directiva do conselho da comunidade económica europeia sobre o direito das sociedades", *GDCC*, Lisboa, s/d, separata, pp. 114 ss.; JOSE MACHADO PLAZAS, *Perdida del capital social y responsabilidad de los administradores por las deudas sociales*, Civitas, Madrid, 1997, pp. 261 ss.; ANTONIO PEREZ DE LA CRUZ BLANCO, *et als.*,

saneamento financeiro da sociedade, se consubstancia e realiza simultaneamente através da eliminação dos prejuízos das contas da empresa e da injecção de "capital fresco".

A esta possibilidade se refere especificamente, entre nós, o artigo 95.°, n.os 2 e 3 CSC[79], a qual é expressamente admitida, desde que a redução fique expressamente condicionada à efectivação de aumento do capital para montante igual ou superior àquele mínimo, a realizar nos 60 dias seguintes (artigo 95.°, n.° 2 CSC), ou desde que, em simultâneo com a redução, seja deliberada a transformação da sociedade para um tipo que possa legalmente ter um capital social idêntico ao que resultou da deliberação de redução (artigo 95.°, n.° 3 CSC).

Esta operação-harmónio – afora esta característica particular, expressamente permitida, de poder, nas condições referidas, implicar uma redução do capital abaixo do mínimo legal – deve entender-se que fica, no mais, sujeita ao regime que resulta das regras próprias de cada um dos institutos: a redução e o aumento do capital social.

Não sendo este o local adequado para uma análise detalhada da figura[80], importa, contudo, fazer aqui uma referência, ainda que breve, à hipótese em que a operação-acordeão implica uma redução a zero (*azzeramento*) do capital social, por se ter verificado, p. ex., não uma perda grave mas a perda inteira do capital[81].

Comentario al regimen legal de las sociedades mercantiles dirigido por R. Uria, A. Menendez e M. Olivencia, Tomo VII, vol. 3, *La reduccion del capital*, Editorial Civitas, Madrid, 1995, pp. 179 ss.; MANZANO ARENAS, *Aumento y reducción de capital ...*, pp. 375 ss.; CRISTÓBAL ESPÍN GUTIÉRREZ, *La operación de reducción y aumento del capital simultáneos en la sociedad anónima*, McGraw-Hill, Madrid, 1997; RICARDO CABANAS, "La reducción y ampliación simultaneas del capital de las sociedades anónimas", *RDM*, 1988, pp. 93 ss.; LEACH ROS, *Equilibrio patrimonial*, *passim*; BUSI, *Azzeramento ...*, *passim*; CAMPOBASSO, *Diritto commerciale*, vol. 2, pp. 446 ss.; FRANCO DI SABATO, *Le società*, UTET, Torino, 1999, pp. 377 ss.; e G. FERRI, *Manuale di diritto commerciale*, UTET, Torino, 1996 (10.ª ed. a cura di C. ANGELICI e G.B. FERRI), pp. 446 ss.

[79] Que tem por fonte o artigo 34.° da Segunda Directiva sobre Sociedades. O regime hoje previsto no artigo 95.°, n.os 2 e 3 CSC correspondia ao que, antes da redacção do Decreto-Lei n.° 8/2007, se encontrava regulado no artigo 96.°, n.os 1 e 2 CSC.

[80] Uma vez que o tema, só por si, tem sido objecto de várias obras monográficas. Vejam-se as referências bibliográficas da nota 78.

[81] Sobre esta temática veja-se especialmente, ERNESTO SIMONETTO, "Azzeramento del capitale ed espulsione del socio. Anatomia di un delito", *Revista delle società*, 1987, pp. 721 ss.; BUSI, *Azzeramento ...*, *passim*; RICARDO CABANAS, "La reducción y ampliación simultâneas ...", pp. 120 ss.

Trata-se de uma situação que possibilita – através daquela redução a zero do capital nominal – a exclusão de sócios (que não possam ou não queiram concorrer ao aumento do capital e que, portanto, deixam com a operação de ser titulares de qualquer participação social)[82], o que tem levado alguma doutrina a questionar a admissibilidade desta operação[83] ou, pelo menos, a colocar reservas e dificuldades quanto à sua realização.

Assim, para alguns autores, aquela operação seria logicamente impossível[84]: se o capital é reduzido a zero, isso significaria que a sociedade não teria naquele momento sócios e, portanto, não poderia haver uma subsequente deliberação de aumento de capital. É, porém, uma argumentação que não colhe. Na verdade, conforme resulta do artigo 95.°, n.° 2 CSC, a redução do capital social abaixo do mínimo legal (o que necessariamente ocorre com a redução a zero) fica "condicionada à efectivação do aumento do capital". I.é, a redução não produz quaisquer efeitos, mesmo entre os sócios que o continuam portanto a ser – sem quaisquer alterações – até à data em que o capital social for efectivamente aumentado. Não se verifica, por isso, qualquer vazio societário no âmbito desta operação de *azzeramento*.

Outros autores, atendendo às consequências gravosas que dela podem resultar (a exclusão de sócio), defendem que esta redução a zero do capital só poderá ter lugar com o consentimento unânime dos sócios[85]. Não nos parece que se trate de uma solução que encontre fundamento no ordenamento jurídico português. A nossa lei societária não estabelece quaisquer requisitos diferentes para a redução do capital a zero, pelo que se deve entender que a essa redução se aplicam as regras gerais, podendo, portanto, a mesma ser deliberada pela maioria que nos diferentes tipos sociais é exigida para a alteração do contrato[86]. E esta parece-nos a solução mais acertada. Por um lado, porque a exigência da unanimidade é uma

---

[82] Serão, em regra, os sócios minoritários.

[83] Veja-se, p. ex., a violentíssima crítica de SIMONETTO, "Azzeramento del capitale ...", especialmente pp. 750 ss.

[84] Cfr. VENTURA, "Alterações ...", p. 370, e FERRI, *Manuale* ..., p. 449.

[85] Assim, CRUZ BLANCO, *La reducción* ..., p. 239 (A. que alterou a sua posição em face da nova lei de sociedades espanhola – vide nota seguinte); A. MENÉNDEZ; "Pérdida del capital social y continuación de la sociedad anónima", *Estudios de derecho mercanil en homenaje al profesor Antonio Polo*, Madrid, 1974, p. 499; e SÁNCHEZ ANDRÉS, *El derecho de suscripción del accionista*, Civitas, Madrid, 1973, pp. 109 ss.

[86] Assim também, CRUZ BLANCO, *Comentario* ..., p. 189, e MACHADO PLAZAS, *Perdida del capital* ..., pp. 264 ss.

solução perniciosa e desmesurada na medida em que concede a qualquer sócio o direito de veto sobre a operação[87]; por outro lado, porque o sócio minoritário, quando a operação de redução a zero não seja justificada pelo saneamento financeiro da sociedade, disporá de meios de reacção contra a mesma, nomeadamente através do regime jurídico previsto para as deliberações abusivas[88].

---

[87] Vide MACHADO PLAZAS, *ob. loc. ultt. citt.*
[88] Cfr. artigo 58.º, n.º 1 al. *b*) CSC.

O DESTAQUE DOS DIREITOS DE VOTO EM FACE DO CÓDIGO DOS VALORES MOBILIÁRIOS

José Marques Estaca[*]

SUMÁRIO: *1. O fenómeno societário. 2. A acção como participação social, valor mobiliário e direitos inerentes. 3. O destaque dos direitos inerentes. 4. O direito de voto. 5. A (i)negociabilidade do direito de voto em geral. 6. O destaque do direito de voto em especial.*

1. O fenómeno societário

A doutrina tradicional defende a ideia de que os sócios constituem uma sociedade para exercerem em comum uma actividade económica, susceptível de proporcionar a partilha de lucros, e de que a este exercício comum não pode deixar de estar associado uma participação activa e interessada dos sócios nos destinos da sociedade. Daí o disposto no artigo 21.º, n.º 1, al. *b*) do Código das Sociedades Comerciais (CSC), no qual se estabelece o direito do sócio de participar nas deliberações de sócios, nomeadamente através do exercício do direito de voto.

Neste sentido Oliveira Ascensão[1] refere que a sociedade é, por definição, uma estrutura de colaboração e participação. Por sua vez, Menezes Cordeiro[2] fala em substrato obrigacional e em substrato organizacional

---

[*] Mestre em Direito. Assistente da Faculdade de Direito da Universidade de Lisboa. Advogado.

[1] José de Oliveira Ascensão, *Direito Comercial*, vol. IV, *Sociedades Comerciais – Parte Geral*, Lisboa, 2000, p. 8.

[2] António Menezes Cordeiro, *Manual de Direito das Sociedades*, vol. I, *Das Sociedades em Geral*, 2.ªed., Almedina, 2007, p. 231 e vol. II, *Das Sociedades em Especial*, 2.ªed., Almedina, 2007, p. 32.

interligado, pertencentes à dogmática básica do Direito das Sociedades. A este propósito é importante atentar na definição geral do artigo 980.° do Código Civil (CCiv.), contendo uma noção material de sociedade que se aproxima das ideias de cooperação e organização privadas. Contudo, Pedro Pais de Vasconcelos[3], contrariamente à generalidade da doutrina portuguesa que entende a definição da sociedade constante do artigo 980.° do CCiv. como o género do qual as sociedades comerciais constituem uma espécie, defende que a definição de sociedade inscrita naquele artigo é privativa e exclusiva das sociedades civis simples, cuja regulação se encontra nos artigos subsequentes do CCiv[4].

Importa também chamar a atenção para o facto de as deliberações dos sócios não esgotarem o universo das deliberações sociais, mas apenas o daquelas que pertencem a um dos seus órgãos, a assembleia geral, deixando de fora todo o conjunto de matérias sujeitas à deliberação do órgão de administração da sociedade, o qual, nas sociedades anónimas, mormente naquelas em que se verifica maior dispersão do capital social, assume um papel primordial na conformação da denominada vontade social e na condução dos destinos da sociedade.

Cumpre aqui estabelecer uma importante ressalva, para a qual os contributos da sociologia jurídica são fundamentais: o fenómeno societário não é igual para todos os tipos de sociedade, nem o é sequer dentro de cada tipo societário. Podemos ter sociedades por quotas (tradicionalmente englobadas nas sociedades de pessoas) que constituem o substrato de uma realidade empresarial de pequena ou de grande dimensão, mas podemos ter igualmente nas sociedades anónimas (tradicionalmente englobadas nas sociedades de capitais) tanto aquelas que possuem um carácter quase familiar, como aquelas que dão corpo a uma empresa na qual é verdadeiramente significativa a actividade económica prosseguida. A questão da tipicidade das sociedades é muito importante para compreender a diversidade na extensão do conteúdo da participação social, como afirma Pedro Pais

---

[3] PEDRO PAIS DE VASCONCELOS, *A Participação Social nas Sociedades Comerciais*, Almedina, 2005, p.13.

[4] Sobre o conceito de Sociedade *vide*, entre outros, JORGE HENRIQUE PINTO FURTADO, *Curso de Direito das Sociedades*, 5.ªed., Coimbra, Almedina, p. 20, 103; JORGE MANUEL COUTINHO DE ABREU, *Curso de Direito Comercial*, vol. II, *Das Sociedades*, Coimbra, Almedina, 2007, p. 3; FILIPE CASSIANO DOS SANTOS, *Estrutura Associativa e Participação Societária Capitalística*, Coimbra Ed., 2006; PAULO OLAVO CUNHA, *Direito das Sociedades Comerciais*, Almedina, 2006, p. 11.

de Vasconcelos[5] nos diversos tipos de sociedades comerciais são tipicamente diferentes as posições pessoais dos sócios. Por outro lado, a estrutura orgânica evolui em complexidade e sofisticação conforme os tipos societários mais pessoalistas ou mais capitalistas.

A presente análise apenas faz sentido para o domínio das sociedades anónimas nas quais o volume e dispersão do capital são muito significativas, permitindo a diferenciação entre a propriedade do capital social e a gestão da sociedade. É tradicionalmente nessas sociedades anónimas com o capital aberto ao investimento público, que o Código dos Valores Mobiliários (CVM) denomina de "sociedades abertas" (artigo 13.º) que se consolida, na esteira dos desenvolvimentos do direito anglo-saxónico o problema do *corporate governance*, ou seja, é naquelas sociedades que se verifica uma ampla dissociação entre a gestão da sociedade e o poder dos accionistas, atendendo, nomeadamente à necessidade da profissionalização da gestão e da entrega dessa função a pessoas estranhas à relação societária.

2. A acção como participação social, valor mobiliário e direitos inerentes

A acção, enquanto participação social e valor mobiliário é uma realidade jurídica complexa; caracteriza-se por ser um conjunto de direitos e obrigações perante a sociedade, os restantes sócios e terceiros. Interessa salientar, sobretudo, que da acção emergem um conjunto de direitos inerentes ao valor mobiliário. Como refere António Soares[6] direitos inerentes serão o complexo de situações jurídicas activas que, de acordo com a relação subjacente à respectiva emissão, foram integrados em valores mobiliários e que deles emergem, sendo que, por via de regra, a transmissão dos direitos inerentes se opera pela transmissão dos próprios valores mobiliários. Numa outra acepção, Jorge Costa Santos[7] entende que direitos inerentes são o conjunto de posições activas em que o titular do valor mobi-

---

[5] PEDRO PAIS DE VASCONCELOS, *A Participação Social nas Sociedades Comerciais*, p. 38.

[6] ANTÓNIO SOARES, *Direitos Inerentes a Valores Mobiliários*, in *Direito dos Valores Mobiliários*, vol. I, Coimbra Ed., 1999, p. 139.

[7] JORGE COSTA SANTOS, *Direitos Inerentes aos Valores Mobiliários*, in *Direito dos Valores Mobiliários*, Lex, Lisboa, 1997, p. 57.

liário fica investido, em virtude dessa titularidade, ou ainda o conjunto de direitos incorporados ou representados no valor mobiliário. Num sentido restrito, direitos inerentes são os chamados direitos destacáveis, destinados a separar-se e a ter vida autónoma, e uma vez separados representam novos títulos de crédito[8].

O certo é que nesta temática podemos desde logo estabelecer uma divisão essencial entre os direitos inerentes com carácter patrimonial e os direitos inerentes com conteúdo social ou político. Propositadamente não denominámos os primeiros de direitos de conteúdo económico, pois veremos em que medida uns e outros podem assumir essa importância económica, ou seja, corporizar esse conteúdo económico. Para os defensores de uma concepção unitária, a participação social é constituída por um único direito, complexo e dinâmico, com fundamento na qualidade pessoal do sócio, já a concepção pluralista entende a participação social enquanto conjunto não unificado nem incindível de direitos[9]. Por sua vez, Pedro Pais de Vasconcelos[10] refere que o direito do sócio é uma posição jurídica activa, mas também passiva, que configura um direito subjectivo complexo: o direito social. Este autor entende o conteúdo do direito subjectivo, na esteira de Gomes da Silva[11], como sendo variável e instável. Caracteriza-o como célula de energia normativa que gera os instrumentos necessários, em cada caso e momento, para afectação jurídica do bem à pessoa.

Cumpre, agora, dar um passo mais. Importa afastar as teorias clássicas que entendem que as situações componentes da participação social não são susceptíveis de serem objecto de negócios jurídicos autónomos, dado que a situação jurídica do sócio seria unitária e expressa num só direito, e que encontrariam consagração no artigo 276.°, n.° 4 do CSC relativo ao princípio da indivisibilidade das acções[12]. Este princípio foi

---

[8] JOSÉ DE OLIVEIRA ASCENSÃO, *Direito Comercial*, vol. IV, p. 538.

[9] Ver PEDRO ALVAREZ, *Os Direitos de Subscrição em Geral e no CódMVM em Particular*, in *Direito dos Valores Mobiliários*, vol. II, Coimbra Ed., 2000, p. 307.

[10] PEDRO PAIS DE VASCONCELOS, *Direitos Destacáveis – O Problema da Unidade e Pluralidade do Direito Social como Direito Subjectivo*, in *Direito dos Valores Mobiliários*, vol. I, Coimbra Ed., 1999, p.170.

[11] MANUEL GOMES DA SILVA, *O Dever de Prestar e o Dever de Indemnizar*, Lisboa, 1944, p. 85.

[12] Como refere OLIVEIRA ASCENSÃO:"Também não cremos que do artigo 276.°, n.° 4 do CSC, que determina que a acção é indivisível se retire uma posição quanto à incindibilidade das faculdades nesta contidas. O artigo 276.° não respeita ao conteúdo do direito social, mas ao valor nominal das acções. Significará apenas que a acção não pode ser dividida em várias, com fraccionamento do valor nominal.", *Direito Comercial*, vol. IV, p. 348.

claramente afastado, ou pelo menos, fortemente restringido, quando se admitiu a possibilidade de decomposição e divisibilidade do valor mobiliário, e consequente possibilidade de destaque de certos direitos inerentes ao valor mobiliário, designadamente no tocante aos direitos com carácter patrimonial.

Contudo, cumpre notar que maioritariamente, tal decisão é entendida pela doutrina como inaplicável aos direitos de conteúdo político ou administrativo, com particular enfoque para o direito de voto, retomando-se a ideia tradicional de que o direito de voto seria incindível da participação social, de que faz parte integrante. Oliveira Ascensão[13] defende que o carácter unitário da participação social se manifesta na circunstância de se não admitir a ablação de faculdades nela contidas. Não se pode supor que o sócio aliene definitivamente o direito de voto ou aos dividendos, por exemplo. Poderá celebrar negócios sobre faculdades já concretizadas; mas não pode cindir o direito, de maneira que dele brotem direitos diferentes, sem ligação entre si. Acrescenta, ainda, este autor que o direito de voto é manifestação do direito de participação social e que a cada sócio pertence, mesmo que potencialmente, o direito de voto. Também Pedro Pais de Vasconcelos[14] entende que não são de aceitar construções atomistas, que separam a transmissão de cada um dos direitos ou obrigações que integram a participação social. A pluralidade de poderes e vinculações que integram a participação social não obsta, pois, à consideração da parte social como objecto unitário do direito. Defende, igualmente, este autor que o direito de voto não é um direito subjectivo autónomo, mas apenas posição activa instrumental do direito social. Referem os autores, em geral, que o direito de voto não se identifica com um direito subjectivo patrimonial. O voto seria "res extra commercium" e incindível da propriedade da acção, o que obstaria à sua disponibilidade. Veremos adiante em que medida esta ideia sofre um sem número de derrogações que nos deverão conduzir a questionar a sua aceitação, em especial perante as novas disposições legais.

Citando, a propósito, Raúl Ventura, em parecer inédito, há que reconhecer que "os direitos administrativos, de controlo ou políticos são referidos como extra-patrimoniais unicamente devido ao facto de não revestirem uma incidência patrimonial directa ou ostensiva, por não habilitarem o sócio a exigir da sociedade uma prestação em dinheiro ou outros valo-

---

[13] JOSÉ DE OLIVEIRA ASCENSÃO, *Direito Comercial*, vol. IV, p. 253.
[14] PEDRO PAIS DE VASCONCELOS, *A Participação Social nas Sociedades Comerciais*, p. 414; *Direitos Destacáveis*, p. 171.

res, mas nem por isso deixam de ser conferidos aos sócios com vista a que estes garantam uma adequada rentabilização do seu investimento". No mesmo sentido, Mário Leite Santos[15] ao rejeitar a concepção tradicional que defende a incindibilidade do direito de voto face à participação social, refere que o princípio geral é, pois, o da liberdade do sócio em determinar o seu voto, quer no sentido de optar por o exercer ou não, de o exercer em determinado sentido ou noutro, directamente ou mediante representante, ou até mesmo de convencionar atribui-lo ao credor pignoratício.

3. O destaque dos direitos inerentes

A ideia de destaque dos direitos inerentes à participação social, ou, pelo menos, de certos direitos, na perspectiva de valor mobiliário, é fundamental para efeitos de negociação autónoma em mercado secundário, de balcão, ou outro. Em causa está a possibilidade de transmissão autónoma de certos direitos inerentes aos valores mobiliários, isto é, a possibilidade de estes serem transmitidos já sem certos direitos inerentes neles incorporados, bem como a própria transmissão daqueles direitos inerentes. Do que se trata, como refere Pedro Alvarez[16] é da autonomização de um direito, equiparado a valor mobiliário, mas salvaguardando sempre a existência do valor progenitor. Assim sendo, apenas são destacáveis os direitos concretos de conteúdo patrimonial que não determinem a extinção ou substituição do valor progenitor.

Independentemente da diferenciação entre o destaque físico e o destaque jurídico[17], o destaque é importante na medida em que visa assegurar que a direitos já autonomizados de um ponto de vista substancial corresponda também uma representação diversa da dos valores que lhes

---

[15] MÁRIO LEITE SANTOS, *Contratos Parassociais e Acordos de Voto nas Sociedades Anónimas*, Ed. Cosmos, Lisboa, 1996, p. 201.

[16] PEDRO ALVAREZ, *Os Direitos de Subscrição em Geral e no CódMVM em Particular*, p. 310.

[17] Ver AMADEU JOSÉ FERREIRA, *Direito dos Valores Mobiliários*, vol. I, Lisboa, 1999, p. 161; ALEXANDRE BRANDÃO DA VEIGA, *Direitos Destacados e Warrants Autónomos*, in *Direito dos Valores Mobiliários*, vol. III, Coimbra Ed., 2001, p. 89, referindo que o objecto dos destaques são, em geral, os direitos inerentes aos valores mobiliários, distinguindo, todavia, entre os direitos abstractos e os direitos concretos, sendo que os primeiros caracterizam o conteúdo do valor, pelo que os segundos são mais facilmente destacáveis.

serviram de base, uma vez que, como bens jurídicos distintos da acção, os direitos autonomizados podem ser objecto separado de negócio de disposição[18].

De acordo com o disposto no artigo 3.º, n.º 2, al. *a*) do anterior Código do Mercado de Valores Mobiliários (CódMVM) equiparavam-se aos valores mobiliários apenas "os direitos de conteúdo económico destacáveis desses valores, desde que susceptíveis de negociação autónoma no mercado secundário". A cláusula geral de equiparação em análise postulava, assim, três requisitos para a destacabilidade, designadamente que se tratasse de direitos de conteúdo económico, que esses direitos tivessem uma estreita relação com os valores mobiliários quanto à sua constituição (ou porque deles se destacavam, ou porque são constituidos sobre eles), e, por último, que fossem susceptíveis de negociação autónoma em mercado secundário. Como refere Amadeu José Ferreira[19] as várias realidades consideradas como valores mobiliários ou a eles equiparados têm elementos comuns: uma posição jurídica que consubstancia um bem com natureza patrimonial; o seu carácter massivo, padronizado, homogéneo e fungível; negociável em mercado, todos visando a mobilização da riqueza. Por seu turno, Pedro Pais de Vasconcelos[20] aponta como limitações aos direitos destacáveis, para além de terem conteúdo económico e que o seu destaque não prive de conteúdo o direito principal; o destaque estar condicionado pelo contrato social, a integridade do direito social, o destaque ter por objecto direitos concretos e não direitos abstractos (poder de votar), a fungibilidade, a publicidade e o controlo por entidade competente.

Como exemplos dos direitos destacáveis temos os direitos de preferência de subscrição de acções em aumentos de capital (artigos 458.º, n.º 3 e 462.º, n.ºs 1 e 5 do CSC); as obrigações convertíveis em acções (artigo 365.º do CSC); as obrigações com warrants ou com direito de subscrição de acções (artigo 372.º-B, n.º 4 do CSC), os direitos de subscrição e incorporação (artigo 381.º do CódMVM), e ainda o direito concreto aos dividendos de acções ou o direito ao juro em obrigações.

Contudo, é nosso entendimento que o Código dos Valores Mobiliários (CVM) permite, sobre esta temática, ir um pouco mais longe. Enquanto o

---

[18] De acordo com CARLOS OSÓRIO DE CASTRO, *Valores Mobiliários: Conceitos e Espécies*, Porto, 1996, p.51, processando-se por via "extra – cartular", segundo as regras da cessão de créditos.

[19] AMADEU JOSÉ FERREIRA, *Direitos dos Valores Mobiliários*, p. 139.

[20] PEDRO PAIS DE VASCONCELOS, *Direitos Destacáveis*, p. 173.

anterior CódMVM definia primeiramente o que eram valores mobiliários [artigo 3.º, n.º 1, al. *a)*] para posteriormente estabelecer uma cláusula de equiparação àqueles [artigo 3.º, n.º 2, al. a)], o actual CVM estabelece no artigo 1.º, n.º 1 uma tipologia dos valores mobiliários, na qual engloba na sua al. *f)* os direitos destacados dos valores mobiliários referidos nas als. *a)* a *d)* (entre os quais temos as acções), desde que o destaque abranja toda a emissão ou série ou esteja previsto no acto de emissão.

Desaparece assim, por completo, qualquer referência aos direitos de conteúdo económico como únicos passíveis de destaque. Desta forma, está aberta a porta para se voltar a equacionar a susceptibilidade do destaque de outros direitos que, à primeira vista, não revestem carácter patrimonial, como sejam, a título meramente exemplificativo, os direitos de voto e o direito à informação. Apesar de não terem uma expressão patrimonial directa, por via deles acabam por ser acautelados outros interesses patrimoniais dos respectivos titulares, ou dos terceiros a favor de quem possam ser cedidos.

4. O direito de voto

Abordaremos exclusivamente os direitos de voto, que constituem o âmbito do presente estudo. O direito de voto é concebido tradicionalmente como um direito fundamental do accionista, o mais importante direito de co-administração, sendo que através do voto o accionista participa na formação da vontade da sociedade. Tem sido entendido como um direito inderrogável (não podendo ser suprimido por decisão maioritária dos sócios em assembleia geral) e como sendo, em princípio, um direito irrenunciável[21]. Doutrina discordante surge em António Caeiro[22] que considera o direito de voto como um direito renunciável, defendendo também, embora em face do antigo regime legal da Lei das Sociedades por Quotas de 1901, a licitude da exclusão, estatutariamente convencionada, do direito de voto de sócios de sociedades por quotas, salvo quando estivessem

---

[21] Ver A. FERRER CORREIA, *Direito Comercial*, Lisboa, 1996, p. 251; LUÍS BRITO CORREIA, *Direito Comercial*, vol. II, Lisboa, 1989, p. 322; ANTÓNIO PEREIRA DE ALMEIDA, *Sociedades Comerciais*, Coimbra, 4.ª ed., 2006, p. 147; RODRIGO SANTIAGO, *Dois Estudos sobre o Código das Sociedades Comerciais*, Coimbra, 1987, p.10.

[22] ANTÓNIO CAEIRO, *A Exclusão Estatutária do Direito de Voto nas Sociedades por Quotas*, in *Temas de Direito das Sociedades*, Coimbra, 1984 p. 114.

em causa deliberações de alteração do pacto social ou de dissolução da sociedade. Também Paulo Olavo Cunha[23] considera que no domínio das sociedades anónimas o direito de voto é regulado no artigo 384.° do CSC, não podendo ser encarado como um direito inderrogável e irrenunciável. Estamos perante sociedades com vocação para grandes concentrações de capitais, em que a participação representa para os sócios fundamentalmente um investimento, independentemente da sua vontade em intervirem na vida social, pelo que lhes será praticamente indiferente o facto de as suas acções não lhes conferirem o direito de voto, se em contrapartida lhes proporcionarem um dividendo prioritário (…) e o reembolso prioritário do valor nominal da sua participação na liquidação da sociedade.

Como refere João Labareda[24] há, todavia, casos excepcionais em que é vedado ao sócio votar; casos em que a lei pura e simplesmente exclui o direito de voto em atenção à natureza da participação social, como sejam as acções preferenciais sem voto (artigo 342.°, n.° 3 do CSC), ou as acções próprias (artigo 324.°, n.° 1 do CSC); casos em que o direito de voto surge condicionado pela titularidade de uma participação social mínima, como sucede quando, por exemplo, um contrato social impõe a propriedade de certo número de acções para que o accionista possa votar [artigo 384.°, n.° 2, al. *a*) do CSC], situação muito comum nas sociedades anónimas com grande dispersão de capital que justifica a dissociação entre a titularidade do capital e a gestão da sociedade; casos em que o direito de voto está limitado quanto à sua eficácia por imposição de um tecto (número de votos que o accionista dispõe), seja qual for o nível de participação social, limitação a um conjunto de acções ou a categorias delas [artigo 384.°, n.° 1, al. *b*) e n.° 2 do CSC]; casos de impedimentos de voto nas situações de conflitos de interesses (artigos 251.°, n.° 1 e 384.°, n.° 6 do CSC)[25]. Tudo isto, para além da diferença de critérios de atribuição dos votos consoante

---

[23] PAULO OLAVO CUNHA, *Breve Nota Sobre os Direitos dos Sócios (Das Sociedades de Responsabilidade Limitada) no Âmbito do Código das Sociedades Comerciais*, in *Novas Perspectivas do Direito Comercial*, Coimbra, Almedina, 1998, p. 241.

[24] JOÃO LABAREDA, *Das Acções das Sociedades Anónimas*, Lisboa, 1988, p. 157; ver, também, JOSÉ DE OLIVEIRA ASCENSÃO, Direito Comercial, vol. IV, p. 336 e 339; ANTÓNIO MENEZES CORDEIRO, *Manual de Direito das Sociedades*, vol. II, *Das Sociedades em Especial*, p.411; JORGE MANUEL COUTINHO DE ABREU, *Curso de Direito Comercial*, vol. II, *Das Sociedades*, p. 240; PAULO OLAVO CUNHA, *Direito das Sociedades Comerciais*, p. 240.

[25] A este propósito veja-se o Assento do S.T.J. de 26/5/1961, B.M.J. n.° 107, pág. 353: existe conflito de interesses quando o sócio "tenha um interesse pessoal, individual, oposto ao da sociedade".

o tipo de sociedades, nomeadamente a observância do princípio igualitário nas sociedades em nome colectivo (artigo 190.º do CSC) e do princípio de proporcionalidade nas sociedades por quotas e nas sociedades anónimas (artigos 250.º, n.º 1 e 304.º, n.º 1 do CSC), da diferença de regimes sobre o voto plural, permitido nas sociedades em nome colectivo e por quotas mas proibido nas sociedades anónimas (artigos 190.º; 250.º; n.º 2 e 384.º, n.º 5 do CSC), ou ainda dos casos decorrentes das situações de mora na realização das entradas (artigos 248.º, n.º 1 e 384.º, n.º 4 do CSC) e das regras sobre sindicatos de voto (artigo 17.º do CSC).

O enunciado de todas as situações descritas tem apenas por objectivo demonstrar que o exercício do direito de voto não é, como algo miticamente se supõe, absolutamente essencial à titularidade da acção, no sentido de que as várias derrogações ao exercício daquele não afectam substancialmente a existência da acção. Refere Filipe Cassiano Santos[26] a propósito desta problemática que a via de superação do problema poderá estar em dissociar a intangibilidade inicial (irrenunciabilidade), que se funda em princípios estruturantes impostos pelo ordenamento para se permitir aquele tipo de estrutura subjectiva, da intangibilidade ulterior ao contrato social (inderrogabilidade), que se baseia já na disposição de interesses operada com o próprio contrato e, portanto, na vontade das partes. É nesta última dimensão que radica a esfera individual e o reconhecimento de que a preservação de um direito de voto, tal como foi configurado ou recebido no contrato, se filia na inclusão nessa esfera. E acrescenta o autor que, em rigor, nada obsta a que o direito seja tido como um direito subjectivo intangível do sócio, e que, simultaneamente, o seu titular se veja compelido a exercê-lo de acordo com vínculos previamente assumidos ou definidos, do mesmo modo que não se exclui que o exercício do direito seja essencialmente livre ao serviço dos interesses do sócio, mas o direito, na sua existência, seja disponível, em certos termos, pela sociedade. Concretizemos, todavia, um pouco mais, pois que, quando encaramos a acção como um valor mobiliário, os direitos de voto que conferem a possibilidade de interferência na vida da sociedade emitente alteram significativamente a análise.

Assim, em face da sociedade emitente nem todos os accionistas se posicionam da mesma forma, podendo cada um deles ser movido por interesses diferentes, aliás, todos eles atendíveis e respeitáveis. Nas socieda-

---

[26] FILIPE CASSIANO SANTOS, *Estrutura Associativa e Participação Societária Capitalística*, p. 473.

des com o capital amplamente distribuído pelo público, como as sociedades emitentes de que aqui estamos prioritariamente a tratar e nas quais se verifica uma separação entre a titularidade do capital e o controlo accionista (à luz das quais se deve repensar e reapreciar a posição do accionista meramente investidor face ao que se denomina governo da sociedade), faz sentido admitir a existência da aquisição de valores mobiliários em grandes quantidades somente por razões de investimento.

A maior parte dos investidores (em especial, os pequenos accionistas), em permanente mutação, não adquirem valores mobiliários com o intuito de participar na vida societária e exercer o seu direito de voto; muitos nem sequer comparecem nas assembleias gerais. Por isso, não faz sentido continuar a defender arreigadamente a importância dos direitos de voto para toda e qualquer acção. Haverá certamente situações em que a titularidade da acção é fundamental não só pelo valor do capital que representa, mas também por dela decorrerem direitos de voto que permitem controlar e governar a sociedade; como existirão também muitas outras situações em que a titularidade da acção é somente importante como puro investimento, face ao valor incorporado, à rendibilidade eventualmente proporcionada e à variação da sua cotação.

O que é central em matéria de participação e administração da sociedade é apenas a titularidade dos direitos de voto expurgada da visão patrimonial, isto na própria lógica do já consagrado no artigo 346.° do anterior CódMVM e do agora estatuído no artigo 20.° do CVM para efeitos de imputação dos direitos de voto nas participações qualificadas, atendendo-se a todos os votos que, por diversas formas, possam ser exercidos pelos seus titulares.

5. A (i)negociabilidade do direito de voto em geral

A doutrina costuma apontar a proibição constante do artigo 17.°, n.° 3, al. c) do CSC como o principal obstáculo à complexa questão da admissibilidade de negociação dos direitos de voto. Neste sentido, Oliveira Ascensão[27] sobre a limitação aos acordos parassociais sobre o voto refere que se quer coibir assim a venalidade (a venda) do voto. A lei tra-

---

[27] JOSÉ DE OLIVEIRA ASCENSÃO, *Direito Comercial*, vol. IV, p.298. Sobre esta temática, ver MARIA DA GRAÇA TRIGO, *Os Acordos Parassociais Sobre o Exercício do Direito de Voto*, UCP, 1998.

duz um apego à não patrimonialização das faculdades pessoais. É por isso que o artigo 17.º, n.º 3, al. *c*) do CSC impõe uma importante restrição ao âmbito das convenções válidas sobre o voto: efectivamente, o preceito estatui que "são nulos os acordos pelos quais um sócio se obriga a votar *exercendo* o direito de voto ou *abstendo-se de o exercer* em contrapartida de vantagens especiais" (itálico nosso).

São nulos, pois, os acordos em que, mediante uma contrapartida, o sócio se compromete a votar num certo sentido ou eventualmente apenas a votar ou a abster-se de votar. É o tema clássico da venda ou do tráfico do voto, que constitui um importante limite à livre utilização pelos sócios dos direitos que lhes provêm da participação social. O que a norma citada pretende evitar é a manipulação da vontade mediante corrupção.

Todavia, existe uma diferença fundamental entre a venda do exercício de um direito ou da abstenção desse exercício mediante certas contrapartidas ou vantagens especiais e a alienação da titularidade sobre esse direito. No primeiro caso, o sócio permanece titular do direito de voto e deixa-se corromper, por assim dizer, no exercício pontual ou permanente do mesmo (de forma positiva ou negativa), fazendo-o contra o recebimento de algo em troca e alienando a liberdade no exercício desse direito de voto; na segunda situação (que é a que corresponde ao destaque e negociabilidade autónoma dos direitos de voto), o titular da acção aliena, definitiva mas separadamente, a titularidade sobre um direito inerente àquela, o direito de voto, para que o adquirente o possa exercer de acordo com os interesses que possua em relação à sociedade emitente, mormente os de participar na sua governação.

Contra esta posição manifesta-se Oliveira Ascensão[28] para quem o direito de voto é pessoal porque não é representável em dinheiro. Adianta o autor que o direito de voto não é transmissível porque é elemento constitutivo da posição do sócio.

6. O destaque do direito de voto em especial

A alienação do próprio direito de voto, destacado da acção, é em tudo diferente da obrigação assumida pelo accionista de votar em certo sentido ou de se abster de votar mediante certas contrapartidas. Entramos, assim, no cerne da questão, qual seja a de o direito de voto poder constituir um

---

[28] JOSÉ DE OLIVEIRA ASCENSÃO, *Direito Comercial*, vol. IV, p. 347.

bem jurídico autónomo susceptível de tráfico económico, enquanto um fenómeno decorrente da existência de facto de um mercado ou de oportunidades de negócio entre quem tem um poder jurídico que não pretende usar e o pode alienar e quem não tem esse poder e o pretende utilizar. A virtualidade da possibilidade de desmembramento ou decomposição do valor mobiliário conduziu algumas ordens jurídicas a considerar viável o alargamento da esfera dos direitos com conteúdo económico e a considerá-los uma realidade diferente da dos direitos com carácter patrimonial. Assim, em face do entendimento exposto relativamente ao artigo 17.º, n.º 3, al. c) do CSC, não nos parece que o aí proibido colida com a negociabilidade dos direitos de voto *tout court*, uma vez que a alienação da titularidade sobre estes representa um fenómeno diverso do da corrupção (compra) sobre o seu exercício em concreto.

Referimos agora algumas experiências de outros ordenamentos jurídicos, como o italiano. Neste, G. Ferri[29] considera que o mito da incomercialidade do direito de voto, que por largos anos constituiu um eixo fundamental da estrutura societária, está definitivamente superado à face do disposto nos artigos 2351.º e 2352.º do Código Civil Italiano.

Por outro lado, no ordenamento jurídico francês, é atribuído, em alguns casos, conteúdo económico e carácter negocial ao direito de voto. A acção decompõe-se em duas partes, uma referente aos direitos patrimoniais a que corresponde um *Certificado de Investimento*, e uma outra referente aos direitos de voto, a que corresponde um *Certificado de Direitos de Voto*. Qualquer deles é considerado valor mobiliário e pode ser negociado autonomamente[30]. Como refere Jürgen Dohm[31], a influência na sociedade resultante do poder do voto tem um valor económico, como se vê pelo maior preço de venda de lotes de acções que confiram a maioria. Esse valor económico pode ser realizado pela venda do voto.

Perante o direito português vigente, nomeadamente a inexistência de uma tipicidade taxativa dos valores mobiliários e o disposto no artigo 1.º, n.º 1, al. *f*) em concatenação com o artigo 55.º, n.º 3, al. *b*) (o qual consa-

---

[29] GIUSEPPE FERRI, *Le Società. Trattato di Diritto Civile Italiano*, dirigido por FILIPPO VASSALI, X, Tomo 3.º, 2.ª ed., Torino, 1985, p. 578.

[30] Ver HERVÉ CAUSSE, *Les Titres Négociables*, Paris, Litec, p. 389.

[31] JÜRGEN DOHM, *Les Accords Sur L'Exercice du Droit de Vote de L'Actionnaire*, Genève, 1971, p. 82. Em sentido contrário, ver RAÚL VENTURA, *Acordos de Voto; Algumas Questões depois do Código das Sociedades Comerciais*, in Estudos Vários Sobre Sociedades Anónimas, Almedina, 1992, p. 77.

gra os direitos de voto como direitos inerentes aos valores mobiliários), ambos do CVM, parece-nos curial concluir que os direitos de voto são direitos inerentes aos valores mobiliários passíveis de serem destacados daqueles e sujeitos a negociação autónoma[32].

A tese que defendemos sai, a nosso ver, reforçada pelo facto de já o anterior CódMVM contemplar a possibilidade de um accionista celebrar com outro interessado um acordo escrito que o obrigue a transferir, provisória e remuneradamente, os seus direitos de voto para o interessado ou para sociedades por ele dominadas [artigo 346.º, n.º 1, al. *f*) do CódMVM], situação actualmente prevista no artigo 20.º, n.º 1, al. *e*) do CVM, para além das outras situações mais latamente mencionadas nas restantes alíneas deste artigo.

O destaque pode, então, operar pela inscrição em registo individualizado (para valores mobiliários escriturais) ou com título autónomo, em conformidade com os quais se legitima o titular do direito destacado a exercer os direitos de voto, nos termos do artigo 55.º, n.º 2 do CVM. Estas formas de representação dos direitos de voto destacados estão, também, de acordo com o disposto no artigo 43.º, n.º 1, o qual estatui que os valores destacados não têm a sua emissão sujeita a registo no emitente, e no artigo 46.º, n.os 3 e 4, ambos do CVM, que dispõem que os valores mobiliários destacados de outros valores mobiliários têm registo em conta autónoma, bem como que o destaque dos direitos só pode ocorrer quando existe cupão separável[33].

Contudo, tem que se verificar a condição apriorística formal para a negociação em mercado secundário de o destaque dos direitos de voto abranger toda a emissão ou série, ou que esteja previsto no acto de emissão, o que permite distinguir situações de destaque originárias e situações de destaque supervenientes, estas últimas possíveis, ainda, tendo em consideração a negociação dos direitos de voto fora de mercado secundário. Na esteira de Amadeu José Ferreira[34], pode afirmar-se que nem todos os direitos destacáveis são susceptíveis de negociação em mercado secundá-

---

[32] Contra esta posição temos OLIVEIRA ASCENSÃO para quem, apesar de o tema dever ser reconsiderado à luz do CVM, entende que os artigos 1.º, n.º 1, al. *f*) e 55.º, n.º 3 são insuficientes para sustentar que o direito de voto é destacável, atendendo por um lado à tipicidade dos valores mobiliários, e por outro à inadmissibilidade de separação entre o domínio da empresa e a prossecução do interesse social; *Direito Comercial*, vol. IV, p. 350.

[33] Em idêntico sentido, ver ALEXANDRE BRANDÃO DA VEIGA, *Direitos Destacados e Warrants Autónomos*, p. 95.

[34] AMADEU JOSÉ FERREIRA, *Valores Mobiliários Escriturais*, Almedina, 1996, p. 50.

rio, nada impedindo que possam ser negociados fora do mercado secundário, uma vez que o que aí está em causa é apenas a aplicabilidade das regras dos mercados secundários. Fora destes, a lei não coloca quaisquer entraves, deixando a possibilidade para que possam ser negociados direitos que, à primeira vista, não revestiriam conteúdo económico, como é o caso dos direitos de voto.

XII

DIREITO PENAL
E DIREITO PROCESSUAL PENAL

LINHAS ESTRUTURAIS DA REFORMA PENAL. PROBLEMAS DE APLICAÇÃO DA LEI PROCESSUAL PENAL NO TEMPO

Maria Fernanda Palma[*][**]

I

1. O parto de uma reforma do Processo Penal é sempre difícil. Tal como na natureza, *funciona o princípio da inércia*.

Qualquer reforma, apesar de se dirigir à solução de problemas, cria o seu *universo de problemas*.

Na presente comunicação, focarei três aspectos:

– o que justifica, neste momento, uma reforma do Processo Penal;
– qual o seu universo problemático;
– as principais questões de aplicação no tempo.

II

2. O que terá justificado e justifica, neste momento, uma reforma do Processo Penal?

As razões residem no confronto do sistema penal, na sua vertente processual, com as seguintes necessidades:

---

[*] Professora Catedrática da Faculdade de Direito da Universidade de Lisboa.
[**] O presente texto corresponde à intervenção no Colóquio sobre a Reforma do Código de Processo Penal de 2007, realizado na Faculdade de Direito de Lisboa em Novembro de 2007.

a) Consolidação ou correcção de um desenvolvimento legislativo que veio adulterar o papel do Ministério Público, deixando praticamente o *se* e o *como* da investigação criminal para os órgãos de polícia criminal;
b) clarificação do papel do Juiz de Instrução, em face do Ministério Público, do Juiz de Julgamento e do Juiz do Recurso, enquanto juiz singular (Relator ou Presidente do Tribunal);
c) afastamento de obstáculos à celeridade processual;
d) absorção da jurisprudência do Tribunal Constitucional (purificação constitucional);
e) resposta constitucionalmente adequada a novos problemas de criminalidade (criminalidade organizada, internacional e terrorismo).

3. Façamos um breve balanço dos efeitos desta reforma.

De entre os motivos indicados, dois eram prementes – a absorção da jurisprudência constitucional e a celeridade.

A estruturação dos poderes dos diversos sujeitos processuais e a satisfação das novas necessidades da política criminal tinham uma solução menos imediata. A primeira tem a ver com um aprofundamento do Estado de Direito democrático na sua dimensão processual punitiva, na sua dimensão de relacionamento entre o poder judicial e o poder político e com os mecanismos de controlo recíproco. A segunda tem a ver com a renovação constante das solicitações do Estado perante as ameaças à segurança e aos valores e com a sofisticação dos comportamentos criminosos.

Nesta última área, o Processo Penal é chamado a dar resposta eficaz, no domínio da aquisição, conservação e interpretação da prova, através de novas tecnologias e meios científicos de definição da realidade[1], bem

---

[1] A definição da realidade é tanto um problema de ciência, em certas situações, como noutro horizonte teórico, um problema gnoseológico que passa, na temática processual penal, por identificar as pré-compreensões e as tendências psicológicas dos intervenientes processuais. Também o Direito Penal não pode prescindir de conhecer como se produz socialmente ou na relação jurídico-processual a verdade dos factos. Conhecimentos sobre a influência na decisão penal de factores psicológicos ou sociológicos (idade, género, origem social e cultural dos sujeitos processuais ou perspectivas da Justiça adquiridas na formação escolar) e da relação desses factores com eventuais oscilações dos julgamentos penais são imprescindíveis. Assim, por exemplo, o estudo de KLAUS SESSAR, "Rechtliche und soziale Prozesse einer Definition der Tötungskriminalität", *Kriminologische Forschungsberichte aus dem Max-Planck Institut für Ausländisches und Internationales Strafrecht*, 1981, demonstra como se gerava uma tendencial substituição, na jurisprudência

como na protecção das vítimas e dos arguidos perante a "globalização" do próprio Processo Penal.

4. O modo como a presente reforma do Processo Penal respondeu a estes desafios pode caracterizar-se como o *reforço moderado da jurisdicionalização do Processo Penal* contra outras opções políticas – a opção de reforma "musculada", no sentido do regresso ao inquisitório, atribuindo-se amplos poderes de investigação ao Tribunal, segundo o modelo do Tribunal de Instrução (com juízes a fazerem escutas, por exemplo) e, no pólo oposto, a opção de total des-jurisdicionalização da investigação através da absorção do papel do Ministério Público pelas Polícias.

Tais vias de reforma poriam em causa o sistema do Código de Processo Penal de 1987 e os princípios consagrados no artigo 32.º, n.º 5, da Constituição. Na Constituição, o Processo Penal acusatório apoia-se na concepção do Ministério Público representante da legalidade democrática (artigo 219.º) na própria fase do inquérito, garantindo a subordinação da investigação e da acção penal a esses parâmetros.

A sobreposição da legalidade democrática à oportunidade, que no fundo é discricionariedade administrativa, mantém-se através da Lei-quadro da política criminal e da Lei das prioridades da política criminal (Leis n.ºs 17/2007 e 51/2007, de 23 de Maio e de 31 de Agosto), na medida em que as prioridades da política criminal passam a ser aprovadas, sob proposta do Governo, ouvidos os Conselhos Superiores de vários órgãos, pela Assembleia da República (artigo 8.º da Lei n.º 17/2006). A oportunidade é assim submetida à legalidade democrática. A Lei da política criminal foi, aliás, o único caso em que a reserva relativa quanto a matéria penal foi transformada em reserva absoluta, para além das exigências constitucionais[2].

---

alemã, das ofensas corporais agravadas pelo resultado pelo crime de homicídio com dolo eventual a partir de uma certa pré-compreensão social dos juízes. Os critérios práticos de aplicação da lei tornam-se, por vezes, códigos alternativos e implícitos ou infranormas que modificam as intenções originárias do legislador. As chamadas regras de boas práticas também podem, autonomizando-se da lei originária, tornar-se corpos normativos não controláveis pelas instâncias constitucionais.

[2] No pensamento italiano, a doutrina tem propugnado uma reserva absoluta ou tendencialmente absoluta em matéria penal. No entanto, tal exigência é, hoje, inadequada a um certo activismo legislativo na área penal (cfr. MARINUCCI/DOLCINI, *Corso di Diritto Penale*, 3.ª ed., 2001, p. 97 e ss.).

O papel do Ministério Público não é de mera vigilância – a qual cabe plenamente ao Juiz de Instrução, mas de um «controlo-direcção» da investigação, competência que se tendeu a esvaziar com o recurso excessivo às delegações de competência genéricas nos órgãos de polícia criminal.

As normas relativas à validação da constituição de arguido (artigo 58.º, n.º 1) ou à apresentação prévia ao Ministério Público do resultado das escutas ordenadas pelo Juiz [artigo 188.º, n.º 9, alínea *a*)] revelam que o Ministério Público reforça os poderes-deveres de «controlo-direcção» e a consequente responsabilização pela investigação.

Por outro lado, o «controlo-validação» fica claramente reforçado no Juiz de Instrução, não podendo o Ministério Público recorrer contra o Arguido da decisão daquele Juiz sobre a prisão preventiva ou cabendo-lhe avaliar decisivamente a questão da publicidade do processo no inquérito (artigos 86.º, n.º 1, e 219.º, n.º 1) ou ainda decidir do acesso aos autos (artigo 89.º, n.º 2).

Um poder de «controlo-avaliação» cabe assim claramente ao Juiz, em contraste com um «controlo-direcção», que responsabilize pela investigação, o qual compete ao Ministério Público.

A reforma, neste ponto, apenas desenvolve até a um nível mais puro o sistema introduzido pelo Código de Processo Penal de 1987 e sublinhado pela Constituição.

5. A questão que subsiste é a de saber se os poderes de controlo do Ministério Público se deveriam desenvolver como poderes gerais de inspecção das Polícias (como acontecia até 1997 quanto à Polícia Judiciária)[3].

O problema, na sua essência, diz respeito ao modo de assegurar um controlo extra-processual independente.

Estando o Ministério Público envolvido na mesma dinâmica processual das Polícias, é questionável se tais funções não deverão ser preferencialmente realizadas por entidades mais passivas processualmente, como os Juízes, em articulação com o Conselho Superior da Magistratura.

Esta problemática é, porém, a da configuração das instituições democráticas de base não electiva na área da Justiça e da sua relação com os órgãos democráticos representativos.

Às duas opções extremas – de uma ausência de controlo em nome da total independência entre o poder judicial e os outros poderes (que justifi-

---

[3] Cf. Decretos-Leis n.os 364/77, de 2 de Setembro, e 96/78, de 18 de Maio.

caria sistemas de auto-controlo) ou de uma clara subordinação das instituições de Justiça aos poderes representativos – contrapõe-se um sistema de controlo independente ou misto, de auto-controlo e controlo independente.

A fusão no Ministério Público da titularidade da acção penal, da direcção de investigação e da inspecção-geral de toda a actividade de investigação suscita o perigo de confusão entre responsabilidade pela investigação e controlo interno e externo.

Este tema foi deixado em aberto pela Reforma, sendo um problema de configuração, pelo Direito, das instituições democráticas, na área da Justiça, que se discute no âmbito do Conselho da Europa[4].

Em todo o caso, a reforma parece apontar para um reforço da responsabilidade do Ministério Público e não para a acentuação de um «controlo-avaliação», puramente externo.

A temática da eventual autorização de realização de escutas pelos serviços de informações, no âmbito da prevenção do terrorismo, levanta, sem dúvida, o problema de saber se, mesmo antes de instaurado o processo-crime, o Ministério Público poderá surgir como entidade que controla a investigação.

Tratando-se de uma investigação pré-processual, porém, tal controlo não poderia ser senão externo, já que não é integrante do papel essencial do Ministério Público como titular da acção penal. Decisivo será, todavia, que os serviços de informações sejam objecto de controlo independente, conforme o modelo actual, tornado mais actuante, ou a partir de um outro, que introduza até possibilidades de queixa dos cidadãos contra realidades que, no seio do Conselho da Europa, têm sido definidas como tendências de uma "cultura de informações"[5].

No que se refere às escutas, o controlo jurisdicional impõe-se, também, claramente, em função dos critérios que pautam a função jurisdicional.

6. Uma outra linha estrutural da Reforma foi a intensificação da celeridade processual. Concretizou-se através do encurtamento dos prazos da

---

[4] Tal tema foi objecto de um estudo e parecer elaborado pela Comissão para a Democracia através do Direito, órgão consultivo do Conselho da Europa, *Avis* 388/2006 "Report on the Democratic oversight of the Security Services adopted by The Venice Commission at its Plenary Session – June, 2007", em *http://www.venice.coe.int*.

[5] Cf. Relatório citado na nota anterior, aprovado pela *Comissão de Veneza*, em Junho de 2007.

prisão preventiva e da vinculatividade dos prazos do inquérito (artigo 276.°, n.ᵒˢ 4, 5 e 6).

A flexibilidade do sistema, que funcionava com meros prazos orientadores, é, assim, contrariada no sentido de encurtar a fase pré-julgamento, mantendo critérios de jurisdicionalização nessa fase – ao contrário de países que desvalorizam aquela fase, acentuando pura e simplesmente o julgamento, o que pode também dificultar a consistência da aquisição de prova.

No modelo que resulta da Reforma, há uma exigência simultânea de celeridade e de controlo jurisdicional pré-julgamento.

Com a crescente mediatização do Processo Penal e a situação recorrente de publicação de resultados de investigações ainda secretas, apesar do segredo de justiça, uma longa fase pré-julgamento, que se justificaria, afinal, para evitar um julgamento precipitado, sempre estigmatizante para o arguido, deixa de ter razão de ser. A estigmatização começa logo no inquérito e a autoridade pública não pode fazer repercutir no arguido as dificuldades da falta de meios, prolongando-o.

O princípio do prazo razoável, que levou Portugal a ter já sido condenado no Tribunal Europeu dos Direitos do Homem[6], justifica a inflexibilidade dos prazos e a intensificação da aplicação do mecanismo de aceleração processual pelo Procurador-Geral da República, como resposta à constatação da falta de celeridade dos processos penais.

O encurtamento dos prazos de prisão preventiva exprime também o objectivo do cumprimento de prazos razoáveis, num país em que há ainda uma percentagem elevada de presos preventivos, nas estatísticas europeias, e em que a duração média da prisão preventiva é das mais elevadas da Europa, como assegurava, sem conseguir perceber as causas, o Relatório Gil Robles, já que constatava que a criminalidade não aumentara e o número de magistrados tinha aumentado[7-8].

---

[6] Para além de várias condenações, em matéria de Direito Administrativo, veja-se a recente condenação em matéria penal no *Affaire Monteiro da Cruz c. Portugal*, Acórdão de 17/04/2006. Cf. JOÃO MANUEL SILVA LOPES, "A Justiça Portuguesa no exame do Tribunal Europeu dos Direitos do Homem", *Sub Judice*, n.° 28.

[7] Cf. Estatísticas da Direcção-Geral dos Serviços Prisionais, em http://www.dgsp. mj..estatísticas.

[8] Cf. "Opinion of the Commissioner for Human Rights, M. Alvaro Gil-Robles, on the procedural safeguards surrounding the authorization of the pre-trial detention in Portugal", Comm DH (2004), 15 Mars, 2004. (Ver sítio do Conselho da Europa, *www.coe.int*)

7. Por outro lado, a adequação à jurisprudência constitucional foi um traço desta reforma.

Foram consagradas normas significativas como as relativas à fundamentação da decretação da prisão preventiva, à destruição de escutas, ao contraditório na declaração de especial complexidade do processo, à definição dos prazos na execução e apresentação de escutas ou ainda à revogação da necessidade de que um segundo pedido de revisão com fundamento autónomo fosse requerido apenas pelo Procurador-Geral da República[9].

A importância da jurisprudência constitucional ficou plasmada no novo fundamento de revisão extraordinária previsto no artigo 449.°, n.° 1, alínea *f*), o qual prevê que a inconstitucionalidade declarada com força obrigatória geral de norma penal de conteúdo menos favorável ao arguido, que seja fundamento de condenação, justificará o pedido de revisão.

O facto de o artigo 282.° da Constituição suscitar a leitura de que depende de deliberação do Tribunal Constitucional a reabertura do caso julgado, nos casos penais em que seja declarada inconstitucional lei penal menos favorável, não implica uma possibilidade de arbítrio do Tribunal Constitucional ainda que por razões de segurança do Direito. São aqui também vinculativos princípios constitucionais como o da legalidade das normas penais positivas previsto no artigo 29.°, n.ᵒˢ 1 e 3, da Constituição, de modo que não só o Tribunal Constitucional se deverá pronunciar em matéria de declaração de inconstitucionalidade das normas penais menos favoráveis sobre a reabertura do caso julgado como, de acordo com o princípio de legalidade, é inevitável que a lei incriminadora ou a que prevê pena menos favorável inconstitucional reabram o caso julgado[10].

---

[9] Artigo 450.° do Código de Processo Penal, que alterou a antiga redacção, a qual limitava a legitimidade para um segundo pedido ao Procurador-Geral da República.

[10] O artigo 288.° da Constituição é uma norma que pretende abrir uma excepção à regra da redução *ex nunc* dos efeitos da inconstitucionalidade no caso de as leis penais inconstitucionais serem menos favoráveis. Tal problema não se confunde com a aplicação de lei penal inconstitucional mais favorável, mas tem com esta uma inevitável conexão. Com efeito, neste outro caso, a lei penal inconstitucional não poderia consubstanciar uma lei posterior por ser inválida. Porém, por ser mais favorável, não se impõe a reabertura do caso julgado nos termos do artigo 282.°, permanecendo para essas situações a sua aplicabilidade. Assim, implicitamente, o artigo 282.° revela que as leis penais inconstitucionais mais favoráveis vigoram para o caso julgado. Questão que se coloca é se tais leis inconstitucionais se devem aplicar, com apoio no artigo 29.°, n.° 4, da Constituição, quando a sua inconstitucionalidade já for conhecida no momento do julgamento (cf. RUI PEREIRA, "A relevância da lei penal inconstitucional de conteúdo mais favorável", em *Revista Portu-*

8. Finalmente, no que se refere à resposta à criminalidade organizada e terrorismo, a reforma introduziu algumas pontuais, mas importantes, alterações:

Desde logo foi redefinido o conceito de criminalidade organizada que passou a abranger a criminalidade económica, a corrupção, o tráfico de influência e o branqueamento (artigo 1.º do Código de Processo Penal), permitindo-se um regime mais gravoso para estes crimes em matéria de prisão preventiva.

Também o regime das buscas nocturnas se flexibilizou de acordo com a Revisão Constitucional permitindo-se agora as buscas nocturnas na criminalidade organizada e no flagrante delito (artigo 177.º, n.º 5)[11].

Foi ainda introduzido o reconhecimento por fotografia ou filmagem como meio de investigação, sucedido de prova por reconhecimento presencial. Introduziu-se alguma regulamentação dos exames pessoais, no respeito dos critérios constitucionais relevantes em face do poder invasivo das novas tecnologias (artigo 172.º), e introduziu-se a localização celular no caso de perigo para a vida ou integridade física sem autorização prévia do juiz, bastando a validação posterior (artigo 252.º-A, n.º 1).

Em todo o caso, estas respostas pontuais não podem significar que a reforma esteja fechada neste ponto, adivinhando-se uma abertura a novas exigências.

O que parece, no entanto, ser uma linha estrutural de reforma é a inserção das soluções impostas pela nova criminalidade no sistema processual penal geral, rejeitando-se um Processo Penal a duas velocidades ou um Processo Penal de excepção para os casos de criminalidade altamente organizada ou de terrorismo.

O desafio contemporâneo é, aliás, o de atracção de todo o Processo Penal pela visão de combate à criminalidade organizada ou de criação de um Processo Penal de excepção, de natureza quase militar, em alternativa à absorção num sistema garantista de regras adaptadas a esse tipo de criminalidade.

A manutenção deste modelo moderado passa, porém, por um melhor esclarecimento sobre as relações entre a criminalidade clássica, cuja explicação sociológica radica em processos de produção social – e que, por esta

---

guesa de Ciência Criminal, ano I, 1991, p. 58 e ss.; FERNANDA PALMA, *Direito Constitucional Penal*, 2005, p. 103 e ss., bem como a literatura aí citada).

[11] Em todo o caso, o novo regime processual penal ficou aquém do que a Constituição autoriza, no artigo 34.º da Constituição.

via, realiza o que uma orientação da Criminologia identificou como desfasamento de meios sociais para os fins culturalmente definidos[12] – e esta nova criminalidade que, por vezes, se arroga, como no caso do terrorismo, em atentar contra os fundamentos do Estado democrático[13].

III

9. O campo problemático aberto pela reforma inclui questões diversas como a já referida questão dos poderes de fiscalização do Ministério Público ou, noutro âmbito, as próprias dificuldades interpretativas de alguns preceitos como o que se refere ao segredo de justiça e à publicidade do Processo Penal (artigo 86.°).

Concentrar-me-ei, porém, nas questões da aplicação da lei processual penal no tempo pela repercussão sobre os processos pendentes e pela relação entre qualquer reforma processual penal e os princípios de Estado de Direito.

O princípio geral sobre aplicação no tempo de uma lei processual penal nova está consagrado no artigo 5.°, n.° 1, do Código de Processo Penal, e corresponde à aplicação imediata da nova lei aos processos pendentes, dada a natureza adjectiva e instrumental do Processo Penal.

Como princípios delimitadores desta regra geral, surgem as duas situações em que se justifica a aplicação da lei velha – o agravamento sensível e evitável da posição do arguido e a unidade do processo.

Estes princípios subtraem, aparentemente, a aplicação no tempo da lei processual penal à proibição de retroactividade *in pejus* ou à retroactividade *in melius*.

A aplicação imediata da lei processual penal contém uma forma de aferição do critério da anterioridade e da retroactividade que não é a do artigo 3.° do Código Penal: o tempo da acção ou, no caso de omissão, o tempo em que se deveria ter produzido a acção exigida[14]. A lei processual

---

[12] Cf. FIGUEIREDO DIAS/COSTA ANDRADE, *Criminologia. O Homem Delinquente e a Sociedade Criminógena*, 1984.

[13] Sobre o problema criminológico do terrorismo, cf. FERNANDA PALMA, "Crimes de terrorismo e culpa penal", em *Liber Discipulorum para Jorge de Figueiredo Dias*, 2003, p. 235 e ss..

[14] São geralmente breves as referências doutrinais à aplicação no tempo da lei processual penal. No entanto, temas como a prescrição ou a alteração da natureza do crime

refere-se à prática de actos processuais que, em geral, não interferem de modo essencial com a previsibilidade, como acontece com as leis penais. As situações do artigo 5.º, n.º 2, são, todavia, a expressão no Processo Penal das garantias de previsibilidade e proibição de arbítrio[15].

10. No quadro das excepções à aplicação imediata, encontra-se o artigo 204.º quando haja dupla condenação do arguido. Se já expirou o prazo máximo de prisão preventiva previsto na lei anterior ou se vier a expirar o prazo da lei nova após a entrada em vigor da reforma, ainda que na pendência do recurso, mas antes da segunda condenação, não há lugar à aplicação da lei nova, porque a situação não o reclama.

No caso em que, no momento da segunda condenação, o arguido ainda se encontrar sob prisão preventiva, a aplicação imediata da lei nova levará à prorrogação significativa do prazo de prisão preventiva e a lei antiga estabelece um prazo máximo mais limitado.

O Tribunal terá de decidir se a aplicação imediata do novo regime agrava a situação processual do arguido de modo significativo, globalmente, em face do regime anterior que tem também prazos máximos mais dilatados de prisão preventiva.

A lei nova afecta, claramente, os direitos do arguido, agravando as condições que terá para organizar a sua defesa, e revela um enfraquecimento da presunção de inocência[16]. Não deve, por isso, ser aplicada, mantendo-se, porém, o arguido sujeito aos prazos da lei anterior, quanto ao tempo máximo da prisão preventiva.

Está, por outro lado, vedada uma aplicação de um regime compósito, com os aspectos mais favoráveis das duas leis. Assim, o arguido condenado em primeira e em segunda instância mantém-se em prisão preventiva até esgotar o prazo máximo da lei antiga mais favorável. Se antes da segunda condenação, por força da lei nova entrada entretanto em vigor, já tiver esgotado o prazo máximo da prisão preventiva que lhe tenha sido

---

público para particular ou vice-versa são frequentemente analisados. Cf. JORGE FIGUEIREDO DIAS, *Direito Penal, Parte Geral* I, 2.ª ed., 2007, p. 198.

[15] Há, na verdade, uma dupla fundamentação do princípio da legalidade no princípio da responsabilidade, que justifica a protecção da confiança e da previsibilidade pelo destinatário das normas, e no princípio da proibição do arbítrio ou da objectividade, que justifica a generalidade de abstracção das leis penais bem como a sua não manipulação em função do caso concreto. Sobre este último ponto, cf. GÜNTER JAKOBS, *Strafrecht – Allgemeiner Teil*, 2.ª ed., 1991, *ob.cit.*, p. 67 e ss..

[16] Utilizando este preciso critério, MARINUCCI/DOLCINI, I, *ob.cit.*, p. 5 e ss..

aplicada, torna-se inevitável, todavia, que o arguido venha a beneficiar, embora em momentos sucessivos, dos dois regimes no seu aspecto mais favorável.

Na verdade, ao ser aplicada a lei nova antes da segunda condenação, não era sequer equacionável aplicar o aspecto menos favorável do regime por não estar preenchido o pressuposto da dupla condenação. Formou-se uma espécie de caso decidido quanto à aplicação daquele novo prazo, que condiciona a possibilidade de qualquer prorrogação ulterior da prisão preventiva por força da lei nova, aplicável no momento da segunda condenação.

No que se refere às situações de declaração de especial complexidade do processo, a aplicação imediata da lei nova deve conceder ao arguido a oportunidade de se pronunciar, na primeira instância, mesmo que o processo se encontre já na fase de recurso.

Se a especial complexidade, que justifica a prorrogação dos prazos, foi determinada em segunda instância, não é possível a aplicação da lei nova, porque o acto foi praticado validamente no passado, consolidou--se e é inatacável no presente. A oportunidade de o arguido se pronunciar deve ser atribuída, por maioria de razão relativamente aos casos anteriores.

A decisão caberá, no entanto, de novo, e inevitavelmente, à segunda instância – o que levanta o problema do direito ao recurso.

11. A aplicação da lei processual penal nova é o meio de efectivação da alteração fundamental sobre a aplicação da lei penal no tempo consagrado na nova versão do artigo 2.º, n.º 4, que transpôs para o Código Penal a Jurisprudência do Tribunal Constitucional de retroactividade *in melius* contra o caso julgado.

O artigo 2.º, n.º 4, do Código Penal apenas impõe uma aplicação automática da lei nova mais favorável nos casos de mera diminuição de pena. Os efeitos penais da condenação cessam logo que o agente cumpra o tempo correspondente à nova medida máxima da pena. Todas as outras situações de modificação de regime terão de ser reapreciadas pelo Tribunal a requerimento do arguido, nos termos do artigo 371.º-A do Código de Processo Penal, que se refere a leis penais mais favoráveis num sentido amplo[17].

---

[17] Coloca-se, igualmente, aqui a questão de saber se o requerimento para reabertura da audiência se pode apresentar a todo o tempo ou se depende do prazo geral vigente no

Mas este preceito pressupõe que as novas leis processuais tenham de ser aplicadas imediatamente na análise do requerimento. O preceito refere-se apenas à retroactividade *in melius* que não tem cabimento, necessariamente, no Processo Penal.

12. A última questão prende-se com a possibilidade, em nome das garantias de defesa, de uma aplicação retroactiva de lei mais favorável por aplicação directa do artigo 29.°, n.° 4, da Constituição[18].

As situações configuráveis são aquelas em que já existem julgamentos de inconstitucionalidade em certos processos, que influenciaram a alteração da lei processual penal ou em que se creia que possam existir fundamentos de inconstitucionalidade. A aplicação da lei nova retroactivamente impediria um inútil julgamento de inconstitucionalidade.

Assim, por exemplo, a norma do artigo 194.°, n.° 4, que estabelece critérios de fundamentação do despacho que ordena medidas de coacção, acompanhando jurisprudência constitucional, deve impor-se retroactivamente a requerimento do arguido, mesmo que não seja fundamento de revisão, por não existir ainda declaração de inconstitucionalidade com força obrigatória geral, desde que o arguido impugne o acto.

Também a situação de destruição de escutas consideradas irrelevantes sem contraditório merece a mesma solução, se as escutas subsistentes forem fundamento exclusivo da condenação no caso concreto e não seja ultrapassável a dúvida razoável sobre relevância para a prova das escutas destruídas. Isto acontecerá, por exemplo, se as escutas destruídas tiverem atingido pessoas que nada tinham a ver com o processo ou que não podiam sequer ser alvo de escutas.

Processo Penal. A resposta que se justifica é fazer depender de um prazo de arguição a reabertura da audiência, por razões de segurança jurídica.

No entanto, também é verdade que, podendo faltar ao arguido condenado o apoio necessário para efectuar tal requerimento, deve admitir-se a utilização do justo impedimento com "justa generosidade" quanto ao arguido a cumprir pena prisão.

Outra questão que se coloca é a de saber se a reabertura da audiência implicará a reapreciação de factos. A resposta é, em princípio, negativa, pois apenas se trata de aplicar aos factos provados a lei nova. Pode acontecer, porém, que a lei nova mais favorável implique a prova de outros factos. Nesse caso, não estaremos perante uma verdadeira sucessão de leis no tempo.

[18] A doutrina penal não admite, em geral, a retroactividade *in melius* no Processo Penal. Cf. JORGE FIGUEIREDO DIAS, *ob.cit.*, p. 198 e ss.; GÜNTER STRATENWERTH, *Strafrecht – Allgemeiner Teil*, I, 5.ª ed., 2004, p. 44 e ss.; GÜNTER JAKOBS, *ob.cit.*, p. 104.

Em suma, em matéria de aplicação da lei processual no tempo, o princípio de aplicação imediata ou da ultra-actividade da lei mais favorável, nos termos do artigo 5.º do Código de Processo Penal, satisfaz, em princípio, as exigências de garantia, da confiança e de proibição do arbítrio que emanam do princípio do Estado de Direito para o Processo Penal (artigo 2.º da Constituição). No entanto, em articulação com juízos de inconstitucionalidade não deixa de se poder invocar directamente o artigo 29.º, n.º 4, a partir de um conceito amplo de leis penais, quando a lei nova interferir com uma posição processual do arguido, reconhecendo direitos essenciais à defesa que, em última análise, a não serem reconhecidos, poriam em causa uma condenação de acordo com a princípio da legalidade ou do processo justo e equitativo.

Com efeito, perturbações essenciais do direito de defesa permitem, em última análise, uma frustração do próprio *nullum crimen sine lege*. Esta exigência da lei incriminadora concretiza-se no Processo Penal pela possibilidade de o agente demonstrar que não praticou o crime que lhe é imputado. Se o não puder fazer devidamente, o *nullum crimen sine lege* será um artefacto que permitirá atribuir responsabilidade onde em concreto possa não ter existido qualquer crime.

No que se refere ao processo justo e equitativo, confrontamo-nos também com uma garantia do Estado de Direito que, se não for respeitada, impede a justa qualificação dos factos. Assim, nestas situações, justifica-se a retroactividade em nome do princípio da necessidade de decidir todos os casos segundo a «melhor compreensão dos princípios constitucionais», como tem sido defendido na Jurisprudência norte-americana[19].

Uma reforma, ao destruir rotinas de aplicação do Direito e ao pôr em estilhaços regimes porventura coerentes, cria necessariamente um tempo transitório de efeitos inesperados. Cabe, no entanto, ao pensamento jurídico-penal oferecer soluções que realizem a justiça e a coerência dessa fase e impeçam a arbitrariedade ou a chicana processual, isto é, mantenham a legalidade e as garantias constitucionais. Só essa perspectiva permitirá que não haja qualquer inibição quanto à introdução de reformas necessárias e essenciais, com o argumento das dificuldades de adaptação nas fases transitórias.

---

[19] Cf. JEROLD H. ISRAEL/WAYNE R. LAFAVE, *Criminal Procedure – Constitutional Limitations*, 5.ª ed., 1993, p. 44 e ss..

A PRISÃO PREVENTIVA APÓS A REVISÃO DE 2007 DO CÓDIGO DE PROCESSO PENAL: FOI SUPERADA A CRISE?

Augusto Silva Dias[*][**]

SUMÁRIO: *1. Os factores da crise da prisão preventiva. 2. O que melhorou na revisão de 2007 do CPP: 2.1. No domínio dos pressupostos gerais; 2.2. No domínio dos pressupostos específicos. 3. O que ficou por resolver e em que se podia ter ido mais longe. 4. Conclusão.*

1. Os factores da crise da prisão preventiva

A problemática das medidas de coacção e muito em especial da prisão preventiva foi, é e será um ponto sensível do processo penal. Desde logo porque esta problemática se encontra na confluência de uma tensão entre eficácia da perseguição penal e direitos, liberdades e garantias dos cidadãos. Não é por acaso que sempre que tem lugar uma revisão do regime da prisão preventiva assistimos ao alinhamento bipolar de pontos de vista que privilegiam a eficácia das investigações e mesmo até uma lógica pré-punitiva da medida de coacção e de outros que dão prevalência às garantias. Também não é por acaso que os primeiros são sustentados em

---

[*] Professor Associado da Faculdade de Direito da Universidade de Lisboa.

[**] O presente estudo é a versão desenvolvida da conferência proferida na jornada sobre o Código de Processo Penal de 2007, realizado no dia 14 de Novembro de 2007 na FDUL e organizado pelos Professores da área de ciências jurídico-criminais desta Faculdade. Pretendo com a sua apresentação associar-me à homenagem ao Professor Doutor José de Oliveira Ascensão, a quem devo a orientação da minha dissertação de doutoramento e o conselho sábio sempre que lho solicitei. Aqui fica o meu agradecimento e o testemunho da minha muita admiração.

regra por entidades judiciárias e os segundos por advogados preocupados com a sorte dos direitos dos seus constituintes. Os académicos, esses, tendem a preferir um ponto de vista mais distanciado e propício à concordância prática entre eficácia e garantias. Reconhece-se, nesta linha, que a prisão preventiva é um instituto necessário, que cumpre importantes funções intra-processuais e assegura por vezes uma certa eficácia investigatória, mas constitui, ao mesmo tempo, uma medida fortemente restritiva da liberdade de alguém que se presume inocente, o que coloca sérios problemas à sua compatibilização com os princípios do Estado de Direito. Por isso se afirma que aquela necessidade deve ser prosseguida com a mínima compressão destes princípios, ou se se quiser, com a sua máxima observância. São eles, a presunção de inocência, que obsta a que a prisão preventiva assuma nos diversos aspectos do seu regime um sentido punitivo; a subsidiariedade, que confere à medida um carácter excepcional ou de *ultima ratio*; a proporcionalidade, que força à sua correspondência com a gravidade do crime e com as sanções que previsivelmente venham a ser aplicadas; e a precariedade, que adverte para o seu carácter provisório e a sua iminente cessação[1].

A crise da prisão preventiva, propalada quer em estudos científicos quer em notícias da imprensa, tem a ver com este aspecto, ou seja, com a distorção de algumas destas garantias causada não só por certos traços do regime jurídico da figura (pressupostos, finalidades, prazos de duração, etc.) mas também por certas práticas de interpretação e procedimentos de investigação criminal. Essa distorção está patente em estatísticas que denunciavam a banalização da medida, a sua duração excessiva[2] e a mediatização de alguns processos, como o chamado «processo Casa Pia», pôs a descoberto procedimentos e interpretações que explicam em boa medida o exagero com que tem sido aplicada. O instituto carece de ser repensado tendo em vista um novo equilíbrio, no plano do seu regime jurídico, entre

---

[1] V. por todos, RUI PATRÍCIO, *O princípio da presunção de inocência do arguido na fase do julgamento no actual processo penal português*, ed. AAFDL, Lisboa, 2000, p. 15.

[2] V. os números referidos por MAIA COSTA, *A presunção de inocência do arguido na fase do inquérito*, in RMP, ano 23 (2002) n.º 92, p. 77 e, mais recentemente, as conclusões do Relatório Gil Robles, em *Rapport de M. Alvaro Gil-Robles, Comissaire aux droits de l'homme, sur la visite au Portugal du 27 au 30 Mai 2003*, disponível no sítio do Conselho da Europa na internet https://wcd.coe.int/rsi/common/index.jsp# (p. 8). Em boa verdade, o problema não é de agora. Já CAVALEIRO DE FERREIRA alertava em 1956 para o recurso à prisão preventiva indevido e «para além do necessário» – v. *Curso de Processo Penal*, vol. II, Reimp. Univ. Católica, Lisboa, 1981, p. 419.

os princípios do Estado de Direito atrás mencionados e as necessidades de política criminal que lhe servem de suporte. O Congresso sobre a justiça, realizado em Dezembro de 2003, reconhecia a prisão preventiva como um problema e elegia neste ponto uma série de objectivos de política criminal, como a elevação do requisito formal da moldura penal para 5 anos, uma definição mais rigorosa e restritiva dos requisitos materiais, designadamente do «perigo para a ordem e a tranquilidade públicas», de modo a impedir a prisão preventiva com base no alarme social ou em razões estritas de ordem pública, a redução dos prazos de duração da medida e a limitação da admissibilidade de prorrogação dos prazos com fundamento em especial complexidade até à prolação da decisão final em primeira instância[3].

O objecto da presente intervenção é saber se e até que ponto a revisão de 2007 do Código de Processo Penal (doravante, CPP) contribuiu para superar a crise da prisão preventiva e alcançar estes e outros objectivos político-criminais cujo sentido é recentrar esta medida de coacção segundo uma lógica de direitos.

2. O que melhorou na revisão de 2007 do CPP

2.1. *No domínio dos pressupostos gerais*

2.1.1. Foram acentuadas no artigo 193, n.os 2 e 3, as exigências de necessidade e de subsidiariedade da aplicação da prisão preventiva. O n.º 3 incentiva a aplicação da obrigação de permanência na habitação quando for de concluir pela aplicação de uma medida de coacção privativa da liberdade, obrigando assim o juiz a começar pela análise da adequação desta medida para satisfazer as exigências cautelares. A profusão dos meios electrónicos de controlo à distância confere viabilidade prática a esta solução.

2.1.2. O direito de audição do arguido deixa de estar sujeito à reserva do «sempre que possível e conveniente» para ser incondicionalmente exercido antes da aplicação de qualquer medida de coacção, excepção feita ao termo de identidade e residência (artigo 194, n.º 3). A mesma regra é

---

[3] Sobre estas conclusões v.g. o sítio da Associação Sindical dos Juízes Portugueses na Internet em www.asjp.eu/siteanterior/congressos/cj_04.html.

seguida quanto à revogação e substituição das medidas de coacção, desaparecendo no artigo 212, n.º 4, a expressão «sempre que necessário» para dar lugar à obrigatoriedade de audição do arguido e do M.ºP.º «salvo nos casos de impossibilidade devidamente fundamentada». Por outro lado, o artigo 194 acentua a obrigação de fundamentar a aplicação da medida de coacção nos factos concretamente imputados ao arguido e de, salvo algumas excepções expressas e atendíveis, revelar os elementos do processo que indiciam esses factos (n.º 4), ao mesmo tempo que impede que sejam considerados para fundamentar a aplicação de medida de coacção quaisquer factos ou elementos do processo que não tenham sido comunicados ao arguido durante a audição (n.º 5). Deste modo, o direito de audição deixa de ser um proforma inútil para se tornar uma oportunidade para o exercício do direito de defesa do arguido. Exceptuando as situações aludidas e justificadas, não lhe pode ser aplicada medida de coacção baseada em factos ou elementos sobre os quais o arguido não foi ouvido e relativamente aos quais não teve oportunidade de se pronunciar em sede de audição prévia. A cominação para a inobservância desta regra é a nulidade insanável, acompanhada da inutilização dos factos e elementos processuais, à semelhança do que sucede com as proibições de prova.

2.2. *No domínio dos pressupostos específicos*

2.2.1. É de saudar neste capítulo o aumento para mais de 5 anos do limite máximo da pena de prisão aplicável ao crime doloso sobre cuja prática recaem fortes indícios [artigo 202, n.º 1, *a*)]. Tratava-se de uma recomendação do Congresso da Justiça a que o legislador da revisão foi sensível, cumprindo o princípio da proporcionalidade na relação entre a gravidade do crime e a medida de coacção.

Razoável é também, em meu entender, o disposto no n.º 2 do artigo 203, pois, de outro modo, se o arguido não cumprir faltosamente a obrigação de permanência na habitação, se para o crime doloso de cuja prática é suspeito for prescrita pena de prisão de limite máximo superior a 3 anos e inferior a 5 e se se mostrar desaconselhável no caso a aplicação de medida de coacção de menor gravidade, não haveria medida de coacção a aplicar.

2.2.2. Em matéria de reexame dos pressupostos da prisão preventiva é digna de louvor a solução do artigo 213, n.º 5, segundo a qual a decisão de manter a prisão preventiva é susceptível de recurso e não determina a inutilidade superveniente de recurso interposto de decisão prévia que haja aplicado ou mantido esta medida. O mesmo regime é agora estendido à obrigação de permanência na habitação. Não é que uma interpretação correcta do artigo 213 na versão anterior, que tivesse em boa conta o direito ao recurso, não levasse já à solução descrita, mas interpretações desviantes de todos conhecidas, ocorridas nos processos mediáticos que acima referi, tornaram oportuna e recomendável a intervenção do legislador[4].

2.2.3. São também importantes e dignas de registo as alterações em matéria de extinção da prisão preventiva, tanto as respeitantes à extinção das medidas de coacção em geral, previstas na nova redacção do artigo 214, n.º 1, como as específicas da prisão preventiva, previstas no artigo 215. No tocante às primeiras, assinala-se que as medidas de coacção se extinguem de imediato após ter sido proferida decisão que pode pôr fim ao processo. Enquanto na versão anterior do artigo 214 aquele efeito só se produzia quando o processo efectivamente terminava ou porque ao arquivamento do inquérito não sucedia requerimento para abertura da instrução [al. *a*)], ou porque transitavam em julgado o despacho de não pronúncia [al. *b*)], ou o despacho de rejeição da acusação [al. *c*)], agora produz-se com o simples arquivamento do inquérito [al. *a*)] e com a prolação do despacho de não pronúncia (al.b) ou do despacho de rejeição da acusação [al. *c*)].

Dado que se trata de decisões que podem pôr fim ao processo percebe-se que o legislador tenha mantido a regra de, em caso de sentença condenatória, extinguir a medida de coacção apenas com o trânsito em julgado. Convém recordar, todavia, que se mantém igualmente a regra de que a prisão preventiva (e agora também de obrigação de permanência na habitação) se extingue logo após ter sido proferida a sentença condenatória, ainda que dela tenha sido interposto recurso, quando o tempo de prisão preventiva (ou de obrigação de permanência na habitação) já cumprido seja igual ou superior à pena aplicada (artigo 214, n.º 2).

---

[4] Embora considere correcta e necessária a intervenção do legislador em situações destas, estou ciente das consequências que isso produz no plano das relações entre o poder punitivo e os cidadãos. Quanto mais o legislador é obrigado a intervir para corrigir interpretações que não tomam a sério os direitos e garantias, mais isso revela a falta de cultura jurídica da prática judiciária, deficiência que se repercute numa quebra de confiança e no despertar de uma forte insegurança dos cidadãos em relação a ela.

2.2.4. Relacionado com o ponto anterior há a destacar que foram reduzidos os prazos de duração máxima da prisão preventiva: em dois meses sem que tenha sido deduzida acusação [artigo 215, n.º 1, al. *a*)], ou, tendo havido instrução, sem que tenha sido proferida decisão instrutória [al. *b*)]; em quatro meses sem que tenha havido condenação em primeira instância [al. *c*)]; e em seis meses sem que tenha havido condenação com trânsito em julgado [al. *d*)]. Em circunstâncias normais o prazo máximo de prisão preventiva é, pois, de dezoito meses contra os dois anos anteriores.

Em situações especiais previstas no n.º 2, como terrorismo, criminalidade violenta ou altamente organizada, quando ao crime corresponder pena de prisão de máximo superior a 8 anos ou nos casos referidos nas diversas alíneas do n.º 2, aos quais se junta agora o branqueamento de vantagens de proveniência ilícita [al. *e*)], nestas situações, os prazos são aumentados para tempos que correspondiam na versão anterior aos prazos normais.

Quando o procedimento for por um dos crimes previstos no n.º 2 e se revelar de «especial complexidade» devido, nomeadamente, «ao número de arguidos ou de ofendidos ou ao carácter altamente organizado do crime», o n.º 3 prevê a elevação dos prazos descritos no n.º 1 para um máximo de 3 anos e 4 meses sem ter havido condenação com trânsito em julgado. Menos 8 meses do que o anterior prazo que era de quatro anos.

O actual n.º 5 do artigo 215 mantém o anterior n.º 4, acrescentando mais 6 meses a todos prazos antes mencionados se tiver havido recurso para o Tribunal Constitucional ou se o processo tiver sido suspenso para julgamento em outro tribunal de questão prejudicial. Se for esse o caso, o prazo máximo pelo qual alguém pode ser preso preventivamente em Portugal passa para 3 anos e 10 meses, contra os 4 anos e meio do regime anterior.

2.2.5. Refiro por último o regime do recurso da decisão de aplicar, manter ou substituir medidas de coacção, que está mais claro, e o regime da indemnização por privação da liberdade ilegal ou injustificada, que é mais justo. O recurso pode agora ser interposto pelo arguido e o M.ºP.º em benefício do arguido (artigo 219, n.º 1) e não existe relação de litispendência ou de caso julgado entre o recurso que impugna medida de coacção e a providência de *habeas corpus* (n.º 2). Quanto à indemnização, desaparece o famigerado «manifestamente ilegal» que dissolvia a responsabilidade civil do Estado quando a privação da liberdade fosse apenas ilegal [artigo 225, n.º 1, al. *a*)] e é acrescentada ao n.º 1 a alínea c) estendendo o dever de indemnizar o arguido se se comprovar que ele não foi agente do crime ou que actuou justificadamente. Qualquer das alterações contribui para um regime mais justo da responsabilidade civil do Estado por privação da liberdade ilegal ou injustificada porque mais consentâneo com o princípio da presunção de inocência. Subsiste no n.º 2 do artigo 225 a cessação do dever de indemnizar se o arguido tiver concorrido, por dolo ou negligência, para a privação da liberdade ditada por erro grosseiro na apreciação dos pressupostos de facto ou em caso de ocorrência de causa de justificação, o que, exceptuando talvez o caso da negligência[5], me parece razoável.

3. O que ficou por resolver e em que se podia ter ido mais longe

3.1. Sou dos que pensam que os aspectos acima mencionados são suficientes para considerar as alterações ao regime da prisão preventiva globalmente positivas e potenciadoras de uma prática mais justa sem perda de eficácia. A ver vamos se assim é. Subsistem, todavia, no novo regime alguns pontos sobre os quais gostaria de exprimir as minhas reservas e as minhas dúvidas.

3.2. Confesso a minha dificuldade em entender o sentido da al. *b)* do n.º 1 do artigo 202. Admito que haja alguns crimes dolosos de terrorismo, criminalidade violenta ou altamente organizada que sejam puníveis com pena de prisão de limite máximo superior a 3 mas inferior a 5 anos. Mas de duas, uma: ou esses crimes são efectivamente graves, atingem o desvalor próprio da grande criminalidade, e não se percebe por que razão são puníveis com penas de prisão inferiores a 5 anos; ou não são graves, justifica-se esta moldura penal, e então a prisão preventiva não é a medida de coacção adequada e proporcional. Sendo justamente os casos de terrorismo, criminalidade violenta ou altamente organizada aqueles em que se verifica o alargamento dos prazos de duração da prisão preventiva, que,

---

[5] Dou um exemplo. É conhecida a tradicional relutância dos tribunais portugueses em reconhecer a existência de causas de justificação, mesmo as mais clássicas como a legítima defesa ou o estado de necessidade. Suponhamos que o arguido, colocado em prisão preventiva, não centra nesses pontos a sua defesa por não ter nisso grande esperança. Se o tribunal considerar provada a ocorrência de uma causa de justificação, pode afirmar-se que o arguido concorreu negligentemente para a sua privação da liberdade injustificada?

em situações de «excepcional complexidade», pode chegar aos 3 anos e 4 meses (artigo 215, n.º 3), o arguido corre o risco de permanecer preso preventivamente por um tempo próximo do limite máximo de pena aplicável: 5 anos. Este encurtamento da distância entre o tempo máximo de prisão preventiva e o limite máximo da pena de prisão não pode deixar de significar uma violação do princípio da proporcionalidade e de ser, por isso, de duvidosa constitucionalidade. Além disso, tal encurtamento é efectuado à custa da coerência do próprio Código. Na al. *j)* do artigo 1 o legislador entende por criminalidade violenta a prática de factos dolosos contra a vida, a integridade física ou a liberdade das pessoas puníveis com pena de prisão de máximo igual ou superior a 5 anos, enquanto na al. *b)* do n.º 1 do artigo 202 a criminalidade violenta é reportada a crimes puníveis com pena de prisão de máximo superior a 3 anos. Esta contradição formal denuncia a falta de uma reflexão cuidada e de uma orientação político-criminal clara e precisa. Pelas razões apontadas, a rectificação desta inconsistência deve ser feita, através da eliminação da al. *b)*.

3.3. Considero que se podia ter ido mais longe em matéria dos prazos de duração da prisão preventiva. Apesar do encurtamento geral dos prazos, que merece aplauso, não se alterou o figurino da prisão preventiva, que passa, em grande medida, pelo tempo de duração. Em meu entender, os prazos continuam, em termos gerais, a não cumprir satisfatoriamente o princípio da presunção de inocência. É paradoxal que alguém que se presume inocente, numa época de tão intensa aceleração do tempo, possa estar preso durante ano e meio, em termos gerais [artigo 215, n.º 1, al. *d)*] ou 3 anos e 4 meses, em circunstâncias especiais (artigo 215, n.º 3). Não posso deixar de dar alguma razão àqueles que consideram incompreensível que no Código de Processo Penal de 1929, que vigorou durante toda a ditadura, num tempo menos acelerado e menos dado ao respeito pelos direitos e liberdades, o prazo máximo de prisão preventiva sem culpa formada fosse de 7 meses (artigo 308, §§ 1 e 2 daquele diploma) podendo este ser prorrogado, em condições especiais, por mais 2 meses (artigo 309, § 1), enquanto agora, num Estado de Direito Democrático, pode atingir 8 ou 10 meses ou um ano e 4 meses meses até à decisão instrutória, que constitui aqui o termo de comparação[6]. Um ano e meio ou 3 anos e 4

---

[6] Sobre o problema no domínio do CPP de 1929, v. CAVALEIRO DE FERREIRA, *Curso de Processo Penal*, vol. II, pp. 422 e ss. e 430 e ss. Os prazos de duração da prisão preventiva eram diferentes antes e após a culpa formada (que coincidia com o despacho de

meses continuam a significar um tempo de privação da liberdade que corresponde em regra à punição de casos de pequena e média criminalidade. Para que o tempo de prisão preventiva não se confundisse com o tempo de prisão efectiva, não deveria, regra geral, ultrapassar 1 ano de duração sem que tenha havido condenação com trânsito em julgado, precisamente o período de tempo em que o sistema penal português desencoraja a aplicação da pena de prisão e convida à sua substituição por multa (artigo 43, n.º 1, do CP) ou à substituição da sua execução pelo regime de semi-detenção (artigo 46 do CP) e, após a recente revisão do CP, pela permanência na habitação (artigo 44)[7]. Deixo esta ideia para reflexão: esgotado, em regra, o prazo de um ano de prisão preventiva, sem que tenha havido condenação com trânsito em julgado, as exigências cautelares deveriam ser cumpridas através de outras medidas de coacção, designadamente a obrigação de permanência na habitação, que o surgimento de meios técnicos de controlo à distância veio viabilizar e que o legislador da revisão pro-

---

pronúncia). No primeiro caso, valiam os prazos indicados no texto. Após a formação da culpa, a duração da prisão preventiva confundia-se com a duração do próprio processo, não estando sujeita a um prazo fixo. Em todo o caso, CAVALEIRO DE FERREIRA dá notícia da existência de mecanismos processuais destinados a evitar uma duração exagerada da prisão preventiva. Assim, era conferida ao PGR e aos arguidos a faculdade de requerer à secção criminal do STJ que se substituísse ao tribunal criminal competente na marcação da audiência de julgamento, desde que estivessem excedidos «os prazos de um ano em processo de querela, seis meses em processo correccional e três meses em processo de polícia correccional». Mesmo assim, tudo somado, a duração da prisão preventiva podia ficar muito aquém dos prazos actuais.

[7] Não merecem provimento, em minha opinião, os argumentos, invocados amiúde para justificar a dilatação dos prazos de prisão preventiva, de que a criminalidade se tornou mais complexa e de que o sistema judiciário não tem a capacidade de resposta humana e logística que seria desejável. Se tais argumentos têm um fundo de verdade, não é menos certo que se trata de um discurso antigo cujo arrastamento se deve à protelação sucessiva das reformas necessárias para fazer face aos problemas que neles se anunciam: em primeiro lugar, reformas do Direito Penal substantivo, tendo em vista o seu descongestionamento e recondução ao ilícito autenticamente merecedor e carecido de pena, de molde a possibilitar a concentração dos recursos disponíveis no combate à criminalidade complexa e organizada; em segundo lugar, reformas na Administração da justiça penal, tornando-a humana e tecnicamente mais apetrechada e mais eficiente para a perseguição e punição daquelas formas de criminalidade. De ambas as reformas depende a realização dessa garantia fundamental que é a celeridade processual. A má gestão das receitas públicas e a inércia organizativa dos poderes não podem continuar a ser compensados com o sacrifício de liberdades fundamentais e de princípios básicos. Num Estado de Direito que se pretende democrático e social é inadmissível que seja a liberdade dos arguidos a suportar custos desta índole.

moveu, criando mesmo uma certa fungibilidade entre ela e a prisão preventiva. Essa fungibilidade, patente em alguns pontos do regime jurídico de ambas as medidas (v. artigos 203, n.º 2 e 211, n.º 2), devia ser mais explorada neste campo para que não seja quem o sistema penal trata como inocente a pagar tão pesada factura.

3.4. Ainda no capítulo da duração da prisão preventiva, continua a não ser perceptível a diferença entre os n.ºs 2 e 3 do artigo 215. Se a razão de ser do alargamento dos prazos no n.º 2 não é a especial complexidade do procedimento por crimes de terrorismo, violentos ou altamente organizados, então qual é? Não será certamente um fundamento punitivo, porque a prisão preventiva, enquanto medida cautelar, não pode significar retribuição da culpa, pois não é devida pela culpa e, portanto, não pode desempenhar funções próprias das penas. Não pode ser também uma razão de proporcionalidade, porque não há qualquer justificação para a proporcionalidade extravasar o plano da correspondência entre a gravidade do crime indiciado e a espécie de medida de coacção, estendendo-o à duração da própria medida de coacção. A convocação da proporcionalidade para este efeito é ainda tributária de uma lógica punitiva. Por isso, a extensão da duração da prisão preventiva deve depender exclusivamente de necessidades de ordem intra-processual e da gravosidade da medida do ponto de vista dos direitos e liberdades. Nestes termos, o elevado número de arguidos ou de ofendidos, normal, por exemplo, em casos de terrorismo ou de crime organizado, pode constituir fundamento para dilatar os prazos da prisão preventiva, mas não é compreensível que sirva duplamente essa finalidade. Além do mais, a escolha da modalidade de alargamento presta-se facilmente à manipulação e ao arbítrio.

Por outro lado, se for certo que o fundamento para o alargamento dos prazos não pode assentar numa lógica punitiva, qual a razão para aumentar os prazos de prisão preventiva quando o procedimento é por crime punível com pena de prisão de máximo superior a 8 anos. O homicídio, a ofensa corporal grave dolosos ou o roubo, em si mesmos, implicam uma investigação tão complexa que justifiquem que o arguido possa estar preso preventivamente durante 2 anos sem que tenha havido condenação com trânsito em julgado? A mesma questão pode ser colocada em relação à burla, à insolvência dolosa ou à fraude na obtenção de subsídio, subvenção ou crédito. Que particularidade têm estes crimes que justifique um alargamento dos prazos? Se é o facto de exigirem por vezes uma investigação complexa, por que razão não se sujeitou o alargamento dos prazos a essa condição? Bem sei que isso poderia esvaziar de sentido o n.º 3, mas volto à pergunta inicial: qual o fundamento para o n.º 3 senão aquele que já serve de base ao n.º 2? Pode alegar-se que há casos e casos e que por vezes a complexidade é tanta e as razões para não colocar o arguido ou arguidos em liberdade tão forte que se justifica um prolongamento maior da prisão preventiva. Admitindo a existência de tais situações, pergunto uma vez mais por que não se aprofundou também neste ponto a maior aproximação entre a prisão preventiva e a obrigação de permanência na habitação? Deste modo, quando a complexidade da investigação fosse tão elevada e a colocação do arguido em liberdade fosse tão desaconselhada de um ponto de vista cautelar, a prisão preventiva seria convertida em obrigação de permanência na habitação por um prazo determinado. Bastaria aditar um n.º 3 ao artigo 217, que ressalvasse o disposto no n.º 2 em situações desta natureza. Esta solução evitaria que o alongamento das investigações, ditado muitas vezes pela falta de meios ou de pessoal, tivesse lugar à custa do sacrifício extremo da liberdade do arguido. Apesar de restritiva da liberdade, a obrigação de permanência na habitação é menos gravosa e dessocialisante do que a prisão preventiva e, como referi, os meios técnicos de controlo à distância vieram conferir àquela medida exequibilidade prática.

Por fim, julgo que a introdução do n.º 6 no artigo 215 contribui igualmente para a persistência de um sentido punitivo na prisão preventiva. Dispõe aquele preceito que se o arguido tiver sido condenado em primeira instância em pena de prisão e a sentença condenatória tiver sido confirmada pelo tribunal *ad quem*, «o prazo máximo da prisão preventiva eleva-se para metade da pena que tiver sido fixada»[8]. Se tiver sido condenado a 12 anos de prisão, por exemplo, e o tribunal de recurso confirmar a condenação[9], o arguido poderá permanecer em prisão preventiva por um período de 6 anos. Qual a razão para aumentar os prazos de prisão preventiva deste jeito quando ocorre esta espécie de dupla conforme? Percebe-se que o arguido possa continuar em prisão preventiva se a condenação não

---

[8] O legislador português parece ter-se inspirado no artigo 504, n.º 2, da *Ley de Enjuiciamento Criminal* espanhola.

[9] Por confirmação da condenação deve entender-se, em minha opinião, também a confirmação da pena aplicada em primeira instância. Se o tribunal *ad quem* confirma a condenação mas não a pena, procedendo à sua redução, não pode ser aplicado o disposto no n.º 6 do artigo 215 pois fica por saber qual das penas é reduzida para metade e, portanto, qual delas serve de base à fixação do limite máximo da prisão preventiva.

transitou em julgado, mas a partir do momento em que a condenação é confirmada em sede de recurso que motivo há para manter a prisão preventiva? Não é a pena que então deve ser cumprida? Pode alegar-se que o n.º 6 visa evitar que o condenado fuja nos casos em que a decisão do tribunal *ad quem* não transita em julgado, porque, por exemplo, o arguido interpôs recurso para o Tribunal Constitucional. A dupla conforme pode retirar-lhe a esperança numa decisão favorável e isso pode despertar nele o desejo de fuga. A solução do n.º 6 evitá-lo-ia. Pressupondo que é este o fundamento da disposição em causa, não consigo evitar uma forte reacção de perplexidade. Por várias razões. Primeiro, suponhamos que o Tribunal Constitucional considera inconstitucional a interpretação da lei com base na qual o arguido foi condenado. Como explicar a alguém que se presume inocente que teve de estar 6 anos preso preventivamente. Isto é prisão preventiva ou é punição dissimulada? A dupla conforme não lança uma fumaça de culpa que conduz a uma relativização e degradação da presunção de inocência? Depois, como ressarcir o arguido pelo danos causados, uma vez que a situação parece não se reconduzir a nenhum dos casos em que o artigo 225, n.º 1, admite a indemnização por prisão preventiva ilegal ou injustificada? Por último, não terá o actual n.º 6 o efeito perverso de inibir o arguido de recorrer, limitando na prática o direito ao recurso? Não é verdade que se ele não recorrer, não contribui para o risco de verificação da dupla conforme, que possibilita o alargamento desmesurado do prazo da prisão preventiva[10]? Se as razões desta disposição são aquelas que acima antecipo – por ora não enxergo outras – penso que ela está ferida de inconstitucionalidade por violação, pelo menos, dos princípios da proporcionalidade e da presunção de inocência.

Recordo a este propósito que o Tribunal Constitucional se tem oposto a interpretações gradualistas da presunção de inocência que defendem a sua relativização consoante a fase processual em causa e mesmo o seu desaparecimento aquando da decisão condenatória por parte do STJ[11].

---

[10] O exemplo dado suscita ainda outra questão: no caso de recurso para o Tribunal Constitucional o artigo 215, n.º 5, prevê já um alargamento de 6 meses do prazo de prisão preventiva, pelo que fica por justificar um segundo alargamento com base no n.º 6.

[11] V. o Acórdão n.º 1166/96 de 20 de Novembro, in *Acórdãos do Tribunal Constitucional*, vol. 35, 1996, pp. 379 e s. e 400. O Tribunal pronuncia-se nele pela inconstitucionalidade da interpretação da antiga redacção do artigo 214, n.º 1, al. *e*), do CPP segundo a qual a decisão condenatória do STJ, que conhece do mérito do recurso interposto de Acórdão do tribunal colectivo ou do júri, transita em julgado, ainda que sujeita a condição resolutiva por dela ter sido interposto recurso de constitucionalidade. Consequência de tal

Segundo o entendimento daquele Tribunal, tais interpretações acabam por conferir às decisões de recurso um valor de culpa que submerge a presunção de inocência e por atribuir à prisão preventiva o sentido de uma «expiação antecipada da pena ou mesmo já cumprimento da pena»[12]. Estou convicto de que esta apreciação do Tribunal Constitucional se aplica *mutatis mutandis* à actual solução do artigo 215, n.º 6.

3.5. No que diz respeito aos pressupostos gerais das medidas de coacção perdeu-se uma boa oportunidade para corrigir o artigo 204, em particular a al. *c*), e dar satisfação às preocupações expressas no Congresso da Justiça. Quando pensada em articulação com a prisão preventiva, as alterações introduzidas nesta alínea, tornando mais claro que a continuação da actividade criminosa ou a perturbação grave da ordem e da tranquilidade públicas se referem ao arguido e acrescentando a essa perturbação o adjectivo «grave», não bastam, em meu entender, para dissipar as dúvidas que pairam sobre a sua constitucionalidade. Bem sei que o Tribunal Constitucional já se debruçou sobre o problema e considerou que não havia fundamento para tais dúvidas. Mas como a dúvida não é derrogável por decisão judicial, continuo a pensar que há razões para a suster de pé.

Da conjugação do artigo 202, n.º 1, als. *a*) e *b*) com as várias alíneas do artigo 204 do CPP depreende-se que a aplicação da prisão preventiva se funda na perigosidade, a qual desempenha neste contexto um papel de equivalente funcional da culpa: a perigosidade está para esta medida de coacção, como a culpa está para a pena. Contudo, nem esta equivalência significa atribuir à prisão preventiva qualquer função punitiva, nem a perigosidade de que falamos é uma perigosidade criminal. Ambas as consequências colidiriam frontalmente com o princípio da presunção de inocência. Essa perigosidade tem antes um enquadramento intra-processual – é o perigo para o bom andamento do processo que essencialmente está em causa – e é revelada em indícios, «rectius», na prova indiciária já recolhida. Embora aplicáveis ao conjunto das medidas de coacção, quando analisados no quadro da prisão preventiva, os requisitos gerais do artigo 204 devem ser interpretados com um grau de exigência correspondente ao

---

interpretação era a conversão da prisão preventiva numa «situação análoga ao cumprimento da pena», como a apelidava o STJ, antes do trânsito em julgado da decisão condenatória. Na mesma linha, v. também o Acórdão n.º 524/97 de 14 de Julho, in *Acórdãos do Tribunal Constitucional*, vol. 37, 1997, pp. 534.

[12] V. Acórdão n.º 1166/96, in *ob.cit., loc.cit.*

que está em jogo. Dito de outro modo, eles devem apoiar-se em factos suficientemente indiciados para que possam fundar uma perigosidade grave e concreta de fuga, de perturbação do processo ou de continuação da actividade criminosa. Desta sorte se faz «jus» à regra de proporcionalidade fundada no artigo 18, n.º 2, da CRP, segundo a qual quanto mais gravosa e restritiva de direitos for a medida, maiores têm de ser as exigências quanto à perigosidade dos índices em que assenta.

É por isso que me parece inadequada, no que à prisão preventiva diz respeito, a exigência do perigo de perturbação grave da ordem e tranquilidade públicas da al. *c*). A ordem e tranquilidade públicas são funções abstractas de segurança colectiva cuja perturbação pode ser causada por condutas que vão desde a prática de homicídios à infracção de regras de trânsito. Constituem pois um referente demasiado vago para nele se fundar, com o mínimo de precisão, um juízo de perigosidade justificativo da prisão preventiva. Uma tal indeterminação dilui o vínculo do juiz à lei e abre a porta à possibilidade de arbítrio judicial. O legislador da revisão acrescentou o advérbio «gravemente» ao verbo perturbar. Já antes, um parecer de um grupo de magistrados que exercem funções docentes no CEJ, proferido sobre o Projecto de Resolução n.º 119/IX de reforma do CPP da autoria do PS, propunha que fosse acrescentado à perturbação o qualificativo de «muito séria»[13]. Soluções deste género representam sem dúvida um progresso mas não resolvem a meu ver o problema de fundo. Elas apoiam-se num critério quantitativo que não elimina a indeterminação, pois será difícil precisar por onde passa a fronteira entre a perturbação grave e a destituída de gravidade ou entre a perturbação séria e a muito séria. Constituirá perturbação grave da ordem e tranquilidade pública, ao ponto de justificar a prisão preventiva, a previsível insegurança sentida pelos vizinhos do arguido caso este aguarde o desenlace do processo em liberdade, o receio de que o arguido se venha a manifestar na via pública, de forma reiterada e ruidosa, contra o processo de que é alvo, ou a suspeita de que o arguido, uma vez em liberdade, persistirá no hábito de fumar «marijuana» perto de uma escola primária? Concordarão comigo que não é fácil de responder. Continuo a pensar que é necessário testar neste âmbito a técnica dos exemplos-padrão e, por essa via, tornar o sentido da expressão o mais preciso possível. Se esta solução se revelar de todo infru-

---

[13] V. CEJ (ed.), *Contributos para a reflexão sobre o sistema penal português*, Lisboa, 2003, p. 60.

tífera, julgo preferível a eliminação pura e simples desta parte da al. *c*), pelo menos, no que respeita à prisão preventiva.

4. Conclusão

Deixo um conjunto de questões em relação a alguns aspectos da revisão recente do regime da prisão preventiva. Tais questões não contendem com a apreciação que fiz de que as alterações introduzidas são globalmente positivas e merecedoras de aplauso. Se alguma virtude tem a sua colocação, será a de mostrar que o debate sobre estas matérias não terminou com a revisão do CPP, pois a tensão entre eficácia e justiça na perseguição penal não se exauriu ou dissipou aqui. Prevejo que a recente revisão produza um alívio dessa tensão, mas isso não significa que tenha sido atingido o equilíbrio óptimo entre os dois pólos do problema. Há que continuar a reflectir sobre novas e melhores formas de superar essa tensão, tendo sempre presente que a crua necessidade da eficácia no combate ao crime não deve ser prosseguida matando a «alma bela» da justiça. Bem sabemos que o ideal poético de uma justiça perfeita que Hegel celebrizou nesta expressão, é inalcançável em sociedades imperfeitas como as humanas, mas, como aquele filósofo bem notou, quanto mais constrangimentos sociais e históricos forem erguidos à sua realização tanto mais a «alma bela» se transmutará numa «consciência infeliz»[14]. É, pois, da nossa felicidade republicana, enquanto cidadãos, que em última instância se trata.

---

[14] Sobre o tema e, em particular, a sua marca hegeliana, v. ALAN NORRIE, *Law and the beautiful soul*, ed. The Glasshouse Press, 2005, especialmente p. 182 e ss.

O PROBLEMA DA RELEVÂNCIA NEGATIVA DA CAUSA VIRTUAL EM SEDE DE IMPUTAÇÃO OBJECTIVA

PAULO DE SOUSA MENDES[*]

SUMÁRIO: *1. Colocação do problema. 2. A evitabilidade e o desvalor de resultado: a) A falta do desvalor de resultado; b) Comparação de casos; c) A influência da doutrina civilista; d) A relativização do valor da vida humana; e) Crimes patrimoniais; f) Raciocínios hipotéticos contrafactuais e processos causais virtuais; g) As diferentes concepções do desvalor de resultado. 3. Os princípios da intensificação e assunção de responsabilidade: a) O conceito de encurtamento da vida; b) O princípio da intensificação; c) O princípio da assunção de responsabilidade. Palavras de homenagem.*

1. Colocação do problema

Deverá ser atribuído algum relevo ao conhecimento (ou até mesmo à verificação *ex post*) de que, se não fosse a actuação do autor, um outro facto (acontecimento fortuito, acção de terceiro ou comportamento da própria vítima) teria causado o mesmo resultado?

Interessa aqui sobremaneira perguntar se pode uma pessoa ser desonerada da responsabilidade pelo resultado que causou quando se verificar que este teria sido igualmente produzido por outro sucesso, na falta da sua acção. Trata-se, portanto, do problema da chamada relevância negativa – para o autor da causa operante, bem entendido – da causalidade virtual.

---

[*] Professor Auxiliar da Faculdade de Direito da Universidade de Lisboa.

2. A evitabilidade e o desvalor de resultado

Arthur Kaufmann inaugurou a retoma do interesse pelo problema da relevância negativa da causalidade virtual[1]. O tema caíra no esquecimento a partir do momento em que se estabeleceu a convicção de que a causa virtual não afecta a determinação da causa real. Expulsada a causa virtual pela porta da causalidade, a doutrina não mais se deu conta de que a mesma poderia reingressar no edifício da responsabilidade criminal por outros acessos[2].

a) *A falta do desvalor de resultado*

A tese de Arthur Kaufmann pode resumir-se em breves palavras, através da seguinte passagem: "se a acção do autor que foi causa de um resultado típico tiver recaído sobre um objecto da acção com respeito ao qual um outro processo conducente ao mesmo resultado alcançara já um desenvolvimento tal que seria de esperar, de acordo com a experiência humana, que o mesmo resultado se produziria independentemente do comportamento ilícito do autor, então falta o desvalor de resultado no facto e, por isso mesmo, falta uma parte do tipo de ilícito. Pelo contrário, subsiste o desvalor de acto"[3].

Facilmente se entenderá a razão por que enxertámos a tese de Arthur Kaufmann no tronco das teorias da evitabilidade. Na verdade, poderíamos reformular a tese sem lhe alterar o sentido dizendo pura e simplesmente que a inevitabilidade do evento anula o desvalor de resultado. Vejamos imediatamente quais as consequências da aceitação desta tese.

---

[1] Cf. ARTHUR KAUFMANN, "Die Bedeutung hypothetischer Erfolgsursachen im Strafrecht", in AA.VV., *Festschrift für Eberhard Schmidt*, Göttingen: Vandenhoeck & Ruprecht, 1961, p. 200 ss.

[2] Como questão normativa, e não mais de causalidade (cf. JOSÉ DE OLIVEIRA ASCENSÃO, *Direito Penal I – Sumários*, Lisboa: AAFDL, 1996/97, pp. 37-38).

[3] Cf. ARTHUR KAUFMANN, *Festschrift für Eberhard Schmidt*, cit., p. 229 (os itálicos foram suprimidos).

Nas lições de Eduardo Correia pode ler-se um comentário à posição de Arthur Kaufmann, onde o Autor se interroga sobre a possibilidade de se negar a efectivação do desvalor de resultado se o bem jurídico estiver já condenado à destruição independentemente da actuação do agente [cf. EDUARDO CORREIA, *Direito Criminal*, vol. I, Coimbra: Almedina, 2001 (reimp. da 1.ª ed., 1963), p. 260, n. 1].

A aplicação do pensamento de Arthur Kaufmann ao âmbito da negligência acarretaria a isenção de responsabilidade criminal do agente, pois que, faltando o *desvalor de resultado* (*Erfolgsunwert*), não é suficiente o *desvalor de acto* (*Aktunwert*)[4] para fundamentar a punibilidade. Teríamos, pois, uma situação estruturalmente semelhante ao crime de tentativa, que não é punível na negligência[5].

Pelo contrário, nos crimes dolosos o desvalor de acção justifica por si só a punição da conduta do agente. Na falta de um desvalor de resultado, poderia haver lugar a uma atenuação da pena, como acontece nos casos de tentativa. Mas Arthur Kaufmann não advogava uma atenuação obrigatória da pena[6], antes admitia uma atenuação facultativa[7], que ficava dependente da apreciação do desvalor de acção contido no facto.

Vejamos alguns dos exemplos fornecidos pelo próprio Arthur Kaufmann:

– Se *A* tivesse assassinado *B* quando este se dirigia para o aeroporto, a fim de viajar num avião que viria a explodir em voo, dir-se-ia que, no momento da acção, quer o desvalor de acção, quer o desvalor de resultado estavam presentes, pelo que não deixaríamos assim de ter um crime de homicídio consumado;

---

[4] A expressão *desvalor de acto*, bem como a expressão *desvalor de acção* (*Handlungsunwert*) remontam às filosofias de Nicolai Hartmann e Max Scheler. Em Hartmann, as expressões eram sinónimas [cf. NICOLAI HARTMANN, *Ethik*, 3.ª ed., Berlin/Leipzig: Walter de Gruyter, 1949 (1.ª ed., 1925), p. 251 ss.]. Em Scheler, o conceito de acto incluía tanto a actividade interior da mente – isto é, atitudes (*e.g.*, o acto de amor ou ódio), actividades cognitivas (*e.g.*, o acto de conhecimento), etc. – como a exteriorização da vontade, a acção [cf. MAX SCHELER, *Der Formalismus in der Ethik und die materiale Wertethik – Neuer Versuch der Grundlegung eines ethischen Personalismus*, 3.ª ed., Halle a. d. S.: Max Niemeyer, 1927 (1.ª ed., 1913), pp. 21-23, 90, 99, 361 e 559]. Se quisermos expressar a ideia não de uma atitude, mas de uma vontade exteriorizada, então é preferível que reservemos para o direito penal a expressão desvalor de acção [a propósito, cf. GÜNTER STRATENWERTH, "Handlungs- und Erfolgsunwert im Strafrecht", *Schweizerische Zeitschrift für Strafrecht* (*SchwZStR*) 79 (1963), (pp. 233-256) p. 236, n. 9].

[5] Cf. ARTHUR KAUFMANN, *Festschrift für Eberhard Schmidt*, cit., p. 230.

[6] Arthur Kaufmann reconhecia a existência de uma diferença entre as verdadeiras situações de tentativa e aquelas que ora se discute, posto que nas primeiras o resultado típico não se chega a verificar, ao passo que nas segundas tal resultado está presente, mas não seria considerado desvalioso.

[7] Cf. ARTHUR KAUFMANN, *Festschrift für Eberhard Schmidt*, cit., p. 230.

No direito alemão, não corresponde à tentativa uma atenuação obrigatória da pena (§ 23, 2 *StGB*). Diversamente, no direito português a tentativa beneficia sempre de uma atenuação especial da pena (art. 23.º, n.º 2, CP).

– Solução diferente deveria ser procurada para os casos de eutanásia activa em que, devido à fragilidade da vida do moribundo, não haveria lugar à afirmação do desvalor de resultado. Acresce que o próprio desvalor de acção seria diminuto, embora não fosse totalmente excluído, se o facto fosse praticado por um motivo altruísta. Em suma, não deveria haver lugar a uma isenção de pena, mas somente a uma atenuação;
– Ainda menor seria o desvalor de acção no caso em que um prisioneiro num campo de concentração tivesse morto outro, seu amigo, para o poupar ao martírio às mãos das SS[8];
– Finalmente, no conhecido "caso do carrasco", não só o desvalor de resultado seria nulo, como também seria praticamente inexistente o desvalor de acção, uma vez que o agente quisera somente executar por suas próprias mãos o assassino de seu filho, nas mesmas circunstâncias em que ele teria sido de qualquer forma justiçado[9].

b) *Comparação de casos*

Estamos em crer que, se exceptuarmos a solução apresentada para o "caso do carrasco", as restantes soluções defendidas por Arthur Kaufmann possuem efectivamente alguma força persuasiva. Mas o Autor citado não levava o seu critério às últimas consequências. Ao invés, aplicava-o de forma totalmente arbitrária. Só por isso conseguia alcançar algumas soluções intuitivamente aceitáveis. De facto, depois de ter formulado um critério rigoroso, ainda que discutível, o Autor citado descambava na casuística para soluções heterogéneas, cuja verosimilhança não provém, como veremos de seguida, do seu próprio critério.

---

[8] Cf. ARTHUR KAUFMANN, *Festschrift für Eberhard Schmidt*, cit., pp. 226 e 231.

[9] Trata-se de um antigo caso de escola que já era referido por Anselm von Feuerbach no seu *Lehrbuch des gemeinen in Deutschland gültigen peinlichen Rechts*, 10.ª ed., 1828, p. 28, *apud* ARTHUR KAUFMANN, *Festschrift für Eberhard Schmidt*, cit., p. 226. A história conta-se como se segue: *A*, assistindo à execução do assassino do seu filho, precipita-se sobre o carrasco no mesmo instante em que este iria accionar o mecanismo da guilhotina e, querendo fazer "justiça" por suas próprias mãos, afasta com um gesto rápido o braço do verdugo, para mover ele mesmo a alavanca que liberta a lâmina, de tal forma que o assassino é morto tal como fora previsto, mas não pelo carrasco. Entre nós, o caso já foi apresentado e comentado por JOSÉ DE OLIVEIRA ASCENSÃO, *Acção finalista e nexo causal* (Diss.: FDL), Lisboa: n. p. (dactiloscrito), 1956, pp. 128-129 e 141.

Arthur Kaufmann distinguia as situações em que o perigo para a vida humana procede de uma ameaça que lhe é totalmente exterior daquelas em que a vida da vítima se encontra seriamente ameaçada por uma predisposição patológica. Mas, se assim fosse, no segundo grupo de situações deveríamos incluir também os casos em que a predisposição é de natureza psíquica, não se descortinando razões, à luz do critério de Arthur Kaufmann, para que a eutanásia activa possa merecer um tratamento diferente dos casos em que a vítima já estivesse firmemente decidida a suicidar-se antes de ter sido assassinada. E, no entanto, Arthur Kaufmann não chegava tão longe...

Acresce que não se vê qual o motivo para distinguir entre o primeiro dos exemplos dados e o "caso do campo de concentração". Suponhamos que um terrorista tinha colocado uma carga explosiva no avião[10]. Em ambos os casos estariam assim reunidas condições suficientes para se concluir pela exclusão do desvalor de resultado, pois em ambos existiria um plano criminoso alternativo, que no caso do avião até já estaria integralmente executado (*i.e.*, uma tentativa acabada). Então por que motivo se deveria optar por soluções jurídicas diferenciadas? Só se fosse porque no primeiro caso o autor desconhecia a existência da causa virtual, ao passo que no outro já possuía esse conhecimento... Mas de que modo poderia o conhecimento afectar quer o desvalor de resultado, quer a intensidade do dolo do agente?

Finalmente, a menor punibilidade da eutanásia activa por comparação com o homicídio simples pode derivar da menor censurabilidade dos motivos que levaram o agente a actuar, mas não do menor valor da vida, nem da menor intensidade do dolo do agente. Da mesma forma, seria o relevante valor moral dos motivos do agente que poderia justificar a atenuação da pena no "caso do campo de concentração". Em face do nosso direito positivo, isso é particularmente evidente, pois está prevista uma atenuação especial, o homicídio privilegiado (art. 133.º CP), cujo fundamento é, *expressis verbis*, a diminuição sensível da culpa do agente. O homicídio privilegiado, como atenuação especial típica, aparece no nosso direito legislado como um "tipo de culpa". Entre outros, o fundamento para a diminuição da culpa do agente pode ser o valor ético do motivo em que baseou a sua decisão criminosa, motivo esse que estava presente em ambos os casos discutidos acima. Podemos, pois, concluir que, pelo menos em face do nosso direito legislado, as teses de Arthur Kaufmann dificilmente poderão ser acolhidas.

---

[10] Cf. CLAUS ROXIN, "Pflichtwidrigkeit und Erfolg bei fahrlässigen Delikten", *Zeitschrift für die gesamte Strafrechtswissenschaft (ZStW)* 74 (1962), (pp. 411-444) p. 428.

c) *A influência da doutrina civilista*

Para além das críticas atrás expendidas, cabe agora apresentar as razões de fundo que nos obrigam a rejeitar globalmente a concepção de Arthur Kaufmann, segundo a qual faltaria o desvalor de resultado sempre que um processo causal virtual tivesse atingido tais proporções que fosse de esperar, de acordo com a experiência humana, a verificação da lesão para breve, abstraindo do comportamento do autor que realmente produziu o resultado[11].

A visão de Arthur Kaufmann estava manifestamente influenciada por argumentos tirados da jurisprudência e da dogmática civilistas, as quais têm uma longa tradição de abordagem sistemática do problema da causalidade virtual, argumentos esses que o Autor citado empregava *pari passu*, invocando a *natureza das coisas* (*Natur der Sache*) para justificar a necessidade de soluções similares no âmbito do direito penal[12]. Mas a transposição acrítica das soluções do direito civil para o contexto do direito penal não pode senão revelar-se prejudicial, dadas as distintas finalidades da responsabilidade civil e da responsabilidade criminal[13]. Com efeito, à responsabilidade civil cabe uma função de reparação de danos, ao passo que à responsabilidade criminal cabe uma função punitiva.

A função da responsabilidade civil é, tão-somente, fazer desaparecer os efeitos do facto ilícito que atingiram o lesado ou, se isso não for possível, compensá-lo pecuniariamente pelo valor do prejuízo que sofreu *in*

---

[11] Em nítido recuo defensivo, Arthur Kaufmann explicitou posteriormente que só deveriam ser tomadas em consideração no homicídio as causas virtuais que teriam provocado o mesmo resultado e no mesmo momento (cf. ARTHUR KAUFMANN, "Kritisches zur Risikoerhöhungstheorie", in AA.VV., *Festschrift für Hans-Heinrich Jescheck zum 70. Geburtstag*, Berlin: Duncker & Humblot, 1985, p. 274). Esta restrição poderá corresponder à estrutura do "caso do carrasco", mas não corresponde certamente a alguns dos exemplos construídos ou citados anteriormente por Arthur Kaufmann, entre os quais avulta o "caso do campo de concentração" (cf. ARTHUR KAUFMANN, *Festschrift für Eberhard Schmidt*, cit., p. 226).

[12] Cf. ARTHUR KAUFMANN, *Festschrift für Eberhard Schmidt*, cit., p. 217.

[13] Esta crítica pode ver-se, por todos, em CLAUS ROXIN, *ZStW* 74 (1962), cit., p. 430. No mesmo sentido, veja-se também JORGE DE FIGUEIREDO DIAS, *Sobre a reparação de perdas e danos arbitrada em processo penal*, Coimbra: Coimbra Editora, 1963, p. 33, n. 58.

Em artigo já citado, o próprio Arthur Kaufmann reconheceu que se tinha excedido nos argumentos de índole juscivilista, referindo-se ao seu primeiro trabalho sobre o tema, embora se tenha justificado com o facto de não poder dispor na altura de outros pontos de apoio, dado o carácter pioneiro da sua abordagem no âmbito da dogmática penalista (cf. ARTHUR KAUFMANN, *Festschrift für Hans-Heinrich Jescheck*, cit., p. 274).

natura (em forma de destruição, subtracção ou deterioração de um certo bem)[14], prejuízo esse que pode ser sempre avaliado e convertido numa soma de dinheiro (*i.e.*, um dano de cálculo)[15]. O conceito de dano de cálculo como diferença no património do lesado[16] – um conceito que provém dos Pandectistas e é, nos dias de hoje, largamente dominante na doutrina civilista – estabelece um critério de determinação do *quantum respondeatur* segundo uma avaliação total e dinâmica do dano que impõe a averiguação da evolução que sofreria o património do lesado, se não fosse o facto lesivo[17]. Por isso o conceito de dano como diferença patrimonial implica a atribuição de relevância negativa à causa virtual ao nível do cálculo do dano a indemnizar, posto não se poder abstrair do facto de que o dano teria sido produzido em momento posterior por força de caso fortuito, de facto de terceiro ou de comportamento do próprio lesado.

Muito pelo contrário, a lesão de um bem jurídico-penal não pode ser convertida num dano de cálculo, enquanto diferença patrimonial. Em direito penal, a vida, a integridade física, a honra e os demais bens jurídicos têm valor em si e são insusceptíveis de quantificação em termos de prejuízos económicos[18]. Não se vê, pois, como se poderia alguma vez estabelecer, ao nível da determinação da extensão da responsabilidade criminal, a diferença entre a situação em que o ofendido foi colocado em consequência do comportamento ilícito do agente e aquela em que se encontraria, se não fosse esta conduta. Por outro lado, nem teria sentido falar-se nessa diferença, posto que o ilícito criminal, diferentemente do ilícito civil que ofende interesses particulares, atinge o interesse público, ou melhor, a ordem jurídica geral.

No entanto, apesar de invocar reiteradamente pontos de vista jurídico-civis, Arthur Kaufmann não procurava critérios para uma graduação

---

[14] Cf. FRANCISCO MANUEL PEREIRA COELHO, *O problema da causa virtual na responsabilidade civil*, Coimbra: Almedina, 1998 (1.ª ed., 1955), p. 250.

[15] *Ibidem*.

[16] Pereira Coelho resumiu a teoria da diferença como se segue: "o dano a indemnizar pelo lesante é o que resulta da diferença entre a situação em que o património do lesado foi colocado em consequência da conduta que obriga a reparar e a situação em que o mesmo património se encontraria se esta conduta não tivesse sido praticada" (FRANCISCO MANUEL PEREIRA COELHO, *O problema da causa virtual*, cit., p. 258, os itálicos foram suprimidos).

[17] *Ibidem*.

[18] Neste sentido, por todos, cf. CLAUS ROXIN, *ZStW* 74 (1962), cit., p. 430. Entre nós, cf. JORGE DE FIGUEIREDO DIAS, *Sobre a reparação de perdas e danos*, cit., p. 33, n. 58. Também, cf. JORGE CARLOS FONSECA, "A relevância negativa da causa virtual ou hipotética na responsabilidade civil", *Revista Jurídica* (*RJ*), N.º 4 (1984), (pp. 13-69) p. 42, n. 37.

do decréscimo de valor do objecto da acção, aliás de todo contrários à natureza dos bens jurídico-criminais. A tese do Autor citado era bem mais radical: ora afirmava que ao objecto da acção pertencia um valor inteiro, ora negava todo o seu valor nos casos em que o objecto estivesse minado por uma inclinação interior para a destruição e, inclusivamente, nos casos em que estivesse ameaçado por um perigo externo irremissível, mesmo na falta do facto lesivo do agente.

d) *A relativização do valor da vida humana*

Arthur Kaufmann dizia que não valia a pena tentar impressionar aqueles que, como ele, duvidavam da afirmação abstracta do valor absoluto da vida com o argumento falacioso de que assim se faria renascer a conhecida tese – defendida durante o "nacional-socialismo" – das *vidas sem valor vital* (*lebensunwerte Leben*)[19]. De facto, seria demagogia acusá-lo de propender para uma ideologia de cunho racista ou discriminatório. Podemos mesmo reconhecer que a máxima do valor absoluto da vida entrou em crise com as modernas técnicas de reanimação, que tornam possível o prolongamento da vida em situação precária e até o prolongamento de algumas funções vitais para além da morte clínica[20]. A "redefinição da

---

[19] Cf. ARTHUR KAUFMANN, *Festschrift für Eberhard Schmidt*, cit., p. 275.

[20] Segundo o chamado conceito clássico de morte, que até meados dos anos 60 do século XX não sofreu contestação, esta consistiria na cessação definitiva das actividades respiratória e circulatória espontâneas (cf. HANS LÜTTGER, *Medicina y Derecho Penal*, Madrid: Instituto de Criminologia de la Universidad Complutense de Madrid, 1984, pp. 96--97). Com o desenvolvimento das modernas técnicas de reanimação, as quais permitem restabelecer as actividades respiratória e cardio-vascular espontâneas ou mesmo assegurá-las artificialmente, o aludido conceito clássico de morte tornou-se inadequado. As técnicas de reanimação demonstraram que as distintas células do corpo humano têm um tempo de sobrevivência muito diferente após a cessação do afluxo de sangue oxigenado, e as células do cérebro são aquelas que têm o tempo de sobrevivência mais curto (3 a 4 minutos). Assim se explica que uma reanimação tardia possa restabelecer ou assegurar as funções respiratória e circulatória, por vezes indefinidamente, mas já não reavivar o cérebro. Daí que, segundo um critério médico-jurídico, fundado no reconhecimento de que a extinção da função cerebral é irreversível, se considere actualmente a destruição anatómica (global ou estrutural) definitiva do cérebro na sua totalidade (córtex cerebral e encéfalo) como representando o termo final da vida, não importando agora considerar quais são os critérios objectivos de determinação dessa morte cerebral. Assim, o corpo com cérebro morto, mesmo mantendo a actividade respiratória e a circulatória com o auxílio de aparelhos, não é uma pessoa, caso contrário, a extracção de órgãos vitais para transplante, nessas circunstâncias, seria homicídio (cf. HANS LÜTTGER, cit., pp. 97-102).

morte imposta pelos progressos da medicina tem vindo a pôr em causa que a vida mereça uma protecção idêntica em todas as suas fases, pois, por exemplo, a omissão de prolongamento da vida através de um meio de reanimação não tende a ser vista como um homicídio por omissão, mesmo por aqueles que mais acérrimos defensores são da inviolabilidade absoluta da vida em quaisquer das suas fases"[21].

Mas não cremos, pelo que ficou dito, que o facto de a vítima apresentar uma predisposição patológica letal ou estar gravemente ameaçada de morte por força de um processo causal virtual seja razão bastante para desprezar o desvalor de resultado da intervenção homicida de terceiro, sem qualquer fundamentação valorativa que atenda quer ao sentido da acção, quer à articulação entre acção e resultado. À tese de Arthur Kaufmann falta, pois, plasticidade, antes padecendo de um automatismo formalista nas soluções indiferenciadas que postula. É, por sua natureza, perniciosa e insusceptível de reaproveitamento em sentido axiológico-jurídico.

e) *Crimes patrimoniais*

Até agora deixámos propositadamente em silêncio a consideração da admissibilidade das teses de Arthur Kaufmann no âmbito dos crimes contra a propriedade ou contra o património em geral, os quais, numa primeira análise, se poderiam assemelhar a lesões contra interesses exclusivamente privados, tanto mais que, em alguns deles, a perseguição penal depende de condições de procedibilidade (*i.e.*, a queixa por parte do ofendido). No entanto, também os tipos de crime contra o património configuram uma selecção de formas de ilícito que, pela sua gravidade, põem em causa os alicerces da vida em sociedade, justificando por isso reacções penais.

Na generalidade dos crimes contra o património, o objecto da acção tem, em princípio, valor patrimonial (embora seja admissível a punibilidade da apropriação de coisas alheias sem valor patrimonial), podendo mesmo acontecer que certas circunstâncias agravantes ou atenuantes qualificativas dependam do valor da coisa. Poderá, pois, perguntar-se se a apreciação da responsabilidade criminal do agente em função da quantificação possível do prejuízo causado deverá depender da tomada em consideração de causas virtuais. Estamos convictos de que à questão formulada se deve responder negativamente, pela seguinte razão: se o estado em que

---

[21] MARIA FERNANDA PALMA, *Direito Penal – Parte Especial (Crimes contra as pessoas)*, Lisboa: FDUL (ed. policop.), 1983, p. 39.

se encontrava o objecto atingido pelo comportamento lesivo era tal que não se produziu qualquer prejuízo ou se produziu prejuízo de pouca monta – por exemplo, o autor ateia fogo a uma parte de um edifício em chamas[22] ou o autor abate um animal moribundo[23] – não se trata ainda aqui da consideração de causas virtuais, mas da consideração do valor efectivo que cabia ao objecto atingido, considerando o seu estado e a sua utilidade no momento da acção.

Por outro lado, estes são casos (pelo menos, o primeiro) de concorrência efectiva de causas. Portanto, na medida em que o resultado, na sua forma concreta, for tipicamente quantificável, se o autor causar uma lesão parcial, responderá apenas por essa parte[24].

Mas, mesmo nos casos em que o objecto da acção não transporta em si o gérmen da sua própria destruição, não está descartada a hipótese de o valor efectivo da coisa no momento da acção poder estar afectado pelo facto de já existir uma série causal virtual que corre para o dano. Pense-se no caso em que um surto de febre aftosa teria justificado uma proibição administrativa de comercialização de gado bovino ou medidas administrativas de abate generalizado: se um homem, num assomo irado, se vingar do vizinho, abatendo-lhe o gado são ou doente que, de qualquer forma, seria abatido pelo veterinário posteriormente, também aqui responderá criminalmente pelo dano que tiver causado, segundo o valor da coisa no momento do acto lesivo. Se o prejuízo for de diminuto valor, poderia o agente sofrer até uma menor pena (art. 213.º, n.º 3, CP), mas, mais uma vez, não se trata aqui da consideração de causas virtuais do dano. O próprio Arthur Kaufmann cita diversas opiniões segundo as quais, em casos semelhantes, o que se leva em consideração não é a causa virtual, mas a diminuição ou perda de valor da coisa já existente no momento da acção ilícita do agente, mesmo que essa redução do valor patrimonial se tivesse ficado a dever ao facto de ser conhecida a propensão para o dano da coisa[25]. Não pode, pois, como pretende, invocar essas opiniões em abono da sua tese.

---

[22] Cf. ARTHUR KAUFMANN, *Festschrift für Eberhard Schmidt*, cit., p. 225.
[23] Cf. ARTHUR KAUFMANN, *Festschrift für Eberhard Schmidt*, cit., p. 226.
[24] Esta é a solução defendida por GÜNTHER JAKOBS, *Strafrecht – Allgemeiner Teil (Die Grundlagen und die Zurechnungslehre)*, 2.ª ed., Berlin/New York: Walter de Gruyter, 1991, 7.ª Secção, n.º m. 17.
[25] Cf. ARTHUR KAUFMANN, *Festschrift für Eberhard Schmidt*, cit., p. 227.

f) *Raciocínios hipotéticos contrafactuais e processos causais virtuais*

Arthur Kaufmann não estava ciente da distinção entre raciocínios hipotéticos contrafactuais (*i.e.*, contrários aos factos) e processos causais virtuais. Bastará fazermos a triagem dos casos com que Arthur Kaufmann trabalhava para vermos que, na sua esmagadora maioria, se referem à problemática do "comportamento lícito alternativo"[26].

Sirva de exemplo o conhecido "caso do camião", aliás verídico[27]: um camionista, ao realizar uma manobra de ultrapassagem de um ciclista, não respeitou a distância lateral mínima imposta por lei. O ciclista desequilibrou-se e foi esmagado pelo reboque. Provou-se que o desastre se teria produzido com elevada probabilidade se o condutor do camião tivesse observado a distância conveniente, dado que o ciclista se encontrava completamente embriagado. Com efeito, o facto de o ciclista ter guinado para debaixo do camião no momento da ultrapassagem ficou a dever-se a uma reacção característica de uma condução em estado de embriaguez.

Arthur Kaufmann era de opinião que, se não fosse a causa real do atropelamento mortal, ou seja, a ultrapassagem realizada em flagrante violação das regras do tráfego rodoviário, outra "causa hipotética" teria provocado o mesmo resultado, a saber, a ultrapassagem alternativa que o mesmo camionista deveria ter efectuado em conformidade com o dever de cuidado imposto por lei. O aludido Autor chegava mesmo a equiparar esta situação à hipótese em que o camionista teria podido provavelmente evitar *in extremis* o atropelamento mortal se tivesse efectuado uma ultrapassagem correcta, mas em que o ciclista teria sido atropelado de certeza por um dos muitos camiões que circulavam em fila naquela estrada de tráfego intenso[28]. Todavia, independentemente da questão de saber se, no tocante à apreciação da responsabilidade criminal do camionista, as situações referidas devem ou não merecer a mesma solução jurídica, somos de parecer que as duas situações são estruturalmente diversas. Na primeira, temos um puro raciocínio hipotético contrafactual. Na segunda, aparece de facto a problemática da causalidade virtual.

A diferença entre as duas situações reside no seguinte: na versão genuína do "caso do camião", a primeira, o comportamento lícito alterna-

---

[26] Essa problemática ainda não era assim designada ao tempo do estudo que Arthur Kaufmann publicou no *Festschrift für Eberhard Schmidt*.
[27] *BGHSt* 11, 1, apud KLAUS ULSENHEIMER, *Das Verhältnis zwischen Pflichtwidrigkeit und Erfolg bei den Fahrlässigkeitsdelikten*, Bonn: Ludwig Röhrscheid, 1965, p. 27.
[28] Cf. ARTHUR KAUFMANN, *Festschrift für Eberhard Schmidt*, cit., p. 207.

tivo que teria causado a morte do ciclista constitui um termo de comparação meramente conjectural, ao passo que na versão reformada do mesmo caso, a segunda, os termos da causa virtual da morte do ciclista, ainda que imaginários como causa, existiam de facto, materializados nos restantes camiões que circulavam naquela estrada[29].

Com efeito, o comportamento lícito alternativo não existiu, nem nunca teria existido, já que o agente actuou de facto de outra maneira, ou seja: ilicitamente. Se abstrairmos mentalmente do comportamento efectivo do agente, nada restaria com dimensão existencial que o pudesse substituir como causa do mesmo resultado. É certo que podemos sempre imaginar um comportamento alternativo prudente do mesmo agente no lugar do comportamento ilícito efectivo que ele adoptou. Porque não existem limites à imaginação, podemos, pois, suprimir ou acrescentar mentalmente tudo o que nos aprouver. Por exemplo, podemos imaginar que o camionista não teria ultrapassado o ciclista tal como o fez, mas que o teria ainda assim ultrapassado à distância regulamentar. Mas também podemos imaginar que o camionista pura e simplesmente não teria ultrapassado o ciclista, quer porque teria seguido por uma outra estrada, quer porque teria estacionado na berma para descansar das fadigas da viagem, que ambos seriam comportamentos igualmente permitidos. Não vamos negar que possa haver interesse em considerar um particular comportamento lícito alternativo do mesmo agente, em vez de qualquer outro comportamento

---

[29] Jorge Fonseca estabeleceu do seguinte modo a diferença entre os casos de comportamento lícito alternativo e os de causalidade virtual: "nos primeiros, o termo de comparação é tão-só *imaginário*, integralmente *conjectural*, mero termo hipotético de raciocínio; nos segundos, ele pode ser um facto real (ainda que hipotético como causa) – quando a série causal hipotética tinha desencadeado já alguns dos seus termos no momento em que se verifica o dano – ou um facto só hipotético, no sentido de que não chegou efectivamente a materializar-se, a desencadear transformações no mundo exterior" (JORGE CARLOS FONSECA, *RJ*, N.º 4, cit., pp. 57-58, itálicos no original).

Concordamos quase inteiramente com Jorge Fonseca. Na verdade, só discordamos da sua afirmação de que a causa virtual poderia consistir em "um facto só hipotético". Se fosse assim, regressaríamos ao domínio das puras conjecturas, onde a imaginação é soberana absoluta, e a aludida diferença entre o comportamento lícito alternativo e a causalidade virtual perderia a razão de ser. Noutra passagem, Jorge Fonseca estabeleceu a distinção que cremos ser a correcta: "é necessário que o dano produzido pela causa operante se tivesse igualmente verificado, se não fosse aquela, *por força da causa hipotética*; o que exige que possa afirmar-se que, a não acontecer o facto operante, *se teria verificado a causa virtual*. E esta só se teria verificado se consistisse em uma *entidade existencial*, em algo *exteriorizável* ou *materialmente projectável*, enfim, em um facto" (*Ibidem*).

lícito alternativo que a nossa fantasia lhe pudesse atribuir. A simples intuição aconselha que o comportamento lícito alternativo considerado seja aquele que mais se aproxime daquele que o agente realizou de facto, em ordem a determinar se nem mesmo assim se teria podido evitar o atropelamento. Haja ou não interesse em conjecturar acerca dos acontecimentos que teriam ou não sucedido com esse particular comportamento lícito do autor, é questão que não vamos mais explorar. O ponto é que a questão não pode ser confundida com a problemática da causalidade virtual.

É certo que a causa virtual, como causa, é uma projecção imaginária de efeitos lesivos, embora similares dos que aconteceram de facto. E não perde esse carácter de projecção imaginária pelo facto de a deduzirmos, não da nossa ilimitada capacidade inventiva, mas da nossa razoável presciência racional do devir, neste caso, do devir hipotético contrafactual. Todavia, a causa virtual é predicado de factos históricos e conhecidos ao tempo do juízo e, nesse sentido, inalteráveis para efeitos de raciocínio. Arthur Kaufmann não se deu conta desta diferença.

g) *As diferentes concepções do desvalor de resultado*

Todas as razões até agora apresentadas seriam suficientes para minar por dentro a possibilidade de um reaproveitamento das teses de Arthur Kaufmann. Mas não queremos concluir sem um exame crítico da noção de desvalor de resultado presente no pensamento do Autor citado, embora apenas vagamente reflectida no seu texto, quando a final resume as suas teses.

Importa notar que a concepção de desvalor de resultado que parece ressaltar do pensamento de Arthur Kaufmann se resume a uma lesão de bens jurídicos totalmente independente dos acontecimentos que lhe deram origem. Retiramos esta conclusão da tendência explícita no pensamento do Autor citado para desprezar o desvalor da lesão sempre que a sua produção fosse aguardada de certeza, mesmo na falta do comportamento do autor.

Por outro lado, Arthur Kaufmann parece aderir a uma concepção dualista da ilicitude material, actualmente dominante na doutrina penalista de lingua alemã. No entanto, por detrás dessa descrição dualista do conteúdo da ilicitude penalmente relevante, congregando os desvalores de acção e de resultado, vislumbramos alguma hesitação na indicação da importância que afinal deveria caber ao desvalor de resultado no crime doloso. Com efeito, após ter afirmado que o desvalor de resultado faltaria nos casos em que a lesão se teria produzido mesmo sem a acção causal do agente, acabava concluindo que o agente poderia beneficiar de uma atenuação facultativa da pena, a qual dependeria só da avaliação do grau de desvalor de acção. Quer isto dizer que o mero desvalor de acção bastaria para esgotar completamente o conteúdo material da ilicitude? Arthur Kaufmann não era claro.

É evidente que não podemos glosar na íntegra o tema do conteúdo material da ilicitude, que se mantém como tema disputado na doutrina penal contemporânea. É tema complexo e cheio de implicações aos mais diversos níveis da construção dogmática da infracção criminal. Limitar-nos-emos a investigar o papel do desvalor de resultado na fundamentação da ilicitude penalmente relevante, bem como a examinar a configuração que deverá caber a esse desvalor.

A importância do desvalor de resultado tem sido objecto de viva contestação. Basta referir que, consoante se parta de uma concepção objectiva ou, em alternativa, pessoal de ilicitude, diferentes funções poderão ser atribuídas ao *resultado típico (tatbestandsmäßiger Erfolg)*. Para referir apenas as consequências extremas destes dois pontos de partida antagónicos, poderá ser atribuída ao desvalor de resultado a função de autêntico e único desvalor constitutivo do conteúdo da ilicitude penalmente relevante ou, contrariamente, a função de mera condição objectiva de punibilidade.

A concepção objectiva de ilicitude teve em Edmund Mezger um dos seus últimos defensores[30]. Mezger procedeu a uma clara diferenciação entre os juízos de ilicitude e de culpabilidade, independentemente agora de qualquer discussão sobre o conteúdo dessa diferenciação.

À questão de saber se o Direito é (só) *norma de determinação (Bestimmungsnorm)* ou (também) *norma de valoração (Bewertungsnorm)*, Mezger dava uma resposta apriorística: o Direito como norma de determinação é impensável sem o Direito como norma de valoração[31]. E, como norma de valoração, o Direito é sinónimo de *ordenamento objectivo da vida social (objektive Lebensordnung)*[32].

Questão diferente é já saber se o conceito de ilicitude se deve deduzir do conceito de Direito como norma de determinação, o que levaria a

---

[30] Cf. EDMUND MEZGER, "Die subjektiven Unrechtselemente", *Der Gerichtsaal (GerS)* 89 (1924), pp. 207-314.
[31] Cf. EDMUND MEZGER, *GerS* 89 (1924), cit., p. 240.
[32] *Ibidem*.

adoptar uma formulação de pendor subjectivo, ou de Direito como norma de valoração, o que acarretaria uma formulação de teor objectivo. Mezger afirmava que para esta questão não existia resposta apriorística, mas sublinhava a conveniência prática de uma resposta que tivesse em atenção a teleologia imanente ao sistema jurídico, que visaria o ordenamento exterior da vida em sociedade. Por isso, defendia a necessidade de se partir de pontos de vista objectivos: "ilícita é [...] a modificação de um estado juridicamente aprovado ou a produção de um estado juridicamente desaprovado, não a modificação juridicamente desaprovada de um estado"[33]. Portanto, a ilicitude consistiria na formulação de um juízo impessoal e objectivo acerca dos próprios acontecimentos ou situações.

Enquanto tal, a conduta humana não parecia, pois, constituir objecto do referido juízo valorativo com que se determina os limites entre licitude e ilicitude (*i.e.*, o desvalor do estado de coisas), já que, fazendo plena fé nas palavras de Mezger, não é a modificação ou produção, em si mesmas, de acontecimentos ou situações determinadas que o Direito desaprova. É certo que uma conduta humana nunca poderia infringir uma valoração, mas ainda assim poderia constituir o objecto dessa valoração, na medida que as próprias condutas fossem apreciadas ou reprovadas. Mas para isso seria necessário que a norma de valoração também se referisse ao mesmo objecto da norma de determinação. No pensamento de Mezger não era isso que acontecia: a norma de valoração e a norma de determinação eram independentes.

Neste ponto, torna-se necessário aprofundar a concepção de Mezger. Adoptando concepções que já se descortinavam, se bem que de forma embrionária, na teoria dos imperativos de August Thon[34], Mezger defendia que o ordenamento jurídico é um complexo de normas sem destinatários determinados. Para Mezger, era necessário distinguir entre o conceito abstracto de norma e as características concretas da sua realização subjectiva. A norma e o meio de realização da norma (*i.e.*, o imperativo) não eram reconduzíveis a uma unidade[35]. A norma, relativamente a uma determinada situação social, clamava: – Deve ser! O meio de realização da norma, o imperativo, dirigia-se pessoalmente ao indivíduo e ordenava: – Tu deves! Esta distinção entre a norma de valoração objectiva e a norma

---

[33] Cf. EDMUND MEZGER, *GerS* 89 (1924), cit., p. 245.
[34] *Apud* ARMIN KAUFMANN, *Lebendiges und Totes in Bindings Normentheorie – Normlogik und modern Strafrechtsdogmatik*, Göttingen: Otto Schwartz, 1954, p. 77.
[35] Cf. EDMUND MEZGER, *GerS* 89 (1924), cit., p. 245.

de determinação subjectiva forneceria, em última instância, o critério para a destrinça entre ilicitude e culpa.

A distinção acima referida oferece notoriamente o flanco ao inconveniente que as antigas concepções identificadoras de ilicitude e culpa tinham conseguido eficazmente esconjurar, a saber, o espectro da Natureza actuante contra o Direito[36]. Se qualquer modificação de uma situação juridicamente aprovada ou qualquer produção de uma situação juridicamente desaprovada constituem um ilícito, então, para citar apenas um exemplo clássico, a morte provocada por um raio seria tão antijurídica como um homicídio. Contra tal interpretação, Mezger observava apenas que o ordenamento jurídico determina quais as situações da convivência humana que se conformam com o ordenamento objectivo e quais as que são antijurídicas, à parte a consideração de uma censura pessoal[37]. Todavia, se inserirmos esta explicação no sistema de pensamento de Mezger, vemos que os seus argumentos não rimam na perfeição. Com efeito, ao estabelecer um critério de diferenciação entre ilicitude e culpa com base numa contraposição entre desvalor objectivo e desvalor de acção, não podia depois limitar logicamente o círculo das situações desvaliosas àquelas que foram produto de acções humanas. Esta limitação não surge naturalmente como decorrência do seu sistema de pensamento, mas como afirmação da pretensa evidência de que para o Direito só as acções humanas são relevantes.

Mas o que é curioso no pensamento deste Autor é que, tendo investigado como nenhum outro a problemática dos elementos subjectivos da ilicitude, tenha mantido com inabalável persistência a concepção impessoal e objectiva da ilicitude. Se tivesse dado um passo mais e explorado a teoria dos elementos subjectivos da ilicitude até ao limite das suas possibilidades, teria chegado a uma concepção de ilícito pessoal. Mezger recusou-se sempre a tomar este caminho, mantendo inclusivamente com Hans Welzel uma acesa polémica sobre esta questão[38].

---

[36] Cf. DIETHART ZIELINSKI, *Handlungs- und Erfolgsunwert im Unrechtsbegriff – Untersuchungen zur Struktur vom Unrechtsbegrundund und Unrechtsausschluss*, Berlin: Dunker & Humblot, 1973, p. 19.

[37] Cf. EDMUND MEZGER, *Strafrecht I – Allgemeiner Teil (Juristische Kurz-Lehrbucher)*, 9.ª ed., München/Berlin: C.H. Beck, 1960, pp. 86-89.

[38] A viragem para a concepção do ilícito pessoal começou historicamente com Oskar Adolf Germann e, sobretudo, com Welzel [cf. STRATENWERTH, *SchwZStR* 79 (1963), cit., p. 235]. No entanto, esta questão não nos interessa tanto a partir da perspectiva histórica, mas fundamentalmente do ponto de vista da relação entre juízo de valor e norma penal. Por

É indiscutível que toda a norma é logicamente precedida por um juízo de valor. Caso contrário, a norma não seria mais do que a expressão formal de uma vontade despótica, que exigiria a obediência pela obediência. Fundamental é descobrir se o juízo valorativo se refere ao mesmo objecto da norma de determinação. Vamos examinar por partes como se realiza na prática a valoração dos acontecimentos. Armin Kaufmann[39] falava em três níveis valorativos sobrepostos:

- A primeira valoração é sempre positiva. Através dela, o legislador escolhe e cria os chamados bens jurídicos. Este juízo valorativo positivo pode ser suficiente para o dever-ser, tal como Mezger o definia, mas é ainda insuficiente para o dever-fazer;
- O segundo nível corresponde à valoração dos acontecimentos. Todo o acontecimento prejudicial para um bem jurídico é valorado negativamente, independentemente da sua origem. Neste contexto, os próprios acontecimentos naturais podem ser objecto de valoração jurídica, seja quando afectam ou perturbam a conservação dos bens jurídicos (*i.e.*, uma valoração negativa), seja quando favorecem a conservação dos estados de coisas aprovados pela ordem jurídica (*i.e.*, uma valoração positiva);
- Finalmente, destaca-se a valoração dos únicos acontecimentos que são susceptíveis de influência; isto é, aqueles que são obra da vontade humana ou controláveis por ela. Neste contexto, só as acções humanas que acarretam a lesão ou o perigo de lesão dos bens jurídicos são juridicamente inadmissíveis.

Este terceiro nível é a origem da norma: o legislador confia que faz quanto pode para proteger os bens jurídicos delimitados no primeiro nível valorativo através da imposição de imperativos dirigidos à conduta humana. E assim se opera o salto de um dever-ser puro ou ideal para um dever-fazer (*i.e.*, um comando) ou um dever-não-fazer (*i.e.*, uma proibição).

O imperativo deriva directamente deste terceiro nível valorativo e coincide com ele no mesmo objecto: a conduta humana.

---

isso não dedicaremos qualquer espaço à análise da concepção de Welzel, dado que o seu ponto de partida não era uma teoria das normas, mas uma concepção ontológica da acção, manifestamente desnecessária para os fins ora em vista.

[39] Cf. ARMIN KAUFMANN, *Lebendiges und Totes in Bindings Normentheorie*, cit., pp. 69-77.

A consequência mais importante da adopção desta perspectiva é a elevação do desvalor da acção a elemento constitutivo da ilicitude penalmente relevante – isto é: o ilícito pessoal. O que não significa que o desvalor de acção seja o único elemento constitutivo da ilicitude, como tem sido proposto pelos partidários da chamada tese subjectiva ou monista, sem dúvida minoritária na dogmática penalista de língua alemã[40].

Na verdade, a ilicitude penal é a ilicitude do facto, que não se esgota na manifestação de uma vontade criminosa. De resto, a exteriorização da vontade interessa não tanto como acto de desobediência, mas por causa da sua real propensão ofensiva contra bens jurídicos[41]. Nesta perspectiva, o desvalor de resultado permanece como elemento constitutivo da ilicitude, mas não pode mais ser concebido como uma qualquer lesão de bens jurídicos, independentemente da sua causa. O desvalor de resultado é a materialização do desvalor de acção.

Na falta de outros argumentos, aquilo que acabámos de referir já bastaria para demonstrar por que razão não se deve aceitar a tese de Arthur Kaufmann, segundo a qual faltaria o desvalor de resultado sempre que a lesão do bem jurídico se teria produzido por força de um processo causal virtual, caso o autor não tivesse provocado o resultado lesivo através da sua acção. A relação entre desvalor de acção e desvalor de resultado é tal que o segundo só existe na medida em que seja a concretização do primeiro, e não desaparece quer nos casos em que a lesão já fosse aguardada, quer nos casos em que fosse inevitável.

3. Os princípios da intensificação e assunção de responsabilidade

Na sua *tese de habilitação* (*Habilitationsschrift*), dedicada ao tema da relevância dos processos causais "hipotéticos" em direito penal, Erich

---

[40] O representante mais radical desta tese é DIETHART ZIELINSKI, *Handlungs- und Erfolgsunwert im Unrechtsbegriff*, cit., p. 127 ss., pp. 222-223 e *passim*. Dado o carácter perfunctório da abordagem à temática vertente, não iremos discutir esta concepção. Todavia, importa notar que esta tese nunca poderia ser sufragada à luz do nosso direito positivo, pois a pena da tentativa é sempre especialmente atenuada e a razão de ser disso só pode ser explicada à conta de um menor conteúdo de desvalor do crime tentado.

[41] Cf. WILHELM GALLAS, "Zur Struktur des strafrechtlichen Unrechtsbegriffs", in AA.VV., *Festschrift für Paul Bockelmann zum 70. Geburtstag*, München: C.H. Beck, 1979, (p. 156 ss.) p. 159.

Samson desenvolveu uma linha de argumentação em parte próxima da de Arthur Kaufmann.

Quanto ao seu ponto de partida, Samson prosseguiu a tendência dominante na doutrina penalista germânica para considerar a causalidade – na acepção da teoria da equivalência das condições[42] – como critério fundamental para a imputação objectiva, embora insuficiente. Por isso, direccionou a sua pesquisa para a descoberta de critérios restritivos da responsabilidade pela causalidade.

a) *O conceito de encurtamento da vida*

Constatando que qualquer objecto merecedor de tutela penal é, por sua natureza, perecível[43], Samson afirmava que toda e qualquer lesão de um objecto protegido constitui uma perda relativa, por comparação com o desaparecimento conjectural do mesmo objecto que é irremediavelmente aguardado pela ordem jurídica.

O Autor citado começava por tomar um exemplo paradigmático – o homicídio – para concluir que, dada a condição de mortal de todo e qualquer ser humano, o Legislador só pode proibir aquilo que a actuação humana puder evitar, ou seja: a alteração artificial do momento da morte. E essa proibição só faria sentido se a acção de matar fosse interpretada como encurtamento da vida e a acção homicida como eliminação de um possível prolongamento da vida de outrem[44]. Este *conceito de encurtamento (Verkurzungsgedanke)* seria, na perspectiva de Samson, evidente e indiscutível. Poderia, no entanto, tornar-se problemático nos casos em que, sem a acção do agente, a morte da vítima teria ocorrido no mesmo instante como consequência de um processo causal virtual. Samson distinguia depois dois grupos de situações, consoante os termos preexistentes do processo causal de reserva adviessem de acontecimentos naturais ou de um *autor substitutivo (Ersatztäter)*.

---

[42] Cf. ERICH SAMSON, *Hypothetische Kausalverläufe im Strafrecht – Zugleich ein Beitrag zur Kausalität der Beihilfe*, Frankfurt am Main: Alfred Metzner, 1972, p. 89 ss.
[43] Cf. ERICH SAMSON, *Hypothetische Kausalverläufe im Strafrecht*, cit., p. 100.
[44] Cf. ERICH SAMSON, *Hypothetische Kausalverläufe im Strafrecht*, cit., p. 99.

b) *O princípio da intensificação*

Comecemos por analisar o primeiro grupo de situações, para tal citando um exemplo de Samson:

– *F* conduz uma locomotiva eléctrica numa linha que está bloqueada por um desmoronamento de terras, sendo certo que, àquela velocidade, não conseguiria travar a tempo de evitar o desastre. Entretanto, *A* muda a agulha da via-férrea, de tal forma que a locomotiva passa para a outra linha, igualmente bloqueada. A locomotiva embate na muralha de escombros e *F* morre.

De acordo com a ideia de encurtamento da vida, *A*, apesar de ter causado a morte de *F*, não teria realizado uma acção homicida. Esta noção de encurtamento da vida definiria totalmente o resultado típico do homicídio, pois este seria apenas quantificável unidimensionalmente, quer dizer: apenas em termos temporais, mas não de gravidade[45].

Isso não era mais do que um corolário de um amplo *princípio da intensificação* (*Intensivierungsprinzip*)[46]. Este princípio carecia de configuração específica para cada tipo de crime, consoante as características do bem jurídico protegido, mas o Autor citado dispensava-se de mais ilustrações, pois considerava-as matéria da Parte Especial. Por isso, o princípio da intensificação era sempre explicado com recurso ao exemplo do crime de homicídio.

Samson não deixava de acrescentar que os benefícios promovidos pelo agente contra a vontade do titular do bem jurídico também podiam preencher a tipicidade, mas só se ressaltasse do tipo de ilícito também um fim de protecção da autonomia de disposição do bem jurídico pelo seu titular[47].

Importa notar que o chamado princípio da intensificação vai conduzir aos mesmos resultados práticos que decorriam da aplicação da chamada fórmula negativa da *conditio*[48], mas agora em sede de imputação

---

[45] Cf. ERICH SAMSON, *Hypothetische Kausalverläufe im Strafrecht*, cit., p. 100.
[46] *Ibidem*.
[47] *Ibidem*.
[48] A fórmula negativa da *conditio* dizia que faltava o nexo de causalidade quando, abstraindo mentalmente de uma determinada acção, ainda assim o evento lesivo se teria igualmente verificado. Mas a fórmula negativa é, desde há muito, considerada logicamente inconsequente, como foi demonstrado, antes de todos, por GÜNTER SPENDEL, *Die Kausali-*

objectiva: a punibilidade do agente por crime consumado deverá ser excluída quando se fizer a demonstração de que o resultado concreto também se teria verificado sem a sua acção. Na óptica de Samson, o fundamento para esta conclusão deveria ser procurado na finalidade das normas penais[49]. Num sistema de direito penal orientado para a protecção de bens jurídicos, extravasaria do alcance da norma a proibição de manipular gratuitamente processos causais, se dessa manipulação não resultasse um maior prejuízo para o objecto da acção do que aquele que resultaria já sem a intervenção do agente. Pode objectar-se que o direito penal não desencadeia uma reacção sancionatória apenas como resposta à produção de um resultado lesivo concreto, mas também para preservar a consciência do valor dos bens jurídicos na comunidade social, daí decorrendo um princípio da intocabilidade destes. A essa possível crítica, Samson respondia que, mesmo assim, nos casos em que não houvesse intensificação da lesão, à pena restaria só a função de mera prevenção geral que, como se sabe, utiliza o agente como meio para a realização de fins que abstraem do seu próprio facto[50]. Por outro lado, se a nocividade social do comportamento do agente não se relacionasse com a intensificação da lesão, mas com os seus efeitos supostamente corruptores da comunidade jurídica, então o fim último da norma não seria a protecção directa de bens jurídicos, mas a protecção da consciência social. Mas, mesmo que isso se pudesse admitir, estar-se-ia a desprezar o facto de o próprio senso comum[51] saber distinguir entre as acções que agravam a situação concreta do objecto da acção e as que não representam mais do que uma mera manipulação neutral com respeito à intensidade da lesão[52]. E mesmo que se reconhecesse um interesse digno de protecção do titular do bem jurídico em que as situações que lhe trazem prejuízo não fossem objecto de manipulação arbitrária por terceiros, esse interesse não era, na opinião de Samson, abrangido pelo conteúdo de desvalor específico de cada tipo de ilícito, mas seria antes um elemento formal comum a todos os tipos e que não determinava a sua configuração material decisiva[53]. Assim sendo, o conteúdo mínimo de desvalor contido

---

tätsformel der Bedingungstheorie für die Handlungsdelikte – Eine kritische Untersuchung der Conditio-sine-qua-non-Formel im Strafrecht, Herborn: J. M. Beck, 1948, p. 37.

[49] Cf. ERICH SAMSON, *Hypothetische Kausalverläufe im Strafrecht*, cit., p. 102.
[50] Cf. ERICH SAMSON, *Hypothetische Kausalverläufe im Strafrecht*, cit., pp. 104-105.
[51] Para sermos mais rigorosos, Samson referia a este propósito o *sentimento não educado pelo Direito* (*unverbildetes Rechtsgefühl*).
[52] Cf. ERICH SAMSON, *Hypothetische Kausalverläufe im Strafrecht*, cit., pp. 104-105.
[53] Cf. ERICH SAMSON, *Hypothetische Kausalverläufe im Strafrecht*, cit., p. 106.

numa acção de lesão "normal" (*sic*) suplantaria o máximo de conteúdo de desvalor possível nos casos em que existisse uma causa substitutiva pronta a desencadear o mesmo resultado lesivo, na falta da acção do agente[54]. Portanto, os limites fixados para a pena legal em cada tipo material não poderiam abranger estes últimos casos, mesmo que para eles se fizesse sentir uma necessidade de pena.

Nos casos, em suma, em que a actuação do agente tivesse ultrapassado um processo causal natural ou fortuito que levaria à morte da vítima no momento em que esta ocorreu de facto, ainda que o agente não tivesse intervindo, Samson chegava aos seguintes resultados práticos:

i) Se o processo causal de reserva, na falta da acção do agente, produzisse inevitavelmente a mesma consequência, então a intervenção humana não teria afectado o desfecho fatídico dos acontecimentos, não se justificando qualquer punição do agente (exemplo: o "caso da locomotiva eléctrica")[55];

ii) Se o agente pudesse ter evitado as consequências do processo causal preexistente usando os meios de que dispunha para salvar a vida da vítima, mas, pelo contrário, tivesse realmente actuado de molde a provocar o mesmo resultado que seria também atingido sem a sua acção, então justificar-se-ia a punição, embora apenas por crime de omissão de socorro, ou, no caso em que tivesse uma posição de garantia, por crime de homicídio por omissão (exemplo: o "caso da locomotiva eléctrica", mas considerando a hipótese em que teria sido possível fazer agulha para uma linha desimpedida);

iii) Por último, se o agente com a sua acção tivesse querido garantir de certeza a ocorrência do resultado lesivo que, tal como se veio a confirmar posteriormente, teria sido causado igualmente por força do processo causal virtual, então justificar-se-ia a punição por tentativa de homicídio[56].

Por conseguinte, o autor só ficaria totalmente isento de responsabilidade criminal quando não tivesse antecipado o momento da morte, nem lhe tivesse sido possível adiá-lo, tendo representado correctamente a situação global.

---

[54] Cf. ERICH SAMSON, *Hypothetische Kausalverläufe im Strafrecht*, cit., p. 107.
[55] Cf. ERICH SAMSON, *Hypothetische Kausalverläufe im Strafrecht*, cit., p. 115.
[56] Cf. ERICH SAMSON, *Hypothetische Kausalverläufe im Strafrecht*, cit., p. 105.

Posto isto, que se nos oferece dizer sobre o chamado princípio da intensificação? Cremos que nem mesmo resiste a uma abordagem superficial. Com efeito, podendo admitir-se a justeza de algumas das soluções encontradas por Samson para os casos de que se serve a título ilustrativo, tal fica a dever-se exclusivamente à configuração específica dos exemplos, não aos méritos do chamado princípio da intensificação.

Vejamos mais de perto o "caso da locomotiva eléctrica": é possível, com base em critérios pragmáticos, concluir que a acção do agente foi apenas uma condição acessória do resultado, posto não ter dependido dela qualquer frustração de expectativas, não sendo assim necessário recorrer a nenhum princípio da intensificação para excluir a imputação do facto ao agente[57].

---

[57] Cf. GÜNTHER JAKOBS, *Strafrecht – Allgemeiner Teil*, cit., 7.ª Secção, n.º m. 14 ss.

Jakobs dedicou especial atenção ao problema da delimitação do resultado e das condições relevantes para a sua ocorrência. O Autor citado fornece-nos um conjunto de princípios pragmáticos e flexíveis, atendendo ao contexto de uma explicação causal para fins de imputação. Estamos essencialmente de acordo com a sua ideia de que não interessa ao Jurista um conhecimento puro dos fenómenos e das suas conexões causais, antes lhe interessa esse conhecimento para determinar a responsabilidade de alguém.

Numa explicação causal com fins de pura cognição (*i.e.*, metodologicamente correcta), o conjunto da forma do mundo deve ser tomado em consideração para a explicação do resultado na sua forma concreta. Já no âmbito da imputação objectiva, aquelas circunstâncias que possam ter contribuído para a variação na forma do resultado concreto sem, com isso, terem contribuído para a frustração de expectativas (por exemplo, deste ponto de vista, é absolutamente indiferente que um vaso se tenha partido em cem ou em cento e um pedaços), não devem ser tomadas em consideração na imputação, segundo as regras de conexão com o fim da norma.

Jakobs não contestou a ideia de que o resultado deva ser tomado na sua configuração concreta. No entanto, isso não impede que certos aspectos do resultado sejam considerados marginais com respeito à imputação. As fronteiras entre um aspecto marginal e um elemento da forma concreta do resultado não podem ser estabelecidas segundo princípios rígidos, à margem da consideração do caso.

Quanto à determinação das condições do resultado, deve proceder-se da seguinte maneira: as condições que não possam ser imputadas a ninguém devem ser afastadas logo à partida, enquanto condições absolutamente acessórias. As restantes condições do resultado podem conter, contudo, ainda um certo número de condições acessórias relativas, ou seja: condições que, no contexto global da imputação objectiva, não operam qualquer frustração das expectativas. Por exemplo, se alguém transportasse a vítima de envenenamento de uma cama para outra, onde esta acabasse por falecer, então teria provocado a mudança da localização da vítima no momento da morte, mas não a própria morte considerada como objecto de imputação ao agente. Diferentemente, se alguém transportasse a vítima para um local em que ficassem diminuídas as suas hipóteses de salvamento e esta acabasse

Quem tentar descobrir nos exemplos de Samson a força persuasiva do princípio da intensificação ficará desiludido porque esses exemplos não chegam a ser difíceis do ponto de vista da sua solução jurídica. Mas isso não implica que o próprio princípio da intensificação não deva ser objecto de análise crítica, quanto mais não seja porque tinha pretensão de validade para um vasto conjunto de situações, as quais não ficaram devidamente documentadas com os exemplos referidos. Com efeito, o Autor citado pretendia que o princípio valesse quer para os casos de modificação de processos causais preexistentes, quer para os de substituição da causalidade. Para sermos mais rigorosos, o princípio da intensificação valeria para os dois grupos de casos porque, em sua convicção, nem sequer se conseguiria distinguir modificação e substituição da causalidade[58].

Segundo o Autor citado, a diferença qualitativa entre modificação e substituição da causalidade só se tornaria possível se se distinguisse – de resto, em sua opinião, incorrectamente – entre condições eficazes e condições estáticas do resultado. De facto, se o agente nada mais pode fazer do que aproveitar-se de certas condições, já que não tem poderes demiúrgicos e se tem de adaptar à própria realidade, e se a causa é o conjunto de todas essas condições, por muito que o agente possa trocar ou substituir algumas dessas condições por outras, mesmo assim o fluir contínuo dos acontecimentos nunca seria substituído, mas somente modificado. Portanto, quem perfilhasse um conceito de causalidade fundado na teoria da equivalência das condições, assim refutando a possibilidade de avaliar de modo qualitativamente diverso a contribuição específica de cada uma das condições para a verificação do resultado, teria também de repudiar a delimitação entre modificação e substituição da causalidade. Haveria, pelo menos, uma condição que o agente nunca poderia substituir, a saber: a própria existência do objecto da intervenção. Deste modo, não se poderia falar, e muito menos nos casos problemáticos, numa substituição total das con-

---

realmente morrendo, então teria de ser outra a solução do caso. Em casos de dúvida, a conexão causal amplamente estabelecida ainda poderá, no decorrer da imputação, ser considerada uma mera condição acessória relativa, podendo ser afastada por não ter contribuído efectivamente para a variação relevante de expectativas que todo o crime comporta.

Em suma, não há diferença prática entre afirmar que o sujeito não causou um resultado descrito abstractamente ou então que causou realmente um determinado resultado concreto, mas insusceptível de lhe ser imputado objectivamente.

[58] Cf. ERICH SAMSON, *Hypothetische Kausalverläufe im Strafrecht*, cit., p. 45 e em especial pp. 112-115.

dições do resultado. Seria, pois, possível modificar processos causais, mas nunca substituí-los integralmente por outros.

Pela nossa parte, cremos que o Autor citado seguiu por um caminho errado quando se opôs à possibilidade de distinguir genericamente entre modificação e substituição da causalidade. Na verdade, a distinção pressuposta entre condições eficazes e condições estáticas do resultado não apresenta teoricamente dificuldades. Bastará não se confundir a causa material, isto é, as condições necessárias do resultado, com a causa eficiente, isto é, as condições suficientes do mesmo. Assim, é um erro afirmar pura e simplesmente que a existência da própria vítima faz parte da causa da sua morte. Qual causa: material ou eficiente? A matéria sem a qual o acontecimento nunca poderia ter sucedido não conta para o elenco das condições suficientes do resultado, segundo a definição de John Stuart Mill[59]. Quem quiser filiar a teoria da equivalência das condições na tradição que arranca do pensamento de Stuart Mill[60], terá realmente de distinguir condições suficientes (*i.e.*, eficazes) e condições necessárias (*i.e.*, estáticas) do resultado e poderá assim destrinçar modificação e substituição da causalidade, pois é possível mudar apenas algumas das condições suficientes do resultado ou então substituí-las todas.

Escudando-se no argumento de que não seria possível destrinçar modificação e substituição da causalidade, o Autor citado acabou por nunca trabalhar com os exemplos que a generalidade da doutrina considera serem

---

[59] Por vezes é erradamente atribuída a John Stuart Mill a noção de que toda a *conditio sine qua non* do efeito deveria figurar no elenco das condições que merecem a designação de causa do fenómeno. A definição de causa de Mill incorporava apenas as condições suficientes. A soma das condições suficientes é a única compatível com a ideia de sequência invariável de eventos (*i.e.*, um sistema causal fechado) que caracteriza o enunciado das leis causais universais. Leia-se a seguinte passagem: "Por exemplo, uma pedra lançada à água mergulha em direcção ao fundo. Quais são as condições do evento? É necessário primeiro que haja uma pedra e água, e que a pedra seja lançada à água; mas estas circunstâncias fazem parte da enunciação do fenómeno, juntá-las ao número das suas condições seria uma péssima tautologia; e esta classe de condições nunca recebeu o nome de causa a não ser entre os aristotélicos que as designavam de causa material, *causa materialis*" (JOHN STUART MILL, *A System of Logic Ratiocinative and Inductive Being a Connected View of the Principles of Evidence and the Methods of Scientific Investigation*, reimp. da 8.ª ed., London: Longmans, Green and Co., 1967, p. 215).

[60] Como pela primeira vez sucedeu com CARL LUDWIG VON BAR, *Die Lehre vom Kausalzusammenhang im Recht, besonders im Strafecht*, Darmstadt: Scientia Verlag Aalen, 1971 (fac-símile da 1.ª ed., 1871), pp. 6-7. No mesmo sentido, por todos, cf. JOSÉ DE OLIVEIRA ASCENSÃO, *Acção finalista e nexo causal*, cit., pp. 112-114.

de substituição da causalidade. Mas é pressuposto, na sua perspectiva, que o dito princípio da intensificação também valia nestes casos. Não se nos afigura ser de aplaudir essa opinião. Tal como Roxin, diremos o seguinte: se fosse possível matar um moribundo no momento exacto em que ele teria exalado o último suspiro, o agente que o fizesse teria de ser punido por crime de homicídio. Os imperativos jurídico-penais não devem ceder perante uma agressão ao bem jurídico penalmente tutelado, se exceptuarmos os casos em que houver uma causa de justificação, nem mesmo quando já estivesse irremediavelmente perdido[61].

Mas Roxin aceita a ideia-base do princípio da intensificação, embora restringindo a não-intensificação aos casos em que o agente teria modificado um processo causal fortuito que, sem a sua acção, teria produzido um resultado exactamente idêntico[62]. A sua concordância nada tem de surpreendente, posto que o princípio da intensificação corresponde *grosso modo* à ideia de exclusão da imputação por falta de criação de um risco. É certo que o chamado princípio da criação ou aumento do risco coloca, no lugar da intensificação, o perigo de intensificação. Mas se o perigo for analisado *a posteriori* a diferença acaba por ser nenhuma. Na verdade, vale tanto dizer que a acção continha o perigo de intensificação, que sabemos que se realizou realmente, como dizer que a acção causou uma intensificação da lesão.

Em última análise, a noção de intensificação depende intrinsecamente da afirmação de que o resultado típico constitui a expressão de um *desvalor objectivo* (*Sachverhaltsunwert*) totalmente independente do desvalor de acção[63]. Assim sendo, as mesmas críticas que dirigimos ao pensamento de Arthur Kaufmann valem agora também contra a noção de intensificação. Uma vez rejeitada a noção de desvalor objectivo, também o chamado princípio da intensificação perde sustentação.

c) *O princípio da assunção de responsabilidade*

Pese embora o facto de termos refutado na íntegra o princípio da intensificação, não queremos deixar de apreciar o chamado *princípio da assunção de responsabilidade* (*Übernahmeprinzip*). Ao fazê-lo, porém,

---

[61] Cf. CLAUS ROXIN, *Strafrecht – Allgemeiner Teil, Bd. 1 (Grundlagen – Der Aufbau der Verbrechenslehre)*, 2.ª ed., München: C. H. Beck, 1994 (1.ª ed., 1991), § 11, n.º m. 52.
[62] Cf. CLAUS ROXIN, *Strafrecht – Allgemeiner Teil*, cit., § 11, n.º m. 51.
[63] Cf. ERICH SAMSON, *Hypothetische Kausalverläufe im Strafrecht*, cit., p. 121 ss.

não teremos apenas o intuito de fornecer uma panorâmica completa do pensamento de Samson, mas procuraremos investigar se este princípio é susceptível de aproveitamento autónomo.

O princípio da assunção de responsabilidade constituía, no dizer do seu Autor, uma restrição ao princípio da intensificação. Essa restrição valeria para os casos em que o autor, apesar de ter causado o resultado lesivo, tivesse impedido a realização do mesmo resultado através da acção de terceiro, o autor substitutivo.

Haverá casos em que o dever de observância dos imperativos jurídico-penais se revela infrutífero para a protecção do bem jurídico, nomeadamente quando houver um autor substitutivo firmemente decidido a praticar por seu turno a mesma lesão que o autor praticou de facto, quer este tenha ou não tenha disso conhecimento. Ora, posto que não teria sido possível assegurar a preservação do objecto de protecção através da omissão do próprio comportamento lesivo do autor, será possível compatibilizar a necessidade de punição do autor com o princípio da intensificação? Posta a questão nestes termos, Samson considerava que a responsabilização do autor nestas circunstâncias só seria possível, sem violar o princípio da intensificação, se se conseguisse demonstrar a validade de um *duplo dever* (*Doppelverpflichtung*) dirigido simultaneamente a ambos, autor e autor substitutivo.

Segundo o Autor citado, a protecção de bens jurídicos através da imposição de *normas de conduta* (*Verhaltensnormen*) sofria de uma incorrigível fragilidade, que consistia em a protecção fracassar sempre que o sujeito violasse o apelo da norma. Mas essa fragilidade intrínseca da norma jurídica não concederia aos seus destinatários uma liberdade normativa de escolha entre o cumprimento dos imperativos jurídico-penais e o sofrimento da sanção correspondente à sua violação. Quer isto dizer que, mesmo quando o sujeito estivesse firmemente decidido a comportar-se de modo contrário à norma, se mantinha o dever jurídico de observância dos imperativos jurídico-penais[64]. O mesmo valeria quando houvesse não um, mas vários sujeitos decididos a infringir o imperativo jurídico-penal. Assim, do ponto de vista da ordem jurídica, a protecção dos bens jurídicos só seria alcançada através da multiplicação dos deveres de obediência. Com efeito, seria inadmissível que, quando a preservação de um bem jurídico fosse possível se tanto o autor como o autor substitutivo omitissem as respectivas condutas, a ordem jurídica abdicasse da protecção do

---

[64] Cf. ERICH SAMSON, *Hypothetische Kausalverläufe im Strafrecht*, cit., p. 136 ss.

bem jurídico só porque, na falta da acção do autor, o autor substitutivo teria provocado por seu turno a mesma lesão.

Podemos dizer que a enunciação do princípio em causa merece a nossa concordância, ou melhor, merecê-la-ia se o Autor citado se tivesse limitado ao que ficou exposto. No entanto, a lógica da articulação do princípio da intensificação geral com o princípio excepcional da assunção de responsabilidade, tal como foram concebidos por Samson, obriga à redução do âmbito de aplicação do segundo. Assim, Samson vai distinguir as seguintes situações:

i) O autor seria inteiramente responsável pelo seu facto mesmo que, na falta da sua conduta, um autor substitutivo pudesse ter produzido a mesma lesão, mas só se este ainda não tivesse realizado na íntegra os actos de execução suficientes só por si para a produção do resultado típico (exemplo: quem realizasse um furto não poderia invocar a seu favor o facto de que, se não fosse a sua acção, um terceiro teria subtraído o mesmo objecto, ainda que se reconheça que o proprietário da coisa em qualquer dos casos teria ficado desapossado do bem);

ii) Diversamente, o princípio da assunção de responsabilidade já não teria aplicação quando, apesar de o autor ter causado a lesão, o autor substitutivo tivesse realizado uma tentativa completa, segundo um critério material-objectivo, que teria conduzido ao mesmo resultado;

iii) Por fim, o princípio da assunção de responsabilidade também não teria aplicação quando o autor tivesse realizado uma lesão que, de qualquer forma, teria sido provocada licitamente pela vítima ou por terceiro (exemplos: não realizaria um crime de dano aquele que derrubasse uma árvore cujo corte já fora decidido pelo proprietário para o dia seguinte e também não realizaria um crime de dano aquele que matasse uma vaca cujo abate fosse aguardado para breve com fundamento em medidas administrativas de combate a epidemias)[65].

Portanto, se a ordem jurídica não conseguisse assegurar mais a protecção do bem jurídico através dos seus instrumentos característicos, as normas, seja porque todos os termos do processo causal virtual iniciado

---

[65] Os exemplos são de ERICH SAMSON, *Hypothetische Kausalverläufe im Strafrecht*, cit., p. 143.

pelo autor substitutivo corriam já na direcção da lesão, seja porque a própria lesão teria sido admitida no caso em que fosse justificadamente praticada por terceiro, então a acção praticada pelo autor não teria realizado uma intensificação da lesão do bem jurídico. Por isso, na perspectiva do Autor citado, nestes casos voltar-se-ia ao chamado princípio da intensificação.

Do nosso ponto de vista, Samson deveria ter escolhido exemplos que, por serem mais impressivos, constituíssem testes severos de validação das suas teses. Daremos apenas um exemplo significativo das dificuldades postas pelas limitações ao princípio da assunção de responsabilidade: será que não pratica um crime de sequestro quem deter outra pessoa, sendo que esta teria sido de qualquer forma presa pela autoridade policial com base num mandado de captura? Este exemplo serve apenas para ilustrar o seguinte: quando alguém, no cumprimento de uma função designada por lei e com a devida justificação, realiza uma acção típica, não pode a ordem jurídica consentir na realização da mesma acção por terceiros sem causa de justificação expressa!

Após termos analisado criticamente o pensamento de Samson, chegamos à seguinte conclusão: o chamado princípio da intensificação deve ser inteiramente sacrificado. Sendo assim, devem desaparecer inteiramente as restrições ao princípio da assunção de responsabilidade. Portanto, cada sujeito é responsável pelas suas acções, incluindo os seus resultados, sendo totalmente irrelevante que estes se tivessem produzido inevitavelmente também na falta da sua acção, por força de um processo causal virtual.

Palavras de homenagem

O presente texto foi reconstruído com base num extracto da minha dissertação de mestrado, que foi discutida em provas públicas na FDUL, em 1987, tendo como primeiro arguente o Senhor Professor Doutor José de Oliveira Ascensão[**]. Donde eu considerar que nenhum outro con-

---

[**] Mais exactamente, o texto baseia-se, embora com muitas alterações, no capítulo quarto da minha dissertação de mestrado em ciências jurídicas (não publicada), intitulada *Raciocínios hipotéticos e processos causais virtuais em direito penal*, apresentada à Faculdade de Direito da Universidade de Lisboa (FDUL) em 31 de Dezembro de 1986 e sujeita a discussão em provas públicas em 30 de Novembro de 1987, perante um júri constituído pelos Professores Doutores Isabel Maria de Magalhães Collaço (Presidente), José de Oliveira Ascensão (Arguente), Jorge de Figueiredo Dias (Arguente), Jorge Miranda e António de Menezes Cordeiro (Orientador).

texto seria mais oportuno do que esta homenagem para divulgar este meu modesto mas esforçado trabalho, tanto mais que guardo uma grata recordação da arguição que me foi feita, de forma cientificamente muito rigorosa e estimulante.

Ao Senhor Professor Doutor José de Oliveira Ascensão devo ainda a orientação da minha dissertação de doutoramento. Recordo as muitas vezes em que procurei o seu conselho e em que me recebeu sempre com disponibilidade e amabilidade, mas com o indispensável espírito de crítica construtiva que caracteriza a Academia.

RESPONSABILIDADE CRIMINAL DAS PESSOAS JURÍDICAS E EQUIPARADAS: ALGUMAS PISTAS PARA A ARTICULAÇÃO DA RESPONSABILIDADE INDIVIDUAL E COLECTIVA

TERESA QUINTELA DE BRITO[*]

SUMÁRIO: *1. Trilhos para a solução do problema da culpa colectiva. 2. A imputação do facto à pessoa colectiva: principais questões: 2.1. Objecto de imputação e fundamento de imputação: primeira referência ao domínio da organização para a execução do facto típico; 2.2. Necessidade de conectar o facto ilícito com o desempenho de um papel de liderança dentro da organização; 2.3. O líder como agente do "facto de conexão"; 2.4. As pessoas com autoridade para controlar a actividade colectiva; 2.5. O artigo 11.º, n.º 2, alínea b), e o domínio da organização para a execução do facto típico por parte do líder; 2.6. A diferença entre as alíneas a) e b) do n.º 2 do artigo 11.º. 3. A exigência de actuação em nome colectivo: crítica e alternativa. 4. A exigência de actuação no interesse colectivo: crítica e alternativa. 5. Breve referência à questão da imputação subjectiva do crime à pessoa jurídica. 6. Justificação e exculpação. 7. Comparticipação.*

1. Trilhos para a solução do problema da culpa colectiva

Discute-se se a culpa da pessoa jurídica e equiparada é imputação de uma (auto) estruturação errada (correspondente à "culpa pelo carácter" ou pela "condução de vida" do indivíduo), ou imputação de «uma actuação

---

[*] Doutoranda da Faculdade de Direito de Lisboa. Bolseira da Fundação para a Ciência e a Tecnologia.

empresarial própria errada»[1]. Na resposta a esta questão há que considerar a necessidade de escorar a culpa em uma censura do facto e a inadmissibilidade das concepções de "culpa pelo carácter" ou pela "condução de vida", dada a impossibilidade de demonstrar que o agente praticou culposamente as acções e omissões de que resultou o inquinamento da personalidade – demonstração imprescindível à afirmação de uma culpa pelo carácter[2]. Por isso tem de optar-se pela segunda alternativa, ou seja, por uma culpa pelo concreto facto criminoso cometido no desenvolvimento da actividade colectiva.

Mas ainda por uma outra razão se impõe esta conclusão. Se se construir a culpa da pessoa jurídica como culpa pela auto-organização deficiente, mesmo que manifestada e concretizada no facto ilícito cometido pela pessoa física, apenas se poderá puni-la por um perigo de realização de factos penais *da espécie* daquele que foi perpetrado, nunca pelo próprio ilícito levado a cabo pela pessoa singular. Todavia, se atentarmos no regime legal, constatamos que a pessoa jurídica e equiparada é censurada e punida pela infracção da norma correspondente ao crime praticado pela pessoa singular. Logo, o princípio "nulla poena sine culpa" exige que a culpa colectiva se construa por referência à norma violada pela pessoa natural no desenvolvimento da actividade da pessoa jurídica[3].

---

[1] Assim, LAMPE («Systemunrecht und Unrechtssystem», *ZStW*, Band 106 (1994), Heft 4, p. 730), dizendo que há que escolher entre estas alternativas, pois inexiste uma terceira.

[2] Sobre esta questão veja-se JORGE DE FIGUEIREDO DIAS (*Liberdade-Culpa-Direito Penal*, 2.ª edição, 1983, pp. 93 ss., 103 ss., 112 e ss.), bem como JOÃO CURADO NEVES (*A problemática da culpa nos crimes passionais*, Dissertação de Doutoramento n.p., FDL, 2006, p. 418).

[3] Semelhantemente, MARTIN BÖSE («Die Strafbarkeit von Verbänden und das Schuldprinzip», 2007, p. 26): se a associação é censurada por uma infracção à norma e para restabelecimento da vigência dessa norma é-lhe imposta uma desvantagem, nesta reside uma pena no sentido do princípio «nulla poena sine culpa», de modo que uma responsabilidade penal da associação pelo perigo seria incompatível com este princípio.

2. A imputação do facto à pessoa colectiva: principais questões

2.1. *Objecto de imputação e fundamento de imputação: primeira referência ao domínio da organização para a execução do facto típico*

A simples leitura do artigo 11.º do Código Penal logo revela a importância do *facto cometido pela pessoa singular* para a construção da responsabilidade colectiva. Tal facto *constitui o objecto da imputação, mas não o fundamento da imputação*[4], já que o princípio da responsabilidade penal pessoal nos obriga a autonomizar e a dissociar a responsabilidade individual e a colectiva.

O fundamento da imputação de responsabilidade à pessoa colectiva reside na relação interna entre ela e o facto cometido pela pessoa singular. Já se considerou inadequado configurar essa relação como mera conexão entre uma organização deficiente e o facto praticado. Desse modo apenas intenta fundamentar-se uma responsabilidade colectiva pelo *perigo de realização de factos da espécie do perpetrado* – nunca pela própria infracção da norma correspondente ao facto praticado pela pessoa singular e que vem a ser censurada à pessoa jurídica. Portanto, há que tentar fundamentar por outra via a relação entre o facto individual e a pessoa jurídica. Essa outra via talvez seja o domínio da organização para a execução típica do facto, ou seja, um *domínio da organização concretamente conformador da execução do ilícito típico em causa, que a pessoa jurídica tem de exercer para poder ser responsabilizada pelo próprio facto cometido pela pessoa natural*[5].

A pessoa jurídica exerce esse domínio da organização modelador da execução do ilícito típico através dos seus órgãos, representantes e das

---

[4] Esta distinção é de ANNE ERHARDT, *Unternehmensdelinquenz und Unternehmensstrafe. Sanktionen gegen juristiche Personen nach deutschen und US-amerikanischen Recht*, Duncker & Humbolt, Berlin, 1994, p. 194, apud CARLOS GÓMEZ-JARA DÍEZ, *La culpabilidad penal de la empresa*, Marcial Pons, Madrid-Barcelona, 2005, nota 127, p. 169.

[5] Também AUGUSTO SILVA DIAS (*Ramos emergentes do Direito Penal relacionados com a protecção do futuro (ambiente, consumo, genética humana)*, Relatório para Professor Associado do Grupo de Ciências Jurídicas, FDUL, 2007, p. 117) salienta que o caminho correcto para a resolução do problema da responsabilidade penal das pessoas jurídicas, dentro dos princípios e regras gerais da responsabilidade criminal, se pode encontrar no modelo da hetero-responsabilidade, já que este modelo respeita o limite do facto, complementando-o com elementos da teoria da organização.

pessoas com autoridade para controlar a actividade colectiva. O que não deve surpreender-nos, pois, como ensina José de Faria Costa[6], «a pessoa colectiva funda-se e encontra a sua razão de ser em uma relação interna com o "outro"», «só pelo outro (órgão ou representante) – que é também elemento estrutural da sua natureza construída – a pessoa colectiva ascende à discursividade jurídico-penalmente relevante». Sendo o exercício do domínio da organização para a execução do facto típico, por parte das pessoas que nela ocupam uma posição de liderança, condição necessária da responsabilização colectiva, não é, porém, condição suficiente.

Numa linguagem tradicional, se bem que infeliz, o artigo 11.º exige ainda que o facto haja sido cometido no interesse colectivo [n.º 2, alínea *a*)] e que o agente não tenha actuado contra ordens ou instruções expressas de quem de direito (n.º 6). Portanto, de algum modo a lei assume, que na ausência dessas ordens ou instruções – melhor se diria: *na ausência das medidas de organização, gestão e controlo adequadas a evitar o facto ilícito cometido – o líder da pessoa jurídica manifestou a própria vontade colectiva ao praticar o crime no exercício das suas funções e por ocasião da actividade colectiva.*

A ideia de domínio da organização para a execução do facto típico foi cunhada por Augusto Silva Dias[7], mas como fundamento da responsabilidade individual, a título de co-autoria, dos responsáveis e dirigentes de organizações por crimes cometidos no seio das mesmas.

Todavia parece-me que tanto a responsabilidade das pessoas jurídicas e equiparadas como a das pessoas que nela ocupam uma posição de liderança se fundam no respectivo "domínio da organização" – *um domínio não abstracto e relativo a toda a organização, mas concreto e referido à execução típica do facto cuja imputação se discute*. Consequentemente, nem a comissão de um ilícito especial em lugar do sujeito qualificado, nem a responsabilidade do ente jurídico dependem da actuação de um órgão ou representante com poderes para a totalidade da organização[8]. Tanto assim

---

[6] «A responsabilidade jurídico-penal da empresa e dos seus órgãos (ou uma reflexão sobre a alteridade nas pessoas colectivas à luz do Direito Penal)», *Direito Penal Económico e Europeu*, Vol. I, Coimbra Editora, 1998, p. 516.

[7] *Ramos emergentes do Direito Penal relacionados com a protecção do futuro*, p. 188 ss. *maxime*, pp. 231 ss.

[8] Em sentido contrário, TERESA SERRA («Actuação em nome de outrem no âmbito empresarial, em especial no exercício de funções parciais – Observações breves», *Liber Discipulorum para Jorge de Figueiredo Dias*, Coimbra Editora, 2003, pp. 610-613).

que o artigo 11.º, n.º 2, alínea *b*), e n.º 4, do Código Penal, condiciona a imputação do facto à pessoa jurídica ao envolvimento no mesmo de alguém com autoridade para controlar *o sector* de actividade em que tal facto se verificou.

A responsabilidade penal das pessoas colectivas e equiparadas corresponde à responsabilização do "dono do negócio", isto é, do titular do empreendimento em que se inscreve a conduta típica. *A pessoa jurídica e equiparada responde na qualidade de titular da actividade na qual ocorre o crime. Logo, apenas as actuações dos seus líderes podem servir de suporte a uma conduta própria da colectividade, pois somente eles se encontram em uma posição jurídica de dever de conteúdo idêntico à do "dono do negócio"*. Porém, a conduta da colectividade não se identifica nem se confunde com a actuação individual – nem mesmo dos titulares dos seus órgãos, dos seus representantes e de quem tem autoridade para controlar a actividade colectiva.

Apesar de tanto a responsabilidade das pessoas jurídicas e equiparadas como a dos seus órgãos ou representantes se fundarem no respectivo "domínio da organização" para a execução do facto típico, elas têm diferentes amplitudes. No que concerne ao tipo de crime em causa, a pessoa colectiva responde pela totalidade do cumprimento do dever relativo ao estabelecimento de que é titular. Por isso se disse que a responsabilidade colectiva se consubstancia na responsabilidade do dono do negócio, isto é, do titular da actividade em que ocorre a conduta típica. Em contrapartida, os deveres relativos ao estabelecimento só atingem os órgãos e representantes na estrita medida das respectivas competências internas efectivas[9].

2.2. *Necessidade de conectar o facto ilícito com o desempenho de um papel de liderança dentro da organização*

A norma que prevê a responsabilidade criminal das pessoas colectivas e equiparadas propõe-se responder à questão de saber de que tipo de pessoas singulares têm de provir as actuações que permitem responsabilizar a colectividade. Ou melhor: determina os papéis cujo desempenho eventualmente desencadeia a responsabilidade do ente colectivo, identifi-

---

[9] MARTIN BÖSE («Die Strafbarkeit von Verbänden und das Schuldprinzip», pp. 20, 22-23), salientando que a responsabilidade pela totalidade do cumprimento do dever tipicamente relevante é correlativa à autonomia organizativa da empresa.

cando-os não com a base da organização e sim com os que, nela ocupando uma "posição de liderança", podem ser o suporte de uma conduta da própria pessoa jurídica.

Para se discutir a responsabilidade penal de uma pessoa jurídica basta comprovar a realização de um ilícito típico e a imputação do mesmo a alguém com posição de liderança dentro da organização da colectividade. Ou seja: é suficiente que, à luz do efectivo modo de funcionamento da pessoa colectiva e das circunstâncias do caso concreto, se possa conectar a prática desse facto com o desempenho de um papel de liderança e com o exercício de um domínio da organização para a sua execução.

Portanto, há que proceder à "identificação funcional"[10] (não da personalidade individual) do líder envolvido na prática do crime, até para aferir do seu eventual domínio da organização para a execução do facto típico, pois sem esse domínio não intenta responsabilizar-se a pessoa jurídica pela concreta infracção acontecida[11]. Além disso, a identificação do facto com a mera violação de um dever funcional à luz do efectivo modo de funcionamento da pessoa jurídica levaria a um abrandamento das exigências da imputação incompatível com o código jurídico-penal de atribuição de responsabilidade. São essas exigências que se procura salvaguardar através da entrada em cena do domínio da organização para a execução do facto por parte do líder. Desnecessária parecer ser a identificação individualizada do subalterno que realizou o crime, pois ele não é o agente do facto de conexão determinante para a responsabilização colectiva.

Mas, condicionar a responsabilidade da pessoa jurídica à identificação funcional do líder, que dominou a organização para a execução do facto cuja imputação se discute, não significa subordinar a responsabilidade colectiva à culpa individual. O artigo 11.º, n.º 7, parte final, não deixa margem para dúvidas: a responsabilidade da pessoa colectiva não depende da responsabilização individual dos agentes do facto de conexão.

---

[10] Expressão cunhada por AUGUSTO SILVA DIAS em conversa sobre o tema.

[11] Em sentido contrário, GERMANO MARQUES DA SILVA («Responsabilidade penal das pessoas colectivas», *Jornadas sobre a revisão do Código Penal,* número especial da Revista do CEJ, n.º 8, 1.º semestre, 2008, p. 87): não é necessária a identificação individualizada do titular de órgão, do representante ou do líder que cometeu o crime. Todavia, contraditoriamente, o mesmo Autor vem depois defender que a culpa das pessoas físicas é condição necessária (embora não suficiente) para a imputação do facto ilícito à pessoa colectiva. Ora, se bem se vê, a afirmação da culpa da pessoa singular depende, forçosamente, da identificação da mesma.

2.3. O líder como agente do "facto de conexão"

Não obstante o artigo 11.°, n.° 6 não esclarecer quem se considera agente do facto de conexão (o líder ou o trabalhador subordinado), o artigo 11.°, n.° 2, alínea b), deve ser interpretado no sentido de que o facto de conexão relevante para a responsabilização colectiva não é o do trabalhador subordinado mas o do líder que incumpriu os respectivos deveres especiais de vigilância ou controlo. Apenas o último pode vincular a colectividade como tal ao sucedido[12].

A vinculação da pessoa jurídica ao facto cometido (por via da exigência de que o facto do subalterno tenha sido realizado em virtude da violação dos deveres de vigilância e controlo que incumbem a quem tem autoridade para controlar a actividade colectiva) tem de fazer-se acompanhar do reconhecimento de que os "líderes" do agrupamento são os agentes do facto de conexão decisivo para accionar a responnsabilidade colectiva. Tanto assim que, nos casos do artigo 11.°, n.° 2, alínea b), se se identificar o subalterno que praticou o crime, mas não se conseguir imputá-lo ao dirigente do sector de actividade em que o mesmo teve lugar, não haverá responsabilidade da pessoa jurídica.

O agente do facto de conexão tem sempre de *actuar como parte da colectividade ou de manifestar no facto uma vontade imputável à pessoa jurídica*. Elucidativo a este respeito é o artigo 11.°, n.° 2 do Código Penal. O representante do ente colectivo pode ser um mandatário especial, designado pela administração para a prática de determinados actos ou categoria de actos (artigos 252.°, n.° 6, 391.°, n.° 7, e 425.°, n.° 5 do Código das Sociedades Comerciais, e artigo 163.°, n.° 1 do Código Civil) e, portanto, não integrado na organização da colectividade, mas habilitado para expressar uma vontade imputável à pessoa jurídica. Em contrapartida, tanto a pessoa com autoridade para controlar a actividade colectiva como a submetida à sua vigilância e controlo se inserem, por definição, a segunda até hierarquicamente, na organização da pessoa jurídica.

---

[12] Neste sentido, GERMANO MARQUES DA SILVA («Responsabilidade penal das pessoas colectivas», p. 83): sendo a omissão da pessoa que exerce funções de liderança a legitimar a imputação do facto à pessoa colectiva, há-de ser a partir do seu comportamento que se procede à imputação à pessoa colectiva.

2.4. *As pessoas com autoridade para controlar a actividade colectiva*

Em causa não estão titulares de órgãos, nem representantes em sentido estrito, mas pessoas em quem a administração delegou funções de autoridade, atribuindo-lhes poderes de domínio sobre a actividade ou um sector de actividade da pessoa colectiva. Aqui se incluem, por exemplo, o responsável por um sector de produção, por um estabelecimento ou por um departamento da pessoa jurídica. Enquanto os órgãos e representantes formam a vontade do ente, as pessoas com autoridade para controlar a actividade colectiva exercem especiais funções e poderes de vigilância ou controlo[13]. Portanto, no caso do artigo 11.°, n.° 2, alínea *b*), *não se trata da violação de um dever geral de vigilância por parte dos órgãos da pessoa colectiva e equiparada*. A violação de tal dever geral talvez possa, eventualmente, justificar a punição do órgão nos estreitos limites da "omissão de auxílio" (artigo 200.° do Código Penal), sempre que se não intente afirmar uma participação activa ou omissiva no crime em análise. Em causa está antes a violação de um *especial dever de vigilância ou controlo, por parte de quem exerce funções de autoridade em um segmento relativamente autónomo da actividade colectiva*. O que significa que tem de tratar-se de pessoa internamente competente para adoptar a medida organizativa ou de vigilância adequada a obstar ao facto cometido[14].

2.5. *O artigo 11.°, n.° 2, alínea b), e o domínio da organização para a execução do facto típico por parte do líder*

Repare-se que a própria lei impõe a quem tem autoridade para controlar a actividade ou um sector da actividade colectiva o dever de impedir a prática de crimes no desenvolvimento dessa actividade. Deste modo, resolve um problema com muitos anos de discussão: se e em que condições o titular ou dirigente da organização é garante da não realização de factos puníveis pelos seus subordinados. Resolve-o justamente em sentido afirmativo sempre que se trate de responsável por um sector da actividade colectiva com funções de autoridade.

---

[13] GERMANO MARQUES DA SILVA («Responsabilidade penal das pessoas colectivas», pp. 77-78).

[14] HARRO OTTO («Die Haftung für kriminelle Handlungen in Unternehmen», *JURA*, 1998, Heft 8, p. 414): aquele em cujo círculo funcional se integra a correspondente medida de gestão tem uma especial posição de dever; os membros internamente não competentes apenas são atingidos por um dever de vigilância e controlo.

Mas, perante isto, não se pense que o artigo 11.°, n.° 2, alínea *b*), se refere à hipótese em que a pessoa jurídica realiza em comissão por omissão o facto praticado pelo subalterno[15]. Para já, se assim fosse, haveria que reconhecer que, nessa alínea, a lei foi para além da comissão por omissão (*vide* artigo 10.°, n.° 1 do CP), pois a pretensa responsabilidade pela omissão de vigilância ou controlo não se limita aos crimes materiais ou de resultado praticados pelos subalternos, alargando-se aos crimes puramente formais por eles cometidos[16].

O artigo 11.°, n.° 2, alínea b), reporta-se antes à autoria por domínio da organização para a execução do facto típico, por parte da pessoa que ocupa uma posição de liderança. A execução do facto do subalterno deve ser conformada pelo domínio da organização exercido pelo dirigente. O domínio da organização tanto pode ser exercido por acção (criando a estrutura organizativa ou mobilizando-a para a prática da infracção através de ordens) como por omissão (não alterando a estrutura organizativa, nem os termos e modos de funcionamento já existentes, apesar de o poder de direcção lhe permitir fazê-lo[17]). Por seu turno, a organização exerce uma influência condutora da acção sobre as pessoas nela integradas ou com ela colaborantes. Não tanto por afectar, diminuindo-a, a responsabilidade dos seus membros, mas por causa da regularidade dos processos, modos e termos de funcionamento aprendidos pelos colaboradores e rotineiramente aplicados, ou seja, perpetuados pela própria organização.

Por radicar nas rotinas ou no *status quo* da organização, é qualitativamente idêntica a influência condutora da acção exercida pela organização sobre as pessoas nela integradas ou com ela colaborantes, quer seja activo ou omissivo o domínio que sobre essa organização exerce o respectivo dirigente. Assim, falta um princípio de menor desvalor do domínio omissivo da organização para a execução do facto típico, justificativo de uma atenuação especial da pena, porque relevante é se a execução típica

---

[15] No entanto, assim, JORGE DE FIGUEIREDO DIAS/PEDRO CAEIRO («A Lei de Combate ao Terrorismo (Lei n.° 52/2003, de 22 de Agosto)», *Revista de Legislação e Jurisprudência*, n.° 3935, Novembro-Dezembro de 2005, pp. 85-86) e JORGE DE FIGUEIREDO DIAS (*Direito Penal. Parte Geral*, 2007, p. 303).

[16] Constata este alargamento GERMANO MARQUES DA SILVA («Responsabilidade penal das pessoas colectivas», pp. 82-83).

[17] Sobre o domínio da organização por acção e por omissão veja-se JAN SCHLÖSSER, «Organisationsherrschaft durch Tun und Unterlassen. Zugleich Besprechung von BGH, Beschluss vom 26.8.2003 und Urteil vom 13.5.2004», *GA*, 154 (2007), Heft 3, pp. 169 ss.

se considera realizada por acção ou omissão, à luz das regras gerais de distinção entre acção e omissão.

Portanto, a caracterização de um crime como activo ou omissivo depende apenas da aplicação das regras gerais de distinção entre acção e omissão à execução típica[18]. Para esse efeito, tanto irreleva o contributo activo ou omissivo prestado pelo dirigente na fase preparatória do crime, como a forma de comparticipação activa ou omissiva na fase executória, posto que o líder modele a execução típica, essa sim por acção ou omissão, com base no respectivo domínio da organização. *Existe comparticipação em um facto cuja execução típica se entende cometida para todos os comparticipantes por acção ou por omissão* – e não exactamente concertação entre agentes que actuam uns por acção e outros por omissão.

2.6. *A diferença entre as alíneas a) e b) do n.º 2 do artigo 11.º*

A alínea *a)* do n.º 2 do artigo 11.º reporta-se aos crimes directamente cometidos por acção ou omissão próprias da pessoa com posição de liderança. Está em causa uma autoria em virtude de domínio activo ou omissivo do facto típico. O que pressupõe uma actividade ou inactividade corpórea própria e tipicamente relevante, portanto, uma relação directa com a realização do crime. A respectiva alínea *b)* refere-se aos crimes activos ou omissivos, cometidos pelo líder por via do seu domínio da organização modelador da execução típica. Um domínio da organização para a execução do facto típico legalmente identificado por via da referência à autoridade para exercer o controlo do sector da actividade colectiva em que se deu o facto típico. Assim, releva, já não um domínio directo do facto por acção ou omissão própria, mas um domínio indirecto do facto por via de um domínio da organização para a execução típica do facto.

Graças à influência da organização sobre a conduta dos seus membros, os responsáveis e dirigentes podem dominar a realização do crime sem terem de desenvolver qualquer actividade corpórea própria e tipicamente relevante. Acontece que nas organizações a informação flui, através de vias formais e informais de comunicação, do topo para a base, mas também da base

---

[18] Neste sentido, AUGUSTO SILVA DIAS (*Ramos emergentes do Direito Penal relacionados com a protecção do futuro*, pp. 198 e 201): «É em sede de execução que tem de ser determinado se o comportamento é activo ou omissivo (…)». «Uma coisa é se o facto típico praticado através da actividade da organização empresarial é activo ou omissivo, outra, bem diversa, é se quem orienta os destinos da organização actua de forma activa ou omissiva».

para o topo. Mercê destes mecanismos de comunicação, a inércia do responsável pela área funcional em que se vêm cometendo ilícitos é interpretada pelos seus subordinados não só como assentimento ou indução tácitos à perpetração do crime, mas sobretudo como co-realização deste por via da pertença de todos os agentes à mesma organização e do domínio da organização para a execução do facto típico exercido pelo dirigente[19].

No artigo 11.º, n.º 2, alínea b), não tem de tratar-se sempre de responsabilidade colectiva por crime comissivo por omissão. Pode ser uma responsabilidade por crime de mera inactividade ou até por um crime por acção. Necessário é que qualquer desses factos haja sido cometido através do domínio da organização para a execução do facto típico detido pelo líder da pessoa jurídica.

Contudo, já se disse que o domínio da organização para a execução do facto por parte do líder é apenas condição necessária, não suficiente, para a responsabilização colectiva. *Ainda se exige a comprovação de que, por via desse domínio da organização detido pelo líder, a pessoa colectiva exerce o seu próprio domínio da organização para a execução do facto típico.* A tal comprovação se dirigem as exigências legais de uma actuação em nome e no interesse da colectividade e de que o agente do facto de conexão não tenha actuado contra ordens ou instruções de quem de direito.

Antecipando a conclusão dir-se-á que *a pessoa jurídica exerce o seu próprio domínio da organização para a execução do facto típico por via de idêntico domínio exercido pelo seu líder, sempre que não tomou as medidas organizativas, de gestão e de controlo adequadas a evitar o facto cometido.*

3. A exigência de actuação em nome colectivo: crítica e alternativa

A exigência de actuação em nome colectivo acompanha tradicionalmente a responsabilização de pessoas jurídicas e equiparadas, mas *peca por defeito:* não caracteriza todo o círculo de pessoas cuja conduta pode

---

[19] BERND SCHÜNEMANN («Los fundamentos de la responsabilidad penal de los órganos de dirección de las empresas», *Temas actuales y permanentes del Derecho penal después del milenio*, Tecnos, Madrid, 2002, p. 137) refere-se a uma reflectividade do saber dos órgãos superiores sobre a conduta dos inferiores. Qualifica mesmo como uma medida de direcção activa o silêncio do conselho de administração perante determinado comportamento do órgão subordinado. Explica que, graças ao fenómeno da reflectividade do saber, «o silêncio do conselho de administração significa requerimento concludente para continuar a actuação como até então».

fundar a responsabilidade colectiva. Por outro lado, *perfila-se excessiva*: nem todos os que dispõem de poderes representativos da colectividade se podem considerar "líderes" da mesma para efeitos de responsabilização do ente jurídico. Com efeito, sempre que a função desempenhada na pessoa colectiva ou empresa envolva a obrigação de praticar de actos jurídicos, há atribuição ao menos implícita de poderes representativos[20].

Actuação "em nome colectivo" significa usualmente exercício de poderes jurídico-privados de representação. Ora, nem civilmente nem jurídico-criminalmente tais poderes precisam de existir nas pessoas autorizadas para exercer o controlo sobre a actividade colectiva, nem nos titulares do órgão deliberativo, cuja actuação no entanto também desencadeia a responsabilidade colectiva. *A actuação em nome colectivo pode ser incorrectamente interpretada como exigência de poderes jurídico-civis ou jurídico-comerciais de representação, limitando o facto de conexão ao que é praticado pelos órgãos de administração e representantes voluntários da pessoa jurídica.*

Afinal, *comete um crime «em nome» da pessoa jurídica e equiparada todo aquele que, "por ocasião da actividade colectiva"* (o que se não identifica com o próprio desenvolvimento da actividade colectiva), *o faz no exercício das funções que lhe cabem dentro da "instituição", desde que tais funções se possam considerar de liderança* nos termos do n.º 4 do artigo 11.º.

4. A exigência de actuação no interesse colectivo: crítica e alternativa

A referência à realização do crime no interesse colectivo não pode ser interpretada como exigência positiva de que o titular de órgão ou representante o pratique na prossecução do interesse da pessoa jurídica e equiparada. Até porque o conceito de interesse é equívoco, discutindo-se se se trata de interesse económico, a curto ou a longo prazo, de um interesse económico geral ou relativo ao concreto crime em causa. Tal exigência positiva só faz sentido quando se discuta a imputação de um crime egoisticamente estruturado à pessoa colectiva. Ou seja de um crime, no qual a dignidade penal da conduta depende da sua orientação para o proveito económico do autor. Por outras palavras: *a realização positiva do interesse*

---

[20] JOSÉ DE OLIVEIRA ASCENSÃO, *Direito Civil. Teoria Geral*, Vol. II, 2.ª edição, p. 269.

colectivo só faz sentido como requisito ou elemento do tipo legal de crime da Parte Especial – o que apenas sucede nos crimes com estrutura egoísta.

Tem razão Germano Marques da Silva[21] quando afirma que a exigência de comissão do crime no interesse colectivo constitui, não um requisito ou elemento do tipo legal de crime da Parte Especial (contrariamente ao que sucede no artigo 12.º, n.º 1, alínea *b*) do CP), mas uma condição de imputação do crime à pessoa jurídica, reveladora do respectivo móbil e da vontade colectiva em o cometer. Todavia, tal condição não pode ser positivamente interpretada como prossecução do interesse económico da pessoa jurídica. Logo, *apenas relevaria negativamente para excluir a imputação ao ente colectivo sempre que o facto houvesse sido perpetrado no interesse exclusivo do líder da pessoa jurídica ou de um terceiro*[22].

Contudo, para excluir a responsabilidade da pessoa jurídica e equiparada não basta que o crime, cometido por ocasião da actividade colectiva e no exercício das respectivas funções pelo titular de órgão ou representante, o tenha sido no seu exclusivo interesse ou de terceiro, se simultaneamente existir uma deficiência organizativa e/ou uma "cultura de grupo" que permita a utilização do ente jurídico como cobertura para a prática do ilícito. Portanto, *efeito dirimente tem a adopção e eficaz implementação de um modelo de organização, gestão e controlo adequado à actividade desenvolvida e à natureza e dimensão da pessoa colectiva e que seja idóneo para prevenir o ilícito perpetrado*. O que retira todo o conteúdo útil à referência isolada ao interesse com que agiu a pessoa singular.

Por isso se propõe uma redacção alternativa para os números 2 e 6 do artigo 11.º do Código Penal, que combina a actual versão com a do artigo 2.º, n.º 2 do Anteprojecto de Lei sobre a Responsabilidade Penal das Pessoas Colectivas aprovado em Conselho de Ministros pelo XVI Governo Constitucional e com as posições assumidas por Teresa Serra[23].

O n.º 2 do artigo 11.º do Código Penal poderia ser por hipótese do seguinte teor: "As pessoas colectivas e entidades equiparadas (…) são res-

---

[21] *«Responsabilidade penal das pessoas colectivas»*, pp. 92-95.

[22] Também GERMANO MARQUES DA SILVA (*idem*, p. 92) chega a sustentar que a exigência em causa delimita negativamente os casos em que a vontade do líder do ente colectivo se identifica com a vontade própria da pessoa jurídica.

[23] Em «Contra-ordenações: responsabilidade de entidades colectivas. A propósito dos critérios de imputação previstos no regime geral do ilícito de mera ordenação e em diversos regimes sectoriais. Problemas de inconstitucionalidade», *RPCC*, Ano 9 (1999), pp. 187-212.

ponsáveis pelos crimes previstos nos artigos (...), quando cometidos: a) Por ocasião da actividade colectiva por pessoas que nelas ocupem uma posição de liderança; b) No exercício de funções próprias da organização por quem aja sob autoridade das pessoas referidas na alínea anterior, em virtude de violação de deveres de vigilância ou controlo que lhes incumbem, *e destinados a evitar ou diminuir os riscos típicos de ocorrência do ilícito na realização da actividade colectiva*". O n.º 6 talvez pudesse ter a seguinte redacção: «*A responsabilidade das pessoas colectivas e entidades equiparadas é excluída, quando o facto houver sido cometido apesar da observância dos deveres de que são destinatárias para evitar ou diminuir os riscos típicos da sua actividade, incluindo os provenientes de organização, gestão e controlo deficientes*».

Assim se deixa claro que perigos típicos da exploração são os que directamente emergem da espécie de actividade desenvolvida (por exemplo, seguros, indústria química ou produtora de bens assimiláveis pelo organismo humano, etc.) e, ainda, os que resultam de uma organização, gestão ou fiscalização desconformes com o expectável e o possível relativamente ao tipo de empresa em questão, tendo em conta a sua natureza e dimensão, isto é, a sua implementação no mercado, nível de complexidade e de organização, etc.

Sim, porque se justifica a imposição à pessoa jurídica e equiparada de deveres de organização, gestão e controlo que a adaptem às exigências do ambiente social, incluindo as do ordenamento jurídico e jurídico-penal em particular. Segundo Lampe[24], a vulnerabilidade criminal das empresas económicas pode resultar tanto da organização como do fim e do modo da sua prossecução. Por isso, tem de impor-se à pessoa jurídica e equiparada um dever de organização, gestão e controlo que impeça a sua conversão em uma "força criminógena" e/ou a respectiva utilização como instrumento para a realização de objectivos ilícitos, duradouros ou ocasionais, de pessoas individuais[25].

---

[24] «Systemunrecht und Unrechtssysteme», pp. 698-699.
[25] Sobre a liberdade de auto-organização, a responsabilidade pelas consequências da actividade empresarial e o desenvolvimento de uma cultura empresarial favorável ao ordenamento jurídico, veja-se CARLOS GÓMEZ-JARA DÍEZ (*La culpabilidad penal de la empresa*, pp. 278-286).

5. Breve referência à questão da imputação subjectiva do crime à pessoa jurídica

Carlos Gómez-Jara Díez[26] salienta o absurdo de contrapor a «*artificialidade* da vontade da pessoa jurídica à *realidade* da vontade da pessoa física», por se tratar em ambos os casos de uma «vontade [juridicamente] atribuída» e por ambas serem «igualmente impossíveis de demonstrar do ponto de vista da constatação empírica». Do quadrante do Direito Civil, José de Oliveira Ascensão[27] igualmente explica que a vontade da pessoa jurídica é normativamente construída. Não se trata de uma vontade histórica, mas daquela que, segundo as circunstâncias, seja de atribuir valorativamente à pessoa colectiva. Na construção normativa da vontade colectiva, continua o Autor, «o conhecimento ou a vontade de quem fisicamente agiu é apenas um elemento entre outros, a valorar globalmente», *podendo «as vontades e conhecimentos reais das pessoas físicas não corresponder à vontade funcional da pessoa colectiva»*. Também Germano Marques da Silva[28] escreve que a vontade do órgão ou do representante «não é apenas uma vontade paralela», mas «pressuposto e elemento da vontade da pessoa jurídica».

Uma vez que apenas a actuação dos líderes da pessoa jurídica pode conduzir à sua responsabilização, *o conhecimento e o desconhecimento relevantes para a construção normativa da vontade colectiva são os que se verificam nos titulares de órgão, nos representantes e naqueles que têm autoridade para controlar a actividade colectiva.*

6. Justificação e exculpação

Parece-me pacífico que a pessoa jurídica tem de beneficiar das causas de justificação que se verificam no comportamento do titular de órgão, do representante ou da pessoa com autoridade para controlar a actividade colectiva. Como nota Germano Marques da Silva[29], por não se tratar de comparticipação mas de responsabilidade concorrente ou cumulativa da pessoa jurídica e da pessoa singular, justifica-se a aplicação analógica das

---

[26] *La culpabilidad penal de la empresa*, nota 58, p. 97.
[27] *Direito Civil. Teoria Geral*, Vol. I, pp. 242-243, Vol. II, p. 259.
[28] «Responsabilidade penal das pessoas colectivas», p. 87.
[29] *Idem*, p. 97.

normas da comparticipação criminosa. O que significa vigência neste âmbito de algo análogo ao princípio da acessoriedade limitada, de modo a garantir que a pessoa jurídica só é responsabilizada quando o facto cuja imputação se discute é típico e ilícito.

No que respeita às causas de exclusão da culpa, afigura-se que a inexigibilidade e a falta de consciência da ilicitude são as únicas razões de exculpação invocáveis relativamente a pessoas jurídicas e equiparadas. A inimputabilidade parece estar naturalmente excluída: apenas os órgãos e representantes podem ser inimputáveis e a conduta da pessoa jurídica não se identifica com a actuação destes, mas constrói-se normativamente a partir dela. A eventual inimputabilidade do líder não implica por força impossibilidade de culpa colectiva. Pelo contrário, esta pode escorar-se precisamente em uma *culpa in eligendo* ou *in vigilando* associada a uma posição jurídico-penal de garante da não verificação do facto típico.

No que especificamente concerne à consciência da ilicitude, dir-se-á apenas que, num ordenamento jurídico-penal como o nosso que pune por crime doloso quem actua sem consciência da ilicitude do facto se o erro for censurável (artigo 17.°, n.° 2), não pode negar-se a capacidade de culpa penal das pessoas jurídicas com o argumento de que lhes falta uma auto-consciência de si próprias[30]. Claro que lhes falta a auto-consciência da pessoa singular. Mas isso não significa que sejam incapazes de auto-consciência. Verdade que a auto-consciência das pessoas jurídicas é proporcionada pelos seus líderes, mas não se identifica com a destes. No interior de cada pessoa jurídica há um sentimento colectivo de identidade, que a distingue de todas as outras, mesmo daquelas que operam em idêntico sector de actividade. De igual modo as pessoas colectivas podem aceder à consciência da ilicitude por intermédio dos seus líderes, mas a sua consciência da ilicitude não se identifica com a destes. *A consciência da ilicitude,*

---

[30] Este um dos argumentos principais de GÜNTHER JAKOBS («Punibilidad de las personas jurídicas?», in PERCY GARCÍA CAVERO (Coord.) *La responsabilidad penal de las personas jurídicas, órganos y representantes,* Ediciones Jurídicas Cuyo, Mendoza, Argentina, 2005, pp. 60-65) contra a ideia de uma genuína responsabilidade criminal das pessoas jurídicas. Partindo da tese da inexistência de auto-consciência na pessoa jurídica, MARTIN BÖSE («Die Strafbarkeit von Verbänden und das Schuldprinzip», pp. 15-26) sustenta a impossibilidade de a pena colectiva provocar um confronto interno com o facto e a norma violada e, assim, de cumprir uma função de mobilização das ideias valorativas internas e de prevenção especial positiva ou de ressocialização. A pena colectiva quedar-se-ia pela prevenção especial negativa de intimidação da pessoa jurídica através dos seus órgãos e representantes, precisamente por lhe faltar a consciência da própria culpa, imprescindível ao auto-melhoramento.

enquanto consciência ética e não psicológica, é normativamente construída a partir da atitude que nas circunstâncias concretas a pessoa jurídica revela perante o dever-ser jurídico-penal à luz da linguagem social dos motivos, que constitui «a linguagem de que o agente dispõe para representar e compreender o significado dos seus actos e através da qual se orienta no mundo»[31]. Logo, à pessoa colectiva – do mesmo modo que à pessoa singular – pode ser assacado um erro da consciência ética e, portanto, uma atitude de contrariedade ou indiferença perante o dever-ser jurídico-penal[32], apesar da falta de consciência psicológica da ilicitude. O que implica punição por facto doloso.

Na consciência da ilicitude está em causa uma atribuição valorativa à pessoa jurídica, cuja pessoalidade não resulta prejudicada pelo facto de considerar o conhecimento das circunstâncias do facto típico detido pelas pessoas que nela ocupam uma posição de liderança. Tal conhecimento constitui apenas um dos elementos a atender na valoração em que se traduz o problema da consciência da ilicitude. Relevantes para a conciência da ilicitude são ainda as concretas circunstâncias da actuação da entidade colectiva e os motivos que a orientaram. Por isso se disse que a consciência da ilicitude da pessoa jurídica sendo (também) proporcionada pelo conhecimento das circunstâncias do facto típico detido pelos seus líderes, não se identifica com o conhecimento jurídico destes. Assim, pode um dos líderes da pessoa jurídica actuar em erro não censurável sobre a ilicitude e, no entanto, dever afirmar-se um erro censurável da consciência ética por banda do ente colectivo. E a inversa também é verdadeira. Ou seja: pode um dos líderes da pessoa jurídica actuar com consciência da ilicitude e, apesar disso, dever afirmar-se um erro não censurável sobre a proibição por parte da pessoa jurídica. O que acontece se, por exemplo, o ente colectivo adoptou e eficazmente implementou as medidas de organização, gestão e controlo adequadas a dotá-la do necessário conhecimento jurídico.

---

[31] As palavras colocadas entre aspas são de MARIA FERNANDA PALMA («Dolo eventual e culpa em Direito Penal», *Problemas fundamentais de Direito Penal. Homenagem a Claus Roxin*, Universidade Lusíada Editora, Lisboa, 2002, p. 58), referindo-se porém ao elemento volitivo do dolo. Aí qualifica a intencionalidade e as suas formas como «atribuição de significado em nome da linguagem social», já que inexistem linguagens privadas (pp. 56-59).

[32] Segue-se o ensinamento de JORGE DE FIGUEIREDO DIAS (*Direito Penal. Parte geral*, 2007, p. 549): «o erro da consciência ética», em que consiste o erro sobre a ilicitude censurável, «revela e fundamenta uma atitude de contrariedade ou indiferença perante» o dever-ser jurídico-penal e a danosidade social que está na sua base.

7. Comparticipação

A identificação da entidade colectiva e equiparada com os titulares dos seus órgãos, os seus representantes e as pessoas que nela ocupam uma posição de liderança obsta à afirmação da dissociação de pessoas ou ao relacionamento *ad alterum*, imprescindível à comparticipação criminosa. Logo, a natureza construída do sujeito da imputação não permite configurar uma comparticipação entre a pessoa jurídica e os seus líderes. Falta a dualidade subjectiva, na medida em que a primeira está no facto, objecto da imputação que lhe é efectuada, através dos seus órgãos, representantes e da pessoa que nela ocupa uma posição de liderança. Sem uma dissociação de pessoas do lado do ente jurídico não pode pretender-se responsabilizá-lo como comparticipante no crime com os titulares dos seus órgãos ou representantes.

Portanto, a comparticipação criminosa só pode ocorrer entre várias pessoas colectivas e entre pessoas colectivas e pessoas físicas que não sejam seus órgãos e representantes, nem tenham autoridade para controlar a actividade colectiva. Segundo Germano Marques da Silva[33], em todas estas hipóteses as relações de comparticipação devem preexistir entre pessoas físicas.

Bibliografia

ASCENSÃO, José de Oliveira – *Direito Civil. Teoria Geral. Introdução, as pessoas, os bens*, Vol. I, Coimbra Editora, 1997, 2.ª edição, Coimbra Editora 2000;
– *Direito Civil. Teoria Geral. Acções e factos jurídicos*, Vol. II, 2.ª edição, Coimbra Editora, 2003.
BÖSE, Martin – «Die Strafbarkeit von Verbänden und das Schuldprinzip», *Festschrift für Günther Jakobs*, Carl Heymanns Verlag, 2007, pp. 15-26.
COSTA, José de Faria – «A responsabilidade jurídico-penal da empresa e dos seus órgãos (ou uma reflexão sobre a alteridade nas pessoas colectivas à luz do Direito Penal)», *Direito Penal Económico e Europeu*, Vol. I, Coimbra Editora, 1998, pp. 501-517.
DIAS, Augusto Silva Dias – *Ramos emergentes do Direito Penal relacionados com a protecção do futuro (ambiente, consumo, genética humana)*, Relatório para Professor Associado do Grupo de Ciências Jurídicas, FDUL, 2007.
DIAS, Jorge de Figueiredo – *Liberdade-Culpa-Direito Penal*, 2.ª edição, Coimbra Editora, 1983;
– *O problema da consciência da ilicitude em Direito Penal*, 3.ª edição, Coimbra Editora, 1987;

---

[33] «Responsabilidade penal das pessoas colectivas», p. 27.

– *Direito Penal. Parte Geral. Questões fundamentais da teoria geral do crime*, Tomo I, Coimbra Editora, 1.ª edição 2004, 2.ª edição 2007.

DIAS, Jorge de Figueiredo/CAEIRO, Pedro – «A Lei de Combate ao Terrorismo (Lei n.º 52/ /2003, de 22 de Agosto)», *Revista de Legislação e Jurisprudência*, n.º 3935, Novembro-Dezembro de 2005, pp. 70-89.

DÍEZ, Carlos Gómez-Jara – *La culpabilidad penal de la empresa*, Marcial Pons, Madrid-Barcelona, 2005.

ERHARDT, Anne – *Unternehmensdelinquenz und Unternehmensstrafe. Sanktionen gegen juristische Personen nach deutschen und US-amerikanischen Recht*, Duncker & Humbolt, Berlin, 1994.

JAKOBS, Günter – «Punibilidad de las personas jurídicas?», *in* Percy García Cavero (Coord.) *La responsabilidad penal de las personas jurídicas, órganos y representantes*, Ediciones Jurídicas Cuyo, Mendoza, Argentina, 2005, pp. 47-70.

LAMPE, Ernst-Joachim – «Systemunrecht und Unrechtssystem», *ZStW*, Band 106 (1994), Heft 4, pp. 683-745.

NEVES, João Curado – *A problemática da culpa nos crimes passionais*, Dissertação de Doutoramento n.p., FDL, 2006.

OTTO, Harro – «Die Haftung für kriminelle Handlungen in Unternehmen», *JURA*, 1998, Heft 8, pp. 409-418.

PALMA, Maria Fernanda – «Dolo eventual e culpa em Direito Penal», *Problemas fundamentais de Direito Penal. Homenagem a Claus Roxin*, Universidade Lusíada Editora, Lisboa, 2002, pp. 45-67.

SCHLÖSSER, Jan – «Organisationsherrschaft durch Tun und Unterlassen. Zugleich Besprechung von BGH, Beschluss vom 26.8.2003 und Urteil vom 13.5.2004», *GA*, 154 (2007), Heft 3, pp. 161-174.

SCHÜNEMANN, Bernd – «Los fundamentos de la responsabilidad penal de los órganos de dirección de las empresas», *Temas actuales y permanentes del Derecho penal después del milenio*, Tecnos, Madrid, 2002, pp. 129-152.

SERRA, Teresa – «Contra-ordenações: responsabilidade de entidades colectivas. A propósito dos critérios de imputação previstos no regime geral do ilícito de mera ordenação e em diversos regimes sectoriais. Problemas de inconstitucionalidade», *RPCC*, Ano 9 (1999), pp. 187-212;

– «Actuação em nome de outrem no âmbito empresarial, em especial no exercício de funções parciais – Observações breves», *Liber Discipulorum para Jorge de Figueiredo Dias*, Coimbra Editora, 2003, pp. 597-613.

SILVA, Germano Marques da – «Responsabilidade penal das pessoas colectivas. Alterações ao Código Penal introduzidas pela Lei n.º 59/2007, de 4 de Setembro», *Jornadas sobre o Código Penal*, número especial da *Revista do CEJ*, n.º 8, 1.º Semestre 2008, pp. 69-97.

XIII

DIREITO DO CONSUMO

HARMONIZAÇÃO LEGISLATIVA E PROTECÇÃO DO CONSUMIDOR
(A PROPÓSITO DO ANTEPROJECTO DO CÓDIGO DO CONSUMIDOR PORTUGUÊS)

António Pinto Monteiro[*]

SUMÁRIO: *1. O esforço de harmonização legislativa na Comunidade Europeia. 2. O ponto da situação no direito comparado. 3. Evolução. 4. O Anteprojecto do Código do Consumidor. 5. Perspectivas sobre os modelos legislativos no futuro. 6. "Fim" do direito do consumidor? 7. Conclusão: codificação, unidade do sistema, dignidade da pessoa humana e defesa do consumidor.*

1. O esforço de harmonização legislativa na Comunidade Europeia

I – Desde o último quartel do século XX ("maxime" a partir dos anos oitenta) que se tem vindo a assistir, por todo o lado, a um significativo movimento de *intensificação legislativa* na área da defesa do consumidor. Na Europa, este movimento vem sendo impulsionado, em grande medida, pelas inúmeras directivas com que se pretende a *harmonização legislativa* nos países da Comunidade Europeia.

Essas directivas invadem as áreas mais representativas da vida económica e do direito dos contratos, proibindo cláusulas abusivas, disciplinando a concessão de crédito ao consumo, a publicidade, os contratos à distância, o "time sharing", as viagens turísticas e organizadas, as vendas de bens de consumo e as garantias a elas ligadas, a segurança geral dos

---

[*] Professor Catedrático da Faculdade de Direito da Universidade de Coimbra.

produtos, as práticas comerciais desleais das empresas face aos consumidores, a responsabilidade do produtor, etc., etc., etc.[1].

Para além da *extensão* das áreas cobertas pelas directivas, assiste-se hoje, por outro lado, a uma aparente viragem, passando-se de uma situação em que tais directivas visavam, tão-só, uma harmonização *mínima*, para uma outra situação, em que há directivas que pretendem obter uma harmonização *máxima* ou *plena*.

Quer dizer, após um primeiro momento, em que o legislador comunitário se contentava em obter, em cada Estado membro, um patamar *mínimo* de defesa do consumidor – podendo cada Estado ir *além* desse patamar, mas não podendo ficar *aquém* dele, nas medidas que consagrasse para transposição da directiva –, assiste-se hoje, em contrapartida, à publicação de directivas que visam uma *harmonização plena*, retirando aos Estados membros uma liberdade de que anteriormente dispunham.

---

[1] Identificamos algumas das directivas mais representativas na área da defesa do consumidor: Directiva 84/450/CEE, do Conselho, de 10 de Setembro de 1984 (*publicidade enganosa*), alterada pela Directiva 97/55/CE (para incluir a *publicidade comparativa*); Directiva 85/374/CEE, do Conselho, de 25 de Julho de 1985 (*responsabilidade decorrente dos produtos defeituosos*), alterada pela Directiva 1999/34/CE, do Parlamento Europeu e do Conselho, de 10 de Maio de 1999; Directiva 85/577/CEE, do Conselho, de 20 de Dezembro de 1985 (*contratos negociados fora dos estabelecimentos comerciais*); Directiva 87/102/CEE, do Conselho, de 22 de Dezembro de 1986 (*crédito ao consumo*), alterada pelas Directivas 90/88/CEE, do Conselho, de 22 de Fevereiro de 1990, e 98/7/CE, do Parlamento Europeu e do Conselho, de 16 de Fevereiro de 1998; Directiva 90/314/CEE, do Conselho, de 13 de Junho de 1990 (*viagens organizadas, férias organizadas e circuitos organizados*); Directiva 93/13/CEE, do Conselho, de 5 de Abril de 1993 (*cláusulas abusivas nos contratos celebrados com os consumidores*); Directiva 94/47/CE, do Parlamento Europeu e do Conselho, de 26 de Outubro de 1994 (*time sharing*); Directiva 97/7/CE, do Parlamento Europeu e do Conselho, de 20 de Maio de 1997 (*contratos à distância*); Directiva 98/6/CE, do Parlamento Europeu e do Conselho, de 16 de Fevereiro de 1998 (*preços dos produtos oferecidos aos consumidores*); Directiva 98/27/CE, do Parlamento Europeu e do Conselho, de 19 de Maio de 1998 (*acções inibitórias em matéria de protecção dos interesses dos consumidores*); Directiva 1999/44/CE, do Parlamento Europeu e do Conselho, de 25 de Maio de 1999 (*venda de bens de consumo e das garantias a ela relativas*); Directiva 2000/31/CE, do Parlamento Europeu e do Conselho, de 8 de Junho de 2000 (*comércio electrónico*); Directiva 2001/95/CE, do Parlamento Europeu e do Conselho, de 3 de Dezembro de 2001 (*segurança geral dos produtos*); Directiva 2002/65/CE, do Parlamento Europeu e do Conselho, de 23 de Setembro de 2002 (*comercialização à distância de serviços financeiros prestados a consumidores*); Directiva 2005/29/CE, do Parlamento Europeu e do Conselho, de 11 de Maio de 2005 (*práticas comerciais desleais das empresas face aos consumidores no mercado interno*).

II – É certo que se a *liberdade* de cada país passa a ser muito *menor*, já a *harmonização* legislativa, porém, tenderá a ser mais *completa* e *efectiva*. Acresce, na mesma linha, que se evitarão, deste modo, as *distorções na concorrência* que as directivas de harmonização mínima permitiam, perante o *diferente grau* de exigência de cada Estado e o consequente benefício para as empresas de Estados menos exigentes, graças aos menores custos que teriam de suportar, uma vez alcançado aquele patamar mínimo de defesa do consumidor.

Mas é claro que tem *outros custos* essa menor liberdade de conformação legislativa de cada Estado membro ao ter de transpor para o seu direito interno directivas de harmonização máxima ou plena. Ao fim e ao cabo, tais directivas aproximam-nas dos regulamentos, retirando-lhes características que permitiam afirmar a directiva na sua *especificidade* e elegê-la como instrumento *souple* de harmonização legislativa. Exemplo bem significativo e recente de uma directiva desta natureza e alcance temo-lo na Directiva 2005/29/CE, do Parlamento Europeu e do Conselho, de 11 de Maio de 2005, relativa às práticas comerciais desleais das empresas face aos consumidores no mercado interno, que não nos parece muito feliz!

III – Entretanto, as instâncias comunitárias competentes já tomaram consciência dos inconvenientes vários resultantes da multiplicidade e dispersão das directivas. Daí que, a fim de repensar o *acquis* legislativo em sede de defesa do consumidor em ordem à adopção de medidas de racionalização e sistematização, a Comissão Europeia tenha lançado, já em 2004, um processo de revisão do acervo relativo à defesa do consumidor.

Este processo teve o seu início com a Comunicação de 2004 "O direito europeu dos contratos e a revisão do acervo: o caminho a seguir". Mas já em 2 de Outubro de 2001 a Comissão Europeia apresentara o Livro Verde sobre a Defesa do Consumidor na União Europeia e, posteriormente, em 2002, a Comunicação sobre o Seguimento do Livro Verde.

Paralelamente, mas com implicações claras no direito do consumidor, têm sido igualmente muitas as intervenções das instâncias comunitárias no âmbito do direito dos contratos e, até, do direito civil em geral (o que tem levado à criação de vários grupos de estudo onde se debate, inclusivamente, a eventual aprovação, no futuro, de um código civil europeu), culminando no Plano de Acção de 2004, onde a Comissão Europeia propõe que se estabeleça um *Quadro Comum de Referência* (CFR: *Common Frame of Reference*), o qual, segundo alguns, poderá ser visto como um conjunto de *guidelines* para a legislação futura, e, segundo outros, como um esboço de um código civil europeu.

Recentemente, a Comissão Europeia acaba de apresentar o "Livro Verde sobre a revisão do acervo relativo à defesa do consumidor", onde se faz o ponto da situação relativamente ao processo de revisão e se apresentam as questões principais, após o que se equacionam as "opções possíveis para o futuro"[2].

2. O ponto da situação no direito comparado

I – Todo esse *frenesim legislativo* acabou por traduzir-se, na ordem jurídica interna dos Estados membros, numa imensidão de textos legais *avulsos, dispersos* e *fragmentários*. É esta a situação que (ainda hoje) se vive em Portugal, do mesmo modo que em muitos outros países.

A tomada de consciência do *peso negativo* dessa *inúmera* legislação *especial* foi uma das razões que levou o Governo português a tomar a iniciativa, já em 1996, de fazer preparar um *Código do Consumidor*. A Comissão encarregada dessa tarefa, a que temos a honra de presidir, entregou em 15 de Março de 2006 o respectivo Anteprojecto, que esteve em debate público durante 4 meses, ou seja, até 15 de Julho[3]. No momento actual, e após uma participação – designadamente através dos contributos recebidos – extraordinariamente importante, que superou todas as expectativas, a Comissão pondera as sugestões, críticas e propostas recebidas, após o que apresentará o (seu) Projecto definitivo do Código do Consumidor.

Se vier a dar esse passo, Portugal seguirá o exemplo do Brasil e, na Europa, o exemplo da França e da Itália, apesar das diferenças que o Código português apresentará relativamente a estes dois últimos.

---

[2] Com (2006) 744 final. Ver igualmente *infra*, nota 23.

[3] Na verdade, porém, o período de debate público foi bem maior, pois continuámos a receber vários contributos já muito para lá daquela data... Quanto ao Anteprojecto, ele foi objecto de uma edição em livro pelo Ministério da Economia e da Inovação (MEI)/Instituto do Consumidor (IC) e esteve acessível nas páginas da Internet do MEI, do IC e da Ordem dos Advogados. Sobre o mesmo, pode ver-se o nosso discurso proferido na Sessão de Apresentação do Anteprojecto (em Lisboa, Palácio Foz, no dia 15 de Março de 2006): cfr. ANTÓNIO PINTO MONTEIRO, *O Anteprojecto do Código do Consumidor*, in "Revista de Legislação e de Jurisprudência" (RLJ) ano 135.°, 2006, pp. 190, ss.

II – Efectivamente, o Brasil dispõe, desde 1990, de um *Código de Defesa do Consumidor*, apesar de formalmente se tratar de uma lei e não de um código[4].

Na Europa, a França, desde 1993, conta com o *Code de la Consommation*, que apesar de formalmente ser um código não passa de uma compilação das leis relativas à defesa do consumidor[5].

A Itália, por sua vez, aprovou, em Outubro de 2005, o *Codice del Consumo*, o qual se limita a reunir os diplomas legais existentes neste domínio, sem inovar, embora os trate sistematicamente[6].

Entretanto, também a Espanha se prepara para dar um passo semelhante, mercê de uma delegação legislativa conferida ao Governo para refundir num único texto legal a Lei Geral para a Defesa dos Consumidores e Usuários e (quase todos) os diplomas normativos que transpuseram directivas comunitárias destinadas à protecção do consumidor. De momento, está em apreciação um "Projecto de Real Decreto Legislativo", dos Ministérios da Saúde e Consumo e da Justiça, pelo qual se aprova o texto refundido daquela Lei.

No respeitante ao direito português, será um verdadeiro código a ter em conta, no futuro, se o mesmo vier a ser aprovado com base no Anteprojecto que redigimos, o qual não se limita a reunir o direito existente, antes inova onde se mostra necessário e procura sempre as ligações sistemáticas adequadas[7].

---

[4] Lei n.º 8.078, de 11 de Setembro de 1990. Sobre a história das vicissitudes por que passou e dos vetos presidenciais que sofreu, pode ver-se ADA PELLEGRINI GRINOVER/ANTÔNIO HERMAN BENJAMIN/DANIEL ROBERTO FINK/JOSÉ G. BRITO FILOMENO/KAZUO WATANABE/ /NELSON NERY JUNIOR/ZELMO DENARI, *Código Brasileiro de Defesa do Consumidor Comentado pelos Autores do Anteprojecto*, 8.ª ed., Rio de Janeiro, São Paulo, 2004, pp. 1 e ss.

[5] Pese embora tivesse sido outra a proposta da Comissão francesa do *Code de la consommation*, presidida pelo Professor JEAN CALAIS-AULOY. Cfr., deste Autor, o seu *Propositions pour un Code de la Consommation. Rapport de la Commission de Codification du droit de la consommation*, Paris, 1990. Ainda de JEAN CALAIS-AULOY e de FRANK STEINMETZ, pode ver-se o seu *Droit de la Consommation*, 6.ª ed., Paris, 2003. Para um conhecimento do texto do Código, acompanhado dos comentários a cada artigo e antecedido de uma apresentação geral do Código, pode ver-se JEAN-PIERRE PIZZIO, *Code de la Consommation*, 2.ª ed., Paris, 1996.

[6] Cfr., a propósito, o *Codice del consumo. Commentario*, a cura di GUIDO ALPA e LILIANA ROSSI CARLEO, Napoli, 2005, bem como, de GUIDO ALPA, a apreciação ao Código, no seu *Corso di diritto contrattuale*, Padova, 2006, pp. 391 e ss.

[7] Já demos indicações (*supra*, nota 3) sobre o modo de consultar o *Anteprojecto do Código do Consumidor* português. Entretanto, para uma apreciação do mesmo – através de importantes estudos publicados em revistas das Faculdades de Direito de Coimbra e de

III – Mas não tem sido este o passo seguido em toda a parte, relativamente à opção codificadora[8]. Na verdade, outros países, como a Alemanha, optaram por inserir o direito do consumidor no Código Civil: assim aconteceu, por exemplo, com a Reforma do BGB de 2001, através da

---

Lisboa –, pode consultar-se o vol. n.º 7 dos "Estudos de Direito do Consumidor", Centro de Direito do Consumo/Faculdade de Direito da Universidade de Coimbra, 2005, designadamente os seguintes artigos: ANTÓNIO PINTO MONTEIRO, *Sobre o direito do consumidor em Portugal e o Anteprojecto do Código do Consumidor*, pp. 245, ss.; PAULO MOTA PINTO, *O Anteprojecto de Código do Consumidor e a venda de bens de consumo*, pp. 263, ss., F. GRAVATO MORAIS, *União de contratos de crédito e de venda para consumo: situação actual e novos rumos*, pp. 279, ss.; AUGUSTO SILVA DIAS, *Linhas gerais do regime jurídico dos crimes contra interesses dos consumidores no Anteprojecto do Código do Consumidor*, pp. 315, ss.; ALEXANDRE DIAS PEREIRA, *Publicidade comparativa e práticas comerciais desleais*, pp. 341, ss.; PAULO DUARTE, *A posição jurídica do consumidor na compra e venda financiada: confronto entre o regime em vigor (RJCC) e o Anteprojecto do Código do Consumidor (AntpCCons.)*, pp. 379, ss.; ANTÓNIO JOSÉ FIALHO, *Procedimentos de reestruturação do passivo do devedor insolvente*, pp. 409, ss.; e JOÃO ALVES, *O Ministério Público e a defesa do consumidor*, pp. 457, ss.

Também o vol. III dos "Estudos do Instituto de Direito do Consumo" da Faculdade de Direito da Universidade de Lisboa acaba de sair com vários artigos sobre o Anteprojecto do Código do Consumidor: para além do nosso artigo e dos artigos de PAULO MOTA PINTO e de AUGUSTO SILVA DIAS, igualmente publicados neste volume, pode ver-se JOSÉ DE OLIVEIRA ASCENSÃO, *O Anteprojecto do Código do Consumidor e a Publicidade*, pp. 7, ss.; PEDRO ROMANO MARTINEZ, *Anteprojecto do Código do Consumidor, Contratos em Especial*, pp. 57, ss.; LUÍS MANUEL TELES DE MENEZES LEITÃO, *A reparação de danos causados ao consumidor no Anteprojecto do Código do Consumidor*, pp. 65, ss.; DÁRIO MOURA VICENTE, *Arbitragem de conflitos de consumo: da Lei n.º 31/86 ao Anteprojecto de Código do Consumidor*, pp. 75, ss.; ADELAIDE MENEZES LEITÃO, *A publicidade no Anteprojecto do Código do Consumidor*, pp. 135, ss.; e ELSA DIAS OLIVEIRA, *Práticas comerciais proibidas*, pp. 147, ss.

A Revista "O Direito", ano 138.º, 2006, IV, também se ocupou do assunto, com um artigo de ANTÓNIO MENEZES CORDEIRO sobre *O Anteprojecto de Código do Consumidor*, pp. 685, ss.

Finalmente, importa referir ainda o artigo de J. SOUSA RIBEIRO, *O contrato de viagem organizada, na lei vigente e no Anteprojecto do Código do Consumidor*, publicado in "Prof. Doutor Inocêncio Galvão Telles: 90 anos", Homenagem da Faculdade de Direito de Lisboa, Coimbra, 2007, pp. 551, ss., bem como, já actualizado segundo o Decreto-Lei n.º 263/2007, de 20 de Julho, o mesmo artigo, publicado nos "Estudos de Direito do Consumidor", cit., n.º 8, Coimbra, 2007.

[8] Será ainda de recordar que na Bélgica esteve em discussão um projecto de código do consumo apresentado por uma Comissão a que presidiu o Professor Thierry Bourgoignie, mas que ficou por aprovar: cfr., a propósito, *Propositions pour une loi générale sur la protection des consommateurs. Rapport de la commission d'étude pour la réforme du droit de la consommation*, org. THIERRY BOURGOIGNIE, Bruxelles, 1995.

Gesetz zur Modernisierung des Schuldrechts, na linha do passo já ensaiado em 2000, no mesmo país, e, já antes, de certo modo, também na Holanda[9].

IV – Iremos emitir a nossa opinião sobre o *modelo* a seguir, no tocante ao tema que aqui tratamos, ou seja, iremos dar conta do *modelo de harmonização legislativa* por que optamos, *no âmbito da protecção do consumidor*. Antes, porém, para melhor podermos *perspectivar o futuro*, há que *conhecer o presente* e compreendê-lo à luz da *evolução ocorrida*, tendo em conta o *quadro de problemas surgido* e as *soluções* susceptíveis de serem alcançadas (somente) com o direito do *passado*. Numa palavra, há que olhar o *passado*, compreender o *presente* e perspectivar o *futuro*.

3. Evolução

I – Pois bem. Dissemos logo de início que se tem assistido, nos últimos anos, a um movimento de grande *proliferação legislativa*. E que tal movimento é fortemente impulsionado pelas *directivas* com que a Comunidade Europeia pretende *harmonizar* as medidas de índole legislativa dedicadas à defesa do consumidor nos Estados membros. Ora, a pergunta é esta: *mas porque é que surgiram essas directivas*? Apenas para harmonizar normas legais *já existentes* nas várias ordens jurídicas? Ou, antes – ainda que sem pôr de parte também aquele objectivo –, fundamentalmente para que todos os Estados membros da Comunidade Europeia previssem

---

[9] Cfr. CLAUS-WILHELM CANARIS, *Schuldrechtsreform 2002*, München, 2002, Idem, *O novo direito das obrigações na Alemanha*, in "Revista Brasileira de Direito Comparado" (RBDC), n.º 25, Rio de Janeiro, 2004, pp. 3, ss., e CHRISTIAN BALDUS, *Protecção do consumidor na zona cinzenta entre o contrato e o não-contrato?*, in "Estudos de Direito do Consumidor", n.º 6, Centro de Direito do Consumo/Faculdade de Direito da Universidade de Coimbra, sob a direcção de ANTÓNIO PINTO MONTEIRO, Coimbra, 2004, pp. 129, ss.. Para referências à reforma e à inclusão do direito do consumidor no BGB pode ver-se, em Itália, o vol. *La riforma dello Schuldrecht tedesco: un modello per il futuro diritto europeo delle obbligazioni e dei contratti?*, a cura di GIORGIO CIAN, Padova, 2004, especialmente a *Relazione Introduttiva*, pp. 9, ss., bem como o artigo de SALVATORE PATTI, *I contratti del consumatore nel BGB*, pp. 79, ss., e em Portugal, ANTÓNIO MENEZES CORDEIRO, *Da modernização do direito civil I: Aspectos gerais*, Coimbra, 2004.
Quanto ao direito holandês, pode ver-se ARTHUR S. HARTKAMP, *Civil Code Revision in the Netherlands 1947-1992*, in P.P.C. HAANAPPEL e EJAN MACKAAY, *Nieuw Nederlands Burgerlijk Wetboek Het Vermogensrecht*, Deventer, 1990, pp. XIII, ss.

medidas, *novas medidas*, em ordem a possibilitar, em todos eles, uma *efectiva* e *real* defesa do consumidor?

A razão fundamental foi esta última, a partir do momento em que a Comunidade Europeia assumiu a necessidade da defesa do consumidor[10]. O que pressupõe, naturalmente, um juízo de *insuficiência do direito do passado* para conseguir esse objectivo, um juízo de *insuficiência e/ou de inadequação* das soluções vigentes no direito privado tradicional para enfrentar os novos problemas com que se deparou o consumidor.

II – Pode começar por observar-se, no entanto, que o tema da defesa do consumidor se insere *na linha da evolução do direito civil* no século XX, que ele faz parte dessa mesma evolução e está em sintonia com a dimensão de *justiça social* e *materialmente fundada* que perpassa por todo o direito civil contemporâneo[11].

Estas preocupações de *justiça material* e de *solidariedade social* estão bem patentes, aliás, no direito civil português, "maxime" no Código de

---

[10] De início, a defesa do consumidor estava ausente dos textos comunitários, pois a versão inicial (1957) do Tratado de Roma não lhe fazia referência. Foi só a partir de 1975, com a Resolução do Conselho que adoptou um "Programa preliminar da CEE para uma política de protecção e de informação dos consumidores", que se terá iniciado a política de defesa do consumidor, depois prosseguida através de várias outras resoluções. Mas faltava um fundamento jurídico para esta política comunitária, o qual passou a existir com a entrada em vigor do Acto Único, que introduziu no Tratado de Roma o artigo 100 A (hoje, artigo 95), tornando-se a protecção do consumidor um objectivo específico da Comunidade. Presentemente, após as revisões operadas pelo Tratado de Maastricht de 1992 e pelo Tratado de Amesterdão de 1997, é o artigo 153 do Tratado que logo no seu n.° 1 enuncia os direitos do consumidor à protecção da saúde, da segurança e dos interesses económicos, à informação, à educação e à organização dos seus interesses. Sobre o ponto, pode ver-se THIERRY BOURGOIGNIE, *Droit et politique communautaires de la consommation. Une évaluation des acquis*, in "Liber Amicorum Jean Calais-Auloy – Études de droit de la consommation", Paris, 2004, pp. 95, ss.; LUDWIG KRÄMER, *The European Union, Consumption and Consumer Law*, in "Liber Amicorum Bernd Stauder – Droit de la consommation, Konsummenterecht, Consumer Law", sob a direcção de LUC THÉVENOZ e NOBERT REICH, Genève, 2006, pp. 177, ss.; JAVIER LETE ACHIRICA, *El Libro Verde sobre la protección de los Consumidores en la Unión Europea*, in "Estudos de Direito do Consumidor", sob a direcção de ANTÓNIO PINTO MONTEIRO, Centro de Direito do Consumo/Faculdade de Direito da Universidade de Coimbra, n.° 5, 2003, pp. 67, ss. e LUIS SILVEIRA RODRIGUES, *Tendências recentes sobre a protecção do consumidor na União Europeia*, nos mesmos "Estudos", pp. 311 e ss.

[11] Acompanhamos o nosso *Sobre o Direito do Consumidor em Portugal e o Anteprojecto do Código Consumidor*, cit., pp. 247, ss.

1966, que generosamente acolhe o princípio da boa fé em sentido objectivo (por ex., artigos 227.°, 239.°, 762.°, n.° 2), proíbe o abuso do direito (artigo 334.°) e os negócios usurários (artigo 282.°), dá relevo à alteração anormal das circunstâncias (artigo 437.°), prevê a responsabilidade civil independente de culpa (artigos 500.° e ss), permite a redução judicial equitativa das penas contratuais manifestamente excessivas[12], etc..

Por outras palavras, o Código consagrou princípios e regras susceptíveis de corrigir desequilíbrios, impedir abusos, promover a correcção e lealdade nas relações contratuais, impor deveres, fomentar a segurança e encontrar outros fundamentos para a responsabilidade civil. O que releva também, e até de modo muito especial, para a defesa do consumidor.

Simplesmente ... a vida não é estática. De 1966 para cá acentuaram-se consideravelmente as situações de desequilíbrio, multiplicaram-se as fontes de risco e surgiram problemas novos. Houve necessidade de intervir legislativamente, perante a *insuficiência* e/ou *inadequação* das soluções tradicionais.

III – Isso explica a imensa legislação avulsa que existe no *presente*. Pensemos, entre tantos outros exemplos, nos *contratos de* ou *por adesão*, nos contratos celebrados com base em *cláusulas contratuais gerais*. Perante este *novo modelo contratual*, em face deste *novo modo de celebração* de contratos, bem distinto do *modelo negociado tradicional*, havia que intervir, para enfrentar problemas específicos ao nível da formação do contrato, do conteúdo das cláusulas predispostas e dos meios de reacção, *maxime* judicial. Daí, em Portugal, o Decreto-Lei n.° 446/85, de 25 de Outubro (entretanto modificado, em 1995 e em 1999, por força da Directiva 93/13/CEE, de 5 de Abril), que consagrou especiais deveres de comunicação e de informação, proibiu cláusulas abusivas e consagrou uma importante acção judicial de índole preventiva, a acção inibitória[13].

---

[12] Pode ver-se, entre muitos, J. ANTUNES VARELA, *Das Obrigações em geral*, vol. I, 10.ª ed, Coimbra, 2000, pp. 225, ss; M. J. ALMEIDA COSTA, *Direito das Obrigações*, 10.ª ed., Coimbra, 2006, pp. 228, ss.; CARLOS MOTA PINTO, *Teoria Geral do Direito Civil*, 4.ª ed., por ANTÓNIO PINTO MONTEIRO e PAULO MOTA PINTO, Coimbra, 2005, pp. 54, ss.; ANTÓNIO MENEZES CORDEIRO, *Tratado de Direito Civil* Português, I, *Parte* Geral, tomo I, 3.ª ed., Coimbra, 2005, pp. 203, ss., 399, ss. e 653, ss., e ANTÓNIO PINTO MONTEIRO, *Cláusula penal e indemnização*, Coimbra, 1990, pp. 724, ss.

[13] Cfr., por ex., ALMEIDA COSTA/MENEZES CORDEIRO, *Cláusulas contratuais gerais. Anotação ao Decreto-Lei n.° 446/85, de 25 de Outubro*, Coimbra, 1986; I. GALVÃO TELLES, *Das condições gerais dos contratos e da Directiva europeia sobre as cláusulas abusivas*,

Atentemos, igualmente, na problemática da *responsabilidade do produtor* pelos danos causados pelos defeitos dos produtos que põe em circulação. Perante a dificuldade e inadequação da via extracontratual – com o pesado encargo do ónus da prova a cargo do lesado –, e pese embora as bem intencionadas e engenhosas tentativas para responsabilizar o produtor pela via contratual (apesar de aparentemente não ser parte no contrato pelo qual o consumidor adquiriu o bem), houve que intervir legislativamente, consagrando a responsabilidade pelo risco do produtor, ou seja, *independente* de culpa sua. Na sequência da Directiva 85/374/CEE, do Conselho, de 25 de Julho, foi em Portugal publicado o Decreto-Lei n.º 383/89, de 16 de Novembro, a fim de transpor essa Directiva[14].

Pensemos, ainda, na legislação relativa ao *crédito ao consumo*. Perante a nova filosofia de vida da actualidade, que parece obedecer ao lema "compre primeiro e pague depois", "goze já férias e só mais tarde pense em pagá-las" – bem oposto à mentalidade tradicional, em que as pessoas poupavam primeiro para poderem adquirir os bens ou serviços de que careciam –, perante a nova filosofia de vida, dizia, em que o apelo ao consumo e a facilidade de crédito são incessantes, havia que disciplinar o contrato de concessão de crédito. O que foi feito pelo Decreto-Lei n.º 359/91, de 21 de Setembro, que transpôs a Directiva 87/102/CEE, do Conselho, de 22 de Novembro, entretanto alterada[15]. Subsistia, contudo, uma lacuna no

---

in "O Direito", Lisboa, 1995, pp. 297, ss.; J. OLIVEIRA ASCENSÃO, *Cláusulas contratuais gerais, cláusulas abusivas e boa fé*, in "Revista da Ordem dos Advogados" (ROA), 60, Lisboa, 2000, pp. 573, ss.; J. SOUSA RIBEIRO *O problema do contrato: as cláusulas contratuais gerais e o princípio da liberdade contratual*, Coimbra, 1999; PAULO LUIZ NETO LÔBO, *Condições gerais dos contratos e cláusulas abusivas*, São Paulo, 1991; GUIDO ALPA, *Il recepimento della direttiva comunitaria sulle clausole abusive nei contratti dei consumatori*, in "Estudos de Direito do Consumidor", Centro de Direito do Consumo/Faculdade de Direito de Coimbra, sob a direcção de ANTÓNIO PINTO MONTEIRO, n.º 1, 1999, pp. 69, ss.; ANTÓNIO PINTO MONTEIRO, *O novo regime dos contratos de adesão/cláusulas contratuais gerais*, in ROA, Lisboa, 2002; *Id.*, *The Impact of the Directive on Unfair Terms in Consumer Contracts on Portuguese Law*, in "European Review of Private Law", 3, 1995, pp. 231, ss.

[14] Cfr. J. CALVÃO DA SILVA, *Responsabilidade civil do produtor*, Coimbra, 1990, e YVAN MARKOVITS, *La Directive CEE du 25 juillet 1985 sur la responsabilité du fait des produits défectueux*, Paris, 1990; para um balanço da aplicação da Directiva, pode ver-se a obra *La Directive 85/374/CEE relative à la responsabilité du fait des produits: dix ans après*, ed. MONIQUE GOYENS, Centre de Droit de la Consommation, Louvain-la-Neuve, 1996 (onde se inclui um texto nosso sobre *La responsabilité du fait des produits au Portugal*, pp. 181, ss.).

[15] Cfr. F. GRAVATO MORAIS, *União de contratos de crédito e de venda para o consumo. Efeitos para o financiador do incumprimento pelo vendedor*, Coimbra, 2004; PAULO

ordenamento jurídico português, relativa ao sobreendividamento do consumidor, que de algum modo foi superada com o Código da Insolvência entretanto publicado[16].

Tudo isto sem esquecer as novas modalidades de *técnicas de venda*, desde a venda ao domicílio aos modernos contratos a distância, designadamente os celebrados por via electrónica, sendo de destacar, neste contexto (transpondo a Directiva 97/7/CE), o Decreto-Lei n.º 143/2001, de 26 de Abril, relativo à protecção do consumidor nos *contratos celebrados a distância*, assim como a legislação relativa às garantias, ao direito de habitação periódica (*time sharing*), aos serviços públicos essenciais e às viagens turísticas e organizadas[17].

DUARTE, *Contratos de concessão de crédito ao consumidor: em particular as relações trilaterais resultantes da intervenção de um terceiro financiador*, Coimbra, 2000.

[16] O Anteprojecto do Código do Consumidor dedica a este problema uma secção (Secção IV, artigos 581.º a 653.º, sobre os "procedimentos de reestruturação do passivo do devedor insolvente"), bastante completa e elaborada, mas que de algum modo está prejudicada pelas normas que o Código da Insolvência e da Recuperação de Empresas veio consagrar para os particulares (claramente influenciado por um projecto anterior da Comissão do Código do Consumidor). Essa a razão por que, aliada a outras (como a possível eliminação do título IV do Código, sobre a parte organizatória), muito provavelmente essa secção não será incluída no Projecto do Código do Consumidor em que estamos a trabalhar.

[17] Cfr. ENRIQUE RUBIO TORRANO, *Contratación a distancia y protección de los consumidores en el derecho comunitario; en particular, el desistimiento negocial del consumidor*, in "Estudos de Direito do Consumidor", Centro de Direito do Consumo/Faculdade de Direito da Universidade de Coimbra, n.º 4, 2002, pp. 59, ss.; MIGUEL PUPO CORREIA, *Contratos à distância: uma fase na evolução da defesa do consumidor na sociedade de informação?*, nos mesmos "Estudos", pp. 165, ss.; LUÍS MENEZES LEITÃO, *A protecção do consumidor contra as práticas comerciais desleais e agressivas*, in "Estudos de Direito do Consumidor", cit., n.º 5, 2003, pp. 163, ss.; PAULO MOTA PINTO, *Princípios relativos aos deveres de informação no comércio à distância*, nos mesmos "Estudos", pp. 183, ss.; Idem, *Anteprojecto de diploma de transposição da Directiva 1999/44/CE para o direito português. Exposição de motivos e articulado*, nos mesmos "Estudos", mas n.º 3, Coimbra, 2001, pp. 165, ss.; CARLOS FERREIRA DE ALMEIDA, *Orientações de política legislativa adoptadas pela Directiva 1999/44/CE sobre a venda de bens de consumo. Comparação com o direito vigente*, in "Themis", ano II, n.º 4, Coimbra, 2001, pp. 109, ss.; C-W. CANARIS, *A transposição da directiva sobre compra de bens de consumo para o direito alemão*, in "Estudos de Direito do Consumidor", cit., n.º 3, Coimbra, 2001, pp. 49, ss.; M. HENRIQUE MESQUITA, *Uma nova figura real: o direito de habitação periódica*, in "Revista de Direito e Economia", 1982, pp. 39, ss.; ANTÓNIO PINTO MONTEIRO, *A protecção do consumidor de serviços públicos essenciais*, in AJURIS, 1998, pp. 20, ss.; Idem, *A protecção do consumidor de serviços de telecomunicações*, in "As telecomunicações e o direito na sociedade da informação", Instituto Jurídico da Comunicação/Faculdade de Direito da Universidade de Coimbra, 1999, pp. 139, ss.; Idem, *Garantias na venda de bens de consumo. A transposição*

IV – Eis, em suma, uma série de novos problemas em múltiplos domínios, a impor a consagração de novas regras, tendo designadamente em conta a necessidade de *proteger o consumidor*.

É certo que esta preocupação vem *na linha* de preocupações mais antigas, como as de *proteger os mais fracos*, a *parte débil* da relação contratual, e de zelar pela *segurança* das pessoas. Mas com a "sociedade de consumo" dos nossos dias tornou-se imperioso reagir *de modo específico* e *organizado* contra práticas e técnicas de utilização sistemática, tendo por *denominador comum* a defesa do consumidor, isto é, a defesa de quem é *vítima* de tais práticas ou técnicas, de quem está *à mercê*, pela sua situação de *dependência* ou de *debilidade* (económica, técnica, jurídica, cultural ou outra), da organização económica da sociedade[18].

Assistiu-se, assim, por todo o lado, ao aparecimento, que não cessa de crescer, de legislação *avulsa*, de legislação *especial*. Legislação esta que, além de ficar *fora do Código Civil*, dificilmente se poderá qualificar, em muitos casos, de *direito civil* "tout court", relevando, antes, a sua natureza *pluridisciplinar*.

V – Mas a especial sensibilização pelos problemas dos consumidores levou, mesmo, a que os direitos destes tivessem sido reconhecidos ao mais alto nível, acabando por ser acolhidos na própria *Constituição da República Portuguesa*.

Com efeito, a Constituição de 1976 colocou a *protecção do consumidor* entre as "*incumbências prioritárias do Estado*" português (artigo 81.º). E com as revisões constitucionais de 1982 e de 1989 os direitos dos consumidores alcançaram a dignidade de *direitos fundamentais*[19].

---

da Directiva 1999/44/CE para o direito português, in "Estudos de Direito do Consumidor", cit., n.º 5, pp. 123, ss.; e MIGUEL MIRANDA, *O contrato de viagem organizada*, Coimbra, 2000, além do já citado artigo de SOUSA RIBEIRO sobre *O contrato de viagem organizada* (cit. *supra*, nota 7).

[18] Cfr. MÁRIO TENREIRO, *Un code de la consommation ou un code autour du consommateur? Quelques réflexions sur la codification et la notion de consommateur*, in "Law and Diffuse Interests in the European Legal Order. Recht und diffuse Interessen in der Europäischen Rechtsordnung – Liber Amicorum Norbert Reich*"*, org. L. KRAMER *et alii*, Baden-Baden, 1997, pp. 339, ss.

[19] Cfr. GOMES CANOTILHO/VITAL MOREIRA, *Constituição da República Portuguesa Anotada*, 4.ª ed., vol. I, Coimbra, 2007, pp. 778, ss. (Artigo 60); JORGE MIRANDA/RUI MEDEIROS, *Constituição Portuguesa Anotada*, tomo I, Coimbra, 2005, pp. 616, ss. (Artigo 60); J. C. VIEIRA DE ANDRADE, *Os direitos dos consumidores como direitos fundamentais na Cons-*

Em conformidade com o *imperativo constitucional* de protecção do consumidor, foi publicada em Portugal, logo em 1981, uma importante *Lei de Defesa do Consumidor*: a Lei n.º 29/81, de 22 de Agosto. Nela se estabeleceram os direitos dos consumidores e os direitos das associações de consumidores, bem como as regras e os princípios por que se havia de concretizar a defesa desses direitos. Tratou-se de uma lei-quadro que foi sendo actuada através de muitas outras leis, algumas das quais, ao mesmo tempo, foram transpondo para o direito português as correspondentes directivas da Comunidade Europeia: sobre cláusulas abusivas, serviços públicos essenciais, publicidade, obrigação de segurança, *time sharing*, responsabilidade do produtor, crédito ao consumo, vendas ao domicílio, viagens turísticas, etc., etc., etc..

A Lei n.º 29/81 foi entretanto *revogada* e *substituída*, em 1996, pela actual *Lei n.º 24/96*, de 31 de Julho, que "estabelece o regime legal aplicável à defesa dos consumidores". Continuamos na presença de uma lei-quadro, embora mais desenvolvida do que a primeira, que é hoje a *trave-mestra* da política de consumo e o *quadro normativo* de referência no tocante aos direitos do consumidor e às instituições destinadas a promover e a tutelar esses direitos[20].

Entretanto, a legislação existente na área do direito do consumidor vem sendo crescentemente aplicada pelos tribunais. A *jurisprudência* sobre os contratos de adesão/cláusulas contratuais gerais é hoje abundante, sendo também significativa a jurisprudência sobre o crédito ao consumo, os cartões de pagamento e os serviços públicos essenciais.

Neste contexto, gostaríamos de mencionar dois importantes Acórdãos do Tribunal Constitucional português: um, de 1990 (Acórdão n.º 153//90, de 3 de Maio), que *julgou inconstitucional* uma norma do estatuto dos correios que excluía a responsabilidade destes por lucros cessantes; outro, mais recente, de 2004 (Acórdão n.º 650/2004, de 16 de Novembro), que *declarou a inconstitucionalidade com força obrigatória geral* de uma norma da tarifa geral de transportes na parte em que esta excluía a responsabilidade do caminho de ferro pelos danos causados aos passageiros resultantes de atrasos, supressão de comboios ou perdas de enlace. Estava

---

tituição *Portuguesa de 1976*, in "Estudos de Direito do Consumidor", Centro de Direito do Consumo/Faculdade de Direito da Universidade de Coimbra, n.º 5, Coimbra, 2003, pp. 139, ss..

[20] Ver TERESA DE ALMEIDA, *Lei de defesa do consumidor anotada*, 2.ª ed., Lisboa, 2001.

em causa, num caso e no outro, no entender do Tribunal Constitucional, *o direito do consumidor à reparação de danos*, constitucionalmente consagrado, que não pode o legislador ordinário excluir totalmente (invocou, no mesmo sentido, a sentença n.º 254, de 20 de Junho de 2002, do Tribunal Constitucional italiano, a respeito da exclusão de responsabilidade dos serviços postais)[21].

Há, em suma, no presente, uma grande preocupação social e política pela defesa dos direitos do consumidor. No plano jurídico, essa preocupação levou a que fosse sendo publicada uma *abundante* legislação, ainda que *dispersa* e *fragmentária*.

4. O Anteprojecto do Código do Consumidor

I – Efectivamente, a legislação publicada nos últimos anos tem sido *imensa*, em decorrência do imperativo constitucional de defesa do consumidor, da lei-quadro e das várias directivas da Comunidade Europeia com o mesmo objectivo.

Infelizmente, porém, nem sempre à *law in the books* tem correspondido a *law in action*! E isto, muitas vezes, por deficiências do próprio sistema legal, a começar pela *proliferação legislativa* a que se tem assistido, a qual apresenta inconvenientes vários, desde logo pela *dispersão* e *falta de unidade* de que dá mostra. Essa uma das razões por que o Governo nos confiou, já em 1996, como dissemos, a tarefa de constituir uma Comissão para a elaboração do Código do Consumidor, que entregou no passado dia 15 de Março ao Governo o *Anteprojecto do Código do Consumidor*, para debate público.

II – Passo a fornecer, ainda que em termos muito breves, algumas ideias essenciais sobre o *Anteprojecto*.

De um ponto de vista sistemático, o Anteprojecto tem 4 títulos: o I consagra "Disposições Gerais"; o II trata "Dos Direitos do Consumidor" (informação, saúde e segurança, qualidade de produtos e serviços, interesses económicos, mormente os contratos, e reparação de danos); o III "Do Exercício e Tutela dos Direitos" (incluindo os crimes, as contra-ordena-

---

[21] Pode ver-se ANTÓNIO PINTO MONTEIRO, *Retour sur les clauses exonératoires et la protection du consommateur*, in "Liber Amicorum Bernd Stauder", cit., pp. 343, ss.

ções e as disposições processuais cíveis); e o IV, por último, "Das Instituições de Defesa e Promoção dos Direitos do Consumidor".

A matéria reparte-se por capítulos, secções e divisões e, por vezes, dentro destas, ainda por subsecções e subdivisões, ao longo de 708 artigos. Mas serão revogados 16 diplomas legais actualmente em vigor.

Importa dizer, em primeiro lugar, que foi propósito da Comissão ir *além* de uma mera *compilação* de leis dispersas e elaborar um *Código*, no sentido próprio do termo, com tudo o que isso implica, designadamente em termos de *racionalização* e de *unidade sistemática*. Mas um código, em todo o caso, com muitas particularidades, rompendo, em vários pontos, com o modelo tradicional, um código, pode dizer-se, *pós-moderno*.

Houve igualmente o propósito de *respeitar* e dar *continuidade* ao que de importante e útil se tem feito no domínio da defesa do consumidor. Foi assim de *prudência* a atitude da Comissão. Mas isso não impediu, como é natural, que se tivesse procedido às *correcções* necessárias, por um lado, e ao *rasgar de novos caminhos*, por outro lado, quando se afigurou importante dar esse passo. O que aconteceu inúmeras vezes!

Desde a noção de consumidor e da clarificação quanto ao regime aplicável às pessoas colectivas (pessoas jurídicas), até às modificações operadas, em maior ou menor medida, em sede contratual, processual e organizatória, muitas são efectivamente as "novidades" a ter em conta, umas vezes meramente pontuais, outras vezes mais profundas e extensas.

Quanto à noção de consumidor, embora se mantenha, no essencial, o que vem de trás – na linha de que o consumidor é um conceito *relacional*, de alguém que se relaciona com um *profissional* para *fins privados* –, foi necessário *rever* a noção existente na lei em vigor. É que ela não coincide exactamente com a que vem prevalecendo no *direito comunitário*, o que explica que as leis portuguesas que transpõem as directivas definam sempre quem é consumidor. Ora, só faz sentido consagrar num Código uma noção de consumidor se ela servir *para todos os casos* em que o âmbito de aplicação de determinadas medidas se restrinja ao *consumidor* – e isso implica que tal noção esteja *em conformidade* com a que é dominante no direito comunitário.

Por isso determina o artigo 10.º, n.º 1, do Anteprojecto que se considera consumidor "a pessoa singular [pessoa humana] que actue para a prossecução de fins alheios ao âmbito da sua actividade profissional, através do estabelecimento de relações jurídicas com quem, pessoa singular ou colectiva, se apresenta como profissional".

Ainda a respeito da noção de consumidor, o *Anteprojecto* esclarece que essa qualidade se restringe às *pessoas singulares*. Todavia, o legislador sabe que há casos em que se pode justificar que algumas *pessoas colectivas* beneficiem da mesma protecção. Essa a razão por que o artigo 11.º, n.º 1, do *Anteprojecto* permite que em certos casos, reunidos determinados pressupostos, possa *estender-se* às pessoas colectivas *o regime* que em princípio está reservado ao consumidor. Quer dizer, as pessoas colectivas *não são consumidores,* mas, em certos casos, se provarem que não dispõem nem devem dispor de competência específica para a transacção em causa e que a solução está de acordo com a equidade, podem beneficiar do *regime* que a lei reserva ao consumidor.

O mesmo princípio leva a que se *estenda* também *a pessoas singulares que não sejam consumidores* – por actuarem para a prossecução de fins que pertencem ao âmbito da sua actividade profissional – o *regime* que o *Anteprojecto* reserva aos consumidores, uma vez preenchidos os pressupostos acima referidos (artigo 11.º, n.º 2).

Já no tocante à situação *inversa* – isto é, nos casos em que alguém é considerado *consumidor,* em face do disposto no artigo 10.º, mas disponha ou deva dispor, em virtude da sua actividade e experiência profissional, de competência específica para a transacção em causa –, o *Anteprojecto* permite que o tribunal pondere, de acordo com a equidade, se será de aplicar, em tal situação, o regime mais favorável de defesa do consumidor. Quer dizer, se nos casos anteriores se tratou da *extensão* do regime, agora trata-se de *restrições* ao regime que o *Anteprojecto* prevê para a defesa do consumidor, em situações em que se afigure abusivo o recurso a estas medidas, apesar de, formalmente, alguém preencher os requisitos que o definem como "consumidor".

Mas o ponto é duvidoso, especialmente no tocante às restrições, e porventura polémico. Aguarda-se pelo resultado do debate público.

Poder-se-á dizer, de algum modo, que tanto a *extensão* do regime como as *restrições* que o "Anteprojecto" prevê têm subjacente o respeito pelo *princípio da igualdade*. Ou seja, só se justifica que haja medidas *diferenciadoras* quando houver *razões* para tal, e essas razões têm de ser *materiais*, efectivas e não meramente formais. Não podemos colocar exactamente no mesmo plano, na compra, por exemplo, de um automóvel para fins privados, um "consumidor de *ghetto*" e um mecânico conhecedor e experimentado. Trata-se, no entanto, repete-se, de uma tomada de posição que suscita dúvidas e que está em aberto.

Questão diferente é a de saber se o Código deve restringir o seu âmbito de aplicação ao consumidor ou se pode vir a abranger outras pessoas.

No caso concreto, estamos perante um "Código do Consumidor" que não tem como destinatário único o *consumidor*, pois em alguns casos o seu âmbito de aplicação abrange *outras pessoas e relações jurídicas* (cfr. a esse propósito o artigo 13.° do Anteprojecto): assim sucede, por exemplo, no domínio das cláusulas contratuais gerais, da responsabilidade do produtor e dos serviços públicos essenciais. Mas isso, afinal, é o que se verifica *já hoje*, na legislação em vigor, nesses e em outros domínios. E seria mau se o Código do Consumidor *alterasse* a situação e viesse a *cindir* o regime legal que se ocupa desses domínios.

A Comissão está consciente, por outro lado, de que *nenhum código* tem ou pode ter sequer a pretensão de abranger *todas as normas* de um determinado ramo de direito. O Código do Consumidor não foge à regra: daí que o Anteprojecto inclua *só o que parece essencial* e deixe de fora, designadamente para legislação avulsa, já existente ou a criar, muitos outros aspectos ligados a problemas da defesa do consumidor. O que tem por consequência, desde logo, que permaneçam na legislação vigente alguns preceitos, mesmo naqueles casos em que o essencial dessa regulamentação passa para o Código: é o que sucede, *v.g.*, no crédito ao consumo, nos direitos de habitação periódica (*time sharing*) e nas viagens turísticas e organizadas.

Isso permitirá, ao mesmo tempo, proceder *mais facilmente* a alterações no futuro, "maxime" por força de imperativos comunitários, sem ter que se *alterar* necessariamente o Código. Nesta mesma linha de preocupações, realce-se a abertura do Código para a legislação que porventura venha substituir diplomas actualmente em vigor e para os quais o Código remeta (cfr. artigo 15.°).

III – Finalmente, a publicação do Código do Consumidor terá de ser acompanhada de vários outros diplomas, em virtude de, como dissemos atrás, haver matérias só *parcialmente* reguladas no Código, pelo que a disciplina das mesmas terá de *articular-se* com a legislação pertinente, entre a qual legislação avulsa a criar, nuns casos, ou a reformular, em outros casos, por ter *sobrevivido* à revogação operada. Entre outros pontos e matérias destacamos, a este propósito, o trabalho a fazer no âmbito dos direitos de habitação periódica (*time sharing*) e das agências de viagem e turismo.

Poder-se-á sempre questionar o acerto da opção tomada. Mas parece--nos que se justifica *preservar* o Código, em geral, de aspectos mais *regulamentares*. Além de ele não ser a sede adequada para regular tais aspectos, confere-se-lhe maior estabilidade, ao mesmo tempo que se facilita a transposição de eventuais directivas e outras intervenções que venham a ser necessárias.

5. Perspectivas sobre os modelos legislativos no futuro

I – Eis, portanto, aqui e agora, o *Anteprojecto do Código do Consumidor* português. De algum modo ainda *in fieri,* mas já suficientemente debatido, ponderado e amadurecido para ter entrado numa nova fase, a do debate público.

Não abundam, é certo, no direito comparado, os exemplos de codificação neste domínio. Apenas, como vimos, o Brasil, desde 1990, a França, desde 1993, e a Itália, desde 2005, dispõem de Código do Consumidor ou do Consumo. Também já sabemos que a Alemanha deu há pouco um passo importante, no que isso significa e representa para a elevação do direito do consumidor. Mas a lei para a modernização do direito das obrigações, a *Gesetz zur Modernisierung des Schuldrechts*, de 26 de Novembro de 2001, optou por incluir no BGB vários preceitos do direito do consumidor, na linha, aliás, do que fora já iniciado em 2000.

É este último, sem dúvida, também um caminho possível! Mas que não se afigura o melhor – *por muitas e importantes razões.* Claro que sempre teria a vantagem de combater a *dispersão* e permitir superar o estado *caótico,* de um ponto de vista legislativo, com que frequentemente se depara. Mas estamos convictos de que a aprovação do *Código do Consumidor* será o passo *mais adequado e correcto,* no futuro.

II – Quanto a esta questão, convirá precisar melhor alguns pontos, até porque há quem duvide do passo que estamos a dar em Portugal ou o contrarie mesmo frontalmente. Vejamos, pois, o problema mais de perto.

Antes de mais, há uma primeira questão a debater, uma primeira alternativa a ponderar: *codificação ou não do direito do consumidor?* Num segundo momento, se se optar pela codificação, surge então outra questão a discutir, outra alternativa a analisar: codificação, sim, *mas onde e como?* Designadamente, no *Código Civil?* Ou num diploma próprio, precisamente o *Código do Consumidor?*

Encaremos, pois, para começar, a primeira dúvida: *codificação* ou não do direito do consumidor? A alternativa é entre a inclusão do direito do consumidor num *código* ou a sua permanência em legislação *avulsa, dispersa* e *fragmentária*, que é a situação actual.

Optamos pela codificação. A *"età della decodificazione"*, de que nos fala Natalino Irti, não tem impedido que vários códigos venham sendo aprovados pelo mundo fora, em diversos domínios, desde códigos civis a códigos do trabalho e do consumidor, entre outros. Fala-se hoje, mesmo, de *recodificação*[22].

E não se esqueça o interessante, significativo e alargado debate que se vem travando na Europa sobre o problema de saber se deve ou não haver um *código civil europeu* ou, ao menos, um *código europeu dos contratos* ou, até, um *código do consumidor europeu*. Em qualquer caso, atente-se bem, é de um *código* que se fala, seja ele civil, dos contratos e/ou do consumidor[23].

O que bem se compreende. Não vou maçar-vos com grandes considerações. Basta atentar na enorme vantagem de *reunir num único diploma*

---

[22] Recorde-se NATALINO IRTI, *L'età della decodificazione*, 4.ª ed., Milano, 1999.

[23] Sobre este importante movimento europeu e os vários grupos que se formaram, desde o Grupo de Osnabrück (o *Studi Group on a European Civil Code*) – favorável a um código civil europeu –, até aos demais grupos, menos ambiciosos mas porventura mais realistas, como a Comissão Lando (que já elaborou os PECL: *Principles of European Contract Law*), o grupo de Pavia (do Professor Gandolfi, que já publicou o Anteprojecto do Livro I do *Código Europeu dos Contratos*), o grupo de Tilburg-Viena (*European Principles of Tort Law*), o Grupo de Trento (*The Common Core of European Private Law*) e o Grupo "Acquis" (*European Research Group on Existing EC Private Law*), pode ver-se: ANTÓNIO PINTO MONTEIRO, *A parte geral do código, a teoria geral do direito civil e o direito privado europeu*, in "Comemorações dos 35 anos do Código Civil e dos 25 anos da reforma de 1977", Faculdade de Direito da Universidade de Coimbra, 2006, pp. 57, ss., bem como o volume *Um Código Civil para a Europa. A Civil Code for Europe. Un Code Civil pour l'Europe*, dirigido por J. SINDE MONTEIRO, no "Boletim da Faculdade de Direito da Universidade de Coimbra", Colecção *Studia Iuridica*, n.° 64, Coimbra, 2002, e ainda o vol. 5, n.° 4, 1997, da "European Review of Private Law" (ERPL), todo ele dedicado ao *European Civil Code;* cfr. igualmente, sobre o tema, por ex., *Towards a European Civil Code*, 3.ª ed., Nijmegen 2004, eds. HARTKAMP *et. alii*; EWOUD HONDIUS, *Towards a European Civil Code: the debate has started*, in ERPL, vol. 5, n.° 4, 1997, pp. 455 e ss; GUIDO ALPA, *Il codice civile europeo: e pluribus unum*, in "Estudos de Direito do Consumidor", Centro de Direito do Consumo/Faculdade de Direito da Universidade de Coimbra, sob a direcção de ANTÓNIO PINTO MONTEIRO, n.° 2, 2000, pp. 141, ss.; JEAN BEAUCHARD, *Les principes européens du droit des contrats et le droit de la consommation*, in "Liber Amicorum – Jean Calais-Auloy", cit., pp. 55, ss. Ver também, embora de âmbito restrito ao consumidor, o volume *Vers un code européen de la consommation. Towards a european consumer code*, Actas do Colóquio de Lyon, sob a direcção de F. OSMAN, Bruxelles, 1998. Por último, cfr. *supra*, n.° 1-III.

centenas de normas dispersas por uma *multiplicidade* de leis e decretos-leis. No Anteprojecto português são 16 os diplomas legais que o Código *substitui integralmente*: serão *integralmente* revogadas 3 leis e 13 decretos-leis! Parece-nos que assim se facilitará o *conhecimento* e a *compreensão* das regras jurídicas e se beneficiará a sua *aplicação prática* e o próprio *acesso ao direito*.

Por outro lado e ao mesmo tempo, a elaboração de um código permite que se evitem as sucessivas *repetições* com que a par e passo se depara na legislação avulsa, seja a propósito da fixação do regime jurídico do direito de livre resolução do contrato, seja a respeito das exigências de formalismo negocial, da noção de consumidor, da proibição de renúncia antecipada aos direitos concedidos, dos requisitos da informação a prestar, da contratação a distância, etc., etc., etc.. Quer dizer, em vez de *inúmeros* diplomas, *soltos* e *desligados*, a regularem figuras e institutos que *em parte são comuns* – e por isso a incorrerem em sucessivas *repetições* –, teremos *um único diploma* que consagrará, *de uma só vez,* aquilo que é *comum* a vários contratos ou situações e estabelecerá depois, tão-só, as *especialidades* de cada caso.

Numa palavra, a elaboração de um código possibilita a reunião, *num só diploma*, em termos *ordenados* e segundo um plano *coerente* e *racional*, da maior parte das normas à deriva nesse "mare magnum" de legislação avulsa destinada à defesa do consumidor.

À *facilidade de consulta* que o código possibilita – em *benefício* de todos, do consumidor aos tribunais –, junta-se, por outro lado, o contributo que ele dá para a *autonomia* e *dignidade* do direito do consumidor e das várias organizações e entidades que fazem parte do Sistema Português de Defesa do Consumidor.

Não é de surpreender, por isso, e atente-se muito bem no que vamos dizer, que neste momento a *tendência* europeia vá no sentido da *codificação* do direito do consumidor. Este passo foi dado pela própria Alemanha, já desde 2000, mas muito especialmente em 2001, assim como em parte tinha sido já esse, em 1992, o exemplo holandês; em 1993 foi a França e, muito recentemente, em Outubro de 2005, foi a Itália a seguir o mesmo caminho.

Como se vê, países de cultura e tradição jurídicas muito fortes *optaram pela codificação do direito do consumidor*. Com uma importante diferença, é certo, pois no caso alemão e holandês a opção foi por incluir o direito do consumidor no código civil, enquanto que em França e na Itália se optou por aprovar um código do consumo ou do consumidor. Num caso e no outro, porém – na Alemanha, Holanda, França e Itália –, optou-se pela *codificação*. E esse é o passo certo, a nosso ver.

III – Estamos convictos de que a opção, no futuro, será entre a inclusão do direito do consumidor no *Código Civil* ou, antes, num diploma próprio, o *Código do Consumidor*. Esta é, pois, a segunda alternativa a considerar, caso se opte pela codificação em vez de manter a situação actual. Aqui chegados, inclinamo-nos para o segundo termo da alternativa, isto é, *a favor do Código do Consumidor*. Por várias razões.

À partida e desde logo, parece bem mais complexo e difícil *enxertar* o direito do consumidor no Código Civil do que fazer um diploma de raiz... Como alguém disse, é bastante mais fácil conseguir um Código do Consumidor Europeu do que um Código Civil Europeu – parece-nos que o mesmo se pode dizer no plano interno. Trata-se, afinal, em grande medida, de reunir e sistematizar, segundo uma linha de racionalização e coerência interna, *direito já hoje vigente* na ordem jurídica portuguesa e que permanece *fora do Código Civil* ou de qualquer outro código.

Observe-se, em segundo lugar, que teriam de ficar *fora* do Código Civil aspectos *fundamentais* do regime jurídico da defesa do consumidor, designadamente os que são de índole processual, penal e administrativa.

Ora a um *direito pluridisciplinar* terá de corresponder, parece-nos, um novo código, que possa ele próprio incluir normas de *índole pluridisciplinar*. A não ser assim, as normas que visam a defesa do consumidor continuariam a *dispersar-se* por vários códigos, em prejuízo da sua unidade e identidade. O Código do Consumidor terá pois a vantagem, além do mais, de *concentrar* toda a disciplina relevante nesta sede, independentemente da natureza civil ou comercial, penal, administrativa ou processual das suas normas.

Outro argumento que por vezes se utiliza é o de que um código do consumidor irá provocar uma *fractura* no direito civil. Nesta linha, dir-se--á que a unidade é quebrada e que relações hoje pertencentes ao direito civil e reguladas pelo Código Civil passarão a ser objecto de um outro ramo do direito e de um novo diploma legislativo.

Nesta ordem de ideias, acrescentar-se-á, porventura, que a mesma relação jurídica será disciplinada por um ou outro Código consoante a qualidade em que intervém o particular, se como consumidor ou não.

Acabamos de abordar alguns dos problemas mais debatidos e mais complexos do direito do consumidor. Mas atente-se que tais problemas não têm propriamente que ver com a elaboração do Código do Consumidor. Eles existem já hoje, *são independentes do Código*, na medida em que há legislação que *retira* do Código Civil certas relações: as chamadas, precisamente, relações de consumo.

Com Código do Consumidor ou não, em Portugal a disciplina das cláusulas contratuais gerais consta de diploma avulso, o mesmo sucedendo, entre tantos outros exemplos, com a responsabilidade civil do produtor, as viagens organizadas, os contratos a distância, o crédito ao consumo, o direito de habitação periódica, etc., etc..

A alegada fractura, a existir, existe já, não será o Código do Consumidor a criá-la. E estamos a falar de diplomas legais que em alguns casos *têm mais de 20 anos*, sem que a dita "fractura" tivesse levado o legislador a incluir tais matérias no Código Civil português.

Também não será com o Código do Consumidor que surgirá o "inconveniente" de a mesma relação jurídica – a relação de compra e venda, por exemplo – passar a ser disciplinada por um ou outro Código, o Civil ou o do Consumidor, consoante a qualidade em que nela intervém o particular. Tal inconveniente existe desde o momento em que há legislação especial aplicável às relações de consumo. Observe-se, por outro lado, que a situação é paralela, por ex., à da compra e venda comercial e que o critério da qualidade dos sujeitos está também presente na distinção – clássica – direito público/direito privado. Não se vê, pois, que o facto de se reservar a aplicação das (ou de algumas das) normas do direito do consumidor às relações em que o particular intervém em tal qualidade seja algo de estranho ou de singular na ordem jurídica portuguesa.

Por último, repare-se que a opção pelo Código Civil *não eliminaria* os inconvenientes e dificuldades que envolve a *codificação* do direito do consumidor, antes os *agravaria*, pela importância e peso histórico do Código Civil; e embora tenha a seu favor, sem dúvida, importantes argumentos de ordem sistemática, a verdade é que tal opção não reuniria *todas as vantagens* que o Código do Consumidor pode trazer, desde logo permitindo este, mas não aquele, acolher normas de *natureza interdisciplinar*.

Apesar do passo dado pela Alemanha e do exemplo que o mesmo poderia constituir, o certo é que, *já depois disso*, como dissemos, a Itália seguiu caminho diverso, com a publicação, em Outubro de 2005, do *Codice del Consumo*. Código este que veio mesmo revogar matéria que estava no Código Civil, por ter chamado a si a disciplina das cláusulas abusivas, até então incluída neste diploma.

E repare-se que estamos a falar de um país em que o Código Civil é como que um *código do direito privado*, por abranger não só o direito civil mas também, por exemplo, o direito do trabalho e o direito das sociedades. Estranhar-se-ia menos, por isso, que ele pudesse vir a incluir também o direito do consumidor – mas não foi essa, como vimos, a opção do legislador italiano.

6. "Fim" do direito do consumidor?

Estamos a par do *debate europeu*, no qual, aliás, alguns de nós vão intervindo. E conhecemos também os *apelos* muito recentes de alguma doutrina a um *"direito dos cidadãos"* ou a uma *"cidadania europeia"*, conceitos ou ideias em que iria desembocar o direito do consumidor. Este como que teria cumprido o seu papel, concluído a sua tarefa, ao *estender ao direito civil* princípios e regras que surgiram para defesa do consumidor e que eram privativas do direito do consumidor. Para esta perspectiva, o exemplo mais revelador dessa tendência verificar-se-ia na Alemanha, ao incluir-se o direito do consumidor no Código Civil[24].

Vemos com muita dificuldade e com grande reserva, porém, que esse passo para um "direito dos cidadãos" ou o apelo a uma "cidadania europeia" possa servir como que de *cavalo de Tróia* para uma *conquista* do direito civil pelo direito do consumidor, estendendo indiscriminadamente àquele – em detrimento dos seus princípios da autonomia, da liberdade e da igualdade – regras que se criaram e foram desenvolvendo no seio deste, para defesa do consumidor.

Mas também não nos parece, ainda que com outro sentido e preocupações, que se possa recuar ao velho conceito de *civis*, cidadão, para se justificar uma generalizada e indiferenciada inclusão do direito do consumidor no Código Civil, com base na ideia de que este abrange *todo o cidadão* e, portanto, também o consumidor[25].

---

[24] Cfr. sobre o tema HANS W. MICKLITZ, *De la nécessité d'une nouvelle conception pour le développement du droit de la consommation dans la Communauté européenne*, in "Liber Amicorum Jean Calais-Auloy", cit., pp. 725, ss. (referindo ter sido o Professor Hondius, uns anos antes, na Universidade de Utreque, a suscitar este problema). Ver já antes, de certo modo, a "utopia" de que fala THOMAS WILHELMSSON, *Consumer Law and the environment: from consumer to citizen*, in "Estudos de Direito do Consumidor", Centro de Direito do Consumo/Faculdade de Direito da Universidade de Coimbra, n.° 1, 1999, sob a direcção de ANTÓNIO PINTO MONTEIRO, pp. 353, ss. Em Portugal, pode ver-se a alusão de CARLOS FERREIRA DE ALMEIDA, *Direito do Consumo*, Coimbra, 2005, pp. 195, ss., esp. 211.

[25] Cfr. JOÃO CALVÃO DA SILVA, *Bicentenário do Code Civil (o Código Civil e a Europa: influências e modernidade)*, in RLJ ano 134.°, 2002, pp. 267, ss. e 270, ss.

Diria que nem a *conquista* do direito civil pelo direito do consumidor, nem a *capitulação* deste perante aquele – pois num caso e no outro seria a *especificidade* do direito do consumidor que se perderia, *em prejuízo* de quem, hoje, se visa proteger: precisamente, o *consumidor*!

7. Conclusão: codificação, unidade do sistema, dignidade da pessoa humana e defesa do consumidor

Gostaríamos, a concluir, de sublinhar especialmente três pontos.

I – Assim, em primeiro lugar, fica expressa a nossa clara preferência pela *codificação* do (essencial do) direito do consumidor, em alternativa à legislação *avulsa, dispersa* e *fragmentária* que foi surgindo para defesa do consumidor.

Feita esta primeira opção, uma segunda abraçámos, de seguida, a favor do *Código do Consumidor*, em alternativa à inclusão de tais matérias no *Código Civil*.

As razões das nossas escolhas foram apresentadas. Não vamos agora repeti-las.

II – Mas importa que se esclareça, isso sim, que a nossa opção pelo Código do Consumidor não significa que nos *alheemos* de tudo o mais, que para solucionar problemas do direito do consumidor *ignoremos* os demais elementos legislativos em vigor. Pelo contrário! O postulado metodológico da *unidade do sistema jurídico* reclama que se deva ter em atenção não só o *Código do Consumidor* mas também, entre outros, a *Constituição* e o *Código Civil*[26].

---

[26] Cfr. LUIZ EDSON FACHIN, *Novo Código Civil Brasileiro e o Código de Defesa do Consumidor: um Approach de suas Relações Jurídicas*, in "Estudos de Direito do Consumidor", Centro de Direito do Consumo/Faculdade de Direito da Universidade de Coimbra, n.° 7, 2005, pp. 111, ss., bem como, já antes, circunscrito à boa fé, o artigo de JUDITH MARTINS-COSTA, *Os Campos Normativos da Boa-fé Objetiva: as três perspectivas do direito privado brasileiro*, nos mesmos "Estudos", mas n.° 6, 2004, pp. 85, ss., e ainda, GUSTAVO TEPEDINO e A. SCHREIBER, *A Boa-fé Objetiva no Código de Defesa do Consumidor e no Novo Código Civil*, in "Revista da EMERJ, n.° 23, 2003, pp. 139, ss. Sobre as relações entre o novo Código Civil brasileiro e o Código do Consumidor v. igualmente, e de novo, FACHIN, *As relações jurídicas entre o novo Código Civil e o Código de Defesa do Consumidor: elementos para uma teoria crítica do direito do consumidor*, in "Repensando o

O Código do Consumidor não é (não será) uma lei isolada. Ele integra-se no todo da ordem jurídica, faz parte do sistema como uma unidade, *sistema que é sempre convocado pelo problema concreto – qualquer que ele seja – que em cada momento se tenha de decidir.*

Não está assim o Código Civil em oposição ao Código do Consumidor – pelo contrário, a *articulação* entre ambos será indispensável, o *"diálogo de fontes"*[27] será imprescindível, o postulado metodológico da *unidade do sistema* assim o exige[28].

---

direito do consumidor – 15 anos do CDC (1990-2005)", org. ALDACI CAPAVERDE e MARCELO CONRADO, vol. I, OAB, Curitiba, 2005, pp. 27, ss., bem como RENATO AFONSO GONÇALVES, *Os reflexos do novo Código Civil na manipulação de dados pessoais de consumidores*, in "O Código Civil e sua interdisciplinaridade: os reflexos do Código Civil nos demais ramos do direito", coord. de JOSÉ GERALDO BRITO FILOMENO, LUIS GUILHERME DA COSTA WAGNER JUNIOR e RENATO AFONSO GONÇALVES, Belo Horizonte, 2004, pp. 79, ss., e JOSÉ GERALDO BRITO FILOMENO, *Tutela contratual no novo Código Civil em face do Código de Defesa do Consumidor*, no mesmo volume, pp. 98, ss.

Convém ter igualmente presente, por outro lado, que o direito civil de hoje comunga de preocupações e de princípios bem diferentes dos que dominaram no passado, o que é particularmente relevante na área dos contratos, e que pode "ajudar" a um mais fácil diálogo com o direito do consumidor. Cfr., sobre essas tendências, por ex., JUDITH MARTINS-COSTA, *Comentários ao Novo Código Civil*, vol. V, tomo I, 2.ª ed., coord. SÁLVIO DE FIGUEIREDO TEIXEIRA, Rio de Janeiro, 2005, pp. 1, ss. (a parte constante da "Introdução Geral"); PAULO NALIN, *Do contrato: conceito pós-moderno*, Curitiba 2001; TERESA NEGREIROS, *Teoria do contrato. Novos paradigmas*, Rio de Janeiro, São Paulo, 2002; e LUIZ EDSON FACHIN, *Teoria Crítica do Direito Civil*, 2.ª ed., Rio de Janeiro, São Paulo, 2003.

[27] Cfr. PIETRO PERLINGIERI, *Perfis do Direito Civil. Introdução ao Direito Civil Constitucional*, trad. de MARIA CRISTINA DE CICCO, 3.ª ed., Rio de Janeiro, 1997, pp. 7, ss.; GUSTAVO TEPEDINO, *Crise de fontes normativas e técnica legislativa na parte geral do Código Civil de 2002*, in "A Parte Geral do Novo Código Civil. Estudos na Perspectiva Civil-Constitucional", Rio de Janeiro, São Paulo, 2002, pp. XV, ss., e CLAÚDIA LIMA MARQUES, *Contratos no Código de Defesa do Consumidor*, 5.ª ed., São Paulo, 2006, pp. 584, ss., ainda que mais numa perspectiva de conflitos de leis no tempo.

[28] Recorde-se A. CASTANHEIRA NEVES, *A unidade do sistema jurídico: o seu problema e o seu sentido (Diálogo com Kelsen)*, separata dos "Estudos em Homenagem ao Prof. Doutor J.J. Teixeira Ribeiro", Boletim da Faculdade de Direito de Coimbra, 1979 (agora também em *"Digesta"*, 2.º, Coimbra, 1995, pp. 109, ss.), e no Brasil, FRANCISCO AMARAL, *Direito Civil. Introdução*, 6.ª ed., Rio de Janeiro, São Paulo, Recife, 2006, pp. 35, ss. e 121, ss. Claro que falamos de sistema no sentido de sistema móvel, de desenvolvimento regressivo. Sobre o ponto, pode ver-se ainda, entre muitos, CANARIS, *Pensamento Sistemático e Conceito de Sistema na Ciência do Direito*, trad. port. de ANTÓNIO MENEZES CORDEIRO, Lisboa, 1989, pp. 127, ss.; LARENZ/CANARIS, *Methodenlehre der Rechtswissenschaft*, 3.ª ed., Berlin, Heidelberg, New York, 1995, pp. 265, 290, 298 ss. e *passim;* WILBURG, *Entwicklung eines beweglichen Systems im bürgerlichen Recht*, Graz, 1950; e F. BYDLINSKI, in *Das bewegliche System im geltenden und künftigen Recht*, 1986, *passim.*

III – Por último – mas, indiscutivelmente, *the last but not the least* –, falar, hoje, da defesa do consumidor não é *reduzir* a pessoa humana, não podendo acusar-se de *visão reducionista* quem fala ou quando se fala de *consumidor* em vez de *cidadão*. Melhor: *não pode contrapor-se o cidadão ao consumidor, pois este mais não é do que o cidadão numa especial relação, a relação de consumo*.

Apelar à defesa do consumidor e à consagração de um regime especial, num código próprio, *não significa prescindir da tutela que a ordem jurídica já lhe concede, como cidadão, e que o Código Civil acolhe*. Haja em vista, entre tantos outros exemplos, que os *direitos de personalidade* continuam, como é natural, a ser consagrados no Código Civil. Este será sempre o diploma fundamental do direito privado e só será afastado *nos pontos* em que a *lei especial* – "in casu", o Código do Consumidor – consagre um *regime específico*.

Convém ter sempre presente que o Código do Consumidor procura abranger, *apenas*, aquelas *relações* em que a pessoa carece de uma *protecção especial*. Trata-se de proteger a pessoa, o cidadão, numa *determinada relação*, a relação de consumo, precisamente. Em todas as *demais relações* é a lei *comum* do direito privado – o Código Civil – que tenderá a aplicar-se; ou a própria Constituição, quando for caso disso.

Afinal, digamo-lo para terminar, é a necessidade de *proteger a pessoa humana* que exige a *defesa do consumidor*, tal como essa mesma necessidade já exigiu, no passado, a *protecção do trabalhador* e a autonomia do direito do trabalho.

É a *dignidade da pessoa humana*, em suma, que leva à consagração de *regras especiais*, seja quando actua na *veste de trabalhador*, seja quando actua na *veste de consumidor*. Num caso e no outro, trata-se de *defender a pessoa humana de modo eficaz*, através de regras *específicas* e *adequadas*.

AS RECLAMAÇÕES NO DIREITO DO CONSUMO. ANÁLISE DA ACTUAL LEGISLAÇÃO E APRECIAÇÃO DO ANTEPROJECTO DO CÓDIGO DO CONSUMIDOR

ADELAIDE MENEZES LEITÃO[*][**]

1. Cumpre iniciar o presente estudo por uma tentativa de delimitação do conceito de reclamação. No Direito Administrativo a reclamação configura uma garantia graciosa, que consiste na impugnação do acto perante o seu próprio autor. Dois modelos se alternam: um, em que a reclamação é facultativa, permitindo o acesso imediato às garantias judiciais e, outro, em que a reclamação é obrigatória, no qual a acção judicial só pode ser instaurada posteriormente a uma reclamação prévia. A reclamação perde relevo num modelo em que surge como facultativa.

No Direito Civil, moldado sobre os vectores de igualdade e liberdade, a eficácia jurídica é modelada pela liberdade genérica ou através de posições jurídicas mais delimitadas que habilitam a produção de efeitos em relação a terceiros. Daqui que o conceito de direito potestativo não seja exportável para as actuações administrativas, que, subordinadas à legalidade e à competência, actuam em termos de vinculação e não de facul-

---

[*] Assistente da Faculdade de Direito da Universidade de Lisboa.

[**] O presente texto resultou de uma conferência, que teve lugar no dia 16 de Outubro de 2007, subordinada ao tema "As reclamações no âmbito dos direitos do consumidor", organizada pelo NPF – Pesquisa e Formação, e de uma conferência no VII Curso de Pós-Graduação de Aperfeiçoamento em Direito do Consumo, que teve lugar em 20 de Novembro de 2007, subordinada ao tema a Tutela Administrativa do Consumo. O presente estudo destina-se a uma colectânea de estudos em Homenagem ao Professor Doutor Oliveira Ascensão, de quem tivemos a honra de ser aluna na parte curricular do mestrado de 1993/1994 na Cadeira de Direito Comercial, subordinada ao tema a Concorrência Desleal, e de, enquanto assistente, colaborar, no ano de 1996/1997, no ensino da cadeira de Teoria Geral do Direito Civil.

dade[1]. No entanto, no Direito Civil surgem posições jurídicas que permitem uma actuação em relação ao prestador de um serviço ou fornecedor de um bem. Paradigmaticamente, no contrato de compra e venda certas posições jurídicas que assistem ao comprador de coisa defeituosa ou que não cumpra o fim a que foi destinada dependem de actuações positivas, a adoptar pelo comprador, designadamente a da denúncia do defeito em prazos determinados no artigo 916.º do CC, configurando-se um ónus[2].

Qual o papel das reclamações no Direito do Consumo? Poder-se-ia ser tentado a considerar a reclamação como um meio ao serviço do consumidor – exigindo-se esclarecimento adicional sobre este conceito – que lhe permite garantir a satisfação das suas pretensões em relação aos profissionais. Porém, atendendo ao sistema vigente, a reclamação serve sobretudo aos fiscalizadores e reguladores, em termos de sancionar as práticas configuradoras de ilícitos contra-ordenacionais. Com efeito, visa-se mais sancionar actuações do que propriamente a plena satisfação das pretensões dos consumidores. O cerne da reclamação tem como objecto o incumprimento de deveres que impendem sobre os profissionais, deveres estes que são correspectivos dos direitos dos consumidores, pelo que o consumidor funciona essencialmente como um elo da cadeia de fiscalização. A reclamação não permite normalmente a satisfação da pretensão do consumidor, mas resulta, quando justificada, na aplicação de um coima, instaurado o respectivo processo contra-ordenacional pela violação dos deveres que obrigam os profissionais. Esta arquitectura faz aproximar a reclamação no Direito do consumo de um exercício de direito de queixa ou de denúncia. O direito de queixa, no Direito administrativo, consiste na faculdade de promover a abertura de um processo que culmina na aplicação de uma sanção a um agente da administração. Ora, a reclamação visa actuar sobre entidades, privadas ou públicas, que realizem atendimento ao público, pelo que há, neste ponto, uma "administrativização" do consumidor no contexto de uma fiscalização em que é peça do respectivo sistema. Por sua vez, a denúncia é o acto pelo qual o particular leva ao conhecimento de certa autoridade a ocorrência de determinado facto ou a existência de uma certa situação sobre os quais aquela autoridade tenha a obriga-

---

[1] Admitindo a figura do direito potestativo no contexto da actuação da Administração Pública, PEDRO MACHETE, *Estado de Direito Democrático e Administração Paritária*, Almedina, Coimbra, 2007, 609.

[2] MENEZES CORDEIRO, *Tratado de Direito Civil Português*, I, Parte geral, tomo I, 3.ª ed, 2007, 359.

ção de investigar. Trata-se, assim, de uma noção que se adapta na plenitude ao sistema legislativo de reclamações, vulgarmente designado por "livro de reclamações", que se encontra regulado no Decreto-Lei n.º 165/2005, de 15 de Setembro, com alterações do Decreto-Lei n.º 371/2007, de 6 de Novembro, em relação a entidades privadas, e no Decreto-Lei n.º 135/99, de 22 de Abril, em relação a organismos públicos. O preenchimento da folha do livro de reclamações corporiza a denúncia de factos de uma entidade que realiza atendimento ao público em relação aos quais os direitos dos consumidores alegadamente foram violados. Pressupõe-se, assim, descortinar quem pode denunciar, em relação a quem se pode denunciar e para quem se pode denunciar.

2. Quem pode denunciar? Neste ponto, chegamos, mais uma vez, ao conceito de consumidor. A actual Lei de Defesa do consumidor (Lei n.º 24/96, de 31 de Julho), no seu artigo 2.º, n.º 1, considera consumidor todo aquele a quem sejam fornecidos bens ou serviços, prestados serviços ou transmitidos quaisquer direitos, destinados a uso não profissional, por pessoa que exerça com carácter profissional uma actividade económica que vise a obtenção de benefícios. Por sua vez, o n.º 2 do mesmo artigo vem alargar o conceito de consumidor ao utente da Administração Pública ou de entidades concessionárias de serviços públicos, sujeitando-as à legislação do consumidor sempre que prestem bens e serviços no domínio da sua actividade prestadora.

Os artigos 10.º e 11.º do Anteprojecto do Código do Consumidor (ACC) apresentam um novo conceito do consumidor em que se acende o debate sobre se as pessoas colectivas podem ser consumidoras. O artigo 10.º do ACC considera consumidor toda a pessoa singular que actue na prossecução de fins alheios à sua actividade profissional, através do estabelecimento de relações jurídicas com quem, pessoa singular ou colectiva, se apresente como profissional, alargando a relação jurídica à Administração pública e a entidades concessionárias de serviços públicos, à semelhança da vigente Lei de Defesa do Consumidor. De forma algo estranha, o artigo 11.º do ACC vem afirmar que as pessoas colectivas só gozam da qualidade de consumidores se actuarem fora da sua competência específica[3]. O que quer que represente a competência específica das pessoas

---

[3] Luís MENEZES LEITÃO, *O Direito do Consumo: Autonomização e Configuração Dogmática*, Estudos de Direito do Consumidor, vol. I (coord. Luís Menezes Leitão), Almedina, Coimbra, Julho, 2002, 19-20: O conceito jurídico de consumidor. A intervenção

colectivas é algo que levanta dúvidas. Porém, a interpretar-se este conceito como referente à capacidade de gozo no contexto das limitações do princípio da especialidade, parece incorrecto subscrever as concepções tradicionais neste domínio[4]. Acresce que no domínio das relações entre particulares as pessoas singulares e colectivas movem-se no quadro da autonomia privada, isto é, em termos de uma liberdade genérica de agir, não estando a sua actuação limitada por normas de competência. Nestes termos, não se pode deixar de discordar da diferenciação que é estabelecida em relação às pessoas colectivas no que concerne à aplicação da legislação do consumidor[5].

Sob este ponto de vista, a formulação da Lei de Defesa do Consumidor vigente é preferível, na medida em que o seu artigo 2.º, n.º 1, permite abranger as pessoas singulares e colectivas. É útil uma delimitação conceptual do consumidor, porquanto a legislação que lhe é aplicável depende de uma actuação como tal.

Assim, impõe-se uma delimitação conceptual simples. A recuperação do conceito de relação jurídica, no lastro de décadas de crítica que lhe tem sido endereçada, não ajuda ao processo interpretativo[6]. As directrizes comunitárias têm proposto uma contraposição entre consumidor e profissional que deve servir como ponto de partida para a delimitação do referido conceito.

---

legislativa do Estado com vista a protecção do consumidor autonomiza o conceito jurídico do consumidor. Dentro deste conceito distinguem-se: elemento subjectivo em que o consumidor é uma pessoa que negoceia com uma entidade profissional e que por isso surge como a parte mais fraca; elemento objectivo em que o conceito de consumidor se refere ao uso de coisas (bens ou serviços); e elemento teleológico em que os bens e serviços se destinam a uso pessoal e privado dos consumidores, o que significa que estão fora de qualquer actividade profissional.

[4] Sobre a superação do princípio da especialidade e a capacidade das pessoas colectivas, MENEZES CORDEIRO, *Tratado de Direito Civil Português*, III, 2.ª ed., Almedina, Coimbra, 2007 pp. 648 e ss, concluindo a p. 649: "o denominado princípio da especialidade não restringe, hoje, a capacidade das pessoas colectivas".

[5] Neste ponto segue-se MENEZES CORDEIRO, *Tratado de Direito Civil Português*, I, 3.ª ed, Almedina, Coimbra, 2007, pp. 201 e ss, especialmente pp. 213 e ss., apresentando o consumidor como o destinatário final dos bens (elo final do circuito económico) pelo que deveria ser chamado *consumador* no sentido de terminar o circuito económico.

[6] Certa doutrina estabelece um requisito relacional no conceito de consumidor LUÍS MENEZES LEITÃO, *O Direito do Consumo: Autonomização e Configuração Dogmática cit*, 21, com referência ao pensamento de Carlos Ferreira de Almeida e de Guido Alpa.

3. A Constituição contém no artigo 60.º o código genético da disciplina legislativa do consumo. Trata-se de uma reduzida "Constituição do Consumo", na qual se estabelece um conjunto de direitos dos consumidores[7]. Neste elenco de posições jurídicas fundamentais não se inclui um direito a reclamar por parte do consumidor. Porém, implicitamente, a garantia do cumprimento dos direitos que se conformam no plano material pressupõe um direito de cariz instrumental e procedimental em relação a actuações desconformes com os direitos dos consumidores.

Há, assim, uma garantia implícita de um meio de reacção judicial ou extra-judicial às lesões aos direitos dos consumidores, ainda que não se possa falar num direito fundamental formal do consumidor a reclamar. O catálogo dos direitos dos consumidores é desenvolvido na vigente Lei de Defesa do Consumidor – Lei n.º 24/96, de 31 de Julho – na qual se omite qualquer referência ao direito de reclamar, ainda que se considere que o artigo 9.º relativo à protecção dos interesses económicos dos consumidores pode implicitamente abranger o direito à reclamação.

Em rigor, o "direito a reclamar" deve ser qualificado como um poder – no sentido do conceito do Professor Gomes da Silva – disponibilidade de meios para a obtenção de um fim – no âmbito de qualquer dos direitos dos consumidores. Esta noção do "direito" de reclamação como um conteúdo de aproveitamento implícito a quaisquer direitos subjectivos na área do consumo transforma-o numa posição jurídica transversal à dispersa legislação na matéria. Esta leitura vai ser completada posteriormente com a forma como o legislador nacional arquitectou o sistema de reclamações.

Na verdade, todo o sistema de reclamações assenta essencialmente no incumprimento de deveres jurídicos que adstringem os profissionais em virtude da conformação de direitos dos consumidores e menos no accionar de posições jurídicas activas para obterem plena satisfação. Configurando uma actuação repressiva, todo o sistema de reclamações direcciona-se para uma fiscalização difusa – utilizando o consumidor como elo da cadeia de fiscalização – com vista à aplicação de coimas aos prevaricadores.

4. Em relação a quem se pode denunciar? Ao inserir o consumidor num sistema triangular de fiscalização, impõe-se saber contra quem se pode reclamar. Está-se, com efeito, perante uma fase em que se instalou

---

[7] Art. 60.º CRP *Os consumidores têm direito à qualidade dos bens e serviços consumidos, à formação e à informação, à protecção da saúde, da segurança e dos seus interesses económicos, bem como à reparação de danos.*

um conflito que justifica que o consumidor pretenda accionar um meio de reacção. Trata-se porém, de um meio que assegura uma actuação independentemente da razoabilidade da reclamação do consumidor. Ou seja, o consumidor pode reclamar sem que haja qualquer escrutínio sobre a sua posição de fundo sobre a eventual lesão ou não de qualquer dos seus direitos. As reclamações dos consumidores resultam do "alegado" ou "hipotético" incumprimento dos seus direitos, seguindo a partir daí os seus trâmites, mas, ao corporizarem verdadeiras denúncias, o princípio da legalidade impõe que se instaurem os respectivos procedimentos contra-ordenacionais contra os profissionais.

A legislação vigente (Decreto-Lei n.º 165/2005, de 15 de Setembro, com alterações do Decreto-Lei n.º 371/2007, de 6 de Novembro[8]) deter-

---

[8] De salientar a justificação preambular do novo Decreto-Lei n.º 371/2007, de 6 de Novembro, que passamos a transcrever com as adaptações necessárias. Com a entrada em vigor do Decreto-Lei n.º 156/2005, de 15 de Setembro, foi alargada a obrigatoriedade de existência e disponibilização do livro de reclamações a um conjunto amplo de actividades do comércio e dos serviços. Ao abrigo daquele decreto-lei, passou a ser exigida a existência e disponibilização do livro de reclamações, designadamente, nos estabelecimentos de comércio a retalho, nos postos de abastecimento de combustíveis, nos salões de cabeleireiro, nos estabelecimentos de tatuagens e colocação de piercings, nos parques de estacionamento, nos estabelecimentos dos prestadores de serviços públicos essenciais e nas instituições de crédito. O exercício do direito de queixa, enquanto exercício de cidadania, tornou-se, assim, mais acessível aos consumidores e utentes. Do mesmo modo, o livro de reclamações, enquanto ferramenta importante de avaliação e conhecimento do mercado, permitiu reconhecer os sectores de actividade em que os direitos e interesses dos consumidores e utentes se encontram menos acautelados. Passado algum tempo sobre a entrada em vigor do Decreto-Lei n.º 156/2005, de 15 de Setembro, a experiência recolhida com a sua aplicação permite, agora, optimizar este instrumento através de um novo Decreto-Lei n.º 371/2007, de 6 de Novembro. Através deste diploma não só é alterado o anexo I do Decreto-Lei n.º 156/2005, pela introdução de novos estabelecimentos, como é criada uma obrigação geral, para todos os fornecedores de bens ou prestadores de serviços que não se encontrem identificados naquele anexo, de possuírem e disponibilizarem o livro de reclamações. São pressupostos desta obrigação a existência de um estabelecimento físico, fixo ou permanente, o contacto directo com o público e o fornecimento de um bem ou a prestação de um serviço. Pretende-se com esta regra evitar uma constante alteração legislativa ao Decreto-Lei n.º 156/2005, de 15 de Setembro, sempre que surja uma nova actividade económica no mercado. Deste modo, ao anexo I foram aditados, designadamente, os estabelecimentos de reparação de bens pessoais e domésticos, os estabelecimentos notariais privados, os estabelecimentos das empresas de promoção imobiliária, os estabelecimentos das empresas de ocupação ou de actividades de tempos livres e as clínicas veterinárias. Na impossibilidade de se proceder à identificação, para efeitos de aplicação dos artigos 5.º e 11.º, da entidade para a qual a reclamação deve ser remetida e das entidades responsáveis

mina que estão obrigados a ter livro de reclamações quaisquer estabelecimentos privados que façam atendimento ao público (lista do Anexo I). O critério determinante é o do atendimento ao público, porém a lei ao assentar no conceito de estabelecimento exclui do seu âmbito de aplicação os vendedores ambulantes e feirantes. Em relação aos estabelecimentos públicos estão sujeitos a reclamação os serviços públicos essenciais, delimitados actualmente da Lei n.º 23/96, de 26 de Julho, bem como todos os organismos e serviços da Administração Pública onde seja efectuado atendimento ao público nos termos do artigo 38.º do Decreto-Lei n.º 135/99 de 22 de Abril, devendo ser sinalizada de forma visível a existência de livro de reclamações. Este diploma visou a modernização administrativa. Não há porventura melhor forma de modernizar a Administração prestadora que sujeitá-la à legislação do consumidor. A reforma do Estado não pode limitar-se a diminuir meia centena de quadros dirigentes, à fusão formal de estruturas administrativas, sendo essencial partir da racionalização e eficiência da actividade administrativa mais do que de uma redução orgânica administrativa.

5. Para quem se pode reclamar? O terceiro vértice do triângulo do sistema de reclamações respeita às entidades fiscalizadoras ou reguladoras do sector do mercado de onde é proveniente a reclamação. É neste passo que se desenha um quadro orgânico das reclamações dos consumidores, que exige alguma reflexão sobre o modelo de regulação que se adoptou em Portugal. Durante o Estado Novo, o condicionamento industrial cerceava a livre iniciativa económica e, no período posterior ao 25 de Abril de 1974, a estatização da economia, com nacionalizações em catadupa, manteve as reservas à iniciativa privada. Foi necessário esperar pela revisão de 1982 da Constituição e pela adesão de Portugal à Comunidade Económica Europeia para que a economia se abrisse ao exterior e à iniciativa privada, tendo-se iniciado uma série de privatizações em alguns sectores da economia. É no contexto de recuo do Estado na economia que avança o Estado regulador que supervisiona e fiscaliza o mercado. Nestes termos, temos

---

pela fiscalização, instrução e aplicação das coimas e sanções acessórias relativamente às reclamações resultantes do fornecimento de um bem ou da prestação de um serviço pelos agentes económicos não identificados no anexo I, estas devem ser remetidas à entidade de controlo de mercado competente ou à entidade reguladora do sector de actividade no qual os agentes económicos se inserem. Não existindo uma e outra, a reclamação deve ser enviada à Autoridade de Segurança Alimentar e Económica.

hoje, em paralelo, um modelo duplo de fiscalizadores: um, na Administração Central do Estado, normalmente designado por Inspecções-Gerais inseridas nos respectivos Ministérios e, outro, através da criação de entidades públicas independentes, denominadas Autoridades. Para além destas inspecções e reguladores, surgem aqui e ali entidades públicas, normalmente institutos públicos, com funções fiscalizadoras dispersas. A estrutura orgânica fiscalizadora do Estado necessita de ser estudada de modo a que se façam desaparecer organismos redundantes em razão das tarefas fiscalizadoras.

No contexto da reforma da função fiscalizadora do Estado, o surgimento de uma autoridade com poderes alargados, como a Autoridade de Segurança Alimentar e Económica, deve ser aplaudida, bem como a mediatização que tem decorrido da sua actuação mais racionalizada e eficiente, permitindo incrementar os níveis de cumprimento da legislação. Em matéria de reguladores de mercado, o sistema desenhado com uma Autoridade "chapéu-de-chuva" – a Autoridade da Concorrência –, com competência sobre todo o mercado, e com um conjunto de autoridades reguladoras sectoriais, com competências delimitadas, origina conflitos positivos e negativos de competência. Também o modelo de financiamento da Autoridade da Concorrência, através de percentagens de reguladores sectoriais, é pernicioso. É necessário que cada uma das autoridades se financie e, na parte em que esse sistema de autofinanciamento não seja suficiente, cumpra ao Orçamento do Estado o ónus de subsidiar a sua independência.

Em resultado de múltiplas reformas se sobreporem neste domínio sem a articulação necessária, está-se hoje perante um multiplicidade de entidades fiscalizadores e reguladores cuja competência depende do estabelecimento privado ou público visado na reclamação. De acordo com a sua competência, entidades como o Instituto do Desporto de Portugal, a Inspecção-Geral das Actividades Culturais, o Instituto Nacional da Farmácia e do Medicamento, o Instituto de Seguros de Portugal, o Banco de Portugal e até os diferentes Ministérios podem ter de actuar ou de reencaminhar as reclamações para as entidades competentes.

6. O triângulo que se desenha no sistema de reclamações traduz-se num procedimento em parte privado e em parte público. Este procedimento tem objectivos genéricos, enunciados de forma expressa na exposição de motivos do Decreto-Lei n.º 165/2005, de 15 de Setembro, que são: tornar acessível o exercício do direito de queixa (o próprio legislador caracteriza a reclamação como o exercício do direito de queixa), permitir ao consumidor reclamar no local onde o conflito ocorreu, poupando-lhe custos e tempo associados à necessidade de ter de se dirigir a outro sítio ou ao envio de correspondência, aprofundar o exercício da cidadania, contribuindo para o aperfeiçoamento do sistema, aumentar a celeridade na resolução de conflitos, a identificação de condutas contrárias à lei e contribuir para a melhoria da qualidade dos serviços prestados e dos bens vendidos.

Posto isto, o objectivo que mais se concretiza através dos resultados do sistema de reclamações é a identificação de condutas contrárias à lei, o que significa que a averiguação da substância das reclamações se situa *prima facie* num controlo de legalidade. Se os comportamentos dos profissionais forem ilegais, instauram-se os respectivos procedimentos contra-ordenacionais, terminando com a aplicação de uma coima. Caso não se preencha a respectiva ilicitude contra-ordenacional, o profissional será absolvido através do arquivamento do processo. Tanto num caso como no outro não se satisfaz qualquer pretensão individual do consumidor. Assim, as reclamações não devem ser vistas como um meio de resolução de litígios, mas sim como um sistema de fiscalização descentralizado nos consumidores.

O processo de descentralização da fiscalização nos consumidores tem três fases que correspondem aos vértices do triângulo já referido. O consumidor ou utente é titular de um direito de denúncia, o que significa que está na estrita dependência da sua vontade reclamar ou não. Trata de um poder e não de uma obrigação, sujeito, porém, aos limites do abuso do direito nos termos gerais. O que significa que reclamações por pura animosidade, por chicana ou completamente infundamentadas não correspondem a um exercício legítimo de reclamar, podendo *in limine* fundamentar a responsabilidade pelos danos causados. Assim, nos termos legais, exige-se que o consumidor exponha de forma clara, objectiva e concisa a razão de ser da reclamação, bem como os factos importantes para a correcta percepção do problema, a identidade de eventuais testemunhas e a sua identificação. Quando o livro de reclamações não for imediatamente facultado, o consumidor pode requerer a presença da autoridade policial. Se o desejar, e para maior segurança no encaminhamento da reclamação, o consumidor poderá fazer chegar uma fotocópia do seu exemplar à entidade fiscalizadora.

Seguida a fase do preenchimento da reclamação por parte do consumidor, impõe-se analisar as obrigações dos titulares de estabelecimentos de atendimento ao público, a saber: possuir o livro de reclamações; facultá-lo imediata e gratuitamente ao utente; afixar no seu estabelecimento um letreiro com a seguinte informação: «*Este estabelecimento dispõe de livro de reclamações*»; manter, por um período de três anos, um arquivo organizado dos livros de reclamações que tenha encerrado; não condicionar a apresentação do livro de reclamações, designadamente à necessidade de identificação do utente. Estas obrigações são fundamentais para assegurar ao consumidor o exercício do seu "direito" de reclamar. Para além disto, o titular do estabelecimento deve remeter cópia do original da folha do livro de reclamações, no prazo de cinco dias úteis, à entidade de controlo de mercado competente ou à entidade reguladora do sector e entregar o duplicado da reclamação ao utente, conservando em seu poder o triplicado, que faz parte integrante do livro de reclamações e que dele não pode ser retirado. Normalmente, o livro de reclamações dispõe de 3 folhas auto-copiativas para registo de cada reclamação, devendo o original ficar no estabelecimento, uma cópia ser enviada para a entidade fiscalizadora pelo comerciante ou prestador de serviços, e outra ser entregue ao reclamante que, como já se fez referência, a pode enviar à entidade fiscalizadora.

Por fim, surgem-nos os fiscalizadores e reguladores. Compete-lhes, nos termos da lei, receber as folhas de reclamação que lhe sejam enviadas, instaurar o procedimento adequado, se os factos resultantes da reclamação indiciarem a prática de contra-ordenação prevista em norma específica aplicável, notificar o fornecedor de bens ou o prestador de serviços para que, no prazo de 10 dias úteis, apresente as alegações que entenda por convenientes, tomar as medidas que considere adequadas, de acordo com as atribuições que lhes estão conferidas por lei, e aplicar coimas e sanções acessórias. Não lhes compete resolver o litígio entre o consumidor e o profissional, mas sim, em razão do teor da reclamação e da prova que se faça sobre os factos em relação aos quais se reclama, realizar um escrutínio no contexto dos limites do princípio da legalidade sobre o início ou não de um procedimento contra-ordenacional.

Neste procedimento contra-ordenacional, que se inicia com uma denúncia particular, o titular do estabelecimento tem, em cumprimento do princípio do contraditório, direito de contradizer os factos alegados pelo reclamante. De referir que o titular do estabelecimento que realiza atendimento ao público só pode intervir nesta fase, uma vez que anteriormente limita-se a ser um mero elo mecânico entre o reclamante e o fiscalizador. É, pois, quando a lei lhe permite uma intervenção no processo contra-ordenacional que deve concentrar a bateria de argumentos com vista à sua defesa. Há porém espaço reduzido frente a ilícitos contra-ordenacionais, que são cada vez mais objectivos. Tudo tenderá a concluir-se com a aplicação de uma coima ou de outra medida acessória (sujeitas a impugnação judicial) ou com o arquivamento do processo contra-ordenacional. Este é o sistema de reclamações vigente, que tem vantagens na medida que funciona como uma fiscalização difusa dos profissionais, mas que assenta numa vigilância mais ou menos pró-activa dos consumidores.

7. Neste momento, cumpre analisar as soluções que se consagram no Anteprojecto do Código do Consumidor. É importante referir que a legislação de defesa do consumidor é actualmente um amontoado de diplomas em relação ao qual se justifica uma tentativa de racionalização e de sistematização que permita a codificação desta disciplina. Apesar de tudo, pensa-se que a via mais correcta seria a sua inserção no Código Civil através de uma reforma[9]. De salientar, no entanto, que uma reforma do Código Civil exigiria um período de reflexão e de trabalho de, pelo menos, uma década, pelo que realisticamente não seria uma opção. Já foram tecidas algumas críticas ao Anteprojecto em momento anterior[10], pelo que se remete para o que escrevemos sobre o assunto. Cabe-nos agora no campo delimitado das reclamações analisar as soluções propostas. Mais uma vez, não é possível deixar de criticar inúmeros pontos que, a nosso ver, resultam de uma conclusão apressada e de um processo que necessita de aprimoramento. Ponto por ponto:

A matéria das reclamações é fundamental à defesa dos direitos dos consumidores, pelo que não pode ser esquecida numa codificação neste domínio. Ora, acontece que se, por um lado, é referido o livro de reclamações no artigo 8.º do ACC, ainda antes da apresentação do conceito do consumidor, por outro, este artigo, composto por três números, é completamente inútil, configurando uma verdadeira descodificação. Com efeito, um diploma como o Decreto-Lei n.º 165/2005, de 15 de Setembro, (entretanto alterado) contendo uma matéria nuclear, teria de estar incluído no Código. O legislador não seguiu porém esta via, pois

---

[9] Neste sentido, MENEZES CORDEIRO, *Tratado de Direito Civil*, I, p. 215-216.

[10] Referimo-nos a uma conferência que teve lugar em 8 de Julho de 2006 na Faculdade de Direito sobre o Anteprojecto do Código do Consumidor entretanto publicada com o título *A publicidade no Anteprojecto do Código do Consumidor*, Estudos do Instituto de Direito do Consumo, vol. III, 135-146.

manteve em vigor o referido diploma, repetindo as linhas gerais do seu regime nos diferentes números. Trata-se de pura redundância legislativa que não faz sentido[11].

Na mesma linha, não se pode deixar de criticar o disposto no artigo 315.º do ACC. Com efeito, o artigo 8.º remete quer para o Decreto-Lei n.º 165/2005, de 15 de Setembro, quer para o próprio Código e demais legislação para definir o âmbito das entidades obrigadas a livro de reclamações. Por sua vez, no artigo 315.º estabelece-se que as entidades que prestam serviços públicos essenciais estão obrigadas a livro de reclamações, acrescentando no seu n.º 2 ainda os serviços postais[12], que, nos termos do n.º 2 do artigo 1.º da Lei n.º 23/96, de 26 de Julho, não são actualmente serviços públicos essenciais. Ora, nos termos do artigo 38.º do Decreto-Lei 135/99, de 22 de Abril, todas as entidades públicas que prestam atendimento público estão obrigadas ao livro de reclamações, pelo que o teor do artigo 315.º, ao referir-se somente ao serviços públicos essenciais, pode induzir em erro, sendo certo que a boa interpretação vai no sentido do ACC não revogar o artigo 38.º do Decreto-Lei n.º 135/99, de 22 de Abril. Em rigor, tratando-se de uma obrigação comum a entidades públicas e privadas que prestam atendimento público deveria ser incluída numa parte geral que regulasse toda a matéria das obrigações. O n.º 3 do artigo 315.º consubstancia assim mais um exercício de descodificação, em que se prevê mais legislação para completar o Código, não parecendo ser

---

[11] Artigo 8.º (Livro de Reclamações) *1. Sempre que neste Código e nas demais disposições normativas pertinentes, como as que constam do Decreto-Lei n.º 156/2005, de 15 de Setembro, se obriguem organismos, serviços ou estabelecimentos a dispor de Livro de Reclamações, deve ser afixado de forma bem visível um aviso dando conta da existência e disponibilidade desse Livro e da entidade fiscalizadora competente. 2. Se for recusado a alguém o acesso ao Livro de Reclamações, pode o interessado requerer intervenção policial a fim de conseguir remover essa recusa ou, de qualquer modo, a fim de que tome nota da ocorrência e a faça chegar à entidade competente para fiscalizar o sector em causa. 3. A lei estabelece quem é obrigado a dispor de Livro de Reclamações, qual a entidade fiscalizadora competente e as sanções aplicáveis, e regula os termos em que a reclamação deve ser feita e apreciada.*

[12] Artigo 315.º *1. Todos os prestadores dos serviços públicos essenciais mencionados no artigo 313.º, n.º 2, alíneas a) a e), devem ter Livro de Reclamações, em conformidade com o disposto no artigo 8.º deste Código. 2. A obrigação imposta no número anterior recai igualmente sobre as entidades prestadoras dos serviços postais. 3. São regulados por lei especial os termos em que a reclamação deve ser feita e apreciada, designadamente qual a entidade fiscalizadora a que será dirigida, o prazo de que o utente dispõe para o efeito e as sanções aplicáveis.*

a melhor opção. No fundo há entre estas duas disposições uma remissão recíproca que é inútil e evidencia algum desconforto sistemático.

Para além destes artigos, encontra-se espalhado pelo ACC um conjunto de disposições em que a reclamação é referida. Referimo-nos, no contexto das obrigações do produtor [artigo 56.º, n.º 3, c) ACC], ao registo actualizado e análise das reclamações apresentadas em relação aos produtos comercializados, ao facto do tratamento de reclamações poder ser uma prática enganosa [artigo 132.º, n.º 2, c) ACC] ou uma omissão enganosa (art. 133.º, 3, d) AAC), e à previsão de aplicação de coimas ao proprietário do empreendimento ou cessionário da exploração (artigos 349.º e 518.º ACC) e de agências de viagem ou de turismo (artigos 363.º e 525.º ACC). Como já se fez referência, o quadro legislativo das reclamações pode ser francamente melhorado, designadamente em termos de arrumação sistemática e através da edificação de uma disciplina concisa aplicável a entidades públicas e privadas que realizem atendimento ao público.

8. Como resultado do exposto nos pontos anteriores, visando uma análise comparativa do sistema de reclamações dos consumidores na legislação vigente e no futuro Código do Consumidor, impõe-se colocar em evidência a seguinte conclusão: o quadro legal dos direitos dos consumidores e das reclamações não se vai alterar significativamente com a entrada em vigor do Código do Consumidor. Com efeito, o Código é mais uma colectânea de legislação do que uma verdadeira codificação com alteração substancial do *status quo* vigente. Apesar disto, a existência de um Código do Consumidor pode permitir uma maior racionalidade na aplicação da legislação do consumidor, mais fiscalização, mais coordenação entre órgãos fiscalizadores, maior controlo das empresas e mais coimas. Note-se que todo o sistema pressupõe uma maior eficácia e coordenação dos fiscalizadores e reguladores. A este propósito, cabe mencionar o sistema de queixas *on line* da Autoridade de Concorrência que permite posteriormente o seu reencaminhamento para os reguladores sectoriais. Para obstar às reclamações, é preciso que os profissionais evitem todas as condutas lesivas dos direitos dos consumidores. Só se alcançam menos reclamações com mais e melhor cumprimento destes direitos, em especial do direito de informação. Com efeito, o direito de informação tem um papel central por dar conhecimento ao consumidor de aspectos fundamentais do negócio que está a celebrar e de aspectos relacionados com a aquisição de bem ou a prestação de serviço, bem como da relação entre preço e qualidade. Um princípio de precaução, que é fundamental em matéria da defesa do consumidor no sentido de evitar reclamações, impõe maior rigor na elaboração dos contratos, maior cuidado na informação a disponibilizar, e resolução de conflitos com recurso à mediação e à arbitragem. Por outro lado, as empresas devem adoptar procedimentos internos de forma a responder às reclamações dos consumidores de forma célere e substantiva. Assim, *call centers,* que encaminhem as reclamações, *sites* na Internet, provedores do cliente, formulários de reclamações e sugestões e sistemas de organização das empresas, que permitam dar respostas às reclamações, podem configurar soluções para as prevenir ou para permitir a sua resolução.

XIV
DIREITO DO TRABALHO

CONVENÇÕES COLECTIVAS DE TRABALHO E DIREITO TRANSITÓRIO: COM EXEMPLO NO REGIME DA REFORMA NO SECTOR BANCÁRIO

António Menezes Cordeiro[*]

> SUMÁRIO: *I. Introdução: 1. O problema. II. A evolução da contratação colectiva bancária: 2. A contratação colectiva até 1974; 3. O período de 1975 e 1976; 4. A evolução posterior a 1978. III. O regime transitório das convenções colectivas de trabalho: 5. Direito transitório formal; a substancialização; 6. Os direitos adquiridos. IV. O regime da reforma no sector bancário: 7. A problemática subjacente; 8. O sentido da "lei nova"; 9. A salvaguarda das situações consubstanciadas perante a lei velha.*

I. Introdução

1. *O problema*

I. Há dez anos publicámos, nos *Estudos em Memória do Professor Doutor João de Castro Mendes*, um escrito intitulado *Dos conflitos temporais de instrumentos de regulamentação colectiva de trabalho*[1]. Cabe agora, com pretexto em *Estudos de Homenagem* a outro grande professor da Faculdade de Direito de Lisboa, retomar alguns aspectos do problema. Para tanto, utilizaremos, como banco de ensaio, uma questão que tem animado a nossa jurisprudência jurídico-laboral dos últimos anos: a da aplicação de cláusulas contidas no acordo colectivo de trabalho vertical para

---

[*] Professor Catedrático da Faculdade de Direito da Universidade de Lisboa.
[1] *Estudos em Memória do Professor Doutor João de Castro Mendes* (1994), 459-473.

o sector bancário, e que foram introduzidas sucessivamente nos instrumentos em vigor.

II. A cláusula 137.ª do ACTV para o sector bancário dispõe, no seu n.º 1:

> No caso de doença ou invalidez ou quando tenham atingido 65 anos de idade (invalidez presumível) os trabalhadores em tempo completo têm direito:
>
> *a*) Às mensalidades que lhe competirem (...)
> (...)

Seguiam-se várias regalias que permitiriam, no fundamental e aos trabalhadores reformados, conservar o *status* retributivo que tinham quando no activo.

Esta cláusula remonta ao CCT de 1964, tendo conhecido várias redacções. Até 1982, era a única relativa a pensões e reformas no sector bancário, pelo que se aplicaria a todos os trabalhadores que preenchessem as suas condições: quer atingissem a reforma no activo, quer isso sucedesse depois de, por qualquer razão, terem deixado o serviço da instituição de crédito considerada.

III. Temos, de seguida, de lidar com a cláusula 140.ª, cujo n.º 1 dispõe:

> O trabalhador (...) que, por qualquer razão, deixe de estar abrangido pelo regime de segurança social garantido pelo presente acordo, terá direito, quando for colocado na situação de reforma por invalidez ou invalidez presumível, ao pagamento pelas instituições de crédito ou parabancárias, na proporção do tempo de serviço prestado a cada uma delas, da importância necessária para que venha a auferir uma pensão de reforma igual à que lhe caberia se o tempo de serviço prestado no sector bancário fosse considerado como tempo de inscrição no regime geral da segurança social (...)

Trata-se, agora, de um regime explícito para os trabalhadores que abandonem o sector bancário antes da reforma por invalidez ou invalidez presumível. Esse regime, claramente menos favorável do que o resultante da cláusula 137.ª, surgiu apenas com o CCT de 1982.

IV. Pergunta-se, agora: qual o regime aplicável aos trabalhadores que abandonaram a banca antes de 1982: o da cláusula 137.ª ou o da cláusula 140.ª? A jurisprudência oscilou entre as duas possíveis soluções, vindo, recentemente, a insistir na última[2]. Supomos, porém, que essa insistência não tem em conta a realidade bancária a que se aplica; ignora, ainda, as regras gerais de Direito transitório e certas valorações específicas jurídico-laborais. Vamos ver.

II. A evolução da contratação colectiva bancária

2. *A contratação colectiva até 1974*

I. A colocação do tema anunciado exige um conhecimento da evolução da contratação colectiva bancária. As cláusulas assistenciais não devem ser interpretadas de modo isolado: antes inseridas nos instrumentos a que pertençam.

O primeiro contrato colectivo para o sector bancário foi assinado em 31-Dez.-1938. Tinha o seguinte proémio:

> Entre o Grémio Nacional dos Bancos e Casas Bancárias, representando todas as pessoas singulares ou colectivas que exerçam o comércio bancário no continente português, que serão designadas por *estabelecimentos bancários*, e os Sindicatos Nacionais dos Empregados Bancários dos distritos de Lisboa, Porto, Coimbra, Braga e Viseu, representando todos os empregados bancários do mesmo continente, que serão designados por *empregados*, foi ajustado celebrarem, como realmente por este título celebram, um contrato colectivo de trabalho, que se regerá pelas seguintes cláusulas:

Tratava-se dum instrumento já extenso[3], repartido por 88 cláusulas, assim ordenadas:

Capítulo I   – Do âmbito e da duração do contrato – 1.ª e 2.ª;
Capítulo II – Da admissão do pessoal e das causas de despedimento – 3.ª a 18.ª;
Capítulo III – Da disciplina do trabalho – 19.ª a 23.ª;

---

[2] Cf. STJ 6-Fev.-2002 (MÁRIO TORRES), AcD XLI (2002), n.° 488-489, 1218-1235, que revogou um acórdão da 2.ª Instância que optara pela primeira solução e onde pode ser confrontada outra jurisprudência.

[3] BINTP V (1938), n.° 23/24, 460-469, com os mapas anexos. O primeiro signatário foi FERNANDO ULRICH, pelo Banco de Portugal e Presidente do seu Conselho Geral.

Capítulo IV — Horário de trabalho — 24.ª a 38.ª;
Capítulo V — Da classificação e da transferência do pessoal — 39.ª a 50.ª;
Capítulo VI — Remuneração do trabalho — 51.ª a 54.ª;
Capítulo VII — Previdência — 55.ª;
Capítulo VIII — Serviço militar e Legião Portuguesa — 56.ª e 57.ª;
Capítulo IX — Férias — 58.ª e 59.ª;
Capítulo X — Faltas por motivo de doença. Licenças — 60.ª a 64.ª;
Capítulo XI — Sanções — 65.ª a 68.ª;
Capítulo XII — Comissão corporativa — 69.ª a 75.ª;
Capítulo XIII — Disposições gerais e transitórias — 76.ª a 88.ª.

No tocante a disposições de tipo social, este primeiro contrato colectivo bancário continha duas. Assim:

CLÁUSULA 55.ª Os outorgantes obrigam-se a, no prazo máximo de dois anos a contar da entrada em vigor do presente contrato, ter concluído o regulamento para a constituição da Caixa Sindical de Previdência dos Empregados Bancários.

CLÁUSULA 61.ª (transitória). Enquanto o problema da assistência aos empregados inválidos por doença não estiver resolvido na sua generalidade, os estabelecimentos bancários garantem aos seus empregados, em caso de doença, o seguinte:

a) Aos empregados com mais de um e menos de três anos de serviço:
Dois meses com ordenado por inteiro e
Dois meses com metade do ordenado;

b) Aos empregados com três ou mais anos de serviço:
Um mês com ordenado por inteiro e outro com metade do ordenado por cada ano de serviço até dez e
Um mês e meio com ordenado por inteiro e um mês e meio com metade do ordenado por cada ano de serviço além de dez.

(...)

O contrato de 1938 foi alterado em 19 de Agosto de 1941[4]. A cláusula 55.ª passou a ter a redacção seguinte:

Os outorgantes obrigam-se a, quando as circunstâncias o permitirem, concluirem o regulamento para a constituição da Caixa Sindical de Previdência dos Empregados Bancários.

---

[4] BINTP VIII (1941), n.º 16, 402-404; eram mexidas 33 cláusulas, entre modificações, supressões e aditamentos.

A cláusula 61.ª manteve-se incólume.

Seguiu-se, em 12-Nov.-1943, uma alteração pontual à cláusula 85.ª, relativa a descontos no tempo de serviço[5].

Como se vê, logo em 1938, os parceiros laborais colectivos cometeram aos banqueiros uma determinada função assistencial, a título transitório. Os parceiros vincularam-se "... enquanto o problema da assistência (...) não estiver resolvido na sua generalidade ...".

II. O 2.º contrato colectivo de trabalho foi aprovado em 1-Fev.-1944[6]. Apresenta-se mais sintético – 73 cláusulas em 15 capítulos – e melhor sistematizado do que o primeiro.

A matéria referente à saúde foi colocada no Capítulo XII, relativo à previdência, nos termos seguintes:

> CLÁUSULA 59.ª Os outorgantes obrigam-se a, quando as circunstâncias o permitirem, concluir o regulamento para a constituição da Caixa Sindical de Previdência dos Empregados Bancários.
>
> (...)
>
> CLÁUSULA 60.ª Enquanto não funcionar a Caixa prevista na cláusula anterior, os estabelecimentos bancários garantem aos seus empregados, em caso de doença ou de invalidez, o seguinte:

Seguia-se um esquema semelhante ao anterior, mas melhorado.

O 2.º contrato colectivo de trabalho foi diversas vezes alterado: em 1-Fev.-1945, no domínio de férias e salários[7]; em 11-Mar.-1946, em diversos pontos, com relevo para a Comissão Corporativa[8]; em 20-Fev.-1947, sendo então alterada a cláusula 60.ª que passou a estipular[9]:

> Enquanto não funcionar a caixa prevista na cláusula anterior os estabelecimentos bancários garantem aos seus empregados, em caso de doença ou de invalidez, as mensalidades resultantes do supra n.º 6.

Seguiram-se novas alterações: em 11-Fev.-1948[10], no tocante ao tempo de trabalho e em 10-Mar.-1949[11], em vários aspectos – 11 cláusulas –

---

[5] BINTP X (1943), n.º 23, 708.
[6] BINTP XI (1944), n.º 3, 47-54.
[7] BINTP XII (1945), n.º 7, 233; foi aprovado em 3-Abr.-1945.
[8] BINTP XIII (1946), n.º 6, 148-149; foi aprovado em 16-Mar.-1946.
[9] BINTP XIV (1947), n.º 4, 99; não indica a data da aprovação.
[10] BINTP XV (1948), n.º 4, 82; foi aprovada em 18-Fev.-1948.
[11] BINTP XVI (1949), n.º 6, 130-131; foi aprovada em 14-Fev.-1949.

entre as quais a cláusula 60.ª, que passou a contemplar a hipótese de desacordo entre as partes quanto ao "estado de doença" e a forma de o dirimir.

Subsequentemente, outras alterações foram adoptadas: em 10-Abr.--1957[12], sendo modificada nalguns pontos a cláusula 60.ª, em 1959, quanto a vencimentos[13] e em 30-Out.-1961, quanto a férias e diversos aspectos[14].

Uma revisão mais profunda foi adoptada em 19-Fev.-1964[15]: foram atingidas 49 cláusulas, em diversas áreas. A cláusula 60.ª – de certo modo, ainda em vigor – passou a abranger o seguinte n.º 1:

> Em caso de doença ou de invalidez do empregado ou quando tenha atingido 70 anos de idade (invalidez presumível), as mensalidades que lhe competirem de harmonia com o mapa n.º 6.

No ano seguinte, mais precisamente em 9-Mar.-1965, foi aprovada nova alteração[16]. Na parte aqui mais directamente em causa foi aditada, ao § 10.º da cláusula 60.ª, uma alínea referente à contribuição dos estabelecimentos bancários para a resolução do problema habitacional dos empregados, nos termos de regulamento a acordar. Seguiram-se as alterações de 29-Fev.-1968[17], com incidência especial nas férias e nas retribuições.

III. Em torno do 2.º contrato colectivo para o sector bancário dar-se-ia, por fim, um litígio que, de acordo com a legislação vigente na época, foi solucionado por arbitragem. Os sindicatos nomearam, como árbitro, o Dr. Mário Pinto; o Grémio, o Prof. Doutor Pessoa Jorge; o árbitro presidente foi o Prof. Doutor Teixeira Ribeiro.

O acórdão arbitral surgiu em 17-Abr.-1970[18], tendo sido homologado em 16-Maio desse mesmo ano, pelo então Secretário de Estado, Dr. Silva

---

[12] BINTP XXIV (1957), n.º 8, de 30-Abr.-1957, 301-303, homologada em 16-Abr.-1957; o contrato esteve, pois, 8 anos intocado.

[13] Temos a informação de que tais alterações foram atribuídas sob a forma de subvenções, não tendo sido publicado, no BINTP, o competente instrumento.

[14] BINTP XXVIII (1961), n.º 20, 1235-1236; foi homologada no mesmo dia 30--Out.-1961.

[15] BINTP XXXI (1964), n.º 5, 208-216; foi homologada no mesmo dia 19-Fev.--1964.

[16] BINTP XXXII (1965), n.º 6, 300-302; foi homologada no mesmo dia 9-Mar.--1965.

[17] BINTP XXXV (1968), n.º 5, 208-210.

[18] BINTP XXXVII (1970), n.º 10, 669-686.

Pinto. Alterou diversas cláusulas e procedeu a uma considerável elevação de vencimentos, para acompanhar o custo de vida.

No despacho de homologação, o Secretário de Estado veio, designadamente, exarar:

> Daí que não possa deixar de se ter na devida conta a conveniência de, em futuras negociações, prever a melhoria dos diversos factores conducentes a um progressivo aumento de produtividade.

E prossegue:

> Em conformidade com a decisão do Tribunal Arbitral, que condicionou a entrada em vigor da cláusula respeitante à matéria de seguro social, ir-se-á proceder imediatamente à criação da Caixa de Previdência e Abono de Família dos Empregados Bancários.

Efectivamente, o acórdão arbitral alterava a cláusula 60.ª; condicionava, porém, a entrada em vigor da nova redacção à não criação, dentro de seis meses, da Caixa Sindical de Previdência – 79.ª: uma aspiração vertida, desde 1938, no acordo colectivo do sector bancário.

Na verdade, seria assinada e publicada a Portaria n.º 272/70, de 4 de Junho, que declarou constituir a Caixa de Previdência e Abono de Família dos Empregados Bancários. Tal criação não era imediata: previam-se determinados trabalhos preparatórios, a concluir em prazos curtos.

A matéria assistencial bancária atravessou, assim, todo este longo período, sempre ancorada numa vontade provisória dos parceiros laborais colectivos. Os banqueiros foram assumindo deveres passageiros – expressamente assumidos como tais – sempre na expectativa duma estruturação global da segurança assistencial. É evidente que a não-criação da Caixa de Previdência do sector bancário não foi inocente. Ela permitiu aos banqueiros, reter toda uma série de prestações que, de outro modo, deveriam efectuar. Adiante veremos o relevo interpretativo da matéria.

IV. O 3.º contrato colectivo de trabalho dos empregados bancários surgiu em 6-Jul.-1973; resultou, igualmente, de uma arbitragem[19], por

---

[19] BINTP XL (1973), n.º 27, 2199-2358; o texto do contrato consta de pp. 2317-2346. Estão publicadas copiosas declarações dos árbitros do Grémio e dos Sindicatos, nos pontos em que foram vencidos, com relevo para este último. O BINTP não permite conhecer a identidade dos árbitros; pelo estilo, pela *verve* e pelo conteúdo, arriscámos, contudo, que o árbitro dos Sindicatos fosse o Prof. Doutor ORLANDO DE CARVALHO; confirmámos,

sinal complexa. O contrato foi muito alargado, passando a abranger 173 cláusulas, assim distribuídas:

Capítulo I	– Área, âmbito e vigência – 1.ª a 4.ª;
Capítulo II	– Admissão e carreira profissional – 5.ª a 28.ª;
Capítulo III	– Direitos e deveres das partes – 29.ª a 37.ª;
Capítulo IV	– Da prestação de trabalho – 38.ª a 62.ª;
Capítulo V	– Retribuição – 63.ª a 78.ª;
Capítulo VI	– Suspensão da prestação de trabalho – 79.ª a 109.ª;
Capítulo VII	– Da cessação do contrato de trabalho – 110.ª a 125.ª;
Capítulo VIII	– Regimes especiais – 126.ª a 132.ª;
Capítulo IX	– Comissões corporativas – 133.ª a 135.ª;
Capítulo X	– Previdência – 136.ª a 141.ª;
Capítulo XI	– Higiene e segurança no trabalho – 142.ª a 148.ª;
Capítulo XII	– Formação profissional – 149.ª a 152.ª;
Capítulo XIII	– Sanções – 153.ª a 163.ª;
Capítulo XIV	– Relações entre as partes outorgantes – 164.ª a 173.ª.

Seguiam-se 5 mapas anexos.

No tocante à previdência, dispunha a cláusula 136.ª, epigrafada "princípio geral"[20]:

> Enquanto não entrar em funcionamento a Caixa de Previdência e Abono de Família dos Empregados Bancários, prevista pela Portaria n.º 272/70, de 4 de Junho, as instituições bancárias garantem aos seus empregados os benefícios constantes das cláusulas seguintes.

Como se vê, mantém-se a solução provisória da antiga cláusula 60.ª; de resto, reconhece-o a justificação arbitral[21], que explica ter-se procedido a uma melhoria na forma.

O 3.º contrato colectivo para o sector bancário apresenta uma configuração técnica moderna. Ele denota, com clareza, os grandes progressos obtidos pelo Direito do Trabalho nacional, no final do Estado Novo. O aspecto social e assistencial mantém-se num aparente bloqueio. E as suas

---

há alguns anos e junto do próprio, esse facto. O Prof. ORLANDO DE CARVALHO comunicou-nos, ainda, a identidade dos outros árbitros: o Dr. AMÂNDIO DE AZEVEDO, pelo Grémio e o Dr. JOAQUIM SEABRA LOPES, Presidente, descrevendo-nos interessantes episódios sobre esta arbitragem. Aqui ficam os nossos agradecimentos, agora em memória do Prof. ORLANDO DE CARVALHO.

[20] BINTP XL (1973), 2339.
[21] BINTP XL (1973), 2307.

razões mais directas são fáceis de apontar: um sistema global de assistência é dispendioso e problemático, perante o estado geral do País. Além disso, ele conduziria, necessariamente, a prestações niveladoras e relativamente modestas. Ora, num sector restrito, como o bancário, seria sempre possível montar uma assistência privilegiada. Tal esquema mais aliciante ficaria quando os banqueiros assumissem a sua gestão: pouparíam prestações periódicas para a futura Caixa, assegurando-se a gestão dos correspondentes fundos.

3. O período de 1975 e 1976

I. Após 25-Abr.-1974, deu-se início a um período conturbado, em termos, também, laborais colectivos. Fizeram a sua aparição instrumentos atípicos ou negociados à margem do ordenamento ainda vigente.

No tocante ao sector bancário, foi assinado, em 24-Jan.-1975, um denominado *Protocolo de Aditamento ao Contrato Colectivo de Trabalho Celebrado entre os Sindicatos dos Empregados Bancários dos Distritos de Coimbra, Lisboa e Porto e o Grémio Nacional dos Bancos e Casas Bancárias*[22].

II. Este instrumento continha diversas melhorias remuneratórias e promocionais. Tem muito interesse consignar, no âmbito intitulado X – Previdência, o ponto 4, assim concebido[23]:

> 4. Para preparar a resolução dos problemas referidos nas alíneas *c*), *d*) e *e*) do n.º 10 do projecto de protocolo apresentado pelos Sindicatos, as quais a seguir se transcrevem:
>
>> *c*) Enquanto não entrar em funcionamento a Caixa de Previdência e Abono de Família dos Empregados Bancários, as instituições bancárias obrigam-se a comparticipar em 80% do total das despesas que os seus trabalhadores e respectivo agregado familiar, desde que não abrangidos por caixa de previdência, tenham com:
>>
>> (...)

---

[22] BMT XLII (1975), n.º 9, 329-332; a ordem de publicação foi assinada a 24-Fev.-1975, por CARLOS CARVALHAS, Secretário de Estado; o 1.º signatário era o então Ministro do Trabalho, COSTA MARTINS.

[23] BMT XLII (1975), 331-332.

solicitar-se-á ao Governo a nomeação duma comissão com vista à apresentação de estudo e conclusões destinados a definir, transitoriamente e enquanto não se tiver efectuado a integração do sector no sistema de previdência, o esquema de assistência solicitada:

> O esquema que venha a estabelecer-se para suprir esta fase transitória não vinculará a banca em termos de direitos adquiridos ou encargos assumidos, face ao regime que a integração no sistema de previdência vier a determinar no tocante à assistência médico-medicamentosa;
> Considera-se que a citada comissão deverá utilizar um prazo máximo de sessenta dias a partir da sua constituição para apresentar as conclusões;
> As partes pronunciar-se-ão no prazo de quinze dias úteis sobre a data da apresentação do referido estudo.

III. Um despacho de 20-Fev.-1975 do Ministro do Trabalho (Costa Martins), intitulado *Determinações relativas à aplicação das normas do Protocolo de Aditamento*, alargava o Protocolo às diversas instituições e majorava, para elas, em 1/14, a retribuição anual[24].

IV. Deparamos, ainda em 1975, com um instrumento intitulado *Nivelamento das condições laborais para o sector bancário*, publicado no então *Boletim do Ministério do Trabalho* na secção das convenções colectivas. Trata-se dum documento *sui generis*, com declarações de voto de representantes de Ministérios e que obteve, em 25-Set.-1975, um despacho de concordo do Ministro Tomaz Rosa[25].

O instrumento apresenta-se como conclusões duma Comissão de Nivelamento nomeada pelo Ministro do Trabalho e pelo Secretário e Estado do Tesouro. Não resistimos a transcrever parte do preâmbulo do documento em causa:

> Procedeu-se à revisão das remunerações de estratos mais desfavorecidos, sanaram-se situações escandalosas de privilégios incompatíveis com a sociedade que se pretende edificar, nivelou-se o que foi possível sem perder de vista o contexto histórico do trabalho empreendido e os interesses dos trabalhadores portugueses, bancários e não bancários.
> O desenvolvimento do processo político e as medidas que serão levadas a cabo em consonância com ele permitirão, com certeza, criar as condi-

---

[24] BMT XLII (1975), n.° 8, 315.
[25] BMT XLII (1975), n.° 43, 2267-2271.

ções que possibilitem o aperfeiçoamento das conclusões encontradas, as quais foram amplamente discutidas quer a nível das comissões quer a nível de assembleias de classe.

O "instrumento" em causa não correspondia, efectivamente, a nenhuma fórmula conhecida de regulação laboral. As dúvidas quanto às suas legalidade e eficácia não tardariam. O Governo, através do então Ministro do Trabalho, Marcelo Curto, optou por retomar os precisos termos do "instrumento" em causa numa portaria de regulamentação do trabalho, assinada em 27-Fev.-1976[26].

4. *A evolução posterior a 1978*

I. O 1.º acordo colectivo de trabalho das instituições de crédito, expressamente autodenominado vertical, foi assinado em 14-Abr.-1978[27].

O instrumento, além de 12 anexos e dum Regulamento de Higiene e Segurança no Trabalho, abrangia 162 cláusulas, assim arrumadas:

Capítulo I – Área, âmbito e vigência – 1.ª a 3.ª;
Capítulo II – Admissão e carreira profissional – 4.ª a 21.ª;
Capítulo III – Direitos, deveres e garantias – 22.ª a 38.ª;
Capítulo IV – Prestação de trabalho – 39.ª a 59.ª;
Capítulo V – Suspensão da prestação de trabalho – 60.ª a 86.ª;
Capítulo VI – Retribuição – 87.ª a 104.ª;
Capítulo VII – Sanções e regime disciplinar – 105.ª a 123.ª;
Capítulo VIII – Prescrição, regime de prova e privilégio dos créditos – 124.ª a 126.ª;
Capítulo IX – Formação profissional – 127.ª a 130.ª;
Capítulo X – Benefícios sociais – 131.ª a 147.ª;
Capítulo XI – Execução do contrato – 148.ª a 151.ª;
Capítulo XII – Disposições gerais e transitórias – 152.ª a 162.ª.

O contrato colectivo em causa referia, na sua cláusula 31.ª, a medicina do trabalho, cometendo – n.º 1 – às instituições de crédito, os deveres advenientes do Decreto-Lei n.º 47 511, de 25 de Novembro de 1967 e do Decreto n.º 47 512, da mesma data.

---

[26] BMT 43 (1976) 5, de 30-Mai.-1976, 219-224.
[27] BTE 45 (1978), n.º 18, 1146-1182.

II. Convém ainda ter presente que o Capítulo X – Benefícios sociais onde esta matéria vem tratada, tinha o conteúdo seguinte[28]:

Secção I   – Segurança social – 131.ª a 137.ª;
Secção II   – Regime especial de maternidade – 138.ª a 140.ª;
Secção III – Subsídio infantil – 141.ª;
Secção IV   – Empréstimo para habitação – 142.ª a 147.ª.

Logo a abrir, a cláusula 131.ª dispunha:

As instituições de crédito, por si ou por serviços sociais privativos já existentes, continuarão a garantir aos trabalhadores ao seu serviço os benefícios constantes desta secção (...)

E a 132.ª/1:

No caso de doença ou invalidez, ou quando tenham atingido 65 anos de idade (invalidez presumida) os trabalhadores a tempo completo têm direito (...)

A Caixa Geral de Depósitos ressalvou a aplicabilidade da sua legislação própria. Surgiram, ainda, reservas quanto a restrições à liberdade de recrutamento. Os sindicatos exararam uma resposta enérgica[29]. Uma dúvida concreta ocorrida quanto ao domínio da previdência foi solucionada por decisão arbitral depositada a 31-Jul.-1978[30]. Um aviso para uma Portaria de Extensão relativa a este acordo colectivo e à subsequente decisão arbitral foi publicado no BTE[31].

Em 3-Ago.-1978, foram depositados 6 acordos de adesão relativos àqueles instrumentos[32], seguindo-se mais 2, no dia seguinte[33] e mais 3, em 16-Nov.-1978[34].

---

[28] BTE 45 (1978), I Série n.º 18, de 15-Mai.-1978, 1169-1172, com rectificações BTE 45 (1978), n.º 27, 1758.

[29] BTE 45 (1978), n.º 18, 1182.

[30] BTE 45, I Série (1978), n.º 29, de 8-Ago.-1978, 1913-1914; a Comissão Arbitral era composta por CARLOS MOTA PINTO, ANTÓNIO MONTEIRO FERNANDES e MANUEL PEREIRA BARROCAS.

[31] Mais precisamente: BTE 45, I Série (1978), 1.ª Série, n.º 33, de 8-Set.-1978, 2125.

[32] BTE 45, I Série (1978), n.º 30, de 15-Ago.-1978, 1944-1946.

[33] Idem, 1947-1948.

[34] BTE 45, I Série (1978), n.º 44, de 29-Nov.-1978, 3262-3263.

O Contrato Colectivo de 14-Abr.-1978 conheceu, a partir de 15-Mai.-1979, algumas alterações: fundamentalmente salariais[35].

III. Um 2.º Contrato de Trabalho vertical foi assinado em 28-Jun.--1980[36]. Trata-se dum instrumento sistematicamente semelhante ao de 1978, com alterações no seu interior.

O âmbito da segurança social passou a constar da cláusula 135.ª[37], muito semelhante à anterior e acima transcrita cláusula 131.ª. A alteração mais saliente deu-se no acrescento do seguinte dispositivo:

> Porém, nos casos em que benefícios da mesma natureza sejam atribuídos por instituições ou serviços de segurança social (...) apenas será garantida pelas instituições de crédito a diferença entre o valor desses benefícios e o dos previstos neste contrato.

A integração das profissões em níveis foi publicada no ano seguinte[38]. E nesse mesmo ano, houve um acordo de revisão com incidência remuneratória[39].

Sucederam-se, depois, os acordos de adesão: 2, publicados em 30--Mar.-1981[40], 1 em 22-Jun.-1981[41], 1 em 22-Jul.-1981[42], 1 em 29-Set.--1981[43], 2 em 14-Nov.-1981[44], 1 em 19-Fev.-1982[45], 1 em 19-Mar.-1982[46], 1 em 10-Mai.-1982[47].

IV. O 3.º contrato colectivo de trabalho vertical para o sector bancário foi assinado em 8-Jul.-1982[48]. Este instrumento mantém a sistematiza-

---

[35] BTE 46, I Série (1979), n.º 22, de 15-Jun.-1979, 1682-1683; foi depositada a 20-Jun.-1979 e rectificada em 31-Mai.-1979, BTE 46 cit., n.º 27, 1968.

[36] BTE 47, I Série (1980), n.º 26, de 15-Jul.-1980, 1770-1807; depositada em 10-Jul.-1980 e rectificada no BTE 47, I Série (1980), n.º 34, de 15-Set.-1980, 2403.

[37] BTE 47 cit., 1795.

[38] BTE 48, I Série (1981), n.º 25, de 8-Jul.-1981, 1797.

[39] BTE 48, I Série (1981), n.º 26, de 15-Jul.-1981, 1842-1843; foi depositado em 10-Jul.-1981.

[40] BTE 48, I Série (1981), n.º 13, de 8-Abr.-1981, 832.

[41] BTE 48, I Série (1981), n.º 23, de 22-Jun.-1981, 1477.

[42] BTE 48, I Série (1981), n.º 27, de 21-Jul.-1981, 1851.

[43] BTE 48, I Série (1981), n.º 36, de 29-Set.-1981, 2671.

[44] BTE 48, I Série (1981), n.º 42, de 14-Nov.-1981, 2992.

[45] BTE 48, I Série (1982), n.º 8, de 27-Fev.-1982, 450; tratava-se do IFADAP.

[46] BTE 48, I Série (1982), n.º 13, de 8-Abr.-1982; tratava-se da UNICRE.

[47] BTE 48, I Série (1982), n.º 19, de 22-Mai.-1982, 1180.

[48] BTE 49, I Série (1982), n.º 26, de 15-Jul.-1982, 1542-1582.

ção que ascende a 1978 e, mais longe, à arbitragem de 1973, embora com uma tendência para um alargamento progressivo. Eis o sumário do seu conteúdo:

Capítulo I	– Área, âmbito e vigência – 1.ª a 3.ª;
Capítulo II	– Admissão e carreira profissional – 4.ª a 25.ª;
Capítulo III	– Direitos, deveres e garantias – 26.ª a 42.ª;
Capítulo IV	– Prestação de trabalho – 43.ª a 63.ª;
Capítulo V	– Suspensão da prestação de trabalho – 64.ª a 88.ª;
Capítulo VI	– Retribuição – 89.ª a 105.ª;
Capítulo VII	– Trabalhador-estudante – 106.ª a 110.ª;
Capítulo VIII	– Sanções e regime disciplinar – 111.ª a 129.ª;
Capítulo IX	– Prescrição, regime de prova e privilégio dos créditos – 130.ª a 132.ª;
Capítulo X	– Formação profissional – 133.ª a 136.ª;
Capítulo XI	– Benefícios sociais – 137.ª a 154.ª;
Capítulo XII	– Execução do contrato – 155.ª a 158.ª;
Capítulo XIII	– Disposições gerais e transitórias – 159.ª a 165.ª.

O contrato colectivo abrangia, depois, diversos anexos – mais precisamente cinco – e um Regulamento de Higiene e Segurança no Trabalho. A matéria atinente à segurança social tinha escassas alterações: escalonava-se, agora, a partir da cláusula 137.ª. Todavia, acentuou-se a pressão tendente à integração dos trabalhadores bancários no sistema de segurança social. Isso levou à inserção da cláusula 141.ª (Regime transitório de segurança social), com o seguinte teor:

1. É criada uma comissão formada por 2 representantes das instituições de crédito nacionalizadas, por 1 representante das demais instituições de crédito e por 3 representantes dos sindicatos signatários, com o objectivo de elaborar os estudos e projectos necessários à integração dos trabalhadores bancários no sistema de segurança social, constitucionalmente previsto.

2. A comissão deverá apresentar no prazo de 1 ano projecto de diploma necessário a ser concretizada a integração prevista no número anterior, com respeito pelos direitos adquiridos.

3. Enquanto não for concretizada a integração referida nos números anteriores, o trabalhador que abandonar o sector bancário, por razões que não sejam da sua iniciativa, nomeadamente o despedimento, terá direito, quando for colocado na situação de reforma por invalidez ou velhice prevista no regime de segurança social que lhe for aplicável, ao pagamento pela respectiva instituição de crédito da importância necessária a complementar a sua pensão de reforma, até ao montante que lhe corresponderia se o tempo

de serviço prestado no sector bancário fosse considerado como tempo de inscrição na segurança social.

4. Para efeitos do disposto no número anterior presume-se que há abandono por iniciativa do trabalhador quando este for despedido por ter faltado injustificadamente durante 20 dias seguidos.

5. Para efeito da contagem do tempo de serviço prestado no sector bancário, referido no n.º 3, aplica-se o disposto nas cláusulas 16.ª e 144.ª.

6. O regime estabelecido no n.º 3 desta cláusula só se aplica aos trabalhadores que abandonarem o sector bancário nas condições aí referidas a partir de 15 de Julho de 1982.

A integração em níveis de qualificação foi publicada em 22-Out.--1982[49]. Seguiram-se diversos acordos de adesão, com exemplo no de 21--Abr.-1983[50]. O acordo colectivo de trabalho de 8-Jul.-1982 conheceu uma alteração, fundamentalmente de tipo salarial, assinada em 15-Jul.-1983[51].

Formalmente, o acordo colectivo de 1982 veio, na sua cláusula 165.ª, revogar todo o acordo anterior. No entanto e no essencial, ele recebeu-lhe os quadros. A segurança social manteve os dispositivos que a animavam, com a novidade representada pela cláusula 141.ª, acima transcrita.

V. Um quarto acordo colectivo vertical foi formalmente assinado em 13-Jul.-1984[52]. O instrumento manteve as linhas anteriores, passando embora a ter 169 cláusulas. A cláusula 169.ª revogou o anterior "Acordo Colectivo de Trabalho Vertical para o Sector Bancário". Não obstante, todo o espírito do Direito revogado se manteve, sendo recebido no novo instrumento.

VI. Um novo acordo colectivo de trabalho vertical para o sector bancário foi assinado em 25-Jul.-1986[53]: mantém as grandes linhas dos anteriores. A cláusula 38.ª (Âmbito) conservou intocada a referência que vinha da cláusula 131.ª, de 1978, quanto à assistência social[54].

---

[49] BTE 49, I Série (1982), n.º 39, de 22-Out.-1982, 2322.
[50] BTE 50, I Série (1983), n.º 16, de 29-Abr.-1983, 1113.
[51] BTE 50, I Série (1983), n.º 28, de 29-Jul.-1983, 1444-1445; foi depositada em 21-Jul.-1983.
[52] BTE 51, I Série (1984), n.º 28, de 29-Jul.-1984; utilizamos uma versão editada pelo Sindicato dos Bancários do Sul e Ilhas.
[53] BTE 53, I Série (1986), n.º 28, de 29-Jul.-1986, 1735-1778; foi depositado em 28-Jul.-1986.
[54] BTE 53, I Série cit., 1763/I.

A cláusula 142.ª, por seu turno, conservou o denominado regime transitório de segurança social (o trabalhador que abandonar o sector bancário ...)[55].

VII. Em 26-Jul.-1990 foi assinado um novo acordo colectivo para o sector bancário[56]. Em boa verdade, podemos falar em "novo acordo" por o BTE ter procedido a uma publicação integral do instrumento e não, apenas, à publicação das alterações. A sistemática anterior foi mantida.

O acordo colectivo do sector bancário de 1990 conheceu algumas alterações, entradas em 31-Jul.-1992[57].

Em 12-Ago.-1993 foi acordada uma alteração salarial no acordo colectivo de 1992[58]. Novas alterações foram subscritas em 26-Out.-1994, com diversas reservas[59]. Em 29-Dez.-1996, novas alterações, de ordem fundamentalmente salarial, foram adoptadas[60]. Em 23-Jan.-1996, várias instituições de crédito e o Sindicato Nacional dos Quadros Técnicos Bancários celebram um acordo de adesão às referidas alterações[61].

Em 4-Abr.-1997 foram assinadas novas alterações, de relativa amplitude[62]. Tais alterações, precedendo as formalidades legais, foram objecto duma Portaria de Extensão, assinada em 19-Mar.-1998. A evolução subsequente não releva, agora, para os propósitos do presente estudo.

---

[55] BTE 53, I Série cit., 1764/I.
[56] BTE 57, I Série (1990), n.º 31, de 22-Ago.-1990, 2418-2464.
[57] BTE 59, I Série (1992), n.º 31, de 22-Ago.-1992, 2206-2216; foi depositado em 13-Ago.-1992.
[58] BTE 60, I Série (1993), n.º 32, de 29-Ago.-1993, 1416-1417; foi depositda em 13-Ago.-1993.
[59] BTE 61, I Série (1994), n.º 42, de 15-Nov.-1994, 1955-1959; foi depositada em 2-Nov.-1994.
[60] BTE 63, I Série (1996), n.º 2, de 15-Jan.-1996, 42-43; depositado em 4-Jan.--1996.
[61] BTE 63, I Série (1996), n.º 6, de 5-Fev.-1996, 95-96.
[62] BTE 64, I Série (1997), n.º 15, de 22-Abr.-1997, 649-654.

III. O regime transitório das convenções colectivas de trabalho

5. *Direito transitório formal; a substancialização*

I. A evolução da contratação colectiva bancária, de que acima demos breve nota, mostra que, ao tema dos trabalhadores que tenham prestado serviço em instituições de crédito, se vieram a aplicar, sucessivamente, dois distintos instrumentos, com soluções diversas. Tais soluções estão corporizadas nas cláusulas 137.ª e 140.ª que, embora vigorando hoje, em simultâneo, representam, na verdade, dois esquemas historicamente distintos, como vimos.

Deparamos, nestes termos, com um conflito de normas convencionais no tempo. Esse conflito encontra uma saída com base nas regras gerais de Direito transitório, inseridas no artigo 12.º do Código Civil. Vamos recordar a temática subjacente[63].

II. No Direito do trabalho não há um Direito transitório especial. Salvo preceitos contidos em diplomas delimitados e para efeitos também limitados e bem demarcados, recorre-se, pois, ao artigo 12.º do Código Civil[64], cujo sistema básico é conhecido.

Embora consagrado que o sistema do artigo 12.º do Código Civil tende hoje a ser completado.

De facto, o Direito transitório formal é um Direito de conflitos ou um Direito de segundo grau. Ele não regula directamente situações da vida, antes se limitando, de entre várias normas em presença, a apontar qual tem competência para o fazer. O Direito transitório torna-se, assim, acentuadamente irreal, apresentando escassas ligações com os casos concretos.

Esta situação, assim apresentada, não é desejável nem conveniente. Não é desejável porque o Direito visa sempre resolver casos concretos; não pode, pois, e em nenhum dos seus estádios, alhear-se dessa mesma solução, sob pena de formalismo e de irrealismo. Não é conveniente por não corresponder à efectividade do processo de concretização do Direito. Chamado a resolver um problema, o intérprete-aplicador procura a deci-

---

[63] Cf. MENEZES CORDEIRO, *Manual de Direito do Trabalho* (1994, reimp.), 298; retomamos parte do desenvolvimento expendido no citado estudo em memória do Prof. Castro Mendes.

[64] Cf. MENEZES CORDEIRO, *Manual de Direito do Trabalho* cit., 198 ss..

são pesando os diversos argumentos que para ela possam contribuir, entre os quais os elementos transitórios: ele não vai, em separado, determinar uma lei transitoriamente aplicável e, depois, proceder às outras operações de concretização. A metodologia actual entende a realização do Direito como tarefa essencialmente integrada; e nessa integração inclui-se a determinação da lei aplicável, se necessário com recurso ao Direito transitório. Todos os elementos acima apontados a propósito da concretização jurídica entram aqui em jogo.

III. A autonomização de um Direito transitório formal é necessária para efeitos de estudo e de análise. Ela deve, no entanto, ser destruída, em momento posterior, por nova síntese que dê a dimensão real da decisão jurídica. Assim, e logo no domínio do Direito transitório, jogam-se os valores fundamentais do ordenamento, os quais não podem ser ignorados.

O Direito transitório tem de atender – e logo de ser sensível – às soluções que efectivamente faculte: a delimitação entre lei nova e lei velha dá-se através de um diálogo entre esquemas formais de aplicação temporal e os valores substantivos em presença.

A tal propósito se fala na substancialização das normas de conflitos: atendendo aos resultados elas condicionam directamente as soluções e dependem delas.

IV. A substancialização das normas temporais de Direito do trabalho atende aos valores próprios desse sector normativo. Entre eles, deverão avultar todos os preceitos que tutelam a pessoa humana, no domínio laboral. Também a confiança é protegida: o Direito transitório deve facilitar a consolidação jurídico-subjectiva alcançada sob a lei velha.

6. *Os direitos adquiridos*

I. Os elementos abordados facultam enquadrar o tema dos "direitos adquiridos" dos trabalhadores. Até que ponto podem ser suprimidos pela lei nova? Alguns pontos, precisamente na linha da substancialização, ancorada na pessoa humana e na tutela da confiança são objecto de regras específicas. Podemos referir, como exemplo, o artigo 11.º/1 da Lei n.º 99//2003, de 27 de Agosto, que aprovou o Código do Trabalho: ressalva as remunerações anteriores, quando mais elevadas. Também o artigo 8.º/1 da mesma Lei ressalva as situações totalmente consumadas, ao tempo da lei velha[65]. E a partir daí?

II. A expressão "direitos" é, com frequência, utilizada sem o alcance técnico que lhe deveria caber[66]. Recorde-se o "direito" ao trabalho que corresponde, no fundo, à ideia programática, a defender por via política, de que o Estado deve prosseguir uma política de pleno emprego ou os "direitos" referidos no artigo 15.º/2 da LRCT que se reportam a figuras ainda não "cristalizadas" ou "vencidas".

Em tais circunstâncias, impõem-se algumas distinções dentro do universo amplo "direitos"; ficam abrangidos:

– direitos subjectivos reconhecidos por sentença transitada ou equivalente;
– direitos subjectivos já formados na esfera jurídica do titular e exercidos; por exemplo, a retribuição vencida e paga;
– direitos subjectivos já formados na esfera jurídica em causa mas ainda não exercidos; por exemplo, a retribuição vencida mas não paga;
– expectativas automáticas; por exemplo, se atingir cinco anos de serviço, obtém uma diuturnidade;
– expectativas simples: se tiver bom serviço pode ser promovido;
– expectativas programáticas: concretizando o plano constitucional, há pleno emprego, qualidade de vida, etc..

III. Os "direitos" referidos são tutelados de acordo com as regras gerais sobre a retroactividade.

No caso julgado não se pode tocar, sob pena de inconstitucionalidade. Os verdadeiros direitos subjectivos são direitos patrimoniais privados: ninguém pode ser despojado deles sem justa indemnização.

As expectativas – por vezes ditas "direitos" ainda não formados – são vulneráveis. Ninguém tem direito ao salário do próximo ano; nem sequer trabalhou, aliás, no correspondente período, podendo até nunca o vir a fazer. Mesmo as expectativas automáticas podem ser suprimidas, assim sucedendo, designadamente, quando integrem situações complexas altera-

---

[65] Cf. PEDRO ROMANO MARTINEZ, *Código do Trabalho Anotado* (2003), 39-40.
[66] Quanto do direito subjectivo, *vide* o nosso *Tratado de Direito civil* I/1, 3.ª ed. (2005), 311 ss..

das pela lei nova; pense-se, por exemplo, no caso do arrendamento. Esta vulnerabilidade das expectativas tanto opera perante as automáticas como perante as simples.

As expectativas programáticas, por fim, dão lugar a pretensões políticas, a actuar dentro das regras próprias da democracia representativa.

IV. O quadro traçado permite, segundo se julga, solucionar o problema posto pela sucessão no tempo de IRCs. As situações laborais atingidas pelos dois instrumentos – o velho e o novo – regem-se por um ou por outro, de acordo com o artigo 12.º do Código Civil.

Quando – como será de regra dado o seu teor regulativo – o novo IRC vise as próprias situações jurídicas, ele aplica-se às pré-existentes desde a sua entrada em vigor, embora ressalvados os efeitos produzidos. O que é dizer:

– os direitos subjectivos executados ou consolidados ao abrigo do instrumento velho mantêm-se segundo este;
– as posições em formação, mas ainda não subjectivizadas, regem-se pelo instrumento novo.

Deve esclarecer-se, quanto à primeira das referidas categorias, que o direito subjectivo se tem por consolidado logo que fiquem preenchidos todos os seus requisitos substanciais. Isso não é afectado pelo facto de a sua eficácia depender de eventuais *conditiones iuris* tais como: o beneficiário estar vivo aquando da passagem de determinada data, ainda que esta ocorra no futuro. Recorde-se que a condição é, por essência, retroactiva (artigo 276.º, do Código Civil), vindo apenas completar algo predeterminado desde o início.

IV. O regime da reforma no sector bancário

7. *A problemática subjacente*

I. As considerações acima expendidas sobre a substancialização do Direito transitório mostram que não podemos abordar o regime da reforma no sector bancário, na parte em que deriva de uma sucessão de convenções colectivas, sem ter consciência da problemática subjacente. As valorações que dela emerjam deverão contribuir para afeiçoar as regras de Direito transitório a ter em conta.

II. Os contratos colectivos do sector bancário, praticamente desde o início, cometeram, às instituições de crédito, determinadas funções assistenciais. Fizeram-no, naturalmente, por não estar montada uma estrutura própria para a assistência do sector bancário. Todavia, surpreende que o problema se tenha arrastado desde 1938, não estando ainda resolvido na passagem do 25-Abr.-1974. De certo modo, ainda hoje operam consequências dessa inacção: os serviços de assistência médica ou SAMS. Tudo leva a crer que as próprias instituições de crédito não estavam interessadas na criação de serviços assistenciais no sector. Porquê?

III. Desde logo – o ponto é relevado, aliás, na jurisprudência – porque a criação de tais serviços obrigaria as entidades empregadoras a descontar para eles. Os próprios trabalhadores teriam, também, de o fazer, logo surgindo a tendência para repercutirem a quebra do rendimento líquido, assim provocada, em novos pedidos de aumentos salariais. Digamos que a assunção, pela própria banca, de funções assistenciais envolveria a poupança imediata do financiamento de organismos assistenciais específicos. Repare-se, aliás, que tais organismos, pela natureza das coisas, acabam sempre por traduzir novos dispêndios: pessoal próprio, instalações e diversas despesas de organização e de funcionamento. Tudo isso acabará, em última análise, por pesar sobre o sector.

IV. Devemos, depois, ter em conta que a assunção, pelas instituições de crédito, de funções assistenciais as leva a constituir provisões específicas, para a eventualidade de deverem honrar os compromissos assumidos. Pois bem: tais previsões permitem, no fundo, a gestão dos inerentes valores e representam, caso não haja esforço assistencial, uma autêntica mais-valia para as instituições responsáveis.

V. Por seu turno, cabe sublinhar as expectativas legítimas dos trabalhadores bancários. Aquando da contratação e, mais tarde, durante todo o desenvolvimento da respectiva carreira, os trabalhadores do sector abdicariam de outras soluções profissionais, sabendo que tinham garantido um bom enquadramento assistencial: *maxime* uma reforma de qualidade, assegurada por instituições de solvabilidade garantida.

Em suma: as instituições de crédito tiraram um partido imediato da lei velha; os trabalhadores tinham uma confiança legítima de beneficiarem, mais tarde, dessa mesma lei.

8. *O sentido da "lei nova"*

I. Até 1982, as instituições de crédito, pelas razões acima explicitadas e dentro das valorações daí decorrentes, mantiveram uma plena responsabilidade pelas prestações assistenciais aos seus trabalhadores. No tocante à reforma: garantiram-na, pelo patamar da última categoria retributiva.

Nessa data e como vimos, foi prevista uma comissão para a integração dos trabalhadores bancários na segurança social. Perfilava-se, desde 1938, a perda das relativas vantagens que o sector arrecadava, mercê da não sujeição às regras da segurança social: descontos, novas pressões sobre os salários e perda da gestão dos fundos correspondentes. Donde a contrariedade da cláusula 141.ª/3: as instituições de crédito deixavam de garantir a reforma por inteiro, passando a assumir, apenas, "… a importância necessária para complementar a sua pensão de reforma, até ao montante que lhe corresponderia se o tempo de serviço prestado para o sector bancário fosse considerado como tempo de inscrição na segurança social".

II. Todavia, os parceiros laborais colectivos, em 1982, tiveram consciência de que a cláusula 141.ª/3 ia atingir direitos já constituídos, dos trabalhadores. Por isso, pelo seu n.º 6, só se aplicava aos trabalhadores que abandonassem o sector bancário a partir de 15-Jul.-1982. Para os outros, mantinha-se em vigor o "regime pleno" inserido na cláusula 137.ª. Porquê?

III. Estando em vigor o regime "normal" da segurança social, as instituições de crédito pagariam duas vezes pelo mesmo trabalhador: directamente e mediante os descontos a fazer para as caixas ou equivalentes. Não era justo nem adequado, pelo que se fixou uma fronteira.

Nos contratos subsequentes, esse preceito – o do n.º 6 – já não era necessário. A lei nova, com os seus novos equilíbrios e a sua lógica intrínseca passaria a funcionar para o futuro. Entenda-se: para as situações novas.

9. *A salvaguarda das situações consubstanciadas perante a lei velha*

I. Perante os elementos coligidos, começa a sedimentar-se a conclusão inevitável de que as situações consubstanciadas antes de 1982 não podem deixar de se reger inteiramente pela lei velha.

Em face do artigo 12.°/1 do Código Civil, a subsunção é flagrante: ficam ressalvados os efeitos já produzidos pelos factos que a lei se destina a regular. A lei nova não veio reger pensões de reforma; apenas os contratos em vigor depois dela, fazendo-o, naturalmente, para o futuro. Nas revisões subsequentes, a ressalva desapareceu pela sua inutilidade.

II. As considerações do Direito transitório – seja o geral, seja o especial – são confirmadas pela substancialidade das ocorrências. Perante os trabalhadores que tenham abandonado o sector bancário antes de 1982: as instituições não fizeram descontos; não suportaram acréscimos salariais compensadores; efectuaram e geriram provisões adequadas. Como exonerá-las da competente responsabilidade?

III. E pelo prisma dos trabalhadores: aceitaram toda uma carreira na mira (entre outras) das vantagens assistenciais de que iriam usufruir, no termo da sua vida activa. Como privá-los de uma vantagem conseguida no passado, em nome de uma lei nova que nem como retroactiva se apresenta? Aliás, se como tal se apresentasse, ela seria inconstitucional, pela pura e simples violação do artigo 62.°/1, da Constituição.

Se a isso somarmos os vectores juslaborais da tutela dos direitos adquiridos e do *favor laboratoris* na sucessão de leis no tempo, reforçada fica a necessidade de rever, quanto antes, a jurisprudência que, contrariando a orientação tradicional e inteiramente correcta, neste domínio, do nosso foro social, procurou inovar. O sistema jurídico e a Ciência do Direito, na sua globalidade, assim o recomendam.

A MANUTENÇÃO DOS EFEITOS JÁ PRODUZIDOS PELA CONVENÇÃO COLECTIVA CADUCADA NOS CONTRATOS INDIVIDUAIS DE TRABALHO, APÓS A LEI N.º 9/2006, DE 29 DE MARÇO
(OU O ESTRANHO TREMELUZIR DAS ESTRELAS MORTAS)

JÚLIO MANUEL VIEIRA GOMES* **

1. Serão as convenções colectivas semelhantes às estrelas que podem brilhar no firmamento que hoje vemos muito depois de estarem mortas? Não resistimos à sedução poética desta imagem de Paul-Henri Antonmattei[1] para introduzir o tema de que nos ocuparemos neste pequeno estudo, a saber, a conservação de alguns efeitos da convenção colectiva mesmo após a sua caducidade, na sequência da alteração legislativa ocorrida em 2006.

A Lei n.º 9/2006 de 29 de Março veio, efectivamente, alterar as consequências da cessação da convenção colectiva. Enquanto o Código do Trabalho na sua versão originária se limitava a estabelecer, no seu artigo 557.º, n.º 4 que "decorrida a sobrevigência prevista nos números anteriores a convenção cessa os seus efeitos", a Lei n.º 9/2006 veio estatuir que

---

* Professor Associado da Escola de Direito do Porto da Universidade Católica Portuguesa.

** O presente artigo representa a singela homenagem do autor a um dos mais insignes e multifacetados Juristas Portugueses, o Professor Oliveira Ascensão. A opção por um tema de Direito do Trabalho terá o mérito de recordar ao leitor que também este ramo integrou a rica e variada experiência Docente do Homenageado.

[1] PAUL-HENRI ANTONMATTEI, *Conservation des avantages individuels acquis*, in Révision, dénonciation et mise en cause des conventions et accords collectifs de travail, Litec, 1996, págs. 127 a 145, pág. 127: "as vantagens individuais adquiridas fazem-me pensar naquelas estrelas mortas cuja luz é ainda visível na terra".

"esgotado o prazo referido no n.º 3 e não tendo sido determinada a realização de arbitragem obrigatória, a convenção colectiva caduca, mantendo-se, até à entrada em vigor de uma outra convenção colectiva de trabalho ou decisão arbitral, os efeitos definidos por acordo das partes ou, na sua falta, os já produzidos pela mesma convenção nos contratos individuais de trabalho no que respeita a: *a)* retribuição do trabalhador; *b)* categoria do trabalhador e respectiva definição; *c)* duração do tempo de trabalho". O n.º 6 do actual artigo 557.º, igualmente introduzido pela Lei n.º 9/2006, acrescenta que "para além dos efeitos referidos no número anterior, o trabalhador beneficiará dos demais direitos e garantias decorrentes da aplicação do presente Código". A alteração introduzida, já valorada por um sector da doutrina como correspondendo a uma solução "pouco razoável"[2], suscita várias interrogações quanto ao seu âmbito ou alcance, bem como quanto ao regime destes efeitos preservados, mesmo para quem, como nós, considere que é fundamentalmente de aplaudir a opção de politica de direito subjacente.

E talvez até o primeiro aspecto a sublinhar seja precisamente este: o de que se trata aqui de uma opção política face à gravidade social de que se reveste, ou pode revestir-se, a morte de uma convenção colectiva e a cessação de produção dos seus efeitos. Trata-se de evitar que a caducidade da convenção colectiva seja acompanhada de um vazio e de alguma regressão social[3-4], assim se contrariando uma certa tendência de alguns

---

[2] Referimo-nos a PEDRO ROMANO MARTINEZ, *Direito do Trabalho*, 4.ª ed., Almedina, Coimbra, 2007, pág. 1150.

[3] Como sublinha JEAN DÉPREZ, *Un remède incertain à la précarité des avantages acquis: l'incorporation dans le contrat de travail*, DS 1986, págs. 906-915, pág. 907, trata-se, no fundo, da necessidade de salvaguardar certas vantagens sociais, preservando os trabalhadores de rupturas mais ou menos bruscas de estatuto que ameaçam fazer desaparecer essas vantagens. Como refere o autor, "esta estabilidade releva da ordem das aspirações sociais e das escolhas de política social", resolvendo um problema que é primordialmente político, antes de ser jurídico. Para o autor, aliás, e quanto a nós com certa razão, tomada a opção política fundamental da manutenção de alguns efeitos produzidos pela convenção colectiva, as explicações jurídicas só podem ser mais ou menos "aproximativas". Também MICHEL DESPAX, *Dénonciation d'une convention collective et sort des avantages acquis en matière de rémunération*, DS 1990, págs. 156-163, pág. 156, depois de referir que a manutenção de algumas vantagens adquiridas pretende evitar uma certa regressão social, sublinha que a matéria continua, contudo, caracterizada por uma "notável insegurança jurídica".

[4] Cfr., igualmente, EMMANUEL DOCKÈS, *L'avantage individuel acquis*, DS 1993, págs. 826 a 836, pág. 826, que se refere a um "impalpável desejo de uma irreversibilidade das vantagens sociais".

empregadores a correr para a caducidade das convenções num processo que, pelo menos do ponto de vista propagandístico, foi quase anunciado como se o Código do Trabalho tivesse aberto a temporada de caça das convenções colectivas. É verdade que o carácter mais radical da cessação de todos os efeitos na hipótese de caducidade da convenção colectiva, cessação prevista na versão inicial do Código (embora, como veremos, esta cessação de todos os efeitos fosse, mesmo então, mais aparente que real), tornando mais dramáticas as consequências da caducidade, poderia ser um estimulo para um maior empenho na negociação, porquanto a caducidade da convenção se apresentaria como um cenário mais desolador – mas este estimulo presumiria a boa fé de todas as partes e a vontade de todas elas de tentar atingir o sucesso nas negociações, premissa que nem sempre se verifica, sendo certo que no caso concreto pode ser muito difícil alegar e provar que uma das partes negociou de má fé, ou, mais precisamente, com a intenção predeterminada de não chegar a qualquer acordo.

Acresce que, em bom rigor, e como alguma doutrina francesa já sublinhou, a morte de uma convenção colectiva não afecta, em regra, empregadores e trabalhadores na mesma medida e com a mesma intensidade[5]. A convenção colectiva era, tradicionalmente, um instrumento do qual resultavam sobretudo obrigações para o(s) empregador(es) e direitos para os trabalhadores e a sua utilização como instrumento de gestão da empresa não afasta esta realidade de que a sua morte parece interessar sobretudo ao lado patronal[6].

---

[5] Assim, por exemplo, PHILIPPE LANGLOIS, *La politique des avantages acquis*, DS 1986, págs. 881 a 886, pág. 881, que depois de destacar que a convenção colectiva nasceu para criar obrigações a cargo dos empregadores, compensando o desequilíbrio na relação de forças que existe entre as partes no contrato de trabalho, acrescenta que fazer cair a convenção colectiva é um procedimento que fundamentalmente beneficia os empregadores, restringindo as obrigações que sobre eles incidem.

[6] Como refere MICHEL DESPAX, *Négociations, conventions et accords collectifs*, tomo 7 do Droit du Travail, dir. por G. H. Camerlynck, 2.ª ed., Dalloz, Paris, 1982, pág. 270, o favor legal pela negociação colectiva tem também que traduzir-se num desfavor pela denúncia de uma convenção colectiva e pela consciência da gravidade social desta. A denúncia da convenção, "fonte de frustrações e frequentemente de conflitos sociais não pode, no pleno jurídico ser encarada de modo positivo", pelo que importa permitir a denúncia, mas limitar ou retardar os seus efeitos de modo que as vantagens sociais fruto da negociação colectiva não se percam abruptamente e permaneçam ao menos em parte (*op. cit.*, pág. 274). Para o autor este desiderato não deixa, aliás, de conflituar com a noção geralmente aceite de que a convenção colectiva é um todo indivisível, um conjunto contratual que não pode ser objecto de uma adesão parcial, mas apenas de uma adesão total. Nas pala-

A opção política de manter alguns dos efeitos de uma convenção colectiva mesmo após a morte desta não é, obviamente, consensual e tem sido criticada em países como a França onde essa foi a solução adoptada e consagrada na lei. As críticas são, aliás, de sinal oposto e sugerem que é muito delicado encontrar aqui um ponto de equilíbrio.

Para alguns, a manutenção de tais efeitos teria um efeito paradoxal de desencorajar a negociação colectiva e de tornar mais rígido o sistema[7]. Isto porque o espectro do desaparecimento dos efeitos da convenção na hipótese de insucesso na sua renegociação seria um poderoso estímulo para esta renegociação, estímulo que se perderia caso boa parte desses efeitos se mantivesse mesmo depois da morte da convenção. Mas não só o estímulo não é simétrico – como já se disse, os trabalhadores têm normalmente mais a perder do que os empregadores – como não desaparecerá caso um segmento importante dos efeitos produzidos por uma convenção colectiva desapareça efectivamente com a morte desta[8]. Outro sector da doutrina francesa considera que a manutenção dos efeitos produzidos pela convenção opera de maneira tão circunscrita que a vantagem social seria escassa e as dificuldades técnicas suscitadas pela norma significativas: nas palavras de um autor, ter-se-ia assistido ao difícil parto do proverbial "rato" jurídico[9].

---

vras do autor, poder-se-ia dizer, ainda, que o legislador dá mostras de um certo horror pelo vazio que resultaria da denúncia da convenção colectiva.

[7] Neste sentido cfr., por exemplo, ALFRED PECYNA, *Les mécanismes juridiques de transformation des conventions collectives*, DS 1984, págs. 345-354. Segundo este autor, e por força da manutenção das vantagens adquiridas introduzida pela lei francesa em 1982, a denúncia da convenção colectiva ficaria praticamente desprovida de efeitos úteis porque as vantagens individuais mais importantes continuariam a aplicar-se integralmente ao conjunto dos trabalhadores. Resultaria daí uma tendência à inadaptação das convenções colectivas e à irreversibilidade dos resultados da negociação colectiva que teria consequências desastrosas (que, em boa verdade, não parece que tenham ocorrido). A denúncia do acordo revela a inadaptação deste; ora, "nestas condições é anormal manter em substância uma convenção que as partes já não desejam". Seria, mesmo, "arruinar o espírito da convenção colectiva" (*op. cit.*, pág. 353).

[8] Além disso também se pode dizer, na esteira de BERNARDO DA GAMA LOBO XAVIER, *A sobrevigência das convenções colectivas no caso de transmissões de empresas. O problema dos "direitos adquiridos"*, RDES (Revista de Direito e de Estudos Sociais) 1994, ano XXXVI, págs. 123-134, pág. 127, que "um vazio normativo […] dramatizaria o processo de revisão ou de renegociação de convenções colectivas".

[9] MICHEL DESPAX, *Négociations, conventions et accords collectifs...*, cit., pág. 285: "le difficile accouchement d'une souris juridique".

Antecipando a nossa opinião, entendemos que a solução encontrada pelo legislador de 2006, ainda que corresponda à opção de política legislativa que perfilhamos, não foi feliz do ponto de vista técnico, podendo dizer-se em relação a ela o que alguns autores franceses também disseram da respectiva legislação, ou seja, que veio criar ao menos tantos problemas como aqueles que resolveu. Em todo o caso, e pese embora o significativo número de interrogações que a interpretação dos novos números do artigo 557.º do Código do Trabalho nos suscita, parece-nos poder afirmar-se que a solução encontrada tem o mérito de garantir que uma parte significativa da eficácia da convenção se perde com a sua morte, mas uma outra, também ela relevante, pode perdurar.

Feita esta pequena introdução, optamos por estruturar o presente estudo do seguinte modo: começaremos com uma referência, necessariamente muito sucinta, ao regime legal francês de manutenção das "vantagens individuais". Interessa-nos cotejar os dois sistemas, o francês e o pátrio, porque nos parece que, apesar de inegáveis diferenças, mormente terminológicas, existe uma considerável similitude pelo menos nos problemas que os preceitos legais suscitam, ao ponto de a doutrina francesa ter debatido questões que, segundo cremos, terão que ser igualmente debatidas entre nós.

Seguidamente aludiremos ao regime da cessação dos efeitos da convenção colectiva por morte desta introduzido pelo Código antes das alterações de 2006, para sublinhar que a cessação poderia não ser tão total como uma primeira leitura sugeriria – aspecto que, aliás, já foi destacado por uma parte da doutrina nacional.

Finalmente, analisaremos os novos preceitos introduzidos nesta matéria pela Lei n.º 9/2006 e procuraremos dar conta das múltiplas dificuldades que sentimos na sua interpretação e de algumas interrogações para as quais, em boa verdade, só dispomos de um esboço de resposta.

2. Em 1982 o legislador francês consagrou a solução da manutenção das vantagens individuais adquiridas na sequência da denúncia da convenção colectiva. Com efeito, o artigo L. 132-8, alínea 6 do Code du Travail passou a consagrar expressamente que "quando a convenção ou acordo que foi denunciado não foi substituído por uma nova convenção ou um novo acordo nos prazos referidos na terceira alínea supra [do mesmo preceito] os trabalhadores das empresas afectadas conservam as vantagens individuais que adquiriram em aplicação da convenção ou acordo após o decurso desses prazos". Como se vê, consagra-se a manutenção parcial e provisória[10] dos efeitos produzidos pela convenção colectiva e apenas no que respeita às vantagens individuais. Este conceito essencial para a compreensão da norma revela-se no entanto esquivo e controverso. Desde logo, no que toca à própria noção de vantagens: como um autor refere, é bem mais familiar ao jurista a referência a direitos do que a vantagens[11]. Mas a principal dificuldade tem residido em distinguir vantagens individuais e vantagens colectivas[12]. A este respeito a doutrina francesa tendia, antes da lei de 1982, a traçar, a distinção de acordo com um de dois critérios: ou invocando a fonte das vantagens ou o objecto das mesmas. Segundo o critério da fonte seriam colectivas as vantagens resultantes de uma convenção colectiva ou de um uso e individuais, por exemplo, as vantagens emergentes do contrato individual de trabalho. Esse critério, claramente, é inútil no contexto desta norma já que do próprio texto legal resulta que de uma convenção colectiva podem derivar vantagens individuais. A discussão tem-se, por conseguinte, transferido para o segundo critério, o do objecto das vantagens.

Para alguns autores, a vantagem individual seria um benefício que pode ser realizado independentemente da existência de uma colectividade[13]. Seriam, em contrapartida, colectivas vantagens que não se compreendem fora de uma colectividade, como aquelas que dizem respeito às instituições de representação dos trabalhadores e as que correspondem a necessidades de organização da própria empresa. De acordo com este critério deverá, pois, atender-se à justificação da vantagem para decidir se ela é individual ou colectiva. Para outros, a vantagem individual será aquela que poderá ser invocada por cada indivíduo isoladamente ou que pode beneficiar um trabalhador mas não os demais. Não falta mesmo quem tenha sustentado que a vantagem deverá ser considerada individual se o trabalhador dispuser a título individual de uma acção para exigir judicial-

---

[10] Assim, por exemplo, YANN AUBRÉE, *Le concept legal d'avantage individuel acquis*, RJS 2000, n.° 11, págs. 699-711, pág. 699.

[11] Para CHALARON (*cit apud* YANN AUBRÉE, *op. cit.*, pág. 700) a noção de vantagem significa uma melhoria da situação dos trabalhadores por comparação com aquela que existiria se esta norma não existisse no código do trabalho. A vantagem foi definida por ALIPRANTIS como a "situação jurídica criada por uma norma, mais agradável, ou menos onerosa para os trabalhadores que a criada por outra norma".

[12] MICHEL DESPAX, *Dénonciation d'une convention collective...*, *cit.*, pág. 161, "a distinção entre vantagens individuais e vantagens colectivas é simultaneamente essencial e incerta".

[13] Assim YVES CHALARON, *cit apud* YANN AUBRÉE, *op. cit.*, pág. 702.

mente ao empregador a atribuição de uma vantagem determinada[14]. A verdade, contudo, é que estes critérios não se mostram satisfatórios e tem persistido a dificuldade em distinguir vantagens individuais e colectivas.

Por outro lado, para que tais vantagens individuais se mantenham elas hão-de já ter sido adquiridas em aplicação da convenção ou do acordo. Também aqui não há consenso. Muito embora se entenda geralmente que apenas há que considerar para o efeito vantagens individuais que nasceram efectivamente antes da data em que expirou a convenção colectiva, a verdade é que não existe acordo quanto ao tratamento a dar a certas expectativas, ao que alguns designam de vantagens abertas ou virtuais. Trata-se, designadamente, de vantagens a que o trabalhador não tinha ainda propriamente direito quando a convenção colectiva expirou porque faltava a ocorrência de um acontecimento de que dependiam. Para uma parte da doutrina[15], estas vantagens, por assim dizer em gestação, poder-se-iam já considerar como adquiridas (pense-se, por exemplo, em pensões complementares de reforma ou compensações convencionais para a hipótese de despedimento). Um outro sector da doutrina critica esta visão extensiva da vantagem adquirida, negando que deva ser qualificado como tal qualquer direito virtual cujo nascimento dependa ainda de um facto ou acontecimento futuro e aleatório. De acordo com esta orientação, apenas há que considerar como vantagens adquiridas aquelas relativamente às quais os trabalhadores já preencheram todas as condições de obtenção respectivas antes da data em que expiram os efeitos da convenção, não importando no entanto que tais vantagens só tenham sido liquidadas posteriormente a essa data[16].

A referência às vantagens individuais ressuscitou uma velha querela sobre a incorporação da convenção colectiva ou, melhor, das suas cláusulas, nos contratos individuais de trabalho. Esta ideia da incorporação ou da recepção foi inicialmente invocada com um papel meramente explicativo e visava exprimir "o laço estreito que durante o seu período de aplicação une a convenção colectiva e os contratos individuais de trabalho de que ela

---

[14] NIKITAS ALIPRANTIS, *La place de la convention collective dans l'hiérarchie des normes*, LGDJ, Paris, 1980, pág. 59.

[15] Para JEAN DÉPREZ, *Un remède incertain à la précarité des avantages acquis: l'incorporation dans le contrat de travail*, DS 1986, págs. 906-915, pág. 910, seria mesmo a posição sustentada pela maior parte da doutrina, mas não pela jurisprudência dominante.

[16] Defende esta visão mais restritiva, por exemplo, YANN AUBRÉE, *op. cit.*, págs. 706-707.

modela directamente a execução"[17]. No entanto, e como referiu Jean Déprez, este papel modesto da incorporação deu gradualmente lugar a um escopo muito mais ambicioso. Com efeito, pretendeu invocar-se a incorporação das disposições da convenção colectiva nos contratos individuais de trabalho como um mecanismo para salvar ou preservar vantagens resultantes da convenção colectiva e evitar o seu desaparecimento. Tais vantagens, ao serem incorporadas no contrato individual de trabalho mudariam de suporte jurídico, produzindo-se, pois, uma espécie de mutação da fonte, pelo que tais vantagens deixariam de ser afectadas pelas vicissitudes do acto colectivo que esteve na sua génese e passariam a ter a sua sorte indissociavelmente ligada à sorte dos contratos individuais de trabalho. Em suma, vantagens oriundas da convenção colectiva e incorporadas nos contratos individuais de trabalho manter-se-iam enquanto estes contratos continuassem a ter aquele conteúdo. Esta teoria da incorporação, ou, pelo menos, esta utilização da teoria da incorporação, foi rejeitada maioritariamente pela doutrina e jurisprudência francesas, com o argumento de que a convenção colectiva e o contrato individual de trabalho são fontes distintas que produzem os seus efeitos separada e autonomamente, sendo que a convenção colectiva tem uma eficácia própria directa e imediata, sem necessidade de qualquer desvio ou recepção pelo contrato individual de trabalho.

A referência feita em 1982 à manutenção das vantagens individuais que resultam da aplicação de uma convenção ou acordo colectivo veio, no entanto, relançar o debate. Para alguns autores existiria aqui um reconhecimento, limitado embora, da teoria da incorporação ou uma incorporação provisória[18], enquanto outros ainda negam a necessidade de recorrer à

---

[17] JEAN DÉPREZ, *Un remède...*, cit., pág. 706.

[18] Reconhece expressamente a existência aqui de uma incorporação parcial PIERRE RODIÈRE, *Observations sur le maintien des avantages acquis face à la modification des règles régissant le contrat de travail*, DS 1986, págs. 873 a 880, pág. 878, para quem as vantagens são preservadas porque tendo sido efectivamente aplicadas integraram-se ou incorporaram-se no contrato de trabalho. Sublinhe-se que o autor retira daqui a consequência de que uma vez que tais vantagens foram integradas no contrato individual de trabalho não poderiam ser eliminadas ou suprimidas posteriormente por uma nova convenção colectiva menos favorável (entre nós, caso se perfilhe esta tese, podê-lo-iam ser, mas seria necessário que a convenção colectiva previsse expressamente que o contrato individual de trabalho não se poderia afastar dela mesmo em sentido mais favorável). Pela integração das vantagens no contrato individual de trabalho pronunciou-se igualmente PHILIPPE LANGLOIS, *La politique des avantages acquis...*, cit., pág. 886, que admite, inclusive, que passando

incorporação para compreender a solução legal. Em certo sentido, aliás, a ideia da incorporação, pelo menos definitiva, é afastada porquanto estes efeitos, estas vantagens individuais, só se mantêm até à entrada em vigor da convenção ou acordo que venha substituir a convenção ou acordo denunciados[19]. A verdade, contudo, é que subsiste uma margem de incerteza quanto ao regime destas vantagens individuais: deverá entender-se que as mesmas fazem agora parte do contrato individual de trabalho, podendo, por conseguinte, ser alteradas por acordo entre o empregador e o trabalhador ou deverá entender-se que não podem ser afastadas por um acordo individual, subsistindo enquanto não se verificar a entrada em vigor de outra convenção colectiva? Também se tem discutido a respeito da interpretação a dar à expressão "entrada em vigor da convenção ou acordo que substituiu a anterior convenção ou acordo colectivos". A expressão "entrada em vigor" pressupõe uma nova convenção ou acordo colectivos ou poderá tratar-se, tão só, de uma convenção ou acordo colectivos já existentes, mas que não estavam em vigor naquele âmbito por serem afastados pelo concurso de outras convenções? E a nova convenção ou acordo, mesmo supondo que seja efectivamente nova, deverá ser concluída entre as mesmas partes? E terá que cobrir as matérias relativamente às quais há vantagens individuais adquiridas?

Como tentaremos demonstrar seguidamente muitas destas questões colocam-se em moldes muito semelhantes entre nós e irão gerar, ou disso estamos persuadidos, o mesmo grau de incerteza que se tem verificado em França desde 1982.

3. Antes de procedermos a uma análise das alterações introduzidas em 2006 no artigo 557.º do Código do Trabalho, em sede de manutenção

---

tais vantagens para o plano individual possam ser suprimidas por acordo entre o empregador e o trabalhador, sob pena de, de outro modo, se criar uma incompreensível "cidadela inexpugnável". Também JEAN PÉLISSIER/ALAIN SUPIOT/ANTOINE JEAMMAUD, *Droit du Travail*, 23.ª ed., Dalloz, Paris, 2006, pág. 921, parecem inclinar-se igualmente para a ideia de que as vantagens individuais são incorporadas no contrato de trabalho e são, por conseguinte, elas próprias, contratuais.

[19] Assim expressamente MICHEL DESPAX, *Négociations, conventions et accords collectifs, cit.*, pág. 290, n. 1, para quem a regra legal também não pode ser considerada como a consagração absoluta da ideia de incorporação definitiva das vantagens individuais convencionais no contrato de trabalho, já que se houvesse incorporação definitiva tais vantagens individuais manter-se-iam mesmo depois da conclusão de uma convenção ou de um acordo de substituição.

dos efeitos de uma convenção colectiva que venha a morrer, convirá questionar, até para compreender melhor o alcance da inovação, qual seria, no fim de contas, a consequência da morte de uma convenção colectiva na versão originária do Código. Será que mesmo à luz dessa versão se produziria a cessação abrupta e radical de todos os efeitos da convenção?

Pode, desde logo, começar por afirmar-se que tal cessação frequentemente nem sequer corresponderia ao interesse dos empregadores já que estes, como fez notar Jean Savatier[20], não estão normalmente interessados na desaplicação de toda a convenção, mas apenas de algumas das suas cláusulas que consideram ser excessivamente onerosas, pelo que na prática bem poderia suceder que a convenção continuasse a ser, em grande medida, voluntariamente aplicada por alguns empregadores[21] – o que, aliás, suscitaria a questão de saber se a aplicação voluntária de uma convenção morta não daria lugar a um uso, questão a que adiante voltaremos. Mas a circunstância de que na prática a desaplicação total da convenção colectiva morta não teria frequentemente lugar não é ainda razão suficiente para responder negativamente à questão atrás colocada.

Existem, no entanto, boas razões para acreditar que o cenário da cessação de efeitos total e abrupta da convenção nem sempre seria juridicamente admissível. Entre nós já Bernardo da Gama Lobo Xavier chamou a atenção para a necessidade de temperar esta visão radical[22] e concordamos com a sua advertência, ainda que por razões só parcialmente coincidentes com as do autor. É inegável mérito de Bernardo da Gama Lobo Xavier ter chamado a atenção para o aspecto da interacção entre a convenção colectiva e os usos, ainda que chegando a conclusões – por exemplo, a de que as convenções colectivas teriam já eficácia *erga omnes* entre nós – que nem sempre aceitamos e que criticamos noutro local, tal como é igualmente mérito de Maria do Rosário Ramalho ter contribuído para

---

[20] Como JEAN SAVATIER, *L'accord de substitution à un accord collectif ayant fait l'objet d'une dénonciation*, DS 1995, págs. 178-181, pág. 179, refere, "o escopo da denúncia de uma convenção colectiva nunca é o de fazer tábua rasa de todas as vantagens convencionais, mas é apenas o de atacar algumas dessas vantagens consideradas como excessivamente onerosas ou inadaptadas à evolução económica e social".

[21] Aspecto já sublinhado, entre nós, por BERNARDO DA GAMA LOBO XAVIER, *Curso de Direito do Trabalho*, vol. I, *Introdução, quadros organizacionais e fontes*, Verbo, 3.ª ed., 2004, pág. 570; o autor destacava, aliás, *op. cit.*, pág. 570, n. 2, que "na realidade, pensamos que o normal, na prática, será a vigência, informal ou precária, de grandes segmentos (ou até a totalidade) da CCT extinta".

[22] Nas suas palavras, *op. cit.*, pág. 570, "evitar argumentações *ad terrorem*".

retirar os usos laborais de uma certa espécie de "limbo"[23] em que têm vivido. Ora a interacção entre a convenção colectiva e os usos e o que alguns autores apelidaram de "irradiação da convenção colectiva"[24-25], por um lado, e a circunstância de que as partes do contrato individual de trabalho frequentemente remetem ou reenviam, tacita ou expressamente, para uma convenção colectiva (que desempenha assim uma função integradora ou complementadora[26]), por outro, demonstram que seria, amiúde, ilusório supor que a convenção colectiva morta "esfumar-se-ia" e desapareceria sem deixar rasto.

---

[23] JEAN DÉPREZ, *La part faite à l'idée de négociation dans la théorie juridique des usages d'entreprise*, DS 1988, págs. 57-67, pág. 59, usa a palavra purgatório («purgatoire»), mas preferimos recorrer aqui à imagem do limbo. Em todo o caso, concordamos inteiramente com este autor quando critica o "ostracismo" a que o uso tem sido condenado e o lugar subalterno que frequentemente lhe é atribuído na hierarquia das fontes, situações que o autor considera ficarem a dever-se a uma aura ou importância excessiva dada à contratação colectiva: "o estatuto subalterno ou pretensamente subalterno do uso na hierarquia das fontes não tem a ver com uma inferioridade congénita, mas sobretudo com o facto de que o uso é apreendido como fonte de direito marginal porque no seu nascimento não passou pela grande porta da convenção colectiva considerada como a via normal ou ao menos privilegiada para a elaboração do direito fora da lei e do contrato individual" (*op. cit.*, pág. 58).

[24] A expressão é de MICHEL DESPAX, *Chronique des conventions collectives. L'application des conventions collectives de travail hors de leur domaine normal d'application*, DS 1965, págs. 384-388, pág. 384. O autor menciona como exemplos desta "irradiação", tanto o caso em que uma convenção colectiva já denunciada ou não renovada continua a ser provisoriamente aplicada por empregadores que poderiam retirar imediatamente consequências da sua morte, como aquele em que durante o tempo em que a convenção colectiva esteve em vigor esta foi aplicada fora do seu âmbito de eficácia pessoal. O autor adverte que esta aplicação espontânea da convenção colectiva não deve, contudo, ser equiparada a uma adesão formal, mas conclui que isso não significa, de modo algum, que ela seja irrelevante do ponto de vista jurídico, podendo, na sua opinião valer como um acordo atípico.

[25] JACQUES NICOLAS, *Sur la conservation des avantages acquis*, in Révision, dénonciation et mise en cause des conventions et accords collectifs de travail, Litec, 1996, págs. 147 a 151, pág. 147, por seu turno, fala de uma «interpenetração» das fontes e sublinha que não apenas a convenção colectiva, mas o próprio uso tem um efeito integrador do contrato individual de trabalho.

[26] Já NICOLE CATALA (*cit apud* JEAN DÉPREZ, *Un remède incertain...*, cit., pág. 907) defendeu que deveriam sobreviver as cláusulas da convenção colectiva que completam de forma necessária o contrato de trabalho e que enunciam a propósito dos elementos substanciais desse contrato as precisões indispensáveis para que este se possa aplicar (por exemplo, o contrato individual precisa a actividade devida pelo trabalhador, mas frequentemente remete para a convenção colectiva para determinar a classificação numa grelha ou hierarquia de empregos e o seu nível mínimo remuneratório).

Isto, antes de mais, porque a convenção colectiva pode acabar por produzir efeitos não apenas directamente, mas através de outros mecanismos de referência ou de remissão[27] e isto, inclusive, sem estarmos a ter em linha de conta os actuais regulamentos de extensão ou as antigas portarias de extensão.

É, desde logo, sabido que, frequentemente, os empregadores estendem a aplicação da convenção colectiva a trabalhadores que em princípio não estariam abrangidos por ela: razões de uniformidade de tratamento (aliás a igualdade de tratamento foi frequentemente invocada pelos tribunais portugueses para impor uma igualdade de tratamento retributiva entre trabalhadores sindicalizados e não sindicalizados[28]), critérios de gestão (dadas as dificuldades práticas em manter no seio da mesma empresa tratamentos diferenciados[29]), conduziram, no passado, com frequência, a que os empregadores aplicassem o regime da convenção colectiva, ou partes deste, a trabalhadores não abrangidos pela eficácia subjectiva desta. O resultado é que em relação a alguns desses trabalhadores, não abrangidos directamente pela eficácia subjectiva da convenção, se poderia questionar se não existiria hoje um uso correspondente à aplicação desse mesmo regime, uso que paradoxalmente sobreviveria à caducidade da convenção[30-31-32].

---

[27] Cfr. a este propósito ANTÓNIO MONTEIRO FERNANDES, *Direito do Trabalho*, 13:.ª ed., Coimbra, 2006, págs. 817-818 e BERNARDO DA GAMA LOBO XAVIER, *Curso de Direito do Trabalho*, vol. I, Introdução, Quadros Organizacionais e Fontes, Verbo, Lisboa, 3.ª ed., 2004, págs. 570 e segs., que sublinha que a caducidade da convenção colectiva não é acompanhada de um "esvaziamento total" dos seus efeitos.

[28] Para uma crítica a esta jurisprudência que não atende para este efeito à filiação sindical cfr., por exemplo, LUÍS GONÇALVES DA SILVA, *Princípios gerais da contratação colectiva no Código do Trabalho*, Estudos de Direito do Trabalho (Código do Trabalho), vol. I, Almedina, Coimbra, 2004, págs. 167 a 196, pág. 190, n. 46.

[29] E mesmo eventualmente a vontade de desincentivar a sindicalização, como refere PATRICK RÉMY, *Le renvoi à la convention collective dans le contrat de travail en droit allemand et la directive transfert (CJCE "Werhof", 9 mars 2006; le droit comparé en renfort – au secours? – du droit européen*, DS 2007, págs. 341 e segs., pág. 343. Sublinhe-se, aliás, que a manutenção voluntária pelo empregador de uma parte da convenção colectiva morta (com a exclusão, por exemplo, das normas desta respeitantes à representação colectiva e participação dos trabalhadores) já foi, em França, qualificada como verdadeiro abuso de direito.

[30] Este mesmo aspecto foi já sublinhado entre nós por JOSÉ BARROS MOURA, *A Convenção Colectiva entre as Fontes de Direito do Trabalho – Contributo para a Teoria da Convenção Colectiva de Trabalho no Direito Português*, Almedina, Coimbra, 1984, pág. 210, que reportando-se ao regime legal anterior ao Código e à hipótese de revogação global de uma convenção colectiva e sua substituição por outra globalmente mais favorável, referia que aspectos da anterior convenção não regulados na nova (ou regulados menos favoravelmente) poderiam ainda assim sobreviver se se tivesse "formado um verdadeiro

Pode suceder, por outro lado, que uma convenção colectiva consagre no seu clausulado um uso pré-existente. Também nesta hipótese é muito duvidoso que a morte da convenção acarrete a extinção do uso, devendo antes entender-se que este sobrevive, embora regressando ao "plano" anterior que era o seu[33]. Aliás, a jurisprudência francesa tem entendido que a própria aplicação voluntária de uma convenção colectiva extinta pelo empregador pode dar origem a um uso[34], embora para outros se trate, antes, de uma espécie de acordo atípico.

---

uso da empresa ou profissão", o que, pela função integradora desses usos no contrato individual de trabalho, implicaria que certos direitos fariam já parte do próprio contrato individual de trabalho. Também a doutrina e a jurisprudência alemãs dominantes entendem que a aplicação da convenção colectiva a trabalhadores que não estariam directamente abrangidos pelo seu campo de aplicação subjectivo (nem por um mecanismo administrativo de extensão) pode redundar na existência de um uso. Sobre o tema cfr., por todos, MARTIN HENSSLER, *Tarifbindung durch betriebliche Übung*, 50 Jahre Bundesarbeitsgericht, Beck, München, 2004, págs. 683 e segs., particularmente págs. 694-695.

[31] Também uma parte da doutrina alemã tem sublinhado que isto pode conduzir a um paradoxo: o de que benefícios retirados por trabalhadores não sindicalizados da aplicação voluntária a estes pelo empregador da contratação colectiva podem subsistir mais tempo do que sucederia em relação a trabalhadores sindicalizados para quem tais efeitos cessariam com a caducidade da convenção.

[32] Pode, inclusive, questionar-se se uma interpretação e aplicação erradas de uma convenção colectiva por um empregador não poderão, também, dar azo ao nascimento de um uso. Alguma doutrina francesa hesita em admiti-lo, sublinhando que o uso (da empresa, por oposição ao uso da profissão ou do sector) deverá corresponder a uma prática voluntária do empregador – cfr., por exemplo, SONIA ATHMANI, *Le respect des usages...*, cit., págs. 7-8. Mas já JEAN SAVATIER, *La révocation des avantages résultant des usages de l'entreprise*, Droit Social, 1986, págs. 890 e segs., pág. 891, que, embora em princípio afaste do domínio do uso condutas que resultam de um erro do empregador, acaba por admitir que a sua reiteração durante anos dificilmente poderá deixar de ser valorada como um uso. Entre nós o Acórdão do STJ de 5 de Julho de 2007, Revista n.º 2576/06, veio admitir que um uso pode resultar de uma interpretação errada da lei: "acresce que o uso laboral relevante como fonte de direito corresponde a uma prática reiterada, mas não acompanhada da convicção de obrigatoriedade (...) o que, a nosso ver, não tira relevância a um uso que se implemente durante longos anos numa empresa e que eventualmente resulte de uma interpretação incorrecta da lei". Ora o mesmo poderá, quanto a nós, dizer-se em relação a uma interpretação incorrecta da convenção colectiva...

[33] Neste sentido cfr., por exemplo, MICHEL DESPAX, *Chronique des conventions collectives. L'application des conventions collectives de travail hors de leur domaine normal d'application...*, cit., pág. 387: "o uso anterior à convenção colectiva não desapareceu pelo simples facto de ter sido integrado nesta, mas também não sofre uma transmutação do seu valor jurídico". Em suma, o uso poderá continuar a aplicar-se por sobreviver à convenção colectiva.

[34] A jurisprudência francesa decidiu já em Acórdão de 10 de Maio de 1962 (DS 1963, pág. 42) que uma convenção colectiva denunciada, mas que continua a ser aplicada

Do mesmo modo, é frequente que a convenção colectiva venha complementar ou integrar[35] os contratos individuais de trabalho: não pretendemos, com isto, aderir à muito criticada teoria da incorporação[36] segundo a qual as cláusulas da convenção colectiva vêm automaticamente substituir as cláusulas correspondente do contrato individual de trabalho integrando-se ou incorporando-se neste. Esta tese tem, sido veementemente criticada por quem considera que a representação dos sindicatos não é uma representação civil em sentido técnico e por quem defende a necessidade de manter em diferentes níveis ou planos o colectivo e o individual. Mas o que se passa é que, por vezes, num contrato de trabalho que amiúde é celebrado tacitamente, podem as partes remeter para a convenção colectiva para a integração de aspectos do acordo individual. Esta remissão que

---

posteriormente pode dar génese a um uso. MICHEL DESPAX, *op. e loc. ult. cit.*, critica esta tese com o argumento de que o uso da empresa não pode nascer sem um consenso ao menos tácito e não pode, pois, nascer contra a vontade do empregador. Ora o empregador manifestara a sua vontade contrária à manutenção da convenção colectiva. Parece-nos, no entanto, que o autor esquece que o que está em jogo é determinar se a continuação da aplicação da convenção, mesmo depois de morta, pelo empregador não é, afinal, a manifestação de uma vontade de sinal contrário.

[35] Sobre este efeito integrativo da convenção colectiva no contrato individual de trabalho cfr., entre nós, LUÍS GONÇALVES DA SILVA, *Do âmbito temporal da convenção colectiva*, Estudos de Direito do Trabalho (Código do Trabalho), vol. I, Almedina, Coimbra, 2004, págs. 197 a 249, pág. 219.

[36] Sobre o tema cfr., por todos, NIKITAS ALIPRANTIS, *op. cit.*, mormente págs. 263 e segs. Como o autor destaca, o debate sobre a incorporação esteve associado aos efeitos da cessação de uma convenção colectiva. Esta cessação da convenção colectiva pode resultar de ela deixar de estar em vigor ou antes (hipótese que nem sempre se distingue bem da anterior) de uma das condições de aplicação da convenção colectiva na empresa desaparecer (por exemplo por mudança da pessoa do empregador, caso em que também entre nós, a convenção colectiva pode deixar de se aplicar, após um certo período). A controvérsia sobre a incorporação, na opinião do autor, é mal colocada ("ce place sur un faux terrain"): trata-se de tentar resolver uma questão eminentemente prática (a conservação ou não de alguns efeitos da convenção colectiva) de uma maneira extremamente especulativa e formalista. Além disso, mesmo quem admita a incorporação da convenção colectiva nos contratos individuais de trabalho não tem que chegar à conclusão, forçosamente, da manutenção do conteúdo dos contratos individuais de trabalho tal como este resultava da convenção colectiva: "a forma de agir das normas extracontratuais sobre o contrato é uma questão que interessa à descrição jurídica e teórica de um aspecto das relações entre normas mas não deve servir de base à solução de problemas jurídicos práticos". Em suma, na opinião do autor, a incorporação da convenção colectiva nos contratos individuais de trabalho seria uma imagem legítima e aceitável desde que dela não se pretendesse retirar a manutenção do conteúdo que tinha sido dado a esses contratos aquando da aplicação da convenção (*op. cit.*, pág. 265).

tanto pode ser elástica e evolutiva ou dinâmica, como, pelo contrário, uma remissão restrita, balizada e estática, implica que a convenção colectiva produz aqui efeitos directamente no contrato de trabalho, completando o conteúdo deste por força da vontade das partes. Nesses casos, por exemplo, em que se pudesse demonstrar que as partes ao celebrar o contrato de trabalho acordaram que a retribuição seria a que estivesse fixada pela convenção colectiva para o exercício daquelas funções ou em que se pudesse igualmente demonstrar que as partes ao fixar o objecto do contrato remeteram para a categoria que resultava da convenção colectiva, sempre parece que tais efeitos se manteriam, agora como efeitos do contrato individual de trabalho e não propriamente da convenção colectiva, pelo que a novidade representada pelos números 5 e 6 do artigo 557.º pode ser menor do que aparenta.

4. Procedendo agora à análise dos novos preceitos introduzidos em 2006, começaríamos por destacar que a solução legal é a de que se mantêm, na falta de acordo das partes, "os [efeitos] já produzidos pela mesma convenção nos contratos individuais de trabalho". Preservam-se pois, efeitos, aparentemente tanto os efeitos favoráveis, como os desfavoráveis aos trabalhadores. Dir-se-á que é esta a solução, já que a lei portuguesa, diferentemente, por exemplo, da francesa, não fala da manutenção das "vantagens individuais adquiridas"[37], mas singelamente dos efeitos produ-

---

[37] A lei francesa prevê, igualmente, a aplicação do mesmo regime de conservação das vantagens adquiridas na hipótese de transmissão de empresa, estabelecimento, parte de empresa ou parte de estabelecimento. Parece-nos que não terá sido essa a intenção do nosso legislador, pelo menos atendendo à letra do preceito. Em boa verdade, importa reconhecer que na hipótese de transmissão da unidade económica a convenção colectiva aplicável (ou convenções colectivas aplicáveis) aos trabalhadores cujos contratos foram transmitidos não caduca(m), mas vê(em) o seu campo de aplicação pessoal eventualmente alterado, com a consequência de que passado algum tempo pode(m) deixar de se aplicar a trabalhadores a que até então eram aplicáveis, suscitando-se problemas idênticos de conservação de direitos adquiridos ou de efeitos já produzidos pela convenção nos contratos individuais de trabalho. Em todo o caso a situação não será inteiramente análoga, não só por haver que atender à própria liberdade de contratação colectiva do transmissário, mas sobretudo caso se entenda que a solução legal de manutenção dos efeitos já produzidos por uma convenção colectiva caducada visa estimular as partes a renegociar a convenção, não a deixando caducar ou a negociar uma nova convenção, a breve trecho, após a caducidade, efeitos que interessam sobretudo a quem é parte na convenção. Ainda assim, uma parte do exposto no texto poderá, segundo cremos, valer nestas hipóteses de transmissão da unidade económica, mesmo sem a aplicação dos números 5 e 6 do artigo 557.º: importará atender ao efeito integrador que a convenção poderá ter tido relativamente aos contratos individuais

zidos. Ora se, como é sabido, o artigo 4.° do Código veio permitir com relativa amplitude que a convenção colectiva derrogasse *in pejus* a lei, tal já era, em rigor, possível nos casos em que a lei expressamente o consentia. Para dar um exemplo, já antes do Código a lei permitia que em relação a certas actividades a convenção colectiva viesse, por exemplo, estabelecer limites mais dilatados ao período normal de trabalho semanal do que aqueles que resultariam da lei. Será que se conservam tais efeitos? Ainda que a letra do preceito não seja inteiramente clara, parece-nos poder retirar-se do n.° 6 do artigo 557.° que tais efeitos preservados só se mantêm na medida em que forem mais favoráveis que o regime que resulta da lei. E isto porque, de outro modo, o n.° 6 do artigo 557.°, limitar-se-ia a repetir uma verdade "lapalisseana": é evidente que sendo o trabalhador um trabalhador subordinado este beneficiará dos direitos e garantias decorrentes da aplicação do Código (com a ressalva de alguma diversidade nos contratos especiais de trabalho) e, convenhamo-lo, não seria necessária uma norma expressa a referi-lo. Mas, bem vistas as coisas, o que a letra do n.° 6 sugere é que, para além dos efeitos da convenção colectiva que em princípio se mantêm, o trabalhador beneficiará dos *demais* direitos e garantias decorrentes do Código, ou seja, e se bem interpretamos a norma, que tais efeitos da convenção colectiva no contrato individual de trabalho só se mantêm se os direitos e garantias que resultam da lei (os *demais* direitos e garantias) não forem mais benéficos para o trabalhador. No fim de contas, da conjugação dos números 5 e 6 parece resultar que também a nossa lei está sobretudo preocupada com a conservação de direitos e garantias adquiridos (daí a referência do n.° 6 ao benefício para o trabalhador) e não com a manutenção de quaisquer efeitos produzidos. Aliás, a manutenção de efeitos produzidos desfavoráveis ao trabalhador por comparação com a lei geral seria ainda mais problemática quando se considera que tais derrogações *in pejus* têm normalmente contrapartidas na própria contratação colectiva e que nada nos garante que essas contrapartidas (ou pelo menos uma parte delas) se mantivessem após a cessação da convenção colectiva.

O funcionamento dos números 5 e 6 do artigo 557.° pressupõe que a convenção colectiva esteve em aplicação e por isso produziu efeitos[38] nos

---

de trabalho. E paradoxalmente a aplicação da convenção (sem regulamento de extensão) a, designadamente, trabalhadores não sindicalizados pode valer ou como a alteração por acordo tácito dos respectivos contratos individuais de trabalho ou como um uso.

[38] É duvidoso que se possa dizer que a convenção colectiva produziu efeitos nos contratos individuais de trabalho quanto a trabalhadores que não cabiam no seu campo sub-

contratos individuais de trabalho. Parece-nos que se deve ter em conta esta premissa designadamente na hipótese de concurso de convenções colectivas. Assim, podemos, por exemplo, configurar o concurso entre um contrato colectivo de trabalho e um acordo de empresa em que é que o acordo de empresa que tem aplicação porque a isso não se opõe o contrato colectivo. Se o contrato colectivo caducar, mantendo-se em vigor o acordo de empresa, parece-nos que não haverá que aplicar estes preceitos legais porque e na medida em que o contrato colectivo de trabalho não estava a ser efectivamente aplicado na empresa (porquanto prevalecia o acordo de empresa) não havendo, por conseguinte, efeitos produzidos naquela empresa pelo contrato colectivo ao nível dos contratos individuais de trabalho.

O problema é mais delicado, segundo cremos, caso seja – na mesma hipótese de concurso entre o contrato colectivo e um acordo de empresa em que é o acordo de empresa que prevalece – agora o acordo de empresa a ser, por exemplo, denunciado e a extinguir os seus efeitos, mantendo-se, no entanto, em vigor o contrato colectivo que passará, doravante, a ser aplicado na empresa. Conservar-se-ão os efeitos produzidos pelo acordo de empresa nos contratos de trabalho nas matérias referidas no n.º 5 ou deverá entender-se que quando a lei diz que tais efeitos se mantêm até à entrada em vigor de uma convenção colectiva ou decisão arbitral tal não implica necessariamente que se trate de uma nova convenção colectiva, bem podendo

jectivo de aplicação, mas que foram abrangidos por um regulamento de extensão que teve a referida convenção por objecto. Quem destaque, sobretudo, a diferente natureza destes instrumentos, poderá defender que o regulamento se apropria, no todo ou em parte, do conteúdo da convenção, mas é aqui o regulamento que produz efeitos, a um outro nível normativo. De uma perspectiva funcional, no entanto, pode afirmar-se que a convenção colectiva tem o seu campo primário de eficácia subjectiva definido por lei, podendo ver essa eficácia ampliada no caso concreto por outros mecanismos, designadamente de índole administrativa, em função de juízos de oportunidade. Neste contexto não debateremos a questão que depende, aliás, da própria configuração da convenção colectiva: a dualidade entre IRCT's negociais e não negociais subsiste, mas desdramatiza-se quando se considera, como boa parte da doutrina alemã mais recente, que a convenção colectiva não corresponde a qualquer ordenamento jurídico autónomo ou poder genuinamente autónomo de criar normas jurídicas, mas a uma delegação de poderes, ou, pelo menos, a um reconhecimento pelo soberano que atribui essa juridicidade. Com efeito, num Estado de Direito democrático tais normas têm que passar pelo crivo da Constituição e dos valores a ela imanentes antes de poderem pretender ser normas jurídicas ou, pelo menos, normas coercíveis através dos meios estaduais de coerção e normas que se impõem a terceiros, de modo heterónomo. Sobre este tema que não desenvolveremos aqui permitimo-nos destacar da extensa bibliografia alemã, a obra de JULIA V. C. BARTLOG, *Das Verhältnis von Gesetz und Tarifvertrag*, Peter Lang, Frankfurt am Main, 2006, sobretudo págs. 137 a 194.

tratar-se de uma anterior, mas que por força das regras sobre o concurso de convenções não vinha sendo aplicada e só agora entrará em vigor naquela empresa? Poderá, em suma, afirmar-se que a aplicação dos números 5 e 6 tem, na verdade, como pressuposto a ausência de RCT aplicável?

É possível sustentar, com efeito, que o que a norma visa regular são apenas os efeitos de uma completa ausência de regulamentação colectiva aplicável após a morte de uma convenção colectiva. A solução legal de manutenção dos efeitos produzidos pela convenção nos contratos individuais de trabalho, nas matérias designadas no preceito, teria como pressuposto um vazio total em termos de contratação colectiva aplicável. Pela nossa parte, no entanto temos sérias dúvidas de que os efeitos já produzidos pelo acordo de empresa, no exemplo atrás apresentado, sejam suprimidos pela entrada em vigor de um contrato colectivo anterior – parece-nos que para o efeito será exigível uma nova manifestação da autonomia colectiva. Ainda que a tese oposta seja, sem dúvida, sustentável face à letra do preceito, pensamos que a solução depende do escopo da norma legal. A manutenção de certos efeitos já produzidos pela convenção, mas só de alguns, parece ter, em Portugal, como em França, um sentido cominatório[39], desencorajando, por exemplo, uma estratégia patronal que consistisse em deixar morrer uma convenção colectiva, já que uma parte importante dos efeitos desta manter-se-á, mas também incentivando as organizações sindicais a chegar a um compromisso na renegociação da convenção porquanto só uma parte dos efeitos da convenção é que subsistirá se a convenção vier a caducar. Em suma, parece que a sobrevivência imposta por lei de alguns efeitos da convenção visa estimular as partes a negociar, encorajando-as a chegar a um acordo porque na falta de acordo a solução imposta por lei não será satisfatória para nenhuma delas – só alguns efeitos persistem, mas não todos (para não falar da incerteza quanto ao âmbito dos efeitos preservados). Este estímulo à negociação perder-se-ia se as partes pudessem tranquilamente fazer operar a caducidade de uma convenção colectiva, por exemplo de um acordo de empresa, sabendo que automaticamente se aplicaria uma outra (por exemplo, um contrato colectivo) já existente, mas que na concorrência que anteriormente se

---

[39] Neste sentido pronunciou-se, por exemplo, PAUL-HENRI ANTONMATTEI, *Conservation des avantages individuels acquis*, in Révision, dénonciation et mise en cause des conventions et accords collectifs de travail, Litec, 1996, págs. 127 a 145, pág. 129, para quem pode detectar-se uma dimensão cominatória na solução legal: o risco de que se mantenham essas vantagens individuais deve conduzir o empregador a negociar uma convenção ou um acordo de substituição, muito embora o autor também reconheça que não é seguro que esse efeito cominatório se produza efectivamente.

verificava era afastada pela convenção que veio a caducar[40]. Não podemos, contudo, prever realisticamente qual será a posição dos Tribunais Portugueses nesta matéria e reconhecemos que a leitura oposta do preceito pode ter a seu favor o elemento literal já que não se refere a entrada em vigor de uma *nova* convenção ou decisão arbitral.

Uma outra questão que a norma suscita é a de que se mantêm os efeitos produzidos no contrato individual de trabalho pela convenção colectiva caducada, até à entrada em vigor de uma outra convenção colectiva ou decisão arbitral. Mas, então, pergunta-se: o que ocorre é uma espécie de pós-eficácia (parcial) da convenção colectiva? Ou, antes, o reconhecimento de uma certa transmutação de plano dos efeitos desta, que agora subsistirão, não já como efeitos da convenção colectiva propriamente dita, mas como efeitos do próprio contrato individual de trabalho que esta modificou[41]?

---

[40] Em sentido semelhante manifestou-se, em França, por exemplo, ISABELLE BOYER, *L'avantage acquis en droit du travail*, Thèse pour le Doctorat en Droit, Université des Sciences Sociales de Toulouse, 1989, págs. 357 e segs. Alguns dos argumentos esgrimidos pela autora não são, todavia, fáceis de transpor – ou não são mesmo de todo transponíveis – para o nosso ordenamento jurídico: em primeiro lugar, porque a autora invoca a existência de uma hierarquia entre convenções colectivas que proibiria a substituição de uma convenção por outra de nível territorial e profissional menos amplo. A autora defende o que aliás não é pacífico na própria doutrina francesa (contra ALIPRANTIS, *op. cit.*, págs. 202 e seguintes) que as relações que existem entre convenções de níveis distintos são relações hierárquicas. Assim, uma convenção cujo campo profissional e territorial é mais amplo que outra seria um acto superior e teria como conteúdo um mínimo que se imporia aos negociadores de nível inferior. Tal não parece exacto entre nós. Mas há outros argumentos que são válidos mesmo entre nós: por um lado, a coerência da regra de sobrevivência da convenção colectiva e, por outro lado, o objectivo da lei. Como a autora destaca, *op. cit.*, pág. 361, o legislador pretende que os autores da denúncia sejam capazes de substituir a convenção por um novo dispositivo convencional. Se o empregador denuncia, por exemplo, um acordo de empresa, deve procurar renegociar com as organizações sindicais um novo acordo de empresa. Mas esta negociação obrigatória fica desprovida de alcance prático se se admitir a substituição imediata por uma convenção de outro nível diferente do da convenção denunciada, por exemplo por um contrato colectivo. Nas palavras da autora, caso se autorize a convenção de um outro nível de negociação a substituir imediatamente a convenção denunciada o empregador não terá que conservar as vantagens individuais adquiridas pelos trabalhadores no caso de fracasso da negociação e não haverá qualquer incentivo à renegociação ("si l'on autorise l'acte de niveau supérieur à se substituer à la convention dénoncée, l'employeur n'est pás tenu de conserver aux salariés leurs avantages individuels acquis, en cas d'échec de la négociation"). Neste sentido trata-se não tanto de preencher um vazio, mas de colmatar um hiato, manter certos efeitos durante o período da negociação.

[41] Esta questão é colocada com particular clareza por PHILIPPE LANGLOIS, *La politique des avantages acquis*, DS 1986, págs. 881 a 886, pág. 886, para quem importa decidir

A referência aos efeitos produzidos pela convenção nos contratos individuais de trabalho poderia sugerir que esta ultima análise é a mais correcta. Perante o preceito francês houve já, como vimos, doutrina que considerou estar-se perante um acolhimento limitado da teoria da incorporação; talvez, como já dissemos, não seja necessário ir tão longe, havendo apenas que admitir que frequentemente as partes deixam o contrato de trabalho individual "incompleto", integrando ou complementando com a convenção colectiva e o modo como esta própria vai sendo executada. Mas não é indiferente a escolha entre estas duas teses: se se entender que os efeitos da convenção colectiva valem agora e são preservados como modificações do próprio contrato individual de trabalho, tais efeitos, por assim dizer, desceram de plano normativo e serão apenas tutelados como o contrato individual de trabalho o é[42-43]. A consequência seria a de que tais

---

se a sobrevivência destas vantagens (entre nós efeitos, mas como já dissemos, parece-nos que também só os efeitos mais vantajosos ou benéficos para os trabalhadores) resulta da sua integração no contrato de trabalho dos trabalhadores ou numa manutenção *post mortem* dos efeitos da convenção colectiva morta. No primeiro caso a vantagem incorporada gozaria da protecção própria das relações individuais, não estando ao abrigo da modificação do contrato individual de trabalho; no segundo caso apenas a conclusão de um novo acordo colectivo poderia pôr em jogo essas vantagens. O autor inclina-se pela primeira solução e, por conseguinte, por uma integração plena no contrato individual de trabalho. De outro modo teríamos, nas suas palavras, uma "cidadela inexpugnável pouco tolerável" e "pseudogarantias que conduzem ao imobilismo".

[42] Curiosamente mesmo a chamada teoria da incorporação que por alguns foi defendida sobretudo como meio de preservar efeitos de uma convenção colectiva desaparecida não logra, se não muito imperfeitamente, esse desiderato. E isto porque como destaca BARROS MOURA, *op. cit.*, pág. 202, "o termo da vigência da convenção, dando lugar à cessação da sua eficácia normativa, teria por consequência o restabelecimento da liberdade contratual individual". Segundo informa JEAN DÉPREZ, *Un remède incertain à la précarité des avantages acquis: l'incorporation dans le contrat de travail*, DS 1986, págs. 906-915, pág. 906, "foi inicialmente no quadro da teoria geral dos acordos colectivos que se invocou a ideia de incorporação ou de recepção das disposições da convenção colectiva nos contratos de trabalho. A ideia desempenhava sobretudo um papel explicativo, dando conta do laço estreito que une durante o período da sua aplicação a convenção colectiva e os contratos individuais de que ela modela directamente a execução (...) mas esta incorporação era apenas provisória e findava nos vários casos em que a convenção colectiva deixava de estar em vigor". Depois desta invocação relativamente modesta da teoria da incorporação, a mesma foi invocada como "um meio de salvar do desaparecimento vantagens resultantes da convenção colectiva". Tais vantagens incorporadas no contrato individual mudariam de suporte jurídico, pelo que tais vantagens já não seriam afectadas pelas vicissitudes do acto colectivo que esteve na sua fonte, passando antes a ver a sua sorte conexa com os contratos individuais e continuando os trabalhadores a beneficiar dessas vantagens, enquanto o

efeitos se manteriam, mas só se as partes no contrato individual de trabalho não acordassem, já depois de extinta a convenção colectiva, coisa distinta, na medida em que por acordo podem modificar o conteúdo do contrato individual de trabalho. Alternativamente – e essa construção também já foi proposta em França – teríamos um *tertium genus*, uma espécie de normas híbridas[44] que sendo agora efeitos no contrato individual de trabalho da convenção colectiva não poderiam ser afastados até à entrada em vigor de outra convenção colectiva ou decisão arbitral. Em abono deste último entendimento – o de que estes efeitos produzidos no contrato individual de trabalho pela convenção colectiva extinta não poderiam ser afastados (em sentido desfavorável, sobretudo) pelo próprio contrato individual de trabalho – poder-se-ia invocar a circunstância de a própria lei referir que se mantêm os efeitos produzidos pela convenção (na falta de acordo entre as partes) até à entrada em vigor de outra convenção ou decisão arbitral. Tal é, também, a nossa posição pelo menos quanto ao aspecto da possibilidade de supressão pela modificação consensual do próprio contrato individual de trabalho destes efeitos produzidos pela convenção colectiva, possibilidade que julgamos dever rejeitar-se.

Repare-se, também, que a lei só salvaguarda os efeitos já produzidos pela convenção nos contratos de trabalho. Assim, o contrato individual de trabalho terá que ser anterior ao momento da caducidade da convenção colectiva (mesmo que posterior ao prazo inicial de validade desta)[45]. Para

---

contrato mantivesse aquele conteúdo. Nas palavras do autor pode dizer-se que aqui "a incorporação muda de objectivo" passando a ter como escopo "garantir a permanência, a estabilidade do estatuto colectivo".

[43] JEAN PÉLISSIER/ALAIN SUPIOT/ANTOINE JEAMMAUD, *Droit du Travail*, 23.ª ed., Dalloz, Paris, 2006, pág. 921, parecem também inclinar-se para a ideia de que as vantagens individuais são incorporadas no contrato de trabalho e são, por conseguinte, elas próprias, contratuais.

[44] Assim, EMMANUEL DOCKÈS, *op. cit.*, pág. 834, embora comece por enfatizar que a vantagem adquirida se mantém enquanto efeito produzido no contrato individual de trabalho, parecendo que passa a encontrar neste contrato o seu suporte, "descendo" na hierarquia das fontes, acaba por considerar esta solução "discutível" (*op. cit.*, pág. 834) e conclui que esta vantagem individual adquirida não pode ser inteiramente assimilada nem a um contrato individual nem a uma convenção colectiva de trabalho, sendo antes uma "norma original" (*op. cit.*, pág. 836).

[45] Também em França só aquelas pessoas cujo contrato de trabalho foi concluído antes da convenção ter deixado de produzir os seus efeitos é que podem beneficiar da manutenção das vantagens. Para a opinião que hoje parece ser dominante pode mesmo tratar-se de pessoas que tenham sido contratadas no período limitado de sobrevigência após a data em que a convenção foi denunciada (assim JEAN PÉLISSIER/ALAIN SUPIOT/ANTOINE

os trabalhadores contratados depois do prazo referido no n.º 3 do artigo 557.º não haverá efeitos produzidos pela convenção e não haverá, pois, igualmente, de falar de manutenção de efeitos produzidos[46]. A expressão "efeitos produzidos" é duvidosa ou ambígua: parece-nos, no entanto, que não cabem nesta expressão direitos cuja verificação dependa de um acontecimento futuro e incerto[47], bem como meras expectativas que ainda não se incorporaram num direito: assim, não se mantêm simples expectativas[48-49], tais como pensões complementares de reforma ou montantes

---

JEAMMAUD, *op. cit.*, pág. 921). Contra este entendimento pronunciou-se, no entanto, alguma jurisprudência (assim a Cour de cassation em Acórdão de 15 de Maio de 2001) que já decidiu que a vantagem adquirida deve sê-lo antes da denúncia e não depois desta, mesmo no período em que a denúncia não produziu ainda os seus efeitos (*cit apud* JACQUES LE GOFF, *Droit du travail et société*, 2, *Les relations collectives de travail*, Presses Universitaires de Rennes, 2002, pág. 499).

[46] Em matéria de retribuição há, no entanto, que ter presente que a jurisprudência portuguesa não tem em conta a filiação sindical em matéria de igualdade de tratamento retributiva, com a consequência de que nos parece muito perigoso para uma empresa manter os níveis retributivos resultantes da convenção para os trabalhadores já contratados e pretender aplicar níveis retributivos inferiores para trabalhadores que venha a contratar depois da caducidade da convenção para as mesmas funções.

[47] Assim, também, em França YANN AUBRÉE, *Le concept legal d'avantage individuel acquis*, RJS 2000, n.º 11, págs. 699-711, págs. 707-708, que considera que apenas se podem ter como adquiridas as vantagens relativamente às quais os trabalhadores já preencheram todas as condições de obtenção antes da data em que expiram os efeitos da convenção e já não as vantagens em curso de execução e as vantagens futuras ou puramente eventuais que dependem de um acontecimento aleatório. O autor informa que a Cour de cassation decidiu já em acórdão de 5 de Março de 1969 que o direito a uma compensação na hipótese de reforma só nasceria no momento da extinção do contrato, não sendo por conseguinte ainda uma vantagem individual já adquirida por um trabalhador cujo contrato não cessou. Também o acórdão muito mais recente da cassation de 25 de Novembro de 1997 entendeu que por vantagem adquirida deve conceber-se qualquer vantagem relativamente à qual os trabalhadores em causa já preencheram as condições para dela beneficiarem. No caso, o Tribunal considerou que o direito a uma compensação pelo despedimento não era adquirido apenas no momento em que o despedimento produzia efeitos, depois de um prazo de pré-aviso, mas no momento em que o trabalhador é notificado do despedimento.

[48] Reconhecemos, contudo, que a questão é muito duvidosa até porque não é fácil traçar a fronteira entre direitos e expectativas – sobre o tema cfr., por exemplo, ANTÓNIO MENEZES CORDEIRO, *Convenções colectivas de trabalho e Direito transitório: um exemplo no regime da reforma no sector bancário*, Temas de Direito do Trabalho, Cadernos O Direito, n.º 1, 2007, págs. 15-36, págs. 32 e segs., que distingue direitos subjectivos reconhecidos por sentença transitada ou equivalente, direitos subjectivos já formados na esfera jurídica do titular e exercidos, direitos subjectivos já formados, mas ainda não exercidos,

indemnizatórios ou compensatórios agravados em hipóteses de cessação do contrato de trabalho, previstas numa convenção colectiva, na medida em que não respeitem aos efeitos já produzidos por esta nos contratos individuais.

A manutenção dos efeitos produzidos verifica-se até à entrada em vigor de uma convenção colectiva ou decisão arbitral[50], mas de qualquer

---

expectativas automáticas, expectativas simples e expectativas programáticas. Esta classificação, além de não ser pacífica ou consensual – as expectativas automáticas (como, para usar o exemplo proposto pelo autor o direito a uma diuturnidade passados cinco anos de serviço) podem ser, talvez, direitos em gestação e até já parcialmente formados e algumas expectativas programáticas na linguagem do autor (por exemplo, o direito ao trabalho) são porventura genuínos direitos, só que de outra natureza e com outros destinatários – ilustra bem a dificuldade em destrinçá-los. Aliás, não falta quem, como Luís Gonçalves da Silva, *Breves Reflexões sobre a Convenção Colectiva aplicável à Pensão de Reforma no Sector Bancário*, RDES 2004, ano XLV, n.os 1, 2 e 3, págs. 255-277, destaque que também as expectativas merecem uma tutela, ainda que de intensidade diferente: "nestes casos [quando as expectativas jurídicas dos trabalhadores correspondem, afinal, a contrapartidas assumidas na convenção colectiva] as expectativas jurídicas existentes usufruem de uma tutela, ainda que de intensidade e conteúdo diferente, que se assemelha a um direito subjectivo" (*op. cit.*, pág. 276). Em todo o caso, a nossa lei evitou aqui falar em direitos adquiridos, para, em vez disso, preservar os efeitos já produzidos pela convenção nos contratos individuais de trabalho e parece-nos que, em rigor, uma cláusula de uma convenção colectiva que preveja uma pensão complementar de reforma só produz efeitos para um trabalhador quando este se reforma.

[49] A questão mais espinhosa é a que se refere à manutenção de direitos que se encontram ainda em gestação ou formação, mas que se constituiriam automaticamente, por exemplo, pelo mero decurso do tempo (pense-se em diuturnidades e promoções automáticas) sem a necessidade de uma nova manifestação de vontade do empregador. Neste caso alguma doutrina, tanto nacional – veja-se Francisco Liberal Fernandes, *Transferência de trabalhadores e denúncia da convenção colectiva – o problema da aplicação do artigo 9.º do Dec.-Lei n.º 519-C1/79, de 29-12*, Questões Laborais 1996, ano III, n.º 7, págs. 95 a 114, pág. 110 e n. 13 – como estrangeira – cfr., por exemplo, Jean Déprez, *Un remède incertain..., cit.*, pág. 910, que refere que a maior parte da doutrina francesa admite a existência destes direitos "virtuais" –, considera poder já falar-se em "direitos adquiridos". Seja como for, não nos parece que se possa nestes casos falar-se rigorosamente em efeitos já produzidos pela convenção nos contratos individuais de trabalho, uma vez que tais efeitos só se viriam a produzir no futuro, se a convenção tivesse continuado em vigor (ou sido substituída por outra que também os contemplasse). Reconhecemos que se pode desembocar assim num resultado algo injusto, sobretudo porque tendo as convenções colectivas um carácter cada vez mais marcadamente sinalagmático, bem pode suceder que estas expectativas de vantagens futuras que se podem assim perder tenham tido contrapartida em concessões presentes.

[50] Manter-se-ão, também, mesmo na presença dos chamados "acordos atípicos", já que estes não são convenções colectivas – neste sentido, em França, Paul-Henri Antonmattei, *op. cit.*, pág. 131.

uma? Parece-nos evidente que os efeitos produzidos pela convenção celerada entre o empregador X e o sindicato Z não cessarão só porque o empregador X celebrou um novo acordo de empresa com o sindicato Y. Assim afigura-se-nos que os efeitos já produzidos só cessam na medida em que a eficácia subjectiva for coincidente. Por outro lado, não há aqui propriamente um fenómeno de sucessão de convenções em que as partes tenham que ser as mesmas e a nova convenção não terá que ser globalmente mais favorável[51].

Caso se entenda que os efeitos produzidos pela convenção extinta nos contratos individuais de trabalho são agora conteúdo desses contratos então pareceria que a convenção colectiva que viesse a entrar em vigor só poderia suprimir tais efeitos (com a provável ressalva que adiante faremos dos trabalhadores não sindicalizados) na medida em que contivesse soluções concretas mais favoráveis[52] ou, mesmo que fossem mais desfavoráveis, mas só se resultasse da referida convenção que esta não tolerava quaisquer desvios dos contratos individuais de trabalho (cfr. artigo 531.º). Não sufragamos este entendimento que nos parece paradoxal porque conduziria a que estes efeitos produzidos por uma convenção colectiva, excepcionalmente mantidos por força da lei, tivessem uma maior protecção face a uma nova convenção colectiva do que os efeitos da convenção enquanto ela estivesse em vigor. Parece-nos, pois, que mesmo que se entenda que há aqui uma incorporação parcial da convenção colectiva nos contratos individuais de trabalho tal incorporação será provisória[53] (só até à entrada em vigor de uma nova convenção).

Se o que estiver em jogo for uma pós-eficácia da convenção a supressão será automática (isto é, não haverá que exigir o carácter mais favorável ou que a convenção colectiva de modo inequívoco não aceite soluções divergentes).

---

[51] Assim, também, em França, JEAN SAVATIER, *L'accord de substitution à un accord collectif ayant fait l'objet d'une dénonciation*, DS 1995, págs. 178 e segs., pág. 180.

[52] Assim, em França, PIERRE RODIÈRE, *Observations sur le maintien des avantages acquis face à la modification des règles régissant le contrat de travail*, DS 1986, págs. 873 a 880, pág. 879.

[53] Como refere MICHEL DESPAX, *Négociations, conventions et accords collectifs*, tomo 7 do Droit du Travail, dir. por G. H. Camerlynck, 2.ª ed., Dalloz, Paris, 1982, pág. 290, n. 1, a regra legal também não pode ser considerada como a consagração absoluta da ideia de incorporação definitiva das vantagens individuais convencionais no contrato de trabalho já que se houvesse uma incorporação definitiva tais vantagens individuais manter-se-iam mesmo depois da conclusão de uma convenção ou de um acordo de substituição.

Resta saber se a supressão dos efeitos legalmente preservados da convenção anterior se poderá fazer por uma convenção omissa quanto a algumas das matérias em que tais efeitos se produziram. Problemas podem também suscitar-se relativamente aos trabalhadores não sindicalizados relativamente aos quais o empregador aplicou a convenção, pelo menos quando a aplicou sem a isso estar obrigado por qualquer regulamento de extensão, produzindo efeitos nos contratos individuais destes – pode, na verdade, questionar-se qual a legitimidade de uma convenção colectiva outorgada por um sindicato ou associação sindical que não os representa vir suprimir direitos destes trabalhadores. Em homenagem à liberdade sindical negativa parece-nos que tal legitimidade deverá ser recusada.

5. Pode também ser difícil determinar quais são precisamente os efeitos produzidos que se mantêm. A lei enuncia três domínios – retribuição, categoria e respectiva definição e duração do tempo de trabalho – e é apenas neste campo restrito que tais efeitos produzidos se conservam (ao menos por força destas normas[54]), na falta de acordo das partes. Assim, por exemplo, não se conservarão cláusulas da convenção colectiva que regem sobre outras matérias como sejam as sanções disciplinares e os seus limites, a ampliação da possibilidade legal de contratação em regime de comissão de serviço, o alargamento de prazos de aviso prévio para a denúncia pelo trabalhador, a redução do período experimental, higiene e segurança no trabalho, para dar apenas alguns exemplos.

Mas nem sempre é fácil traçar as fronteiras dos domínios em que os efeitos produzidos pela convenção no contrato individual de trabalho se mantêm: começando pela retribuição parece-nos que é esta (e não apenas a retribuição base e as diuturnidades) que é conservada. Parece-nos, efectivamente, que não cabe aqui argumentar em sentido oposto com o artigo 250.º, n.º 1 do Código do Trabalho, porquanto este apenas estabelece que na falta de disposição em contrário a base de cálculo das prestações complementares e acessórias estabelecidas por disposições legais, convencionais ou contratuais é representada apenas pela retribuição base e diuturnidades. Simplesmente, a conservação dos efeitos já produzidos pela contratação colectiva nos contratos individuais de trabalho é matéria que extravasa em muito da fixação de meras prestações complementares e acessórias pelo que o artigo 557.º, n.º 5, alínea *a*) não é uma disposição

---

[54] Já atrás referimos o papel importante que neste contexto pensamos poderem desempenhar os usos e a eficácia integradora da convenção colectiva no contrato individual de trabalho.

que caiba no tipo legal do artigo 250.º, n.º1. Não se conservarão, no entanto, os efeitos já produzidos em componentes remuneratórias que não se deixem integrar na retribuição do trabalhador em sentido técnico: assim, em princípio, não se conservarão prémios de assiduidade, subsídios de transporte, de deslocação ou nova instalação, subsídios de refeição ou abonos para falhas ou participações nos lucros, a não ser quando e na medida em que em relação a cada uma destas prestações se puder considerar que no caso concreto ela integra a retribuição do trabalhador. Conservar-se-ão previsões relativas a importâncias que são inequivocamente retribuição como comissões, subsídios de férias ou de Natal.

Uma outra questão consiste em saber em que medida é que o efeito em matéria de retribuição se deve considerar já produzido quando a convenção colectiva expira: assim, se a convenção colectiva contiver uma fórmula de cálculo das comissões ou de um prémio que no caso concreto deva ser considerado retribuição, em função designadamente da sua importância e regularidade, qual será o efeito já produzido: o montante remuneratório em concreto auferido pelo trabalhador ou o próprio critério aplicável? A questão, já discutida em França, não é obviamente destituída de importância prática: se se entender que o efeito já produzido é o resultado da aplicação em concreto do critério, o trabalhador não poderá ver reduzida essa componente retributiva aquém desse montante; se se entende que o efeito produzido é não o resultado concreto, mas a aplicação do critério em si o trabalhador poderia exigir, mesmo depois de caducada a convenção colectiva que aquele critério continuasse a ser aplicado para futuro para o calculo das comissões ou do prémio. Parece-nos, contudo, que o efeito já produzido no contrato individual de trabalho é apenas o resultado concretamente obtido durante a vigência da convenção pela aplicação do critério nela previsto, não podendo o trabalhador pretender que esse critério continue a ser-lhe aplicado no futuro, após a morte da convenção, mesmo que essa aplicação lhe fosse mais favorável. Também não se devem considerar abrangidos pela noção de efeitos já produzidos – e frequentemente estarão também fora do domínio da retribuição em sentido técnico – direitos que se encontram ainda em gestação quando a convenção colectiva expira: referimo-nos, designadamente, a pensões complementares de reforma que poderiam estar previstas na convenção[55] ou a

---

[55] Contra, se bem o interpretamos, FRANCISCO LIBERAL FERNANDES, *op. cit.*, pág. 110, embora reportando-se a outro quadro legislativo entretanto desaparecido e à hipótese de transmissão de empresa, estabelecimento, parte de empresa ou de estabelecimento.

compensações adicionais nela previstas para certas hipóteses de cessação do contrato de trabalho.

Mantêm-se depois os efeitos já produzidos em matéria de categoria do trabalhador e respectiva definição. A definição da actividade para que o trabalhador é contratado cabe às partes, como refere o artigo 111.º, n.º 1, mas essa definição é, como resulta do n.º 2, frequentemente feita por remissão para a convenção colectiva. Ainda que, como refere, quanto a nós com inteira razão, Pedro Madeira de Brito, o conceito de actividade contratada seja "muito mais operativo que a ideia de categoria contratual"[56], é inegável que as partes do contrato de trabalho remetem, por vezes, para a categoria definida numa convenção colectiva ou regulamento interno como meio ancilar de determinação do próprio objecto do contrato de trabalho. A definição da categoria do trabalhador feita na convenção colectiva continuará pois a desempenhar esta função integradora do contrato individual de trabalho. Mais delicada é a questão de saber se se manterá a definição de carreira profissional para efeitos de circunscrever o objecto do contrato de trabalho e as funções que podem ser exigidas ao trabalhador sem alteração desse objecto – aqui talvez se possa retirar uma resposta negativa da letra relativamente apertada da alínea *b)* do n.º 5 do artigo 557.º que apenas se refere aos efeitos produzidos em matéria de categoria e respectiva definição e não de actividade contratada ou de carreira profissional.

Preservam-se igualmente os efeitos já produzidos no contrato individual de trabalho pela convenção colectiva em matéria de duração do tempo de trabalho. A fórmula legal parece, mais uma vez, intencionalmente restritiva[57], embora seja extremamente delicado, por vezes, separar

---

[56] PEDRO MADEIRA DE BRITO in *Código do Trabalho Anotado*, PEDRO ROMANO MARTINEZ e outros, Almedina, Coimbra, 5.ª ed., 2007, pág. 271.

[57] Parece-nos, com efeito, que não é indiferente a circunstância de o legislador se referir neste preceito apenas à "duração" do trabalho e não já à "duração e organização do tempo de trabalho" que é a epígrafe da Secção III do Capítulo II do Título II do Livro I do Código do Trabalho (artigos 155.º a 232.º). A fórmula mais restritiva compreende-se dada a grande importância de que se reveste normalmente a regulamentação colectiva do tempo de trabalho, parecendo excessivo conservar *ope legis* (ainda que de forma supletiva, ou seja na falta de acordo das partes) toda esta regulamentação após a caducidade da convenção. No fim de contas, e apesar da conservação de alguns efeitos, deve haver uma diferença sensível entre os efeitos que a convenção produz em vida e os efeitos que a lei preserva após a morte da mesma... A solução encontrada tem, no entanto, o defeito de cindir o que constitui um todo unitário e é dificilmente cindível. Relativamente aos efeitos que se preservam parece-nos que eles não se restringem às cláusulas da convenção sobre as matérias referi-

o que é duração e o que é organização e distribuição do tempo de trabalho. Assim, e por exemplo, parece-nos que não são cláusulas respeitantes à duração do tempo de trabalho (e, por isso mesmo, cláusulas susceptíveis de produzirem efeitos no contrato individual de trabalho que se mantenham por força do n.º 5 do artigo 557.º), as cláusulas que definem, por exemplo, trabalho nocturno em termos diferentes do estabelecido supletivamente na lei. Na verdade, a fixação por convenção colectiva do período de trabalho nocturno e indirectamente do trabalhador nocturno (vejam-se os artigos 192.º e 193.º do Código do Trabalho) tem sobretudo a ver com os direitos especiais do trabalhador nocturno.

No entanto, e em bom rigor, embora a definição de trabalhador nocturno seja, como refere Luís Miguel Monteiro, "instrumental da aplicação do regime de protecção"[58] previsto nos artigos 194.º e seguintes, a verdade é que neste regime de protecção também constam normas referentes à duração do tempo de trabalho (vejam-se, por exemplo, os números 1, 2 e 3 do artigo 194.º). Como não está em jogo apenas a especial remuneração dos trabalhadores nocturnos ou a protecção do trabalhador nocturno contemplada no artigo 195.º, parece que esta definição de trabalhador nocturno acaba por também ter efeitos em matéria de limites à duração do tempo de trabalho. Já a definição de trabalho a tempo parcial em moldes distintos dos que resultam da lei e, por exemplo, elevando o limite dos 75% do período normal de trabalho semanal de trabalhador a tempo completo em situação comparável (veja-se o artigo 180.º, números 1 e 2 do Código) parece que não contende com a duração do tempo de trabalho, pelo menos no essencial (pode no entanto ter algumas consequências marginais em matéria, por exemplo, de trabalho suplementar) Assim, e porque os efeitos em sede de duração do trabalho são marginais, julgamos que tal definição não subsistirá.

Serão já, claramente, cláusulas sobre a duração do tempo de trabalho e que por isso podem ver os efeitos produzidos no contrato individual de trabalho preservados, aquelas que limitam o período normal de trabalho diário ou semanal. Julgamos, igualmente, que se conservam os limites

---

das na Subsecção II da referida Secção III (artigos 163.º a 169.º), pese embora a epígrafe dessa Subsecção ("Limites à Duração do Trabalho") poder sugerir o contrário, já que noutros lugares da Secção III podem existir matérias atinentes sobretudo à duração do trabalho. E temos mesmo dúvidas (como no corpo deste estudo sublinhamos) de que certas matérias que constam da Subsecção II não sejam em primeira linha matérias de organização do tempo de trabalho, ainda que com óbvias consequências em matéria de duração do trabalho (assim, por exemplo, o regime de adaptabilidade previsto no artigo 164.º).

[58] LUÍS MIGUEL MONTEIRO, *Código do Trabalho Anotado*, cit., pág. 402.

eventualmente colocados pela convenção colectiva ao trabalho suplementar (são limites à duração do trabalho) e a consagração de um dia ou meio dia de descanso complementar – parece-nos efectivamente que atém à duração do trabalho não apenas o que respeita, por exemplo, ao número de horas de trabalho por semana, mas a sua distribuição por cinco ou seis dias (que afecta a duração do trabalho diário).

Mas importa, mais uma vez, realçar que é frequentemente muito delicado destrinçar duração e organização do tempo de trabalho já que estas obviamente se interpenetram, com a consequência de que hesitamos quanto à solução a dar em muitos casos concretos. Temos, por exemplo, muitas dúvidas quanto à manutenção ou não de um regime de adaptabilidade previsto na contratação colectiva – trata-se, aliás, de uma situação que ilustra bem aquela extrema dificuldade em distinguir duração e organização do tempo de trabalho: quanto a nós, a adaptabilidade é, sobretudo, um meio de organizar diferentemente o tempo de trabalho que acaba por ter implicações quanto à duração deste[59] (permitindo, designadamente, uma duração semanal diferente da que resultaria da lei). As consequências em sede de duração do trabalho parecem-nos meramente instrumentais relativamente a este modo de organização do tempo de trabalho, razão pela qual nos inclinamos para a não manutenção da adaptabilidade prevista na convenção. Este caso ilustra bem, igualmente, um dos defeitos da solução legal: é que a convenção colectiva é um todo que é artificialmente cindido ao prever-se que apenas alguns dos efeitos que ela produz nos contratos individuais se mantêm. A aceitação de um regime de adaptabilidade tem frequentemente contrapartidas, contrapartidas estas que tanto podem existir ao nível da retribuição, como a outro nível (mais dias de férias, pensões complementares de reforma, etc.). A solução legal, ao fracturar o todo, não garante que umas e outras sobrevivam.

É também duvidoso que se mantenham os efeitos produzidos por uma cláusula da convenção colectiva que preveja mais dias de férias do que os que resultariam da lei, ainda que se possa dizer que também tal cláusula tem uma repercussão embora indirecta sobre a duração do tempo de trabalho.

Em conclusão, e como, aliás, o leitor já terá podido depreender das nossas frequentes hesitações e dúvidas na interpretação destas novas nor-

---

[59] Contra o nosso entendimento pode, no entanto, invocar-se o elemento sistemático e a circunstância, já referida, de o artigo 164.º constar de uma Subsecção que trata, precisamente, dos limites à duração do trabalho.

mas introduzidas em 2006, mesmo quem, como nós, partilhe o seu escopo – evitar um certo retrocesso social – não pode deixar de se interrogar sobre a felicidade das soluções técnicas encontradas: não só a morte da convenção colectiva nunca criaria propriamente um "buraco negro", como não é agora nada fácil determinar, no caso concreto, a amplitude e a extensão destes efeitos que lhe sobrevivem.

A SOBREVIGÊNCIA DAS CONVENÇÕES COLECTIVAS DE TRABALHO NO REGIME DA LEI N.º 9/2006, DE 20 DE MARÇO

(ALTERAÇÕES AOS ARTIGOS 557.º E 558.º DO CÓDIGO DO TRABALHO)

BERNARDO XAVIER[*][**]

SUMÁRIO: *1. Introdução. As CCT's no elenco das fontes de Direito do trabalho. 2. As características especiais das convenções colectivas como normas. 3. Vigência. Ideias gerais sobre a vigência. 4. Vigência e cessação de vigência das CCT's. 5. Vigência das CCT's (cont.). Âmbito temporal: Duração, cessação, renovação e sobrevigência. O compromisso estabilidade/renovação. 6. Cessação de vigência e vácuo regulativo. As figuras de cessação (revogação, caducidade, denúncia). A denúncia e a permanência da CCT. 7. Sobrevigência limitada. Alguns sistemas estrangeiros. 8. Renovação, ultra-actividade e sobrevigência na versão inicial do CT. 9. A alteração ao CT. Novas limitações à denúncia conducente à caducidade. 10. A "condenação" à arbitragem. 11. Efeitos da caducidade. Casos de verdadeira caducidade. 12. Período suplementar de pós-vigência com vista a transição. Cessação de vigência e relatividade do vácuo regulativo. Estatuto legal e contratual preservado irremovível. 13. Problema de aplicação no tempo da Lei n.º 9/2006. 14. Indicações finais. Será possível a caducidade por denúncia?*

---

[*] Professor Associado da Faculdade de Direito da Universidade Católica Portuguesa (Lisboa).

[**] O presente texto, dedicado ao Prof. Doutor José Oliveira Ascensão, constitui preito de homenagem a um dos grandes vultos da investigação e ensino do nosso Direito, Mestre de extrema versatilidade, cuja obra cobre diversos domínios da ciência jurídica.

1. Introdução. As CCT's[1] no elenco das fontes de Direito do trabalho

Antes de versar os problemas de sobrevigência das CCT's e a inflexão que eles tomaram com a alteração pontual feita pela Lei n.º 9/2006 ao Código do Trabalho, torna-se conveniente salientar alguns aspectos da contratação colectiva no sistema de fontes do Direito do trabalho.

Em primeiro lugar, poderemos frisar que com o CT as convenções colectivas, indubitavelmente fontes de Direito do trabalho *à part entière*, viram acrescida a sua normatividade. De facto, o Código não só continuou a assumir, logo nos artigos 1.º e 2.º, que as convenções colectivas pertencem às fontes específicas a que estão sujeitos os contratos de trabalho[2], mas no seu artigo 4.º elevou o potencial normativo das CCT's: "as normas deste Código podem"[...][3] "ser afastadas por IRCT, salvo quando delas resulte o contrário". As CCT's, na parte em que estabelecem uma regulamentação, passaram a ser normas sucedâneas, que concorrem com a lei para definir a disciplina das relações de trabalho, e que afinal têm uma aplicação prática prevalente, como se fossem *leges speciales*. Ressalvado um restrito núcleo identificado (melhor ou pior[4]) de normas imperativas (a que, por influência francesa, alguns designam por "ordem pública social"), às CCT's foi atribuída agora, pelo CT, uma ampla margem de conformação do regime laboral.

Ao contrário de muitas vozes da doutrina, nós concordamos com este engrandecimento do potencial normativo das CCT's. Desde há muito sustentámos que havia que terminar com o abusivo e invasivo de leis classi-

---

[1] *Abreviaturas*: ACT, acordo colectivo de trabalho; AE, acordo de adesão; CCT(s), convenção (ões) colectiva(s) de trabalho; ContCT, contrato colectivo de trabalho; Const., Constituição; CT, Código do trabalho; IRCT(s), instrumento(s) de regulamentação colectiva de trabalho; LCT, anterior lei do contrato de trabalho; LRCT, anterior lei das relações colectivas de trabalho; RCT, Regulamentação do CT; TC, Tribunal Constitucional.

[2] Neste aspecto não se distingue consideravelmente do regime anterior, essencialmente constante do artigo 12.º da LCT.

[3] O inciso, em ligação com o n.º seguinte, exclui o regulamento de condições mínimas, que não pertence ao elenco das CCT's. Há ainda outros IRCT's que não são CCT's, a que se aplicam aliás boa parte das reflexões que seguem, mas que não vamos considerar para simplificar a exposição.

[4] Com efeito, nem sempre das normas do CT resulta claramente se podem ou não ser afastadas por CCT. Temos criticado em outros lugares as omissões na identificação do carácter imperativo que deve pertencer a algumas normas (e que nem sempre resulta claramente, para efeitos da parte final do n.º 1 do artigo 4.º do CT), bem como os manifestos excessos quanto à imperatividade taxada para outras normas.

ficadas sem razão como injuntivas em domínios em que seria de dar largas à criatividade da autonomia colectiva dos parceiros sociais. Com o CT ficam evitadas as piores consequências do frenesim normativo, do "furor normandi" do poder legislativo, deste modo se favorecendo a promoção, melhoria e adaptação dos regimes legais às situações, sectores e conjunturas, saindo reforçadas as capacidades dos parceiros sociais para encontrar soluções negociadas. Aqui o CT fez uma boa reforma e pensamos que os factos não têm confirmado os temores daqueles que prognosticavam um aproveitamento sinistro das debilidades sindicais por parte de um capital voraz mancomunado com governos de pouca confiança... Entendemos que há paternalismos que os sindicatos – débeis que sejam – bem podem dispensar[5].

Contudo, faltou ao CT um esforço de reestruturação do sistema, necessário exactamente por causa deste aumento de normatividade das CCT's. Se estas passam a ser normas sucedâneas das leis e até de aplicação prioritária, tal reclama a superação do princípio da filiação (pelo qual as CCT's são apenas aplicáveis aos inscritos nas associações sindicais e patronais outorgantes). Para assegurar a racionalidade e a padronização da contratação colectiva torna-se necessário criar mecanismos de eficácia geral mais céleres que os encontrados através do método de adesão ou de esquemas de extensão (regulamentos posteriormente emitidos pelo Ministério do Trabalho). Têm de ser descobertos os meios jurídicos necessários para mais rapidamente conferir eficácia geral aos conteúdos das CCT's que possuam carácter de regulação organizativa do conjunto (organização da prestação e todos os procedimentos, meios e sistemas que sejam de tipo grupal e não possam ser utilmente considerados apenas na esfera individual)[6]. São de saudar as preocupações neste domínio reveladas no "Livro branco" sobre a revisão do CT.

2. As características especiais das convenções colectivas como normas

Há cláusulas das CCT's que não têm valor normativo, porque se referem às obrigações que entre si estabelecem os parceiros sociais (associa-

---

[5] Já estava escrito este estudo, quando lemos críticas veementes ao nosso pensamento neste preciso ponto, a que em outro lugar daremos resposta.

[6] Cfr. nosso estudo "As fontes específicas do Direito do trabalho e a superação do princípio da filiação", em *RDES*, 2005, 153. Aqui também o nosso pensamento foi objecto de críticas veementes a que daremos resposta em outro lugar mais azado.

ções sindicais e patronais ou empresas). Retomando uma clássica distinção, diz-se correntemente que, para além deste e de outros tipos de cláusulas (cláusulas *obrigacionais*), há, sobretudo, nas CCT's cláusulas *normativas*. Mas, como alguns apontam – e acertadamente – a circunstância de a distinção não esgotar o universo do clausulado das convenções (há cláusulas de natureza institucional), vamo-nos apenas deter nas em que é indubitável o carácter normativo (tabelas salariais, categorias, promoções, regras especiais de admissão, duração do trabalho e adaptação dos tempos de trabalho, férias, etc.)[7]. Não há dúvidas que se trata de verdadeiras normas[8] e é quanto a elas que vamos colocar o problema da sobrevigência.

Ora estas normas de regulação do trabalho, respeitada a lei imperativa, aplicam-se preferencialmente à luz de uma ideia constitucional de respeito pela autonomia colectiva, como componente, aliás internacionalmente válida, do princípio da liberdade sindical. Ora pensamos que essa e outras características influem na própria perspectivação dos problemas da vigência e da sobrevigência. A Constituição postula a autonomia colectiva no plano normativo, *i.e.*, a vontade recíproca de entidades que representam interesses contrários, as quais estabelecem uma plataforma de acordo e, depois, mecanismos de eficácia do acordo conseguido. Tal vontade legitima a imposição de normas às comunidades representadas e envolvidas. Para compreender perfeitamente o que se passa é necessário lembrar, conforme temos feito em outros lugares, as características próprias das cláusulas das CCT's de cunho normativo. Nós indicamos as seguintes:

1. São normas que adaptam as leis e que, como vimos, podem acomodar os respectivos conteúdos, aplicando-se preferencialmente como *leges speciales*;

---

[7] A maioria das cláusulas das CCT's tem carácter normativo, no sentido de se destinar a fixar condições de trabalho.

[8] Como já temos dito, as CCT's aplicam-se heteronomamente aos contratos de trabalho; dispõem de modo geral e abstracto um mínimo de condições; aplicam-se directa e imediatamente às relações de trabalho de modo coercitivo; estão sujeitas a regras de publicação, eficácia e vigência semelhantes às das leis. Por outro lado, mais do que meras cláusulas contratuais, têm possibilidade de afastar as normas do CT que não sejam em absoluto imperativas. É certo que o Tribunal Constitucional tem por vezes negado a qualidade de normas às CCT's. Contudo, sejam quais forem as decisões do TC, em que há divisão de opiniões e correntes diversas, elas são restritas à definição da matéria normativa para efeito de controlo daquele tribunal no plano da constitucionalidade e não à classificação como norma (artigo 55.º, 4, da Const.) e à atribuição de efeitos normativos à CCT, o que aliás pertence à lei, nos termos do mesmo preceito.

2. São normas *indispensáveis constitucionalmente* para a defesa e implementação da posição dos trabalhadores, e, portanto, para a equidade do relacionamento dos parceiros sociais;
3. São normas que, muito embora se destinem normalmente ao melhoramento das posições dos trabalhadores, têm por fim uma *padronização* e igualização;
4. São normas com fundamento análogo ao das que resultam de *tratados* entre potências, que assentam na adesão (forçosamente temporária) dos parceiros sociais como instâncias "de poder a poder" e que devem a sua *legitimidade à persistência do acordo de vontades* entre partes divergentes;
5. São normas segregadas dentro de um *quadro institucionalizado pelo continuado relacionamento* dos parceiros sociais e a que está ligada uma expectativa de manutenção desse relacionamento e, portanto, da renovação ou revisão;
6. São normas que se devem ajustar continuamente *à conjuntura económica e social do sector* onde se aplicam;
7. São normas que têm uma *pretensão aplicativa imediata* às relações duradouras vigentes[9].

Em conclusão: Trata-se de regulação estatutária, ainda que de geometria variável, de normas efémeras e volúveis, mas que pertencem a um sistema de produção normativa dinâmico, cuja indispensabilidade para a paz e justiça sociais é indiscutível.

Como vamos ver já a seguir, as CCT's têm dificultosa relação com o tempo, o que coloca um problema prático de grande significado. Na verdade, as CCT's, sendo indispensáveis, são transitórias, e, sendo transitórias, podem cessar enquanto são ainda indispensáveis. E daí que o Ordenamento manifeste horror ao vácuo normativo emergente da caducidade sem substituição deste tipo de normas. Não deixa de complicar a questão

---

[9] Ao contrário das normas comuns do comércio jurídico, que têm sobretudo implícito um "doravante" e respeitam a definição de interesses tal como tomada no quadro inicial da vida do contrato, a pretensão aplicativa das CCT's é mais forte relativamente aos contratos presentes que aos futuros. Destinam-se a resolver conflitos presentes, por soluções obtidas por grupos colectivos existentes. O "agora" e "já" está ínsito na CCT (quando não uma discreta retroactividade). São normas de carácter estatutário (pertencem ao chamado estatuto legal do artigo 12.º do Código Civil, como já referia BAPTISTA MACHADO), que visam o conteúdo das relações, independentemente do contrato individual que lhes deu origem.

um outro tópico, que tem a ver com o chamado "princípio do tratamento mais favorável", baseado numa ideia de optimismo social, em termos de as CCT's deverem ser sempre mais favoráveis que as anteriores. Não tendo embora praticabilidade a este propósito, já que as CCT's se hão de conformar com conjunturas depressivas, a verdade é que o "princípio do tratamento mais favorável" tem alguma expressão legislativa[10] e surge recorrentemente, obnubilando a compreensão do problema da vigência das normas, mesmo quando naturalmente caducam.

3. Vigência. Ideias gerais sobre a vigência

A vigência é uma propriedade que diz respeito ao processo de produção e de reconhecimento do Direito: tem a ver com a intenção normativa. A *vigência* das normas significa a sua *força* objectivada *no plano temporal*, quando como *jus positum* estão "postas na Cidade" num determinado momento do tempo. Como prescrição de condutas as normas reportam-se a comportamentos a levar a efeito enquanto estão vigentes.

O problema da vigência é o primeiro problema do limite temporal da aplicação da norma. É o que permite classificar no plano das leis a "lei antiga" e a "lei nova".

Uma coisa é a *vigência* (que corresponde ao tempo medido pelos momentos inicial e final em que a norma tem força ou vigor – *vis* e daí vigência – e se torna obrigatória) e outra a *aplicação*[11-12]. A aplicação tem

---

[10] Artigo 560.º do CT, por exemplo.

[11] Há outros problemas conexos, como os do âmbito de eficácia e do âmbito de competência no tempo – *v.g.*, de uma banda, a pretensão de cada norma à aplicação a situações anteriores e posteriores; de outra, as questões de delimitação de competência de várias normas sucessivas em conflito com pretensões de aplicação à relação jurídica em causa. Estas questões (conflito ou concurso de normas) têm grande dificuldade no domínio das situações contratuais duradouras em que o programa contratual se pode desenvolver exteriorizando-se em comportamentos submetidos ainda a uma lei velha que já não está em vigor e não à lei nova que vige [BAPTISTA MACHADO, *Âmbito de eficácia e âmbito de competência*, ed. Almedina (Coimbra, 1970), 22]. De facto, a aplicação da lei antiga, quando já está em vigor a lei nova, não advém do *próprio vigor* da lei ab-rogada mas de uma valoração da lei nova [v. sobre o problema nas CCT's, CATARINA PIRES/JOÃO COSTA ANDRADE, "O regime jurídico relativo à atribuição e cálculo da reforma de certos trabalhadores do sector bancário: tentativa de superação de um (falso) problema de a aplicação da lei no tempo", em *O Direito*, 2004, I, 169 ss] ou de uma valoração geral do Ordenamento. Assim, pode verificar-se a persistência de direitos subjectivos constituídos à sombra da lei antiga, assim como

a ver com a eficácia da norma relativamente aos factos. Ora os problemas mais intricados e frequentes parecem ser os da aplicação e não os da vigência, pois constantemente se coloca o problema da aplicabilidade aos factos de disposições não já ou ainda não vigentes. Sabemos que há normas *retroactivas* e que, portanto se pretendem aplicar a factos e situações que já passaram no momento da sua vigência, como muitas vezes as normas são *ultra-activas*, continuando a aplicar-se ainda depois do termo da sua vigência, porventura pelo sistema de aplicação nas normas de tempo (ultra-actividade)[13].

Os problemas restritos à vigência não costumam merecer grande atenção, ocupando apenas algumas linhas nos livros de Direito os tópicos da entrada em vigor pela *vacatio legis* e os da repristinação. A vigência significa, de facto, o período de obrigatoriedade[14] das normas: este ocorre entre o início de vigência (entrada em vigor) e a cessação de vigência. Em suma, poderemos considerar vigência o período temporal que medeia entre o início e o termo que delimitam o *império* da norma: a norma vigora a partir do momento em que se pretende dirigir à conduta dos indivíduos ("doravante") e cessa a sua vigência a partir do momento em que deixa de existir essa pretensão ("já chega... mais não")[15].

No caso das CCT's, para além de problemas de aplicação, há realmente problemas especiais de vigência.

Não quanto ao início de vigência. As normas colectivas, como quaisquer outras, têm um ponto de *início* de vigência (entrada em vigor). Tal ponto de início de vigência surge ligada à questão da *vacatio, i.e.*, o espaço entre a *publicação* da norma (existência) e *o momento em que esta se*

---

podem sobreviver cláusulas contratuais estabelecidas à sombra dessa lei. Nas situações jurídicas laborais adopta-se largamente a lei nova como competente.

[12] Nem sempre se dá conta da distinção, chamando por vezes "sobrevigência" a situações de "pós-eficácia".

[13] Tem as questões de retroactividade e ultra-actividade carácter comum às várias normas, com ligeiros acertos nestes domínios (porque na nossa lei há restrições à retroactividade nas CCT's).

[14] Ou de "executoriedade compulsiva" (M. REALE).

[15] Isto é forçoso, pela própria natureza das coisas, relativamente à eficácia directiva e motivadora das leis como normas de conduta ("auto-limitação intrínseca"). O problema é que há normas que se não dirigem a regular condutas mas a qualificar factos. As normas podem ser aplicáveis a factos desligados do seu domínio temporal de aplicação (factos anteriores ou posteriores – retroactividade e ultra-actividade) como puros critérios de valoração jurídica, dirigida ao julgador e não às partes interessadas (*regulæ decidendi* e não *regulæ agendi*). V. BAPTISTA MACHADO, *ob. cit.*, 4 ss.

torna obrigatória, num decurso de tempo que é requisito da sua aplicabilidade. À *vacatio* das CCT's depois de publicadas aplicam-se as regras gerais.

Mas, quanto à *cessação* de vigência, as coisas já são diversas, como veremos. As normas em geral cessam vigência quando caducam, são revogadas ou substituídas. Quanto à cessação de vigência, a CCT tem uma característica especial: as suas normas podem continuar (sobre)vigentes em face de certos pressupostos, mesmo depois da data marcada para a cessação da sua vigência ou mesmo depois de deixar de existir o consentimento de ambas as partes que legitimava a sua força normativa. Vamos ver.

4. Vigência e cessação de vigência das CCT's

Quanto à *entrada em vigor ou ao início de vigência*, pelo artigo 581.º, n.º 1, do CT, os IRCT's e, portanto, as CCT's entram em vigor após a sua publicação, nos mesmos termos das leis[16], do que resultará a sua ineficácia jurídica quando não publicados[17]. Considera-se que a data da publicação das CCT's é a da distribuição do jornal oficial em que sejam inseridas[18], iniciando a sua vigência decorrido um período de *vacatio* igual ao das leis.

Por outro lado, como outras normas, têm um termo de vigência, nelas directa ou indirectamente estabelecido. No caso das CCT's, pode acontecer que elas próprias prevejam directamente um termo para a sua vigência. Por outro lado, estão submetidas, como todas as outras, ao princípio da *lex posterior derogat lex priori*[19], caducando quando são substituídas, ou atra-

---

[16] Nos termos dos artigos 5.º do C. Civ. e da Lei n.º 74/98, de 11 de Novembro, com sucessivas alterações, republicada pela Lei n.º 42/07, de 24 de Agosto. Para além da publicação em jornal oficial, o CT obriga o empregador à afixação na empresa, em local apropriado, da indicação dos IRCT's aplicáveis (artigo 534.º).

[17] Remissão para o art 119.º, n.º 2, da Constituição. É discutível se as cláusulas meramente obrigacionais de CCT's não publicadas são também ineficazes.

[18] V., para esta e outras questões congéneres, GONÇALVES DA SILVA, *Notas sobre a eficácia normativa das convenções colectivas* (Coimbra, 2002), ed. Almedina, Cadernos do IDT, 60 ss; e "Do âmbito temporal da convenção colectiva", em *Estudos de Direito do trabalho em Homenagem a Alonso Olea* (Lisboa, 2004), 482 ss.

[19] As normas cedem perante a força derrogatória de normas sucessivas, perdendo assim vigência. Cfr. artigo 7.º do C. Civ., que corresponde a um princípio universal.

vés de nova convenção ou através da antiga convenção revista[20]. E, compartilhando estas normas das CCT's de uma raiz pactícia, poderão ser revogadas pelas partes (como estas são as titulares do poder normativo continuam neste ponto a parecer-se com as leis *mutatis mutandis*[21]) e, em certas condições, ser denunciadas por um dos seus outorgantes, quando se esgotar o período mínimo durante o qual devem vigorar.

O CT confere bastante importância à definição formal da *cessação de vigência* dos IRCT's e, portanto, das CCT's. A revogação das CCT's deve também ser publicada no *Boletim do Trabalho e Emprego* (artigo 581.º, n.º 1) e, do mesmo modo, o aviso (a cargo dos serviços oficiais) sobre a data da sua cessação (artigo 581.º, n.º 2).

Diremos, pois, que a CCT entra em vigor quando se torna aplicável e produz os seus efeitos normativos e, portanto, a partir do momento em que obriga ou vincula. Cessam vigência por substituição, por decurso de prazo[22], por revogação pelos outorgantes, e, também, por denúncia unilateral, de que resulte a caducidade. De facto, como dissemos, ao contrário da generalidade das leis, as CCT's não têm vocação de perpetuidade[23], mas, como veremos, a sua natureza própria reclama em certos casos uma "sobrevigência" ou "pós-vigência", mesmo quando teoricamente deveriam ter deixado de estar em vigor, por estarem denunciadas ou por estarem teoricamente caducas.

Em regra, poderemos dizer que as normas colectivas têm aplicação imediata e se destinam a vigorar por um tempo relativamente determinado, não inferior a um ano. Trata-se do período directo de vigência, em que se manifesta plenamente a "vis" e a "voluntas" aplicativa da norma. Não se podem confundir as questões de vigência e de pós-vigência com outras

---

[20] Ainda que a questão da caducidade por substituição não seja linear, porque aparentemente limitada nos termos do CT (artigo 557.º). Por outro lado, há outras possibilidades de caducidade (mudança de unidade negocial, dissolução da associação sindical ou patronal).

[21] Inclusivamente, o acto de revogação pelos outorgantes de CCT carece de publicação oficial (artigo 581.º, n.º 1, do CT).

[22] Nesta situação, não há uma caducidade com o automatismo das leis, já que em princípio haverá uma sobrevigência, nos termos a seguir descritos. Tem-se-nos afigurado contudo, que no sistema português não está excluída para as partes a possibilidade de consignar uma caducidade, vera e própria, decorrido o prazo de vigência: tal se considera a solução mais conforme com o princípio de autonomia colectiva (v. *infra*, n.º 6). A comissão do "Livro Branco" faz alusão a essa possibilidade.

[23] O artigo 543.º, *f*), do CT estabelece que as CCT's devem prever o prazo de vigência (quando exista).

que se prendem com o âmbito de eficácia e com o âmbito de aplicação[24]. Uma coisa é o problema da *vigência*, em que se enquadra a questão da *sobrevigência* das várias CCT's; e outra a da aplicação e dos vários conflitos (internos e externos) à luz do direito transitório[25]. No nosso estudo, não nos vamos ocupar da questão de competência e eventual conflito no tempo, nem sequer de eficácia (no caso, ultra-actividade[26] ou pós-eficácia, que se coloca pela possibilidade aplicativa de normas que já não vigoram a situações jurídicas que depois se têm constituído). Vamos falar da *sobrevigência*, em que as normas perderam o título que lhes legitimava o vigor *(i.e.,* força) e, maugrado isto, continuam a ter a mesma pretensão aplicativa e essa mesma impositividade, e daí poderem reger coactivamente as situações jurídicas que se vão constituindo.

5. Vigência das CCT's (cont.). Âmbito temporal: Duração, cessação, renovação e sobrevigência. O compromisso estabilidade/renovação

Quanto ao âmbito temporal das CCT's[27], obviamente marcado pelo período de vigência, observa-se que as convenções têm necessariamente de possuir um mínimo de *estabilidade* (hoje fixado em um ano, *grosso modo*). Por outro lado, as CCT's, pois regem relações de trabalho que perduram no tempo e também porque constituem auto-composição conjun-

---

[24] Cfr. nota 15.
[25] V. OLIVEIRA ASCENSÃO, *O Direito*, 13.ª ed. (Lisboa, 2005), 303 ss. E também BAPTISTA MACHADO, *Sobre a aplicação no tempo do novo Código Civil*, ed. Almedina (Coimbra, 1968) e *Introdução ao Direito e ao discurso legitimador*, ed. Almedina (Coimbra, 1983), 165 ss; GERMANO MARQUES DA SILVA, *Introdução ao Estudo do Direito*, (Lisboa, 2006), UC Editora, 104; e FERNANDO BRONZE, *Lições de Introdução ao Direito*, cit., 767 ss.
[26] Como na retroactividade, em que há uma pretensão de aplicação das normas a situações jurídicas que já estavam constituídas antes da sua entrada em vigor e às quais eram até aplicáveis outras normas.
[27] Sobre o tema, à luz do novo Código, v. os nossos estudos, "Contratação colectiva: cláusula de paz; vigência e sobrevigência", em *Código do trabalho – alguns aspectos cruciais* (Lisboa, 2003) e "A sobrevigência das convenções colectivas de trabalho", em *A reforma do Código do trabalho* (Coimbra, 2004) e no nosso *Curso de Direito do trabalho*, 3.ª ed. (Lisboa, 2004). V., ainda, GONÇALVES DA SILVA, "Do âmbito temporal da convenção colectiva", em *Estudos de Direito do trabalho em Homenagem a Alonso Olea* (Lisboa, 2004).

tural de interesses dos parceiros numa vida económica em constante evolução, hão-de ser *temporárias*, adaptáveis e sujeitas a *revisão* ou até a *extinção*.

Algumas convenções vão desaparecendo, por certo. Mas se olharmos o que se passa, veremos que existem CCT's que perduram há décadas: muitas das suas cláusulas mantêm-se completamente inalteradas; outras, permanecendo idênticas durante muitos anos, são revistas de vez em quando para se adaptarem às novas circunstâncias; e, finalmente, um número menor de cláusulas, que contém a expressão pecuniária (principalmente as tabelas salariais), é modificado anualmente[28]. De qualquer modo, há uma unidade estrutural da CCT que exprime o relacionamento duradouro entre os empregadores e sindicatos, envolvendo assim um quadro jurídico permanente de ligação dos parceiros e de padronização (ainda que com elementos variáveis no tempo) das condições de trabalho no respectivo âmbito.

O próprio *carácter duradouro* do relacionamento envolve, a um tempo, uma certa *estabilidade* da auto-regulação das condições de trabalho, em que há a garantia de permanecerem completamente inalteradas durante um período mínimo, (*v.g.*, um ano) e uma certa *precarização*, marcada pelas possibilidades de periódica revisão e, eventualmente, de cessação. Ora a revisão, que incide em regra anualmente nas cláusulas salariais e ainda em outras, pois todas estão expostas a um escrutínio periódico, é produto de árduas negociações cujo êxito não está assegurado e de que o insucesso pode degenerar em impossibilidade de relacionamento das associações intervenientes e tender, portanto, à cessação da CCT. Tendo consciência dos inconvenientes, o Ordenamento procura evitar a pura e simples cessação da vigência da CCT, *condicionando* os respectivos meios extintivos e propiciando a *renovação automática* da convenção, a sua *revisão* e a possibilidade de uma *sobrevigência* temporária.

O âmbito temporal da CCT, preso embora ao período de vigência, tem pois que ver com o ciclo de duração e de revisibilidade da contratação colectiva, atendendo à possível manutenção do quadro de relacionamento dos parceiros sociais. Como dissemos, as CCT's contêm normas de conjuntura, *estruturalmente* temporárias, isto é, que se destinam a reger comportamentos, relações jurídicas e seus efeitos durante meses (nunca menos

---

[28] O carácter diferenciado dos vários agregados de interesses regulados pela CCT justifica até que cada matéria ou grupo homogéneo de cláusulas tenha períodos de vigência diferentes (artigo 556.º, n.º 2, do CT).

de doze) ou anos apenas. Contudo, o carácter temporário está ligado a uma *expectativa de renovação e de actualização* dento de uma certa unidade (empresa, actividade), que supõe um *quadro de relacionamento* de carácter sistemático, duradouro, ou quase permanente, entre os parceiros sociais. Há, pois, que assegurar ao que é efémero alguma estabilidade, num quadro permanente de relacionamento: tal envolve mínimos de duração e flexibilidade (para adaptação e renovação, mas evitando uma ruptura). Não obstante, em certos casos há que encarar uma ruptura total e verificar a cessação de relações colectivas e, portanto, das consequentes CCT's.

No plano jurídico a *estabilidade* é conseguida através de: a) *períodos de vigência* (mínimos)[29]; b) *renovação*[30] sucessiva e automática; e, ainda – em sistemas como o nosso – c) prolongamento de vigência da CCT cujo prazo marcado para a vigência terminou – (*sobrevigência*[31]). Dá-se oportunidade à renovação pelas possibilidades de *revisão* e à cessação pela *revogação* (bilateral) e *denúncia* (unilateral)[32], ainda que esta última seja bastante condicionada e, desde a alteração feita ao CT, tenha um tormentoso procedimento para poder fazer extinguir a CCT através da *caducidade*.

Para além de esquemas de sobrevigência directamente ditados, a demora da revisão, e – uma vez esta frustrada – a demora em geral do procedimento do qual decorre a cessação da CCT determinam também no nosso sistema o período de sobrevigência.

---

[29] A comissão do "Livro Branco" para a revisão da legislação do trabalho encara a eliminação de períodos mínimos de vigência (e, portanto, da já referida estabilidade mínima de um ano), mas aceitando que a parte que pretende a estabilidade não seja obrigada a negociar durante alguns meses a seguir à outorga.

[30] O período de vigência e o de renovação estão representados pelo lapso de tempo durante o qual regem as CCT's, apoiadas na vontade recíproca das partes, expressa ou tácita. O CT não distingue com muita exactidão o período de renovação (nos casos em que esta é forçada) do período de sobrevigência.

[31] Por período de sobrevigência, entende-se aquele em que a CCT, embora regularmente denunciada por uma das partes, continua a vigorar para além da data de vigência convencionada.

[32] A denúncia é a declaração de vontade de uma das partes para extinguir (directamente ou pela não renovação) ou para modificar as referidas CCT's.

6. Cessação de vigência e vácuo regulativo. As figuras de cessação (revogação, caducidade, denúncia). A denúncia e a permanência da CCT

A *sobrevigência* funda-se numa questão prática – a do vácuo regulativo – que se verifica quando nenhuma norma colectiva aparentemente venha a ficar em vigor. É uma questão no Direito do trabalho eminentemente aguda e coloca-se quando ocorre um facto que põe em causa a vigência da CCT, ou quando esta caduca ou cessa e, apesar de atingida por tais factos extintivos, não é imediatamente substituída por outra. Assim, por exemplo, a associação patronal *A* outorgante num ContCT dissolve-se; a empresa *B*, outorgante num AE, é absorvida por outra empresa; a CCT com uma duração fixada em dois anos atinge o seu termo e as partes não se entendem para nova convenção. Algumas das questões são raras ou merecem da lei soluções não demasiadamente complicadas[33]; outras, como o desentendimento das partes relativamente a uma CCT denunciada e caducada são mais difíceis de resolver. *Quid juris* quando não se consegue substituir ou renovar estas CCT's? Os trabalhadores deixarão de auferir os salários, de beneficiar das férias, de gozar das regalias que lhes estavam conferidas pela CCT que não está mais em vigor? Ou entende-se que as CCT's devem ainda de qualquer modo manter-se ou ter um período de sobrevigência para

a) reger a conduta das partes;
b) assegurar a sua substituição?

Na verdade, se ocorresse nestas vicissitudes uma mera cessação da CCT, verificar-se-ia:

a) Um vácuo regulativo e indefinição com todos os seus problemas;
b) Uma dramatização do processo negocial, que naturalmente está em curso e que deve ser levado a bom termo, sem crispações indesejáveis;
c) Provavelmente, um excessivo fortalecimento das posições patronais e enfraquecimento das sindicais (ainda que as entidades empregadoras desconfiem também do vácuo regulativo).

---

[33] Assim, as questões de transmissão de empresa ou estabelecimento têm solução no artigo 555.° do CT. Note-se que o preceito coloca problemas não fáceis. Outras questões, como as emergentes da dissolução das associações outorgantes, não estão contempladas pela lei.

Sendo estes os problemas, convém pormenorizar as questões relativas à cessação de vigência por desentendimento das partes.

As CCT's perduram durante certo prazo, de acordo com um programa que pode estar previamente estabelecido. Nos termos do artigo 556.º, 1, do CT, "a *convenção colectiva vigora pelo período que dela constar*".

Em regra, *durará mais*, desde logo porque, em homenagem ao princípio da conservação da CCT, o prazo estipulado, em princípio, não tem efeito totalmente extintivo, marcando períodos de oportunidade de denúncia e de sucessiva *renovação*. Decorrido o prazo, a CCT "renova-se nos termos nela previstos" (artigo 557.º, n.º 1, do CT). Mesmo que tal renovação não esteja regulada pela CCT, nos termos do n.º 2, al. *a*), do mesmo preceito, "a convenção renova-se sucessivamente por períodos de um ano".

Entendemos que a renovação não é forçosa, podendo as partes afastá-la e deste afastamento pode decorrer a caducidade da CCT. A renovação também pode decorrer em termos muito mais estritos ou limitados que os estabelecidos na lei. Como também pode decorrer em termos mais amplos. De qualquer modo, é necessário que seja respeitado sempre um princípio de autonomia legitimante da própria força normativa da CCT. É absurdo pensar no plano jurídico em normas vinculativas de fonte consensual que não tenham base suficiente na vontade dos sindicatos ou das associações patronais, como é absurdo pensar em normas consensuais contra a vontade das associações sindicais e patronais. Sistemas como o que alguns dizem decorrer da anterior LRCT não têm virtualidades constitucionais. Por outro lado, no plano prático, a ameaça de perpetuar o que é estipulado apenas conjunturalmente bloqueou, como é sabido, a negociação colectiva.

Deixemos de lado as hipóteses de *revogação*[34], menos importantes para este caso de sobrevigência, e observemos a *denúncia*, que corres-

---

[34] Fora da previsão originária em CCT, "decorrido o prazo de vigência mínimo de um ano, a convenção colectiva pode cessar os seus efeitos mediante revogação por acordo das partes" (primitiva redacção do artigo 559.º). Como é evidente, encontramo-nos em face da vontade comum das partes, num plano de autonomia colectiva ao qual não é lícito colocar reservas. Aliás, a revogação envolverá normalmente uma substituição, ou pela celebração de nova CCT ou pela adopção de outra pré-existente que melhor sirva os interesses das partes. De qualquer modo, da revogação decorre o consenso das partes quanto à impossibilidade de a CCT revogada garantir os seus interesses. Notar-se-á que o novo texto do artigo 559.º referido na Lei n.º 9/2006 não contém como limitação o decurso do prazo de vigência mínima de um ano. Da nova redacção parece decorrer que a revogação pode ser feita a todo o tempo, mas o ponto é duvidoso.

ponde já a um acto extintivo unilateral, da autoria de apenas uma das partes outorgantes. Como é princípio geral, os contratos duradouros sem prazo não são perpétuos, podendo ser-lhes colocado fim por vontade de *apenas uma* das partes. A denúncia da CCT, como em qualquer outro negócio duradouro por tempo indeterminado[35], exprime a vontade de uma das partes em dar por acabada a regulamentação que se tinha acordado. Analogamente à revogação, a fixação do período de vigência, que equivale a um lapso de tempo constante da CCT pela vontade comum das partes, tem natureza bilateral; pelo contrário, a denúncia é já um acto unilateral. A denúncia destina-se a servir a necessidade de adaptação das CCT's, depois de garantida a estabilidade por ter decorrido um determinado período de tempo. A denúncia, por outro lado, exprime a vontade de um dos contraentes no sentido de permitir o seu termo e impedir a renovação automática da CCT[36]. Em geral, na prática, a denúncia destina-se não tanto a pôr termo ao relacionamento entre as partes, mas a evitar a renovação e a dar início a um ciclo de revisão da CCT, aliás demorado.

Temos aqui uma forma de pôr termo a normas pactícias (sendo certo que – parafraseando Carnelutti – as CCT's, se têm alma de lei, têm também corpo de contrato): assim acontece nos contratos duradouros e também nos tratados internacionais[37]. Mas há quem diga que a denúncia é afinal um elemento essencial da CCT, o que aliás tem lógica na própria necessidade de adaptação aos novos tempos de um esquema voluntário e instável, firmado numa continuada adesão dos interlocutores.

A denúncia das CCT's está sujeita a restrições formais (comunicação escrita), substantivas (deve ser acompanhada de proposta negocial) e temporais (antecedência de 3 meses relativamente ao termo do prazo inicial de vigência ou de renovação (artigo 558.°)[38-39].

---

[35] Ou subsistente por tempo indeterminado pela circunstância de não ter terminado no seu termo.

[36] Para o comum das situações contratuais, v. VARELA, *Das obrigações em geral*, II (Coimbra, 1997), 281: "A denúncia é precisamente a *declaração* feita por um dos contraentes, em regra com certa antecedência sobre o termo do período negocial em curso [...], de que não quer a *renovação* ou a *continuação* do contrato renovável ou fixado por tempo indeterminado".

[37] Relativamente aos tratados, a ideia de busca da paz perpétua não admite o direito implícito de denúncia, mas aceita-se a denúncia, não só quando do tratado esteja prevista essa faculdade, como também quando tal possa inferir-se da natureza do tratado e seja dado um aviso prévio (Convenção de Viena sobre os Tratados Internacionais).

[38] Razoavelmente, a Comissão do "Livro Branco" encara outro modelo para assegurar uma vigência de acordo com as expectativas das partes, sem ir ao excesso de marcar um prazo para a denúncia.

É o que o CT estabelece, mas a própria CCT pode marcar efeitos mais irrestritos e radicais à denúncia, como veremos. De facto, aparentemente, a lei coloca consideráveis limitações à operacionalidade da denúncia, consagrando possibilidades de sobrevigência de vulto, das quais decorre que a CCT estará ainda em vigor mesmo contra a vontade de uma das partes, com considerável entorse do princípio da autonomia colectiva. Contudo, muito embora o CT limite a denúncia e consagre um amplo sistema de sobrevigência, na realidade esse sistema não é imperativo. Aos outorgantes das CCT's é lícito eleger um sistema de denúncia imediatamente operacional (desde que respeite as expectativas de vigência e de renovação do artigo 558.º), afastando o pesado regime de renovações e dilações obrigatórias do regime (supletivo) do n.º 2 do artigo 557.º do CT. Assim, o CT, ainda que admitindo sobrevigências (não imperativas) destinadas a assegurar a persistência de um estatuto, transitoriamente, para evitar o vácuo regulativo, ressalvou a componente voluntarística legitimante das CCT's.

De qualquer modo, a não ser que a operacionalidade imediata da denúncia resulte da CCT, o CT recusa-se a dar à denúncia outro significado senão o de acto que desencadeia a caducidade (figura que ganha diverso conteúdo jurídico). Assim, normalmente, a denúncia não faz extinguir a CCT, mas desencadeia um procedimento de caducidade eventual.

Na realidade, a cessação das CCT's está ligada à perspectiva de renovação e, portanto, à continuidade do relacionamento. Como dissemos (e lembremo-nos da analogia que as CCT's têm relativamente aos tratados internacionais, como normas negociadas de Poder a Poder), há uma espécie de *horror ao vácuo regulativo*, procurando o Ordenamento manter uma qualquer normação. Assim, apenas se admitem denúncias construtivas[40] e com adequado aviso prévio (a denúncia deve ser feita com uma certa antecedência relativamente ao fim do prazo de vigência para evitar a renovação[41]). Por outro lado, impede-se, com veremos, a cessação de vigência

---

[39] Outras questões, como as da legitimidade para a denúncia, colocam problemas difíceis, não resolvidos pela lei. *Quid juris* quanto à denúncia de apenas alguma associação ou empresas em CCT's de parte plúrima? O mesmo, *mutatis mutandis*, quanto à legitimidade do destinatário da denúncia.

[40] A CCT "pode ser denunciada, por qualquer dos outorgantes, mediante comunicação escrita dirigida à outra parte, desde que seja acompanhada de uma proposta negocial" (artigo 558.º, 1, do CT).

[41] É o que resulta da conjugação dos artigos 556.º, 557.º, n.º 2, *a*) e *b*), e 558.º, n.º 2, do CT.

pura e simples, assegurando-se pós-vigência para permitir a entrada em vigor de novas CCT's, sem solução de continuidade.

Toma-se, portanto, como conatural à contratação colectiva a sobrevigência dos respectivos instrumentos, para possibilitar negociações e evitar indesejável efeitos no processo negocial por uma brusca ruptura e descontinuidade[42]. Assim o estabelecem directamente as leis dos vários ordena-

---

[42] No sistema anterior ao CT, a lei não era clara quanto à necessidade e efeitos da denúncia, passado o período de vigência previsto pelas partes. Dos termos da lei (artigo 16.º, n.º 5, da LRCT) parecia ser precisa uma nova proposta de CCT para que a denúncia produzisse efeitos. A denúncia devia respeitar a estabilidade necessária da CCT (artigo 16.º, 2, da LRCT). O culto da não-descontinuidade e o horror ao vácuo ia tão longe que se tornou um ponto crítico de rigidez do sistema. Veja-se o artigo 11.º, n.º 2, da LRCT, que estabelecia que a CCT se mantinha em vigor até ser substituída. Dispunha o citado artigo 11.º, n.º 2: «a convenção colectiva ou a decisão arbitral mantêm-se em vigor até serem substituídas por outro instrumento de regulamentação colectiva». Numa interpretação literal, entendia-se que estava aqui consagrada a pós-vigência da CCT, em termos de perpetuar a sua vigência enquanto as partes a não substituíssem por outra (ficando assim vedada a eficácia da caducidade pelo termo e a da denúncia, aparentemente até a revogação pura e simples por vontade bilateral dos estipulantes). Isto tinha duas consequências importantíssimas na prática negocial: 1.ª, estabilizava as regalias conferidas pelas CCT's num período em que as relações de força tinham sido favoráveis aos sindicatos; 2.ª, garantia aos sindicatos que a mudança só poderia ser para melhor, porque aos empregadores só restava chegar a acordo com os trabalhadores, não podendo, pura e simplesmente, denunciar a CCT ou dá-la como caduca. Tratava-se de uma interpretação aparentemente favorável para os trabalhadores, mas insustentável, pelas razões que muitas vezes enunciámos. Essas razões desenvolviam-se assim:

  a) As convenções colectivas – por força do próprio dinamismo do conflito e do diálogo sociais – são composições extremamente mutáveis e de duração por vezes fugaz.
  b) As CCT's têm, nesta conformidade, um prazo, para vigorarem dentro do horizonte temporal previsto, o qual é incompatível com uma *perpetuação, sem nova manifestação da vontade dos contraentes*. Que ficaria do princípio da autonomia colectiva, que supõe uma legitimidade bilateral, se se sustentasse a vigência, infinitamente protraída no tempo, de uma convenção denunciada e cujo prazo tivesse terminado?
  c) A consagração de uma pós-vigência por tempo indeterminado e inultrapassável pela vontade de um só dos contraentes é inaceitável à luz do princípio constitucional da autonomia colectiva, que não se torna consistente com a sobreposição prática da vontade de uma das partes do processo de negociação colectiva relativamente à outra.
  d) O apontado défice de legitimidade coloca-se também na própria estruturação de cada uma das partes envolvida, nas suas relações internas. Não se pode olvidar que as direcções das associações outorgantes das convenções colectivas assumem

mentos, por vezes, e assim ocorre na prática negocial, mesmo onde não há lei para o efeito.

7. Sobrevigência limitada. Alguns sistemas estrangeiros

A dificultosa relação das CCT's com o tempo tem colocado um problema prático de grande significado. Na verdade, as CCT's, sendo indispensáveis, são transitórias, e, sendo transitórias, podem cessar enquanto são ainda indispensáveis. De facto, ocorre frequentemente que os sindicatos e as empresas não se entendem a propósito da revisão das CCT's denunciadas e abre-se assim um pânico pouco salutar relativamente a um eventual vazio regulativo que nenhuma das partes pretende deixar instalar. Daí que em muitos ordenamentos se sigam políticas, ou de ignorar os efeitos destrutivos da caducidade por ter expirado o prazo ou então de minorar os efeitos demolitórios da denúncia. É geralmente compartilhada a ideia de que a CCT nasceu para durar até ser substituído por outra e, com efeito, em muitos ordenamentos se esta-

um mandato temporário, no decurso do qual seria ilegítimo hipotecar perpetuamente os termos da contratação colectiva. Não se podia dizer que tal só ocorria relativamente ao lado patronal e, assim, a perpetuidade era a solução que melhor defendia os sindicatos. Na verdade, a lei conferia já (é esta a linha desde a Lei n.º 21/96, aliás reforçada pelo CT) legitimidade às convenções colectivas para estabelecer em muitas matérias determinadas restrições aos direitos dos trabalhadores decorrentes da lei (polivalência, duração de trabalho, etc.) e, portanto, que os sindicatos podiam aceitar condições menos benéficas que as legais. Ora tais restrições – conjunturalmente aceites pelos sindicatos – não poderiam considerar-se petrificadas pela vontade patronal de as não substituir, o que defraudaria a autonomia colectiva sindical constitucionalmente garantida.
e) Paralisou a contratação colectiva, como se tem argumentado de modo irresponddido e irrespondível.

Assim, desde há muitos anos que sustentamos que o disposto no n.º 2 do artigo 11.º da LRCT visava apenas evitar um vazio normativo que dramatizaria o processo de revisão ou de renegociação de convenções colectivas. E que a sobrevigência apenas teria de existir pelo prazo indispensável a negociar, mantendo – entretanto – uma adequada cobertura normativa. Tal cobertura não deveria exceder o tempo das negociações e o mais necessário à formalização do novo instrumento de regulamentação colectiva de trabalho. Outra solução poria em crise o respeito pela vontade dos parceiros sociais, princípio de legitimidade em que assenta a autonomia colectiva.

belecem soluções para evitar o vazio, a instabilidade e a respectiva exposição dos trabalhadores[43].

O CT, na sua primeira versão, acabou e bem com este tentame de perpetuidade[44] e estabeleceu um sistema de sobrevigência ligado ao imperativo de construir soluções negociadas. A sobrevigência ilimitada defendida por alguns chocava-se, aliás, com o princípio da autonomia colectiva, o que não parece ter sido devidamente considerado pelo acórdão do TC, prolatado a propósito[45].

Teremos assim, a partir do CT, um regime de *sobrevigência limitada*. De qualquer modo, há a referir que na Alemanha, França e Espanha se consagra não tanto uma sobrevigência mas uma pós-eficácia da CCT. Assim, por exemplo, o § 4, 5, da *Tarifvertragesetz* (Alemanha): "Após o termo da convenção colectiva de trabalho continuam a valer as suas normas de carácter jurídico até serem substituídas por outro acordo", sendo

---

[43] Diga-se de passagem que o argumento catastrofista da anomia da relação de trabalho, invocado pelos defensores da perpetuidade, não tem grande lógica. A situação dos trabalhadores que vinham sendo abrangidos por uma convenção que deixa de vigorar é, afinal, paralela no plano teórico à dos seus companheiros aos quais esse instrumento não é obrigatoriamente aplicável, por não se encontrarem preenchidos os pressupostos da lei, que condiciona a aplicabilidade das convenções colectivas à filiação nas entidades signatárias. Muito embora se verifique em certos sectores uma prática relativamente consolidada de aplicação da convenção vigente à generalidade dos trabalhadores, independentemente da filiação sindical, no que toca aos trabalhadores não filiados, é por um acto de vontade das entidades empregadoras – fundado em imperativos de gestão – que se aplica o disposto na convenção colectiva. Isto sucede quer quanto aos trabalhadores que não se filiaram nos sindicatos outorgantes da convenção, quer relativamente àqueles que, tendo aderido ao sindicato, acabaram, mais tarde, por se desfiliar. O tema do princípio da filiação e das suas limitações é mais pormenorizadamente tratado no nosso estudo citado ("As fontes específicas do Direito do trabalho e a superação do princípio da filiação").

[44] Com diferente leitura, MONTEIRO FERNANDES ("A convenção" cit., 93 ss), falando mais de continuidade e de regra estabilizadora que de perpetuidade.

[45] Referimo-nos ao Acórdão do TC emitido, em controlo de constitucionalidade a pedido do Presidente da República, sobre o texto do CT votado na Assembleia da República. Ao contrário do pensamento subjacente ao problema posto pelo Presidente da República, quando o CT pôs termo ao princípio da perpetuidade unilateral, que inquiria se seria constitucional a caducidade das CCT's sem estar assegurada a substituição, o que se deve entender como inconstitucional é o estabelecimento de balizas excessivas à caducidade, quando a autonomia colectiva deixa de legitimar a normação das mesmas convenções. Colocando também dúvidas, MONTEIRO FERNANDES, ob. cit., 99 s. O TC, pronunciando-se sobre o ponto, entendeu, e bem, que seria contraditório com a autonomia das partes "a imposição a uma delas, por vontade unilateral de outra, da perpetuação de uma vinculação não desejada" (Acórdão n.º 306/2003, passagem do ponto 26 do texto do acórdão).

que o acordo corresponde a qualquer combinação, mesmo individual. O sistema do artigo 86, 3, do *Estatuto de los trabajadores* de Espanha, é semelhante, ainda que a ultra-actividade possa ser excluída pacticiamente[46]. Em França vale também um princípio de sobrevigência, mas a situação é bastante confusa porque "os trabalhadores conservam as vantagens adquiridas a título individual que adquiriram pela aplicação da convenção"[47]. As recentes alterações ao *Code du travail* (L 132-6 e L 132-8) tornam os sistemas de revisão e de sobrevigência mais dependentes da vontade das partes e, se se estabelecem regras de sobrevigência enquanto a CCT denunciada não for substituída, tal sobrevigência não excederá um ano.

8. Renovação, ultra-actividade e sobrevigência na versão inicial do CT

O CT, na sua primeira versão, veio estabelecer, para além do princípio da renovação, ao qual por equívoco se referiu às vezes como de sobrevigência[48], a possibilidade de a convenção colectiva, passados os prazos de vigência e de renovação de vigência, quando devidamente denunciada e, portanto, sem o apoio da vontade concorde dos contraentes, continuar em vigor por mais tempo. Acolheu-se, assim, uma espécie de prorrogação da vigência da CCT. Não se trata apenas de simples ultra-actividade ou pós-eficácia de norma antiga relativamente a factos que se encontravam fora do seu âmbito temporal de vigência. Trata-se efectivamente de manter a vigência da norma convencional (*i.e.*, a sua existência e vinculatividade como Direito positivo) para além do período em que a CCT legitimamente devia vigorar, vigência que permanece mesmo muito tempo depois de denunciada, até que a persistência da vontade do autor da denúncia consiga fazer operar a cessação.

O CT, na sua primeira versão, não estabeleceu uma sobrevigência indefinida ou ilimitada, como alguns inferiam da letra do antigo artigo 12.° da LRCT[49], tendo adoptado uma solução mais branda. Pensamos que a *sobrevigência limitada* ou prorrogação provisória (*i.e.*, a não perpetuação) constituiu uma solução relativamente aceitável e equilibrada, agora posta em crise.

---

[46] DE LA VILLA; *Instituciones de Derecho del Trabajo* (Madrid, 1990), 197.
[47] JAVILLIER, *Droit du travail* (Paris, 1999), 7.ª ed., 792-3.
[48] Assim, na epígrafe e no antigo n.° 4 do artigo 557.°.
[49] Cfr. nota 42 *supra*.

Quais foram as linhas propostas pelo CT, na sua redacção antes da recente Lei modificativa?

O Código deu-se conta dos problemas emergentes da cessação abrupta da CCT, tal como decorreria dos princípios gerais da denúncia. Estabeleceu assim o que ainda designa por "sobrevigência" (epígrafe do artigo 557.°). Corrido embora o prazo para o qual se outorgou, não se deve considerar caduca imediatamente a convenção, podendo *renovar-se* nos termos previstos ou automaticamente, a menos que outra coisa tenham as partes estipulado[50]. Por outro lado, para além da renovação automática, e também com excepção do que as partes tenham regulado na matéria, em caso de denúncia, há uma espécie de "renovação", a que poderemos chamar "renovação de sobrevigência", também por um ano. Isto é, na ausência de regulamentação, se às sucessivas renovações automáticas pretender obstar uma das partes, então, essa parte terá de denunciar a CCT, com proposta de nova convenção, não se produzindo contudo imediatamente a eficácia da denúncia [a CCT "renova-se por um período de um ano" – 557.°, 2, *b*) do CT[51], havendo que contar ainda com outros prolongamentos]. Encontra-se aqui, sob a designação de "renovação", uma verdadeira sobrevigência.

Isto significa que, havendo embora denúncia, a convenção colectiva do trabalho continuava, como continua[52], a sortir efeitos como norma vigente, durante um ano[53] e, portanto, durante o processo de negociação aberto pela proposta conexa com a denúncia. Então, para o legislador de 2003: a) ou o processo de negociação tinha êxito antes de um ano e a nova CCT substituía a sobrevigente (quanto mais não fosse por revogação tácita)[54]; b) ou não tinha êxito, e então – *findo o primeiro ano de sobrevigência* – as partes permaneciam em negociação e neste caso, a CCT continuaria em vigor durante mais um *segundo ano de sobrevigência* [artigo 557.°, n.° 2, *b*), segunda parte].

---

[50] Do que decorre que as partes podiam, como podem, impedir a renovação, estabelecendo essa cláusula na própria CCT. Esta norma não foi atingida pela alteração da Lei n.° 9/2006.

[51] Esta norma não foi atingida pela alteração da Lei n.° 9/2006.

[52] Esta parte não foi atingida pela alteração da Lei n.° 9/2006.

[53] O legislador não deixa esclarecido se o ano se conta a partir da denúncia ou do termo do prazo de vigência.

[54] Pode acontecer também que as partes marquem exactamente o fim desse ano de sobrevigência para fazer vigorar a CCT substitutiva ou revista.

Mas podia suceder que nenhuma destas hipóteses ocorresse ou porque estavam desencadeados contactos para a solução do litígio (conciliação e mediação) ou porque as partes tinham cessado negociações. Para esses casos, a primeira versão do CT estabelecia ainda um regime de sobrevigência até 6 meses para a conclusão do procedimento e ainda, nos casos de arbitragem (antigo artigo 557.º, 3), sobrevigência até à entrada em vigor da mesma. Passado este longo tempo de *sobrevigência* (pelo menos mais um ano, mas possivelmente dois anos, ou dois anos e meio, ou ainda mais), mesmo que não entrasse em vigor CCT substitutivo[55], produziam-se os efeitos decorrentes da denúncia das normas na CCT. O sistema primitivo do CT clarificava: "Decorrida a sobrevigência prevista nos números anteriores, a convenção cessa os seus efeitos" (artigo 557.º, 4).

9. A alteração ao CT. Novas limitações à denúncia conducente à caducidade

Como se sabe, com o Governo de maioria do PS, foram feitas alguns retoques apressados ao CT, no seu conjunto de pouco significado, mas com grande incidência no problema de que nos estamos ocupando.

Agora a situação é bastante diferente do primitivo desenho da sobrevigência: Da leitura directa do novo texto do artigo 557.º parece que a parte interessada em pôr termo à CCT, mesmo depois de corrido o ano (ou o biénio) de pós-vigência travestida de "renovação", haverá de demonstrar ter actuado todos os processos pacíficos de solução de conflito e nem por isso fica segura de obter a cessação da CCT.

O legislador, na Lei n.º 9/2006, ao fazer esta alteração ao CT, excede-se ainda mais no horror ao vácuo regulativo, procurando perpetuar a contratação colectiva muito para além de um mínimo de respeito pela vontade das partes, que não consente a eternização de algo de essencialmente temporário, como a CCT.

Senão vejamos a redacção actual, aliás caliginosa, do artigo 557.º do CT, a qual nos vai obrigar a uma exposição indispensável, mas de extremo fastídio!

Como no anterior texto do CT e nos termos que já referimos, a denúncia, para além de dever tomar uma antecedência de 3 meses relativa-

---

[55] Tal ocorreria forçosamente nos casos do n.º 3 do artigo 557.º.

mente ao *terminus* do prazo anual de vigência e de renovação, não opera imediatamente, já que envolve a renovação por mais um ano [artigo 557.º, n.º 2, *b*), primeira parte]. E, nos termos da segunda parte do citado preceito, se, findo esse ano, as partes estiverem ainda em negociação[56], a CCT renova-se ainda por um ano. Teremos pois sobrevigência de um ou dois anos, ainda que sob o epíteto de "renovação". Até aqui nada de novo.

As modificações surgem no 557.º, n.º 2, *c*). Se as partes não se encontrarem em negociações directas, mas, durante o primeiro ou segundo ano de sobrevigência[57], estiver encetado um processo de conciliação e de mediação ou de arbitragem voluntária, a CCT continuará em vigor até à conclusão do respectivo procedimento, não podendo o prazo ultrapassar 6 meses[58].

Do exposto logicamente decorreria que, se não prosseguirem negociações, nem se verificar qualquer procedimento para solução do conflito, no fim do primeiro ano ou do segundo[59], sucederão os efeitos extintivos da denúncia e a convenção cessa os seus efeitos. Era uma solução que não oferecia dúvidas na anterior lição do Código[60]. Contudo, com a nova redacção do artigo 557.º, 3, e suas alíneas[61], parece poder entender-se que

---

[56] Demora um tanto estranha, porque já fora entregue uma proposta há 15 meses!

[57] Na verdade, pode ocorrer que tenham continuado as negociações após o primeiro ano de sobrevigência [o que, sendo estranho – cfr. nota anterior –, está previsto na al. *b*) do n.º 2 do artigo 557.º do CT].

[58] O CT, logo na sua primeira versão, usou uma fórmula mais severa do que seguramente estava na sua intenção: "não podendo a sua vigência durar mais de 6 meses". De facto, se as partes estivessem de acordo, não se via razão para não alargar o prazo de 6 meses, por exemplo com a finalidade de concluir uma arbitragem. A redacção introduzida na alteração ao CT não parece também ser feliz. Agora diz-se: "não podendo este prazo prolongar-se por mais de seis meses", o que para além de substantivamente manter a severidade da limitação de 6 meses, deixa de ter coerência formal. A que prazo se refere a parte final? A uma eventual sobrevigência por mais 6 meses, acrescendo à primeira (ou segunda) "renovação" por um período de um ano? Ao prolongamento dos prazos de conciliação, de mediação ou arbitragem? Por outro lado, verdade é que o CT, na sua aparentemente severa formulação, não estabelece a caducidade da CCT como consequência do termo de um prazo improrrogável de 6 meses, a qual, pelo menos na prática, continuará sobrevigente *per omnia saecula* se uma das partes não actuar o complicado procedimento do n.º 3 que referiremos *infra* no texto.

[59] Cfr. penúltima nota.

[60] Note-se que o texto primitivo do CT era muito radical: "Decorrida a sobrevigência prevista nos números anteriores, a convenção cessa os seus efeitos" (artigo 557.º, n.º 4)

[61] E também do artigo 559.º, que refere a caducidade apenas aos efeitos da denúncia tal como consta do artigo 559.º: "A CCT pode cessar: *a*)... *b*) Por caducidade, nos termos do artigo 557.º".

o efeito extintivo da denúncia (agora apelidado de "caducidade"[62]) não se verifica sem que a parte interessada alegue a frustração dos meios pacíficos (conciliação, mediação e arbitragem). Voltaremos já ao assunto.

Mas regressemos à al. *c*), que foi alterada. Dela continua a resultar a sobrevigência, "desde que se tenha iniciado a conciliação e, ou, a mediação e a arbitragem voluntária[63], até à conclusão do respectivo procedimento, não podendo este prazo prolongar-se por mais de 6 meses". A alteração emergente da nova redacção da al. *c*), para além de aspectos aparentemente de forma, destina-se a aglutinar na mesma disciplina o que estava compreendido no n.º 2, al. *c*), e o n.º 3 do anterior texto[64]. Assim, esgotado o tal período (ou períodos) de negociações (1 ano + 1 ano), poderá ocorrer que o processo entre as partes se encontre em fase de solução (conciliação, mediação e arbitragem) e nessa altura deverão concluir-se os respectivos procedimentos, para o que se define um prazo limite (os tais 6 meses). Durante esse período a CCT continuará necessariamente sobrevigente, no nosso entender devendo interpretar-se "conclusão do procedimento", como o momento que ocorre depois de formalizada a definitiva frustração dos meios pacíficos ou depois da entrada em vigor do IRCT que resulte da decisão arbitral ou da mediação e da conciliação, desde que respeitado o prazo limite.

E então das duas uma: ou esses procedimentos pacíficos resultaram[65] (e de aqui emerge que a anterior CCT é substituída pelo novo IRCT que se conseguiu negocialmente) ou não resultaram, e então pareceria que se encontram reunidos os pressupostos para que a denúncia tenha eficácia extintiva. Mas não...

---

[62] Não nos parece muito feliz a expressão *caducidade*, que não deveria ser utilizada para os casos de cessação de efeitos emergente de *denúncia* unilateral emitida por uma das partes. Voltaremos ao assunto no texto.

[63] O é que se deve considerar como início do procedimento de arbitragem: o acordo para arbitragem no caso concreto? a notificação de uma das partes no sentido de pretensão de recurso à arbitragem?

[64] Com alguma modificação quanto à sobrevigência da anterior CCT se houver procedimento arbitral. Antigamente não se marcava o prazo de 6 meses para o procedimento arbitral (verdade seja dita, tal não seria muito útil em face dos apertados prazos para a arbitragem obrigatória – não tanto a voluntária). Por outro lado, no sistema anterior a arbitragem determinava a sobrevigência não só no que se refere à "conclusão do respectivo procedimento", mas à sua "entrada em vigor".

[65] No caso de arbitragem não vemos que seja de considerar a possibilidade de não haver decisão, desde que as partes tenham nomeado os árbitros.

A partir da Lei n.º 9/2006, tal não basta para que da denúncia possa redundar a cessação da CCT. A entidade denunciante apenas fica habilitada para encetar um outro procedimento, agora no sentido de fazer operar essa cessação[66]. Passado este longo tempo de *sobrevigência* (pelo menos mais um ano, mas possivelmente dois anos, ou dois anos e meio, ou ainda mais), nos termos do artigo 557.º, n.º 3, apenas começam a poder produzir-se os efeitos tendentes a um complicado processo de caducidade das normas na CCT, cabendo agora a qualquer das partes elaborar uma nova comunicação destinada a fazer prosseguir esse processo.

Se tal comunicação não for emitida, a verdade é que a CCT continua ... sobrevigente! Muito embora a lei não o diga directamente, da inércia das partes resultará a persistência do estado de sobrevigência da CCT denunciada. De facto, nos termos da nova redacção do artigo 557.º introduzida pela Lei n.º 9/2006, só começa a preparar-se o efeito de caducidade postulado pela denúncia 60 dias depois da *comunicação* ao Ministério do Trabalho por qualquer das partes relativamente à verificação *cumulativa* dos seguintes requisitos:

a) Frustração da conciliação/mediação;
b) Frustração da arbitragem proposta.

Ao interessado na caducidade, como consequência da denúncia, para demonstrar os requisitos, não será difícil fazer verificar que a conciliação/mediação (estas têm agora um regime de intercomunicação) se frustraram. O problema é o da arbitragem, pois, à primeira vista, parece necessário demonstrar que foi proposta a arbitragem e que não foi possível obter decisão. Ora assim, parece tornar-se impossível virtualmente a cessação de efeitos por caducidade, já que a parte terá de comprovar que pretendeu (ou tentou) a arbitragem. Ora o ónus de requerer a arbitragem para fazer caducar a CCT denunciada é muito difícil de satisfazer, pelo menos enquanto se não credibilizar o instituto[67].

---

[66] Não só a parte denunciante, mas também, nos termos da lei e como se verá do texto, a outra parte fica igualmente habilitada a desencadear o procedimento, ainda que não seja normal que isso aconteça.

[67] Notar-se-á que nos últimos anos só foi publicado um IRCT sob forma de decisão arbitral. As decisões arbitrais limitam-se à definição dos serviços mínimos em caso de greve, parecendo que aí a arbitragem está a funcionar relativamente bem (diríamos até que muito bem se não se verificassem fenómenos de desobediência que impedem a credibilização da arbitragem).

Aliás, vencida essa dificuldade e activado o procedimento com vista à cessação da CCT, esta ficará ainda sobrevigente pelo menos mais 60 dias, podendo (ainda assim!) o Ministério do Trabalho determinar uma arbitragem obrigatória, antes de cessar esse prazo (n.º 5 do artigo 557.º). E, se às partes for determinado esse processo de arbitragem obrigatória, parece que se pretende que a CCT continue ainda sobrevigente até à entrada em vigor da decisão arbitral. O legislador não o diz directamente e não indica o prazo, mas seria ilógico que se desencadeasse a arbitragem obrigatória, que é em princípio célere (30 dias após início – 433.º da RCT), e não continuasse sobrevigente a CCT a substituir.

Todas estas limitações se nos afiguram pouco harmónicas com um mínimo de autonomia colectiva. Quanto a nós de modo muito sensato, a comissão do "Livro Branco" intenta substituir este complicado regime por uma simplificação, em termos de tornar a sobrevigência adequada ao desenvolvimento da negociação e, uma vez esgotado o respectivo prazo, e de deixar de haver sucessivas renovações, desencadeando-se os efeitos da caducidade no termo de um prazo único de sobrevigência.

10. A "condenação" à arbitragem

No plano prático, a parte que está interessada em fazer perder eficácia normativa à CCT (normalmente a parte patronal) terá de se esforçar para concluir todos os processos no ano [artigo 557.º, n.º 2, b)[68]].

Como acabamos dever, não basta a mera denúncia, diferida embora eventualmente por longuíssimos prazos, para provocar a caducidade, *i.e.*, a cessação de efeitos da CCT. Se a caducidade por denúncia se verificava já com grande dilação pelo regime da primeira versão do CT, agora é extremamente difícil que ocorra, dependendo de requisitos não fáceis de juntar. Como se viu torna-se necessária suplementarmente uma comunicação com valor de confirmação da denúncia (*rectius*, de declaração de vontade no sentido de fazer operar os efeitos extintivos da CCT), submetida a requisitos problemáticos. Para além da ultrapassagem de prazos longos (anuais, com excepção do de 60 dias) e sucessivos, a parte que pretenda

---

[68] Por isso, a tentação para o lado patronal estará em assegurar-se que a CCT cessa os seus efeitos e, portanto, ou convenciona expressamente a não renovação ou aceita apenas que se estabeleça expressamente um regime de renovação em termos de garantir poder desencadear o efeito extintivo da denúncia.

prevalecer-se da caducidade (parcial ou relativa, aliás) da CCT deverá necessariamente demonstrar não só a frustração de meios de conciliação/mediação como arriscar-se a propor uma arbitragem que depois demonstre ter-se frustrado.

Quanto à arbitragem, voltemos à redacção da al. *b*) do n.° 3 do artigo 557.° da Lei n.° 9/2006, de cuja letra resulta que a parte que se pretenda privilegiar da denúncia tem de demonstrar que "não foi possível obter a decisão arbitral". Mas quem verifica tal impossibilidade? E que coisa se quer dizer quando se considera um requisito, a "verificação" de "que não foi possível obter decisão arbitral"?

Em primeiro lugar teremos de saber quem verifica! Não nos parece aceitável numa fase de certificação de eficácia da denúncia que seja o Tribunal, o que nos deixa apenas uma verificação *prima facie* da autoridade administrativa que aprecia a comunicação do n.° 3 do artigo 557.°[69]. Notar-se-á aliás que o requisito de "não foi possível obter decisão arbitral", levada ao rigor da expressão, se tornaria numa *probatio diabolica*, mesmo se se aproximasse o conceito ao do artigo 567.°, n.° 1, *a*) – "inexistência de má conduta". Estamos a pensar nas consabidas dificuldades da prova de factos negativos.

Mas não nos parece que se trate de um exercício de averiguação de boa fé ou de lealdade negocial, que ninguém está em condições de demonstrar. Supomos que a parte que se quer prevalecer da denúncia apenas terá de demonstrar que *de facto* se não realizou uma arbitragem voluntária requerida, ou porque a proposta não foi aceite de entrada, ou porque as diligências de realização de arbitragem se não efectivaram em devido tempo ou porque esta ficou sem efeito ou, finalmente, porque o tribunal arbitral não deu cumprimento aos prazos. A "má conduta" não pode dar lugar à inviabilidade da caducidade, já que legitima outro efeito excepcional: a arbitragem obrigatória[70].

Assim, a Lei n.° 9/2006 parece envolver a sobrevigência sem limites da CCT se a parte autora da denúncia não tiver requerido a arbitragem. A nova redacção sugere uma espécie de *condenação à arbitragem*, por ironia designada de "voluntária". Note-se que a arbitragem voluntária,

---

[69] Essa apreciação torna-se necessária para desencadear a notificação ou decidir sobre uma arbitragem obrigatória (n.os 4 e 5 do artigo 557.°) e, ainda, futuramente para efeitos do artigo 581.°, n.° 2 (aviso sobre a cessação de vigência).

[70] Arbitragem obrigatória que, a realizar-se, suspenderá até à sua conclusão a caducidade da CCT, a qual continuará ainda sobrevigente.

quando aceite, desencadeia-se em termos que escapam ao controlo das partes em conflito... Há, portanto, as maiores dificuldades em que neste contexto as partes se comprometam em árbitros, requisito necessário para que a CCT deixe de sobreviger. Na realidade, se se tratar da parte empregadora, como ocorrerá na imensa maioria dos casos, esta terá de confiar no sistema arbitral, e sabemos que tal não tem acontecido, ou então resignar--se à vigência perpétua da CCT que pretendeu denunciar[71].

Outro ponto. Sabemos que há uma corrente que tende a interpretar o artigo 557.°, n.° 3, e suas alíneas, em termos de considerar a arbitragem como meramente eventual, cabendo aguardar o seu termo no caso de ter sido proposta, mas não como exigência, i.e., como requisito de verificação cumulativa com a frustração da conciliação/mediação para a caducidade da CCT em crise. Isto é: o requerimento de arbitragem não é requisito da caducidade da CCT; contudo, se tiver sido requerida a arbitragem, só haverá caducidade da CCT se não for possível a decisão arbitral. A verdade é que tal interpretação não se coaduna com a letra da norma, que inculca a cumulatividade de um requisito. Mas, compreende-se bem que esta interpretação venha a ter seguidores e até consiga triunfar, tão excessiva parece a transformação na arbitragem de voluntária em "obrigatória", para que a contratação colectiva se torne livre.

11. Efeitos da caducidade. Casos de verdadeira caducidade

Dissemos já que nos parece pouco feliz a expressão *caducidade*, que não deveria ser utilizada para os casos de cessação de efeitos emergente de *denúncia* unilateral emitida por uma das partes. Haveria de reservar-se o termo *caducidade* para os casos análogos aos dos contratos (*v.g.*, casos em que a CCT cessa vigência por ter atingido um termo quando proibida a renovação, ou para os casos em que a CCT cai por si, *v.g.*, porque se

---

[71] O único meio de a parte interessada na cessação da CCT afastar o risco de arbitragem (como é óbvio o risco reside na escolha do terceiro árbitro, o qual, se nele as partes não conseguirem acordar, será designado pelo Presidente do Tribunal da Relação) estará em requerer tal arbitragem em moldes que garantam consenso na integração de todo o tribunal arbitral. Mas tal será à partida dificilmente aceitável pela outra parte, e assim se inutilizará o importante meio de composição dos litígios que é arbitragem. Aliás, são criticáveis manipulações que inutilizem os mecanismos legais, devendo evitar-se que se caminhe numa direcção que desvalorize a própria arbitragem. Deve notar-se que continuam a não verificar-se arbitragens para este tipo de litígios.

encontra dissolvida a associação outorgante – quando única – ou porque deixou de existir a empresa à qual se aplicava). Acertadamente, a comissão do "Livro branco" mostra uma visão descomplexada relativamente à caducidade, entendendo que se deve manter a possibilidade de a convenção colectiva não revista cessar por caducidade e que o respectivo regime deve ser supletivo[72].

Como já notamos, actualmente a lei nada diz quanto à caducidade quando se não logre uma nova definição normativa colectiva (ou só se logre imperfeitamente – *v.g.*, com algumas das associações ou empresas outorgantes), passando sem êxito os respectivos procedimentos pacíficos de solução. Encontraremos seguramente a tentação de eternizar o esquema, enquanto não houver CCT novamente conseguida, mas não nos parece compatível com o princípio da autonomia colectiva a perpetuação sustentada sem vontade bilateral, ou, porventura, mesmo sem vontade unilateral[73].

12. Período suplementar de pós-vigência com vista a transição. Cessação de vigência e relatividade do vácuo regulativo. Estatuto legal e contratual preservado irremovível

Esgotado o referido prazo de 60 dias após a comunicação com os indicados requisitos (comunicação para a qual não há, aliás, prazo peremptório), verificar-se-á a referida caducidade da CCT, com exclusão dos efeitos que, nos termos da lei, se devem manter.

Parece resultar do novo texto que esse prazo de 60 dias entre outras coisas se destina a encontrar uma plataforma de acordo para definir em consenso os efeitos que se mantêm da CCT denunciada (se não tiver havido definição prévia desses mesmos efeitos) – artigo 557.º, n.ºs 4 e 5[74]. Sempre o horror ao vácuo regulativo.

---

[72] A comissão do "Livro Branco" considera que a convenção que dure por um prazo longo, v.g., 10 anos, possa caducar.

[73] Coloca-se o problema da ordem pública deste dispositivo (assim, se uma CCT estabelecer a perpetuação do regime de sobrevigência enquanto não houver acordo de revisão ou nova CCT). Pelas razões que temos exposto, não nos parece constitucional ou sequer legal tal perpetuação.

[74] Há uma intervenção oficiosa do Ministério do Trabalho, notificando as partes – dentro desses 60 dias – para no prazo de 15 dias estipularem os efeitos da CCT em caso de caducidade.

Este prazo poderá também ser aproveitado pelo Ministério do Trabalho para determinar a realização de arbitragem obrigatória (n.º 5). Esgotado o referido prazo de 60 dias após a comunicação com os indicados requisitos (comunicação que pode ser feita a todo o tempo), verificar-se-á a referida caducidade (com exclusão dos efeitos que se devem manter, que referiremos seguidamente).

Ora bem. A cessação de vigência, marcada com certa solenidade pelo artigo 557.º, n.º 4, do CT na antiga redacção ("a convenção cessa os seus efeitos") resulta agora da referência à caducidade, operada através da denúncia [artigo 557.º, n.º 5, e 559.º, b)] fixada formalmente pelos serviços do Ministério através de aviso (artigo 581.º, n.º 2). A caducidade tem obviamente um significado de perda de força normativa da CCT, que como tal deixa de vigorar.

Haverá vácuo normativo, encontramos aqui o terrível vazio de que se tem falado?

Antes de examinar o ponto, e para evitar argumentações *ad terrorem*, terá de ser reafirmado que a situação formalmente não será melhor nem pior que a que ocorre para os trabalhadores não-filiados nos sindicatos outorgantes ou das empresas não abrangidas, a que virtualmente se não aplica a CCT por efeito do artigo 552.º[75]. Por outro lado, para além de certamente a prática se encarregar de remover efeitos demasiado drásticos[76], em termos jurídicos, os efeitos da cessação de vigência das convenções colectivas nos contratos de trabalho não serão completamente demolitórios.

É que, na realidade, o facto de, por exemplo, uma CCT deixar de vigorar não significa que o trabalhador perca o direito a férias, possa ser

---

[75] Já dissemos que, *de jure constituendo*, há que introduzir severas limitações ao princípio da filiação, ainda que, em certos casos, a CCT possa valer, conformemente a usos da empresa, *erga omnes*. Contudo, há sempre um largo clausulado relativamente ao qual tem importância e eficácia o princípio da filiação, se invocado. Na verdade, a nossa jurisprudência é muito rígida quanto ao princípio de filiação, que parece aceitar sem reservas. Entendemos, contudo, que no plano prático, o princípio da filiação tem pouco impacto, já que as empresas aplicam em regra a CCT a todos os trabalhadores, filiados ou não. Mas, se debatermos a questão no terreno prático, a verdade é que em regra se verificará a vigência informal de boa parte da CCT caducada. Cfr. nota seguinte.

[76] Na realidade, pensamos que o normal, na prática, será a vigência informal ou precária de grandes segmentos (ou até a totalidade) da CCT extinta. V., aliás, 557.º, n.º 4, do CT que parece recordar às partes a possibilidade desse acordo (é de perguntar se será um acordo formal, depositado, ou publicado oficialmente).

deslocado do posto de trabalho ou passe a ser pior remunerado. Isto, desde logo, porque todo o esquema normativo de *protecção legal* se mantém (por exemplo, o regime de férias, de faltas, de segurança no emprego) e em ligação com ele sobrevive uma nem sempre aparente massa de *regalias individuais de raiz contratual*[77]. Ou, dizendo as coisas de outro modo: se cai o que é estatuto normativo colectivo, *permanece o estatuto legal e contratual individual*[78].

Sabemos como o estatuto legal é vasto e importante, agora consagrada a respectiva manutenção, ainda que em termos despidos de utilidade, pelo n.º 6 do artigo 557.º, no texto da Lei n.º 9/2006.

Não é pouca coisa também o estatuto contratual. Não estamos aqui a pensar apenas nas cláusulas privilegiadas, *intuitu personæ*, mas, sobretudo, naquelas que implícita ou explicitamente definem o *concreto e individualizado* contrato de trabalho, enquanto *garantias* do trabalhador. Na verdade, tal estatuto é *estabilizado* pelo artigo 122.º do CT[79], que determina a consolidação das regalias do trabalhador. Devem, a propósito, ter-se em consideração as modificações conferidas ou acordadas (às vezes insensivelmente) e que correspondem à evolução e melhoramento da posição profissional do trabalhador, não abstraindo do valor que assume – pela própria lei do contrato de trabalho – a prática executiva das relações individuais. Todos estes aspectos da vida do contrato são irremovíveis, constituindo posições jurídicas individuais garantidas de cada um dos trabalhadores, independentemente das normas aplicáveis.

---

[77] Referimo-nos, obviamente, às que têm por fonte o contrato individual de trabalho.

[78] Conforme dissemos em outro lugar, com a queda do IRCT, não se verifica "um esvaziamento total, como à primeira vista parece: é óbvio que permanecem o estatuto emergente da lei (que contém uma indiscutivelmente vasta base de protecção) e o estatuto do contrato individual. Ele é constituído não só pelos direitos que dimanam do contrato, entre os quais as regalias concedidas *intuitu personae*, como ainda – supomos nós – pelos direitos que constituem *posições jurídicas individuais que preservam a situação funcional básica do trabalhador* (antiguidade, local de trabalho, retribuição global, etc., nos termos garantidos pelo então vigente artigo 21.º da LCT (correspondente ao artigo 122.º do CT), mesmo que tenham fonte aparente em convenção colectiva). Na verdade, haverá aqui não propriamente uma incorporação do estatuto colectivo na esfera pessoal, mas a conservação de posições que a própria lei (artigo 21.º) considera, no plano do contrato individual de trabalho, como garantias *irreversíveis*" – "A sobrevigência das convenções colectivas no caso das transmissões de empresas. O problema dos 'direitos adquiridos'", *RDES*, ano XXXVI (IX da 2.ª série), n.ºs 1-2-3, 134. Contra GONÇALVES DA SILVA, 499. A argumentação deste A. é relevante, mas não atinge inteiramente o alvo. Voltaremos ao assunto, a seguir no texto e em nota (83).

[79] Antigo artigo 21.º da LCT.

De facto, interessa acentuar que a posição do trabalhador tem uma consistência contratual individual considerável, tutelada pela lei, apesar da continuada adaptação do negócio jurídico à vivência da relação de trabalho. Assim, é de reafirmar que essa consistência está garantida expressamente no artigo 122.º do CT, tanto mais que ao definir certas posições como *garantias* o legislador pretende "preservar a situação funcional básica dos trabalhadores". É certo que as cláusulas das CCT's caiem como normas e não se incorporam no contrato de trabalho[80], mas há determinados efeitos jurídico-práticos que se consolidaram já pela vivência contratual (*v.g.*, no plano retributivo, na antiguidade e, porventura, em certos aspectos ligados às categorias profissionais[81]). O ponto não nos merece dúvidas quanto à retribuição: da queda da CCT não pode inferir o empregador que é devido apenas o salário que esteve, por exemplo, acordado para o início do contrato. O que o empregador pode é pretender renegociar o salário sem os limites da CCT extinta, mas não tem de unilateralmente considerar indevido para futuro o salário que ultimamente vinha a ser pago, a pretexto de que este estava apenas sustentado por CCT. Na realidade, a CCT extinta não pode valer como norma vigente para o efeito, mas será certamente invocável a título de prática da empresa ou mesmo a título da anterior fixação (artigo 265.º, n.º 1, respectivamente primeira e segunda parte da norma)[82].

No fundo, a exposição da vida contratual a um certo regime, se não permite uma ideia de incorporação que sempre repudiámos[83], não pode

---

[80] Não se deve, contudo, esquecer que muitos consideram que há uma incorporação ou integração das normas do CCT na situação contratual do trabalhador, opinião que desde há muito criticamos.

[81] Certas posições podem até ser consideradas um adquirido individual no futuro próximo, apesar de ter cessado a CCT que as titulava (assim, o direito a férias vencido no início do ano civil).

[82] Relevará ainda o artigo 263.º do CT. Admite-se que apenas em caso de manifesto excesso, nas situações em que releva a alteração das circunstâncias, é que o empregador pode unilateralmente pretender a diminuição da retribuição anteriormente sustentada por CCT.

[83] Não nos parecem assim cabidas as críticas ao nosso pensamento, formuladas por LUÍS GONÇALVES DA SILVA ("Do âmbito temporal da convenção colectiva", *Estudos em homenagem a Alonso Olea*), 499. De facto, os "direitos" a que se refere a norma de salvaguarda (actual artigo 122.º do CT, antigo artigo 21.º da LCT) têm a mesma estrutura que as posições jurídicas salvaguardadas, não havendo qualquer inversão de método. Mais impressionante é a argumentação do autor ao dizer que falta o título para o suposto direito (a menos que incorporação houvesse). Simplesmente a posição de GONÇALVES DA SILVA

também deixar sem tutela uma vivência de relações negociais que se foi consolidando ao abrigo de um regime, ainda que caducado. O que à sombra dessa contratação foi conseguido, pelo menos no plano retributivo, deve considerar-se consolidado. Não nos parece, contudo, que seja questão de sobrevigência da norma, mas antes se tratará realmente de uma eficácia ultra-activa.

O mesmo quanto à duração do trabalho. Por exemplo, as partes tinham acordado no início do contrato individual de trabalho uma duração de 40 horas que depois pela convenção colectiva ficou em 38. Se caducar a CCT poderá entender-se como repristinada a vinculação individual? Parece-nos que não, mesmo sem apoio tão específico no artigo 122.º.

Já quanto à categoria do trabalhador e respectiva definição temos dúvidas, até porque se trata de matéria com profunda atinência normativa. O ponto é de menos peso, e a *ratio* deve ser a de impedir manipulações, tendo, sobretudo, em conta a ligação que existe entre a definição da categoria nas CCT's e a fixação das funções a desenvolver (objecto da prestação do trabalho).

Estes princípios, que advogávamos mesmo à luz da primeira redacção do CT, aparecem agora no texto do Código, nos termos da Lei n.º 9//2006 (artigo 557.º, n.os 5 e 6). Por outro lado, a alteração feita pela Lei n.º 9/2006, para evitar o vácuo regulativo, estimula as partes – nos termos já equacionados – a definir os efeitos que se mantêm na CCT caduca até à entrada em vigor de nova convenção.

Assim, ressalvado no n.º 6 do artigo 557.º o estatuto legal[84], o n.º 5 diz que caducada a CCT se mantêm, "até à entrada em vigor de uma outra CCT ou decisão arbitral, os efeitos definidos por acordo das partes ou, na sua falta, os já produzidos pela mesma convenção nos contratos individuais de trabalho no que respeita a:

a) Retribuição do trabalhador;
b) Categoria do trabalhador e respectiva definição;
c) Duração do tempo de trabalho".

---

deixa o problema sem solução. Poderá sustentar-se que, com a caducidade da CCT, caiu o título que sustentava uma certa definição retributiva. Mas isto não nos dá chave nenhuma para fixar o salário que continua a ser devido pela manutenção do trabalho. Na realidade, por exemplo, que salários serão praticados depois de caducada a CCT? Só poderão ser aqueles que se encontram em vigor, os quais não podem ser unilateralmente diminuídos, nem sequer bilateralmente a não ser nas condições legalmente estabelecidas.

[84] "Para além dos efeitos referidos no n.º anterior, o trabalhador beneficiará dos demais direitos e garantias decorrentes da aplicação do presente Código".

O legislador da alteração ao CT parece ter pretendido estabelecer a ressalva da retribuição e da duração, elementos essenciais que se foram consolidando na esfera jurídica do trabalhador. A alteração neste sentido ao CT e a aparente consagração destes princípios saiu muito mal formulada e parece confundir coisas muito diferentes. Na realidade, um ponto é o dos efeitos dos factos produzidos no domínio da CCT, os quais se regem por essa mesma convenção, como é norma geral, e outra é o problema de saber se se mantém constante a regulação anterior para os factos novos, produzidos portanto já não estando em vigor a referida CCT. Na sua própria letra, o n.º 5 do artigo 557.º, introduzido pela Lei n.º 9/2006 no CT, apenas diz que se mantém os efeitos "já produzidos" pela mesma convenção nos contratos de trabalho "no que respeita" a certos aspectos (retributivos, de tempo de trabalho, de categoria). Isto parece-nos, salvo o devido respeito, de todo irrelevante, porque tal solução decorreria dos princípios gerais. Tal n.º 5 não pode ser tal interpretado à letra, pois é evidente que os efeitos já produzidos pela convenção que cessou vigência se mantêm, não só quanto a estes aspectos mas quanto a todos os outros.

A questão complicada é a do vácuo regulativo, isto é, dos efeitos dos factos novos num quadro em que não existe qualquer regulamentação. Por isso se costuma dizer – e era o que defendíamos – que alguns desses efeitos devem continuar *a ser avaliados nos termos regulados pela CCT anterior*. É o que temos sustentado quanto ao que podemos considerar um estatuto irremovível.

Assim, ainda que a letra da lei não ajude, pensamos que o n.º 5 pretende estabelecer uma relativa "sobrevigência", *rectius*, pós-eficácia na esfera individual dos efeitos regulativos da CCT caducada quanto à retribuição do trabalhador, duração do tempo de trabalho e categoria, que o pessoal manterá como condições de trabalho, desaparecido embora o titulo jurídico-normativo próprio que tal tinha estabelecido. Trata-se de "efeitos produzidos", não propriamente no sentido de efeitos de facto, mas do que configurou o quadro de condições a que estavam sujeitos os contraentes.

13. Problema de aplicação no tempo da Lei n.º 9/2006

Teremos finalmente um outro problema, que é o de saber se as novas normas sobre denúncia, revisão e sobrevigência introduzidas pela Lei n.º 9/2006 se aplicam imediatamente às CCT's existentes à data em que esta entrou em vigor (se não me engano em 25 de Março de 2006). Poderia pensar-se que, tratando-se de regras processuais, elas seriam aplicáveis imediatamente. E com essa ideia parece estar conforme a aplicação imediata do CT prevista no artigo 8.º da Lei n.º 99/03, preambular ao CT.

Julgamos, contudo, que a Lei n.º 9/2006 não contém normas de aplicação imediata, pois não se trata apenas do modo de realização de um direito de pôr termo a uma CCT, mas de submeter esse direito a um condicionalismo mais exigente e muito difícil. De facto, é afectada a substância do direito de denúncia e não apenas o seu modo de exercício. Assim, definindo os efeitos relativos à denúncia, a nova lei deve-se aplicar apenas a denúncias que sejam declaradas após a respectiva entrada em vigor da lei. Pensamos, pois, que a alteração se não aplica às denúncias que tenham intercorrido até 25 de Março de 2006, data em que a Lei n.º 9/2006 entrou em vigor.

Aliás, quando no CT se pretendeu estabelecer um regime de aplicação da denúncia, nos seus próprios termos, o legislador – no artigo 13.º do diploma preambular ao CT – sentiu-se obrigado a providenciar nesse sentido, considerando que "os IRCT's negociais vigentes aquando da entrada em vigor do CT podem ser denunciados, com efeitos imediatos, desde que tenham decorrido, pelo menos, um ano após a sua última alteração ou entrada em vigor"[85].

Mas vamos mais longe. A Lei n.º 9/2006, tendo mudado consideravelmente o regime de denúncia, não resolveu as questões que estamos a referir, relativas às convenções em vigor à data da sua própria entrada em vigor. Poderá aplicar-se o novo regime da denúncia às CCT's então existentes?

Muito embora o problema seja difícil, entendemos que – pelos princípios gerais do concurso de normas no tempo – a Lei n.º 9/2006 se não aplica também às CCT's em vigor nessa data. Se se defender o contrário, há retroactividade, pois estar-se-á a dar uma possibilidade de sobrevigência à CCT com que as partes não contavam e que as teriam podido levar a não outorgar na CCT, ou então estabelecer nessa convenção apropriadas regras relativas à sobrevigência. Esta matéria reporta-se ao que Baptista

---

[85] Por boas razões de segurança jurídica, a Lei n.º 9/2006, pôs termo a essa incerteza, estabelecendo, como norma transitória, que "a eficácia derrogatória da denúncia prevista no artigo 13.º da lei preambular do CT cessa, para os IRCT ainda não denunciados, seis meses após a entrada em vigor da presente lei". Temos, portanto, hoje em dia, esta questão resolvida, não sendo aplicável a derrogação imediata às antigas convenções, vigentes à data do CT.

Machado designou de "estatuto legal", pois não se pode dizer que a lei abstrai dos factos que lhes deram origem. A lei destina-se a regular os efeitos da CCT (determinada por vontade contratual), efeitos que amplifica e que poderiam ter uma conformação convencional diferente se as partes não contassem já com uma disciplina específica de sobrevigência. O direito novo só se aplica no que não se refere ao domínio do contrato. É a lei do dia da celebração da CCT a que comanda toda a vida ulterior do contrato, sobretudo nas normas supletivas. Sem retroactividade não se podem ligar a factos passados (outorga de CCT) efeitos que estes não podiam produzir à data em que ocorreram. A lei antiga (*i.e.*, a primeira versão do CT) aplica-se aos efeitos legais, como as causas de resolução. O princípio da confiança leva a considerar a Lei n.° 9/2006 apenas aplicável às CCT's outorgadas após 25 de Março de 2006.

Contudo, se a solução de inaplicabilidade às CCT's existentes nos parece boa durante um período razoável, supomos que a parte interessada numa redefinição do actual esquema de denúncia e sobrevigência deve actuar em tempo útil, não podendo a longo prazo pretender continuar a prevalecer-se do antigo esquema, considerando inaplicável o regime agora montado pela lei de alteração ao CT[86].

14. Indicações finais. Será possível a caducidade por denúncia?

Encontraremos, assim, principalmente *estabilidade* nas CCT's, pelos mecanismos de renovação automática, de denúncia construtiva e de estabilização durante os períodos em que estiver em curso um sistema de negociações ou semelhante. Haverá teoricamente possibilidades de renovação e até de cessação, ainda que na prática, a partir da Lei n.° 9/2006, se tenda para uma pós-vigência perpétua, mesmo que não se verifique vontade mútua de manter o mesmo esquema convencional.

Como dissemos, a vantagem para o lado patronal estará em assegurar-se que a CCT cessa os seus efeitos e, portanto, aceitar a vigência desta

---

[86] De facto, a solução que adoptámos (aplicação da primeira redacção do CT às CCT's outorgadas até 25 de Março de 2006) só nos parece correcta nos próximos tempos, sendo o problema é mais complicado quanto às CCT's não denunciadas ou revistas a partir da data da entrada em vigor da nova lei, quando tal denúncia tivesse podido operar. Na realidade, parece que o novo sistema de sobrevigência e de denúncia – passada a primeira oportunidade de denúncia – acabará por se consolidar, não podendo o interessado no término da CCT invocar *ad æternum* o regime primitivo do CT.

apenas por um ano, impedindo expressamente a renovação ou estabelecendo um regime diverso para a denúncia. Mas terá de se negociar isto. Na realidade, quem não tiver conseguido previamente estabelecer um regime adequado para garantir os respectivos efeitos extintivos, se se quiser prevalecer da denúncia para efeitos de caducidade da CCT, tem um difícil caminho à sua frente, se apenas puder contar com a disciplina da lei.

De facto, os passos a dar para quem se queira libertar de uma CCT são demorados. A parte interessada terá de denunciar a CCT com 3 meses de antecedência relativamente ao seu termo, sabendo que depois esta ficará sobrevigente por mais um ano e possivelmente por mais outro se ainda não estiverem concluídos os processos pacíficos de entendimento. Corridos esse ano ou dois, ainda terá de esperar 6 meses se houver ainda pendência desses processos, continuando a CCT sobrevigente.

Caducará esta, enfim? Não! Terá de esperar mais 2 meses, sujeitando-se entretanto a uma eventual arbitragem obrigatória, cabendo-lhe demonstrar que fez tudo para um bom entendimento... E depois, como diremos já a seguir, terá de aproveitar esses 2 meses para procurar definir o que sobrevige na CCT, sendo certo que a lei assegura ainda a pós-eficácia dos efeitos fundamentais da CCT.

Sendo assim, a denúncia (mesmo sendo construtiva), se quiser tender à caducidade, tem um caminho aspérrimo.

Há que dizer algo mais. Os parceiros sociais não têm grande direito de se doerem de um sistema que não lhes pareça adequado. Na realidade, em primeiro lugar, têm-nos dito que, mesmo antes da alteração do CT pela Lei n.º 9/2006, muitas CCT's reeditaram o velho sistema de perpetuidade, pois que pelas empresas e associações foi aceite que a convenção que subscreveram se mantenha em vigor até ser substituída por outra. Ora se assim foi, não se poderão queixar: *sibi imputet*[87].

Depois, porque – como dissemos – continua nas mãos das partes definir o sistema de vigência e de sobrevigência que melhor lhes convenha, tal como resulta dos artigos 556.º, 1, e 557.º, n.º 1, e corpo do n.º 2. A verdade é que uma coisa é o sistema legal relativo à sobrevigência das normas da CCT e outra a que poderia resultar de uma prudente definição dessa sobrevigência na própria CCT. Como temos dito, do princípio constitucional da autonomia colectiva e das regras do próprio CT nesta matéria resulta que às associações de empregadores, às empresas e às associa-

---

[87] Outro problema será o de saber se as partes poderão ir tão longe, no plano constitucional e legal, abdicando indefinidamente da sua autonomia colectiva.

ções sindicais é lícito montar um sistema próprio, quer para limitar em absoluto no tempo a vigência da CCT, fazendo-a caducar ao fim do período convencionado, quer para estabelecer em moldes mais adequados a sua sobrevigência. Se as associações de empregadores e as associações sindicais se não revêem no sistema legal poderão, em conjunto, encontrar esquemas que melhor lhes sirvam. Se uma associação empresarial alegar que não está disposta a outorgar em CCT que se arrisca a ficar perpétua (a não ser que se comprometa em árbitros) a verdade é que sempre se lhe poderá contrapor que está nas próprias mãos sugerir sistema em que tal não aconteça...E a linha de rumo apontada pela comissão do "Livro Branco" vai toda no sentido da supletividade dos sistemas de denúncia e de caducidade e de regimes de vigência e pós-vigência, o que nos parece acertadíssimo.

Dezembro de 2007.

O TELEMÓVEL E O TRABALHO.
ALGUMAS QUESTÕES JURÍDICAS

Maria do Rosário Palma Ramalho[*][**]

SUMÁRIO: *1. Aspectos gerais. Sequência. 2. A protecção da saúde do trabalhador, designadamente quando a sua actividade laboral envolva uma utilização intensiva do telemóvel. 3. A importância do telemóvel na gestão moderna das empresas e os perigos que dele decorrem para a violação da esfera privada e da vida familiar do trabalhador.*

1. Aspectos gerais. Sequência[***]

I. O universo laboral e das empresas é um dos domínios privilegiados de influência e de desenvolvimento das modernas tecnologias da informação, que estão hoje presentes em todas as áreas da vida económica

---

[*] Doutora em Direito. Professora Associada da Faculdade de Direito da Universidade de Lisboa.
[**] O estudo que ora se publica resulta de uma Comunicação que apresentámos no 8.º Fórum Nacional de Medicina do Trabalho, que teve lugar em Lisboa entre 21 e 23 de Setembro de 2005. Com ele prestamos homenagem ao Senhor Professor Doutor José de Oliveira Ascensão, de quem tivemos a honra de ser colaboradoras no serviço docente na Faculdade de Direito de Lisboa e que integrou o júri da maioria das nossas provas académicas. Lembrando, em especial, o apreço do Senhor Professor pelos temas da sociedade da informação, aqui deixamos umas breves reflexões sobre algumas das projecções dessa realidade no universo juslaboral.
[***] Abreviaturas utilizadas: ArbuR (Arbeit und Recht. Zeitschrift. für Arbeitsrechtspraxis), Civitas (Civitas, Revista Española de Derecho del Trabajo), CRP (Constituição da República Portuguesa), CT Código do Trabalho), Dir. (Directiva Comunitária), DLRI (Giornale di diritto del lavoro e delle relazioni industriali), RCT (Regulamentação do Código do Trabalho), DS (Droit Social), QL (Questões Laborais), ZfA (Zeitschrift fûr Arbeitsrecht).

e social. Aliadas a outros factores, as tecnologias da informação contribuíram, ao longo das últimas décadas, para a tendência geral de evolução do direito laboral no sentido da flexibilização[1], sendo responsáveis designadamente pela emergência de alguns dos novos modelos de relação laboral a par do contrato de trabalho tradicional (designadamente o caso do teletrabalho[2] e do trabalho à distância, que se inserem no processo que denominámos de flexibilização externa do vínculo laboral), e contribuíram também para (re)modelar a fisionomia interna do vínculo laboral (é a vertente que designámos de flexibilização interna da relação de trabalho[3]), uma vez que permitem novas formas de organização da actividade laboral e de avaliação do desempenho do trabalhador, tão ou mais eficazes do que o tradicional poder de vigilância do superior hierárquico[4].

---

[1] Sobre este processo de flexibilização do direito do trabalho, com amplos desenvolvimentos e indicações doutrinais, R. PALMA RAMALHO, *Da Autonomia Dogmática do Direito do Trabalho*, Coimbra, 20001, 581 ss.

[2] Para mais desenvolvimentos sobre a figura do teletrabalho, M. REGINA REDINHA, *O teletrabalho*, in A. MOREIRA (coord.), *II Congresso Nacional de Direito do Trabalho – Memórias*, Coimbra, 1999, 81-102 e *O teletrabalho*, QL, 2001, 17, 87-107, ROSÁRIO PALMA RAMALHO, *Novas formas da realidade laboral: o teletrabalho*, in *Estudos de Direito do Trabalho*, I, Coimbra, 2003, 195-211 (também publicado sob o título *Teletrabalho: reflexões sobre uma projecção da sociedade da informação*, in *Direito da Sociedade da Informação*, V, Coimbra, 2004, 185-202), e GUILHERME DRAY, *Teletrabalho, Sociedade de Informação e Direito*, in ROMANO MARTINEZ (coord.), *Estudos do Instituto de Direito do Trabalho*, III, 261-286. Já no âmbito do Código do Trabalho, vd ROSÁRIO PALMA RAMALHO, *Direito do Trabalho II – Situações Laborais Individuais*, Coimbra, 2006, 277 ss.

[3] Especificamente sobre os conceitos de flexibilização interna e externa do vínculo laboral e sobre o alcance desta tendência evolutiva, ainda o nosso *Da Autonomia Dogmática... cit.*, 591 ss., e ainda *Direito do Trabalho I – Dogmática Geral*, Coimbra, 2005, 63 ss.

[4] Sobre a importância das novas tecnologias na conformação do vínculo laboral moderno e na emergência de novos modelos de contrato de trabalho, entre muitos outros, W. DÄUBLER, *Nuove tecnologie: un nuovo diritto del lavoro?*, DLRI, 1985, I, 65-83, B. RÜTHERS, *Das Arbeitsrecht im Wandel der Industriegesellschaft*, in *Aktuelle Fragen des Arbeitsrechts*, Paderborn, 1972, 7-22 (13) e ainda *Funktionswandel im Arbeitsrecht*, ZfA, 1988, 3, 257-265 (257 s.), W. ADLERSTEIN, *Neue Technologien – Neue Wege im Arbeitsrecht*, ArbuR, 1987, 3, 101-104, F. CAVAS MARTÍNEZ, *Diversificación versus uniformidad en el Derecho español del Trabajo*, Civitas, 1994, 63, 71-102 (72), F. CARINCI, *Rivoluzione tecnologica e diritto del lavoro: il rapporto individuale*, DLRI, 1985, 26, 203-241, B. VENEZIANI, *Nuove tecnologie e contratto di lavoro: profili di diritto comparato*, DLRI, 1987, 1, 1-60, J.-E. RAY, *Nouvelles technologies et nouvelles formes de subordination*, DS, 1992, 6, 525-537, e ainda *Du Germinal à Internet. Une nécessaire évolution du critère du*

O telemóvel é, hoje, como sabemos, um instrumento de uso corrente na vida laboral: nuns casos porque o trabalhador utiliza o seu próprio telemóvel como meio habitual de comunicação com o empregador, com os superiores ou com os colegas de trabalho, para fins profissionais; ou, em prática cada vez mais difundida, porque é o próprio empregador que fornece ao trabalhador um telemóvel de serviço ou que o compensa pelas despesas profissionais que tenha com o seu próprio telemóvel. Numa palavra, seja por via directa seja indirectamente, o telemóvel tende hoje a transformar-se num instrumento de trabalho, a par do computador ou da viatura de serviço.

II. As projecções jurídicas desta nova tecnologia – nomeadamente as suas projecções juslaborais – estão ainda longe de se poder considerar esgotadas, o que dificulta a aproximação a este tema e aumenta a arbitrariedade na escolha da perspectiva de apreciação do mesmo. Tendo plena consciência deste grau de arbitrariedade, escolhemos abordar dois problemas que o recurso ao telemóvel em contexto laboral pode colocar, para sobre eles tecermos uma brevíssima reflexão jurídica: a *questão da protecção do trabalhador em termos de saúde no trabalho, designadamente quando a actividade do trabalhador envolva uma utilização intensiva do telemóvel*, na perspectiva de saber quais as respostas que a ordem jurídica dá a estas necessidades; e a *questão da importância do telemóvel na gestão moderna das empresas versus os perigos que dele decorrem para a violação da esfera privada do trabalhador,* quer quando o trabalhador se encontra na empresa, quer quando já não está no local nem no tempo de trabalho, e, supostamente, já não deveria estar à disposição do empregador.

2. A protecção da saúde do trabalhador, designadamente quando a sua actividade laboral envolva uma utilização intensiva do telemóvel

I. Não cabendo no âmbito destas reflexões delinear as grandes linhas do nosso sistema de protecção dos trabalhadores em matéria de higiene, segurança a saúde no trabalho, limitamo-nos a recordar a importância

---

contrat de travail, DS, 1995, 7/8, 634-637, A. ROUDIL, *Le droit du travail au regard de l'informatisation,* DS, 1981, 4, 307-319, bem como o nosso *Da Autonomia Dogmática...cit.,* 557 ss.

reconhecida pelo sistema jurídico nacional a esta matéria, comprovada em sede constitucional, no reconhecimento, como um dos direitos fundamentais dos trabalhadores, do direito à prestação do trabalho em condições de higiene, segurança e saúde [artigo 59.º, n.º 1, c), da CRP].

Na mesma linha, é sabido que uma das áreas tradicionais de incidência das fontes juslaborais internacionais e comunitárias é a área da segurança, higiene e saúde no local de trabalho.

II. À imagem do que sucedia anteriormente, mas agora de uma forma mais sistematizada, os princípios gerais em matéria de segurança e saúde do trabalhador foram desenvolvidos no Código do Trabalho (artigos 272.º ss.) e na respectiva Regulamentação (artigos 212.º ss.)[5-6].

Assim, a lei impõe ao empregador o dever de assegurar adequadas condições de segurança e saúde no trabalho (artigo 272.º, n.º 1, do CT) e desenvolve este dever em diversas vertentes (artigo 272.º, n.º 3 e artigo 273.º do CT): a vertente da prevenção dos riscos profissionais [artigo 272.º, n.º 3, b) e artigo 273.º do CT]; a vertente da eliminação, avaliação e controlo daqueles riscos [artigo 272.º, n.º 3, b) e c), do CT]; a vertente da promoção e da vigilância periódica da saúde dos trabalhadores, que é da responsabilidade do médico do trabalho e passa, como é sabido, pela sujeição do trabalhador a exames médicos, tanto por ocasião da sua admissão como periodicamente e sempre que seja necessário, ao longo da sua permanência na empresa [artigo 272.º, n.º 3, e), do CT e artigo 245.º da RCT).

Ainda neste âmbito, a lei exige que os trabalhadores conheçam os riscos associados à actividade laboral que desenvolvem, cabendo, para este efeito, ao empregador prestar aos trabalhadores e aos seus representantes todas as informações relevantes nesta matéria [artigo 272.º, n.º 3, d) e artigo 275.º do CT], bem como actuar em colaboração com os representantes especiais dos trabalhadores para a higiene, segurança e saúde (artigo 276.º do CT), e deve ainda proporcionar formação profissional aos trabalhadores nesta matéria (artigo 278.º do CT).

---

[5] O regime anterior nesta matéria constava essencialmente do Decreto-Lei n.º 441/ /91, de 14 de Novembro, completado por outros diplomas. O Código do Trabalho e a Regulamentação adaptaram e sistematizaram esta regulamentação.

[6] Para mais desenvolvimentos sobre os deveres do empregador e do trabalhador em matéria de segurança, higiene e saúde no trabalho, vd ROSÁRIO PALMA RAMALHO, *Direito do Trabalho II cit.*, 542 ss., e 361 ss., respectivamente quanto aos deveres do empregador e quanto aos deveres do trabalhador nesta matéria.

Por seu turno, os trabalhadores têm diversos deveres em matéria de higiene, segurança e saúde, que vão desde a observância das prescrições legais e regulamentares nessa matéria, até ao manuseamento cuidado dos instrumentos de trabalho, passando pela actuação diligente e pela colaboração com os colegas nessa matéria (artigo 274.° do CT).

Por fim, compete ao empregador proceder à organização de serviços de segurança, higiene e saúde no trabalho ou facilitar o acesso dos trabalhadores a serviços desse tipo externos à empresa (artigo 276.° do CT, e artigos 218.° ss. da RCT).

Como decorre do exposto, o regime legal nesta matéria é especialmente exigente, reforçando a lei esta exigência através da imposição, tanto aos empregadores como aos trabalhadores, do dever de obediência às prescrições legais, convencionais e regulamentares em matéria de saúde e segurança, que sejam estabelecidas (artigo 273.°, n.° 5 e artigo 274.° do CT), e, de outra parte, através da atribuição de poderes inspectivos nesta área à Inspecção-Geral do Trabalho (artigo 279.° do CT).

De outra parte, deve entender-se que o conjunto das prescrições legais nesta matéria confere uma tutela mínima, pelo que, podendo a matéria ser tratada em instrumento de regulamentação colectiva do trabalho, bem como (o que é frequente) em sede de regulamento da empresa (artigo 273.°, n.° 5, do CT), tal regulamentação não pode iludir ou restringir as disposições legais mas tão somente reforçar o seu conteúdo.

Em suma, em termos gerais, o trabalhador beneficia de uma tutela ampla nesta matéria.

III. No caso do telemóvel, segundo cremos – ainda que aventurando-nos, porventura excessivamente, pelo terreno da medicina – o principal perigo que dele pode decorrer tem a ver com as radiações ionizantes emitidas pelo aparelho. Assim, caso os competentes estudos médico-científicos venham a concluir no sentido da existência de um perigo real na utilização do telemóvel no trabalho, seja em termos gerais, seja numa utilização intensiva, em resultado das radiações ionizantes, deverão ser desencadeados os mecanismos gerais de vigilância saúde do trabalhador acima indicados.

Por outro lado, se, porventura, vier a ser esta a conclusão dos estudos médicos, devem ainda ter-se em conta as prescrições gerais do direito comunitário em matéria de segurança e saúde no trabalho, mas também especificamente em matéria de exposição às radiações, com as necessárias adaptações. Destacamos, a este propósito, a Directiva n.° 96/29/Euratom, do Conselho, de 13 de Maio de 1996, que fixa as normas de segurança de base relativas à protecção sanitária da população e dos trabalhadores contra os perigos resultantes das radiações ionizantes. Esta Directiva, que se aplica a todas as práticas que impliquem risco resultante das radiações ionizantes emanadas de uma fonte artificial ou de uma fonte natural de radiação, estipula a limitação das doses de radiação em função da idade dos trabalhadores expostos e confere uma protecção especial à mulher grávida e em fase de amamentação (artigos 8.º, 9.º e 10.º); prevê que os Estados Membros exijam às empresas que informem os trabalhadores, os aprendizes e os estudantes expostos sobre os riscos que o trabalho apresenta para a sua saúde, as precauções a tomar e os procedimentos gerais de protecção contra radiação, bem como sobre a importância do cumprimento das prescrições técnicas, médicas e administrativas nesta matéria (artigo 22.º); estabelece regras em matéria de avaliação da exposição à radiação (artigos 24.º ss.) e de controlo médico dos trabalhadores expostos (artigos 30.º e ss.); e, por fim, estabelece algumas medidas de protecção da população contra radiações em circunstâncias normais (artigos 43.º e ss.).

Em suma, de acordo com a avaliação que a comunidade médica venha a fazer sobre o grau de perigosidade associado à utilização do telemóvel no trabalho, terão que ser tomadas as medidas de vigilância da saúde dos trabalhadores que se venham a ter por convenientes, e cuja base essencial é a que decorre das regras acima indicadas.

3. A importância do telemóvel na gestão moderna das empresas e os perigos que dele decorrem para a violação da esfera privada e da vida familiar do trabalhador

I. O segundo ponto sobre o qual gostaríamos de reflectir neste levantamento de questões jurídicas relativas à utilização do telemóvel no trabalho não é já virtual mas sim real.

Este ponto tem a ver com o dilema com que hoje tanto os trabalhadores como as empresas se confrontam, em termos gerais, e que a utilização intensiva do telemóvel no contexto do trabalho não faz mais do que agravar: é o dilema entre o efectivo contributo do telemóvel para a optimização da gestão, pela facilidade de contacto entre o trabalhador e a empresa que este instrumento propicia, e os perigos que emanam dessa utilização para a invasão da esfera privada do trabalhador e para a sua vigilância à distância, tanto durante o tempo de trabalho, como fora do tempo de trabalho.

II. Efectivamente, na perspectiva da gestão (e, portanto, também do empregador), o telemóvel é um instrumento de grande valia, na medida em que viabiliza o contacto entre o trabalhador e a empresa imediatamente e, com isso, contribui para resolver problemas e para dirigir os trabalhadores à distância. Assim, a utilização do telemóvel para efeitos profissionais contribui para melhorar a *performance* dos trabalhadores, para aumentar a eficácia da gestão das empresas e para diminuir os custos de produção, o que vem justificando o seu fornecimento e o pagamento dos seus custos pelo empregador, em moldes cada vez mais generalizados

Já na perspectiva do trabalhador, a utilização do telemóvel não tem só vantagens mas apresenta dois inconvenientes essenciais. O primeiro inconveniente é o dos perigos directos para a sua saúde, nos termos acima indicados e que deverão ser equacionados, sobretudo, no caso de uma utilização intensiva que decorra das funções que desempenha, se vierem a ser comprovados pela ciência médica. O segundo inconveniente é o que decorre do controlo apertado que pode ser feito à distância sobre o desempenho do trabalhador, através deste instrumento, bem como o perigo de invasão da sua esfera privada, pela mesma via.

Estes inconvenientes são relevantes em si mesmos mas não são também negligenciáveis, do ponto de vista da medicina do trabalho, pelas repercussões que este tipo de pressão pode ter na saúde mental e no bem estar do trabalhador.

III. Do ponto de vista jurídico, deve separar-se o problema da utilização do telemóvel no local e no tempo de trabalho, não só como instrumento de trabalho mas como meio de vigilância do trabalhador, da questão da utilização do telemóvel para contactar o trabalhador fora do local e do tempo de trabalho.

Quanto à utilização do telemóvel no local e no tempo de trabalho, o problema não reside, obviamente, no recurso ao telemóvel como instrumento de trabalho, nos termos das regras definidas pelo empregador, mas sim na sua utilização abusiva. Assim, é legítimo ao empregador, ao abrigo do seu poder de direcção (artigo 150.º do CT), estabelecer limites quantitativos à utilização (por exemplo, estabelecer que o custo das chamadas não deve ultrapassar um determinado *plafond*) ou limites qualitativos (por exemplo, limitar a utilização do telemóvel a chamadas de serviço), assim como é legítimo verificar o cumprimento das regras estabelecidas e sancionar disciplinarmente o trabalhador, em caso de incumprimento das regras definidas, nos termos gerais.

O problema pode surgir – e surge muito na prática – com a utilização do telemóvel como mecanismo de vigilância do trabalhador à distância: assim, o superior hierárquico que, de meia em meia hora, liga ao trabalhador para verificar se ele está no local de trabalho ou para conferir o que ele está a fazer, ou que inspecciona o seu gravador de chamadas para conferir a natureza das mensagens que recebeu. Por outro lado, é sabido que este tipo de actuação, quando continuado no tempo, pretende muitas vezes desestabilizar o trabalhador, o que pode conduzir a situações de doença e, no limite, o pode levar a despedir-se.

Este tipo de comportamentos não é tolerável, regendo sobre esta matéria diversas disposições do Código do Trabalho.

Assim, no que toca à utilização do telemóvel para a vigilância do trabalhador, é de aplicar o artigo 20.º do CT, que proíbe o recurso a equipamento tecnológico para vigiar à distância o desempenho profissional do trabalhador[7]. Esta disposição, à qual se associam mais facilmente as câmaras de filmar no local de trabalho, pode aplicar-se também aos telemóveis[8]. Evidentemente, não está em causa o recurso ao telemóvel para dar uma instrução ao trabalhador ou para resolver um problema de trabalho, mas a utilização abusiva deste instrumento para controlo do trabalhador, que será ilícita porque violadora dos seus direitos de personalidade, designadamente o direito à reserva da intimidade da vida privada e o direito à saúde.

Já no que se refere ao acesso do empregador ao telemóvel que forneceu ao trabalhador ou à respectiva caixa de mensagens, rege o artigo 21.º do CT, que assegura ao trabalhador o direito de reserva e confidencialidade em relação às mensagens de natureza pessoal que receba ou envie. Evidentemente que este direito de reserva não colide com o dever de cumprimento das regras que a empresa tenha definido para a utilização do equipamento, nem impede a verificação do cumprimento dessas regras pelo empregador (por exemplo, exigindo ao trabalhador que indique se

---

[7] Sobre os limites do poder de vigilância do trabalhador e especificamente sobre a interpretação do artigo 20.º do CT, vd ROSÁRIO PALMA RAMALHO, *Direito do Trabalho II* cit., 597 s., e, para mais desenvolvimentos sobre o tema, BERNARD BOSSU, *Le salarié, le délégué du personnel et la vidéosurveillance*, DS, 1995, 12, 978-984, J.-E. RAY, *Nouvelles technologies et nouvelles formes de subordination* cit., 525 ss., e, entre nós, T. COELHO MOREIRA, *Da Esfera Privada do Trabalhador e o Controlo do Empregador*, Coimbra, 2004, 239 ss., e AMADEU GUERRA, *A Privacidade no Local de Trabalho. As novas Tecnologias e o Controlo dos Trabalhadores através de Sistemas Automatizados. Uma Abordagem ao Código do Trabalho*, Coimbra, 2004, 299 ss. e *passim*.

[8] Foi o entendimento que sustentámos em *Direito do Trabalho II* cit., 598.

a chamada que está a fazer é de serviço ou é particular), mas impede que esse controlo se faça através do acesso ao conteúdo das próprias mensagens.

Por fim, deve considerar-se que um comportamento invasivo da liberdade do trabalhador no local de trabalhador, que seja reiterado e destinado a provocar um ambiente hostil ou intimidatório, que o desestabilize (por exemplo, o controlo de 5 em 5 minutos, por telemóvel) pode configurar uma situação de assédio moral ao trabalhador, o que é proibido pelo artigo 24.º do CT, consubstanciando uma situação de justa causa para a resolução do contrato por iniciativa do trabalhador, com o correspondente direito à indemnização compensatória (artigos [artigos 441.º, n.º 1, b) e 443.º do CT), para além de lhe conferir o direito a indemnização por danos não patrimoniais, nos termos do artigo 26.º do CT[9].

IV. Estas regras são extensíveis à utilização do telemóvel para contacto com o trabalhador, fora do local e do tempo de trabalho, designadamente quanto tal utilização seja excessiva.

Neste caso não está só em causa o direito do trabalhador à reserva da sua vida privada como o seu direito ao repouso e à conciliação da vida profissional com a vida familiar, ambos consagrados na Constituição [artigo 59.º, n.º 1, b) e d), da CRP] e no Código do Trabalho (artigos 163.º, n.º 1, 176.º, e 205.º, entre outros) e com os quais o empregador se deve conformar.

---

[9] Sobre o tema do assédio moral, ROSÁRIO PALMA RAMALHO, *Direito do Trabalho II* cit., 148 e 343, e, para mais desenvolvimentos, I. RIBEIRO PARREIRA, *O assédio sexual no trabalho*, in A. MOREIRA (coord.), *IV Congresso Nacional de Direito do Trabalho. Memórias*, Coimbra, 2002, 159-265, e ainda *O assédio moral no trabalho*, in A. MOREIRA (coord.), *V Congresso Nacional de Direito do Trabalho. Memórias*, Coimbra, 2003, 209--247, bem como M. REGINA REDINHA, *Assédio moral ou* mobbing *no trabalho*, in *Estudos em Homenagem ao Prof. Doutor Raúl Ventura*, II, Coimbra, 2003, 833-847.

XV
DIREITO INTERNACIONAL PRIVADO

O DIREITO DE CONFLITOS DAS OBRIGAÇÕES EXTRACONTRATUAIS ENTRE A COMUNITARIZAÇÃO E A GLOBALIZAÇÃO – UMA PRIMEIRA APRECIAÇÃO DO REGULAMENTO COMUNITÁRIO ROMA II

Luís de Lima Pinheiro[*]

SUMÁRIO: *Introdução. I. Âmbito de aplicação. II. Liberdade de escolha. III. Norma de conflitos geral sobre responsabilidade extracontratual. IV. Normas de conflitos especiais sobre responsabilidade extracontratual: A) Responsabilidade por produtos defeituosos; B) Concorrência desleal e actos que restrinjam a livre concorrência; C) Danos ambientais; D) Violação de direitos de propriedade intelectual; E) Acção colectiva. V. Normas de conflitos sobre enriquecimento sem causa, gestão de negócios e culpa in contrahendo: A) Aspectos gerais; B) Enriquecimento sem causa; C) Gestão de negócios; D) Culpa in contrahendo. VI. Regras auxiliares: A) Âmbito da lei aplicável; B) Normas de aplicação necessária e regras de segurança e de conduta; C) Outras regras auxiliares. VII. Relações com outros instrumentos: A) Relações com outros instrumentos comunitários; B) Relações com convenções internacionais. VIII. Apreciação.*

Introdução

I. Os sistemas jurídicos nacionais apresentam diferenças profundas no domínio da responsabilidade extracontratual. Estas diferenças são ainda mais acentuadas com respeito a outras fontes de obrigações extracontratuais tais como a gestão de negócios. As obrigações extracontratuais estão frequentemente em contacto com mais de um Estado soberano. Por

---

[*] Professor Catedrático da Faculdade de Direito da Universidade de Lisboa.

exemplo, um acidente de viação que ocorre em França envolvendo o condutor francês de um veículo matriculado em França e o condutor britânico de um veículo matriculado no Reino Unido; a emissão de poluentes por uma fábrica situada na Alemanha que causa danos a pessoas e bens na Polónia. Em casos como estes coloca-se um problema de determinação do Direito aplicável à obrigação extracontratual.

Até agora o Direito aplicável às obrigações extracontratuais tem sido determinado, nos países da União Europeia, por regras de conflitos de fonte interna (designadamente de fonte legal e jurisprudencial), bem como, em certas matérias, por convenções internacionais tais como as Convenções da Haia sobre a Lei Aplicável aos Acidentes de Viação e sobre a Lei Aplicável à Responsabilidade por Produtos Defeituosos. Com a publicação do Regulamento comunitário n.º 864/2007[1], Relativo à Lei Aplicável às Obrigações Extracontratuais (Regulamento Roma II), as regras de conflitos aplicáveis nos Estados-Membros da União Europeia passam a estar unificadas.

II. O Regulamento Roma II foi adoptado com referência à competência legislativa atribuída ao Conselho da União Europeia e ao Parlamento Europeu pelos artigos 61.º, 65.º/b, 67.º e 251.º do Tratado da Comunidade Europeia[2].

De acordo com artigo 61.º/c, a fim de criar progressivamente um espaço de liberdade, de segurança e de justiça, o Conselho adoptará medidas no domínio da cooperação judiciária em matéria civil, previstas no artigo 65.º. Este preceito estabelece que as medidas no domínio da cooperação judiciária em matéria civil que tenham uma incidência transfronteiriça devem incluir, na medida do necessário ao bom funcionamento do mercado interno, (b) a promoção da compatibilidade das normas aplicáveis nos Estados-Membros em matéria de conflitos de leis e de jurisdição.

Há certamente razões para duvidar de que a extensiva comunitarização do Direito Internacional Privado, empreendida pelos órgãos comunitários, seja abrangida pela letra do artigo 65.º e seja conforme com os

---

[1] JOCE L 199/40, 31/7/2007.

[2] Sobre os antecedentes deste Regulamento, ver Exposição de Motivos da Proposta da Comissão, 2 e segs. Ver também RUI MOURA RAMOS – "Le droit international privé communautaire des obligations extra-contractuelles", *Révue des Affaires Européennes* 11/12 (2001/2002) 415-423, 417-418.

princípios da subsidiariedade e da proporcionalidade[3]. No entanto, parece despiciendo insistir nestas dúvidas quando a generalidade dos Estados--Membros (com a notável excepção da Dinamarca ao abrigo do Protocolo anexo ao Tratado da União Europeia) tem aceitado o exercício da competência putativa dos órgãos comunitários.

Como marcos do complexo processo legislativo que conduziu ao Regulamento Roma II são de mencionar a Proposta apresentada pela Comissão em 2003[4], com uma Exposição de Motivos, a Posição do Parlamento Europeu aprovada em primeira leitura em 2005, a Posição Comum adoptada pelo Conselho em 2006, a Proposta Alterada apresentada pela Comissão em 2006[5], também com uma Exposição de Motivos, que adapta a proposta originária à luz de certas alterações aprovadas pelo Parlamento e dos procedimentos realizados no âmbito do Conselho, e a Posição do Parlamento Europeu aprovada em segunda leitura em 2007[6]. Estes trabalhos são importantes elementos de interpretação dos preceitos contidos no Regulamento.

III. O presente estudo representa uma primeira avaliação do Regulamento Roma II, à luz das soluções adoptadas em vários Estados-Membros e do objectivo da universalização das regras de conflitos. Também será feita uma breve referência às principais tendências que se manifestam nos EUA. Principiarei com um breve exame do âmbito de aplicação do Regulamento (I). Em seguida, ocupar-me-ei das regras de conflitos do Regulamento: liberdade de escolha (II), norma de conflitos geral sobre responsabilidade extracontratual (III), normas de conflitos especiais sobre

---

[3] Ver LIMA PINHEIRO – "Federalismo e Direito Internacional Privado – Algumas reflexões sobre a comunitarização do Direito Internacional Privado" (2003), in *Estudos de Direito Internacional Privado*, 331-356, Almedina, Coimbra, 333 e segs., com mais referências. Ver também, com respeito ao Regulamento Roma II, MICHAEL BOGDAN – "General Aspects of the Future Regulation", in *The Unification of Choice of Law Rules on Torts and Other Non-Contractual Obligations in Europe. The "Rome II" Proposal*, org. por Alberto Malatesta, 33-44, Pádua, 2006, 37; FAUSTO POCAR – "Concluding Remarks", in *The Unification of Choice of Law Rules on Torts and Other Non-Contractual Obligations in Europe. The "Rome II" Proposal*, org. por Alberto Malatesta, 301-305, Pádua, 2006, 304-305.

[4] COM(2003) 427 final.

[5] COM(2006) 83 final.

[6] Ver GERHARD WAGNER – "Internationales Deliktsrecht, die Arbeiten and der Rome II – Verordnung und der Europäische Deliktsgerichtsstand", *IPRax* (2006) 372-390, 373-374.

responsabilidade extracontratual (IV) e normas de conflitos sobre o enriquecimento sem causa, gestão de negócios e *culpa in contrahendo* (V). Passando a outras regras do Regulamento, analisarei as regras auxiliares (VI) e referirei brevemente as relações com outros instrumentos (VII). O estudo termina com uma apreciação do Regulamento como um instrumento de "comunitarização" e globalização do Direito Internacional Privado (VIII).

I. Âmbito de aplicação

No que se refere ao âmbito de aplicação do Regulamento, deve ser traçada uma distinção entre âmbito material, âmbito especial e âmbito temporal.

O artigo 1.º diz respeito ao *âmbito material*, estabelecendo, em primeiro lugar (n.º 1), que "O presente regulamento é aplicável, em situações que envolvam um conflito de leis, às obrigações extracontratuais em matéria civil e comercial. Não é aplicável, em especial, às matérias fiscais, aduaneiras e administrativas, nem à responsabilidade do Estado por actos e omissões no exercício do poder público (*acta iure imperii*)".

Por um lado, este preceito está coordenado com o artigo 1.º/1 da Convenção de Roma sobre a Lei Aplicável às Obrigações Contratuais e com o artigo 1.º/1 da Proposta da Comissão para um Regulamento sobre a Lei Aplicável às Obrigações Contratuais[7]. Este último preceito determina que o Re-gulamento deve aplicar-se "in any situations involving a conflict of laws, to contractual obligations in civil and commercial matters". Mais adiante será examinado o significado da frase "situações que impliquem um conflito de leis".

Por outro lado, o artigo 1.º/1 do Regulamento Roma II está alinhado com o âmbito de aplicação do Regulamento comunitário Relativo à Competência Judiciária, ao Reconhecimento e à Execução das Decisões em Matéria Civil e Comercial (Bruxelas I) (artigo 1.º/1 deste Regulamento) e deve ser interpretado do mesmo modo. A jurisprudência do Tribunal de Justiça das Comunidades (TCE) com respeito ao artigo 1.º/1 do Regulamento Bruxelas I, bem como a jurisprudência do mesmo tribunal com res-

---

[7] COM(2005) 650 final.

peito ao artigo 1.º/1 da Convenção Bruxelas I, são, portanto, relevantes para a aplicação do artigo 1.º/1 do Regulamento Roma II[8].
O conceito de obrigação extracontratual varia de um Estado-Membro para outro. O Regulamento não contém uma definição do conceito relevante. Em qualquer caso, a qualificação de uma relação como obrigação extracontratual deve ser "autónoma", i.e., deve ser baseada numa interpretação autónoma do conceito (ver Considerando n.º 11)[9]. Isto significa que não deve ser feita referência ao Direito de um dos Estados em presença, mas antes "aos objectivos e ao sistema" do Regulamento e aos "princípios gerais que decorrem do conjunto dos sistemas jurídicos nacionais"[10]. O Considerando n.º 11 afirma expressamente que o conceito inclui as obrigações extracontratuais resultantes de responsabilidade objectiva.

No contexto da Convenção Bruxelas I, o TCE decidiu que a expressão "matéria contratual", empregue no artigo 5.º/1 da Convenção, deve ser entendida no sentido de não abranger situações em que não existe nenhum compromisso livremente assumido por uma parte relativamente à outra[11], tais como a acção intentada pelo subadquirente de uma coisa contra o fabricante, que não é o vendedor, em razão dos defeitos da coisa ou da sua inadequação à utilização a que se destina[12] e a acção de indemnização por avarias de carga intentada pelo destinatário da mercadoria ou o segurador sub-rogado nos seus direitos contra o transportador marítimo efectivo e não contra o emitente do conhecimento de carga[13].

Mas será sempre suficiente, para incluir a situação no conceito de matéria contratual, que haja uma obrigação assumida por um compromisso de uma parte perante a outra, designadamente um negócio unilateral? A recente decisão do TCE no caso *Engler* aponta nesta direcção quando afirma que está incluída uma acção em que um consumidor pretende obter o pagamento do prémio que lhe foi prometido na condição de celebrar um contrato de venda[14].

---

[8] Cf. Exposição de Motivos da Proposta da Comissão, 8.
[9] Ver também TCE 14/10/1976, no caso *Eurocontrol* [*CTCE* (1976) 629].
[10] Cf. TCE 14/10/76, no caso *Eurocontrol* [*CTCE* (1976) 629], n.º 5.
[11] Cf. TCE 17/6/1992, no caso *Handte* [*CTCE* (1992) I-3967], n.º 15.
[12] *Idem* n.º 21.
[13] Cf. TCE 27/10/1998, no caso *Réunion européenne* [*CTCE* (1998) I-6511].
[14] Ver TCE 20/1/2005 [*CTCE* (2005) I-481]. Ver também FRANÇOIS RIGAUX e MARC FALLON – *Droit international privé*, 3.ª ed., Bruxelas, 2005, 770, e PETER MANKOWSKI – "Special Jurisdictions", *in European Commentaries on Private International Law*, org. por Ulrich Magnus e Peter Mankowski, 2007, Artigo 5 n.ºs 34 e segs. Ver ainda

O ponto é controverso relativamente ao âmbito material de aplicação da Convenção Roma I, mas, de acordo com a melhor opinião, o conceito de "obrigação contratual" deve ser entendido em sentido amplo, por forma a incluir as obrigações resultantes de negócios unilaterais[15].

Esta jurisprudência afigura-se relevante para a interpretação do conceito de "obrigação extracontratual" empregue pelo Regulamento Roma II. Parece que por "obrigação extracontratual" se deve entender qualquer obrigação que não é assumida por um compromisso de uma parte perante a outra (ou perante qualquer pessoa que esteja numa determinada situação ou que pratique certo acto). A intenção do legislador comunitário é aparentemente que a Convenção Roma I (bem como o futuro Regulamento Roma I) e o Regulamento Roma II sejam complementares e abranjam, em princípio, todas as obrigações que não são expressamente excluídas[16]. Roma I deve abranger a generalidade das obrigações voluntárias e Roma II a generalidade das obrigações involuntárias. Todavia, a inclusão no Regulamento de um preceito sobre a validade formal de "actos jurídicos unilaterais relativos a obrigações extracontratuais" (artigo 21.º) suscita alguma dúvida sobre este ponto. Até melhor clarificação, eu defenderei que o artigo 21.º se refere apenas a situações especiais em que uma obrigação resulta de um acto unilateral de uma das partes[17] mas este acto unilateral não é um compromisso perante a outra parte ou perante o público.

O Regulamento Roma II também é aplicável às obrigações extracontratuais susceptíveis de surgir (artigo 2.º/2).

O artigo 2.º contém ainda algumas regras de interpretação dos termos "dano" e "facto que dá origem a um dano" empregues no Regulamento. "Dano" deve abranger todas as consequências decorrentes da responsabilidade extracontratual, do enriquecimento sem causa, da gestão de negó-

---

JAN KROPHOLLER – *Europäisches Zivilprozessrecht.Kommentar*, 8.ª ed., Francoforte-sobre-o-Meno, 2005, Artigo 5 n.º 10.

[15] Cf. PETER MANKOWSKI – "Die Qualikation der culpa in contrahendo – Nagelprobe für den Vetragsbegriff des europäischen IPR und IPR", *IPRax* (2003) 127-135, 128 e segs.; DIETER MARTINY, *in Internationales Vertragsrecht*, org. por CHRISTOPH REITHMANN and DIETER MARTINY, 6.ª ed., Colónia, 2004, n.º 8; e BERND VON HOFFMANN e KARSTEN THORN – *Internationales Privatrecht einschliesslich der Grundzüge des Internationalen Zivilverfahrensrechts*, 8.ª ed., Munique, 2005, 427. Cp., em sentido contrário, ALFONSO-LUIS CALVO CARAVACA e JAVIER CARRASCOSA GONZÁLEZ – *Derecho Internacional Privado*, vol. II, 8.ª ed., Granada, 400.

[16] Cf. Exposição de Motivos da Proposta da Comissão, 8.

[17] Ver Exposição de Motivos da Proposta da Comissão, 28.

cios e da *culpa in contrahendo* (n.º 1). Qualquer referência a "facto que dá origem a um dano" deve incluir os factos susceptíveis de ocorrer que dêem origem a danos (n.º 3/a). E qualquer referência a "dano" deve incluir os danos susceptíveis de ocorrer (n.º 3/b). Isto mostra que o Regulamento, à semelhança do artigo 5.º/3 do Regulamento Bruxelas I, também abrange acções preventivas como, por exemplo, as acções inibitórias[18].

De acordo com o Considerando n.º 8 e anterior jurisprudência do TCE, pode ser afirmado que a natureza das partes processuais e do tribunal é irrelevante para a qualificação da obrigação extracontratual como relativa a "matéria civil e comercial"[19].

A responsabilidade do Estado por actos ou omissões no exercício do poder público encontra-se excluída. Esta exclusão abrange as acções contra funcionários que agem em nome do Estado e a responsabilidade por actos praticados no exercício de poderes públicos, incluindo a responsabilidade de funcionários oficialmente mandatados (Considerando n.º 9).

O artigo 1.º/2 exclui do âmbito de aplicação do Regulamento certas obrigações extracontratuais em matéria civil e comercial.

Parte destas exclusões dizem respeito a matérias que não são geralmente encaradas como pertencendo ao Direito das Obrigações. Primeiro, obrigações extracontratuais que decorrem de relações de família, obrigações de alimentos e sucessões por morte (a e b)[20]. Segundo, obrigações extracontratuais que decorrem de títulos negociáveis na medida em que estas obrigações resultem do seu carácter negociável (c)[21]. Terceiro, obrigações extracontratuais que decorrem do Direito das Sociedades e do Direito aplicável a outras entidades dotadas ou não de personalidade jurídica (d)[22]. Por último, obrigações extracontratuais que decorrem das rela-

---

[18] Ver Exposição de Motivos da Proposta da Comissão, 12.
[19] Cf. TCE 21/4/93, no caso *Sonntag* [*CTCE* (1993) I-1963], n.º 19.
[20] De acordo com o artigo 1.º/2/a e b a exclusão abrange relações que, segundo a lei aplicável, tenham efeitos equiparados ao casamento. O Considerando n.º 10 especifica que as relações de família deverão abranger a filiação, o casamento, a afinidade e o parentesco em linha colateral e que a referência a relações com efeitos equiparados ao casamento e a outras relações de família deverá ser interpretada de acordo com a lei do Estado-Membro do tribunal em que a acção é proposta. Ver ainda Exposição de Motivos da Proposta da Comissão, 8-9. BOGDAN (n. 3) 41 sustenta que a referência a relações com efeitos equiparados ao casamento tem em vista as uniões registadas existentes em alguns Estados-Membros e a união de facto quando seja considerada uma relação de família.
[21] Ver Exposição de Motivos da Proposta da Comissão, 9.
[22] *Ibidem*.

ções entre os instituintes, os *trustees* e os beneficiários de um *trust* voluntariamente criado (d)[23].

Outra parte dessas exclusões diz principalmente respeito a tipos específicos de responsabilidade extracontratual. É este o caso das obrigações extracontratuais que decorram de dano nuclear (e) e da violação de direitos de personalidade (g)[24]. A Proposta inicial da Comissão incluía um preceito sobre violações da vida privada e dos direitos de personalidade (artigo 6.°)[25]. Devido a divergências irreconciliáveis com o Parlamento Europeu, a Comissão optou, na sua Proposta Alterada, pela exclusão desta matéria do âmbito de aplicação do Regulamento[26].

Naturalmente que as regras de conflitos do Regulamento só actuam para questões substantivas. O artigo 1.°/3 confirma que o Regulamento não se aplica à prova e ao processo, sem prejuízo dos artigos 21.° e 22.° com respeito a actos jurídicos unilaterais relativos a uma obrigação extracontratual e às regras sobre presunções legais, ónus da prova e meios de prova de actos jurídicos.

Passando agora ao *âmbito espacial*, o Regulamento é aplicável em situações que envolvam conflitos de leis, "ou seja, situações que compreendem um ou mais elementos estranhos à vida social interna de um país e que são susceptíveis de desencadear a aplicação de vários sistemas jurídicos"[27].

---

[23] *Ibidem*. A referência ao "*trust* voluntariamente criado" foi introduzida na sequência de um proposta do Parlamento Europeu, com vista a assegurar uma maior consistência com a Convenção da Haia sobre a Lei Aplicável aos *Trusts* e ao seu Reconhecimento (1985) e para evitar a dificuldade que resulta da utilização do *trust* como um instrumento para lidar com situações como as de enriquecimento sem causa nos sistemas do *Common Law* – ver PETER STONE – *EU Private International Law. Harmonization of Laws*, Cheltenham, UK, e Northampton, MA, USA, 2006, 333.

[24] Ver Exposição de Motivos da Proposta da Comissão, 10. A responsabilidade decorrente de dano nuclear é objecto da Convenção de Paris sobre Responsabilidade Civil no Domínio da Energia Nuclear (1960) e da Convenção de Viena sobre Responsabilidade Civil por Dano Nuclear (1963). Portugal só é parte na Convenção de Paris. Ver ainda *Hamburg Group for Private International Law* – "Comments on the European Commission's Draft Proposal for a Council Regulation on the Law Applicable to Non-Contractual Obligations", *RabelsZ*. 67 (2003) 1-56, 6 e segs.

[25] Com respeito a este preceito, ver Exposição de Motivos da Proposta da Comissão, 18 e segs.

[26] *Explanatory Memorandum of the Amended Commission's Proposal*, 6. Ver ainda artigo 30.°/2. Para uma apreciação das propostas da Comissão e do Parlamento Europeu ver WAGNER (n. 6) 383-386.

[27] Exposição de Motivos da Proposta da Comissão, 8, com correcção da versão portuguesa que visivelmente não contém uma tradução exacta dos textos originais.

Esta definição é similar à definição dada, com respeito ao artigo 1.º/1 da Convenção Roma I, pelo Relatório Giuliano/Lagarde[28]. Ela não evita as dúvidas relativamente a situações internas em que o único elemento de estraneidade é a escolha de uma lei estrangeira pelas partes[29]. Este ponto está relacionado com a interpretação do artigo 14.º/2 do Regulamento e será examinado a propósito deste preceito (*infra* II).

Por outro lado, a formulação do artigo 1.º/1 do Regulamento, à semelhança da formulação do artigo 1.º/1 da Convenção Roma I, indica que o Regulamento pode ser aplicado a conflitos entre sistemas locais no seio de um Estado-Membro que comporte mais de um sistema jurídico (ordem jurídica complexa). Não obstante, também em paralelo com a Convenção Roma I, este Estado-Membro não está vinculado a aplicar o Regulamento nestes conflitos internos (artigo 25.º/2 do Regulamento)[30].

Por acréscimo, o Regulamento tem um carácter universal porque deve ser aplicado pelos tribunais de qualquer Estado-Membro, com excepção da Dinamarca (artigo 1.º/4), sempre que a situação caia dentro do seu âmbito material de aplicação (e do seu âmbito temporal de aplicação) e envolva um conflito de leis. Para este efeito é irrelevante que a relação não tenha conexão com um Estado-Membro ou que a lei designada pelas regras de conflitos do Regulamento seja a lei de um terceiro Estado (artigo 3.º)[31].

Enfim, no que toca ao *âmbito temporal*, o Regulamento aplica-se aos factos danosos que ocorram após a sua entrada em vigor (artigo 31.º), i.e., a partir de 11 de Janeiro de 2009 (artigo 32.º).

---

[28] Report on the Convention on the law applicable to contractual obligations por MARIO GIULIANO e PAUL LAGARDE [*OJ* C 282/1, 31.10.1980], 10.

[29] Ver LIMA PINHEIRO – *Contrato de Empreendimento Comum (Joint Venture) em Direito Internacional Privado*, Almedina, Coimbra, 1998, 512 e segs.; Id. – *Direito Comercial Internacional*, Almedina, Coimbra, 2005, 68 e segs.

[30] Ver Relatório GIULIANO/LAGARDE (n. 28) 38.

[31] Ver também Exposição de Motivos da Proposta da Comissão, 9-10, e STEFANIA BARIATTI – "The Future Community Rules in the Framework of the Communitarization of Private International Law", *in The Unification of Choice of Law Rules on Torts and Other Non-Contractual Obligations in Europe. The "Rome II" Proposal*, org. por Alberto Malatesta, 5-32, Pádua, 2006, 16 e segs.

II. Liberdade de escolha

A única regra de conflitos que se aplica à generalidade das obrigações extracontratuais é a contida no artigo 14.°, que permite a escolha pelas partes da lei aplicável. Constituem excepções a concorrência desleal e actos que restrinjam a livre concorrência na medida em que os interesses afectados não se limitem a um concorrente específico (artigo 6.°/4), e a violação de direitos de propriedade intelectual (artigo 8.°/3[32].

De acordo com o artigo 14.°/1 as partes podem acordar em subordinar as obrigações extracontratuais à lei da sua escolha:

a) mediante convenção posterior ao facto que dê origem ao dano; ou,
b) caso todas as partes desenvolvam actividades económicas, também mediante uma convenção livremente negociada, anterior ao facto que dê origem ao dano[33].

O acordo feito por uma parte que não desenvolva uma actividade económica só é válido se for celebrado após a ocorrência do facto que dê origem ao dano. Esta limitação é justificada pela preocupação de proteger as partes mais vulneráveis, designadamente consumidores e trabalhadores (Considerando n.° 31)[34].

A exigência de que um acordo celebrado por partes que desenvolvam actividades económicas antes da ocorrência do facto danoso seja "livremente negociado" significa aparentemente a exclusão de acordos baseados na adesão a formulários[35].

Do ponto de vista lógico, esta é a regra de conflitos primária, embora na prática ela só actue num número reduzido de casos porquanto é difícil para as partes em litígio acordar sobre a lei aplicável e a cláusula de designação da lei aplicável contida num contrato celebrado por partes que desenvolvam actividades económicas nem sempre abrangerá as pretensões extracontratuais.

---

[32] Sobre o fundamento destas exclusões ver KARL KREUZER – "Tort Liability in General", *in The Unification of Choice of Law Rules on Torts and Other Non-Contractual Obligations in Europe. The "Rome II" Proposal*, org. por Alberto Malatesta, 45-72, Pádua, 2006, 55-56. Ver ainda MARTA PERTEGÁS – "Intellectual Property and Choice of Law Rules", *in op. cit.*, 221-247, 237.

[33] Ver WAGNER (n. 6) 387.

[34] Cp. as considerações críticas de WAGNER (n. 6) 388.

[35] Ver, em sentido convergente, KREUZER (n. 32) 52.

A escolha pode ser expressa ou tácita. No segundo caso, a escolha deve decorrer de modo razoavelmente certo das circunstâncias do caso (n.º 1/§ 2).

A escolha não prejudica os interesses de terceiros (*idem*). O exemplo de escola é a obrigação de o segurador reembolsar a indemnização devida pelo segurado: o acordo entre o lesado e o segurado com respeito à lei aplicável não pode prejudicar os direitos do segurador[36].

A permissão da autonomia conflitual em matéria de obrigações extracontratuais é uma manifestação da tendência no sentido da expansão da autonomia privada no Direito Internacional Privado[37]. A extensão da autonomia conflitual às obrigações extracontratuais tem sido defendida por vários autores, entre os quais me encontro incluído[38], e foi acolhida na Alemanha pelo artigo 42.º da Lei de Introdução do Código Civil, na redacção dada em 1999. Em minha opinião, não há razão para excluir a autonomia conflitual em matéria de relações disponíveis.

Em contraste com a Convenção Roma I (artigo 3.º/1/§ 2), o Regulamento Roma II não menciona a possibilidade de *dépeçage* da obrigação extracontratual por meio da escolha da lei aplicável a um determinado aspecto da situação. A omissão é certamente intencional e significa que as partes não podem designar a lei aplicável apenas a uma parte da obrigação extracontratual. Esta atitude negativa é difícil de compreender e não parece justificada: o *dépeçage* comporta dificuldades mas, à semelhança do que se verifica em matéria contratual, as partes podem ter boas razões para escolher este caminho[39].

O artigo 14.º/2 contém um preceito semelhante ao do artigo 3.º/3 da Convenção Roma I, mas está redigido com maior rigor. Este preceito determina que "Sempre que todos os elementos relevantes da situação se situem, no momento em que ocorre o facto que dá origem ao dano, num

---

[36] Cf. Exposição de Motivos da Proposta da Comissão, 24.

[37] Ver VON OVERBECK – "L'irrésistible extension de l'autonomie en droit international privé", in *Hommage à François Rigaux*, 619-636, Bruxelas, 1993, 627 e segs., e ERIK JAYME – "Identité culturelle et intégration: le droit international privé postmoderne", *RCADI* 251 (1995) 9-268, 152 e segs.

[38] *Direito Internacional Privado – Parte Especial (Direito de Conflitos)*, Almedina, Coimbra, 1999, 231; *Direito Internacional Privado, vol. I – Introdução e Direito de Conflitos/Parte Geral*, Almedina, Coimbra, 2001, 247; *Direito Internacional Privado, vol. II – Direito de Conflitos/Parte Especial*, 2.ª ed., Almedina, Coimbra, 2002, 251-252.

[39] Ver ainda SYMEON SYMEONIDES – "Tort Conflicts and Rome II: A View from Across", in *FS Erik Jayme*, 935-954, 2004, n.º 2.4.

país que não seja o país da lei escolhida, a escolha das partes não prejudica a aplicação das disposições da lei desse país não derrogáveis por acordo".

Este preceito é entendido na Exposição de Motivos da Proposta da Comissão – na esteira do Relatório Giuliano/Lagarde sobre a Convenção Roma I[40] – como referindo-se a situações puramente internas a um Estado-Membro que só são abrangidas pelo âmbito de aplicação do Regulamento pelo facto de as partes terem escolhido uma lei estrangeira[41]. No entanto, a letra do artigo 14.°/2 ainda dá menos apoio a este entendimento do que o correspondente preceito da Convenção Roma I, uma vez que não refere a lei escolhida pelas partes como uma "lei estrangeira". Ela tão-pouco sugere que o país em que todos os elementos da situação estão localizados seja o país do foro.

Na minha opinião, este entendimento entra em contradição com o âmbito espacial de aplicação estabelecido no artigo 1.°/1 do Regulamento, que se reporta a situações envolvendo um conflito de leis[42]. As situações internas não envolvem um conflito de leis. A designação de uma lei estrangeira pelas partes de um contrato interno só constitui uma referência material, i.e., a incorporação das regras da lei estrangeira como cláusulas do contrato. O ponto é menos claro com respeito às obrigações extracontratuais. Nesta matéria, é concebível que a referência a uma lei estrangeira para regular um litígio emergente de uma situação interna seja vista como a incorporação das regras da lei estrangeira num acordo de transacção. A seguir-se tal entendimento, esta incorporação é permitida pela liberdade contratual e não pelo artigo 14.°/2.

O artigo 14.°/2 tem sentido útil para outro tipo de situações: aquelas em que os tribunais de um Estado-Membro decidem um litígio emergente de uma "situação meramente estrangeira", i.e., uma situação que está exclusivamente conectada com um Estado estrangeiro, e as partes escolheram a lei do foro ou de um terceiro Estado. Neste caso, há uma situação envolvendo um conflito de leis, porquanto o tribunal tem de determinar a lei aplicável. A escolha feita pelas partes deve ser respeitada pelo tribunal, mas o seu alcance é limitado pela aplicação das regras imperativas do Estado estrangeiro em que a situação está localizada.

---

[40] 18.
[41] 24. Ver também WAGNER (n. 6) 386-387.
[42] Ver op. cit. n. 29.

O legislador comunitário também quis assegurar a aplicação das regras imperativas de Direito Comunitário quando todos os elementos da situação estão localizados em dois ou mais Estados-Membros[43]. Esta preocupação é inteiramente justificada, mas a letra do artigo 14.°/3 suscita algumas dúvidas: "Sempre que todos os elementos relevantes da situação se situem, no momento em que ocorre o facto que dá origem ao dano, num ou em vários Estados-Membros, a escolha, pelas partes, de uma lei aplicável que não a de um Estado-Membro, não prejudica a aplicação, se for esse o caso, das disposições de direito comunitário não derrogáveis por convenção, tal como aplicadas pelo Estado-Membro do foro".

Quando todos os elementos estão localizados no mesmo Estado--Membro a situação deveria cair no âmbito do § 2.° e as disposições de Direito Comunitário deveriam ser aplicadas no contexto da ordem jurídica deste Estado-Membro e não no contexto da ordem jurídica do Estado--Membro do foro. Não é claro se este desvio é intencional ou se baseia antes na suposição de que o Estado do foro é também o Estado da localização[44].

III. Norma de conflitos geral sobre responsabilidade extracontratual

O Capítulo II do Regulamento, relativo à responsabilidade extracontratual, contém uma norma de conflitos geral e um conjunto de normas de conflitos especiais que têm por objecto a responsabilidade por produtos defeituosos, a concorrência desleal e actos que restrinjam a livre concorrência, danos ambientais, violação de direitos de propriedade intelectual e acção colectiva.

A regra geral encontra-se estabelecida no artigo 4.°. Para compreender o artigo 4.°, bem como as valorações subjacentes, é útil ter em conta os Considerandos n.os 15 a 18.

O Considerando n.° 15 sublinha que o princípio da *lex loci delicti commissi* é a solução básica para as obrigações extracontratuais na quase totalidade dos Estados-Membros, mas a concretização deste princípio

---

[43] Ver Exposição de Motivos da Proposta da Comissão, 24.
[44] Ver também KREUZER – "La comunitarizzazione del diritto internazionale privato in materia di obbligazioni extracontrattuali ('Roma II')", *in Diritto internazionale privato e diritto comunitario*, org. por Paolo Picone, 421-447, Pádua, 2004, 428-429.

varia quando elementos do caso estão dispersos por vários países. Isto verifica-se principalmente quando o facto que causa o dano ocorre num Estado e o dano é sofrido num Estado diferente. Por exemplo, um erro feito por um controlador aéreo que opera no aeroporto de um Estado pode conduzir a uma colisão de aeronaves no espaço aéreo de outro Estado. Outro exemplo é o de o produto defeituoso adquirido num país, por uma pessoa que se encontrava aí temporariamente, causar um dano ao comprador no país da sua residência.

O Considerando n.º 16 afirma que as regras uniformes deverão reforçar a previsibilidade das decisões judiciais e assegurar um equilíbrio razoável entre os interesses da pessoa alegadamente responsável e os interesses do lesado. De acordo com este Considerando, a conexão com o país do lugar onde o dano directo ocorreu (*lex loci damni*) estabelece um justo equilíbrio entre os interesses do agente e os do lesado e reflecte a concepção moderna da responsabilidade civil, assim como a evolução dos sistemas de responsabilidade objectiva.

Alguns Estados-Membros, designadamente a Alemanha[45] e a Itália[46] concedem ao lesado a faculdade de escolha entre a lei do facto e a lei do dano. A Exposição de Motivos da Proposta da Comissão esclarece as razões pelas quais não foi adoptado este princípio de favorecimento do lesado enquanto regra básica[47]: tal solução vai além das expectativas legítimas do lesado e reintroduziria uma incerteza jurídica que prejudicaria o objectivo geral do Regulamento proposto. A solução adoptada constitui um compromisso entre as duas soluções extremas que seriam a aplicação da lei do facto gerador, por um lado, e a opção concedida ao lesado, por outro[48].

A mesma Exposição de Motivos sublinha que a solução adoptada "corresponde à concepção moderna do Direito da responsabilidade civil que já não se orienta, como na primeira metade do século, para a punição de uma conduta com base na culpa: actualmente, é dada primazia à função indemnizadora, orientação esta que se reflecte sobretudo no desenvolvimento de sistemas de responsabilidade objectiva"[49].

---

[45] Artigo 40.º/1 da Lei de Introdução do Código Civil, com a redacção dada em 1999.
[46] Artigo 62.º/1 da Lei de Direito Internacional Privado.
[47] 11-12.
[48] Ver, em sentido convergente, MOURA RAMOS (n. 2) 419.
[49] 12, com correcção da versão portuguesa que visivelmente não contém uma tradução exacta dos textos originais.

A solução, bem como a sua justificação, são claramente inspiradas pela principal doutrina francesa[50]. Também é, no essencial, a solução adoptada no Reino Unido pela *Section* 11 do *Private International Law (Miscellaneous Provisions) Act* 1995.

Embora se possa dizer que há uma tendência no Direito da responsabilidade extracontratual para melhorar a posição do lesado por meio da restrição ou até do abandono do princípio da culpa[51], não parece exacto generalizar o domínio da função compensatória e a proliferação de sistemas de responsabilidade objectiva[52]. As funções punitiva, preventiva e compensatória são geralmente importantes, ainda que em grau variável, nos sistemas jurídicos dos Estados-Membros.

Para justificar o recurso à lei do lugar do dano parece suficiente o argumento de que esta regra exprime um melhor equilíbrio entre os interesses do agente e os do lesado. A aplicação da lei do país em que a conduta é realizada mostra-se conveniente para o agente mas priva o lesado da protecção concedida pela lei do país onde o dano ocorre, promovendo o estabelecimento de pessoas que realizam actividades causadoras de danos transnacionais em países com baixos níveis de protecção[53]. Uma conexão opcional ou alternativa é onerosa para o agente que tem de respeitar cumulativamente as regras do país em que a conduta é realizada e as regras do lugar do dano. Por acréscimo, o lesado não tem fundamento para confiar na lei do lugar da conduta e não há razão para colocar o lesado em melhor posição em situações transnacionais do que em situações internas[54]. A regra do lugar do dano é apropriada à protecção do lesado (que

---

[50] Ver HENRI BATIFFOL e PAUL LAGARDE – *Droit international privé*, vol. II, 7.ª ed., Paris, 1983, 246-247; ver também PIERRE MAYER and VINCENT HEUZÉ – *Droit international privé*, 8.ª ed., Paris, 2004, 505-506. Em sentido convergente, na Alemanha, KREUZER (n. 44) 430 e (n. 32) 62; em Espanha, CALVO CARAVACA/CARRASCOSA GONZÁLEZ (n. 15) 610.

[51] Cf. KONRAD ZWEIGERT and HEIN KÖTZ – *An Introduction to Comparative Law*, 3.ª ed., Oxford, 1998, 671.

[52] Ver GERHARD WAGNER – "Comparative Tort Law", in *The Oxford Handbook of Comparative Law*, org. por Mathias Reimann and Reinhard Zimmermann, Oxford, 2006, 1003-1041, *maxime* 1023, 1030 e seg. e 1036 e seg.

[53] Ver ainda *Hamburg Group for Private International Law* (n. 24) 11, e WAGNER (n. 6) 376 e segs., assinalando que a regra do lugar do dano também é mais conveniente do ponto de vista da concorrência e da coincidência entre a jurisdição competente e o Direito aplicável.

[54] Ver também JAN KROPHOLLER – *Internationales Privatrecht*, 5.ª ed., Tubinga, 2004, 514. Cp. as observações críticas formuladas por SYMEONIDES (n. 39) n.º 9.3.

tem uma razão objectiva para confiar na lei do lugar do dano) e é razoável para o agente que, *em princípio*, pode prever que o dano ocorre naquele país e pode ter em conta só as regras da sua lei.

Não obstante, surgem dificuldades quando a lei do lugar da conduta contém regras de conduta que reclamam aplicação numa base territorial, i.e., a todas as condutas que ocorrem no Estado que as criou. Regressarei mais adiante a este ponto (*infra* VI.B).

O Considerando n.° 17 esclarece que lei aplicável deverá ser determinada com base no local onde ocorreu o dano, independentemente do país ou países onde possam ocorrer as consequências indirectas do mesmo. Assim sendo, em caso de danos patrimoniais ou não patrimoniais, o país onde os danos ocorrem deverá ser o país em que o dano tenha sido infligido, respectivamente, ao património ou à pessoa.

Assim, pode dizer-se que, no contexto do Regulamento, o dano directo é a lesão do bem jurídico (por exemplo, a vida ou a propriedade)[55]. Em alguns países da Europa continental fala-se neste sentido de dano real. Uma vez que o bem jurídico, sendo uma realidade jurídica, não tem uma localização física, a localização da sua lesão é operada pelo resultado prático directo da conduta lesiva. Por exemplo, se um português morre atropelado em Espanha, a lesão do bem juridicamente tutelado produz-se em Espanha, embora os danos patrimoniais e não patrimoniais sofridos pelos familiares residentes em Portugal se verifiquem em Portugal[56].

Quando a responsabilidade não seja baseada na lesão de um bem jurídico, deve atender-se também ao lugar em que se produz o efeito prático da conduta causadora do dano, por exemplo, a residência habitual ou o estabelecimento do lesado no caso de dano puramente económico (se não for possível localizar o seu património noutro país).

Em suma, pode afirmar-se que a regra geral é a competência da lei do país em que se produz o efeito lesivo (*lei do lugar do efeito lesivo*)[57].

O Considerando n.° 18 apresenta a estrutura do artigo 4.° como consistindo numa regra geral contida no n.° 1 (*lex loci damni*); numa excepção a esta regra geral, estabelecendo uma conexão especial quando o agente e o lesado tenham a sua residência habitual no mesmo país, consagrada no n.° 2; e uma "cláusula de excepção", estabelecida no n.° 3, que actua quando resulte claramente do conjunto das circunstâncias do caso

---

[55] Cf. KREUZER (n. 32) 63.
[56] Ver Exposição de Motivos da Proposta da Comissão, 12.
[57] Cf. SYMEONIDES (n. 39) n.° 3.1.

que a responsabilidade extracontratual apresenta uma conexão manifestamente mais estreita com outro país.

Em rigor, porém, o artigo 4.°/1, em conjugação com o artigo 14.° (*supra* II), constitui uma conexão sucessiva ou subsidiária: a lei do lugar do efeito lesivo só é aplicável quando as partes não tenham feito uma escolha válida da lei competente.

A excepção a favor da lei da residência habitual comum do agente e do lesado (n.° 2) introduz um primeiro factor de flexibilidade em relação à regra "rígida" do n.° 1, que toma em conta a convergência de elementos de conexão pessoais com um Estado que não é aquele em que se produz o efeito lesivo. Esta técnica evoca a doutrina da *the most significant relationship* e a aplicação que dela foi feita no caso estadounidense *Babcock v. Jackson*[58].

Regra semelhante encontra-se consagrada no artigo 133.°/1 da Lei suíça de Direito Internacional Privado. Uma solução convergente, mas alargada à nacionalidade comum, já tinha sido anteriormente adoptada pelo artigo 45.°/3 do Código Civil português. A Lei italiana de Direito Internacional Privado também contempla uma regra convergente, mas exige simultaneamente a nacionalidade comum e a residência habitual comum (artigo 62.°/2). É aceitável que a residência habitual comum seja a condição necessária e suficiente para desencadear a excepção. A nacionalidade não é um elemento de conexão importante em matéria de responsabilidade extracontratual. Se o agente e o lesado têm uma nacionalidade comum mas residências habituais diferentes dificilmente se pode dizer que a conexão com o Estado da nacionalidade é mais significativa que a conexão com o Estado do efeito lesivo.

No caso de uma pluralidade de agentes e/ou de lesados, em que apenas alguns deles têm uma residência habitual comum, deve aplicar-se a regra geral; de outro modo seríamos levados a aplicar diferentes leis à responsabilidade emergente do mesmo dano[59].

---

[58] 12 N.Y.2d 473, 240 N.Y.S.2d 743, 191 N.E.2d 279 (N.Y. 1963). Ver EUGENE SCOLES, PETER HAY, PATRICK BORCHERS and SYMEON SYMEONIDES – *Conflict of Laws*, 4.ª ed., St. Paul, Minn., 2004, 770 e segs., e RUI MOURA RAMOS – *Da Lei Aplicável ao Contrato de Trabalho Internacional*, Coimbra, 1991, 377 e segs. n. 19 e 399 e segs.

[59] Ver, em sentido convergente, ISABEL DE MAGALHÃES COLLAÇO – *Direito Internacional Privado. Sistema de Conflitos Português (Obrigações Não Voluntárias)*, Lisboa, 1971, 20, e TITO BALLARINO e ANDREA BONOMI – *Diritto internazionale privato*, 3.ª ed., Pádua, 1999, 724-725.

A excepção estabelecida no artigo 4.º/2 não contempla o caso em que o agente e o lesado tenham residência habitual em países com leis substancialmente idênticas que diferem da lei do lugar do efeito lesivo[60]. Creio que o carácter excepcional da regra não exclui a possibilidade de uma aplicação analógica a este caso.

Um segundo factor de flexibilidade é introduzido pelo n.º 3 que contém uma *cláusula de excepção*.

Uma cláusula de excepção é uma proposição jurídica que permite a não aplicação da lei de um Estado, primariamente competente, quando a situação apresenta uma conexão manifestamente mais estreita com outro Estado. A primeira parte do n.º 3 consagra tal proposição, que é de aplicação excepcional[61]. Mas a segunda parte acrescenta que uma "conexão manifestamente mais estreita com um outro país poderá ter por base, nomeadamente, uma relação preexistente entre as partes, tal como um contrato, que tenha uma ligação estreita com a responsabilidade fundada no acto lícito, ilícito ou no risco em causa". Isto parece introduzir uma ideia diferente da cláusula de excepção: o respeito da interdependência de complexos normativos. Esta ideia, conjugada com a promoção da previsibilidade, justifica que nos casos em que existe uma relação jurídica prévia entre as partes, com ligação estreita à responsabilidade extracontratual, a lei aplicável a essa relação deva, em princípio, ser chamada a disciplinar a responsabilidade extracontratual[62]. Alguns autores alemães, que falam neste contexto de "conexão acessória" [*akzessorische Anknüpfung*], há muito que advogam esta solução[63]. Eu venho defendendo o mesmo ponto de vista desde 1999[64]. A Exposição de Motivos da Proposta da Comissão,

---

[60] Ver, designadamente, artigo 3544.º/1 do Código Civil da Luisiana. Isto foi proposto *de lege ferenda* por SYMEONIDES (n. 39) n.º 5.4, e RUSSELL WEINTRAUB – "Rome II and the tension between predictability and flexibility", *RDIPP* 41 (2005) 561-572, 572.

[61] Cf. Exposição de Motivos da Proposta da Comissão, 13.

[62] Com respeito aos contratos com consumidores e aos contratos de trabalho a actuação deste preceito deve ter em conta os artigos 5.º e 6.º da Convenção Roma I (bem como os preceitos correspondentes do futuro Regulamento Roma I) – ver Exposição de Motivos da Proposta da Comissão, 14.

[63] Ver, designadamente, KROPHOLLER (n. 54) 519-520. Ver mais referências em MOURA RAMOS (n. 58) 378 n. 19.

[64] N. 31 (1999) 230-231; n. 31 (2002) 251. Uma primeira aproximação a esta solução pode ser encontrada em ANTÓNIO FERRER CORREIA – *Direito Internacional Privado. Alguns Problemas*, Coimbra, 1981, 105 e segs. Ver ainda DÁRIO MOURA VICENTE – *Da Responsabilidade Pré-Contratual em Direito Internacional Privado*, Coimbra, 2001, 498 e segs.

porém, subordina esta ideia à cláusula de excepção[65]. A relação preexistente é apenas "um factor que pode ser tomado em conta tendo em vista determinar se existe uma conexão manifestamente mais estreita com um outro país do que com aquele designado pelas regras rígidas. Em contrapartida, a lei aplicável a essa relação preexistente não se aplica automaticamente e o juiz dispõe de uma margem de manobra para apreciar se existe uma conexão significativa entre a obrigação extracontratual e a lei aplicável a essa relação preexistente".

Esta "conexão acessória" foi adoptada pela Lei suíça de Direito Internacional Privado (artigo 133.°/3) e pela Lei de Introdução do Código Civil alemão (artigo 41.°/2/1), na redacção dada em 1999, esta última inserindo-a também numa cláusula de excepção e alargando-a ao caso em que só existe uma relação fáctica entre as partes[66]. Por conseguinte, parece claro que o artigo 4.°/3 do Regulamento foi inspirado pela lei alemã, mas é questionável que a segunda parte do preceito deva ser entendida no sentido de incluir uma relação meramente fáctica entre as partes[67].

É digno de nota que a aplicação da lei do país em que se produz o efeito lesivo não depende da exigência de previsibilidade, pelo agente, da produção do efeito lesivo nesse país[68]. Esta exigência é formulada por alguns sistemas nacionais para a aplicação da lei do lugar do efeito lesivo[69]. Presumivelmente, considerou-se que a cláusula de excepção obstará à aplicação da lei do lugar do efeito lesivo quando este lugar for acidental e, portanto, imprevisível.

A regra *lex loci damni* implica, quando o efeito lesivo se produza em vários países, que as leis de todos os países envolvidos devam ser distri-

---

[65] 13.

[66] A *Section* 12.ª do *United Kingdom's Private International Law (Miscellaneous Provisions) Act 1995* também contém uma cláusula de excepção. Em sentido convergente ver MAYER/HEUZÉ (n. 50) 505, com referência à decisão da *Cour de cassation* 11/5/1999 no caso *Mobil North Sea* [*R. crit.* (2000) 199 an. BISCHOFF]. Ver ainda as observações críticas de STONE (n. 23) 352 e segs.

[67] Temos duas indicações contraditórias a este respeito. Por um lado, não foi adoptado o texto proposto pelo Parlamento Europeu (artigo 4.°/3 da Posição do Parlamento Europeu aprovada em primeira leitura), que especificava que a relação preexistente podia ser jurídica ou fáctica. Por outro lado, a Exposição de Motivos da Proposta da Comissão [13 e seg.] sugere que o tribunal pode ter conta uma relação contratual apenas previsível. No sentido da exclusão de relações meramente fácticas ver WAGNER (n. 6) 378.

[68] Mas cp. WAGNER (n. 6) 377.

[69] Ver, designadamente, artigo 45.°/2 do Código Civil português e artigo 133.°/2 da Lei suíça de Direito Internacional Privado. Ver também BATIFFOL/LAGARDE (n. 50) 247.

butivamente aplicadas[70]. Na Alemanha isto é conhecido como "perspectiva de mosaico" [*Mosaikbetrachtung*]. De acordo com esta perspectiva, o Direito de cada país envolvido aplica-se apenas ao dano causado pela violação do bem jurídico que ocorreu no seu território[71]. Isto converge com o entendimento seguido pelo TCE em matéria de competência internacional (artigo 5.º/3 do Regulamento Bruxelas I) pelo menos no caso de difamação perpetrada através de meios de comunicação social[72].

De harmonia com a metodologia anteriormente enunciada (*supra* I), o termo "tort/delict" deve ser interpretado autonomamente por referência aos "objectivos e ao sistema" do Regulamento e aos princípios comuns aos sistemas jurídicos dos Estados-Membros. O mesmo foi entendido pelo TCE, no caso *Kalfelis*, em relação ao artigo 5.º/3 da Convenção Bruxelas I[73]. No mesmo caso, o TCE decidiu que o conceito de "matéria extracontratual" – empregue no artigo 5.º/3 da Convenção Bruxelas I – abrange todas as acções que tenham em vista actuar a responsabilidade civil do réu e não se relacionam com "matéria contratual" na acepção do artigo 5.º/1.

Este ponto de vista também parece válido com respeito ao Regulamento Roma II. Em princípio, o artigo 4.º deve abranger todas as obrigações extracontratuais para as quais os artigos seguintes não estabelecem regras especiais, tendo em conta que o conceito de "obrigação contratual" deve ser entendido em sentido amplo (*supra* I). Isto vale seguramente para a responsabilidade por dano causado pela violação de um bem jurídico ou de um dever geral de cuidado ou que consista num prejuízo puramente económico[74].

Em certos Direitos estrangeiros surge uma responsabilidade com função puramente sancionadora, de que não é pressuposto a produção de um

---

[70] Ver Exposição de Motivos da Proposta da Comissão, 12.

[71] Ver GERHARD KEGEL e KLAUS SCHURIG – *Internationales Privatrecht*, 9.ª ed., Munique, 2004, 732, e ABBO JUNKER – "Ausservertragliche Schuldverhältnisse", in *Münchener Kommentar zum Bürgerlichen Gesetzbuch*, vol. X – *EGBGB*, 4.ª ed., Munique, 2006, Art. 40 n.º 33. Ver também BATIFFOL/LAGARDE (n. 50) 246, e MAYER/HEUZÉ (n. 50) 505.

[72] Cf. TCE 7/3/1995, no caso *Shevill* [*CTCE* (1995) I-0415], n.os 25 e segs.

[73] Cf. TCE 27/7/1988 [*CTCE* (1988) 5565], n.º 16: "Por conseguinte, impõe-se considerar o conceito de matéria extracontratual como conceito autónomo que, para a aplicação da convenção, deve ser interpretado principalmente por referência ao seu sistema e objectivos, a fim de garantir-lhe plena eficácia".

[74] Para um exame comparativo do âmbito de protecção do Direito da responsabilidade extracontratual ver WAGNER (n. 52) 1012 e segs.

dano reparável[75]. Porquanto o artigo 4.º se centra na noção de dano (incluindo o dano susceptível de ocorrer) poderia pensar-se que a responsabilidade não compensatória estaria excluída do relevante conceito de responsabilidade extracontratual. Todavia, isto não é seguro, uma vez que o Considerando n.º 32 afirma que "a aplicação de uma disposição da lei designada pelo presente regulamento que tenha por efeito dar origem à determinação de indemnizações não compensatórias exemplares ou punitivas de carácter excessivo pode, em função das circunstâncias do caso e da ordem jurídica do Estado-Membro do tribunal em que a acção é proposta, ser considerada contrária à ordem pública do foro". Isto pode ser entendido apenas no sentido de que indemnizações exemplares ou punitivas [*exemplary or punitive damages*] não são *ipso facto* contra a ordem pública comunitária[76]. Mas é concebível que se vá mais longe, considerando que a responsabilidade não compensatória, no seu conjunto, não está excluída do âmbito de aplicação do Regulamento, embora haja uma lacuna no Regulamento quando não ocorre nem seja susceptível de ocorrer um dano. Neste caso, pode pensar-se que deve ser aplicado o Direito do país em que a conduta lesiva teve lugar, uma vez que é a única conexão significativa em presença. A reserva de ordem pública internacional actuará *a posteriori* quando o Direito aplicável que estabelece uma responsabilidade não compensatória atribuir uma indemnização de montante excessivo.

IV. Normas de conflitos especiais sobre responsabilidade extracontratual

A) *Responsabilidade por produtos defeituosos*

O artigo 5.º contém três preceitos sobre responsabilidade por produtos defeituosos: uma conexão sucessiva ou subsidiária e uma remissão para o artigo 4.º/2, no n.º 1, e uma cláusula de excepção, no n.º 2.

Segundo o Considerando n.º 20, a norma de conflitos em matéria de responsabilidade por produtos defeituosos deverá responder aos objectivos que consistem na justa repartição dos riscos inerentes a uma sociedade moderna de alta tecnologia, na protecção da saúde dos consumidores, na

---

[75] Cf. WAGNER (n. 52) 1006.

[76] Cp. artigo 24.º da Proposta da Comissão, Exposição de Motivos da Proposta da Comissão, 30 e seg., e Exposição de Motivos da Proposta Alterada da Comissão, 4-5.

promoção da inovação, na garantia de uma concorrência não falseada e na facilitação das trocas comerciais. O elemento de conexão lugar do efeito lesivo não é adequado a esta matéria porque a lei assim designada pode não ter uma ligação significativa com a situação real, ser imprevisível para o produtor e não garantir uma protecção adequada ao lesado[77].

A criação de uma conexão sucessiva ou subsidiária, acompanhada de uma cláusula de previsibilidade, é então vista como uma solução equilibrada[78].

O primeiro elemento de conexão a ter em conta é o lugar onde o lesado tenha a sua residência habitual no momento em que ocorre o dano, se o produto tiver sido comercializado nesse país (n.º 1/a).

Se o produto não tiver sido comercializado nesse país, aplica-se o Direito do país onde o produto tenha sido adquirido, se o produto tiver sido comercializado neste país (n.º 1/b).

Se o produto não tiver sido comercializado nesse país, aplica-se o Direito do país onde o dano tenha ocorrido, se o produto tiver sido comercializado neste país (n.º 1/c).

Esta conexão sucessiva é triplamente condicionada.

Primeiro, por uma excepção a favor da lei da residência habitual comum das partes (artigo 4.º/2 *ex vi* artigo 5.º/1).

Segundo, por uma cláusula de previsibilidade (artigo 5.º/1/2.º §) que determina que "a lei aplicável é a lei do país onde a pessoa cuja responsabilidade é invocada tenha a sua residência habitual, se essa pessoa não puder razoavelmente prever a comercialização do produto, ou de um produto do mesmo tipo, no país cuja lei é aplicável, ao abrigo das alíneas a), b) ou c)"[79].

Terceiro, pela dita cláusula de excepção (artigo 5.º/2 semelhante ao artigo 4.º/3) (*supra* III). Quando houver um contrato entre as partes para o fornecimento do produto a actuação desta cláusula significará geralmente que qualquer pretensão de responsabilidade extracontratual será regida pela lei aplicável ao contrato[80].

---

[77] Cf. Exposição de Motivos da Proposta da Comissão, 14-15. Ver também Convenção da Haia sobre a Lei Aplicável à Responsabilidade por Produtos Defeituosos.

[78] Ver ainda WAGNER (n. 6) 382.

[79] De acordo com a Exposição de Motivos da Proposta da Comissão [15], a expressão "pessoa cuja responsabilidade é invocada" não designa necessariamente o fabricante de um produto acabado; pode tratar-se do produtor de uma matéria-prima ou de um componente, ou mesmo de um intermediário ou retalhista.

[80] Ver STONE (n. 23) 360 e segs., com mais considerações.

Embora se possa dizer que estamos em presença de uma disposição bastante complexa não é menos certo que é difícil obter um justo equilíbrio dos interesses em jogo de um modo mais simples.

A conexão sucessiva estabelecida no artigo 5.°/1 não é exaustiva. Surge uma lacuna quando o produto não tenha sido comercializado no país da residência habitual do lesado, nem no país onde o produto tenha sido adquirido, nem no país onde o dano tenha ocorrido. Neste caso parece que de acordo com um argumento *a fortiori* em relação ao artigo 5.°/1/2.° § se deve aplicar o Direito da residência habitual do agente.

Os termos "produto" e "produto defeituoso" devem ser interpretados em conformidade com os artigos 2.° e 6.° da Directiva 85/374/CEE Relativa à Aproximação das Disposições Legislativas, Regulamentares e Administrativas dos Estados-Membros em Matéria de Responsabilidade Decorrente dos Produtos Defeituosos[81].

B) *Concorrência desleal e actos que restrinjam a livre concorrência*

A concorrência desleal e os actos que restrinjam a livre concorrência são objecto do artigo 6.°. As normas especiais aí contidas não constituem um desvio à norma geral do artigo 4.°/1 mas antes uma clarificação desta norma.

De acordo com o Considerando n.° 21, em matéria de concorrência desleal, a norma de conflitos deverá proteger os concorrentes, os consumidores e o público em geral, bem como garantir o bom funcionamento da economia de mercado. A conexão com a lei do país onde as relações concorrenciais ou os interesses colectivos dos consumidores sejam afectados ou sejam susceptíveis de ser afectados cumpre, em geral, estes objectivos[82]. O "país onde as relações concorrenciais ou os interesses colectivos dos consumidores são, ou são susceptíveis de ser, afectados" é o país onde funciona o mercado em que os concorrentes actuam para ganhar a prefe-

---

[81] *JOCE* L 210/29, 7/8/1985. Cf. Exposição de Motivos da Proposta da Comissão, 14. "Produto" significa qualquer bem móvel, excluindo as matérias-primas agrícolas e os produtos da caça, mesmo se estiver incorporado noutro bem móvel ou imóvel. Por "matérias-primas agrícolas" entende-se os produtos do solo, da pecuária e da pesca, excluindo os produtos que tenham sido objecto de uma primeira transformação. A palavra "produto" designa igualmente a electricidade.

[82] Quanto ao conceito de "interesses colectivos dos consumidores", ver Exposição de Motivos da Proposta da Comissão, 16-17.

rência dos clientes[83]. Esta solução corresponde às expectativas dos lesados já que a regra designa geralmente o Direito que rege o seu "ambiente económico". Mas ela também assegura a igualdade de tratamento entre todos os operadores de um mesmo mercado[84].

A norma contida no artigo 6.º/1 é adequada tanto a sistemas jurídicos em que o Direito da Concorrência Desleal protege só os interesses colectivos (numa economia de mercado baseada na livre concorrência de fornecedores de bens e serviços) e os interesses dos concorrentes como a sistemas em que este instituto também protege os interesses colectivos dos consumidores.

Deve ser sublinhado que a norma especial sobre concorrência desleal só é aplicável quando o acto de concorrência desleal afecte interesses que não se limitam a um concorrente específico. Caso contrário, são aplicáveis as normas gerais do artigo 4.º (artigo 6.º/2).

As obrigações extracontratuais resultantes de restrições da concorrência, previstas no artigo 6.º/3, deverão abranger as violações da legislação nacional e comunitária da concorrência[85]. Segundo o Considerando n.º 23, para efeitos do presente Regulamento, o conceito de restrição à concorrência deverá abranger as proibições de acordos entre empresas, decisões de associações de empresas e práticas concertadas que tenham por objectivo ou efeito impedir, restringir ou falsear a concorrência no território de um Estado-Membro ou no interior do mercado interno, bem como as proibições relativas ao abuso de posição dominante no território de um Estado-Membro ou no interior do mercado interno, caso tais acordos, decisões, práticas concertadas ou abusos sejam proibidos pelos artigos 81.º e 82.º do Tratado ou pela lei de um Estado-Membro.

Aparentemente, o legislador comunitário não contemplou a possibilidade de os tribunais de um Estado-Membro serem chamados a apreciar uma violação do Direito da Concorrência que restringe a concorrência

---

[83] A Exposição de Motivos da Proposta da Comissão [17] sublinha que no "que diz respeito à apreciação dos efeitos sobre este mercado, a doutrina admite, em geral, que apenas os efeitos directos e significativos de um acto de concorrência desleal são tomados em consideração. Este aspecto é pertinente, nomeadamente em situações internacionais, na medida em que o comportamento anticoncorrencial implica frequentemente efeitos sobre vários mercados e leva a uma aplicação distributiva das leis em presença". Na expressão de STONE [(n. 23) 365] a norma sobre concorrência desleal substitui o "teste do efeito lesivo", aplicável ao abrigo da norma geral, pelo teste do efeito directo sobre o mercado.

[84] Cf. Exposição de Motivos da Proposta da Comissão, 17.

[85] Cf. Considerando n.º 22.

num terceiro Estado, possibilidade que, porém, resulta claramente do artigo 5.º/3 do Regulamento Bruxelas I tal como é entendido pelo TCE. Presumivelmente, o Considerando n.º 23 não exprime uma intenção limitativa do legislador, mas uma mera clarificação de que o conceito de "actos que restrinjam a livre concorrência" inclui todos os actos que são proibidos pelo Direito da Concorrência seja ao nível comunitário seja ao nível dos Estados-Membros.

O Direito aplicável a estas obrigações extracontratuais é o do país em que o mercado seja afectado ou seja susceptível de ser afectado (artigo 6.º/3/a)[86]. Nos casos em que o mercado seja afectado ou seja susceptível de ser afectado em mais do que um país, a pessoa que requer a reparação do dano pode em certas circunstâncias optar por basear o seu pedido na lei do tribunal em que acção é proposta (b)[87].

C) *Danos ambientais*

No que se refere aos danos ambientais, o artigo 7.º contém uma conexão optativa a favor da pessoa que requer a reparação. A lei aplicável à obrigação extracontratual que decorra de danos ambientais ou de danos decorrentes daqueles é, em princípio, a lei determinada com base no artigo 4.º/1. No entanto, o requerente pode escolher basear o seu pedido na lei do país onde tiver ocorrido o facto danoso.

O momento em que a pessoa que pede a indemnização pode escolher a lei aplicável deverá ser determinado pela lei do Estado-Membro do tribunal em que a acção é proposta[88].

---

[86] Ver também *Hamburg Group for Private International Law* (n. 24) 19.

[87] O artigo 6.º/3/b é do seguinte teor: "Quando o mercado for afectado ou for susceptível de ser afectado em mais do que um país, a pessoa que requer a reparação do dano e propõe a acção no tribunal do domicílio do réu pode optar por basear o seu pedido na lei do tribunal em que acção é proposta, desde que o mercado desse Estado-Membro seja um dos directa e substancialmente afectados pela restrição à concorrência de que decorre a obrigação extracontratual em que se baseia o pedido. Caso o requerente proponha nesse tribunal, de acordo com as regras aplicáveis em matéria de competência judiciária, uma acção contra mais do que um réu, só pode optar por basear o seu pedido na lei desse tribunal se a restrição à concorrência em que se baseia a acção contra cada um desses réus também afectar directa e substancialmente o mercado do Estado-Membro em que se situa esse tribunal".

[88] Cf. Considerando n.º 25.

Esta conexão optativa não é estranha aos sistemas jurídicos dos Estados-Membros. Com efeito, soluções deste tipo foram adoptadas, para a responsabilidade extracontratual em geral, no artigo 40.º/1 da Lei de Introdução do Código Civil alemão, com a redacção de 1999, e no artigo 62.º/1 da Lei italiana de Direito Internacional Privado. Fora da União Europeia, pode também mencionar-se o artigo 138.º da lei suíça de Direito Internacional Privado com respeito a emissões danosas provenientes de um imóvel.

De acordo com o Considerando n.º 25, relativamente aos danos ambientais, o artigo 174.º do Tratado da Comunidade Europeia, que estabelece como objectivo um nível elevado de protecção fundado nos princípios da precaução e da acção preventiva, da correcção, prioritariamente na fonte, e do poluidor-pagador, justifica plenamente o recurso ao princípio de discriminação a favor do lesado.

Esta *ratio* é desenvolvida na Exposição de Motivos da Proposta da Comissão[89]. "A conexão de princípio à lei de lugar do dano é conforme com os recentes objectivos da política legislativa em matéria de protecção do ambiente que favorece a responsabilidade objectiva em sentido estrito. A solução favorece igualmente uma política preventiva, obrigando os operadores instalados num país de reduzido nível de protecção a ter em conta o nível mais elevado previsto nos países vizinhos, reduzindo assim o interesse para o operador em instalar-se num país com um reduzido nível de protecção. A regra contribui, portanto, para o reforço geral do nível de protecção do ambiente.

"Todavia, a conexão exclusiva ao lugar do dano significaria igualmente que uma vítima estabelecida num país de reduzido nível de protecção não beneficiaria do nível mais elevado de protecção existente nos países vizinhos. Tendo em consideração os objectivos mais gerais da União em matéria de ambiente, não se trata apenas de respeitar as expectativas legítimas da vítima, mas de estabelecer uma política legislativa que contribua para aumentar o nível de protecção do ambiente em geral, tanto mais que o autor do dano ambiental, contrariamente a outros ilícitos, retira em geral um benefício económico da sua actividade danosa. A aplicação unicamente da lei do lugar do dano, com efeito, poderia incitar um operador a instalar-se na fronteira para aí introduzir produtos nocivos num rio, beneficiando da regulamentação menos estrita do país vizinho. Tal solução

---

[89] 20-21.

seria contrária à filosofia subjacente do direito material europeu em matéria de ambiente e do seu princípio do 'poluidor-pagador'"[90].

O facto de uma pessoa ser responsável pelo dano ocorrido num Estado, de acordo com a lei deste Estado, por causa de uma actividade autorizada e legítima noutro Estado, pode ser tomado em consideração no quadro do artigo 17.º (*infra* VI.B).

O conceito de danos ambientais deve ser entendido como significando a alteração adversa de um recurso natural, como a água, o solo ou o ar, ou a deterioração da função realizada por um recurso natural em benefício de outro recurso natural ou do público, ou a deterioração da variabilidade entre organismos vivos[91].

D) *Violação de direitos de propriedade intelectual*

O artigo 8.º, relativo à violação de direitos de propriedade intelectual, baseia-se no princípio amplamente aceite da *lex loci protectionis*. Para efeitos do presente Regulamento, a expressão direitos de propriedade intelectual deverá ser interpretada como abrangendo, nomeadamente, o direito de autor, os direitos conexos, o direito *sui generis* para a protecção das bases de dados, bem como os direitos de propriedade industrial[92].

O Direito aplicável à obrigação extracontratual que decorra da violação de um direito de propriedade intelectual é o Direito do país para o qual a protecção é reivindicada (n.º 1)[93].

Além da sua justificação à luz dos valores em jogo na protecção da propriedade intelectual[94] e do princípio da territorialidade dos direitos de propriedade intelectual[95], esta regra apresenta duas vantagens. Primeiro, em muitos sistemas nacionais o princípio da *lex loci protectionis* aplica-se à escolha da lei reguladora do próprio direito de propriedade intelectual. Neste caso, são evitados os problemas de delimitação entre a lei aplicável ao direito e a lei aplicável à sua violação[96]. Segundo, em matéria de ins-

---

[90] Cp. as considerações críticas de WAGNER (n. 6) 380.
[91] Cf. Considerando n.º 24.
[92] Cf. Considerando n.º 26.
[93] Com respeito a violações múltiplas, ver MARTA PERTEGÁS (n. 32) 242 e segs.
[94] Ver, designadamente, JOÃO BAPTISTA MACHADO – *Lições de Direito Internacional Privado*, 2.ª ed., Coimbra, 384-385, e LIMA PINHEIRO (n. 31 [2002]) 278.
[95] Ver *Hamburg Group for Private International Law* (n. 24) 21-22.
[96] Ver também MARTA PERTEGÁS (n. 32) 238.

crição ou de validade de direitos de propriedade intelectual sujeitos a depósito ou a registo têm competência exclusiva os tribunais do Estado--Membro em cujo território o depósito ou o registo tiver sido requerido, efectuado ou considerado efectuado nos termos de um instrumento comunitário ou de uma convenção internacional (artigo 22/4/1.° § do Regulamento Bruxelas I). No caso *GAT*, com referência ao anterior artigo 16.°/4 da Convenção Bruxelas I, o TCE decidiu que esta competência exclusiva se verifica quando o réu numa acção de violação de patente ou o autor numa acção de declaração de não violação de patente suscita a questão da invalidade desta patente[97]. Por conseguinte, esta regra conduz frequentemente a uma concorrência do foro competente com a lei aplicável.

No caso de obrigação extracontratual que decorra da violação de um direito de propriedade intelectual comunitário com carácter unitário, a lei aplicável a qualquer questão que não seja regida pelo instrumento comunitário pertinente é a lei do país em que a violação tenha sido cometida (artigo 8.°/2)[98]. Como actos que estabelecem direitos de propriedade intelectual comunitários com carácter unitário são de referir o Reg. (CE) n.° 40/94, de 20/12/93, sobre a Marca Comunitária, o Reg. (CE) n.° 2100/ /94, de 27/7/94, Relativo ao Regime Comunitário de Protecção das Variedades Vegetais e o Reg. (CE) n.° 6/2002, de 12/12/2001, Relativo aos Desenhos ou Modelos Comunitários.

E) *Acção colectiva*

A última norma de conflitos especial tem por objecto a acção colectiva. O conceito exacto de acção colectiva, como a greve ou o *lock-out*, varia de Estado-Membro para Estado-Membro e rege-se pelas normas internas de cada um deles[99]. O artigo 9.° assume como princípio geral que deve ser aplicável a lei do país onde ocorre a acção colectiva, a fim de proteger os direitos e obrigações dos trabalhadores e empregadores[100]. Abre--se uma excepção a favor da lei da residência habitual comum das partes.

De acordo com o Considerando n.° 28, a regra especial sobre acção colectiva não prejudica as condições do exercício dessas acções de acordo

---

[97] Cf. TCE 13/7/2006 [*CTCE* (2006) I-6509].
[98] Cp. *Hamburg Group for Private International Law* (n. 24) 22-23 e MARTA PERTEGÁS (n. 32) 246-247.
[99] Cf. Considerando n.° 27.
[100] *Ibidem*.

com a lei nacional e não prejudica o estatuto jurídico das organizações representativas dos trabalhadores ou dos sindicatos, tal como previsto na lei dos Estados-Membros.

V. **Normas de conflitos sobre enriquecimento sem causa, gestão de negócios e culpa in contrahendo**

A) *Aspectos gerais*

O capítulo III do Regulamento contém as normas de conflitos sobre enriquecimento sem causa, gestão de negócios e *culpa in contrahendo*. Estas regras não são aplicáveis a obrigações extracontratuais decorrentes da violação de um direito de propriedade intelectual (artigo 13.°). Isto implica, por exemplo, que uma obrigação baseada em enriquecimento sem causa resultante da violação de um direito de propriedade intelectual é regulada pela mesma lei que a própria violação[101].

B) *Enriquecimento sem causa*

O artigo 10.° segue a teoria que distingue entre enriquecimento associado a uma relação jurídica entre as partes e outros tipos de enriquecimento, tal como foi adoptada pela Lei suíça de Direito Internacional Privado (artigo 128.°). A ideia de distinguir entre diferentes tipos de enriquecimento já surgira anteriormente no Anteprojecto português de 1964 e na Lei austríaca de Direito Internacional Privado (artigo 46.°) e foi plenamente desenvolvida na redacção dada em 1999 ao artigo 38.° da Lei de Introdução ao Código Civil alemão. Eu também defendi esta solução no quadro do Direito vigente em Portugal (artigo 44.° do Código Civil)[102].

O Regulamento não define enriquecimento sem causa, limitando-se a ilustrar o conceito com o pagamento de montantes indevidamente recebidos. Também aqui a interpretação deve ser autónoma. O conceito é geralmente entendido no sentido de abranger situações em que uma pessoa obtém um benefício à custa de outra pessoa sem uma causa juridicamente justificativa[103].

---

[101] Cf. Exposição de Motivos da Proposta da Comissão, 23.
[102] Ver LIMA PINHEIRO (n. 31 [2002]) 245-246.
[103] Ver, designadamente, ZWEIGERT/KÖTZ (n. 51) 537 e segs.

Quando o enriquecimento sem causa esteja associado a uma relação existente entre as partes, como a que resulta de um contrato ou de responsabilidade extracontratual, que apresente uma conexão estreita com o enriquecimento sem causa, deve ser regulado pela lei que rege essa relação (artigo 10.º/1).

Nos outros casos, aplica-se a lei do país onde tenha ocorrido o enriquecimento sem causa (n.º 3), a menos que as partes tenham a sua residência habitual no mesmo país no momento em que ocorre o facto que dá origem ao enriquecimento sem causa, hipótese em que se aplica a lei desse país (n.º 2)[104].

Por acréscimo, o artigo 10.º estabelece uma cláusula de excepção no seu n.º 4.

C) *Gestão de negócios*

A *negotiorum gestio* é objecto do artigo 11.º. O recurso ao termo latino mostra que não se trata de um instituto jurídico conhecido de todos os sistemas jurídicos dos Estados-Membros. Nos países do *Common Law* estes casos são abrangidos, pelo menos parcialmente, pelo instituto da *agency*, sendo então referidos como "*agency without authority*". O Regulamento apenas oferece um ponto de partida para a interpretação do conceito: um acto praticado sem a devida autorização relativamente a negócios alheios (artigo 11.º/1). Alguns sistemas jurídicos exigem adicionalmente que a actividade seja realizada no interesse e por conta do dono do negócio.

Reencontramos aqui a distinção entre a gestão de negócios associada a uma relação jurídica existente entre as partes e outros casos de gestão de negócios. Esta distinção já era traçada pelo Anteprojecto português de 1964 mas não foi recebida pelo Código Civil.

Quando a obrigação extracontratual decorra da gestão de negócios associada a uma relação existente entre as partes, como a resultante de contrato ou de responsabilidade extracontratual, que apresente uma conexão estreita com essa obrigação extracontratual, aplica-se a lei que rege essa relação (n.º 1).

---

[104] Cp. as considerações críticas de GABRIELLA CARELLA – "The Law Applicable to Non-Contractual Obligations other than Tort or Delict", *in The Unification of Choice of Law Rules on Torts and Other Non-Contractual Obligations in Europe. The "Rome II" Proposal*, org. por Alberto Malatesta, 73-84, Pádua, 2006, 83.

Nos outros casos, aplica-se a lei do país onde tenha sido praticado o acto (n.º 3), a menos que as partes tenham a sua residência habitual no mesmo país no momento em que corre o facto que dá origem ao dano, hipótese em que é aplicável a lei desse país (n.º 2).

O n.º 4 estabelece uma cláusula de excepção.

A gestão de negócios encontra-se dentro do âmbito de aplicação da Convenção da Haia Sobre a Lei Aplicável aos Contratos de Mediação e à Representação (1978)[105]. Alguns Estados-Membros são partes nesta Convenção (França, Holanda e Portugal), bem como um Estado terceiro. De acordo com o artigo 28.º/1 do Regulamento, a Convenção prevalece sobre o Regulamento. Não obstante, a Convenção só regula a relação que resulte de actos jurídicos praticados por conta de outrem e a gestão de negócios abrange a gestão de facto, em que o gestor só realiza actos materiais. Por conseguinte, parece que mesmo o tribunal de um Estado-Membro que seja parte contratante da Convenção deve aplicar o Regulamento quando se trate de uma mera gestão de facto.

D) *Culpa in contrahendo*

O Considerando n.º 30 reafirma que a *culpa in contrahendo* deve ser entendida como um conceito autónomo. Deverá incluir a violação do dever de informação e a ruptura de negociações contratuais. O artigo 12.º apenas abrange as obrigações extracontratuais que tenham uma relação directa com as negociações realizadas antes da celebração de um contrato. Isso significa que, se uma pessoa sofrer danos não patrimoniais enquanto um contrato é negociado, serão aplicáveis o artigo 4.º ou outras disposições relevantes do Regulamento.

---

[105] Cf. I. KARSTEN – "Explanatory Report", in *Conférence de La Haye de droit international privé. Actes et documents de la Treizième session*, 1979, n.º 36; JÜRGEN BASEDOW – "Das Vertretungsrecht im Spiegel konkurrierender Harmonisierungsentwürf", *RabelsZ*. 45 (1981) 196-217, 207; H. VERHAGEN – *Agency in Private International Law*, A Haia, Boston e Londres, 1995, 143 e segs. Este último autor defende que só deve considerar-se dentro do domínio de aplicação da convenção a gestão de negócios que tenha lugar "no quadro" de um "contrato de mediação" preexistente, sem prejuízo da aplicação analógica das normas de conflitos do Cap. III a outros casos de gestão de negócios [150]. Este entendimento, porém, não encontra apoio no texto da convenção e contradiz o relatório de KARSTEN.

A lei aplicável a uma obrigação extracontratual decorrente de negociações realizadas antes da celebração de um contrato, independentemente de este ser efectivamente celebrado, é a lei aplicável ao contrato ou que lhe seria aplicável se tivesse sido celebrado (artigo 12.º/1).

Esta regra converge com a doutrina que eu tenho vindo a defender: a partir do momento que a responsabilidade pré-contratual pressuponha a existência de uma relação jurídica entre as partes, deve aplicar-se a lei reguladora desta relação[106]. O artigo 12.º/1 deve, em princípio, ser entendido como uma remissão para as normas de conflitos da Convenção Roma I (bem como para o futuro Regulamento Roma I). Isto também converge com a melhor doutrina[107].

As regras estabelecidas no artigo 12.º/2 são aplicáveis quando o Direito competente não puder ser determinado com base no n.º 1. Se as partes tiverem a sua residência habitual no mesmo país no momento em que ocorre o facto que dá origem ao dano, aplica-se a lei desse país (b). Nos outros casos, é aplicável a lei do país onde ocorre o dano (a). Esta disposição contém ainda uma cláusula de excepção que apenas actua com respeito às conexões estabelecidas pelo n.º 2.

Em princípio, o Direito regulador da *culpa in contrahendo* pode ser determinado com base numa aplicação, directa ou por analogia, da Convenção Roma I (bem como do futuro Regulamento Roma I). Apenas é concebível que em casos residuais não só não tenha sido celebrado um contrato como também faltem elementos suficientes sobre o contrato que teria sido celebrado para a actuação das regras do artigo 4.º da Convenção Roma I (bem como do futuro Regulamento Roma I). Não é claro se o

---

[106] Ver LIMA PINHEIRO (n. 31 [1999]) 141 e (n. 31 [2002]) 154-155. Em sentido convergente, ver MOURA VICENTE (n. 58) 445 e segs.

[107] Ver KEGEL/SCHURIG (n. 71) 612-613; DIETER MARTINY – "Art. 32", *in Münchener Kommentar zum Bürgerlichen Gesetzbuch*, 3.ª ed., Munique, 1998, Artigo 32 n.º 33, e LIMA PINHEIRO (n. 21 [1999]) 155 and (n. 21 [2002]) 141, defendendo que a Convenção Roma I era aplicável directamente quando tenha sido celebrado um contrato (mesmo que tenha um mero carácter preparatório) e por analogia quando as negociações tenham sido interrompidas antes da celebração de um contrato. No sentido de uma aplicação directa da Convenção Roma I em ambos os casos, ver ANGELO DAVI – "Responsabilità non contrattuale nel diritto internazionale privato", *in Digesto priv. civ.*, vol. XVII, 1998, n.º 12, e MOURA VICENTE (n. 30) 445 e segs., 457 e segs. e 469 e segs. Cp. no sentido de uma diferenciação, REITHMANN/MARTINY (n. 15) n.ºs 282 e segs., e ULRICH SEPELLENBERG – "Art. 31,32", *in Münchener Kommentar zum Bürgerlichen Gesetzbuch*, 4.ª ed., Munique, 2006, Artigo 32 n.ºs 59 e segs.

legislador comunitário teve em vista outro tipo de coordenação entre os dois números do artigo 12.º.

VI. Regras auxiliares

A) *Âmbito da lei aplicável*

Os Capítulos V e VI do Regulamento contêm regras que são instrumentais em relação à interpretação e aplicação das normas de conflitos.

Quanto ao âmbito da lei aplicável, pode dizer-se que, de modo geral, ela compreende os pressupostos e as consequências da responsabilidade[108]. A imputabilidade também está submetida a esta lei.

Assim, o artigo 15.º determina que a lei aplicável às obrigações extracontratuais referidas no Regulamento rege, designadamente:

a) o fundamento e o âmbito da responsabilidade, incluindo a determinação das pessoas às quais pode ser imputada responsabilidade pelos actos que praticam;

b) as causas de exclusão da responsabilidade, bem como qualquer limitação e repartição da responsabilidade;

c) a existência, a natureza e a avaliação dos danos ou da reparação exigida;

d) nos limites dos poderes conferidos ao tribunal pelo seu Direito processual, as medidas que um tribunal pode tomar para prevenir ou fazer cessar o dano ou assegurar a sua reparação;

e) a transmissibilidade do direito de exigir indemnização ou reparação, incluindo por via sucessória;

f) as pessoas com direito à reparação do dano pessoalmente sofrido;

g) a responsabilidade por actos de outrem;

h) as formas de extinção das obrigações, bem como as regras de prescrição e caducidade, incluindo as que determinem o início, a interrupção e suspensão dos respectivos prazos.

Em matéria de responsabilidade extracontratual, se o bem juridicamente tutelado for um direito subjectivo, a questão da pretensão fundada em responsabilidade extracontratual, que se suscita a título principal,

---

[108] Ver Exposição de Motivos da Proposta da Comissão, 25-26.

coloca a questão prévia da existência ou titularidade do direito. Esta questão prévia tem de ser resolvida do modo que seja estabelecido pelo Direito Internacional Privado do Estado-Membro do foro. A teoria dominante, que merece preferência, recorre a uma conexão autónoma, i.e., às normas de conflitos do foro[109]. Por exemplo, caso se invoque a violação de um direito real, a questão da titularidade e conteúdo deste direito será submetida à lei reguladora do direito real.

A pretensão indemnizatória por danos patrimoniais e morais causados pela morte do lesado a outras pessoas suscita frequentemente questões prévias. É a lei reguladora da responsabilidade extracontratual que define quem são os titulares da pretensão indemnizatória. Na medida em que esta lei atribua direito à indemnização às pessoas que podem exigir alimentos do lesado ou aos seus familiares, pode suscitar-se, a título prejudicial, a questão de saber quem pode exigir alimentos ao lesado ou tem uma certa relação familiar com o lesado. Em conformidade com a teoria da conexão autónoma, esta questão é apreciada segundo a lei designada pelas normas de conflitos do foro para regular as obrigações alimentares e as relações de família em causa.

B) *Normas de aplicação necessária e regras de segurança e de conduta*

De acordo com o artigo 16.º, o disposto no Regulamento em nada afecta a aplicação das disposições da lei do país do foro que regulem imperativamente o caso concreto independentemente da lei normalmente aplicável à obrigação extracontratual. A Convenção Roma I contém uma regra paralela no artigo 7.º/2 e os comentários a esta regra são também relevantes para o Regulamento Roma II.

Deve assinalar-se que o Regulamento não estabelece uma cláusula geral sobre a relevância de normas de aplicação necessária de terceiros Estados paralela à do artigo 7.º/1 da Convenção Roma I. Esta omissão exprime uma clara intenção de excluir a admissibilidade de tal cláusula geral, uma vez que os preceitos que a continham constantes da Proposta da Comissão e da Proposta Alterada da Comissão foram suprimidos. Acresce que o Considerando n.º 32 sublinha a natureza excepcional do artigo 16.º. Esta atitude converge com o entendimento que eu tenho sustentado: as

---

[109] Ver, designadamente, LIMA PINHEIRO (n. 31 [2001]) 423 e segs., com mais referências.

normas de aplicação necessária devem ser consideradas excepcionais[110] e uma cláusula geral sobre a relevância das normas de aplicação necessária de terceiros Estados é simultaneamente inapropriada e indesejável[111].

A tarefa do legislador deve ser a de determinar as conexões especiais que podem conduzir à aplicação de normas imperativas estrangeiras que não pertençam à lei competente e não a de dar um cheque em branco aos tribunais. Com respeito às obrigações extracontratuais pode pensar-se sobretudo nas regras de conduta em vigor no lugar do facto que dá origem à responsabilidade que são contempladas pelo artigo 17.º.

Com efeito, o artigo 17.º estabelece que ao avaliar o comportamento da pessoa cuja responsabilidade é invocada, são tidas em conta, a título de matéria de facto e na medida em que for apropriado, as regras de segurança e de conduta em vigor no lugar e no momento em que ocorre o facto que dá origem à responsabilidade[112].

Segundo a Exposição de Motivos da Proposta da Comissão, esta regra baseia-se no facto de que o agente deve respeitar as normas de segurança e de comportamento em vigor no país em que actua, qualquer que seja a lei aplicável às consequências civis da sua acção, devendo essas normas ser igualmente tidas em conta na determinação da responsabilidade[113].

Segundo a mesma Exposição de Motivos[114], "Ter em conta a lei estrangeira não significa aplicá-la: o juiz aplicará exclusivamente a lei designada pela regra de conflito, mas deverá ter em conta uma outra lei como um simples dado de facto, por exemplo, quando se trata de avaliar, para a determinação do montante dos danos ressarcíveis, a gravidade da infracção praticada ou a boa ou má fé do autor".

Os termos "regras de segurança e de conduta" deverão ser interpretados como referindo-se a todas as regras relacionadas com a segurança e a conduta, incluindo, por exemplo, as relativas à segurança rodoviária em caso de acidente[115]. Para este efeito podem ser tidas em conta não só nor-

---

[110] Ver LIMA PINHEIRO (n. 31 [2001]) 199.
[111] Op. cit. 214 e segs. Ver também STONE (n. 23) 359.
[112] Ver também artigo 7.º da Convenção da Haia sobre a Lei Aplicável aos Acidentes de Viação e o artigo 9.º da Convenção da Haia sobre a Lei Aplicável à Responsabilidade por Produtos Defeituosos.
[113] Cf. Exposição de Motivos da Proposta da Comissão, 27.
[114] Ibidem.
[115] Cf. Considerando n.º 34.

mas prescritivas ou proibitivas do lugar do facto mas também regras permissivas que conduzam, por exemplo, à autorização de uma actividade que causa dano noutro país[116].

Suscita no entanto dúvida se, em certos casos, a relevância das regras de conduta do lugar do facto na avaliação do comportamento da pessoa cuja responsabilidade é invocada não constituirá uma verdadeira aplicação dessas regras[117]. Por exemplo, se um tribunal italiano é chamado a pronunciar-se sobre uma pretensão indemnizatória resultante de um acidente de viação ocorrido em França que apenas envolveu pessoas residentes habitualmente em Itália, é aplicável a lei italiana (artigo 4.º/2), nas não devem ser utilizadas as regras de trânsito francesas para determinar quem é responsável pelo acidente[118]? Aqui é detectável uma dificuldade, resultante da aplicação de uma lei que não é a do lugar da conduta lesiva em matéria de responsabilidade extracontratual, que não foi encarada de modo claro. O que claramente resulta da letra do artigo 17.º é que o tribunal tem uma margem de apreciação quanto à aplicabilidade das regras do lugar da conduta[119].

Em minha opinião, é necessário ir mais longe, e traçar distinções. Primeiro, tem de distinguir-se conforme a lei primariamente competente estabelece uma responsabilidade por factos lícitos (caso em que só deve ser tida em conta esta lei) ou prevê apenas uma responsabilidade baseada na ilicitude da conduta (em que também as regras de conduta do lugar do facto podem ser tidas em conta). *Neste segundo caso*, deve distinguir-se entre regras permissivas, por um lado, e regras injuntivas (prescritivas ou proibitivas), por outro. As regras permissivas do lugar da conduta não podem excluir a responsabilidade fundada em regras do lugar do efeito lesivo e, por isso, só podem ser tidas em conta como um facto na determinação da indemnização na medida em que as regras do lugar do efeito

---

[116] Cf. Exposição de Motivos da Proposta da Comissão, 21.

[117] Ver LIMA PINHEIRO (n. 29) 1124, assinalando que não há tomada em consideração, mas verdadeira aplicação (a título prejudicial), nos casos em que a previsão de uma norma material da lei que regula a questão principal (*lex causae*) se reporta a um conteúdo jurídico que deve ser apurado segundo uma norma estrangeira, desencadeando o dito "efeito de pressuposição" [*Tatbestandswirkung*]. Ver ainda, sobre este ponto, KLAUS SCHURIG – "Zwingendes Recht, 'Eingriffsnormen' und neues IPR", *RabelsZ*. 54 (1990) 218-250, 240 e segs.

[118] Em sentido afirmativo ver STONE (n. 23) 339. Ver ainda BOGDAN (n. 3) 44.

[119] Cf. Explanatory Memorandum to the Amended Commission's Proposal, 4.

lesivo o consintam[120]. Com respeito às regras injuntivas é concebível uma distinção adicional entre regras de conduta da lei do lugar do facto que reclamam aplicabilidade numa base estritamente territorial (i.e., a todas as condutas que tenham lugar no território do Estado que as edita), por exemplo, regras de trânsito, e outras regras de conduta. As regras da primeira categoria devem, em princípio, ser aplicadas ao passo que as da segunda categoria só podem ser "tidas em conta como um dado de facto".

C) *Outras regras auxiliares*

O artigo 18.º determina que o lesado pode *demandar directamente o segurador* do responsável pela reparação, se a lei aplicável à obrigação extracontratual ou a lei aplicável ao contrato de seguro assim o previr.

Em matéria de *sub-rogação*, o artigo 19.º estabelece uma regra paralela ao artigo 13.º da Convenção Roma I mas que se aplica à sub-rogação legal em direitos extracontratuais (enquanto a Convenção Roma I se aplica só à sub-rogação legal em direitos contratuais)[121].

Com respeito à *responsabilidade múltipla*, o artigo 20.º determina que se o credor tiver um direito contra vários devedores responsáveis pelo mesmo direito e se um deles já tiver satisfeito total ou parcialmente o pedido, o direito de este devedor exigir reparação aos restantes condevedores rege-se pela lei aplicável às obrigações extracontratuais desse devedor para com o credor.

As dúvidas suscitadas pelo artigo 21.º (*validade formal de actos unilaterais*) foram atrás mencionadas (*supra* I). Segundo este preceito, os actos jurídicos unilaterais relativos a uma obrigação extracontratual são formalmente válidos desde que preencham os requisitos de forma prescritos pela lei que rege a obrigação extracontratual em causa ou pela lei do país em que o acto é praticado.

---

[120] Ver considerações convergentes do *Hamburg Group for Private International Law* (n. 24) 43-44. Considerações de previsibilidade podem ser ponderadas quando se têm em conta essas regras – ver também SYMEONIDES (n. 39) n.º 4.5.

[121] "Se, por força de uma obrigação extracontratual, uma pessoa ("o credor"), tiver direitos relativamente a outra pessoa ("o devedor"), e um terceiro tiver a obrigação de satisfazer o direito do credor, ou tiver efectivamente satisfeito o credor em cumprimento dessa obrigação, a lei que rege esta obrigação do terceiro determina se e em que medida este pode exercer os direitos do credor contra o devedor, segundo a lei que rege as suas relações".

O artigo 22.º tem por objecto as *presunções legais, o ónus da prova e os meios de prova dos actos jurídicos*. As presunções legais e o ónus da prova são incluídos no âmbito da lei aplicável à obrigação extracontratual (n.º 1). Os actos jurídicos podem ser provados mediante qualquer meio de prova admitido, quer pela lei do foro, quer por uma das leis referidas no artigo 21.º, ao abrigo da qual o acto seja formalmente válido, desde que esse meio de prova possa ser produzido no tribunal do foro (n.º 2). Esta disposição é semelhante ao artigo 14.º da Convenção Roma I e os comentários a esta disposição são, em princípio, relevantes para o Regulamento Roma II.

O artigo 23.º contém definições da expressão *"residência habitual"* com respeito a entidades colectivas e pessoas singulares que actuem no exercício de uma actividade profissional. A residência habitual das sociedades e outras entidades com ou sem personalidade jurídica é o local onde se situa a respectiva administração central. Caso o facto que dá origem ao dano seja praticado, ou o dano ocorra, no exercício da actividade de uma sucursal, agência ou outro estabelecimento, considera-se que a residência habitual corresponde ao local onde se situa a sucursal, agência ou outro estabelecimento (n.º 1).

A residência habitual de uma pessoa singular no exercício da sua actividade profissional é o local onde se situa o seu estabelecimento principal (n.º 2).

À semelhança do que se verifica com a Convenção Roma I (artigo 15.º), o *reenvio* é excluído (artigo 24.º). Esta solução é contrária ao princípio da harmonia internacional de soluções. Este princípio recomendaria fortemente que a referência à lei de um terceiro Estado abrangesse as suas regras de Direito Internacional Privado. Invocar a segurança jurídica para recusar a devolução é algo que só pode causar perplexidade[122].

Com respeito a *ordens jurídicas complexas*, o artigo 25.º/1 estabelece que sempre que um Estado englobe várias unidades territoriais, tendo cada uma normas de direito próprias em matéria de obrigações extracontratuais, cada unidade territorial é considerada um país para fins de determinação da lei aplicável por força do Regulamento. Este preceito é semelhante ao artigo 19.º/1 da Convenção Roma I e deve ser entendido do mesmo modo.

Por último, a cláusula de *ordem pública internacional* está contida no artigo 26.º, que é do seguinte teor "A aplicação de uma disposição da lei de qualquer país designada pelo presente regulamento só pode ser afastada

---

[122] Cp. Exposição de Motivos da Proposta da Comissão, 29.

se for manifestamente incompatível com a ordem pública do foro". À semelhança do que se verifica com a Convenção Roma I (artigo 16.°), este preceito refere-se à ordem pública do foro na acepção relevante para o Direito Internacional Privado, que é uma acepção muito mais restritiva do que a noção de ordem pública em Direito material[123]. Da exigência de manifesta incompatibilidade com a ordem pública do foro resulta que a actuação da reserva de ordem pública internacional deve ser excepcional[124]. Os relatórios e a jurisprudência do TCE com respeito à Convenção Bruxelas I e ao Regulamento Bruxelas I são relevantes para a actuação desta cláusula[125].

VII. Relações com outros instrumentos

A) *Relações com outros instrumentos comunitários*

No Considerando n.° 35 o legislador comunitário manifestou a sua intenção de concentrar as normas de conflitos em instrumentos específicos de Direito Internacional Privado. O Regulamento Roma II, porém, não exclui a possibilidade de, em matérias específicas, se incluírem normas de conflitos sobre obrigações extracontratuais noutras disposições de Direito Comunitário. Por conseguinte, o artigo 27.° determina que o Regulamento não prejudica a aplicação das disposições do Direito Comunitário que, em matérias específicas, estabeleçam regras de conflitos de leis referentes a obrigações extracontratuais.

O mesmo Considerando afirma que o Regulamento não deverá prejudicar a aplicação de outros instrumentos que contenham disposições destinadas a contribuir para o bom funcionamento do mercado interno, na medida em que estas não possam ser aplicadas em conjugação com a lei designada pelas regras do Regulamento. A aplicação das disposições da lei aplicável designada pelas regras do Regulamento não deverá restringir a livre circulação de bens e serviços regulada por instrumentos comunitários como a Directiva sobre o Comércio Electrónico.

---

[123] Cf. Exposição de Motivos da Proposta da Comissão, 30.
[124] *Ibidem*.
[125] *Ibidem*. Cf. TCE 2/5/2006, no caso *Eurofood* [*CTCE* (2006) I-3813], n.° 64. Ver, sobre este ponto, LIMA PINHEIRO – *Direito Internacional Privado*, vol. III – *Competência Internacional e Reconhecimento de Decisões Estrangeiras*, Almedina, Coimbra, 297 e segs.

É claro que esta formulação reflecte um compromisso entre pontos de vista opostos com respeito ao significado das regras sobre liberdade de circulação de mercadorias e sobre liberdade de prestação de serviços para a determinação do Direito aplicável à responsabilidade extracontratual. A ideia de que o bom funcionamento do mercado interno implica a aplicação do Direito do "país de origem" (i.e., o país onde o bem é produzido ou onde o fornecedor de serviços está estabelecido) é completamente infundada[126] e foi recusada pelo Regulamento, como já o tinha sido pela Directiva sobre Serviços no Mercado Interno (ver *maxime* artigo 17.º/15)[127]. Esta conclusão é reforçada pela supressão da regra contida no artigo 23.º/2 da Proposta da Comissão que parecia abrir a porta a essa ideia[128]. O Direito aplicável à responsabilidade extracontratual é, em princípio, o Direito do país do efeito lesivo, o que geralmente significa, no caso da exportação de bens ou de serviços, o Direito do país de destino. Isto mostra que os valores do Direito Internacional Privado são em vasta medida incompatíveis com o "princípio do país de origem".

Por outro lado, o legislador comunitário não excluiu que algumas disposições estabelecidas por instrumentos comunitários se sobreponham ao

---

[126] Ver, designadamente, LIMA PINHEIRO – "Direito aplicável à responsabilidade extracontratual na Internet" (2001), in *Est. de Direito Internacional Privado*, Almedina, Coimbra, 213-223; Id. (n. 3) 347 e segs.; Id. – "O Direito de Conflitos e as liberdades comunitárias de estabelecimento e de prestação de serviços" (2005), in *Est. de Direito Internacional Privado*, Almedina, Coimbra, 357-387; MICHAEL WILDERSPIN e XAVIER LEWIS – "Les relations entre le droit communautaire et les règles de conflits de lois des États membres", *R. crit.* 91 (2002) 1-37 e 289-313, 13 e segs.; STEFANIA BARIATTI – "Prime considerazioni sugli effetti dei principi generalli e delle norme materiali del trattato CE sul diritto internazionale privato comunitario", *RDIPP* 39 (2003) 671-706, 687 e segs.; VINCENT HEUZÉ – "De la compétence de la loi du pays d'origine en matière contractuelle ou l'anti-droit européen", in *Mélanges Paul Lagarde*, 393-415, Paris, 2005. Ver ainda JÜRGEN BASEDOW – "Herkunftslandprinzip und Internationales Privatrecht im europäischen Binnenmarkt für Dienstleistungen", in *Ksiega pamiatkowa Maksymiliana Pazdana*, 29-44, Zakamycze, 2005.

[127] Dir. 2006/123/CE. Ver ALBERTO MALATESTA – "Principio dello stato di origine e norme di conflitto dopo la direttiva 2006/123/CE sui servizi nel mercato interno: una partita finita?", *RDIPP* 43 (2007) 293-312, 293 e segs.

[128] Ver Exposição de Motivos, 30. STONE [(n. 23) 336] refere-se a este preceito como sendo "evidently designed to reassure the e-commerce lobby, who have campaigned in favour of the absurd proposition that measures such as Directive 2000/31 on Electronic Commerce in some way affect judicial jurisdiction and choice of law in relation to claims under private law". Ver também as considerações críticas de STEFANIA BARIATTI (n. 31) 28 e segs. e POCAR (n. 3) 301-302.

Direito designado pelo Regulamento ou que a aplicação deste Direito seja sujeita a limitações impostas pelas liberdades de circulação de mercadorias ou de prestação de serviços. A Directiva sobre Comércio Electrónico é expressamente referida neste segundo contexto.

O significado desta Directiva para a determinação do Direito aplicável aos contratos que caem dentro do seu âmbito de aplicação bem como à responsabilidade extracontratual dos prestadores de serviços em linha tem suscitado larga controvérsia. O artigo 1.º/4 desta Directiva esclarece que a "presente directiva não estabelece normas adicionais de Direito Internacional Privado". Mas a Directiva não é coerente e dá uma certa margem para o entendimento de que adopta o princípio do país de origem com respeito ao Direito aplicável aos contratos e à responsabilidade extracontratual, ou pelo menos com respeito a esta responsabilidade, dentro do seu âmbito de aplicação[129].

Pelo contrário, de acordo com a opinião dominante, que respeita a intenção do legislador comunitário, o artigo 1.º/4 da Directiva deve prevalecer sobre os preceitos do mesmo instrumento que o contradigam, e o princípio do país de origem só se aplica a regras de Direito Público da Economia que afectem a liberdade de prestação de serviços[130]. O Regulamento Roma II confirma este ponto de vista porquanto além de não estabelecer qualquer excepção para o comércio electrónico só menciona a

---

[129] Ver, designadamente, EMMANUEL CRABIT – "La directive sur le commerce électronique. Le projet 'Mediterranée'", *R. Droit de l'Union Européenne* (4/2000) 749-833; PETER MANKOWSKI – "Herkunftslandprinzip und deutsches Umsetzungsgesetz zur e-commerce-Richtlinie", *IPRax* 22 (2002) 257-266 (só com respeito à responsabilidade extracontratual); MOURA VICENTE – "Comércio electrónico e responsabilidade empresarial", in *Direito Internacional Privado. Ensaios*, vol. I, 193-239, Coimbra, 2002, 218 e segs., e *Problemática Internacional da Sociedade da Informação*, Coimbra, 2005, 213 e segs.

[130] Ver, designadamente, PETER STONE – "Internet Consumer Contracts and European Private International Law", *Information & Communications Technology Law* 9 (2000) 5; Id. – "The Treatment of Electronic Contracts and Torts in Private International Law under European Community Legislation", *Information & Communications Technology Law* 11 (2002) 121; Id. (n. 23) 336; ALFONSO CALVO CARAVACA e JAVIER CARRASCOSA GONZÁLEZ – *Conflictos de leyes y conflictos de jurisdicción en Internet*, Madrid, 2001, 34-35; SONNENBERGER – "Das Internationale Privatrecht im dritten Jahrtausend – Rüblick und Ausblick", *ZvglRWiss* 100 (2001) 107-136, 126 e segs.; LIMA PINHEIRO (n. 125 [2001]) 223 e (n. 125 [2005]); Id. – "Direito aplicável aos contratos celebrados através da internet", *ROA* 66 (2006) 131-190, 169 e segs.; STEFANIA BARIATTI (n. 125) 689; KROPHOLLER (n. 54) 464-465; HEUZÉ (n. 125) *maxime* 412 e 414; DIETER MARTINY – "Vor Artigo 27-Artigo 30", in *Münchener Kommentar zum Bürgerlichen Gesetzbuch*, vol. X – *EGBGB*, 4.ª ed., Munique, 2006, Art. 34 Anh. III n.º 37.

Directiva sobre Comércio Electrónico no contexto das limitações à aplicação das regras materiais do Direito designado.

As leis nacionais que, que de um modo mais ou menos feliz, transpuseram a Directiva devem ser interpretadas em conformidade com a Directiva. Qualquer interpretação no sentido de a responsabilidade extracontratual dos fornecedores de serviços em linha ser regida pela lei do "país de origem" é incompatível com esta máxima bem como incompatível com o Regulamento Roma II que tem primazia sobre o Direito ordinário de fonte interna. Por acréscimo, deve sublinhar-se que as regras materiais sobre obrigações extracontratuais não têm efeito, ou, pelo menos, não têm um efeito significativo, sobre o funcionamento do mercado interno e, portanto, não podem ser encaradas como restrições às liberdades de circulação de mercadorias e de prestação de serviços[131]. Por esta razão, não é de esperar que a aplicação destas regras fique sujeita a quaisquer limitações fundadas nas normas sobre as liberdades comunitárias.

B) *Relações com convenções internacionais*

O artigo 28.º estabelece que o Regulamento não prejudica a aplicação das convenções internacionais de que um ou mais Estados-Membros sejam partes na data de aprovação do Regulamento e que estabeleçam regras de conflitos de leis referentes a obrigações extracontratuais (n.º 1)[132]. É este o caso da Convenção da Haia sobre a Lei Aplicável aos Contratos de Mediação e à Representação, como foi atrás assinalado (*supra* V.C), bem como das Convenções da Haia sobre a Lei Aplicável aos Acidentes de Viação e sobre a Lei Aplicável à Responsabilidade por Produtos Defeituosos. Todavia, entre Estados-Membros, o Regulamento prevalece sobre as convenções celebradas exclusivamente entre dois ou vários Estados-Membros, na medida em que estas incidam sobre matérias regidas pelo Regulamento (n.º 2).

---

[131] Ver também MALATESTA (n. 126) 304-305.

[132] De acordo com o artigo 29.º, até 11 de Julho de 2008, os Estados-Membros devem comunicar à Comissão as convenções referidas no n.º 1 do artigo 28.º. Após essa data, os Estados-Membros devem comunicar à Comissão a denúncia dessas convenções (n.º 1). No prazo de seis meses após a sua recepção, a Comissão deve publicar no *JOCE* uma lista das convenções a que se refere o n.º 1 e as denúncias das convenções a que se refere o n.º 1 (n.º 2).

VIII. Apreciação

Os comentadores europeus da Proposta e da Proposta Alterada da Comissão têm, com raras excepções, elogiado os traços principais do Regulamento proposto. Outros comentadores, designadamente dos EUA, têm sido mais críticos, embora aprovando algumas das soluções propostas[133]. A legislação de alguns países europeus tem tradicionalmente influenciado o Direito de países não europeus, designadamente na América Latina, na África e na Ásia. É de supor que a influência mundial da legislação comunitária sobre Direito Internacional Privado não vai ser menor.

Não obstante, deve ter-se presente a influência das leis dos EUA, bem como das suas escolas de pensamento inspiradas numa jurisprudência muito rica relativa a conflitos interlocais [*interstate conflicts*]. A matéria extracontratual foi um dos principais campos de aplicação da chamada revolução americana no domínio do Direito de Conflitos. A jurisprudência dá conta do progressivo abandono da regra *lex loci delicti*, adoptada pelo *First Restatement*, a favor de novas "técnicas" [*approaches*]: *Second Restatement*, a análise dos interesses dos Estados [*governmental interests analysis*] de Currie, as considerações que influenciam a determinação do Direito aplicável [*choice-influencing considerations*] de Leflar e a *lex fori approach* de Ehrenzweig[134]. A evolução mais recente tem mostrado a tendência para soluções ecléticas ou de compromisso que rejeitam tanto a regra "rígida" da *lex loci delicti* como as "técnicas" que recusam qualquer norma de conflitos ou advogam uma preferência geral pelo Direito do Estado do foro.

Para oferecer uma panorâmica das principais tendências no Direito Internacional Privado dos EUA, será necessário começar pela distinção entre "regras que regulam a conduta" [*conduct-regulating rules*] e "regras que distribuem o prejuízo" [*loss-distributing rules*]. Segundo o *New York Court of Appeals*, as regras que regulam a conduta são aquelas que "têm o efeito profilático de regular a conduta por forma a evitar a ocorrência de

---

[133] Ver SYMEONIDES (n. 39); WEINTRAUB (n. 60); e PATRICK BORCHERS – "The Proposed 'Rome II' Regulamento and the U.S. Experience in Tort Choice of Law", in http://dianawallismep.org.uk/pages/Rome-II-seminars.html (2005).

[134] Sobre estas "técnicas" ver LIMA PINHEIRO – *Um Direito Internacional Privado para o Século XXI*, Lisboa, 2001, 35 e segs., e *Arbitragem Transnacional. A Determinação do Estatuto da Arbitragem*, Almedina, Coimbra, 2005, 589 e segs., com mais referências. Com respeito à jurisprudência dos EUA sobre o Direito aplicável à responsabilidade extracontratual, ver SCOLES/HAY/BORCHERS/SYMEONIDES (n. 58) 726 e segs.

efeitos lesivos"[135]. Esta categoria pode ser mais ampla do que a das "regras de segurança e de conduta" do Regulamento Roma II[136]. As regras que distribuem o prejuízo são aquelas que "proíbem, atribuem ou limitam a responsabilidade depois do facto danoso ocorrer", incluindo as regras sobre a determinação da indemnização compensatória[137].

Na maioria dos casos sobre conflitos de distribuição do prejuízo foi aplicado[138]:

– o Direito do domicílio comum e, na falta de domicílio comum,
– o Direito do Estado onde tanto a conduta como o efeito lesivo ocorreram e, se eles ocorreram em diferentes Estados,
– o Direito do Estado onde o efeito lesivo ocorreu e o lesado é domiciliado contanto que este Direito proteja o lesado e a ocorrência do efeito lesivo neste Estado seja objectivamente previsível.

A maioria dos casos sobre conflitos de regulação de conduta foi decidida segundo o Direito do Estado da conduta, salvo quando o efeito lesivo se produza previsivelmente noutro Estado que impõe um critério de conduta mais exigente, caso em que tem sido aplicado Direito deste último Estado[139].

A esta luz, parece claro que o Regulamento Roma II e a jurisprudência recente dos EUA revelam uma tendência claramente convergente. O Regulamento Roma II oferece alguma da flexibilidade que caracteriza as "técnicas" estadounidenses e a opção pela regra do lugar do efeito lesivo tem em vasta medida correspondência na jurisprudência dos tribunais dos EUA. Os tribunais dos EUA estão a voltar as costas a "técnicas" mais radicais e a orientarem-se no sentido do desenvolvimento de novas normas de conflitos que asseguram uma determinada certeza e previsibilidade sobre o Direito aplicável. Um Estado (Luisiana) procedeu mesmo à codificação do Direito Internacional Privado, e a sua "técnica" é defendida por alguns autores eminentes[140]. O artigo 3542.º do Código Civil da Luisiana contém uma cláusula geral com o seguinte teor: "Except as other-

---

[135] Padula v. Lilarn Props. Corp, 644 N.E.2d 1001, 1002 (N.Y. 1994).
[136] Cf. SYMEONIDES (n. 39) n.º 4.2.
[137] Ver decisão referida n. 135.
[138] Cf. SCOLES/HAY/BORCHERS/SYMEONIDES (n. 58) 841-842.
[139] Cf. SCOLES/HAY/BORCHERS/SYMEONIDES (n. 58) 850.
[140] Ver SYMEONIDES (n. 39) n.º 6.3; WEINTRAUB (n. 60) 571; BORCHERS (n. 132) 5 e segs.

wise provided in this Title, an issue of delictual or quasi-delictual obligations is governed by the law of the state whose policies would be most seriously impaired if its law were not applied to that issue "(n.° 1)[141]. Os artigos 3543.°-3546.° estabelecem normas de conflitos específicas baseadas nesse objectivo, que convergem com as tendências dominantes atrás referidas, e o artigo 3457.° contém uma cláusula de excepção que autoriza o tribunal a aplicar, excepcionalmente, a lei de outro Estado se à luz dos princípios do artigo 3542.° os fins de política legislativa [*policies*] destoutro Estado "would be more seriously impaired if its law were not applied to the particular issue".

As principais diferenças que subsistem dizem respeito ao grau de flexibilidade, à atitude em relação a uma análise individualizada de cada questão e à tomada em consideração dos fins de política legislativa subjacentes às leis em presença. Primeiro, os tribunais dos EUA mostram mais inclinação para "técnicas" flexíveis que os sistemas jurídicos europeus[142]. Muitos tribunais dos EUA seguem, em matéria de responsabilidade extracontratual, a "técnica" do *Second Restatement on the Conflict of Laws* que adopta as ditas "normas de conflitos abertas" [*open ended choice-of-law rules*] estabelecendo meras presunções da ligação mais significativa [*most significant relationship*] que podem ser afastadas sempre que o tribunal conclua que, com respeito à questão específica e à luz dos "contactos relevantes" (§ 145) e dos "factores relevantes" (§ 6), há uma ligação mais significativa com o Direito de outro Estado[143]. Em segundo lugar, o Direito Internacional Privado estadounidense determina a lei aplicável a cada questão em causa (i.e., a cada um dos aspectos do caso), enquanto as regras do Regulamento Roma II designam a lei que regula, em princípio, todos os aspectos extracontratuais do caso. Enfim, os tribunais dos EUA

---

[141] O n.° 2 determina que "That state is determined by evaluating the strength and pertinence of the relevant policies of the involved states in the light of: (1) the pertinent contacts of each state to the parties and the events giving rise to the dispute, including the place of conduct and injury, the domicile, habitual residence, or place of business of the parties, and the state in which the relationship, if any, between the parties was centered; and (2) the policies referred to in Article 3515, as well as the policies of deterring wrongful conduct and of repairing the consequences of injurious acts".

[142] Ver SYMEONIDES (n. 39) n.° 4.2.

[143] Uma técnica convergente foi advogada pelo Grupo Europeu de Direito Internacional Privado na sua Proposta de um Convenção Europeia sobre a Lei Aplicável às Obrigações Não-Contratuais, adoptada na reunião do Luxemburgo, em 1998. Ver também POCAR (n. 3) 304 e STONE (n. 23) 353.

tomam frequentemente em consideração os fins de política legislativa subjacentes às leis em presença no caso concreto enquanto o legislador comunitário redigiu as cláusulas de excepção do Regulamento Roma II de um modo que aparentemente se refere apenas a elementos de conexão.

A exigência de previsibilidade e o objecto de unificação das normas de conflitos à escala comunitária parecem justificar a opção do legislador comunitário por regras gerais limitadas pela excepção da residência habitual comum das partes e por uma cláusula de excepção em lugar da adopção de meras "presunções" combinadas com uma cláusula geral[144]. Esta última técnica parece justificada quando seja difícil, ou mesmo impossível, seleccionar, de um modo geral e abstracto, um elemento de conexão mais significativo do que os outros (como é o caso com os contratos obrigacionais). Diferentemente, em matéria de responsabilidade extracontratual e de outras obrigações extracontratuais é normalmente possível seleccionar o elemento de conexão ou a combinação de elementos de conexão que é mais significativa em situações típicas.

Com respeito ao *dépeçage*, a atitude negativa assumida pelo Regulamento Roma II não é absoluta (recorde-se, nomeadamente, o preceito sobre regras de segurança e de conduta) mas pode ser questionado que as partes não possam escolher a lei aplicável a questões separáveis da responsabilidade extracontratual (à semelhança do que é admitido em matéria de contratos obrigacionais).

No que toca à rigidez das cláusulas de excepção do Regulamento, eu penso que elas não devem ser entendidas como referindo-se apenas a laços espaciais objectivos; certamente que outros laços podem ser tidos em conta, mesmo laços subjectivos. Talvez possa ser introduzida uma maior flexibilidade mediante a aceitação de uma margem de apreciação dos interesses das partes e dos valores e finalidades que as leis dos países envolvidos visam promover[145]. Também é concebível que o baixo grau de previsibilidade da ocorrência do dano num certo país seja um dos factores que podem ser ponderados no afastamento da respectiva lei.

Em conclusão, o Regulamento Roma II é não só um marco na comunitarização do Direito Internacional Privado mas também um passo no

---

[144] Ver também *Hamburg Group for Private International Law* (n. 24) 13.

[145] Uma referência expressa aos fins de política legislativa subjacentes à lei estrangeira aplicável e às consequências da sua aplicação foi proposta pelo Parlamento Europeu (artigo 4.º/3/e da Posição aprovada em primeira leitura). Ver também SYMEONIDES (n. 39) n.º 6.3.

sentido da globalização do Direito de Conflitos em matéria de obrigações extracontratuais. Os problemas e as finalidades da regulação de obrigações extracontratuais são os mesmos dentro da União Europeia e nas relações extracomunitárias. O âmbito de aplicação universal do Regulamento Roma II não obsta a que os tribunais de terceiros Estados cheguem a resultados diferentes com respeito ao Direito aplicável a situações que têm contactos com a União Europeia. Para promover a certeza e a previsibilidade sobre o Direito aplicável, bem como uma harmonia internacional de soluções, é necessária uma unificação do Direito Internacional Privado à escala planetária. O Direito Internacional Privado aspira a ser global. Para prosseguir em direcção a este objectivo é necessário mais debate, bem como uma concorrência mais transparente entre diferentes soluções.

A CONVENÇÃO DA HAIA SOBRE A LEI APLICÁVEL AO *TRUST* E AO SEU RECONHECIMENTO. BREVE APRESENTAÇÃO

MARIA HELENA BRITO[*][**]

1. A Conferência da Haia de Direito Internacional Privado decidiu, na 14.ª sessão, em 1980, incluir o *trust* no seu plano de trabalhos. Em finais de 1983, foi aprovado pela Comissão Especial um projecto preliminar de Convenção sobre a lei aplicável ao *trust* e ao seu reconhecimento, que veio a ser apresentado aos governos dos Estados membros da Conferência em Março de 1984. A preparação de uma Convenção sobre o *trust* pôde assim ser incluída na agenda da 15.ª sessão da Conferência.

O projecto de Convenção sobre a lei aplicável ao *trust* e ao seu reconhecimento foi adoptado por unanimidade durante a sessão plenária de 19 de Outubro de 1984 e a acta final, contendo esse projecto, foi assinada em 20 de Outubro de 1984, no termo da 15.ª sessão. Aberta à assinatura em 1 de Julho de 1985[1], a Convenção foi assinada nesse mesmo dia por Itália, Luxemburgo e Países Baixos. Entrou em vigor no plano internacional em 1 de Janeiro de 1992, após a ratificação do Reino Unido (em 17 de

---

[*] Professora Associada da Faculdade de Direito da Universidade Nova de Lisboa.

[**] O presente texto foi elaborado, em Julho de 2006, no âmbito do estudo para a preparação do Anteprojecto de Decreto-Lei sobre o Regime Jurídico da Fidúcia, realizado, a pedido do Ministério da Justiça, pelos Professores Carlos Ferreira de Almeida e Vítor Pereira Neves. Em Setembro de 2007 foram feitas algumas actualizações.

[1] Apesar de o texto final ter sido aprovado em Outubro de 1984, a data oficial da Convenção é – de acordo com o sistema tradicionalmente seguido pela Conferência da Haia – a do dia em que foi aberta à assinatura (1 de Julho de 1985).

Novembro de 1989), da Itália (em 21 de Fevereiro de 1990) e da Austrália (em 17 de Outubro de 1991)[2].

Encontra-se actualmente em vigor em nove Estados membros da Conferência da Haia de Direito Internacional Privado – além de Reino Unido, Itália e Austrália, também República Popular da China (Região Administrativa Especial de Hong Kong), Canadá, Países Baixos, Malta, Luxemburgo e Suíça – e em dois Estados não membros da Conferência (Liechtenstein e São Marino)[3]. Entrará em vigor para o Mónaco em 1 de Setembro de 2008[4].

Uma vez que esta Convenção – diferentemente de outras preparadas no âmbito da Conferência da Haia de Direito Internacional Privado – tem como objectivo resolver problemas de conflitos de leis que se suscitam a propósito de um instituto desconhecido na ordem jurídica de diversos Estados membros da Conferência (a maior parte dos países de *civil law*)[5], muitas das disposições que nela se contêm visam estabelecer compromissos entre o direito de países de *common law* e o direito de países de *civil law*[6-7].

---

[2] Nos termos do artigo 30.º, primeiro parágrafo, a Convenção entrou em vigor no primeiro dia do terceiro mês após o depósito do terceiro instrumento de ratificação, aceitação ou aprovação.

[3] Tendo em conta o disposto no artigo 30.º, segundo parágrafo, alínea a), a Convenção entra em vigor, em relação a cada Estado que a ratifique, aceite ou aprove posteriormente, no primeiro dia do terceiro mês após o depósito do seu instrumento de ratificação, aceitação ou aprovação.

[4] De acordo com o procedimento previsto nos artigos 30.º, segundo parágrafo, alínea b), e 28.º da Convenção.

[5] Uma exposição relativamente actualizada dos problemas de direito internacional privado suscitados pelo *trust* internacional, tanto na perspectiva de países de *common law* como na perspectiva de países de *civil law*, pode ver-se em JOHN GLASSON e GERAINT THOMAS (ed.), *The international trust*, 2.ª ed., Bristol, 2006.

[6] Para uma análise comparativa do instituto em diversas ordens jurídicas, consulte-se MAURIZIO LUPOI, *Trusts: a Comparative Study*, Cambridge, 2000. O estudo do *trust* em diferentes países constituiu o objecto do III Congreso de Derecho Civil Catalán, realizado em 20 e 21 de Outubro de 2005. Os respectivos trabalhos foram publicados em SERGIO NASARRE AZNAR e MARTÍN GARRIDO MELLERO (coord.), *Los patrimonios fiduciarios y el trust*, Madrid, Barcelona, 2006. Veja-se igualmente MICHELE GRAZIADEI, UGO MATTEI, LIONEL SMITH (ed.), *Commercial Trusts in European Private Law*, Cambridge, 2005. Esta última obra integra-se no designado "Projecto de Trento". Seguindo uma metodologia inspirada no processo comparativo proposto por Rudolf B. Schlesinger, o "Projecto de Trento" procura identificar, em diversos domínios, o *common core* do direito privado europeu (a contribuição sobre o direito português no estudo relativo a *Commercial Trusts* esteve a cargo do Professor Pedro Pais de Vasconcelos). Sobre o "Projecto de Trento", em

À semelhança da generalidade das Convenções aprovadas no âmbito da Conferência da Haia de Direito Internacional Privado, a Convenção sobre o *trust* tem carácter universal, ou seja, é aplicável *erga omnes*; tal significa que se aplica a lei designada pelas normas de conflitos da Convenção independentemente de saber se está em causa ou não a lei de um Estado contratante. No caso desta Convenção porém, atendendo à especificidade do instituto do *trust* – não regulado em algumas ordens jurídicas e com diversidade de regimes naquelas ordens jurídicas em que se encontra previsto –, estabelecem-se regras especiais: por um lado, determina-se expressamente que a Convenção não será aplicável se a lei designada não conhecer o instituto do *trust* ou a categoria de *trust* em causa (artigo 5.º); por outro lado, admite-se a possibilidade de os Estados contratantes formularem uma reserva no sentido de apenas reconhecerem o *trust* cuja validade seja regida pela lei de um Estado contratante (artigo 21.º, cfr. *infra*, 6. e 7.3.).

2. O objectivo fundamental da Convenção consiste em estabelecer disposições comuns sobre a lei aplicável ao *trust* e em regular os problemas mais importantes relacionados com o seu reconhecimento (cfr. o artigo 1.º e os considerandos do texto aprovado)[8-9].

---

geral, cfr.: MAURO BUSSANI, "In Search of a European Private Law (Trento Project)", comunicação ao colóquio sobre "Um Código Civil para a Europa", realizado em Coimbra, em 23 e 24 de Junho de 2000, publicado em *Um Código Civil para a Europa*, Coimbra, 2002, p. 79 ss; *The Common Core of European Private Law, Essays on the Project* (ed. M. Bussani & U. Mattei), The Hague, London, New York, 2002; VIVIAN GROSSWALD CURRAN, "The Trento Common Core of European Private Law Project", *European Review of Private Law*, 2003, p. 66 ss.

[7] A unificação do direito material aplicável ao *trust* constitui obviamente um objectivo desejável, que pode facilitar as operações de natureza internacional. O "Business and Law Research Centre" da Universidade de Nijmegen (Países Baixos) criou, em 1996, um grupo de trabalho internacional, composto por peritos de diferentes países no domínio do direito do *trust*. O grupo de trabalho formulou oito princípios de direito europeu do *trust* (*Principles of European Trust Law*), tendo em vista prosseguir os seguintes objectivos: facilitar as transacções dentro do espaço europeu; permitir, em cada ordem jurídica, o desenvolvimento de novos conceitos jurídicos; e orientar o modo como estes aperfeiçoamentos podem ser atingidos em contextos jurídicos e socio-económicos distintos.

[8] É da responsabilidade da autora a versão em língua portuguesa que neste trabalho se apresenta das normas constantes da Convenção. Utilizaram-se na tradução os textos oficiais em francês e em inglês, disponíveis em http://www.hcch.net. Teve-se ainda em conta a terminologia em língua italiana e em língua alemã usada nas traduções disponíveis no mesmo local.

Para efeitos do disposto na Convenção, o termo *trust* designa as relações jurídicas criadas por uma pessoa, o constituinte (o instituidor, ou o "fiduciante", na terminologia do diploma português em projecto) – por acto entre vivos ou *mortis causa* – sempre que os bens são colocados sob o controlo de um *trustee* ("fiduciário", na terminologia do projecto português) no interesse de um beneficiário ou com uma finalidade determinada.

Esta noção, constante do primeiro parágrafo do artigo 2.° da Convenção, é suficientemente ampla de modo a incluir institutos diferentes do *trust* regulado nos sistemas de *common law*, desde que correspondam às características enumeradas no segundo parágrafo do mesmo preceito.

De acordo com o segundo parágrafo do artigo 2.°, o *trust* tem as seguintes características, através das quais se pretende vincar a autonomia e a separação entre o património do *trust* e o do *trustee*:

a) os bens do *trust* constituem um património distinto e não se integram no património do *trustee*;

b) os bens do *trust* são atribuídos ao *trustee* ou a uma outra pessoa por conta do *trustee*[10];

c) o *trustee* tem o poder e o dever, de que deve prestar contas, de administrar, gerir ou dispor dos bens de acordo com os termos do *trust* e as regras particulares impostas ao *trustee* pela lei.

Além disso, admite-se claramente que a circunstância de o constituinte manter certos direitos ou poderes e de o *trustee* ter certos direitos na

---

[9] São numerosos os estudos dedicados a esta Convenção. Cfr. a lista de bibliografia publicada em http://www.hcch.net. Citam-se, como mais significativos: JONATHAN HARRIS, *The Hague Trusts Convention. Scope, Application and Preliminary Issues*, Oxford, 2002; GERAINT THOMAS, ALASTAIR HUDSON, *The Law of Trusts*, Oxford, 2004, p. 1319 ss; DONOVAN WATERS, *The Hague Trusts Convention twenty years on*, in MICHELE GRAZIADEI, UGO MATTEI, LIONEL SMITH (ed.), *Commercial Trusts in European Private Law*, cit., p. 56 ss. É fundamental a consulta do Relatório Explicativo, da responsabilidade do Professor ALFRED E. VON OVERBECK, que aqui se teve especialmente em atenção (o Relatório Explicativo encontra-se reproduzido em JONATHAN HARRIS, *The Hague Trusts Convention*, cit., p. 449 ss.).

[10] Não é unívoco o sentido desta alínea do segundo parágrafo do artigo 2.°. Nas versões oficiais diz-se, respectivamente: "le titre relatif aux biens du trust est établi au nom du trustee ou d'une autre personne pour le compte du trustee" e "title to the trust assets stands in the name of the trustee or in the name of another person on behalf of the trustee". Nas traduções italiana e alemã pode ler-se: "i beni in trust sono intestati al trustee o ad un'altra persona per conto del trustee" e "die Rechte in Bezug auf das Vermögen des Trusts lauten auf den Namen des Trustees oder auf den einer anderen Person in Vertretung des Trustees".

qualidade de beneficiário não é necessariamente incompatível com a existência de um *trust* (terceiro parágrafo do artigo 2.º).

A Convenção aplica-se apenas ao *trust* criado por declaração do constituinte, cuja prova possa fazer-se por escrito (artigo 3.º). É assim excluído, pelo menos em princípio, o *trust* criado por decisão judicial, embora se preveja a possibilidade de qualquer Estado declarar que pretende estender o regime da Convenção ao *trust* criado por decisão judicial (artigo 20.º, cfr. *infra*, 6. e 7.4.).

3. O primeiro objectivo da Convenção – determinar a lei aplicável ao *trust* – encontra-se concretizado nas normas de conflitos constantes dos artigos 6.º e 7.º.

O *trust* rege-se pela lei designada pelo constituinte; a escolha deve ser expressa ou resultar das disposições do acto que cria o *trust* ou do qual resulta a respectiva prova, interpretadas no contexto das circunstâncias do caso;

Quando não tiver sido escolhida a lei aplicável, ou quando a lei escolhida não conhecer o instituto do *trust* ou a categoria do *trust* em causa, o *trust* rege-se pela lei com a qual apresentar a conexão mais estreita; para determinar a lei com a qual o *trust* apresenta a conexão mais estreita, deve ter-se em conta, designadamente:

a) o lugar de administração do *trust*, determinado pelo constituinte;
b) a situação dos bens do *trust*;
c) a residência ou o lugar do estabelecimento do *trustee*;
d) os objectivos do *trust* e os lugares onde devem ser prosseguidos.

4. O segundo objectivo da Convenção – regular o reconhecimento do *trust* – é mais difícil de compreender.

O termo "reconhecimento" faz pensar num procedimento de *exequatur*, à semelhança daquele que, em certos casos, fundamenta a atribuição de efeitos, no Estado do foro, a actos públicos praticados no estrangeiro, ou num procedimento tendente à autorização da constituição de pessoas jurídicas ou à aceitação da personalidade jurídica de entidades estrangeiras. Não é porém disso que se trata nesta Convenção. A inclusão da questão do "reconhecimento" no âmbito da Convenção prende-se com a circunstância de o instituto do *trust* ser desconhecido na maior parte das ordens jurídicas dos países de *civil law* e de o regime do *trust* diferir de uma para outra ordem jurídica, nos países que o admitem. Por razões de eficácia da própria Convenção, pretende-se portanto explicitar o que significa, em cada Estado contratante, o reconhecimento do *trust* e quais os efeitos que o *trust* irá produzir fora do país cuja lei rege a sua constituição.

Assim, estabelece o artigo 11.º, primeiro parágrafo, que um *trust* criado em conformidade com a lei determinada de acordo com as normas de conflitos da Convenção – isto é, um *trust* criado em conformidade com a lei normalmente competente segundo as normas de conflitos dos artigos 6.º e 7.º, já antes referidos – será reconhecido como tal nos Estados contratantes.

O reconhecimento implica, pelo menos, que os bens do *trust* sejam distintos do património pessoal do *trustee* e que o *trustee* possa agir como autor ou réu, ou comparecer na qualidade de *trustee* perante um notário ou perante qualquer autoridade pública (artigo 11.º, segundo parágrafo).

Na medida em que a lei aplicável ao *trust* o exija ou o preveja, o reconhecimento implica nomeadamente (artigo 11.º, terceiro parágrafo):

a) que os credores pessoais do *trustee* não possam agir contra os bens do *trust*;

b) que os bens do *trust* sejam separados do património do *trustee* em caso de insolvência ou de falência deste;

c) que os bens do *trust* não integrem o regime matrimonial nem a sucessão do *trustee*;

d) que a reivindicação dos bens do *trust* seja permitida, nos casos em que o *trustee*, em violação das obrigações resultantes do *trust*, tenha provocado a confusão entre os bens do *trust* e os seus bens pessoais ou tenha disposto deles.

Verifica-se assim que as regras contidas no artigo 11.º da Convenção, embora remetendo em primeira linha para a ordem jurídica normalmente competente – e determinando em consequência a aceitação de um *trust* como tal considerado de acordo com a lei normalmente competente –, vêm estabelecer requisitos mínimos quanto ao reconhecimento do *trust* fora do país cuja lei rege a sua constituição. O que significa afinal que a Convenção inclui neste ponto directrizes relevantes para a qualificação do instituto, além daquelas que constam do artigo 2.º.

Dispõe-se ainda que o *trustee* que deseje fazer inscrever no registo um bem móvel ou imóvel, poderá requerer essa inscrição na sua qualidade de *trustee* ou por qualquer outro modo que revele a existência do *trust*, desde que tal não seja proibido pela lei do Estado onde a inscrição deve efectuar-se ou não seja incompatível com essa lei (artigo 12.º).

Todavia, nenhum Estado fica vinculado a reconhecer um *trust* cujos elementos significativos (com excepção da escolha da lei aplicável, do lugar de administração e da residência habitual do *trustee*) estejam mais estreitamente ligados a Estados que não conheçam o instituto do *trust* ou a categoria de *trust* em causa (artigo 13.º).

As regras contidas na Convenção não impedem a aplicação de regimes mais favoráveis ao reconhecimento do *trust* (artigo 14.º).

5. Na formulação das regras da Convenção teve-se em vista, sob diversos aspectos, a necessidade de ressalvar a aplicação de regimes nacionais, em matérias intimamente ligadas com a que é objecto da Convenção.

Assim, de acordo com o artigo 15.º, a Convenção não impede a aplicação das disposições da lei designada pelas normas de conflitos do foro que não sejam derrogáveis pelos interessados, nomeadamente nas seguintes matérias:

a) protecção de menores e incapazes;
b) efeitos pessoais e patrimoniais do casamento;
c) sucessão, testamentária ou não, especialmente a questão da legítima;
d) transferência da propriedade e garantias reais;
e) protecção dos credores em caso de insolvência;
f) protecção, sob outros aspectos, de terceiros de boa fé.

Por sua vez, atendendo às implicações de natureza tributária que podem estar associadas ao instituto do *trust*, o artigo 19.º ressalva a competência dos Estados em matéria fiscal.

Por outro lado, estabelece-se no artigo 16.º que a Convenção não impede a aplicação de disposições da lei do foro cuja aplicação se imponha mesmo em situações internacionais qualquer que seja a lei designada pelas normas de conflitos (primeiro parágrafo). A título excepcional, pode igualmente atribuir-se efeito a regras da mesma natureza contidas na ordem jurídica de outro Estado que apresente com o objecto do litígio um vínculo suficientemente estreito (segundo parágrafo); mas, quanto a este último ponto, admite-se a formulação de uma reserva (terceiro parágrafo, cfr. *infra*, 6. e 7.1.).

Prevê-se, por último, no artigo 18.º, a actuação da reserva de ordem pública, em termos de algum modo distintos dos que são tradicionalmente acolhidos em outras convenções celebradas no âmbito da Conferência da Haia ("as disposições da Convenção podem ser afastadas se a sua aplicação for manifestamente incompatível com a ordem pública").

6. Ao mesmo tempo, admite-se, com alguma amplitude, a possibilidade de os Estados contratantes formularem reservas quanto a certos aspectos do regime da Convenção:

- no terceiro parágrafo do artigo 16.º, prevê-se a possibilidade de um Estado declarar que não aplicará o segundo parágrafo do mesmo artigo 16.º – a disposição da Convenção que, a título excepcional, permite atribuir efeito às regras imperativas de um Estado que apresente com o objecto do litígio um vínculo suficientemente estreito (normas essas não incluídas na lei do foro nem na lei normalmente competente para reger a situação);
- o artigo 21.º concede aos Estados contratantes a faculdade de só aplicarem as disposições do capítulo relativo ao reconhecimento ao *trust* cuja validade seja regida pela lei de um Estado contratante;
- o artigo 22.º, depois de estabelecer como regra que a Convenção é aplicável seja qual for a data da criação do *trust*, admite, no segundo parágrafo, que os Estados contratantes se reservem o direito de não aplicarem a Convenção a um *trust* criado antes da data de entrada em vigor da Convenção para esse Estado.

As reservas devem ser formuladas de acordo com o procedimento previsto no artigo 26.º da Convenção.

Por seu turno, o artigo 20.º prevê a possibilidade de qualquer Estado declarar que pretende estender o regime da Convenção ao *trust* criado por decisão judicial.

7. Para os países em cuja legislação se encontra regulado o instituto do *trust* são óbvias as vantagens em aderir a esta Convenção: por um lado, a utilidade que sempre resulta da vinculação a regras de conflitos uniformes; por outro lado, o benefício do reconhecimento, por outros países, do *trust* criado de acordo com a sua lei, mesmo por países em que tal instituto não seja conhecido.

A partir do momento em que seja aprovado em Portugal um diploma sobre o regime jurídico da fidúcia, afigura-se conveniente desencadear o processo de adesão à Convenção da Haia sobre o *trust*.

Interessa por isso ponderar a necessidade ou a conveniência de formular alguma das reservas ou declarações previstas na Convenção.

7.1. Quanto à reserva prevista no terceiro parágrafo do artigo 16.º

Está em causa a possibilidade de um Estado contratante não aplicar a disposição da Convenção (o segundo parágrafo do mesmo artigo 16.º) que permite atribuir efeito às regras imperativas de um terceiro Estado que apresente com o objecto do litígio um vínculo estreito – as normas internacionalmente imperativas, denominadas, pela doutrina, "normas de aplicação imediata ou necessária"[11].

Até agora, formularam esta reserva os seguintes Estados: Canadá (relativamente a alguns territórios em que a Convenção se aplica), República Popular da China (em relação à Região Administrativa Especial de Hong Kong), Luxemburgo e Reino Unido (e também o Mónaco).

É uma reserva paralela à que se encontra prevista no artigo 22.º, n.º 1, alínea a), da Convenção de Roma sobre a lei aplicável às obrigações contratuais, respeitante à aplicação do artigo 7.º, n.º 1, da mesma Convenção (a norma da Convenção de Roma que permite atribuir relevância a normas internacionalmente imperativas de um terceiro Estado que apresente um vínculo estreito com a situação). Portugal, à semelhança do que aconteceu com diversos outros Estados membros da União Europeia, formulou essa reserva (cfr. artigo 3.º da Resolução da Assembleia da República n.º 3/94, de 3 de Fevereiro de 1994, que aprovou para ratificação a Convenção relativa à adesão do Reino de Espanha e da República Portuguesa à Convenção sobre a lei aplicável às obrigações contratuais).

A solução adoptada no âmbito da Convenção de Roma tem todavia sido criticada pela doutrina, sobretudo atendendo a que no ordenamento português vigoram outras normas com um conteúdo semelhante ao do artigo 7.º, n.º 1, da Convenção de Roma, como, por exemplo, o artigo 16.º da Convenção da Haia sobre a lei aplicável aos contratos de intermediação e à representação.

---

[11] Cfr., entre nós, por todos, ANTÓNIO MARQUES DOS SANTOS, *As normas de aplicação imediata no direito internacional privado. Esboço de uma teoria geral*, Coimbra, 1991.

Note-se, aliás, que o n.º 5 do artigo 6.º do recente Código do Trabalho dispõe que, "sendo aplicável a lei de determinado Estado, por força dos critérios enunciados nos números anteriores, pode ser dada prevalência às disposições imperativas da lei de outro Estado com o qual a situação apresente uma conexão estreita se, e na medida em que, de acordo com o direito deste último Estado essas disposições forem aplicáveis, independentemente da lei reguladora do contrato"[12].

A atribuição de relevância a normas internacionalmente imperativas de um terceiro Estado que apresente uma conexão estreita com a situação não é portanto estranha ao direito internacional privado português.

Assim sendo, não parece indispensável que o Estado Português formule a reserva prevista no terceiro parágrafo do artigo 16.º.

7.2. Quanto à reserva prevista no artigo 21.º

A disposição confere aos Estados contratantes a possibilidade de só aplicarem as disposições do capítulo respeitante ao reconhecimento relativamente ao *trust* cuja validade seja regida pela lei de um Estado contratante. A admissibilidade da reserva relaciona-se com o carácter universal da Convenção, já anteriormente referido. Não se trata todavia de, através do funcionamento da reserva, conferir efeito de reciprocidade à Convenção.

Até ao momento, nenhum Estado formulou esta reserva.

Não se afigura necessário que o Estado Português formule a reserva prevista neste artigo 21.º.

7.3. Quanto à reserva prevista no segundo parágrafo do artigo 22.º

O segundo parágrafo do artigo 22.º admite que os Estados contratantes se reservem o direito de não aplicarem a Convenção a um *trust* criado antes da data de entrada em vigor da Convenção para esse Estado.

Até ao momento, nenhum Estado formulou esta reserva.

Também não se afigura necessário que o Estado Português formule a reserva prevista neste artigo 21.º.

---

[12] Sobre as normas do Código do Trabalho que prevêem a atribuição de relevância a normas internacionalmente imperativas, pode ver-se MARIA HELENA BRITO, "Direito aplicável ao contrato internacional de trabalho. Algumas considerações a propósito do Código do Trabalho", *Estudos em Memória do Conselheiro Luís Nunes de Almeida*, Coimbra, 2007, p. 105 ss (p. 122 ss).

7.4. Quanto à extensão do regime da Convenção

O artigo 20.º permite a qualquer Estado declarar que pretende estender o regime da Convenção ao *trust* criado por decisão judicial.

Até ao momento, fizeram esta declaração: Canadá (relativamente a alguns territórios em que a Convenção se aplica), República Popular da China (em relação à Região Administrativa Especial de Hong Kong), Luxemburgo e Reino Unido (e também o Mónaco).

Não se abrangendo no diploma em preparação a figura do *trust* criado por decisão judicial, não parece justificar-se que o Estado Português faça qualquer declaração quanto a este ponto.

PERSPECTIVAS DA HARMONIZAÇÃO E UNIFICAÇÃO INTERNACIONAL DO DIREITO PRIVADO NUMA ÉPOCA DE GLOBALIZAÇÃO DA ECONOMIA

Dário Moura Vicente* **

> «*Il y a de certaines idées d'uniformité qui saisissent quelquefois les grands esprits (car elles ont touché Charlemagne), mais qui frappent infailliblement les petits. Ils y trouvent un genre de perfection qu'ils reconnoissent, parce qu'il est impossible de ne le pas découvrir: les mêmes poids dans la police, les mêmes mesures dans le commerce, les mêmes lois dans l'État, la même religion dans toutes ses parties. Mais cela est-il toujours à propos sans exception? Le mal de changer est-il toujours moins grand que le mal de souffrir? Et la grandeur du génie ne consisteroit-elle pas mieux à savoir dans quel cas il faut l'uniformité et dans quel cas il faut des différences? A la Chine, les Chinois sont gouvernés par le cérémonial chinois, et les Tartare par le cérémonial tartare: c'est pourtant le peuple du monde qui a le plus la tranquillité pour objet. Lorsque les citoyens suivent les lois, qu'importe qu'ils suivent la même?*»
>
> Montesquieu, *De l'esprit des lois*, Genebra, 1749, Livro XXIX, capítulo 18.

---

* Professor Associado da Faculdade de Direito da Universidade de Lisboa.

** Texto, com actualizações pontuais, que serviu de base à conferência proferida em 5 de Outubro de 2007 na Universidade Carlos III de Madrid.

SUMÁRIO: *1. Introdução. 2. Breve panorama das principais iniciativas contemporâneas de harmonização e unificação do Direito Privado: a) De âmbito mundial. 3. Continuação: b) De âmbito regional. 4. Razões que as justificam: a) A certeza do Direito aplicável. 5. Continuação: b) A integração dos mercados e a igualdade de condições entre concorrentes. 6. Continuação: c) A redução dos custos de transacção. 7. Limites a que se subordinam: a) A preservação do pluralismo jurídico. 8. Continuação: b) Divergências de cariz axiológico e ideológico. 9. Continuação: c) A conexão com o processo. 10. A coordenação dos Direitos nacionais como alternativa.*

1. Introdução

A crescente integração dos mercados, a que se convencionou chamar globalização ou mundialização da economia, veio repor na ordem do dia a temática da harmonização e da unificação internacional do Direito Privado[1].

Na doutrina, anuncia-se uma «convergência gradual» dos sistemas jurídicos nacionais (ou, pelo menos, daqueles que integram as famílias jurídicas romano-germânica e de *Common Law*)[2]. Retoma-se deste modo a hipótese, avançada há mais de quatro décadas, da formação de um *Direito ocidental*, que congregaria os sistemas integrados nessas famílias jurídicas[3]. E a criação de um novo *Ius Commune*, adaptado às necessidades do mundo moderno, é apontado como o ideal a prosseguir[4]. Assiste-se assim ao renascimento da *concepção universalista do Direito*, que teve grande influência na Europa até ao início do século XIX.

---

[1] Cfr. JÜRGEN BASEDOW, «The Effects of Globalization on Private International Law», *in* Jürgen Basedow e Toshiyuki Kono (orgs.), *Legal Aspects of Globalization. Conflict of Laws, Internet, Capital Markets and Insolvency in a Global Economy*, Haia/Londres/Boston, 2000, pp. 1 ss.; PEDRO ALBERTO DE MIGUEL ASENSIO, «El Derecho Internacional Privado ante la globalización», *Anuario Español de Derecho Internacional Privado*, t. I, 2001, pp. 37 ss.

[2] Neste sentido, BASIL MARKESINIS, «Learning from Europe and Learning in Europe», *in eiusdem*, *The Gradual Convergence: Foreign Ideas, Foreign Influences, and English Law on the Eve of the 21st Century*, reimpressão, Oxford, 2001, pp. 1 ss. (p. 30).

[3] Assim RENÉ DAVID, «Existe-t-il un droit occidental?», *in* Kurt H. Nadelmann, Arthur T. von Mehren e John N. Hazard (orgs.), *XXth Century Comparative and Conflicts Law. Essays in Honor of Hessel E. Yntema*, Leida, 1961, pp. 56 ss.

[4] Cfr. RENÉ DAVID, «The International Unification of Private Law», *in International Encyclopedia of Comparative Law*, vol. II, cap. 5, Tubinga, s.d.

É das manifestações actuais dessa concepção que nos propomos tratar no presente estudo. Existirá – pergunta-se – um Direito da globalização? A fim de respondermos a esta questão, procuraremos, em primeiro lugar, traçar um breve panorama das principais iniciativas contemporâneas de harmonização e unificação do Direito Privado material, no plano mundial e regional. Indagaremos depois das razões que as justificam e dos limites a que se subordinam. Tentaremos, por fim, determinar se e em que medida a coordenação dos Direitos nacionais através dos métodos próprios do Direito Internacional Privado constitui uma alternativa à harmonização e à unificação internacional do Direito Privado.

A fim de delimitarmos o objecto da exposição subsequente, importa precisar os conceitos de harmonização e de unificação de Direitos a que aludimos acima.

Por *harmonização* de Direitos entendemos a redução das diferenças que os separam quanto a certas matérias, tendo em vista assegurar um certo grau de *equivalência funcional* entre as soluções neles consagradas, mas sem que seja inteiramente suprimida a diversidade das respectivas regras. A harmonização pode ser conseguida de diferentes formas, entre as quais avultam, na Comunidade Europeia, as Directivas, que vinculam os Estados-Membros quanto aos resultados a alcançar na disciplina jurídica de certas matérias, deixando no entanto às instâncias nacionais a competência quanto à forma e aos meios de o conseguirem; e no âmbito mundial as *Leis-Modelo* emanadas da Comissão das Nações Unidas Para o Direito Comercial Internacional (CNUDCI) e do Instituto Internacional Para a Unificação do Direito Privado (UNIDROIT).

Já a *unificação* de Direitos tem por objectivo a supressão das diferenças entre os sistemas jurídicos considerados, o que pressupõe a identidade das suas regras jurídicas e porventura mesmo a atribuição a um único órgão da competência para decidir em última instância as questões suscitadas pela respectiva interpretação e integração. Também a unificação pode ser levada a efeito através de diferentes categorias de instrumentos, entre os quais sobressaem, para além das convenções e dos tratados de Direito Internacional Público, os Regulamentos (na Comunidade Europeia) e os Actos Uniformes (na Organização Para a Harmonização do Direito dos Negócios em África ou OHADA).

2. Breve panorama das principais iniciativas contemporâneas de harmonização e unificação do Direito Privado: a) De âmbito mundial

I – Modernamente, contam-se entre as primeiras manifestações do fenómeno em apreço as iniciativas de unificação que, no final do século XIX, tiveram por objecto a propriedade intelectual. Duas convenções internacionais, ainda em vigor, instituíram então um *standard* mínimo de protecção dos direitos intelectuais, hoje de aplicação quase universal: a *Convenção de Paris para a Protecção da Propriedade Industrial*, de 20 de Março 1883, revista por diversas vezes[5]; e a *Convenção de Berna para a Protecção das Obras Literárias e Artísticas*, celebrada em 9 de Setembro de 1886 e também objecto de diversas revisões[6].

Ainda hoje é essencialmente por força destes instrumentos internacionais que nos respectivos Estados membros se afere, em situações plurilocalizadas, a protecção devida aos direitos autorais e aos direitos privativos da propriedade industrial. Em virtude do Acordo, celebrado em 1994, sobre os Aspectos dos Direitos da Propriedade Intelectual Relacionados com o Comércio (ADPIC ou TRIPS)[7], anexo ao acordo que instituiu a Organização Mundial de Comércio, essas convenções vigoram hoje em todos os Estados partes desta organização internacional.

Cumpre todavia reconhecer o alcance relativamente limitado desses instrumentos: pese embora o enorme progresso que representaram face à situação pretérita, deixaram por regular um vastíssimo número de questões, como por exemplo a titularidade do direito de autor nos casos de obras feitas por conta de outrem, o esgotamento desse direito e os respectivos meios de tutela.

II – Nos anos 20 do século passado, foi lançado pelo então professor em Berlim Ernst Rabel o apelo a uma empresa mais ambiciosa: a unificação internacional do regime da compra e venda. Foi na sequência desse

---

[5] Aprovado para ratificação pelo Decreto n.º 22/75, de 22 de Janeiro (publicado no 1.º suplemento ao *Diário da República* dessa data).

[6] Em vigor em Portugal na versão do Acto de Paris de 24 de Julho de 1971, por força do Decreto n.º 73/78, de 26 de Julho, que o aprovou para adesão.

[7] Aprovado para ratificação pela Resolução da Assembleia da República n.º 75-B/94, de 15 de Dezembro de 1994, *in Diário da República*, I série A, n.º 298, de 27 de Dezembro de 1994, 5.º suplemento.

apelo que se procedeu à elaboração, sob a égide do UNIDROIT, de um projecto de Lei Uniforme Sobre a Compra e Venda, publicado em 1935[8]. Interrompidos durante a II Guerra Mundial, os esforços de unificação legislativa neste domínio viriam a ser retomados após a cessação das hostilidades, tendo sido apresentado na Haia, em 1951, um novo projecto de lei uniforme sobre a matéria. Em 1964, foram aprovadas, também na Haia, duas convenções tendo em anexo, respectivamente, a Lei Uniforme Sobre a Compra e Venda Internacional de Mercadorias e a Lei Uniforme Sobre a Formação dos Contratos de Compra e Venda Internacional de Mercadorias, que os Estados celebrantes se obrigavam a incorporar no seu Direito interno[9]. Mas estas convenções não tiveram acolhimento favorável por parte de vários Estados com participação relevante no comércio internacional, tendo sido objecto de um número muito restrito de ratificações. Eis por que a CNUDCI, criada em 1966 por uma Resolução da Assembleia-Geral da Organização das Nações Unidas, estabeleceu como uma das suas prioridades a revisão do Direito uniforme da compra e venda internacional. A sua actividade culminou numa conferência diplomática realizada em Viena, em 1980, na qual foi aprovada a *Convenção das Nações Unidas Sobre os Contratos de Compra e Venda Internacional de Mercadorias*, em vigor desde 1 de Janeiro de 1988[10].

Outros tipos contratuais assumiram entretanto grande relevo nas relações internacionais. Está neste caso a *locação financeira* (*leasing* ou *cré-*

---

[8] Podem consultar-se as versões francesa e alemã do projecto, com um comentário de ERNST RABEL, na *Rabels Zeitschrift für ausländisches und internationales Privatrecht*, 1935, pp. 8 ss. Consultem-se ainda, do mesmo autor, *Das Recht des Warenkaufs. Eine rechtsvergleichende Darstellung*, vol. I, Berlim/Leipzig, 1936, vol. II, Berlim, 1957; e «L'unification du droit de la vente internationale. Ses rapports avec les formulaires ou contrats-types des divers commerces», in AAVV, *Introduction à l'étude du Droit Comparé. Recueil d'Études en l'honneur d'Édouard Lambert*, vol. II, Paris, 1938, pp. 688 ss. (traduzido do alemão por H. Mankiewicz).

[9] Vejam-se os respectivos textos em http://www.unidroit.org.

[10] Disponível em http://www.uncitral.org. Portugal ainda não aderiu à Convenção de Viena, de que são presentemente partes 70 Estados; mas ela pode, não obstante isso, ser aplicada pelos tribunais portugueses quando as regras de conflitos nacionais remetam para o Direito de um Estado parte da Convenção. Ver sobre a Convenção, na literatura nacional, MARIA ÂNGELA BENTO SOARES/RUI MOURA RAMOS, *Contratos internacionais. Compra e venda. Cláusulas penais. Arbitragem*, Coimbra, 1986; DÁRIO MOURA VICENTE, «A Convenção de Viena Sobre a Compra e Venda Internacional de Mercadorias: características gerais e âmbito de aplicação», in AAVV, *Estudos de Direito Comercial Internacional*, Coimbra, 2004, pp. 271 ss.; e LUÍS DE LIMA PINHEIRO, *Direito Comercial Internacional*, Coimbra, 2005, pp. 259 ss.

dit-bail), particularmente importante como instrumento de financiamento da aquisição de equipamentos por parte dos países em vias de desenvolvimento. Ocupou-se dela o UNIDROIT, por iniciativa do qual foi concluída em Otava, em 1988, a *Convenção Sobre o Leasing Financeiro Internacional*, em vigor desde 1995, que unifica as regras materiais aplicáveis a esse contrato[11].

Paralelamente, foi objecto de unificação o regime jurídico aplicável ao chamado *factoring*, ou *cessão financeira*, que desempenha igualmente papel de relevo no comércio internacional como instrumento destinado, nomeadamente, a facilitar as exportações pelas pequenas e médias empresas, normalmente dotadas de menor capacidade financeira e por isso mesmo impossibilitadas de concederem crédito aos adquirentes dos seus produtos ou serviços. Também ele é objecto de uma Convenção do UNIDROIT: a *Convenção Sobre o Factoring Internacional*, concluída em Otava em 1988 e em vigor desde 1995[12].

III – Um domínio em que é há muito igualmente reconhecida a necessidade de uma unificação do regime jurídico aplicável é o do transporte internacional.

Foi esse reconhecimento que esteve na origem da celebração, a 25 de Agosto de 1924, por iniciativa do Comité Marítimo Internacional, da *Convenção de Bruxelas Relativa à Unificação de Certas Regras em Matéria de Conhecimentos de Carga* (também conhecida por «Regras da Haia»)[13], alterada pelo *Protocolo de Visby* de 23 de Fevereiro de 1968 e pelo *Protocolo SDR*[14]; bem como da *Convenção das Nações Unidas Sobre o Trans-*

---

[11] Disponível em http://www.unidroit.org. Existe tradução portuguesa, com notas, por RUI PINTO DUARTE, *in Escritos sobre Leasing e Factoring*, Cascais, 2001, pp. 211 ss. Cfr. também SÁNCHEZ JIMÉNEZ, «El contrato de leasing», *in* Alfonso Calvo Caravaca e outros (orgs.), *Contratos internacionales*, Madrid, 1997, pp. 933 ss.. Portugal não é, por enquanto, parte deste instrumento internacional.

[12] Disponível em http://www.unidroit.org. Ver SÁNCHEZ JIMÉNEZ, «El contrato de factoring», *in* Alfonso Calvo Caravaca e outros (orgs.), ob. cit., pp. 978 ss.; MARIA HELENA BRITO, *O factoring internacional e a Convenção do Unidroit*, Lisboa, 1998, pp. 83 ss.; e RUI PINTO DUARTE, ob. cit. Portugal também não é parte deste instrumento internacional.

[13] A que Portugal aderiu pela Carta de 5 de Dezembro de 1931, publicada no *D.G.*, I série, n.º 128, de 2 de Junho de 1932. Veja-se o estado das ratificações em http://www.comitemaritime.org.

[14] Em vigor, respectivamente, desde 23 de Junho de 1977 e 14 de Fevereiro de 1984; não foram ainda ratificados por Portugal.

porte de Mercadorias por Mar, concluída em Hamburgo a 31 de Março de 1978 («Regras de Hamburgo»)[15].

No domínio do transporte aéreo, destaquem-se a *Convenção de Varsóvia Para a Unificação de Certas Regras Relativas ao Transporte Aéreo Internacional*, de 12 de Outubro de 1929[16] e a *Convenção Para a Unificação de Certas Regras Relativas ao Transporte Aéreo Internacional*, celebrada em Montreal a 28 de Maio de 1999[17], que visa modernizar e consolidar o denominado *sistema de Varsóvia* constituído pela convenção do mesmo nome e pelos instrumentos que a completaram e modificaram.

Não menos relevantes nesse domínio são a *Convenção de Genebra de 1956 Relativa ao Contrato de Transporte Internacional de Mercadorias por Estrada* (CMR)[18] e a *Convenção Relativa aos Transportes Internacionais Ferroviários*, feita em Berna em 1980 (COTIF)[19].

IV – Mais recentemente, surgiram diversos instrumentos internacionais respeitantes aos meios de pagamento e às garantias das transacções: a *Convenção das Nações Unidas Sobre Letras de Câmbio e Livranças Internacionais*, de 1988; a *Convenção das Nações Unidas Sobre a Cessão de Créditos no Comércio Internacional*, de 2001; e a *Convenção do UNIDROIT Relativa às Garantias Internacionais Sobre Elementos de Equipamentos Móveis*, de 2001[20].

Por outro lado, o crescente recurso a meios electrónicos na contratação internacional e a necessidade de esclarecer certas dúvidas suscitadas quanto à validade e eficácia dos contratos assim celebrados levaram a

---

[15] Disponível em http://www.uncitral.org. Em vigor desde 1 de Novembro de 1992; não foi ainda ratificada por Portugal.

[16] Publicada no *Diário do Governo*, I série, n.° 185, de 10 de Agosto de 1948. São partes dela 151 Estados e territórios. Veja-se o estado das ratificações em http://www.icao.int.

[17] Em Portugal, a Convenção foi aprovada para ratificação pelo Decreto n.° 39/2002, de 27 de Novembro. São actualmente partes desta Convenção 70 Estados, além da Comunidade Europeia, que a aprovou por Decisão do Conselho de 5 de Abril de 2001. O estado das ratificações está disponível em http://www.icao.int.

[18] Aprovada para adesão pelo Decreto-Lei n.° 46.235, de 18 de Março de 1965.

[19] Aprovada para ratificação pelo Decreto do Governo n.° 50/85, de 27 de Novembro. Foi alterada pelos Protocolos 1990, aprovado, para adesão, pelo Decreto do Governo n.° 10/97, de 19 de Fevereiro, de 1999, aprovado pelo Decreto n.° 3/2004, de 25 de Março.

[20] Textos disponíveis nos sítios Internet da CNUDCI e do UNIDROIT citados nas notas anteriores.

CNUDCI a promover a *Convenção das Nações Unidas Sobre a Utilização das Comunicações Electrónicas nos Contratos Internacionais*, concluída em Nova Iorque em 2005[21].

V – Numa outra categoria de instrumentos de harmonização e unificação internacional do Direito Privado inserem-se os *Princípios Relativos aos Contratos Comerciais Internacionais*, originariamente publicados em 1994 pelo UNIDROIT[22].

Contêm-se nesse texto disposições uniformes relativas, nomeadamente, à formação, à validade e à interpretação dos contratos, à determinação das obrigações deles emergentes e aos direitos de terceiros, ao cumprimento e ao incumprimento, bem como à cessão do contrato ou dos direitos dele emergentes e à transferência de obrigações para terceiros[23]. Trata-se porém de um texto sem carácter vinculativo, que se destina a ser aplicado fundamentalmente quando as partes o escolham, e não enquanto fonte de verdadeiras regras jurídicas[24].

Alguns reconduzem-no à categoria a que se convencionou chamar «Direito flexível», ou *soft law*[25], conceito através do qual se têm geralmente em vista certos instrumentos reguladores de relações internacionais de índole económica, sem carácter normativo, mas nem por isso desprovi-

---

[21] Disponível em *ibidem*.

[22] Cfr. International Institute for the Unification of Private Law, *Unidroit Principles of International Commercial Contracts*, Roma, 1994 (existe tradução portuguesa, publicada pelo Ministério da Justiça, com o título *Princípios relativos aos Contratos Comerciais Internacionais*, Lisboa, 2000). Em 2004, foi publicada nova edição actualizada.

[23] Ver, sobre esse texto, Michael Joachim Bonell, *An International Restatement of Contract Law. The UNIDROIT Principles of International Commercial Contracts*, 3.ª ed., Ardsley, Nova Iorque, 2005.

[24] Veja-se o preâmbulo dos *Princípios*, segundo o qual: «Os Princípios seguintes enunciam regras gerais destinadas a reger os contratos comerciais internacionais. Serão aplicáveis quando as partes acordem em submeter o seu contrato a estes Princípios. Podem aplicar-se quando as partes convencionem submeter o contrato aos princípios gerais do direito, à lex mercatoria ou fórmula semelhante. Podem ser aplicados quando as partes não hajam escolhido qualquer lei a fim de reger o seu contrato. Podem ser utilizados para interpretar ou integrar instrumentos internacionais de direito uniforme. Podem ser utilizados para interpretar o direito nacional. Podem servir de modelo aos legisladores nacionais e internacionais».

[25] Ver Ulrich Drobnig, «Vereinheitlichung von Zivilrecht durch soft law: neuere Erfahrungen und Einsichten», *in* Jürgen Basedow e outros (orgs.), *Aufbruch nach Europa. 75 Jahre Max-Planck-Institut für Privatrecht*, Tubinga, 2001, pp. 745 ss.

dos de eficácia. Esta última derivaria, além do mais, de os sujeitos dessas relações obedecerem espontaneamente ao que se prescreve em tais instrumentos, *v.g.* por receio de perderem certas vantagens (como a protecção diplomática ou a concessão de créditos à exportação) ou de a sua observância ser conforme à boa fé[26]. Parece duvidoso, no entanto, que se possa com propriedade falar de Direito a este respeito.

Outro tanto deve dizer-se das referidas *Leis-Modelo* emanadas da CNUDCI e do UNIDROIT; bem como dos *Guias Legislativos* que nos últimos anos a primeira destas organizações tem adoptado em crescente número[27]; e dos instrumentos normativos emanados das organizações de Direito Privado, como a Câmara de Comércio Internacional, que têm procurado compilar os usos do comércio internacional, actualizando e aperfeiçoando regularmente a sua formulação. São fruto deste labor, por exemplo, os denominados *Incoterms*[28], as *Regras Uniformes Sobre Garantias Contratuais*[29] e as *Regras e Usos Uniformes Relativos ao Crédito Documentário*[30], emanados daquela entidade, que os interessados podem adoptar, incorporando-os por remissão nos respectivos contratos.

3. Continuação: b) De âmbito regional

I – A harmonização e a unificação do Direito Privado ganharam também grande relevância no contexto dos movimentos de integração económica regional[31].

---

[26] Cfr. IGNAZ SEIDL-HOHENVELDERN, «International Economic "Soft Law"», *Recueil des Cours de l'Académie de La Haye de Droit International*, t. 163 (1979-II), pp. 165 ss. (especialmente pp. 182 ss.); ULRICH EHRICKE, «"Soft Law" – Aspekte einer neuen Rechtsquelle», *NJW*, 1989, pp. 1906 ss.; ANTÓNIO MARQUES DOS SANTOS, *Direito Internacional Privado*, vol. I, Lisboa, 2001, pp. 41 s.; e PAULO OTERO, *Legalidade e administração pública. O sentido da vinculação administrativa à juridicidade*, Coimbra, 2003, pp. 172 ss. e 908 ss.

[27] Vejam-se designadamente os Guias Legislativos da CNUDCI sobre Transferências Electrónicas de Fundos (1986), Projectos de Infra-estruturas com Financiamento Privado (2001) e Direito da Insolvência (2005).

[28] Cfr. *Incoterms 2000. ICC Official Rules for the Interpretation of Trade Terms*, Paris, 2000.

[29] Cfr. *ICC Uniform Rules for Contract Guarantees*, reimpressão, Paris, 2002.

[30] Cfr. *ICC Uniform Customs and Practice for Documentary Credits. 2007 Revision*, Paris, 2007.

[31] Ver, sobre esta matéria, os estudos recolhidos sob o título *Worldwide Harmonisation of Private Law and Regional Economic Integration. Acts of the Congress to Celebrate*

No âmbito da Comunidade Europeia, por exemplo, são hoje muito numerosos os actos de Direito Comunitário que incidem sobre matérias de Direito Privado, visando harmonizar os Direitos dos Estados-Membros. Entre esses actos destacam-se as Directivas relativas à responsabilidade decorrente dos produtos defeituosos[32]; às cláusulas abusivas nos contratos celebrados com os consumidores[33]; à protecção dos adquirentes quanto a certos aspectos dos contratos de aquisição de um direito de utilização a tempo parcial de bens imóveis (*time-sharing*)[34]; à protecção dos consumidores em matéria de contratos à distância[35]; à venda de bens de consumo e às garantias a ela relativas[36]; ao comércio electrónico[37]; aos atrasos de pagamento nas transacções comerciais[38]; aos acordos de garantia financeira[39]; à comercialização à distância de serviços financeiros[40]; e às práticas comerciais desleais das empresas face aos consumidores no mercado interno[41].

Já se tem visto neste conjunto de actos comunitários a expressão embrionária de um novo *Ius Commune* europeu. Importa contudo notar

---

the 75th *Anniversary of the Founding of the International Institute for the Unification of Private Law (UNIDROIT)/Harmonisation mondiale du droit privé et intégration économique régionale. Actes du Congrès pour célébrer le 75ème anniversaire de la fondation de l'Institut international pour l'unification du droit privé (UNIDROIT)*, vol. VIII (2003, n.os 1 e 2) da *Uniform Law Review*.

[32] Directiva 85/374/CEE, de 25 de Julho de 1985, in *Jornal Oficial das Comunidades Europeias* (doravante *JOCE*), n.° L 210, de 7 de Agosto de 1985, pp. 29 ss.

[33] Directiva 93/13/CEE, de 5 de Abril de 1993, in *JOCE* n.° L 95, de 21 de Abril de 1993, pp. 29 ss.

[34] Directiva 94/47/CE, de 26 de Outubro de 1994, in *JOCE* n.° L 280, de 29 de Agosto de 1994, pp. 83 ss.

[35] Directiva 97/7/CE, de 20 de Maio de 1997, in *JOCE* L 144, de 4 de Junho de 1997, pp. 19 ss.

[36] Directiva 1999/44/CE, de 25 de Maio de 1999, in *JOCE*, n.° L 171 de 7 de Julho de 1999, pp. 12 ss.

[37] Directiva 2000/31/CE, de 8 de Junho de 2000, in *JOCE* n.° L 178, de 17 de Julho de 2000, pp. 1 ss.

[38] Directiva 2000/35/CE, de 29 de Junho de 2000, in *JOCE* n.° L 200, de 8 de Agosto de 2000, pp. 35 ss.

[39] Directiva 2002/47/CE, de 6 de Junho de 2002, in *JOCE* n.° L 168, de 27 de Junho de 2002, pp. 43 ss.

[40] Directiva 2002/65/CE, de 23 de Setembro de 2002, in *JOCE* n.° L 271, de 9 de Outubro de 2002, pp. 16 ss.

[41] Directiva 2005/29/CE do Parlamento Europeu e do Conselho, de 11 de Maio de 2005, in *JOCE* n.° L 149 de 11 de Junho de 2005, pp. 22 ss.

que, ao passo que o *Ius Commune* medieval vigorou na Europa devido ao reconhecimento da sua superioridade perante qualquer outra fonte de regulação jurídica da vida social (i. é, *imperio rationis*), o Direito Comunitário vigora porque é estabelecido pelas instituições competentes da Comunidade Europeia, em vista de um ideal de unificação do Direito dos Estados-Membros (*hoc sensu, ratione imperii*)[42].

Seja porém como for, é inequívoco que o acervo comunitário no domínio do Direito Privado não logrou eliminar as divergências entre os sistemas jurídicos nacionais quanto às matérias por ele abrangidas. Trata-se, como resulta do enunciado de actos comunitários acima feito, de uma regulamentação muito fragmentária; e contêm-se nela, além disso, certas incoerências, que afectam designadamente o regime dos deveres pré-contratuais de informação, dos prazos de retractação pelo consumidor e da responsabilidade contratual do fornecedor de bens ou serviços.

É esta uma das principais razões por que foi preconizada por alguns a elaboração de um *Código Civil Europeu*, ideia a que o Parlamento Europeu deu reiteradamente o seu aval[43]. Nesse sentido foram levados a cabo nos últimos anos diversos trabalhos preparatórios, entre os quais sobressaem os *Princípios de Direito Europeu dos Contratos*, publicados entre 1995 e 2003 pela Comissão de Direito Europeu dos Contratos[44]; o anteprojecto de um *Código Europeu dos Contratos*, da iniciativa da *Academia dos Jusprivatistas Europeus*, com sede em Pavia, que teve como coordenador Giuseppe Gandolfi[45]; e os *Princípios de Direito Europeu da Responsabilidade Civil*, publicados em 2005 pelo *Grupo Europeu de Direito da Responsabilidade Civil*[46].

---

[42] Ver, nesta linha de orientação, PETER STEIN, *Roman Law in European History*, Cambridge, reimpressão, 2004, p. 130.

[43] Cfr. «Resolução sobre um esforço de harmonização do direito privado dos Estados-membros», *JOCE*, n.º C 158, de 26 de Junho de 1989, pp. 400 s.; «Resolução sobre a harmonização de certos sectores do direito privado dos Estados-membros», *in ibidem*, n.º C 205, de 25 de Julho de 1994, pp. 518 s.; e «Resolução do Parlamento Europeu sobre a aproximação do direito civil e comercial dos Estados-Membros», *in ibidem*, n.º C 140 E, de 13 de Junho de 2002, pp. 538 ss.

[44] Cfr. OLE LANDO e outros (orgs.), *Principles of European Contract Law. Parts I and II Combined and Revised*, Haia/Londres/Boston, 2000; *Part III*, Haia/Londres/Nova Iorque, 2003.02, pp. 538 ss.

[45] Cfr. Accademia dei Giusprivatisti Europei, *Code européen des contrats. Avant-projet*, 2.ª ed., Milão, 2004.

[46] Cfr. European Group on Tort Law, *Principles of European Tort Law. Text and Commentary*, Viena/Nova Iorque, 2005.

De um modo geral, todos estes textos se filiam na técnica jurídica e nas soluções dos sistemas jurídicos romano-germânicos. A sua adopção como base de um futuro Código Civil europeu apenas poderia por isso fazer-se, como foi salientado por Pierre Legrand, à custa da tradição jurídica de *Common Law*[47]. Não falta aliás entre os adeptos da referida codificação quem preconize expressamente o recurso para o efeito aos materiais do Direito Romano[48].

Em 1998, foi constituído o *Grupo de Estudos Sobre um Código Civil Europeu*, dirigido pelo professor de Osnabrück Christian von Bar, com vista a preparar uma codificação do Direito Civil patrimonial (excluindo o regime dos bens imóveis) destinada a ser posteriormente incorporada num Regulamento comunitário[49]. Mas este projecto, inicialmente acalentado pela Comunidade Europeia, foi entretanto preterido, tanto pela Comissão Europeia[50] como pelo Conselho Europeu[51], em benefício de um instrumento de alcance mais limitado, a que se deu a designação de *Quadro Comum de Referência* (*Common Frame of Reference*). Este último visa tão-somente, segundo o *Plano de Acção* da Comissão Europeia intitulado *Maior Coerência no Direito Europeu dos Contratos*[52], estabelecer «prin-

---

[47] Cfr. «Against a European Civil Code», *The Modern Law Review*, 1997, pp. 44 ss. (p. 55), onde se pode ler: «[t]he communion assumed to be epitomised by a European Civil Code would in fact represent, beyond the sum of words, the excommunication of the common law way of understanding the world and the relegation to obsolescence of its particular insights».

[48] Ver ROLF KNÜTEL, «Rechtseinheit in Europa und römisches Recht», *Zeitschrift für Europäisches Privatrecht*, 1994, pp. 244 ss. (p. 269).

[49] Ver CHRISTIAN VON BAR, «Le Groupe d'Études sur un Code Civil Européen», *Revue Internationale de Droit Comparé*, 2001, pp. 127 ss.

[50] Veja-se o discurso proferido pelo Comissário Europeu Marcos Kyprianou, em 26 de Setembro de 2005, na abertura da Conferência sobre Direito Europeu dos Contratos, realizada em Londres por iniciativa da Comissão Europeia e do Governo do Reino Unido. Aí se lê: «I can indeed categorically state that we are not working on a European Civil Code. As early as 2001, in the first consultation round, it was very clear from the responses that this was not the favoured option. So, no Civil Code» (texto disponível em http://ec.europa.eu/consumers/cons_int/safe_shop/fair_bus_pract/cont_law/conference26092005_en.htm).

[51] Vejam-se as conclusões do Conselho Europeu de 28 e 29 de Novembro de 2005, n.° 10: «The Council of the European Union [...] welcomes [...] the Commission's repeated assurance that it does not intend to propose a "European Civil Code" which would harmonise contract laws of Member States, and that Member States' differing legal traditions will be fully taken into account» (texto disponível em http://www.europa.eu).

[52] *In JOCE* C63, de 15 de Março de 2003, pp. 1 ss. (n.os 59 e 60).

cípios e uma terminologia comuns no âmbito do direito europeu dos contratos», constituindo também «um passo importante para melhorar o acervo [comunitário] em matéria de direito dos contratos»; admite-se em todo o caso que «se esse quadro comum de referência beneficiar de uma ampla aceitação como modelo do direito europeu dos contratos que melhor corresponde às necessidades dos operadores económicos, é possível que seja aceite também como critério de referência pelos poderes legislativos nacionais da UE».

O projecto desse *Quadro Comum* foi divulgado em 2008[53]. Contêm-se nele princípios, definições e «regras-modelo» em matéria de obrigações contratuais e extracontratuais (resultantes, estas, da causação de danos a terceiros, do enriquecimento sem causa e da gestão de negócios). Prevê-se ainda, na introdução a esse texto, que a respectiva versão final abrangerá também a propriedade sobre bens móveis. Em parte, os princípios e regras dele constantes incorporam os que já figuravam nos aludidos *Princípios de Direito Europeu dos Contratos* elaborados pela Comissão de Direito Europeu dos Contratos. Segundo os seus autores, o projecto de *Quadro Comum de Referência* visa, além de promover o conhecimento do Direito Privado dos Estados-Membros da Comunidade Europeia, servir de possível fonte de inspiração aos legisladores nacionais e coadjuvar a melhoria do acervo comunitário existente e a adopção de futuros actos comunitários no domínio do Direito Privado. Nesta medida, constitui um *guia legislativo*, desprovido de eficácia normativa. Mas o projecto em apreço foi ainda redigido tendo em mente a possível elaboração, no futuro, de um *instrumento jurídico opcional*, que as partes poderão escolher a fim de reger as respectivas relações obrigacionais, inclusive no domínio das relações de consumo[54].

---

[53] Cfr. CHRISTIAN VON BAR *et al.* (orgs.), *Principles, Definitions and Model Rules on EC Private Law. Draft Common Frame of Reference. Interim Outline Edition*, Munique, 2008. Sobre o *Quadro Comum de Referência*, vejam-se: CHRISTIAN VON BAR, «Working Together Toward a Common Frame of Reference», *Juridica International*, 2005, pp. 17 ss.; e NILS JANSEN, «European Civil Code», *in* Jan M. Smits (org.), *Elgar Encyclopedia of Comparative Law*, Cheltenham, Reino Unido/Northampton, Estados Unidos, 2006, pp. 247 ss. (pp. 254 s.).

[54] Esta conclusão é reforçada pelo facto de a proposta de Regulamento Sobre a Lei Aplicável às Obrigações Contratuais («Roma I»), apresentada pela Comissão Europeia em 2005, prever no artigo 3.º, n.º 2: «As partes podem igualmente escolher como lei aplicável os princípios e regras de direito material dos contratos, reconhecidos a nível internacional ou comunitário».

II – Também noutros continentes têm tido lugar importantes iniciativas no sentido da harmonização e da unificação do Direito Privado.

Assim sucede em África, onde a experiência mais frutuosa neste domínio é a da OHADA, que adoptou vários Actos Uniformes com incidência no denominado «Direito dos Negócios». Tal o caso, nomeadamente, dos Actos Uniformes relativos às garantias, ao transporte de mercadorias por estrada, ao Direito das Sociedades Comerciais e do Agrupamento Complementar de Empresas e ao Direito Comercial Geral (no qual se compreende o regime da venda comercial, que em parte incorpora a Convenção de Viena de 1980)[55]. Está ainda em preparação um Acto Uniforme sobre o Direito dos Contratos, para o qual foi elaborado um anteprojecto baseado nos *Princípios Unidroit*[56].

Na América Latina, a Comissão da Comunidade Andina adoptou também diversas decisões no domínio do Direito Privado, entre as quais sobressaem as respeitantes ao transporte de pessoas e mercadorias, aos seguros e à propriedade intelectual[57].

4. Razões que as justificam: a) A certeza do Direito aplicável

Agora pergunta-se: que razões justificam as iniciativas de harmonização e unificação de legislações até aqui referidas?

Em primeiro lugar, depõem a favor delas a *certeza do Direito e a segurança das transacções internacionais*, proporcionadas pela aplicabilidade a estas de regras uniformes ou pelo menos harmonizadas[58].

---

[55] Textos disponíveis em http://www.ohada.com.

[56] Cfr. *Acte Uniforme OHADA Sur le Droit des Contrats. Avant-projet*, s.l., 2004. Sobre esse anteprojecto, veja-se MARCEL FONTAINE, *Acte Uniforme OHADA sur le Droit des Contrats. Note explicative à l'avant-projet* (disponível em http://www.unidroit.org); *idem*, «Le projet d'Acte Uniforme OHADA sur les contrats et les Principes d'Unidroit Relatifs aux Contrats du Commerce International», *ULR/RDU*, 2004, pp. 253 ss.; FÉLIX ONANA ETOUNDI, «Les Principes d'Unidroit et la sécurité juridique des transactions commerciales dans l'avant-projet d'Acte uniforme OHADA sur le droit des contrats», *ULR/RDU*, 2005, pp. 683 ss.; e DÁRIO MOURA VICENTE, «A unificação do Direito dos Contratos em África: seu sentido e limites» (em curso de publicação no *Boletim da Faculdade de Direito de Bissau*).

[57] Cujos textos podem ser consultados em http://www.comunidadandina.org. Ver também RUBEN B. SANTOS BELANDRO, *Bases fundamentales de la Comunidad Andina y el Tratado de Libre Comercio de America del Norte (T.L.C. o N.A.F.T.A.)*, Montevideu, 2002.

[58] Cfr. MICHAEL JOACHIM BONELL, «Comparazione giuridica e unificazione del diritto», *in* Guido Alpa/Michael Joachim Bonell/Diego Corapi/Luigi Moccia/Vicenzo

Mas este argumento não pode ser aceite desprevenidamente.

Por um lado, porque a harmonização ou unificação, através de instrumentos normativos supra- e internacionais, das regras formais que regem o comércio internacional muitas vezes não elimina por si só a diversidade das regras efectivamente aplicadas pelos tribunais dos países onde tais instrumentos vigoram. Isto sobretudo quando tais regras, não raro resultantes de compromissos arduamente negociados nos *fora* internacionais, se socorrem de cláusulas gerais e conceitos indeterminados, como é o caso das que constam de várias disposições constantes da Convenção de Viena de 1980[59], e não se encontra prevista qualquer jurisdição internacional com competência para fornecer uma interpretação uniforme das mesmas.

Por outro lado, porque a recente proliferação de agências internacionais que se propõem elaborar e aprovar instrumentos de harmonização e unificação dos Direitos nacionais, frequentemente sobrepostos uns aos outros, favorece afinal a desarmonia desses Direitos. Paradoxalmente, a harmonização e a unificação do Direito postulam hoje, em certos domínios, a harmonização ou unificação das normas emanadas das organizações internacionais encarregadas de as promoverem.

5. Continuação: b) A integração dos mercados e a igualdade de condições entre concorrentes

Em segundo lugar, figuram entre as razões mais frequentemente aduzidas a favor das iniciativas de harmonização e unificação do Direito Privado a *integração dos mercados* e a necessidade, que lhe é inerente, de assegurar a *igualdade de condições* entre os operadores económicos que neles concorrem entre si[60].

Zeno-Zencovich/Andrea Zoppini, *Diritto privato comparato. Istituti e problemi*, 5.ª ed., Roma/Bari, 2004, pp. 3 ss. (pp. 26 s.).

[59] Vejam-se designadamente os artigos 7, n.º 1, e 8, n.º 2, onde se consagram, respectivamente, o princípio da boa fé no comércio internacional e um critério de razoabilidade em matéria de interpretação das declarações e outros comportamentos das partes.

[60] Sobre este tema, veja-se, na doutrina portuguesa, o estudo de ISABEL DE MAGALHÃES COLLAÇO, *Os reflexos do movimento de integração económica no Direito Privado e no Direito Internacional Privado*, s.l., Instituto Hispano-Luso-Americano de Derecho Internacional, 1972.

Afirma-se a este respeito que as disparidades do regime jurídico dos contratos vigente, por exemplo, nos Estados-Membros da Comunidade Europeia (v.g. em matéria de prazos de garantia, de responsabilidade por defeitos dos bens ou serviços prestados, de validade de certas cláusulas contratuais gerais, etc.) operam como uma barreira não alfandegária à livre circulação de produtos e serviços e geram desigualdades nas condições a que se encontram submetidos os concorrentes no mercado único, as quais apenas podem ser superadas através da uniformização desse regime jurídico[61]. A integração económica implicaria, pois, a unificação do Direito Privado[62].

Mas já se tem posto em dúvida que seja efectivamente assim[63].

---

[61] Cfr. o preâmbulo da citada Directiva 93/13/CEE do Conselho, de 5 de Abril de 1993, relativa às cláusulas abusivas nos contratos celebrados com os consumidores, no qual se pode ler: «Considerando que as legislações dos Estados-membros respeitantes às cláusulas dos contratos celebrados entre, por um lado, o vendedor de bens ou o prestador de serviços e, por outro, o consumidor, revelam numerosas disparidades, daí resultando que os mercados nacionais de venda de bens e de oferta de serviços aos consumidores diferem de país para país e que se podem verificar distorções de concorrência entre vendedores de bens e prestadores de serviços nomeadamente aquando da comercialização noutros Estados-membros [...]». Neste sentido, veja-se ainda Jürgen Basedow, «Un droit commun des contrats pour le marché commun», *Revue Internationale de Droit Comparé*, 1998, pp. 7 ss.

[62] Vejam-se, nesta linha fundamental de orientação, Ole Lando, «European Contract Law», in P. Sarcevic (org.), *International Contracts and Conflicts of Law*, London, etc., 1990, pp. 1 ss. (p. 6); idem, «Principles of European Contract Law. An Alternative or a Precursor of European Legislation», *Rabels Zeitschrift*, 1992, pp. 261 ss. (p. 264); idem, «Does the European Union need a Civil Code?», *Recht der Internationalen Wirtschaft*, 2003, pp. 1 ss.; Ulrich Drobnig, «Ein Vertragsrecht für Europa», in *Festschrift für Ernst Steindorff*, Berlin, 1990, pp. 1140 ss. (pp. 1145 ss.); Denis Tallon, «Vers un droit européen du contrat?», in *Mélanges Colomer*, Paris, 1993, pp. 485 ss. (p. 485); Wienfried Tilmann, «Eine Privatrechtskodifikation für die Europäische Gemeinschaft?», in P.C. Müller-Graff (org.), *Gemeinsames Privatrecht in der Europäischen Gemeinschaft*, Baden-Baden, 1993, pp. 485 ss. (p. 490); Giuseppe Gandolfi, «Verso il tramonto del concetto di "obbligazione" nella prospettiva di un codice único per l'Europa?», *Rivista di Diritto Civile*, 1995, I, pp. 203 ss. (p. 204); Hein Kötz, *Europäisches Vertragsrecht*, vol. I, Tübingen, 1996, p. v; Guido Alpa, «Nouvelles frontières du droit des contrats», *Revue Internationale de Droit Comparé*, 1998, pp. 1015 ss. (p. 1020); e Claude Witz, «Rapport de synthèse», in Christophe Jamin/Denis Mazeaud (orgs.), *L'harmonisation du droit des contrats en Europe*, Paris, 2001, pp. 161 ss. (pp. 167 ss.). Cfr. ainda os estudos coligidos in Arthur Hartkamp e outros (orgs.), *Towards a European Civil Code*, 3.ª ed., Nijmegen, 2004.

[63] Exprimem essa dúvida Arthur S. Hartkamp, «Modernisation and Harmonisation of Contract Law: Objectives, Methods and Scope», *Uniform Law Review*, 2003, pp. 81 ss. (pp. 82 ss.); e Jan Smits, «Convergence of Private Law in Europe: Towards a New *Ius*

Não se contesta, evidentemente, que os regimes de Direito Privado têm incidência relevante nas condições em que os agentes económicos operam num espaço economicamente integrado. Tão-pouco se questiona a necessidade, num mercado único, de uma certa harmonização desses regimes mediante o estabelecimento de regras *funcionalmente equivalentes entre si,* que supram as denominadas *falhas de mercado*[64], impondo designadamente a prestação aos consumidores de certas informações nos preliminares e na formação dos contratos, em ordem a remediar as assimetrias de informação que geralmente ocorrem nos contratos por eles celebrados.

Porém, na medida em que as regras de conflitos de leis no espaço sejam igualmente aplicadas em cada país a nacionais e estrangeiros, não parece que da diversidade do Direito substantivo vigente nos Estados partes de um espaço economicamente integrado resulte necessariamente uma distorção das condições concorrenciais a que aqueles sujeitos se encontram submetidos. É que através dessas regras é geralmente dado aos interessados escolherem, dentro de certos limites, a lei aplicável às questões suscitadas pelos contratos internacionais de que sejam partes[65]. Assim podem os contraentes excluir, nas situações internacionais, os regimes de Direito Privado menos favoráveis aos seus interesses e definir antecipadamente a lei de acordo com a qual hão-de determinar-se as responsabilidades em que incorrem por força do contrato ou do seu incumprimento e, consequentemente, os riscos associados à sua actividade económica.

Por outro lado, o *reconhecimento mútuo* das situações jurídicas validamente constituídas ao abrigo dos regimes jurídicos instituídos nos diferentes Estados membros do mercado único quanto ao exercício de certas actividades económicas, que possam ter-se por funcionalmente equivalentes, consagrado na jurisprudência do Tribunal de Justiça das Comunidades Europeias[66] e, mais recentemente, na legislação comunitária[67] – mesmo

---

Commune?», in Esin Örücü/David Nelken (orgs.), *Comparative Law. A Handbook,* Oxford/Portland, Oregon, 2007, pp. 219 ss. (pp. 221 ss. e 236).

[64] Ver, sobre este conceito, Fernando Araújo, *Introdução à Economia,* 3.ª ed., Coimbra, 2005, pp. 65 ss.

[65] Trata-se do princípio da autonomia da vontade em Direito Internacional Privado, consagrado designadamente no artigo 3.º, n.º 1, da Convenção de Roma de 1980 Sobre a Lei Aplicável às Obrigações Contratuais.

[66] Haja vista, nomeadamente, ao acórdão do Tribunal de Justiça das Comunidades Europeias de 20 de Fevereiro de 1979, proferido no caso *Rewe-Zentral AG c. Bundesmonopolverwaltung für Branntwein (Cassis de Dijon), Colectânea de Jurisprudência do Tribunal de Justiça das Comunidades Europeias,* 1979, pp. 649 ss., em que aquele Tribunal

em matéria de Direito Privado[68] –, torna possível que os produtos e serviços oriundos de um país, licitamente produzidos e comercializados no respectivo território, sejam introduzidos nos demais países que compõem esse espaço sem terem de se conformar com as disposições da lei local e, por conseguinte, sem perderem as suas vantagens competitivas[69].

---

declarou não haver qualquer motivo válido para impedir que as bebidas alcoólicas legalmente produzidas e comercializadas num dos Estados-Membros fossem introduzidas em qualquer outro Estado-Membro («il n'y a donc aucun motif valable d'empêcher que des boissons alcoolisées, à condition qu'elles soient légalement produites et commercialisées dans l'un des États membres, soient introduites dans tout autre État membre»).

[67] Cfr., por último, o artigo 16.º, n.º 1, da Directiva 2006/123/CE, do Parlamento Europeu e do Conselho, de 12 de Dezembro de 2006, relativa aos serviços no mercado interno, in JOCE n.º L 376, de 27 de Dezembro de 2006, pp. 36 ss., de acordo com o qual: «Os Estados-Membros devem respeitar o direito de os prestadores prestarem serviços num Estado-Membro diferente daquele em que se encontram estabelecidos. O Estado-Membro em que o serviço é prestado deve assegurar o livre acesso e exercício da actividade no sector dos serviços no seu território».

[68] É o que resulta, por exemplo, do disposto quanto ao comércio electrónico no artigo 3.º, n.º 2, da Directiva 2000/31/CE (com a epígrafe «mercado interno»), in JOCE n.º L 178, de 17 de Julho de 2000, pp. 1 ss., em que se pode ler: «Os Estados-Membros não podem, por razões que relevem do domínio coordenado, restringir a livre circulação dos serviços da sociedade da informação provenientes de outro Estado-Membro». O «domínio coordenado» a que se refere esta disposição corresponde, de acordo com o artigo 2.º, alínea h), da mesma Directiva, às «exigências fixadas na legislação dos Estados-Membros, aplicáveis aos prestadores de serviços da sociedade da informação e aos serviços da sociedade da informação» e inclui, segundo a subalínea i) da mesma disposição, os requisitos respeitantes aos contratos e à responsabilidade civil do prestador de serviços. Sobre o alcance desta regra, veja-se o nosso *Problemática internacional da sociedade da informação*, Coimbra, 2005, pp. 203 ss. Consagra uma disposição paralela o artigo 4.º da Directiva 2005/29/CE do Parlamento Europeu e do Conselho, de 11 de Maio de 2005, relativa às práticas comerciais desleais das empresas face aos consumidores no mercado interno, in JOCE n.º L 149 de 11 de Junho de 2005, pp. 22 ss., segundo o qual: «Os Estados-Membros não podem restringir a livre prestação de serviços nem a livre circulação de mercadorias por razões ligadas ao domínio que é objecto de aproximação por força da presente directiva».

[69] *Vide* sobre o princípio do reconhecimento mútuo, por último, HEINZ-PETER MANSEL, «Anerkennung als Grundprinzip des Europäischen Rechtsraums. Zur Herausbildung eines europäischen Annerkennungs-Kollisionsrechts: Anerkennung statt Verweisung als neues Strukturprinzip des Europäischen internationalen Privatrechts?», *Rabels Zeitschrift für ausländisches und internationales Privatrecht*, 2006, pp. 651 ss.; MATHIAS AUDIT, «Régulation du marché intérieur et libre circulation des lois», *Clunet*, 2006, pp. 1333 ss.; e ALFONSO-LUIS CALVO CARAVACA/JAVIER CARRASCOSA GONZÁLEZ, *Derecho Internacional Privado*, vol. I, 8.ª ed., Granada, 2007, pp. 322 s.

Quando aplicado às sociedades comerciais, esse reconhecimento permite, além disso, que as empresas constituídas em determinado país, em conformidade com o respectivo Direito, desenvolvam a sua actividade noutro ou noutros países sem terem de se ajustar às exigências da lei destes últimos, *v.g.*, sobre o capital mínimo a liberar pelos sócios, a competência dos respectivos órgãos ou a responsabilidade dos seus titulares perante terceiros[70].

Finalmente, a circunstância de em certos países onde existe um mercado único vigorarem simultaneamente diferentes sistemas jurídicos locais, válidos para distintas parcelas do respectivo território (como é o caso do Canadá, da Espanha, dos Estados Unidos da América e do Reino Unido[71]), sem que tal contenda com o regular funcionamento do mercado, reforça a ideia de que a diversidade dos Direitos não afecta necessariamente a livre circulação dos produtos e serviços e a paridade dos concorrentes.

Mais relevantes como barreiras não alfandegárias ao comércio transfronteiras serão porventura a diversidade linguística, as dificuldades de comunicação à distância e as formalidades burocráticas impostas em certos países à entrada de pessoas, mercadorias, serviços e capitais.

6. Continuação: c) A redução dos custos de transacção

Em terceiro lugar, aduz-se que a diversidade dos Direitos nacionais aumenta os *custos de transacção*, nomeadamente sob a forma de custos de informação, que só a harmonização ou a unificação dos Direitos permitiria reduzir ou eliminar[72].

---

[70] Veja-se sobre o ponto o acórdão proferido pelo Tribunal de Justiça das Comunidades Europeias em 9 de Março de 1999, no caso *Centros Ltd. contra Ehvervs- og Selskabsstyrelsen*, *Colectânea de Jurisprudência do Tribunal de Justiça das Comunidades Europeias*, 1999-I, pp. 1459 ss., e, a respeito deste, o nosso estudo «Liberdade de estabelecimento, lei pessoal e reconhecimento das sociedades comerciais», *in Estudos em memória do Professor Doutor António Marques dos Santos*, Coimbra, 2005, vol. I, pp. 135 ss., bem como a demais bibliografia aí citada.

[71] Cujos ordenamentos jurídicos se dizem *complexos* ou *plurilegislativos*: cfr. o artigo 20.º do Código Civil.

[72] Cfr. Ugo Mattei, «A transaction costs approach to the European Code», *European Review of Private Law*, 1997, pp. 537 ss.; Gerhard Wagner, «The Virtues of Diversity in European Contract Law», *in* Jan Smits (org.), *The Need for a European Contract*

Com efeito, diz-se, as empresas que pretendam exportar os seus produtos ou serviços incorrem em custos acrescidos por força da informação que têm de obter acerca dos regimes jurídicos dos países de destino desses bens, em ordem a poderem avaliar as suas potenciais responsabilidades; e os consumidores incorrem também nesses custos sempre que pretendem reclamar do carácter defeituoso dos produtos ou serviços que adquirem a empresas estabelecidas em países diferentes do do respectivo domicílio. Tais custos decorrem ainda da impossibilidade de as empresas utilizarem os mesmos tipos contratuais (e porventura até a mesma estrutura societária) em todos os países onde oferecem os seus produtos ou serviços.

Estes custos, na medida em que são geralmente repercutidos sobre os adquirentes de produtos ou serviços oferecidos por essas empresas, significam preços mais elevados e são por conseguinte um freio ao comércio transfronteiras, perdendo-se em consequência deles as economias de escala proporcionadas por este e as oportunidades de crescimento económico a ele associadas. Por outro lado, não é de excluir que na avaliação do risco envolvido nas transacções comerciais internacionais, tendo em vista a concessão de créditos de que as mesmas carecem, seja tomada em linha de conta pelas instituições financeiras a incerteza quanto ao Direito aplicável decorrente da diversidade das legislações em presença, o que igualmente encarece essas transacções.

A importância destes aspectos não carece de ser enaltecida. Importa todavia notar que mais importante do que a existência de custos de transacção associados à diversidade dos sistemas jurídicos nacionais (os quais estão, aliás, longe de terem sido rigorosamente calculados) é a questão de saber se tais custos sobrelevam os benefícios que, como veremos a seguir, se podem extrair dessa diversidade.

Observe-se, por outro lado, que as regras supletivas que mandam aplicar, na falta de escolha pelas partes, a lei do devedor da *prestação característica do contrato* – que é geralmente o exportador dos produtos ou serviços em causa[73] – ou a *lei do país de origem* dos serviços ou mer-

---

Law. Empirical and Legal Perspectives, Groningen, 2005, pp. 3 ss.; e HELMUT WAGNER, «Economic Analysis of Cross-Border Legal Uncertainty: The Example of the European Union», *in ibidem*, pp. 27 ss.

[73] Cfr. o artigo 4.º, n.º 2, da citada Convenção de Roma: «Sem prejuízo do disposto no n.º 5, presume-se que o contrato apresenta uma conexão mais estreita com o país onde a Parte que está obrigada a fornecer a prestação característica do contrato tem, no momento da celebração do contrato, a sua residência habitual ou, se se tratar de uma sociedade, associação ou pessoa colectiva, a sua administração central [...]». Para uma análise desta dis-

cadorias em causa (*home country rule; Herkunftslandprinzip*)[74] reduzem efectivamente, em benefício desse sujeito, os custos e riscos inerentes à aplicação de uma lei estrangeira.

7. Limites a que se subordinam: a) A preservação do pluralismo jurídico

Não é porém só a justificação das iniciativas de harmonização ou de unificação do Direito Privado que é hoje questionada na doutrina; também a sua necessária sujeição a certos limites tem sido salientada de diversos quadrantes.

A unificação dos Direitos nacionais conflitua, na verdade, com a preservação, no plano internacional, do *pluralismo jurídico*. E esta afigura-se desejável, mesmo numa época de globalização da economia, como a presente. Por três ordens de razões.

Em primeiro lugar, porque a identidade nacional dos diferentes povos compreende a sua *identidade cultural* (a qual corresponde a um direito constitucionalmente garantido, em Portugal[75] e noutros países[76]); e dela faz parte a *identidade jurídica*.

A pluralidade dos Direitos é, com efeito, inerente à diversidade de culturas – ou seja, à diversidade dos costumes e das instituições que constituem a herança social da comunidade – e à diversa valoração dos mesmos problemas nos diferentes sistemas jurídicos locais[77]. Isto, mesmo em

---

posição numa perspectiva económica, *vide* HANS-BERND SCHÄFER/KATRIN LANTERMANN, «Choice of Law from an Economic Perspective», *in* Jürgen Basedow/Toshiyuki Kono (orgs.), *An Economic Analysis of Private International Law*, Tubinga, 2006, pp. 87 ss. (pp. 98 ss.).

[74] Veja-se o artigo 3.º, n.º 1, da Directiva Sobre o Comércio Electrónico, cit. *supra*, segundo o qual: «Cada Estado-Membro assegurará que os serviços da sociedade da informação prestados por um prestador estabelecido no seu território cumpram as disposições nacionais aplicáveis nesse Estado-Membro que se integrem no domínio coordenado».

[75] Cfr. JORGE MIRANDA, «Notas sobre cultura, Constituição e direitos culturais», *O Direito*, pp. 751 ss. (p. 762).

[76] Cfr. PETER HÄBERLE, *Verfassungslehre als Kulturwissenschaft*, 2.ª ed., Berlim, 1998, pp. 10 s.

[77] Reconhecem-no, por exemplo, Hugh Collins, «European Private Law and the Cultural Identity of States», *European Review of Private Law*, 1995, pp. 353 ss.; PIERRE LEGRAND, «Le primat de la culture», *in* Pascal Vareilles-Sommières, *Le droit privé européen*, Paris, 1998, pp. 1 ss. (pp. 10 ss.); *idem*, *Droit Comparé*, 2.ª ed., Paris, 2006, *passim*;

domínios que por vezes se supõem axiologicamente neutros ou desprovidos de referências culturais, como o dos contratos[78]: pense-se, por exemplo, na diferente relevância atribuída pelos sistemas jurídicos nacionais aos vícios da vontade que afectam a decisão de contratar e aos deveres pré-contratuais de conduta, no que se reflecte a diversa permeabilidade das comunidades nacionais a valores como a liberdade individual e a solidariedade[79]; e ainda na diferente eficácia reconhecida por esses sistemas jurídicos aos contratos verbais, na qual ressuma a diversa relevância social que neles possui a confiança recíproca entre as partes contratantes[80].

Ora, a diversidade cultural é, como reconheceu a *Convenção da UNESCO Sobre a Protecção e a Promoção da Diversidade das Expressões Culturais*[81], adoptada em 2005, um *património comum da humanidade*, que importa preservar – mesmo em espaços geográficos política e economicamente integrados, como é o caso dos que existem na Europa[82] e em África[83].

---

e Alfonso-Luis Calvo Caravaca/Javier Carrascosa González, *Derecho Internacional Privado*, cit., p. 50. Entre nós, *vide* António Menezes Cordeiro, para quem «o Direito privado corresponde à expressão cultural mais profunda de cada sociedade»: cfr. *Tratado de Direito Civil português*, I, *Parte geral*, tomo I, 3.ª ed., Coimbra, 2005, p. 45.

[78] Ver, porém, em sentido diverso Ole Lando, «Culture and Contract Laws», *European Review of Contract Law*, 2007, pp. 1 ss.

[79] Sobre o ponto, que não podemos desenvolver aqui, veja-se o nosso estudo «A formação dos contratos internacionais», in *Direito Internacional Privado. Ensaios*, vol. II, Coimbra, 2005, pp. 117 ss., e a bibliografia aí citada.

[80] Ver Volkmar Gessner, «Global Legal Interaction and Legal Cultures», *Ratio Iuris*, 1994, pp. 132 ss. (p. 140).

[81] Ratificada pelo Decreto do Presidente da República n.º 27-B/2007, de 16 de Março; entrou em vigor para Portugal em 16 de Junho de 2007.

[82] Consoante observou George Steiner, «[o] génio da Europa [...] é o génio da diversidade linguística, cultural e social, de um mosaico pródigo que muitas vezes percorre uma distância trivial, separado por vinte quilómetros, uma divisão entre mundos [...]. A Europa morrerá efectivamente, se não lutar pelas suas línguas, tradições locais e autonomias sociais. Se se esquecer que "Deus reside no pormenor"». Cfr. *A ideia de Europa* (tradução portuguesa de Maria de Fátima St. Aubyn com um prefácio de José Manuel Durão Barroso, Lisboa, 2004, pp. 49 s.). Numa diversa perspectiva, já anteriormente Martim de Albuquerque colocara em evidência entre nós que a *ideia de Europa*, superando a de *Nação*, não é incompatível com esta, antes se articula com ela na nossa História: cfr. *Primeiro Ensaio sobre a História da «Ideia de Europa» no pensamento português*, Lisboa, 1980, pp. 14 e 31 e *passim*. Sobre o tema, *vide* ainda José Duarte Nogueira, *Direito europeu e identidade europeia. Passado e futuro*, Lisboa, 2007.

[83] «África», escreve Mia Couto, «não pode ser reduzida a uma entidade simples, fácil de entender. O nosso continente é feito de profunda diversidade e de complexas

Em segundo lugar, recorde-se que o pluralismo jurídico é o garante da observância do *princípio da adequação* do Direito às necessidades reais da sociedade em que se destina a vigorar e ao sentimento ético-jurídico dos seus destinatários. A sua preservação é, reflexamente, condição da própria eficácia do Direito: este, a fim de ser uma realidade viva, tem de reflectir a *alma* da sociedade que pretende conformar normativamente; de contrário, é por ela repelido[84].

Em terceiro lugar, importa ter presente que a competição entre diferentes modelos de regulação jurídica dos mesmos problemas sociais (*regulatory competition*) é em si mesma desejável, visto que favorece a adaptação do Direito às necessidades da vida e a correcção de eventuais erros legislativos, constituindo nessa medida um factor de progresso[85]. Esta é,

---

mestiçagens. Longas e irreversíveis misturas de culturas moldaram um mosaico de diferenças que são um dos mais valiosos patrimónios do nosso continente». Cfr. *Pensatempos. Textos de opinião*, Maputo, 2005, p. 19.

[84] Algo semelhante se passa, aliás, com a língua: como é sabido, fracassaram as tentativas de criar um *esperanto* supostamente destinado a facilitar a comunicação entre pessoas de línguas maternas diversas.

[85] Neste sentido nos pronunciámos já em *Da responsabilidade pré-contratual em Direito Internacional Privado*, Coimbra, 2001, p. 357, e em «Ofertas públicas de aquisição internacionais», *in* Alfonso-Luis Calvo Caravaca/Javier Carrascosa González (orgs.), *Estudios sobre contratación internacional*, Madrid, 2006, pp. 373 ss. (republicado, com actualizações, *in Direito dos Valores Mobiliários*, vol. VII, Coimbra, 2007, pp. 465 ss.). Vejam-se ainda sobre o tema: HEIN KÖTZ, «Rechtsvereinheitlichung – Nutzen, Kosten, Methoden, Ziele», *Rabels Zeitschrift*, 1986, pp. 1 ss; CLAUS CANARIS, «Theorienrezeption und Theorienstruktur», *in Wege zum japanischen Recht. Festschrift für Zentaro Kitagawa*, Berlim, 1992, pp. 59 ss. (pp. 93 s.); NORBERT REICH, «Competition between legal orders: a new paradigm of EC law?», *Common Market Law Review*, 1992, pp. 861 ss.; ANTHONY OGUS, «Competition Between National Legal Systems: A Contribution of Economic Analysis to Comparative Law», *The International and Comparative Law Quarterly*, 1999, pp. 405 ss.; *idem*, «The Economic Approach: Competition between Legal Systems», *in* Esin Örücü/David Nelken (orgs.), *Comparative Law. A Handbook*, Oxford/Portland, Oregon, 2007, pp. 153 ss.; PAUL B. STEPHAN, «The Futility of Unification and Harmonization in International Commercial Law», *Virginia Journal of International Law*, 1999, pp. 788 ss.; RODOLFO SACCO, «La diversità nel diritto (a proposito dei problemi di unificazione)», *Rivista di Diritto Civile*, 2000, pp. 15 ss. (pp. 21 s.); HORATIA MUIR WATT, «The Challenge of Market Integration for European Conflicts Theory», *in* Arthur Hartkamp e outros (orgs.), *Towards a European Civil Code*, 3.ª ed., Nijmegen, 2004, pp. 191 ss. (pp. 197 s.); *idem*, «Concurrence d'ordres juridiques et conflits de lois de droit privé», *in* AAVV, *Le droit international prive: esprit et méthodes. Mélanges en l'honneur de Paul Lagarde*, Paris, 2005, pp. 615 ss.; GERHARD WAGNER, est. cit., pp. 177 ss.; MATHIAS AUDIT, «Régulation du marché intérieur et libre circulation des lois», *Clunet*, 2006, pp. 1333 ss.; JONA-

aliás, apenas uma das manifestações possíveis do valor da competição como processo de descoberta, que Friedrich A. Hayek colocou em evidência[86]. Dir-se-ia, nesta medida, que a diversidade dos Direitos nacionais é *fonte de eficiência*[87]. Em contrapartida, a sua uniformização restringe a concorrência entre soluções alternativas e tem associados certos custos (inerentes, *v.g.*, à adaptação do Direito não uniformizado, à formação dos juristas, à tradução de textos legais, etc.), que podem exceder qualquer benefício económico que dela se pretenda extrair.

A pluralidade e a diversidade dos Direitos têm, pelo exposto, um valor intrínseco[88]. A esta luz se compreende a consagração no Tratado da Comunidade Europeia do *princípio da subsidiariedade*, por força do qual a intervenção legislativa da Comunidade nos domínios que não sejam das suas atribuições exclusivas apenas deve ter lugar «se e na medida em que os objectivos da acção encarada não possam ser suficientemente realizados pelos Estados-Membros, e possam pois, devido à dimensão ou aos efeitos da acção prevista, ser melhor alcançados ao nível comunitário»[89].

THAN MANCE, «Is Europe Aiming to Civilise the Common Law?», *European Business Law Review*, 2007, pp. 77 ss.; LUÍS DE LIMA PINHEIRO, «Concorrência entre sistemas jurídicos na União Europeia e Direito Internacional Privado», *O Direito*, 2007, pp. 255 ss.; e Jan Smits, «Convergence of Private Law in Europe: Towards a New *Ius Commune*?», cit., pp. 234 ss.

[86] Cfr. *Law, Legislation and Liberty,* reimpressão, Londres, 1993, vol. III, *The Political Order of a Free People*, pp. 67 ss.; e «Competition as a Discovery Procedure», *The Quarterly Journal of Austrian Economics*, 2002, pp. 9 ss.

[87] Admite-o, por exemplo, UGO MATTEI, est. cit. *supra*, p. 538. Na mesma linha fundamental de orientação, veja-se o discurso proferido pelo *Lord Chancellor* inglês, em 26 de Setembro de 2005, na abertura da conferência sobre Direito Europeu dos Contratos, realizada em Londres por iniciativa da Comissão Europeia e do Governo do Reino Unido (cujo texto se encontra disponível em http://www.europa.eu). Aí declarou aquele magistrado: «uma harmonização integral do Direito dos Contratos ou de qualquer outro domínio jurídico em toda a EU não funcionará. Uma única lei imposta em toda a UE, por regulamento ou directiva, não é uma forma eficiente e eficaz de resolver os problemas do direito e da justiça civil» («blanket harmonization across the EU of contract law, or any other sphere of law, will not work. A single law imposed across the whole of the EU, whether by regulation or directive, is not an efficient and effective way to resolve problems in civil law and justice»).

[88] Reconhecem-no vários autores contemporâneos, entre os quais se destaca ERIK JAYME, que vê na descoberta do pluralismo jurídico uma das notas distintivas do que chama o Direito pós-moderno. Ver, do autor, por último, «Zum Jahrtausendwechsel: Das Kollisionsrecht zwischen Postmoderne und Futurismus», *IPRax*, 2000, pp. 165 ss. (p. 168).

[89] Cfr. o artigo 5.º do Tratado. Sobre o referido princípio, ver entre nós FAUSTO DE QUADROS, *O princípio da subsidiariedade no direito comunitário após o Tratado da União*

O que envolve o reconhecimento de que aquele Tratado não dá ao legislador comunitário uma competência geral para regular o mercado interno[90] e de que, por conseguinte, algum campo de aplicação tem de ficar reservado aos regimes de Direito Privado estabelecidos pelos Estados-Membros, mesmo nas relações jurídicas conexas com dois ou mais desses Estados.

8. Continuação: b) Divergências de cariz axiológico e ideológico

A própria viabilidade de uma integral unificação do Direito Privado é duvidosa. Porquanto, como é hoje amplamente reconhecido[91], muitas das diferenças que separam os Direitos de vários países neste domínio não relevam meramente da técnica jurídica, antes radicam em factores metajurídicos, nomeadamente axiológicos e ideológicos, que o legislador é por si só incapaz de erradicar.

Europeia, Coimbra, 1995; e MARGARIDA SALEMA D'OLIVEIRA MARTINS, *O princípio da subsidiariedade em perspectiva jurídico-política*, Coimbra, 2003.

[90] Veja-se, neste sentido, o acórdão do Tribunal de Justiça das Comunidades Europeias de 5 de Outubro de 2000, *República Federal da Alemanha contra Parlamento Europeu e Conselho da União Europeia* (in *Colectânea de Jurisprudência do Tribunal de Justiça das Comunidades Europeias*, 2000-I, pp. 8419 ss.), que anulou a Directiva 98/43/CE do Parlamento Europeu e do Conselho, de 6 de Julho de 1998, respeitante à aproximação das disposições legislativas, regulamentares e administrativas dos Estados-Membros em matéria de publicidade e patrocínio de produtos de tabaco. Para tanto, aduziu ainda o Tribunal que se a simples verificação de disparidades entre os regimes nacionais, assim como do risco abstracto de entraves às liberdades fundamentais ou de distorções da concorrência susceptíveis de decorrer delas fosse suficiente para justificar a harmonização de legislações, o controlo jurisdicional do respeito pela base jurídica dos actos comunitários poderia ficar privado de qualquer eficácia (§ 84). O recurso ao artigo 100.º-A do Tratado (actual artigo 95.º) como base jurídica é decerto possível, segundo o Tribunal, com vista a prevenir o aparecimento de obstáculos futuros às trocas, resultantes da evolução heterogénea das legislações nacionais; todavia, o aparecimento de tais obstáculos deve ser provável e a medida em causa deve ter por objecto a sua prevenção (§ 86). Por outro lado, no quadro do controlo da legalidade de uma Directiva adoptada com base no artigo 100.º-A do Tratado, o Tribunal não se dispensa de verificar se as distorções da concorrência que o acto visa suprimir são «sensíveis» (§ 106).

[91] Cfr., por último, PETER DE CRUZ, *Comparative Law in a Changing World,* 3.ª ed., Londres/Nova Iorque, 2007, p. 43.

Isso é muito nítido pelo que respeita, por exemplo, ao instituto da responsabilidade pré-contratual[92]. O princípio da boa fé nos preliminares e na formação dos contratos, em que o mesmo se funda, assim como os deveres acessórios de conduta que dele se retiram entre nós, e de um modo geral a *concepção solidarista* das obrigações que lhes subjaz, não têm até hoje acolhimento em vários sistemas de *Common Law*. Daí que a imputação de danos com fundamento no rompimento arbitrário de negociações tendentes à conclusão do contrato não seja presentemente admitida pela jurisprudência inglesa. Mesmo nos sistemas jurídicos francófonos a sua aceitação é mais restrita do que, *v.g.*, em Portugal e na Alemanha. E ainda que todos os sistemas jurídicos nacionais o adoptassem, ele não teria certamente o mesmo significado nem o mesmo impacto em cada um deles.

Das dificuldades experimentadas pelas iniciativas internacionais tendentes à unificação do Direito Privado dá igualmente testemunho, no domínio dos contratos, a mencionada Convenção Sobre a Compra e Venda Internacional de Mercadorias, cujo processo de formação se estendeu por mais de meio século sem que tivesse logrado uma integral uniformização do regime jurídico da matéria a que diz respeito[93].

9. Continuação: c) A conexão com o processo

Não é, por outro lado, inequívoco que uma unificação legislativa do Direito Privado dos Estados partes de uma organização de integração económica regional suprima nesse âmbito a diversidade dos Direitos.

Com efeito, na falta de um sistema judiciário único no seio dessas organizações[94], as disparidades entre os Direitos nacionais ressurgiriam muito provavelmente por via da interpretação do Direito uniforme levada

---

[92] Ver, sobre esta matéria, o nosso *Da responsabilidade pré-contratual em Direito Internacional Privado*, cit., pp. 239 ss.

[93] *Vide* o nosso estudo «A Convenção de Viena Sobre a Compra e Venda Internacional de Mercadorias: características gerais e âmbito de aplicação», *in Estudos de Direito Comercial Internacional*, Coimbra, 2004, pp. 271 ss. (reproduzido *in Direito Internacional Privado. Ensaios*, vol. II, Coimbra, 2005, pp. 39 ss.) e a bibliografia aí citada.

[94] Que não existe por exemplo na União Europeia. Sobre o ponto, veja-se o nosso estudo «Cooperação judiciária em matéria civil na Comunidade Europeia», *in Estudos em comemoração do 10.º aniversário da Licenciatura em Direito da Universidade do Minho*, Coimbra, 2004, pp. 251 ss. (reproduzido em *Direito Internacional Privado. Ensaios,* vol. II, Coimbra, 2005, pp. 235 ss.), e a bibliografia aí citada.

a cabo pelos tribunais nacionais, sobretudo quando referida a cláusulas gerais ou a conceitos indeterminados que não têm tradição nalguns desses Direitos (como é o caso da boa fé nos sistemas de *Common Law*) ou remetem para as normas da moral (como sucede com os bons costumes).

Por outro lado, importa não ignorar o impacto que as diferenças entre os Direitos processuais nacionais inevitavelmente têm sobre a solução material dada aos litígios submetidos aos tribunais judiciais. A consagração de figuras como as *class actions*, a *pre-trial discovery* e o júri, assim como a diferente repartição de tarefas entre juízes e advogados decorrente do acolhimento dado ao princípio dispositivo, são largamente responsáveis pela diversidade das soluções a que muitas vezes chegam os tribunais americanos e europeus no julgamento das mesmas questões fundamentais. Também sob este prisma se afigura, pois, um tanto ilusória a uniformidade de soluções que se tem em vista conseguir através da unificação internacional do Direito Privado.

10. A coordenação dos Direitos nacionais como alternativa

Resulta do exposto que a nosso ver a globalização da economia não reclama uma unificação integral do Direito Privado, nem a ela conduz necessariamente, antes coloca em evidência a importância – diríamos mesmo, em muitos casos, a inelutabilidade – do pluralismo jurídico[95].

Um dos maiores desafios que aquele fenómeno coloca aos juristas consiste, por isso, em encontrar o desejável ponto de equilíbrio entre a *unidade* e a *diversidade* dos Direitos nacionais. Há, é certo, que eliminar entraves desnecessários à circulação de pessoas e bens e ao investimento estrangeiro; mas sem que esses Direitos percam, por esse facto, a sua individualidade.

Mas como assegurar a *unidade na diversidade* (ou o *pluralismo ordenado*, como prefere chamar-lhe Mireille Delmas-Marty[96]), que assim se preconiza?

---

[95] Neste sentido, veja-se, por último, WERNER MENSKI, *Comparative Law in a Global Context*, 2.ª ed., Cambridge, 2006, pp. 3 ss. Na mesma linha geral de orientação se inserem as obras de DUNCAN FAIRGRIEVE/HORATIA MUIR WATT, *Common Law et tradition civiliste*, Paris, 2006, especialmente pp. 57 s., e de H. PATRICK GLENN, *Legal Traditions of the World*, 3.ª ed., Oxford, 2007, especialmente pp. 344 ss.

[96] Cfr. *Critique de l'intégration normative*, Paris, 2004, p. 19; *Les forces imaginantes du droit*, vol. II, *Le pluralisme ordonné*, Paris, 2006.

Aqui somos, a nosso ver, remetidos para o domínio do Direito Internacional Privado. Pois esse desiderato postula uma regulação do comércio internacional que assegure ao mesmo tempo a coexistência das diferentes tradições jurídicas nacionais e a fluidez do tráfico jurídico sobre-fronteiras, o que só é possível através da *coordenação* dos sistemas jurídicos nacionais através de regras de conflitos de leis no espaço, e não da sua *unificação*.

Não se questionam as vantagens que se podem colher da unificação do Direito em certos domínios, mormente no plano económico. Mas ela deve, quanto a nós, constituir um *último recurso*. Não raro, bastarão a fim de assegurar a constituição e o funcionamento de um mercado sem fronteiras uma *harmonização mínima de legislações*, conjugada com a *liberdade de escolha* pelas partes da lei aplicável aos contratos internacionais e o *reconhecimento mútuo* das situações jurídicas validamente constituídas ao abrigo daquelas legislações.

Onde a referida coordenação não for por si só suficiente a fim de satisfazer as necessidades do comércio internacional, hão-de a harmonização e a unificação dos Direitos nacionais, tanto quanto possível, ser levadas a cabo deixando aos interessados a opção por se sujeitarem ou não aos instrumentos em causa, como têm feito nos últimos anos a CNUDCI e o UNIDROIT em diversos domínios. Assim se possibilitará que o Direito uniforme se imponha pelos seus méritos intrínsecos.

A CLÁUSULA RELATIVA A SUBCONTRATOS E À SUA TRANSPARÊNCIA (*BACK-TO-BACK*), NO ÂMBITO DE CONTRATOS INTERNACIONAIS DE ENGENHARIA GLOBAL

EDUARDO DOS SANTOS JÚNIOR[*][**]

Ao contrário do que sucede com a cessão da posição contratual (por vezes dita, impropriamente, cessão do contrato), que, num contrato de engenharia global[1], eivado de forte *intuitus personae*, não será admi-

---

[*] Professor Associado da Faculdade de Direito da Universidade de Lisboa.
[**] Não nos era possível concluir em tempo um estudo inédito cuja elaboração havíamos iniciado especificamente em vista dos presentes Estudos de Homenagem ao Senhor Professor Doutor José de Oliveira Ascensão. Mas não queríamos deixar de nos associarmos a esta justa homenagem. Como recurso, socorremo-nos de alguns excertos, com uma ou outra adaptação ou aditamento – particularmente sobre a cláusula relativa a subcontratos e à sua transparência nos contratos de engenharia global –, que retirámos do relatório com que nos apresentámos a concurso para Professor Associado na Faculdade de Direito de Lisboa (relatório, já enviado para publicação, subordinado ao título: *Especialização e mobilidade temática do Direito Comercial Internacional como disciplina de mestrado – Uma aplicação: os contratos internacionais de engenharia global*). Que nos seja relevada a pequena colaboração e a feição dela: foi o modo possível para podermos expressar aqui, também nós, a nossa homenagem e o nosso agradecimento ao ilustre Professor.
[1] Já se disse da engenharia que se consubstanciaria no conjunto de operações prévias (ou concomitantes) à realização de uma obra, contanto que separáveis da realização da obra mesma [Cf. J. M. DELEUZE, *Le Contrat d'engineering. Rapport Général*, em *Nouvelles Techniques Contractuelles: Know-How, franchising, leasing*, Travaux de la Faculté de Droit et des Sciences Economiques de Montpellier, Mayenne, 1972, 79-91 (79-80)]. Mais especificamente, a engenharia configura-se como uma actividade intelectual que transforma ideias em projectos técnicos materialmente concretizáveis, uma actividade de concepção técnica de um dado *quid*. Esta ideia corresponde ao que poderemos designar de engenharia pura (*ingénierie conseil*, em língua francesa), pois, como o nome indica, o engenheiro é o conselheiro do seu cliente. Trata-se da função natural e clássica da en-

genharia. Durante muitos anos, até há quatro dezenas de anos atrás, era esta a ideia de engenharia. Mas, de então para cá, a ideia de engenharia alterou-se: a engenharia pura é um aspecto, um dos aspectos da actividade de engenharia, cujo âmbito se alargou. Antes, a realização de uma obra implicava três entidades: o engenheiro – com a actividade intelectual de concepção da obra, de elaboração do projecto –, o empreiteiro – executor da obra segundo o projecto – e, bem entendido, o cliente. Agora, a engenharia pode ser isso ou apenas isso, mas pode ser mais do que isso ou muito mais do que isso: o engenheiro, enfim a sociedade de engenharia (porque, nos contratos internacionais, normalmente estará em causa uma sociedade de engenharia, quando não um grupo de sociedades de engenharia), para além da concepção ou elaboração do projecto, pode coordenar a execução dele, pode assumir a própria execução ou, mesmo, a gestão ou exploração do *quid* realizado, seja, por exemplo, uma instalação industrial. Quando a engenharia não se limita à actividade de concepção, mas abrange a própria intervenção na execução do projecto (quando o engenheiro passe de consultor a realizador), o papel da sociedade de engenharia é de "geometria variável" [PHILIPPE LE TOURNEAU, *L'ingénierie, les transferts de technologie et de maîtrise industrielle (Contrats internationauxx, contrats clés en main, co-traitance, sous-traitance, joint venture)*, Paris, 2003, p. 175]. Pode ser mais limitado, como quando a sociedade de engenharia se limita a prestar mera assistência técnica, já nessa fase de execução; mas pode ser mais amplo, como quando aquela actua como *Project manager*, ou seja, como coordenadora da execução (função que caracteriza de modo essencial o contrato designado em França *contrat d'ensemblier*), ou quando, além de conceber, executa ela mesmo a instalação ou a obra de que se trate (*design and build*); enfim, a actividade da sociedade de engenharia pode ter uma expressão máxima (ou hegemónica), como nos *contratos de engenharia global*. Neste contratos, a actividade da sociedade de engenharia não cessa com a realização da instalação (ao contrário do que sucede no contrato *design and build*). A sociedade de engenharia irá realizar outras prestações. Consoante aquilo a que ainda esteja obrigada a sociedade de engenharia, nesses contratos de engenharia global (como lhes chamamos), é possível descortinar uma tipologia de contratos: contrato 'chave na mão', contrato 'produto na mão' e contrato 'mercado na mão'. No contrato 'chave na mão' (*turn key contract* ou, por referência ao modo usual de determinação do preço, *lump sum turn key contract, turnkey vertrag, clé en main, clés sur la porte, chavi in mano, llave en mano*), o engenheiro obriga-se não só a projectar e a realizar um complexo ou instalação, mas também a assegurar a sua funcionalidade, colocando-a em funcionamento segundo as especificações contratuais acordadas (normalmente em termos de, por certo período, a instalação – por simplificação, falaremos normalmente de instalação, ainda que possa tratar-se de outro objecto – atingir uma dada percentagem da sua capacidade global). Naturalmente, o contrato traz ínsita ou implica, em maior ou menor medida, a transferência de tecnologia, podendo também prever-se nele a obrigação de assistência da sociedade de engenharia ao cliente, após a entrega da instalação. No contrato 'produto na mão' (*product in hand, produit en main*), a sociedade de engenharia obriga-se não só à entrega da instalação completa e em funcionamento, mas a que ela funcione para os objectivos da contraparte e com o pessoal desta. O que se traduz em, por certo período (normalmente de 3 a 5 anos), a sociedade

tida[2], já é comum a previsão (em cláusula do contrato de engenharia) da admissibilidade de subcontratação pela sociedade de engenharia[3]. De

de engenharia assumir, sob sua responsabilidade, a gestão da instalação, assegurando ou garantindo a produção (conforme o acordado, em termos de quantidade, qualidade e preço) e formando o pessoal do cliente, por modo a que, passado esse período, este possa autonomamente mantê-la em funcionamento para o fim a que se destina. No contrato 'mercado na mão' (ou 'comercialização na mão' ou ainda 'produto vendido'), há algo mais: a sociedade de engenharia obriga-se a escoar a produção, no todo ou em parte, encarregando-se, pois, da sua comercialização (como agente ou comissário do cliente), sendo paga, geralmente, por uma percentagem das receitas obtidas (*pay as you earn*). Operam aqui fenómenos possíveis de compensação comercial (*counter trade*). Enfim, numa variante, ao contrato pode juntar-se uma ideia de concessão da exploração: nessa hipótese, a sociedade de engenharia, que concebeu o projecto, realiza a instalação e a coloca em funcionamento, ela mesma, por sua conta e interesse, explorará a instalação por um certo número de anos: os rendimentos daí resultantes serão o seu pagamento. A vantagem do cliente é que acabará por ser a sociedade de engenharia a encarregar-se integralmente do financiamento do projecto: nesta perspectiva, fala-se de *Projet finance*, que se assume como uma técnica de financiamento. Sob o ponto de vista do contrato de engenharia global, esta variante é identificada pela fórmula BOT – *Build, Operate, Transfer* – ou pela similar BOOT – *Build, Own-Operate-Transfer* (Entre outros, cf., a respeito, *v.g.*, PHILIPPE LE TOURNEAU, *L'ingénierie*, cit., p. 175, 187 e 194-205, J.M. DELEUZE, *ob. cit.*, p. 80, 86-88, JEAN ALBERT-BOON/RENÉ GOFFIN, *Les contrats 'clé en main'*, Paris et alii, 1981, p. 15, INGE DÜNNWEBER, *Vertrag zur Erstellung einer schlüssfertigen Industrieanlagen im internationalem Wirtschaftsverkehr*, Berlin-New York, 1984, p. 9-11, LÉO D'ARCY/CAROLE MURRAY/BARBARA CLEAVE, *Schmitthoff's Export Trade*, 10.ª ed., London, 2000, p. 516-517, AURORA HERNÁNDEZ RODRÍGUEZ, *Los contratos internacionales de construcción 'llave en mano'*, em ALFONSO L. CALVO CARAVACA/LUIS FERNÁNDEZ DE LA GÁNDARA (Ed.), *Contratos internacionales*, Madrid, 1997, p. 1746 e ss, LUÍS LIMA PINHEIRO, *Direito Comercial Internacional – Contratos comerciais internacionais. Convenção de Viena Sobre a Venda Internacional de Mercadorias. Arbitragem Transnacional*, Coimbra, 2005, p. 40-41). No essencial e em jeito de síntese, nos contratos de engenharia global, à sociedade de engenharia cabe: a concepção, a realização e a colocação em funcionamento, quando não também a própria exploração (por conta do cliente ou por conta própria) de um dado *quid* tecnológico. Esse *quid* pode ser uma instalação comercial ou industrial (uma refinaria de petróleo, uma instalação de gás, uma fábrica de automóveis) ou uma infra-estrutura civil (túneis, como o túnel sob o Canal da Mancha, barragens, pontes, auto-estradas, aeroportos) ou um equipamento (aviões, superpetroleiros um grande paquete).

[2] Cf., p. ex., ALFRED HUBERT, *Le contrat d'ingénierie-conseil*, Paris, New York, Barcelone, Milan, 1980, p. 102. *Vide* também o caso *St. Martins Property Corp. Ltd v. Sir Robert McAlpine Ltd* (1994), 1 AC 85 (cf. ROBERT RIBEIRO, *Engineering Contracts. A Management Guide*, London, 1996, p. 36), relativo a um contrato de construção, em que se considerou, na sequência de outros precedentes, que a proibição de cessão, constante do contrato respectivo, era válida. Note-se que, no domínio das garantias de boa execução do contrato (de que, aliás, a mais recorrente é a garantia bancária autónoma à primeira soli-

facto, a execução de um contrato de engenharia global, se se preferir, a realização do respectivo empreendimento implica muitas vezes a necessidade de celebração de subcontratos, para a realização de determinados aspectos materiais do projecto, por isso que a sociedade de engenharia que contrata com o cliente não estará por si só em condições de todos realizar.

Uma tal cláusula estabelecerá normalmente a possibilidade de a sociedade de engenharia subcontratar parte dos trabalhos, uma vez que a natureza e as características do contrato de engenharia global não se coadunariam com a subcontratação da totalidade dos trabalhos[4]; estabelecerá a necessidade de o cliente aprovar os subcontratantes escolhidos pela sociedade de engenharia (*clause d'agrément*) ou, em vez, consagrará a possibilidade de esta escolher livremente os subcontratantes[5]; ressalvará

---

citação), a possibilidade de cessão a uma companhia de seguros que haja garantido a boa execução do contrato (*performance bond*) é um mecanismo particular, que operará perante a inexecução do contrato, numa situação patológica, pois: a entidade garante – *Bonding Company* ou *Suring Company* – poderá, de facto (como uma das atitudes possíveis, em vista de um ressarcimento *in natura* do cliente), acordar na cessão da posição contratual com o cliente (*taking-over certificate*), passando a ocupar a posição dele e contratando com uma nova sociedade de engenharia (Cf. Aurora Hernández Rodríguez, *ob. cit.*, p. 1789; *vide*, também, Philippe le Tourneau, *ob. cit.*, p. 136). Mas não é esta particular situação que se tem em vista na afirmação do texto.

[3] Como é sabido, o subcontrato é um contrato dependente de um outro contrato, sendo celebrado por uma das partes com base na posição jurídica que daquele lhe advém. Tal posição pode traduzir-se em poderes de gozo de uma coisa (como do locatário, que lhe legitimam uma sublocação ou um comodato) ou traduzir-se em certos direitos e em certos deveres de prestação, mormente de *facere* (como no mandato ou na empreitada ou, justamente, no contrato de engenharia global). Ainda que discutida na doutrina, a identidade de tipo contratual (entre o contrato base e o subcontrato) não parece constituir requisito do subcontrato: um exemplo mais, nesse sentido é, justamente, o do contrato de engenharia global – trata-se, a nosso ver, de um contrato complexo, com uma feição própria, que não se confunde com o de empreitada, mas tal não impede que alguma ou algumas das prestações integradas na globalidade das prestações devidas pelo empreiteiro possa ser objecto de subcontratação. Sobre a questão da exigência ou não do requisito da identidade do tipo, pode ver-se, em sentido negativo, Mário Júlio de Almeida Costa (*Direito das Obrigações*, 11.ª ed., Coimbra, 2008, p. 836, e nota 1, I. Galvão Telles (*Manual dos Contratos em Geral*, 4.ª ed., Coimbra, 2002, p. 461, J. Ribeiro de Faria, *Direito das Obrigações*, vol. II, Coimbra, 1990, p. 632) e, em sentido positivo, Pedro Romano Martinez (*O subcontrato*, Coimbra, 1989, p. 97 e ss) e Luís Menezes Leitão (*Direito das Obrigações*, vol. II, 5.ª ed., Coimbra, 2007, p. 76 e nota 144).

[4] Segundo a cl. 4.5.(a) das FIDIC (*Federation Internationale des Ingenieurs-Conseils) Conditions of Contract for Design-Build and Turnkey* (*Orange Book*), Geneva, 1995, «The Contractor shall not subcontract the whole of the works».

[5] Tem-se notado uma certa tendência para o cliente ter uma intervenção mais activa na escolha dos subcontratantes (ao ponto, até, de ser ele a escolhê-los), um aspecto que, em

que, em qualquer caso, perante o cliente, a sociedade de engenharia será responsável pela observância de todas as disposições contratuais por parte dos subcontratantes; enfim, poderá prever ainda a necessidade de notificar com certa antecedência o cliente, sempre que um subcontratante vá iniciar trabalhos no local da instalação; eventualmente, ainda, poderá determinar que a sociedade de engenharia, sempre que praticável, conceda uma justa oportunidade a empresas locais de poderem vir a ser escolhidas, nessa sede, para a realização de determinados trabalhos[6].

Ainda que os subcontratos sejam autónomos entre si e em relação ao contrato de engenharia, que liga o engenheiro ao cliente[7], há toda a vantagem em que aqueles sejam o «exacto reflexo deste»[8]. Quando assim seja, o subcontrato é considerado transparente (*back to back*, na língua inglesa)[9].

---

princípio, não é do agrado da sociedade de engenharia que contrata com o cliente – cf. a este respeito as críticas da *European International Contractors* (*EIC Contractor's Guide to the FIDIC Conditions of Contract for Plant and Design-Build*, Berlin, 2003, p. 5) à cl. 4.5 das indicadas *Conditions* (*Yellow Book*) da FIDIC, defendendo aquela organização profissional que as sociedades de engenharia «would be advised to avoid or to renegotiate the terms of any contract that permits the interference of the Employer» (cliente) «in the selection of subcontractors». Cf. também PHILIPPE LE TOURNEAU, *L'ingénierie...*, cit., p. 221.

[6] Cf., v.g., *FIDIC Conditions of Contract for Design-Build and Turnkey* (*Orange Book*), cit, Part I – *General Conditions*, cl. 4.5 (d): «Where praticable, the Contractor shall give a fair and reasonable opportunity for contractors from the Country to be appointed as Subcontractors».

[7] Sendo verdade que os subcontratos são autónomos em relação ao contrato de engenharia celebrado pela sociedade de engenharia com o cliente, não são – como decorre do seu carácter de subcontratos – independentes dele, no sentido de que a sorte deste ditará a sorte daqueles: seguramente que o termo do contrato de engenharia (por qualquer causa) dita o termo dos subcontratos celebrados à sua sombra. Em particular, em cada subcontrato, será conveniente prever as consequências para cada parte resultantes da resolução por incumprimento do contrato de engenharia (cf. PHILIPPE LE TOURNEAU, *L'ingénierie*, cit., p. 114 e 223).

[8] PHILIPPE LE TOURNEAU, *L'ingénierie*, cit., p. 114-123.

[9] PHILIPPE LE TOURNEAU, *L' ingénierie*, cit., p. 114 e 223. Com YVES RABIER, *Les penalités dans les contrats internationaux de construction de centrales de production d'électricité* (*Liquidated damages in international contracts for the construction of electric power stations*), RDAI, n.º 2, 2003, 157-182 (p. 164 e nota 6 da p. 182) –, pode também dizer-se que a técnica *back-to-back* «est la repercussion par le client, dans les contrats de sous-traitances, des contraintes juridiques et financiers qu'il suporte dans les relations avec son prope client». Vide ainda PATRICE LEVEL, *La negotiation du contrat international de sous-traitance*, JDAI, n.º 2, 1985, 137-150, (p. 147 e ss) –, referindo-se à opção prévia entre a opacidade ou a transparência do subcontrato em relação ao «mercado principal», isto é, em relação aos direitos e obrigações do engenheiro para com o seu cliente. Sob o ponto

Aquele reflexo ou transparência entre o contrato de engenharia e os subcontratos verificar-se-á, certamente ou naturalmente, nas cláusulas destes relativas ao objecto-fim (mormente atinentes à realização da instalação em si), como as cláusulas de especificações dos trabalhos, prazos de execução e recepção dos mesmos, que reflectirão (na parte que a cada subcontrato caiba) as cláusulas correspondentes do contrato principal. Mas, para a sociedade de engenharia, poderá ser desejável ou conveniente que também em outros aspectos essa mesma transparência ou reflexo se verifique: é o que pode suceder quanto à cláusula compromissória (que conduzirá a uma arbitragem multipartida) e às regras de instituição de um mesmo tribunal. Com efeito, no caso de o tribunal arbitral ser chamado a decidir uma eventual acção do cliente sobre o dono da obra, então, ao mesmo tempo, e evitando uma eventual desarmonia de julgamentos[10], esse tribunal decidirá também do possível direito de regresso da sociedade de engenharia sobre o subcontratante de que se trate (a contraparte dela no subcontrato em causa)[11].

---

de vista financeiro, a expressão ou o efeito mais completo da transparência traduz-se na cláusula «if and when»: o pagamento do subcontratante fica subordinado ao pagamento do engenheiro pelo cliente (*idem*, p. 147). *Vide*, ainda, ROBERT RIBEIRO, *Engineering Contracts*, cit., p. 143, notando que a fórmula *back-to-back* é expressão, não de igualdade, mas de compatibilidade entre as regulações contratuais de que se trate.

[10] A instituição de uma arbitragem multipartida tem como um objectivo principal justamente tentar evitar-se a desarmonia de julgamentos em relação a diferendos relacionados. Sobre a arbitragem multipartida, cf., p. ex., PHILLIP CAPPER, *International arbitration: a handbook*, London-Singapore, 2004, p. 44, JOACHIM G. FRICK, *Arbitration and complex international contracts*, The Hague, 2001, p. 229 e ss, e ALAN REDFERN/MARTIN HUNTER/NIGEL BLACKABY/CONSTANTINE PARTASIDES, *Law and Practice of International Commercial Arbitration*, 4.ª ed., London, 2004, p. 168 e ss.

[11] PHILIPPE LE TOURNEAU, *L'ingénierie*, cit., p. 11-115 e 223. Cf. também DAVID ST. JOHN SUTTON/JUDITH GILL, *Russell on Arbitration*, 22.ª ed., London, 2003, p. 54-55. Ainda que o contrato de engenharia global não se identifique com o contrato de empreitada, no conjunto complexo das prestações do engenheiro cabe também a de realização de uma obra: a consideração do regime do tratamento do direito de regresso do empreiteiro sobre o subempreiteiro faz pois sentido (cf. artigo 1226.º do CC). O dono da obra, pelo incumprimento, seja por vícios da obra, apenas poderá responsabilizar o empreiteiro, que é o seu contratante. Este, por sua vez, terá direito de regresso sobre o seu subcontratante na subempreitada, ou seja, sobre o subempreiteiro. Neste sentido, *vide* VAZ SERRA, *Empreitada*, BMJ 145 (1965), 19-190 (p. 66), LUÍS CARVALHO FERNANDES, *Da subempreitada*, DJ 12 (1988), 79-102 (p. 81-82 e 94 e ss), ANTÓNIO PEREIRA DE ALMEIDA, *Direito Privado II (Contrato de empreitada)*, Lisboa, 1983, p. 20, e LUÍS MENEZES LEITÃO, *Direito das Obrigações*, vol. III, *Contratos em especial*, 5.ª ed., Coimbra, 2008, p. 541. Em sentido contrá-

Quanto às cláusulas limitativas de responsabilidade, a razoabilidade e a boa fé apontam para essa mesma transparência no subcontrato: não faria sentido que a sociedade de engenharia, em razão da aplicação de alguma dessas cláusulas do contrato de engenharia, não fosse responsável perante o cliente e, ainda assim, pretendesse ressarcir-se junto do seu subcontratante.

A harmonização ou transparência entre as cláusulas dos contratos envolvidos – do contrato de engenharia e dos subcontratos celebrados à sua sombra – será um factor de clareza e de eficiência. Estas não podem deixar de convir a ambas as partes no próprio contrato de engenharia.

---

rio, *vide* PEDRO ROMANO MARTINEZ, *O subcontrato*, Coimbra, 1989, p. 173, e *Direito das Obrigações (Parte Especial). Contratos. Compra e Venda. Locação. Empreitada*, 5.ª ed., Coimbra, 2004, p. 416 e ss, que admite a acção directa do dono da obra sobre o subempreiteiro, no caso de vícios da obra.

A INTERNET E A PROMOÇÃO DO DIREITO INTERNACIONAL. ELEMENTOS PARA UM GUIA DE INVESTIGAÇÃO JUSINTERNACIONAL

FERNANDO LOUREIRO BASTOS[*]

SUMÁRIO: *1. Introdução: 1.1. Objecto e utilidade do presente estudo; 1.2. As dificuldades que se apresentam no ensino e na aprendizagem do Direito Internacional; 1.3. A importância do estudo do Direito Internacional em razão da diversificação das fontes de produção jurídica nos direitos internos contemporâneos; 1.4. Indicação de sequência. 2. Apresentação panorâmica dos materiais de Direito Internacional em versão impressa passíveis de serem encontrados numa biblioteca jurídica: 2.1. Considerações introdutórias; 2.2. Publicações científicas periódicas de Direito Internacional: I. Anuários de Direito Internacional; II. Revistas científicas de Direito Internacional; 2.3. Documentos de Direito Internacional. 3. Introdução à pesquisa dos materiais de Direito Internacional que podem ser encontrados na Internet: 3.1. Considerações introdutórias; 3.2. Guias de pesquisa do Direito Internacional na Internet e listas de links; 3.3. Instrumentos de pesquisa bibliográfica: catálogos de bibliotecas disponíveis on-line; 3.4. Publicações periódicas de Direito Internacional disponíveis on-line; 3.5. Documentos de Direito Internacional, em especial as bases de dados de tratados e de outros instrumentos internacionais; 3.6. Entidades internacionais: I. Organizações internacionais; II. Órgãos jurisdicionais; 3.7. Acesso a informação da actualidade jurídico-internacional. Anexo. Lista dos endereços electrónicos referidos.*

---

[*] Professor Auxiliar da Faculdade de Direito da Universidade de Lisboa.

1. Introdução[1]

1.1. *Objecto e utilidade do presente estudo*

A permanente abordagem da dinâmica dos fenómenos jurídicos e a constante diversificação das áreas de investigação jurídica são das características mais evidentes da obra do Professor Doutor José de Oliveira Ascensão. Com efeito, tendo iniciado a sua notável carreira docente na Faculdade de Direito da Universidade de Lisboa nos domínios mais tradicionais do Direito Privado, na actualidade o Professor Doutor Oliveira Ascensão dedica a sua atenção a alguns dos domínios jurídicos mais inovadores, com particular destaque para o Direito da Sociedade da Informação.

Recordo muito positivamente a satisfação intelectual provocada pela leitura das obras do Professor Doutor Oliveira Ascensão durante licenciatura. Posteriormente, em razão da opção pelo Direito Público, o contacto directo com os seus ensinamentos reduziu-se fundamentalmente à utilização de várias edições de *O Direito: Introdução e Teoria Geral*, na pontual preparação de aulas dessa disciplina.

Só podendo o elogio da sua carreira académica e obra científica ser adequadamente feito por outros mais qualificados, não posso deixar de destacar o empenhamento do Professor Doutor Oliveira Ascensão nas actividades de cooperação jurídica, em particular com os Estados africanos de língua oficial portuguesa. Com feito, tendo vindo a compartilhar essa área de actividade na Faculdade de Direito da Universidade de Lisboa nos anos mais recentes, não posso deixar de salientar o modo como o seu exemplo de dedicação e entusiasmo é uma constante fonte de inspiração e de estímulo para todos os que acreditam na divulgação do conhecimento jurídico no espaço cultural de expressão portuguesa.

Deve ser ainda recordado que as questões do Direito Internacional não são estranhas ao Professor Doutor José de Oliveira Ascensão, em razão da sua participação na delegação portuguesa que conduziu o *Caso do Direito de Passagem pelo Território da Índia* (*Right of passage over Indian Territory – Portugal v. India*), que decorreu no Tribunal Internacional de Justiça, entre 1955 e 1960, com Ácordão de 12 de Abril desse ano[2].

---

[1] Todos os comentários e sugestões sobre a presente matéria serão muito apreciados e convenientemente respondidos através do email: floureirobastos@fd.ul.pt.

[2] Sobre a questão, as referências feitas por INOCÊNCIO GALVÃO TELLES, que liderou a delegação de Portugal, em «Algumas notas sobre a Acção da Haia», O Direito, Ano 92,

Assim, apesar de não ser versado em nenhuma das áreas da sua actividade jurídica, o presente contributo para os *Estudos em homenagem ao Professor Doutor José de Oliveira Ascensão* tem na sua base o cruzamento entre dois interesses que julgo terem significado na obra do celebrado Mestre. Por um lado, a utilização da Internet como veículo de acesso ao conhecimento, nomeadamente para o ensino e a aprendizagem do Direito. E, por outro lado, a necessidade da expansão das áreas de investigação e de pesquisa para além dos domínios tradicionais e consolidados do saber jurídico.

O presente artigo tem, assim, por objecto primacial as possibilidades abertas pela Internet na promoção e na divulgação do conhecimento do Direito Internacional. Além disso, estando o sucesso da pesquisa jusinternacional na mega biblioteca virtual disponibilizada pela Interntet necessariamente condicionado pelo anterior domínio dos materiais impressos actualmente existentes, procura fornecer os dados básicos gerais para conduzir uma investigação no âmbito do Direito Internacional. Não visa, por isso, tratar das questões jurídico-internacionais suscitadas pelo surgimento e pelo funcionamento da Internet, assunto igualmente merecedor da atenção dos jusinternacionalistas[3], mas antes avançar com pistas para a investigação em Direito Internacional, que possam funcionar como orientação para os interessados em pesquisar nesta área[4].

A utilidade que pode ser retirada dos elementos que vão ser fornecidos seguidamente, de forma organizada e sistematizada, tem-me sido

---

1960, pp. 14 a 16 (foi publicada separata com o título *Algumas notas sobre a acção de Haia*, Coimbra Editora, 1960); e em *O caso de Goa: perspectivas jurídicas*, 2001, separata de *O caso de Goa: 40 anos depois (1961-2001), recordando a história: análise política, jurídica e militar: actas da Conferência "O caso de Goa": 40 anos depois (1961-2001), recordando a história"*, Lisboa, 2001, p. 73.

[3] Sobre a questão, EVELYNE LAGRANGE, «L'Internet Corporation for Assigned Names and Numbers: un essai d'identification», Revue Générale de Droit International Public, volume CVIII, 2004, pp. 305 a 346.

[4] Com um objectivo semelhante, mas um objecto muito mais amplo, pode ser citado o *Guide to International Legal Research – 2006*, da responsabilidade da The George Washington University Law School International Law Review, publicado pela Lexis Nexis. Com um âmbito muito mais restrito, podem ser citados exemplos antigos como RONALD J. DELBERT, «Virtual resources: international relations research resources on the Web», International Organization, volume 52, 1998, pp. 211 a 221; e CHRIS HEDLEY, «The Law of the Sea and the Internet: a resource guide with special reference to the conservation and management of marine living resources», The International Journal of Marine and Coastal Law, vol. 15, 2000, pp. 567 a 579.

sugerida e confirmada pelas dificuldades que são sentidas por aqueles que pretendem fazer investigação em matérias no âmbito do Direito Internacional. Com efeito, confrontados com um volume de informação absolutamente incomensurável, os neófitos têm alguma dificuldade em conseguir separar "o trigo do joio" e encontrar os materiais mais adequados ao desbravamento dos seus temas de pesquisa, seja através do uso de materiais impressos, seja no recurso a materiais disponibilizados na Internet.

Uma parte significativa das dificuldades sentidas ao nível pós-graduado tem a sua origem no contacto excessivamente reduzido, quase episódico, que os alunos das licenciaturas em Direito têm com as matérias do Direito Internacional. Com efeito, apesar da deficiente preparação pessoal poder ter um peso relevante, existem dois problemas estruturais que contribuem para potenciar as dificuldades sentidas pelos interessados na investigação jusinternacional. Por um lado, a formação jurídica continuar a estar primacialmente centrada no direito interno do Estado. E, por outro lado, a posição subalterna que é dada à disciplina nos planos de curso da formação jurídica básica.

Não admira, por isso, que o estudante da licenciatura em Direito tenha a ordem jurídica do Estado, com destaque para a do Estado em que obtém a formação, como o único referente para a compreensão dos problemas jurídicos e o Direito Internacional lhe pareça uma coisa arcaica, inútil ou irrelevante, cuja inclusão no plano de estudos é apenas uma bizarria sem sentido.

Das experiências passadas, em termos idênticos aos contactos mais recentes, retenho como absolutamente paradigmática a dificuldade que quase todos os que são confrontados com o Direito Internacional sentem em entender e explicar o conteúdo e a razão de ser da denominada "cláusula facultativa de jurisdição obrigatória", no âmbito do Tribunal Internacional de Justiça[5]. É, com efeito, para muitos inconcebível que a possibilidade de um tribunal ter o poder de apreciar e de decidir um conflito possa ser o resultado de uma decisão prévia dos Estados envolvidos no litígio.

---

[5] O n.º 2 do artigo 36 do Estatuto do Tribunal Internacional de Justiça prevê que "[o]s Estados partes do presente Estatuto poderão, em qualquer momento, declarar que reconhecem como obrigatória *ipso facto* e sem acordo especial, em relação a qualquer outro Estado que aceite a mesma obrigação, a jurisdição do Tribunal em todas as controvérsias jurídicas que tenham por objecto: a) A interpretação de um tratado; b) Qualquer questão de direito internacional; c) A existência de qualquer facto que, se verificado, constituiria violação de um compromisso internacional; e d) A natureza ou a extensão da reparação devida pela ruptura de um compromisso internacional".

1.2. As dificuldades que se apresentam no ensino e na aprendizagem do Direito Internacional

Antes de avançar especificamente no objecto dos presentes elementos destinados aos *Estudos em homenagem ao Professor Doutor José de Oliveira Ascensão*, impor tecer algumas considerações sobre as dificuldades com que são confrontados o ensino e a aprendizagem do Direito Internacional, na medida em que estas podem ajudar a compreender a utilidade da divulgação sistematizada de um guia de pesquisa de investigação jusinternacional.

Podem ser referenciadas dificuldades de três tipos distintos no ensino e na aprendizagem do Direito Internacional que contribuem para tornar mais espinhoso o caminho dos que se pretendem aventurar nos domínios jusinternacionais.

Em primeiro lugar, a compreensão do Direito Internacional deve ser feita com base no pressuposto de que se está em presença de uma ordem jurídica específica e autónoma. O Direito Internacional não é uma parte do direito interno do Estado, apesar da enorme relevância teórica e prática da matéria das relações entre o Direito Internacional e o direito interno e da sua aplicação estar dependente de uma actuação concreta e intencional dos Estados. Daqui resulta que não faz sentido, na maioria das situações, tentar aplicar os raciocínios utilizados no direito interno dos Estados ao entendimento e solução de questões ou problemas jurídico-internacionais.

Neste âmbito, em termos exemplares, é particularmente simbólica a utilização do conceito "constituição" para qualificar a Carta da Organização das Nações Unidas, dado não existir um poder político superior aos Estados que tenha sido gerado por esse tratado e confiado à organização internacional em questão. As dificuldades suscitadas pela utilização inadequada do conceito "constituição" foram, aliás, superabundantemente patentes no âmbito da integração europeia, com o fracasso do projecto da denominada "Constituição Europeia"[6].

Em segundo lugar, deve ser tido em consideração que o Direito Internacional cobre na actualidade um conjunto extraordinariamente vasto de matérias, que têm vindo a multiplicar-se com crescente rapidez desde o

---

[6] Sobre a questão, o nosso, «Perante uma "Constituição" será que ainda é possível continuar a falar em "tratado"? Algumas considerações jusinternacionalistas sobre o Tratado que estabelece uma Constituição para a Europa», O Direito, vol. 137, 2005, pp. 699 a 730.

final da Segunda Guerra Mundial e da criação da Organização das Nações Unidas[7]. Nestes termos, as matérias que podem ser integradas no âmbito de um curso semestral ou anual de Direito Internacional dos planos das licenciaturas ficam normalmente circunscritas a alguns aspectos introdutórios, escolhidos em função da sua potencialidade para transmitir os pilares estruturantes da disciplina, mas insuficientes para uma adequada compreensão das suas especificidades e das áreas que actualmente regula.

A enorme diversidade de matérias existentes leva, assim, a que o estudo do Direito Internacional só possa ser normalmente desenvolvido ao nível dos estudos pós-graduados, algumas vezes sem a necessária consolidação dos conceitos básicos anteriormente transmitidos ou sem uma ideia concreta do seu significado e relevância.

Em terceiro lugar, importa ter em atenção que a possibilidade de existir uma coincidência das matérias de Direito Internacional que podem ser leccionadas ao nível da licenciatura em Direito, qualquer que seja o espaço geográfico que esteja a ser considerado, não implica uma completa iden-

---

[7] Um panorama das temáticas integradas no Direito Internacional contemporâneo pode ser encontrado na obra *International Law*, 2.ª ed., Oxford University Press, 2006, editada por Malcolm D. Evans, com a colaboração de alguns dos mais prestigiados jusinternacionalistas da actualidade. Além de uma introdução, destinada a fornecer uma perspectiva da prática de jusinternacionalistas de renome, a obra está dividida nos seguintes capítulos: 1. A short history of International Law (Stephen C Neff); 2. What is International Law for? (Martii Koskenniemi); 3. Wicked heresies or legitimate perspectives? Theory and International Law (Iain Scobbie); 4. The sources of International Law (Hugh Thirlway); 5. Soft Law in International Law-making (Alan Boyle); 6. International Law and 'relative normativity' (Dinah Selton); 7. The practical working of the law of treaties (Malgosia Fitzmaurice); 8. States and recognition in International Law (Colin Warbrick); 9. International organizations (Dapo Akande); 10. The individual and the International legal system (Robert McCorquodale); 11. Jurisdiction (Vaughan Lowe); 12. International Law and restraints on the exercise of jurisdiction by national courts of States (Hazel Fox); 13. Immunities enjoyed by officials of States and international organizations (Chanaka Wickremasinghe); 14. The relationship between international and national law (Eileen Denza); 15. The nature and form of international responsibility (James Crawford and Simon Olleson); 16. Issues of admissibility and the law on international responsibility (Phoebe Okowa); 17. Countermeasures and sanctions (Nigel White e Ademola Abass); 18. The means of dispute settlement (John Merrills); 19. The International Court of Justice (Hugh Thirlway); 20. The use of force and the international legal order (Christine Gray); 21. The law of the sea (Malcolm D. Evans); 22. International environmental law (Catherine Redgwell); 23. International economic law (Gerhard Loibl); 24. International criminal law (Antonio Cassese); 25. International protection of human rights (Henry J. Steiner); e 26. The law of war (International humanitarian law (Christopher Greenwood).

tidade de apreciação sobre essas matérias e, acima de tudo, uma idêntica perspectiva sobre as questões em causa. A diversidade de abordagens não é apenas de opiniões doutrinais[8], em resultado de legítimas convicções pessoais, ideológicas ou religiosas, mas da diferente forma como podem ser analisadas, compreendidas e compatibilizadas as diferentes partes que integram o Direito Internacional contemporâneo. Na verdade, ao invés de um puzzle que só pode ser montado de uma única forma, formando a imagem pré-estabelecida, o Direito Internacional pode apresentar uma configuração diversa, em função das áreas parcelares ou dos interesses a que se pretenda dar prevalência.

Assim, em termos paradigmáticos, na actualidade, com destaque para os Estados ocidentais, aos problemas ambientais é dada uma relevância jurídico-internacional cada vez mais maior. A tentativa de resolver os problemas ambientais continua a ser confiada, contudo, na maioria das situações, a regimes jurídicos criados por tratados internacionais, em que os Estados participam voluntariamente, em conformidade com a percepção que têm dos seus interesses individuais. Esta abordagem tradicional, baseada no princípio de que os tratados só produzem efeitos em relação às partes contratantes, pode ser, no entanto, radicalmente alterada se for entendido que a protecção do ambiente é imposta por uma norma de *ius cogens*. O problema passa a ser, então, de uma natureza distinta, isto é, de saber se existe uma norma desse tipo, o que é objecto de um debate jurídico não consensual[9-10].

---

[8] Sobre a questão, centrado na comparação entre as perspectivas democrática (New Haven School – Myres McDougal e Harold Lasswell) e soviética (Tunkin), IAIN SCOBBIE, «Wicked heresies or legitimate perspectives? Theory and International Law», in MALCOLM D. EVANS (edit.), *International Law*, 2.ª ed., Oxford University Press, 2006, pp. 83 a 112.

[9] Sobre a questão, o nosso *A internacionalização dos recursos naturais marinhos. Contributo para a compreensão do regime jurídico-internacional do aproveitamento conjunto de petróleo e de gás natural nas plataformas continentais, do potencial aproveitamento de recursos minerais na Área, da pesca no alto mar e os efeitos da regulamentação convencional respectiva em relação a terceiros Estados*, Lisboa, 2005, pp. 77 a 90; e na doutrina jusinternacional mais recente, a colectânea de estudos organizada por CHRISTIAN TOMUSCHAT e JEAN-MARC THOUVENIN (editores), *The fundamental rules of International Legal Order. Jus cogens and obligations erga omnes*, Martinus Nijhoff Publishers, Leiden/Boston, 2006; e ALEXANDER ORAKHELASHVILI, *Peremptory norms in International Law*, Oxford University Press, 2006.

[10] Sobre a questão, a síntese de ANTONIO CASSESE, *International Law*, 2.ª ed., Oxford University Press, 2005, pp. 188 a 212, que conclui a sua apreciação com a afirmação de que (p. 210) "the fact remains that undeniably, at least at the level of State-to-State relations, hitherto peremptory norms have largely remained a *potentiality*".

1.3. *A importância do estudo do Direito Internacional em razão da diversificação das fontes de produção jurídica nos direitos internos contemporâneos*

O estudo do Direito Internacional é importante, apesar das dificuldades anteriormente referidas, em razão da diversificação das fontes de produção jurídica nos direitos internos contemporâneos. Com efeito, partindo de uma abordagem alargada do fenómeno jurídico, o estudo do Direito Internacional permite um acesso adequado a todas as matérias que não são reguladas exclusivamente pelo direito interno do Estado.

A adequada compreensão desta problemática implica que se tenha em consideração que: i) o Direito Internacional deixou de ser apenas um conjunto circunscrito de regras jurídicas que regulam as relações entre os Estados; ii) a intensificação das relações entre os Estados, e entre as comunidades humanas que os integram, tem vindo a tecer uma crescente interdependência, comummente traduzida na expressão "globalização"; e iii) os actuais contornos da soberania do Estado, entendida como autonomia de organização, são o resultado de comportamentos voluntários, nomeadamente dos compromissos internacionais que vão sendo sucessivamente assumidos pelos Estados.

Nestes termos, é possível afirmar que o direito interno dos Estados deixou de ser o resultado exclusivo de normas jurídicas produzidas internamente pelos seus órgãos legislativos. Interessante é que a alteração da posição relativa da lei de produção exclusivamente interna pareça ainda não ter sido convenientemente entendida pelos órgãos legislativos que também participam no procedimento de vinculação internacional do respectivo Estado.

Na verdade, os ordenamentos jurídicos dos Estados ainda continuam a ser primacialmente apresentados com base nas relações entre a lei e a constituição, tendo em consideração que nos primórdios do constitucionalismo, durante o século XIX, os tratados eram uma fonte de direito com uma importância reduzida, circunscritos a um conjunto de matérias relativamente circunscrito[11]. Contemporaneamente, no entanto, os tratados

---

[11] A importância do Direito Internacional durante a segunda metade do século XIX é, no entanto, crescente e bastante maior do que a convicção generalizada dos juristas permitiria suspeitar, com destaque para as matérias de natureza técnica, o que leva STEPHEN C. NEFF, «A short history of International Law», in MALCOLM D. EVANS (edit.), *International Law*, 2.ª ed., Oxford University Press, 2006, p. 42, a afirmar que "[b]y the beginning

multiplicaram-se e, acima de tudo, as ordens jurídicas internas são confrontadas com a necessidade de dar resposta à produção de efeitos jurídicos internos de actos de organizações internacionais a que os Estados pertencem voluntariamente.

A incompletude dos textos constitucionais não impede, no entanto, que os Estados continuem a assumir compromissos internacionais, com a natureza mais diversa, sem que os seus efeitos sejam adequadamente ponderados pelos órgãos do poder político[12].

A questão é particularmente relevante nos Estados que participam em integrações regionais de carácter político, económico ou jurídico. Nestes casos, com efeito, o Direito Internacional pode ajudar a entender três questões jurídicas fundamentais: i) a natureza do compromisso assumido pelo Estado, o que pode ser alcançado através da interpretação do tratado institutivo da entidade em questão, nomeadamente para apurar as modificações que foram introduzidas na capacidade de auto-organização do Estado; ii) as fontes de direito que passaram a ser comuns aos vários Estados e os modos específicos da sua incorporação na ordem jurídica de cada um dos Estados participantes; e iii) a existência de mecanismos de controlo do cumprimento dos compromissos assumidos pelos Estados no âmbito da entidade em questão.

Com efeito, no caso da participação numa organização de integração regional de carácter político, económico ou jurídico, a perspectiva do Direito Internacional vai obrigar a procurar respostas para as seguintes questões:

i) a participação na entidade em questão mantém intactas as competências dos órgãos do poder político, em particular a sua autonomia para a feitura de leis e para a conclusão de tratados internacionais sobre todas as matérias?

ii) existem novas fontes de direito que estejam em concorrência com as anteriores fontes jurídicas de produção exclusivamente interna?

iii) em caso de conflito entre as fontes de direito de produção interna e as fontes de produção externa quais devem prevalecer, tendo em consideração que a participação na entidade em questão é o resultado de uma decisão voluntária do Estado?

---

of the twentieth century, the world was economically more integrated than it would be for many decades thereafter (and in some ways more so than today).

[12] Sobre a questão, o nosso *A internacionalização dos recursos naturais marinhos...*, cit., pp. 811 a 813.

iv) a apreciação dos cumprimento dos compromissos assumidos no âmbito da entidade em questão pelo Estado continuam a ser apreciados em conformidade com os princípios do Direito Internacional clássico ou podem ser sujeitos à apreciação de um órgão jurisdicional, a actuar em moldes semelhantes aos de um tribunal interno dotado de jurisdição obrigatória?

A percepção da existência dos problemas anteriormente referenciados e a procura das respostas adequadas vão depender, em boa parte, dos conhecimentos que tenham sido adquiridos ao nível do Direito Internacional. Como em muitos outros ramos do saber, a formulação da pergunta tem o ponto de partida na sensibilidade para existência de um problema carecido de uma resposta.

1.4. *Indicação de sequência*

Estão agora satisfeitos os pressupostos adequados a prosseguir convenientemente a presente exposição sobre a investigação jusinternacional e os materiais de Direito Internacional passíveis de serem encontrados na Internet. O estudo será dividido em duas partes. Na primeira parte, em termos gerais, de modo a dispor dos elementos necessários para proceder à sua selecção, será apresentada uma panorâmica sobre alguns dos principais materiais de Direito Internacional que podem ser encontrados numa biblioteca jurídica bem fornecida. Na segunda parte, em termos mais específicos, fundado nas considerações anteriormente produzidas acerca da selecção de materiais jusinternacionais impressos, serão avançadas as pistas consideradas mais importantes para a utilização da Internet como um instrumento de investigação em Direito Internacional.

A primeira parte, dedicada fundamentalmente à apresentação panorâmica dos materiais de Direito Internacional em versão impressa passíveis de serem encontrados numa biblioteca jurídica, apreciará sucessivamente: a predominância da produção jurídico-international em língua inglesa; as bibliografias produzidas pelo Max Planck Institute for Comparative Public Law and International Law; os critérios de selecção bibliográfica passíveis de serem utilizados genericamente pelos investigadores; as instituições científicas dedicadas ao estudo e ao ensino do Direito Internacional; as publicações científicas periódicas de Direito Internacional: anuários de Direito Internacional e revistas científicas de

Direito Internacional; e os documentos de Direito Internacional, com destaque para as diversas categorias existentes e a forma de acesso em versão impressa.

A segunda parte, centrada numa introdução à pesquisa dos materiais de Direito Internacional que podem ser encontrados na Internet, fará uma apresentação sumariada: dos guias de pesquisa do Direito Internacional na Internet e das listas de *links* existentes; dos instrumentos de pesquisa bibliográfica, concentrando-se na referência aos mais importantes catálogos de bibliotecas on-line; das revistas científicas disponibilizadas on-line; dos documentos de Direito Internacional, com destaque para as bases de dados de tratados e de outros instrumentos internacionais; dos sítios de entidades internacionais, com base na divisão entre organizações internacionais e órgãos jurisdicionais; e dos sítios que disponibilizam informação da actualidade jurídico-internacional.

2. Apresentação panorâmica dos materiais de Direito Internacional em versão impressa passíveis de serem encontrados numa biblioteca jurídica

2.1. *Considerações introdutórias*

O carácter universal do Direito Internacional traduz-se num vastíssimo universo bibliográfico ao dispor do investigador, cuja dimensão é dificilmente igualável em qualquer outro domínio do Direito. É possível encontrar uma multiplicidade de obras de Direito Internacional nas línguas ocidentais mais faladas, com destaque para o inglês.

A forma mais expedita e compreensiva de tomar contacto com o universo bibliográfico do Direito Internacional é recorrer às bibliografias organizadas pelo Max Planck Institute for Comparative Public Law and International Law, sedeado em Heidelberg, na Alemanha. Na versão impressa, podem ser encontradas na publicação semestral *Public International Law. A current bibliography of books and articles,* dada à estampa desde 1975, cuja elaboração tem por base a pesquisa bibliográfica levada a cabo em mais de três mil revistas científicas, anuários e volumes comemorativos.

É identicamente ao labor do Max Planck Institute for Comparative Public Law and International Law que se deve o mais abrangente retrato do Direito Internacional produzido até ao final do século XX: a *Encyclopedia of Public International Law*[13-14].

Existem duas versões desta enciclopédia de Direito Internacional: i) a primeira, em doze volumes, divididos tematicamente, dados à estampa entre 1981 e 1990; e ii) a segunda, em quatro volumes (mais um volume de índices), organizados alfabeticamente, dados à estampa entre 1992 e 2000 (sendo de 2003 o volume de índices)[15]. Na versão definitiva, com a participação de mais de 450 autores, comporta 1317 entradas, das quais 48 foram publicadas exclusivamente nessa edição, e cerca de 500 têm adendas de actualização material ou bibliográfica. Nos seus volumes: i) sintetiza os aspectos mais importantes da história do Direito Internacional; ii) apresenta os princípios básicos que regulam as várias áreas do Direito Internacional; iii) inclui sumários das mais importantes decisões proferidas por órgãos jurisdicionais internacionais; iv) descreve a actividade das

---

[13] A *Encyclopedia of Public International Law*, publicada sob a direcção de Rudolf Bernhard, é um excelente exemplo da utilização do inglês como língua de comunicação ao nível do Direito Internacional. No prefácio da obra, aquando da publicação da versão definitiva, foi afirmado que "[t]he use of the English language in a work produced by a German institution is not a concession to modern trends; it is simply intended to ensure that the Encyclopedia should be accessible to scholars, experts and interested general readers in all parts of the world". Pode ser considerada a herdeira de duas obras anteriores, produzidas no âmbito da mesma instituição, então dadas à estampa em língua alemã: i) *Wörterbuch des Völkerrechts und der Diplomatie*, publicado em três volumes, entre 1924 e 1929, com a direcção de Karl Strupp; e ii) *Wörterbuch des Völkerrechts*, também em três volumes e um anexo, publicado entre 1960 e 1962, sob a direcção de Hans-Jürgen Schlochauer (conhecido como Strupp-Schochauer).

[14] Segundo Suzanne Thorpe, «A guide to international legal bibliography», in Ellen G. Shaffer e Randall J. Snyder (editores), *Contemporary practice of public international law*, Oceana Publications, Dobbs Ferry – New York, 1997, p. 21, ainda devem ser incluídas nesta categoria as seguintes publicações: i) *Encyclopedia of the United Nations and International Relations*. Edmund Jan Osmanczyk, 2d ed. New York, N.Y., Taylor and Francis, 1990; ii) *Parry and Grant Encyclopaedic Dictionary of International Law*. Clive Parry. New York, N.Y., Oceana Publications, 1986; e iii) *Dictionary of International & Comparative Law*. James R. Fox. Dobbs Ferry, N.Y., Oceana Publications, 1992.

[15] Na actualidade, tendo em consideração que as entradas foram maioritariamente elaboradas na década de oitenta, a *Encyclopedia of Public International Law* deve ser usada com alguma cautela, tendo em consideração a possível desactualização de uma parte das suas entradas. A questão será resolvida, no entanto, num horizonte temporal muito curto, tendo em consideração que está prevista a publicação de uma segunda edição revista e actualizada, entre 2008 e 2010, dando assim concretização aos trabalhos iniciados em 2004 sobre a direcção de Rüdiger Wolfrum, um dos actuais directores do Max Planck Institute for Comparative Public Law and International Law.

principais organizações internacionais; e v) dá conta das principais questões relacionadas com estatuto jurídico-internacional de determinados Estados e territórios.

A língua inglesa é, como facilmente o demonstra o exemplo da *Encyclopedia of Public International Law* e dos *Yearbooks*, a língua actualmente mais utilizada pela doutrina internacional de Direito Internacional e pelas entidades científicas de âmbito internacional dedicadas ao estudo e à promoção do Direito Internacional. Paralelamente à língua inglesa podem ser encontrados muitos materiais de Direito Internacional em alemão, em francês, em castelhano e em italiano, correspondentes a escolas de produção doutrinal surgidas e sedimentadas ao longo dos séculos XIX e XX.

Na actualidade, começa também a ser progressivamente mais diversificada a produção jusinternacional em língua portuguesa[16], embora a sua projecção internacional seja relativamente reduzida fora do espaço relativamente circunscrito dos juristas de expressão lusófona, em razão da pouca divulgação do português como língua de produção jusinternacional.

Confrontados com uma tal massa de elementos disponíveis, importa apresentar dois critérios de selecção bibliográfica passíveis de serem utilizados genericamente pelos investigadores jusinternacionais.

O primeiro critério de selecção, e também o mais óbvio, é o da escolha das obras doutrinais mais conceituadas, seja em língua portuguesa, seja em qualquer uma das línguas estrangeiras mais divulgadas. Nesse sentido, importa ter em consideração, nomeadamente: i) a instituição universitária, e/ou as instituições científicas, a que pertence o autor da obra; ii) a experiência jurídico-internacional do autor, nomeadamente a sua participação em mecanismos de solução de litígios internacionais; iii) a bibliografia jusinternacional do autor, com destaque para as monografias e os artigos publicados numa determinada área específica; iv) o tipo de publicação

---

[16] Sobre a doutrina jusinternacionalista publicada em Portugal durante os séculos XIX e XX, os nossos «A propósito da primeira obra jurídica do Professor Doutor Marcello Caetano (*Um grande jurista português – Frei Serafim de Freitas*): a doutrina portuguesa de Direito Internacional Público publicada em Portugal durante a monarquia constitucional), in *Estudos em homenagem ao Professor Doutor Marcello Cartano: no centenário do seu nascimento,* vol.I, 2006, pp. 407 a 447; e «Contributo para o estudo da doutrina de Direito Internacional Público publicada em Portugal entre a criação da Faculdade de Direito da Universidade de Lisboa (1913) e a segunda edição do Curso de Direito Internacional Público do Professor Doutor André Gonçalves Pereira (1970)», in *Homenagem ao Professor Doutor André Gonçalves Pereira,* 2006, pp. 679 a 746.

onde foram dadas à estampa as obras, com destaque para as revistas científicas de Direito Internacional, os anuários de Direito Internacional e os volumes comemorativos; v) o número de edições da obra em questão, quando se trate de lições, manuais, tratados ou monografias; e vi) a existência de traduções em línguas estrangeiras, em particular quando se trate de lições, manuais ou tratados de Direito Internacional.

O segundo critério de selecção é o da escolha das obras doutrinais mais actualizadas, tendo em consideração o contributo que esteja a ser dado para a compreensão ou para a evolução da matéria em questão. Isso significa, como é evidente, que as monografias e os artigos científicos não podem ser julgados exclusivamente em função da data da sua publicação, mas também tendo em atenção os indícios anteriormente referenciados.

Na apreciação das credenciais dos autores que publicam nas diversas áreas, é necessário ter em consideração que o Direito Internacional é objecto de estudo e ensino num conjunto de instituições científicas, para além das instituições de ensino universitário. As mais importantes dessas instituições científicas e universitárias podem ser encontradas na Europa e nos Estados Unidos da América, tendo em consideração a sedimentação do estudo e da investigação jusinternacional nesses espaços geográficos. Surgiram, na sua maioria, numa época em que o Direito Internacional era uma criação exclusiva dos Estados ocidentais, mas a participação nos seus trabalhos de especialistas das origens mais diversificadas tem vindo a acompanhar a universalização do Direito Internacional.

No âmbito das instituições científicas dedicadas ao Direito Internacional devem ser postas em destaque:

i) A Académie de Droit International de la Haye ou The Hague Academy of International Law[17] (Academia de Direito Internacional da Haia), fundada em 1923, que lecciona cursos de Direito Internacional Público e de Direito Internacional Privado, nas instalações do Palácio da Paz, na Haia, na Holanda, no local onde funciona o Tribunal Internacional de Justiça. A relevância da sua actividade tem expressão no *Recueil des cours* ou *Collected Courses*, que é uma colectânea dos cursos leccionados. Já foram publicados 321 volumes, dedicados em partes equivalentes ao Direito Internacional Público e ao Direito Internacional Privado

---

[17] Sobre a Academia de Direito Internacional da Haia, as informações disponíveis em http://hagueacademy.nl/.

(em francês ou em inglês, correspondendo à língua em que os cursos foram originariamente proferidos);
ii) A International Law Association[18] (Associação de Direito Internacional), fundada em 1873, com sede em Londres. Desenvolve as suas actividades com base em associações nacionais (national branches) e em grupos de trabalho temáticos. Existem cerca de cinquenta associações nacionais, que funcionam autonomamente, e em 2007 estavam em actividade vinte e quatro grupos de trabalho temáticos. Promove reuniões gerais bianuais, tendo sido a última organizada em Toronto, no Canadá, em 2006. Publica os resultados dos seus trabalhos nos *Conference Reports*, dados à estampa desde 1903 (em 2006, foi publicado o volume 72, correspondente à conferência que teve lugar em Toronto).
iii) O Institut de Droit International[19] (Instituto de Direito Internacional), fundado em 1873, em Gant, na Bélgica. Tem 132 membros, divididos em três categorias (honorários, titulares e associados). Desenvolve os seus trabalhos baseado em grupos de trabalho científicos, estando doze em actividade em 2007. Aprova, no âmbito de conferências bianuais, resoluções sobre os temas que foram objecto de estudo pelos grupos de trabalho científicos. Divulga os resultados dos seus trabalhos através do *Annuaire de l'Institut de Droit International,* em publicação desde 1877 (em 2005, foi publicado o volume 72, correspondente à sessão de Cracóvia);
iv) A The American Society of International Law (Sociedade Americana de Direito Internacional), fundada em 1906, com sede em Washington[20]. Realiza conferências anuais sobre matérias de Direito Internacional desde o início das suas actividades (a 101.ª conferência teve lugar em Março de 2007), sendo os seus trabalhos divulgados no *ASIL Annual Meeting Proceedings.* Dá à estampa as seguintes publicações periódicas impressas: *American Journal of International Law*; *International Legal Materials;* e *International Legal Theory.*

---

[18] Sobre a International Law Association, as informações disponíveis em http://www.ila-hq.org.

[19] Sobre o Institut de Droit International, as informações disponíveis em http://www.idi-ill.org.

[20] Sobre The American Society of International Law, as informações disponíveis em http://www.asil.org/aboutasil/index.html.

v) O Max Planck Institute for Comparative Public Law and International Law ou Max-Planck-Institute für ausländisches öffentliches Recht und Völkerrrecht (Instituto Max Planck para o Direito Público Comparado e o Direito Internacional), com a designação actual desde 1949, no âmbito da Max Planck Society (Max--Planck-Gesellschaft). Tinha sido fundado em Berlim, em 1924, com a designação Kaiser-Wilhelm-Institut für ausländisches öffenliches Recht und Völkerrecht. Em 2007, a biblioteca disponha de 560.000 volumes e 4275 publicações periódicas, sendo a maior da Europa, e uma das mais completas a nível mundial, nas suas áreas de actividade. Dá à estampa várias publicações periódicas impressas: o *Zeitschrift für ausländisches öffentliches Recht und Völkerrecht*, o *Max Planck Yearbook of United Nations Law*, o *Journal of the History of International Law*, e *Public International Law. A current bibliography of books and articles*. O catálogo da biblioteca está disponível na Internet, desde 1998, com a denominação OPAC – Online Public Access Cataloque, sendo elaborado com base na pesquisa em 3100 revistas e 150 anuários e volumes comemorativos. Desenvolve um conjunto muito significativo de projectos de pesquisa em várias áreas de Direito Internacional, sendo actualmente de destacar as seguintes: fundamental issues of public international law; the law of public administration; legitimacy in international law; Max Planck Commentaries on World Trade law; e Wourld Court Digest[21].

Num plano distinto, na medida em que funciona no âmbito da Organização das Nações Unidas, importa fazer ainda referência à International Law Commission (Comissão de Direito Internacional). A funcionar desde 1949, tem por função o "desenvolvimento e a codificação do Direito Internacional", em conformidade com a previsão da alínea a) do n.º 1 do artigo 13 da Carta das Nações Unidas. É composta por 34 membros[22], que

---

[21] Sobre as actividades actuais do Max Planck Institute for Comparative Public Law and International Law podem ser encontradas informações no sítio da Internet http://www.mpil.de. No âmbito do Direito Internacional, as suas principais áreas de investigação são: Law of international organizations, in particular the United Nations; International protection of human rights; International economic law; e International law of the environment.

[22] Na mais recente eleição, para o quinquénio 2007-2011, foram escolhidos alguns dos mais eminentes jusinternacionalistas, como Ian Brownlie (Reino Unido) e Alain Pellet

actuam com independência em relação aos Estados da respectiva nacionalidade, eleitos por períodos de cinco anos, que podem ser renovados. Realiza sessões anuais, com a duração de dez a doze semanas, em Genebra, na Suíça. Desenvolve estudos e apresenta anteprojectos de convenções internacionais a pedido da Assembleia Geral das Nações Unidas, que são posteriormente objecto de apreciação e discussão por parte dos seus Estados membros[23]. A sua produção é relativamente demorada, na medida em procura chegar a projectos finais que possam ser subscritos pelos Estados que compõem a Comunidade Internacional de Estados actualmente existente e transformados em Direito Internacional vigente. O relato dos seus trabalhos pode ser encontrado nos *Yearbook of the International Law Commission*, dados à estampa desde 1949, e nos relatórios anuais que apresenta à Assembleia Geral das Nações Unidas[24].

Em abstracto, a selecção de obras doutrinais conceituadas e actualizadas é um objectivo relativamente fácil de alcançar. Em concreto, o resultado final nem sempre é tão bem sucedido, tendo em consideração que é variável a quantidade e a qualidade da bibliografia disponível nas diversas bibliotecas jurídicas à disposição do investigador de Direito Internacional.

2.2. Publicações científicas periódicas de Direito Internacional

Uma das formas mais expeditas e, simultaneamente, mais seguras de seguir a evolução do Direito Internacional é através do recurso às publicações científicas periódicas de Direito Internacional.

As publicações científicas periódicas de Direito Internacional podem ser divididas em dois grandes grupos: os anuários de Direito Internacional e as revistas científicas de Direito Internacional.

(França). A Comissão de Direito Internacional integra três nacionais de Estados de língua oficial portuguesa: Pedro Comissário Afonso, de Moçambique, Paula Escarameia, de Portugal, e Gilberto Vergne Sabóia, do Brasil.

[23] Na actualidade, independentemente da época em que começou o seu estudo, são qualificadas como "topics under consideration" as seguintes matérias: reservation to treaties; effects of armed conflicts on treaties; obligation to extradite or prosecute (*aut dedere aut judicare*); shared natural resources; responsibility of international organizations; e expulsion of aliens.

[24] O relato das actividades da Comissão de Direito Internacional pode ser encontrado em http://www.un.org/law/ilc/. Extractos da obra *The work of the International Law Commision*, 6.ª ed., 2004, podem ser encontrados na rubrica "Summaries of the work of International Law Commission".

I. *Anuários de Direito Internacional*

Os anuários de Direito Internacional, ou *Yearbook* na terminologia inglesa, são publicações de periodicidade anual, dadas à estampa por instituições científicas com o objectivo de dar a conhecer as actividades realizadas num determinado ano, com destaque para a produção doutrinal, seja no âmbito da entidade em questão, seja no âmbito do Estado que lhes dá a respectiva denominação. Nalguns casos, como será seguidamente posto em destaque, são particularmente úteis no relato que fazem da prática dos Estados relacionada com o Direito Internacional.

Sem esgotar todo o elenco disponível, podem ser referenciados os seguintes anuários de Direito Internacional:

– *Annuaire Français de Droit International* (AFDI), em publicação desde 1955. É um dos mais completos anuários de Direito Internacional que podem ser utilizados, em razão do relato bastante detalhado que é feito da prática francesa de Direito Internacional e da produção científica jusinternacional em língua francesa. No número do cinquentenário, em 2005, tinha a seguinte sistematização: i) Études; ii) États, statuts territoriaux, maintien de la paix, maîtrise des armements; iii) Jurisdictions internationales; iv) Organisation des Nations Unies. Autres organisations internationales; v) Espaces et communications. Ressources et environnement; vi) Droit international économique; vii) Protection internationale des droits de l'homme; viii) Questions intéressant l'Europe; ix) Questions intéressant la France[25]; x) Chronologie des faits internationaux d'intérêt juridique, e xi) Bibliographie critique, Bibliographie systématique des ouvrages et articles relatifs au droit international publiés en langue française.

---

[25] Este capítulo estava tripartido em: i) Les conventions internationales conclues par la France et publiées au *Journal Officiel de la Republique française* en 2005; ii) Jurisprudence française relative au droit international; e iii) Pratique française du droit international. A prática francesa de Direito Internacional é apreciada tendo em consideração as seguintes áreas sectoriais: 1) Armes et armements; 2) Biens et intérêts des étrangers et des nationaux; 3) Conseil de l'Europe; 4) Coopérations internationale; 5) Coopération transfrontalière; 6) Délimitation des espaces maritimes; 7) Différends régionaux et situations locales; 8) Droit de la mer; 9) Droit humanitaire; 10) Droits de l'homme; 11) Environnement; 12) Espaces; 13) Investissements; 14) Juridictions pénales internationales; 15) Organisations internationals; 16) Pêche; 17) Règlement des différends; 18) Responsabilité internationale; 19) Succession d'États; 20) Terrorisme; e 21)Traités.

- *British Yearbook of International Law* (BYIL), em publicação desde 1920-21. No volume 66, correspondente a 2005, podia ser encontrada a seguinte distribuição de matérias: i) artigos doutrinais; ii) recensão de livros; iii) decisões de tribunais britânicos, proferidas em 2005, relativas a matérias de Direito Internacional Público e de Direito Internacional Privado; e iv) materiais relativos ao Direito Internacional no Reino Unido em 2005.
- *The Canadian Yearbook of International Law* (CYIL), em publicação desde 1963[26]. No volume 42, correspondente a 2004, podia ser encontrada a seguinte sistematização: i) Articles; ii) Notes and comments; iii) Tribute to Ivan L. Head; iv) Chronique de droit international économique; v) Canadian practice in international law; vi) Cases; e vii) Book reviews. A edição é bilingue, em francês e em inglês.
- *Finnish Yearbook of International Law*, em publicação desde 1990. No volume 14, correspondente a 2003, tinha a seguinte sistematização: i) Articles; e ii) Book reviews e review articles. As línguas utilizadas são o inglês e o francês, com predomínio para a primeira.
- *German Yearbook of International Law* (GYIL), ou *Jahrbuch für Internationales Recht*, em publicação desde 1948[27]. Entre 1948 e 1975, até ao volume 18, utiliza apenas a designação em alemão. No volume 49, correspondente a 2006, tinha a seguinte sistematização: i) Fórum; ii) Focus Section; iii) General articles; iv) Reports; e v) Books reviews. A língua utilizada é exclusivamente o inglês.
- *The Japanese Annual of International Law* (JAIL), em publicação desde 1957[28]. O volume 49, correspondente a 2006, tinha a seguinte sistematização: i) Articles; ii) The Japanese Digest of International Law; iii) Book Reviews; iv) Judicial Decisions in Japan (I. Public International Law; e II. Private International Law); v) Chronological list of treaties and other international agreements

---

[26] A publicação é da responsabilidade do Canadian Branch da International Law Association e do The Canadian Council on International Law.

[27] A publicação é da responsabilidade do Walther-Schücking-Institut für Internationales Recht an der Universität Kiel, no âmbito da Universidade de Kiel, na Alemanha.

[28] A publicação é da responsabilidade do The Japan Branch of the International Law Association.

concluded by Japan in 2005; e vi) Chronology of Japanese Foreign Affairs. A língua utilizada é exclusivamente o inglês.
- *Max Planck Yearbook of United Nations Law* (Max Planck UNYB), em publicação desde 1997[29]. É um excelente repositório de produção doutrinal relacionada com a actividade da Organização das Nações Unidas.
- *Netherlands Yearbook of International Law* (NYIL), em publicação desde 1970[30]. O volume 35, correspondente a 2004, tinha a seguinte sistematização: i) Articles; ii) Documentation[31-32]; e iii) Table of cases. A língua utilizada é exclusivamente o inglês.
- *The Polish Yearbook of International Law*, em publicação desde 1966/67[33]. No volume 27, correspondente a 2004-2005, tinha a seguinte sistematização: i) Artigos; ii) Polish practice in international law; iii) Book reviews; e iv) Polish bibliography of international law, 2004-2005. A língua utilizada é exclusivamente o inglês[34].

---

[29] A publicação é da responsabilidade do Max-Planck-Institute für ausländisches öffentliches Recht und Völkerrrecht ou Max Planck Institute for Comparative Public Law and International Law, sedeado em Heidelberg, na Alemanha.

[30] A publicação é da responsabilidade conjunta da Netherlands International Law Review, do Stichting T.M.C. Asser Instituut, do Institute for Private and Public International Law, e do International Commercial Arbitration and European Law, sedeados na Haia, na Holanda.

[31] Esta secção está dividida em: i) Netherlands state practice for the parliamentary year 2002-2003; ii) Treaties and other international agreements to which the Kingdom of the Netherlands is a party – conclusions and developments 2003; iii) Netherlands municipal legislation involving questions of public international law; iv) Netherlands judicial decisions involving questions of public international law, 2002-2003; e v) Dutch literature in the field of public international law and related matters, 2003.

[32] No volume 35, páginas 299 a 316, pode ser encontrado um muito desenvolvido esquema de classificação das matérias de Direito Internacional, passível de utilização muito útil para o enquadramento das diversas temáticas que integram o Direito Internacional contemporâneo.

[33] A publicação é da responsabilidade conjunta do Polish Institute of International Affairs, do Institute of Legal Sciences of Polish Academy of Sciences, e do Polish branch of International Law Association.

[34] No primeiro volume a opção pela língua inglesa, numa ocasião em que a Polónia fazia parte do bloco soviético, era justificada da seguinte forma: "[t]herefore it has been thought that – especially in this field of science as concerned with international problems – a language barrier should be avoided and, consequently, it has been decided to publish the yearbook in English as a language accessible to a great number of international jurists all over the world".

- *South African Yearbook of International Law,* ou *Suid-Afrikaanse Jaarbook vir Volkereg,* em publicação desde 1975[35]. No volume 31, correspondente a 2006, tinha a seguinte sistematização: i) Articles; ii) Notes and comments; iii) South African judicial decisions; iv) Foreign judicial decisions; v) International organisations; vi) Foreign policy; vii) International events; viii) Treaties and literature; e ix) Book reviews. A língua utilizada é exclusivamente o inglês.
- *Yearbook of International Environmental Law,* em publicação desde 1990. O volume 16, correspondente a 2005, tinha a seguinte sistematização: i) Articles; ii) The year in review – table of reports I. General developments, II. Air and Atmosphere; III. Fresh water; IV. Oceans; V. Energy; VI. Hazardous substances and waste, other than nuclear; VII. International Commons/Areas beyond national jurisdiction, VIII. Natural resource management and conservation; IX. International economy and the environment; X. Country//Region reports, XI. Reports from international courts and tribunals; e XII. Reports on International organizations and bodies; e iii) Literature review. É um excelente repositório da prática internacional em matérias ambientais, em razão dos relatórios sectoriais que podem ser encontrados na secção "the year in review".

II. *Revistas científicas de Direito Internacional*

As revistas científicas de Direito Internacional objecto de referência foram seleccionadas com base em dois critérios: i) difusão internacional; e ii) publicação exclusiva de matérias de Direito Internacional.

Assim, sem pretensões de esgotar todo o elenco disponível, podem ser referenciadas as seguintes revistas científicas de Direito Internacional:

- *American Journal of International Law* (AJIL), em publicação desde 1907 (trimestral)[36]. O volume 100, correspondente ao centenário comemorado em 2006, está dividido em: i) Artigos doutrinais; ii) Editorial comments; iii) Notes and comments; iv) Correspondence; v) Current developments; vi) International decisions;

---

[35] A publicação é da responsabilidade do VerLoren van Themaat Centre for Public Law Studies, University of South Africa, sedeado em Pretória, na África do Sul.

[36] A publicação é da responsabilidade da The American Society of International Law, sedeada em Washington, Estados Unidos da América.

vii) Contemporary pratice of the United States relating to International Law; viii) Recent books on international law; e ix) International legal materials. Acumula as funções de um anuário de Direito Internacional no que concerne ao relato da prática norte americana relacionada com o Direito Internacional.

- *Archiv des Völkerrechts* (AVR), em publicação desde 1948/49 (volume 43, correspondente a 2005). A língua utilizada é exclusivamente a alemã.
- *Austrian Journal of Public and International Law ou Zeitschrift für öffentliches Recht* (Austrian J. Publ. Int'l Law), em publicação desde 1948 (trimestral – volume 55, correspondente a 2000). A língua utilizada é quase exclusivamente a alemã.
- *European Journal of International Law* (EJIL), em publicação desde 1990 (cinco números por ano). O volume 17, correspondente a 2006, está dividido em: i) Articles; ii) Review essays; e iii) Book reviews[37].
- *International and Comparative Law Quarterly* (ICLQ), em publicação desde 1952 (trimestral)[38]. O volume 55, correspondente a 2006, está dividido em: i) Articles; ii) Shorter articles, comments and notes; iii) Current developments: public international law; iv) Current developments: private international law; v) Current developments: European law; e vi) Current developments: decisions of international courts and tribunals.
- *Leiden Journal of International Law* (LJIL), em publicação desde 1988/89 (trimestral)[39]. Trata fundamentalmente de duas áreas: i) matérias de teoria jurídica no âmbito do Direito Internacional; e ii) resolução de conflitos. O volume 19, correspondente a 2006, está dividido em: i) Articles; ii) Hague International tribunals; iii) Current legal developments; iv) Bibliography; v) Review essays; e vi) Book review.
- *Netherlands International Law Review* (NJIL), em publicação desde 1953-1954 (quadrimestral). No volume 53, correspondente a 2006, podem ser encontradas as seguintes divisões, dado que a

---

[37] A publicação é da responsabilidade do Instituto Universitário Europeu, sedeado em Florença, na Itália.

[38] A publicação é da responsabilidade do British Institute of International and Comparative Law, sedeado em Londres, no Reino Unido.

[39] A publicação é feita em colaboração com a Leiden University Faculty of Law, Holanda.

sistematização é diferente de número para número: i) Articles; ii) Book reviews; iii) Book notices; iv) Civil jurisdiction and enforcement of judgments in Europe; v) Hague Case law – lastest developments; vi) Information concerning the Hague Conventions on Private International Law; e vii) Judicial decisions involving questions of private international law. A língua utilizada é exclusivamente o inglês.
- *Nordic Journal of International Law* (Nord. J. Int'l L.), em publicação desde 1930. O volume 75, correspondente a 2006, está dividido em: i) Articles; ii) Current issues (com referência à prática nórdica de Direito Internacional); e iii) Book reviews. A língua utilizada é exclusivamente o inglês.
- *Revista Española de Derecho Internacional* (REDI), em publicação desde 1948 (semestral)[40]. O volume 58, correspondente a 2006, está dividido em: i) Estudios; ii) Notas; iii) Jurisprudencia; iv) Práctica (Crónica de la política exterior española); v) Información y documentación; e vi) Bibliografia.
- *Revue Belge de Droit International* (RBDI), em publicação desde 1965 (semestral – volume 39, correspondente a 2006)[41]. A língua utilizada é quase exclusivamente o francês, com alguns artigos em flamengo.
- *Revue Generale de Droit International Public* (RGDIP), em publicação desde 1894. O volume 109, correspondente a 2005, está dividido em: i) Articles; ii) Notes d'actualité; iii) Chronique des faits internationaux; iv) Jurisprudence internationale, v) Jurisprudence française en matiére de droit internationale public, v) Note de lecture; vi) Bibliographie; e vii) Retour sur un «classique».
- *Revue Hellénique de Droit International*, em publicação desde 1948 (semestral – volume 59, correspondente a 2006). As línguas correntemente utilizadas são o francês e o inglês.
- *Rivista di Diritto Internazionale* (RDI ou Riv. Dir. Int.), em publicação desde 1906 (trimestral). O volume 89, correspondente a 2006 está dividido em: i) Artigos; ii) Notas e comentários; iii) Panorama; iv) Anúncios; v) Jurisprudência (tribunais internacionais; jurispru-

---

[40] A publicação é da responsabilidade da Asociación Española de Profesores de Derecho Internacional y Relaciones Internacionales.

[41] A publicação é da responsabilidade da Société belge de droit international (SBDI).

dência comunitária; e jurisprudência italiana); vi) Acordos internacionais; vii) Organizações internacionais; viii) Legislação italiana; e ix) Bibliografia.

– *Zeitschrift für ausländisches öffentliches Recht und Völkerrecht* (ZaöRV), também designado como *Heidelberg Journal of International Law,* em publicação desde 1929[42]. O volume 66, correspondente a 2006, está dividido em: i) Artigos; ii) Notas e comentários; iii) Literatura; e iv) Recensões. As línguas utilizadas são o inglês e o alemão.

2.3. Documentos de Direito Internacional

Na actualidade, em termos crescentes desde 1945, a produção de documentos de Direito Internacional é extraordinariamente elevada. São várias as razões que o justificam, nomeadamente: i) o muito elevado número de Estados existentes, traduzido nos 192 membros da ONU; ii) o crescente número de organizações internacionais, cuja cifra é ainda superior à dos Estados; iii) a multiplicação das relações entre os diversos sujeitos de Direito Internacional; iv) o crescimento da jurisprudência internacional; v) a infinidade de textos de Direito Internacional produzidos no âmbito de conferências internacionais e de reuniões semelhantes; e vi) o alargamento das matérias integradas no âmbito do Direito Internacional contemporâneo.

A utilização da expressão genérica "documentos" de Direito Internacional é uma consequência da variedade da produção de materiais que podem ser tidos em consideração pelo investigador no âmbito do Direito Internacional. Assim, numa lista que não é exaustiva, nem pretende ser completa, podem ser integradas no âmbito dos documentos de Direito Internacional as seguintes categorias:

i) tratados internacionais, como fontes de Direito Internacional vinculativas para os respectivos intervenientes, qualquer que seja a sua designação concreta (sendo as mais correntes na prática internacional: acordos internacionais e convenções internacionais)[43];

---

[42] A publicação é da responsabilidade do Max-Planck-Institut für ausländisches öffentliches Recht und Völkerrecht ou Max Planck Institute for Comparative Public Law and International Law.

[43] Segundo CHRISTIAN L. VIKTOR, *Multilateral treaty calendar. Répertoire des traités multilatéraux. 1648-1995,* Martinus Nijhoff Publishers, The Hague/Boston/London,

ii) decisões de tribunais internacionais, seja de tribunais internacionais permanentes, como o Tribunal Internacional de Justiça, o Tribunal Europeu dos Direitos do Homem, ou o Tribunal Internacional do Direito do Mar, seja de tribunais arbitrais, constituídos para a apreciação de um litígio concreto por vontade das partes em conflito;
iii) decisões de órgãos jurisdicionais dos Estados, qualquer que seja a posição hierárquica ou natureza, onde tenha sido aplicado Direito Internacional ou apreciadas matérias de Direito Internacional;
iv) actos unilaterais aprovados por organizações internacionais, no âmbito do seu funcionamento, qualquer que seja a sua designação ou procedimento de aprovação, cujo exemplo mais divulgado é o das resoluções da Assembleia Geral e do Conselho de Segurança da ONU;
v) declarações finais de conferências internacionais ou reuniões internacionais, qualquer que seja o seu objecto, sem natureza vinculativa imediata para os respectivos intervenientes, integradas no âmbito da *soft law*;
vi) actos de órgãos do poder político dos Estados em matérias de política externa, como tomadas de posição sobre acontecimentos com relevância jurídico-internacional, discursos oficiais dos chefes de Estado, chefes de Governo e Ministros dos Negócios Estrangeiros, ou debates parlamentares ocorridos no decurso de um procedimento de vinculação internacional.

O acesso aos documentos de Direito Internacional em versão impressa pode ser providenciado por cinco vias fundamentais: i) jornais oficiais de cada um dos Estados[44] e *United Nations Treaty Series* (depois de

---

1998, no âmbito do levantamento de 6048 tratados multilaterais concluídos entre 1648 e 1995 (p. xvi) pode ser encontrada a seguinte distribuição das designações dadas às vinculações internacionais: "agreements (28%), conventions (22%), protocols (15%), and treaties (5%), the remaining 30% are designated arrangements (1,2%), declarations (2,1%), exchange of letters or notes (1,2%), final acts (1,6%), resolutions (1%), and less commonly charters, codes, covenants, constitutions, contracts, instruments, memoranda of understanding, regulations or statutes".

[44] Sobre a publicitação dos tratados nos Estados Unidos da América, THORPE, «A guide to international...», cit., pp. 25 a 31. Em termos gerais, com informação exaustiva sobre as fontes de acesso a tratados publicados, a mesma Autora, pp. 24 a 38.

1945), relativamente aos tratados internacionais concluídos pelos Estados e pelas organizações internacionais; ii) anuários nacionais, de organizações internacionais e de tribunais internacionais[45]; iii) repertórios da prática internacional dos Estados; iv) colectâneas de tratados internacionais e de jurisprudência internacional, produzidos por investigadores, no âmbito de instituições científicas ou de origem particular; e v) publicações periódicas dedicadas à publicitação de documentos de Direito Internacional[46].

Novamente sem pretensões de esgotar todo o elenco disponível, podem ser apresentadas as seguintes fontes de acesso aos documentos de Direito Internacional em versão impressa:

- *United Nations Treaty Series* (com o título completo de: *Treaty Series. Treaties and international agreements registered or filed and recorded with the Secretariat of the United Nations/Recueil des Traités. Traités et accords internationaux enregistrés ou classés et inscrits au répertoire au Secrétariat de l'Organisation des Nations Unies*), dividido em duas partes: I) publicação de tratados e acordos internacionais concluídos por um ou vários membros das Nações Unidas, posteriormente a 24 de Outubro de 1945; e II) publicação de tratados não abrangidos pelo artigo 102 da Carta das

---

[45] Sobre as compilações de jurisprudência, THORPE, «A guide to international...», cit., pp. 45 a 50; RALPH GAEBLER, «Conducting research in customary international law», in ELLEN G. SHAFFER e RANDALL J. SNYDER (editores), *Contemporary practice of public international law*, Oceana Publications, Dobbs Ferry – New York, 1997, pp. 88 e 93; e BARBARA RAINWATER, «International litigation: Bibliographic/Collection Development Materials», in ELLEN G. SHAFFER e RANDALL J. SNYDER (editores), *Contemporary practice of public international law*, Oceana Publications, Dobbs Ferry – New York, 1997.

[46] Sobre as obras dedicadas à recolha e à publicitação da prática diplomática dos Estados Unidos da América, THORPE, «A guide to international...», cit., pp. 39 a 43. Neste âmbito merece especial referência o *Restatement of the Law Third. The Foreign Relations of the United States,* publicado pelo American Law Institute, em 1987, não obstante se tratar de uma publicação não oficial, em razão da notoriedade dos jusinternacionalistas envolvidos, com óbvio destaque para os norte americanos. Em conformidade com a nota introdutória, p.xi, "the Institute has sought to express the law as it would be pronounced by a disinterested tribunal, whether of the United States or some other national state or an international tribunal". A obra, em dois volumes, está dividida em: i) Part I. International Law and its Relations to United States Law; ii) Part II. Persons in International Law; iii) Part III. International Agreements; iv) Part IV. Jurisdiction and Judgements; v) Part V. The Law of the Sea; vi) Part VI. The Law of the Environment; vii) Part VII. Protection of Persons (Natural and Juridical); viii) Part VIII. Selected Law of International Economic Relations; e ix) Part IX. Remedies for Violations of International Law.

Nações Unidas. No volume 41 de índices, dado à estampa em 2005, relativo aos volumes 2201 a 2250 do *United Nations Treaty Series* (Dezembro de 2002 a Março de 2004), já tinham sido registados e publicados 40105 tratados na primeira categoria, e 1269 na segunda[47].
- *Yearbook of the United Nations*, em publicação desde 1946/47. O volume 58, referente a 2004, foi dado à estampa em 2006 pelo Department of Public Information United Nations.
- *Yearbook of the European Convention on Human Rights/Annuaire de la Convention europeenne des droits de l'homme*, em publicação desde 1955/56/57 (versão bilingue, em inglês e em francês).
- *British and Foreign State Papers*, publicação oficial do Reino Unido, dada à estampa entre 1841 e 1968. O volume 1, referente aos anos de 1812 a 1814, publicitou todos os compromissos internacionais que se encontravam em vigor em 1841[48-49]. O último volume publicado é o 170, *General index (chronologically and alphabetically arranged) to the British and Foreign State Papers vols 166 (1961-62) – 169 (1967-68)*.
- *Répertoire de la pratique française en matière de Droit International Public*, da responsabilidade de Alexandre-Charles Kiss, em sete volumes, publicados entre 1962 (volume I) e 1972 (volume VII).
- A colectânea de tratados organizada por Georg Friedrich de Martens, a partir de 1790 (com o título original de *Recueil des Principaux Traites d'Alliance, de Paix, de Trêve, de Neutralité, de commerce, de limites, d'échange, etc, conclus par les Puissances de l'Éurope tant entre elles qu'avec les puissances et Etats dans d'au-*

---

[47] No âmbito da Sociedade das Nações, o *League of Nations Treaty Series* publicou 205 volumes. Entre Setembro de 1920 (volume 1) e Julho de 1946 (volume 205), foi dada publicidade internacional a 4834 tratados, em versão francesa e inglesa.

[48] Nesse sentido, na abertura do volume 1, é referido que "[t]his publication is intended to comprise the principal Documents which have been made public, relating to the Political and Commercial Affairs of Nations, and to their relations with each other, from the termination of the War in 1814 to the latest Period. The Work was formerly printed exclusively for the use of the Government, and of its Diplomatic Agents Abroad: but the general interest attached to these collections has led to its Publication".

[49] No que respeita aos "treaties of alliance and commerce between Great Britain and Portugal; subsisting between the Two Powers in 1814", podem ser consultadas as páginas 462 a 563, que se iniciam com a referência ao Treaty of Peace, Friendship, and Alliance between England and Portugal, assinado em Londres, em 16 de Junho de 1373, que é tido como o mais antigo tratado concluído pelo Reino Unido ainda em vigor.

tres parties du monde depuis 1761 jusqu'à present, de 1791), e continuada posteriormente por outros autores, que recolhe tratados concluídos até 1945. Em razão do amplo período temporal da sua publicação (1791-1969), deve ser utilizada com base numa divisão em quatro partes: i) *Recueil,* correspondente à versão inicial de de Martens, em sete volumes, com quatro volumes de suplementos, surgidos entre 1791 e 1808; posteriormente completados por dezanove volumes, que cobrem os tratados concluídos entre 1808 e 1839, dados à estampa entre 1817 e 1842; ii) *Nouveau Recueil Général de Traités, Conventions et autres transactions remarquables, servant à la connaissance des relations ètrangères des puissances et États dans leurs rapports mutuels,* em vinte volumes, dados à estampa entre 1843 e 1875; iii) *Nouveau Recueil Général de Traités et autres actes relatifs aux rapports de Droit International. Continuation du grand recueil de G. Fr. de Martens,* deuxième série, em trinta e cinco volumes, dados à estampa entre 1876 e 1908; e iv) *Nouveau Recueil Général de Traités et autres actes relatifs aux rapports de Droit International. Continuation du grand recueil de G. Fr. de Martens par Heinrich Triepel,* troisième série, em quarenta e um volumes, dados à estampa entre 1909 e 1969.
- *Multilateral treaty calendar. Répertoire des traités multilatéraux. 1648-1995,* organizado por Christian L. Viktor, que elenca 6048 tratados multilaterais concluídos entre 1648 e 1995.
- *International Law Reports,* em publicação desde 1919-22, dedicado à jurisprudência internacional e nacional com relevância internacional. Os volumes 1 a 16, referentes ao período entre 1919-22 e 1949, surgiram com o título *Annual Digest and Reports of Public International Law Cases.* O volume 127, com a data de 2005, editado por Sir Elihu Lauterpacht, C J Greenwood, A. G. Oppenheimer, e Karen Lee, tem a seguinte sistematização: i) Decisions of International tribunals; e ii) decisions of municipal courts (classificadas em função dos seguintes temas: air, aliens, arbitration, canals, claims, comity, conciliation, consular relations, damages, diplomatic relations, economics, trade and finance; environment, expropriation, extradition, governments, human rights, international court of justice, international criminal law, international organizations, international tribunals, jurisdiction, lakes and landlocked seas, nationality, recognition, relationship of international law and municipal law, reprisals and countermeasures,

rivers, sea, sources of international law, space, state immunity, state succession, states, territory, terrorism, treaties, war and armed conflict).
- *British International Law Cases* (com o título completo de *British International Law Cases. A collection of Decisions of Courts in the British Isles on Points of International Law, prepared under the Auspices of the International Law Fund and The British Institute of International and Comparative Law*), em nove volumes publicados entre 1964 e 1973. As decisões dos tribunais britânicos seleccionadas abrangem os seguintes tópicos de Direito Internacional: i) States as International Persons; ii) Jurisdiction; iii) The Individual in International Law; iv) Diplomatic and Consular Agents; e iv) Agents.
- *American International Law Cases*, em publicação desde 1971. Existem três séries até 1993: i) a primeira série, 31 volumes, da responsabilidade de Francis Deak, até ao volume 20, e de Frank S. Ruddy nos volumes seguintes, publicada entre 1971 (volume 1) e 1986 (volume 31), cobre a jurisprudência norte americana entre 1783 e 1979; ii) a segunda série, 27 volumes, da responsabilidade de Bernard D. Realms, publicada entre 1986 (volume 1) e 1992 (volume 27), cobre a jurisprudência norte americana entre 1979 e 1989; e iii) a terceira série, 51 volumes, também da responsabilidade de Bernard D. Realms, publicada entre 1993 (volume 1) e 1996 (volume 1996), cobre a jurisprudência norte americana entre 1990 e 1993. Posteriormente são publicados vários volumes anuais.
- *World Court Digest*, em publicação desde 1993, no âmbito das actividades do Max Planck Institute for Comparative Public Law and International Law, dedicado ao Tribunal Internacional de Justiça. Esta obra substituiu o anterior *Fontes Iuris Gentium. A Digest of the Decisions of the International Court of Justice,* de que foram dados à estampa sete volumes entre 1931 (relativo à actividade do Tribunal Permanente de Justiça Internacional entre 1922 e 1930) e 1990 (relativo à actividade do Tribunal Internacional de Justiça entre 1976 e 1985).
- *Documents on International affairs,* publicados pelo Royal Institute of International Affairs, cobrem o período entre o final da Primeira Guerra Mundial e 1963, e foram dados à estampa entre 1928 e 1973.

– *International legal materials*, publicados pela The American Society of International Law, desde 1962. O volume 44, correspondente a 2005, tem a seguinte sistematização: i) Treaties and agreements; ii) Judicial and similar proceedings; e iii) Other documents received.

3. Introdução à pesquisa dos materiais de Direito Internacional que podem ser encontrados na Internet

3.1. *Considerações introdutórias*

A Internet abriu uma nova e admirável época na pesquisa jusinternacional, ao tornar imediatamente disponível ao investigador um volume de informação e de material absolutamente impossível de conceber e de abarcar. Trata-se de uma verdadeira revolução no acesso ao conhecimento, cujos contornos ainda não estão inteiramente fixados, nomeadamente para aqueles que se encontram na transição entre fases.

Se antes o investigador estava exclusivamente confrontado com a biblioteca física, com todas as limitações decorrentes da sua situação geográfica e dos horários de funcionamento, na actualidade o conhecimento passou a estar à sua imediata e permanente disposição, ao premir de um simples botão, simultaneamente concentrado e disperso numa biblioteca virtual universal, em constante expansão e transformação.

Como em todas as situações de mudança profunda, existem vantagens e desvantagens, seja numa perspectiva subjectiva, seja em termos objectivos. A principal vantagem é, sem sombra de dúvida, a possibilidade do acesso permanente ao conhecimento, independentemente do espaço geográfico e do dia da semana e da hora do dia. Em termos contrapostos, a mais evidente desvantagem relaciona-se com a possibilidade dos dados disponibilizados poderem ser alterados, aditados ou suprimidos, sem qualquer controlo por parte do utilizador. A estabilidade do documento impresso, passível de um contacto físico, é substituída pela tendencialmente fugidia imagem da informação no ecrã de um computador.

Apesar das muitas diferenças que podem ser apresentadas, não existe, contudo, uma alteração substancial entre a biblioteca física e a biblioteca virtual no que respeita à investigação científica em geral, e à investigação jusinternacional em particular. Haverá, porventura, uma diferença de grau, em resultado da multiplicação das fontes de informação utilizáveis, mas não uma diferença de natureza. São necessárias as mesmas ferramentas intelectuais para um uso frutífero: uma constante curiosidade científica, uma enorme dose de paciência, a capacidade de seleccionar a informação pretendida, e uma férrea seriedade na utilização dos materiais recolhidos. Assim, quem já tenha sido anteriormente confrontado com uma biblioteca física, de médias ou grandes dimensões, sabe que o maior problema com que se defronta o investigador é a necessidade de utilizar o tempo sempre escasso da forma mais proveitosa que é possível.

Nestes termos, as energias tanto podem ser malbaratadas numa navegação na Internet, sem destino ou consequência, como numa abordagem da biblioteca física sem critério ou orientação, muitas vezes consubstanciada numa mera pilha de fotocópias sem utilidade subsequente. Em qualquer das situações, é possível viajar sem chegar a nenhuma parte, o que pode ter consequências desastrosas quando se está limitado pelos prazos da entrega do resultado final de uma investigação que foi intentada sem sucesso.

A tentação da dispersão é, contudo, muito maior nos meios de informação disponibilizados pela Internet do que na biblioteca jurídica física. Com efeito, a abertura sucessiva de portas através da interligação de *links* podem transformar a utilização da biblioteca virtual num labirinto de proporções trágicas, nomeadamente quando se ficou com uma noção relativamente imprecisa de "onde" é que se podia encontrar o "quê".

Os elementos subsequentes pretendem, em conformidade, contribuir para a orientação da pesquisa jurídico-internacional na Internet, de modo a facilitar a eliminação de uma parte dessa tentação. A experiência pessoal mostra que a navegação não orientada pode conduzir a alguns resultados inesperados e muito positivos, mas que, na outra maioria das situações, não acrescenta nada de verdadeiramente substancial aos locais onde podem ser encontrados materiais e documentos jusinternacionalmente credíveis e posteriormente utilizáveis.

É, por uma outra via, a necessidade anteriormente afirmada de utilizar critérios que possam garantir a qualidade da doutrina e da documentação encontradas. Neste aspecto, nos mesmos termos utilizados para a selecção dos materiais de Direito Internacional impressos, volta a não existir uma diferença substancial entre a biblioteca física e a biblioteca virtual. Os testes adequados a verificar se determinada obra impressa preenche os critérios de selecção, sendo conceituada e actualizada, são plenamente aplicáveis. Pode até ser afirmado, sem receio de exagero, que a sua utilização implica uma cautela redobrada, tendo em consideração que é infinitamente mais fácil fazer circular um texto na Internet do que o dar à estampa numa versão impressa.

Sublinhada a extrema precaução que deve ser posta na utilização de materiais disponíveis na Internet, sem referências que permitam confirmar a sua qualidade[50], importa referir que os mais credenciados sítios da Internet na área do Direito Internacional correspondem, na esmagadora maioria das situações, à colocação on-line do saber de entidades científicas ou universitárias de reputação firmada internacionalmente.

Neste aspecto, em resultado da depuração decorrente do passar dos anos e dos recursos que foram sendo sucessivamente investidos pelos seus organizadores, não existe sombra de parecença entre os materiais de Direito Internacional que podem ser encontrados nos sítios da Internet na actualidade e aqueles que foram sendo disponibilizados nos finais da década de noventa do século passado.

Recorrendo novamente à experiência pessoal de utilizador da Internet como ferramenta de investigação, com uma competência mediana no que respeita aos meios informáticos, recordo os resultados decepcionantes obtidos em várias incursões de pesquisa na Internet até há cerca de cinco anos. Posteriormente a essa data, no entanto, a sua utilização passou a ser indispensável em quatro áreas distintas: i) na pesquisa bibliográfica, através da utilização dos ficheiros on-line das principais bibliotecas jurídicas e dos catálogos de editoras e de livrarias virtuais; ii) na busca de documentos internacionais, com particular destaque para os textos de tratados internacionais e para os acórdãos dos tribunais internacionais; iii) no apuramento das vinculações nacionais aos tratados internacionais e na entrada em vigor dos diversos instrumentos internacionais; e iv) no contacto com as áreas de actividade das organizações internacionais. Em qualquer um destes domínios, os benefícios alcançados pela disponibilização de materiais na Internet são extraordinários, e muito dificilmente explicáveis a quem só faça investigação na época subsequente à sua expansão, tendo em consideração o tempo e esforço que tinha de ser anteriormente dispendido para obter algo de tão simples como uma lista de Estados ratificantes de um tratado ou a data da sua entrada em vigor internacional. A utilização

---

[50] Sobre a questão, em termos gerais, LAJEAN HUMPHRIES, *How to Evaluate a Web Site,* (2.12.2002), disponível em http://llrx.com/features/webeval.htm (visitado em Agosto de 2007), com a citação de muitas páginas sobre a matéria, em que se pode destacar ALASTAIR SMITH, *Evaluation of information sources* (actualizado a 19.10.2006), disponível em http://vum.ac.nz/staff/alastair_smith/evaln/evaln.htm.

da Internet continua ainda a não ser essencial no recurso à doutrina, embora seja cada vez maior o número de revistas científicas de Direito Internacional que colocam gratuitamente on-line os seus textos integrais à disposição dos interessados.

Em termos de acesso à doutrina de Direito Internacional, no entanto, a biblioteca virtual também se encontra num ponto de viragem cada vez mais significativo. Com efeito, é cada vez maior o número de textos que podem ser encontrados na Internet, com destaque para as bases de dados sujeitas a subscrição e pagamento. Nestes casos, contudo, as bibliotecas físicas e as bibliotecas virtuais são semelhantes, na medida em que a utilização das bases de dados ficam dependentes, salvo nos casos em que haja subscrição pessoal, de uma disponibilização geograficamente situada. Apesar da sua crescente importância, os elementos seguintes vão-se concentrar exclusivamente naquilo que é mais interessante na Internet, enquanto instrumento de divulgação do conhecimento, isto é, nos materiais que estão gratuitamente à disposição de todos os investigadores.

Perante os milhões de referências e de materiais que surgem numa simples busca com as palavras "Direito Internacional" ou "international law", a primeira dificuldade que imediatamente se coloca ao utilizador/investigador é a possibilidade de sistematizar os sítios que vão sendo encontrados para posterior utilização. Como esquema de apoio a esse trabalho é proposta a seguinte grelha de busca: i) guias de pesquisa do Direito Internacional na Internet e listas de *links*; ii) instrumentos de pesquisa bibliográfica: catálogos de bibliotecas disponíveis on-line; iii) publicações periódicas de Direito Internacional disponíveis on-line; iv) documentos de Direito Internacional, em especial as bases de dados de tratados e de outros instrumentos internacionais; v) entidades internacionais, com uma divisão entre: organizações internacionais e órgãos jurisdicionais; e vi) acesso a informação da actualidade jurídico-internacional.

A grelha proposta tem de ser necessariamente entendida como uma base de trabalho aberta e passível de ser adaptada às circunstâncias concretas da pesquisa. Com efeito, em muitas situações, o mesmo sítio da Internet pode ser compatível com mais do que um dos critérios de enquadramento propostos. Da mesma forma que, como é óbvio, a utilidade dos sítios referenciáveis pode não ser idêntica em todas as matérias ou áreas de investigação.

Tendo em consideração o carácter introdutório do presente guia, os sítios da Internet considerados mais relevantes para o trabalho de investigação jusinternacional serão sumariamente apresentados, pondo em destaque as razões que justificam a sua escolha. A sua selecção teve em consideração três critérios principais: i) a credibilidade da entidade responsável pela sua organização e colocação à disposição dos interessados; ii) a potencial manutenção em serviço no futuro; e iii) o volume e a sistematização da informação disponibilizada.

3.2. Guias de pesquisa do Direito Internacional na Internet e listas de links

A investigação na Internet que tenha por objecto matérias de Direito Internacional deve ter como ponto de partida e de orientação o guia de pesquisa sobre a matéria posto à disposição pela The American Society of International Law em http://www.asil.org.

Designado como *ASIL Guide to Electronic Resources for International Law (ERG)*, é o mais completo e sistematizado guia de pesquisa na Internet que pode ser encontrado on-line. Criado em 1997, tem vindo a ser objecto de actualizações sucessivas ao longo da sua existência. Em conformidade com a informação prestada, é objecto de actualizações semestrais (correspondendo a última versão a Março de 2007). Resultado do trabalho de uma equipa de bibliotecários jurídicos, tem Kelly Vinopal por editor (actualmente exerce o cargo de Director of Library and Information Services for the ASIL).

Está dividido em dez partes substantivas, além de uma introdução, com orientações de grande valia prática, correspondentes a grandes áreas do Direito Internacional: i) Human Rights; ii) International Commercial Arbitration; iii) International Criminal Law; iv) International Economic Law; v) International Environmental Law; vi) International Intellectual Property Law; vii) International Organizations; viii) Private International Law; ix) Treaties; e x) United Nations. Em cada uma das partes, confiadas a autores distintos, são dadas indicações concretas sobre a forma de utilizar a Internet como instrumento de investigação nas áreas em questão, em termos suficientemente descritivos que permitem aos leigos entender a importância e a utilidade das informações que estão a ser transmitidas.

No sítio da ASIL, em http://www.eisil.org, no âmbito dos seus recursos electrónicos, ainda pode ser encontrada uma lista de *links* muito completa, no âmbito do *EISIL – Electronic Information System for International Law*).

Um outro guia de pesquisa jusinternacional cuja utilização pode ser recomendada é o *International Law Research*, com o endereço electrónico http://www.nyulawglobal.org/globalex/index.html#, que pode ser encontrado no sistema GlobaLex, da responsabilidade do Hauser Global Law School Program, sedeado na New York University School of Law. Embora não refira a data de criação, é apresentado como sendo objecto de continuadas actualizações (sendo a última versão reportada a 14 de Agosto de 2007). Está integrado numa instituição universitária que tem vindo progressivamente a desenvolver uma actividade mais intensa no âmbito do Direito Internacional, sendo editado por Mirela Roznovschi.

O *International Law Research* é composto por uma colectânea de artigos de diversos autores sobre a pesquisa em áreas específicas do Direito Internacional, com a simultânea indicação de *links*, documentos e bibliografia impressa. Assim, em termos distintos do sistema da ASIL anteriormente apresentado que pretende abranger a totalidade do Direito Internacional, no *International Law Research* é possível encontrar referências relacionadas com temas de âmbito material diversificado, agrupando grandes áreas e temas específicos: i) APEC e ASEAN; ii) Council of Europe; iii) Customary International Law; iv) Economic Community of West African States (ECOWAS) e Communauté Economique et Monetaire de l'Afrique Centrale (CEMAC); v) European Union; vi) Human Rights; vii) Human Trafficking; viii) International Commercial Law; ix) International Criminal Law; x) International Environmental; xi) International Health; xii) International Marine Environmental Law; xiii) International Sports Law; xiv) International Trade; xv) International Treaties; xvi) Kyoto Protocol; xvii) NAFTA e CAFTA; xviii) Sustainable development Law; xix) Terrorism; xx) Transboundary Freshwater; xxi) TRIPS; e xxii) United Nations.

Com um objecto distinto dos guias de pesquisa, que fornecem informações introdutórias sobre a investigação em determinados ramos ou temas do Direito Internacional, os primeiros contactos com as matérias jurídico-internacionais também podem ter lugar através da utilização das diversas listas de *links* existentes. Neste campo, tendo em consideração que são menores os recursos materiais e humanos a disponibilizar pela entidade organizadora na sua elaboração, as possibilidades de escolha são muito mais variadas. A língua utilizada continua a ser predominantemente a inglesa, apesar da origem geográfica ser mais diversificada.

Com base numa ordenação alfabética, será feita referência a oito listas de *links*. Existe uma grande coincidência nos respectivos âmbitos, pelo que a escolha de qualquer um deles terá de ser feita, caso a caso, em função da matéria que está a ser investigada. Em termos introdutórios, é preferível a utilização das listas de *links* que contêm uma pequena apresentação dos respectivos conteúdos, como sucede nas sugestões feitas à terceira, quinta e oitava lista de *links*.

Em primeiro lugar, pode ser referido o *Foreign & International Law Resources: An Annotated Guide to Web Sites Around the World*, da responsabilidade da biblioteca da Harvard Law School, disponível no endereço electrónico http://www.law.harvard.edu/library/services/research/guides/international/. Tem a seguinte sistematização: i) International Law News; ii) Research tools (meta-pages; indexes; catalogues and directories); iii) International Law, com a seguinte subdivisão: a) International Law Metapages; b) Environment; c) Human Rights; d) Immigration and Asylum; e) Intellectual Property; f) Roman Law; g) Research relating to Terrorism; h) Trade; e i) Treaties); iv) International Organizations (IGOs), com a seguinte subdivisão: a) United Nations; b) European Union; e c) IGOs and NGOs); v) International Courts and Tribunals); e vi) Foreign Law.

Em segundo lugar, pode ser referenciado o *Global Law Links*, no âmbito do Hauser Global Law School Program, sedeado na New York University School of Law, acessível em http://nyulawglobal.org/researchtools/GlobalLawlinks.htm. A mesma lista de *links* é posta à disposição no sítio do European Journal of International Law, com a designação *International Law-Related Websites on the World Wide Web,* no endereço electrónico http://www.ejil.org/links/index.html, neste caso com a menção de ser organizado e actualizado por Christinan Pippan (Institute of International Law and International Relations, Karl-Franzens University Graz, na Áustria). Tem a seguinte sistematização: i) Research guides (general); ii) International treaties; iii) Governments; iv) International organizations, com a seguinte subdivisão: a) The United Nations System (including specialized agencies and related organizations); b) The European Union; e c) Other regional and inter-regional organizations and arrangements; v) International courts and tribunals; vi) Non-governmental organizations; vii) Legal associations & scholarly societies; viii) Academic Institutions; ix) Further research (selected areas), com a seguinte subdivisão: a) National laws & constitutions; b) War, peace and security; c) International criminal law; d) Human rights; e) International economic law; e f) International environmental law); e x) Top ten links.

Em terceiro lugar, pode ser referida a categoria de recursos designada genericamente por *International Law,* no âmbito do sítio *Intute: social sciences*, da responsabilidade de um conjunto de instituições universitárias do Reino Unido, disponível no endereço http://www.intute.ac.uk/socialsciences/cgi-bin/browse.pl?id=120. Embora não conste de um sítio da Internet exclusivamente jurídico, a sua utilização é recomendável em razão da descrição detalhada que é feita de cada um dos *links* que fazem parte das listas elaboradas. Esse foi, aliás, o fundamento apresentado pelo júri da International Association of Law Libraries para a atribuição do IALL 2005 Website Award. Tem a seguinte sistematização: i) Air Law; ii) Alternate dispute resolution; iii) Associations with specialised functions; iv) Consular law; v) Council of Europe; vi) Diplomacy law; vii) European Union law; viii) Intergovernmental organisations; ix) International arbitration; x) International criminal law and war crimes; xi) International human rights law; xii) International treaties; xiii) International unions, NGOs; xiv) Law of international organisations; xv) Law of war; xvi) Law of the sea; xvii) Private international law; xviii) Regional associations of member states; xix) Regional associations of member states; e xx) Space law.

Em quarto lugar, pode ser referenciado o artigo, muitas vezes citado em razão da data da sua elaboração, *Legal research on International Law Issues Using the Internet*, da autoria de Lyonette Louis-Jacques, inicialmente divulgado em Janeiro de 1997, com uma versão actual de Abril de 2002. Pode ser encontrado no sítio da Biblioteca da Faculdade de Direito da Universidade de Chicago, em http://www.lib.uchicago.edu/~llou/forintlaw.html. Tem a seguinte sistematização: i) Sample pages; ii) Selected major web sites; iii) International organizations; iv) Government agencies; v) Miscellaneous other sites; vi) International law conferences/events calendar; vii) Publishers and vendors; viii) Databases; ix) Library catalogs; x) Online bookstores; xi) Journals and periodical indexes; xii) Major electronic discussions groups; xiii) Discussion group archives; xiv) International legal news sources; xvi) Directories; xvii) Research centers; xviii) Institutes; xix) Schools, and working papers; e xx) Research guides.

Em quinto lugar, pode ser referido o *Portail de ressources – ressources internationales*, que pode ser encontrado no sítio Droit francophone, da responsabilidade da Organisation internationale de la francophonie, disponível no endereço electrónico http://droitfrancophonie.org. É a excepção ao predomínio jusinternacional da língua inglesa, fazendo parte do material jurídico que pode ser encontrado num sítio da Internet indispensável ao conhecimento dos ordenamentos jurídicos de influência francófona, com particular destaque para os existentes em África. Apresenta uma pequena introdução de apresentação a cada um dos sítios elencados. Em Agosto de 2007, integrava 311 referências, com a seguinte sistematização genérica: i) Traités et conventions; ii) Tribunaux et jurisprudence; iii) Doctrine; e iv) Organisations e associations.

Em sexto lugar, pode ser referenciado o *Research Guide to International Law on the Internet,* também designado como *Magagni Research Guide to International Law on the Internet,* da responsabilidade de Massimo Magagni, Professor de Direito Internacional da Faculdade de Ciência Política da Universidade de Bolonha, disponível no endereço electrónico http://www2.spfo.unibo.it/spolfo/ILMAIN.htm. Foi criado em 1997, sendo integrado pelas listas de *links* mais extensas que podem ser encontradas no conjunto que foi seleccionado. A periodicidade da sua actualização não é objecto de qualquer referência específica. Apresenta a seguinte sistematização: i) Current conflicts and humanitarian crisis; ii) Law of the sea; iii) Peacekeeping operations; iv) Air and space law; v) United Nations; vi) Humanitarian law of armed conflicts; vii) International trade law; viii) European Union; ix) Human rights; x) Italian law and foreign policy; xi) International organizations; xii) International criminal law; xiii) International law library, com a seguinte subdivisão: a) News papers and international news; b) Legal journals; c) Law libraries; d) Law publishers; e e) Legal publications searchable databases; xiv) Peace and security; xv) Environmental law; e xvi) International law student point.

Em sétimo lugar, podem ser referidos os *SPIRE Guides,* da *School of Politics, International Relations & Philosophy,* no âmbito da Keele University, sedeada no Reino Unido, disponíveis em http://www.keele.ac.uk/depts/por/. A sua criação remonta a 1995, da responsabilidade de Martin Harrison. Os dados disponibilizados são mencionados como actualizados a Agosto de 2007, sem outra menção à periodicidade das modificações introduzidas. No seu âmbito, têm relevância para a pesquisa jusinternacional as seguintes listas de *links*: i) Environmental politics, com a seguinte subdivisão: a) Treaties and conventions; b) Journals and news; c) Research centres, links and resources; d) Groups and causes; e) Blogs; ii) Human rights, com a seguinte subdivisão: a) Treaties and conventions; b) Sources and causes; c) Organizations; e d) Journals; e iii) Political science, com a seguinte subdivisão: a) Area and country studies; b) Topics and sub-disciplines in political science; c) Political science journals and publications; d) Political science courses on the internet; e) Information technology in political science; f) Internet tools and techniques; g) Political science associations; h) Political science departments, institutes and centres; e j) Useful reference sites.

Por último, em oitavo lugar, pode ser referenciada a categoria de recursos designada genericamente por *International,* no âmbito do sítio

WorldLII (WorldLII – International), da responsabilidade do Faculdade de Direito da University of New South Wales e da Faculdade de Direito da University of Tecnology, Sidney, na Austrália, disponível no endereço electrónico http://www.worldlii.org. Integrada no sítio WorldLII – World Legal Information Institute, em desenvolvimento desde 1995, é parte de um projecto de divulgação de materiais jurídicos mais vasto. Integra uma pequena apresentação de cada um dos links elencados. Não faz menção da data da colocação dos dados disponibilizados. Tem a seguinte sistematização: i) Human rights; ii) Inter-governmental organisations; iii) International criminal law; iii) International law reform bodies; iv) International trade; v) Non-government organisations (NGOs); vi) Private international law; vii) Public international law; e viii) Treaties and agreements.

Finalmente, para concluir esta amostragem dos guias de pesquisa e das listas de *links* de Direito Internacional recomendáveis, deve ser ainda feita referência a dois guias de pesquisa que podemos designar como mistos, em razão da amostragem panorâmica que pretendam dar da pesquisa em Direito Internacional, com referência simultânea aos materiais impressos e aos recursos disponibilizados na Internet.

Os *International Law Research Guides,* da responsabilidade da Arthur W. Diamond Law Library, da Columbia Law School, que podem ser encontrados em http://www.law.columbia.edu/library/Research_Guides/internet_law. A autoria é de bibliotecários jurídicos, sendo expressamente referida a data da criação e das actualizações subsequentes de cada um deles. A apresentação é clara e bastante completa, embora alguma da informação fornecida seja de exclusivo interesse para a utilização da biblioteca física respectiva. Integra os seguintes guias de pesquisa: i) Guide to treaty research; ii) Guide to researching historical treaties; iii) Research guide: European Union legal materials; iv) European Union research – top ten resources; v) The European Human Rights System and the European Court of Human Rights; vi) International Court of Justice research guide; vii) Research guide: the United Nations; viii) Foreign investment research tips; ix) Researching Public International Law; x) Human rights research guide; xi) Human rights research-frequently asked questions; xii) Research guide: the International Criminal Tribunal for the Former Yugoslavia; xiii) International trade law guide; e xiv) Researching international and comparative intellectual property law.

O *International Legal Research Tutorial*, que conjuga, em termos particularmente acessíveis e didácticos, dados relativos à pesquisa jusinternacional na biblioteca física e na Internet. É o resultado de um projecto conjunto da Duke University School of Law e da University of California, Berkeley, School of Law, disponível no endereço electrónico http://www.law.duke.edu/ilrt/. Tem a seguinte sistematização: i) Introduction: definition of terms; ii) Introduction to International Law; iii) Treaties and agreements; iv) Customary International Law; v) International Organizations; vi) Final Review; e vii) Essential Sources.

3.3. *Instrumentos de pesquisa bibliográfica: catálogos de bibliotecas disponíveis on-line*

Uma das áreas da investigação jusinternacional que sofreu uma transformação radical com o surgimento e a consolidação da Internet como instrumento de pesquisa jurídica foi a da procura de bibliografia. Com efeito, até à difusão dos catálogos das bibliotecas disponíveis on-line, a pesquisa bibliográfica de Direito Internacional era uma tarefa particularmente morosa, na estrita dependência da qualidade dos ficheiros das bibliotecas físicas a que se tinha acesso e, em conformidade, sujeita aos constrangimentos impostos pelos horários do seu funcionamento. Ao que acrescia, em termos particularmente significativos para as áreas jurídicas menos investigadas, ficar o conhecimento do material possível de ser encontrado limitado aos livros existentes na biblioteca concreta em utilização e aos artigos das publicações periódicas que tivessem sido objecto de catalogação individualizada.

A colocação dos catálogos das bibliotecas on-line na Internet veio revolucionar, a dois níveis distintos, os moldes de execução dessa tarefa seminal, qualquer que seja a área de investigação jurídica-internacional. Por um lado, a busca da bibliografia globalmente existente numa determinada área ou tema passou a poder ser feita através do recurso aos catálogos das bibliotecas mundiais mais conceituadas e melhor fornecidas em termos bibliográficos. E, por outro lado, a procura do material bibliográfico passou a ser feita através do cruzamento dos recursos existentes simultaneamente em várias bibliotecas, o que é particularmente relevante no levantamento de artigos científicos dados à estampa em publicações jurídicas periódicas, na medida em que são poucas as bibliotecas jurídicas, nomeadamente em Portugal, que têm recursos humanos suficientes para proceder à sua catalogação autonomizada.

As indiscutíveis vantagens trazidas pela biblioteca virtual global ao nível do conhecimento dos materiais existentes, e da preparação dos primeiros esboços de selecção bibliográfica, ainda não foi acompanhada por uma idêntica disponibilização gratuita dos respectivos conteúdos, com a notável excepção de algumas publicações jurídicas periódicas, como será referenciado posteriormente. Nas fases posteriores da investigação, com efeito, a deslocação às bibliotecas físicas, para a consulta do material impresso ou das bases de danos electrónicas onde actualmente também são disponibilizados muitos textos de doutrina jusinternacional, continua a ser incontornável. Além disso, em muitos casos, qualquer que seja o tema de Direito Internacional objecto de investigação, o acesso aos livros continua a ser possível, importa recordá-lo, através dos pedidos de empréstimos entre bibliotecas, o que pode evitar deslocações a espaços geográficos mais distantes na prossecução da investigação.

A pesquisa bibliográfica do Direito Internacional na Internet é uma tarefa que foi particularmente facilitada no início do século XXI com a colocação on-line dos espólios das duas provavelmente mais importantes bibliotecas jurídico-internacionais existentes a nível mundial: a biblioteca do Max Planck Institute for Comparative Public Law and International Law, já anteriormente referido a vários outros propósitos, e a Biblioteca do Palácio da Paz, sedeada na Haia, na Holanda, no mesmo local onde têm lugar os cursos da Academia de Direito Internacional da Haia.

O Virtual Institute do Max Planck Institute for Comparative Public Law and International Law, acessível em http://www.mpil.de, disponibiliza o catálogo da biblioteca em http://mpil.de/ww/en/pub/library.cfm. Designado por *OPAC – Online Public Access Catalog*, é passível de ser utilizado, alternativamente, na versão em alemão ou na versão em língua inglesa. O OPAC disponibiliza a parte mais recente das referências bibliográficas, correspondente a uma parte significativa dos livros, publicações periódicas e artigos disponíveis na biblioteca, continuando a parte das existências mais antigas a só acessível através de pesquisa manual. A pesquisa do catálogo on-line pode ser feita através: i) de uma pesquisa básica, com a utilização de uma só palavra, nome, título ou conceito, sem restrição de idioma, o que permite a utilização da língua portuguesa; ii) de uma pesquisa avançada, com a utilização cruzada e simultânea de várias palavras, nomes, títulos ou conceitos, sem restrição de idioma, o que permite a utilização da língua portuguesa; e iii) da utilização das palavras-chave de classificação, cuja lista é disponibilizada em língua alemã e em língua inglesa.

Além da busca livre feita através do OPAC, o Max Planck Institute for Comparative Public Law and International Law também disponibiliza uma pesquisa de artigos dados à estampa em publicações jurídicas periódicas, com a designação *Documentation of articles,* tendo por base uma classificação por matérias. Neste caso, os resultados são obtidos através da escolha de uma das quatrocentas palavras-chave utilizadas na classificação bibliográfica, optando entre a língua alemã e a língua inglesa. O espólio posto à disposição on-line, resultado da análise de publicações periódicas em inglês, francês, alemão, italiano e espanhol, cobre o período posterior a 1996[51], sendo dividido em três grandes grupos de matérias: i) Public International Law; ii) Comparative Law; e iii) Municipal Law.

A classificação sistemática do OPAC e da *Documentation of articles* tem por base uma divisão das matérias do Direito Internacional em trinta e três áreas principais, com um número variável de subdivisões. Na versão mais recente, actualizada em 14 de Maio de 2007, as áreas principais eram as seguintes: 1. General; 2. History of International Law; 3. Basic problems of International Law; 4. International Law and national law; 5. Sources of International Law; 6. States as subjects of International Law; 7. Subjects of International Law other than states; 8. Groups of states; 9. Territory and jurisdiction; 10. Law of the sea; 11. Air and space; 12. Polar regions; 13. Environmental protection; 14. Human rights; 15. Individuals and groups; 16. State responsibility and state liability; 17. Diplomatic and consular relations, diplomatic and consular immunity, 18. International criminal law, International criminal law cooperation; 19. International public and private law cooperation; 20. World economic order and social order; 21. Finances, currency, taxes; 22. Transport; 23. Telecommunications; 24. Culture, education, sport; 25. Health; 26. Law of international organizations; 27. Regional organizations; 28. United Nations and specialized agencies; 29. Peaceful settlement of disputes; 30. Peacekeeping, collective security, prohibition of the use of force; 31. Alliances; 32. War, armed conflict, neutrality; e 33. European Union, European communities.

No Virtual Institute existe ainda uma *Electronic journals library*, com acesso a 187 publicações periódicas de Direito Internacional on-line (*fulltext journals*). Podem ser agrupadas em três categorias, consoante o tipo de acesso: i) círculo de notação verde, correspondente a "with freely available fulltext articles"; ii) círculo de notação amarelo, correspondente

---

[51] Os registos bibliográficos de artigos dados à estampa em publicações periódicas no período compreendido entre 1955 e 1995, em número superior a quatrocentos mil, continuam a constar de fichas bibliográficas que só podem ser objecto de consulta no espaço da biblioteca física.

a "where fulltext access is restricted to the staff of Max Planck Institute for International Law"; e iii) círculo de notação amarelo e vermelho, correspondente a "only in parte accessible as fulltext". A maioria dos periódicos on-line estão integrados nos dois últimos grupos, sendo os primeiros objecto de referência posterior no ponto seguinte deste estudo.

A Biblioteca do Palácio da Paz, na Haia (Peace Palace Library ou Bibliothèque du Palais de la Paix), pode ser encontrada no endereço electrónico http://www.ppl.nl. A catálogo actualmente acessível na Internet, tem a sua origem em Outubro de 2005, tendo-se sido atribuído o IALL 2005 Website Award, da International Association of Law Libraries, em razão da qualidade da organização dos materiais disponíveis. O espólio bibliográfico do Palácio da Paz tem cerca de 900.000 volumes, repartidos entre o Direito Internacional Público, o Direito Internacional Privado, o direito comparado, a política internacional, a história diplomática, a história dos movimentos de promoção da paz internacional e a colecção de obras relativas a Hugo Grócio. São acrescentadas cerca de seiscentas novas referências semanalmente, divididas entre livros, publicações periódicas e artigos dados à estampa em publicações periódicas.

O *Online Catalogue (OPC)*, permite consultas em língua inglesa ou em língua francesa. Integra um sistema de busca, denominado *Plinklet* (*link resolver*), que estabelece conexões com todos os materiais de Direito Internacional relevantes que tenham relação com a busca que foi efectuada, quer no âmbito dos recursos internos da Biblioteca do Palácio da Paz, como em recursos externos (Google Books). Também pode ser utilizada uma base de dados de artigos científicos, designada como *Table of contents – TOC*, iniciada em 2003, resultante da catalogação de 450 revistas científicas periódicas. Em Agosto de 2007, contava com mais de cento e sessenta mil referências, fazendo a afirmação da adição semanal de setecentas novas referências.

A pesquisa do catálogo on-line pode ser feita: i) por autor, título, palavra ou conceito relacionado com a pesquisa, sem restrição de idioma, o que permite a utilização da língua portuguesa; e ii) por matérias, através da utilização das cerca de quatro mil palavras-chave de classificação, ordenadas alfabeticamente, cuja lista é disponibilizada em língua inglesa e em língua francesa.

O catálogo dedicado especificamente ao Direito Internacional, que pode ser encontrado no âmbito do Direito como categoria genérica, está sistematizado da seguinte forma: i) In general, subdividido em: a) Bibliographies and periodicals; b) Institutions and associations for international law: in general; e c) General works; series); ii) Public International Law, subdividido em: a) In general; b) Subjects of international law; c) Territory; d) Individuals, nationality and races; e) Organs of the states for their international relations; f) Relations between states; e g) International law with respect to international disputes in general); iii) Criminal international law; e iv) Private International Law.

A Biblioteca do Palácio da Paz ainda disponibiliza as seguintes bibliografias especializadas: i) Bibliography on international humanitarian law (landmark documents); ii) Bibliography on terrorism and international law; iii) Bibliography on sports law; iv) Bibliography on new aspects of international investment law; v) Bibliography on new aspects of international investment law; vi) Bibliography on the world trade organization; vii) Bibliography on water resources and international law; viii) Bibliography on international criminal law (landmark documents); e ix) Bibliography on the cultural heritage of mankind.

Em Portugal, a título de exemplo, o acervo da Biblioteca da Faculdade de Direito da Universidade de Lisboa, integrada no sítio da Faculdade de Direito da Universidade de Lisboa, com o endereço electrónico http://www.fd.ul.pt, pode ser pesquisado através do acesso "catálogo da biblioteca". O catálogo da Biblioteca está integrado no SIDUL, sigla de Sistema Integrado das Bibliotecas da Universidade de Lisboa, disponibilizando, em Setembro de 2007, 4144 referências na busca com "Direito Internacional" e 1630 na utilização da expressão de pesquisa "Direito Internacional Público".

Apesar do seu âmbito mais circunscrito, ainda pode ser referência à base de dados *RAVE*, sigla de *Rechtsprechung und Aufsätze zum Völker- und Europarecht* (ou Decisions and articles in public international law, na versão inglesa), que pode ser encontrada no endereço electrónico http://www.uni-duesseldorf.de/HHU/fakultaeten/jura/rave/en. Posta à disposição no âmbito da Faculdade de Direito da Heinrich-Heine-Universität Düsseldorf, é da responsabilidade da cátedra de German and Foreign Public Law, Public International Law and European Law (Prof. Dr. Alexander Lorz, LL.M). Baseada no sistema de classificação bibliográfica do Max Planck Institute for Comparative Public Law and International Law, anteriormente referenciado, disponibiliza versões em três línguas: alemão, inglês e francês.

Criada em 1995, com actualizações trimestrais, é uma base de dados bibliográficos, que apresenta simultaneamente referências a artigos científicos e a decisões judiciais sobre matéria de Direito Internacional e de

Direito Europeu. As suas referências bibliográficas, iniciadas na data da sua criação, estão divididas entre o Direito Internacional Público e o Direito europeu, incluindo materiais impressos e materiais disponibilizados através da Internet. Em Agosto de 2007, a *RAVE* contava com 4523 entradas na área do Direito Internacional e com 5648 entradas na área do Direito Europeu.

3.4. *Publicações periódicas de Direito Internacional disponíveis on-line*

É ainda muito reduzido o número de publicações periódicas de Direito Internacional relevantes que são disponibilizadas gratuitamente on-line em texto integral.

O caso mais significativo é o do *European Journal of International Law*, que permite o acesso livre à totalidade dos números dados à estampa. Os volumes 1 a 19 do EJIL, correspondentes aos anos de 1990 a 2007, podem ser encontrados no endereço electrónico http://www.ejil.org/journal/index.html.

Identicamente relevante é a colocação on-line do *Zeitschrift für ausländisches öffentliches Recht und Völkerrecht*, também designado como *Heidelberg Journal of International Law*, permitindo o acesso gratuito a todos os volumes existentes, de 1929 (volume 1) a 2007 (volume 67), no âmbito do sítio Virtual Institute do Max Planck Institute for Comparative Public Law and International Law, acessível em http://www.hjil.de.

Através da *Electronic journals library* do Max Planck Institute for Comparative Public Law and International Law, ainda é possível ter acesso livre a um conjunto menos relevante de revistas científicas dedicadas ao Direito Internacional em termos amplos. Fazendo parte do grupo com círculo de notação verde, significando "with freely available fulltext articles", podem ser acedidas as seguintes vinte e duas publicações periódicas consagradas em termos gerais ao Direito Internacional: i) *Boston College International and Comparative Law Review*; ii) *Brooklyn Journal of International Law*; iii) *Chicago Kent Journal of International and Comparative Law*; iv) *Denver Journal of International Law and Policy*; v) *Duke Journal of Comparative and International Law*; vi) *Emory International Law Review*; vii) *Estey Centre Journal of International Law and Trade Policy;* viii) *Gonzaga Journal of International Law (formerly: Across borders);* ix) *International Journal of Baltic Law;* x) *International Journal of Civil Society Law;* xi) *International Journal of Communica-*

tions Law and Policy; xii) *International Journal of Intellectual Property –Law, Economy and Management;* xiii) *International Journal of not-for-profit Law;* xiv) *International Law in Brief;* xv) *International Migration Law;* xvi) *Journal of International Commercial Law and Technology;* xvii) *Juridica International: Law Review;* xviii) *Melbourne Journal of International Law;* xix) *Miskolc Journal of International Law;* xx) *New England Journal of International and Comparative Law;* xxi) *New York University Journal of International Law and Politics;* e xxii) *Santa Clara Journal of International Law.*

3.5. Documentos de Direito Internacional, em especial as bases de dados de tratados e de outros instrumentos internacionais

Em termos contrapostos à exiguidade do acesso livre à doutrina de Direito Internacional, existe uma grande quantidade de documentos de Direito Internacional disponíveis on-line. Assim, tendo em consideração a multiplicidade da escolha, apenas será feita referência a alguns dos sítios mais importantes, na medida em que é possível obter informação relevante sobre os restantes nos guias de pesquisa e nas listas de *links* anteriormente fornecidos.

O mais completo sítio de âmbito geral dedicado a documentos de Direito Internacional que pode ser encontrado na Internet é o *EISIL – Electronic Information System for International Law*, organizado pela The American Society of International Law, acessível em http://www.eisil.org/. É relativamente recente, tendo sido lançado em Setembro de 2004, ocasião em que recebeu o prémio do Best Website of 2004, atribuído pela International Association of Law Libraries.

O *EISIL* é uma base de dados de documentos de Direito Internacional, onde também podem ser encontradas listas de *links* e alguns materiais de natureza doutrinal. Tem a seguinte sistematização: i) General International Law; ii) States and groups of States; iii) International organizations; iv) Individuals and groups; v) International air, space and water; vi) International environmental law; vii) International economic law; viii) International human rights; ix) International criminal law; x) Communications and transport; xi) Use of force; xii) International dispute settlement; e xiii) Private International law.

No que respeita às compilações de vinculações internacionais multilaterais, é também de ter em conta o *Multilaterals Project,* da responsabilidade da Fletcher School of Law and Diplomacy da Tufts University,

Massachusetts, nos Estados Unidos da América. A colectânea de tratados multilaterais disponibilizada foi iniciada em 1992, podendo ser encontrada no endereço electrónico http://fletcher.tufts.edu/multilaterals.html.

O *Multilaterals Project* tem a seguinte organização temática: i) Atmosphere and space; ii) Flora and fauna – biodiversity; iii) Cultural protection; iv) Diplomatic relations; v) General; vi) Human rights; vii) Marine and coastal; viii) Other environmental; ix) Trade and commercial relations; x) Rules of warfare; e xi) Arms control. A pesquisa também pode ser feita tendo por base um índice cronológico, com a seguinte distribuição temporal: i) Miscellaneous historical documents; ii) 1899- -1950; iii) 1951-1960; iv) 1961-1970; v) 1971-1980; vi) 1981-1990; e) vii) 1991-present (sendo o último tratado elencado de Novembro de 2002).

Numa perspectiva estritamente portuguesa, o Gabinete de Documentação e Direito Comparado (GDDC) da Procuradoria Geral da República disponibiliza a base de dados *Tratados*, acessível em http://www.gddc.pt/siii/tratados.html. Integra os tratados publicados no Diário da República desde 1960, partindo de uma divisão entre tratados bilaterais e tratados multilaterais. A pesquisa pode ser feita: i) por temas, com quarenta e um opções principais, e subsequentes subdivisões em algumas matérias; ii) por Países/Organizações Internacionais, seleccionando as listas de Estados e de Organizações Internacionais ordenadas alfabeticamente; e iii) através de pesquisa dos documentos existentes na base de dados, utilizando palavras ou conceitos que possam constar do título do documento ou no seu texto. No sítio do GDDC, em http://www.gddc.pt/direitos-humanos/index-dh.html, também pode ser encontrada documentação sobre direitos humanos, com destaque para uma *Lista de instumentos e textos internacionais em matéria de Direitos Humanos*, com a seguintes divisão: i) Instrumentos e textos universais, com a seguinte subdivisão: a) Carta Internacional dos Direitos Humanos; b) Prevenção da discriminação; c) Direitos da Mulher; d) Direitos da Criança, e) Escravatura, trabalhos forçados e práticas similares; f) Liberdade de associação; g) Emprego; h) Direito dos refugiados; i) Direito Internacional Humanitário; j) Direitos humanos na administração da justiça; l) Outros instrumentos e textos; e ii) Instrumentos e textos regionais (Europa, África e América).

Numa perspectiva estritamente norte-americana, o U. S. Department of State, disponibiliza on-line uma publicação dedicada aos tratados em vigor nos Estados Unidos da América. Está dividida em duas secções, sendo a primeira dedicada aos tratados bilaterais concluídos pelos Estados

Unidos da América, e a segunda relativa à participação dos Estados Unidos da América em tratados multilaterais. A versão de 2007, pode ser encontrada no endereço electrónico http://www.state.gov/s/l/treaty/treaties/2007/index.htm.

Pode ser identicamente encontrado material relevante sobre a prática internacional dos Estados Unidos da América, no âmbito do Office of the Legal Adviser, integrado no U.S. Department of State, acessível em http://www.state.gov/s/l/, com destaque para: i) Treaty affairs; ii) International claims and investment disputes (L/CID); e o iii) Digest of International Law, com volumes anuais desde 2000.

A Organização das Nações Unidas tem um sítio especificamente dedicado à divulgação da sua documentação, com a designação de *Official document system of the United Nations,* acessível em http://documents.un.org. Disponibiliza as resoluções dos diversos órgãos desde o início das suas actividades e os restantes documentos desde 1993.

Numa perspectiva estritamente portuguesa, *Organizações internacionais em que Portugal participa,* da responsabilidade de Carlos Laranjeiro, no âmbito da Faculdade de Direito da Universidade de Coimbra, acessível em http://www.fd.uc.pt/CI/CEE/OI/, é uma base de dados de organizações internacionais, com a última actualização reportada a 25 de Abril de 2007. Organizada alfabeticamente, faz referência a oitenta e oito organizações internacionais, contendo em relação a cada uma dados relativos a: i) designação; ii) data de criação; iii) adesão de Portugal; iv) objectivos; v) órgãos; vi) sede; vii) endereço Internet; viii) bandeira/logótipo; ix) acto constitutivo; e x) observações.

No domínio específico dos direitos humanos, deve ser objecto de especial atenção o sítio da University of Minnesota Human Rights Library, da responsabilidade do University of Minnesota Human Rights Center, disponível em http://www1.umn.edu/humanrts/. Dispõe de oitenta e cinco mil documentos sobre a matéria e faz referência a mais de quatro mil *links*, divididos em: i) Documents; ii) Organizations; iii) Regional; e iv) Specific topics of interest. Em conformidade com a informação prestada, os documentos estão acessíveis nas seis línguas de trabalho da ONU: árabe, chinês, espanhol, francês, inglês e russo.

A base de dados das vinculações internacionais da University of Minnesota Human Rights Library é particularmente extensa, integrada por várias centenas de tratados na area dos direitos humanos. A sua pesquisa pode ser feita tendo em consideração os seguintes critérios: i) Treaties and other instruments organized by Subject matter; ii) Treaties and other instruments organized by subject matter – alphabetized; iii) Complete list of treaties and other instruments; iv) Ratification of international human rights treaties by country; e v) Search these documents by Key Word. A colectânea de tratados adoptou uma visão alargada de direitos humanos, sendo possível encontrar vinculações internacionais sobre as seguintes matérias: i) United Nations documents and instruments; ii) The International bill of human rights; iii) Self-determination; iv) Prevention of discrimination on the basis of race, religion, or belief, and protection of minorities; v) Women's human rights; vi) Slavery and slavery-like practices; vii) Trafficking of human rights; viii) Rights of prisioners and detainees; ix) Protection from torture, x) ill-treatment and disappearance; xi) Human rights in the administration of justice; xii) Juvenile offenders; xiii) Rights of child; xiv) World conferences on human rights and millennium declaration; xv) Freedom of association; xvi) Employment and forced labour; xvii) Marriage; xviii) Education; xix) Economic rights, privacy and peace; xx) Indigenous rights; xxi) Development; xxii) Disabled persons; xxiii) Political rights, freedom of information, and right of culture; xxiv) Refugees and asylum; xxv) Nationality, statelessness, and rights of non-citizens; xxvi) War crimes and crimes against humanity, genocide and terrorism; xvii) Law of armed conflict; xxviii) Terrorism and human rights; xxix) U.N. activities and employees; xxx) Regional conventions; xxxi) National human rights institutions; e xxxii) League of Arab states.

3.6. *Entidades internacionais*

I. *Organizações internacionais*

Na actualidade todas as Organizações internacionais têm sítios na Internet especificamente dedicados à divulgação das suas actividades. Em alguns casos, em correspondência com a importância da entidade em questão, são particularmente extensos e disponibilizam um manancial de informação e de documentação dificilmente abarcável. São exemplos muito significativos de sítios desde tipo: Organização das Nações Unidas: http://www.un.org; União Europeia: http://europa.eu.int; Conselho da Europa: http://www.coe.int; Organização Mundial do Comércio: http://www.wto.org; Organização Internacional do Trabalho: http://www.ilo.org; Banco Mundial: http://www.worldbank.org; e Organização dos Estados Americanos: http://www.oas.org.

No caso específico da Organização das Nações Unidas, o sistema de entidades existentes no seu âmbito é de tal forma complexo que existe um sítio exclusivamente dedicado a fornecer a informação necessária ao seu acesso: o *United Nations System of Organizations*, com o endereço electrónico http://www.unsytem.org.

Em termos estritamente exemplificativos, em razão do seu âmbito de actividade universal, ao investigador jusinternacional na *United Nations Homepage*, porta de entrada no sítio da Organização das Nações Unidas (http://www.un.org), as matérias relacionadas com o Direito Internacional podem estar distribuídas entre as seguintes áreas: i) Peace and security; ii) Economic and social development; iii) Human rights; iv) Humanitarian Affairs; e v) International law. A pesquisa pode ser feita numa das seis línguas de trabalho da ONU: árabe, chinês, espanhol, francês, inglês e russo.

No que concerne concretamente à secção dedicada ao Direito Internacional, a pesquisa de materiais de jusinternacionais pode ser feita na opção entre vinte e cinco alternativas: i) Office of legal affairs; ii) Sixth Committee; iii) International Law Commission; iv) United Nations Commission on International Trade Law (UNICTRAL); v) Codification of International Law; vi) Treaties (United Nations Treaty Collection); vii) Law of the Sea (Oceans and Law of the Sea. Division for Ocean Affairs and the Law of the Sea); viii) Legal Technical Assistance; ix) Other legal areas, com a seguinte subdivisão: a) Atomic energy – IAEA; b) Children & armed conflict; c) Civil aviation – ICAO; d) Crime prevention & justice; e) Disarmament; f) Drug control; g) Education –UNESCO; h) Environment – UNEP e UNECE; i) Health – WHO; j) Human rights; k) Intellectual property – WIPO; l) International Space Law; m) Labour – ILO; n) Maritime – IMO; o) Status of women; p) Telecommunications – ITU; q) Trade – UNCTAD; r) Refugees – UNHCR); s) International Court of Justice (ICJ); t) Secretary-General's Trust Fund (to assist States in the settlement of disputes through the International Court of Justice); u) United Nations Administrative Tribunal (UNAT); v) International Criminal Court (ICC); w) International Criminal Tribunal for the former Yugoslavia (ICTY); x) International Criminal Tribunal for Rwanda (ICTR); e y) Research Guide.

II. *Órgãos jurisdicionais*

A multiplicação das instâncias jurisdicionais nos últimos anos, nomeadamente a partir da última década do século XX, alargou o âmbito da pesquisa jusinternacional relacionada com os órgãos jurisdicionais internacionais em termos anteriormente inconcebíveis. Com efeito, num processo iniciado em 1899 com a criação do Tribunal Permanente de Arbitragem, aos estabelecidos Tribunal Internacional de Justiça, Tribunal de Justiça das Comunidades Europeias e Tribunal Europeu dos Direitos do Homem, juntaram-se actualmente um conjunto de outros tribunais de âmbito universal e de âmbito regional, de que podem ser referidos, entre os mais conhecidos, o Tribunal Penal Internacional e o Tribunal Penal Internacional para a ex-Jugoslávia.

O acesso à informação e à pesquisa relacionada com órgãos jurisdicionais e as suas decisões está actualmente muito facilitado pela existência do *Project on International Courts and Tribunals (PICT)*, disponível no endereço electrónico http://www.pict-pcti.org/index.html. Fundado em 1997, desde 2002 é um projecto conjunto do Center on International Cooperation, da New York University e do Centre for International Courts and Tribunals, da University College London. Visa abarcar as mais de duas dezenas de órgãos jurisdicionais permanentes e as cerca de sete dezenas de instituições internacionais que exercem funções judiciais ou quase judiciais.

Está dividido em quatro partes principais: i) Courts and Tribunals; ii) Research themes (systemic issues; ethics/independence; access/participation; legal and procedural issues; e international criminal justice); iii) Materials and publications (books, ICC papers; articles/papers; synoptic chart; matrix; e bibliographies); e iv) Activities (meetings; ILA study group; training courses; teaching; lectures/seminars).

O cerne do sítio *Project on International Courts and Tribunals (PICT)* está contido na parte dedicada a Courts and Tribunals. A estrutura básica da documentação disponibilizada em relação a cada um dos órgãos jurisdicionais inclui: i) uma introdução ao órgão jurisdicional em questão; ii) a referência aos documentos básicos que regulam a entidade em questão; iii) a biografia dos juízes; iv) a referência aos casos apreciados e em apreciação; e v) e uma nota bibliográfica.

De âmbito universal ou criação no âmbito de uma entidade de actuação universal, são apreciados os seguintes órgãos jurisdicionais: i) o Tribunal Internacional de Justiça; ii) o Tribunal Internacional para o Direito do Mar; iii) a estrutura de resolução de litígios existente na Organização Internacional de Comércio; e iv) os tribunais criminais internacionais: a) Tribunal Penal Internacional; b) Tribunal Penal Internacional para a ex-Jugoslávia, c) Tribunal Penal Internacional para o Ruanda; e d) os órgãos jurisdicionais de natureza criminal que actuam no âmbito da estrutura jurisdicional interna do Estado em questão, como os que têm vindo a ser criados desde 1999: Crimes panels of the Discrict Court of Dili; "Regulation 64" Panels in the Courts of Kosovo; Court for Sierra Leone; e as Extraordinary Chambers in the Courts of Cambodia.

De âmbito regional, são apreciados os seguintes órgãos jurisdicionais: i) na Europa: a) Tribunal Europeu dos Direitos do Homem; b) Tribunal de Justiça das Comunidades Europeias e Tribunal de Primeira Instância das Comunidades Europeias; c) Tribunal da Associação Europeia de Comércio Livre (EFTA); e d) Tribunal de Justiça do BENELUX (União Económica entre a Bélgica, os Países Baixos e o Luxemburgo); ii) no continente americano: a) o Tribunal Inter-Americano dos Direitos Humanos (IACHR); b) o Tribunal de Justiça da Comunidade Andina (TJAC); c) o Tribunal de Justiça Centro-Americano (CACJ); e d) o Tribunal de Justiça das Caraíbas (CCJ); e iii) em Africa: i) o Tribunal da OHADA; ii) o Tribunal de Justiça do Mercado Comum da África Oriental e Austral (COMESA); e iii) o Tribunal Africano dos Direitos Humanos e dos Povos (ACHPR).

No âmbito da arbitragem, são objecto de apreciação: i) o Tribunal Permanente de Arbitragem; ii) o Centro Internacional para a Resolução de Diferendos Relativos a Investimentos (ICSID); e iii) os mecanismos de resolução de litígios no âmbito da NAFTA (Acordo de Comércio Livre da América do Norte).

3.7. *Acesso a informação da actualidade jurídico-internacional*

O acesso a informação da actualidade jurídico-internacional, na perspectiva específica do Direito Internacional, é possível de ser obtido num conjunto diversificado de sítios na Internet. É possível distinguir duas categorias: i) os dedicados à divulgação de informação de carácter geral; e ii) os consagrados ao acompanhamento de temáticas específicas, com destaque para os direitos humanos. A sua selecção poderá ser feita com o apoio dos guias de pesquisa e das listas de *links* anteriormente fornecidas. A título de exemplo, podem ser citados dois sítios integrados no âmbito da primeira categoria.

O *International Law in Brief (ILIB)*, em língua inglesa, da responsabilidade da The American Society of International Law, que pode ser encontrado no endereço electrónico http://www.asil.org/ilib/ilibarch.htm.

Estão disponíveis on-line os números publicados desde 1998, sendo a periodicidade quinzenal. Tem a seguinte sistematização geral, que pode variar de número para número, em função dos documentos a divulgar: i) Treaties, agreements and related documents; ii) Judicial and similar proceedings; iii) Resolutions, declarations and other documents; e iv) Briefly noted.

A *Actualité et Droit International*, em língua francesa, da responsabilidade do Réseau Internet pour le Droit International (RIDI), que pode ser encontrado no endereço electrónico http://www.ridi.org/adi. Criado em 1998, por investigadores do Centre de droit international de l'Université de Paris 1 Panthéon-Sorbonne, é um sítio privado sem ligação institucional a esse estabelecimento de ensino superior, com a direcção de Patrice Despretz. A *Actualité et Droit International. Revue d'analyse juridique de l'actualité internationale,* organizada em termos semelhantes a uma publicação periódica impressa, tem a seguinte sistematização: i) Page d'accueil; ii) Revue (Chroniques, commentaires de jurisprudence, articles, entretiens, débats); iii) Actualité (Nouvelles du jour, recherche sur l'actualité, sélection de sites, recerce de sites, rechercehe sur les Tribunaux internationaux); iv) Annonces (Annonces des colloques; nouveaux ouvrages; annonces spéciales; concours; sommaires de certaines revues); e v) Rédaction.

Anexo. Lista dos endereços electrónicos referidos

Avaliação de sítios da Internet:

Evaluation of information sources, Alastair Smith: http://vum.ac.nz/staff/alastair_smith/evaln/evaln.htm
How to Evaluate a Web Site, LaJean Humphries: http://llrx.com/features/webeval.htm

Bases de dados de tratados e de outros documentos internacionais:

EISIL – Electronic Information System for International Law: http://www.eisil.org
Lista de instumentos e textos internacionais em matéria de Direitos Humanos: http://www.gddc.pt/direitos-humanos/index-dh.html
Multilaterals Project (Fletcher School of Law and Diplomacy da Tufts University): http://fletcher.tufts.edu/multilaterals.html
Official document system of the United Nations: http://documents.un.org
Prática internacional dos Estados Unidos da América (Office of the Legal Adviser): http://www.state.gov/s/l/
Organizações internacionais em que Portugal participa: http://www.fd.uc.pt/CI/CEE/OI/,
Tratados: http://www.gddc.pt/siii/tratados.html

Tratados em vigor nos Estados Unidos da América em 2007 (U. S. Department of State): http://www.state.gov/s/l/treaty/treaties/2007/index.htm.
University of Minnesota Human Rights Library: http://www1.umn.edu/humanrts/

Catálogos de bibliotecas jurídicas disponíveis on-line:

OPAC – Online Public Access Catalog (biblioteca do Max Planck Institute for Comparative Public Law and International Law): http://mpil.de/ww/en/pub/library.cfm
OPC – Online Catalogue (Biblioteca do Palácio da Paz): http://www.ppl.nl
Biblioteca da Faculdade de Direito da Universidade de Lisboa: http://www.fd.ul.pt
RAVE – Rechtsprechung und Aufsätze zum Völker-und Europarecht: http://www.uni-duesseldorf.de/HHU/fakultaeten/jura/rave/en.

Entidades internacionais:

Banco Mundial: http://www.worldbank.org
Conselho da Europa: http://www.coe.int
Organização dos Estados Americanos: http://www.oas.org
Organização Internacional do Trabalho: http://www.ilo.org
Organização Mundial do Comércio: http://www.wto.org
Organização das Nações Unidas: http://www.un.org
Project on International Courts and Tribunals (PICT): http://www.pict-pcti.org/index.html
União Europeia: http://europa.eu.int
United Nations System of Organizations: http://www.unsytem.org

Guias de pesquisa e listas de *links* de Direito Internacional:

EISIL – Electronic Information System for International Law: http://www.eisil.org
Foreign & International Law Resources: An Annotated Guide to Web Sites Around the World: http://www.law.harvard.edu/library/services/research/guides/international/
Global Law Links: http://nyulawglobal.org/researchtools/GlobalLawlinks.htm
International Law (Intute: social sciences): http://www.intute.ac.uk/socialsciences/cgi-bin/browse.pl?id=120.
International (WorldLII – International): http://www.worldlii.org.
International Law Research Guides (Columbia Law School): http://www.law.columbia.edu/library/Research_Guides/internet_law.
International Law Research: http://www.nyulawglobal.org/globalex/index.html#
International Law-Related Websites on the World Wide Web: http://www.ejil.org/links/index.html
International Legal Research Tutorial: http://www.law.duke.edu/ilrt/
Legal research on International Law Issues Using the Internet, Lyonette Louis-Jacques: http://www.lib.uchicago.edu/~llou/forintlaw.html
Portail de ressources – ressources internationales (Droit francophone): http://droitfrancophonie.org
Research Guide to International Law on the Internet ou *Magagni Research Guide to International Law on the Internet*, Massimo Magagni: http://www2.spfo.unibo.it/spolfo/ILMAIN.htm

SPIRE Guides (*School of Politics, International Relations & Philosophy*, Keele University): http://www.keele.ac.uk/depts/por/

Informação da actualidade jurídico-internacional:

Actualité et Droit International: http://www.ridi.org/adi
International Law in Brief (ILIB): http://www.asil.org/ilib/ilibarch.htm

Instituições científicas dedicadas ao estudo e ensino do Direito Internacional:

Academia de Direito Internacional da Haia: http://hagueacademy.nl/.
Associação de Direito Internacional (International Law Association): http://www.ila-hq.org.
Comissão de Direito Internacional (Comissão de Direito Internacional): http://www.un.org/law/ilc/
Instituto de Direito Internacional (Institut de Droit International): http://www.idi-ill.org.
Instituto Max Planck para o Direito Público Comparado e o Direito Internacional (Max Planck Institute for Comparative Public Law and International Law): http://www.mpil.de.
Sociedade Americana de Direito Internacional (The American Society of International Law): http://www.asil.org

Publicações periódicas de Direito Internacional disponíveis on-line:

European Journal of International Law: http://www.ejil.org/journal/index.html
Zeitschrift für ausländisches öffentliches Recht und Völkerrecht (*Heidelberg Journal of International Law*): http://www.hjil.de

XVI
CONCORRÊNCIA

EFECTIVIDADE E LIMITAÇÕES DO SISTEMA PORTUGUÊS DE APLICAÇÃO IMPOSITIVA DO DIREITO DA CONCORRÊNCIA ATRAVÉS DE MEIOS PROCESSUAIS ADMINISTRATIVOS E CIVIS

J. M. SÉRVULO CORREIA[*]

SUMÁRIO: *I. Introdução. II. «Public enforcement» e «private enforcement»: a dificuldade da sua caracterização no sistema jurídico português. III. A iniciativa privada de aplicação do Direito da Concorrência, tanto através do procedimento administrativo no âmbito da Autoridade da Concorrência, como dos meios processuais administrativos perante o Tribunal de Comércio de Lisboa: A. Procedimento administrativo; B. Meios processuais administrativos; C. Factores de efectividade; D. Causas de insuficiência. IV. A iniciativa privada de aplicação do Direito da Concorrência através dos meios do processo civil junto dos tribunais de competência genérica: A. Os remédios; B. Os meios do processo civil; C. Factores de efectividade; D. Causas de insuficiência. V. Perspectivas de reforma: algumas sugestões.*

I. **Introdução**[**]

1. Como é recordado logo nas primeiras linhas do *Livro Verde da Comissão sobre acções de responsabilidade por violação das normas de*

---

[*] Professor Catedrático da Faculdade de Direito da Universidade de Lisboa.
[**] Principais abreviaturas utilizadas: ANC – Autoridade(s) nacional(ais) da concorrência. CPA – Código do Procedimento Administrativo, aprovado pelo *Decreto-Lei n.º 442/91, de 15 de Novembro*, alterado pelo *Decreto-Lei n.º 6/96, de 31 de Janeiro*. CPC – Código de Processo Civil. CPTA – Código de Processo nos Tribunais Administrativo, republicado pela *Lei n.º 4-A/2003, de 19 de Fevereiro*. EAC – Estatutos da Autoridade da

Direito Comunitário da Concorrência[1], a aplicação impositiva do Direito da Concorrência (*competition law enforcement*) constitui um elemento chave da «estratégia de Lisboa», que visa o crescimento da economia da União Europeia e a criação de emprego para os cidadãos da Europa. E assim é porquanto uma concorrência vigorosa num mercado interno aberto representa a melhor garantia de que as empresas europeias aumentarão a sua produtividade e o seu potencial de inovação[2].

Partindo deste postulado, tem a Comissão Europeia vindo a desenvolver várias iniciativas no sentido de activar a aplicação efectiva do Direito da Concorrência no espaço europeu. Mas a um tal propósito associa-se a ideia de que a capacidade de intervenção casuística da Comissão não é ilimitada, pelo que é da maior importância que neste programa se envolvam crescentemente os Estados-Membros, não apenas através da actuação das autoridades nacionais da concorrência (ANC) mas também da das ordens jurisdicionais[3].

O ponto cimeiro de uma tal política é até agora a aprovação, sob proposta da Comissão, do «*Regulamento (CE) n.º 1/2003 do Conselho, de 16 de Dezembro de 2002, relativo à execução das regras de concorrência estabelecidas nos artigos 81.º e 82.º do Tratado*»[4]. Esta reforma do sistema de aplicação impositiva (*reform of the enforcement system*), que entrou em vigor em 1 de Maio de 2004, prossegue o objectivo de reforçar os poderes e a actuação das ANC e dos tribunais nacionais. E o sistema assim qualitativamente alterado passa sobretudo pelo incentivo a uma

---

Concorrência, aprovados pelo *Decreto-Lei n.º 10/2003, de 18 de Janeiro*. LDC – Lei de Defesa do Consumidor – Lei n.º 24/96, de 31 de Julho. LPPAP – Lei de Participação Procedimental e de Acção Popular – Lei n.º 83/95, de 31 de Agosto. RJC – Regime Jurídico da Concorrência, aprovado pela *Lei n.º 18/2003, de 11 de Junho*.

[1] «*Green paper on Damages actions for breach of the EC antitrust rules*, COM (2005) 672 final of 19 December 2005», doravante «*Livro Verde*».

[2] *Idem*, p. 3. Encontra-se a mesma afirmação no parágrafo 11 do «*Commission Staff Working Paper – Annex to the Green Paper Damages actions for breach of the EC antitrust rules*, COM (2005) 672 final». Doravante, «*Anexo ao Livro Verde*».

[3] Entendemos por *ordem jurisdicional* um sistema de tribunais hierarquizados entre si, encabeçados por um supremo tribunal e integrados por uma magistratura própria. Em Portugal, temos um sistema jurisdicional dualista formado por duas ordens: a «comum», encabeçada pelo Supremo Tribunal de Justiça e a «administrativa e fiscal», encabeçada pelo Supremo Tribunal Administrativo. A existência destas duas ordens jurisdicionais é objecto de uma garantia institucional a partir da Constituição, que, ao prever e denominar os respectivos supremos tribunais, faz deles órgãos constitucionais.

[4] JO 2003, L 1/1.

intensificação da aplicação impositiva privada (*private enforcement*) do Direito da Concorrência[5].

Deste modo, as ANC recebem competência para aplicar também o Direito Comunitário – e não apenas o Direito nacional da concorrência – sendo claro que poderão proceder à aplicação das regras nacionais a par da necessária aplicação dos artigos 81.º ou 82.º do Tratado quando a ofensa de qualquer daqueles dois preceitos seja susceptível de afectar o comércio entre os Estados-Membros (*Regulamento n.º 1/2003*, artigo 3.º)[6].

O mesmo propósito de desconcentração de competências originariamente pertencentes à Comissão levou à atribuição aos tribunais nacionais de jurisdição plena para a aplicação dos artigos 81.º e 82.º do Tratado (*Regulamento n.º 1/2003*, artigo 5.º). Não dependem assim de uma prévia declaração verificativa por parte da Comissão as sentenças dos tribunais nacionais que tomem por fundamento o carácter proibido pelo artigo 81.º do Tratado de acordos entre empresas, decisões de associações de empresas e práticas concertadas entre empresas. E o mesmo sucede com a detecção por esses tribunais, no quadro do artigo 82.º, de situações de exploração abusiva de posições dominantes (*Regulamento n.º 1/2003*, artigo 1.º, n.os 1 e 3). Avulta com particular relevo a circunstância de entrar também no âmbito da competência dos tribunais nacionais a justificação de práticas proibidas, nos termos admitidos pelo n.º 3 do artigo 81.º (*Regulamento n.º 1/2003*, artigos 1.º, n.º 2, e 6.º)[7]. Esta justificação depende de um juízo de valor cumulativamente apoiado em quatro pressupostos que envolvem larga margem de apreciação[8].

2. Parece, pois, desde logo de concluir que a reforma de 2003/2004 acarreta para os tribunais nacionais o desempenho de tarefas mais com-

---

[5] Cfr. *Anexo ao Livro Verde*, parágrafo 23.

[6] Cfr. VAN GERVEN, in: *Modernisation ...*, p. 114 e 115.

[7] Cfr. LUÍS MORAIS, *Empresas Comuns*, p. 569 e 570; SCHMIDT, Karsten, in: *Effective Private Enforcement.*, p. 167 e 168.

[8] Os quatro factores de que depende a justificação de uma prática tendencialmente proibida são: a) o contributo para a melhoria da produção ou da distribuição dos produtos ou para a promoção do progresso técnico e económico; b) a reserva aos utilizadores de uma parte equitativa do benefício daí resultante; c) a não imposição às empresas em causa de quaisquer restrições que não sejam indispensáveis para o atingimento daqueles objectivos; d) a ausência de possibilidade, por parte das empresas beneficiadas, de eliminar a concorrência relativamente a uma parte substancial dos produtos em causa. V. o n.º 3 do artigo 81.º do Tratado e, com alguns aperfeiçoamentos de redacção, o artigo 5.º, n.º 1, da *Lei n.º 18/2003, de 11 de Junho*, (regime jurídico da concorrência).

plexas do que aquelas que até então lhes competiam no domínio da aplicação do Direito da Concorrência[9]. Com esta orientação de incrementar a aplicação dos artigos 81.° e 82.° do Tratado pelos órgãos dos Estados--Membros (e não apenas as ANC, mas também os tribunais nacionais), o legislador comunitário visa desde logo desonerar a Comissão de uma parte significativa de regulação de situações concretas e de dirimição de diferendos específicos, reservando-lhe um papel sobretudo concentrado na definição das políticas e de normas da concorrência (por exemplo, os chamados *regulamentos de isenção por categoria*, para efeito de aplicação do n.° 3 do artigo 81.° do Tratado, previstos no n.° 2 do artigo 3.° do *Regulamento n.° 1/2003*). A Comissão pode – é certo – continuar a intervir em casos concretos, verificando infracções, impondo soluções de conduta ou de carácter estrutural para lhes pôr termo, ordenando medidas provisórias, realizando inspecções e aplicando coimas e sanções pecuniárias compulsórias (*Regulamento n.° 1/2003*, artigos 7.°, 8.°, 20.°, 21.°, 23.° e 24.°, entre outros). Subentende-se, porém, que reservará a sua actuação a casos de claro interesse comunitário e que o seu papel se focará sobretudo em actividades mais consentâneas com a sua posição e a sua responsabilidade centrais: promover o desenvolvimento da legislação no domínio da concorrência e o aperfeiçoamento deste Direito também através da promoção de decisões judiciais que possam constituir casos de referência. Para este efeito, a Comissão deverá ainda organizar-se para agir como centro de conhecimento especializado ao serviço dos tribunais nacionais nos termos projectados no artigo 15.° do *Regulamento n.° 1/2003*[10].

3. Para que a projectada descentralização se possa concretizar e atingir os seus objectivos, será necessário que se venha a animar consideravelmente o exercício da jurisdição sobre litígios entre particulares respeitantes à observância das normas sobre a concorrência, no quadro do Processo Civil e com aplicação conjugada do Direito dos Contratos, incluindo a responsabilidade contratual, e do Direito da Responsabilidade Civil Extra-contratual. Este modo de impor a observância do Direito da Concorrência através da decisão judicial de conflitos de pretensões de conteúdo económico envolvendo exclusivamente particulares tem ainda hoje, no espaço da União Europeia, um papel muito mais diminuto do que aquele que lhe cabe nos Estados Unidos da América. Neste país, a partir

---

[9] Cfr. JACOBS, Francis, in: *Effective Private Enforcement*, p. 161.
[10] Cfr. MONTI, Mário, *Effective Private Enforcement*, p. 4.

dos anos 60 do Século XX, os processos cíveis entre sujeitos privados para efeito de aplicação do Direito da Concorrência atingiram um número quase dez vezes superior ao dos processos envolvendo agências reguladoras. Tal desproporção tornou-se particularmente visível a partir da inclusão nas *Federal Rules of Civil Procedure* de um mecanismo efectivo de *class action*, ou seja, de defesa colectiva de um grande número de interesses individuais homogéneos, em particular os dos consumidores no tocante à fixação de preços[11]. Em contrapartida, na Europa comunitária, são ainda relativamente escassas as acções entre particulares tendo como principal causa de pedir a ofensa de direitos ou interesses concretizada pela violação do Direito da Concorrência[12]. A própria Comissão divulgou um estudo elaborado sob sua iniciativa no qual, referindo especificamente as acções de indemnização por danos resultantes da ofensa de normas do Direito Comunitário da Concorrência, se conclui que a situação é de «total subdesenvolvimento» a par de uma «espantosa diversidade» das soluções acolhidas pelas ordens jurídicas dos Estados--Membros[13].

4. É, pois, este um momento particularmente indicado para ponderar as condições proporcionadas pelo Direito português para a concretização dos objectivos visados pela reforma iniciada com o *Regulamento n.º 1/2003* do Conselho. Interessa assim proceder a uma análise sumária dos instrumentos oferecidos pelo actual sistema para a efectiva imposição do Direito da Concorrência e das limitações que ele ao mesmo tempo coloca à consecução de tal objectivo. Mas a identificação de limitações colocadas pela distribuição das competências de aplicação impositiva e pela inadequação de certas soluções processuais e de Direito Civil – sobretudo no que toca ao regime da responsabilidade – obrigará por seu turno ao alinhamento de algumas sugestões para a reforma da ordem jurídica portuguesa.

---

[11] Cfr. BUXBAUM, *Private Enforcement of Competition Law*, p. 44 e 45.
[12] Reconhecendo tal escassez, respectivamente quanto à França e à Itália: MOMÈGE/IDOT, *Aplication*, p. 234; TESAURO, *Private Enforcement*, p. 278.
[13] Cfr. *Anexo ao Livro Verde*, parágrafo 29.

II. «Public enforcement» e «private enforcement»: a dificuldade da sua caracterização no sistema jurídico português

5. Não é fácil transpor para a linguagem jurídica portuguesa a expressão *«private enforcement»*, agora tão em voga como peça do regime jurídico da concorrência. E também não é tarefa simples a de lhe delimitar o âmbito mediante a escolha dos parâmetros estruturais relevantes. No nosso sistema jurídico, a natureza privada do autor da iniciativa de aplicação impositiva das normas jurídicas da concorrência nem sempre coincide com a jurisdição dos tribunais comuns e com a aplicação do processo civil. Assim, por exemplo, o procedimento administrativo de inquérito por práticas proibidas (incluindo as infracções aos artigos 81.° e 82.° do Tratado), cuja tramitação e decisão competem à Autoridade da Concorrência, pode ter na sua origem a denúncia de um interessado, que deve poder pronunciar-se antes da tomada de uma decisão de arquivamento (arts. 24.°, n.° 1, e 25.°, n.° 2, da *Lei n.° 18/2003, de 11 de Junho*, que aprova o *regime jurídico da concorrência* – doravante RJC). Corresponde esta modalidade ao arquétipo global do *«private enforcement»* por virtude da autoria da iniciativa de aplicação, ou, pelo contrário, ao do *«public enforcement»* em atenção à natureza administrativa tanto do órgão que exerce o poder de imposição como do procedimento?[14]

E quando um contra-interessado se não conforma com uma decisão de arquivamento do processo da Autoridade da Concorrência sobre práticas proibidas, ou de não oposição pela mesma a uma operação de concentração de empresas[15], e impugna contenciosamente o acto administrativo, para o Tribunal de Comércio de Lisboa, que, sendo um tribunal ordinário (isto é, não administrativo), julga com emprego de um meio processual administrativo (a acção administrativa especial, nos termos dos artigos 53.° e 54.°, n.° 1, do RJC), deverá entender-se que essa «acção consequente» (*follow-on action*) de natureza impugnatória é uma manifestação de *«private enforcement»*, ou, pelo contrário, ainda

---

[14] JACOBS/DEISENHOFFEN, adiantam a este propósito o conceito de *«privately triggered administrative enforcement through the Commission and/or national competition authorities»*. Os autores observam que a interacção entre este tipo de iniciativa e o *«private enforcement»* através dos tribunais será de particular importância para a efectividade global do sistema de *«enforcement»*. Cfr. *Procedural Aspects*, p. 227.

[15] Sobre esta última hipótese, veja-se o artigo 38.°, n.° 1, do RJC.

um segmento complementar e eventualmente correctivo do *«public enforcement»*?[16]

6. A nosso ver, dadas até as acentuadas diferenças de regime entre as várias ordens jurídicas nacionais, em vão se pretenderia traçar conceitos únicos de *«private enforcement»* e de *«public enforcement»*. São ideias-força, que, reduzidas às fórmulas mais depuradas, se reportam a parâmetros ideais.

Na sua versão mais despojada, o *«private enforcement»* corresponde a uma pretensão de enquadramento do litígio e dos meios de o dirimir no Direito Privado, civil e processual (*Civil Law approach*). Será o caso quando, em Portugal, uma empresa propuser contra outra, perante um tribunal de 1.ª instância de competência genérica, uma acção de declaração pela qual peça a declaração de nulidade, nos termos do n.º 2 do artigo 81.º do Tratado, de um contrato que entre ambas haja sido celebrado em violação de qualquer das proibições formuladas pelo n.º 1 da mesma disposição. E o mesmo se diga da propositura, perante a mesma categoria de tribunal, de acção da declaração com o pedido de condenação em indemnização pelos danos causados através de abuso de posição dominante contra o disposto pelo artigo 82.º do Tratado[17].

No extremo oposto de uma escala composta por fórmulas híbridas, o *«public enforcement»* consistirá, no sistema jurídico português, por exemplo, num procedimento relativo a práticas proibidas desencadeado oficiosamente pela Autoridade de Concorrência e que culminará, eventualmente, com uma ordem dirigida ao infractor para que adopte as providências indispensáveis à cessação dessa prática ou dos seus efeitos e com aplicação de coimas e de outras sanções apropriadas (RJC, artigos 24.º e

---

[16] Na linguagem global do Direito da concorrência a *follow-on action* (por vezes também denominada *follow-up action*) é uma acção que decorre entre particulares num tribunal comum e segundo o processo civil depois de, num procedimento ou processo anterior, se ter tomado uma decisão com autoridade de caso decidido ou de caso julgado sobre a verificação de uma violação de normas do Direito da concorrência. A *«follow-on action»* tem tal violação como causa de pedir e, na maioria dos casos, terá como pedido uma condenação em indemnização. Cfr. BUXBAUM, *Private Enforcement of Competition Law*, p. 49; IDOT, *Private Enforcement of Competition Law*, p. 100).

[17] A doutrina chama a estas acções *«stand alone actions»* («acções isoladas») para sublinhar a circunstância de não serem antecedidas por um procedimento administrativo conduzido pela Comissão ou por uma ANC, nem correrem em paralelo com tal procedimento. Cfr. IDOT, *Private Enforcement of Competition Law*, p. 102.

28.°). Mas esta situação procedimental poderá transmutar-se noutra, por natureza híbrida, em que o destinatário do acto administrativo o impugne perante o Tribunal do Comércio de Lisboa nos termos do artigo 38.° dos *Estatutos da Autoridade da Concorrência* (doravante EAC) aprovados pelo *Decreto-Lei n.° 10/2003, de 18 de Janeiro*, e dos artigos 53.° e seguintes do RJC. Nada permitiria com efeito pensar que a impugnação judicial de decisões tomadas pela Comissão e pela ANC não constitua ainda um meio de «*enforcement*» das normas jurídicas da concorrência, já que os actos administrativos regulatórios poderão enfermar de uma incorrecta aplicação e serem por isso ilegais. Ainda que movidos pelo objectivo imediato da defesa daquilo que pensam ser seus direitos ou interesses legalmente protegidos indevidamente afectados, os impugnantes de qualquer acto administrativo actuarão também objectivamente – sempre que tenham razão quanto às invocadas ilegalidades – como agentes do controlo judicial da legalidade da administração[18]. A decisão do tribunal que anula ou declara a nulidade de uma decisão regulatória ilegal de uma autoridade da concorrência contribui também para a efectiva aplicação dos artigos 81.° e 82.° do Tratado e das correspondentes regras jurídicas nacionais: também se trata, pois, de «*enforcement*». Se atentarmos na proveniência da iniciativa processual e na natureza do Tribunal de Comércio de Lisboa, o «*enforcement*» será privado. E poderá sê-lo também por motivo de o litígio se processar entre o sujeito privado que impugna e uma outra empresa contra-interessada que se opõe à impugnação. Em contrapartida, estão presentes elementos estruturantes de carácter público: há uma revisão judicial (*judicial review*) de um acto administrativo da Autoridade da Concorrência e o meio processual utilizado – a acção administrativa especial – pertence ao processo administrativo e não ao processo civil.

7. Estamos em crer que o termo «*enforcement*», em particular tal como usado no tocante às normas do Direito da Concorrência, encontrará como sentido equivalente mais fiel na linguagem jurídica portuguesa a expressão *aplicação impositiva*. Não se trata de uma qualquer aplicação, porque queda fora do seu âmbito a observância espontânea das normas pelos operadores económicos. E a palavra «execução», utilizada na tradução portuguesa do título do *Regulamento (CE) n.° 1/2003*, também não

---

[18] A este papel se refere WALTER KREBS quando escreve que «*der Klagende Bürger übernimmt die Rolle eines Funktionärs der Verwaltungskontrolle*». Cfr. *Subjektiver Rechtsschutz*, p. 192 e 193.

assegura uma equivalência fiel, visto que é usada sobretudo entre nós – tanto no campo do processo como no procedimento administrativo (execução dos actos administrativos) – com o sentido de um processo judicial ou procedimento administrativo destinado a conferir efectividade a uma anterior regulação de uma situação concreta da vida social por sentença ou acto administrativo.

O que distingue o «*enforcement*» como modo de directa aplicação de normas jurídicas da concorrência é o seu *carácter impositivo*, isto é, o exercício de um poder de autoridade de definição imperativa do teor de situações jurídicas individuais e concretas. Esse poder é, por um lado, aquele que cabe à Autoridade da Concorrência em procedimentos de controlo de práticas proibidas, de abuso de posição dominante ou de dependência económica, bem como de operações de concentração de empresas, seguidos ou não de procedimento sancionatório de ilícito de mera ordenação social. Mas, o poder de *aplicação impositiva* («*enforcement*») cabe também ao Tribunal de Comércio de Lisboa, quando estejam em causa decisões da Autoridade da Concorrência, ou aos tribunais judiciais de 1.ª instância de competência genérica, quando se trate de julgar litígios que apenas envolvam particulares.

8. Se aceitarmos que a *natureza pública ou privada da entidade que dá início ao procedimento ou ao processo judicial* merece ser considerada como aspecto estrutural relevante para efeito da qualificação do «*enforcement*» (*aplicação impositiva*) enquanto público ou privado, verificamos que, em ambos os modos institucionais de aplicação (administrativo ou judicial), pode o impulso propulsivo provir de particulares interessados. Ora, parece indiscutível que, após a entrada em vigor do *Regulamento (CE) n.º 1/2003 do Conselho*, o aspecto que mais tem suscitado o interesse da Comissão e da doutrina jurídica é o do reforço da efectividade dos artigos 81.º e 82.º do Tratado e das correspondentes normas das ordens jurídicas nacionais graças à dinamização da iniciativa particular de aplicação impositiva. Por outro lado, certo é também que, no sistema jurídico português, o carácter público ou privado desta aplicação não pode ser medido através da consideração isolada da natureza da entidade que propulsiona o processo. Haverá, também, com efeito, que tomar em conta o ambiente institucional em que decorre a preparação e a tomada das decisões (Autoridade da Concorrência, tribunal especializado – ou seja, o Tribunal de Comércio de Lisboa – ou tribunal de competência genérica), bem como os meios utilizados: procedimento administrativo, processo administrativo ou processo civil.

Na presente exposição, tomaremos como *ponto fulcral* o da *iniciativa de particulares* no funcionamento dos diversos meios de aplicação impositiva do Direito da Concorrência. Desse modo, procuramos manter-nos sintonizados com o interesse que neste momento visivelmente se reconhece à dinamização dos regimes que enquadram tais iniciativas. Mas não podemos ainda assim esquecer que, num Direito como o português, a iniciativa privada da aplicação impositiva não apaga a dicotomia entre meios processuais e ambientes institucionais mais presos ao Direito Público ou ao Direito Privado. Parece assim vantajoso combinar os dois planos na análise subsequente. Para nos mantermos tão próximos quanto possível da perspectiva global do *private enforcement*, concentrar-nos-emos nas situações de *iniciativa privada de aplicação impositiva*. Mas o juízo sobre a efectividade e a insuficiência de tais iniciativas incidirá sucessivamente sobre o modo como elas logram ou deixam de lograr os seus fins, quer quando se orientam para o emprego de procedimentos e processos de direito administrativo perante a Autoridade da Concorrência e o Tribunal competente para o controlo judicial da administração, quer quando consistem no uso do processo civil perante tribunais de competência genérica.

III. **A iniciativa privada de aplicação do Direito da Concorrência, tanto através do procedimento administrativo no âmbito da Autoridade da Concorrência, como dos meios processuais administrativos perante o Tribunal de Comércio de Lisboa**

A. *Procedimento administrativo*

9. Cumpre notar primeiramente que, com a entrada em vigor do *Regulamento (CE) n.º 1/2003*, se desvaneceram todas as dúvidas que ainda se pudessem justificar quanto à desnecessidade, para os interessados em fazer valer judicialmente os seus direitos no quadro dos artigos 81.º e 82.º do Tratado, de suscitarem perante a Autoridade da Concorrência um procedimento administrativo prévio por práticas proibidas ou abuso de posição dominante. Até aqui, poderia considerar-se vigorar uma reserva de exercício prévio de competência administrativa, fosse da Comissão, fosse das ANC, pelo menos no tocante à justificação das práticas proibidas nos termos do n.º 3 do artigo 81.º do Tratado e, quanto a Portugal, nos do artigo

5.º do RJC. Mas, com o *Regulamento (CE) n.º 1/2003*, fica bem claro o propósito do legislador de descentralizar a favor dos tribunais judiciais o juízo sobre a não aplicação das proibições dos Artigos 81.º e 82.º. É esse o sentido da enunciação irrestrita de competência nos termos do artigo 6.º do Regulamento. O considerando (7) do Regulamento torna ainda mais claro, se possível, o propósito de permitir aos tribunais nacionais que apliquem «integralmente» os artigos 81.º e 82.º do Tratado. É um caso de competências paralelas, visto que a Comissão a pode exercer por seu lado nos termos do artigo 10.º sobre «declaração de não aplicabilidade». De resto, o considerando (22) usa precisamente a qualificação de «sistema de competências paralelas»[19].

10. Cabendo a escolha ao particular interessado, deparam-se-lhe em princípio três alternativas quanto ao meio utilizável: a) iniciar desde logo uma acção de declaração contra o alegado prevaricador, perante um tribunal judicial de 1.ª instância de competência genérica; b) apresentar uma denúncia à Autoridade da Concorrência, predispondo-se a contentar-se com a ordem ao infractor da cessação da prática restritiva da concorrência [artigo 28.º, n.º 1, alínea b), do RJC]; c) desencadear um procedimento de controlo junto da Autoridade da Concorrência sem prejuízo da possibilidade de, no caso de vir a ser tomada uma decisão assente na verificação de uma prática proibida não justificada ou de um abuso de posição dominante, desencadear uma *acção consequente* (*follow-on action*), em princípio para obtenção de uma indemnização.

Esta última hipótese tem mais a ver com as intenções do queixoso (que, aliás, poderão vir a ser frustradas por uma decisão de arquivamento ou por uma autorização da prática com fundamento na sua justificação) do

---

[19] Sobre o impacte que o sistema declaradamente de competências paralelas afirmado no *Regulamento (CE) n.º 1/2003* teve na ordem jurídica espanhola, onde a jurisprudência do Supremo Tribunal exigia um acto administrativo prévio de declaração verificativa como requisito de admissibilidade de acções para aplicação dos artigos 81.º e 82.º do Tratado, v. MARTINEZ-LAGE, *La Situation en Espagne*, p. 45 e 46. O mesmo Tribunal permitia porém a invocação autónoma da violação dos artigos 81.º e 82.º do Tratado por via de excepção, nomeadamente a título de oposição a pedidos de condenação no cumprimento de contratos.

Nos outros sistemas jurídicos nacionais, a situação mais frequente seria, porém, a de a apresentação prévia de uma queixa ou denúncia à AC não constituir requisito de admissibilidade de uma acção perante os tribunais comuns contra o operador económico infractor. V., por exemplo, o caso da Alemanha em OST, *Le Système Allemand*, p. 83 e 84.

que propriamente com a natureza e o regime procedimental da iniciativa. Para todos os efeitos, aquilo que haverá num primeiro momento é uma denúncia de prática proibida que dará lugar a um inquérito (RJC, artigos 24.º, n.º 1 e 25.º, n.º 2).

11. Terminado o *inquérito*, a Autoridade da Concorrência decidirá proceder ao arquivamento do processo, se entender que não existem indícios suficientes de infracção, ou dará início à *instrução* do processo através de notificação dirigida às empresas ou associações de empresas arguidas, sempre que conclua, com base nas investigações levadas a cabo, que existem indícios suficientes de infracção às regras de concorrência (RJC, artigo 25.º, n.º 1).

De acordo com o disposto pelo n.º 2 do artigo 25.º do RJC, caso o inquérito tenha sido instaurado com base em denúncia de qualquer interessado, a Autoridade da Concorrência não pode proceder ao seu arquivamento sem dar previamente conhecimento das suas intenções ao denunciante, concedendo-lhe um prazo razoável para se pronunciar. Da letra e do espírito do preceito, é de deduzir que este contraditório não seja assegurado a todo e qualquer denunciante, mas ao que seja *interessado*, isto é, que represente associativamente os operadores económicos ou consumidores afectados, ou que integre ele próprio directamente uma destas categorias. Porque o contrário não faria sentido, tem de se entender que a *audiência do interessado* concedida pelo n.º 2 do artigo 25.º do RJC se aplica não só aos casos em que se projecta um arquivamento liminar no termo do inquérito, mas também naqueles outros em que, tendo-se procedido à instrução do processo, este termine igualmente por uma decisão de arquivamento [RJC, artigo 28.º, n.º 1, alínea *a*)].

12. O RJC reconhece ainda um outro direito de iniciativa procedimental aos interessados: o de requerer *medidas cautelares* destinadas a prevenir um prejuízo iminente, grave e irreparável ou de difícil reparação para a concorrência ou para outros interesses de terceiros (artigo 27.º, n.º 1 e 2).

Estas são no entanto (à primeira vista) as únicas situações jurídico-procedimentais do queixoso que o RJC expressamente proclama. Assim sendo, fica em aberto uma série de questões. Tem o queixoso interessado direito à informação intraprocedimental? Tem direito de audiência antes de outros tipos de decisões finais que não as de arquivamento do processo? E tem direito à notificação de quaisquer decisões finais?

A resposta passa sobretudo por saber em que medida se aplica subsidiariamente ao procedimento respeitante às práticas proibidas o regime geral do procedimento administrativo estabelecido no CPA. Para este efeito, os preceitos cardinais são o artigo 20.º e o artigo 22.º do RJC. O artigo 20.º determina que ao exercício dos *poderes de supervisão* da Autoridade da Concorrência se aplica subsidiariamente o procedimento administrativo comum previsto no Código do Procedimento Administrativo. Por seu turno, o artigo 22.º remete os «*processos por infracção* ao disposto nos artigos 4.º, 6.º e 7.º», bem como por infracção aos artigos 81.º e 82.º do Tratado, para a aplicação subsidiária do regime geral dos ilícitos de mera ordenação social.

A escolha entre a aplicabilidade de um destes dois regimes a título subsidiário é fundamental porque, ao passo que o CPA dará ao queixoso interessado os direitos ou faculdades procedimentais referidos, o processo de contra-ordenação[20], não os contempla. À face do RJC e do EAC, o problema reconduz-se em última análise ao apuramento do âmbito dos *poderes de supervisão,* visto que o artigo 20.º do RJC submete o respectivo exercício à aplicação subsidiária do regime geral de procedimento administrativo delineado no CPA. Importa em particular saber se, por força do que se dispõe no artigo 22.º do RJC, toda a actividade da Autoridade da Concorrência destinada a averiguar do possível cometimento de práticas proibidas escapa ao regime do procedimento administrativo para se reger apenas pelo do processo do ilícito de mera ordenação social.

13. Para atingir uma conclusão final, interessa proceder a uma interpretação, teleológica e sistemática e não apenas literal, do artigo 7.º, n.ᵒˢ 1 e 3, do EAC, que estabelece três categorias de poderes da Autoridade da Concorrência: poderes sancionatórios, de supervisão e de regulamentação. O n.º 3 deste artigo 7.º caracteriza por seu turno três tipos de poderes de supervisão. Na alínea c), refere-se a instrução e decisão de procedimentos administrativos respeitantes a operações de concentração de empresas. Na alínea a), a realização de «estudos, inquéritos, inspecções ou aditorias». A alínea b) reporta-se aos procedimentos administrativos «relativos à compatibilidade de acordos ou categorias de acordos entre empresas com as regras de concorrência». Poder-se-ia ser por isto tentado a concluir que

---

[20] Artigos 33.º e seguintes do *Decreto-Lei n.º 433/82, de 27 de Outubro*, tal como sucessivamente alterado. O artigo 50.º deste diploma apenas refere o direito de audiência do arguido, o único a quem, por outro lado, será comunicada a decisão (artigo 46.º).

toda a tramitação procedimental originada por uma queixa contra práticas proibidas escaparia ao regime do CPA, com excepção da apreciação de *fundamentos de justificação*, único aspecto das práticas restritivas que o artigo 7.º do EAC integraria no âmbito dos *poderes de supervisão*.

Mas esta conclusão não faria sentido de um ponto de vista funcional. A avaliação da existência de hipotéticas razões de justificação – nos termos do artigo 81.º, n.º 3, do Tratado e do artigo 5.º do RJC – enquadra-se naturalmente num procedimento de formação de uma decisão que tanto poderá ser essa, como a de arquivamento do processo, como ainda a declaração da existência de um prática restritiva da concorrência e a ordem de adopção das providências indispensáveis à cessação dessa prática ou dos seus efeitos dentro de determinado prazo. Há, pois, que separar procedimentalmente duas realidades distintas. Uma, é a formação dos juízos conducentes ao arquivamento, à justificação ou à ordem de cessação e reconstituição. Outra, é a tramitação respeitante à qualificação e repressão contra-ordenacional de infracções. Encontram-se, aliás, no texto do RJC, elementos que firmam um tal entendimento. No n.º 1 do artigo 28.º, autonomizam-se como tipos de decisão final dos procedimentos sobre práticas proibidas, por um lado, a imposição de providências indispensáveis à respectiva cessação [alínea *b*)], por outro lado, a aplicação de coimas [alínea *c*)]. Acresce que, no artigo 19.º, se especifica que os *procedimentos sancionatórios* respeitam «o princípio da audiência dos interessados, o princípio do contraditório e demais princípios gerais aplicáveis ao procedimento e à actuação administrativa constante do Código do Procedimento Administrativo» bem como, «se for caso disso», o regime geral dos ilícitos de mera ordenação social.

14. Deve-se, em suma, distinguir entre dois planos num procedimento administrativo nascido de uma denúncia de práticas restritivas da concorrência. Um desses planos é o da qualificação e penalização de um ilícito de mera ordenação social. Nessa parte, não há aplicação subsidiária directa do CPA. O denunciante não tem de ser ouvido quanto à decisão, relativamente à qual não tem um interesse juridicamente protegido. Se, porém, alegar credivelmente que a prática restritiva da concorrência que denuncia exerce efeitos lesivos sobre seus direitos ou interesses legalmente protegidos enquanto operador económico ou noutra qualidade (a de consumidor, por exemplo), e pedir a tal propósito o exercício de poderes de regulação, terá acesso ao procedimento nos termos do regime geral do procedimento administrativo do CPA. Poderá requerer medidas cautelares,

pedir informação endoprocedimental, ser-lhe-á reconhecido o direito de audiência e tem direito à notificação da decisão regulatória final.

Idêntica legitimidade procedimental assiste, nos termos do n.º 1 do artigo 53.º do CPA, às associações sem carácter político que tenham por fim a defesa dos interesses afectados pela prática proibida.

B. *Meios processuais administrativos*

15. Dispõe o n.º 1 do artigo 54.º do RJC que, das decisões da Autoridade da Concorrência proferidas em procedimentos administrativos referidos neste diploma, cabe recurso para o Tribunal de Comércio de Lisboa, «a ser tramitado como acção administrativa especial».

O n.º 2 do mesmo artigo prevê que, em tais processos, o mesmo Tribunal possa decretar a suspensão da eficácia da decisão impugnada «exclusivamente ou cumulativamente com outras medidas provisórias».

As soluções de natureza organizatória e processual perfilhadas pelo preceito citado merecem alguns comentários.

16. A atribuição de competência ao Tribunal de Comércio de Lisboa constitui uma excepção à reserva tendencial de jurisdição sobre litígios emergentes de relações jurídicas administrativas a favor dos tribunais administrativos. Essa reserva decorre do artigo 112.º, n.º 3, da Constituição. Mas a doutrina e a jurisprudência têm-lhe reconhecido um carácter relativo ou tendencial susceptível de desvios em casos especiais, desde que não fique prejudicado o núcleo caracterizador do modelo[21]. Explica-se assim que o RJC (e o EAC, no artigo 38.º, n.º 2) confiem as impugnações em causa, que respeitam a litígios materialmente administrativos, a um tribunal comum. Com efeito, o Tribunal de Comércio de Lisboa é um tribunal comum de competência especializada[22]. A lei geral dá-lhe competência para julgar as acções em matéria de sociedades comerciais, propriedade industrial e registo comercial. A competência para os litígios em matéria de concorrência é-lhe acrescentada pela própria legislação da concorrência.

---

[21] Cfr. VIEIRA DE ANDRADE, *A Justiça Administrativa*, p. 112 e 113.

[22] Artigo 78.º da *Lei de Organização e Funcionamento dos Tribunais Judiciais (Lei n.º 3/99, de 13 de Janeiro)*.

É, porém, preciso acentuar que se não trata de competência para *todos* os ligítios respeitantes à aplicação do Direito da Concorrência, mas apenas para o controlo jurisdicional da legalidade das decisões da Autoridade da Concorrência proferidas em procedimentos administrativos tipificados pelo RJC. Ficam, pois, fora desta área todas as acções entre particulares que tenham como causa de pedir a lesão de direitos ou interesses legalmente protegidos decorrentes de acordos e práticas concertadas que impeçam, falseiem ou restrinjam a concorrência, de abuso de posição dominante ou de abuso de dependência económica. Estas acções são julgadas indistintamente pelo tribunal de 1.ª instância de competência genérica a quem caiba o poder de julgar *ratione loci*.

17. Quando o artigo 54.º, n.º 1, do RJC prevê «recurso» para o Tribunal de Comércio de Lisboa das decisões da Autoridade da Concorrência «a ser tramitado como acção administrativa especial», não pode deixar – não obstante o emprego do termo «recurso», clássico no domínio do Contencioso Administrativo – de estar a referir-se à *acção administrativa especial de impugnação de acto administrativo* regulada nos artigos 50.º e seguintes do CPTA.

Interessa considerar aqui a hipótese em que a impugnação seja movida pelo autor de uma denúncia, perante a Autoridade da Concorrência, que não obteve por parte desta uma decisão favorável. Relevam portanto as impugnações perante o Tribunal de Comércio de Lisboa quer das decisões de arquivamento de procedimento [artigos 25.º, n.º 1, alínea *a*) e 28.º, n.º 1, alínea *a*) do RJC], quer de justificação da prática (artigo 81.º, n.º 3, do Tratado e artigos 5.º e 28.º, n.º 1, alínea *d*), do RJC), quer ainda de ordem de cessação da prática que não envolva as providências que o impugnante considera indispensáveis ao restabelecimento da legalidade da concorrência.

Em face destes actos típicos, parece de concluir que, fora das situações de preterição de formalidade essencial (como a da audiência do queixoso) ou de erro nos pressupostos de facto, o controlo judicial incidirá inevitavelmente sobre o exercício de margem de livre decisão pela Autoridade da Concorrência. Com efeito, os pressupostos de decisão configurados nos artigos 81.º e 82.º do Tratado e nos artigos 4.º a 7.º do RJC são expressos com frequência mediante o emprego de *conceitos jurídicos indeterminados* cujo preenchimento dependerá mais de juízos de valor e de prognose de natureza meta jurídica do que de uma simples hermenêutica jurídica. Em que consiste, por exemplo, a *limitação do desenvol-*

vimento técnico [Tratado, artigos 81.º, n.º 1, alínea b) e 82.º, alínea b)]? Em que consiste uma *parte equitativa do benefício* resultante de prática restritiva (Tratado, artigo 81.º, n.º 3)? Ou o que é uma concorrência *significativa* [RJC, artigo 6.º, n.º 2, alínea *a*)]? E é quase constante a *natureza discricionária dos poderes* exercidos. O arquivamento do processo no termo do inquérito por se entender não existirem indícios *suficientes* de infracção [RJC, artigo 25.º, n.º 1, alínea *a*)] envolve uma ponderação entre razões de interesse público e, eventualmente, também de interesses legalmente protegidos de particulares no sentido da oportunidade de continuar ou não a actividade instrutória. A determinação das providências indispensáveis à cessação da prática proibida ou dos seus efeitos e do prazo dentro do qual deverão efectivar-se [RJC, artigo 28.º, n.º 1, alínea *b*)] corresponde ao exercício de *discricionariedade de escolha* sob a modalidade de *discricionariedade criativa*[23].

O controlo do Tribunal de Comércio de Lisboa sobre o exercício de margem de livre decisão pela Autoridade da Concorrência na aplicação das normas jurídicas da concorrência, quer se trate do preenchimento valorativo de pressupostos da decisão administrativa configurados através de conceito jurídico indeterminado pela norma aplicável, quer de discricionariedade administrativa propriamente dita, far-se-á sobretudo através das técnicas do desvio de poder e do erro grosseiro ou manifesto de apreciação. Esta última confunde-se em boa parte com o controlo de proporcionalidade, sobretudo na vertente da adequação ou idoneidade (*Eignetheit* em alemão). Mas, nalguns casos, justificar-se-á também o controle de necessidade ou indispensabilidade (*Erforderlichkeit*) ou o da razoabilidade ou proporcionalidade em sentido estrito (*Kosten-Nutzen Analyse*). Por vezes, poderão ter também um papel como parâmetros de controlo outros princípios constitucionais da actividade administrativa, como os da igualdade de tratamento, da imparcialidade e da boa-fé (artigo 266.º, n.º 2, da Constituição).

18. O *princípio geral*, no Direito Administrativo português, é o do *controlo jurisdicional limitado da margem de livre decisão administrativa*. O juiz deve utilizar apenas parâmetros de juridicidade e não pode substituir as suas próprias às opções de política administrativa da concorrência levadas a cabo pela Autoridade da Concorrência no quadro da lei. Daí tam-

---

[23] Cfr. SÉRVULO CORREIA, *Legalidade e Autonomia Contratual*, p. 479.

bém que o controlo da actividade administrativa na base dos princípios constitucionais se deva fazer sobretudo pela negativa: o juiz pode dizer que uma certa opção não é proporcional, mas não pode pretender utilizar as máximas da proporcionalidade para encontrar a partir delas um único sentido válido para o exercício da margem de livre decisão administrativa[24]. A principal excepção é a do princípio da igualdade de tratamento, cuja observância pode conduzir à redução da discricionariedade a zero.

Cumpre no entanto anotar que a evolução do Direito comunitário da concorrência no tocante à justificação das práticas proibidas introduz um novo e interessante *interface* entre a margem de livre decisão administrativa e o exercício da função jurisdicional. Como se observou já, o *Regulamento n.° 1/2003* veio estender aos tribunais nacionais o poder de aplicar na íntegra os artigos 81.° e 82.° do Tratado, incluindo a *declaração de não aplicabilidade*[25]. O considerando n.° 4 do preâmbulo do *Regulamento n.° 1/2003* confirma expressamente a finalidade (de preceitos como o artigo 6.°) de alargar aos tribunais dos Estados-Membros a competência para aplicar o n.° 3 do artigo 81.° do Tratado. Mas, como esta competência também pode ser paralelamente exercida pela ANC (*Regulamento n.° 1/2003*, artigos 1.°, n.° 2, e 5.°), temos um novo tipo de caso, em que deixa de fazer sentido reconhecer à Administração da concorrência uma *reserva parcial* em face do controlo do juiz. Em princípio, essa reserva existe sempre que as normas aplicáveis concedam margem de livre decisão administrativa e consiste naquela parte auto-determinada da decisão pela qual o órgão administrativo competente opta segundo critérios meta-jurídicos. A reserva significa uma inibição parcial para o juiz, que só pode rever a decisão na medida em que obedeça, ou devesse obedecer, a parâmetros jurídicos. Porém, ao sindicar o exercício de poderes da ANC em aplicação do n.° 3 do artigo 81.° do Tratado (e do artigo 5.° do RJC), o juiz pode defrontar-se com uma *decisão de justificação* (*declaração de não aplicabilidade da proibição*) da ANC que ele próprio poderia tomar por inteiro numa acção de *private enforcement* puro.

A conclusão que se impõe é, a nosso ver, a de que se, a título excepcional, o legislador comunitário estendeu ao juiz dos Estados-Membros o exercício de uma margem de livre decisão que, paralelamente, compete

---

[24] Cfr. SÉRVULO CORREIA, *Contencioso Administrativo*, p. 775 s.
[25] É a terminologia usada na epígrafe do artigo 10.°, na versão portuguesa do *Regulamento n.° 1/2003*. Corresponde à expressão *justificação das práticas proibidas*, na epígrafe do artigo 5.° do RJC.

às ANC (e à Comissão), deixou de haver aí uma qualquer reserva (parcial) de administração. Se, numa acção entre dois particulares, o juiz pode proceder ele próprio a uma primeira apreciação da existência de justificação (sem ter de aguardar pelo prévio exercício de uma competência dispositiva da Administração da concorrência), então ele também pode proceder integralmente ao mesmo juízo em sede de revisão judicial da conduta da mesma Administração.

19. Seria errado extrair de uma consideração essencialmente literal do n.º 1 do artigo 54.º do RJC a conclusão de que o único meio processual principal[26] aí concedido aos particulares para suscitar o controlo jurisdicional da aplicação pela Autoridade da Concorrência dos artigos 4.º a 7.º deste diploma e 81.º e 82.º do Tratado consistiria na *acção de impugnação de acto administrativo*, visando a anulação ou declaração de nulidade de tais decisões. Uma tal leitura seria desconforme à garantia de um leque de meios processuais administrativos suficientes para assegurar a efectividade da tutela jurisdicional, tal como nomeadamente decorre do n.º 4 do artigo 268.º da Constituição. A referência à *acção administrativa especial*, no n.º 1 do artigo 54.º do RJC, deve pois ser lida como abrangendo todas as modalidades desse meio processual principal: a par da acção de impugnação de acto administrativo, a acção de condenação à prática de acto administrativo devido, a acção de impugnação de normas emanadas pela Administração e a acção de declaração de ilegalidade por omissão de tais normas.

Sempre que um queixoso tiver pedido sem êxito à Autoridade da Concorrência que, a par da declaração da existência de uma prática restritiva, ordenasse ao infractor certa ou certas providências indispensáveis à cessação dessa prática ou dos seus efeitos, bastar-lhe-á, para ter legitimidade para a acção de condenação, a alegação convincente da titularidade de um *interesse legalmente protegido* à emissão do acto pretendido [CPTA, a alegação 68.º, n.º 1, alínea *a*)]. A configuração de um interesse legalmente protegido é mais fácil, nestas circunstâncias, do que a de um verdadeiro direito subjectivo. O pressuposto legal da *indispensabilidade* da providência [RJC, art. 28.º, n.º 1, alínea *b*)] nem sempre conduzirá à redução da discricionariedade a zero: a fluidez das circunstâncias concre-

---

[26] Convém recordar que o n.º 2 do artigo 54.º do RJC também abre o acesso à tutela jurisdicional cautelar, através da suspensão da eficácia do acto administrativo impugnado ou de outras medidas provisórias.

tas será bastante para deixar à Autoridade da Concorrência uma opção entre várias soluções idóneas. Não ditando a lei que a decisão tenha um único e certo sentido, não se encontra o particular investido num direito subjectivo público a uma certa medida administrativa. Mas as normas que caracterizam a prática proibida que o lesa conferem-lhe pelo menos o poder de exigir que a Autoridade da Concorrência exerça o seu poder correctivo e o faça de um modo legal[27].

Em situações como estas, o arquivamento do processo equivalerá, para todos os efeitos, ao indeferimento do pedido de adopção de medidas correctivas, sendo por isso a *acção de condenação à prática de acto administrativo devido* o meio processual cujo emprego se impõe (CPTA, artigos 51.º, n.º 4, 66.º, n.º 2, e 71.º, n.º 1).

A circunstância de se requerer (pelo menos na maioria das vezes, em que não haverá redução da discricionariedade a zero) o exercício de um poder discricionário não afasta a propriedade da acção de condenação à prática de acto administrativo. Neste caso, o Tribunal de Comércio de Lisboa não poderá determinar o conteúdo da ordem mas deve explicitar as vinculações a observar pela Autoridade da Concorrência na emissão do acto devido (CPTA, artigo 71.º, n.º 2). Essas vinculações poderão passar pela necessidade de conferir particular incidência a certos princípios gerais da conduta administrativa ou do Direito da Concorrência e, também, na necessidade de levar à ponderação certos elementos do caso concreto tidos pelo Tribunal como relevantes, ou de não levar outros que devam ser considerados irrelevantes[28]. Importarão particularmente para a ponderação as circunstâncias do caso concreto que realcem a idoneidade da cessação da prática restritiva ou dos seus efeitos para satisfazer interesses do queixoso lesados por essa prática e para promover o interesse público da não distorção da concorrência[29].

---

[27] Sobre a diferença entre direito subjectivo e o interesse legalmente protegido entendido como uma situação jurídica subjectiva substantiva, v. RAQUEL DE CARVALHO, *O Direito à informação*, n.º 103 e bibliografia aí citada.

[28] Sobre a relevância (*relevancy*) como critério de controlo do exercício da discricionariedade, v. CRAIG, *Administrative Law*, p. 559. O imperativo de não basear a decisão em considerações irrelevantes e de tomar em conta as considerações relevantes corresponde à razão de ser da existência de poder discricionário, que é a de permitir um melhor ajustamento do sentido da decisão às circunstâncias do caso à luz do fim de interesse público visado pela norma que confere a competência.

[29] O interesse legalmente protegido do queixoso resultará precisamente da aptidão da norma que confere à Autoridade da Concorrência o poder de ordenar a cessação de uma

A *acção de impugnação de acto administrativo* é o meio processual próprio sempre que o queixoso se tenha limitado a denunciar a prática proibida sem requerer a emissão de uma específica ordem correctiva e a Autoridade da Concorrência haja arquivado o processo. Deverá também ser utilizada a acção de impugnação de acto administrativo sempre que, tendo o particular requerido ou não uma ordem correctiva, a Autoridade da Concorrência autorize a prática restritiva nos termos do artigo 5.° do RJC e/ou do artigo 81.°, n.° 3, do Tratado, ou emita uma ordem correctiva de alcance inferior ao pretendido. Na acção de impugnação de acto administrativo, o pedido principal é o da anulação ou declaração de nulidade do acto. Mas esse pedido pode ser cumulado com o da condenação à prática do acto administrativo devido em substituição, total ou parcial, do acto praticado [CPTA, artigo 47.°, n.° 2, alínea *a*)].

Quer na apreciação do pedido de anulação do acto administrativo, quer na do pedido cumulativo de condenação à prática de acto substitutivo, sempre que se trate de exercício de discricionariedade administrativa, os poderes de controlo do juiz respeitam apenas aos parâmetros de juridicidade da decisão administrativa e não às razões meta-jurídicas de oportunidade ou conveniência administrativa. Pelas razões atrás expostas, consideramos, porém, que o juiz dispõe de competência de revisão global e de substituição da decisão da Autoridade da Concorrência quando se trate de justificação de uma prática proibida[30].

20. No artigo 268.°, n.° 5, a Constituição estabelece a garantia de *impugnação directa de normas administrativas* a favor daqueles sobre os quais elas tenham eficácia externa lesiva.

No tocante às práticas proibidas, são relativamente diminutos os poderes normativos da Autoridade da Concorrência. Se bem que, nos artigos 7.°. n.° 4, e 17.°, n.° 1, alínea *h*), o EAC preveja em abstracto a titularidade de tais poderes, a verdade é que ele remete a sua concessão para

---

prática restritiva e as providências indispensáveis à neutralização dos seus efeitos para, em face das circunstâncias concretas, satisfazer um interesse individual do queixoso tutelado pela proibição legal da prática. Cfr. REIS NOVAIS, *As Restrições Aos Direitos Fundamentais*, p. 107 s.

Sobre a propriedade da acção de condenação à prática de acto administrativo devido (*Verpflichtungsklage*) para satisfazer as pretensões dos concorrentes à igualdade da situação concorrencial (comprometida pelas práticas restritivas), v. HUBER, *Konkurrentenschutz*, p. 427).

[30] V. a rubrica 18.

normas de habilitação concretas. Uma dessas normas encontra-se no n.º 2 do artigo 5.º do RJC, que permite à Autoridade da Concorrência o estabelecimento pela via regulamentar de regras sobre a avaliação prévia de acordos entre empresas, as decisões de associações de empresas e as práticas concertadas. Por seu turno, o n.º 2 do artigo 29.º do *Regulamento n.º 1/2003* admite que as ANC possam retirar o benefício de aplicação dos regulamentos de justificação emitidos pela Comissão para categorias de práticas para efeito de densificação do n.º 3 do artigo 81.º do Tratado. Se tiverem alcance geral e abstracto, estas decisões das ANC terão também elas natureza regulamentar.

Estas normas administrativas da Autoridade da Concorrência constituem «decisões ... proferidas em procedimentos administrativos» para o efeito de sujeição a acção administrativa especial junto do Tribunal de Comércio de Lisboa[31]. Aplicar-se-á assim a modalidade de acção administrativa especial constituída pela acção de impugnação de normas, regulada nos artigos 72.º e seguintes do CPTA.

C. *Factores de efectividade*

21. Nas rubricas A e B anteriores, passámos em revista um sistema de aplicação das regras jurídicas de concorrência sobre práticas restritivas. Em casos concretos, a ausência de iniciativa processual subsequente por parte de operadores económicos ou de outros interessados poderá circunscrever o mecanismo de aplicação a um procedimento tramitado no âmbito da Autoridade da Concorrência. Mas, na sua versão completa, cuja implementação apenas depende da iniciativa de um interessado, o sistema compõe-se, além daquela fase procedimental, de uma acção consequente (*follow-on action*) desenvolvida perante o Tribunal de Comércio de Lisboa.

O procedimento administrativo tanto pode nascer de iniciativa oficiosa da Autoridade da Concorrência como da iniciativa de um particular que dele faz uso ofensivo, procurando que se ponha termo a uma prática restritiva alegadamente lesiva dos seus direitos ou interesses legalmente protegidos.

A acção administrativa especial de impugnação de acto administrativo da Autoridade da Concorrência ou de condenação desta à prática de

---

[31] V. o artigo 54.º, n.º 1, do RJC. O procedimento de regulamentação encontra-se versado no artigo 21.º do RJC.

acto administrativo devido, da competência do Tribunal de Comércio de Lisboa, é necessariamente consequente (*follow-on*) de um procedimento. Será em geral de iniciativa particular[32]. A iniciativa será «defensiva» quando um operador económico impugne uma decisão que declara a sua implicação numa prática restritiva e o submete a injunções de comportamento correctivo e, ou, a sanções por contra-ordenação. A iniciativa será pelo contrário «ofensiva» quando o autor da acção administrativa especial reaja contra a não adopção pela Autoridade da Concorrência de uma decisão pretendida[33].

Nas acções administrativas especiais perante o Tribunal de Comércio de Lisboa, a Autoridade da Concorrência será parte obrigatória: não são possíveis, nestes meios processuais de contencioso administrativo, acções dirimidas apenas entre particulares portadores de pretensões contrapostas. Mas os particulares contra-interessados em relação ao pedido deduzido pelo demandante têm garantida a sua participação na lide para exercício do contraditório[34].

Neste sistema de aplicação sucessiva de meios do procedimento administrativo no âmbito da Autoridade da Concorrência e do processo administrativo no âmbito do Tribunal de Comércio de Lisboa, a garantia, quer da tutela dos direitos ou interesses legalmente protegidos ofendidos, quer da efectividade objectiva das normas de concorrência desobedecidas, é reforçada pela disponibilidade de meios cautelares e de execução das decisões.

---

[32] O Ministério Público poderá impugnar qualquer acto administrativo ou qualquer norma regulamentar emitidos pela Autoridade da Concorrência, com o simples fundamento da respectiva ilegalidade [CPTA, artigos 55.°, n.° 1, alínea *b*), e 73.°, n.° 3]. Também poderá figurar como autor de uma acção de condenação à prática de acto administrativo devido. Mas, nesta, a causa de pedir terá de ser mista, compreendendo não apenas a ilegalidade da recusa ou omissão do acto administrativo pretendido mas também a ofensa de direitos fundamentais, de um interesse público especialmente relevante ou de valores ou bens materialmente qualificados [CPTA, artigos 68.°, n.° 1, alínea *c*) e 9.°, n.° 2]. Entre tais bens e valores, conta-se, como «incumbência prioritária do Estado», a «equilibrada concorrência entre as empresas» de modo a «contrariar as formas de organização monopolistas e a reprimir os abusos de posição dominante e outras práticas lesivas do interesse geral» [Constituição, artigo 81.°, alínea *f*)]. Por outro lado, o artigo 60.°, n.° 1, da Constituição reconhece aos consumidores o direito à protecção dos seus interesses económicos, bem como à reparação de danos

[33] Sobre o emprego «ofensivo» ou «defensivo» de meios processuais relativamente à aplicação do Direito da Concorrência, v. ROTH, *Private Enforcement*, p. 65 a 67.

[34] CPTA, artigos 10.°, n.° 1, 57.°, 68.°, n.° 2, 81.°, n.° 1 e 82.°, n.° 5.

Naqueles casos em que o particular que inicia a acção administrativa especial reage contra aquilo que considera ser uma tolerância indevida da Autoridade da Concorrência perante uma prática restritiva, pode desencadear um *processo cautelar* a par do meio processual principal. A providência cautelar poderá ser do tipo antecipatório. Embora sob o signo da provisoriedade, a decisão cautelar pode antecipar aquele que seria o sentido de uma decisão favorável na causa principal Pode, pois, consistir numa injunção de cessação provisória da prática. A obtenção de uma providência antecipatória depende, nomeadamente, de um juízo de probabilidade do êxito da pretensão formulada na acção principal [CPTA, artigo 112.º, n.º 1, alínea *c*)].

A existência de um *processo executivo* é também um factor relevante de eficácia da tutela. Neste, o Tribunal pode especificar o conteúdo dos actos a adoptar pela Autoridade da Concorrência para a eliminação da prática restritiva em causa e dos seus efeitos sempre que ela o não tiver feito espontaneamente (CPTA, artigos 167.º e 179.º). O mesmo processo poderá ser também usado sempre que uma determinação de cessação da prática ou dos seus efeitos por parte da Autoridade da Concorrência não for cumprida pelo destinatário e aquela não lhe dê *sponte sua* a devida execução (CPTA, artigo 157.º, n.º 3).

Para os particulares afectados pelas práticas restritivas, o sistema de aplicação impositiva das normas jurídicas da concorrência constituído pelo utilização do procedimento administrativo junto da Autoridade da Concorrência e (quando necessário), após isso, de uma das modalidades de acção administrativa especial junto do Tribunal de Comércio de Lisboa (eventualmente complementada por meios de tutela cautelar e executiva) é ainda o mais eficaz em Portugal. A Autoridade da Concorrência encontra-se melhor apetrechada em recursos humanos especializados e conhecimento do mercado de que qualquer tribunal. A apreciação por ela de uma queixa não envolve custas e será em princípio mais rápida do que o julgamento de uma acção por um tribunal.

O controlo jurisdicional das decisões da Autoridade da Concorrência pelo Tribunal de Comércio de Lisboa constitui uma importante garantia suplementar. Não sendo um tribunal administrativo, é especializado e essa especialização passa pela conjugação da experiência das questões do controlo jurisdicional da administração com a convivência com os problemas da vida empresarial e da concorrência no mercado. Das decisões deste tribunal, cabe ainda recurso, consoante os casos, para o Tribunal da Relação de Lisboa ou para o Supremo Tribunal de Justiça (RJC, artigo 55.º, n.ᵒˢ 1 e 2). A dualidade de instâncias constitui uma nova garantia – neste caso, contra as decisões judiciais erróneas, embora inclua no circuito decisório tribunais que, se bem que superiores, não contêm qualquer secção especializada no Direito da Concorrência e no regime geral do Direito Administrativo e do Direito Processual Administrativo[35].

Este sistema misto de regulação da concorrência por autoridades administrativas e de controlo jurisdicional da actividade daquelas por tribunais especializados com emprego de meios processuais próprios do julgamento dos litígios jurídico-administrativos é ainda o mais frequente na Europa comunitária. É esse, por exemplo, o caso em França[36], em Espanha[37], na Itália[38] e na Alemanha[39]. Tal como Luís Morais, tendemos a pensar que, também no nosso País, durante um período longo, este sistema – que combina a iniciativa privada (a par da pública) do procedimento junto da Autoridade da Concorrência[40] com a subsequente iniciativa privada de uma intervenção de controlo da conduta regulatória levada a cabo por um tribunal especializado com emprego de formas de acção próprias do processo administrativo – continuará a ser o dominante por ser aquele que se revela mais eficaz na eliminação das práticas restritivas[41].

D. *Causas de insuficiência*

22. O sistema de aplicação impositiva do Direito da Concorrência assente no procedimento administrativo regulatório e na acção administrativa especial não é omnivalente. Com efeito, não está ao seu alcance dirimir lides de pretensão insatisfeita entre particulares tendo por objecto quer

---

[35] No sentido de que, nos sistemas jurisdicionais dualistas, os tribunais administrativos, que exercem o controlo da legalidade da apreciação do Direito da Concorrência pela ANC se encontram melhor equipados, por força da especialização, para lidar com os casos do Direito da Concorrência, cfr. VAN GERVEN, in: *Modernisation*, p. 119.

[36] Cfr. MOMÈGE, *La Situation en Droit Français*, p. 27.

[37] Cfr. MARTINEZ-LAGE, *La Situation en Espagne*, p. 46 e 47.

[38] Cfr. TESAURO, *Private Enforcement*, p. 281.

[39] Cfr. KARSTEN SCHMIDT, *Effective Private Enforcement*, p. 260.

[40] Para simplificar, temos referido apenas a Autoridade da Concorrência. Não devem porém ser esquecidas as *autoridades reguladoras sectoriais*. Sobre a coordenação da intervenção de uma e outras perante práticas restritivas da concorrência ocorridas num domínio submetido a regulação sectorial, veja-se o disposto pelo artigo 29.º do RJC.

[41] Cfr. LUÍS MORAIS, *Empresas Comuns*, p. 579 e 580.

a invalidade de contratos resultante da respectiva desconformidade com normas jurídicas da concorrência, quer pretensões de indemnização por danos decorrentes das práticas restritivas.

Determina o n.º 2 do artigo 4.º do RJC que as práticas proibidas pelo seu n.º 1 são *nulas*. Quer certamente o legislador significar com isto que os contratos ou as declarações negociais que derem forma jurídica a tais práticas enfermam de nulidade. E o mesmo se diga quanto às relações contratuais nascidas em clima de abuso de posição dominante ou de dependência económica[42]. Mas não cabe no âmbito da função administrativa exercida pela Autoridade da Concorrência nem no da jurisdição de contencioso administrativo levada a cabo pelo Tribunal de Comércio julgar litígios em que uma das partes de um contrato queira fazer valer essa nulidade contra a outra. Como também não tem lugar naquele procedimento e naquele processo a condenação de empresas a indemnizar aqueles que sofreram danos resultantes das práticas restritivas da concorrência. Numa acção administrativa especial, pode ser cumulado aos pedidos de anulação ou declaração de nulidade de acto administrativo, ou de condenação à prática de acto administrativo devido, um pedido de condenação à reparação de danos. Mas este é por definição dirigido contra a Administração que os causou através da prática do acto impugnado ou da recusa ou omissão da prática do acto pretendido [CPTA, artigo 4.º, n.º 1, alínea *f*)].

No sistema constitucional português, tais poderes nunca poderiam ser confiados à Autoridade da Concorrência: eles correspondem materialmente ao exercício da função jurisdicional e não ao da função administrativa. E a Constituição estabelece uma reserva absoluta de exercício da função jurisdicional a favor dos tribunais (artigo 202.º, n.º 1). E também não pareceria próprio, de um ponto de vista sistémico, encaixar a solução de tais conflitos de pretensões na acção administrativa especial: embora esta possa situar em lados opostos particulares interessados e contra-interessados, tem sempre por eixo central um conflito com a Administração, a propósito da legalidade de um acto ou de um regulamento administrativo, ou da existência de um dever de prática de um acto administrativo.

23. A conclusão a extrair é, pois, a de que, nos casos em que a efectividade da tutela dos direitos e interesses legalmente protegidos ofendidos

---

[42] Por força das remissões feitas para os comportamentos referidos no n.º 1 do artigo 4.º pelo artigo 6.º, n.º 3, alínea *a*) e pelo artigo 7.º, n.º 2, alínea *a*).

por práticas restritivas deva passar pela pronúncia sobre a validade de contratos ou pela condenação dos beneficiários das práticas restritivas no pagamento de indemnizações aos lesados, o sistema que até aqui temos vindo a analisar terá de ser complementado pela susceptibilidade de propositura de acções destinadas a dirimir conflitos entre particulares segundo o processo civil.

Transitamos, pois, assim, para aquilo que na cultura jurídica anglo-saxónica se chama com propriedade *private enforcement*.

IV. A iniciativa privada de aplicação do Direito da Concorrência através dos meios do processo civil junto dos tribunais de competência genérica

A. *Os remédios*

24. Como sucede noutras ordens jurídicas nacionais, também no Direito português não é fácil estabelecer uma fronteira precisa entre os *remédios* de natureza substantiva e os *meios processuais* adequados à sua concretização[43]. Transferindo o conceito anglo-saxónico de *remédios* para a cultura jurídica portuguesa, encontramos algo como os efeitos jurídicos substantivos que a decisão judicial inscreve na esfera jurídica do demandante e se destinam a pôr termo a uma situação de ofensa de um seu direito, ou a criar provisoriamente uma barreira contra o *periculum in mora*.

Em geral, o Direito Comunitário estabelece deveres e direitos para os operadores económicos e para as administrações públicas mas deixa aos Direitos nacionais a definição dos remédios, sanções e vias processuais necessários às respectivas tutelas e aplicação impositiva[44]. Quando, porém, se pensa nos remédios susceptíveis de serem usados na reacção contra as práticas restritivas da concorrência proibidas pelos artigos 81.º e 82.º do Tratado – reacção essa movida no quadro de litígios entre particulares dirimidos pelos tribunais do cível – os respectivos tipos tendem a ser os mesmos nos diferentes Direitos nacionais: reconhecimento da nulidade

---

[43] Cfr. JACOBS, in: *Effective Private Enforcement*, p. 157.
[44] Cfr. JACOBS/DEISENHOFER, *Procedural Aspects*, p. 214 e 215.

de contratos que hajam servido de veículo a tais práticas, indemnização pelos danos causados através delas, condenação à cessação de tais práticas e à eliminação dos seus efeitos. As injunções judiciais *de facere* ou *de non facere* podem ser também pedidas a título de tutela cautelar[45].

B. *Os meios do processo civil*

25. Numa lide entre particulares, tendo por causa de pedir a violação dos artigos 81.º ou 82.º do Tratado e, ou, dos correspondentes preceitos do RJC ou de normas de concorrência ínsitas nos regimes de regulação sectorial, e tendo por pedidos quaisquer dos remédios identificados na rubrica anterior, o meio processual adequado é a *acção declarativa comum*: com efeito, a dedução daqueles tipos de pretensão pelo autor não dá lugar a quaisquer formas de processo especial[46]. A acção declarativa poderá ser respaldada em procedimentos cautelares e por acção executiva. No procedimento cautelar, poderá ser requerida a providência conservatória ou antecipatória concretamente adequada a assegurar a efectividade do direito ameaçado (artigo 381.º, n.º 1, do CPC). Uma sentença condenatória proferida na acção declarativa servirá por seu turno de título executivo, consistindo, nestes casos, o fim da execução no pagamento de quantia certa ou na prestação de um facto, quer positivo, quer negativo [artigos 45.º, n.º 2, e 46.º, n.º 1, alínea *a*)].

Não há qualquer relação de prejudicialidade necessária entre uma prévia declaração, por parte da Autoridade da Concorrência, de existência de uma prática restritiva da concorrência (seguida ou não de acção administrativa especial) e a propositura de uma acção declarativa comum com o perfil referido. Os tribunais nacionais têm plena competência para proceder a uma primeira verificação da ocorrência das práticas concertadas referidas no n.º 1 do artigo 81.º do Tratado, que não satisfaçam as condições previstas no n.º 3 do mesmo preceito, bem como para avaliar do carácter abusivo da exploração de uma posição dominante, para os efeitos do artigo 82.º (*Regulamento n.º 1/2003*, artigos 1.º, n.ºs 1 e 3 e artigo 6.º). Estas acções podem, pois, correr como acções autónomas (*stand-alone*

---

[45] Cfr. Livro Verde, Secção 1.1.; VAN GERVEN, in: *Modernisation*, p. 93.

[46] Sobre a acção declarativa comum e as acções declarativas especiais, v. LEBRE DE FREITAS, *A Acção Declarativa Comum*, p. 11 e seguintes.

actions). Mas nada impede a sua propositura no seguimento de um daqueles actos administrativos de verificação constitutiva[47]. Tratar-se-á então de uma acção consequente (*follow-on action*).

A circunstância de o *Regulamento n.° 1/2003* conferir às ANC e aos tribunais nacionais competências paralelas para efeito da primeira determinação imperativa da ocorrência de situações de violação dos artigos 81.° ou 82.° do Tratado gera consequências curiosas e no mínimo inabituais, no Direito português, no que toca à delimitação entre os âmbitos do exercício da função administrativa e da função jurisdicional. No nosso sistema, uma vez precludidos os prazos de revogação de um acto administrativo pela própria Administração ou da sua impugnação perante um tribunal, aquele acto consolida-se. Isto significa que os seus efeitos típicos são oponíveis com base na natureza imperativa da decisão[48]. Assim sendo, não poderá, numa acção entre dois particulares, perante um tribunal judicial de primeira instância de competência generalizada, pronunciar-se o juiz contra a ocorrência de uma violação das regras sobre práticas restritivas ou abuso de posição dominante, ou no sentido de uma justificação de acordo com o artigo 81.°, n.° 3, do Tratado e do artigo 5.° do RJC, quando a Autoridade da Concorrência haja declarado a ocorrência de prática restritiva. Essa decisão só poderá ser anulada em sede de acção administrativa especial de impugnação de acto administrativo pelo Tribunal de Comércio.

---

[47] *Actos administrativos de verificação constitutiva* (*accertamento costitutivo*) são aqueles em que, uma vez concluído o juízo de existência de uma situação, nasce para o órgão da Administração seu autor a vinculação de emitir um comando com um certo conteúdo: à verificação liga-se indissociavelmente uma decisão. Cfr. SÉRVULO CORREIA, *Direito Administrativo*, p. 458. Assim sucede quando a Autoridade da Concorrência declara a existência de uma prática restritiva da concorrência. A menos que se trate de uma situação já extinta, e, portanto, apenas ocorrida no passado, deverá a Autoridade ordenar ao infractor que adopte as providências indispensáveis à cessação dessa prática ou dos seus efeitos [RJC, artigo 28.°, n.° 1, alínea *b*)].

[48] Só assim não sucederá quando o acto administrativo seja nulo. Mas, no Direito português, a regra geral é a da mera anulabilidade. E, embora ilegal, o acto administrativo anulável produz os seus efeitos típicos até que uma anulação judicial ou revogação administrativa os destrua com efeitos retroactivos. Se não houve impugnação ou revogação dentro dos prazos legais, o acto administrativo já não poderá ser removido com fundamento na sua ilegalidade. Quando, em vez de anulável, o acto seja nulo, essa situação poderá ser declarada em qualquer tempo por qualquer tribunal ou qualquer autoridade administrativa, a título principal ou incidental. Mas actos nulos são apenas aqueles cuja causa de ilegalidade excepcionalmente determina essa invalidade reforçada por efeito de cominação legal expressa.

No caso de improcedência desta acção própria do controlo jurisdicional da administração (*judicial review*) ou da sua não propositura dentro do prazo legal, a decisão da Autoridade da Concorrência terá de ser respeitada pelos outros tribunais. Na acção consequente (*follow-on action*), a cognição compreende, pois, apenas as matérias do dever de indemnizar ou de eliminar certos efeitos da conduta ilegal, ou ainda de reconhecer a nulidade de contratos que lhe deram forma jurídica[49].

Se, no entanto se tratar de uma acção autónoma (*stand alone action*), o tribunal deverá analisar na íntegra a situação controvertida. Caber-lhe-á, nesse caso, o poder de primeira apreciação que a Autoridade da Concorrência não utilizou, por isso lhe não haver sido requerido por algum interessado ou por não ter tomado a esse propósito uma iniciativa oficiosa.

Convém não esquecer que a questão da nulidade de um contrato em consequência da violação de normas da concorrência pode ser também suscitada num plano defensivo, isto é, a título de excepção peremptória. Numa acção movida por incumprimento do contrato, a invocação da nulidade do negócio pelo demandado respeita a um facto impeditivo dos efeitos jurídicos dos factos articulados[50].

Como se referiu já, o legislador português optou por uma solução de especialização da jurisdição ao confiar ao Tribunal de Comércio de Lisboa a competência em primeiro grau de jurisdição para julgar as acções

---

[49] Em contrapartida, uma anterior decisão de arquivamento do processo pela Autoridade da Concorrência não impedirá o tribunal de competência genérica de vir a declarar a ocorrência de prática proibida ao julgar um litígio entre particulares. O acto de arquivamento significa apenas uma recusa de proceder. Não tem por efeito típico criar certeza jurídica sobre o carácter legal da prática. Este efeito resultará, isso sim, de uma decisão de justificação, no quadro dos artigos 5.º e 28.º, n.º 1, alínea *d*), do RJC.

[50] De um modo geral, os autores sublinham que, por ora, na Europa, é mais frequente a invocação da nulidade de contratos por violação das regras da concorrência feita a título incidental. Cfr. Luís MORAIS, *Empresas Comuns*, p. 581; MOMÈGE/IDOT, Application, p. 234 e 235; ROTH, *Private Enforcement*, p. 64 a 66.

Na escassa jurisprudência do *Supremo Tribunal de Justiça* relativa a litígios entre particulares nos quais se discute a violação de regras da concorrência, serve de exemplo o *Acórdão de 05/24/2001 (Proc. 3801/01)*. Numa acção de incumprimento de um contrato de prestação de serviços, a Ré defendeu-se com o alegado abuso de posição dominante por parte do Autor e a consequente nulidade do contrato e reconvencionou pedindo a título subsidiário a redução das cláusulas alegadamente abusivas. O Tribunal considerou que a diferenciação nos preços praticados pela prestação dos mesmos serviços a diferentes operadores económicos não bastava para caracterizar abuso de posição dominante ou prática restritiva da concorrência.

movidas por particulares contra a Autoridade da Concorrência para efeito de impugnação dos respectivos actos administrativos e normas administrativas e de condenação à prática de actos administrativos devidos ou à emissão de normas administrativas necessárias à exequibilidade das leis da concorrência[51]. Pelo contrário, não se seguiu, até agora, uma solução idêntica para as acções entre particulares tendo por causa de pedir a violação das normas da concorrência. Para estas, seguem-se as regras gerais para determinação do tribunal de 1.ª instância de competência genérica competente, já que a matéria não cabe na competência dos tribunais de comércio[52].

C. *Factores de efectividade*

26. O princípio da efectividade das normas do Direito Comunitário assume hoje claramente uma dupla vertente: a par de uma ideia de *efectividade objectiva*, traduzida num comportamento observante por parte das autoridades e dos operadores económicos de todos os Estados-Membros, avoluma-se o imperativo da *efectividade subjectiva*. Significa este que os Estados-Membros devem proporcionar a infraestrutura normativa (procedimental, processual e substantiva) suficiente para que as situações subjectivas criadas à sombra das normas comunitárias recebam a tutela adequada. A jurisprudência comunitária tem, desde há vários anos, vindo a especificar as exigências de um tal princípio no domínio das relações entre os particulares e as autoridades administrativas e judiciais nacionais. A decisão proferida pelo Tribunal de Justiça Europeu no caso *Courage V. Crehan* [2001] veio alargar o âmbito daquele entendimento às relações horizontais entre particulares no quadro do Direito da Concorrência. Segundo o Tribunal, o artigo 81.° do Tratado confere a uma parte lesada por um contrato que dá forma a uma prática proibida o direito a agir judicialmente contra a outra parte com o fim de repor a situação subjectiva

---

[51] Em contrapartida, não há qualquer especialização organizatória no tocante às formações de julgamento que apreciarão os recursos de decisões do Tribunal de Comércio de Lisboa no Tribunal da Relação de Lisboa e no Supremo Tribunal de Justiça (v. artigos 54.° e 55.° do RJC).

[52] A competência dos tribunais de comércio (tipo de tribunais de 1.ª instância de competência especializada) é determinada pelo artigo 89.° da Lei de Organização e Funcionamento dos Tribunais Judiciais (Lei n.° 3/99, de 13 de Janeiro).

ofendida, a não ser que também lhe caiba responsabilidade significativa na distorção da concorrência[53].

Na realidade, o círculo fecha-se a partir do momento em que se torna evidente que a litigância entre particulares com a finalidade de obtenção de remédios contra as práticas restritivas da concorrência ou os seus efeitos constitui também um instrumento para pôr termo a violações em curso de normas da concorrência e, ou, para desincentivar práticas semelhantes no futuro[54]. A tutela jurídica subjectiva fomenta a efectividade da ordem jurídica objectiva.

27. O modo como o legislador do Código de Processo Civil delineia a acção declarativa comum não parece opor obstáculos significativos à aplicação impositiva do Direito da Concorrência por iniciativa privada. Todos os remédios aqui já encarados cabem naquela acção como pedido e como conteúdo da pronúncia jurisdicional. E, a par dos pedidos de declaração de nulidade de contrato, condenação em indemnização por danos ou de injunção da cessação de práticas e de eliminação dos respectivos efeitos, pode simultaneamente lançar-se mão de procedimentos cautelares de amplo espectro e, mais tarde, de acção executiva da sentença proferida na acção declarativa.

Para quem prefira contar apenas com a sua própria iniciativa perante um tribunal comum, a não dependência de uma prévia decisão da Autoridade da Concorrência representa sem dúvida um penhor de maior celeridade e portanto, nessa perspectiva, de efectividade.

28. O papel relativamente amplo reservado no Direito português ao instituto processual da *acção popular* afasta por seu turno uma dificuldade sentida noutras ordens jurídicas nacionais da União Europeia. Graças à acção popular, resolvem-se problemas de outro modo insolúveis quanto à legitimidade processual activa na acção declarativa comum quando não estão perfeitamente subjectivados os interesses ofendidos pelas práticas restritivas da concorrência. O alargamento de condições para a iniciativa processual de particulares, libertando-os da demonstração da ofensa de um direito individual, contribui para reforçar directamente a efectividade das normas jurídicas violadas.

---

[53] Cfr. VAN GERVEN, *Courage V. Crehan*, p. 21; *Anexo ao Livro Verde*, rubrica 19. No mesmo sentido: CORNELIS/GILLIAMS, in: *Modernisation*, p. 153 e 154.

[54] Cfr. *Livro Verde*, intróito.

No Direito português, as acções populares não podem ser usadas indiscriminadamente, mas apenas para defesa de interesses metaindividuais materialmente qualificadas pela Constituição ou pela lei[55]. Um de tais interesses corresponde, nos termos do artigo 52.º, n.º 3, alínea *a*), da Constituição, aos «direitos dos consumidores». No n.º 2 do artigo 1.º da Lei de participação procedimental e de acção popular, Lei n.º 83/95, de 31 de Agosto (doravante, LPPAP), o sentido desta expressão é clarificado quando se admite a defesa por acção popular para prevenção, cessação e perseguição judicial das infracções à «protecção do consumo de bens e serviços».

Nos termos do artigo 12.º da LPPAP, tanto existe a acção popular administrativa como a acção popular civil. Interessa-nos agora esta última que, segundo o n.º 2 daquele artigo 12.º, pode revestir qualquer das formas previstas no Código de Processo Civil. Têm legitimidade processual activa quaisquer cidadãos no gozo dos seus direitos civil e políticos e as associações e fundações defensoras de interesses dos consumidores (LPPAP, artigo 1.º, n.º 1).

De acordo com o artigo 14.º da LPPAP, nos processos de acção popular, o autor representa por iniciativa própria, com dispensa de mandato ou de autorização expressa, todos os demais titulares dos direitos ou interesses em causa que não exerçam o direito de auto-exclusão. As sentenças transitadas em julgado que dêem provimento ao pedido têm eficácia geral, não abrangendo, contudo, aqueles que tiverem exercido o direito de se auto-excluírem do âmbito da acção (LPPAP, artigo 19.º, n.º 1).

Os preceitos citados mostram que a acção popular não serve apenas para defesa de *interesses difusos* em sentido estrito, ou seja, interesses vividos por todas as pessoas envolvidas numa certa situação existencial pelo simples facto de assim se encontrarem, os quais não são fraccionáveis, nem individualmente apropriáveis, nem transmissíveis ou renunciáveis[56]. Com efeito, a acção popular serve também para promover a tutela jurisdicional de interesses colectivos e de interesses individuais homogéneos. Os *interesses colectivos* são interesses difusos que o legislador, ou os estatutos, imputam como próprios a entidades de escopo representativo. Os *interesses individuais homogéneos* são interesses cuja subjectivação se

---

[55] Uma excepção, que não vem para o caso, diz respeito à acção popular de simples defesa da legalidade, que apenas pode ser exercida contra decisões de órgãos do Poder Local.

[56] OLIVEIRA ASCENSÃO, *A acção popular e a protecção do investidor*, p. 67.

encontra determinada mas que, sendo titulados por grande número de pessoas, podem ser prosseguidos em tribunal por uma instituição representativa com a vantagem de se concentrar num só processo uma discussão que, de outra forma, se desdobraria em muitos[57].

A circunstância de o legislador não restringir a acção popular à defesa de interesses verdadeiramente insusceptíveis de divisão e de apropriação individual, estendendo-a a interesses polarizados numa pessoa colectiva representativa e a interesses individualizados mas de massa e homogéneos, permite compreender que a LPPAP preveja que, na acção popular, tanto se possa pedir indemnização a favor de interesses individualmente identificados como de interesses não individualmente identificados. No primeiro caso, aplicam-se os termos gerais da responsabilidade civil. No segundo, a indemnização é fixada globalmente, de acordo com o artigo 22.º, n.º 2, da LPPAP. A possibilidade de fixação global da indemnização permite que os lesantes possam ser impedidos de extrair vantagem do facto danoso ainda quando não seja possível determinar a exacta medida dos prejuízos individualmente sofridos. Na avaliação dessa indemnização global, pode o tribunal utilizar critérios de equidade no âmbito do artigo 566.º, n.º 3, do Código Civil[58].

Também o artigo 18.º, n.º 1, alínea *l*), da LDC reconhece o direito de acção popular às associações de defesa do consumidor. Este preceito não especifica os tipos de situações susceptíveis de serem tuteladas por esse modo. Mas ele tem de ser conjugado com os artigos 20.º e 21.º, n.º 2, alínea *c*), que habilitam o Ministério Público e o Instituto do Consumidor ao exercício do direito de acção em defesa de interesses individuais homogéneos, interesses colectivos ou interesses difusos. Registe-se este exemplo de porosidade entre acção popular e acção pública, tradicional no Direito português. No entanto, só as acções movidas pelas associações de consumidores merecerão ser vistas como modalidade de aplicação impositiva por iniciativa privada, ou seja, de *private enforcement*.

Retornando ao regime geral da acção popular nos termos da LPPAP, há ainda dois factores de efectividade que merecem uma curta nota.

Em primeiro lugar, o legislador procurou compensar ao menos em parte as habituais dificuldades de produção de prova neste tipo de acções,

---

[57] Cfr. HELLY LOPES DE MEIRELLES, *Mandado de Segurança*, p. 25-26; SÉRVULO CORREIA, *Contencioso Administrativo*, p. 245; TEIXEIRA DE SOUSA, *Legitimidade Popular*, p. 47 s.

[58] Cfr. TEIXEIRA DE SOUSA, *Legitimidade Popular*, p. 94, 95, 158, 165 a 169 e 175.

alargando o poder inquisitório do juiz, que dispõe de iniciativa própria em matéria de recolha de provas (artigo 17.º).

Também o regime de custas judiciais foi pensado para atenuar o seu efeito dissuasor. Assim, o autor fica isento de custas em caso de procedência meramente parcial do pedido (artigo 20.º, n.º 2). Por outro lado, em caso de decaimento total, o autor será condenado em montante a fixar pelo juiz entre um décimo e metade das custas normalmente devidas, tendo em conta a sua situação económica e a razão formal ou substantiva da improcedência (artigo 20.º, n.º 3).

D. *Causas de insuficiência*

29. Apesar de o processo civil português proporcionar as condições de praticabilidade referidas à iniciativa particular de aplicação impositiva das normas de concorrência, tem, até agora, sido extremamente reduzido um tal emprego destes meios. Neste domínio, a situação do ordenamento jurídico português não difere nitidamente daquela que se verifica nos outros Estados-Membros da União Europeia. A grande diferença dá-se globalmente entre estes e os Estados Unidos da América, onde, a partir de meados do Século XX, aumentou constantemente a proporção das acções movidas por particulares com fundamento na violação das regras de concorrência, que chegou a exceder em 20 por 1 os casos de *public enforcement*[59].

A explicação para este alcance reduzido do *private enforcement* é complexa e não passa apenas pela inadequação dos institutos clássicos do processo civil e do direito civil à solução deste tipo de diferendos. Basta lembrar que a abertura do mercado europeu e o espaço reduzido aí ocupado pela economia portuguesa significa que muitas das situações de incumprimento das regras da concorrência capazes de afectar operadores económicos e consumidores portugueses têm hoje origem no exterior do território nacional. A par disso, encontram-se, no entanto, também razões para o défice da aplicação impositiva em insuficiências do nosso sistema jurídico.

Uma delas é por certo a *não especialização dos tribunais*. O legislador confiou ao Tribunal de Comércio de Lisboa o controlo jurisdicional do

---

[59] Cfr. BUXBAUM, *Private Enforcement of Competition Law*, p. 44.

exercício da função administrativa da Autoridade da Concorrência, mas não fez o mesmo no tocante aos litígios entre particulares respeitantes ao incumprimento das normas jurídicas da concorrência. Estes caiem no âmbito da jurisdição dos tribunais de 1.ª instância de competência genérica. Ora, a aplicação do Direito de Concorrência é altamente complexa, envolvendo conhecimentos jurídicos aprofundados, o acompanhamento permanente da evolução da jurisprudência dos tribunais europeus e das praxis da Comissão e da Autoridade da Concorrência. Muitos dos conceitos que referem pressupostos e critérios de decisão nos artigos 81.° e 82.° do Tratado e 4.° a 7.° do RJC têm de ser preenchidos com recurso à ciência económica. A Comissão tem levado a cabo desde 2002 programas de formação para juízes nacionais em matéria de Direito Europeu da Concorrência[60]. Mas a sua eficiência será reduzida se forem disponibilizados a quaisquer membros do judiciário, em vez de a um número concentrado de magistrados que exerçam efectivamente a jurisdição nessas matérias.

O sucesso do *private enforcement* depende, por outro lado, da existência de um corpo de advogados suficiente preparados. É duvidoso que, em Portugal, se tenha atingido neste domínio a massa crítica desejável. Nada garante, aliás, que não aconteça entre nós o mesmo que tem sido assinalado em relação a outros países da União Europeia: o facto de os (poucos) advogados versados em Direito da Concorrência se encontrarem mais preparados para defender operadores económicos em procedimentos conduzidos pela Autoridade da Concorrência ou pela Comissão do que para tomar a ofensiva em processos judiciais[61].

30. Um outro factor de dissuasão do emprego directo das acções entre particulares reside na *dificuldade da produção de prova*. Nos termos do n.° 1 do artigo 342.° do Código Civil, incumbe àquele que invocar um direito fazer prova dos factos constitutivos do direito alegado. À luz deste preceito, já julgou o Supremo Tribunal de Justiça que cabe ao autor provar quais são os usos normais da respectiva actividade económica quando alega que uma recusa de venda de bens constitui prática restritiva da concorrência por se não conformar com aqueles usos (*Acórdão de 21.03.1996, autos de revista n.° 87.823*).

---

[60] Cfr. *Anexo do Livro Verde*, parágrafo 260.
[61] Cfr. CLIFFORD JONES, in: *Effective Private Enforcement*, p. 177.

Também, nos termos do n.º 2 do artigo 342.º do Código Civil, a prova dos factos impeditivos, modificativos ou extintivos do direito invocado compete àquele contra quem a invocação é feita. Assim sendo, cumpre à ré que invoca a título de excepção a nulidade do contrato por abuso de posição dominante fazer prova dos pressupostos da ocorrência dessa prática (*Acórdão de 5.04.2001 do Supremo Tribunal de Justiça, proc. n.º 3801/01*).

Sintomaticamente, em ambas as decisões citadas, foi julgado que a parte interessada não satisfizera o ónus da prova. Os exemplos são relevantes porque são poucos mais os casos em que, nos últimos dez anos, o Supremo Tribunal de Justiça julgou em última instância processos entre particulares onde se discutia a concretização de práticas proibidas[62].

Esta dificuldade será atenuada nas acções consequentes entre particulares (*follow-on actions*), quando se haja previamente consolidado um acto administrativo da Autoridade da Concorrência que, nos termos do artigo 28.º, n.º 1, alínea *b*), do RJC, haja declarado a existência de uma prática restritiva da concorrência. A menos que se reúnam pressupostos excepcionais para a qualificação de tal acto como nulo, a sua eventual ilegalidade, conducente à mera anulabilidade, não afectará a sua eficácia. Só o Tribunal de Comércio de Lisboa o poderá anular em acção de impugnação de acto administrativo. No julgamento de acções entre particulares, os tribunais de competência genérica deverão tomar em consideração a determinação de prática restritiva pela Autoridade da Concorrência[63].

---

[62] Também no *Acórdão do STJ de 23.02.1995*, o Tribunal se baseou em a autora não haver provado a recusa de venda de bens ou serviços que constituiria prática restritiva de concorrência (*Proc. 452/94*). Por seu turno, por *Acórdão de 9.12.2006* (*Proc. 2721/2006-7*), o Tribunal da Relação de Lisboa julgou que a autora não provara o seu estado de dependência económica, enquanto compradora, em relação à ré, por não dispor de alternativa equivalente, nem que esse estado houvesse sido explorado abusivamente mediante aplicação de condições discriminatórias.

Embora não possamos garantir que a nossa pesquisa de jurisprudência tenha sido completa, a verdade é que não encontrámos qualquer decisão proferida nos últimos dez anos, pelo Supremo Tribunal de Justiça ou pelo Tribunal da Relação de Lisboa, julgando litígios entre particulares, que se baseasse no preenchimento de pressupostos de uma prática restritiva da concorrência.

[63] Sobre o desagravamento do ónus da prova através do efeito vinculativo para os tribunais cíveis da verificação de infracções pelas autoridades de concorrência, v. *Livro Verde*, Secção 2.1., em particular «Questão C», «Opção 8».

30. Um outro ponto susceptível de originar dificuldades consideráveis é o do estabelecimento do *nexo de causalidade* entre a prática proibida e os danos alegados pelo autor[64]. Os problemas serão mais uma vez os do ónus da prova. Quanto aos requisitos da causalidade, a teoria da causalidade adequada, acolhida no artigo 563.º do Código Civil, satisfaz-se com uma demonstração de primeira aparência, que consente que se prescinda de uma reconstituição exacta do processo causal quando o efeito prejudicial deriva, segundo as regras gerais da experiência de vida, de uma certa origem[65].

31. Refira-se por fim que o *âmbito material do caso julgado* enfraquece, nos litígios entre particulares, o contributo das decisões juridicionais para a efectividade das normas jurídicas da concorrência. Os efeitos do caso julgado circunscrevem-se em princípio às partes na lide e não existem mecanismos processuais para a extensão dos efeitos da sentença em benefício de outros sujeitos de direito que se encontrem em situação idêntica à do autor que obteve provimento do pedido[66].

V. Perspectivas de reforma: algumas sugestões

32. Como se lembra no *Livro Verde*, na decisão *Courage v. Crehan*, o Tribunal de Justiça considera que, na ausência de regras comunitárias sobre a matéria, cumpre às ordens jurídicas dos Estados-Membros providenciar as normas jurídicas necessárias para que as acções de responsabilidade possam contribuir para a efectividade das regras comunitárias da concorrência[67]. Este princípio aplica-se por certo aos restantes remédios susceptíveis de contribuir para o mesmo resultado (acções sobre a invalidade de contratos, acções de condenação na cessação de práticas restritivas e eliminação dos respectivos efeitos, providências cautelares, acções executivas).

---

[64] Cfr. JACOBS, *Effective Private Enforcement*, p. 159; *Anexo ao Livro Verde*, parágrafos 273 e s.
[65] Cfr. CARNEIRO DA FRADA, *Direito Civil – Responsabilidade Civil*, p. 102.
[66] No mesmo sentido: KARSTEN SCHMIDT, in: *Effective Private Enforcement*, p. 166.
[67] Cfr. a Secção 1.2.

A nosso ver, este ponto de vista não deve ser entendido numa perspectiva transitória. Não se trata de ir remediando enquanto não sobrevierem regras comunitárias de Direito dos contratos e da responsabilidade e de Direito Processual Civil específicas para as relações jurídicas afectadas ou geradas por práticas restritivas e para os litígios delas emergentes. Sem prejuízo do muito que neles há de comum nas ordens jurídicas nacionais, estes grandes ramos do Direito integram, com as suas idiossincrasias próprias, o património cultural de cada comunidade nacional. Há, pois, que respeitar a jurisdiversidade como um valor e exigir tão só que, pelos meios que lhe são próprios, cada Direito nacional proporcione com autonomia condições de efectividade na aplicação do Direito Comunitário.

33. Sem pretensões de esgotar o tema, que requere estudos mais desenvolvidos, apresentamos, a findar, uma curta lista de medidas que significariam melhores condições à iniciativa privada de aplicação impositiva das regras da concorrência através do processo civil.

A. *Alargamento de competência do Tribunal de Comércio de Lisboa*

A aplicação do Direito da Concorrência requer um juiz especializado. As mesmas razões que ditaram a entrega ao Tribunal de Comércio de Lisboa do controlo jurisdicional do exercício de poderes administrativos da Autoridade da Concorrência justificam a extensão dessa jurisdição ao *private enforcement*. Um dia em que o crescimento do número de casos o justificasse, a competência poderia ser estendida a outro ou outros tribunais de comércio.

B. *Formação de advogados*

A Comissão e a Autoridade da Concorrência poderiam apoiar iniciativas de formação pela Ordem dos Advogados em cooperação com as Faculdades de Direito dotadas de docentes com currículo na matéria.

Para o efeito, seria por certo positiva uma melhoria do relacionamento institucional entre a Autoridade e a Ordem.

C. **Legislação sobre a Cooperação da Comissão e da Autoridade da Concorrência com os tribunais nacionais**

Para que a cooperação prevista no artigo 15.º do *Regulamento n.º 1/ /2003* não fique quase sempre letra morta, seria conveniente que o legislador estabelecesse um mecanismo processual simples e prático que gizasse os contactos entre as várias instituição para efeito de prestação de informações e pareceres ao tribunal e de produção de observações escritas ou orais, pela Comissão ou pela Autoridade da Concorrência.

D. *Interacção entre o procedimento administrativo relativo a práticas proibidas e o processo civil de aplicação impositiva das regras da concorrência*

Mereceria ser estudada a hipótese de inversão do ónus da prova quanto ao dano e ao nexo de causalidade no processo civil consequente a uma decisão administrativa consolidada de verificação de prática proibida.

O legislador poderia também especificar que, nestes casos, o conhecimento do direito de indemnização, para efeito do termo inicial do prazo da respectiva prescrição (três anos, segundo o artigo 498.º, n.º 1, do Código Civil), seria o da consolidação da decisão da Comissão ou da Autoridade da Concorrência que verifique a ocorrência de prática proibida.

E. *Âmbito do caso julgado*

A admissibilidade da acção popular de iniciativa associativa para tutela de interesses individuais homogéneos não exclui a hipótese alternativa de múltiplas proposituras individuais. Poderia, pois, o legislador estabelecer um mecanismo de «processos em massa», semelhante ao do artigo 48.º do Código de Processo nos Tribunais Administrativos, que permitisse a extensão dos efeitos de uma sentença a outros processos que não apresentem qualquer especificidade.

F. *Custas*

Poderia o legislador aliviar o regime de custas judiciais em relação aos autores que não obtenham ganho de causa sempre que se não trate de litigância temerária. Seria um modo de reconhecer o papel das acções cíveis de aplicação impositiva das regras de concorrência para a efectividade destas e de neutralizar em alguma medida o efeito dissuasor gerado pela álea do ónus de prova.

G. *Arbitragem*

O carácter injuntivo das regras que qualificam e proíbem (sem admissibilidade de justificação nos termos do artigo 81.°, n.° 3, do Tratado e do artigo 5.° do RJC) as práticas restritivas parece dificilmente compatível com o julgamento arbitral segundo a equidade.

Dada também a necessidade de uma aplicação homogénea dessas regras no mercado interno, seria de estabelecer a obrigatoriedade da notificação das decisões arbitrais em casos de *private enforcement* não apenas à Comissão (artigo 15.°, n.° 2, do *Regulamento n.° 1/2003*), mas à Autoridade de Concorrência, que teria legitimidade para interpor recurso nos termos gerais. Além do mais, esta solução estabeleceria a possibilidade de se vir a deduzir reenvio prejudicial nos casos mais problemáticos.

Bibliografia

BUXBAUM, Hannah – *Private Enforcement of Competition Law in the United States – Of Optimal Deterrence and Social Costs*, in: BASEDOW (ed.), *Private Enforcement of EC Competition Law*, Alphen: Kluwer Law International, 2007 (citado: *Private Enforcement of Competition Law*).

CARNEIRO DA FRADA – *Direito Civil – Responsabilidade Civil*, Coimbra: Almedina, 2006 (citado: *Direito Civil – Responsabilidade Civil*).

CARVALHO, Raquel – *O Direito à Informação Administrativa Procedimental*, Porto: Universidade Católica, 1999 (citado: *O Direito à Informação*).

CLIFFORD JONES – *Intervenção no painel de discussão «Procedural Issues»*, in: EHLERMANN/ATANASIU, *European Competition Law Annual 2001: Effective Private Enforcement of EC Antitrust Law*, Oxford/Portland/Oregon: Hart Publishing, 2003 (citado: in: *Effective Private Enforcement*).

CORNELIS/GILLIAMS – *Private Parties' Entitlement to Damages on Account of Infringement of the Competition Rules: Belgian Law as an Example of the «Civil Law Approach»*, in: STUYCK/GILLIAMS (eds.), *Modernisation of European Competition Law*, Antwerp/Oxford/New York: Intersentia, 2002 citado (in: *Modernisation*).

CRAIG, P.P., *Administrative Law*, 5.ª ed., London: Thomson, 2003 (citado: *Administrative Law*).

HUBER, Peter-Michael, *Konkurrentenschutz im Verwaltungsrecht*, Tübingen: Mohr, 1991 (citado: *Konkurrentenschutz*).

IDOT, Laurence, *Private Enforcement of Competition Law – Recommendations Flowing From the French Experience*, in: BASEDOW (ed.), *Private Enforcement of EC Competition Law*, Alphen: Kluwer Law International, 2007 (citado: *Private Enforcement of Competition Law*).

JACOBS, Francis, *Intervenção no painel de discussão «Procedural Issues»*, in: EHLERMANN/ATANASIU, *European Competition Law Annual 2001: Effective Private Enforcement of EC Antitrust Law*, Oxford/Portland Oregon: Hart Publishing, 2003 (citado: in: *Effective Private Enforcement*).

JACOBS, Francis/DEISENHOFFER, Thomas – *Procedural Aspects of the Effective Private Enforcement of EC Competition Rules: a Community Perspective*, in: EHLERMANN/ATANASIU, *European Competition Law Annual 2001: Effective Private Enforcement of EC Antitrust Law*, Oxford/Portland Oregon: Hart Publishing, 2003 (citado: *Procedural Aspects*).

KREBS, Walter – *Subjektiver Rechtsschutz und objektive Rechtskontrolle*, in: ERICHSEN//HOPPE/v. MUTIUS (eds.), *System des verwaltungsgerichtlichen Rechtsschutzes – Festschrift für Christian-Friedrich Menger*, Köln, Carl Heymanns Verlag, 1985 (citado: *Subjektiver Rechtsschutz*).

LEBRE DE FREITAS, José – *A Acção Declarativa Comum à Luz do Código Revisto*, Coimbra: Coimbra Editora, 2000 (citado: *A Acção Declarativa Comum*).

LOPES DE MEIRELLES, Hely – *Mandado de Segurança*, 23.ª ed., São Paulo: Malheiros, 2001 (citado: *Mandado de Segurança*).

MARTINEZ-LAGE, Santiago – *La Situation en Espagne*, in: IDOT/PRIETO (éds.), *Les enterprises face au nouveau droit des pratiques anticoncurrentielles: Le règlement n.° 1//2003 modifie-t-il les strategies contentieuses?*, Bruxelles: Bruylant, 2006 (citado: *La Situation en Espagne*).

MOMÈGE, Chantal – *La Situation en Droit Français*, in IDOT/PRIETO (éds.), *Les enterprises face au nouveau droit des pratiques anticoncurrentielles: Le règlement nr. 1/2003 modifie-t-il les stratégies contentieuses?*, Bruxelles: Bruylant, 2006 (citado: *La Situation en Droit Français*).

MOMÈGE, Chantal/IDOT, Laurence – *Application of Articles 81 & 82 EC by French Ordinary Courts: A Procedural Perspective*, in: EHLERMANN/ATANASIU, *European Competition Law Annual 2001: Effective Private Enforcement of EC Antitrust Law*, Oxford/Portland Oregon: Hart Publishing, 2003 (citado: *Application*).

MONTI, Mario – *Effective Private Enforcement of EC Antitrust Law*, in: EHLERMANN/ATANASIU, *European Competition Law Annual 2001: Effective Private Enforcement of EC Antitrust Law*, Oxford/Portland, Oregon: Hart Publishing, 2003 (citado: *Effective Private Enforcement*).

MORAIS, Luís Silva – *Empresas Comuns – Joint Ventures no Direito Comunitário da Concorrência*, Coimbra: Almedina, 2006 (citado: *Empresas Comuns*).

OLIVEIRA ASCENSÃO – *A acção popular e a protecção do investidor*, Cadernos do Mercado de Valores Mobiliários, n.° 11 (2001), p. 63 (citado: *A acção popular e a protecção do investidor*).

OST, Konrad – *Le Système Allemand*, in: IDOT/PRIETO (éds.), *Les enterprises face au nouveau droit des pratiques anticoncurrentielles: Le règlement n.° 1/2003 modifie-*

t-il les stratégies contentieuses?, Bruxelles: Bruylant, 2006 (citado: *La Situation en Espagne*).

REIS NOVAIS – *As Restrições Aos Direitos Fundamentais Não Expressamente Autorizadas Pela Constituição*, Coimbra: Coimbra Editora, 2003 (citado: *As Restrições Aos Direitos Fundamentais*).

ROTH, Wulf-Henning – *Private Enforcement of European Competition Law – Recomendations Flowing From the German Experience*, in BASEDOW (ed.), Private Enforcement of EC Competition Law, Alphen: Kluwer, 2007 (citado: *Private Enforcement*).

SCHMIDT, Karsten – *Intervenção no painel de discussão «Procedural Issues»*, in: EHLERMANN/ATANASIU, *European Competition Law Annual 2001: Effective Private Enforcement of EC Antitrust Law*, Oxford/Portland Oregon: Hart Publishing, 2003 (citado: in: *Effective Private Enforcement*).

SÉRVULO CORREIA, J. M. – *Noções de Direito Administrativo*, I, Lisboa: Danúbio, 1982 (citado: *Direito Administrativo*);

– *Legalidade e Autonomia Contratual nos Contratos Administrativos*, Coimbra: Almedina, 1987 (citado: *Legalidade e Autonomia Contratual*);

– *Direito do Contencioso Administrativo*, I, Lisboa: Lex, 2005 (citado: *Contencioso Administrativo*).

TEIXEIRA DE SOUSA – *A Legitimidade Popular na Tutela dos Interesses Difusos*, Lisboa: Lex, 2003 (citado: *Legitimidade Popular*).

TESAURO, Giuseppe – *Private Enforcement of EC Antitrust Rules in Italy: The Procedural Issues*, in: EHLERMANN/ATANASIU, *European Competition Law Annual 2001: Effective Private Enforcement of EC Antitrust Law*, Oxford/Portland Oregon: Hart Publishing, 2003 (citado: *Private Enforcement*).

VAN GERVEN, Walter – *Substantive Remedies For the Private Enforcement Of EC Antitrust Rules Before National Courts*, in: STUYCK/GILLIAMS (eds.), *Modernisation of European Competition Law*, Antwerp/Oxford/New York: Intersentia, 2002 (citado: in: *Modernisation ...*);

– *Private Enforcement of EC Competition Rules in the ECJ – Courage V. Crehan and the Way Ahead*, in BASEDOW (ed.), *Private Enforcement of EC Competition Law*, Alphen: Kluwer, 2007 (citado: *Courage V. Crehan*).

VIEIRA DE ANDRADE, *A Justiça Administrativa (Lições)*, 8.ª ed., Coimbra: Almedina, 2006 (citado: *A Justiça Administrativa*).

OS FUNDAMENTOS ORDOLIBERAIS DO DIREITO EUROPEU DA CONCORRÊNCIA

PAULA VAZ FREIRE[*]

SUMÁRIO: *1. Introdução. 2. Origens. 3. Ordem e constituição económica. 4. Concorrência. 5. Papel do Estado. 6. Legado ordoliberal: i) Economia social de mercado. 7. Conclusão.*

1. Introdução

A ideia de que um ambiente concorrencial, orientado pelos princípios da *liberdade* e da *lealdade*, permite maximizar as vantagens do jogo de interacção económica[1], incorpora o património comum de valores das sociedades democráticas contemporâneas.

No entanto, o conceito de concorrência e a forma de a implementar têm sido objecto de inúmeras reflexões e interpretações.

Uma das mais importantes referências neste domínio é corporizada pelo pensamento ordoliberal, sendo amplamente reconhecida a sua crucial influência na configuração das normas europeias de defesa da concorrência e na estruturação do mercado comum. Mas, mais do que isso, e através desses espaços normativos de influência, o ordoliberalismo imprimiu a sua marca sobre o modelo de organização político-económica da Europa comunitária, no seu todo.

---

[*] Professora Auxiliar da Faculdade de Direito da Universidade de Lisboa.

[1] Através dos respectivos desempenhos no mercado, os agentes económicos obtêm os melhores resultados das trocas quando inseridos num contexto com o mínimo de constrangimentos. Os princípios da *liberdade* e da *lealdade* devem ser tidos como estruturantes do ambiente concorrencial; a partir deles é possível operar a aproximação e a incorporação da concorrência desleal no direito da concorrência: ASCENSÃO, J. O. (2002), pp. 95-104.

Os ordoliberais vieram propor uma inovadora relação entre o mercado e os poderes públicos, ao afirmarem a existência de uma incontornável dependência entre o sistema jurídico e político e a ordem económica. A sua concepção contradiz os paradigmas liberais de ordenação natural e de capacidade de autoregeneração do mercado, afirmando a necessidade de uma intervenção pública sistemática, mas neutra, destinada a monitorizar o bom funcionamento do processo concorrencial[2].

A conexão entre o ordoliberalismo e a integração europeia, justifica o revisitar das principais linhas de força daquela construção, recordando as suas *origens*, os seus *fundamentos* nucleares e o seu *legado* teórico e prático.

2. Origens

As décadas de 20 e 30 do século XX assistiram ao surgimento do ordoliberalismo a partir dos contributos essenciais de Walter Eucken, Franz Böhm, Wilhelm Röpke, Ludwig Erhard e Alfred Müller-Armack. Os pensadores de Friburgo vieram propor uma *nova ordem* económica, política e social, capaz de superar as falhas de funcionamento das economias de mercado, o que, segundo algumas vozes críticas, fazia da corrente ordoliberal uma mera "oficina de reparação do capitalismo", destinada a salvá-lo da sua iminente falência.

Após a I Guerra Mundial, o cenário de debate teórico cingido à dicotomia entre liberalismo e socialismo dá lugar ao repensar das bases do pensamento liberal anglo-saxónico. Na Europa continental, estas novas orientações foram protagonizadas, com maior expressão, pela Escola Austríaca e pela Escola de Friburgo[3].

O neoliberalismo europeu[4] tem, portanto, em Hayek e em Eucken os seus mais influentes protagonistas; em comum, partilham, como valor fun-

---

[2] Miccú, R. (2003), pp. 130-131.

[3] A Escola Friburgo (1933), resultou da confluência das ideias do economista WALTER EUCKEN e de dois juristas: FRANZ BÖHM e HANS GROSSAMANN-DOERTH.

[4] A renovação do pensamento liberal empreendida por HAYEK teve na fundação da "Mont Pelerin Society" (1947) um veículo de discussão, de apologia e de difusão da liberdade política e económica. A sua influência sobre o neoliberalismo norte-americano é notória. No movimento "libertário" austríaco e americano convergem as concepções de LUDWIK MISES, FREDRIK VON HAYEK, MURRAY N. ROTHBARD, MILTON FRIEDMAN, ROBERT NOZICK, entre outros, unidos em torno do anti-estatismo.

damental, a ideia de que a liberdade individual só encontra realização numa economia de mercado. No entanto, o pai do liberalismo austríaco, fortemente influenciado pela tradição britânica enraizada em Smith, Locke e Hume, comunga com esta a afirmação da formação *espontânea* da ordem do mercado.

Eucken criticou ferozmente o historicismo alemão[5] o qual, segundo ele, mais não era do que uma acumulação de factos pretéritos, vazia de formulações teóricas; mas distancia-se também do pensamento austríaco por considerar que a extrema abstracção das suas assunções e hipóteses não reflecte a realidade, sendo, por isso, de escassa valia na resolução daquilo que apelidava como a "questão social". Deste modo, o ordoliberalismo rejeita as tradicionais orientações metodológicas, adoptadas no domínio das ciências sociais: a orientação histórica, por ser conducente a uma acumulação desgarrada de factos, e a orientação teórica, acantonada num aperfeiçoamento de raciocínios abstractos, distante da resolução dos problemas reais.

A Escola de Friburgo nega à economia um papel axiologicamente neutro, reconduzido à elaboração de explicações causais e de modelos abstractos, assumindo que a ciência económica deve ter como função contribuir para a definição da escolha política.

Os primeiros ordoliberais concluíram que a inexistência de um sistema jurídico suficientemente eficaz para impedir abusos de poder privados havia sido responsável pelo colapso económico e político da Alemanha. Se num primeiro momento, o Estado encoraja a formação de poderes económicos privados – através de patentes, da política comercial e fiscal, etc. – rapidamente se torna refém desses poderes. Caracterizada por um inaceitável domínio de poderes de monopólio, a realidade económica e social da Alemanha fascista, era, assim, o testemunho de que a liberdade tanto pode ser ameaçada pela actuação do Estado, como pela conduta de agentes privados.

É insuficiente estabelecer uma economia de mercado se ela não for acompanhada de um conjunto de regras que impeçam grupos de pressão privados de restringir o seu funcionamento. De nada serve criar as bases de um sistema de liberdade se, na prática, ele for anulado ou enfraquecido

---

[5] Nas suas obras iniciais (*Die Überwindung des Historismus*, 1938; *Wissenschaft im Stile Schmollers*, 1940; *Grundlagen der Nationalökonomie*, 1940; e *Grundsätze der Wirtschaftspolitik*, 1952), EUCKEN propõe-se construir uma alternativa teórica à Escola histórica: KUHNERT, S. (2006); GOLDSCHMIDT, N. (2007).

pela conduta de grupos, que na prossecução de interesses próprios, frequentemente contraditórios, pressionam os poderes públicos[6].

A concorrência afigura-se como o único mecanismo capaz de minimizar tais perigos, protegendo os agentes económicos de abusos de poder, quer do Estado, quer de outros agentes privados.

3. Ordem e constituição económica

Como foi dito, mais do que desenvolver soluções académicas, o ordoliberalismo orientou-se pela necessidade de encontrar respostas para as "questões práticas", comuns às economias industriais. Para isso havia que desenhar os contornos de uma melhor ordem económica e social, ou seja, criar um *"liberalismo com ordem"*.

A noção central de *ordem* assume uma função analítica específica, ao designar a relação sistemática entre as "regras do jogo" e a configuração dos sistemas[7].

A sociedade consiste num sistema, aglutinador de diversas ordens interdependentes, as quais por seu turno, ganham uma dimensão específica dentro do sistema em que se integram. O ordoliberalismo assenta no princípio da diferenciação funcional dos sistemas sociais, ao entender que é o sistema que constrói o sentido social a partir da dinâmica da diferenciação.

As ordens económica e jurídico-política são, portanto, parcelas do sistema.

Toda e qualquer actividade de mercado decorre sob uma dada ordem económica e apenas pode ser compreendida nesse contexto. A observação de diversas experiências socio-económicas, permite diferenciar dois tipos essenciais de ordens económicas: as que se orientam pelo princípio da coordenação descentralizada da actividade económica, enquadrada por regras gerais, e aquelas onde é dominante o princípio da subordinação, próprio de sistemas administrativos centralizados[8].

---

[6] EUCKEN, W. (1982), p. 119; BÖHM, F. (1989), p. 66.

[7] EUCKEN, W. (1992), p. 314.

Trata-se de uma relação entre as regras fundamentais – constituição económica – e os modos de ordenação da actividade económica que se formam sob cada um dos diferentes conjunto de regras.

[8] EUCKEN, W. (1992).

No entanto, e acolhendo o fundamento essencial do liberalismo, os autores de Friburgo não têm dúvidas em afirmar que a *ordem* concorrencial de mercado é aquela que melhor se compatibiliza com a natureza humana. O mercado permite a expressão e a concretização da liberdade individual. Enquanto o mercado funcionar através de processos competitivos está assegurado o "espaço" de realização daquela liberdade, sendo as remunerações dos factores de produção, o lucro, as condições de trabalho, etc., geradas a partir da autonomia dos agentes económicos.

Mas, para os ordoliberais as lições do passado ensinam a não confiar no desenvolvimento espontâneo de uma ordem de mercado, capaz de assegurar a realização plena da liberdade dos indivíduos. A noção de ordem, partilhada por aqueles autores, não se confunde, por isso, com a "ordem natural" espontânea, derivada do "laissez-faire".

A melhor ordem económica não se alcança deixando os sistemas crescerem e organizarem-se espontaneamente; tem de ser criada, moldada e mantida de forma consciente e cuidadosa. Tal função cabe ao Estado: é esse o princípio orientador da política económica.

A criação da desejável ordenação económica é uma questão de escolha constitucional, ou, por outras palavras, de como ela pode ser criada a partir de uma *constituição económica*[9] adequada. A política económica só pode melhorar efectivamente a economia através do aperfeiçoamento da moldura institucional, ou seja, das "regras do jogo" que enquadram as actividades económicas. Trata-se de alcançar melhores resultados económicos, de forma indirecta, ao invés de enveredar por medidas de política económica directamente orientadas para a obtenção de determinados efeitos específicos.

A configuração das sociedades e das economias é o produto de um processo evolucionário e não de um deliberado e minucioso plano criador[10]. A ordem do mercado resulta, portanto, de uma gradual e longa evolução, a qual vai sendo influenciada pelas escolhas políticas. Ora, o facto de se reconhecer a importância da ordem jurídica na definição dos contornos da ordem económica, legitima a conclusão de que elas são passíveis de serem melhoradas através de formas deliberadas de actuação, com vista a aumentar a respectiva funcionalidade e humanidade.

---

[9] A constituição económica, entendida segundo uma dimensão material, corresponde ao enquadramento jurídico-institucional formal e informal subjacente à actividade económica. BÖHM, F.; EUCKEN, W. & GROßMANN-DOERTH, H. (1989), p. 24.

[10] EUCKEN, W. (1992), p. 82.

Se as ordens económicas só podem ser compreendidas em função do respectivo conjunto de regras que as modelam, também podem ser definidas a partir da alteração dessas normas orientadoras fundamentais.

Em síntese, a constituição económica "é a parte do sistema jurídico que, por um lado, define uma fronteira funcional entre as esferas política e económica e, por outro, as torna compatíveis"[11].

O pensamento ordoliberal é assim responsável pela génese da *teoria da constituição económica* ordenadora da relação entre o Estado e a economia, relação essa que reveste uma natureza puramente jurídica.

Os paradigmas *liberais* são envolvidos numa dimensão constitucional, baseada na assunção de que cabe à *economia política constitucional* desenhar a ordem económica, ao mesmo tempo que se produz uma nova atitude intelectual que estende a análise económica para os domínios da análise política.

Num *plano sub-constitucional* cumpre analisar a forma como a economia de mercado se comporta, dadas as regras a que se encontra subordinada; num *plano constitucional* há que perceber esse edifício jurídico-institucional, isto é, os tipos de regras, a forma como são aplicadas e o modo como podem ser alteradas, a fim de contribuir para o melhor funcionamento do mercado concorrencial. Adopta-se, deste modo, uma metodologia de sistemática integração entre a análise teórica (*ordnungstheorie*) e a análise política da conformação da ordem sócio-económica (*ordnungspolitik*)[12].

A *interdependência entre as ordens* jurídica e económica e a *interconexão entre o Direito e a Economia* constitui o pressuposto basilar do ordoliberalismo. Qualquer análise económica será sempre incompleta se não tiver em conta as instituições sociais e jurídicas que enquadram o mercado; e qualquer melhoria do ambiente económico não pode ocorrer sem a prévia tarefa de perceber, moldar ou criar os adequados instrumentos jurídico-constitucionais[13].

Há, no entanto, que fazer notar que a noção ordoliberal de constituição económica se encontra associada a uma ideia particular de ordem

---

[11] Miccú, R. (2003), pp. 131.

[12] Procura-se operar uma compatibilização entre um *paradigma teórico* e um *paradigma de política económica*, ao assumir-se, por um lado, que a compreensão dos fenómenos económicos se faz atendendo à natureza do respectivo enquadramento constitucional; e, ao entender, por outro, que a alteração das regras do jogo é a forma mais simples de alterar e melhorar uma dada ordem económica

[13] Böhm, F., Eucken, W. & Großmann-Doerth, H. (1989), p. 24.

económica, cujas especificidades podem ser percebidas através da análise do processo concorrencial.

4. Concorrência

Como se concluiu a ordem económica é determinada a partir do respectivo enquadramento jurídico-institucional, pelo que o funcionamento do mercado depende da escolha constitucional, de entre um conjunto de alternativas, por forma a criar as mais adequadas "regras de jogo". Por outro lado, a liberdade individual assumida como princípio orientador da conduta e da plena realização da condição humana, só é concretizável num mercado capaz de assegurar a livre escolha por parte de todos os que nele participam. Se um bom ambiente concorrencial corresponde ao espaço de expressão da liberdade, a *política de defesa da concorrência* constitui-se como o núcleo central da política económica.

Um mercado entregue a si mesmo gera elevados níveis de concentração empresarial, que arrastam consigo crescentes influências e pressões de grupos de interesse sobre o poder político. Em suma, o "laissez-faire" ao propiciar a concentração de poder no mercado é, paradoxalmente, responsável por perturbar e destruir as virtudes da ordem concorrencial.

Uma concorrência efectiva afigura-se como o único instrumento com capacidade para neutralizar, ou minimizar, distribuições assimétricas de poder e de, consequentemente, permitir o exercício da autonomia individual. A concorrência não é um mecanismo de incentivos mas sim um instrumento de dissipação de poder. Num ambiente verdadeiramente concorrencial todos os agentes assumem uma posição paritária entre si, o que lhes permite alcançar as melhores condições de troca. Apenas num contexto de efectiva igualdade estão reunidas as condições para a prossecução do interesse próprio, prévio e necessário à concretização do interesse comum. A concorrência não é um fim em si mesma, mas uma pré-condição para a melhoria do desenvolvimento da sociedade; trata-se, no entanto, de um instrumento sem o qual esse desígnio não pode ser alcançado.

Cabe à ordem concorrencial assegurar que todos os agentes económicos têm o mesmo estatuto jurídico; devem submeter-se a iguais "regras de jogo" pois, só assim, se garante o sucesso do resultado concorrencial. Se alguns dos participantes do mercado gozam de prerrogativas especiais ou privilégios, sob a forma de protecções tarifárias ou outras, abre-se a porta para a cartelização e a consequente formação de interesses privados incompatíveis com os interesses gerais dos consumidores[14].

O melhor ambiente concorrencial é aquele que possibilita a satisfação dos únicos interesses verdadeiramente relevantes: os interesses dos consumidores. Um verdadeiro sistema de concorrência não se destina a proteger os concorrentes uns dos outros, mas sim a permitir aos produtores gerarem os melhores resultados sob o prisma dos interesses dos consumidores. A concorrência tem, portanto, como função última o bem-estar dos consumidores[15].

A coordenação entre actividades económicas e os resultados mais satisfatórios das trocas alcançam-se a partir da garantia da *liberdade contratual*. No entanto, essa liberdade não pode ser usada contra si mesma, através da celebração de contratos que têm como intuito restringir ou eliminar a liberdade contratual[16]. Os agentes económicos não podem usar os contratos como instrumentos para se furtarem às regras fundamentais da concorrência e para limitarem o espaço de liberdade de outros. Nesta medida, a criação de "ordenamentos jurídicos privados" paralelos, através de acordos entre agentes económicos – como os cartéis – que visam a prossecução de interesses dos seus participantes, em prejuízo da liberdade dos demais, é, em regra, incompatível com uma *constituição económica concorrencial*.

As escolhas políticas relativas à ordenação fundamental da vida económica ocupam o *plano constitucional*, e atento este enquadramento, os agentes realizam escolhas privadas, subsumíveis a um plano *sub-constitucional*. Dado que o primeiro tipo de opções se orienta pelo aumento do bem-estar da sociedade no seu todo, não se pode permitir que ao nível *sub-constitucional*, designadamente, através de mecanismos de natureza contratual, alguns agentes eliminem ou distorçam o ordenamento constitucional, em benefício próprio.

Por todas estas razões cumpre ao Estado estabelecer e proteger activamente um ambiente de efectiva concorrência.

Em síntese, à ordem concorrencial encontram-se associados resultados operativos de realização da liberdade individual, através da dissipação de poder, e de satisfação dos interesses dos consumidores.

---

[14] EUCKEN, W. (1982), p. 120; BÖHM, F. (1989), pp. 47, 57, 61.
[15] BÖHM, F. (1982), pp. 107 e ss.
[16] A liberdade contratual pode servir não só para promover mas também para destruir a concorrência. EUCKEN, W. (1982), pp. 124-125.

No entanto, e ao contrário de outros entendimentos, não se trata de uma ordem pré-existente e com virtudes auto-regeneradoras; obter o melhor entorno normativo das interacções económicas pressupõe uma opção consciente e activa no sentido da sua *criação* e *manutenção*. Tão importante como criar uma ordem de concorrência é zelar para que ela se mantenha, através de permanentes esforços de "vigilância" e de correcção.

5. Papel do Estado

Ao Estado cabe um papel activo, funcionalizado à criação e manutenção de um enquadramento jurídico-institucional que permita o eficaz funcionamento do mercado concorrencial.

A política económica deve consubstanciar-se na construção da "ordo", ou organização do sistema económico, ao invés de se empenhar na mera criação de soluções conjunturais que, por definição, têm uma natureza pontual. Um tratamento não sistemático dos problemas económicos, através de intervenções discretas, ignora a inter-relação entre as diversas configurações que a actividade económica assume e que, no seu todo, formam a ordem económica.

É necessário que exista um poder político *forte* e neutral com capacidade para, sem sucumbir a influências de grupos de interesse, criar e manter a ordem concorrencial através de uma constituição que limite e previna o surgimento de "poderes privados" e que impeça os governantes de se tornarem seus reféns.

Não se trata de um Estado autoritário e amplamente intervencionista, mas de um poder efectivo que estabeleça um quadro de igualdade material, para todos os intervenientes do mercado. Um aparelho público de pequenas dimensões, pois quanto maior for, mais se tornará vulnerável a pressões.

Um Estado *forte*, mas *pequeno*, detém a autoridade e a dignidade necessárias à defesa do interesse geral. Por seu turno, o funcionamento concorrencial da economia ao impedir que se constituam grupos de interesse com capacidade de pressão vem reforçar, ainda mais, o poder político.

Os ordoliberais vieram expor as vulnerabilidades do poder político à pressão exercida por interesses privados justificando, a partir delas, a necessidade de criar uma sólida ordem concorrencial. No entanto, afirmar o Estado como construtor e guardião da ordem concorrencial não deixa de ser paradoxal, atendendo a que o passado fornece inúmeros exemplos de falhas na sua actuação. Ao reconhecerem este problema, os pensadores de Friburgo negam o dogma do decisor público benevolente, infalível e permanentemente orientado pela prossecução do bem-comum.

No entanto, os aspectos negativos inerentes à natureza humana, não podem conduzir à inércia e ao conformismo, impondo-se um empenho na *tentativa* de construir um melhor enquadramento socio-económico. O conceito de melhoria é, necessariamente, relativo, entendendo-se, por isso, que as "regras do jogo" podem e devem ser alteradas, através do processo político, por forma a se adaptarem ao devir da realidade. Assim, a ordem concorrencial é apresentada como dependente de um constante processo de aperfeiçoamento reformador e não sob a configuração de uma "ordem óptima", com características fechadas e definidas com rigor.

6. Legado ordoliberal

São muitas as ideias perfilhadas pelo ordoliberalismo que mereceram ulteriores desenvolvimentos. Algumas dessas ideias assumiam a forma de conceitos nucleares da construção de Friburgo, enquanto que outras se apresentavam como simples, mas importantes, intuições.

Problemas tratados pela actual análise económica sob a designação de falhas de mercado, falhas de intervenção e fenómenos de captação de renda, foram, na sua essência, apreendidos por aqueles autores. Como se referiu, a construção ordoliberal tem como ponto de partida a consideração dos efeitos indesejáveis associados ao mercado concorrencial (falhas de concorrência) e a consciência das vulnerabilidades dos decisores públicos face à pressão de grupos de interesse (falhas de governação)[17]. Por seu turno, afirma-se a necessidade de eliminar ou minimizar actuações privadas destinadas a obter do Estado posições privilegiadas, ou

---

[17] As análises da *economia da escolha pública* [JAMES BUCHANAN E GORDON TULLOCK, (1962)] e a *teoria da captura* de Stigler (1971) vêm substituir a visão dos políticos e burocratas como altruístas, empenhados na realização do interesse público, pela ideia de que aqueles – tal como na economia de mercado – são movidos pelo interesse próprio.

O conceito de *captação de renda* (*rent-seeking*), introduzido por ANNE KRUEGER, significa a aplicação de recursos, num esforço concorrencial, para garantir a titularidade de direitos a rendas económicas provenientes de políticas governativas. KRUEGER, A. O. (1974).

seja, esforços ineficientes de captura de renda (*rent-seeking*), por parte de alguns agentes à custa de outros.

É também inegável a proximidade do ordoliberalismo com a construção da *Escola da Virgínia* – assente no pressuposto de que a análise económica não pode ignorar o enquadramento constitucional de cada sistema – bem como, com as perspectivas neoinstitucionalistas[18].

Também o acervo conceptual das teorias contemporâneas sobre o comportamento racional, ajuda a perceber melhor algumas das intuições dos primeiros ordoliberais.

A ordem concorrencial pode conceber-se como um bem público: racionalmente todos querem usufruir dela mas não estão, voluntariamente, dispostos a contribuir para a sua produção. Num ambiente concorrencial livre de constrangimentos, o comportamento racional de cada agente será o de procurar maximizar as respectivas vantagens, à custa dos interesses alheios mas, ao fazê-lo, está a contribuir para a destruição das condições de concorrência. Alcança-se esse resultado através da limitação da participação dos outros nos ganhos do jogo. A reiteração deste tipo de condutas conduz ao estreitamento e, no limite, à destruição do mercado. Se não existirem constrangimentos aos comportamentos dos agentes económicos, cada participante do jogo, actuando da forma mais racional, contribuirá para a extinção da concorrência.

Por outro lado, é racional a procura, fora do mercado, de instrumentos que permitam obter posições de mercado mais vantajosas; apesar de a concorrência ser tida como o contexto globalmente mais favorável, todos têm incentivos para fugir às suas regras a fim de maximizar os respectivos benefícios.

Estes problemas, percepcionados pelos autores ordoliberais, encontram na actualidade um amplo tratamento, à luz da teoria dos jogos, do "dilema do prisioneiro", do conceito de "efeito de boleia", etc.

Apesar destes importantes contributos, a mais relevante influência do ordoliberalismo diz respeito à construção do modelo de *economia social de mercado*.

---

[18] A Escola da Virgínia da escolha pública aprofunda a análise dos problemas comportamentais dos decisores públicos e desenvolve a conexão entre a análise económica e a análise político-constitucional. De acordo com a "nova economia institucional" as instituições de um país, isto é, os seus sistemas legal, político, social, educativo, cultural, etc. governam o comportamento da economia e determinam a configuração dos *custos de transacção*. Para uma síntese desta concepção: COASE, R. (1998), pp. 72-73.

i) *Economia social de mercado*

A interdependência entre os aspectos económicos, políticos e sociais constitui um pressuposto fundamental dos conceitos de ordem e de sistema.

Para os primeiros ordoliberais, como Eucken, a justiça social é assegurada através do efectivo funcionamento das forças concorrenciais do mercado. Significa isto que a criação de um adequado sistema económico é, em si mesma, responsável por gerar um aumento e uma repartição mais equitativa do rendimento.

No entanto, Alfred Muller-Armack foi mais longe, afirmando a necessidade de uma política social activa por parte do Estado, por forma a criar uma *economia social de mercado*[19-20]. Trata-se de obter uma forma de organização que alcance um *compromisso* entre o mercado livre e as necessidades sociais das economias industrializadas.

Acolhendo uma concepção antropológica de matriz cristã, segundo a qual as dimensões individual e social do ser humano alcançam a sua realização no respeito pelos princípios da subsidiariedade e da solidariedade[21], conclui-se pela vinculação do princípio da liberdade de mercado ao equilíbrio social.

As ideias ordoliberais de organização político-constitucional da vida económica, aliadas a um princípio de compensação solidária, posto em prática através da política social, constituem, portanto, o núcleo das fundações teóricas *economia social de mercado*.

Se o funcionamento livre do mercado é alcançável pela implementação de uma ordem fundamental, modeladora da conduta individual, o equilíbrio social deve ser prosseguido através de políticas conjunturais, estruturais e de crescimento económico.

Assim, a par da actuação estruturante do Estado na definição jurídico-constitucional da ordem económica, afirma-se a necessidade de existirem políticas de conjuntura capazes de responderem às flutuações a que

---

[19] LENEL, H. (1989), p. 27.

[20] Designação usada pela primeira vez na década de 40 do séc. XX, por este professor da Universidade de Colónia. LUDWIG ERHARD pôs em prática, nos finais da década de 40, a *economia social de mercado*, teorizada por MÜLLER-ARMACK, a qual foi responsável pelo denominado "milagre económico alemão".

[21] O princípio da subsidiariedade garante a dignidade e a autoresponsabilidade do indivíduo, enquanto que o princípio da solidariedade é fonte de deveres éticos de, e para com, a comunidade.

as economias abertas estão sujeitas. Tais desequilíbrios, que afectam, em regra, os níveis de emprego e a balança de pagamentos, têm na política de estabilidade monetária o seu principal instrumento de controlo.

Pode também configurar-se como necessário o recurso a políticas de crescimento económico, que criem infraestruturas necessárias ao desenvolvimento, bem como a políticas estruturais que apoiem alterações em regiões, sectores e mercados que, à luz de uma análise de longo prazo, evidenciam incapacidades de funcionamento.

Apenas corrigindo os aspectos que afectam o funcionamento do mercado, se asseguram as condições de exercício da liberdade. No entanto, tais intervenções no mercado devem ser temporalmente circunscritas, subordinadas a critérios precisos e a formas sistemáticas de controlo.

7. Conclusão

O ordoliberalismo assenta nas reflexões de economistas e de juristas e esse facto dita as características do novo sistema de ordenação social que esta corrente veio propor.

A escolha constitucional das "regras de jogo" que constituem o pano de fundo das interacções económicas e sociais permite construir uma ordem de mercado igualitária, ou seja, uma ordem verdadeiramente concorrencial. A concorrência não é uma mera capacidade de troca no mercado, mas sim *o* espaço de realização da liberdade individual ao possibilitar que sejam alcançados os resultados de dissipação de poder privado e de tutela da soberania do consumidor.

Longe de ser uma "ordem natural" dotada de capacidades auto-regeneradoras, a ordem concorrencial tem de ser criada e mantida através de um Estado pequeno, forte e neutral.

Em síntese, o pensamento ordoliberal teve o mérito de ultrapassar a velha dicotomia Estado vs. mercado. Ao invés de introduzir constrangimentos ao funcionamento livre do mercado, o Estado é o garante dessa liberdade ao promover e proteger a concorrência.

Referências bibliográficas

ASCENSÃO, José de Oliveira – *Concorrência Desleal*, Almedina, Coimbra, 2002.
BÖHM, F. – "The Non-State ('Natural') Laws Inherent in a Competitive Economy", Stützel W (eds.), 1982, pp. 107-113;

- "Rule of Law in a Market Economy", In *Germany's Social Market Economy: Origins and Evolution*, Peacock, A./Willgerodt, H. (eds), MacMillan, London 1989, pp. 46-67.
BÖHM, F., EUCKEN, W. and GROSSMANN-DOERTH, H. – "The Ordo Manifesto of 1936", In *Germany's Social Market Economy: Origins and Evolution*, Peacock, A./Willgerodt, H. (eds), MacMillan, London, 1989, pp. 15-26.
BUCHANAN, James M. and TULLOCK, Gordon – *The Calculus of Consent: Logical Foundations of Constitutional Democracy*, (1962), In The Collected Works of James M. Buchanan, Vol. 3, Liberty Fund Inc., 2000 (http://www.ecolib.org).
COASE, Ronald H. – "The New Institutional Economics", In *The American Economic Review*, 88, 2, 1998, pp. 72-74.
EUCKEN, W. – "A Policy for Establishing a System of Free Enterprise", Stützel, W. (eds.), 1982, pp. 115-131;
- *The Foundations of Economics – History and Theory in the Analysis of Economic Reality*, Springer, New York, 1992.
GOLDSCHMIDT, Nils – "Walter Eucken's Place in the History of Ideas", Walter Eucken Institute, Freiburg, 2007 http://www.gmu.edu.
KRUEGER, Anne O. – "The Political Economy of Rent-Seeking Society", In *The American Economic Review*, 64, 3, 1974, pp. 291-303.
LENEL, Hans Otto – "Evolution of the Social Market Economy", *Germany's Social Market Economy: Origins and Evolution*, Peacock, A./Willgerodt, H. (eds), MacMillan, London, 1989, pp. 16-39.
MICCÚ, Roberto – "Economic Governance in a Constitution for Europe: An Initial Assessment", In *A Constitution for the European Union: First Comments on the 2003-Draft of the European Convention*, Ingolf Pernice/Miguel Poiares Maduro (eds.), Nomos, 2003, pp. 127-141.
STIGLER, George J. – "The Theory of Economic Regulation", In *Bell Journal of Economics and Management Science*, 2, 1, 1971, pp. 3-21.
STREIT, Manfred E. – "Economic Order, Private Law and Public Policy – The Freiburg School of Law and Economics in Perspective", In *Journal of Institutional and Theoretical Economics* 148, 3, 1992, pp. 675-704.

XVII

HISTÓRIA E FONTES

INSTITUIÇÕES DE DIREITO PRIVADO NA OBRA DE JÚLIO DINIS

CARLOS FERREIRA DE ALMEIDA[*]

> SUMÁRIO: *1. Nota a abrir. 2. A obra, o tempo e as fontes. 3. Apologia liberal. 4. Propriedade. 5. Morgadio. 6. Propriedade e fortuna. 7. Sociedades comerciais. 8. Contratos. 9. Documentos contratuais. 10. Tipos contratuais. Contratos para consumo. 11. Contratos relacionados com a propriedade dos meios de produção. Compra e venda, arrendamento rural, empréstimo, garantias. 12. Mandato e trabalho. 13. Contratos relacionados com a estrutura da família. Trabalho doméstico. 14. Casamento: função social. 15. O acto de casamento. 16. Feminismo. 17. Testamento. 18. Nota a fechar.*

1. Nota a abrir

Neste meu primeiro ensaio sobre literatura e direito[1], decidi escolher a obra de Júlio Dinis, porque guardava boas recordações da sua leitura, porque suspeitava que ia encontrar material abundante e porque sabia ser a sua pequena extensão compatível com a tarefa de uma só pessoa.

---

[*] Professor Catedrático da Faculdade de Direito da Universidade Nova de Lisboa.
[1] A ideia surgiu no âmbito de um projecto conjunto da Faculdade de Letras da Universidade de Lisboa e da Faculdade de Direito da Universidade Nova de Lisboa. O seu lançamento público coincidiu com um colóquio internacional intitulado "Mundos em diálogo", que se realizou em Fevereiro de 2008. O meu contributo consistiu na apresentação de uma parte do presente artigo, cuja preparação me permitiu antes fazer uma comunicação sobre "Propriedade e sociedade ao tempo da entrada em vigor do Código de Seabra – a apologia liberal na obra de Júlio Dinis", apresentada ao "Colóquio internacional comemorativo dos 140 anos do Código Civil português de 1867", promovido pela minha Faculdade em Novembro de 2007.

Confirmei que a obra está repleta de alusões a instituições jurídicas. Sobre estas apenas incide a presente análise, mas tal não significa prescindir do seu enquadramento político, económico e social, sempre embutido nos cenários da ficção dinisiana. Colocar o direito em primeiro plano não implica considerar apenas o plano do direito.

O estudo circunscreve-se ao direito privado. Este corte corresponde à minha formação pessoal, mas explica-se também pela existência de um ensaio anterior que focou em especial os protagonistas do foro e o processo[2]. Espero que algum outro jurista retome os textos para explorar aspectos diferentes, em especial o Direito Administrativo. Não ficará desapontado.

2. A obra, o tempo e as fontes

Joaquim Guilherme Gomes Coelho nasceu no Porto em 1839. Iniciou a sua obra literária em 1856, aos 17 anos, com várias peças de teatro. Escreveu quatro romances sob o pseudónimo de Júlio Dinis: *Uma Família Inglesa* (cuja acção se ficciona decorrer em 1855), concluído em 1862, embora só publicado em 1867; *As Pupilas do Senhor Reitor*, cuja primeira divulgação, em folhetim, data de 1866; *A Morgadinha dos Canaviais*, publicado em 1868; *Os Fidalgos da Casa Mourisca*, de que o autor revia provas quando morreu em 1871. Pelo meio, escreveu ainda poesia e contos, estes reunidos, em 1870, com o título de *Serões da Província*[3].

O seu tempo literário coincide com o período conhecido como "regeneração", que começa em 1851 e se prolonga até meados da década de 70, durante o qual, em rotação partidária, o país progrediu com o desenvolvimento das infra-estruturas e o incremento das instituições financeiras[4]. A ideia de regeneração (do *corpus* social) adequa-se de

---

[2] ARY DOS SANTOS, *Júlio Diniz e a vida forense*, Lisboa, 1948, embora inclua um capítulo sobre a "arte de legislar" (p. 101 ss) e menções breves ao testamento e a contratos (p. 101 e 104).

[3] Ver cronologia em HELENA BUESCO, "Apresentação crítica", *Uma Família Inglesa de Júlio Dinis*, Lisboa, 1985, p. 11 ss.

[4] M. MANUELA TAVARES RIBEIRO, *A Regeneração e o seu significado*, em *História de Portugal* (org. José Matoso), 5.º vol., *O Liberalismo*, Círculo de Leitores, 1993, p. 121 ss; *Regeneração*, Verbo – Enciclopédia Luso-brasileira de Cultura, 16.º vol., Lisboa, 1977, p. 71.

resto bem à perspectiva do autor, apesar de nos textos lhe chamar por vezes revolução[5].

Na mesma época, decorria a terceira vigência da Carta Constitucional de 1826, que perdurou desde 1842 até 1910, com as alterações do Acto Adicional de 1852[6].

Quanto ao direito privado, vigorava o primeiro Código Comercial, preparado por Ferreira Borges, aprovado em 1833 e revogado pelo Código Comercial de 1888. No direito civil, a situação era mais complexa.

O curto tempo da produção literária do autor divide-se, sob este aspecto, em dois períodos: uma dezena de anos até à entrada em vigor do Código Civil de Seabra em 1868; apenas mais 3 breves anos até ao seu falecimento.

Antes do Código Civil, as Ordenações Filipinas mantinham-se em vigor, embora alteradas e completadas não só por legislação extravagante como pelas fontes reconhecidas pela Lei da Boa Razão, designadamente o direito romano, o costume e as "leis das nações cristãs, iluminadas e polidas". A doutrina encarregara-se de compilar e ordenar estas fontes em mais do que uma obra. As mais claras e coerentes, com publicação próxima da época em que Júlio Dinis escreveu, foram o *Digesto português*, de Corrêa Telles, de 1835, reeditado em 1840 e 1849[7], e as *Instituições de Direito Civil Português*, de Coelho da Rocha, de 1848, reeditadas em 1852 e 1858[8]. O projecto de Código Civil elaborado pelo Visconde de Seabra era público desde 1865, data em que foi apresentado ao Parlamento[9].

---

[5] MARIA LÚCIA LEPECKI, *Romantismo e realismo na obra de Júlio Dinis*, Lisboa, 1979, p. 30, 84, 111.

[6] JORGE MIRANDA, *Manual de Direito Constitucional*, I, 5.ª ed., Coimbra, 1996, p. 246 s.

[7] Usei uma reimpressão editada em Lisboa, em 1909 ("nova edição revista"), com os seguintes títulos dos três tomos (com ortografia actualizada): *Digesto Português ou Tratado dos direitos e obrigações civis acomodado às leis e costumes da Nação Portuguesa para servir de subsídio ao "Novo Código Civil"* (com uma nota "ao leitor", p. 3-5, sobre as fontes de direito utilizadas); *Digesto Português ou Tratado dos direitos e obrigações civis relativos às pessoas de uma família portuguesa para servir de subsídio ao "Novo Código Civil"*, Tomo II; *Digesto Português ou Tratado dos modos de adquirir a propriedade, de a gozar e administrar e de a transferir por derradeira vontade para servir de subsídio ao "Novo Código Civil"*, Tomo III.

[8] Além de edições posteriores. Usei a 8.ª edição (Lisboa, 1917), na verdade uma reimpressão póstuma que começa com a "prefação" da 2.ª edição de 1852. Sobre as fontes de direito então vigentes, cfr. §§ 34 a 43 e nota B, p. 241 ss.

[9] Sobre as fontes de direito nesta época, ESPINOSA GOMES DA SILVA, *História do Direito Português*, policop., Lisboa, s/d, p. 523 ss, 537 ss; MENEZES CORDEIRO, *Tratado de*

Não consegui apurar de que fontes jurídicas se serviu o escritor, se é que se serviu de alguma, nem sequer se o seu óbvio interesse pelas coisas do direito lhe adveio do contacto com esta ou com aquela pessoa em especial. Anoto apenas que o avô materno, empregado da Companhia Geral do Alto Douro[10], poderia ter conhecimentos rudimentares ou alguma prática de direito, mas nem sequer sei se Júlio Dinis com ele conviveu.

Não sei também se Júlio Dinis leu algum dos textos jurídicos citados. Certo é que absorveu o seu conteúdo essencial, porventura mediado por outras leituras ou por conversas inspiradas na compreensão que a elite letrada da época tinha acerca das instituições jurídicas vigentes. É provável que as fontes jurídicas do romancista fossem difusas e certamente não profundas como revela nas passagens em que evita pormenores, fundado no desinteresse do leitor[11]. Não notei porém erros técnicos ou de nomenclatura relevantes, mesmo em matérias jurídicas pouco comuns na conversação quotidiana[12].

Direito Civil Português, I, *Parte Geral*, tomo I, 3.ª ed., Coimbra, 2005, p. 117 ss; documentos de preparação do Código Civil estão acessíveis em http://www.fd.unl.pt/testes/ConteudosAreas.asp?Area=BibliotecaDigital&Intro=1.

[10] EGAS MONIZ, *Júlio Dinis e a sua obra*, 6.ª ed., Porto, s. d. (1.ª ed., 1946), p. 9, que é a mais completa biografia do escritor. Também JOÃO GASPAR SIMÕES, *Júlio Dinis* (colecção *A obra e o homem*), Lisboa, 1963, p. 20, menciona o "avô materno empregado numa firma exportadora de vinhos licorosos". O nome completo era Companhia Geral da Agricultura das Vinhas do Alto Douro, criada em 1756 pelo Marquês de Pombal, depois também conhecida como Real Companhia Velha (sobre o seu "modelo societário", RUI MARCOS, *As Companhias Pombalinas. Contributo para a história das sociedades por acções em Portugal*, Coimbra, 1997, p. 347 ss).

[11] *Uma Família Inglesa. Cenas da vida do Porto*, Porto Editora, 2007 [cit. *Uma família inglesa*], XXII, p. 285 ("Dispensar-me-ei de transcrever na íntegra a prelecção" [sobre contabilidade]); Conclusão, p. 448 ("Não exponho aqui as condições do contrato, por me parecerem de pouco interesse para o leitor"); *As Pupilas do Senhor Reitor. Crónica da aldeia*, Porto Editora, 2004 [cit. *Pupilas*], XXVIII, p. 225 ("Pequenos estorvos, os quais seria inútil referir aqui, baldaram a diligência com que andara o reitor em obter os papéis necessários às duas partes contraentes" [do casamento]). Como são muitas as edições das obras do autor, indicarei, em cada citação, a divisão da respectiva obra, seguida da página ou das páginas da edição que usei.

[12] Cfr. porém notas 35, 109, 123 e 196.

3. Apologia liberal

São frequentes na obra de Júlio Dinis as referências explícitas ao "liberalismo"[13], à "aurora liberal", à "causa liberal", à "doutrina liberal" e aos "princípios liberais"[14]. Estes princípios são enunciados com grande amplitude e precisão a propósito do partido ("o mais liberal" e "progressista") em que militava no início da sua carreira política o Conselheiro Manuel Bernardo, pai da Morgadinha dos Canaviais: "liberdade do comércio, do ensino, da imprensa e dos cultos; [com] as reformas consequentes nos códigos, a desamortização e desvinculação da propriedade"[15].

A face histórico-política do liberalismo surge na repetida lembrança do desembarque do Mindelo[16], na evocação da "memoranda expedição que principiou em Portugal a heróica ilíada da nossa emancipação política" e da "profunda revolução que deveria alterar a face social do país"[17] (sempre palavras do narrador).

Talvez o entusiasmo liberal do autor tenha arrefecido, como arrefeceu o entusiasmo do Conselheiro. Talvez nunca tenha perdido, como este perdeu, "a fé nas utopias e princípios abstractos"[18], pela simples razão de que nunca se lhes rendeu. Talvez nunca se tenha sequer convertido à "filosofia democrática e revolucionária" na sua vertente partidária, cuja prática demonstra desprezar em passagens irónicas sobre os governos[19] e os par-

---

[13] *Os Fidalgos da Casa Mourisca. Crónica da aldeia*, Porto Editora, 2007 [cit. *Fidalgos*], IV, p. 52, 54, 57, XV, p. 180.

[14] *Fidalgos*, I, p. 9, 8, IV, p. 53, e I, p. 12, respectivamente.

[15] *A Morgadinha dos Canaviais*, Livraria Civilização Editora1, Porto, 1999 [cit. *Morgadinha*], XI, p. 145. "O comércio deve ser livre", disse o brasileiro Seabra (*Morgadinha*, XI, p. 141). Mas, no contexto do seu arrazoado desconexo, a afirmação não pode, por si só, servir como indício da opinião do autor.

[16] *Fidalgos*, IV, p. 47, VII, p. 80; *Justiça de Sua Majestade*, onde se recorda que o Porto (e o Norte) "defendera a todo o transe o estandarte da liberdade nas areias do Mindelo". Este conto, escrito em 1858, está integrado nos *Serões da Província*, publicado em 1870. Na edição usada (Europa-América, Mem Martins, 1991), cfr. p. 7 ss (I, p. 9).

[17] *Fidalgos*, I, p. 9 e 8.

[18] *Morgadinha*, XI, p. 145, XXII, p. 289.

[19] "Quem é o governo? Uns valdevinos." "[Um] indivíduo [...] que ouvia amavelmente o pedido que lhe fazia um colega para pedir a outro, para este pedir a terceiro e este terceiro pedir ao ministro para o ministro empregar na Alfândega o filho do cunhado do primeiro que pedia" (*Uma família inglesa*, VIII, p. 95, 97). "Com mais um pequeno esforço talvez fosse possível fazê-lo ministro [...]. Ministro da Marinha pelo menos, que é pasta dos principiantes" (*Fidalgos*, XXXI, p. 404).

tidos [20], em especial, no célebre episódio da batalha eleitoral em que se defrontam o Conselheiro e o brasileiro Seabra[21].

Mas não há na sua obra sinal de que se achasse obrigado a "guardar certas conveniências ao [seu] liberalismo", como diz a baronesa dos *Fidalgos*[22], nem que tivesse sacrificado a lógica partidária a conveniências políticas, como sucedeu com o Conselheiro[23], porque não consta que tenha pertencido a qualquer partido, embora, na vida real, se interessasse pelo que nos partidos se passava[24].

Em compensação, mantém, durante todo o seu breve trajecto do romancista, plena fé no capitalismo e noutros corolários económicos e sociais do liberalismo, que encara como "harmonia universal [que] resolvia todas as contradições e anulava as desigualdades"[25].

A adesão do autor ao capitalismo manifesta-se desde logo na frequência do emprego das palavras "capital"[26], "capitais"[27] e "capita-

---

[20] "Deputados que, aos primeiros indícios de mudança ministerial, têm a cautela de se passarem, com armas e bagagens, para a oposição" (*Uma família inglesa*, XXXIX, p. 446). "Do dia de Natal ao dia de Reis passou o tempo para o conselheiro em visitas às freguesias e aos influentes daquele círculo eleitoral". "Um destes cómodos círculos eleitorais por onde uma pessoa sai deputado sem o sentir" (*Fidalgos*, XI, p. 133). "O conselheiro participava nesta carta ao herbanário que se vira obrigado a ceder, na questão do despacho do Augusto, a fortes influências" (*Morgadinha*, XVIII, p. 224, XXI, p. 278).

[21] *Morgadinha*, XXX, p. 366 ss. Numa carta, datada de 1865, subscrita por J. G. GOMES COELHO e dirigida ao amigo Custódio Passos, publicada em *Cartas e esboços literários* (compilação e prólogo de EGAS MONIZ, 1.ª ed., 1946), Porto, 1989, p. 110, lamentava o autor, a propósito de umas eleições que observara em Felgueiras, que os eleitores caminhassem "para a urna, sem grande consciência da importância da sua missão", concluindo "que muito distava ainda da ideia constitucional à realidade".

[22] *Fidalgos*, XV, p. 180. MARIA LÚCIA LEPECKI, *Romantismo e realismo na obra de Júlio Dinis*, cit., p. 22 e 28, caracteriza a baronesa como "liberalíssima e ligeiramente oportunista", com "acentuado espírito iconoclasta aliado a um desenvolvido senso de humor".

[23] *Morgadinha*, XXII, p. 289.

[24] Na carta citada na nota 21, mostra "curiosidade de saber o resultado [...] no círculo de Cedofeita". Noutra carta, escrita no Funchal em 1869 e dirigida ao mesmo Passos (*Cartas*, cit., p. 137), anseia estar "longe das conversas da política" e "não ouvir falar em eleições e deputados", mas logo mostra interesse pelos "destinos políticos da nossa terra", acrescentando: "Ouvi dizer aqui que o Aires se propunha outra vez. Cairia nessa?".

[25] ANTÓNIO JOSÉ SARAIVA & ÓSCAR LOPES, *História da Literatura Portuguesa*, 4.ª ed., Porto, s/d, p. 792.

[26] *Morgadinha*, XI, p. 141 ("é preciso capital para a exploração"); *Fidalgos*, III, p. 40, VI, p. 74, VII, p. 87, Conclusão, p. 492.

[27] *Uma família inglesa*, I, p. 5, VIII, p. 90; *Fidalgos*, III, p. 41, VIII, p. 91.

lista"[28], sempre em contexto neutro ou revelador de apreço, nunca em tom crítico ou irónico. Não se trata de mera conformação com o sistema económico que então se esboçava. Júlio Dinis revela, aqui sim, um entusiasmo não contido, expresso, em especial, numa quase veneração perante Richard Whitestone, figura representativa da alta burguesia comercial do Porto, e no elogio da metamorfose operada por Jorge, o fidalgo da Casa Mourisca que, cortando com o passado de abstenção e de incúria da nobreza, encarna o proprietário empreendedor e eficaz.

Eis alguns excertos cujo conjunto forma a mensagem conclusiva, quase a moral de uma fábula, sobre este caso exemplar: "Jorge era o verdadeiro proprietário rural [...]. Abandonara a pouco e poucos os hábitos da fidalguia [...] e contraiu outros puramente burgueses. [...] A vida inteira de Jorge era um eloquente exemplo para os proprietários rurais [...]. Assim aprendessem nessa lição tantos que deveriam segui-la, e talvez a riqueza do país se desentranhasse do solo [...]. Jorge, realizando na propriedade a incorporação do capital, do trabalho e da inteligência [...], podia bem dizer que havia cumprido a lenda da Casa Mourisca. Fora ele quem desenterrara o tesouro escondido"[29].

4. Propriedade

Nos *Fidalgos da Casa Mourisca* a propriedade, ou melhor a gestão da propriedade, surge como cenário no qual se desenrola toda a história. Defrontam-se duas concepções e duas práticas[30].

Por um lado, desenha-se o distanciamento dos "ricos fidalgos da província que, orgulhosos e imprevidentes, deixaram embaraçar as propriedades com hipotecas e contratos ruinosos, desfalecer a agricultura dos campos, empobrecer os celeiros, despovoar os currais, exaurir a seiva da

---

[28] *Uma família inglesa*, IV, p. 48, VIII, p. 92. Na peça *As duas cartas*, escrita em 1857 (publicada em *Teatro Inédito*, org. Egas Moniz, 2.º volume, Livraria Civilização Editora, Porto, 1989, p. 17 ss), um dos protagonistas, Pedro de Sousa Melo e Albuquerque, é "filho de um capitalista de Braga".

[29] *Fidalgos*, Conclusão, p. 495.

[30] Comentário de EGAS MONIZ, *Júlio Dinis e a sua obra*, cit., p. 481: "Como romance é um dos melhores do autor: tem movimento, tem acção. Mas entre as obras de Júlio Dinis é, apesar de tudo a menos interessante [... por] ser um romance de tese [...]: o conflito entre o trabalho e as tradições de família, entre a burguesia e a nobreza".

terra, transformar longas várzeas em charnecas, e desmoronarem-se as paredes das residências e das granjas e os muros de circunscrição das quintas"[31].

No caso concreto da Casa Mourisca, o velho D. Luís "nunca propriamente se ocupara da gerência dos seus bens. Fiel aos hábitos aristocráticos dos seus maiores, deixara desde muito a procuradores os cuidados da administração". O padre Januário personifica o administrador que, além de anti-liberal, é inculto, inexperiente e incompetente. Por isso, embora sem má fé, não impede que a propriedade se onere cada vez mais, por efeito da obtenção desvantajosa de capitais destinados a colmatar a falta dos rendimentos necessários para manter a casa no costumado esplendor[32].

Em contraste, Tomé da Póvoa, antigo criado da Casa Mourisca, é apresentado ao leitor como "o tipo mais completo de fazendeiro que pode desejar-se". Como explicação para este sucesso, em que não "reina a poesia", mas a "economia", o narrador enuncia ou sugere os seguintes factores: trabalho do proprietário, supervisão do trabalho dos seus jornaleiros, inspecção dos caseiros, diligência nos "negócios relativos à lavoura" que regularmente ia realizando no Porto[33] (talvez a venda de produtos, a aquisição de sementes e alfaias, um ou outro empréstimo para investimento).

Jorge aprende a lição do antigo criado, aplicando os mesmos métodos à sua propriedade, que desonera com empréstimos angariados em boas condições com a participação de Tomé. No final casa com a filha de Tomé, procurando o autor convencer o leitor de que nenhum dos nubentes se motiva por interesse patrimonial ou social.

Conhecedor dos empréstimos contraídos pelo filho, D. Luís reage de modo radical: entrega a Tomé da Póvoa as chaves da Casa Mourisca, que entretanto abandonara, porque não quer aí demorar-se "uma só noite" depois de saber que o filho "havia empenhado a casa a um dos criados" de quem se considera hóspede. Antes estava persuadido que a casa era sua; agora entende que "as alfaias, a mobília, a baixela e a casa [...] já lhe pertencem"[34].

---

[31] *Fidalgos*, I, p. 7.
[32] *Fidalgos*, I, p. 12 e 13. Adiante (p. 37), Tomé da Póvoa recomenda a Jorge: "livre-se da praga dos seus mordomos e procuradores".
[33] *Fidalgos*, II, p. 24, 26, III, p. 29 s.
[34] *Fidalgos*, XVIII, p. 229, XVII, p. 223 s. No final, D. Luís regressa "à casa que outra vez podia chamar sua" (Conclusão, p. 493). Note-se a incoerência do velho fidalgo, que aceitara sem rebuço empréstimos ruinosos contraídos pelo seu procurador, padre Januário, mas repudia o empréstimo contraído em boas condições pelo filho, só porque

Pela boca de Tomé, o romancista explica que esta é uma resolução "sem valor algum, sem significação perante a lei", que para "pôr nas mãos dos seus credores as chaves da casa, é preciso saber quem tem direito a elas". No entanto, páginas antes, num diálogo entre Tomé da Póvoa e Jorge, tanto um como outro tinham expresso ideia semelhante. Eis as impressivas palavras de Jorge: "Eu também sinto os mesmos desejos de remir a minha última dívida, para depois chamar meu ao que me pertence"[35].

Neste ponto, Júlio Dinis parece duplamente incoerente. Por um lado, reprova no velho fidalgo absolutista a mesma concepção sentimental de propriedade que admira nos seus heróis da modernidade. Por outro lado, mostra que estes não tinham afinal aceite perfeitamente a ideia de que o recurso a capitais alheios é elemento essencial do sistema capitalista. Mas romance é romance, não é tratado de economia nem de direito, mesmo que o autor demonstre ser sensível à economia e ao direito.

5. Morgadio

Neste confronto entre modos de gestão da propriedade, Júlio Dinis confere uma especial atenção à extinção dos morgadios, que, após um processo lento que durou quase um século, foi finalmente decretada em 1863[36]. As invocações são múltiplas[37], constando a mais antiga do conto *As apreensões de uma mãe*, publicado em 1862, onde se menciona a "importante medida que actualmente se discute nas câmaras [...] relativa

---

o credor era um antigo criado. Talvez por isso reconheça que o seu acto se motiva por "preconceito de classe" (XVIII, p. 239).

[35] *Fidalgos*, XX, p. 256 s, III, p. 44. Também Tomé conta que só depois de pagar a última prestação da compra da sua granja, e de ter o "escrito de quitação no bolso" pudera dizer: "Isto é meu".

[36] Acerca do morgadio e da sua extinção: ALMEIDA E SOUSA DE LOBÃO, *Tratado Prático de Morgados*, 3.ª ed., Lisboa, 1841 (em especial, cap. II, sobre "se a instituição dos Morgados é favorável ou odiosa, interessante ou prejudicial ao Estado"); CORRÊA TELLES, *Digesto*, cit., II, n.os 938 ss, III, n.os 1369 ss; COELHO DA ROCHA, *Instituições*, cit., §§ 497 ss e nota V, p. 609 ss; ASSIS TEIXEIRA, *Os morgadios. Da reforma pombalina ao liberalismo*, policop., Lisboa, 1985; ARMANDO DE CASTRO, *Morgado*, em *Dicionário de História de Portugal* (org. Joel Serrão), vol. 4, Porto, 2000, p. 345 ss.

[37] Além das que a seguir se destacam, ver: *Morgadinha*, IV, p. 56, XI, p. 135, 145; *Fidalgos*, I, p. 8, IV, p. 58, XII, p. 145.

aos morgados"[38]. Este passo confirma que Júlio Dinis, então com 23 anos, acompanhava a vida política e legislativa do país.

O autor não esconde o seu aplauso pela medida. Para isso usa a repetida técnica de exprimir as suas próprias ideias por palavras das personagens "positivas"[39], aquelas que, delineadas com traços atraentes, as mais das vezes auto-retratos[40], e de apresentar a recusa caricatural das mesmas ideias por palavras das personagens "negativas"[41] (embora, como ele mesmo escreveu, não haja nos seus romances "indivíduos caracterizadamente maus"[42]).

Os *Fidalgos* são o romance para o efeito preferido, porque nela o morgadio serve como argumento para ilustrar a tese da ineptidão da tradicional administração fundiária pela nobreza.

Para justificar a abolição do morgadio e de outras providências liberais relativas à propriedade, a escolha de Júlio Dinis recaiu naturalmente em Jorge, porque vai ser ele o protagonista da mudança. Eis como este, qual deputado a sustentar um projecto, explica a lei ao padre Januário, que no romance serve para ilustrar a incompetência típica do sistema tradicional:

"Os liberais o que fizeram foi aliviar a agricultura dos numerosos encargos que dantes pesavam sobre ela e que não a deixavam prosperar, foi criar leis e instituições que facilitassem os esforços dos laboriosos e castigassem severamente a incúria e a ociosidade". Louva a seguir as medidas que desoprimiram "o lavrador de tributos pesados e iníquos e dos

---

[38] *Serões da Província*, cit., p. 76 ss (p. 94).

[39] "Personagens de substância positiva" (MARIA LÚCIA LEPECKI, *Romantismo e realismo na obra de Júlio Dinis*, cit., p. 21).

[40] JOÃO GASPAR SIMÕES, *Júlio Dinis*, em *Perspectiva da literatura portuguesa do século XIX* (org. João Gaspar Simões), Lisboa, 1947, vol. I, p. 453 ss (p. 472).

[41] Escreveu Júlio Dinis numa carta: "Eu encarno-me nas minhas personagens. Suponho-me elas, faço-as pensar o que a mim me parece que pensaria em tal caso, obrigo-as a dizer o que eu diria porventura em identidade de circunstâncias". Noutra carta disse que quase se convence de que existem as personagens que criou (*Cartas*, cit., p. 150 s). Mas, como observou EGAS MONIZ, ob. cit., p. 263 (de onde se transcreve o primeiro excerto citado), "não se representa em todos [os interlocutores], visto que são diversos os seus caracteres". Por vezes (acrescento eu), usa os personagens grotescos para expressar opinião contrária à sua.

[42] E continua: "Não tenho pintado crimes; quando muito vícios" – *Inéditos e esparsos* (1.ª ed., 1919), Círculo de Leitores, Lisboa, 1992, p. 15 (em carta escrita no Funchal em Novembro de 1889).

iníquos vexames do fisco[43]" e tornaram "mais fáceis os contratos e as transmissões da propriedade" E adiante: "A abolição dos morgados acho eu que foi um grande acto de justiça e de moralidade, além de ser uma medida de longo alcance político".

A resposta do padre Januário é propositadamente fraca e pouco convincente: "O menino [..], que ficou sendo o mais velho da família, gostou [...] de ver acabar com os morgados? [...] O que mais terei de ouvir? [...] Pois que já me aplaude a maldita lei que há-de dar cabo das famílias mais ilustres do reino...".

Jorge enuncia então a sua conclusão (a conclusão de Júlio Dinis): "A abolição dos vínculos só trouxe morte às casas que deviam morrer. O que ela fez foi proclamar a necessidade de trabalho, indistintamente, para quem quiser prosperar"[44].

A mesma linha é retomada páginas depois, em discurso do narrador sobre "a abolição dos morgados e vínculos, definitivamente decretada poucos anos antes", onde se acusam os "dissipadores fidalgos" de lançarem "à conta da lei o que era consequência lógica da sua má administração"[45].

"Como todo o bom liberal desta época", Júlio Dinis acreditava que "a propriedade não é mais do que o resultado do esforço e do trabalho de cada um"[46]. Mas não deixa nunca de ser reformista e conciliador, "um liberal e não um revolucionário"[47]. Apesar da abolição do morgadio, Jorge surge ainda, ao menos na perspectiva do pai, como "o filho mais velho, o directo sucessor do seu nome e da sua casa". No final do romance, Maurício, o filho segundo, vende a Jorge a parte dos bens rurais que lhe pertencia[48],

---

[43] Referência à extinção dos dízimos, dos forais e das sisas por decretos de 1832, "providências que foram abater a grandeza das duas classes improdutivas do clero e da nobreza, em favor da classe dos lavradores, os nervos do estado" (COELHO DA ROCHA, *Ensaio sobre a história do governo e da legislação de Portugal para servir de introdução ao estudo do direito pátrio*, 4.ª ed., Coimbra, 1861, p. 239).

[44] *Fidalgos*, IV, p. 56 s. Noutro passo, diz o padre Januário: "morgado não, que até já com isso acabaram para acabarem com todas as famílias ilustres" (XXXVI, p. 471).

[45] *Fidalgos*, XVII, p. 211. Páginas antes (IV, p. 53), Jorge perguntara: "Querem-me estúpido como esses morgados que por aí se arruinam?"

[46] ANTÓNIO JOSÉ SARAIVA, *A obra de Júlio Diniz e a sua época*, Sep. Vértice, 67, 1949, p. 18.

[47] Que procura "modificações de estatuto [sem] subversão [...] da ordem social", antes "dentro do mesmo quadro de valores" (MARIA LÚCIA LEPECKI, *Romantismo e realismo na obra de Júlio Dinis*, cit., p. 83 s).

[48] *Fidalgos*, XXXVII, p. 481, e Conclusão, p. 494.

reconstituindo assim na prática o morgadio, embora com contrapartida que se presume ter sido monetária.

6. Propriedade e fortuna

Na obra de Júlio Dinis, quando se fala em propriedade, quase sempre se tem em vista a proprietária fundiária, propriedade sobre bens imóveis rústicos, tomada quer como direito quer como objecto. Não escasseiam, com este sentido, referências literais a direitos de propriedade, administração das propriedades, títulos de propriedades[49], "legislação especialíssima reguladora da propriedade rural" no Minho[50]. A alusão a outros direitos reais é esporádica: propriedade urbana, a propósito de "José Fortunato proprietário de prédios velhos"[51]; talvez algum direito real menor que tenha originado "uma questão de águas ocasionada por abertura de uma mina em terrenos da herdade"[52].

Estava pois em causa, na nomenclatura de Coelho da Rocha, a propriedade em sentido estrito, quase sempre a propriedade perfeita, direito exclusivo e ilimitado[53]. Mas, nesse tempo como hoje, a propriedade tem também um sentido lato, equivalente a fortuna[54] ou património[55], que compreende direitos subjectivos patrimoniais sobre qualquer objecto, como se diz na linguagem técnica moderna.

Era com esse sentido amplo que a propriedade se qualificava como direito natural[56] e que a Carta Constitucional a consagrava como uma das bases dos direitos civis e políticos invioláveis, entre os quais enfaticamente se incluía, repetindo, a garantia do "direito de propriedade em toda a sua plenitude", com a consequente indemnização quando o bem público exigisse o seu uso[57].

---

[49] *Fidalgos*, XII, p. 145, V, p. 64, VII, p. 84, XXV, p. 329, XXIX, p. 385.
[50] *Morgadinha*, XII, p. 157.
[51] *Uma família inglesa*, XIII, p. 156.
[52] *Fidalgos*, III, p. 31.
[53] *Instituições*, cit., §§ 401 e 403. Cfr., no Código Civil de 1867, os artigos 2167.º (conceito), 2168.º e 2187.º (propriedade perfeita), 2169.º, 2170.º e 2188.º (plenitude).
[54] Repare-se no nome do proprietário: José Fortunato.
[55] COELHO DA ROCHA, *Instituições*, cit., § 401.
[56] COELHO DA ROCHA, *Instituições*, cit., § 16.
[57] Carta Constitucional, artigo 145.º, proémio e § 21. O episódio da expropriação para a construção de uma estrada confirma a aplicação desta garantia (*Morgadinha*, XXI, p. 270).

Usando vocabulário actual, pode assim dizer-se que a protecção constitucional abrangia a propriedade de todos os meios de produção, embora na época, em Portugal, a terra continuasse a ser o mais importante e paradigmático.

7. Sociedades comerciais

Ora Júlio Dinis também descreve e comenta a empresa comercial, meio de produção capitalista alternativo que então se começava a implantar no nosso país. O seu principal alvo de análise foi o "alto comércio" da Rua dos Ingleses ou Praça, no Porto[58], que serve de cenário a *Uma Família Inglesa*. Mas não só. Já antes, no conto *Justiça de Sua Majestade*, fizera menção fugidia a um "jovial accionista da Companhia de Viação Portuense", possuidor de 23 acções[59].

Na minha opinião, as mais coloridas e impressivas páginas do romancista são precisamente aquelas em que descreve as figuras, "representantes das diversas hierarquias sociais", que diariamente compareciam na Praça. Para o que agora importa, destaco os protagonistas das duas mais importantes formas jurídicas de organização das sociedades então disponíveis em Portugal – as companhias de comércio e as sociedades em nome colectivo – além de referências mais difusas a "negociantes que [...] dispõem de grandes capitais próprios", a "corretores e agentes de casas estrangeiras" e às bolsas do Porto e de Londres, "o Royal Exchange"[60].

A lei definia companhia de comércio como "uma associação de accionistas sem firma social, qualificada pelo objecto da empresa, e administrada por mandatários temporários". Era o único modelo então conhecido de sociedade de responsabilidade limitada, não respondendo os accionistas "por perdas além do montante do seu interesse nela"[61].

---

[58] *Uma família inglesa*, I, p. 6.
[59] *Serões da Província*, cit., p. 7 ss (p. 15).
[60] *Uma família inglesa*, VIII, p. 90 a 94.
[61] Código Comercial de 1833, Parte I, Livro II, Título XII, artigo XIII (n.º 538) e artigo XVIII (n.º 543). Neste Código (doravante citado sem indicação de data), cumulavam-se duas numerações: uma, romana, para cada título, e outra, árabe, para todo o Código. Nas citações posteriores, só esta numeração será indicada.

Na Praça, o autor assinala a presença, no mais alto escalão da "posição comercial", de "directores de bancos[62] ou de companhias comerciais de outra qualquer natureza" e de "accionistas, sempre inquietos pelo futuro dos capitais", dando ainda notícia, pela voz ingénua de Carlos, de que "vai organizar-se uma companhia monstro", "negócio de os accionistas ganharem 40 por cento, avaliando muito por baixo[63].

As sociedades em nome colectivo, sociedades ordinárias ou sociedades com firma associavam comerciantes que convencionassem comerciar sob a mesma firma, composta pelos nomes de todos os sócios, de uma parte deles ou de um só sócio, com o aditamento *e companhia*. A responsabilidade dos sócios era ilimitada, visto que respondiam "solidariamente por todas e quaisquer convenções da sociedade"[64].

Whitestone & C.ª[65] era portanto a firma de uma sociedade em nome colectivo, de que eram sócios o pai Richard, embora estrangeiro[66], e mais uma pessoa, pelo menos. Seria porventura o filho Carlos, a quem se atribui a qualidade de representante da firma[67], provavelmente porque podia, como o pai, "usar da firma social"[68]. Na Praça, no dia da cena descrita no romance, Richard está ausente "na Feitoria". Apenas Carlos comparece. Num dos mais conseguidos diálogos da obra de Júlio Dinis, Anastácio Rebelo trata Carlos como sócio da Whitestone & C.ª, ainda que Carlos

---

[62] "Entre meados da década de 1850 e os princípios da década de 1870, o sistema bancário português experimentou um processo de expansão e diversificação, que envolveu a criação de novos bancos comerciais, a abertura das primeiras filiais de bancos estrangeiros, a criação de bancos hipotecários, agrícolas e industriais e a criação de novas casas bancárias, banqueiros e caixas económicas" (*História do Sistema Bancário Português*, org. Nuno Valério, vol. I, ed. Banco de Portugal, 2006, p.123 ss).

[63] *Uma família inglesa*, VIII, p. 89, 96. Para realçar os méritos de Richard Whitestone, conta-se que "por vezes arriscara capitais a inaugurar companhias" (I, p. 5). Nos *Fidalgos*, XXI, p. 279, fala-se da "nova Companhia de Crédito Predial, que se instalou agora no país" (cfr. nota 124).

[64] Código Comercial, n.ᵒˢ 547 a 549 e 552.

[65] *Uma família inglesa*, VII, p. 86.

[66] Nos termos do Código Comercial, n.° 32, os estrangeiros não naturalizados podiam exercer o comércio nos termos dos tratados em vigor. Ora, o artigo 3.° do tratado que, em 1842, Portugal assinara com a Grã-Bretanha conferia liberdade de comércio aos "súbditos de qualquer das altas partes contratantes, residentes dos domínios da outra" (*apud Código Comercial Português seguido de um apêndice que contém a legislação que tem alterado alguns de seus artigos*, Coimbra, 1866, apêndice, p. 92 ss).

[67] *Uma família inglesa*, VII, p. 86.

[68] Cfr. Código Comercial, n.° 555.

reaja como sócio distraído e um pouco enfadado. Também a deliciosa cena da lição de escrituração comercial[69] sugere que Carlos, o aluno, era também patrão do seu mestre, o guarda-livros.

Talvez Jenny fosse também sócia. Qualquer deles, ainda que não fosse comerciante nem maior de 25 anos, podia ter sido associado ao comércio do pai[70]. Sócio veio a ser também Manuel Quintino, o "primeiro guarda-livros" da sociedade que é promovido a tal categoria no final do romance[71].

Mais enigmático é o objecto da sociedade Whitestone & C.ª. Só dispomos de alguns fragmentos para compor um quadro, cuja perfeita coerência não estaria sequer no projecto do autor. O importuno e meticuloso Anastácio Rebelo, que não sabemos se era cliente ou fornecedor da casa Whitestone, menciona "aquele carregamento de laranjas", "aquela encomenda que [fez] para Inglaterra", "o seguro [que] não quer pagar os prejuízos do incêndio da [sua] casa"[72]. Manuel Quintino, o guarda-livros, fala da "carta do correspondente de Liverpool", de "apólices" e das "contas de gerência da capela inglesa" e, na lição de contabilidade, faz suposições que incluem uma "compra de dez pipas de vinho à casa" pelo sr. Fortunato e uma "factura de … um género qualquer que queira carregar"[73]. Carlos mostra tédio a propósito de um "negócio de aguardente" e visita o "armazém de vinhos que a casa Whitestone possuía em Campanhã"[74]. Richard Whitestone revela preocupação com as condições do mercado em Londres, onde teriam subido o preço do "género" e o juro[75].

Daqui se conclui, ao certo, que a sociedade exportava para Inglaterra vinhos e talvez outros géneros (por exemplo, laranjas). Não é claro porém se agia por conta própria, vendendo produtos que comprava em Portugal, ou se agia por conta de clientes. Parece provável que importasse, ou mediasse, a importação de bens de Inglaterra, o que explicaria o interesse da sociedade na encomenda que Anastácio Rebelo fez para

---

[69] *Uma família inglesa*, VIII, p. 94, 98 ss, XXII, p. 283 ss.

[70] Segundo o Código Comercial, os sócios das sociedades com firma haveriam de ser comerciantes (n.º 552) e, para tanto, maiores de 25 anos ou emancipados (n.os 14 e 15), mas os menores de 25 anos podiam ser associados pelo pai ao seu comércio (n.º 623).

[71] *Uma família inglesa*, IX, XIII, p. 101, p. 148, XXXVI, p. 417, XXXVIII, p. 435, 440. Cfr. *infra* nota 171.

[72] *Uma família inglesa*, VIII, p. 98, 100.

[73] *Uma família inglesa*, IX, p. 107, XXII, p. 284, 288.

[74] *Uma família inglesa*, IX, p. 116, XXI, p. 268.

[75] *Uma família inglesa*, IX, p. 114 s.

Inglaterra[76] e a preocupação com a subida do "género" em Londres, desvantajosa para os compradores.

Mas a sociedade não se dedicava apenas a negócios com o estrangeiro. A actividade social compreendia também a venda de vinhos em Portugal, a acreditar que a hipotética compra pelo sr. Fortunato se inspirasse em negócios reais, e talvez a mediação de seguros, razão para o Anastácio reclamar junto de Carlos a falta de pagamento da indemnização pelo prejuízo causado pelo incêndio da sua casa.

Finalmente, não é de excluir que a sociedade realizasse negócios financeiros, autónomos ou associadas a operações de exportação e importação. De outro modo, por que estaria Richard apreensivo com a subida da taxa de juro em Londres? A menos que o experiente comerciante receasse que o quadro macro-económico em Inglaterra se repercutisse na redução das importações de vinho.

Para o equilíbrio e o rigor do romance, não era preciso resolver estas questões. Como era seu timbre, Júlio Dinis evitou pormenores, mas não cometeu erros nem entrou em contradição quando se aventurou pelos campos da economia e do direito[77].

Na *Família Inglesa*, o autor não tratou apenas da forma e do objecto das sociedades comerciais. Esboçou também alguns traços da organização empresarial. Em relação às funções pessoais, a proeminência dos sócios nas decisões percebe-se nas entrelinhas, mas os papéis dos empregados não são esquecidos.

O topo da estrutura pertence aos primeiros guarda-livros, "a classe [...] aristocrática da bureaucracia ou escritocracia comercial": "O trabalho é para o guarda-livros. Nós somos uma espécie de padrinhos [...]. Manuel Quintino [...] é o grande motor daquela máquina comercial"[78]. Apesar de ser o displicente Carlos a proferir estas palavras, as acções do futuro sogro confirmam este juízo.

---

[76] Embora a frase seja ambígua: encomenda dirigida a alguém em Inglaterra (importação) ou satisfação de encomenda proveniente de Inglaterra (exportação)? ANTÓNIO JOSÉ SARAIVA, *A obra de Júlio Diniz e a sua época*, cit., p. 16, refere-se a Carlos Whitestone como "filho de um dos maiores exportadores de vinho do Porto".

[77] O Código Comercial vigente era muito aberto quanto à delimitação do objecto social, que admitia "toda a empresa, todo o comércio, toda a obra" que não contrariassem as leis e os bons costumes. Para as sociedades com firma, previa-se mesmo que o fim lucrativo abrangesse "todas ou algumas das espécies das operações mercantis" (n.os 529 e 547).

[78] *Uma família inglesa*, VIII, p. 92, e VII, p. 86 s.

Nos níveis inferiores, situam-se os "rapazes [...] com papéis, sacas ou amostras na mão" que levam, "a passo rápido", "à Alfândega, ao cais ou a bordo de algum navio mercante". São eles "os segundos caixeiros, os chamados «de fora», os praticantes de escritório, os cobradores e ainda os despachantes; aqueles, enfim, sobre quem mais pesada se exerce a carga da vida do comércio e que menos proventos auferem dela"[79].

Do romance resulta finalmente, através do diálogo travado na lição de contabilidade, de que modo se observavam na sociedade Whitestone & C.ª as regras legais e as práticas de escrituração mercantil, que o autor qualifica, sem ironia aparente, como "ciência da escrituração" e "ciência comercial"[80]. Ficamos a saber que se usavam então "no comércio três livros principais", Diário, Razão e Caixa, além dos auxiliares, e que se praticavam tanto o "método de partidas simples" como o "lançamento por partidas dobradas"[81]. Como sempre, Júlio Dinis é rigoroso na nomenclatura (coincidente com a do Código Comercial) e na aplicação dos institutos jurídicos ou técnicos, embora sem se aventurar para além do que o enredo exige.

Na descrição da actividade comercial do Porto, pano de fundo de todo o romance, o autor guarda sempre uma atitude de seriedade e de respeito. Não há críticas nem sarcasmo, salvo na reprovação dos patrões que, na praça, nem sempre retribuíam os cumprimentos dos seus subordinados e ouviam distraídos os relatos dos resultados das comissões executadas pelos caixeiros[82].

Para a apologia do capitalismo comercial, Júlio Dinis selecciona Richard Whitestone, personagem, que, não sendo um dos protagonistas, surge como figura veneranda que por todas as outras é "benquisto" e "obsequiado". Dele traça o autor um autêntico panegírico: "abastado negociante de fino trato comercial e génio empreendedor", que "arriscara capitais a inaugurar companhias, a plantar novos ramos de comércio, a auxiliar indústrias nascentes", merecedor de "crédito florescente" e de "ilimitada confiança"[83].

---

[79] *Uma família inglesa*, VIII, p. 90 s.
[80] *Uma família inglesa*, XXII, p. 275, 285.
[81] *Uma família inglesa*, XXII, p. 283 ss. O Código Comercial deixava "o número e espécie de livros e a forma de sua arrumação [..] inteiramente ao arbítrio do comerciante", salvo quanto à obrigatoriedade do Diário e do Copiador (n.os 218 a 220).
[82] *Uma família inglesa*, VIII, p. 91.
[83] *Uma família inglesa*, I, p. 5 s.

O retrato comporta ademais todas as virtudes burguesas[84] – honradez, solidez, tenacidade, perseverança – e um rol de virtudes morais: "sincero, franco, às vezes rude, mas nunca mesquinho e vil", dotado de "uma delicadeza natural", superior "às flutuações caprichosas da moda". Não esquece tão pouco a elegância do guarda roupa[85].

Não me parece porém que Júlio Dinis pretendesse apresentar Richard Whitestone como o típico comerciante do Porto, uma vez que enfatiza a sua nacionalidade: genuinamente inglês, "inglês de lei", "verdadeiro inglês da velha Inglaterra [...], personificação do típico John Bull"[86]. Esta aparente discriminação talvez não seja alheia às raízes britânicas do autor[87], mas nem por isso deixa de ser sintoma de um discreto apelo à burguesia comercial portuguesa para seguir o exemplo inglês.

A apologia liberal faz parte da mensagem comum ao primeiro e ao último romance de Júlio Dinis. Mas os veículos literários são distintos: na *Família Inglesa*, apenas uma impressão sugerida pela imponente figura do comerciante inglês; nos *Fidalgos*, a recomendação explícita aos proprietários rurais abastados de seguirem o exemplo do fidalgo convertido ao capitalismo.

8. Contratos

Na sua crença liberal, Júlio Dinis colocava o contrato num pedestal e encarava o cumprimento pontual das obrigações contratuais[88] como um corolário da virtude da honradez[89]. Por isso apreciou as leis que tornaram

---

[84] Cfr. WERNER SOMBART, *Der Bürger*, 1913 (trad. francesa), Paris, 1966, p. 103 ss.
[85] *Uma família inglesa*, I, p. 5 s, 8, 11.
[86] *Uma família inglesa*, I, p. 5, 11 e 8, respectivamente.
[87] Bisneto do casal Potter, inglês e irlandesa (*apud* EGAS MONIZ, *Júlio Dinis e a sua obra*, cit., p. 9).
[88] COELHO DA ROCHA, *Instituições*, cit., § 22, consagrava "a obrigação de satisfazer as convenções validamente contraídas [... com] perfeito conhecimento, [...] livre, sem dolo nem erro". O Código Civil prescrevia que "os contratos, legalmente celebrados, devem ser pontualmente cumpridos" (artigo 702.°) e considerava nulo o consentimento prestado por erro ou coacção (artigo 656.°).
[89] Mesmo que sejam dívidas de jogo. "Perdi e devo", diz uma personagem incógnita nas *Pupilas* (XII, p. 93), embora na página anterior o Reitor se tenha referido aos jogos (no caso, o "jogo de parar", cfr. p. XII, 90) como "infernais", "costumes proibidos pelos homens e amaldiçoados de Deus". O jogo "nas lotarias" é mencionado em *Uma família inglesa*, XXXVIII, p. 428, como um dos actos que levou ao desfalque por um caixeiro da

"mais fáceis os contratos e as transmissões da propriedade" e exaltou a confiança como base contratual, usando a baronesa Gabriela como porta-voz deste cânone: "Foi um honrado contrato aquele, feito entre dois homens igualmente honrados. Se faltarem nele todas as seguranças do costume, tanto melhor; foi porque ambos se conheciam e confiavam um no outro"[90].

Estes princípios tanto valem para os "negócios relativos à lavoura", em que enaltece quem é "pontual nos pagamentos" e "cavalheiresco nos contratos", fazendo de "remir a dívida"[91] um ponto de honra, como para o comércio urbano, em que louva os "sujeitos fiéis observadores das leis comerciais e rigorosos nas suas contas". Embora introduzida como paródia do Padre Nosso, a máxima de José Fortunato resume uma regra geral: "Fazei que nos paguem, Senhor, as nossas dívidas, assim como nós pagamos aos nossos credores"[92].

O respeito pela liberdade contratual não inibe o autor de, aqui e acolá, revelar sensibilidade para a necessidade de esclarecimento na decisão de contratar e de equilíbrio contratual. A Morgadinha alerta para os contratos em que "há vernizes maravilhosos que iludem os inexperientes"[93]. Jorge receia "a usura, o dolo e a má fé" nos negócios e agradece a Tomé por ter evitado a usura, que não o deixaria "respirar livremente", e por ter conseguido que "a equidade [substituísse] o dolo de muitos dos contratos da nossa casa"[94]. D. Luís pede ao filho Jorge que "não [faça] contratos que sejam vergonhosos"[95]. Tomé da Póvoa lembra "arrendamentos tais, que os caseiros morreriam esfomeados se não esfomeassem a terra"[96]. O Reitor acusa um senhorio de se comportar como um vampiro[97].

---

casa Whitestone. COELHO DA ROCHA, *Instituições*, cit., §§ 874 e 875, considerava o jogo como divertimento tolerado, excluindo a exigibilidade do que se tivesse ganho mas também a repetição do que tivesse sigo pago, tanto no jogo lícito como no proibido. O Código Civil, no artigo 1542.º, seguiu só em parte esta orientação, admitindo a repetição do pagamento consequente a jogos de azar.

[90] *Fidalgos*, IV, p. 56, XXIV, p. 310.
[91] *Fidalgos*, III, p. 29, 42, 44, XXV, p. 329, Conclusão, p. 492.
[92] *Uma família inglesa*, XIII, p. 156.
[93] *Morgadinha*, VIII, p. 105.
[94] *Fidalgos*, XVII, p. 221, XXI, p. 279. CORRÊA TELLES, *Digesto*, cit., I, n.º 269, escreveu: "Os contratos usurários [...] são nulos".
[95] *Fidalgos*, VI, p. 75.
[96] *Fidalgos*, III, p. 41.
[97] *Pupilas*, XIII, p. 100.

9. Documentos contratuais

O autor mostra um verdadeiro fascínio por documentos contratuais e pela sua escrituração. Basta recordar a minúcia que pôs na explicação sobre contabilidade mercantil[98] e transcrever algumas listas de papéis e de livros com que ilustra a sua obra de ficção: "correspondências, facturas, contas-correntes, contas de venda, conhecimentos, primeiras, segundas e terceiras vias de letras, minutas de seguros, recibos e mais documentos comerciais[99]; "procurações, recibos, contratos de arrendamento, títulos de propriedades, escritos de quitação com a fazenda e outros documentos"; "livros para assentar contas com os rendeiros e dívidas da casa"[100]. E ainda: "papéis de crédito", facturas[101], "escrito de quitação", "títulos", "documentos e títulos, que dizem respeito a propriedades nossas e a contratos antigos"[102].

Um curioso documento faz parte da intriga na peça *As duas cartas*: uma "obrigação" de "pagar um conto de réis" depois do casamento do devedor com determinada pessoa, quando o subscritor recebesse "o que lhe tocar por morte do [...] pai"[103]. Seria pois, em linguagem de então como na de hoje, uma obrigação sob dupla condição suspensiva (casar e herdar), a primeira das quais (quase) potestativa ou mista[104].

O documento qualificava-se na época como "bilhete simples de obrigação", sem a natureza de "escrito de comércio, mas simples promessa de pagar, sujeita à lei civil" e, portanto, "documento particular assinado" que servia de "prova contra quem o assinou, por reconhecimento pelo escritor ou por testemunhas, ou por comparação de letra"[105].

---

[98] Cfr. nota 81.
[99] *Uma família inglesa*, IX, p. 101.
[100] *Fidalgos*, VII, p. 83 s.
[101] *Uma família inglesa*, XIII, p. 156, XXII, p. 287 s.
[102] *Fidalgos*, III, p. 43, XXV, p. 329, XXIX, p. 385. Sobre "quitações e recibos", Código Comercial, n.ºs 879 ss.
[103] *As duas cartas*, cit., acto 2.º, cena 2.ª, p. 62, com sequência na cena 6.ª, p. 74, e na cena 13.ª, p. 102.
[104] Cfr. CORRÊA TELLES, *Digesto*, cit., I, n.ºs 58 ss, 102 ss; COELHO DA ROCHA, *Instituições*, cit., § 105.
[105] Código Comercial, n.º 437; COELHO DA ROCHA, *Instituições*, cit., § 189.

10. Tipos contratuais. Contratos para consumo

A ficção de Júlio Dinis cruza-se com os mais diversificados tipos contratuais.

Contratos com fins de consumo só surgem de modo esporádico e secundário, como se esperaria numa sociedade baseada na auto-subsistência. Alguns exemplos, apesar de tudo elucidativos: a compra de um "cofrezinho" (para jóias?)[106], a venda de vinho na taberna[107], as compras no mercado do peixe por "particulares" a regateiras e a pescadores[108], arrendamento para habitação[109], empréstimo para despesas com arrendamento e compra de mobília[110], seguro contra incêndio[111], transporte em "sege de aluguer"[112] e por almocreve[113], hospedagem[114], prestação de serviço médico (pago no acto ou por avença)[115].

---

[106] Que a compradora julgou "preciosíssimo" (*Morgadinha*, VIII, p. 105). O direito de então atribuía ao comprador garantia por "defeitos da coisa ou vícios redibitórios" (ocultos), "se não tiver as qualidades inculcadas no contrato" ou "as que ordinariamente costumam ter". "A parte lesada tem acção, ou para satisfazer o contrato, ou para pedir indemnização" (COELHO DA ROCHA, *Instituições*, cit., § 742; cfr. § 810; cfr., próximo, mas menos preciso, CORRÊA TELLES, *Digesto*, cit., III, n.os 270 ss). Protecção menor conferiu o Código Civil, nos termos do qual o contrato de compra e venda não podia "ser rescindido com o pretexto de lesão ou de vícios da coisa, denominados redibitórios, salvo se essa lesão ou esses vícios envolverem erro que anule o consentimento [...], ou havendo estipulação expressa em contrário" (artigo 1582.°).

[107] *Pupilas*, XII, p. 92.

[108] *Uma família inglesa*, XX, p. 250.

[109] *Uma família inglesa*, VIII, p. 99 ("escrito do arrendamento da minha casa"), p. 156 (parece natural que uma parte pelo menos dos "prédios velhos" de que José Fortunato era proprietário se destinassem a arrendamento para habitação); *Pupilas*, XIII, p. 100 (cfr. nota 97); *Inéditos e esparsos*, cit., p. 88 s, com referência a "senhoria" e "inquilinos" (no texto incompleto do conto "A vida das terras pequenas"). Na peça *As duas cartas*, cit., acto 2.°, cena 1.ª, p. 60, escreveu-se porém "alugar esta casa".

[110] *As duas cartas*, loc. cit. na nota anterior.

[111] *Uma família inglesa*, VIII, p. 100 ("da minha casa da Rua do Souto").

[112] *Uma família inglesa*, XXI, p. 271.

[113] *Morgadinha*, I, p. 10 ss. O Código Comercial, n.° 170, mencionava o almocreve enquanto empregado de recoveiros e de barqueiros, que definia, por sua vez, como expedicionário ou comissário de transporte de mercadorias. No Código Civil não se referiam os almocreves, mas, em anotação aos artigos 1410.° a 1418.°, CUNHA GONÇALVES, *Tratado de Direito Civil em comentário ao Código Civil Português*, vol. VII, Coimbra, 1933, p. 666, incluía os almocreves no elenco dos que se encarregavam do transporte de mercadorias ou recovagem.

[114] A peça de teatro *O casamento da Condessa da Amieira*, escrita em 1856 (*Teatro Inédito*, cit., 1.° volume, p. 21 ss), "passa-se numa hospedaria do Porto", sendo André,

Muito mais frequentes e relevantes são os contratos relacionados com a propriedade dos meios de produção rural ou comercial e com a estrutura e organização da família, que assumem por vezes relevo no encadeamento da acção dos romances.

11. Contratos relacionados com a propriedade dos meios de produção. Compra e venda, arrendamento rural, empréstimo, garantias

A compra e venda de bens móveis instrumentais para a actividade económica emerge nalgumas passagens dispersas: a compra de bois, cujo preço ainda estava parcialmente por pagar[116], a (hipotética) compra de um cavalo[117], a compra de dez pipas de vinho, a negociação de cereais, de valores em bolsa, a exportação e importação de géneros pela casa Whitestone[118].

Mais importantes são os contratos que visam o acesso ao uso da terra agrícola por compra e venda ou por arrendamento. Nos *Fidalgos*, Tomé da Póvoa comprou na "praça" (em hasta pública) a primeira terra de que foi dono e, mais tarde, a horta que tinha arrendado; Jorge desinvestiu "alienando algumas fazendas distantes que serviam apenas de estorvo à administração das outras", mas investiu comprando ao irmão mais novo "a parte dos bens rurais que lhe pertencia"[119].

A solução alternativa, o arrendamento rural[120], constituía também um dos meios privilegiados para exploração das grandes e médias pro-

o estalajadeiro, um dos personagens; outra peça, *Os anéis ou os inconvenientes de amar às escuras*, escrita em 1857 (*id.*, p. 189 ss), "passa-se na actualidade em uma estalagem do Porto". CORRÊA TELLES, *Digesto*, cit., III, n.os 728 ss, enunciava com pormenor as obrigações dos estalajadeiros. O Código Civil regulava o contrato de albergaria ou pousada nos artigos 1419.º ss.

[115] Clara pergunta ao médico, Daniel, "quanto se lhe deve pela visita" (*Pupilas*, XX, p. 159); João Semana graceja, fingindo ficar preocupado com a possibilidade de receber das irmãs uma só avença (*Pupilas*, XLII, p. 384). Cfr. Código Civil, artigo 1409.º, sobre "serviços prestados no exercício de artes e profissões liberais". Mas n'*As apreensões de uma mãe*, VIII, p. 113, Tomás mostra-se disposto a exercer clínica gratuitamente a favor dos pobres.

[116] *Pupilas*, XII, p. 91.

[117] *Fidalgos*, III, p. 42.

[118] *Uma família inglesa*, XXII, p. 284, XIII, p. 156, VIII, p. 94, e *supra* notas 73 a 76. A compra e venda mercantil estava regulada no Código Comercial, n.os 453 ss.

[119] *Fidalgos*, III, p. 42, 38, Conclusão, p. 492, 494.

[120] Nas *Instituições* de COELHO DA ROCHA, após regras comuns ao arrendamento e ao aluguel (§§ 831 ss), constavam as "particularidades" acerca do "arrendamento de casas"

priedades, umas vezes vantajosa para os senhorios, outras vezes para os rendeiros[121]. Podia mesmo servir para os mais aptos e laboriosos como um escalão para ascensão económica e social, como sucedeu com Tomé da Póvoa: primeiro, quando, depois de ter saído da Casa Mourisca como criado, empregou "algum dinheiro, que juntara, em arrendar um casebre e uma horta, da qual [...] tirava [...] o preciso para não morrer de fome"; mais tarde, quando arrendou uma propriedade muito maior ao mesmo bondoso senhorio, o doutor Menezes, juiz aposentado da Relação do Porto[122].

Ainda mais salientes no enredo são os contratos de financiamento destes meios de produção, sinal do incremento da monetarização da economia. Citando uma vez mais os *Fidalgos da Casa Mourisca*: Tomé empenhou as arrecadas da mulher para completar o "aluguer" da sua primeira casa e pagou a primeira granja com a "ajuda" do doutor Menezes; o padre Januário obtinha capitais para o seu constituinte (D. Luís); Jorge contraiu um "empréstimo agenciado por meio do capital e do crédito de Tomé da Póvoa", depois um outro (?)[123] que este directamente lhe concedeu, sem usura, e ainda mais um junto da "nova Companhia de Crédito Predial"[124], "amortizável em poucos anos"[125].

---

e do "arrendamento de prédios frugíferos" (cfr. CORRÊA TELLES, *Digesto*, cit., III, n.º 735 ss, 807 ss). O Código Civil continha, além de regras comuns ao arrendamento e aluguer (artigos 1595.º e seguintes), regras próprias para o arrendamento de prédios urbanos (artigos 1623.º a 1626.º) e de prédios rústicos (artigos 1627.º a 1631.º), marcadas por baixo grau de protecção do arrendatário. Note-se que não há na obra de Júlio Dinis referência à enfiteuse.

[121] Alguns excertos ilustrativos: "O sr. Joãozinho [...] deixava os cuidados agrícolas aos rendeiros e feitores" (*Morgadinha*, XI, p. 135); "lavrar arrendamentos com que o senhorio nada lucra" (*Fidalgos*, VI, p. 71); Jorge "celebrou novos e mais vantajosos arrendamentos" (*id.*, VII, p. 87). Cfr. também nota 96.

[122] *Fidalgos*, III, p. 38 ss. Sobre esta figura, ver ARY DOS SANTOS, ob. cit., no capítulo intitulado "o bom Dr. Menezes" (p. 179 ss).

[123] Por uma vez, o autor não prima pela clareza. Primeiro, Tomé oferece-se para emprestar dinheiro a Jorge (*Fidalgos*, III, p. 37 s, 44); depois, sugere-se que serviu como mediador ou fiador de empréstimo concedido por outrem (VII, p. 87); finalmente, Tomé assume que emprestou dinheiro a Jorge, lembrando que não foi ele o primeiro que emprestou dinheiro aos senhores da Casa Mourisca (XX, p. 252 s). Afinal, Tomé foi ou não também garante (fiador) de um outro financiamento?

[124] Deveria ser a Companhia Geral de Crédito Predial Português, criada por decreto de 1864 (cfr. *História do Sistema Bancário Português*, cit., p. 127, 162).

[125] *Fidalgos*, III, p. 42, I, p. 13, VII, p. 87, III, p. 44, XX, p. 252 s, XXI, p. 279, Conclusão, p. 492, respectivamente.

Geralmente estes empréstimos[126] eram concedidos com garantia real: penhor[127] (das arrecadas); hipoteca[128] das terras, mesmo quando o devedor era respeitável. Assim o diz o Jorge da Casa Mourisca: "Grande parte dos nossos bens estão hipotecados. O nome da nossa família não é já segura garantia nos contratos"[129].

Terá sido diferente, sob este aspecto, o empréstimo que a Jorge fez o seu antigo criado? O relato parece contraditório. Quando Jorge diz que não tem garantias para oferecer, Tomé pergunta: "Não há garantias? E a sua probidade?". E a seguir afirma: "Não exijo mais garantias para o meu dinheiro do que um escrito seu, sr. Jorge", embora, sempre delicado, mas cauteloso e astuto, acrescenta: "Como a sua experiência é pouca, eu, se mo permitir, guiá-lo-ei nos primeiros tempos". Mais tarde, quando protesta junto de D. Luís a entrega por este das chaves da Casa Mourisca, que tomou como uma afronta, diz: "Não dei dinheiro sem garantias, nem também o dei com usura. Nenhum de nós aceitou favor do outro"[130]. Mudança das condições do empréstimo tal como primeiro o ofereceu? Mentira piedosa para ocultar o seu total desinteresse? Engano do autor?[131]

---

[126] Tanto na doutrina anterior ao Código Civil (CORRÊA TELLES, *Digesto*, cit., III, n.os 1162 ss; COELHO DA ROCHA, *Instituições*, cit., §§ 769, 774, 777) como no Código Civil (artigos 1506.° e seguintes), o empréstimo englobava os contratos de comodato (de coisa infungível) e de mútuo (de dinheiro ou de outra coisa fungível), podendo este ser gratuito ou retribuído. Mas no Código Civil, o mútuo retribuído tomava o nome de "usura" (artigo 1508.°). Júlio Dinis usa sempre a palavra empréstimo e parece dar à palavra usura o seu sentido pejorativo de juro excessivo, o que corresponderia a "10, 12 e 15 por cento" (cfr. *Fidalgos*, VIII, p. 91, XVII, p. 221, XX, p. 252 s, XXI, p. 279). Repare-se que CUNHA GONÇALVES, *Tratado de Direito Civil*, cit., vol. VIII, Coimbra, 1934, p. 263, discordava da nomenclatura do Código, porque "usura, em rigor, só é aplicável ao juro excessivo".

[127] Sobre o penhor, CORRÊA TELLES, *Digesto*, cit., III, n.os 1200 ss; COELHO DA ROCHA, *Instituições*, cit., §§ 625 ss; Código Civil, artigos 855.° ss.

[128] Sobre a hipoteca, CORRÊA TELLES, *Digesto*, cit., III, n.os 1245 ss; COELHO DA ROCHA, *Instituições*, cit., §§ 633 ss, nota DD, p. 629 ss, onde se faz a história do regime em Portugal desde uma lei pombalina de 1774, e nota EE, p. 632 ss, sobre o registo das hipotecas. Em 1 de Julho de 1863, foi promulgada uma Lei Hipotecária, que revogou uma lei de 1836 e que entrou em vigor em 1 de Abril de 1867, pouco antes do Código Civil. Neste, o regime constava dos artigos 888.° ss e o sistema de registo dos artigos 949.° ss (cfr. também o meu livro *Publicidade e Teoria dos Registos*, Coimbra, 1966, p. 146 ss).

[129] *Fidalgos*, V, p. 63. A hipoteca dos imóveis da Casa Mourisca constitui mesmo um elemento essencial, repetidamente lembrado na sequência do romance (cfr. I, p. 7, 13, VI, p. 71, Conclusão, p. 492).

[130] *Fidalgos*, III, p. 38, 44, XX, p. 253.

[131] Cfr. nota 123.

12. Mandato e trabalho

Na gestão da propriedade fundiária, a presença recorrente de procuradores surge geralmente[132] aliada a um juízo de incompetência e de negligência (deles mesmos e dos fidalgos de estilo antigo que lhe confiavam a administração), que o padre Januário simboliza[133] e até reconhece: "Qual é o seu sistema de administração?", pergunta Jorge. Responde o padre, ignorante e ingénuo: "Sistema de administração! Isso é frase de cortes"[134].

Esta prática reiterada não tinha porém, antes do Código de Seabra, correspondência na legislação, que só contemplava o mandato comercial e o mandato judicial[135]. O contrato civil de mandato ou procuradoria só veio a ter regime legal próprio com aquele Código (artigos 1318.º e seguintes). Mas, fosse qual fosse a fonte, o romancista assimilara o essencial do regime, como demonstra o modo preciso pelo qual enuncia a regra da revogação do mandato: "A responsabilidade de um procurador cessa no dia em que a procuração lhe é retirada pelo constituinte"[136].

O mandato judicial, sem esta designação, está subjacente nas frequentes alusões a demandas entregues a advogados, quase sempre tratados de modo neutro[137], mas, algumas vezes, apreciados[138] ou critica-

---

[132] Mas há excepções: Jorge desempenha com eficiência a função de procurador do pai na administração da Casa Mourisca (cfr. *Fidalgos*, V, p. 64, VI, p. 70, 75); Tomé entende-se melhor com procuradores do que com advogados (*Fidalgos*, XXVII, p. 348).

[133] *Fidalgos*, I, p. 12 s, III, p. 37 (cfr. nota 32), IV, p. 54, V, XXIX, p. 64, p. 385.

[134] *Fidalgos*, IV, p. 54.

[135] COELHO DA ROCHA, *Instituições*, cit., em comentário ao seu § 792 (o primeiro daqueles em que expunha o regime com base em diversas fontes, entre as quais códigos estrangeiros); no mesmo sentido, DIAS FERREIRA, *Código Civil português anotado*, Lisboa, volume III, 1872, p. 352. Mas CORRÊA TELLES, *Digesto*, cit., III, título VII (n.os 599 ss), sobre o mandato, invoca fontes nacionais, embora pareça restringir o instituto à administração de propriedades.

[136] *Fidalgos*, VII, p. 83; cfr. XIX, p. 246; cfr. CORRÊA TELLES, *Digesto*, cit., III, n.º 644; COELHO DA ROCHA, *Instituições*, cit., § 798, 4.º; Código Civil, artigos 1363.º, n.º 1, e 1364.º.

[137] *Fidalgos*, VII, p. 87, VIII, p. 92, XXI, p. 278. Equívoca é a seguinte frase da *Morgadinha*, XI, p. 135: "deixava aos procuradores os cuidados judiciais" (será referência directa a advogados ou a outros procuradores?). Fora dos romances, há várias personagem que são ou foram advogados: Pedro da Silva, n'*O último baile do Sr. José da Cunha* (1857), em *Teatro Inédito*, cit., 1.º volume, p. 117 ss; Miguel Tavares, ex-advogado, n'*As duas cartas*, cit.; Dr. Teófilo, n'*As apreensões de uma mãe*, cit., IV, p. 95.

[138] "O nosso pleito entrou em muito melhor caminho depois da minha conferência

dos[139]. O mandato comercial aflora a propósito dos caixeiros[140], cujas funções o Código Comercial regulava em local diverso do mandato mercantil, mas que agiam também com poderes representativos[141], num tempo em que não era clara a demarcação entre mandato e representação.

O trabalho, como elemento essencial para, em conjunto com o capital e a inteligência, se incorporar na propriedade[142], nunca é esquecido por Júlio Dinis. A exaltação do trabalho, origem da riqueza, da nobreza e da felicidade[143], transparece, por exemplo, nos seguintes trechos que, embora focando o trabalho rural, parece legítimo generalizar:

"O trabalho não distingue sexo nem idade. Todos, desde a infância, se familiarizam com ele. Dá-se o mesmo que se dá com o trato com os bois; somente na cidade estes possantes e bondosos animais metem medo às mulheres e crianças"[144]. E, talvez ainda mais, pelo contraste, nas palavras do padre Januário, sempre arauto de ideias inversas às do autor: "O trabalho é um castigo. [...] Que trabalho tinha Adão no paraíso?". Adiante retoma o mote julgando as "ladainhas a S. Trabalho" como próprias daqueles que foram apanhados pela "febre liberal"[145].

Com mais ou menos densidade, o romancista traça o quadro de todos os tipos de trabalho subordinado da sua época[146].

O trabalho comercial está ilustrado a propósito de guarda-livros, de caixeiros e de outros trabalhadores que se cruzavam na praça do Porto[147].

O trabalho industrial é invocado, mas só indirectamente, numa interessante passagem sobre o empréstimo que João, personagem secundária das *Pupilas*, pediu ao José das Dornas "para pagar ao mestre da fábrica,

---

com os advogados" (*Fidalgos*, XXV, p. 329). "Mas sempre vos digo que ouçam um advogado, para não fazerem tolices" (*id.*, XXXVII, p. 490).

[139] Diz Tomé da Póvoa: "Aqueles senhores [os advogados], saindo do escritório, não pensam mais nas demandas nem nos clientes" (*Fidalgos*, XXVII, p. 348).

[140] Cfr. nota 82.

[141] Cfr. n.os 772 ss, sobre o mandato mercantil, e n.os 141 ss, sobre feitores e caixeiros, em especial os n.os 156 a 159.

[142] Cfr. notas 29, 33 e 44.

[143] ANTÓNIO JOSÉ SARAIVA, *A obra de Júlio Diniz e a sua época*, cit., p. 17.

[144] *Fidalgos*, III, p. 29 s. Que não escandalize este apelo ao trabalho infantil! Seria extraordinário que, em meados do século XIX, se fosse sensível ao problema.

[145] *Fidalgos*, IV, p. 57, 78.

[146] Sobre o contrato de serviço assalariado, Código Civil, artigos 1391.º ss. CUNHA GONÇALVES, *Tratado de Direito Civil*, cit., vol. VIII, p. 572, comentou: "Esta secção é uma daquelas em que o nosso Código civil mais depressa envelheceu".

[147] Cfr. notas 78 e 79.

em que traz o filho na cidade"[148]. Não seria ainda trabalho fabril, mas um contrato de aprendizagem, que era então assim encarado: "Os aprendizes de ofícios mecânicos são como criados do mestre, o qual se obriga a ensiná-los por certa paga [...] ou somente pelo trabalho"[149].

Sobre a importância do trabalho agrícola, que nem sempre se distinguia claramente do trabalho doméstico, dispomos de alguns fragmentos nos *Fidalgos*. Na Casa Mourisca, continuava a ser "numerosa a coorte de criados e jornaleiros", mesmo depois de Jorge ter decido "reduzir o número de criados de dentro[150] e aumentar os de lavoura". Na sua herdade, Tomé da Póvoa também não dispensava os assalariados[151].

13. Contratos relacionados com a estrutura da família. Trabalho doméstico

O trabalho doméstico[152] constituía na época um elo básico da organização familiar: os criados "são como acessórios de uma família"[153].

Pela obra de Júlio Dinis confirmamos antes de mais, sem surpresa, o elevado número de criados servindo nas casas fidalgas ou burguesas. Na Casa Mourisca, já se viu. Na residência da família inglesa, criados e criadas, uns mais novos, outros mais velhos, portugueses e ingleses, além

---

[148] *Pupilas*, XII, p. 91.

[149] CORRÊA TELLES, *Digesto*, cit., II, n.os 1276 e 1282. O contrato de prestação de serviço de ensino ou de aprendizagem foi regulado pelo Código Civil, artigos 1424.° ss. CUNHA GONÇALVES, *Tratado de Direito Civil*, cit., vol. VIII, p. 756, só admitia que o contrato fosse gratuito ou pago pelo mestre. Na verdade, o artigo 1426.° só se referia à retribuição pelo aprendiz enquanto termo hipotético de comparação, de tal modo que o salário realmente pago não fosse inferior a metade do valor do trabalho do aprendiz. DIAS FERREIRA, *Código Civil português anotado*, cit., volume III, p. 413, elucidava que esta disposição se destinava "a evitar os abusos que os mestres cometiam constantemente". Recorde-se que as *Pupilas* (cfr. nota anterior) foram escritas antes da entrada em vigor do Código.

[150] "Os amos podem despedir os criados arbitrariamente antes de findo o tempo, com tanto que lhes paguem a soldada por inteiro" (COELHO DA ROCHA, *Instituições*, cit., § 857; cfr. no mesmo sentido CORRÊA TELLES, *Digesto*, cit., II, n.° 1252).

[151] *Fidalgos*, Conclusão, p. 493, VII, p. 90, III, p. 29 s.

[152] Cfr. CORRÊA TELLES, *Digesto*, cit., II, n.os 1210 ss; COELHO DA ROCHA, *Instituições*, cit., §§ 855 ss (locação de obras dos criados); Código Civil, artigos 1370.° ss (serviço doméstico).

[153] CORRÊA TELLES, *Digesto*, cit., II, n.° 1210, que incluía na mesma categoria de "acessórios de uma família [...] os escravos nas províncias, em que são tolerados".

de uma despenseira, um jardineiro e um hortelão[154]. Nas peças de teatro, vários personagens secundários são identificados como criados[155].

O quadro da relação entre os "criados" e os seus "amos" vem esclarecido por vários episódios e comentários. Na *Morgadinha*, "Henrique, habituado às etiquetas da civilização urbana, que estabelece entre amos e criados distâncias desconhecidas na aldeia, estranhou um pouco a familiaridade"[156].

Mas, se, na cidade, não havia familiaridade, havia uma certa solidariedade, caritativa e protectora, pelo menos por parte de Jenny, filha de Richard, retratada como "um anjo familiar". Quando ela se apercebe de que uma criada se despede para tratar da irmã, diz-lhe que a traga "para aí" (isto é, para a casa onde servia)[157]. Quando se apercebe de que o jardineiro partira um vaso de porcelana, faz crer ao pai que ela própria o partira (de certo para impedir que o criado arcasse com o dano causado, que poderia ser descontado na soldada, mesmo quando a culpa fosse leve[158]). A própria família, em conjunto, assumia como sua uma espécie de segurança social privada, como se deduz da assistência prestada a Kate, "criada octogenária, que tinha sido ama de Mr. Richard, e jazia agora, paraplégica e demente, num dos quartos da casa, vigiada com carinho pela família Whitestone"[159].

Acerca do pagamento da soldada aos criados, somos informados de que nem sempre era pontual, por vezes com a cumplicidade dos próprios,

---

[154] *Uma Família Inglesa*, IV, p. 50 ss.

[155] *O último baile do Sr. José da Cunha*, cit. (um criado); *As duas cartas*, cit. (um criado); *Similia Similibus* (1858), *Teatro Inédito*, cit., 2.º volume, p. 107 ss (dois criados); *Um segredo de família* (1860), em *Teatro Inédito*, cit., 3.º volume, p. 15 ss (um mordomo e um preceptor, que talvez fosse um trabalhador doméstico qualificado).

[156] *Morgadinha*, II, p. 20.

[157] A mesma cena revela porém como a protecção se apoiava na autoridade: "Como vai embora? Quem a mandou? [...] Não está bem?"

[158] COELHO DA ROCHA, *Instituições*, cit., § 856, 2.º. O Código Civil manteve a solução nos artigos 1383.º, n.º 4.º, e 1388.º, embora sem menção da "culpa leve" e admitindo a oposição "do serviçal [...] no caso de injustiça".

[159] *Uma Família Inglesa*, IV, p. 47, 53 s, 57 s. COELHO DA ROCHA, *Instituições*, cit., § 856, 3.º, considerava que o amo estava obrigado a tratar da "moléstia" do criado, "por conta da soldada", qualquer que fosse a sua causa, "até que a sua família o acolha ou que ele entre no hospital" (próximo, CORRÊA TELLES, *Digesto*, cit., II, n.º 1242). O Código Civil, artigo 1384.º, 3.º, obrigava o amo a "socorrer ou mandar tratar o serviçal à custa da sua soldada, se o não quiser fazer por caridade, sobrevindo-lhe moléstia, e não podendo o serviçal olhar por si, ou não tendo família no lugar onde serve, ou qualquer outro recurso".

que ao dinheiro preferiam o respeito do patrão[160]. Mas havia casas onde se abusava, atrasando a soldada por mais de um ano e fazendo os criados passar "fome de rato"[161].

Mas a imagem que o romancista fazia dos criados não seria também a mais favorável, como deixa escapar quando generaliza a atitude de um criado que, "como todos os da sua classe, [era] mais zeloso em cumprir as tarefas dos outros do que em cumprir as suas"[162].

14. Casamento: função social

Júlio Dinis é o romancista da família[163] e do casamento. Todos os romances, dois dos contos reunidos nos *Serões da Província*[164] e quase todas as peças de teatro terminam com um casamento ou mesmo dois. Apesar de ter morrido solteiro, o autor mostra elevado apreço pelo casamento, não só porque o selecciona como marca de final feliz[165], mas também porque omite os actos e as circunstâncias que o possam perturbar ou com ele concorrer: enfado ou agressividade entre marido e mulher[166], adultério, mancebia ou concubinato[167]. Escasseiam as relações fora do

---

[160] Como atesta a cena da devolução dos pagamentos feitos por Jorge aos criados (*Fidalgos*, VII, p. 89 s).

[161] *Uma Família Inglesa*, XXIV, p. 298. CORRÊA TELLES, *Digesto*, cit., II, n.º 1238, dizia que "o amo é obrigado a dar ao criado o alimento suficiente segundo o uso do país, a não ser ajustado a seco".

[162] *Uma família inglesa*, IV, p. 51.

[163] ANTÓNIO JOSÉ SARAIVA & ÓSCAR LOPES, *História da Literatura Portuguesa*, cit., p. 793.

[164] *Justiça de sua Majestade* e *As apreensões de uma mãe*.

[165] Com ressalva de duas comédias escritas na juventude: *O casamento da Condessa da Amieira*, cit., em que o "casamento" é afinal o título de um peça de teatro, e *Os anéis ou os inconvenientes de amar às escuras*, cit., que finda com a frustração de dois casamentos.

[166] Com uma única excepção, que eu tenha anotado: o lamento de Zé P'reira acerca do desleixo da mulher por andar "a papar missas e novenas" (*Morgadinha*, VII, p. 84 s).

[167] N'*O casamento da Condessa da Amieira*, cit., Emília (a pretensa condessa, na verdade uma actriz, uma "cómica") tem um amante, também actor (acto 2.º, cena 13.ª, p. 108). Mas parece provável que fossem ambos solteiros. Na época, o adultério da mulher era crime para ambos os adúlteros (Código Penal de 1852, artigo 401.º). Para o homem adúltero casado, só era crime se tivesse "manceba teúda e manteúda na casa conjugal" (artigo 404.º). A circunstância de a vítima de homicídio ser "concubina teúda e manteúda pelo marido na casa conjugal" era considerada causa de atenuação do crime de homicídio (artigo 372.º, § 2.º).

casamento e os filhos ilegítimos[168]. O casamento apresenta-se como fundamento único, estável e eficiente da família.

O casamento desempenha igualmente, não poucas vezes, a função de ascensão social de um dos cônjuges. N'*Os Fidalgos da Casa Mourisca*, cruza a filha de um médio proprietário rural com um fidalgo, em casa de quem o pai trabalhara como criado. N'*Uma Família Inglesa*, casa a filha de um guarda-livros com o filho do patrão deste, um grande comerciante. N'*A Morgadinha dos Canaviais*, junta um mestre-escola com uma rica proprietária da alta burguesia. N'*As Pupilas do Senhor Reitor*, une as duas pupilas, sem estatuto social de relevo, com os filhos de um lavrador abastado, um dos quais médico. N'*As apreensões de uma mãe*, consorcia uma camponesa pobre, gentil, mas iletrada, com um fidalgo, rico, poeta e médico por uma faculdade de Paris.

Todavia, nos casos em que a ruptura com os cânones sociais é mais forte, o autor procura sempre algum elemento de compensação.

Nos *Fidalgos*, a justificação daquele "casamento monstruoso" aos olhos da tradição merece uma explicação teórica, com sabor genético, de que é porta voz a baronesa Gabriela, quando, ao "capricho aristocrático", responde com a necessidade de "misturar sangue novo ao nosso, senão morremos asfixiados [...]. As famílias que escrupulizam em não caldearem o sangue antigo que trazem nas veias dão de si uns descendentes quase sempre parvos e pecos"[169].

A nova convicção das classes até então dominantes não deixa porém de ser equívoca. A baronesa apoia a sua tese num dever de "nobreza" e nos "sentimentos nobres" da nubente plebeia. D. Luís, que acaba por se converter à solução, apresenta um argumento histórico ("Como se formaram as famílias nobres? São todas da mesma época?") e refugia-se na esperança de que afinal nada mude: "Tu és nobre bastante para enobreceres aquela que cingires ao coração e ficares nobre ainda"[170].

Na *Família Inglesa*, a tendência interclassista do autor chegou para ultrapassar a diferença de origem entre a filha de um "homem honrado

---

[168] Algumas das poucas excepções: *Um segredo de família*, cit., p. 154; *Os novelos da Tia Filomena*, (1863), integrado nos *Serões da Província*, cit., p. 140 ss (XII, p. 182).

[169] *Fidalgos*, XXXVI, p. 472, 469 s. Adiante (p. 489), até Jorge reconhece os seus "preconceitos aristocráticos". N'*Uma Família Inglesa*, XXXVI, p. 414, Jenny e o pai trocam palavras sobre os "preconceitos de educação" que poderiam ser obstáculo ao casamento de Carlos com a filha do guarda livros.

[170] *Fidalgos*, XXXVI, p. 469, 472, XXXVII, p. 483.

mas subalterno" com o filho do capitalista. Mas o autor não resistiu a atenuar o choque social, guindando Manuel Quintino, o guarda-livros, a outra "escala de consideração" e fazendo dele, além de compadre, também associado de Mr. Richard Whitestone, passo decisivo para ser, mais tarde, "director de um banco, mordomo da Santa Casa e camarista"[171].

No conto *As apreensões de uma mãe*, a pequena leiteira, para ser "digna" do marido, sofre uma "metamorfose" guiada pela sogra, transformando-se numa senhora que vestia à moda, tocava e cantava "divinamente", lia poesia e até escrevia nas "colunas dos jornais da época"[172].

Esta "conversão pelo amor das classes sociais antagónicas" e da "absorção de padrões do nível da classe superior" tem sido notada pela generalidade dos comentadores de Júlio Dinis[173]. As palavras mais impressivas pertencem a António José Saraiva:

"Através de enredos e amores as diversas classes sociais fundem-se e misturam-se: o assalariado ingressa na alta burguesia; o camponês adquire brasão; o rústico ganha maneiras de cidade. Em resumo: o trabalho, a riqueza, a ilustração e a nobreza de linhagem fundem-se para constituírem uma classe única, uma nova aristocracia. A aristocracia do trabalho substitui a aristocracia do privilégio e do sangue. O homem do povo que o trabalho enobreceu deixou de ser homem do povo, tornou-se um burguês"[174].

15. O acto de casamento

Registam-se na obra de Júlio Dinis algumas referências a aspectos jurídicos do acto de casamento ou com ele conexos. Tem-se naturalmente em vista o casamento católico[175], por ser afinal infundado o receio de que se acabasse "com o santo sacramento do matrimónio"[176].

---

[171] *Uma família inglesa*, XXXVI, p. 414, Conclusão, p. 448.
[172] *As apreensões de uma mãe*, VIII, p. 119 ss.
[173] JOÃO GASPAR SIMÕES, *Júlio Dinis* (colecção A obra e o homem), cit., p. 157; MARIA LÚCIA LEPECKI, *Romantismo e realismo na obra de Júlio Dinis*, cit., p. 105.
[174] *A obra de Júlio Diniz e a sua época*, cit., p. 16 s (a transcrição omite algumas frases).
[175] COELHO DA ROCHA, *Instituições*, cit., aborda o matrimónio nos §§ 213 ss, enquanto "contrato e sacramento, regulado pelas leis civis e eclesiásticas", dando nota, nas p. 258 ss, de que contrariava assim a tradição: "As doutrinas sobre matrimónio até agora julgavam-se mais próprias ou da teologia, ou do direito canónico, do que da jurisprudência

O casamento com que culmina *Uma Família Inglesa* seria um casamento misto entre uma católica e um protestante, consoante se infere da seguinte passagem: "Vencidas as dificuldades que as diferentes religiões de Carlos e de Cecília traziam consigo, o casamento fez-se". Então como hoje[177] bastaria a licença do bispo da diocese.

O processo de casamento é invocado a propósito dos "banhos" e de eventuais impedimentos[178]. Há também menções ao regime de bens, em geral ("as cláusulas do contrato [matrimonial] são uma coisa secundária e que só na presença do tabelião se regulam") e ao regime dotal[179].

---

civil. Como [...] o seu conhecimento pertencia aos tribunais eclesiásticos, nenhum dos escritores de direito pátrio as inseriu nos seus tratados". A afirmação não era totalmente rigorosa, porquanto já em obra anterior CORRÊA TELLES, *Digesto*, cit., II, n.os 337 ss, tratara "do casamento, seus impedimentos e formalidades", com frequentes remissões para o Direito Canónico, mas com algumas regras civis. O Código Civil, além de disposições comuns (artigos 1058.° ss), continha disposições especiais relativas ao casamento católico (artigos 1069.° ss), regulado pela lei canónica (artigo 1070.°), e disposições especiais relativas ao casamento feito pela forma instituída na lei civil (artigos 1072.° ss) "entre súbditos portugueses, não católicos" (artigo 1072.°).

[176] Conforme afirmou um padre a propósito das intenções do Conselheiro Manuel Bernardo (*Morgadinha*, XI, p. 144). Segundo ANTÓNIO JOSÉ SARAIVA, *A obra de Júlio Diniz e a sua época*, cit., p. 13, "o padre refere-se ao projecto do Código Civil, que estabelecia o casamento civil ao lado do católico". Na verdade, o Código Civil já tinha sido promulgado na data da publicação do romance (1868), mas "o primeiro casamento civil posterior ao Código de 1867 só ocorreu em 12 de Fevereiro de 1879" (LUÍS LINGNAU DA SILVEIRA, *Código Civil de 1867 e legislação subsequente. Casamento e divórcio*, artigo a publicar em 2008, que relata, além do mais, as vicissitudes dos regimes do casamento civil e do casamento católico na preparação e na interpretação do Código).

[177] Código de Direito Canónico, cânones 1124 s. Cfr. CORRÊA TELLES, *Digesto*, cit., II, n.° 339, sobre "dispensas [pelos Ordinários] dos impedimentos estabelecidos pelo Direito Canónico".

[178] "Correram-se banhos e não houve qualquer impedimento" (*Morgadinha*, VII, p. 84). Ver também as referências aos "papéis necessários às duas partes contraentes" e a "proclamar os primeiros banhos", em *Pupilas*, XXVIII, p. 225. Sobre os banhos, uma das "solenidades não essenciais" do matrimónio, cfr. COELHO DA ROCHA, *Instituições*, cit., § 221.

[179] *Fidalgos*, XXXVII, p. 490; *Uma Família Inglesa*, VIII, p. 90; *Pupilas*, VIII, p. 53. Segundo COELHO DA ROCHA, *Instituições*, cit., os "contratos matrimoniais" (§ 255 ss) haviam de ser celebrados por escritura pública (§ 256). O dote, em "sentido estrito ou jurídico", era composto por "aqueles bens que a esposa, seus pais, ou outrem por conta dela, dão ao esposo para sustentar os encargos do matrimónio, com a cláusula de não se comunicarem" (§ 267). No Código civil, a "convenção dos esposos relativamente a seus bens" era regulada pelos artigos 1096.° ss, devendo ser celebrada por escritura pública (artigo 1097.°). Sobre o regime dotal dispunham os artigos 1134.° ss.

Os mais frequentes episódios respeitam ao consentimento. Desde logo, o consentimento do pai, seja a pedido do filho ("de meu pai já tenho o consentimento"[180]) ou de outrem em seu nome[181] seja a pedido de um dos nubentes, do pai ou de "procurador" ao pai do outro nubente: "Venho aqui pedir-lhe a mão de sua filha". "Sou eu [D. Luís] quem peço a Tomé da Póvoa [...] que permita que Berta seja a esposa de meu filho". "Estou encarregado de pedir para Clemente a mão de Berta"[182].

Não se deduz do contexto se este consentimento se fundava apenas numa regra de convivência social ou se correspondia também a uma prescrição jurídica. Esta segunda hipótese é bem plausível, visto que para o casamento de menores se exigia o consentimento dos pais ou tutores e a maioridade se atingia, em regra, aos 25 anos, antes do Código Civil, e, depois deste, aos 21 anos[183]. Ora, acerca dos noivos em qualquer dos casamentos projectados, sabemos que eram jovens, mas não sabemos exactamente qual era a sua idade.

Em causa parece por vezes estar também "o consentimento livre dos esposos", que haveria de ser prestado "perante o pároco", por si ou por procurador[184]. Aqui e ali ainda restavam vestígios do "absurdo costume" de tratar os casamentos entre os pais e "exercer pressão" sobre os filhos para se sacrificarem à "vontade da família"[185]. Mas os exemplos concretos desta prática estariam a rarear[186] e são alheios aos comportamentos dos personagens a quem o romancista atribui sinais de modernidade.

Nos *Fidalgos*, Clemente exprime bem a mudança, quando revela a Jorge o seu desejo de casar com Berta: "Pois imagina que eu consentiria em casar com uma mulher contra a vontade dela? [...] [Tomé] "não é homem capaz de obrigar a filha". Depois, quando Jorge cumpre a sua mis-

---

[180] *Uma Família Inglesa*, XXXIX, p. 445.

[181] Nas *Pupilas*, X, p. 71, o reitor serve de "embaixador" de Pedro, filho de José das Dornas, ao solicitar a este "o consentimento paterno" para casar com Clara.

[182] *Uma Família Inglesa*, XXXIX, p. 444; *Fidalgos*, XXXVII, p. 488, XXVII, p. 349.

[183] CORRÊA TELLES, *Digesto*, cit., II, n.os 346 e 350; COELHO DA ROCHA, *Instituições*, cit., §§ 222 e 58 (cfr. Carta Constitucional, artigo 65.º); Código Civil, artigos 1058.º, n.º 1, e 97.º.

[184] COELHO DA ROCHA, *Instituições*, cit., § 220; Código Civil, artigos 1067.º e 1081.º.

[185] *Fidalgos*, XXVI, p. 342.

[186] "O pai [...] queria-a casar com o brasileiro" (*Uma Família Inglesa*, XXIV, p. 300). "Querem-me casar", protesta Clara nas *Pupilas*, X, p. 73.

são de núncio, é Tomé quem esclarece: "Não sou eu que me caso e portanto é Berta que há-de decidir". E o episódio remata com estas palavras de Berta: "A minha resolução está tomada. Pode dizer a Clemente que aceito". N'*Uma Família Inglesa*, os papéis tradicionais invertem-se, sendo a noiva quem informa o pai de que tenciona casar-se[187].

16. Feminismo

Estas atitudes revelam traços da personalidade feminina que Júlio Dinis realçou com uma certa inclinação feminista *avant la lettre*. Vale a pena deixar uma nota breve a este propósito.

Um estudo salienta que o autor foi um "retratista de almas femininas", nas quais se revela o seu "temperamento feminino" e o "fundo feminino do seu carácter"[188]. Um outro estudo, por sinal escrito por uma mulher, destaca, pelo contrário, que o "romance de Júlio Dinis organiza-se fundamentalmente dentro de valores masculinos" e que a mulher "antes de ser pessoa, [...] é uma função social", sem "qualquer manifestação de sexualidade". Conclui-se, ainda assim, que "as figuras femininas" do romancista são "todas mestras e condutoras"[189].

Talvez estas opiniões não sejam antagónicas, antes parcelares. Muitas das mulheres congeminadas pelo autor nos seus romances (a Morgadinha dos Canaviais, a Margarida das *Pupilas*, a Berta e a baronesa dos *Fidalgos*) apresentam-se como jovens fortes, empreendedoras, educadas, educadoras e até independentes, considerando as limitadas circunstâncias da época.

Não se trata de mera coincidência ou de intuição, mas fruto de reflexão já subjacente à carta dirigida a Ramalho Ortigão, em 1863[190] (data anterior a todos os seus romances)[191]. Nessa carta, a subscritora, Diana de

---

[187] *Fidalgos*, XXVI, p. 342, XXVII, 351, 356; *Uma Família Inglesa*, XXXIX, p. 445.
[188] João Gaspar Simões, *Júlio Dinis*, em *Perspectiva...*, cit., p. 476, 478.
[189] Maria Lúcia Lepecki, *Romantismo e realismo na obra de Júlio Dinis*, cit., p. 32, 26, 41, 97.
[190] *Cartas*, cit., p. 264 ss = *Inéditos e esparsos*, cit., p. 145 ss.
[191] Geralmente o narrador dirige-se ao leitor, mas, pelo menos uma vez, toma "a leitora" como interlocutora (*Fidalgos*, VIII, p. 92). Mero acaso ou antecipação do uso do género feminino (em vez do masculino) como género indiferenciado, como fazem muitos autores anglo-saxónicos actuais?

Aveleda (outro pseudónimo), desconstrói, de modo subtil e irónico, a ideia dominante, "perpetuada através dos séculos", em que se formavam as mulheres de então. A "verdadeira mulher", a "mulher-tipo", a "mulher-mulher", haveria de ser "bela", "amável" e "frágil", as suas virtudes mais apreciadas, o pudor, a inocência, a ignorância e o silêncio (o "melhor ornato do sexo" feminino). Uma mulher forte e sapiente, que soubesse grego e traduzir Homero, seria tomada como "monstruosa aberração".

A caricatura mostra qual dos perfis o escritor preferia, embora, na sua obra, algumas figuras de mulher consigam conciliar as virtudes tradicionais com uma ideia moderna. É verdade que o eros parece ausente em qualquer delas e que, no enredo, a função social se sobrepõe por vezes ao papel individual. Mas estes aspectos não são específicos das mulheres dinisianas; são comuns a quase todos os personagens, tanto femininos como masculinos.

17. Testamento

O testamento marca também presença na obra de Júlio Dinis. Além de uma ou outra alusão difusa[192], assumem relevância no desenrolar das diferentes histórias as cláusulas condicionais de herança ou legado.

O teatro de juventude contém dois exemplos: uma complexa e inverosímil cláusula de deserdação, se "casar enquanto não arranjasse para [uma sobrinha da beneficiária] um casamento que a tornasse feliz"[193]; e uma cláusula (secreta[194]) que instituía como herdeira universal uma pessoa, se a filha do testador "se não decidisse a professar, como lhe aconselhara até aí a sua vocação"[195].

Na *Morgadinha*, a pobreza de Augusto, o mestre escola que no final casa com a protagonista, explica-se pela sua desistência de um legado que fora instituído a seu favor "com a condição de ele abraçar a carreira eclesiástica. O conselheiro [...] havia de administrar o legado, educando o rapaz nas escolas de Lisboa ou Porto, desde o dia do seu primeiro exame

---

[192] *O espólio do Sr. Cipriano* (1863), incluído nos *Serões da Província*, cit., p. 123 ss (p. 127); *Fidalgos*, XXVII, p. 489.

[193] *As duas cartas*, cit., acto 2.º, cena 2.ª, p. 63 s, cena 13.ª, p. 101 s.

[194] O artigo 1741.º do Código Civil veio a prescrever a ineficácia da "disposição, que depender de instruções, ou de recomendações, feitas a outrem secretamente".

[195] *Um segredo de família*, cit., p. 136.

até ao da primeira missa, porque nesse dia lhe entregaria o capital por inteiro". E continua o narrador: "Ninguém se lembrou de perguntar se a cláusula posta [...][196] como condição à concessão do benefício, não poderia ser uma crueldade que o anulasse; se comprar um futuro por dinheiro [...] não é uma iniquidade. Eu por mim abomino estes legados condicionais [...], essas meias generosidades"[197].

Esta sensibilidade ética e jurídica do autor vai, mais uma vez, para além dos usos contemporâneos, visto que era então muito frequente a condição de casar ou de tomar ordens sacras[198], não sendo clara a sua invalidade e a consequente eficácia da deixa testamentária expurgada da cláusula condicional. Nem a doutrina da época era conclusiva[199] nem o Código Civil eliminou por completo a ambiguidade[200].

18. Nota a fechar

O texto antecedente resulta da análise e da coordenação de vários níveis de discurso: 1.º) o discurso jurídico da época em que se desenrolam as histórias, por sua vez decomponível nos discursos das diferentes fontes de Direito; 2.º) o discurso das personagens criadas pelo autor, também

---

[196] As palavras eliminadas na transcrição ("pela legatária") resultam de lapso óbvio do autor.

[197] *Morgadinha*, VI, p. 72 ss.

[198] DIAS FERREIRA, *Código Civil português anotado*, cit., volume IV, 1875, p. 223.

[199] CORRÊA TELLES, *Digesto*, cit., II, considerava não escrita, por oposta aos bons costumes, a condições "se não casar" (n.º 117). A condição "se tomar ordens sacras, se for frade ou freira" também se haveria por não escrita, "se o herdeiro ou legatário declarar não ter vocação para tais estados" (n.º 121), mas "a condição se não for clérigo ou frade ou freira é valiosa" (n.º 122). COELHO DA ROCHA, *Instituições*, cit., § 699, tinha por não escritas as condições "se casar, tendo o herdeiro ordens sacras" e "*si non nupserit*".

[200] O artigo 1743.º considerava como não escritas as condições testamentárias impossíveis ou contrárias à lei, entre as quais o artigo 1808.º incluía "a condição que inibir o herdeiro ou o legatário de casar-se ou de deixar de casar-se [...], e bem assim a que o obrigar a tomar ou deixar de tomar o estado eclesiástico". Mas as excepções originárias e subsequentes (Decreto-Lei n.º 19129, de 16 de Dezembro de 1930, que acrescentou um § único ao artigo 1808.º, equivalente na prática à revogação da sua 1.ª parte; cfr. CUNHA GONÇALVES, *Tratado de Direito Civil*, cit., vol. IX, Coimbra, 1934, p. 538) e a interpretação restritiva da doutrina limitaram o alcance da proibição. Note-se que o preceito só mencionava o estado eclesiástico, pelo que não era liquido se "fazer ou não fazer votos numa congregação ou ordem religiosa" deveria ou não integrar as condições ilícitas (cfr. CUNHA GONÇALVES, ob. cit., p. 547).

interveniente directo como narrador; 3.º) o discurso dos comentadores literários do autor. Foi sobre todos estes discursos que construí o meu próprio meta-discurso, enquanto jurista contemporâneo.

Por exemplo: as regras jurídicas sobre a abolição do morgadio, o dever de assistência dos criados na doença ou a admissibilidade de legados condicionais foram objecto de comentário ou tomadas em consideração pelas personagens ou pelo narrador, exprimindo o ponto de vista do autor. O discurso deste foi, por sua vez, objecto de análise por biógrafos, críticos literários e pelo jurista que agora escreve. Por seu intermédio, reconstituímos instituições de uma época, tal como as observou e compreendeu um artista qualificado. No que respeita às instituições jurídicas, era inevitável a compaginação do discurso das normas com o discurso de quem imaginou a sua projecção na realidade social inspiradora da ficção.

Não estou seguro acerca da valia de um tal exercício para o direito ou para a literatura. Mas posso afiançar que preparei e escrevi este texto com o prazer que se sente com a realização de um trabalho ocioso.

JURISHISTORIADORES E HISTORIADORES
IDENTIDADE E DIFERENÇA (ALGUMAS REFLEXÕES)

José Duarte Nogueira[*][**]

1. Com a devida vénia para com autores que antes se debruçaram sobre o tema numa perspectiva mais ampla – e não foram poucos, designadamente na jurishistoriografia espanhola onde a questão tem sido amplamente trabalhada a propósito da inserção da *História do Direito*, na história ou no direito[1] –, interessa-nos de momento reflectir nas aparentes ou reais diferenças de perspectiva com que os investigadores da história social e da história jurídica encaram os fenómenos sobre os quais se debruçam. Questão aliás do máximo interesse, porque convoca o debate sobre a diversidade de modos de olhar os fenómenos sociais. O qual, ainda que em última análise possa não conduzir a conclusões inquestionáveis ou generalizáveis, por dialéctico sempre será cientificamente construtivo.

A temática coloca em cima da mesa a procura de eventuais diferenças na forma de olhar os fenómenos históricos, bem como das razões em

---

[*] Professor Catedrático da Faculdade de Direito da Universidade de Lisboa.
[**] O presente texto desenvolve elementos aflorados na comunicação elaborada para o Ciclo de Painéis *"Historiadores e Jurishistoriadores: A Identidade e a Diferença – Estado, Instituições, Poderes, Saberes: Portugal, sécs. XIII-XX"*, organizado pelo Instituto de Documentação Histórica da Universidade do Porto em 2002, no âmbito da II Semana de Estudos Medievais, sob coordenação dos Profs. Martim de Albuquerque e Armando de Carvalho Homem.
[1] Pode ver-se uma síntese em Antonio Merchán Alvarez – *El concepto de la Historia del Derecho*, in "Antología sobre las Épocas del Derecho Español" (Edições Tirant lo Blanch), Valencia, 1988. Elementos de interesse sobre o tema e remissões bibliográficas podem ainda encontrar-se na obra do mesmo autor, *Épocas del Derecho Español* (Edições Tirant lo Blanch), 2.ª edição, Valencia, 2001.

que se fundam. Mas antes de entrar propriamente nessa busca um pequeno conjunto de questões merece ser considerado.

Uma primeira consiste em aprofundar se tais diferenças existem efectivamente do ponto de vista objectivo e se são suficientemente significativas para permitir estabelecer os contornos de uma *forma mentis* diferente.

A resposta não é evidente. Entre um lastro de similitudes, acreditamos em qualquer caso na efectiva existência de diferenças, por vezes concretizadas no modo de analisar os fenómenos históricos e de deles retirar conclusões.

Sem as procurar enunciar de forma exaustiva, já que o objectivo é principalmente o de reflectir sobre traços característicos enformadores da perspectiva do jurishistoriador, realçaríamos apenas que este por regra delimita o objecto concreto de investigação e reflexão de forma mais restritiva, orientando o seu esforço tendencialmente para eventos com ligação directa ao mundo do direito e para efeitos e causas directamente conexos. E fá-lo intencionalmente.

Lida portanto à partida, com um universo de fenómenos históricos relativamente menor. Todavia, não obstante ser aparentemente mais limitada a observação que efectua, permite-lhe não raro retirar ilações de ordem mais geral nas quais enquadra a sociedade, no todo ou em parte. Este procedimento quase indutivo, funda-o na convicção de que está a trabalhar com uma das vertentes fundamentais da organização social, se não mesmo a mais relevante, de tal forma que certas conclusões obtidas nesse âmbito à primeira vista restrito podem legitimamente valer para o todo.

Outra dúvida que tem sentido colocar é se o debate poderá ser equacionado tomando por referência apenas historiadores e jurishistoriadores, ou se não deveria também ser estendido a historiadores que espraiam o seu esforço por distintas áreas, como a economia, a medicina, a matemática e por aí além.

Formulada a dúvida deste modo, na vertente que nos interessa poder-se-ia entender que as diferenças se reduziriam à constatação de que alguns cultores do conhecimento histórico se debruçam sobre temas jurídicos e que outros se debruçam sobre a história social em geral. Os jurishistoriadores cultivariam uma especialidade dentro da investigação histórica e nisto consistiria o essencial da diferença.

Cremos que esta orientação não é adequada, pois levaria a admitir uma amplitude de segmentos historiográficos quase sem limite. Corresponderia *mutatis mutandis,* ao que ocorria na área da medicina com a distinção entre medicina geral, antes de esta designação identificar ela própria uma especialidade, e as demais especialidades. Mas se se compreende que na medicina uma subdivisão a este nível seja útil, por se tratar de uma área que cada vez é mais tributária de conhecimentos altamente técnicos progressiva e inelutavelmente afastados entre si, a história não necessitará ainda de uma tal segmentação. Não a temos deste modo por aceitável ou suficiente.

Uma terceira questão, levantada todavia mais em modo de asserção do que de dúvida, reporta-se ao facto de as eventuais diferenças deverem ser de ordem geral, válidas e aplicáveis a todos ou a parte significativa dos investigadores que se revejam nesta diversidade. Por parecer inquestionável não nos deteremos sobre ela.

2. Na busca de eventuais diferenças no que respeita à *forma mentis* – já que as identidades sobressairão por si mesmas –, é útil reflectir sobre a formação de base de uns e outros e sobre o respectivo objecto de investigação.

No que concerne à formação, o historiador que não é autodidacta obteve por regra a base do seu conhecimento em escolas especializadas nas quais o fenómeno histórico é o foco de todo o processo de aprendizagem.

Independentemente das disciplinas em torno da qual essa formação se consolidou, aquela perspectiva está presente no núcleo fundamental quer em termos informativos quer formativos. No conjunto, as disciplinas que não incidem directamente sobre o fenómeno histórico em si têm função instrumental em relação à respectiva compreensão. Conferem aptidões que devem permitir compreender melhor a realidade histórica. Nesse círculo mais vasto, entre muitas podem encontrar-se disciplinas tão diversas como a etnologia, a geografia, a economia, o direito, a filosofia, as relações internacionais ou a estatística. Mas enquanto matérias contribuintes para a formação do historiador carreiam essencialmente epiconhecimentos dada a sua natureza instrumental.

O jurishistoriador e é com este alcance que utilizamos o conceito, obtém a sua formação numa escola de direito. De facto, não é impossível que um investigador sem formação jurídica se debruce *ex professo* sobre quadros jurídicos, mas salvo raros casos de intuição genial à cabeça dos quais se poderá provavelmente colocar Alexandre Herculano[2], não é

---

[2] MARTIM DE ALBUQUERQUE – *A Formação Jurídica de Herculano. Fontes e Limites*, Separata de "Alexandre Herculano à Luz do seu Tempo", Academia Portuguesa de História, Lisboa, 1977.

usual. Tão pouco é impossível que factos de estrita natureza jurídica sejam analisados por investigadores sem formação na matéria, embora neste caso se esteja perante algo muito diverso. Mas não chamaríamos jurishistoriadores a estes investigadores, ou se o fizéssemos seria em sentido impróprio.

O jurishistoriador em sentido próprio é sempre um jurista, estando habilitado enquanto tal ao exercício das profissões tradicionalmente conexas a tal formação. Não raro exerce alguma em simultaneidade. Não existe portanto uma área de formação jurishistoriográfica de base, sendo a entrada neste domínio essencialmente o resultado de um esforço pessoal realizado à margem do processo ordinário de formação. Complementarmente contribuem para essa formação as poucas disciplinas com expressa dimensão histórica constantes do curso geral, bem como as leccionadas na pós-graduação, mas no conjunto são escassas.

Mutatis mutandis, embora em sentido inverso, aplica-se ao jurishistoriador o que se disse quanto aos historiadores, designadamente o que respeita ao conjunto de disciplinas que não sendo expressa ou integralmente jurídicas servem instrumentalmente o conhecimento do direito. Referimo-nos a matérias como a filosofia, a economia, a história, as relações internacionais, a ciência política ou a estatística. O objectivo é também disponibilizar sínteses nas áreas em que tais disciplinas se inserem, de forma a aperfeiçoar o conhecimento do jurídico mas não a formar nessas mesmas áreas.

No que respeita à formação histórica geral o jurishistoriador é pois, geralmente autodidacta, poucas vezes se apoiando num processo de aprendizagem expressamente direccionado para esse domínio. Conta com algumas disciplinas de âmbito histórico no seu currículo académico, mas ainda assim orientadas para o jurídico, pois o seu objecto incide sobre o conhecimento do direito em determinados contextos históricos e não sobre o conhecimento histórico através de um segmento particular da vida social. É o caso da história do direito ou do direito romano. É também de algum modo o caso da história diplomática ou da história das relações internacionais. E é ainda pontualmente o caso dos capítulos iniciais de muitas disciplinas de direito positivo nos quais se traçam linhas histórico-evolutivas fundamentais da área jurídica em causa.

É muito ou pouco dependendo da perspectiva, mas é o que usualmente lhe é disponibilizado.

O jurishistoriador é portanto algumas vezes apenas um jurista cujo desejo de conhecer a história tem expressão constante embora não profissionalizante. Nesses casos pouco mais é do que um curioso, sendo certo que a genialidade e todos os graus que a antecedem podem bem andar de mãos dadas com a curiosidade. Outras vezes é alguém que orienta estavelmente parte maior ou menor do seu esforço intelectual e tempo disponível para um domínio que naturalmente o atrai. Ocasionalmente é alguém que investe de forma exclusiva ou quase, nessa área.

Quer neste caso, quer no anterior, trata-se de situações que ocorrem especialmente em contextos universitários, separando-as apenas o grau de distribuição do esforço pessoal por outra actividade profissional à margem da jurishistoriografia.

Quanto ao objecto do conhecimento, sem entrar em considerações particulares já que cada investigador tenderá a investir e especializar-se num domínio particular, dir-se-ia que à primeira vista não há diferenças de monta entre o objecto fundamental dos historiadores e o dos jurishistoriadores: ambos procuram conhecer a forma como no passado os homens se manifestaram em sociedade.

É naturalmente diverso o objecto concreto através do qual essa procura é feita, pois o jurishistoriador foca a atenção essencialmente nos fenómenos jurídicos, enquanto o historiador considera esses fenómenos ao lado dos demais.

Tendo em conta o objecto fundamental comum, é relativamente irrelevante que um jurishistoriador se debata com a problemática das fontes do direito, as formas de Estado, a instituição familiar ou a responsabilidade civil, tal como é irrelevante que um historiador se debata com a relação entre as estruturas familiares e o poder, a progressão dos descobrimentos marítimos, o reinado de determinado monarca, a organização eclesiástica ou o funcionamento de um particular órgão. Uns e outros analisam fenómenos sociais sob a perspectiva histórica. O seu esforço não se dirige ao mundo das representações coevas, independentemente de o fazerem com intuito de daí retirar conhecimentos úteis para o presente, de apenas querer perceber relações isoladas de causa efeito no devir histórico ou a descrição fáctica de eventos, independentemente de esse conhecimento estar subordinado a intuitos utilitaristas ou de saber puro. O objecto do conhecimento de ambos é o fenómeno histórico isolado ou na respectiva envolvente.

A postura face ao passado, a intervenção na busca do conhecimento, não parece pois ser na essência muito diversa, reconduzindo-se eventuais diferenças ao enquadramento em que ocorre. Ou seja, no domínio do objecto não será particularmente produtivo procurar factores de clivagem importantes.

Tão-pouco considerações de natureza ideológica podem relevar para esta pesquisa. As ideologias atravessam transversalmente a sociedade e os cultores da historiografia, seja qual for a respectiva formação de base não se eximem dessas clivagens. Mesmo a suposição de que a perspectiva jurídica, por ser compatível com maior carga de formalismo no modo de perceber a realidade possa favorecer concepções mais neutras na compreensão e apreciação dos fenómenos sociais, facilmente se vê desmentida, por exemplo, ao constatar que na década de setenta e oitenta, quando se tornaram especialmente visíveis no domínio da investigação histórica concepções fortemente marcadas pela luta de classes, também das fileiras da jurishistografia saíram participantes. O mesmo se diga quanto a outras correntes da história ou do direito, pois também neste caso uma multiplicidade de orientações podem facilmente ser encontradas, sem que uma ou algumas se mostrem dominantes a ponto de fazer delas elemento de diferença.

3. Reduzidos aparentemente às implicações da formação de base já que tudo o resto será circunstancial, deixando de parte casos em que adicionalmente o jurishistoriador investiu de forma intensa no domínio da história geral, poder-se-ia admitir que os historiadores disporiam de vantagem porque beneficiam de formação mais completa.

Sem invalidar o raciocínio na base desta proposição, cremos que o próprio processo formativo do jurista possui virtualidades atenuantes de limitações que a esse nível naturalmente o poderiam afectar. A elas nos passamos a referir sendo certo que a nossa própria formação permite desenvolver por acréscimo a perspectiva do jurishistoriador.

Aludiremos em primeiro lugar à sua *forma mentis,* a qual em larga medida é resultado do processo formativo universitário. Sublinhamos que por o jurishistoriador ser na origem um jurista, natural será que a óptica do jurista predomine na percepção que faz da realidade histórica.

Mas se assim é, quais os traços relevantes dessa forma de pensar? Seria fácil invocar lugares comuns como rigor na expressão, precisão do pensamento, lógica do raciocínio, etc., numa linha que os juristas glosam retoricamente, mas tais formulações muitas vezes apenas fruto de preconceitos, não são em nosso entender relevantes enquanto características específicas do jurishistoriador, pela simples circunstância de terem de ser comuns também ao historiador. De facto, se este não perfilhar essa postura intelectual o resultado final do seu trabalho será tão pouco fiável quanto o do jurista, pois razoabilidade, bom senso, raciocínio lógico, são atributos indispensáveis do pensamento que se reclama de científico qualquer que seja a área em que ocorre. Se não integrarem o arsenal do investigador, o resultado do seu trabalho não poderá ser incluído no universo científico. Será arte melhor ou pior, mas apenas expressão de emoções que não passaram pelo crivo da razão[3].

Digamos apenas no que respeita ao jurista, que o uso das regras lógicas na apreciação da realidade, por ser herança da respectiva formação está radicado quase inconscientemente no seu espírito. A subsunção do caso na norma e a consequente conclusão, basilar na prática jurídica de contornos positivistas, de facto mais não é do que um processo lógico embora relacionado com inúmeros outros, anteriores, simultâneos e posteriores.

Não valendo considerações simplistas desta natureza, já não nos parece despiciendo ter em conta o facto de o jurishistoriador, por não se desvincular da *forma mentis* típica do jurista tender a utilizar no conhecimento da realidade histórica os mesmos instrumentos, ou parte dos instrumentos que utilizaria enquanto jurista para compreender a realidade coeva. Ou seja, o facto de observar o passado não o faz deixar de ser sensível aos instrumentos utilizados para conhecer o presente.

Embora nem todos o entendam assim, diríamos que um modo possível – talvez mesmo frequente – de o jurishistoriador se relacionar com os factos históricos consiste em, de forma mais ou menos consciente, distribuir os passos fundamentais do seu raciocínio por dois momentos temporalmente difíceis de separar mas logicamente distintos.

Num primeiro tende a compreendê-los e a interpretá-los com apoio nos mecanismos intelectuais de que dispõe, ou seja com base no arsenal de ideias e conceitos que normalmente utilizaria no quadro hodierno. Essa atitude confere-lhe um lastro que num segundo momento enquadra no plano histórico, no intuito de detectar as especificidades que dessa dimensão resultam para a correcta compreensão do fenómeno no momento em que efectivamente ocorreu. Altera então os parâmetros iniciais, mas não deixa de os ter presentes ainda que inconscientemente.

---

[3] Pessoalmente ainda temos dificuldade em abandonar a visão cartesiana que vê na reflexão o factor decisivo da humanidade. Mas, há que confessar que a inversão da prioridade entre razão e emoção defendida por António Damásio, para além de perturbadora, aponta um caminho completamente diferente para a compreensão da evolução humana.

4. Esta postura que, reafirmamos, não é necessariamente geral, mas que julgamos poder ser encontrada sem dificuldade junto dos jurishistoriadores, coloca a montante problemas de licitude metodológica e a jusante problemas de resultado. Suscita também a necessidade de saber porque ocorre. Aludiremos sumariamente a algumas:

Uma primeira questão concretiza-se no problema de saber se é ou não lícita a utilização de conceitos actuais na compreensão de instituições jurídicas antigas.

Trata-se de um debate que interessa aos jurishistoriadores, no qual tem participado nomes de grande prestígio nacionais e estrangeiros[4]. Não é o momento de entrar a fundo no tema, mas devemos dizer que para nós essa utilização tem total sentido, desde logo pela simples circunstância de a não utilização implicar um vazio instrumental difícil ou impossível de preencher.

De facto ao jurishistoriador é muito difícil, se não impossível, despojar-se do acervo de experiência e conhecimentos que domina a partir do seu próprio tempo, para entrar no passado com espírito totalmente disponível para compreender o direito a partir do próprio passado. Nem é líquido que tal disponibilidade, se for possível, seja útil, pois no regresso ao presente traria consigo uma linguagem etnologicamente interessante mas incompreensível ao seu próprio tempo. Com as adaptações devidas seria como um estrangeiro na sua própria terra.

Em qualquer caso a utilização de instrumentos actuais não significa ausência de consciência do facto, designadamente no sentido de detectar casos em que a respectiva utilização acrítica possa implicar desvios graves na percepção da realidade. Reconduzimo-nos nesta matéria ao pensamento de Orestano[5], nos termos da síntese elaborada por Ruy de Albuquerque quando num texto magistral desvendou o seu pensamento sobre a matéria.[6] Em suma, a licitude dessa opção é para nós uma necessidade e é nesse quadro que colocamos o primeiro momento a que antes aludimos.

---

[4] RUY DE ALBUQUERQUE – *História do Direito Português. Relatório,* in "Revista da Faculdade de Direito da Universidade de Lisboa", volume XXVI (1979). Vd. tb RUY DE ALBUQUERQUE (e MARTIM DE ALBUQUERQUE) – *História do Direito Português,* 12.ª edição, Lisboa, 2006.

[5] RICARDO ORESTANO – *Introduzione allo Studio Storico del Diritto Romano,* Torino, 1963.

[6] RUY DE ALBUQUERQUE (1979).

Mas não se trata apenas de uma opção abstracta de natureza metodológica. Outros factores há que no caso do jurishistoriador contribuem para tal licitude.

Desde logo o facto de este, por fazer incidir a atenção em matérias que tem geralmente correspondência natural a outras integradas no universo das preocupações jurídicas hodiernas, retirar daí algum amparo para percepcionar os temas que estuda como questões com alguma intemporalidade. Esta leitura, que do nosso ponto de vista tem toda a razão de ser, decorre do facto de o direito representar hoje como em tempos passados, um esforço de logicização de comportamentos orientados para a sobrevivência das sociedades. As regras jurídicas dão corpo a esse esforço e os tribunais mais não são do que instrumentos da sua preservação.

A própria conceptualização do direito pode ser vista como uma forma de aperfeiçoar continuamente tal esforço, visando permitir distinguir comportamentos que em certas circunstâncias se mostram mais razoáveis do que outros. Nem o próprio costume foge a este entendimento, pois embora espontâneo tem por detrás uma lógica de sobrevivência social que apenas é questionada quando se detectam desajustamentos face a esse objectivo. Tais desajustamentos são percebidos através de raciocínios colectivamente intuídos que se impõem quando melhoram a capacidade de detectar erros comportamentais em função do objectivo sobrevivencial último.

A diferença de soluções concretas no plano das normas aparece aqui como factor circunstancial dentro de um domínio de intemporalidade e este reconhecimento expresso ou intuído reconduz-nos precisamente a um segundo factor que apoia aquela opção, fazendo com que o jurishistoriador aceite sem dramas e com naturalidade o uso daqueles instrumentos.

A intemporalidade do direito e dos seus problemas faz com que, até certo ponto, a realidade actual se possa sobrepor à antiga. Dentro de um quadro de preocupações com muito em comum há modos diferentes de as tentar resolver, não porque em regra correspondam a atitudes completamente novas, mas apenas porque traduzem novas e mais elaboradas opções entre diferentes modos de as compreender e tentar resolver. Isto faz com que se possa dizer que quase não há problemas verdadeiramente novos no mundo do direito. Há maior complexidade nas sociedades modernas e por isso há novas maneiras de resolver os problemas inerentes. Mas no fundo trata-se apenas de regras diferentes.

É por isso que grande parte do direito romano se encontra presente nos códigos civis modernos não obstante terem passado dois mil anos, podendo acreditar-se que dentro de outros dois mil as mesmas regras permanecerão nos códigos de então[7]. É por isso que a democracia liberal começou por ser censitária. Mas essa solução estava já presente no advento da república romana. Podia não ser denominada da mesma forma já que o conceito era essencialmente grego, mas as soluções só podem ter existido porque implicitamente ou não essa forma de governo estava presente no espírito de alguns. É por isso também que quando se analisa, por exemplo, a precária antiga, mais se não faz do que estudar uma das formas possíveis de regular a exploração da terra. Quando se discute a precarização do contrato de trabalho, mais se não faz do que discutir se se deve ou não aplicar o modelo precário ao trabalho humano. Mesmo quando em domínios tão recentes como o das aquisições através da internet, mais se não faz do que reequacionar o modo de celebrar contratos e de garantir o respectivo cumprimento, ou seja matéria que os romanos trataram. A diferença entre mensageiros que levam a vontade de duas pessoas afastadas no espaço e o suporte electrónico que os computadores oferecem para comunicar as mesmas vontades à distância em tempo real, é pouca.

É esta intemporalidade que faz com que o jurishistoriador tenha facilmente a percepção de que está apenas a tentar compreender formas antigas de tratar problemas sociais sem idade. Mesmo quando se desvia da sua actividade jushistoriográfica para entrar no campo da história geral, tem dificuldade em se desligar desta *forma mentis* pois afinal ela integra o seu modo natural de reflectir.

Quanto ao resultado dessa utilização, dir-se-á que à primeira vista o uso de instrumentos actuais para compreender o passado pode falsear a análise e consequentemente as conclusões.

No que respeita a este problema Orestano foi muito claro ao alertar para a necessidade de não se cair no erro de ler a realidade histórica segundo os quadros mentais actuais[8]. O uso de instrumentos modernos é uma coisa; a sua transposição mecânica para universos do passado é outra. De facto em cada momento o jurishistoriador tem presente que

---

[7] Esta ideia de intemporalidade fica claramente reflectida no pensamento de ANTÓNIO MENEZES CORDEIRO – *Teoria Geral do Direito Civil. Relatório*, Revista da Faculdade de Direito da Universidade de Lisboa, vol. XXIX (1988), p. 211-212, quando caracteriza o Direito Civil português como Direito Romano actual.

[8] RUY DE ALBUQUERQUE (1979).

constituiria erro fatal imaginar no passado os agentes a compreender a sua própria realidade com base nos conceitos presentes. Seria o caso se imaginasse a precária como um contrato denunciável em termos semelhantes aos actuais, esperando nessa medida encontrar, por exemplo, uma tipologia de vícios da vontade ou de modos de pôr fim ao contrato, tal como a doutrina moderna os trata. Mas pode muito bem estudá-lo partindo de uma figura moderna, levantando as diferenças e reconstruindo-o no final com base no quadro das concepções possíveis na época em que efectivamente existiu.

5. Uma outra observação por fim, que em nosso entender constitui ainda elemento relevante da percepção da *forma mentis* do jushistoriador e que igualmente advém da sua formação.

O jurista tem facilmente a noção da dimensão histórica do direito. Ou seja, embora utilize regras positivas sabe que representam categorias históricas logo a partir do momento em que foram elaboradas. Não é relevante para este efeito que continuem em vigor. O que se passa é que o direito surge em correspondência a problemas sociais sentidos num determinado momento. A sociedade é por natureza dinâmica alterando-se permanentemente. O direito na sua correspondência a um dado momento social, precisa de ser constantemente reajustado sob pena de se desactualizar. Esse reajuste pode não ocorrer momento a momento, mas ocorrerá com certeza e por isso a norma quando surge já abriga em si a semente da historicidade.

O jurista lida, de facto, com regras e com os conceitos em que aquelas se estribam. Mas enquanto os conceitos gozam de uma certa intemporalidade, as regras são por natureza transitórias. Perseguem a solução de problemas conotáveis com um tempo certo, futuro ou passado. Mas enquanto o tempo futuro apenas se pode antecipar, sendo contingente a verificação dos dados que se antecipam, o passado é certo pelo menos na existência dos factos que o incorporam. Esta historicidade por vezes despercebida pelo comum, é um dado para o qual o jurishistoriador está permanentemente desperto, tendo-o recebido não do conhecimento da história mas sim das sua formação como jurista.

E o presente? Não entrará ele nos quadros mentais do jurista? É evidente que sim. Mas, o presente neste quadro é até certo ponto uma ilusão, uma forma de vestir algo que inelutavelmente é passado desde que ocorre. Corresponde a uma roupagem que ficticiamente não foi despida ainda, mas que está desusável desde o momento em que foi vestida. Funciona como o factor de segurança que permite a agradável crença de se não estar perdido entre duas realidades inacessíveis. É por isso cómodo, prático, utilitário. Mas não deixa de em certa medida ser uma ficção tal como outras com que o jurista lida sem as mais das vezes disso ter consciência. Tal como o jornalista é por vezes e acertadamente, qualificado como um historiador do presente, o jurista lida com realidades das quais, quando ocorrem a única certeza é a de identificarem já pedaços de passado.

O jurista que se não reduz a um simples técnico do direito está por isso especialmente desperto para a contingência temporal da solução legal. A historicidade faz parte do direito e consequentemente do seu mundo de referências. Em suma, uma eventual menor preparação no campo histórico é de alguma forma compensada pela elevada consciência de que, enquanto jurista vive em diálogo permanente com a história e enquanto jurishistoriador mais não faz do que retirar daí as devidas ilações.

A ADMINISTRAÇÃO FISCAL ANTERIOR AO SÉCULO XV

ALGUNS ASPECTOS FUNDAMENTAIS

Rui Manuel de Figueiredo Marcos[*]

SUMÁRIO: *1. Os mosaicos fiscais e o seu conspecto evolutivo. 2. Um breve retrato do sistema fiscal medievo e do seu funcionalismo. 3. Tributos de teor feudal. 4. A tributação directa. 5. Sisas e siseiros. 6. Tributos concelhios.*

1. Os mosaicos fiscais e o seu conspecto evolutivo

Optámos por abordar o tratamento da geografia fiscal do território português. Uma decisão que resulta da individualidade da administração fiscal do Reino. O seu carácter pioneiro e o desvelo com que sempre foi encarada pelo poder público infundiu-lhe características próprias. Não as podemos obnubilar.

À guisa de questão prévia, convém salientar que o binómio administração fiscal ou tributária, medida pelos olhos da terminologia actual, encerra alguma inadequação para espelhar, com inteira fidelidade, o quadro medievo. Esta advertência vale também para o próprio conceito de tributo ou de imposto. Importa ainda ter presente o tradicional pluralismo que invadia a Idade Média. Para o propósito que, de momento, nos ocupa, não se pode ignorar que a administração fiscal não se cinge à esfera da coroa. A seu lado, floresciam outras estruturas fiscais, como a senhorial, a eclesiástica e a concelhia, cada qual apoiada em diferentes teias administrativas.

---

[*] Professor Catedrático da Faculdade de Direito da Universidade de Coimbra.

Começamos pela organização do território vista pela lente da fiscalidade régia. Uma malha cedo urdida e de modo cuidadoso. No fundo, estava em jogo a salvífica cobrança dos impostos. Não admira, pois, que o importante cargo de almoxarife apareça já referido pelos fins do século XII. Nem causará o mínimo espanto assinalar a divisão do território português em almoxarifados, como sendo um dos mapas administrativos mais precocemente gizados e com um almejado critério de eficácia e de operacionalidade.

Não sabemos, ao certo, o momento em que se estabeleceu a repartição do Reino em almoxarifados. Mas já não se desconhece que os almoxarifados correspondiam a extensos distritos, cuja sede se implantava, por via de regra, numa cidade ou vila importante. A título ilustrativo, mencionaremos apenas as cidades de Lisboa, Porto, Coimbra e Guimarães. Quanto aos limites geográficos de cada um dos almoxarifados, terá havido, com certeza, um enorme cuidado, de molde a evitar que não ficasse nenhum contribuinte efectivo por elencar.

Numa fase inicial, dos negócios da fazenda não se arredavam o chanceler e o mordomo-mor na condição de titulares da suprema hierarquia da administração. Com algum grau de especialização, já podemos balbuciar o nome dos *portarius maior* que se definiu como sacador dos direitos e rendas da coroa. O reposteiro surge substituído, por meados do século XIII, pelo tesoureiro.

Mas é, na verdade, com os almoxarifados que desponta uma rede de funcionários fiscais disseminados pelo País ao longo do século XIII. Zelavam por tudo quanto coubesse no património régio e nos direitos fiscais da coroa. As suas funções apresentavam-se de uma amplitude imensa, sendo, por vezes, de difícil identificação. Velavam pelo interesse da fazenda régia, quer no capítulo das receitas, quer no domínio das despesas, sem esquecer a vigilância das portagens nas alfândegas, a par do arrendamento da cobrança das rendas e a jurisdição superior nos reguengos. É esta a lição de Marcello Caetano.

Com alguma intersecção de competências relativamente aos almoxarifados, mas colocados em posição inferior, apareceram os mordomos dos distritos. Também lhes incumbia superintender na cobrança dos direitos do rei. Viam-se envolvidos ainda em tarefas de ordem judicial. Procediam a actos de citação e de execução, chamando a juízo os devedores remissos, cobrando coimas e fazendo penhoras.

Para colaborarem com os almoxarifados, eram designados escrivães. Sobre estes impendia o dever de reduzirem a escrito tudo o que se suscitasse a respeito dos bens e réditos da coroa. Muitos outros oficiais, com um florilégio de funções assaz diversificado, trabalhavam na órbita dos almoxarifes. Chegou ainda a pertencer aos almoxarifes a função de juiz de recurso, no tocante às decisões dos juízes e vigários dos reguengos, que se dedicavam à respectiva administração e cobrança coercitiva de prestações.

Do mosaico fiscal não se podem desprender aqueles que tivessem a seu cargo despachar e julgar tudo o que respeitasse à fazenda real, às propriedades da coroa e às receitas régias. Nesta linha, se descobre o ouvidor dos feitos do rei ou da portaria. Havia, na verdade, um contencioso fiscal de primeira instância, conforme sustentou Paulo Merêa.

Em 1370, eclipsaram-se os ouvidores de feitos del-rei. Isso não terá soado a mais do que um novo baptismo nominativo. Passaram a designar--se, segundo Marcello Caetano, vedores da fazenda. A esfera de acção destes admite-se que suplantou a dos ouvidores. Tratava-se dos funcionários supremos em matéria de administração do património real e da fazenda pública. Aos vedores estava ainda adstrita a tarefa de superinterderem em sede alfandegária e no domínio das portagens, cujos impostos se cobravam mercê do empenho funcional de almoxarifes, alvazis e portageiros[1].

Uma mudança da contabilidade pública ocorrida no século XIV repercutiu um efeito não desprezível na competência dos vedores. Os almoxarifes prestavam contas perante os vedores, os quais deviam elaborar uma carta de quitação. Só que tal função deslocou-se para os chamados contadores[2].

Uma referência segura a Contos, recua, pelo menos, a 1296. Mas as menções a contadores rapidamente se disseminaram ao longo do século XIV. Em todo o caso, julga-se verosímil sustentar a edificação de uma contabilidade pública, já em 1375, com o préstimo de vários serventuários, como oficiais contadores, escrivães e porteiro. A certa altura, forjou-se a distinção entre Contos de el-rei e Contos de Lisboa. Prestavam contas nos primeiros os tesoureiros e recebedores da casa real. Aos segundos, pertencia a missão de vigiar os mapas contabilísticos das diversas entidades públicas.

---

[1] Não raro, os vedores da fazenda percorriam vários lugares na esfera da administração pública. Assim, João Esteves de Azambuja foi camareiro-mór de D. Afonso IV, vedor da fazenda, conselheiro de D. Pedro I, e alcaide-mor de Lisboa. Faleceu em 1413. Vide D. MARCUS DE NORONHA DA COSTA, *O Morgadio da Quinta da Torre, Freguesia do Monte da Caparica*, Ponta Delgada, 2004, pág. 7

[2] Vide RUY DE ALBUQUERQUE/MARTIM DE ALBUQUERQUE, *História do Direito Português*, vol. I, 1140-1415, Lisboa, 1999, págs. 644 e seg.

2. Um breve retrato do sistema fiscal medievo e do seu funcionalismo

O lançamento do primeiro imposto directo à escala nacional remonta ao reinado de D. Afonso III. Em 1253, o monarca logrou obter a aquiescência dos três estados, *maxime* do povo, como contrapartida de não quebrar moeda[3]. Quando o rei lançava um pedido, carecia de uma autorização expressa em Cortes. Em circunstâncias históricas controversas, o consentimento do povo era muito difícil de extrair. Em 1372, D. Fernando não conseguiu que um seu pedido fosse aprovado, dada a pouca simpatia com que, na altura, se olhava o envolvimento de Portugal na guerra odiosa com Castela.

No entanto, o episódio mais eloquente a respeito da indispensabilidade da aprovação do imposto directo em Cortes situou-se no reinado de D. João I. O monarca precisava de verbas vultuosas para custear a expedição a Ceuta, em 1415. Como quis rodear a partida da armada e a sua missão de um rigoroso sigilo, viu-se privado do recurso a impostos directos. Conquistada a praça marroquina, multiplicaram-se os pedidos, na mira de assegurar a manutenção militar de Ceuta.

Desde meados do século XIII até ao expirar do século XV, registaram-se cerca de cinquenta pedidos[4] Os seus escopos fundamentais desenhavam-se aos olhos de todos. A esmagadora maioria destinava-se a pagar as despesas da guerra. Uma outra importante fatia visava garantir um matrimónio, com esplendor régio, a príncipes e a monarcas, sem esquecer o preenchimento dos dotes *ante nuptias*. Lá no fundo, tudo se resumia ao pagamento de dívidas da coroa, pelo que esta se socorria, junto das Cortes, da mais poderosa retórica argumentativa afeiçoada a cada pedido, de molde a conseguir a aprovação da assembleia.

Aliás, as Cortes não deixaram de beneficiar com este estatuto de instância de aprovação do lançamento de impostos. Era uma das suas competências mais nobres, onde o seu manto tutelar cobria o Reino dos con-

---

[3] No tocante aos rendimentos da coroa na primeira metade do século XIII e, em especial, sobre o processo de lançar uma contribuição geral à escala do Reino, que era a quebra da moeda, ver, por todos, MARCELLO CAETANO, *As Cortes de Leiria de 1254*, 2.ª ed., prefácio de JOAQUIM VERÍSSIMO SERRÃO, Lisboa, 2004, págs. 10 e seg.

[4] Reveste-se, de enorme interesse, para o panorama medievo das fontes de receita a que o monarca podia recorrer o estudo de IRIA GONÇALVES, *O empréstimo concedido a D. Afonso V em anos de 1475 e 1476 pelo almoxarifado de Évora*, in «Ciência e Técnica Fiscal», n.ºs 68-69 (1964), págs. 89 e segs.

tribuintes. A obrigação do soberano ter de ir suplicar às Cortes, *humiliter*, a autorização para o imposto faiscou, de modo decisivo, na consolidação institucional de tais assembleias.

3. Tributos de teor feudal

Tributos houve a benefício da condição régia. Na Idade Média, o monarca vivia dos rendimentos dos seus vastos domínios patrimoniais. Sobre os homens que habitavam as suas terras, o monarca gozava de direitos vários que incluíam a arrecadação de algumas receitas.

Um dos exemplos clássicos respeita à fossadeira. Tratava-se de um tributo pago por aqueles que se eximiam ao dever de acompanhar o rei aos fossados. No fundo, a fossadeira representava a remissão do serviço militar do fossado. A sua incidência pessoal abrangia, nos concelhos, as categorias mais elevadas da população. A razão não parece difícil de descortinar.

É que, na verdade, o pagamento da fossadeira implicava o reconhecimento do *status libertatis*. Significava isto que o exercício da guerra constituía uma função que se entendia privativa de homens livres.

O rei, na veste de chefe militar supremo, assumia a responsabilidade pela decisão de entrar em guerra e pela sua boa condução. Para tanto, necessitava de meios avultados. O soberano socorria-se, em primeira linha, dos rendimentos próprios, contando também com a ajuda obrigatória dos senhores nobres. Depois, haveria que os compensar. Enquanto durou o processo de reconquista cristã contra os mouros, uma parte dos saques revertia a favor do rei. Mas, nas receitas régias, a percepção da fossadeira não se julgava isenta de relevo.

Um outro tributo marcadamente feudal era o jantar. A respectiva cobrança generalizou-se dada a itinerância do rei e da Corte. Consistia num conjunto de prestações que visavam proporcionar à comitiva real alimentação e aposentadoria, de acordo com uma tradição que o tempo consolidou. A escassez de mantimentos frescos e as tremendas dificuldades de deslocação por parte de pessoas e bens faziam sobrepujar a importância deste tributo.

A obrigação fiscal do jantar foi-se padronizando com o tempo. Apareceram listas de víveres e de copiosa bebida. Aos cavalos, por seu turno, também não podiam faltar as imprescindíveis rações alimentares constituídas por cevada. Com o rodar dos anos e, principalmente mercê de novas condições de deslocação, o jantar-se converteu-se numa prestação pecuniária[5].

4. A tributação directa

Chegaram também até nós ecos longínquos da existência de impostos directos concelhios, sobre os quais se desconhece quase tudo. Por exemplo, o Porto, de modo a suportar a abertura de uma grande artéria urbana, a chamada Rua Nova, viu-se forçado a lançar uma finta. Ficou o registo de uma cobrança que recua ao ano de 1438. É bem de ver que a criação desses impostos carecia sempre de autorização régia e não custa admitir que os mais importantes concelhos portugueses se tenham socorrido deles em momentos de gritante necessidade.

A tributação directa, por via de regra, ficava àquem do previsto pelo que tocava à cobrança efectiva. Os gastos com os funcionários não cessavam de aumentar. O rei dirigiu os seus olhos cobiçosos para outras áreas tributáveis. Assim se gerou uma fiscalidade indirecta que as circunstâncias políticas ajudaram a estabelecer. Uma conclusão que protesta a sua evidência no campo dos impostos aduaneiros.

Como não se ignora, as fronteiras terrestres de Portugal cedo foram fixadas e os seus naturais limites marítimos proporcionavam linhas de trânsito fiscal assaz claras. Abundavam os portos secos e os portos de mar. Importações e exportações constituíam excelentes actos tributáveis. De tal sorte que, a título de portagem, pagavam dízima todas as mercadorias importadas ou exportadas. D. Afonso III, cujo reinado bem se pode reputar uma luminária fiscal para a coroa, passou a controlar, com especial desvelo, o sistema das dízimas.

5. Sisas e siseiros

Mas a fonte de receitas obtidas coercivamente que colheu uma atenção régia mais prolongada foram as sisas. Da sua história fez-se eco a *Cró-*

---

[5] Neste sentido, ver, por todos, IRIA GONÇALVES, *Estado Moderno, Finanças Públicas e Fiscalidade Permanente*, in «A Génese do Estado Moderno no Portugal Tardo-Medievo», coordenação de MARIA HELENA CRUZ COELHO/ARMANDO LUÍS DE CARVALHO HOMEM, Lisboa, 1999, págs. 95 e segs., em especial, págs. 101 e seg.

nica de D. João I, de Fernão Lopes. Na versão do cronista, as sisas apareceram no reinado de D. Afonso IV. O rei decidiu amuralhar a cidade de Setúbal e, em ordem a financiar uma obra dessa magnitude, foram lançadas duas sisas: uma, incidindo sobre o comércio dos vinhos, a que chamaram grande e uma outra denominada miúda. No tempo de D. Fernando, as sisas expandiram-se de forma generalizada, quase sempre com o escopo de suportar os custos da guerra contra Castela.

A coroa, ciente da força contributiva que as sisas representavam, chamou a si o imposto, retirando-lhe o seu carácter municipal. O ponto é que o monarca começou a pedir as sisas directamente aos povos, com uma justificação vaga e geral, que ia das aplicações passadas às urgências futuras. Uma necessidade a satisfazer a prazo convertia-se, afinal de contas, numa tributação com um horizonte temporal indefinido.

Não admira, pois, o clamor que os procuradores dos concelhos às Cortes de Lisboa de 1459 levantaram em torno da questão das sisas. Antes de tudo, lastimavam os gastos desmedidos. D. Afonso V, tomando-se de forte indignação, replicou às críticas acerbas que, então, foram dirigidas ao estabelecimento das sisas: «Responde el-rei que ele leva as sisas bem e direitamente, com boa consciência. E que se espanta por vós ser tal tocado. Que bem sabes que o reino e sua fazenda, assim por criação e casamentos de nossos filhos e por outras necessidades que sobreviveram ao reino, são em tão grande abatimento que, se aí sisas não houvesse, ele as devia pôr de novo»[6]. A palavra do rei afigura-se eloquente quanto a qualquer manifestação de vontade abdicativa no tocante às sisas.

No capítulo 26 dos povos das Cortes de 1459, faz-se a história do imposto das sisas, embora susceptível de correcções. Do que não subsiste réstia de dúvida é que, de acordo com o queixume dos povos, os monarcas transformaram as sisas em direito real, pelo que se deviam sentir culpados perante Deus, as suas consciências e a nação. Além disso, pelo mesma lente popular, a apropriação das sisas incentivou os gastos públicos, favorecendo a prodigalidade e laxidão da monarquia[7].

Nascidas, no século XIV, como um imposto indirecto que incidia sobre as transacções de algumas mercadorias, começou por assumir um

---

[6] Vide ARMINDO DE SOUSA, *Os mecanismos do poder: a fiscalidade*, in «História de Portugal», direcção de JOSÉ MATTOSO, 2.º vol. «A Monarquia Feudal (1096-1480), Lisboa, 1993, pág. 522.

[7] Vide ARMINDO DE SOUSA, *Os mecanismos do poder: a fiscalidade*, in loc. cit., pág. 522.

carácter provisório e dentro de uma esfera municipal. Mas cedo estas vestes caíram aos pés dos superiores interesses régios. Concebe-se que a transformação do imposto das sisas de extraordinárias em permanentes tenha resultado de uma desejada inércia, fruto, antes de tudo, das insaciáveis necessidades da guerra. A sua aplicação passou também a ser geral.

As sisas, dotadas de uma tal incidência, reclamavam o apoio de um funcionalismo dedicado *ex professo* à resolução dos seus problemas específicos. Deste modo, surgiram os siseiros para a recolha dos pagamentos. Havia ainda os chamados juízes das sisas que dirimiam o contencioso fiscal suscitado pela cobrança do imposto. Não eram benquistos os juízes das sisas, porquanto a respectiva acção significou amputar as competências atribuídas aos juízes dos concelhos. Daí os sucessivos ataques, em Cortes, de que siseiros e juízes das sisas se tornaram alvo privilegiado. Chegaram mesmo a estabelecer-se, em 1398, ordenações para vincular, com clareza, a função dos siseiros à letra da lei[8].

No capítulo dos impostos extraordinários, a coroa tendia a fixar um montante global. Aos representantes dos concelhos, competiria também garantir a repartição da cobrança em termos justos e equitativos. Uma solução deveras sábia, porquanto o panorama da geografia fiscal assentava no esquema dos concelhos, descontados os coutos e honras. Além disso, os representantes dos concelhos não ignoravam que, se permitissem a evasão fiscal, tal implicaria uma sobrecarga para os outros contribuintes. Daí a meticulosa operação da cobrança dos impostos. Um dos casos já estudados respeita a uma cobrança de natureza fiscal ocorrida no Porto e seu termo no ano de 1438. Nessa altura, a minúcia da operação não deixa lugar a dúvidas. O Porto e seu termo foi dividido em freguesias, as freguesias em contos e em juradias. Estas últimas foram ainda fraccionadas em partes de cima e partes de baixo[9].

---

[8] *Vide* ARMINDO DE SOUSA, *Os mecanismos do poder: a fiscalidade*, in loc. cit., pág. 524.

[9] *Vide* LUÍS MIGUEL DUARTE/LUÍS CARLOS AMARAL, *Os Homens que pagaram a Rua Nova. Fiscalidade, Sociedade e Ordenamento Territorial no Porto Quatrocentista*, in «Revista de História do Centro de História da Universidade do Porto», vol. 6 (1985), págs. 7 e segs.

6. Tributos concelhios

Da exposição em curso não pode ficar ausente a administração fiscal de índole concelhia. Na verdade, os concelhos desfrutaram, em épocas sucessivas, de receitas fiscais próprias. A escassez das fontes não autoriza, porém, que tudo se esclareça de modo cabal. Em todo o caso, as livrarias municipais, com especial destaque para os livros de vereações e para os livros de receita e de despesa, permitem tremeluzir algumas ideias.

Um dos actos que suscitava a incidência da tributação concelhia era a entrada dos vinhos nas cidades. Assim aconteceu no Porto, conforme documentam as vereações daquela urbe, tão escrupulosamente estudadas por Luís Miguel Duarte[10]. Este mesmo autor assinala que, em 1431, essa entrada andou em hasta pública devidamente apregoada. Quem conheça um pouco da história do direito fiscal, não ignora que um procedimento não invulgar residia na concessão da cobrança de um imposto, ou o seu arrendamento, quer a particulares, quer a sociedades para o efeito constituídas. O Estado exigia, via de regra, a prestação de garantias sólidas por parte dos adjudicatários[11].

Os livros de receita e de despesa dos municípios espelham bem o arrendamento de alguns impostos. Por exemplo, um livro de Montemor-o-Novo registou a arrematação da renda dos pesos e medidas[12]. Com efeito, a medição e pesagem das mercadorias constituía uma importante receita municipal.

À categoria de impostos municipais pertenciam as denominadas fintas ou talhas. Como já mencionámos anteriormente, um dos casos em que um finta ocorre, decidida pela urbe e sancionada pelo rei, é a finta da Rua Nova, no Porto, em 1438. O produto do imposto destinava-se a suportar os custos das expropriações e, sobretudo, da construção de uma grande via urbana que rasgaria a parte baixa do Porto.

De subido relevo, para o estudo da fiscalidade da época, é o chamado *Livro de Abertura da Rua Nova*. Aqui se registaram as listas de fogos dos contribuintes. O termo do Porto surgiu, cautelosamente, dividido em juradias. Em cada local, elaborava-se uma lista dos cabeças dos fogos. Media-

---

[10] *Vide* JOÃO ALBERTO MACHADO/LUIS MIGUEL DUARTE, *Vereaçoens (1431-1432)*. Livro 1, Porto, 1985, págs. 9 e segs.
[11] *Vide* JEAN FAVIER, *Finance et Fiscalité au Bas Moyan Âge*, Paris, 1971, págs. 236
[12] *Vide* JORGE FONSECA, *Montemor-o-Novo no Século XV*, Montemor-o-Novo, 1998, pág. 155.

-se, assim, a capacidade contributiva de cada um, distribuindo-se os contribuintes em três classes: os que pagavam por inteiro, os que pagavam metade e os isentos. Daí a distinção que se forjou entre inteiros e cabaneiros. Estes últimos tinham de seu apenas uma cabana.

As listas não se apresentavam naturalmente imutáveis aos olhos dos avaliadores da capacidade contributiva. Contribuintes havia que cresciam por um lance de fortuna ou de laboriosa prosperidade. Ao invés, outros decaíam em termos fiscais, pela simples razão de que empobreciam. A doença e a viuvez levavam, muitas vezes, a esse estado de indigência Não admira, pois, que alguns habitantes passassem a pagar menos ou ficassem mesmo isentos[13]. Bem vistas as coisas, a lição que se extrai desta administração fiscal concelhia ou municipal, que se encontrava próxima dos diversos contribuintes, residiu no propósito de conseguir uma tributação justa de acordo com a real capacidade contributiva, o que de algum modo afugentava a evasão fiscal, desde logo, pelo conhecimento directo de que os agentes do fisco desfrutavam. O presente bem podia ser o futuro do passado.

---

[13] Acerca da mencionada finta, consulte-se o fundamental estudo de LUÍS MIGUEL DUARTE/LUÍS CARLOS AMARAL, *Os Homens que pagaram a Rua Nova. Fiscalidade, Sociedade e Ordenamento Territorial no Porto Quatrocentista*, in loc. cit., págs. 7 e segs.

XVIII

DIREITO PROCESSUAL CIVIL

O MANTO DIÁFANO DA PERSONALIDADE JUDICIÁRIA

PAULA COSTA E SILVA[*]

> SUMÁRIO: *1. A homenagem. 2. Observações gerais. 3. Dr. Jeckill e Mr. Hide: quem é quem e quem fica vinculado ao quê? 4. O caso particular das sucursais, agências, filiais, delegações e representações. 5. A sanação da falta de personalidade judiciária das sucursais, agências, filiais, delegações e representações. 6. Balanço final.*

1. A homenagem

1. Supomos não errar se dissermos que dois pressupostos processuais causam desconforto aos juristas nacionais: a personalidade judiciária e a competência, *maxime* a competência internacional. As razões do desconforto são diversas, num e noutro caso. No segundo, as dificuldades de aplicação coerente de um sistema em que as regras parecem não jogar adequadamente entre si. O primeiro, pelas repercussões da singularidade da concessão de personalidade judiciária a realidades destituídas de personalidade jurídica.

Da perspectiva do Homenageado, é fácil a escolha de um tema para uma intervenção que possa ser-lhe destinada. Contar-se-ão pelos dedos das mãos – e sobrarão dedos! – as áreas do Direito em que não escreveu, traçando sempre novos caminhos.

Mas, neste momento, quem escreve não é o Homenageado. E esta alteração de posições torna tremendamente difícil a minha tarefa.

Por diversas vezes, pude prestar serviço docente em disciplinas regidas na Faculdade de Direito pelo Professor Doutor José de Oliveira Ascensão. Tive a sorte de colaborar na disciplina de Teoria Geral do Direito Civil,

---

[*] Professora Associada da Faculdade de Direito da Universidade de Lisboa.

matéria de base e de cúpula na aprendizagem do Direito. Entre os problemas que, então como agora, mas então não tanto como agora, se discutiam, encontrava-se a condição do nascituro. Com apoio numa interpretação literal do artigo 66 do CC, já então em clara rota de colisão com o sistema penal, era possível negar-se qualquer protecção ao nascituro que implicasse a concessão de situações jurídicas activas uma vez que, dizia-se, se estava perante um ente destituído de personalidade jurídica. Com efeito, a natureza das coisas (tomada formalmente) impunha esta solução já que o nascituro, por definição, não tinha atingido as condições de que a lei fazia depender a aquisição de personalidade: o nascituro ainda não havia nascido! Tomada nesta acepção e com os desastrosos resultados que poderia legitimar, a personalidade tinha de ser globalmente reponderada. Independentemente de a situação particular do nascituro se decidir, do nosso ponto de vista, não no plano da personalidade, mas no da capacidade de gozo, seria ele, com toda a carga ética que convoca, a mostrar-nos os perigos de um raciocínio categorial puro, levado às suas últimas consequências.

2. Os anos de convivência com o Professor Doutor Oliveira Ascensão ensinaram-me que nenhum dado de uma equação se pode tomar como adquirido quando se busca uma resposta. Mesmo as regras mais lineares e harmoniosas acabam por trazer consigo dificuldades não imediatamente imaginadas.

Colocada perante a vontade de homenagear alguém a quem cientificamente tanto devo, entendi que deveria ensaiar uma conjugação dos diversos ensinamentos que o Professor Doutor Oliveira Ascensão me transmitiu. Haveria que escolher um problema, para o qual existisse uma solução aparentemente pacífica, mas que nunca me deixara tranquila. Num pequeno ensaio, seria impossível optar pela matéria da personalidade jurídica, em geral. Decidi-me por uma das suas projecções: a da personalidade judiciária, nesta me interessando particularmente os casos em que o direito adjectivo, com estritos objectivos pragmáticos, prescinde da personalidade jurídica.

2. Observações gerais[1]

3. O capítulo relativo às Partes abre, no nosso Código, com a matéria da personalidade judiciária. Apesar do desconforto que este pressu-

---

[1] Pertencem ao Código de Processo Civil actualmente em vigor as disposições citadas sem indicação de fonte. A jurisprudência indicada sem mais pode ser consultada no site www.dgsi.pt.

posto provoca, que se intui nas palavras de Castro Mendes [Direito processual civil, II, p. 36] e que se lê em Anselmo de Castro [Direito processual civil declaratório, II, p. 108], é-lhe normalmente conferida uma posição de parca proeminência se comparado com a competência ou com os demais pressupostos referentes às partes.

Afirmando que a personalidade judiciária consiste na susceptibilidade de se ser parte (cfr. artigo 5/1), dispõe a lei, como regra fundamental, a coincidência entre a personalidade jurídica e a personalidade judiciária (cfr. artigo 5/2). Compreende-se bem o fundamento da coincidência. Não entrando, aqui, na polémica que envolve a vinculação do legislador a dados pré-legais, a coincidência significa que aqueles que o Direito reconhece enquanto pessoas têm a susceptibilidade de serem partes.

Num passo que cria agudas dificuldades dogmáticas, a lei atribui personalidade judiciária a realidades que não têm personalidade jurídica. Se os objectivos pragmáticos das regras de concessão de personalidade judiciária a realidades que não são pessoas podem compreender-se e aceitar-se como imediatamente bons, deles resulta uma série de problemas que são desconhecidos dos sistemas que não operam semelhante atribuição.

A concessão de personalidade judiciária a realidades destituídas de personalidade jurídica significa, em primeira linha, que a lei reconhece a susceptibilidade de terem o estatuto de partes realidades que são destituídas de personalidade jurídica. Se assim é, deverá aceitar-se que figurem como autor e/ou como réu realidades que, por não serem pessoas jurídicas, integram, de um ponto de vista do direito material, categoria diversa da das pessoas. Em alguns casos serão coisas (*v.g.*, a herança ou os patrimónios equiparados, o navio), noutros serão meros suportes de exercício da actividade de pessoas colectivas destituídos de personalidade (as sucursais, as agências, as filiais, as delegações e as representações). O que vem a significar que, à luz do nosso sistema, podem ser referentes de situações jurídicas processuais, realidades diversas das pessoas.

4. Até aqui, os efeitos podem considerar-se de somenos. No entanto, há que projectá-los para a decisão de mérito e para a questão dos limites subjectivos do caso julgado. A personalidade judiciária não decorrente da personalidade jurídica implica a concessão do estatuto de parte a quem não é o titular das situações litigiosas. Cumprirá saber, em face da delimitação subjectiva do caso julgado, se essas não pessoas podem ser os referentes dos efeitos materiais da decisão. Realidades que não são pessoas jurídicas podem ser condenadas em pedidos ou deles serem absolvi-

das quando as situações litigiosas, por imposição do Direito material, pressupõem uma esfera jurídica enquanto suporte de imputação, esfera que estes entes não têm?

Por outro lado, ainda mais críticos são os casos em que as partes (ou uma delas) são (ou é) destituídas, para além de personalidade jurídica, ainda de personalidade judiciária. Nestas hipóteses, não é possível encontrar justificação pragmática (seja através do critério da imputação do acto, seja através do critério da autonomia ou diferenciação patrimonial) para a escolha de uma coisa enquanto referente dos efeitos da decisão. O regime que a lei manda aplicar é o seguinte: nos termos do artigo 494/c), a falta de personalidade judiciária constitui uma excepção dilatória de conhecimento oficioso (artigo 495). Segundo o artigo 288/1c), a falta de personalidade judiciária cria, para o julgador, o dever de abstenção de conhecimento do mérito e de absolvição do réu da instância.

Lembre-se que a falta de personalidade judiciária somente emerge ou quando a parte é destituída de personalidade jurídica ou quando, para além de ser destituída de personalidade jurídica, é ainda destituída de personalidade judiciária. O traço comum a todos os casos de falta de personalidade judiciária é o da falta de personalidade jurídica: demandou ou foi demandada uma coisa à qual nem mesmo o direito adjectivo concede personalidade judiciária, pensa-se que pela razão de não estarem verificadas as necessidades pragmáticas a que este tipo de personalidade responde.

5. Pergunta-se: é dogmaticamente aceitável que se absolva uma coisa da instância?

E, já antes disso, quando a parte seja destituída de personalidade jurídica, mas não de personalidade judiciária, é dogmaticamente explicável que uma coisa seja condenada ou absolvida de um pedido?

Castro Mendes, afirmando que o "regime legal que, aprofundado, mostra algumas dificuldades", concluía que "a absolvição é antes uma absolvição de aparência de instância se a não-parte for autora) ou uma aparente absolvição da instância (se a não-parte for ré)" [Direito processual civil, II, 1987, p. 34]. Compreendem-se as dificuldades peculiares, envolvidas nas hipóteses em que a parte é destituída de personalidade. Mas não pode acompanhar-se o Autor quando se refere a uma *não-parte*. Com efeito, e uma vez que a personalidade é um pressuposto que adere à parte, sendo a parte formalmente definida [parte é aquela que demanda em nome próprio e aquela que é demandada em nome próprio], apesar de não ter personalidade, a parte é parte, sendo encabeçada no estatuto que este termo convoca. As dificuldades suscitadas pela personalidade judiciária enquanto reflexo da personalidade jurídica decorrem de ter de se aceitar a existência de um processo, mesmo que, numa situação extrema, nenhuma das partes tenha personalidade jurídica/judiciária. E é um facto que, uma vez proposta a acção, o exercício da função jurisdicional pelo tribunal, ainda que seja para o proferimento de uma decisão estritamente formal, é absolutamente legítimo.

Primeira observação: porquanto conseguimos apurar, a autonomização da personalidade judiciária face à capacidade judiciária é uma peculiaridade do nosso sistema jurídico. Da falta de consagração expressa de um pressuposto processual que respeite à personalidade não resulta que, em outros sistemas, se não levantem problemas que decorrem da constituição da instância entre realidades que não têm personalidade. No entanto, a solução que aí recebem não toma como ponto de referência o regime típico das condições de admissibilidade. A situação que mais se aproxima daquela que resulta, entre nós, da recondução da falta de personalidade a uma excepção dilatória ocorre, por exemplo, no sistema jurídico alemão a propósito de entidades às quais, não sendo reconhecida capacidade jurídica de gozo, é conferida capacidade de gozo judiciária passiva, nesta se incluindo a faculdade de dedução de reconvenção. E uma vez que essa capacidade se reconduz à admissibilidade da constituição destas entidades como partes, os problemas que aí avultam aproximam-se daqueles que temos de defrontar, mas sob o pressuposto da personalidade judiciária [sobre a constituição, como partes, de entidades destituídas de capacidade de gozo e seus reflexos, para o sistema jurídico alemão, Rosenberg/Schwab/Gottwald, Zivilprozessrechts 16.ª, §43.II.5 a 7].

Entre nós, Castro Mendes, numa posição que veremos próxima daquela que é defendida na Alemanha por Rosenberg/Schwab/Gottwald, afirmava que, quando a parte seja destituída de personalidade judiciária, "(f)alta a instância, embora haja uma aparência de instância, que chega para fundamentar os actos de processo que se pratiquem" [Direito processual civil, II, 1987, p. 18]. Numa posição que era já defendida por Rosenberg [Lehrbuch des deutschen Zivilprozessrechts 9.ª, §40.V], entendem Rosenberg/Schwab/Gottwald que, verificando-se que afinal a parte não existe, tanto porque jamais teve existência jurídica, sendo mera criação do autor, ou porque, tendo-a tido, veio a perdê-la (por morte, nas pessoas singulares, por extinção, nas pessoas colectivas), deve a pretensão substantiva ser declarada inadmissível, terminando a acção com uma decisão processual/formal e sendo as custas suportadas pelo autor. Já a decisão de mérito que haja sido proferida a favor ou contra uma parte não existente é necessariamente destituída de efeitos [Zivilprozessrechts 16.ª, §41.V].

Segunda observação: a personalidade judiciária, enquanto pressuposto autónomo, é consagrada somente no CPC de 39. No Código de 1876, aspectos de regime que implicavam, umas vezes, questões de personalidade e outras de capacidade surgiam misturados (cfr. artigos 9, onde se dispunha que "(s)ó os que tiverem capacidade legal podem pessoalmente recorrer aos tribunais ou ser a elles chamados" e 11, § 2.º, onde se lia que "(a)s succursais, agencias ou estabelecimentos filiaes de qualquer banco, sociedade ou companhia serão representados pelos seus chefes na séde da respectiva administração."). É no CPC de 39 que se passa a regular primeiro a matéria da personalidade e, só posteriormente, a matéria da capacidade.

Terceira observação. Ao explicar a personalidade judiciária escreve Alberto dos Reis que a distinção entre a personalidade judiciária e a capacidade judiciária é "paralela à que o Código Civil estabelece entre a capacidade de direitos ou personalidade jurídica (...) e a capacidade do exercício de direitos" [Código de Processo Civil anotado, I, p. 26]. Recorde-se que ao tempo de redacção deste preceito vigorava o artigo 1 do CC de 1876, nos termos do qual "(s)ó o homem é susceptível de direitos e obrigações. N'isto consiste a sua capacidade jurídica, ou a sua personalidade" [Sobre a indistinção entre a personalidade e a capacidade jurídicas e a evolução dos dois conceitos, Menezes Cordeiro, Tratado de Direito Civil, I, Tomo III ^{2004}, ns. 96 e 97].

Quarta observação: no plano do discurso jurídico, a personificação judiciária de certas entidades provoca dificuldades. A análise de algumas decisões proferidas quando se discutem questões relacionadas, *v.g.*, com o condomínio permite esta conclusão. Na solução do caso, o tribunal por vezes oscila entre a personalidade judiciária, a representação judiciária de entidades sem personalidade jurídica e a legitimidade [a título exemplificativo, acórdão do Supremo Tribunal de Justiça, de 14 de Março de 2006 (Urbano Dias) onde se conclui, a nosso ver, de modo absolutamente adequado que não é possível a sanação da falta de personalidade judiciária de sociedade dissolvida; no entanto, o fundamento a que o tribunal recorre para esta impossibilidade é o artigo 23, relativo à representação/capacidade judiciária; ainda acórdão do mesmo tribunal, de 17 de Junho de 1986 (Lima Cluny), onde se afirma que determinado estabelecimento de ensino particular, tendo o estatuto de fundação, havia adquirido personalidade e capacidade judiciária ao abrigo dos artigos 5 e 6; cfr., ainda, acórdão do

Supremo Tribunal Administrativo, de 25 de Setembro de 2001, onde se lê que cabendo a representação do Município ao Presidente da Câmara Municipal, é neste que devem radicar-se a personalidade e a capacidade judiciárias].

Quinta observação: vem-se verificando uma certa indiferença ao trecho final do artigo 6/*a*). Assim se verificou no recente acórdão do Supremo, de 6 de Março de 2003 (Oliveira Rocha). Discutia-se a personificação judiciária de um fundo de investimento. O Supremo conclui que este tem personalidade judiciária porque é um património autónomo. No entanto, a lei não elege exclusivamente o critério da autonomia patrimonial como índice de personificação. Exige mais: exige que, para além de ser constituído como património autónomo, este património não tenha titulares determinados. Se os tiver e apesar da sua autonomia, não goza o património de personalidade judiciária. Assim sucede, *v.g.*, com o EIRL. Não obstante ser constituído como um património autónomo, o seu titular está necessariamente identificado. Se assim é, parte em acção relativa a situações jurídicas respeitantes ao estabelecimento (e não do estabelecimento) é o seu titular, não o EIRL. Esta observação corresponde aos dados do sistema. Na al. *a*) do artigo 6 lê-se que é concedida personalidade judiciária à herança jacente e aos patrimónios autónomos semelhantes *cujo titular não estiver determinado*. Ora, é exactamente este trecho final do artigo 6/*a*) que permite a equiparação da herança jacente (aquela que, já aberta, ainda não foi aceite pelo que não tem titulares determinados) e os demais patrimónios. E é a ausência de identificação dos titulares de um património que explica a solução, estritamente pragmática, de não bloquear quer o exercício por, quer o exercício contra esses mesmos patrimónios. Tendencialmente, um dia, terão um titular. Mas, enquanto o não tiverem, não ficam impossibilitados de demandar e de serem demandados.

Sexta observação: o que acaba de ser dito não significa que o artigo 6/*a*) não possa ser interpretado no sentido em que, não obstante a determinação ou determinabilidade dos titulares do património autónomo seja razoável atribuir personalidade judiciária a este património. Pode ter sido esta a razão implícita para a posição do Supremo, assumida no acórdão já referido de 6 de Março. O fundo não é um património sem titular. Nem é um património que se não sabe a quem pertence: pertence, em regime de propriedade de mão comum, ao colectivo dos titulares de unidades de participação. Esta colocação retira o fundo, enquanto património autónomo, do campo do artigo 6/*a*): apesar de estarmos perante um património autónomo, o seu titular está determinado. Desta conclusão não deve, porém, imediatamente inferir-se que, em casos análogos ao do fundo, não deva o património ser judiciaramente personificado. E, mais uma vez, esta personificação é justificada por razões de ordem pragmática: perante a operosidade de uma acção que tivesse todos os titulares do património como autores ou que fosse instaurada contra todos os titulares do fundo, o direito intervém, criando um esquema de simplificação. Esta, tal como sucede com a acção colectiva que permite evitar coligações com uma pluralidade quase incomportável de compartes, pode residir na personificação judiciária do património autónomo, *rectius*, do fundo. No final, a decisão do Supremo Tribunal é boa; talvez implicasse um maior esforço argumentativo.

3. Dr. Jeckill e Mr. Hide: quem é quem e quem fica vinculado ao quê?

6. Os objectivos que presidem à concessão de personalidade judiciária a realidades que não integram a categoria das pessoas jurídicas são claramente pragmáticos [Alberto dos Reis, Código de Processo Civil anotado, I, p. 26: "Para levar mais longe a facilidade de movimentos, a lei permite que as sucursais (...), posto que não tenham personalidade jurídica, demandem e sejam demandadas; quer dizer, atribui personalidade judiciária às sucursais e outras delegações da administração central, a fim de se realizar mais completamente o objectivo a que obedece a criação de tais órgãos."]. A questão que avulta em torno de partes, que não são pessoas jurídicas, foi já apontada: elas serão os referentes, não apenas de todas as situações jurídicas processuais, mas dos efeitos materiais da decisão. Por outro lado, e quanto às partes que sejam simultaneamente destituídas de personalidade jurídica e de personalidade judiciária, a dificuldade reside no facto de se admitir serem elas o referente dos efeitos de uma decisão ainda que formal.

Que saída pode existir para esta contradição, traduzida na imputação de situações jurídicas materiais e/ou processuais a quem não tem personalidade jurídica, ou seja, a quem não tem a susceptibilidade de ser delas titular?

O problema implicado nesta questão não é particular do domínio das normas processuais; há muito que é conhecido no campo do direito substantivo, bastando recordar as figuras da sociedade civil, das associações sem personalidade jurídica, do navio, dos animais. Como se sai dele? Através da aceitação de que, afinal, é possível a imputação de situações jurídicas, prescindindo da personalidade jurídica. Supomos que, em parte das hipóteses em que a lei reconhece personalidade judiciária a entes destituídos de personalidade jurídica plena, a resposta passa pela aceitação da figura da personalidade rudimentar, à qual há que recorrer para compatibilizar o estatuto de alguns entes não personificados com os regimes legais para eles traçados. Assim sucede, seguramente, com a sociedade civil se se entender que esta não tem personalidade jurídica e, ainda, com as associações e comissões destituídas de personalidade, com o condomínio, as sucursais, agências, filiais, delegações e representações. Todas estas entidades têm uma organização mais ou menos sofisticada, evitando a respectiva personificação judiciária, nuns casos, a constituição como parte na demanda de uma pluralidade mais ou menos extensa de pessoas singulares (casos da sociedade e do condomínio) e noutros, a constituição como parte da própria pessoa colectiva.

Noutras hipóteses, falha a possibilidade de recurso à personalidade rudimentar, apoiada numa estruturação mais ou menos sofisticada de uma organização, para explicar a personalidade judiciária. Nestas, a personificação judiciária é o expediente técnico que permite o exercício de situações jurídicas que, sem esse instrumento, estariam paralisadas. Assim sucede no caso da herança jacente ou de outros patrimónios autónomos, cujo titular (ou titulares) não esteja(m) determinado(s).

7. Os problemas adensam-se, porém, no domínio processual uma vez que, se num primeiro plano, se imputam situações estritamente adjectivas à entidade destituída de personalidade jurídica, num segundo momento haverá que determinar a quem vêm a ser imputados os efeitos da decisão. E esta pergunta traz consigo outra mole de questões.

Na verdade, se os efeitos materiais se disserem imputados à entidade destituída de personalidade, pergunta-se como pode ela ser o referente desses efeitos. Pergunta-se: como pode, *v.g.*, uma sucursal ser o referente dos efeitos de uma decisão de condenação no pagamento de uma determinada quantia? Esta pergunta atinge maior acuidade quando se pensa que a sucursal pode, inclusivamente, ser parte em processos em que se discutem situações que não procedem, sequer, de factos por elas praticados. Ao conceder personalidade judiciária à entidade que não tem personalidade jurídica, a lei parece despreocupar-se com o seu reflexo, ou seja, com a posição da pessoa jurídica, em cuja esfera acabarão por repercutir-se os efeitos da decisão e que não foi parte na acção. Começam a avolumar-se as dúvidas quanto a uma solução que permite a vinculação de um terceiro (por referência à parte processual) aos efeitos de uma decisão, obtida no confronto de uma parte que, no plano substantivo, dela não tem autonomia. A pessoa jurídica, sendo uma não-parte processual, é a parte em sentido material. Quem exerce as diversas situações processuais, que vão concorrer para a conformação da decisão de mérito não é a pessoa colectiva: poderá dizer-se que está assegurado, neste caso, o princípio do processo equitativo?

8. Tomando posição nesta questão, Anselmo de Castro [Direito processual civil declaratório, II, p. 108-109] diria que "(p)arece indiscutível que os efeitos da acção se produzem directamente sobre, v.g, a sociedade na acção da sucursal ou contra a sucursal (...), sobre a herança, ou melhor, sobre os futuros titulares dela que venham a determinar-se, nas acções de ou contra a herança de titular ainda não determinado, etc.. Quer dizer, partes na causa verdadeiramente são a sociedade, a herança (os herdeiros), a sociedade civil, etc., e não a sucursal, o administrador do património autónomo cujo titular não está identificado, etc., que são simples parte formal, ou meros representantes legais. Quando muito, a sua posição será a de um substituto processual. Na verdade, não pode admitir-se que os efeitos da acção ou da sentença se restrinjam, *v.g.*, à sucursal ou aos bens que estejam afectos à sua esfera de acção, que aliás não constituem património próprio, e não atinjam a própria sociedade".

Se o fundamento da vinculação do ente com personalidade jurídica, que não foi parte na acção, aos efeitos da decisão proferida no confronto da parte meramente judiciária se pode localizar, de acordo com o pensamento de Anselmo de Castro, numa pluralidade de figuras (desde a representação à substituição, passando por uma funcionalização clara do conceito de parte na aplicação das regras adjectivas, numa posição que é defendida, na Alemanha, por Wolfram Henckel e que acolhemos quando ensaiámos a explicação dogmática do conceito de substituição processual, com a inerente vinculação do substituído aos efeitos da decisão proferida em acção que teve o substituto como parte em *A transmissão da coisa ou direito em litígio. Contributo para o estudo da substituição processual*), interessa-nos, agora, sublinhar aquela que é a ideia fulcral da construção deste Autor. Segundo Anselmo de Castro, se a acção é proposta por ou contra uma parte com personalidade judiciária mas destituída de personalidade jurídica, os seus efeitos materiais atingem directamente a parte material e não a parte judiciária que, ainda segundo o Autor, é parte meramente formal. Neste sentido e não obstante o debate em torno da personificação judiciária das Câmaras Municipais [por último e com indicações jurisprudenciais, acórdão do Supremo Tribunal de Justiça, de 2 de Maio de 2002 (Neves Ribeiro)], vêm entendendo os tribunais superiores que a repercussão dos efeitos das decisões por elas obtidas na esfera dos Municípios [cfr. acórdãos do Supremo Tribunal de Justiça, de 3 de Outubro de 1991, com mais indicações; de 4 de Maio de 2000 (Duarte Soares)].

9. A dicotomia entre a parte judiciária formal e a parte pessoa jurídica material é plena de consequências, surgindo, de imediato, as que respeitam à execução. Se a parte da acção declarativa é destituída de personalidade judiciária mas se a decisão é proferida no seu confronto, quem deve ser a parte na execução? A parte judiciária formal ou a parte judiciária material?

Nada se dispondo, em particular, quanto à personificação das entidades enumeradas nos artigos 6 e 7 do CPC na acção executiva, toma-se, regra geral, como a esta aplicáveis as disposições claramente pensadas para a acção declarativa. Deixar-se-ão de fora desta análise os casos em que o título não é judicial [cfr., exemplificativamente, o acórdão do Supremo Tribunal de Justiça, de 27 de Setembro de 2001 (Oliveira Barros), onde se admite a propositura da acção executiva pelos herdeiros entretanto determinados da herança do tomador]. Estes poderão interessar quando se aprofunda a aplicabilidade directa, à execução de títulos extrajudiciais, das regras vigentes em matéria de personalidade judiciária. Ficarão igualmente de fora os casos em que, sendo o título obtido no confronto de pessoa jurídica estrangeira se pergunta se, v.g., a sucursal, localizada em Portugal, pode ser constituída como parte.

Esta questão merece uma resposta intuitivamente negativa mas por uma razão estranha à da personalidade judiciária. Com efeito, negar-se-á, de imediato, a possibilidade de constituição da sucursal como parte na medida em que não é ela quem figura no título como credora ou devedora. Mas veja-se que se responde já com base num pressuposto diverso da personalidade judiciária, a saber, com fundamento no regime peculiar de legitimidade estritamente formal, vigente na acção executiva.

Não obstante a distinção entre os dois pressupostos – personalidade judiciária e legitimidade –, certo é que, entre eles, se verifica uma relação de implicância inversa. Se é verdade que a parte só pode ser legítima se, antes disso, se puder constituir como parte, ou seja, se antes disso se concluir que ela tem personalidade judiciária, verdade é, também, que quando a lei atribui legitimidade processual a uma entidade destituída de personalidade jurídica para accionar determinadas situações jurídicas, esta legitimidade implica a sua possibilidade de efectivamente as accionar. Ora, se a sua constituição como parte não for admitida, a sua legitimidade não tem projecção. Isto mesmo resulta, com toda a evidência, do acórdão do Supremo Tribunal de Justiça, de 19 de Janeiro de 2004 (Silva Salazar), onde se lê que a "legitimidade (...) obviamente pressupõe o reconhecimento de personalidade judiciária activa, sem a qual, não podendo o autor ser parte, a concessão de legitimidade seria pura inutilidade sem sentido." [Quanto à necessidade de reconhecimento de personalidade judiciária a uma entidade a que a lei reconhece capacidade judiciária uma vez que esta não se concebe sem aquela, acórdão do Supremo Tribunal de Justiça de 4 de Maio de 1982 (Amaral Aguiar)].

10. Centremo-nos, então, na hipótese mais simples, ou seja, nos casos em que o título é uma sentença condenatória e a parte na acção declarativa é destituída de personalidade jurídica, beneficiando de uma concessão de personalidade judiciária.
Quem são as partes na execução?
Atendendo à distinção que Anselmo de Castro traçava, ao analisar o pressuposto da personalidade judiciária na acção declarativa, entre a parte formal e a parte material e à conclusão que dela extraía – a necessidade de considerar que os efeitos dos actos praticados pela parte formal se repercutiam directamente na esfera da parte material – era óbvia a necessidade de conhecer a posição deste Autor em sede de execução. Porém, ao descrever os pressupostos processuais relativos às partes, começa, logo, pela legitimidade, não fazendo referências à personalidade judiciária (e à capacidade). Teria este Autor imposto que, sendo a parte material a pessoa jurídica e não a pessoa judiciária, que fosse aquela e não esta a parte na execução? Teria interpretado os termos *credor* e *devedor*, constantes do artigo 55, em termos materiais, não com o sentido de serem efectivamente sujeitos das posições jurídicas implicadas pelo dever de prestar, mas no de serem os referentes dos efeitos materiais da decisão condenatória?
Sobre questão análoga àquela que nos ocupa pronunciou-se o Supremo Tribunal de Justiça, em acórdão de 23 de Março de 1994 (Miranda Gusmão). No caso decidido pelo Supremo, determinada sociedade requerera, em acção declarativa, a condenação do Colectivo dos Trabalhadores da Empresa da então autora a indemnizá-la pelos lucros cessantes e pelos danos emergentes, ocorridos durante o período em que a empresa se encontrara em autogestão. O pedido foi julgado procedente e o Colectivo de Trabalhadores foi condenado. Com base nesta sentença, a sociedade ins-

taurou acção executiva contra alguns dos que haviam sido trabalhadores da empresa durante o período da autogestão. A execução foi liminarmente indeferida com fundamento em ilegitimidade passiva: entendeu a primeira instância que a execução deveria ser instaurada contra aquele que no título ocupava a posição de devedor, a saber, o Colectivo dos Trabalhadores. A exequente interpôs recurso para a Relação, sendo este julgado improcedente. Interposto recurso para o Supremo, concluiu o Tribunal que a execução deveria ser instaurada contra aquele que no título figurava como devedor, ou seja, contra o Colectivo dos Trabalhadores da empresa, sendo os trabalhadores partes ilegítimas.

Apesar de as dúvidas terem gravitado em torno da legitimidade, certo é que o Supremo não desconsiderou a personalidade estritamente judiciária do Colectivo dos Trabalhadores, permitindo que a execução fosse instaurada contra diversas pessoas jurídicas que, no pensamento de Anselmo de Castro, seriam os referentes necessários dos efeitos materiais da decisão.

Situação curiosa foi decidida pelo Tribunal da Relação do Porto. No caso decidendo, estava-se perante execução de sentença condenatória de um Município. Sendo este constituído executado, os embargos foram deduzidos pela Câmara Municipal respectiva. Ao invés de serem deduzidos pelo executado, os embargos foram deduzidos por um órgão do executado. Nesta sequência, os exequentes/embargados, deduziram a excepção de ilegitimidade do embargante. Esta, na sequência da contestação, requereu a intervenção principal do Município. Apoiando-se em diversas decisões do Supremo Tribunal Administrativo, concluiu a Relação que não haveria que requerer a intervenção principal do Município, mas que proceder a uma mera rectificação da petição de embargos, de modo a que desta figurasse, como autor, o Município e não a Câmara Municipal. Já antes, e através de acórdão de 4 de Maio de 2000 (Duarte Soares), o Supremo Tribunal de Justiça havia decidido que sendo a Câmara Municipal destituída de personalidade jurídica e de personalidade judiciária, não poderia ser demandada como parte mas estar na acção somente enquanto representante do Município. Sendo demandada a Câmara, haveria que entender-se que fora demandado o Município. Em idêntico sentido, pode, também, confrontar-se o acórdão do Supremo de 2 de Maio de 2002, nos termos do qual deve entender-se como mero lapso de identificação e não como questão eventualmente atinente à falta de personalidade judiciária da ré a circunstância de o autor ter dirigido a acção contra a Câmara Municipal e não contra o Município.

11. O que pensar quanto à vinculação aos efeitos da decisão? Pode afirmar-se que a parte vinculada é a parte processual, destituída de personalidade judiciária? Ou ficará vinculada a pessoa jurídica que não foi parte no processo?

Curiosamente, não uma mas duas respostas parecem intuitivamente correctas.

Por um lado, se observada a questão do ponto de vista substantivo, dir-se-ia que vinculada aos efeitos materiais da decisão apenas poderia ser a pessoa jurídica. Com efeito, se a parte processual é destituída de personalidade jurídica, a situação jurídica objecto do procedimento não é sua. Mas, da perspectiva do direito substantivo, também não é de terceiro, sendo que, da óptica do direito processual, aparentemente o é.

Por outro, se o problema for visto da perspectiva processual, dir-se-ia que apenas a parte processual fica vinculada aos efeitos da decisão, conclusão decorrente do artigo 672. Isto porque se é a parte que delimita os efeitos do caso julgado, se parte é a entidade destituída de personalidade judiciária, apesar desta circunstância, ela ficaria vinculada à decisão.

12. A força persuasiva de um argumento literal extraído do artigo 672 pode ser ultrapassada. E deverá sê-lo na resolução do nosso problema uma vez que esta regra deve ser conjugada com uma pluralidade de outras mais.

Enunciemos aquela que nos parece ser a boa solução: a parte vinculada aos efeitos da decisão não é a parte processual, pessoa meramente judiciária, mas a pessoa jurídica, que não é parte processual. Dir-se-á que esta solução atenta contra a regra geral de não vinculação de terceiros ao caso julgado. Sim e duplamente não.

Sim se se entender que a parte judiciária se distingue da pessoa jurídica que não foi parte. Se esta distinção se pode operar num plano estritamente adjectivo, ela não é sustentável no plano material, aquele em que se produzem os efeitos igualmente materiais da decisão. Por esta razão, o sim já se aproxima de um sim muito interrogado ou mesmo de um não.

Mas ainda não por uma outra ordem de razões.

Em primeiro lugar, não pode impressionar-nos imediatamente uma qualquer resposta que tenha como efeito o da vinculação de um terceiro – por referência à instância – aos efeitos da decisão. Se a regra geral é a de que só a parte processual fica vinculada aos efeitos do caso julgado material, também regra geral a legitimidade é uma legitimidade directa. Exactamente para impedir que terceiros não legitimados extraordinariamente possam provocar decisões que vinculem aquele que não pode postular, logo, que não pode influenciar o sentido da decisão através da sua conduta processual. Mas se esta é a regra, inúmeras são as excepções que comporta. E comporta-as exactamente nos casos em que a um terceiro – por referência à situação material controvertida – é conferida legitimidade para actuar uma situação jurídica alheia.

Ora, supomos ser esta a hipótese que encontramos quando há dissociação entre a parte processual, à qual é conferida personalidade judiciária, e a parte material, que não actua no processo.

Comecemos por perguntar em que situação se encontra a litigar a parte processual, que é destituída de personalidade judiciária. Ela actua processualmente em nome próprio, sendo, assim, parte. Por outro lado, ela actua por uma situação jurídica que é alheia já que, ela própria, é destituída de personalidade jurídica. A lei confere-lhe, não apenas personalidade judiciária, mas legitimidade (extraordinária e indirecta) para litigar por situação jurídica alheia. Se as afirmações antecedentes corresponderem aos dados do sistema, então a parte judiciária actua enquanto substituto processual. E actua em substituição da pessoa jurídica que, em concreto, não é parte no processo. A aceitação desta legitimidade extraordinária e indirecta é o corolário da personificação judiciária.

Mas a legitimidade, directa ou indirecta, não é um pressuposto sem função. Mesmo que aferido formalmente, ele pressupõe uma ligação privilegiada entre a parte e o objecto do processo, destinada a assegurar que a decisão produza, no plano substantivo, um efeito útil. Por isso se entende que a concessão de legitimidade indirecta pressupõe a vinculação da parte material aos efeitos da decisão proferida no confronto da parte estritamente formal. Se assim não fosse, aquele que litiga no confronto de uma parte formal jamais conseguiria impor a decisão à parte que é o verdadeiro referente dos efeitos materiais da sentença, a saber, a parte material. Nesta linha se afirma que a substituição processual é a situação em que alguém, o substituto, litiga em nome próprio por direito alheio, ou seja, por direito do substituído, com vinculação necessária desta parte – apenas material e não processual – aos efeitos da decisão proferida no confronto da parte processual.

Tudo isto pode parecer estranho quando se pensa que um terceiro, o substituído, é vinculado aos efeitos de uma decisão, que não pôde influenciar com a sua conduta processual. Paira no ar o espectro das garantias fundamentais do processo. Mas as posições jurídicas não podem – ou não devem – ser absolutizadas. Há em todas as hipóteses de substituição processual que, até ao início deste trabalho, havíamos identificado, razões que justificam a concessão de uma legitimidade extraordinária ao substituto com a necessária vinculação do terceiro substituído ao caso julgado. O ponto do sistema com o qual mais detidamente nos tínhamos confrontado respeita aos casos cobertos pelo artigo 271. Aí, e de modo abreviado, a legitimidade extraordinária é crucial para impedir uma manipulação da instância através da criação de situações de ilegitimidade superveniente, com a consequente produção de decisões de absolvição da instância. A posição do substituído não deve ser absolutizada; ela deve ser aquilatada com a posição da contraparte na acção.

13. Em matéria de substituição, havia ainda mais um mecanismo que permitia salvaguardar a posição do substituído. Ora, será neste ponto que vamos encontrar algumas dificuldades específicas no caso que agora nos ocupa. Referimo-nos directamente à faculdade de habilitação, de que goza o substituído e, em situação próxima, a faculdade de auto-exclusão em processos para tutela de interesses difusos ou de interesses colectivos, submetidos a um regime artificialmente único. A habilitação permite que a parte material assuma a posição de parte processual, restabelecendo-se a coincidência entre aquele que litiga (e que é o sujeito das situações processuais que lhe permitem influenciar o sentido da decisão) e aquele que é o referente dos efeitos materiais da sentença. De outro lado, o direito de auto-exclusão permite que aquele que é substituído na acção popular se exclua dos efeitos do caso julgado.

Se é possível a habilitação da parte material em casos de dissociação entre a personalidade jurídica e a personalidade judiciária – por exemplo, nos casos de determinação superveniente dos titulares da herança ou de outro património autónomo de titular não identificado –, esse incidente, que provoca uma modificação subjectiva da instância, não está desenhado para a maioria das hipóteses em que a lei atribui personalidade judiciária a entes destituídos de personalidade jurídica. O que vem a significar que o substituído, ou seja, a parte material que é a pessoa jurídica, em cuja esfera se vão repercutir os efeitos da decisão, não pode assumir a posição de parte processual. Esta circunstância pode não surgir como gravosa se a parte destituída de personalidade jurídica assumir a posição de autora na acção. Neste caso, pressupõe-se a escolha da parte pela pessoa jurídica. Exemplificando, é a pessoa colectiva quem decidirá se se constitui como autora ou se atribui essa qualidade a uma sua sucursal.

14. Mas será comportável a vinculação da parte material, que se vê impedida de se habilitar, na situação inversa? Será admissível a vinculação da sociedade quando o autor decidiu demandar uma sucursal daquela?
A dúvida pode receber respostas em diversos planos.

Numa primeira impressão, a vinculação da sociedade parece afrontar o princípio do devido processo legal. Se ela não foi nem pôde ser parte, não pôde influenciar, com a sua actuação, o devir do procedimento.

Num mesmo nível argumentativo, dir-se-ia, em contrário, que a impossibilidade de habilitação não afronta o direito de defesa porquanto, afinal, a pessoa jurídica de que se fala é sempre a mesma: a sociedade.

Supomos que há que ponderar alguns dados antes de uma tomada de posição.

Primeiro aspecto: a lei nem impõe a constituição da sucursal, agência, filial, delegação ou representação como parte activa ou passiva nos casos em que lhe atribui personalidade judiciária, nem, inversamente, proíbe a constituição da pessoa colectiva como parte nestas situações. Este ponto é da maior relevância uma vez que a opção (e não a imposição) significa que a parte tem uma faculdade alternativa na conformação subjectiva da instância. Quer sendo a pessoa colectiva/sucursal, agência, filial delegação ou representação a exercer esta opção, quer seja a contraparte.

Se mesmo no campo processual (já que, no plano substantivo, a personalidade judiciária, instrumental à prossecução de objectivos de ordem pragmática, não surge como a interposição de uma nova entidade) existe uma faculdade alternativa de conformação subjectiva da instância, isto significa que tanto pode ser parte na acção a pessoa colectiva, quanto a sucursal, agência, filial, delegação ou representação. Esta conformação alternativa da parte (activa ou passiva) verifica-se tanto nas situações previstas no n.º 1, quanto naquelas a que se refere o n.º 2. Sucede, porém, que, de um ponto de vista da proximidade da pessoa meramente judiciária aos factos há uma diferença assinalável: se, nos casos que se reconduzem ao n.º 1 e não obstante a imputação dos efeitos dos seus actos à pessoa colectiva, ela esteve directamente envolvida na situação litigiosa, nas hipóteses cobertas pelo n.º 2, ela não tem qualquer ligação a esses factos. Trata-se, aqui, de uma concessão de personalidade que não pode ser justificada por razões de mais eficaz exercício do direito de acção atendendo ao autor material dos factos que fundamentam a acção. Se assim é, quando a lei atribui à parte contrária a faculdade alternativa de demandar, por factos praticados pela pessoa colectiva, tanto esta quanto a sucursal, agência, filial, delegação ou representação, na ponderação dos interesses da parte e da pessoa colectiva, é dada prevalência clara aos interesses daquela.

15. O que está, agora, em causa é determinar se essa prevalência deve ser absoluta ou se, ao invés, tem ainda a pessoa colectiva algum meio de intervir directamente na acção. Como acima se disse, a situação não é crítica, do ponto de vista desta última, se a faculdade alternativa de conformação subjectiva da instância está na sua disponibilidade. O problema só avulta quando é a contraparte a escolher. Se ela escolhe a sucursal, a agência, a filial, a delegação ou a representação nada pode a pessoa colectiva fazer de modo a ter a direcção efectiva do processo?

Os nossos tribunais afastaram – e pensamos que bem – a possibilidade de a pessoa colectiva se constituir como parte principal em posição litisconsorcial com a sua sucursal, agência, filial, delegação ou representação [Rosenberg/Schwab/Gottwald, Zivilprozessrecht 16.ª, § 43.II.5, admitindo a intervenção principal ou acessória dos associados em acção instaurada contra a associação destituída de capacidade de gozo]. Afinal, a pessoa colectiva não tem um interesse igual ao da ré; o seu interesse é o interesse da ré que, por razões pragmáticas, é uma pessoa meramente judiciária. E também por esta mesma razão – e ainda por maioria de razão – não podem a pessoa colectiva e a sucursal, agência, filial, delegação ou representação litigar como compartes coligadas.

Mas o que se pergunta é se a pessoa colectiva não poderá ser admitida a deduzir incidente de habilitação, fazendo cessar a situação de substituição processual. Afinal, são os seus interesses que estão em jogo, não os interesses da sucursal, agência, filial, delegação ou representação. Não obstante a substituição existir em casos em que ela é contrária aos interesses do substituído, sendo unicamente justificada por interesses da contraparte, como sucede nas hipóteses previstas no artigo 271, ainda assim o substituído é admitido a habilitar-se. E a habilitação só é indeferida se a contraparte alegar (e, diríamos, demonstrar) que a transmissão só foi feita para tornar a sua posição no processo mais difícil [cfr. artigo 376/1a)].

16. Contra a admissibilidade da habilitação da pessoa colectiva poderá dizer-se que ela é operativamente inútil. Com efeito, se é certo que, em concreto, a pessoa colectiva não age directamente no processo, actuando através de uma estrutura, certo é, também, que esta está sob seu controlo directo. A pessoa colectiva está dotada dos meios que lhe permitem determinar o sentido da actuação da sucursal no processo: esta rece-

berá instruções que lhe são dadas pelos órgãos competentes da sociedade. Se, no plano formal, a parte é a sucursal, no plano substancial a sua actuação não é determinada por uma vontade própria. Quer isto dizer que os resultados obtidos no processo, em tese, não se podem pensar diversos daqueles que se obteriam caso actuasse como parte a sociedade e não uma sua estrutura.

Por outro lado, dir-se-á que as estruturas que dependem da pessoa colectiva estão na sua esfera de risco. É ela quem beneficia das vantagens de uma estrutura diversificada pelo que é ela quem deve sofrer os efeitos negativos dessa sua forma de organização.

Estas duas linhas de força, que se movimentam num plano substancial, apontam uma solução: a circunstância de a sociedade não se poder habilitar no processo não consubstancia uma violação do princípio do devido processo legal. Se, no plano da realidade, alguma daquelas premissas falhar – se a sucursal actuar contra as instruções recebidas – a questão deve ser resolvida no plano puramente interno das relações entre a pessoa colectiva e as suas estruturas de actuação. Porque, objectivamente, a pessoa colectiva não pode ser prejudicada através do comportamento processual da sua sucursal, agência, filial, delegação ou representação, já que é ela quem dirige, no plano das relações internas, a actuação destas no processo, nenhuma razão justifica a sua habilitação.

17. Apesar de se ter atingido uma resposta possível, diremos que ainda há mais dados que devem ser ponderados.

Se, de um ponto de vista abstracto, a pessoa judiciária deve agir segundo as instruções recebidas da pessoa jurídica, certo é que, na prática, pode assim não suceder. E quanto mais complexa e ampla for a estrutura da pessoa jurídica, mais difícil se torna, para esta, comandar à distância a intervenção processual das suas sucursais, agências, filiais, delegações ou representações. Se é certo que é ela quem beneficia das vantagens desta forma de organização, devendo sujeitar-se aos inconvenientes dela decorrentes, cumpre perguntar se é exigível que se submeta aos efeitos de um caso julgado obtido através da intervenção da pessoa estritamente judiciária – fenómeno tão peculiar do sistema jurídico português – sem possibilidade da sua habilitação. É evidente – ou assim nos parece – que o sistema não dá resposta directa a esta interrogação, talvez por os reflexos dos artigos 6 e 7 não terem sido equacionados globalmente. Por esta razão a solução deverá resultar de uma ponderação dos diferentes interesses em presença.

Supõe-se que quando a contraparte demanda a pessoa judiciária o faz porque lhe é mais fácil litigar com ela do que com a pessoa jurídica. Mas, para que esta facilidade possa ser factor de ponderação na resolução jurídica da equação, ela deve fundar-se em razões que possam admitir-se como juridicamente boas quando se pensa no exercício do direito de acção.

Já acima referimos qual a grande vantagem de a contraparte litigar contra a pessoa judiciária e não contra a pessoa jurídica nos casos referidos pelo n.º 2 do artigo 7: a anulação de factores de estraneidade, através da concessão de personalidade judiciária à sucursal, agência, filial, delegação ou representação, evitam a necessidade de prática de actos processuais no estrangeiro (nomeadamente, citações e notificações quando estas devam ser feitas na pessoa da parte e não na do seu mandatário), com toda a demora que este tipo de intervenção implica. Por outro lado, dir-se-á que é mais fácil para a contraparte litigar contra uma estrutura mais pequena.

Equacionemos os dois vectores.

18. O primeiro, não vale nos casos cobertos pelo n.º 1 do artigo 7 pelo que, nesse contexto, não releva na justificação da inadmissibilidade de habilitação da pessoa colectiva. De um ponto de vista da celeridade processual, é equivalente litigar contra a pessoa colectiva ou contra uma sua sucursal, agência, filial, delegação ou representação.

Ora, o que há que ponderar, nas hipóteses reguladas pelo n.º 2 do artigo 7 é se o interesse da contraparte em anular os factores de estraneidade do processo é de tal modo ponderosa que implique a impossibilidade de habilitação da pessoa colectiva. A resposta parece ser claramente positiva. Com efeito, são exactamente estes interesses da contraparte que determinam o legislador a atribuir personalidade meramente judiciária à sucursal, agência, filial, delegação ou representação. Se a parte contrária pudesse alterar a conformação subjectiva da instância, através da dedução de incidente de habilitação pela pessoa jurídica, anularia os efeitos que resultam da concessão da faculdade de demanda da sucursal que a lei confere à contraparte. Esta, podendo escolher, optou pela sucursal. A pessoa colectiva afastaria os efeitos desta opção, habilitando-se. Veja-se que a argumentação não é puramente formal. O que está em causa é impedir que a pessoa colectiva possa, por comportamento seu, afastar as vantagens que a lei confere à parte contrária.

A ser verdadeiro o que se afirma, dir-se-á que a habilitação deve ser admitida em todas as situações em que dela não podem resultar desvantagens para a parte que é titular da faculdade alternativa de conformação da instância, ou seja, quer quando é a pessoa colectiva a poder exercer tal faculdade, quer quando, sendo demandada a pessoa judiciária, a habilitação da pessoa colectiva não traga consigo os factores de estraneidade que a lei quis anular – o que ocorre nas hipóteses cobertas pelo artigo 7/1. De fora ficarão as situações em que a pessoa colectiva é estrangeira e em que, por factos por ela praticados, é demandada uma sucursal, uma agência, uma filial, uma delegação ou uma representação situada em território nacional.

19. E não deve ponderar-se a segunda linha acima identificada, ou seja, não deve atender-se ao interesse da contraparte em litigar contra uma estrutura mais pequena, assim se inviabilizando toda e qualquer faculdade de habilitação da pessoa colectiva? Na verdade, é à parte contrária que a lei, atendendo aos interesses desta, concede a faculdade alternativa de conformação subjectiva da instância.

Far-se-á aqui um paralelo com a disposição já acima citada e que respeita à habilitação do transmissário. Referimo-nos ao artigo 376/1*a*). Esta regra permite que a parte estranha à transmissão inviabilize a habilitação do transmissário da posição jurídica litigiosa. E o fundamento que deve ser alegado e provado respeita às razões da transmissão: se a parte a ela estranha, que não pode impedi-la, demonstrar que a transmissão teve como objectivo dificultar a sua posição no processo, a habilitação será indeferida. A disposição não é linear uma vez que fica por compreender que efeitos se repercutem sobre o próprio negócio transmissivo. A lei apenas nos diz que a habilitação não é possível, parecendo ficar incólume o negócio, com vinculação necessária do transmissário aos efeitos do caso julgado formado sobre a decisão proferida no confronto do transmitente. Tudo se passará como se tivesse havido ou uma transmissão inoponível à parte a ela estranha durante a pendência da acção ou uma sucessão na posição jurídica ulterior à decisão.

Se transpusermos esta solução para o nosso problema, diremos que, ao invés do que sucede com a transmissão da coisa ou direito em litígio, hipótese em que a lei faculta à parte contrária a faculdade de oposição à modificação subjectiva da instância, nas situações cobertas pelo artigo 7 tal faculdade não deve admitir-se uma vez que a parte contrária não teve como interlocutor, num primeiro momento, uma pessoa para, em momento subsequente, passar a ter um outro. É evidente que esta argumentação pressupõe que o ponto de referência para a determinação de quem é o interlocutor da contraparte seja a situação material. Isto porque, se for a instância, a admitir-se a habilitação da pessoa colectiva, a contraparte passaria a confrontar-se com uma nova parte: a sociedade, ao invés da sucursal, agência, filial, delegação ou representação. Mas se bem observarmos o ponto de referência do artigo 376/1*a*) é também a instância: não obstante a transmissão haver sido feita para dificultar a posição da parte a ela estranha no processo por troca de sujeitos na contraparte, a lei não interfere com a transmissão no plano substantivo. Esta interferência seria, aliás, desnecessária já que aquilo que está em causa é simplesmente impedir a habilitação pois que, afinal, a transmissão foi destinada a operá-la; inviabilizando-a, inviabilizam-se os efeitos (reprováveis) que presidiram à transmissão.

20. Onde ficamos, no que respeita à admissibilidade da habilitação da pessoa colectiva?

Diremos que há que retroceder na proposta que há pouco fizemos. Com efeito, se a lei concede uma faculdade alternativa de conformação subjectiva da instância à contraparte e se esta opta por litigar contra a estrutura não personificada, aceitar a habilitação da pessoa colectiva, em homenagem à coincidência entre a parte processual e o sujeito dos efeitos do caso julgado, se seria a solução uma resposta adequada, não é aquela que resulta do sistema.

Talvez se possa dizer que a solução não é boa nem justificável no plano internacional. Dificilmente uma pessoa colectiva estrangeira, que organizou as suas estruturas de acção sem lhes conferir uma autonomia tal que implique a personificação, compreenderá um regime como o do artigo 7/2. Dir-se-á que os objectivos pragmáticos que presidem à personificação destas estruturas não personificadas não devem prevalecer sobre a vinculação da não-parte processual ao caso julgado. Mas, ultrapassar estes inconvenientes, pressuporá uma alteração no regime positivo.

4. O caso particular das sucursais, agências, filiais, delegações e representações

21. O artigo 7/1 atribui personalidade judiciária às sucursais, agências, filiais, delegações e representações quando a acção proceda de facto por elas praticado. Por seu turno, o artigo 7/2 permite, ainda, que seja constituída como parte a sucursal, a agência, a filial, a delegação ou a

representação quando o facto não haja sido praticado por ela se se verificarem, cumulativamente, dois requisitos: situar-se a sede da administração principal no estrangeiro; ter sido a obrigação contraída com um português ou com um estrangeiro domiciliado em Portugal.

Para além de quanto já se disse, estas duas regras impõem alguns esclarecimentos adicionais.

Em primeiro lugar, quando a lei refere *a sede da administração principal*, estará reportando-se ou simplesmente à localização (e não à sede) da administração principal, podendo esta coincidir ou não com a sede da pessoa colectiva, ou referir-se-á à sede da pessoa colectiva, seja qual for o lugar da sua administração principal. Isto porque a administração não tem sede; só a pessoa colectiva a tem, podendo discutir-se (e discutindo-se, vivamente) se esta sede coincide ou não, de um ponto de vista espacial, com a localização da sua administração. A resposta a esta questão, que seguramente interfere com os dados do problema [cfr. o famoso acórdão Centros], não releva directamente na interpretação do artigo 7.

Que deve entender-se por *sede da administração principal*? Que a lei concede uma personalidade judiciária a sucursais, agências, filiais, delegações ou representações de *pessoas colectivas, que tenham a sua sede no estrangeiro*? Ou, ao invés, que a lei concede tal personalidade a estes entes não personificados quando *a administração principal se localiza no estrangeiro*?

22. Avancemos formulando e respondendo a outras perguntas.

Porque terá o legislador referido a sede da administração principal no artigo 7/2 quando é certo que, dogmaticamente, a administração, sendo um órgão da pessoa colectiva, não tem sede, podendo, regra geral, ser simplesmente localizada?

Supomos que por duas ordens de razões. Em primeiro lugar, talvez porque se tenha transposto para o artigo 7/2, numa formulação menos conseguida, a teoria da coincidência entre a sede (da pessoa colectiva) e a localização da administração principal. Em segundo lugar e partindo da primeira premissa, porque se pensou que o órgão competente para representar organicamente a pessoa colectiva em juízo é a sua administração.

Façamos mais uma pergunta: se não fosse concedida personalidade judiciária à sucursal, agência, filial, delegação ou representação, quem seria a parte (com personalidade jurídica e judiciária) na acção? A administração principal? Ou a pessoa colectiva?

Seguramente que a pessoa colectiva já que, reitere-se, a administração é um órgão desta última. É este o sentido que supomos dever imputar às palavras de Alberto dos Reis quando escreve: "A acção, em vez de ser proposta pela sucursal ou contra a sucursal, pode ser proposta, em nome da sociedade, pela administração principal ou contra esta" [Código de Processo Civil anotado, I, p. 26].

Em suma, dir-se-á que quando o artigo 7/2 refere a sede da administração principal deverá entender-se a sede da pessoa colectiva, cuja administração principal se situa no estrangeiro ou, dito de outro modo, a pessoa colectiva estrangeira, cuja sede se localiza necessariamente no estrangeiro (já que a pessoa colectiva nacional tem a sua sede em Portugal, aí se localizando, necessariamente, a sua administração principal) [Varela/Bezerra/Nora, Manual de processo civil, p. 113].

23. A segunda precisão requerida pelo artigo 7/2 respeita ao segundo requisito pressuposto para a concessão de personalidade judiciária à sucursal, agência, filial, delegação ou representação: ter sido a *obrigação* contraída com um português ou com um estrangeiro domiciliado em Portugal.

Nas situações reguladas pelo artigo 7/2 não poderia prevalecer o critério da imputação do acto. Com efeito, a aplicação do artigo 7/2 pressupõe uma disjunção entre o autor do facto de que procede a acção (a pessoa colectiva estrangeira) e aquele que pode ser parte numa acção que deriva desse facto. Ao invés do que ocorre no artigo 7/1, porque o autor do facto não é a sucursal, a agência, a filial, a delegação ou a representação, não pode, nesta situação, apoiar-se a sua personificação judiciária na prática desse acto. Mais uma vez, intervêm razões de ordem pragmática na personificação destas realidades: essencialmente para que não seja necessária uma citação no estrangeiro (caso a pessoa colectiva estrangeira seja a parte passiva/demandada) mas também para evitar a imposição de um acompanhamento da acção por uma parte (activa ou passiva) que se situa no estrangeiro, a lei estende a personalidade judiciária da sucursal, da agência, da filial, da delegação e da representação para além da sua concreta esfera de actuação.

24. Pergunta-se: o que deve entender-se pela expressão *obrigação contraída*, constante do artigo 7/2?

O texto da regra aponta para a preexistência de um acto de autodeterminação na constituição da obrigação, cujo cumprimento (ou os efeitos do incumprimento) é (ou são) exigido(s) na acção. O verbo *contrair* em ligação com o termo *obrigação* significa *tomar sobre si uma responsabilidade, assumir uma obrigação, contratar*. Estará o campo de aplicação do artigo 8 confinado aos casos em que a obrigação que serve de fundamento à acção tenha fonte contratual?

Alguns exemplos permitem ilustrar a dúvida.

Suponha-se que uma pessoa colectiva estrangeira arrenda a um cidadão português um imóvel sito em Portugal. Suponha-se, ainda, que a pessoa colectiva estrangeira tem representação em Portugal. Suponha-se, por fim, que o cidadão português realiza obras no prédio arrendado que lhe alteram a estrutura. Pode a acção de despejo ser proposta pela representação? Poderá afirmar-se que, nesta acção, está em causa uma obrigação contraída com o arrendatário?

Mudem-se ligeiramente os dados da hipótese. Suponha-se que, celebrado o mesmo contrato de arrendamento, a sociedade o denuncia. Suponha-se, agora, que o arrendatário decide requerer a apreciação da validade e da eficácia desta denúncia. Pode demandar a representação da pessoa colectiva? Terá de demandar directamente a sociedade?

Outro exemplo, ainda. Suponha-se que uma sociedade estrangeira é titular de um direito industrial exclusivo. Verifica-se a violação deste direito por uma sociedade portuguesa. Terá de ser a sociedade estrangeira a demandar a sociedade portuguesa por violação do exclusivo/responsabilidade extracontratual? Ou pode uma sucursal desta sociedade estrangeira demandar a sociedade portuguesa?

Perante esta última hipótese, invertam-se as posições. Suponha-se que é a sociedade estrangeira a violar o direito exclusivo da sociedade portuguesa. Pode a representação da sociedade estrangeira ser constituída como parte numa acção de responsabilidade civil fundada em violação do exclusivo?

Em nenhum destes casos parece estranho que possa ser a sucursal a demandar ou a ser demandada. Verifica-se, no fundo, uma relação de proximidade entre o lugar em que o facto ocorreu e aquela que intuitivamente se diria poder ser constituída como parte. Mas se se aceitar que esta proximidade geográfica releva, não somente no plano da competência, como também no da personalidade, não se estará incorrendo na confusão para a qual alertava José Alberto dos Reis [Código de Processo Civil anotado, I, p. 27]?

Supomos que não.

Com efeito, há que distinguir os campos (e os efeitos) de aplicação dos artigos 7/2 e, actualmente, 86/2, no sentido em que o primeiro determina quem pode ser parte da acção e o segundo se destina a fixar, uma vez determinado quem é a parte na acção, onde pode essa parte ser demandada. Na hipótese extrema, em que não é possível constituir como parte a sucursal, a agência, a filial, a delegação ou a representação, a pessoa colectiva, parte na acção, será considerada domiciliada no lugar da sucursal, agência, filial, delegação ou representação [em crítica a esta solução se a ficção do domicílio da pessoa colectiva em Portugal estiver desacompanhada de qualquer outra conexão relevante com o território nacional, Machado Vilela, Boletim da Faculdade de Direito de Coimbra, ano 17, p. 342].

25. Não estará, afinal, o critério da proximidade implícito na expressão *obrigação contraída*?

Sobre este termo, que surgia na versão originária do artigo 65, § 1 do CPC de 1939 – aí se dispunha que quando para a acção fosse competente, segundo a lei portuguesa, o tribunal do domicílio do réu, os tribunais portugueses poderiam exercer jurisdição desde que, encontrando-se o réu acidentalmente em território português, a obrigação houvesse sido contraída com um português – pronunciaram-se Alberto dos Reis [Comentário ao Código de Processo Civil, I, p. 123] e Machado Vilela [Boletim da Faculdade de Direito de Coimbra, ano 17, p. 325-326]. Recordando que o termo constava já dos artigos 28 e 29 do Código Civil de 1876 [e ainda do seu artigo 26, do qual aqueles eram sequência], os Autores sustentam que o termo obrigação sempre foi entendido em seu sentido genérico e não em seu sentido específico. Quer isto dizer que, por obrigação, ter-se-á entendido um vínculo correspondente a qualquer direito [Alberto dos Reis, Comentário ao Código de Processo Civil, I, p. 123] ou *qualquer obrigação civil* correspondente a *qualquer direito civil* [Machado Vilela, Boletim da Faculdade de Direito de Coimbra, ano 17, p. 325] e não um vínculo correspondente a um direito de crédito.

Destas posições resulta que o termo *obrigação contraída* não deve restringir-se a dever de prestar com fonte contratual. Qualquer dever de prestar estaria abrangido por aquela noção. Mas diremos que a noção pode ainda ser ampliada, de modo a permitir a constituição do ente destituído de personalidade jurídica como parte em acção de simples apreciação de factos. Em suma, e seja qual for o escopo da acção (condenação, constituição ou apreciação) bem como a situação jurídica subjacente a essa acção pode a sucursal, a agência, a filial, a delegação ou a representação ser constituída como parte se a pessoa colectiva for estrangeira.

26. Terceira precisão: quando a lei estende a personalidade judiciária das sucursais, agências, filiais, delegações e representações das

pessoas colectivas pode entender-se que esta extensão abrange os casos em que a obrigação foi contraída por um português independentemente da localização do seu domicílio? A extensão vale se ele for domiciliado no estrangeiro? Ou vale somente se o domicílio se localizar em Portugal?

É aqui que vai avultar o elemento de proximidade, que acima deixámos em aberto. Na sua formulação originária, dispunha o artigo 8 na versão do Código de 39 que a personalidade apenas se estendia quando a obrigação fosse contraída com um português. É no Código de 61 e com alegado fundamento no princípio da equiparação constitucional entre portugueses e estrangeiros que se procede a esta ampliação [Lopes Cardoso, Código de Processo Civil anotado, 1962, sub artigo 8]. No entanto, não é qualquer estrangeiro que se equipara ao português, é apenas o estrangeiro domiciliado em Portugal [artigo 7, § único da Constituição de 33, na sequência do artigo 26 do CC de 1876].

Pergunta-se: tem sentido alargar a personalidade judiciária da sucursal, agência filial, delegação ou representação quando a obrigação que funda a acção haja sido contraída com um português, mas este não tenha domicílio em Portugal?

Se se entender que os objectivos da regra são estritamente pragmáticos, ou seja, se através da regra se visa facilitar a propositura e o acompanhamento da acção, os factores de estraneidade (necessidade de citação da parte no estrangeiro ou acompanhamento da acção pela parte a partir do estrangeiro) inviabilizam aqueles objectivos. E supomos serem exactamente estes factores que podem justificar a constituição como parte da sucursal, agência, filial, delegação ou representação, sita em Portugal, de pessoa colectiva estrangeira, cuja administração se localiza no estrangeiro. E são-no, também, quando se verifica uma restrição da constituição como parte dos estrangeiros, num contexto em que se estende a personalidade judiciária das sucursais, agências, filiais, delegações ou representações: para que estas possam ter semelhante estatuto, deverá o estrangeiro estar domiciliado em Portugal, ou seja, deverão ser anulados os factores de estraneidade que tornariam injustificada a extensão da personalidade judiciária das diversas entidades referidas no artigo 7/2. Isto porque se a parte fosse um estrangeiro não domiciliado em Portugal, avultaria a necessidade de citação (caso esta fosse ré) no estrangeiro, bem como o acompanhamento por este da acção instaurada contra a sucursal situada em Portugal a partir do estrangeiro.

27. Quarta precisão: quando a lei se refere, na última parte do artigo 7/2, a obrigação contraída com um português ou com um estrangeiro domiciliado em Portugal, deve entender-se que o referente é qualquer pessoa? Serão somente pessoas singulares? Serão tanto pessoas singulares quanto pessoas colectivas?

O problema apenas se colocará se, quanto às pessoas colectivas, se voltar a entender que, tanto estão abrangidas essas pessoas, quanto as pessoas meramente judiciárias, que se localizem em Portugal.

No entanto, esta hipótese parece de afastar já que o ponto de referência na parte final do artigo 7/2 não é a instância mas a situação de direito material. Ora, relativamente a esta, o sujeito apenas pode ser a pessoa jurídica, não uma qualquer estrutura que integra a sua organização.

5. A sanação da falta de personalidade judiciária das sucursais, agências, filiais, delegações e representações

28. Entre as alterações introduzidas no sistema processual em matéria de pressupostos na reforma de 95/96 [Decretos-Leis n.os 329-A/95, de 12 de Dezembro e 180/96, de 25 de Setembro] conta-se o regime do artigo 8, relativo à sanação da falta de personalidade judiciária de sucursais, agências, filiais, delegações e representações e cujo regime corresponde, *grosso modo*, à solução que a doutrina já admitia como boa. Se bem que o regime de sanação expressamente constante do capítulo referente à personalidade judiciária apenas diga directamente respeito àquele tipo de entidades, a jurisprudência tem percorrido um sábio caminho e, apoiando-se no artigo 265/2, vem admitindo a sanação da falta de personalidade judiciária em outras casos absolutamente justificados [cfr., a título de exemplo, Acórdão do Supremo Tribunal de Justiça de 31 de Maio de 2006, proferido em acção em que foi admitida a sanação da falta de personalidade judiciária da ré, Estádio Universitário de Lisboa, por intervenção do Estado].

Atendendo ao tipo de situação subjacente à falta de personalidade judiciária, a sanação do vício somente pode ocorrer se a instância tiver como parte, ao invés da sucursal, da agência, da filial, da delegação e da representação, a própria pessoa colectiva [e não a sua administração principal, que é mero órgão, se bem que aquela seja organicamente representada por esta].

O que nos diz a lei?

Diz-nos, no artigo 8, que a sanação ocorre mediante a intervenção da administração principal/pessoa colectiva e a ratificação ou a repetição do processado [para o acolhimento da repetição enquanto meio de sanação ao lado da ratificação, Teixeira de Sousa, Apreciação de alguns aspectos da revisão do processo civil. Projecto, ROA, II/1995, p. 374].

29. Pergunta-se: é pressuposto da sanação da falta de personalidade judiciária da parte que, para além da respectiva citação, ocorra, cumulativamente, uma ratificação ou uma repetição dos actos até então praticados pela sucursal, agência, filial, delegação ou representação? Ou deverá operar-se uma distinção, na aplicação do artigo 8, idêntica àquela que se opera quando o vício é o da falta de capacidade (artigo 23), o da falta de patrocínio (artigo 33) da parte ou o da falta, insuficiência ou irregularidade do mandato (artigo 40)?

Tanto quando o vício é o da falta de capacidade judiciária, como quando é o da falta de patrocínio ou o da falta, insuficiência ou irregularidade do mandato, a lei traça regimes distintos de sanação consoante o vício atinge a parte activa ou a parte passiva da instância. Esta conclusão é, aliás, bem patente quando se analisa o artigo 494/*h*): somente a falta de patrocínio do autor ou os vícios do mandato do mandatário do autor [só ele pode ter proposto a acção, consoante se lê no trecho final do artigo 494/*h*)] constituem excepção dilatória. A sua superveniência, quando atinjam a posição do réu, não desencadeia uma excepção pelo que, não obstante a respectiva verificação, não está impedido o conhecimento do mérito da causa.

Se o vício é o da falta de capacidade judiciária ou o da irregularidade de representação e se este atinge a parte activa, a sua sanação pressupõe, efectivamente, para além da citação do representante ou do representante legítimo, quer a ratificação dos actos praticados, quer a respectiva repetição. Na verdade, se assim não fosse e se o vício pudesse considerar-se sanado com a mera citação do representante da parte activa, poderia suceder que, não obstante a sanação do vício, nenhum acto houvesse sido eficazmente praticado no processo pelo autor.

O mesmo não ocorre, já, quando o vício atinge o réu. Nesta hipótese, é necessário que o vício se considere sanado com a citação dos representantes da parte passiva. Na verdade, se – para que a sanação se verificasse – se exigisse a prática de qualquer acto pelos representantes do incapaz, deixar-se-ia na respectiva disponibilidade a sanação da excepção. O autor ficaria à mercê dos representantes da parte passiva uma vez que estes poderiam manipular, com a sua conduta, a sanação da excepção. Para que esta não ocorresse, bastaria que, citados, nada fizessem. O réu seria absolvido da instância. Por esta razão deve entender-se que a falta de capacidade judiciária passiva, em sentido amplo, se sana com a citação dos representantes ou dos legítimos representantes do incapaz. A tutela desta parte sai reforçada já que, não obstante a ineficácia dos actos por ela praticados e a sua consequente revelia, esta é, nas hipóteses abrangidas pelo artigo 485/*b*), inoperante.

Regime em tudo idêntico ao acabado de descrever é o da falta de patrocínio e o da falta, insuficiência ou irregularidade do mandato.

30. Pergunta-se, novamente: tem sentido que a falta de personalidade judiciária passiva apenas se sane com a citação da pessoa colectiva, na sua administração, acompanhada de uma intervenção activa desta no processo, quer através da ratificação dos actos anteriormente praticados, quer através da respectiva repetição? Pode aceitar-se para a falta de personalidade um regime que permita a manipulação do suprimento do vício pela parte passiva? Haverá alguma razão que imponha, quanto à personalidade judiciária, um regime diverso daquele que encontramos para a falta de capacidade judiciária ou para a falta de patrocínio?

Supomos que a resposta a todas estas interrogações é negativa. A personalidade não apresenta nenhuma especialidade, *v.g.*, por referência à capacidade judiciária que imponha, perante a respectiva falta, regimes de sanação diferenciados. E, não obstante o ónus do preenchimento dos pressupostos processuais pelo autor, nada poderia justificar que, sendo possível esta sanação na pendência de um processo, essa sanação dependesse da conduta da parte que, por ela, pode ser prejudicada. Com efeito, significa permitir que a pessoa colectiva, de cuja conduta dependeria a sanação, poderia optar entre ratificar ou repetir actos, assim concorrendo para a regularização da instância, ou nada fazer, aguardando comodamente uma decisão de absolvição da instância. Dir-se-á que seria para ela bem melhor obter uma decisão absolutória do pedido. Mas, podendo ser eventualmente condenada no pedido, talvez não queira correr este risco, nada fazendo e contentando-se, mesmo que provisoriamente, com uma decisão absolutória formal.

Deste modo, diremos que a partícula *e* usada na parte final do artigo 8 deve ser interpretada diversamente consoante a falta de personalidade atinja o autor ou o réu. Se a parte atingida pelo vício for a activa, a sanação da falta de personalidade depende, efectivamente, da citação da sociedade e da ratificação ou da repetição dos actos processuais praticados pela sucursal, agência, filial, delegação ou representação. Diversamente se o vício atinge a parte passiva. Nesta hipótese, a sanação não pode depender de uma efectiva intervenção da sociedade sob pena de manipulação da regularização da instância. A sanação ocorre simplesmente com a sua citação, não sendo cumulativos os requisitos previstos no artigo 8. Se a pessoa colectiva, uma vez citada, nada fizer, entrará como qualquer réu, em situação de revelia.

6. Balanço final

31. Terminado este brevíssimo excurso pela personificação judiciária de entidades destituídas de personalidade jurídica, muita coisa ficou por dizer (e, possivelmente, o pouco que foi dito, por aprofundar). Mas talvez possa aceitar-se que pelo menos alguns dos problemas levantados tenham pertinência mesmo que o não tenham as soluções apontadas.

No final, ficou-nos uma certeza: quanto se esconde sob o manto diáfano da personalidade judiciária!

Fevereiro de 2008

ÍNDICE DO SEGUNDO VOLUME

IX
ARRENDAMENTO

Luís Manuel Teles de Menezes Leitão, *Deteriorações e obras no Novo Regime do Arrendamento Urbano (NRAU)* 921

1. Generalidades 921
2. O regime das deteriorações 922
3. O regime das obras 923
    - 3.1. O regime geral da locação civil relativo às obras 924
    - 3.2. A supletividade geral do regime das obras em sede de arrendamento urbano 924
    - 3.3. A possibilidade de o senhorio denunciar ou suspender o contrato quando decida realizar obras de remodelação ou restauro profundos, demolição do prédio urbano ou edificação em prédio rústico arrendado não sujeito a regime especial 926
    - 3.4. A exigência pelo arrendatário da realização de obras pelo senhorio 928
    - 3.5. A determinação da realização de obras pelo município e outras entidades com esse direito 929
    - 3.6. Consequências das obras não autorizadas na resolução do contrato 931
4. O regime transitório 932

José Carlos Brandão Proença, *Para uma leitura restritiva da norma (artigo 1091.º do Código Civil) relativa ao direito de preferência do arrendatário* 937

1. Enunciação das dúvidas interpretativas 937
2. O direito de preferência dos arrendatários urbanos no período anterior ao Código Civil de 1966 – o argumento da "propriedade imperfeita" no seio de uma legislação fortemente vinculística 939
3. O direito de preferência dos arrendatários urbanos no regime vinculístico do Código Civil de 1966 e a fundamentação jurídico-constitucional da preferência do arrendatário habitacional surgida com a Lei n.º 63/77 943

4. A dupla valoração do direito de preferência do arrendatário no Decreto-Lei n.º 321-B/90, de 15 de Outubro (RAU) e no Decreto-Lei n.º 257/95, de 30 de Setembro 946
5. A consolidação do regime não vinculístico no NRAU e a sua exacta compreensão para o problema do âmbito de aplicação do direito de preferência.. 951
6. As normas transitórias do NRAU e o direito de preferência 963
7. Conclusões 967

MANUEL JANUÁRIO DA COSTA GOMES, *A fiança do arrendatário face ao NRAU* 969

1. Introdução 969
2. Os regimes dos artigos 654 e 655 do CC: uma relação geral-especial? 976
3. O regime do artigo 655 CC 979
4. As situações fidejussórias relativas a arrendamentos anteriores, face às "Normas Transitórias" da Lei 6/2006 988
5. A fiança do arrendatário em arrendamento de duração indeterminada 990
    5.1. A fiança do arrendatário e o regime da denúncia pelo arrendatário 990
    5.2. A fiança do arrendatário e o regime da denúncia pelo senhorio............. 994
    5.3. A fiança do arrendatário em arrendamento de duração indeterminada e o regime (a um tempo geral e especial) do artigo 654 do CC 997
6. A fiança de arrendatário de arrendamento com prazo certo 999
    6.1. O regime da oposição à renovação pelo senhorio e pelo arrendatário..... 999
    6.2. Fiança do arrendatário e o regime da oposição à renovação 1001
    6.3. Fiança do arrendatário e o regime da denúncia pelo arrendatário 1004
7. Algumas situações específicas 1006
    7.1. O destino da fiança no caso de trespasse 1006
    7.2. O destino da fiança no caso de morte do arrendatário 1009
    7.3. Agravamento da situação patrimonial do devedor 1010

RITA LOBO XAVIER, *"Concentração" ou transmissão do direito ao arrendamento habitacional em caso de divórcio ou morte* 1015

1. Introdução 1016
2. Comunicabilidade da posição do arrendatário ao seu cônjuge de acordo com o regime de bens (artigo 1068.º CC).. 1019
3. Aplicação imediata da norma do artigo 1068.º CC (artigos 26.º, n.º 1, e 59.º da Lei n.º 6/2006, de 27 de Fevereiro)... 1027
4. Necessidade do consentimento de ambos os cônjuges para os actos de disposição do direito ao arrendamento relativo ao local onde foi fixada a casa de morada da família 1028
5. Comunicações entre senhorio (s) e arrendatário (s) relativamente ao direito ao arrendamento em comunhão, em particular quando incida sobre o prédio onde os cônjuges fixaram a casa de morada da família (artigos 11.º e 12.º da Lei n.º 6/2006, de 27 de Fevereiro) 1030

6. "Concentração" ou transmissão em vida do direito ao arrendamento habitacional (artigo 1105.º CC): protecção da casa de morada da família na hipótese de divórcio ou separação de pessoas e bens e da casa de morada comum por ruptura de uma união de facto juridicamente relevante (artigo 1105.º CC, por remissão feita no artigo 4.º, n.º 3, da Lei n.º 7/2001, de 11 de Maio) 1033
7. Extinção do património comum por divórcio ou separação de pessoas e bens   1035
8. "Concentração" ou transmissão do direito ao arrendamento habitacional por morte 1036
9. Normas transitórias relativas à transmissão por morte do direito ao arrendamento habitacional (artigo 57.º da Lei n.º 6/2006, de 27 de Fevereiro) 1045

CARLA AMADO GOMES, *Direito do Arrendamento e vinculações jurídico-públicas. Uma aproximação* 1049

    I. O Direito do Arrendamento na encruzilhada entre interesses públicos e privados 1049
   II. Vinculações pré-contratuais: condicionamentos quanto ao fim e quanto ao sujeito 1051
  III. Vinculações contratuais 1058
      A) Do locatário 1058
      B) Do locador 1067
      § único A obrigação de realização de obras de conservação do locado: o regime do Decreto-Lei n.º 157/2006, de 8 de Agosto (Regime jurídico das obras em prédios arrendados). Em especial, a conformidade constitucional da solução de aquisição do locado pelo locatário, em caso de recusa do locador e de omissão das entidades municipais quanto à realização de obras de conservação 1068
  IV. Vinculações pós-contratuais: a caducidade do contrato de arrendamento por expropriação 1094
      § único Nota sobre o regime excepcional do Decreto-Lei n.º 104/2004, de 7 de Maio (Reabilitação urbana de zonas históricas e de áreas críticas de recuperação e reconversão urbanística) 1096

X
DIREITO COMERCIAL E TÍTULOS DE CRÉDITO

PAULO SENDIN, *Compra e venda comercial por amostra, por qualidade conhecida no comércio e sob exame. Reclamação. Artigo 471.º (CCom): de oito dias a 20 anos...(apreciação da jurisprudência)* 1103

    I. Esclarecimentos. Noções prévias e interpretações 1105
      1. Jurisprudência. Anexo (esclarecimentos) 1105
      2. Artigos 469 a 471, CCom. Qualificação da compra e venda como comercial 1106

3. Compra e venda comercial por amostra e por qualidade conhecida no comércio (artigos 469 ss). Noções 1107
4. Cont. Compra e venda comercial sob exame. Noções e cfr. com a "compra à vista" 1107
5. Nota prévia quanto à lamentável confusão da interpretação do artigo 471 e razão disso. (Particularismo do Direito Comercial, história de Oliveira Martins e tribunais do comércio)... 1108
6. Artigo 471. Âmbito e termos. Reclamação em oito dias desde a entrega (salvo seu § único)... 1109
7. Artigo 471. Prazo de exame e reclamação. Apontamento sistemático das diferentes interpretações, pela jurisprudência, desta disposição. Introdução. Vaz Serra (Apontamentos, a propósito, de Jorge de Sena e de Sá de Miranda) 1110
8. Cont. Indicação das diversas interpretações do artigo 471 e dos acórdãos que as seguem. 1.ª interpretação.. 1111
9. Cont. 2.ª interpretação 1112
10. 3.ª interpretação 1112
11. 4.ª interpretação 1114
12. 5.ª interpretação 1114

II. Opinião que se defende quanto à interpretação do artigo 471, CCom – O exame e a reclamação deverão ser feitos no prazo de 8 dias a partir da entrega. Razões.. 1114

13. Interpretação do artigo 471 – 8 dias após a entrega. Razões que a justificam. 1.ª Razão – seus termos. Crítica da opinião de que o citado preceito não diz desde quando se conta o prazo de oito dias. Crítica de várias observações (Conselho do poeta João Cabral de Melo Neto) 1114
13.1. Cont. Artigo 471 – "Nada diz". Dr. Vaz Serra e apreciação........... 1116
14. Cont. Interpretação do artigo 471 – 8 dias após a entrega. Razões. 1.1. Seus termos. Exame alfandegário. Pertences alfandegários 1117
15. Cont. Interpretação do artigo 471 – 8 dias após a entrega. Razões. 1.2. – Seus termos. Compra e venda por partidas 1117
16. Cont. Interpretação do artigo 471 – 8 dias após a entrega. Razões. 1.3. Seus termos. Sua origem: – CComEsp 1829 e CCom de Ferreira Borges (1833).. 1118
17. Cont. Interpretação do artigo 471 – 8 dias após a entrega. Razões. 1.4. Seus termos. Jurisprudência. Doutrina. (Um conto do comerciante Saïkaku) 1120
17.1. Cont. Interpretação do artigo 471 – 8 dias após a entrega. Razões. 2. Cfr. Razões invocadas pela jurisprudência (apreciação) 1122
18. Artigo 471. Interpretação que se defende (8 dias desde a entrega). 3. A razão de ser do preceito do artigo 471. Dr. Ferrer Correia 1123
19. Cont. Artigo 471. Interpretação que se defende (8 dias desde a entrega). 4. Razão de ser do preceito. Surgimento histórico da compra e venda por amostra (séc. XIX). A revolução industrial... 1125
19.1. Cont. Artigo 471. 4.1. Razão de ser do preceito. A "ferramenta" decisiva nesta alteração do mercado – a compra por amostra. (W. Sombart) 1127

	19.2. Cont. Artigo 471. 4.2. Razão de ser do preceito. Venda por amostra no séc. XVII dos retratos de P. Rubens..	1128
	20. Artigo 471. Interpretação que se defende (8 dias desde a entrega). 5. Razão de ser do preceito e sua natureza supletiva..	1129
	21. Cont. Artigo 471. Interpretação que se defende (8 dias após a entrega). 6. Razão de ser do preceito. Particularismo do direito comercial e a tutela do "interesse geral do mercado"; não, como no direito civil, de "conflitos individuais de interesses"	1131
	22. Cont. Artigo 471. Interpretação que se defende (8 dias após a entrega). 7. Razão de ser. A diligência devida do comerciante no tráfico mercantil. Cfr. com a Jurisprudência. Ensinamento de Savary..................................	1132
III.	Jurisprudência. Artigo 471 e os casos da "eliminação" deste preceito do Código Comercial para aplicar soluções do Código Civil...................................	1135
	23. Jurisprudência. Aplicação do CCivil. Apreciação.......................................	1135
	23.1. Cont. Jurisprudência. Aplicação do CCivil. Acórdãos 39 e 46 (e 44, v. adiante) que julgaram segundo os artigos 913 e 287.2 daquele Código. Exame e reclamação a todo o tempo (sem prazo)...............	1135
	23.2. Cont. Jurisprudência. Aplicação do CCivil. Acórdão 38. Defeito ulterior. Responsabilidade do vendedor pelo prejuízo causado, artigos 791 e 802, Código Civil...	1137
	23.3. Cont. Jurisprudência. Aplicação do CCivil por prévia qualificação (explícita ou não) da compra e venda como civil – acórdãos 32, 34 e 36, ou não obstante a sua qualificação mercantil – Acórdãos 40 e 45. Apreciação	1138
IV.	Qualificação mercantil. Fundamentação da jurisprudência. Apreciação. Artigo 230 como norma qualificadora autónoma..	1140
	24. Razões da jurisprudência para a qualificação mercantil dos referidos contratos de compra e venda. Apreciação. Norma qualificadora do artigo 230 CCom..	1140
Notas finais		1141
Anexos		
Tabela de siglas e abreviaturas (referente à Tabela de jurisprudência)....................		1143
Tabela de jurisprudência		1145

RICARDO DE GOUVÊA PINTO, *A circulação do cheque e o sigilo bancário* ... 1159

I.	Colocação do problema	1159
II.	Caracterização do cheque: aspectos importantes para a questão do sigilo	1161
III.	O sigilo bancário e a informação constante no cheque..................................	1167
IV.	A relevância essencial do modo de emissão do cheque: o cruzamento do cheque e o direito do sacador..	1180
V.	Extensão: terceiros implicados; pluritiularidade de conta bancária; endossantes; beneficiários; procuradores; o caso do cheque "a levar em conta"...........	1183
VI.	Conclusões...	1188

XI
DIREITO DAS SOCIEDADES
E DOS VALORES MOBILIÁRIOS

EDUARDO PAZ FERREIRA/ANA PERESTRELO DE OLIVEIRA, *Sobre o sistema reforçado de fiscalização nas sociedades anónimas em relação de grupo após a Reforma de 2006* 1195

1. Introdução 1195
2. Os limites à concentração dos poderes de fiscalização e de revisão de contas nas sociedades anónimas: o regime geral do artigo 413.°/2, *a*), do CSC 1196
3. O caso particular da SA integrante de grupo de sociedades 1198
   3.1. Sentido e alcance da excepção prevista no artigo 413.°/2, *a*), do CSC ... 1198
   3.2. A extensão, por via interpretativa, do campo aplicativo da excepção do artigo 413.°/2, *a*), do CSC 1200
   3.3. Legitimidade da interpretação proposta 1201
   3.4. O problema dos grupos multinacionais em especial 1205
      3.4.1. Qualificação da coligação societária relevante: Direito aplicável 1205
      3.4.2. A relevância da consolidação de contas por sociedade-mãe não residente; o problema da equivalência dos modelos de fiscalização 1206
   3.5. Generalização: a suficiência da equivalência funcional de modelos para efeitos da excepção prevista no artigo 413.°/2, *a*), do CSC 1209
4. Conclusões 1210

J. M. COUTINHO DE ABREU, *Vinculação das sociedades comerciais* 1213

1. Como actuam vinculativamente as sociedades (generalidades)...................... 1213
2. Requisitos subjectivos 1215
   2.1. Indicação da qualidade de administrador... 1215
   2.2. Órgãos de representação plurais.. 1217
      2.2.1. Regras legais e derrogações 1217
      2.2.2. Vigorando (supletiva ou estatutariamente) a conjunção, basta um administrador actuar para a sociedade ficar vinculada?............... 1225
      2.2.3. Exercício da representação conjunta (e da representação disjunta) 1227
3. Extensão dos poderes de vinculação 1229
   3.1. Limites legais 1230
   3.2. Limitações estatutárias 1232
   3.3. Limitações resultantes de deliberações dos sócios e de outros órgãos ... 1233
   3.4. Abusos do poder de vinculação 1235
4. Representação voluntária das sociedades 1237

PEDRO DE ALBUQUERQUE, *O exercício do direito de voto inerente a acções detidas por fundos de pensões representativas do capital social de entidade a ele associada e detentora de parte do capital da sociedade gestora* 1241

1. Introdução. Razão de ordem..	1241
2. O regime jurídico dos fundos de pensões	1242
3. O regime jurídico das acções próprias	1247
4. A articulação do regime dos fundos de pensões com o das acções próprias. A questão da aplicação da suspensão do direito de voto às acções detidas por fundos de pensões e representativas do capital social de entidades a eles associadas...	1249
4.1. O problema relativamente à sociedade gestora	1249
4.2. O problema relativamente ao fundo de pensões	1251

ALEXANDRE DE SOVERAL MARTINS, *A reforma do CSC e o aumento de capital nas sociedades por quotas. Alguns aspectos*................ 1253

1. Delimitação do tema...	1253
2. O direito de preferência dos sócios em aumento de capital..........	1254
3. O prazo para o exercício do direito de preferência.......................	1255
4. O prazo para o exercício do direito (cont.). A alienação do direito de preferência...	1257
5. O direito alienado antes da deliberação de aumento.....................	1259
6. O titular do direito de preferência em caso de alienação de quota....	1260
7. A informação acerca das condições do aumento de capital..........	1261

GLÓRIA TEIXEIRA/RUTE TEIXEIRA PEDRO, *Sociedades de consultoria para investimento – breve nota interpretativa*.................................... 1265

I. A actual actividade da Sociedade enquadra-se no âmbito do Anteprojecto do Decreto-Lei que institui as Sociedades de Consultoria para investimento?....	1266
II. A Sociedade deve converter-se em Sociedade de Consultoria Financeira?....	1273
III. Quais os constrangimentos e limitações jurídicas que daí resultarão?............	1273

L. MIGUEL PESTANA DE VASCONCELOS, *Os contratos de garantia financeira. O dealbar do Direito europeu das garantias* 1275

1. Introdução	1275
2. Os requisitos	1281
2.1. Os sujeitos...	1281
2.2. As obrigações financeiras garantidas	1282
2.3. O objecto da garantia financeira...	1283
2.4. O objecto ser efectivamente prestado	1285
2.5. A susceptibilidade de prova por documento escrito	1285
3. Modalidades..	1286
3.1. Penhor financeiro..	1286
3.1.1. O regime geral...	1286
3.1.2. O regime insolvencial específico	1290
3.1.2.1. A proibição de resolução..	1291

　　　　　3.1.2.2. A execução dos contratos após a declaração de insolvência de qualquer das partes 1292
　　3.2. A alienação fiduciária em garantia 1294
　　　　3.2.1. Introdução 1294
　　　　3.2.2. Estrutura. O contrato fonte das obrigações garantidas 1295
　　　　3.2.3. O regime geral 1296
　　　　　　3.2.3.1. O cumprimento da obrigação de restituição 1296
　　　　3.2.4. O regime insolvencial específico (artigos 16.º a 19.º do Decreto-Lei n.º 105/2004, de 8/5) 1299
　　　　　　3.2.4.1. A proibição de resolução 1299
　　　　　　3.2.4.2. A execução dos contratos após a declaração de insolvência de qualquer das partes 1302
4. Nota conclusiva 1304

PAULO CÂMARA, *O dever de adequação dos intermediários financeiros* 1307

1. Enquadramento 1307
2. Estrutura do dever 1311
3. A avaliação da adequação 1315
4. Execução estrita de ordens 1318
5. Os instrumentos financeiros complexos 1320
6. Extensão a outros produtos financeiros 1322

PAULO DE TARSO DOMINGUES, *O novo regime da redução do capital social* 1325

1. Redução nominal e redução real do capital social 1326
2. A redução do capital por perdas 1327
3. A redução do capital por exuberância 1330
4. O regime único aplicável à redução do capital, após a reforma de 2007 do CSC 1334
　　4.1. A pouca ponderação das alterações legislativas efectuadas pelo Decreto-Lei n.º 8/2007 1334
　　4.2. Os traços essenciais do regime 1336
　　　　4.2.1. Competência deliberativa 1336
　　　　4.2.2. Tutela de credores 1338
　　　　4.2.3. Princípio da igualdade de tratamento 1341
5. A redução do capital abaixo do mínimo legal. A operação-acórdeão e a redução a zero (*azzeramento*) do capital social 1342

JOSÉ MARQUES ESTACA, *O destaque dos direitos de voto em face do Código dos Valores Mobiliários* 1347

1. O fenómeno societário 1347
2. A acção como participação social, valor mobiliário e direitos inerentes 1349
3. O destaque dos direitos inerentes 1352
4. O direito de voto 1354

5. A (i)negociabilidade do direito de voto em geral	1357
6. O destaque do direito de voto em especial	1358

XII
DIREITO PENAL E DIREITO PROCESSUAL PENAL

MARIA FERNANDA PALMA, *Linhas estruturais da reforma penal. Problemas de aplicação da lei processual penal no tempo*	1365
AUGUSTO SILVA DIAS, *A prisão preventiva após a revisão de 2007 do Código de Processo Penal: foi superada a crise?*	1379
1. Os factores da crise da prisão preventiva	1379
2. O que melhorou na revisão de 2007 do CPP	1381
2.1. No domínio dos pressupostos gerais	1381
2.2. No domínio dos pressupostos específicos	1382
3. O que ficou por resolver e em que se podia ter ido mais longe	1385
4. Conclusão	1393
PAULO DE SOUSA MENDES, *O problema da relevância negativa da causa virtual em sede de imputação objectiva*	1395
1. Colocação do problema	1395
2. A evitabilidade e o desvalor de resultado	1396
a) A falta do desvalor de resultado	1396
b) Comparação de casos	1398
c) A influência da doutrina civilista	1400
d) A relativização do valor da vida humana	1402
e) Crimes patrimoniais	1403
f) Raciocínios hipotéticos contrafactuais e processos causais virtuais	1405
g) As diferentes concepções do desvalor de resultado	1407
3. Os princípios da intensificação e assunção de responsabilidade	1412
a) O conceito de encurtamento da vida	1413
b) O princípio da intensificação	1414
c) O princípio da assunção de responsabilidade	1420
Palavras de homenagem	1423
TERESA QUINTELA DE BRITO, *Responsabilidade criminal das pessoas jurídicas e equiparadas: algumas pistas para a articulação da responsabilidade individual e colectiva*	1425
1. Trilhos para a solução do problema da culpa colectiva	1425
2. A imputação do facto à pessoa colectiva: principais questões	1427
2.1. Objecto de imputação e fundamento de imputação: primeira referência ao domínio da organização para a execução do facto típico	1427

2.2. Necessidade de conectar o facto ilícito com o desempenho de um papel de liderança dentro da organização	1429
2.3. O líder como agente do "facto de conexão"	1431
2.4. As pessoas com autoridade para controlar a actividade colectiva	1432
2.5. O artigo 11.°, n.° 2, alínea b), e o domínio da organização para a execução do facto típico por parte do líder	1432
2.6. A diferença entre as alíneas a) e b) do n.° 2 do artigo 11.°	1434
3. A exigência de actuação em nome colectivo: crítica e alternativa	1435
4. A exigência de actuação no interesse colectivo: crítica e alternativa	1436
5. Breve referência à questão da imputação subjectiva do crime à pessoa jurídica	1439
6. Justificação e exculpação	1439
7. Comparticipação	1442

XIII
DIREITO DO CONSUMO

ANTÓNIO PINTO MONTEIRO, *Harmonização legislativa e protecção do consumidor (a propósito do Anteprojecto do Código do Consumidor português)* 1447

1. O esforço de harmonização legislativa na Comunidade Europeia	1447
2. O ponto da situação no direito comparado	1450
3. Evolução	1453
4. O Anteprojecto do Código do Consumidor	1460
5. Perspectivas sobre os modelos legislativos no futuro	1464
6. "Fim" do direito do consumidor?	1469
7. Conclusão: codificação, unidade do sistema, dignidade da pessoa humana e defesa do consumidor	1470

ADELAIDE MENEZES LEITÃO, *As reclamações no Direito do consumo. Análise da actual legislação e apreciação do anteprojecto do Código do Consumidor* 1473

XIV
DIREITO DO TRABALHO

ANTÓNIO MENEZES CORDEIRO, *Convenções colectivas de trabalho e Direito transitório: com exemplo no regime da reforma no sector bancário*. 1489

I. Introdução	1489
1. O problema	1489
II. A evolução da contratação colectiva bancária	1491
2. A contratação colectiva até 1974	1491

	3. O período de 1975 e 1976	1497
	4. A evolução posterior a 1978	1499
III.	O regime transitório das convenções colectivas de trabalho	1505
	5. Direito transitório formal; a substancialização	1505
	6. Os direitos adquiridos	1506
IV.	O regime da reforma no sector bancário	1508
	7. A problemática subjacente	1508
	8. O sentido da "lei nova"	1510
	9. A salvaguarda das situações consubstanciadas perante a lei velha	1511

JÚLIO MANUEL VIEIRA GOMES, *A manutenção dos efeitos já produzidos pela convenção colectiva caducada nos contratos individuais de trabalho, após a Lei n.º 9/2006, de 29 de Março (ou o estranho tremeluzir das estrelas mortas)* 1513

BERNARDO XAVIER, *A sobrevigência das convenções colectivas de trabalho no regime da Lei n.º 9/2006, de 20 de Março (Alterações aos artigos 557.º e 558.º do Código do Trabalho)* 1543

1.	Introdução. As CCT's no elenco das fontes de Direito do trabalho	1544
2.	As características especiais das convenções colectivas como normas	1545
3.	Vigência. Ideias gerais sobre a vigência	1548
4.	Vigência e cessação de vigência das CCT's	1550
5.	Vigência das CCT's (cont.). Âmbito temporal: Duração, cessação, renovação e sobrevigência. O compromisso estabilidade/renovação	1552
6.	Cessação de vigência e vácuo regulativo. As figuras de cessação (revogação, caducidade, denúncia). A denúncia e a permanência da CCT	1555
7.	Sobrevigência limitada. Alguns sistemas estrangeiros	1560
8.	Renovação, ultra-actividade e sobrevigência na versão inicial do CT	1562
9.	A alteração ao CT. Novas limitações à denúncia conducente à caducidade	1564
10.	A "condenação" à arbitragem	1568
11.	Efeitos da caducidade. Casos de verdadeira caducidade	1570
12.	Período suplementar de pós-vigência com vista a transição. Cessação de vigência e relatividade do vácuo regulativo. Estatuto legal e contratual preservado irremovível	1571
13.	Problema de aplicação no tempo da Lei n.º 9/2006	1576
14.	Indicações finais. Será possível a caducidade por denúncia?	1578

MARIA DO ROSÁRIO PALMA RAMALHO, *O telemóvel e o trabalho. Algumas questões jurídicas* 1581

1.	Aspectos gerais. Sequência	1581
2.	A protecção da saúde do trabalhador, designadamente quando a sua actividade laboral envolva uma utilização intensiva do telemóvel	1583

3. A importância do telemóvel na gestão moderna das empresas e os perigos que dele decorrem para a violação da esfera privada e da vida familiar do trabalhador 1586

XV
DIREITO INTERNACIONAL PRIVADO

LUÍS DE LIMA PINHEIRO, *O Direito de conflitos das obrigações extracontratuais entre a comunitarização e a globalização – Uma primeira apreciação do Regulamento Comunitário Roma II* 1593

Introdução 1593
    I. Âmbito de aplicação 1596
    II. Liberdade de escolha 1602
    III. Norma de conflitos geral sobre responsabilidade extracontratual 1605
    IV. Normas de conflitos especiais sobre responsabilidade extracontratual 1613
        A) Responsabilidade por produtos defeituosos 1613
        B) Concorrência desleal e actos que restrinjam a livre concorrência 1615
        C) Danos ambientais 1617
        D) Violação de direitos de propriedade intelectual 1619
        E) Acção colectiva 1620
    V. Normas de conflitos sobre enriquecimento sem causa, gestão de negócios e *culpa in contrahendo* 1621
        A) Aspectos gerais 1621
        B) Enriquecimento sem causa 1621
        C) Gestão de negócios 1622
        D) *Culpa in contrahendo* 1623
    VI. Regras auxiliares 1625
        A) Âmbito da lei aplicável 1625
        B) Normas de aplicação necessária e regras de segurança e de conduta 1626
        C) Outras regras auxiliares 1629
    VII. Relações com outros instrumentos 1631
        A) Relações com outros instrumentos comunitários 1631
        B) Relações com convenções internacionais 1634
    VIII. Apreciação 1635

MARIA HELENA BRITO, *A Convenção da Haia sobre a lei aplicável ao* trust *e ao seu reconhecimento. Breve apresentação* 1641

DÁRIO MOURA VICENTE, *Perspectivas da harmonização e unificação internacional do Direito privado numa época de globalização da economia* 1653

1. Introdução 1654

2. Breve panorama das principais iniciativas contemporâneas de harmonização e unificação do Direito Privado: a) De âmbito mundial 1656
3. Continuação: b) De âmbito regional 1661
4. Razões que as justificam: a) A certeza do Direito aplicável 1666
5. Continuação: b) A integração dos mercados e a igualdade de condições entre concorrentes 1667
6. Continuação: c) A redução dos custos de transacção 1671
7. Limites a que se subordinam: a) A preservação do pluralismo jurídico 1673
8. Continuação: b) Divergências de cariz axiológico e ideológico 1677
9. Continuação: c) A conexão com o processo 1678
10. A coordenação dos Direitos nacionais como alternativa 1679

EDUARDO DOS SANTOS JÚNIOR, *A cláusula relativa a subcontratos e à sua transparência (*back-to-back*), no âmbito de contratos internacionais de engenharia global* 1681

FERNANDO LOUREIRO BASTOS, *A internet e a promoção do Direito internacional. Elementos para um guia de investigação jusinternacional* 1689

1. Introdução 1690
   1.1. Objecto e utilidade do presente estudo 1690
   1.2. As dificuldades que se apresentam no ensino e na aprendizagem do Direito Internacional 1693
   1.3. A importância do estudo do Direito Internacional em razão da diversificação das fontes de produção jurídica nos direitos internos contemporâneos 1696
   1.4. Indicação de sequência 1698
2. Apresentação panorâmica dos materiais de Direito Internacional em versão impressa passíveis de serem encontrados numa biblioteca jurídica 1699
   2.1. Considerações introdutórias 1699
   2.2. Publicações científicas periódicas de Direito Internacional 1705
      I. Anuários de Direito Internacional 1706
      II. Revistas científicas de Direito Internacional 1709
   2.3. Documentos de Direito Internacional 1712
3. Introdução à pesquisa dos materiais de Direito Internacional que podem ser encontrados na Internet 1718
   3.1. Considerações introdutórias 1718
   3.2. Guias de pesquisa do Direito Internacional na Internet e listas de *links* . 1722
   3.3. Instrumentos de pesquisa bibliográfica: catálogos de bibliotecas disponíveis *on-line* 1728
   3.4. Publicações periódicas de Direito Internacional disponíveis *on-line* ... 1733
   3.5. Documentos de Direito Internacional, em especial as bases de dados de tratados e de outros instrumentos internacionais 1734
   3.6. Entidades internacionais 1737

I. Organizações internacionais	1737
II. Órgãos jurisdicionais	1738
3.7. Acesso a informação da actualidade jurídico-internacional	1740
Anexo – Lista dos endereços electrónicos referidos	1741

XVI
CONCORRÊNCIA

J. M. SÉRVULO CORREIA, *Efectividade e limitações do sistema português de aplicação impositiva do Direito da Concorrência através de meios processuais administrativos e civis* 1747

I.	Introdução	1747
II.	«Public enforcement» e «private enforcement»: a dificuldade da sua caracterização no sistema jurídico português	1752
III.	A iniciativa privada de aplicação do Direito da Concorrência, tanto através do procedimento administrativo no âmbito da Autoridade da Concorrência, como dos meios processuais administrativos perante o Tribunal de Comércio de Lisboa	1756
	A. Procedimento administrativo	1756
	B. Meios processuais administrativos	1761
	C. Factores de efectividade	1768
	D. Causas de insuficiência	1771
IV.	A iniciativa privada de aplicação do Direito da Concorrência através dos meios do processo civil junto dos tribunais de competência genérica	1773
	A. Os remédios	1773
	B. Os meios do processo civil	1774
	C. Factores de efectividade	1777
	D. Causas de insuficiência	1781
V.	Perspectivas de reforma: algumas sugestões	1784

PAULA VAZ FREIRE, *Os fundamentos ordoliberais do Direito europeu da concorrência* 1791

1.	Introdução	1791
2.	Origens	1792
3.	Ordem e constituição económica	1794
4.	Concorrência	1797
5.	Papel do Estado	1799
6.	Legado ordoliberal	1800
	i) Economia social de mercado	1802
7.	Conclusão	1803

XVII
HISTÓRIA E FONTES

CARLOS FERREIRA DE ALMEIDA, *Instituições de direito privado na obra de Júlio Dinis* 1807

1. Nota a abrir 1807
2. A obra, o tempo e as fontes 1808
3. Apologia liberal 1811
4. Propriedade 1813
5. Morgadio 1815
6. Propriedade e fortuna 1818
7. Sociedades comerciais 1819
8. Contratos 1824
9. Documentos contratuais 1826
10. Tipos contratuais. Contratos para consumo 1827
11. Contratos relacionados com a propriedade dos meios de produção. Compra e venda, arrendamento rural, empréstimo, garantias 1828
12. Mandato e trabalho 1831
13. Contratos relacionados com a estrutura da família. Trabalho doméstico 1833
14. Casamento: função social 1835
15. O acto de casamento 1837
16. Feminismo 1840
17. Testamento 1841
18. Nota a fechar 1842

JOSÉ DUARTE NOGUEIRA, *Jurishistoriadores e historiadores. Identidade e diferença (algumas reflexões)* 1845

RUI MANUEL DE FIGUEIREDO MARCOS, *A administração fiscal anterior ao século XV. Alguns aspectos fundamentais* 1857

1. Os mosaicos fiscais e o seu conspecto evolutivo 1857
2. Um breve retrato do sistema fiscal medievo e do seu funcionalismo ... 1860
3. Tributos de teor feudal 1861
4. A tributação directa 1862
5. Sisas e siseiros 1862
6. Tributos concelhios 1865

XVIII
DIREITO PROCESSUAL CIVIL

PAULA COSTA E SILVA, *O manto diáfano da personalidade judiciária* 1869

1. A homenagem 1869

2. Observações gerais 1870
3. Dr. Jeckill e Mr. Hide: quem é quem e quem fica vinculado ao quê?............. 1876
4. O caso particular das sucursais, agências, filiais, delegações e representações 1890
5. A sanação da falta de personalidade judiciária das sucursais, agências, filiais, delegações e representações 1896
6. Balanço final.. 1899